U0510696

历史理论研究再出发

中国社会科学院历史理论研究所成立五周年学术论文集

（上）

中国社会科学院历史理论研究所 编

中国社会科学出版社

图书在版编目（CIP）数据

历史理论研究再出发：中国社会科学院历史理论研究所成立五周年学术论文集：全二册 / 中国社会科学院历史理论研究所编．—北京：中国社会科学出版社，2023. 12

ISBN 978 - 7 - 5227 - 1503 - 2

Ⅰ. ①历… Ⅱ. ①中… Ⅲ. ①史学理论—文集 Ⅳ. ①K0 - 53

中国国家版本馆 CIP 数据核字(2023)第 240090 号

出 版 人　赵剑英
责任编辑　吴丽平　史慕鸿
责任校对　赵翀林
责任印制　李寡寡

出　　版　中国社会科学出版社
社　　址　北京鼓楼西大街甲 158 号
邮　　编　100720
网　　址　http：//www. csspw. cn
发 行 部　010 - 84083685
门 市 部　010 - 84029450
经　　销　新华书店及其他书店

印　　刷　北京明恒达印务有限公司
装　　订　廊坊市广阳区广增装订厂
版　　次　2023 年 12 月第 1 版
印　　次　2023 年 12 月第 1 次印刷

开　　本　710 × 1000　1/16
印　　张　65. 5
字　　数　1005 千字
定　　价　298. 00 元（全二册）

凡购买中国社会科学出版社图书，如有质量问题请与本社营销中心联系调换
电话：010 - 84083683

论文集编委会名单

为担负新时代文化使命
贡献历史理论智慧和力量
（代序）

杨艳秋*

习近平总书记在文化传承发展座谈会上的重要讲话从党和国家事业发展全局战略高度，对中华文化传承发展的一系列重大理论和现实问题作了全面系统深入阐述，在中国共产党的文化发展史上具有重要的里程碑意义。讲话中提出的新思想、新观点、新论断，是历史理论的深刻认识和总结，表明中国人民的历史自信、文化自信达到了新的高度。2019 年成立的中国社会科学院历史理论研究所是一个有使命的研究所，我们要认真学习领会习近平总书记的最新论断，并以此为指引开展历史理论研究，更好担负起新的文化使命，贡献历史理论智慧和力量。

为中华民族现代文明阐释贡献力量

建设中华民族现代文明，是总书记在讲话中强调的新时代文化建设的重要使命。中华文明是人类文明的发展源头之一，也是人类历史上唯一未曾中断的文明体。“文明以止”“仁义为名，礼乐为荣”，积淀着中华民族文明思维的精华，5000 多年漫长历史中形成的人类关怀意识，早已融入世界文明发展的大道，为世界文明发展作出了独特的贡献。在揭示人类社会

---

* 杨艳秋，中国社会科学院历史理论研究所党委书记、所长、研究员。

发展一般规律的基础上，马克思、恩格斯指出了人类文明发展的趋势，他们将共产主义社会看作“能给所有的人以幸福的文明”。中国共产党带领中国人民，把马克思主义基本原理同中国具体实际相结合、同中华优秀传统文化相结合，丰富和发展了马克思主义的文明观，以中国式现代化开创了人类文明新形态。这是植根于中华优秀传统文化沃土，植根于中华民族5000多年文明传承，中国特色社会主义道路、理论、制度、文化内在孕育的文明形态，代表着中华文明发展的新高度，丰富了人类文明进步的新内涵。

对文明演进道路的审视，离不开对社会发展规律的认识，离不开对社会形态更替、演进的把握。深入理解中华文明和世界文明，更离不开对人类历史的深入理解。建设中华民族现代文明，是新时代人类世界实践马克思主义新世界观的伟大创举。对中华民族现代文明的阐释，离不开对历史规律的把握。我们要在马克思主义唯物史观指导下，通过对社会历史发展规律的深刻揭示，对社会形态更替、演进规律的深入思考，在错综复杂的社会历史发展实践中，找到人类发展进步的方向。在中华民族5000多年的文明史、世界社会主义500多年的发展史中、千百年的世界变局中，认清历史方位，把握历史大势，增强历史自信，掌握历史主动，紧紧依靠人民，创造历史伟业。历史学的崇高使命在于探索人类社会发展的内在逻辑和规律，从人类世界与自然世界、中国实践与世界发展的探索中，为人类文明的前进和升华注入科学人文的力量。我们的历史理论研究也应当致力于此，为推动建立中国特色、中国风格、中国气派的文明研究学科体系、学术体系、话语体系，建设中华民族现代文明提供历史理论支撑。

为建设中国式现代化文化形态贡献力量

中华文化历史悠久、博大精深。中华文明源远流长、从未中断。中华优秀传统文化是中华民族的文化根脉，其蕴含的思想观念、人文精神、道德规范，不仅是中国人思想和精神的内核，而且对解决人类面临的诸多问题也有重要价值。中华优秀传统文化中有很多重要元素，共同塑造出中华文明突出的连续性、创新性、统一性、包容性、和平性特征。习近平总书记在讲话中强调，中国式现代化是赓续古老文明的现代化，而不是消灭古老文明的现代化；中国式现代化是从中华大地长出来的现代化，不是照搬照抄其他国家的现代化；中国式现代化是文明更新的结果，而不是文明断裂的产物。只有全面深入了解中华文明的历史，才能更有效地推动中华优秀传统文化创造性转化、创新性发展，更有力地推进中国特色社会主义文化建设，建设中华民族现代文明。

党的十八大以来，以习近平同志为核心的党中央在领导党和人民推进治国理政的实践中，始终把文化建设摆在全局工作的重要位置，不断深化对文化建设的规律性认识，提出一系列新思想、新观点、新论断。其中，关于中华优秀传统文化的重要论述，回答了为什么要传承发展、传承发展哪些文化元素与文化特性、怎样传承发展中华优秀传统文化这三个重要理论与实践问题，提出了许多新的论断。习近平总书记在对如何建设有中国特色的社会主义，如何传承发展中华优秀传统文化的深邃的思考中，提出了把马克思主义基本原理同中国具体实际相结合、同中华优秀传统文化相结合的重大科学论断。这是在5000多年中华文明深厚基础上开辟和发展中国特色社会主义的必由之路，是我们在探索中国特色社会主义道路中得出的规律性的认识，是我们取得成功的最大法宝。“第二个结合”是又一次思想解放，中国特色社会主义因此有了更为宏阔的历史纵深，让我们能够在更广阔的文化空间中，充分运用中华优秀传统文化的宝贵资源，探索面向未来的理论和制度创新。“两个结合”的结果是互相成就，造就一个有机统一的新的文化生命体，让马克思主义成为中国的，中华优秀传统文化成为现代的，让经由“结合”而形成的新文化成为中国式现代化的文化形态。

在文化传承发展，建设中国式现代化文化形态这一时代命题面前，我们的历史理论研究，要以历史的思维、宏观的视野，在“大历史”视域下，将中华优秀传统文化的精神标识提炼出来、展示出来，把中华优秀传统文化中具有当代价值、世界意义的文化精髓提炼出来、展示出来，将“中华文化主体性”的思想理念提炼出来、彰显出来，把中华文明突出特性的内涵阐释出来、丰富起来。如何理解把马克思主义基本原理同中国具体实际、同中华优秀传统文化相结合是中国特色社会主义建设与发展的必由之路？如何理解马克思主义和中华优秀传统文化的高度契合性？如何理解中华优秀传统文化与中国式现代化的文化新形态之间的内在关系？等等，这些也是新时代历史理论研究的重要课题。

为新时代理论创新贡献力量

历史理论是人们对于客观存在的历史运动的认识，亦即人们在认识宏观历史过程中积累和总结出来的理论。中国是一个有着悠久史学传统的国家，在历史理论问题上有着许多重要认识，对天人关系、古今关系、“历代成败兴坏之理”、国家观念与大一统思想、历史人物评价、“英雄”与“时势”等方面，有许多重要阐发。随着近代学科体系的建立，具有现代意义的科学的历史理论研究逐渐兴起并取得了诸多成就，如唯物史观、文化形态史观、人文史观、生机主义史观等竞相争辉，推动了中国学界有关历史理论问题的研究与思考。

新中国的成立，不仅开创了中国历史的新征程，而且开创了中国历史研究的新篇章。新中国成立到十一届三中全会这一历史时期，我国的历史研究有着鲜明的时代特点，其中既有巨大的成就，也有值得后人认真思索和借鉴的经验教训。史学界围绕中国古代史分期问题、中国封建土地所有制问题、中国封建社会农民战争问题、中国资本主义萌芽问题、汉民族形成问题五个重大历史问题的研究和讨论，是在历史理论研究中取得的最具有标志性意义的重大理论成就。

改革开放以来，史学界的历史理论研究取得了诸多重要成果，相关重大成就主要表现在六个方面：一是对马克思主义历史理论再认识；二是古代史分期的再讨论；三是中国文明起源进程取得新成绩；四是现代化理论的再阐发；五是对中国古代历史理论的总结；六是世界历史新理论的提出。总之，对历史理论的探索而言，中国历史是一个丰富的宝库，新中国成立以来的历史理论研究取得了许多重要成绩，但如史学家白寿彝先生所言：“这种宝库的门有很多还没有打开。”

党的十八大以来，中国特色社会主义进入新时代，中国的发展站上更高层级的历史方位。时代的变革和中国人民历史实践的伟大发展，给我们的历史研究带来了新的视野和新的课题，迫切需要史学观念的创新、历史思维方式的变革、价值理念的创造。今天，在新的历史起点上继续推动文化繁荣、建设文化强国、建设中华民族现代文明，为理论创造、学术繁荣提供了强大的动力，展开了更为广阔的空间。正如总书记所言，这是一个需要理论而且一定能够产生理论的时代。我们不能辜负了这个时代，历史理论研究也要乘势而上，坚持历史唯物主义的立场、观点和方法，解放思想，把历史与现实、理论与实践统一起来，立足中华民族伟大历史实践和当代实践，以中国实际为研究起点，阐释中国道路、解释中国实践、构建中国理论。我们相信，新时代的历史理论研究将作出不负时代的贡献。

（原载《中国社会科学报》2023 年 6 月 16 日第 5 版）

目　录

（上册）

一　唯物史观与马克思主义史学

二　历史理论概念与史学理论研究

三　历史思潮与学术争鸣

一

唯物史观与马克思主义史学

中国社会史论战与马克思主义史学的崛起*

左玉河

20世纪30年代的中国社会史论战，推动了中国马克思主义史学的迅速崛起，塑造了中国马克思主义史学的独特品格。目前学术界对社会史论战过程及其影响作了较为深入的探究，但对社会史论战与中国马克思主义史学崛起的内在逻辑及由此塑造的中国马克思主义独特品格，尚需进一步探究。[①] 本文无意详细阐述这场论战的具体过程，而是围绕论战涉及的若干重大问题——政治诉求与学术定位、唯物史观与论战的关联、论战的学术遗产及中国马克思主义史学的独特品格等加以阐释，以深化对社会史论战与中国马克思主义史学崛起问题的探究。[②]

一 唯物史观传播与社会史论战的双向互动

从近代学术发展的基本脉络看，社会史论战是唯物史观传播的必然

---

* 本文是国家社会科学基金重点项目“中国马克思主义历史理论发展史研究”（项目号：21AZS001）的阶段性成果。

① 相关主要成果有林甘泉等《中国古代史分期讨论五十年（1929—1979年）》，上海人民出版社1982年版；陈峰：《民国史学的转折——中国社会史论战研究：1927—1937》，山东大学出版社2010年版；彭卫、杨艳秋：《马克思主义史学思想史》第3卷，中国社会科学出版社2015年版；乔治忠、王学典、李红岩、张越、罗新慧等亦有专题研究。

② 笔者曾在《政治性与学术性：中国社会史论战的双重特性》（《史学月刊》2019年第7期）一文中对社会史论战的政治诉求与学术定位、学术遗产等展开初步探索。本文拟从社会史论战的整体视野下，对马克思主义史学崛起及相关问题，进行更为系统的研究。

结果，而论战各方不同程度地运用唯物史观研究中国历史，又扩大了唯物史观传播的广度和深度。唯物史观传播与社会史论战之间呈现出双向互动的发展格局。

五四运动以后，李大钊、陈独秀等早期共产主义者译介唯物史观，尝试从经济视角探究思想变革因由和社会发展动因，以唯物史观解析中国历史。20 世纪 30 年代初，唯物史观在中国思想界得到广泛传播，马克思主义经典著作大量被译介至中国。据当时人统计，1929 年马克思主义著作的翻译情况：马克思经济译著 11 种，恩格斯著作中译本 7 种；① 1930 年马克思主义研究书籍情况：关于马克思主义哲学 10 种，关于马克思主义政治经济学 7 种。其中，马克思主义著作中译本有《政治经济学批判》《价值、价格及利润》《德法农民问题》《德国农民战争》《反杜林论》《家庭、私有财产及国家之起源》《国家与革命》及《唯物史观》等。② 这些著作成为论战各方的必读书籍。严灵峰自称细心研读过柯资基的《马克思经济学说》、马克思的《哥达纲领批判》、恩格斯的《社会主义从空想到科学的发展》《费尔巴哈论》以及列宁的《国家与革命》等。③ 有人描述当时情况："一九二八年到一九三二年一短短的时期中，除了普罗文学的口号而外，便是唯物辩证法和唯物史观之介绍。"④ 何兹全回忆："20 世纪 20 年代末 30 年代初，在学术界、思想界、史学界，我感觉都是马克思主义、唯物史观独步天下的时代。上海的新书店，如雨后春笋，出现很多，都是出版马克思主义、唯物史观的书"；"当时，上海出现很多小书店，争着出版辩证法、唯物论、唯物史观的书。我是这些书的贪婪的读者"。⑤ 马克思主义著作的翻译出版，扩大了唯物

① 李德谟：《关于马克思及马克思主义中文译著书目试编》，《新思潮》第 2—3 期合刊，1929 年 12 月 15 日，第 3—4、8—9 页。

② 吴乐平：《马克思主义精粹》，《新思潮月刊》第 4 期，1930 年 2 月 28 日，第 55—56 页。

③ 严灵峰：《我与社会科学》，《读书杂志》第 3 卷第 1 期，1933 年 2 月 1 日，第 24—29 页。

④ 谭辅之：《最近的中国哲学界》，《文化建设》第 3 卷第 6 期，1937 年 3 月 10 日，第 83 页。

⑤ 何兹全：《我所认识到的唯物史观和中国社会史研究》，《中国社会史研究导论》，商务印书馆 2010 年版，第 40 页；《我所经历的 20 世纪中国社会史研究》，《史学理论研究》2003 年第 2 期。

史观的传播范围，为人们认识中国社会和中国历史提供了新的理论方法。齐思和指出，“北伐后的中心思想是社会主义，是以唯物史观的观点对于中国过去的文化加以清算”。[①] 郭湛波将大革命失败后中国的思想状况概括为“以马克思的‘唯物史观’为主要思潮，以辩证法为方法，以辩证唯物论为基础，以中国社会史为解决中国问题的锁钥”。[②] 唯物史观的广泛传播，要求人们将其运用于认知中国社会历史的研究实践，社会史论战就是人们自觉运用唯物史观解析中国历史的发端。论战各方引述较多的马克思主义经典著作主要有马克思的《政治经济学批判》《资本论》和《哲学的贫困》、恩格斯的《家庭、私有制和国家的起源》、列宁的《帝国主义论》和《俄国资本主义的发展》等。这表明，唯物史观引入中国的过程中，人们必然要用于观察中国的现实情况和社会性质，进而以之探索中国历史，故唯物史观自然为人们观察和研究中国历史提供理论分析工具。论战各方广泛阅读马克思主义著作，运用唯物史观探讨中国社会历史问题，就成为非常自然的事情。正如参与论战的王礼锡所言，人生观论战的科玄之争，是“极端唯物”与“极端唯心”的争论，而在社会史论战里，“都是唯物的内部的争斗，没有唯心论者插足的余地”。[③]

唯物史观之所以在20世纪30年代初受到普遍关注和认同，除了强大的科学解释力之外，也顺应了当时中国史学从烦琐考据转向理论解释的发展趋势。五四运动以后，尽管胡适、顾颉刚代表的实证主义史学成为学术主流，但对中国古代史的研究不仅要“知其然”，还要“知其所以然”，要对中国历史发展的前因后果及其内在联系做出合理解释，而实证主义史学忽视对历史发展大势和发展规律的探究，难以满足当时中国学术发展需要。因此，以郭沫若为代表的马克思主义史家向实证史学发起挑战：“胡适的《中国哲学史大纲》在中国的新学界上也支配了几年，但那对于中国古代的实际情形，几曾摸着了一些儿边际？社会的来

① 齐思和：《近百年来中国史学的发展》，《燕京社会科学》第2卷，1949年10月，第29页。

② 郭湛波：《近五十年中国思想史》，山东人民出版社1997年版，第149页。

③ 王礼锡：《中国社会史论战序幕》，《读书杂志》第1卷第4—5期合刊，1931年8月1日，第6页。

源既未认清，思想的发生自无从说起。”郭沫若提出必须用“批判”精神取代“整理”考据：“‘整理’的究极目标是在‘实事求是’，我们的‘批判’精神是要在‘实事之中求其所以是’。”因此，郭沫若的“批判”史学，是要跳出所谓“国学”的范围并超越“整理国故”，在唯物史观的指导下，“清算中国的古代社会”。[①]

郭沫若撰写《中国古代社会研究》之前，译读过河上肇的《社会组织与社会革命》和马克思的《德意志意识形态》《政治经济学批判》《资本论》等著作，精研了恩格斯的《家庭、私有制和国家的起源》，对唯物史观有着深刻理解。马克思的《〈政治经济学批判〉序言》指出，“大体说来，亚细亚的、古希腊罗马的、封建的和现代资产阶级的生产方式可以看做是经济的社会形态演进的几个时代”。[②] 恩格斯的《家庭、私有制和国家的起源》也重申，“奴隶制是古希腊罗马时代世界所固有的第一个剥削形式；继之而来的是中世纪的农奴制和近代的雇佣劳动制。这就是文明时代的三大时期所特有的三大奴役形式”。[③] 郭沫若接受了马克思社会形态理论，并最早将其运用于研究中国古代社会。他研究中国古代社会的目的，是用唯物史观“把中国实际的社会清算出来，把中国的文化，中国的思想，加以严密的批判，让你们看看中国的国情，中国的传统，究竟是否两样！”[④]《中国古代社会研究》依据生产力决定生产关系、经济基础决定上层建筑的基本原理，从分析生产工具和生产关系入手，揭示中国古代历史从原始社会至封建社会的发展进程：“大抵在西周以前就是所谓‘亚细亚的’原始公社社会，西周是与希腊、罗马的奴隶制时代相当，东周以后，特别是秦以后，才真正地进入了封建时代。”[⑤] 该书在运用马克思社会形态理论解释中国古代社会方面取得重大突破，“制造出来一个唯物史观的中国古代文化体系”，[⑥] 出版后立即引

---

① 郭沫若：《中国古代社会研究》，商务印书馆 2011 年版，“自序”，第 4—5 页。

② 《马克思恩格斯选集》第 2 卷，人民出版社 2012 年版，第 3 页。

③ 《马克思恩格斯选集》第 4 卷，人民出版社 2012 年版，第 192—193 页。

④ 郭沫若：《中国古代社会研究》，“自序”，第 6 页。

⑤ 郭沫若：《中国古代社会研究》，第 161—162 页。

⑥ 董作宾：《中国古代文化的认识》，《中国现代学术经典·董作宾卷》，河北教育出版社 1996 年版，第 614 页。

起中国学界的高度关注。嵇文甫称赞："就大体看，他那独创的精神，崭新的见解，扫除旧史学界的乌烟瘴气，而为新史学开其先路的功绩，自值得我们的敬仰。"① 郭沫若用唯物史观解释中国历史发展，将历史研究从"整理"转向"解释"，得到了张荫麟的认可："它的贡献不仅在若干重要的发现和有力量的假说……尤在它例示研究古史的一条大道。那就是拿人类学上的结论作工具去爬梳古史的材料；替这些结论找寻中国记录上的佐证，同时也就建设中国古代社会演化的历程。"② 顾颉刚认为，"中国古代社会的真相，自有此书后，我们才摸着一些边际"。③

尽管论战各方的政治取向差异很大，但均着力从社会经济角度对中国历史进行宏观阐释，唯物史观遂成为论战各方共同使用的理论分析工具。《〈政治经济学批判〉序言》关于人类社会形态发展演进的经典表述，成为人们进行中国历史分期的基本理论依据。不仅郭沫若代表的马克思主义者高扬唯物史观，而且陶希圣、顾孟余等国民党改组派、胡秋原等所谓"第三种人"及李季等托派分子，都竞相借用唯物史观诠释中国历史。孙倬章自称，"近年完全站在马克思列宁主义的立场，对于中国革命，常欲作一番切实的研究"。④ 杜畏之申明，"我们研究中国历史的方法同研究世界史的方法一样，只有一种，就是历史唯物论"。⑤ 甚至也有日本学者认为，"我们为求科学地将中国社会之历史底发展过程，正确地去把握去理解，也必须照在唯一科学的正确的方法论——唯物辩证法——之光下，加以观察"。⑥

需要注意的是，论战各方均认为掌握了唯物史观，指责对手不懂或

---

① 文甫：《评郭沫若〈中国古代社会研究〉》，《大公报》1931 年 10 月 12 日，第 3 张第 10 版。

② 素痴：《评郭沫若〈中国古代社会研究〉》，《大公报》1932 年 1 月 4 日，第 2 张第 8 版。

③ 顾颉刚：《当代中国史学》，胜利出版公司 1947 年版，第 100 页。

④ 孙倬章：《中国经济的分析》，《读书杂志》第 1 卷第 4—5 期合刊，1931 年 8 月 1 日，第 3 页。

⑤ 杜畏之：《古代中国研究批判引论》，《读书杂志》第 2 卷第 2—3 期合刊，1932 年 3 月 30 日，第 14 页。

⑥ 田中忠夫：《中国社会史研究上之若干理论问题》，《读书杂志》第 2 卷第 2—3 期合刊，1932 年 3 月 30 日，第 2 页。

违背马克思主义。张横批评陶希圣，“他标榜着唯物论的旗帜，反对唯心史观的统治——这正是他能够迷惑一般青年学者底一种主要根据……唯物论在他的历史学中只是一种装饰品，假面具”。[①] 孙倬章批评胡秋原：“政治经济的修养，过于缺乏”“马克思列宁主义的修养，过于缺乏”；胡秋原反唇相讥：“如果马克斯主义真是像孙君懂的那个东西，我就不懂并不以为惭愧，不，懂才怪丑哩。”[②] 王宜昌甚至批评所有人都是“将中国史实嵌进”历史唯物论，“但同时是不瞭理清楚历史的唯物论，或者有意滑头而曲解而修改而捏造了他们的所谓历史唯物论”。[③] 一时间，“论战中各人都以自己是唯物的，他人全都是唯心的；自己是辩证的，他人全都是机械的”。[④] 正如王礼锡所言，“在中国社会史的论战里……没有唯心论者插足的余地”。[⑤]

从总体上看，论战各方大多将经济生产视为人类存在和发展的基础，符合唯物史观的基本要求。恩格斯在《共产党宣言》1883 年德文版序言中对唯物史观作了集中阐释，即“每一历史时代的经济生产以及必然由此产生的社会结构，是该时代政治的和精神的历史的基础”。[⑥] 因而，“物质生活的生产方式制约着整个社会生活、政治生活和精神生活的过程”。[⑦] 论战各方反复申明这一基本原理，着力从经济视角观察社会发展。郭沫若运用生产力决定生产关系和社会制度的观点探究中国古史，形成以社会形态为研究对象的新研究范式。王礼锡强调，“经济的结构，是一切精神文化的最基础的结构，要理解中国一切精神文化的结构，必

① 张横：《评陶希圣的历史方法论》，《读书杂志》第 2 卷第 2—3 期合刊，1932 年 3 月 30 日，第 3 页。

② 孙倬章：《秋原君也懂马克思主义吗?》，《读书杂志》第 2 卷第 2—3 期合刊，1932 年 3 月 30 日，第 1—2 页；胡秋原：《略覆孙倬章君并略论中国社会之性质》，《读书杂志》第 2 卷第 2—3 期合刊，1932 年 3 月 30 日，第 2 页。

③ 王宜昌：《中国社会史短论》，《读书杂志》第 1 卷第 4—5 期合刊，1931 年 8 月 1 日，第 2 页。

④ 礼锡：《论战第二辑序幕》，《读书杂志》第 2 卷第 2—3 期合刊，1932 年 3 月 30 日，无页码。

⑤ 王礼锡：《中国社会史论战序幕》，《读书杂志》第 1 卷第 4—5 期合刊，1931 年 8 月 1 日，第 6 页。

⑥ 《马克思恩格斯选集》第 1 卷，人民出版社 2012 年版，第 380 页。

⑦ 《马克思恩格斯选集》第 2 卷，第 2 页。

须彻底地理解中国的经济的结构”。[①] 朱新繁认为，“一切社会制度，政治、宗教、道德、法律，都是建筑在当时的生产方法的基础上，生产方法又是因生产力的发展而改变；必须是生产力发展了，生产方法才能改进；必须生产方法改进了，然后旧的社会制度才会发生动摇，适应于新的生产方法的社会制度才能建立起来”。[②] 论战各方大多以唯物史观自许并认其为科学理论。

马克思主义者自当运用唯物史观指导历史研究，而陶希圣等国民党背景的非马克思主义史家也热衷于借用唯物史观，则侧面证明了唯物史观的科学价值和广泛影响力。陶希圣提出要用历史的、社会的、唯物的观点研究中国社会，强调“中国历史是地理、人种及生产技术与自然材料所造成的”；[③] “思想不能决定存在，反之，存在乃决定思想。社会之经济构造变迁，政治制度及政治思想相随变迁。我们如果寻出政治制度及政治思想的变迁，必更寻求他们变迁的决定原因于社会经济构造的变迁”。[④] 陶希圣自认为，“我对于马克思与列宁的著作与论文，从英文及日文译本上，下了工夫。同时对于批评马克思主义的论著，也选读了不少。我的思想方法，接近唯物史观，却并不是唯物史观。与其说我重视马克思恩格斯的作品，无宁说我欣赏考茨基的著作”。[⑤] 尽管陶希圣学理来源不限于唯物史观，但马克思主义学说显然对其产生了深远影响，而且他后来反对教条化和公式化运用唯物史观，但反复申明自己并不反对唯物史观本身。何兹全认为，陶希圣“读过马克思、恩格斯、考茨基等人的著作，受他们的影响而标榜唯物史观、辩证法，这使他成名，在学术上有高人之处”，[⑥] “就学术论学术，使陶希圣高出他的同辈史学家独领风骚的也就是这‘唯物辩证法’。没有辩证法，陶希圣写不出这么多

---

① 王礼锡：《中国社会史论战序幕》，《读书杂志》第1卷第4—5期合刊，1931年8月1日，第3页。

② 朱新繁：《关于中国社会之封建性的讨论》，《读书杂志》第1卷第4—5期合刊，1931年8月1日，第15页。

③ 陶希圣：《中国社会与中国革命》，新生命书局1929年版，第2页。

④ 陶希圣：《中国政治思想史》，新生命书局1932年版，“绪言”，第7—8页。

⑤ 陶希圣：《潮流与点滴——陶希圣回忆录》，中国大百科全书出版社2016年版，第103页。

⑥ 何兹全著，潘雯瑾整理：《何兹全学述》，浙江人民出版社2000年版，第14页。

书，也成不了陶希圣。”[①]

论战进一步提升了唯物史观的社会影响力，推动了马克思主义更加广泛地传播。王宜昌指出：“各种杂志如‘新生命’‘思想’‘新思潮’等中，多是依据历史的唯物论这根本的指导原理来的。”[②] 论战各方普遍使用马克思主义概念术语，引证马克思主义经典，助推了马克思主义经典著作翻译热潮。这种翻译热潮又推动越来越多的人理解并接受唯物史观，扩大了唯物史观的学术影响力。吕思勉、顾颉刚等热衷于考据的非马克思主义史家也对唯物史观表示相当接受。顾颉刚承认，“我自己决不反对唯物史观……至于研究古代思想及制度时，则我们不该不取唯物史观为其基本观念”。[③] 萨孟武认为，“社会的发展，是有一定程序的，若据各国经济史所示，则社会的发展过程，大约是由原始共产社会进为奴隶社会、农奴社会、资本主义社会，最后才达到社会主义社会”。[④] 许多非马克思主义史家关注并在一定程度上认可唯物史观的情况，从侧面佐证了唯物史观为中国学界广泛接受的事实。

二 学派分化与马克思主义史学的崛起

尽管论战各方竞相宣称以唯物史观指导中国历史研究，但并不意味着他们均接受和信仰马克思主义。参与论战的主要人物，既有郭沫若、吕振羽等马克思主义者，也有陶希圣、梅思平等新生命派，还有李季、陈邦国、杜畏之等托派分子，更有胡秋原等所谓“第三种人”。论战各方政治立场不同，对唯物史观的理解各异，进而导致他们对中国古代历史问题的认识产生重大分歧。论战的激烈展开，反过来又进一步推动了学术分化，中国马克思主义史学勃然兴起，非马克思主义学者也逐渐形

---

① 何兹全：《我和中国社会经济史研究》，载张世林编《学林春秋初编》，朝华出版社1999年版，上册，第266页。

② 王宜昌：《中国社会史短论》，《读书杂志》第1卷第4—5期合刊，1931年8月1日，第3页。

③ 顾颉刚：《古史辨》第4册，朴社1933年版，“顾序”，第22页。

④ 萨孟武：《中国社会问题之社会学的研究》，华通书局1929年版，第1页。

成各自的学术流派。

论战各方围绕亚细亚生产方式、中国有无奴隶社会及秦汉以后中国社会性质问题，展开讨论并产生重大分歧。关于亚细亚生产方式，郭沫若最初理解为“原始共产社会”，后来视其为奴隶制以前的族长制。[①] 吕振羽认为其“不外是一种种族国家的奴隶制度”。[②] 李季认为是一种与奴隶社会并列的独特的社会经济形态，胡秋原认为是一种东方封建社会的特殊形态，是“专制主义的农奴制”；王宜昌则认为是指印度和东方的封建社会。[③] 各方关于亚细亚生产方式的争论焦点，本质上是马克思对人类社会一般规律的认识是否具有普适性的问题。郭沫若从马克思主义普适性视角看待中国历史，赞同马克思关于社会形态演进阶段的认识，将中国历史分为原始共产制、奴隶制、封建制和资本制四个阶段。[④] 吕振羽将中国历史划分为原始公社制、奴隶制、封建制和半殖民地半封建制社会，同样论证了马克思关于社会历史发展的普遍规律适用于中国社会。[⑤] 马克思主义者对所谓“亚细亚生产方式特殊论”加以批驳，反复阐述马克思主义社会形态理论的普适性。

中国是否经历过奴隶社会也是论战焦点。李季认为中国古代从氏族社会直接过渡到亚细亚社会，之后进入封建社会，奴隶社会不是人类历史的必经道路。杜畏之认为，“中国没有划然的奴隶社会一阶段”。[⑥] 王礼锡认为，“在中国的各时代中，奴隶是从来有的，但不曾在生产上占过支配的地位”。[⑦] 在他们看来，奴隶制生产关系未在中国社会中占有过支配地位，因此，中国并没有按照马克思提出的人类社会发展规律演进，

① 杜衎（郭沫若）：《诗书时代的社会变革与其思想上的反映（续）》，《东方杂志》第26卷第11号，1929年6月10日，第54页；郭沫若：《社会发展阶段之再认识》，《文物》第1卷第2期，1936年7月15日，第15—16页。

② 吕振羽：《殷周时代的中国社会》，不二书店1936年版，第13页。

③ 林甘泉等：《中国古代史分期讨论五十年（1929—1979年）》，第32—33页。

④ 杜顽庶（郭沫若）：《中国社会的历史的发展阶段》，《思想月刊》第4期，1928年，第19页。

⑤ 吕振羽：《史前期中国社会研究》，人文书店1934年版，“李序”，第2页。

⑥ 杜畏之：《古代中国研究批判引论》，《读书杂志》第2卷第2—3期合刊，1932年3月30日，第21页。

⑦ 王礼锡：《中国社会形态发展史中之谜的时代》，《读书杂志》第2卷第7—8期合刊，1932年8月10日，第16页。

而是在原始社会之后就进入封建社会。

就当时的时代背景而言，中国是否经历过奴隶社会，不仅仅是一个学术观点问题，更关系到马克思社会形态理论的普遍适用性及中国革命的合理性。马克思社会形态理论，承认并发现人类社会发展的一般规律，认为人类社会是从原始社会、奴隶社会、封建社会，经过资本主义社会向共产主义社会发展的。因此，中国是否经历过奴隶社会，是关涉马克思社会形态理论是否具有普遍真理性的重大问题。肯定中国存在奴隶社会，就是肯定马克思社会形态理论和马克思主义在中国的普适性。因此郭沫若、吕振羽等马克思主义者大多坚持并论证中国存在奴隶制社会。虽然马克思主义史家对中国奴隶社会的具体分期存在差异，但都肯定奴隶社会是中国社会历史必经阶段，肯定马克思主义理论的普适性。正如何干之所云："原始公产社会崩溃以后，接续而来的就是奴隶社会。这个历史的普通法则，不论在什么地方，都没有例外。"①

论战各方对秦汉以后中国社会性质同样存在着重大分歧。陶希圣等主张所谓"商业资本主义社会"说；李季等托派认为自秦至鸦片战争前为前资本主义生产方法时代；郭沫若则认为春秋以后为封建制。② 吕振羽认为周代是初期封建社会，从秦代到鸦片战争是"变种的"封建社会，鸦片战争以后是半殖民地半封建社会。③ 虽然郭沫若、吕振羽关于中国封建社会开始时间的观点有所差异，但都断定秦汉以后中国处于封建社会，旨在论证马克思社会形态理论的普遍适用性，说明中国历史发展符合马克思指出的人类社会发展的普遍规律。

社会史论战的本质是马克思社会形态理论是否适用于解释中国社会发展历程的争论。陶希圣宣称中国社会结构特殊，从学理上认定马克思社会形态理论不适合解释中国社会发展历程。马克思主义者坚信中国历史发展道路与世界多数国家所经历的路径是相同的——"中国人不是神，

---

① 何干之：《奴隶制度是什么》，载刘练编《何干之纪念文集（1906—2006）》，北京出版社 2006 年版，第 94 页。

② 参见德里克《革命与历史：中国马克思主义历史学的起源（1919—1937）》，翁贺凯译，江苏人民出版社 2008 年版，第 162—163 页。

③ 吕振羽：《史前期中国社会研究》，"李序"，第 2 页。

也不是猴子，中国人所组成的社会不应该有什么不同”；[①] “中国社会经济发展的法则，也和世界其他各民族一样，并没有什么本质的特殊”。[②]

这些学术分歧背后，包含着政治立场和政治诉求的差异，潜存着巨大的政治分歧。马克思主义史家认定秦以后中国社会是封建社会、鸦片战争以后是半殖民地半封建社会，充分论证了中国走反帝反封建革命道路的必然性与合理性。非马克思主义史家认为，秦汉以后的中国社会是商业资本主义社会，近代以来，中国进入了资本主义发展时期，同时否认近代中国处于半殖民地半封建社会的观点，其根本目的在于否定中国必须走反帝反封建革命道路的合理性。马克思主义史家极力论证中国社会符合人类社会发展普遍规律，最终必然进入社会主义，而非马克思主义史家则极力论证中国社会发展形态的特殊性，进而否认中国革命走向社会主义的合理性。

大体说来，马克思主义史家普遍坚持马克思的社会形态理论，严厉批判非马克思主义史家的亚细亚社会特殊论和中国国情特殊论，论证马克思主义理论的普适性。李季等坚持亚细亚生产方式的特殊性和“中国无奴隶社会”说，否定秦以后为封建社会，坚持中国国情特殊性及发展道路特殊性，旨在否定马克思主义的科学性、社会形态理论的普适性和中国反帝反封建革命的合理性。对此，翦伯赞明确指出：“在这些争论的中间，使我们触目皆是的，不是辩证唯物的历史方法的应用，反之，却是空洞的诡辩论者、实验主义者和一些小资产阶级的流派利用这些争论以图复活其相反的理论之可怜的企图，即使有些假借马克思术语的冒牌唯物历史家们，对于中国社会之史的发展这一问题上，唯物辩证法，也不免被他们歪曲变成修正主义，机会主义，机械主义了。”[③]

尽管非马克思主义者多采用马克思主义概念术语对中国历史进行解释，但其得出的学术观点与马克思主义史家存在根本性分歧，这便要求马克思主义史家必须划清与各种非马克思主义史家的界限。正如翦伯赞

---

① 郭沫若：《中国古代社会研究》，“自序”，第 3 页。

② 吕振羽：《中国经济之史的发展阶段》，载江明、桂遵义选编《吕振羽史论选集》，上海人民出版社 1981 年版，第 26 页。

③ 翦伯赞：《殷代奴隶社会研究之批判》，《劳动季报》第 6 期，1935 年 8 月，第 7 页。

所说，“对于这些含有毒性的理论之拔根的铲除，是我们的责任”。[①] 论战中确实存在众多自称以唯物史观为指导的非马克思主义者，托派以严灵峰为代表，包括刘仁静、彭述之、李季、王宜昌、杜畏之等；新生命派则有陶希圣、顾孟余、梅思平、陈邦国、朱伯康、梁园东等；读书杂志派则有王礼锡、胡秋原等。他们赞同使用唯物史观研究历史，但不能被视为马克思主义者。

马克思主义史家与非马克思主义史家不仅对唯物史观理解和运用有所不同，而且对中国历史的具体观点存在巨大分歧。这些学术分歧背后包含着政治立场和政治诉求的差异，这种差异因政治倾向的强化，必然导致论战过后的学术分化。其中最突出的现象，就是陶希圣创办《食货》杂志并分化形成所谓食货派，而吕振羽等马克思主义者在论战中成长，并迅速形成马克思主义史学流派。

论战高潮过后，人们对论战中的问题进行反思。社会史论战的突出偏向是运用唯物史观过程中的公式化、教条化倾向，郭沫若检讨：“我的初期的研究方法，毫无讳言，是犯了公式主义的毛病的。我是差不多死死地把唯物史观的公式，往古代的资料上套。而我所据的资料，又是那么有问题的东西。”[②] 侯外庐认为，“这场论战有一个最大的缺点，就是对于马克思主义的基本理论没有很好消化，融会贯通，往往是以公式对公式，以教条对教条”。[③] 王礼锡指出：“虽然谁都以唯物自居，而时常会陷于唯心的魔窟；谁都以辩证自居，而时常会拘于机械的公式。”[④] 故有人在论战以后明确提出：“我希望论中国社会史的人不要为公式牺牲材料。”[⑤] 伴随着公式化运用唯物史观的是，论战者只注意到唯物史观关于历史普遍规律的论述，而忽略了关于历史多样化发展的论述。正如

① 翦伯赞：《“商业资本主义社会问题”之清算》，《翦伯赞全集》第6卷，河北教育出版社2008年版，第391页。

② 郭沫若：《海涛（增补本）》，新文艺出版社1954年版，第118页。

③ 侯外庐：《韧的追求》，人民出版社2015年版，第209页。

④ 礼锡：《论战第二辑序幕》，《读书杂志》第2卷第2—3期合刊，1932年3月30日，无页码。

⑤ 陶希圣：《中国社会形式发达过程的新估定》，《读书杂志》第2卷第7—8期合刊，1932年8月1日，第8页。

王宜昌所说，“在一九二七年以来，人们都利用着历史的唯物论研究所得的结论作为根本的指导原理，而将中国史实嵌进去”。① 论战中出现了把中国历史生硬地“嵌入”唯物史观概念体系的做法，将异彩纷呈的世界历史纳入单一模型之中。翦伯赞批评说：“争辩的双方，都只以引经据典为能事，不以事实去说明历史，而以公式去推论历史，从而这一为了解决现实的革命问题而引发的历史研讨反而离开现实，变成经院派的空谈。”② 论战高潮过后，人们普遍意识到理论和材料方面的失当并加以补正。陶希圣指出：“中国社会史的理论争斗，总算热闹过了。但是如不经一番史料的搜求，特殊问题的提出和解决，局部历史的大翻修、大改造，那进一步的理论争斗，断断是不能出现的”，并表示要在切实的方法之下搜集材料，从扎实的史料入手探究中国社会史问题。③

正是在这种反思过程中，论战各方发生了剧烈分化。陶希圣受马克思学说影响较大，但也摄入了梅因、考茨基、奥本海末尔等人的思想，所以其使用的理论方法并不是纯粹的唯物史观，而是他自称的所谓社会史观。尽管陶希圣声明他不反对唯物史观，但事实已经表明他确实与马克思主义者所理解和运用的唯物史观有相当大的差异。正因如此，郭沫若评价陶希圣：“他的方法大抵是有依据唯物辩证法的倾向，但只是倾向，应该还要有更确切的把握。”④ 鉴于论战各方都不同程度地存在忽视史料的问题，陶希圣主张重视史料的收集、整理和充实，于 1934 年 12 月创办《食货》半月刊，开创了所谓食货学派。对社会历史作经济原因的解释，是陶希圣对唯物史观体悟的精到之处，说明由他开创的食货学派并没有否定唯物史观的解释效力。但陶希圣等人在研究旨趣上弱化了对中国社会性质、形态、革命道路等问题的讨论，主要立足于中国社会经济史材料，发掘中国历史的演变特点，这显然标志他与马克思主义史家的研究旨趣出现了根本差别。尽管食货派直接产生于社会史论战，但

① 王宜昌：《中国社会史短论》，《读书杂志》第 1 卷第 4—5 期合刊，1931 年 8 月 1 日，第 2 页。

② 翦伯赞：《历史哲学教程》，生活 · 读书 · 新知三联书店 2014 年版，第 255—256 页。

③ 陶希圣：《编辑的话》，《食货（半月刊）》创刊号，1934 年 12 月 1 日，第 29—30 页。

④ 杜荃（郭沫若）：《读“中国封建社会史”》，《新思潮》第 2—3 期合刊，1929 年 12 月 15 日，第 11 页。

陶希圣申明“食货学会会员不是都用唯物史观研究历史的”，意欲撇清与马克思主义史学的关系，说明食货派已经与马克思主义史学分道扬镳了。陶希圣代表的食货派与马克思主义史学的分野，主要集中于是否坚持马克思主义关于人类社会发展一般规律问题上。陶希圣确实注意到中国社会历史发展的特殊性——“中国社会的各个要素，虽大抵与欧洲社会史上曾经发现的各个要素，不甚悬殊，但自要素的结构来说，却自有特殊之点”。[①] 他认为，“中国社会发达过程很难捺进欧洲社会发达过程的铜模之内”。[②] 然而，片面强调中国历史的特殊性，便与马克思主义史学家在坚持人类社会发展普遍规律基础上强调特殊性，存在着根本差异。

马克思主义史学共同体同样在论战中逐渐形成，并在论战反思中迅速崛起。马克思主义者普遍运用唯物史观讨论中国历史问题，在论战中逐渐涌现出郭沫若、吕振羽、翦伯赞、何干之、吴泽等大批知名史家，撰写了一批以唯物史观为指导的有关中国历史的论著，构建起一套阐释中国古代历史的新解释体系。郭沫若 1930 年出版的《中国古代社会研究》，是第一部运用唯物史观研究中国古史的经典著作，对中国马克思主义史学起了奠基作用。吕振羽从 1930 年开始运用唯物史观研究中国古史，从 1933 年至 1936 年，陆续撰述出版《中国上古及中世纪经济史讲义》《史前期中国社会研究》《殷周时代的中国社会》。翦伯赞发表《关于“亚细亚的生产方法”问题》《“商业资本主义社会问题”之清算》等文，对社会史论战各派展开批判。何干之出版《中国社会性质问题论战》《中国社会史问题论战》等著作，在对论战进行评述的基础上，形成了马克思主义关于中国古史的基本观点。经由社会史论战，郭沫若等马克思主义史家集体登上现代史学舞台，构建起马克思主义史学关于中国历史的解释体系。

马克思主义史家在论战中坚持马克思社会形态理论的普适性，符合中国革命实践的客观需要，其基本立场和基本观点是正确的。通过反思论战，马克思主义史家也开始正视中国历史发展道路的特殊性问题，他

① 陶希圣：《如何观察中国社会》，载钟离蒙、杨凤麟主编《中国现代哲学史资料汇编》第 2 集第 5 册，辽宁大学哲学系 1982 年版，第 48 页。

② 陶希圣：《中国政治思想史》，“绪言”，第 15 页。

们在阐释亚细亚生产方式理论时，从最初论证马克思社会形态理论在中国的普适性，逐渐转变为探索中国社会发展的特殊性。如侯外庐从中国社会历史的特殊性视角，重新阐释亚细亚生产方式的内涵，提出了文明产生的“不同路径”说，将“古典的古代”和“亚细亚的古代”视为人类进入奴隶社会的两种不同路径。[①] 从论证马克思社会形态理论的普适性，转向以唯物史观探究中国历史的特殊发展道路，标志着中国马克思主义史学的正式形成。

三　社会史论战兼具学术性与政治性

社会史论战不是书斋里的争论，而是学术思想与政治斗争共同作用的结果。[②] 只有将政治性与学术性结合起来，才能认清这场论战的本质，理解中国马克思主义史学的独特品格。

1927 年，国民革命失败后，中国各派政治势力都在思考“中国向何处去”。为了探明中国出路，必须认清当时中国的社会性质，进而确定中国革命的性质和前途。中共六大认定中国社会具有半殖民地和半封建的双重性质，中国革命仍然是反帝反封建的民主革命。这一论断，引起中共党内托派以及陶希圣等国民党改组派的异议。中国社会性质决定着中国革命的性质，影响着中国革命对象、步骤与方法等重大政治问题，故中国各派政治势力围绕着中国社会性质问题展开了激烈论争。

对当时中国社会性质的激烈争论，延伸到对中国古代社会性质的探讨，现实政治问题转化为学术理论问题。正如何干之所言，“为着彻底认清目下的中国社会，决定我们对未来社会的追求，迫着我们不得不生出清算过去社会的要求。中国社会性质、社会史的论战，正是这种认识过去、现在与追求未来的准备工夫”。[③] 从历史角度纵向考察中国社会发

---

① 侯外庐：《中国古代社会史》，新知书店 1948 年版，“自序”。

② 参见陈峰《社会史论战：政治和学术价值双峰并峙》，《历史评论》2020 年第 4 期。

③ 何干之：《中国社会性质问题论战》，载刘炼编《何干之文集》第 1 卷，北京出版社 1994 年版，第 186 页。

展的来龙去脉，有助于明确中国现实社会性质。这样，作为中国社会性质论战的逻辑延伸，历史上中国社会各阶段的社会性质成为关注焦点。论战各方从讨论现实中国的社会性质开始，论及帝国主义入侵前的中国社会性质，再追溯中国封建制度的历史，又由封建制度论及殷周奴隶制度和亚细亚生产方式问题。这样，由“中国向何处去”这一问题引发的中国社会性质论战，便扩展为中国社会史论战。

社会史论战的核心问题是“中国社会是个什么样的社会”。对此，论战各方的学术讨论实质上包含着不同的政治态度和政治抉择。就学者的政治身份而言，郭沫若是中共党员，以王学文、潘东周、吴黎平等为代表的“新思潮派”，隶属于中共领导的中国社会科学家联盟；陶希圣、梅思平为代表的“新生命派”，属于国民党改组派；李季、严灵峰等人，则被视为中国“托派”。王礼锡、王宜昌、胡秋原代表的读书杂志派虽自称不属任何政治派别，但实际上多有党派色彩。他们站在各自的政治立场，通过学术讨论阐发政治主张，直接导致学术观点的分歧。吕振羽明确指出，“对中国社会史意见之不一致，主要是由于各种不同的政治成见在横梗着。所以在政治见解相同人们间，在一个共同的倾向上，自然能由相互的辩论而达到共同的见解；然在政治见解各异的人们间，无论在形式上有着何种的共同点，本质上是难能获得共同的结论的”。①

郭沫若等马克思主义者参加论战，不是学术自娱，而是旨在以学术回应现实关切，为解决中国现实问题提供学理依据。他们对中国古代社会性质的讨论，为支持中共六大关于当时中国是半殖民地半封建社会的论断、继续进行反帝反封建民主革命的主张，提供了历史和理论依据。他们还论证了马克思五种社会形态理论在中国的普遍适用性，从历史和理论两方面说明了中国走向社会主义的必然性。正如翦伯赞所言，“过去的历史不只是说明过去，而在实际上，是可以充作现在正在被压抑的人类冲锋陷阵的战斗的指南”。②

非马克思主义史家关于中国社会性质的各种判断，同样包含着政治

---

① 吕振羽：《是活的历史还是死的公式？——答王宜昌君》，《文化动向》第1卷第3号，1937年4月，第28页。

② 翦伯赞：《历史哲学教程》，第50页。

考虑。托派分子认定，大革命之后，中国封建势力已被消灭、资本主义已占优势，故主张中国不需要进行革命。身为国民党改组派的陶希圣，将秦汉以后的中国社会视为商业资本主义社会，否认中共的“半封建”说，[①] 这就抹杀了中共认定近代中国是半殖民地半封建社会的历史和理论前提，进而否定反帝反封建的革命道路。同时，陶希圣认为传统士大夫阶层具有游惰性、倚存性、争讼性，是中国历史的治乱之源。[②] 正是鉴于中国历史上士大夫阶层所产生的弊害，他建议国民党应着力肃清仍然潜存的传统士大夫势力，预防党内出现严重的官僚化弊端而危及政治统治。[③] 不同的政治立场决定了论战各方的学术观点分歧，而学术观点的分歧也强化了他们的政治分歧，导致政治派别的进一步分化。

社会史论战是适应现实政治需求而引发的、带有明显政治色彩的学术论战。既然是学术论战，就要围绕相应的学术问题，依据相应的学术规范和学术话语展开。论战过程中虽然存在将马克思社会形态理论当成现成的历史公式，机械地“裁定”和“解释”中国历史的问题，但决不能由此漠视或否定这场论战所具有的学术内涵。否则，就无法理解这场论战何以促成马克思主义史学的兴起，更无法理解它何以塑造中国马克思主义史学的独特品格。唯物史观指导下的历史研究，旨在挖掘和把握历史规律，是以学术方式解决政治问题，为现实政治指明方向和路径。与此同时，这场论战也是中国学者运用唯物史观考察中国古代历史的有益尝试。正是在这种学术尝试中，中国出现了第一批马克思主义史学典范之作，形成了中国马克思主义史学研究的新范式（探究历史现象背后的原因、动力及历史的连续性，发现历史发展的规律）等。社会史论战助推了中国马克思主义史学的崛起，形塑了中国马克思主义史学的独特品格，对 20 世纪中国历史学产生了深远影响。

---

① 陶希圣：《中国封建社会史》，南强书局 1929 年版，第 4 页。

② 陶希圣：《中国社会之史的分析》，岳麓书社 2009 年版，第 38—39 页。

③ 陶希圣：《从中国社会史上观察中国国民党》，《新生命》第 1 卷第 9 号，1928 年 9 月 1 日，第 11—13 页。

四 社会史论战与马克思主义史学的学术贡献

社会史论战为20世纪中国史学留下了丰厚学术遗产，最突出的就是依据马克思主义唯物史观阐述中国历史，从经济动因解释中国社会历史演进。

从研究旨趣层面看，社会史论战体现了民国史学的重大转向，即从实证史学转向唯物史观指导下的深度历史解释：不仅注重发现和探讨历史规律，而且注重探求历史发展的动力和趋势。换言之，就是从考史转向释史，从史证转向史解，从求真转向求解，从微观考证转向宏观阐释。与此同时，这场论战塑造了马克思主义史学的基本研究范式——运用唯物史观的基本原理指导历史研究，从宏观上阐释中国历史发展进程、规律及内在动力。

论战各方根据马克思在《〈政治经济学批判〉序言》中关于人类社会形态演进的阐述，结合中国社会历史发展实际，划分出中国社会形态的演变阶段。人们从生产力和生产关系的关系及相关要素入手，深入考察各历史时期重要的社会经济特征。他们应用唯物史观考察中国古代社会历史问题，没有局限于对具体历史事实的烦琐考据和浅层阐释，而是着力于从深层理论上探索各历史阶段的社会性质，分析社会各要素的关系及作用，发掘中国历史发展的内在动力。如此，其历史研究的关注点，自然集中于诸如土地制度、奴隶制、农民战争、商业资本主义、中国封建社会长期延续等重大问题。从这些历史重大问题出发考察中国历史的发展进程，必然使中国马克思主义史学以宏大叙事和理论分析为基本特征。从总体上把握中国社会历史发展进程，探究中国社会历史发展规律、发展道路和内在动力，逐渐构建起一套以唯物史观为指导的关于中国历史的新解释体系。这套新的解释体系，实际上就是马克思主义史学的研究范式。

正因关注历史发展规律及动力问题，中国马克思主义者开拓了历史研究的范围和领域。如郭沫若关于亚细亚生产方式的“原始社会”说，开启了运用唯物史观研究中国史前史的先河。吕振羽的《史前期中国社会研究》将考古发现的仰韶文化遗存与古代神话传说等文献资料相结合，论证中国原始社会的发展情况，开辟了中国史前时代（原始社会史）研究领域。社会史论战极大地拓展了历史研究的范围，开辟了诸如奴隶制社会、古史分期问题、商业资本主义社会、社会经济史、土地问题、对外商业贸易等史学研究新领域。除此之外，唯物史观的广泛传播，给民国史学研究带来了自下而上研究历史的新视角，过去被人们忽视的民众社会活动领域被纳入研究视野。社会变化的物质基础、普通民众的社会生活和风俗礼仪等，成为民国史学的新内容，也成为20世纪30年代以后中国社会科学研究的新热点。

从研究重心来看，社会史论战催生了社会经济史研究热潮。唯物史观将经济活动作为人类活动的主要方面，强调经济因素对社会历史发展的决定作用，即“物质生活的生产方式制约着整个社会生活、政治生活和精神生活的过程”。[①] 郭沫若率先关注殷周社会经济状况——“要研究商代的社会，第一步当然要研究商代的产业”，对作为“生活的基础”的渔猎、畜牧、农业、工艺、商贾等要项分别进行阐释，提供了从经济状况探究社会历史问题的研究范式。[②] 汤象龙、吴晗等创办《中国近代经济史研究集刊》，自许是“中国学术界研究近代经济史的创举”，“以讨论中国近代各种经济问题及现象，并介绍各种重要经济史料书籍为目的”。[③] 唯物史观指导下的历史研究，便自然从王朝政治转向社会经济。汤象龙说：“当时大家虽然说不上熟悉马克思主义的理论，但都倾向于唯物主义……主要倾向于社会和经济的分析。”[④] 社会史论战激发了人们对社会经济史的浓厚兴趣，人们普遍注意探究历史发展的经济原因，由此开启了史学界重视社会经济史研究的风气。正是以论战为契机，社会

---

① 《马克思恩格斯选集》第2卷，第2页。

② 郭沫若：《中国古代社会研究》，第208页。

③ 《中国近代经济史研究集刊》第2卷第1期，1933年11月，无页码。

④ 汤象龙：《汤象龙自述》，载高增德、丁东编《世纪学人自述》第3卷，北京十月文艺出版社2000年版，第323页。

经济史研究不仅成为历史研究的新重心，而且推动了中国学术界的经济史转向。除《食货》和《中国近代经济史研究集刊》之外，《现代史学》出版“中国经济史研究专号”、《中国经济》推出“中国经济史研究专号”并刊发大量经济史文章，吴晗等组织的史学研究会将研究重心设定为中国社会经济史，从社会、经济方面解析历史问题，万国鼎、陈登原、马乘风等学者也纷纷发表社会经济史成果。[①]

从方法论层面看，唯物史观为历史研究提供了现代科学研究方法，实现了史学研究的方法论变革。胡适自诩“科学”的实证主义，只是“以校勘、训诂为本的文献材料整理术”和“以内外考证为主的史料审定术”，[②] 并未超出乾嘉学派之故辙。真正给民国史学带来方法论变革的是唯物史观。唯物史观既是科学的历史观，也是科学的方法论。它倡导跨学科研究，致力于将社会科学诸门类如社会学、经济学、人类学等引入历史研究领域，综合运用各种学科的分析方法阐释历史。郭沫若《中国古代社会研究》最早将考古学、人类学与历史学整合起来，从多学科视角探究殷周社会，为民国史学的跨学科研究提供了范例。对此，张荫麟评价说：它例示研究中国古史的一条大道，“那就是拿人类学上的结论作工具去爬梳古史的材料”，“郭先生所例示的路径是值得后来史家的遵循的”。[③] 吕振羽运用人类学、考古学和历史文献学成果，探索中国历史上的野蛮时代、母系氏族社会、父系氏族社会，为“无人过问的史前期整理出一个粗略的系统”。社会史论战极大地推动了历史学与社会科学的融合发展。正如陆懋德所言，“自近世科学发达，凡解释历史的变化，必须根据考古学、人类学、民俗学、社会学、政治学、经济学等之定理，而与前人之徒逞臆说者不同”。[④] 如吴晗代表的史学研究会，尝试将社会学、统计学和经济学方法引入历史研究，借用经济学的概念术语

---

① 万国鼎：《中国田制史》，南京书店 1933 年版；陈登原：《中国田赋史》，商务印书馆 1936 年版；马乘风：《中国经济史》，商务印书馆 1937 年版。

② 许冠三：《新史学九十年》，岳麓书社 2003 年版，第 154 页。

③ 张荫麟：《评郭沫若〈中国古代社会研究〉》，载陈润成、李欣荣编《张荫麟全集》中卷，清华大学出版社 2013 年版，第 1211—1212 页。

④ 陆懋德：《史学方法大纲》，商务印书馆 2019 年版，第 101 页。

分析中国历史上的经济现象和经济问题。正是因为借助于社会学、经济学和统计学等社会科学方法，中国经济史研究不再局限于描述史实，而是着力于深入的定性定量分析，塑造了现代意义的经济史研究范式。

从历史研究的功能层面看，社会史论战塑造了中国马克思主义史学求真与致用的双重品格。郭沫若强调，“无论作任何研究，材料的鉴别是最必要的基础阶段。材料不够固然大成问题，而材料的真伪或时代性如未规定清楚，那比缺乏材料还要更加危险。因为材料缺乏，顶多得不出结论而已，而材料不正确便会得出错误的结论。这样的结论比没有更要有害”。[①] 他同时指出，“研究历史，和研究任何学问一样，是不允许轻率从事的。掌握正确的科学的历史观点非常必要，这是先决问题。但有了正确的历史观点，假使没有丰富的正确的材料，材料的时代性不明确，那也得不出正确的结论”。[②] 在对历史现象进行实证研究的基础上，揭示历史本质规律，是马克思主义史学的高明之处，即“‘整理’的究极目标是在‘实事求是’，我们的‘批判’精神是要在‘实事之中求其所以是’”。[③] 整理史料的方法所能做到的是“知其然”，还原历史的本来现象，但未必能知晓历史现象背后的因果关联，而郭沫若强调的批判精神就是要“知其所以然”，着力探寻历史现象背后的历史本质。注重探寻历史现象的本质和联系，探求历史真相，是中国马克思主义史学的特性。

马克思主义史学对历史本质和历史规律的探索，根本目的是认识和改造人类社会。这种致用功能在论战中得到集中体现，成为中国马克思主义史学的基本品格。马克思指出，“问题是时代的格言，是表现时代自己内心状态的最实际的呼声”。[④] 中国马克思主义史学自诞生之日起，就注重回应和解决现实问题，以解决时代提出的重大问题为己任。翦伯赞强调，“我们研究历史，不是为了宣扬我们的祖先，而是为了启示我

---

① 郭沫若：《十批判书》，人民出版社 2012 年版，第 1 页。
② 郭沫若：《中国古代社会研究》，“新版引言”，第 2 页。
③ 郭沫若：《中国古代社会研究》，“自序”，第 4 页。
④ 《马克思恩格斯全集》第 1 卷，人民出版社 1995 年版，第 203 页。

们正在被压抑中的活的人类，不是为了说明历史而研究历史，反之，而是为了改变历史而研究历史”。① 大革命失败后，如何认识中国社会性质以及革命的性质、对象、动力、前途等问题，在国内外引起激烈争论。正确认识中国社会和中国革命的性质，就要深入研究上古以来的历史道路；弄清楚现实中国社会的性质，是为了回答中国向何处去的问题，从而确定中国革命的发展道路和发展方向。郭沫若说：“对于未来社会的待望逼迫着我们不能不生出清算过往社会的要求。”② 这种以“未来的去向”为导向的观念，“第一次把历史研究摆到了政治斗争的前沿阵地上，使它具有直接的政治实践功能”。③ 这便有了郭沫若的《中国古代社会研究》之作。马克思主义史家参与社会史论战，为解决中国革命的若干重大问题提供历史借鉴，体现了马克思主义史学直面社会现实的学术品格。因此，唯物史观指导下的历史研究，不是做书斋里的所谓“纯粹学问”，而是密切关注和回应现实问题。中国马克思主义史学的崛起，绝不仅仅是在概念范畴层面推进中国史学研究，而是从整体上引导中国现代学术发生结构性变革。学术研究紧密结合中国革命的实践要求，根据革命实践确定研究课题，是中国马克思主义史学的基本品格。

20 世纪 30 年代的中国社会史大论战，蕴含着政治与学术双重内涵。论战促使各方在学术观点和政治立场上进一步分化和对立，中国马克思主义史学迅速崛起。经过论战的锤炼，马克思主义史学一方面形成了以唯物史观为指导、从宏观上把握中国历史发展进程、揭示历史发展规律及内在动力的研究范式；另一方面形成了求真与致用相统一的学术品格，为解决时代问题提供理论方法和智慧启迪，使马克思主义史学立于时代潮头，引领中国史学、中国学术的发展潮流。

马克思主义史学的崛起和唯物史观的进一步传播，大大推动了 20 世纪中国史学的进步：研究旨趣从微观考证转向宏观阐释，开拓了社会经济史研究领域，推动了历史学与社会科学的融合发展等。这些变革不仅

① 翦伯赞：《历史哲学教程》，第 49 页。

② 郭沫若：《中国古代社会研究》，“自序”，第 3 页。

③ 张书学：《中国现代史学思潮研究》，湖南教育出版社 1998 年版，第 395 页。

奠定了中国史学的发展格局和潮流方向，也是20世纪中国马克思主义史学留下的宝贵财富。今天，我们要继承这笔财富，传承和发扬中国马克思主义史学的学术品格，努力建构新时代中国马克思主义史学，引领和推动新时代中国史学高质量发展。

（原载《历史研究》2022年第2期）

唯物史观对重大历史和现实问题的科学解释

吴　英

习近平总书记在庆祝中国共产党成立100周年大会上的重要讲话中指出："中国共产党为什么能，中国特色社会主义为什么好，归根到底是因为马克思主义行！"唯物史观是马克思主义理论的核心思想。恩格斯在马克思墓前的讲话中曾经概括了马克思一生的两大发现，一是揭示人类社会历史发展规律的唯物史观，一是揭示现代资本主义生产方式运行规律的剩余价值理论。唯物史观是指导我们从事历史研究的科学理论。尽管改革开放以来，随着各种西方史学思潮和理论不断传入，并且影响越来越大，唯物史观对历史学的指导地位逐渐被边缘化，但从理论的体系性、解释时段的完整性、追溯因果关系的深刻性等方面比较，还没有哪一种历史理论能够同唯物史观比肩。下面我们就选取几个重大历史和现实问题来阐明唯物史观所具有的科学解释力。

一　唯物史观为解释重大历史和现实问题提供着科学的方法论指导

概括起来，唯物史观主要是从四个方面为研究和解释重大历史和现实问题提供着方法论的指导。

一是追溯历史发展的终极原因。从唯物史观的基本原理可知，马克思是在不断地追溯历史现象产生和发展的原因的。像属于上层建筑范畴的现象要从属于经济基础范畴的现象中去探寻其产生和变化的缘由；属于经济基础范畴的现象要从属于生产力范畴的现象中寻找其产生和变化缘由。在不断追溯原因产生的原因的基础上，唯物史观将人们在物质生产实践活动中形成的物质生产能力的提高作为历史发展的终极原因。

二是层次分析方法。马克思是将人类社会划分为生产力、生产关系（经济基础）、上层建筑三个层次来加以剖析的。其中，表层的历史现象要到深层的历史现象中去寻找其产生和变化的缘由。

三是依据生产方式划分历史发展阶段。生产方式是指生产力和生产关系的总和。唯物史观对历史发展阶段的划分是同唯物史观的基本原理紧密相连的。同西方史学家根据重大政治事件划分出的“古代、中古、近现代”诸阶段相比，唯物史观划分历史发展阶段的标准无疑更加深刻，也对人们认识如何实现向高级阶段的过渡更具启示意义。

四是依据生产力发展水平解析不同民族国家和不同文明之间的交往状况及其发展趋势。唯物史观认为，生产力的发展水平决定了不同民族国家和不同文明在世界分工体系中的地位，其中生产力发展水平较高的民族国家和文明在同生产力发展水平较低的民族国家和文明的交往中占据优势地位，能够在经济上剥削、在政治上欺凌、在文化上侵蚀后者，并在国际政治经济秩序的制定与维系上发挥主导作用；而生产力发展水平较低的民族国家和文明要想改变这种于自身不利的状况，必须不断地发展、提高自身的生产能力，缩小同生产力发展水平较高的民族国家和文明之间的差距，以逐渐改变自身在政治、经济和文化交往中的不利地位。

唯物史观乃是一以贯之的理论体系。它对单个民族国家和文明的发展以及对不同民族国家和文明之间的交往的解析都是从“生产力”这一历史发展的终极原因出发，逐层分析由生产力发展所引致的诸种变化，并由此揭示研究对象产生和发展的因果规律。

二　唯物史观对人类社会两次重大社会转型的解释

马克思以生产力和交往关系为主线，将人类历史的演进划分为三个阶段："人的依赖关系（起初完全是自然发生的），是最初的社会形态，在这种形式下，人的生产能力只是在狭小的范围内和孤立的地点上发展着。以物的依赖性为基础的人的独立性，是第二大形式，在这种形式下，才形成普遍的社会物质变换、全面的关系、多方面的需要以及全面的能力体系。建立在个人全面发展和他们共同的、社会的生产能力成为从属于他们的社会财富这一基础上的自由个性，是第三个阶段。第二个阶段为第三个阶段创造条件。因此，家长制的、古代的（以及封建的）状态随着商业、奢侈、货币、交换价值的发展而没落下去，现代社会则随着这些东西同步发展起来。"①

在"三形态理论"概括的社会演进中，包括两次重大的社会转型：一是从以人的依赖关系为特征的社会形态向以物的依赖关系为特征的社会形态的转型，也就是从以农业社会为主的前资本主义社会向以工业社会为主的资本主义社会的转型；二是从以物的依赖关系为特征的社会形态向以人的全面发展为特征的社会形态的转型，也就是从资本主义社会向未来社会的转型。

（一）从以人的依赖关系为特征的社会形态向以物的依赖关系为特征的社会形态的转型

马克思所谓的"人的依赖关系"是指对狭小的农村共同体、对宗法庇护关系的依赖关系，这是对前资本主义社会存在身份等级和宗法庇护关系的特征概括；而所谓的"物的依赖关系"是指对市场交换关系、对货币的依赖关系，这是对资本主义社会人与人之间的关系已经获得法律上的平等地位，但仍存在经济分配上巨大差异的特征概括。市场和交换关系的不断扩大是打破狭小的农村共同体对个体束缚的关键。而市场是交换产品的场所，它的规模取决于剩余产品的数量。剩余产品数量越大，市场的规模就会越大，参与交换的人数和频率就会越多。在现实世界，市场的真正扩大是同以农业生产为主的社会向以工业生产为主的社会转

① 《〈政治经济学批判（1857—1858 年手稿）〉摘选》，《马克思恩格斯文集》第 8 卷，人民出版社 2009 年版，第 52 页。

型相伴而生的，而这又是以农业劳动生产率的提高为前提的。只有农业劳动生产率提高了，农业部门才会产业剩余劳动力，并从农业部门中游离出来到工业部门从事劳动；也只有农业劳动生产率提高了，剩余农产品才会增多，才能用于交换更多的工业产品，并由此导致市场规模的不断扩大。

随着工业部门和市场经济的发展，城市的数量和规模也在不断扩大，人们逐渐摆脱过去束缚他们的农村共同体和宗法庇护关系，到城市去工作与生活，由此对人的依赖关系逐渐演变为对物的依赖关系。这一切的前提则是劳动生产能力的提高。马克思对此有精辟论述：“重农学派的正确之点在于，剩余价值的全部生产，从而资本的全部发展，按自然基础来说，实际上都是建立在农业劳动生产率的基础上的。……超过劳动者个人需要的农业劳动生产率，是全部社会的基础，并且首先是资本主义生产的基础。”①

（二）从以物的依赖关系为特征的社会形态向以人的全面发展为特征的社会形态的转型

马克思将未来共产主义社会的本质特征界定为消灭脑体分工、实现人的全面发展。其中隐含的因果链条是，生产能力普遍而巨大的提高导致脑体劳动分工的根本消失，因脑体分工而产生的不平等分配也失去其合理性。马克思还将劳动时间的缩短作为实现共产主义的根本条件，“自由王国只有建立在必然王国的基础上，才能繁荣起来。工作日的缩短是根本条件”。② 而要大幅缩短劳动时间，前提条件就是大大提高劳动生产率，以越来越短的时间生产出过去用较长时间才能生产出的产品和服务，甚至使用人工智能来替代人的劳动，使人们有更充裕的时间来实现自身的全面发展。

从对人类社会历史上已经实现和将要实现的两次重大转型的分析看，唯物史观都是从分析生产力的提高这一历史发展的终极原因开始的，接

① 《资本论》第 3 卷，《马克思恩格斯文集》第 7 卷，人民出版社 2009 年版，第 888 页。

② 《资本论》第 3 卷，人民出版社 2009 年版，第 929 页。

着分析由生产力提高而导致的生产关系和上层建筑这些不同层面所发生的一系列变化，这表明唯物史观是一种逻辑连贯的体系性理论。

三 唯物史观对两种类型国家向社会主义过渡的解释

向社会主义过渡的问题，马克思区分出两类国家。一类是那些生产力发展水平较高的先发资本主义国家；另一类是资本主义有一定程度发展、但生产力发展水平仍然较低的后发国家。

（一）先发资本主义国家向社会主义过渡的两条道路

马克思准确地把握了资本主义的内在基本矛盾，即社会化大生产同生产资料私人占有制之间的矛盾。既然生产关系必须适应生产力发展的需要，那么随着社会化大生产的不断推进，生产资料私人占有制对它的束缚必然会越来越严重，从而要求必须对生产关系进行变革。至于这种变革所采取的手段是渐进的自我扬弃还是突发的革命，马克思在不同的著述中提出了两种可能性。

在与恩格斯为共产主义者同盟起草的纲领《共产党宣言》中，马克思号召无产阶级以暴力革命方式推翻资产阶级统治。“我们循序探讨了现存社会内部或多或少隐蔽着的国内战争，直到这个战争爆发为公开的革命，无产阶级用暴力推翻资产阶级而建立自己的统治。”① 而在马克思对政治经济学做出深刻研究，特别是在对他那个时代资本主义的一些演变做出敏锐观察后，他提出了资本主义向社会主义过渡的另一种可能性，即“自我扬弃”式的过渡道路。他在分析股份公司的建立对资本主义演变的意义时指出：“那种本身建立在社会生产方式的基础上并以生产资料和劳动力的社会集中为前提的资本，在这里直接取得了社会资本（即那些直接联合起来的个人的资本）的形式，而与私人资本相对立，并且它的企业也表现为社会企业，而与私人企业相对立。……这是作为私人

① 《共产党宣言》，《马克思恩格斯文集》第 2 卷，人民出版社 2009 年版，第 43 页。

财产的资本在资本主义生产方式本身范围内的扬弃。”马克思认为，资本主义的这种“自我扬弃”构成“通向一种新的生产形式的单纯过渡点”。[①] 在论述由员工持股的合作工厂时，马克思表达了同样的思想。这些合作工厂的发展表明，“在物质生产力和与之相适应的社会生产形式的一定的发展阶段上，一种新的生产方式怎样会自然而然地从一种生产方式中发展并形成起来”。[②] 从先发资本主义国家的发展现实看，自我扬弃正在深刻发生，这可以从资本社会化程度的不断提高、高额累进税的征收、社会福利的不断完善等方面明显地观察到。

同先发资本主义国家向社会主义过渡紧密相连的一个问题是资本主义社会阶级结构演变问题。马克思同样在不同著述中提出了两种可能性。在《共产党宣言》中，马克思指出资本主义社会阶级结构极化的现象，“我们的时代，资产阶级时代，却有一个特点：它使阶级对立简单化了。整个社会日益分裂为两大敌对的阵营，分裂为两大相互直接对立的阶级：资产阶级和无产阶级”。[③] 这种阶级结构极化现象必然导致资产阶级和无产阶级之间矛盾的不断加剧，由此导致无产阶级通过革命夺取政权，建立社会主义制度。从西欧国家的历史发展看，确实曾经有过两大阶级矛盾不断激化，激起无产阶级革命建立社会主义政权的先例，但这种发展路径并没有成为资本主义社会演变的主流，而且几次社会主义革命也先后都以失败告终。

马克思在对政治经济学和资本主义在他那个时代的演进进行深入研究和观察后提出了阶级结构演进的另一种可能性，即随着资本主义社会生产力的发展创造出更多的脑力劳动者工作职位，由此造成从事脑力劳动的新中间阶级的兴起，改变资本主义社会阶级结构极化的趋势。像马克思在《剩余价值理论》中明确指出了中等阶级数量不断增加、无产阶级数量不断缩小的事实，“‘高深的思想家’马尔萨斯却不这样认为。他的最高希望是，中等阶级的人数将增加，无产阶级（有工作的无产阶级）在总人口中的比例将相对地越来越小（虽然它的人数会绝对地增

① 《资本论》第3卷，《马克思恩格斯文集》第7卷，第494—495、497页。

② 《资本论》第3卷，《马克思恩格斯文集》第7卷，第499页。

③ 《共产党宣言》，《马克思恩格斯文集》第2卷，第32页。

加）。马尔萨斯自己认为这种希望多少有点空想。然而实际上资产阶级社会的发展进程却正是这样。”① 新中间阶级的兴起并在资本主义社会中占据劳动者的多数是同前述的资本主义的自我扬弃联系在一起的，它缩小了西方资本主义社会的贫富差距，提高了人民的生活水平，增加了社会的稳定性；但与此同时也在不断地改变着资本主义制度本身，使它愈益表现出自我扬弃的趋势。

新中间阶级的兴起和壮大不仅同马克思有关资本主义自我扬弃的观点相联系，而且同马克思有关共产主义社会的本质特征是消灭脑体劳动分工的观点相呼应。将未来共产主义社会的本质特征界定为消灭脑体劳动分工的思想贯穿于马克思的一生。在早期标志着唯物史观诞生的著作《德意志意识形态》中，马克思以人们在不同时间从事不同工作形象地表明了自己的观点，“当分工一出现之后，任何人都有自己一定的特殊的活动范围，这个范围是强加于他的，他不能超出这个范围：他是一个猎人、渔夫或牧人，或者是一个批判的批判者，只要他不想失去生活资料，他就始终应该是这样的人。而在共产主义社会里，任何人都没有特殊的活动范围，而是都可以在任何部门内发展，社会调节着整个生产，因而使我有可能随自己的兴趣今天干这事，明天干那事，上午打猎，下午捕鱼，傍晚从事畜牧，晚饭后从事批判，这样就不会使我老是一个猎人、渔夫、牧人或批判者。”②

马克思的这种形象描述曾被讥讽是浪漫主义的乌托邦想象，但考察马克思的后期著作，我们会发现，这种有关共产主义社会本质特征的观点是马克思一生所坚持的，“在共产主义社会高级阶段，在迫使个人奴隶般地服从分工的情形已经消失，从而脑力劳动和体力劳动的对立也随之消失之后；在劳动已经不仅仅是谋生的手段，而且本身成了生活的第一需要之后；在随着个人的全面发展，他们的生产力也增长起来，而集体财富的一切源泉都充分涌流之后，——只有在那个时候，才能完全超出资产阶级权利的狭隘眼界，社会才能在自己的旗帜上写上：各尽所能，

① 《剩余价值理论（〈资本论〉第四卷）》，《马克思恩格斯全集》第26卷第3册，人民出版社1974年版，第63页。

② 《德意志意识形态》，《马克思恩格斯文集》第1卷，人民出版社2009年版，第537页。

按需分配!”[①] 联系马克思关于共产主义本质特征的界定，可以看出，作为脑力劳动者的新中间阶级的兴起和成长为社会的多数群体，是在向共产主义社会发展进程中迈出的坚实一步。

(二) 后发国家直接向社会主义过渡及其条件

马克思有关后发国家向社会主义过渡问题的研究是由俄国问题引发的。1861 年农奴制改革后的俄国处于社会历史发展的十字路口：一方面，农奴制发生普遍危机、资本主义正在获得发展；另一方面，广大农村还存在实行土地共有的农村公社，呈现着非资本主义发展的可能性。在这种情况下，俄国知识阶层就俄国社会的发展方向问题产生激烈争论。以米海洛夫斯基为代表自由民粹派，极力主张摧毁农村公社，发展资本主义。而以查苏利奇为代表的激进民粹派则主张避免走资本主义道路，在保存农村公社的基础上走社会主义道路。查苏利奇还给马克思写信，就俄国社会发展的前途问题向马克思请教。面对现实提出的问题，马克思开始研究俄国问题。他写作了一系列重要文献，探讨了公社所有制的历史和像俄国那样保存着农村公社的后发国家向社会主义过渡的问题。

马克思首先肯定俄国有可能直接向社会主义过渡。像他指出，俄国有可能走一条“在发展它所特有的历史条件的同时取得资本主义制度的全部成果，而又可以不经受资本主义制度的苦难”[②] 的道路。而且，马克思还具体拟出了俄国直接向社会主义过渡的条件。一是需要汲取先发资本主义国家在发展生产力方面所取得的一切积极成果。“俄国不是脱离现代世界孤立生存的……正因为它和资本主义生产是同时存在的东西，所以它能够不经受资本主义生产的可怕的波折而占有它的一切积极的成果。”[③] 二是需要对农村公社进行民主化改造。由于农民长期委身于沙皇专制统治下，缺乏掌握自身政治与经济命运的自觉，需要通过民主化改

① 《哥达纲领批判》，《马克思恩格斯文集》第 3 卷，人民出版社 2009 年版，第 435—436 页。

② 《给〈祖国纪事〉杂志编辑部的信》，《马克思恩格斯文集》第 3 卷，第 464 页。

③ 马克思：《给维·伊·查苏利奇的复信》，《马克思恩格斯文集》第 3 卷，第 571 页。

造以提高其觉悟。正如马克思所指出的："也许只要用各公社自己选出的农民代表会议代替乡这一政府机关就行了，这种会议将成为维护它们利益的经济机关和行政机关。"① 三是需要有俄国革命，以免农村公社遭受资本主义发展的破坏。正如马克思所指出的："如果革命在适当的时刻发生……那么，农村公社就会很快地变为俄国社会新生的因素，变为优于其他还处在资本主义制度奴役下的国家的因素。"②

其中涉及的一个具有重大现实意义的理论问题就是如何理解"汲取资本主义一切积极成果"的内涵问题。考察经典作家的论述可知，马克思是将市场经济包括在这"积极成果"之中的。像他在给查苏利奇的复信中就指出，俄国不仅要引进机器等西方先进技术，而且要引进交换机构等市场交换的组织和机制，而后者是需要一段孕育和发展时间的，"俄国为了采用机器、轮船、铁路等等，是不是一定要像西方那样先经过一段很长的机器工业的孕育期呢？同时也请他们给我说明：他们怎么能够把西方需要几个世纪才建立起来的一整套交换机构（银行、信用公司等等）一下子就引进到自己这里来呢？"③

马克思其实早在《1857—1858 年经济学手稿》中就从历史发展规律的角度论证了市场经济是发展人类能力的必经阶段。像他认为，只有以交换价值为基础的生产方式才能产生个人关系和个人能力的普遍性和全面性，"全面发展的个人——他们的社会关系作为他们自己的共同的关系，也是服从于他们自己的共同的控制的——不是自然的产物，而是历史的产物。要使这种个性成为可能，能力的发展就要达到一定的程度和全面性，这正是以建立在交换价值基础上的生产为前提的，这种生产才在产生出个人同自己和同别人的普遍异化的同时，也产生出个人关系和个人能力的普遍性和全面性"。④

由此可见，市场经济是养成人的独立性，发展人的多方面的生产能

① 马克思：《给维·伊·查苏利奇的复信》，《马克思恩格斯文集》第 3 卷，第 575 页。

② 马克思：《给维·伊·查苏利奇的复信》，《马克思恩格斯文集》第 3 卷，第 582 页。

③ 马克思：《给维·伊·查苏利奇的复信》，《马克思恩格斯文集》第 3 卷，第 571 页。

④ 《经济学手稿（1857—1858 年）》，《马克思恩格斯全集》第 46 卷（上），人民出版社 1979 年版，第 108—109 页。

力和交往关系的不可跨越的发展阶段，是不能由阶级斗争和无产阶级专政来替代的。但是在现实社会主义国家的建设实践中，苏联和我国改革开放前的经济发展模式都是将对“积极成果”的认识仅仅局限于技术层面而将市场机制排除在外的，它使得经济长期缺乏活力。在中国，是邓小平同志汲取经验教训，引入市场经济，解决了这个长期困扰现实社会主义国家发展的问题。由此使中国经济建设进入快车道，历经40余年的发展，中国的经济总量已跃居世界第二位，国际影响力不断提升，迎来了中华民族伟大复兴的重大机遇。

四 唯物史观对全球化的解释

全球化是近代以来由西方先发资本主义国家启动的历史进程，尔后逐渐将世界所有国家都纳入其中，形成一个统一的整体。任何国家和地区的发展都不可能不受全球化进程的影响。对这一重大历史和现实问题，唯物史观给出了系统的解释，即马克思著名的“世界历史”理论。

马克思的世界历史理论表述了以下思想。

其一，马克思指出，人类社会由最初的民族、地域的孤立的历史向世界历史的转变，是具有历史必然性的规律，不可逆转。像马克思曾论述：“各民族之间的相互关系取决于每一个民族的生产力、分工和内部交往的发展程度。”[①] 也就是说，民族、地域的历史向世界历史的转变，是“生产力”“分工”和“交往”发展的结果。因此，这种转变具有必然性与不可逆转性；并且，表现为由低层次向高层次、更高层次的动态演进过程。

其二，促进交往走向全球层面的推动力是资本的逐利运动。马克思深刻指出：“资本一方面要力求摧毁交往即交换的一切地方限制，征服整个地球作为它的市场，另一方面，它又力求用时间去消灭空间，就是说，把商品从一个地方转移到另一个地方所花费的时间缩减到最低限度。

① 《德意志意识形态》，《马克思恩格斯文集》第1卷，第520页。

资本越发展……也就越是力求在空间上更加扩大市场。”① 从马克思的论述可知，“资本”乃是推动全球化发展的直接动力源，它不仅在空间上要占领整个地球，而且在时间上要尽量缩短它来往于全球各个角落的时间。这些预见在科学技术高度发展的今天已经成为现实。

其三，全球化是一柄“双刃剑”，它打破闭关自守，推动着不同民族国家的交流与共生；但同时却又把市场“弱肉强食”的残酷机制传播开来，造成全球范围的两极分化。马克思指出：“自由竞争在一个国家内部所引起的一切破坏现象，都会在世界市场上以更大的规模再现出来。”②

其四，全球化的历史意义在于为向共产主义过渡准备条件。在马克思的心目中，共产主义的实现，不是一个地方、一个国家的事业，而是世界范围的共同行动。像他指出：“共产主义只有作为占统治地位的各民族‘一下子’同时发生的行动，在经验上才是可能的，而这是以生产力的普遍发展和与此相联系的世界交往为前提的。”③

结合前述马克思有关先发资本主义国家向社会主义过渡的两条道路的观点，我们认为，由先发资本主义国家发起的全球化进程由一种“弱肉强食”的不平等的国际政治经济秩序向一种更为平等的国际政治经济秩序演进的主要动力，就是像先发资本主义国家的无产阶级成长为新中间阶级一样，全球化进程中最初遭受残酷剥削的后发国家以自身实现赶超型发展、逐渐缩小同先发资本主义国家的差距。当几个主要后发国家能够实现赶超型发展，在经济上缩小同先发资本主义大国之间的差距，在政治上能够就如何建构更公平的国际政治经济秩序发表见解、并使之付诸实践之时，国际政治经济秩序就会向着更公平、更普惠的方向获得实质性的进展。

作为后发国家中的大国，中国经济的真正腾飞是从改革开放加入经济全球化进程开始的。我国充分利用后发优势汲取发达资本主义国家的

---

① 《〈政治经济学批判（1857—1858 年手稿）〉摘选》，《马克思恩格斯文集》第 8 卷，第 169 页。

② 《关于自由贸易问题的演说》，《马克思恩格斯文集》第 1 卷，第 757 页。

③ 《德意志意识形态》，《马克思恩格斯文集》第 1 卷，第 538—539 页。

一切积极成果，实现着赶超型发展。经过40余年的高速发展，中国迎来了实现中华民族伟大复兴的重大机遇，同时也迎来了改变旧的不平等的国际政治经济秩序的重大机遇。但正是因为看到中国崛起对旧的国际政治经济格局的威胁，以美国为首的西方国家开始了对中国从经济、政治、外交、文化等方面的全面围堵，力图阻止中国对西方国家的超越。面对百年未有之大变局，时间在发展速度更快的中国一方。中国越保持定力，越保持可持续发展，更公平的国际政治经济秩序就会越早到来，包括中国在内的发展中国家都将受益于新的国际政治经济秩序。

五　唯物史观对不同文明之间交往的解释

对文明虽然有不同的界定，像它可以指代同野蛮发展阶段相区别的文明发展阶段，但目前更多是指代在不同地区生活的人类集群，他们由于所处的自然和人文历史环境不同而形成了具有自身特色的生产生活方式和精神价值观。作为研究人类社会的科学理论，唯物史观对个体文明的发展和不同文明之间的交往都做出了深刻的认识。前面的内容实际已经涉及单个文明的发展及其规律，这里重点介绍一下马克思对不同文明之间交往的论述。

其一，个体文明从相对孤立的发展向更密切交流互动的发展的动力是生产能力的提高。随着生产能力的不断提高，剩余产品的不断增加，作为交换剩余产品的市场不断发展起来，而且不断超越地方性限制，向世界市场演进。“人们彼此间的世界主义的关系最初不过是他们作为商品所有者的关系。商品就其本身来说是超越一切宗教、政治、民族和语言的限制的。它们的共同语言是价格，它们的共性是货币。”①

其二，在不同文明之间的交往中决定诸文明之间关系的是个体文明发展的生产力水平。文明之间的交往是不平等的，甚至是血腥的。居于

① 《政治经济学批判》，《马克思恩格斯全集》第13卷，人民出版社1962年版，第142页。

主导地位的往往是那些生产力发达的先发资本主义国家，他们往往会把在个体文明内部实行的残酷的资本主义制度推广到全球层面，像在文明内部剥削无产阶级那样在全球层面剥削落后的文明，造成全球范围内的两极分化。正如马克思所指出的："如果说自由贸易的信徒弄不懂一国如何牺牲别国而致富，那么我们对此不应该感到意外，因为这些先生们同样不想懂得，在每一个国家内，一个阶级是如何牺牲另一个阶级而致富的"。①

其三，文明交往的历史意义是为从第二大社会形态向第三大社会形态、即共产主义社会的过渡准备条件。一是不同文明之间的交往是在为共产主义的来临准备物质条件。正如马克思所论述的："资产阶级历史时期负有为新世界创造物质基础的使命：一方面要造成以全人类互相依赖为基础的普遍交往，以及进行这种交往的工具；另一方面要发展人的生产力，把物质生产变成对自然力的科学支配"。② 二是不同文明之间的交往是在为共产主义的实现造就"新人"。马克思强调劳动的解放和共产主义的实现只能在全球范围内实现，"劳动的解放既不是一个地方的问题，也不是一个国家的问题，而是涉及存在现代社会的一切国家的社会问题，它的解决有赖于最先进的国家在实践上和理论上的合作"。③ 它需要"普遍的"和"完全的"个人。④

从马克思有关不同文明之间交往的论述看，第一，不同文明之间的交往是必然的。第二，不同文明之间在发展程度上存在巨大差距，由此先进文明能够对落后文明实施残酷的剥削。从后发国家的视角看，它需要处于不利地位的后发国家能够充分利用后发优势，利用文明交往提供的向先进文明学习的机会，尽快实现赶超型发展，逐步缩小同先发资本主义国家的差距。一旦当世界主要国家处于大体相当的发展水平时，目

---

① 《关于自由贸易问题的演说》，《马克思恩格斯文集》第 1 卷，第 758 页。

② 《不列颠在印度统治的未来结果》，《马克思恩格斯文集》第 2 卷，第 691 页。

③ 《国际工人协会共同章程》，《马克思恩格斯文集》第 3 卷，第 226 页。

④ 马克思的原话是："地域性的个人为世界历史性的、经验上普遍的个人所代替。"《德意志意识形态》，《马克思恩格斯文集》第 1 卷，第 538 页；"只有在这个阶段上，自主活动才同物质生活一致起来，而这又是同各个人向完全的个人的发展以及一切自发性的消除相适应的。"《德意志意识形态》，《马克思恩格斯文集》第 1 卷，第 582 页。

前不平等的、弱肉强食的国际政治经济秩序就会走向终结。其中尤其需要中华文明发挥更重要的作用。一方面，拥有世界最大人口规模的中国目前正在通过自身持续的发展步入世界舞台的中心；另一方面，中华文明讲求和平共处、合作共赢的文化传统使它能够为构建更公平的国际秩序做出更大的贡献。

但从先发国家，尤其是霸权国家美国的视角看，它试图尽量长期地维系它的统治地位，甚至不惜同后发国家实行脱钩，以遏制中国等后发国家的发展。为此，他们的理论家编造出许多荒谬的理论，像亨廷顿所谓的“文明冲突论”，将中国作为西方文明维持统治地位的最主要威胁。而且随着中国的发展不断威胁到美国的统治地位，美国的政客，甚至总统都或明或暗地持同亨廷顿同样的观点，对中国的发展进行遏制和围堵。像特朗普时期的国务院政策规划主任基伦·斯金纳就曾公开提出，与北京的对抗是一场与一个完全不同的文明和不同的意识形态的斗争，这将是我们第一次面对一个非白种人的强大竞争敌手。

同美国学者和政客以不同文明之间必然产生冲突、以此来围堵中华文明的做法不同，中国对不同文明如何交往提出截然相反的观点。习近平总书记在亚洲文明对话会开幕式发表的主旨演讲中以“亚洲文明交流互鉴与命运共同体”为题提出“文明因多样而交流，因交流而互鉴，因互鉴而发展”的文明交往原则，强调不同文明通过“共商共建共享”来共同建设人类命运共同体。

今天，人类不同文明之间的交往走到一个十字路口，两种不同文明交往观处于争执的白热化阶段。从唯物史观的解释逻辑看，第一，文明冲突只是表层的冲突，其本质是国家发展的利益之争；第二，文明冲突的最终解决取决于以中国为首的后发国家能否保持发展势头，在经济发展上实现突破。由此，中国所主张的文明交往观将会由于其更符合众多发展中国家的利益、更符合历史发展的大趋势而为更多的国家和文明所接受，新的国际政治经济秩序将随之为更多的国家和文明所接受。那样的话，先发的和后发的国家将携起手来共同迈向马克思所设想的未来社会。

从以上介绍的唯物史观对几个重大历史和现实问题的解析看，唯物史观是一种逻辑严密的理论体系，而且是对重大历史和现实问题具有深刻解释力的科学理论。但在我国现实的社会科学研究中，唯物史观的指导地位已经被边缘化，似乎已成为一种“过时”的理论。面对这种现实，马克思主义理论工作者有责任肩负起在新的时代背景下阐释和发展唯物史观的重任。

（原载《史学史研究》2022 年第 3 期）

中国马克思主义史学的世界史话语

董欣洁

中国马克思主义史学的世界史话语，是指中国马克思主义史学研究者在世界史领域的阐释和论断。这些阐释和论断蕴含在研究者各自的论著之中，体现的是中国学者对中国与世界关系的定位判断，同时也反映出中国史研究和世界史研究长期的、复杂的共生关系，但至今还很少受到学界的关注。事实上，一个世纪以来，中国马克思主义史学的世界史话语研究始终围绕中国社会面临的现实问题，立足于中国的历史文化传统，努力对世界历史做出时代性的科学分析、判断和总结。特别是新中国成立70余年来，中国特色社会主义道路的世界历史意义，就在于这是通过和平互利原则从农业文明向工业文明迈进的伟大实践。中国马克思主义史学的世界史话语是对这一历史进程和现实发展的理论阐述，集中体现中国马克思主义史学的现实关怀、时代精神和民族特色。将民族性和世界性较好地融为一体，是中国马克思主义史学的世界史话语自身发展的基本特点。本文从中国马克思主义史学萌生开始，梳理了三个基本发展阶段，分析其在世界史话语上的概念和研究内容，提出马克思主义的社会形态理论和世界历史理论共同构成了世界史学科的基本理论话语框架，有力地支撑了中国世界史学科形态的科学构建，并将在新时代构建中国特色历史学学科体系、学术体系、话语体系的具体研究中发挥更大的作用。

一 1917—1949年

1840年以后，中国被资本主义列强逐渐拖入半殖民地半封建社会的深渊，面临着“亡国灭种”的深重危机。如何救亡图存是中国知识界迫切的时代任务，史学亦不例外。20 世纪初，特别是俄国十月革命胜利以后，中国马克思主义史学就是在这样的时代背景下形成、发展，其基本特点是注重研究现实生活中出现的理论问题和实际问题。中国马克思主义史学萌生以后，从世界历史发展的大势中，运用唯物史观分析中国与世界的关系以明确中国的历史定位和发展方向，运用实践检验和进一步发展理论，就是中国马克思主义史学工作者的基本学术态度，同时也是中国马克思主义史学在世界史话语上的研究特征。这一点首先体现在中国马克思主义史学奠基人李大钊的具体成果中。

李大钊在 1919 年的《再论问题与主义》一文中指出：大凡一个主义“都有理想与实用两面”，适用到实际的政治上去，那就因时、因所、因事的性质情形而有些不同，社会主义亦复如是；一个社会主义者为使他的主义在世界上发生一些影响，必须研究怎么可以把他的理想尽量应用于环绕着他的实境，所以现代的社会主义包含许多将其精神变作实际的形式使合于现在需要的企图，这可以证明主义的本性原有适应实际的可能性。[①] 这已经提出了社会主义基本原理的现实应用问题。

李大钊在 1920 年《唯物史观在现代史学上的价值》一文中指出：人类的历史是人在社会上的历史，就是人类的社会生活史；而社会一语，包含着全体人民，并他们获得生活的利便，与他们的制度和理想；一切过去的历史都是靠我们本身具有的人力创造出来的，将来的历史亦是如此。[②] 他认为，1914 年的大战是从前遗留下的一些不能适应现在新生活新社会的旧物的总崩颓，由今以后的新生活新社会，应是一种内容扩大的生活和社会，“就是人类一体的生活，世界一家的社会”。[③] 这是对人类历史实践性和未来走向的清晰论断。在此前提下，李大钊对中国的历史文化具有坚定的信心。1924 年他指出：“要在未来民族舞台施展我们的民族特性，要再在我们的民族史以及世界史上表扬显着我们的民族

① 李大钊：《李大钊文集》（下），人民出版社 1984 年版，第 34 页。

② 李大钊：《李大钊文集》（下），第 360、363、365 页。

③ 李大钊：《李大钊文集》（下），第 152 页。

精神。"①

针对中国面临的复杂国际局势和艰巨社会革命任务，李大钊 1925 年指出："帝国主义是什么？就是资本主义发展之结果，武装之资本主义就是帝国主义，帝国主义者之侵略中国的手段是利用反革命势力以压制革命。"② 1926 年他指出："1914 年的大战只是英、德帝国主义间利润之争的结果，现在各国帝国主义者间利润之争亦必然的要造成第二个世界大战，它的危机一天一天的迫切；这未来的新帝国主义战争恐怕要以中国及太平洋为中心，日本帝国主义干涉中国即是世界大战的导火线。"③在这个前瞻性判断基础上，李大钊进一步提出："中国和英国在世界革命运动中所居的地位最为重要，因为英国是世界市场中欧洲产业的代表，而中国是英国帝国资本主义销售商品的重要市场；中国国民革命运动的扩大，就是英国帝国资本主义销售商品市场的缩狭，这个缩狭将促起普遍危机的迫近，加速世界革命的爆发。"④

对一战及世界局势作出清晰判断的还有蔡和森。1924 年蔡和森在《社会进化史》中分析了 1914 年大战及其后的资本主义衰颓，指出一切生产必多少分配于各国，阶级的平衡是建筑在经济的平衡之上，在资产阶级社会中阶级间的平衡异常重要，没有这种平衡一切生产都成为不可能；世界市场缩小的结果，经济恐慌日益严重，资本国家间之争端达于极点，国际关系之平衡异常动摇；所以阶级争斗随着国民收入之减低而愈趋愈严厉，这就是现在社会冲突的症结；"物质基础越有限，则阶级争斗越严厉"。⑤

同样，瞿秋白也运用唯物史观来综观全社会（世界）各种复合的经济关系及历史上各种社会制度。他在 1924 年的《社会科学概论》中指出：社会现象是人与人之关系及互动，推断一切现象之客观的原因及结果，并且求得共同的因果律，便是科学；人类社会是一种经济协作的组

① 李大钊：《李大钊文集》（下），第 772 页。

② 李大钊：《李大钊文集》（下），第 797—802 页。

③ 李大钊：《李大钊文集》（下），第 841—842 页。

④ 李大钊：《李大钊文集》（下），第 864 页。

⑤ 蔡和森：《社会进化史》，东方出版社 2012 年版，第 228—232 页。

织（劳动结合），协作的形式随着生产方法而变；社会变易的根本原因必定是生产力之发展；未到资本主义之前，各地域每每自成其为一社会，资本主义发展开拓之际，各地域的独立社会已经变成整个世界社会之一部分，各部分互相接触的过程里必定演成种种复合形式；中国的宗法社会与小商业社会遇见国际帝国主义的渗入，便成“新封建军阀加帝国主义经济”的一种新复合形式；社会发展到资本主义时期已成世界的，这世界的资本主义发达到极点时必然有无产阶级革命发生。[①]

李大钊、蔡和森与瞿秋白的共同特点是关注到社会生产和社会交往在世界大势演变中的作用，从世界市场这个关键因素分析资本主义制度发展，抓住了资本主义发展连通世界这一近代以来人类社会的重大变化，阐明了中国无产阶级革命的必然性，以及运用唯物史观考察世界应当持有的基本分析思路。

李达1926年的《现代社会学》在马克思主义中国化的学术史上具有重要价值。在分析欧美日之资本主义社会的基础上，李达提出：资本阶级国家虚伪主张全民政治，而事实上实为一阶级之民主主义，“欲谋普通的民主主义之实现，必经历劳工专政一阶级”，而在资本阶级专政期内则决无实现之可能；社会主义革命之目的，在改变资本主义经济组织为社会主义经济组织，而达到目的之手段则在推倒资本阶级权势，由自己阶级掌握国家政权，“前者谓之经济革命，后者谓之政治革命”，故欲谋经济革命之完成，必先实行政治革命。他分析国际帝国主义者侵略世界弱小民族之方式有三种，一是可独吞者则独吞之，二是不能独吞者则分割之，三是不能独吞亦不能直接分割者则以变相之分割方法处理之，中国就是被第三种侵略方式变成的“国际的半殖民地”；相应地，民族革命之步骤，第一在树立政治的经济的独立，第二在以加速度发展其本国产业，力谋与先进国之文化相齐，以构成世界文化，形成世界大同社会之基础。[②] 李达对资本主义民主狭隘性的分析，对帝国主义列强侵略别国手段的分析，特别是对民族革命阶段性和革命历史作用的分析，今

---

① 瞿秋白：《社会科学概论》，联合出版社1949年版，第1、13、18、24、25、26页。

② 李达：《现代社会学》，武汉大学出版社2007年版，第149、175、184页。

天看来仍有积极的现实意义。

刘剑横在1930年的《历史学ABC》中进一步分析了历史学的实践性作用。他认为历史学是解剖人类过去的活动，社会的构造、形成、崩坏、变迁事实的科学，是能帮助人们了解现在所发生一切的科学；历史学的目的，是以从人类活动的过去遗迹中寻求其社会变革的法则为其消极目的，更以此法则指导人们了解现在、创造未来为其积极的实践目的；历史学的实践性作用体现在它指示人类以过去的经验来告诉现代社会的利弊，使人类重新作更完善的集聚、配置、组织自己的势力以发达劳动生产，过更进步的共同生活。[①] 其中对世界演变大势的判断，与李大钊的前述观点及《史学要论》有学术呼应之意。

1936年何干之在《中国的过去现在和未来》一书中驳斥了二三十年代"殖民地脱化说"的谬见。"殖民地脱化说"认为，殖民地（如印度）在帝国主义的支配下可以一帆风顺地完成工业化的过程，和平地脱出殖民地的状态而变为一个独立国家，即所谓"沾着帝国主义的洪福而近代化"。[②] 何干之依据印度和中国的具体情况分析指出：列强"绝对地"没有促进殖民地资本主义化或发展殖民地生产力的动机，它们只是打主意怎样从那里榨取最大利润，向殖民地输出的资本大半不是工业资本，即使投资于工业，也决不肯发展殖民地的机器工业，宗主国的资本输出不能促进殖民地的工业化过程。[③]

何干之明确指出：在欧洲，反封建运动是资产阶级的民主革命，但在殖民地还要再加上反帝的任务；殖民地或半殖民地的民主革命有时代新内容，欧美各国民主革命是市民阶层领导完成的，在中国完成革命任务的不是市民阶层而是千千万万的工人农民；经济生活的联系性和不平衡性，使世界革命运动呈现统一性和多样性，中国现在是半殖民地半封建社会，必须先完成民主革命才能过渡到社会主义。[④] 这是从比较角度对当时中国革命性质的深入阐释。

---

① 刘剑横：《历史学ABC》，世界书局1930年版，第3、8、15页。

② 何干之：《何干之文集》第1卷，北京出版社1993年版，第151、154页。

③ 何干之：《何干之文集》第1卷，第154—155页。

④ 何干之：《何干之文集》第1卷，第120、199、159、160页。

何干之1939年的《中国社会经济结构》进一步指出：自然商品经济发达到极点必转化为资本主义，并且中国实际上已有这样的嫩芽，然而帝国主义有意无意地扶植一切前资本主义关系，让它在农村里直接间接摧残农业生产力，强制中国提供不值钱的原料和劳动力，而给予中国的是高价工业品；从19世纪末叶起，资本主义跨进帝国主义阶段以后，世界经济已经形成一个统一有机体，中国经济已经成为世界经济的一部分，帝国主义能够建筑起世界经济体系无非是靠资本输出，资本输出只使殖民地经济变成宗主国的附庸，使中国和列强以农业国和工业国的分野来实现国际分工，此外并没有任何进步意义；列强的对华政策是与中国工业化现代化的历史任务相对峙。[①] 何干之对中国传统经济转型、帝国主义维持国际市场及国际分工的意图、中国现代化历史任务的论断，体现出鲜明的世界历史视野和前瞻性；“以农业国和工业国的分野来实现国际分工”一言，直接击中帝国主义列强对外政策的要害。

在20世纪30年代，对中国学者如何干之等人而言，所谓东洋社会的停滞，是当时世界史中亟待解答的问题之一。[②] 日本帝国主义侵华史观代表人物秋泽修二的所谓中国社会“停滞论”引起了中国学者的警惕和驳斥。秋泽修二1937年在《东方哲学史》中提出：“中国哲学的全部历史从汉代起的发展一般是停滞的，哲学史的基础是汉以后明确出现的中国社会特殊结构，以小农业和家内手工业直接结合为基础的整个自然经济运动的反覆中表现的整个社会发展的停滞性，是中国哲学发展停滞性的物质基础；中国特殊的社会结构，以及建立在它上面的专制政治（或中央集权的官僚统治），根本限制了中国哲学。”[③] 秋泽修二还在《中国社会构成》里鼓吹所谓中国社会的停滞性靠自身无法克服，只有通过外力打破，而“皇军的武力”将给予其最后的克服，使农业的中国与工

---

① 何干之：《何干之文集》第2卷，北京出版社1993年版，第154、166、167、172、173页。

② 何干之：《何干之文集》第1卷，第347页。

③ ［日］秋泽修二：《东方哲学史——东方哲学特质的分析》，汪耀三、刘执之译，生活·读书·新知三联书店2012年版，第469、471—472页。

业的日本结合。[①] 这是典型的法西斯主义侵略谬论。吕振羽对其进行了逐条批驳。他指出：中央集权的国家是封建制生产关系发展到后期的基础上产生的必然趋势，在中国自然也还有其他一些条件；"集约性的小农经营"是在封建生产方式局限内的农业生产力发展的结果，而不是生产力"停滞"的结果，是中国农民对农业生产的创造和贡献；秋泽修二是用假马克思主义来歪曲马克思主义，故意颠倒因果，把自然条件提到第一位，意图反对中国民族的抗日革命战争；"皇军武力"的胜利，只会造成中国历史文化中断，使中国国家和民族趋向死亡，造成人类史上最反动局面。[②]

尤为可贵的是，吕振羽对唯物史观在世界史具体研究中的应用进行了方法论探讨。他认为：历史唯物论只规定人类社会在客观规律性的下面采取一般的共同过程，但并不规定相同的历史阶段一定要经过相同长短的时间，更不否认世界史各部分都有其独自的特殊性（忽略这种特殊性，就不能了解具体的历史，会堕落到公式主义或原理论；把这种特殊性夸大到否认共同性的程度，就不能把握历史的规律性，会堕落到唯心史观或多元论）。[③] 他进一步指出：特定国家在特定历史时代所经历时间的久暂只有相对的意义，各有其自身的一般性与特殊性之辩证的统一过程，但较低级的社会历史阶段要为较高级的阶段所代替，资本主义要为社会主义所代替则是必然的。[④] 这些论断对此后中国马克思主义史学的世界史学术发展具有积极的指导意义和促进作用。

对世界史研究理论的进一步探讨体现在华岗 1940 年的《社会发展史纲》。该书针对学界以往存在的不能把中国社会历史发展置于世界史的全体范围内考察并给以正当评价的现象，提出历史科学的任务就是要求对于整个世界史从其联系上、运动上、错综上、生灭过程上去理解，发现历史发展的规律，并以这规律说明人类过去生活实践的总体，指出人

① 王学典主编：《20 世纪中国史学编年（1900—1949）》下册，商务印书馆 2014 年版，第 759—760 页。

② 吕振羽：《中国社会史诸问题》，生活·读书·新知三联书店 1961 年版，第 55—56、65 页。

③ 吕振羽：《中国社会史诸问题》，第 57 页。

④ 吕振羽：《中国社会史诸问题》，第 58 页。

类向前发展之历史的进程；世界史发展的一般原则并不能排除特殊性，只有把社会发展的一般性和特殊性作统一探究，才能复现各民族历史的具体内容。① 这是将一般性与特殊性的统一作为理解世界历史的基础，这成为中国马克思主义史学在世界史话语上的基本分析思路。

“中国马克思主义史学从起步开始，便是中国共产党革命事业的组成部分”，② 在粉碎国民党反动派的文化“围剿”、在抗日战争中总结历史经验，并提振民族自信等方面都发挥了积极作用。中国革命胜利经历了一个艰苦的摸索和实践过程，中国马克思主义史学的世界史话语发展同样经历了一个艰苦的认识和研究过程，在理论和方法论等方面逐渐积累了重要的学术资源，为中国人民革命事业提供了学理支撑。到1949年新中国成立之前，这一时期对世界史的话语探讨，往往与社会规律、社会进化、社会发展、世界革命、中国社会性质、中国革命性质等主题联系在一起，核心目标是在世界史基础上探索国家独立、民族解放的道路和方式，具有鲜明的研究主体意识，极大地推动了中国马克思主义史学形态的科学构建。例如，1939年创刊的《理论与现实》杂志，由沈志远任主编，艾思奇、李达、侯外庐、翦伯赞等人担任编委，在《创刊献辞》中已经提出了“理论现实化”和“学术中国化”两大原则。③ 吕振羽在1942年初版的《中国社会史诸问题》中分析如何吸收世界文化进步成果时，已经运用了民族化、科学化、大众化、中国化的概念。但是，这一时期世界史本身的学科意识还不明显，对世界史本身应当具有的丰富内容还缺乏具体的实证研究。1943年翦伯赞曾经指出：中国史与世界史之间决不能划出一条绝对的界线，研究中国历史必须顾到与世界史之间的关联。④ 此言可以视为对这一时期世界史与中国史复杂共生关系的简要总结。

---

① 华岗：《社会发展史纲》（增订本），生活·读书·新知三联书店1951年版，第21、48页。

② 于沛主编：《马克思主义史学思想史》第3卷，中国社会科学出版社2015年版，第305页。

③ 王学典主编：《20世纪中国史学编年（1900—1949）》下册，第781页。

④ 翦伯赞：《翦伯赞全集》第3卷，河北教育出版社2008年版，第10—11页。

二 1949—1978 年

1949 年中华人民共和国成立，标志着中国人民新民主主义革命胜利，中国历史开启了社会主义时代的新篇章，改变了国际上社会主义阵营和帝国主义阵营之间的力量对比。外来封锁等因素限制了中国与其他国家的经济交往，这一时期国际局势虽然变化动荡，不过对新中国而言，“所谓天下大事，就是解放、独立、民主、和平友好、人类进步”。[①] 新中国愿意与“遵守平等、互利及互相尊重领土主权等项原则的任何外国政府”，建立外交关系，“同一切愿意和平的国家团结合作”，“为建设一个伟大的社会主义国家而奋斗”。[②] 新中国的成立为世界史的学术发展创造了良好条件，在唯物史观的指导下，中国马克思主义史学的世界史话语发展进入了一个新的阶段，是新中国成立后社会主义文化建设的重要组成部分。马克思社会形态理论在世界史研究中的学术价值受到学界的普遍关注，在如何把握中国与世界的关系问题上取得了新的进展，同时世界史作为学科本身得以建立。

20 世纪 50 年代初期，亚细亚生产方式再次受到史学界的关注和讨论。马克思主义经典作家在社会形态理论发展过程中提出的亚细亚生产方式在国际学术界引起过长期关注，中国马克思主义史学界对此进行过广泛的讨论，从 1927 年大革命失败后延续到新中国成立以后，至今仍有学术成果在产出。侯外庐在 1943 年的《中国古典社会史论》里就曾提出：研究中国古史的四项家法之一是必须对于亚细亚历史性作“理论的延长”。[③] 霍布斯鲍姆在 1964 年的《马克思〈资本主义生产以前各形态〉导言》中指出：马克思首先关心的是建立各种社会变化的总规律，他对历史分期的主要贡献就在于新创了一个“亚细亚”或“东方”的制度，有阶级以前的社会经历了它自己的漫长而复杂的历史时代，以及它自己

① 《毛泽东文集》第 6 卷，人民出版社 1999 年版，第 484 页。

② 《毛泽东文集》第 6 卷，第 2、332、349 页。

③ 侯外庐：《中国古典社会史论》，五十年代出版社 1943 年版，“序言”，第 2—3 页。

的各种社会经济组织，其中也很可能还包括亚细亚方式。[①] 正如有学者指出：中国史家深入细致地研讨马克思主义历史理论、广义政治经济学以及东方社会理论，乃始于对亚细亚生产方式的探讨。[②] 不同学者对亚细亚生产方式的含义有不同理解，例如有观点认为它是指原始共产社会，还有观点认为是东方古代奴隶社会，或者是封建社会，等等。这个问题的实质是如何判定人类社会演变（特别是早期）的各个基本历史阶段。

在20世纪五六十年代的相关讨论中，主要的分歧是将亚细亚生产方式视为原始社会还是奴隶社会。例如，侯外庐1955年的《中国古代社会史论》提出：所谓“亚细亚的古代”和“古典的古代”都是指奴隶社会，亚细亚生产方式是土地氏族国有的生产资料和家族奴隶的劳动力二者间的结合关系，这个关系支配着东方古代的社会构成，它和“古典的古代”是同一个历史阶段的两种不同路径。[③] 同持此论的还有吴泽。吴泽在1960年结集出版的《中国通史基本理论问题论文集》中提出：“亚细亚的古代”与“古典的古代”即人类社会历史中的奴隶社会阶段，前者说的是东方的奴隶时代，后者说的是西方的奴隶时代。[④] 田昌五1963年则指出：亚细亚社会形态就是原始共产主义，即原始社会形态，而不是什么原始社会、奴隶社会、封建社会和资本主义社会以外的、同它们并行的某种特殊社会形态；这种原始共产主义长期残留在各个阶级社会中，受到各个阶级社会的支配，因而具有不同的性质，但它不等于任何特定的阶级社会，而只是阶级社会中的原始共产主义成分。[⑤] 田昌五与侯外庐和吴泽的不同之处，在于除历史阶段的判断不同之外，他还把亚细亚生产方式看作一个社会经济范畴，而不是一个地理名词。田昌五明确提出：“亚细亚的、古代的、封建的和现代资本主义的生产方式，是马克思和恩格斯早期对人类社会发展的大体的描绘”，最好依据马克思

---

① 郝镇华编：《外国学者论亚细亚生产方式》上册，中国社会科学出版社1981年版，第3、9、26页。

② 于沛主编：《马克思主义史学思想史》第4卷，中国社会科学出版社2015年版，第35页。

③ 侯外庐：《中国古代社会史论》，河北教育出版社2000年版，第4、27页。

④ 吴泽：《吴泽学术文集》，盛邦和编，上海人民出版社2013年版，第318页。

⑤ 田昌五：《古代社会形态研究》，天津人民出版社1980年版，第17页。

和恩格斯晚期的研究成果，用原始社会、奴隶社会、封建社会、资本主义社会等来概述以前的社会发展史。[①] 这三位马克思主义史学家的共同之处，则在于从方法论的角度运用这一概念来探讨中国古代社会的历史分期，进而在分析中国历史发展具体特征的基础上，阐明中国历史与世界历史的统一性。

世界史话语在20世纪五六十年代的另一个显著进展是提出构建新的世界史体系。周谷城1959年提出：史学研究中只有运用辩证的唯物主义才有真正的全局观，国别史之和究竟与世界史不同，中国史之分别讲授并不等于说中国史不是世界史的一部分。[②] 这是对他1949年9月出版的三卷本《世界通史》编撰思想的进一步强调。1961年，周谷城在《评没有世界性的世界史》一文中指出：以欧洲为中心的世界史惯常写法是借亚非古国为开端，然后古代史只讲希腊罗马，中世史只讲基督教、封建制、文艺复兴、民族国家、专制政府、“地理大发现”等，此后的历史则称为“欧洲的向外扩张”，被侵略的各地则不做正面的叙述，但实际上，希腊罗马并非凌驾于其他各地之上的世界文化最古摇篮，封建社会并非最早出现于欧洲，海外活动也并不限于欧洲人，要讲反扩张和反侵略，从亚非拉诸国本身的历史做正面的叙述；中华人民共和国的成立在世界史上具有划时代的意义，否定以欧洲为中心的世界史、建立具有新观点新体系的世界史的时候已经到了。[③] 关于世界史新体系的探讨引起了中国学者的关注。如何破除“欧洲中心论”、建立新的世界通史体系是这一时期的核心问题。

1961年4月，吴廷璆撰文分析了如何建立世界史新体系。他指出：目前世界史研究的迫切任务就是一部高等学校世界史教材的编写，世界是一个统一整体，世界史不宜将中国部分略去不提，世界史是要将人类社会作为有规律的统一过程来进行具体研究。[④] 吴廷璆明确提出建立世界史体系首先必须克服的是分期问题。他的方案是将世界史按照马克思

---

① 田昌五：《古代社会形态研究》，第52页。
② 周谷城：《中外历史论集》，姜义华编，复旦大学出版社2015年版，第467—469页。
③ 周谷城：《中外历史论集》，第420—425页。
④ 杨栋梁、郑昭辉编：《吴廷璆文集》，南开大学出版社2019年版，第2页。

主义关于社会经济形态的学说分为五个时代，以阶级斗争为红线，参用综合年代法叙述每个时代总的特征和各国人民的具体历史；原则是将最先进的国家进入社会发展新阶段的时期作为这一时代的起点，同时照顾到各国历史发展的个别特性；每一个阶段包括了当时生产关系上起主导作用的各国的具体发展过程，以及同一阶段中各地区、国家、民族间的相互关系；中国的周初或战国初期（公元前1122年或前475年）标志着世界进入封建时代，从英国资产阶级革命（1640）到1917年是资本主义时代，十月革命胜利到现在是社会主义时代。① 这个判断一方面与周谷城《世界通史》重视整体世界史研究、关注世界各地相互关系的思路有所呼应，另一方面则更加明确地强调用马克思社会形态理论具体分析世界历史作为有规律统一过程的一致性和多样性。

针对学界以往存在的把希腊罗马型视为奴隶制生长过程正常方向，而把东洋型（即中国日本型）视为非正常方向的观点，② 吴廷璆提出自己的认识，他指出：奴隶制是古代世界的普遍现象，东方的奴隶制在时间上比希腊罗马的奴隶制既早且长，地区也很广泛，希腊罗马的奴隶制不能算作典型，将“不发达的”或“早期的”奴隶制这种称呼强加在东方国家的历史上是不全面不科学的；古代中国进入阶级社会远比欧洲各国为早，中国的封建社会在世界史上具有鲜明的典型性，不能再将西欧封建社会作为典型，要进一步批判西方资产阶级学者用“野蛮”“黑暗”“衰落”等词句贬低中国历史的错误观点，驳斥他们的种族偏见和西方文明优越的谬论；在社会发展的道路上，西方国家除了在资本主义上升期之外，在整个古代、中世纪和现代，其前进的步伐显然都是很迟缓的。③ 这些判断对破除“欧洲中心论”的消极影响具有积极的学术价值。

吴于廑在1964年系统分析了世界史研究中由古及今的各种中心论，提出它们都是不同时代统治阶级思想意识的反映，中心论的表现形式虽是地理的，其实质则是阶级的。吴于廑指出：欧洲中心论者是以欧洲为世界历史发展中心，用欧洲的价值观念衡量世界，认为在欧洲文明发生

① 杨栋梁、郑昭辉编：《吴廷璆文集》，第3—4页。

② 何干之：《何干之文集》第1卷，第124页。

③ 杨栋梁、郑昭辉编：《吴廷璆文集》，第4—5页。

以前，所有其他文明都只是它的准备；在它发生以后，全世界的历史又必然受它支配和推动，是它的从属品；他们把世界分为文明的欧洲和落后的非欧洲，认为只有欧洲历史才具有推动全人类进步的意义，这种观点支配着近代西方资产阶级的历史思想和世界史的编纂，也支配着那些向西方鹦鹉学舌的史家；要反对“欧洲中心论”就要探索如何在世界史中正确体现世界的观点，做到了这点，“欧洲中心论”就可能不攻自破。[①] 吴于廑抓住了世界通史体系编撰中的核心问题，即如何体现“世界”，实际上，他的后续研究都围绕这一核心问题展开。

刘大年 1965 年在《回答日本历史学者的问题》一文中阐述了何为世界历史的中心。他提出：世界历史在一定的时间里是有发展中心的，不过既不是固定在西方，也不会固定在东方；世界历史发展的中心应当是世界人民革命斗争的主要潮流所在的地方，哪里卷起了吸引世界阶级斗争的风暴，哪里形成了改变世界面貌的人民革命的潮流，旧世界在哪里被推翻，新世界在哪里成长起来，世界历史的中心就是在哪里。[②] 他具体指出：现在世界上有两大历史潮流：一个是社会主义革命的潮流，一个是亚洲、非洲和拉丁美洲人民反帝国主义反殖民主义的潮流，帝国主义的殖民体系在亚非拉美人民的斗争下正在土崩瓦解，世界的面貌每一天都在发生改变，站在反帝国主义反殖民主义斗争前沿的亚洲、非洲和拉丁美洲是当代世界历史的一个中心。[③] 这是对社会主义革命运动和亚非拉美地区民族民主革命运动的历史意义的科学认识和辩证阐释。在世界历史分期上，刘大年和吴廷璆持有相似观点，他也认为世界上最早出现的新的社会制度应当是划分世界历史时代的客观标志。[④]

作为世界史话语的基本载体，世界通史教材的编撰提上了日程。1961 年 4 月召开的全国高等学校文科教材编选计划会议，开始了本国有组织的教材建设，其中教材编写计划包括由周一良、吴于廑主编《世界通史》和《世界通史参考资料》。1962 年周一良和吴于廑主编出版的四

---

① 吴于廑：《吴于廑文选》，武汉大学出版社 2007 年版，第 8—12 页。

② 刘大年：《刘大年史学论文选集》，人民出版社 1987 年版，第 488—489 页。

③ 刘大年：《刘大年史学论文选集》，第 489 页。

④ 刘大年：《刘大年史学论文选集》，第 497 页。

卷本《世界通史》是新中国成立后的第一部世界通史性作品。其中的上古部分写到公元5世纪，专列一章“上古时代中国与世界各国的经济文化关系”；中古部分起于西罗马帝国奴隶制崩溃和西欧封建制产生，终于17世纪前期，专列一章“中古时代中国和世界各国的经济文化关系”；近代部分两册始于1640年英国资产阶级革命，结束于1917年十月社会主义革命，将17、18、19世纪和20世纪初期的中国放在亚洲各国反封建反殖民主义和帝国主义的斗争中来叙述。这部作品对当时学界讨论的共识多有体现，对世界史书写中如何处理中国（史）与世界（史）的关系进行了新探索，是中国世界史学科建立的标志性成果。

中华人民共和国成立之初的1950年，中国人口5.54亿，占世界人口的21.9%。[①] 作为一个文明古国和人口大国，“中国革命是带有世界性质的”，[②] 中国的建设发展同样是带有世界性质的，其核心是一个连续发展的文明国家如何通过社会主义现代化实现国民的共同富裕。这反映在世界史研究中，就是对世界范围内的人类社会形态演化的重视和分析，主要是探讨马克思社会形态理论在世界通史编撰和具体研究中的应用。相应地，围绕这个主要理论问题，这一时期的世界史话语探讨，主要集中在分析原有问题（亚细亚生产方式）和提出新问题（构建世界史新体系）两个方面，并引申出如何破除“欧洲中心论”、确定世界历史分期断限、确定历史发展中心等关键问题。对这些理论问题的讨论，一方面使世界史学科的主体意识显著增强，另一方面对此后世界史的学术发展和学科建设具有积极的引领作用。

三 1978年至今

1978年党的十一届三中全会以后，中国实行改革开放，急需对外国历史和现实情况的翔实研究，世界史学科的发展获得了时代机遇，到

① 蔡昉：《中国经济发展的世界意义》，中国社会科学出版社2019年版，“绪论”，第2页。

② 《毛泽东文集》第6卷，第93页。

2011 年正式成为一级学科。改革开放以后的中国，积极融入国际社会和全球经济分工体系，经济水平显著提高，国际交往极大扩展，成功地开辟出中国特色社会主义道路。中国逐渐成为全球经济的发动机和稳定器，推动了全球经济的可持续共同发展。社会生活现实使中国马克思主义史学的世界史话语探讨呈现出新的时代特点，即将马克思世界历史理论引入世界史体系研究，形成了由马克思主义的社会形态理论和世界历史理论共同构成的世界史学科基本理论框架与分析方式。当然，这是一个逐渐发展起来的认识和研究过程。

改革开放之初，中国学者对世界史以往的学术发展进行了一定程度的总结。例如，陈翰笙 1983 年分析了对当时研究世界史的两种看法：一把世界史看作一个整体，从世界历史的角度去了解、探讨各种重大的课题，如什么是亚细亚生产方式，各地区的封建社会有什么区别，各国的资本主义是怎么发展起来的，帝国主义怎样兴起又怎样没落，还有什么是社会主义，社会主义国家为什么各有不同的特点，等等；二把世界史看作是国别史的总和，认为把各国的历史弄清楚了。就算是把世界史弄清楚了，因为有了这个观念，研究世界史的人就不再把中国历史放在里边了，也有人认为既然中国史已经讲过了，讲世界史就不必重复了；他明确指出第二种想法是错误的。[①] 陈翰笙提出，研究中国历史还必须研究世界历史，只有如实看清世界的历史潮流，才能更看得清中国的历史潮流。[②] 这是对中国马克思主义史学已取得学术成果的巩固和再强调。

陈翰笙指出："历史学之所以成为科学，主要是由于它以生产方式为中心，特别是以生产者为对象。"因此它是一种综合性的学科，社会生产方式是一个包含经济基础和上层建筑在一起的整体，所有制和政权确实非常重要，但在生产方式整体里只是一个方面；暴力可以改变某种所有制，也可以推翻某个政权，但不能摧毁某种生产方式，或任意制造某种生产方式；国家的强弱盛衰，从根本上讲是靠它的生产方式，一个具

---

① 陈翰笙：《重视世界史的研究和教学——在全国青年世界史工作者座谈会上的讲话》，《世界历史》1983 年第 5 期。

② 陈翰笙：《世界历史潮流是不可逆转的——"鸦片战争 150 周年国际学术讨论会"会后有感》，《群言》1990 年第 11 期。

有先进生产方式的国家总是强于生产方式落伍的国家；英国资本主义生产方式起始于16世纪，是研究资本主义生产方式的理想标本。[①] 这不仅阐明了历史学科的科学性质，而且强调了生产方式对世界史研究的重要性。

对世界通史体系的新探讨是20世纪八九十年代学界关注的热点。例如，李纯武1982年提出：以社会经济形态为标志划分不同质的社会阶段是一个科学原则，具体的问题往往是新的社会经济形态在什么时候形成和确立的。[②] 李纯武认为：西方学者习惯于以欧洲历史为世界历史的主体，这是侧重一隅看待全局，有意无意地对欧洲以外的历史持虚无主义态度，忽视了世界历史的整体性。他把世界史的“中心”看作一个个各具特色的文明实体，各以其物质的和精神上的成就影响过历史的总体，中心有时只有一个，有时往往在世界上形成多中心的局面；近代欧洲这个历史中心从17世纪延续到20世纪初，其鼎盛只在19世纪；世界历史的纷繁早自人类进入奴隶社会，在世界范围内两种社会经济形态并存的时候就开始了，进入封建社会情况更为复杂，到了资本主义社会，复杂程度又会深一层。所以，李纯武提出世界通史的书写结构不宜用国别史、地区史分段组合的形式，而在于抓住它们对世界历史总体的贡献、作用和影响，综合个别，形成整体，呈现一个个历史时期的时代特征，归结点更多地落在世界历史的有机统一性。[③] 这些观点今天看来仍然蕴含着重要的学术启发价值。

关于中国与世界的关系，李纯武提出要通过世界历史反映中国的世界地位。他认为，中国的经济文化对外国发生了怎样的作用，要从世界历史的学习中结合有关国家的历史进程来理解；中国的先进生产力、文化成就、政治制度都影响到周边国家，“中国文化圈”是历史的客观存在，具体地反映了中国的世界历史地位；近代以来世界日益联为一体，

① 陈翰笙：《中外农村现代化比较的有益探索——〈现代化第一基石〉序》，《历史教学》1992年第3期。

② 李纯武：《体系、结构和重心——一谈世界历史教材的编写》，《课程·教材·教法》1982年第1期。

③ 李纯武：《有关〈世界通史〉体系的几点意见》，《世界历史》1984年第3期。

在近代世界交往日益密切的大潮中，适应的就进步，不适应的就落后；世界历史包括的丰富教育因素，有助于培养面向世界和对外开放的意识。[①] 这是对世界史学科重要性的朴素说明。

郭圣铭 1984 年提出当前的一项迫切任务是建立马克思主义的世界史体系。他明确提出：“中世纪”的概念只适用于西欧，没有普遍意义，在世界史分期中应当摈弃中世纪这个词，而把公元 5—17 世纪的世界史改称为“世界中古史”。他认为，应按照五种社会经济形态连续向前发展的顺序，将人类历史发展进程分为上古、中古、近代和现代四个主要时期，“并且按照地理位置把世界划分为几个平行的地区，如东亚、伊朗和印度，西亚和埃及，东欧、西欧，美洲，非洲等”，在每个历史时期内分别权衡各国或民族在当时世界上所占的地位，将之列为单元按照年代顺序叙述；阐明每个时期内世界各族人民在生产斗争和阶级斗争中的具体情况，揭示社会发展的规律，指出世界历史发展中的方向。[②] 这反映出中国学者对世界史研究中某些传统概念的反思。

刘远图 1984 年提出，马克思主义关于五种社会形态依次更替的理论是探讨世界通史体系问题的准绳。他分析了西方资本主义国家和苏联学者的世界通史体系，指出西方体系的问题是不承认社会制度更替的客观规律性，不承认人民群众对历史发展的决定作用，具有英雄史观和唯心史观以及“欧洲中心论”；苏联体系的主要问题是把具体的复杂历史过程模式化、简单化、概念化，“欧洲中心论”尚有影响，为帝俄和苏联的对外扩张辩护，夸大帝俄和苏联在世界历史上的地位和作用；要克服西方和苏联体系中重西方、轻东方，重大国、轻小国的错误倾向。[③] 刘远图结合马克思关于三次资产阶级革命的比较，和列宁关于近代史第二与第三阶段的分期，提出资本主义社会确立、发展和走向衰落的三个历史分期，分别是 1566—1789 年的资产阶级革命和资本主义确立时期，1789—1871 年的资本主义发展和在世界胜利的时期，1871—1917 年的资

① 李纯武：《中外历史结合，思想教育相得益彰——十谈世界历史教材的编写》，《课程·教材·教法》1992 年第 6 期。

② 郭圣铭：《建立马克思主义的世界史体系》，《世界历史》1984 年第 1 期。

③ 刘远图：《世界通史体系问题琐议》，《世界历史》1984 年第 2 期。

本主义发展到帝国主义阶段，即把16世纪的尼德兰革命作为世界近代史的开端。[①] 这个把最早出现的新社会制度视为分期断限的思路，与刘大年和吴廷璆的前述观点，具有内在的推进性。

前述学者的成果，体现了中国马克思主义史学的世界史话语在社会形态理论研究上的进展。对中国史与世界史关系、世界历史具体分期断限、不同时期发展中心的新研究，表明中国学者对世界历史纵向发展的把握日益深入。但是，如何从全局着眼把握世界范围内的复杂历史运动，仍然是一个需要探讨的问题。正如陈翰笙1978年指出：单纯的分期叙述并不意味着能够说明社会组织如何转变，要分析阶级关系、组织体系和生产力发展的规律性及其发展的各种原因，还应将各大洲或各国同类型的社会尽可能地作比较，说明它们之间相同和相异的情况以及互相影响的事迹，这样有助于证实历史发展的普遍规律性，从而使读者明白“一个社会的转变和历史发展的动力是什么”。[②] 这也就是霍布斯鲍姆所说的，为什么在不同的社会或文化环境和历史传统中会出现这样的问题、范式和概念，以及它们是如何产生的。[③] 中国马克思主义史学在世界史理论话语上的新突破，就是在世界历史纵向研究的基础上引入横向研究。

这一时期世界史话语的理论拓宽主要体现在吴于廑的具体研究中。早在1978年，吴于廑就归纳了从全局考察世界史应当注意的几类问题。第一类是对某一特定时期不同地区的历史进行综合比较研究，例如7、8、9世纪亚欧大陆和北非地区发生的近乎平行的历史现象（即民族迁徙动荡之后出现的政治比较稳定局面），再如15、16世纪东方西方在印度洋和南海的航海势力消长过程是怎样出现的。第二类问题是特定地区和世界史全局之间相互关系的研究，例如对中亚同东、西、南几个重要文明地区关系的比较研究还很少，应当把注意力从东西交通线、民族移徙线一类问题扩散开去，探索中亚社会经济发展及其与周围远近的联系。第三类问题是许多国家或地区都曾经历的重大历史运动，例如资产阶级

---

① 刘远图：《世界通史体系问题琐议》，《世界历史》1984年第2期。

② 陈翰笙：《对研究世界史的几点意见》，《世界历史》1978年第1期。

③ ［英］克里斯·威克姆编：《马克思主义与21世纪史学编纂》，段愿译，中国人民大学出版社2019年版，第183—184页。

革命，是历史发展到一定阶段的共同现象，对这类共同现象的综合比较研究有利于阐明一个时期的世界历史潮流。① 吴于廑对这三类问题的提炼辨析，极大地扩展了世界历史横向发展的研究思路。事实上，关于中国历史中的封建制和奴隶制的分期问题，在马克思主义史学家当中一直存在不同意见。由此扩展到世界历史中的封建制和奴隶制分期以及具体书写，也可谓众说纷纭。吴于廑在处理这个问题时，根据封建制和奴隶制的经济基础都是农业生产的共同特点，将两者都归为农本经济，将世界历史的横向发展历程归纳为农耕世界与游牧世界的互动和工业世界对农耕世界的冲击两大主题。他的研究可简要概述如下。

1982 年吴于廑指出：从古代到公元 13、14 世纪，世界历史的主要矛盾运动是亚欧大陆游牧世界和农耕世界的矛盾，其形式可以总括为游牧部族向农耕世界的三次冲击；第一次冲击浪潮约从公元前 2000 年代中叶开始并延绵到公元前第一千纪，第二次冲击从公元二三世纪持续到 7 世纪，第三次冲击从 13 世纪持续到 14 世纪；公元前后共约 3000 年南农北牧矛盾的历史运动结果是农耕世界的日趋扩大和游牧世界的日趋收缩。②

1983 年吴于廑从农本与重商的角度进一步分析世界史的横向发展转折。他指出：亚欧大陆东西方的封建农本经济都重农抑商，都是耕织结合的自足经济；由农本而重商的变化最初发生在西欧，16 世纪前后尼德兰和英国的变化即农业和毛织业生产的商品化，是对封建欧洲农本经济的最初突破，是资本主义进入世界历史的起点；重商主义在西方这个特定历史时期的意义，不在于转瞬消逝的封建国家统一政权的威力，而在于国内外封建农本经济闭塞状态的空前突破，在于商业和工业的空前发展；不经过一个大力执行重商主义政策的历史时期，虽然英国确实具有不少有利条件，也难说会最早出现工业革命；18 世纪中叶工业革命以后西方自 15、16 世纪起由农本而重商形成的优势，发展到决定性阶段，从这个阶段开始，东方国家才继欧洲易北河以东诸国之后，感到传统农本

---

① 吴于廑：《吴于廑文选》，第 20—22 页。

② 吴于廑：《吴于廑文选》，第 74—81 页。

经济的存在正面临来自西方的挑战，这个挑战是新兴的资本主义工业世界对封建主义的以农为本的农耕世界的挑战。①

1987 年吴于廑继续分析农耕世界对工业世界的孕育，指出农产品剩余的长趋势增长是农本经济孕育工业世界的前提，为适应千百万普通人日常服用的需求而发展起来的乡村地区工业（主要是纺织业），是孕育于农本经济中的工业世界的起点；近代的工业世界是对外扩张的世界，近几个世纪西方向世界各地的扩张，其实质是世界历史上扩张的经济体系对闭塞的经济体系的冲击和挑战。②

1992 年吴于廑梳理了西方工业世界新兴时期（18 世纪中叶至 19 世纪末叶）亚欧诸国对所受冲击的反应。他指出：资本主义追求利润和扩张市场的无限制，其实际意义就是推及全球为终极；英国工业革命后，法国、德国、俄国经历了传统农本经济的变革，先后进入近代西方工业世界；奥斯曼土耳其、萨非伊朗、莫卧儿印度、中国、日本等国对新兴工业世界的冲击各有反应，能从根本上变革传统农业体制的国家其反应多有成效，倘若局限于整政和整军，看不到改革传统经济体制的必要，不仅反应软弱无力，而且改革本身也不能持久；孕育了工业世界的传统农耕世界最后也要融入工业世界，近代工业世界是一个少和平、多暴力，少公正、多凌夺的世界。③

吴于廑的上述研究，是对他 1964 年提出的要破除“欧洲中心论”就要探索如何在世界史中正确体现世界这一观点的深入挖掘。他对世界历史横向研究的主要理论来源是马克思世界历史理论。吴于廑从马克思世界历史理论的经典论断“世界史不是过去一直存在的，作为世界史的历史是结果”入手，着重分析世界如何成为世界的演变过程，提炼出世界历史横向发展的核心主题和研究思路。这就是他在 1985 年归纳的：三四百年来，大体自易北河口迄莱茵河一线以外之东的社会进步阶级、阶层和人民为摆脱落后的农本经济及其传统统治的改造，亦即工业化和适应工业化的经济政治体制的改造，以及这个过程中的矛盾斗争，是历史发

① 吴于廑：《吴于廑文选》，第 87—117 页。

② 吴于廑：《吴于廑文选》，第 147—148 页。

③ 吴于廑：《吴于廑文选》，第 149—177 页。

展为世界史的一个必须研究的主题，是迄今为止世界历史上最重要的横向发展的主题；而对不同社会形态先后更迭的纵向发展的研究，有利于把历史横向发展的探讨纳入历史唯物主义的轨道。[①] 这些成果集中体现在吴于廑为1990年《中国大百科全书·外国历史》撰写的专文《世界历史》之中。在1992—1994年吴于廑、齐世荣主编的六卷本《世界史》和2006年齐世荣主编的四卷本《世界史》之中，前述吴于廑的整体世界史观均得到体现。这标志着中国马克思主义史学的世界史话语分析框架的建立。

运用马克思社会形态理论和马克思世界历史理论对人类历史进行纵向和横向的综合研究，逐渐成为中国马克思主义史学的基本共识。学界对这两大理论本身的挖掘不断深入。例如，于沛2009年提出人类历史上的“交往革命”直接决定或影响着世界历史进程。他认为马克思在论述民族历史走向世界历史时十分重视交往，社会生产力的发展必然要求与其相适应的交往形式的产生，交往形式经历了一个由简单到复杂的发展变化过程。[②] 庞卓恒2011年梳理了马克思社会形态理论的四次论说，提出马克思是要从世界通史的广阔视野对人类社会历史发展普遍规律的统一性与不同时代、不同国家的具体发展道路多样性的关系进行总体探索，目的是进一步检验和升华唯物史观揭示的历史发展规律的理论体系，为人类解放提供科学的理论指南。[③] 笔者2016年提出：从马克思世界历史理论出发，在吸收中国学界和西方全球史研究成果的基础上，可以考虑细化世界史体系建设的目标，构建双主线、多支线的世界史编撰线索体系；双主线就是纵向的生产与横向的交往两条主线，多支线是构成或依附于两条主线的不同领域及不同层次的细节线索，这个编撰线索体系是历史发展合力的具体反映，其交互作用推动了世界历史的演进。[④] 对基

① 吴于廑：《吴于廑文选》，第35—39页。

② 于沛：《生产力革命和交往革命：历史向世界历史的转变——马克思的世界历史理论与交往理论研究》，《北方论丛》2009年第3期。

③ 庞卓恒：《马克思社会形态理论的四次论说及历史哲学意义》，《中国社会科学》2011年第1期。

④ 董欣洁：《构建双主线、多支线的中国世界史编撰线索体系——全球化时代马克思世界历史理论的应用》，《史学集刊》2016年第4期。

础理论研究的重视，有利于推动世界史具体实证研究的进展。

2020 年出版的马克思主义理论研究和建设工程重点教材《世界现代史》第二版，是前述运用社会形态理论和世界历史理论进行综合研究这一基本共识的最新体现。该书指出：世界现代史以 20 世纪以来的世界历史作为研究对象；20 世纪以来的世界史内容非常丰富，充满矛盾和斗争，世界大战、意识形态的斗争、社会制度的竞争、经济发展战略的选择与社会问题的解决、领土争端、民族冲突、宗教分歧等诸种矛盾问题相互影响，但其总的历史发展趋势、历史主线，仍然是人类社会的进步趋势不可逆转；今天人类仍生活在马克思所揭示的“世界历史时代”，即生活在人类社会命运相连的世界性整体的历史时代。[①] 这是对世界的现当代发展作出的科学论断。

四 中国马克思主义史学的世界史话语的特点

新中国成立七十余年来，中华民族实现了从站起来、富起来到强起来的伟大飞跃。根据相关统计，中国经济 1979—2018 年年均增长 9.4%，远高于同期世界经济 2.9% 左右的年均增速。包括中国在内的广大发展中国家取得的发展成就，正如有关研究指出，使得世界经济有史以来首次显现趋同的趋势，1978—2017 年低收入和中等收入国家的 GDP 在世界经济中的比重从 21.3% 提高到 35.3%，低收入和中等收入国家 GDP 总额扩大了四倍，其中中国的贡献高达 43.6%。[②] 中国特色社会主义道路的世界历史意义，就在于这是通过和平互利原则从农业文明向工业文明迈进的伟大实践。中国马克思主义史学的世界史话语是对这一历史进程和现实发展的理论阐述，集中体现中国马克思主义史学的现实关怀、时代精神和民族特色。事实上，一个世纪以来，中国马克思主义史学的世界史话语研究始终围绕中国社会面临的现实问题，立足于中国的

---

① 《世界现代史》编写组编：《世界现代史》第 2 版上册，高等教育出版社 2020 年版，“导论”，第 1 页、第 8—10 页。

② 蔡昉：《中国经济发展的世界意义》，第 31 页。

历史文化传统，努力对世界历史做出时代性的科学分析、判断和总结。将民族性和世界性较好地融为一体，是中国马克思主义史学的世界史话语自身发展的基本特点，这主要表现在以下三个方面。

首先，中国马克思主义史学的世界史话语推进了马克思社会形态理论和世界历史理论在史学研究中的应用和发展，有力地支撑了中国世界史学科形态的科学构建。正如陈翰笙1978年指出：研究世界历史是为了通晓社会发展的规律。[①] 社会形态理论和世界历史理论是马克思主义体系中的基本理论，共同为唯物史观的发展提供了坚实的学理支撑。实际上，改革开放后提出的社会主义初级阶段理论和建设有中国特色社会主义理论，就是新的历史时期的社会形态理论，是科学社会主义的新发展，对具体研究的重要性毋庸置疑。而要把握世界发展大势，就要更好地运用和实践马克思世界历史理论。如何把握历史的横向联系并不是简单的问题。例如，李纯武1990年指出："内因与外因的结合就是一种横向联系"，这表现在国家历史的发展上，也表现在局部历史事件的发展上；"历史内部诸因素也经常互相作用而决定历史的面貌"，这是另一种横向联系；"历史的横向联系，无论是内因与外因的结合，还是政治与经济的相互作用或是其他，给历史带来的复杂情况都是显而易见的"。[②] 庞卓恒2009年分析了世界文明史上先进变落后和落后变先进的根本原因。他指出：生产力不能以使用什么工具来衡量，只能用劳动者的"效率"衡量，"生产关系对生产力的反作用力和上层建筑对经济基础的反作用力是促进性的还是促退性的，其衡量标准就是看它们对劳动者改善生产生活条件、发展生产能力的要求是激励还是压制，最终是从效果上看它们是否促进了劳动者生产能力的提高"。[③] 中国马克思主义史学的世界史话语，极大地促进了学界对世界历史发展规律的认识，为学科形态构建提供了基本理论框架和分析方式，但同时也应当看到，与社会形态

① 陈翰笙：《对研究世界史的几点意见》，《世界历史》1978年第1期。

② 李纯武：《丰富的内容和错综的关联——七谈世界历史教材的编写》，《课程·教材·教法》1990年第4期。

③ 庞卓恒：《怎样寻求世界历史上先进变落后和落后变先进的根本原因——纪念新中国建立60周年》，《世界历史》2009年第4期。

理论的研究相比，对世界历史理论的具体研究显然还有进一步的开拓空间。

第二，中国马克思主义史学的世界史话语是在中外历史比较中发展起来的。从初始阶段开始，李大钊等人就在中外历史比较的视野中分析中国的历史定位和发展方向，这已经成为中国马克思主义史学的优良传统之一。李纯武 1992 年从教学角度指出中外历史可以从以下三点互补。一是历史发展的不平衡是常态，世界范围内历史发展的不平衡现象显得更为复杂，各地区、国家或民族进入不同社会发展阶段有早有迟，世界文明中心不断变换或转移，国家的盛衰兴亡频繁发生。二是人类社会已经相继出现了五种社会经济形态，但是很难找到具有如此完整的社会发展经历的国家或民族，一些国家的这个社会阶段最为典型，一些国家的那个社会阶段最为典型。三是人类文明包括物质的和精神的，都是世界各族人民的贡献，但是各地区、各国、各民族的贡献往往同中又有不同，有的还是各自特有的成就，文明多样性可以从国别史里反映一般性，它的独特性却只能从世界文明的总体中才能衬托出来。① 林甘泉 1997 年指出：新时期历史学的变化之一就是重视中外历史的比较研究，借鉴西方近现代的史学理论和方法，马克思主义认为世界历史的发展既有统一性，又有多样性，无论是统一性或多样性，只有从不同国家历史发展的比较研究中才能得到具体的而不是抽象的认识。② 这两种论断互为印证，充分说明中外历史比较视野对马克思主义史学实现主导作用的重要性。

第三，中国马克思主义史学在世界史话语建设上的突出成就，就是将欧洲 19 世纪显著的历史优势尽可能地还原到世界历史纵向和横向框架中的具体时空点上，进而辩证分析其历史局限。换言之，就是剥离“欧洲中心论”的种族、地域和文明外衣，将欧洲的历史领先还原为西欧农业和毛织业生产的商品化，即西欧在生产特定领域的突破。这不是人类社会第一次在生产特定领域的突破，当然也不会是最后一次。正如马克思在《资本论》第一卷中指出：“现代工业从来不把某一生产过程的现

① 李纯武：《中外历史结合，思想教育相得益彰——十谈世界历史教材的编写》，《课程·教材·教法》1992 年第 6 期。

② 林甘泉：《新的起点：世纪之交的中国历史学》，《历史研究》1997 年第 4 期。

存形式看成和当作最后的形式”，因此，“现代工业的技术基础是革命的，而所有以往的生产方式的技术基础本质上是保守的”；现代工业通过机器、化学过程和其他方法，使工人的职能和劳动过程的社会结合不断地随着生产的技术基础发生变革，“大工业的本性决定了劳动的变换、职能的更动和工人的全面流动性”。[①] 就像资本主义生产要素在封建农本经济中孕育并脱胎而出一样，资本本身的狭隘性与其为了利益最大化而全面发展生产的趋势构成的基本矛盾，决定了“以一种集体生产方式为基础的资本主义所有制只能转变为社会所有制”。[②] 资本主义生产方式与以往生产方式的不同，还在于其生产建立在对市场的无限追求之上。资本主义虽然开拓了世界市场，使各国的流通和消费成为世界性的交往行为，但资本主义国家的外部交往方式带有浓厚的暴力性，资本主义推动世界市场形成是通过殖民压迫等方式实现的，实际上是转嫁了资本主义初期发展的残酷历史代价。这就导致到 19 世纪中期还没有走向工业化的国家，普遍遭受资本主义强国的侵略和剥削，被迫承担了资本主义制度带来的灾难性波折。

从世界历史进程来看，资本主义发达国家在全世界推行殖民主义之时，一方面努力维持自身作为工业国占领国际产业链分工的优势地位，一方面显著压抑欧洲以外地区的文化。史学作为文化中的文化，这一点表现得更加明显。正如有西方学者指出：对大多数西方教科书上的阐述而言，那些不太被启蒙运动的前提所浸染的、被征服的、沉默的或丧失资格的知识，通常被描述为非理性的、自然和原始的，其与物体、祖先、土地和精神世界的关系被确定为古老而迷信的；以欧洲国家为基础的研究占主导地位，不仅世界各地区在很大程度上被孤立地考察，而且在比较富裕的地区接受教育时，可能并不利于来自非西方和非北方地区的学者吸收土著知识。[③] 亚非拉广大发展中国家的现代转型在很多学者的眼

① 《马克思恩格斯全集》第 23 卷，人民出版社 2016 年版，第 533—534 页。

② 马克思：《给〈祖国纪事〉杂志编辑部的信》，《马克思恩格斯文集》第 3 卷，人民出版社 2009 年版，第 465 页。

③ Felicity A. Nussbaum, ed., *The Global Eighteenth Century*, Baltimore and London: The Johns Hopkins University Press, 2003, “Introduction”, p. 9.

中与欧洲殖民主义及其传播文明、进步和技术的观念尝试密不可分，有学者提出现代性和殖民主义是“同一枚硬币的两面”。[①] 但实际上，从1492年以后的世界历史来看，与殖民主义构成一体两面的概念不是现代性，而是资本主义。有西方学者归纳指出，“欧洲中心论”的批评者，如萨米尔·阿明、安德烈·贡德·弗兰克和爱德华·萨义德都认为，西方社会科学是围绕着理解西方工业资本主义和民主的“独特”兴起而构建的，因此根据其他民族和文明相对于西方所缺乏的东西来概念化其他民族和文明，并将其转变为缺乏文化多样性和历史的无差别“他者”；他们提出，只有认识到世界的历史是一种文化竞争和相互依赖的历史，才能克服“欧洲中心论”，把世界视为一个多中心的地方。[②] 这个判断具有一定的合理性，即欧洲优势形成后如何处理与其他文化的关系，但是，多中心的、各部分相互依赖的世界历史是人类社会发展的结果而不是原因，并不能单独构成批判立论的先验前提。只有回归到最基本的历史发展动力即人类社会的生产和交往，把欧洲的历史领先还原到其产生的具体过程，才能阐明资本主义本身的历史阶段性，“欧洲中心论”只是这个历史阶段中的意识形态附生物。由此可以看出，人类社会的进步趋势实际上蕴含在世界历史的阶段性和连续性、特殊性和一般性的双重辩证统一之中。

综上所述，中国马克思主义史学运用社会形态理论和世界历史理论对世界史纵向和横向的话语探讨，建立在中国社会实践和世界现实发展的基础上，具有学术理论的可行性和前瞻性，有利于科学把握世界历史上错综复杂的社会组织、结构，制度之间的演化、共生、竞争及走向，显然将在新时代构建中国特色历史学学科体系、学术体系、话语体系的具体研究中发挥更大的作用。

（原载《江海学刊》2021年第4期）

---

① Felicity A. Nussbaum, ed., *The Global Eighteenth Century*, Baltimore and London: The Johns Hopkins University Press, 2003, “Introduction”, p. 4.

② R. J. Barry Jones, ed., *Routledge Encyclopedia of International Political Economy*, Volume 1, London and New York: Routledge, 2001, p. 464.

唯物史观与 20 世纪上半叶中国古代土地制度史研究[*]

徐歆毅

20 世纪上半叶中国历史学发生过两次根本性的变革，一是从传统史学向近代史学转型，二是从近代史学转向马克思主义史学。从 20 世纪上半叶土地制度史研究的发展历程来看，土地制度史研究与中国史学的两次转型均存在着直接而密切的关联。

一　在近代史学转型的背景下发端

从近代史学的角度看，20 世纪 20 年代初的井田制有无的争论是中国古代土地制度史研究的开端。在此之前，中国传统史学有悠久的食货志传统，《汉书·食货志》专门记述了古代田制的演变，《通典》以“田制”为开篇；许多古代学者的著作、笔记之中也不乏对古代田制的考辨和议论。但这些都不是近代史学意义上的土地制度史研究，直至 20 世纪 20 年代初的“井田制有无”的争论才代表了土地制度史研究的开端。

胡汉民《中国哲学史之唯物的研究》认为，[①] 在晚周战国社会经济组织的根本变动中，“我看最重要的，就是井田制度崩坏。井田是计口

* 本文是国家社会科学基金中国历史研究院重大研究专项“重大历史问题研究项目——毛泽东邓小平江泽民胡锦涛论历史科学”（项目号：20@ WTZ005）的阶段性成果。

① 此文 1919 年 10 月至 11 月连续刊载于《建设》杂志第 1 卷第 3、4 号上。转引自胡汉民《唯物史观与伦理之研究》，上海民智书局 1925 年版，第 63—154 页。

授田、土地公有、古代相沿的一个共产制度。这个制度变坏，就使社会全体生活根本动摇”；“由这个经济组织根本动摇，更引起社会上的压迫、政治上的专横，为人民生活最不安的时代”；“我以为井田始坏，当在前八世纪，即周幽王以及平王东迁之际”；“封建井田两个制度，当初是互相维系，及后也就牵连破坏”。

在这篇文章中，胡汉民的主题并非研究井田制度，其中涉及井田制的内容在全文中只占很小的部分。正是这一小部分却引起了胡适的注意。1919 年 11 月 8 日，胡适写信《建设》杂志质疑胡汉民对井田制的看法，即《井田辨——寄廖仲恺先生的信》，掀起了井田制有无的争论。[①] 信中，胡适由否定封建制度出发，进而否定井田制的存在。他的意见主要有两点：

其一，古代的封建制度绝不是像《孟子》《周官》《王制》所说的那样简单。无论如何，那几千年中，绝不能有“豆腐干块”一般的封建制度。

其二，不但“豆腐干块”的封建制度是不可能的，豆腐干块的井田制度也是不可能的。井田的均产制乃是战国时代的乌托邦。战国以前从来没有人提及古代的井田制。孟子也只能说“诸侯恶其害己也，而皆去其籍”。这是“托古改制”的惯技。

此后，双方数度书信往还，争论达到高潮。继而，朱执信、季融五和吕思勉也参加进来。论争以胡适、季融五为一方，与胡汉民、廖仲恺、朱执信、吕思勉为另一方展开。综合两方的意见，主要有以下几个争点：

第一，井田制是真实存在，还是孟子的凭空杜撰。第二，由此引出井田制下的土地性质问题，即孟子以前有没有土地私有权。第三，关于传世文献材料理解的争议。第四，井田制的社会发展阶段问题。

在当时“科学整理国故”的潮流下，井田论借着胡适如日中天的声望，风行草偃，终于引发了一场轰轰烈烈的“古史辨”运动。直到 20

① 这次争论的文章，后来汇集为《井田制度有无之研究》一书，1930 年于上海华通书局出版。对这次论争的研究可参见杨宽《重评 1920 年关于井田制有无的辩论》，《江海学刊》1982 年第 3 期；陈峰《1920 年井田制辩论：唯物史观派与史料派的初次交锋》，《文史哲》2003 年第 3 期。

世纪30年代的社会史论战，在“新社会科学”理论的支撑下，井田制才被重新认识和肯定。

在近代史学发生、成长的背景下看待这次井田制有无的争论，双方都有自己的贡献与缺失。

首先，胡适的井田论有值得重视的地方。他以近代实证史学的方法审定史料，指出孟子井田说的主观构想的成分，并注意到了先秦文献之间的流传、演变关系，为以后井田制研究奠定了史料学的基础。以后的井田制研究或其他领域的历史研究，研究者自觉要做的第一步工作就是史料批判。这是胡适井田论的一大贡献。

胡适一生最注重的就是“方法”。在《中国哲学史大纲》“导言”中，他着重阐发了作史的方法论。在井田制有无的争论中，他最为自得的也是井田论的方法。1923年他在《古史讨论的读后感》中提到：“我在几年前也曾用这个方法来研究一个历史问题——井田制度。我把关于井田制度的种种传说，依出现的先后，排成一种井田论的演进史”[①]，又说“其实古史上的故事没有一件不曾经过这样的演进，也没有一件不可用这个历史演进的方法去研究”。可以看出，井田论和古史辨在研究方法上有直接渊源，井田论是古史辨的前导。正如顾颉刚自己所说，他发起古史辨是受了胡适井田论的启发，“想起本年（1920年，引者按）春间适之先生在《建设》上发表的辩论井田的文字，方法正和《水浒》的考证一样，可见研究古史也尽可以应用研究故事的方法”。[②] 在胡适的论述中，井田论随着时间的推移而愈来愈精密、完备。顾颉刚提出“层累地造成的中国古史”说，即时代愈后，传说的古史期愈长；时代愈后，传说中的中心人物愈放愈大。在方法论上，古史辨正是井田论在中国古史领域内的扩大运用。胡适井田论的方法其实是“故事演变法”。这个方法用来考辨史籍则可，用来考证历史则会把历史的演变视作人为的增补、伪造，进而导致抹杀、取消历史。高耘晖就曾指出：“胡先生只是

---

① 胡适：《胡适文存二集》，《民国丛书》第1编第94册，上海书店出版社1989年版，第149—164页。

② 顾颉刚：《〈古史辨〉自序》，载顾颉刚《古史辨》第1册，河北教育出版社2000年版，第56页。

考证古书，而不是研究历史，他对于这个问题只有消极的怀疑，而无积极的解释。”[①] 胡适井田论在方法、逻辑上存在的问题，则正如张荫麟在批评古史辨派时指出的，是默证法的误用。[②] 历史事实大致可以分为三个层次，一是客观发生的历史事实，二是为各类史料所留存下来的历史事实，三是通过史料被人们所认识的历史事实。三个层次所指涉的历史事实，前者大于并覆盖后者，后者小于等于前者。换言之，作为历史认识的出发点，我们并不能因史料阙佚、失载而推论客观的历史事实并未发生或存在过。

在论争中，值得注意的是廖仲恺的方法论。他在论证井田制存在时，提出：“我以为凡预想有信史以前的各种制度，无论中国外国，都是一件极冒险的事。想免这个危险，第一要紧的是在本国地方上有这制度残留的痕迹，或有那时代政府的记录的直接证据。其次在外国同阶级时代中有类似制度的旁证。再次有证明反证之不符的反证。”这一“直接证据”“旁证”“反证”说其实是近代实证史学方法论的核心。其时，中国近代史学方法论仍在成形之中。廖仲恺文中虽然寥寥数语，却是近代史学方法难得的实践。特别是他以民族学材料为间接证据，论述井田制在社会发展史上所处阶段，开运用社会科学理论研究中国历史的先河。而史学研究中引入社会科学理论在20世纪20年代末之后才渐成风气。

其次，论争双方围绕井田制有无问题费了大量笔墨，但双方只是在这个问题上打转，都没有触及井田制本身。井田制到底是一个什么样的制度，仍然是一团迷雾。只能留待后继者去探讨。如后来嵇文甫曾批评道：“他（胡适，引者按）讲了千言万语，只是‘方法’长，‘方法’短，对于一个根本的实质问题，即古代土地制度到底是什么样子，却一点没有接触到。”[③] 其实，何止胡适，他的论争对手也是如此。胡汉民、廖仲恺只是断言“井田是古代相沿的一个共产制度”，“井田制是中国古

① 高耘晖：《周代土地制度与井田》，《食货》第1卷第7期，1935年3月。

② 张荫麟：《评近人对于中国古史之讨论：古史决疑录之一》，《学衡》第40期，1925年4月。

③ 嵇文甫：《胡适唯心论观点在史学中的流毒——十二月十九日中国史学会河南分会对开封市大中小学历史教师的报告》，《胡适思想批判（论文汇编）》第2辑，生活·读书·新知三联书店1955年版，第155页。

代土地私有制未发生以前的一种土地共有制”，井田制度“是上古民族由游牧移到田园，由公有移到私有当中的一个过渡制度”。

最后，就双方在论争中的具体观点来看，也或多或少涉及了以后土地制度史研究中的一些基本问题。土地私有权和土地买卖的问题是双方争论的一个焦点。胡汉民主张，“井田法虽不可详考，总是土地私有权未发生的时代共有共用土地的习惯之整顿方法”。胡适则以《诗经》里“人有土田，女覆夺之”以及《左传》里的“赏田、赐田、与田、赂田”的例子，证明战国以前的时代已经出现了土地买卖和土地私有权。用益权、收益权、处分权等所有权相关概念也都被提了出来。而所有权问题在以后的封建土地所有制形式讨论中还是一个聚讼不休的问题。再如，争论中也涉及了土地关系、土地所有者和直接生产者的关系，如“田主”“佃户”。另外，双方的讨论都涉及了井田制所代表的社会发展阶段问题，“原始社会”“半部落半国家”“共产的社会”“宗法社会”“阶级制度”等名词已见诸他们的笔端，显示他们当时已具备了一定的社会进化史观，但他们的社会科学知识仍是初级的。虽然概念已经提出来了，但还很混乱，进一步的澄清则留待20世纪30年代的社会史论战。

1919年前后，胡汉民、廖仲恺等国民党人较早地在中国介绍、传播了唯物史观，在井田制有无的论争中明显可以看出唯物史观因素对他们的影响，即尝试用经济生活过程的变化来说明思想文化等领域社会历史现象的变化。虽然，由于历史和阶级的局限，胡汉民等人并没有成为真正的历史唯物主义者，但有学者认为井田制有无问题的争论是近代史学唯物史观派与史料派的初次交锋，亦有一定道理。①

二　在社会史论战中转向

20世纪三四十年代是土地制度史研究的发展、转向阶段。经过20

① 参见陈峰《1920年井田制辩论：唯物史观派与史料派的初次交锋》，《文史哲》2003年第3期。

世纪20年代革命运动退潮后短暂的苦闷和消沉，一部分学者又将关注的重心由社会政治运动转向思想文化领域，把目光投向中国社会性质的研究，并由现实及于历史，探究中国古代社会发展的历史阶段及规律。郭沫若在《中国古代社会研究》“自序”中说道：“对于未来社会的待望逼迫着我们不能不生出清算过往社会的要求。古人说：‘前事不忘，后事之师。’认清楚过往的来程正好决定我们未来的去向。”[①] 这其实也是社会史论战大多数参与者的现实指向。

马克思在1857年的《〈政治经济学批判〉导言》中写道：“资产阶级经济学只有在资产阶级社会的自我批判已经开始时，才能理解封建的、古代的和东方的经济。”[②] 他在1859年发表的《〈政治经济学批判〉序言》中说：“大体说来，亚细亚的、古代的、封建的和现代资产阶级的生产方式可以看作是经济的社会形态演进的几个时代。”[③] 亚细亚生产方式的含义是什么？它是仅仅适用于东方社会，还是人类社会发展普遍经历的一个历史阶段？它是否构成一个独立的社会经济形态，或是相当于人类社会历史发展的某一阶段？由于马克思本人并没有对亚细亚生产方式做过明确的说明，这一问题在社会史论战中引发了许多争议。在亚细亚生产方式的争论中，土地国有、农村公社、专制主义、水利灌溉被认为是亚细亚生产方式的主要特征。其中，井田制仍是讨论的热点，被认为是亚细亚生产方式土地国有特征的具体表现形式，关于井田制的探讨更多地与中国社会发展阶段及古代社会性质的认定联系在一起。

对井田制有无的问题，郭沫若的看法前后有过变化。他在《中国古代社会研究》中断言：“周代自始至终并无所谓井田制的施行。”理由便是：“井田制是中国古代史上一个最大的疑问。其见于古代文献的最古的要算是《周礼》。然而《周礼》便是有问题的书……此外如《春秋》三传、《王制》等书都是后来的文献，而所说与《周官》亦互有出入。儒家以外如《管子》、《司马法》诸书虽亦有类似的都鄙连里制，然其制

---

① 郭沫若：《中国古代社会研究》（外二种），河北教育出版社2000年版，第6页。

② 马克思：《〈政治经济学批判〉导言（摘自1857—1858年经济学手稿）》，《马克思恩格斯选集》第2卷，人民出版社1995年版，第24页。

③ 马克思：《〈政治经济学批判〉序言》，《马克思恩格斯选集》第2卷，第33页。

度亦各不相同。”再者，“论理所谓‘方里而井，井九百亩，其中为公田，八家皆私百亩’的办法，要施诸实际是不可能的”，在周代彝铭中寻不出有井田制的丝毫的痕迹。[①] 但是，这一看法在1945年出版的《十批判书》中有了180度的改变，他承认“井田制是断然存在过的，我们可以得到很多的证明”，“孟子式的井田说，也并不是毫无根据：它所根据的应该是《考工记》的《匠人》职文，或与《匠人》职文同根据一种古代曾经有过的事实”。又说：“这十进位的办法和古代罗马的百分田法极相类似。”所以，“我们确切地可以说：殷周两代是施行过豆腐干式的均田法的。”他将井田制视为殷周奴隶社会生产关系的基础。“为什么要施行这样豆腐干式的井田呢？这显然是由于两层用意所设计出来的：一是作为榨取奴隶劳力的工作单位，另一是作为赏赐奴隶管理者的报酬单位。”并认为私有土地的出现导致了井田制的破坏和崩溃，这与春秋战国时代社会的变革相同步，“井田制的危机是出现了，建立在这个基础上的社会关系也就开始动摇”[②]。

吕振羽在《殷周时代的中国社会》中则以井田制度来说明周代封建社会性质。他认为：“孟轲所说的‘井田制度’却又正确地说明了西周庄园制度的内容。”而这正构成了封建领主制的生产基础，“在这种庄园制内部所构成的独特的剥削关系的基础，是以把农民束缚于土地上以及其对于地主的人格从属为前提的”。他还认为，“虽然自春秋时代便开始发现新兴地主的土地占有形态，然至公元前三世纪上半世纪止，都是领主土地占有者获得支配形态；自公元前三百年代上半世纪以后，才为新兴地主的土地占有形态所代替”[③]。

在另一篇文章中，吕振羽利用金文中的材料对井田制做了肯定的说明。他认为“井田制度”虽未必以整齐排列的井字形土地区划为形式，但类似这种制度的存在，则是十分可能的。所谓“井田制度”的私田，就是领主给予农民的“分与田”，以此把农民束缚在土地上面。[④] 主张周

---

① 郭沫若：《中国古代社会研究》（外二种），第244—245页。

② 郭沫若：《十批判书》，载郭沫若《中国古代社会研究》（外二种），第621—635页。

③ 吕振羽：《殷周时代的中国社会》，生活·读书·新知三联书店1962年版，第200—202页。

④ 吕振羽：《西周时代的中国社会》，原载《中山文化教育馆季刊》第2卷第1期，1935年。后收入钟离蒙、杨凤麟主编《中国现代哲学史资料汇编》第2集第4册《中国社会史论战（上）》，辽宁大学哲学系1982年版，第123—127页。

代封建论的还有王亚南，他认为周之封建制度，是以一种特殊的土地制即所谓井田制度为基础。[①]

1946 年出版的侯外庐《中国古代社会史论》，直接用金文和《诗经》的材料来说明《周礼》的田制和孟子井田说。他认为，土地国有制是周代的特点，即所谓“莫非王土”“受民受疆土”。这种受土的所有制形式是氏族贵族所有制，土地是不能自由买卖的。土地生产资料所有制经历了长期转变，产生了不合法的土地私有制。这种制度在地域上是从晋楚秦三国开始的，渐渐普及于各国，在时间上是从春秋中叶以至秦并六国慢慢地发展而来的。商鞅变法之前，这种制度不能看成支配的形态。商鞅变法废井田，一是推翻氏族贵族，使土地不合法地私有，并且进到小生产制，二是使生产者由奴隶逐渐变成隶农，来维持劳动力的再生产。[②] 侯外庐在 20 世纪 50 年代提出的封建土地国有制的观点，在这里已经初现端倪。他在《中国古代社会史论》“自序”中说道，“在一般的历史规律上，我们既要遵循着社会发展的普遍性，但在特殊的历史规律上，我们又要判别具体的社会发展的具体路径”。封建土地国有制说是在此书基础上的进一步升华，其中涵括了他对中国古代社会独特性的深入思考。

这一时期对土地制度史研究有所涉及的还有一些其他学派的学者，如“新生命派”“托派”“自由马克思主义者”等。他们在论证中国古代社会性质时，或多或少对土地制度的社会形态属性有所阐释。

虽然社会史论战参与各方对井田制及殷周时代社会性质的认定有所不同，但我们可以明显地看到，这一阶段土地制度史研究与前一阶段相比，显现出一个最大的特点，即将马克思主义社会发展理论引入中国古史研究，将土地制度与中国古代社会发展形态联系起来，用以说明中国古代社会性质。整个学术氛围开始向唯物史观和辩证法转向。

如上所述，20 世纪三四十年代的土地制度史研究主要集中在井田制

---

① 王亚南：《封建制度论》，原载《读书杂志》“中国社会史论战专号”第 1 辑，1931 年。后收入钟离蒙、杨凤麟主编《中国现代哲学史资料汇编》第 2 集第 4 册《中国社会史论战(上)》，第 210—215 页。

② 侯外庐：《中国古代社会史论》，河北教育出版社 2003 年版，第 60—75、86—87、93—94 页。

问题上。对于秦汉以后的土地制度史，研究者似乎有一个不言而喻的前提认识，即地主占有土地及租佃制盛行。对秦汉以后的历史阶段，聚讼的问题主要在于秦汉以降的中国社会到底是一个怎样的社会，而论证的重点在于商业或商品经济的发展程度。这造成了土地制度史研究偏重于井田制的状况。而且，土地制度史并不是社会史论战中的焦点，当时的注意力更多地集中于阐明中国古代社会的发展阶段和性质。土地制度史的研究一般是和社会性质的论定紧密关联在一起的。

自20世纪20年代初“井田制有无”论争之后，受胡适否定井田制存在的影响，井田制一度被视为虚构的乌托邦。到了20世纪30年代的社会史论战，这种情况发生了逆转。井田制的存在被普遍认同，并用来说明中国古代社会的性质。郭沫若经过深入考察，改变了他最初认为井田制不存在的看法，将井田制视为殷周奴隶社会生产关系的基础。吕振羽和王亚南认为井田制是周代封建制的生产基础。侯外庐认为井田制是氏族贵族所有制。陶希圣认为井田制度是原始共产制度的一种。胡秋原认为井田制即农村公社制，是由氏族社会到封建社会之必经桥梁。造成各家对井田制看法各异的原因，主要在于他们对中国古代社会发展阶段的不同估定。

20世纪三四十年代占据史坛主导地位的是史料（考据）派，这一派深受胡适方法论的影响，强调史料辨伪和史事考订。缺陷在于拘泥于琐细考证，只有消极怀疑，没有积极建设。正是这一点在社会史论战中遭到各方批判。郭沫若《中国古代社会研究》“自序”云：

> 胡适的《中国哲学史大纲》，在中国的新学界上也支配了几年，但那对于中国古代的实际情形，几曾摸着了一些儿边际？社会的来源既未认清，思想的发生自无从说起。所以我们对于他所“整理”过的一些过程，全部都有重新“批判”的必要。
>
> 我们的“批判”有异于他们的“整理”。
>
> “整理”的究极目标是在“实事求是”，我们的“批判”精神是要在“实事之中求其所以是”。
>
> “整理”的方法所能做到的是“知其然”，我们的“批判”精神

> 是要“知其所以然”。
>
> “整理”自是“批判”过程所必经的一步，然而它不能成为我们所应该局限的一步。[①]

社会史论战的另一代表人物李季也在《中国社会史论战批判序言》中批评道：“‘俟河之清，人寿几何?’大家已经明白看出胡博士所领导的这一派人只能运用唯心而又浅薄的实验主义，做做校勘的工作，至于建设信史的责任不是他们所能担负的。”[②] 社会史论战的兴起，不仅是因为20世纪30年代社会实践要求从历史的源头上辨明近代社会性质，也是近代史学发展的内在逻辑所致。井田制也正是在“建设信史”的背景下被重新肯定。

随着社会史论战的进行，论战的缺点也逐渐暴露出来。论战中，各方都存在教条化、公式化的倾向，往往以理论作为讨论的前提，忽视了对中国历史实际的具体分析，社会史被“非史化”。为了弥补这一不足，有的学者开始注重史料的研究，为判明中国古代社会性质寻求史料的佐证。郭沫若以其深厚的文字学功底研究甲骨卜辞和青铜铭文，先后出版了《卜辞通纂》《两周金文辞大系图录考释》等书，为他的中国古代社会研究夯实了史料基础。值得一提的还有《食货》杂志，该刊是第一本“中国社会史专攻刊物”，发表了大量社会经济史的论文。[③] 注重材料的搜求和研究，代表了新兴的中国社会经济史的一种新趋向。

伴随着社会经济史的兴起，也出现了中国土地制度史的贯通性著作。如陈登原《中国土地制度》、万国鼎《中国田制史》、徐士圭《中国田制史略》等，[④] 大略是史料的排衍。这些著作关注的重点在于土地私有制

---

① 郭沫若：《中国古代社会研究》（外二种），第7页。

② 李季：《中国社会史论战批判序言》，载钟离蒙、杨凤麟主编《中国现代哲学史资料汇编续集》第13册《社会史和社会性质论战（上）》，辽宁大学哲学系1984年版，第247页。

③ 陶希圣：《编辑的话》，《食货》第1卷第1期（创刊号），1934年。

④ 此外，还有吴其昌的几篇长文：《秦以前中国田制史》，《国立武汉大学社会科学季刊》第5卷第3、4期，1935年7月、1935年8月；《北魏均田以前中国田制史》，《国立武汉大学社会科学季刊》第6卷第3、4期，1936年6月、1936年8月；《宋以前中国田制史》，《国立武汉大学社会科学季刊》第6卷第2期、第3期，1936年6月。

的弊端、政府的土地政策这些环节，就理论、观点、方法而言无多大新意。土地不均是近代一个严重和急迫的社会问题。这些学者研究古代土地制度史，一个基本的立足点就是救时之弊，切时之用。带有强烈的现实关怀和致用精神是这一阶段古代土地制度史研究的一大特点。当然，这些学者的治学风格也各异其趣。如陈登原一书主要是二十四史等文献中有关土地问题的史料钩稽。而万国鼎则以为，“言史者不可不穷源竟委，溯因寻果，否则杂录故实，人云亦云，史钞而已。不足言史也”①，表现出一定的近代史学意识和探寻土地制度史源流、演变规律的自觉。

在这一时期，马克思主义史学家还处于成长和积蓄阶段，他们或置身于社会史论战的战场上，或献身于紧张的革命实践活动中，未及抽身来专门研究土地制度史，只是在讨论中国社会史分期时有所述及。但这一阶段，马克思主义史学已经在和正统史学的交锋中，站稳了阵脚，并展现出对中国历史很强的分析和解释能力。一旦条件成熟，必将使中国史学，乃至中国土地制度史，迈入不同以往的新阶段。

三　结语

近代中国史学的系谱里，有“唯心史学”与“唯物史学”的并峙，有“史料派”与“史观派”的区隔，有疑古的破坏，亦有信史的建设，呈现相当复杂的面相。在20世纪上半叶复杂的时代思潮和多样的史学流派的交缠纠葛下，中国史学与西方史学一样，经历着两个深刻的变化——科学化和社会科学化。毫无疑问，胡适、梁启超等代表了中国史学科学化的努力，他们强调实证的方法论，致力于为中国史学这门古老的学问奠定自立于现代学术之林的基础。胡汉民、廖仲恺等人在早期传播、介绍唯物史观，并在一定程度上将唯物史观用于历史研究，成为中国土地制度史研究发端的直接原因。20世纪20年代末，史学的社会科学化在中国加速推进，以马克思主义史学为代表的“左翼”史学构成了

① 万国鼎：《中国田制史》，商务印书馆2011年版，第1页。

史学社会科学化的主力军。马克思主义被视为“唯一的社会科学”，马克思主义唯物史观成为分析、阐释社会历史现象的主要话语。其特点之一即注重社会经济史研究，土地制度史研究成为新兴的社会经济史的重要内容之一。1949 年后，马克思主义史学确立了在中国史学界的主导地位。包括土地制度史研究在内的“五朵金花”问题得到广泛讨论和深度开掘，充分体现了马克思主义史学的旨趣、特点及其在史学社会科学化过程中的多种尝试。20 世纪 80 年代以来，随着文化史、思想史热潮，社会史的复归，史学的社会科学化展现出更丰富、更多元、更包容的内涵。土地制度史研究与 20 世纪上半叶中国史学的两次转型几乎是同步的。之所以成为“显学”，当然也与许多外部因素密切相关。由“显”到“不显”，由社会形态理论导向到褪去理论指向性，其间有太多值得我们思考的内容。

（原载《中国史研究》2021 年第 2 期）

张荫麟对唯物史观的认知及其演变

李政君

近年来，学界对民国时期的非马克思主义史家如何看待唯物史观问题，关注日多。在这一史家群体中，张荫麟常被视为才情较高者，其史学成果以考据居多，但又长于理论建构；自1923年发表《老子生后孔子百余年之说质疑》反驳梁启超以来，他就一直被“天才”“通才”“第一流史家”等光环笼罩。[①] 因此，讨论民国时期非马克思主义史家对唯物史观的认知问题，张荫麟是一位值得关注的史家。学界关于张荫麟的研究虽然不少，但专门探讨他对唯物史观认知问题的成果却并不是很多，而其中观点又存在较大差异。例如，作为张荫麟的生前好友，谢幼伟曾在《张荫麟先生言行录》《张荫麟先生之哲学》《张荫麟》等多篇追忆文字中否认张荫麟和唯物史观之间存在关联，其主要依据是1933年张荫麟《传统历史哲学之总结算》一文曾对唯物史观提出批评。[②] 而作为张荫麟的学生，李埏在《张荫麟先生传略》中则明确指出：在张荫麟生命后期，其“历史哲学”课上所讲内容已与1933年《传统历史哲学之总结算》的观点“颇不相同，特别是对唯物史观的评价”。[③] 谢幼伟和李埏观点如此不同，而究竟真相如何，有必要予以辨析澄明。因此，本文拟就

---

① 民国时期诸如陈寅恪、钱穆、陈梦家等很多学人，对张荫麟皆有所赞誉；现代学者如王家范等，对张荫麟更是推崇备至。相关评论均收入［美］陈润成、李欣荣编《天才的史学家：追忆张荫麟》，清华大学出版社2009年版。

② 谢幼伟的观点分别参见［美］陈润成、李欣荣编《天才的史学家：追忆张荫麟》，第76—77、148、156页。

③ 李埏：《张荫麟先生传略》，载［美］陈润成、李欣荣编《天才的史学家：追忆张荫麟》，第175页。

张荫麟对唯物史观的认知问题略述浅见。

一 张荫麟早期对唯物史观的批评及其特点

张荫麟治史长于理论建构，但其早期理论探索，主要集中在认识论层面，即历史认识中的史料限制性问题，并未涉及唯物史观。这一时期较具代表性著述，无论是批驳梁启超的《老子生后孔子百余年之说质疑》（1923）及批驳顾颉刚的《评近人对于中国古史之讨论》（1925），还是《论历史学之过去与未来》（1928）等，皆是如此，无需多论。[①]

张荫麟的理论探讨转到历史本体，集中体现于留学归国之年（1933）所撰写的《传统历史哲学之总结算》一文。该文将“传统历史哲学”分为“目的史观”“循环史观”“辩证法史观”“演化史观”和“文化变迁之因果律”五种，意在“一一考验之，抉其所‘见’，而祛其所‘蔽’，于是构成一比较完满之历史观”。[②] 这就涉及了唯物史观。同时，该文在前述谢幼伟、李埏对张荫麟与唯物史观关联的论述中，也是一份重要材料，因而，有必要予以分析。

大致而言，《传统历史哲学之总结算》所举五种历史哲学，前四种属于历史发展或演变形式，第五种则属于历史发展的动力问题。唯物史观并不属于其中单独一种，而主要是被置于第三种“辩证法史观”和第五种“文化变迁之因果律”中讨论。诚如谢幼伟等所言，该文确实对唯物史观提出了批评。不过，其批评方式与动机，却值得进一步讨论。

就批评方式而言，张荫麟主要是用具体史实反驳抽象理论，但他所举史实的说服力并不是很强。在“辩证法史观”部分，张荫麟先概括相关理论道：自原始之共产社会崩溃后，在每一形成之经济组织中，包涵对峙之两阶级；经济组织之发展愈臻于全盛，或益以新生产方法之发明，

① 张荫麟早期理论探索主要在认识论层面，李红岩《论张荫麟及其“新史学”》（《近代史研究》1991 年第 3 期）一文已有论述。

② 张荫麟：《传统历史哲学之总结算》，《张荫麟全集》中卷，清华大学出版社 2013 年版，第 1256 页。

则阶级之冲突愈剧烈。压迫阶级要求现状之维持，是为一“正”，被压迫之阶级要求新秩序之建立，是为一“反”。此两阶级对抗之结果为社会革命，而最后乃产生一新经济组织，将对抗之两势销纳，于是阶级之斗争暂时止息，是为一“合”。经济组织改变，则政治、法律，甚至哲学、艺术亦随之改变。[①] 这表明，张荫麟对经济基础决定上层建筑、社会存在决定社会意识，以及阶级斗争等唯物史观相关论说有一定程度的了解。但对于这种历史哲学或历史发展理论他基本持否定态度。他说：

> 以吾人观之，皆与史实剌谬，试以我国史为例。周代封建制度之崩溃……此乃社会组织上一大变迁。然此……非由于两阶级之争斗，亦非由于新生产工具之发明。事实所示，不过如是：在纪元前六、七世纪间……不断之“国”际战争……因小国被灭，夷为郡县，其所包涵之贵族亦随其丧失原有地位，是为贵族阶级消灭之一因。君主与贵族争政权，而务裁抑窜逐之，是又贵族阶级消灭之一因。贵族阶级自相兼并残杀，是又其消灭之一因。凡此皆与阶级斗争、生产工具之新发明，或理想之追求无与。即此一例，已摧破……马克思之一切幻想。[②]

这里，张荫麟是试图通过证明“周代封建制度之崩溃”与生产力发展、阶级斗争等因素无关，来反驳唯物史观所揭示规律的普遍性。不过，这个例证其实只能说明张荫麟的解释视角与生产力、阶级斗争等因素无关，并不能证明“周代封建制度之崩溃”与生产力、阶级斗争等因素无关。比如，文中所列“周代封建制度之崩溃”的三方面原因，无论对错，都只是张荫麟的一家之言，这与唯物史观能否给出自己的解释及其合理与否，并没有关系；同时，这三方面原因，主要属于具体史实的归纳，这与“周代封建制度之崩溃”背后有没有更深层次的动因，也没有关系。所以，张荫麟虽然旗帜鲜明地批评了唯物史观，但他并没有证明

① 张荫麟：《传统历史哲学之总结算》，《张荫麟全集》中卷，第1266页。
② 张荫麟：《传统历史哲学之总结算》，《张荫麟全集》中卷，第1266—1267页。

唯物史观无法解释“周代封建制度之崩溃”，更没有指出唯物史观的解释存在何种不足或错误，他只是回避了用唯物史观去解释“周代封建制度之崩溃”。对此，正如论者所指出，“皆显得草率而迹近武断”。[①] 如果依循张荫麟的论证思路，那他提供的三方面原因，可以用于反驳任何一种历史哲学或历史发展理论，说它们各自强调的因素与“周代封建制度之崩溃”无关，但这种反驳对于任何一种历史哲学或理论，都不会产生太大效力。

在“文化变迁之因果律”“目的史观”和“演化史观”等部分，张荫麟对唯物史观也有所批评，而批评方式也是以具体史实反驳唯物史观所揭示规律的普遍性，与上述案例基本相同，兹不赘述。需要说明的是，以上只是就张荫麟的批评方式、论证思路而言，与其具体观点对错以及唯物史观所揭示规律是否具有普遍性等问题无关。就其动机而言，无论相关批评合理与否，张荫麟都不是专门针对唯物史观，他当时所反对的，是所有认为人类历史发展具有普遍规律的观念。这一点，正如贺麟所指出：张荫麟“这时期的哲学思想大约是一种极端的经验主义，不承认有先天的理则。他大概认为所谓‘理’，所谓‘共相’都不过是些随经验事物而有的名词，并非普遍必然的客观真实”。[②] 而通观《传统历史哲学之总结算》一文也可发现，张荫麟对其所概括的五种历史哲学，都提出了批评。即便是最受他青睐，认为用以考察人类史“每可得惊人之发现”的“循环史观”，他也指出，若“谓一切人类史上之事变皆取循环之形式”，则“显难成立”。对此，正如论者所说，“张荫麟的所谓历史哲学是反历史哲学的”。[③]

从整体上看，这一时期张荫麟对待历史哲学的观点是：任何一种历史哲学都无法统驭一切人类历史，同时，任何一种历史哲学应用于历史研究，又都有其可取之处。正如《传统历史哲学之总结算》中唯一一段具有正面结论性质的话所示：“进步、循环性、辩证法，皆可为人类史

① 许冠三：《新史学九十年》，岳麓书社 2003 年版，第 69 页。

② 贺麟：《我所认识的荫麟》，载［美］陈润成、李欣荣编《天才的史学家：追忆张荫麟》，第 43 页。

③ 李红岩：《论张荫麟及其“新史学”》，《近代史研究》1991 年第 3 期。

之部分的考察之导引观念、试探工具，而皆不可为范纳一切史象之模型。此吾对于史变形式之结论。”① 同样的，对于唯物史观，张荫麟虽不认同其所揭示规律的普遍性，但也没有否认唯物史观在解释某一方面或某一类别历史问题时所具有的效力。如文中所说：“吾人并不否认生产工具……或经济制度上之变迁对于文化其他各方面恒发生重大之影响。”②

总之，1933 年，张荫麟在《传统历史哲学之总结算》中确实批评了唯物史观，但这主要是因为他反对所有认为人类历史发展具有普遍规律的观念，至于唯物史观所提供的某些具体研究视角、路径，他并不反对。这种态度，有别于当时一些专门针对唯物史观为批评而批评的人。因此，谢幼伟以《传统历史哲学之总结算》一文对唯物史观的批评来统摄张荫麟一生对唯物史观的态度是不合适的。张荫麟一生虽相对短暂，但并不能排除其思想在此后近十年中存在改变，特别是这十年正是唯物史观在民国史坛产生广泛影响的时期。因此，我们还应考察张荫麟此后的史学论著。

二　唯物史观在张荫麟历史研究中的体现

1933 年《传统历史哲学之总结算》发表以后，张荫麟的史学成就主要集中在两方面：一是宋史研究的开拓，一是《中国史纲》的撰修。在这两方面的论著中，都体现出了较为浓厚的唯物史观色彩。现分别论述如下。

（一）唯物史观在张荫麟宋史研究中的体现

唯物史观在张荫麟宋史研究中的体现，首先是他在剖析社会历史变迁时对“经济基础”的重视。例如，1936 年张荫麟《南宋末年的民生与财政》一文，就是通过分析南宋末年的土地兼并、纸币贬值及财政收支

① 张荫麟：《传统历史哲学之总结算》，《张荫麟全集》中卷，第 1269 页。

② 张荫麟：《传统历史哲学之总结算》，《张荫麟全集》中卷，第 1271 页。

等经济状况，推导出南宋政府“不得不解体”的结论。他认为，在“无产农民没有组织的时候，资产阶级是主要的政治力量”（这里所谓“资产阶级”，是指包括大部分士大夫在内的官僚地主阶级），而南宋政府为缓解财政压力推行抑制土地兼并的“公田制”，造成了它与国内“资产阶级”的利益冲突，失去了“资产阶级的拥护”，结果，面对“强寇的压迫，南宋政府遂不得不解体”。[①] 张荫麟对“资产阶级”等概念的运用，虽与通行说法不同，但和前述对“周代封建制度之崩溃”的分析相比，他明显将南宋亡国的根源指向了土地所有制问题，而土地所有制正是传统农业社会的经济基础。

另外，张荫麟自述该文之所以要考察南宋末年土地分配状况，是因为当时学界已经提出土地分配状况与汉以后中国历史的治乱循环存在密切关系，但相关研究却较为粗疏，因此，他要以南宋末年为例，具体考出“到底在某一个豪强兼并盛行的时代，有几分之几的土地，是集中于几分之几的人口”。[②] 这表明，张荫麟此文问题意识受到了当时唯物史观话语下社会史研究热潮的影响。

随后，张荫麟又发表《南宋亡国史补》一文，提出：“宋在季年欲自固不能不扩军，欲扩军不能不用财。然是时国中财富集于巨室。齐民盖藏既鲜，而税担已重。加敛于齐民，则齐民无以堪命；强征于巨室，而巨室离心。此南宋之所以不得不亡也。”[③] 和《南宋末年的民生与财政》一文相比，此文的论述更为全面系统，但将南宋亡国归因于经济因素的视角，则是一般不二。

除宋史相关研究外，张荫麟分析魏蜀吴三国形势的发展演变，也是着眼于“经济基础”，如1937年他在《三国的混一》一文中所说：

> 三国都奋力夺取人口，屯田积谷……三国胜负的分判，正在于此。三国土地户口，都是魏最多，吴次之，蜀最少；合吴、蜀所有，仅约与魏相等。屯田及水利，亦以魏为最早且最发达……蜀以益州

① 张荫麟：《南宋末年的民生与财政》，《张荫麟全集》下卷，第1588页。

② 张荫麟：《南宋末年的民生与财政》，《张荫麟全集》下卷，第1584页。

③ 张荫麟：《南宋亡国史补》，《张荫麟全集》下卷，第1605页。

> 一州之北抗地雄踞黄河流域的曹魏，经济基础相差太多。①

以上三例，都是着眼于“经济基础”分析社会历史的发展演变，而最后一例更直接出现了“经济基础”概念。前文已述，在1933年对唯物史观有所批评的《传统历史哲学之总结算》中，张荫麟就表示过，“并不否认生产工具……或经济制度上之变迁对于文化其他各方面恒发生重大之影响”，而至此，他已经着手从经济视角寻找社会历史变迁的动因了。

除“经济基础”说外，在张荫麟的宋史研究中，还表现出对“阶级斗争”说的认同。和民国时期的非马克思主义史家相比，这也是张荫麟对待唯物史观态度上较具特色的一面。1936年，张荫麟《南宋初年的均富思想》一文开篇即提出：

> 我们虽然不能跟马克思说，人类的历史乃是阶级争斗的历史——假如把阶级解作自觉的阶级，把争斗解作现代劳资对抗式的争斗——但我们至少可以说，战国以降的中国社会史，乃是均富的势力和反均富的势力的争斗史……它是狂澜底下打不消的暗潮，它是巨熊掌下压不碎的不倒翁。②

从这段话我们可以看出两点：第一，张荫麟提出“战国以降的中国社会史，乃是均富的势力和反均富的势力的争斗史”，是受了“阶级斗争”说的启发。对此，在同一时期《宋初四川王小波李顺之乱》一文中，张荫麟明确提出《宋史》《宋会要》《续资治通鉴长编》等史书绝口不提“均贫富”思想是“阶级意识为祟”（详见下文），也可作为佐证。

第二，如果抛开引文中所加的限定条件，即“把阶级解作自觉的阶级，把争斗解作现代劳资对抗式的争斗”一句，则张荫麟对“阶级斗争”说是倾向于认同的。而事实上，马克思的“阶级斗争”说并没有

---

① 张荫麟：《三国的混一》，《张荫麟全集》下卷，第1607页。
② 张荫麟：《南宋初年的均富思想》，《张荫麟全集》下卷，第1569页。

“把阶级解作自觉的阶级，把争斗解作现代劳资对抗式的争斗”。“人类的历史乃是阶级争斗的历史”一句，和《共产党宣言》中的“至今一切社会的历史都是阶级斗争的历史”很相近，也是在这部文献中，“阶级斗争”理论得到较为完整的表达。[①]《共产党宣言》虽重点论述了张荫麟所说“现代劳资对抗式的争斗”，但在此之前，对于古代及中世纪的阶级斗争也有简要论述，如说，“在过去的各个历史时代，我们几乎到处都可以看到社会完全划分为各个不同的等级，看到社会地位分成多种多样的层次。在古罗马，有贵族、骑士、平民、奴隶，在中世纪，有封建主、臣仆、行会师傅、帮工、农奴，而且几乎每一个阶级内部又有一些特殊的阶层”；“压迫者和被压迫者，始终处于相互对立的地位，进行不断的、有时隐蔽有时公开的斗争”。[②] 而且，马克思自述对“阶级斗争”理论的贡献时，第一条也是“阶级的存在仅仅同生产发展的一定历史阶段相联系”。[③]

所以，张荫麟把“阶级”限定为“自觉的阶级”，把“斗争”限定为“现代劳资对抗式的斗争”，很可能是他自己的误解，并不符合马克思“阶级斗争”理论的原意。而除去这两个本不存在的限定条件，他在理论上对“阶级斗争”说也是倾向于认同的。

1937 年，张荫麟《宋初四川王小波李顺之乱》一文，在传统“苛政”说基础上，进一步从当时蜀地的经济压迫与剥削状况，分析“乱事之起因”，认为统治者“禁商旅不得私市布帛”，造成蜀地“繁荣既减，失业必增”，“贫民者之痛苦遂超越其忍耐之限度”，于是揭竿而起。我们若说这种分析是着眼于统治阶级与被统治阶级的阶级利益冲突，似不为过，而且，张荫麟在文中也确实提出：此事“可助阶级斗争说张目”。[④]

更为明显的是，在《宋初四川王小波李顺之乱》一文中，张荫麟不仅将“阶级斗争”视角用于分析客观史实，还将之用于剖析相关史书的

---

① 参见赵敦华《马克思哲学要义》，江苏人民出版社 2018 年版，第 163—165 页。

② 《马克思恩格斯选集》第 4 卷，第 400—401 页。

③ 《马克思恩格斯选集》第 4 卷，第 426 页。

④ 张荫麟：《宋初四川王小波李顺之乱》，《张荫麟全集》下卷，第 1634—1637 页。

主观叙事。如该文开篇即提出：

> 北宋初年四川有王小波（波或作博、或作皤）、李顺之乱，其事与南宋初年鼎澧间钟相、杨幺之乱……《宋史》及《宋会要》皆有记载，惟其特质，即“均贫富”之理论与举动，二书皆绝不泄露；李焘《续资治通鉴长编》（其书讫于北宋）于前一乱事亦然。谓非有阶级意识为祟焉，不可得也。幸私史所记，尚足补其缺。以此二事例之，有裨于阶级斗争说之史实，为正史所隐，而不幸野史无传，遂以为湮没者，当复何限？①

在分析“乱事”的起因、性质后，张荫麟又提出：“在官书观之，彼等则为杀人放火之盗匪矣。从官报中寻官敌之真相，自来等于缘木求鱼，读史者不可不察也。”② 将“阶级斗争”视角用于考察中国古代“官”“私”史书差别，揭示“官书”基于统治阶级立场而隐没史实，张荫麟对“阶级斗争”学说的认同，由此可见一斑。

（二）唯物史观在张荫麟《中国史纲》中的体现

《中国史纲》是张荫麟留下的唯一专著，素被学界称誉，而在这部书中，同样体现出了唯物史观的影响。

《中国史纲·自序》被学界视为一篇成功的通史撰修理论文字。其中，张荫麟提出了统贯史实的四个范畴，并且不主张用任何一个范畴去统贯全部史实，而这一主张也被一些学者解读为对唯物史观的排斥。③《自序》中所论统贯史实的四个范畴，当然不同于唯物史观，但其中某些具体的论说，与唯物史观具有较大相似性，也是事实。例如，关于“矛盾的发展”范畴的解释：“所谓矛盾的发展者，是一变化的历程，肇于一不稳定组织体，其内部包含矛盾的两个元素，随着组织体的生长，

---

① 张荫麟：《宋初四川王小波李顺之乱》，《张荫麟全集》下卷，第 1634 页。

② 张荫麟：《宋初四川王小波李顺之乱》，《张荫麟全集》下卷，第 1637 页。

③ 谢幼伟：《张荫麟》，载［美］陈润成、李欣荣编《天才的史学家：追忆张荫麟》，第 156 页。

它们间的矛盾日深日显，最后这组织体被内部的冲突绽破而转成一新的组织体；旧时的矛盾的元素经改变而潜纳于新的组织中。”[①] 这里所谓“矛盾的发展”，和前述1933年《传统历史哲学之总结算》中所诠释的“辩证法史观”相比，其核心观念并无根本不同。只不过，1933年张荫麟的态度是以批评为主，而此时更倾向于肯定。至于张荫麟反对用某一范畴去统贯全部史实，这和他是否反对将该范畴运用于历史研究，是两个问题，二者没有必然的因果关系。张荫麟对唯物史观的借鉴与运用，在《中国史纲》的正文中有非常明显的体现，兹择要举例如下。

第一，《中国史纲》在谋篇布局上，就体现出较为明显的“经济基础决定上层建筑”的色彩。以其对“商代文化”的叙述为例，该部分首先叙述商人的农业、渔猎和畜牧业、青铜铸造等“物质文明”；然后，叙述商人的“社会组织”，如王位继承、社会阶层等；最后，叙述“表现于生产方法以外的智力”。[②] 这种从“物质文明”到“社会组织”再到“智力”的布局思路，和唯物史观中“经济基础决定上层建筑”“社会存在决定社会意识”等论说，具有很明显的相似性。

第二，《中国史纲》对史事性质的分析，同样是着眼于“经济基础”。例如，书中分析春秋战国间战争性质的改变，标题就是“经济的进步与战争的变质”。正文也是先论述这一历史时期“工商业的发展”“货币的进步”“都市的扩大”“交通的进步”等经济现象，然后才从“兵力”“国防”“目的”“工具”“技术”等方面比较春秋时期和战国时期战争的差异，论述其“质量上的大变”。[③] 这种安排，显然是试图从“经济的进步”中，揭示“战争的变质”。在此，我们虽不能断然说张荫麟完全接受了唯物史观，但他受到了唯物史观较大影响，则确定无疑。

第三，《中国史纲》对中国古代社会结构及其演变的分析，还体现出了“阶级斗争”的视角。例如，书中论述周代的“封建社会”，专列“奴隶”和“庶民”两节，在论述周厉王以后的“民变”时说：“前六三四年，当晋、楚两强交争的时候，卫君因为得罪了晋国，想转而亲楚。

---

① 张荫麟：《中国史纲·自序一》，《张荫麟全集》上卷，第13—14页。

② 张荫麟：《中国史纲》，《张荫麟全集》上卷，第16—24页。

③ 张荫麟：《中国史纲》，《张荫麟全集》上卷，第93—97页。

但卫国离晋较近，亲楚便会时常招惹晋人的讨伐。在这种当儿，首先遭殃的便是人民……因此，卫君的亲楚政策是和卫国人民的利益根本冲突的。他们听到了，便大闹起来，把卫君赶到外国去了。”[①] 和前述对宋代王小波李顺起义的分析相同，这里也是从“阶级斗争”视角分析“民变”原因。

更具比较价值的是，在1933年《传统历史哲学之总结算》中，张荫麟曾断然否定了“阶级斗争”和“周代封建制度之崩溃”的关系，而《中国史纲》对整个周代“封建社会”社会结构的分析都贯穿着阶级分野的眼光。对此，正如论者指出，张荫麟是“用阶级制度分析中国古代的封建社会”。[②]

综上所述，在1933年对唯物史观提出批评的《传统历史哲学之总结算》以后，张荫麟对唯物史观的态度存在较大改变，他对唯物史观的“经济基础”和“阶级斗争”等论说，都表现出了认同。在民国时期的非马克思主义史家群体的，对“经济基础”说表现出一定认同的并非少数，但对“阶级斗争”说表示认同的并不多见，[③] 而张荫麟对“阶级斗争”说的认同，是其较具特色的一面。

三　张荫麟对中国马克思主义史学的态度

自张荫麟在学界崭露头角以来，就对梁启超、顾颉刚、冯友兰、朱希祖等时贤名流，多有直言不讳的批评。那么，对于当时正在兴起的中国马克思主义史学，他有何评价？这也是考察他对唯物史观态度的重要参照。

在中国马克思主义史学发展史上，1930年郭沫若《中国古代社会研

① 张荫麟：《中国史纲》，《张荫麟全集》上卷，第40页。

② 陈润成：《张荫麟先生传略》，《张荫麟全集》上卷，第15页。

③ 即以陶希圣为例，当时他被视为唯物史观社会史研究的重要代表人物，但他在相关研究中，对“阶级斗争”是排斥的，至少是力求回避的。参见贺渊《陶希圣的前半生》，新星出版社2017年版，第230页。

究》一书的出版，具有里程碑意义，被视为中国马克思主义史学诞生的标志。[①] 当时学界对该书褒贬不一，特别是该说作为中国社会史论战的早期作品，更成为论战各方批评的“箭垛”。[②] 但是，1932 年，张荫麟发表《评郭沫若〈中国古代社会研究〉》一文，却给郭著以极高评价。如他开篇就将《中国古代社会研究》和《古史辨》（第 2 册）并举，称之为“一九三〇年我国史界最重要两种出版品”，认为“它的贡献不仅在若干重要的发现和有力量的假说……尤在它例示研究古史的一条大道。那就是拿人类学上的结论作工具去爬梳古史的材料，替这些结论找寻中国记录上的佐证，同时也就建设中国古代社会演化的历程”。[③] 要准确理解“例示研究古史的一条大道”的含义，还需回顾当时中国史学界的状况。

首先，自 1923 年顾颉刚提出“层累”说，大刀阔斧地摧毁中国旧有古史体系后，重建上古历史一直是人们求之而不得的目标。1928 年开始的殷墟发掘，在当时也主要是提振了重建的信心。而郭沫若《中国古代社会研究》一书，今天看来虽不免粗疏，但就当时而言，他确实勾勒出了古代社会历史演进的大致图景，特别是该书还利用了颇为时人所重的甲骨金文材料。这也是该书能够得到诸如沈尹默、顾颉刚、齐思和等很多非马克思主义史家称赞的重要原因。[④]

其次，20 世纪 20 年代，史学的社会科学化在中国形成一股潮流。[⑤] 但是，真正能够将社会科学理论融会贯通地运用于中国历史研究的有分

---

① 尹达主编：《中国史学发展史》，中州古籍出版社 1985 年版，第 522 页。

② 参见何刚《他者叙述与自我“作为”——郭沫若〈中国古代社会研究〉“经典之路”再析》，《郭沫若学刊》2011 年第 3 期。

③ 张荫麟：《评郭沫若〈中国古代社会研究〉》，《张荫麟全集》中卷，第 1211 页。

④ 分别参见华白沙《古史及古史研究者》，载李孝迁编校《中国现代史学评论》，上海古籍出版社 2016 年版，第 405 页；顾颉刚：《当代中国史学》，上海古籍出版社 2002 年版，第 96—97 页；齐思和：《近百年来中国史学的发展》，载李孝迁编校《中国现代史学评论》，第 149 页。

⑤ 这一时期的史学概论类著述中，几乎都有专门章节讨论如何借鉴“其他学科”增强对历史的“解释”，即为证明。如杨鸿烈《史地新论》（1924）、陈训慈《史学蠡测》（1924）、李大钊《史学要论》（1924）、李璜《历史学与社会科学》（论文，1926；专著 1928）、刘剑横《历史学 ABC》（1930）、吴贯因《史之梯》（1930）、卢绍稷《史学概要》（1930）、朱谦之《历史哲学大纲》（1931）、周容《史学通论》（1933）、胡哲敷《史学概论》（1935），等等。

量的著作，却始终没有出现。[①] 而《中国古代社会研究》的重要特色，正是运用社会科学理论（唯物史观）来研究中国历史。因此我们说，《中国古代社会研究》实际是恰逢其会将现代中国史学史上两股重要潮流结合在了一起。张荫麟“例示研究古史的一条大道”的说法，较为准确的指出了该书在近代中国史学史上的位置。[②]

不仅如此，张荫麟在具体论述《中国古代社会研究》所“例示”大道的优点时还说道：

> 第一，生产事业的情形和社会的组织，无疑是历史中主要的部分之一，较之同时某特个的人物或事件之虚实，其意义自然重大得多。第二，在古代记录中……惟传说中这些人物和故事的社会背景不能凭空捏造，至少当可以映出传说产生时的社会情形……往往较为可靠。第三，社会制度的变迁多少有点“理性”或“历史的逻辑”……其盖然性决比反面为大。许多时代成问题的古史料，我们可据其中所表现的制度而排列其产生的次序。[③]

这里，张荫麟所肯定的主要有两个方面，一是“生产情形”和“社会组织”的研究价值更为重大，二是此类研究所得结论的可靠性也更高。而这种评价的潜在比较对象，似乎正是当时盛行的史料考订之风。我们知道，在《中国古代社会研究》中，郭沫若明确表示该书要作为“恩格斯的《家庭、私有制和国家的起源》的续篇”[④]，因此，张荫麟对郭著研究路径的肯定，认为“郭先生所例示的路径是值得后来史家的遵循的”，实际也就是对唯物史观历史学的肯定。此外，1932 年这篇书评也可为上述所论 1933 年《传统历史哲学之总结算》一文对唯物史观提出批评主

---

① 在郭著之前，虽有陶希圣《中国社会之史的分析》（1929）一书，但该书无论对士大夫阶级、官僚制度、宗法势力的批判，还是对“中国社会到底是什么社会”的分析，都具有十分浓厚的现实取向，学术性较郭著要弱。

② 张越《例示研究古史的一条大道——再论郭沫若〈中国古代社会研究〉》（《中共党史研究》2017 年第 5 期），对该说亦有深入分析。

③ 张荫麟：《评郭沫若〈中国古代社会研究〉》，《张荫麟全集》中卷，第 1211 页。

④ 郭沫若：《中国古代社会研究 · 自序》，商务印书馆 2011 年版，第 6 页。

要是因为张荫麟反对人类历史具有普遍规律性的观念提供佐证。

得到张荫麟较高赞誉的马克思主义史学著述，还有冀朝鼎《中国历史中的经济要区》（今译《中国历史上的基本经济区》）一书。[①] 1936年，张荫麟在《评冀朝鼎〈中国历史中的经济要区〉》一文中说道：

> 留美学生以西文言中国事，对于中国学人，例无一读价值。此为厥中少数例外之一。冀先生为一马克思主义之服膺者，此从字里行间可见，挽近案据马克思主义讲中国史者，大抵议论多而实证少。此等著作自有其时代之需要，而非桎梏于资产阶级意识之井底蛙所得妄诽。唯此书以马氏为立足境，而根柢于邃密之探究，达以严整之条理，虽曰马氏之真精神则然，今实罕觏而可贵。[②]

张荫麟称该书为“留美学生以西文言中国事……例无一读价值”中的“少数例外”，“实罕觏而可贵”，可见他对符合“马氏之真精神”的唯物史观史学著述是持肯定态度的。引文中“此等著作自有其时代之需要，而非桎梏于资产阶级意识之井底蛙所得妄诽”一句，更可看出张荫麟对马克思主义史学的价值肯定。

除上述直接评论外，从这一时期张荫麟的学术取向和思想倾向，也可看出他对唯物史观和中国马克思主义史学的态度。首先，就学术取向而言，当时，张荫麟曾加入由吴晗、汤象龙等人建立的“史学研究会”，而“史学研究会”的学术取向正如后来汤象龙所说，“当时大家虽然说不上熟悉马克思主义的理论，但都倾向于唯物主义，对一些历史问题的分析，主要倾向于社会和经济的分析”。[③] 今天更有学者将这一群体视为“唯物史观派史学”，认为“它的出现，标志着唯物史观

① 冀朝鼎（1903—1963），1924年在清华学校毕业后赴美留学，1927年在美国加入中国共产党，《中国历史上的基本经济区》是其博士毕业论文，其中提出的“基本经济区”概念，对中国经济史研究贡献卓著。参见朱诗鳌《独到的思维 传奇的专著》，冀朝鼎：《中国历史上的基本经济区》，朱诗鳌译，商务印书馆2014年版，第156—162页。

② 张荫麟：《评冀朝鼎〈中国历史中的经济要区〉》，《张荫麟全集》下卷，第1578页。

③ 汤象龙：《汤象龙自传》，载晋阳学刊编辑部编《中国现代社会科学家传略》，山西人民出版社1983年版，第123页。

派日益走向成熟”。[①] 张荫麟既然加入该研究会，自然也是“倾向唯物主义”的。

其次，就思想倾向而言，1937 年，张荫麟曾致信傅斯年，解释过自己的思想倾向问题，他说：

> 近闻仆之思想倾向，颇不理于南中士夫之口。仆于现状，素抱逾常之不满则诚有之，然亦止于闲居放言。若云鼓动学生，则告者过也。仆对于先生之感念，有非政见之异同所可掩者。[②]

张荫麟虽否认了“鼓动学生”，但批评“现状”、与傅斯年政治立场不同是可以肯定。另外，贺麟曾指出：自北伐成功，张荫麟开始“赞成一种近似英国费边式的社会主义”，“注意到平民实际生活的改善”。[③] 因此，当时张荫麟在思想上对马克思主义表现出了某种认同，是很有可能的。

总之，张荫麟在其生命后期，对唯物史观和马克思主义史学表现出了较大程度的认同，相比其早前的批评态度已有了明显改变。

余　论

我们在讨论民国时期非马克思主义史家对唯物史观的态度问题时，常会有意无意地受到学术派别、政治立场的影响，进而影响相关判断的客观性。即以谢幼伟关于张荫麟对唯物史观态度的判断为例，第一，其《张荫麟先生言行录》一文，试图通过专门论述张荫麟“没有忽视唯心论的学说”，来证明他“丝毫没有唯物论的色彩”[④]，但实际上，“没有忽

---

① 陈峰：《两极之间的新史学：关于史学研究会的学术史考察》，《近代史研究》2006 年第 1 期。

② 张荫麟：《致傅斯年》（1937 年 1 月 7 日），《张荫麟全集》上卷，第 679 页。

③ 贺麟：《我所认识的荫麟》，载［美］陈润成、李欣荣编《天才的史学家：追忆张荫麟》，第 41—42 页。

④ 谢幼伟：《张荫麟先生言行录》，载［美］陈润成、李欣荣编《天才的史学家：追忆张荫麟》，第 76—77 页。

视唯心论的学说”本身并不能推导出“丝毫没有唯物论的色彩”。第二，其《张荫麟》一文，在叙述《中国史纲·自序》所提统贯史实的四个范畴时说：“张先生不主张仅用一种范畴去统贯一切重要史实以成立某一史观，如众所周知的经济史观的办法。他认为这是一种‘削足适履’的办法，不是正确的办法。因而他对传统的历史哲学或传统的各种史观，均有所不满，有所批评。这就是他《传统历史哲学之总决（结）算》一文所为作。”[①] 把 1941 年《自序》的观点当作 1933 年《传统历史哲学之总结算》的写作原因，显然颠倒了时序；再者，张荫麟反对用“经济史观”（即唯物史观）统贯一切重要史实，也推倒不出他反对统贯史实时可以运用“经济史观”。第三，其《张荫麟先生之哲学》一文，则用 1933 年《传统历史哲学之总结算》对唯物史观“明显之驳斥”，证明张荫麟因“生命之限制”而未完成的《说心物》中“绝无物宗之倾向”。[②] 这同样是置 1933 年后张荫麟思想的变化于不顾。所以，这三篇文章所展现的，主要是谢幼伟极力否认张荫麟与唯物史观存在关联的意图，而非张荫麟对唯物史观的真实态度。相比之下，李埏关于张荫麟在生命后期对唯物史观的评价已与 1933 年《传统历史哲学之总结算》“颇不相同”的判断，更为客观。

（原载《齐鲁学刊》2020 年第 6 期）

① 谢幼伟：《张荫麟》，载［美］陈润成、李欣荣编《天才的史学家：追忆张荫麟》，第 156 页。

② 谢幼伟：《张荫麟先生之哲学》，载［美］陈润成、李欣荣编《天才的史学家：追忆张荫麟》，第 148 页。

改革开放后胡乔木对中共党史书写的思考

张连勇

学界关于胡乔木与党史研究的话题，已有不少研究成果，主要表现在两个方面：一是侧重于胡乔木对中共党史理论的推进研究。有学者指出胡乔木基于自身对党史的了解与深厚的马克思主义理论素养，对毛泽东思想的科学认识、历史地位的确立、社会主义建设规律分析等方面作出了贡献。① 二是主要从胡乔木参与党的两个历史决议的制定、注重党史文献学科的建设、关注中华人民共和国史事业发展等方面，阐述他的党史研究思路与脉络。② 以上研究系统总结了胡乔木的治学方法与党史研究特点，为进一步展开研究他对中共党史书写的理论思考提供了基础条件。笔者拟从历史书写视角出发，探究胡乔木对中共党史书写的学术思考与理论建树。

---

① 徐永军：《胡乔木关于毛泽东思想的历史地位和作用的思考》，《党的文献》1997 年第 6 期；鲁书月：《胡乔木晚年对坚持和发展毛泽东思想的理论贡献》，《中共党史研究》2007 年第 3 期；朱家梅：《胡乔木分析社会主义的三重维度》，《科学社会主义》2013 年第 3 期；张成洁：《“反冒进”与批判“反冒进”：胡乔木的经历与思考》，《中共党史研究》2014 年第 5 期；鲁书月：《胡乔木与毛泽东思想活的灵魂三个基本方面的提炼》，《当代中国史研究》2022 年第 4 期；鲁书月：《胡乔木对中共重大政治理论的晚年思考》，人民出版社 2012 年版。

② 杜玉芳：《胡乔木中共党史研究的理论、原则和方法》，《中共党史研究》2006 年第 6 期；周一平：《胡乔木〈中国共产党的三十年〉研究》，《华东师范大学学报》2001 年第 6 期；汪兵：《胡乔木对中共党史文献学科建设的贡献》，《湖北师范大学学报》2021 年第 5 期；石仲泉：《胡乔木与两个历史决议》，《中国延安干部学院学报》2021 年第 4 期；邱敦红：《当代中国史事业的奠基人——胡乔木》，《当代中国史研究》2020 年第 4 期；朱佳木：《胡乔木与党的十一届三中全会》，《当代中国史研究》1998 年第 2 期。

一 为科学的政治建设服务

胡乔木从1941年开始担任毛主席的政治秘书，参与了党内许多重要文件的编撰。1945年通过的《关于若干历史问题的决议》、新中国成立之初的《共同纲领》《中国共产党的三十年》、1954年颁布的第一部宪法，胡乔木都是重要的起草者和文字撰写者。改革开放后，胡乔木主持起草了《关于建国以来党的若干历史问题的决议》等重要文件，主持编写《中国共产党的七十年》一书。在参与起草重要文件、编写党史书籍过程中，胡乔木对党史重大问题进行研究与思考。

（一）总结回顾历史

总结历史经验与教训是中国共产党在历史发展进程中汲取智慧、深化规律性认识的一项优良传统。改革开放前，党已对历史问题有相关的归纳与总结。胡乔木认为，在党史发展的重要阶段回顾历史、总结经验与教训，深化了对历史的认知，也为中共党史的书写确立了基本方向。1945年4月，随着中国抗日战争的即将胜利，为团结全国人民，建立独立、自由、民主、富强的新中国，中共六届七中全会通过了《关于若干历史问题的决议》，对党史上的教条主义错误进行了清算，为夺取革命胜利奠定了坚实的思想基础。参与《关于若干历史问题的决议》撰写的胡乔木认为，“因为我们克服了教条主义路线，我们的党现在在学习苏联和其他兄弟国家的经验的时候，才有可能比较地少犯一些错误”。[①] 党在历史书写的过程中，总结经验教训，深刻剖析历史错误，看清前进的方向，为自身的进一步成熟与壮大与提供了良好的条件。1951年，为庆祝中国共产党成立30周年，反映党领导人民取得革命事业胜利的伟大历程，胡乔木受党中央委托撰写《中国共

① 胡乔木：《再论无产阶级专政的历史经验》，《胡乔木文集》第1卷，人民出版社2012年版，第538页。

产党的三十年》一文，对党在第一次国内革命战争、第二次国内革命战争、抗日战争时期的经验教训进行了总结性回顾，突出了党领导中国革命取得胜利的艰辛努力。

1956 年，中共八大召开，对新中国成立以来的历史进行总结回顾，不仅是书写党史的重要任务，也是解决党内不同看法的需要。胡乔木说，从党的七大到八大，党根据中国社会发展的具体情况与过去经验制定了一系列的方针与政策，“有些同志对不同的地方曾经有过一些不同的看法，需要在第八次代表大会上作个确定的解决……所以总结过去经验是有重要意义的”。[①] 因此，中共八大的一项重要任务，就是通过总结过去经验而统一全党的看法，达到团结一致的目的。新民主主义革命与社会主义建设时期，胡乔木在总结回顾历史的思路指导下书写中共党史，主要侧重于对以往错误的分析与评价，对过去经验的总结，为党的未来发展提供经验借鉴与方法指导。历史的书写应呈现阶段性与时代性，特别是当中国革命、建设与改革的历史阶段发生转换之时，新的社会实践都会对历史的书写提出新的要求。

（二）党史书写为科学的政治建设服务

如何处理好中共党史与政治的关系，胡乔木指出，中共党史的书写不仅要对过去经验与教训进行总结，还要为科学的政治建设服务，为社会的发展与进步指明方向。改革开放初期，胡乔木这一提法对中共党史的研究与书写产生了深远的影响。“文化大革命”结束后，随着国内外形势的发展变化，对新中国成立以来重大事件作出总结，尤其是正确评价毛泽东的历史地位，统一全党对毛泽东思想的科学认识，很有必要。1980 年 11 月，胡乔木在致邓小平的一封信中谈道：“党内外种种形势已不容许我们再行延迟。这样性质的问题党中央不拿出一个正式通过的决议而拿一个草案去在全党讨论，势必等于全民讨论，等于对外表示党内的不一致，党内外国内外各种思想影响纷至沓来，很难避免引起政治上

---

① 胡乔木：《党的“八大”的基本精神》，《胡乔木文集》第 2 卷，人民出版社 2012 年版，第 82—83 页。

的动乱，很不利于安定团结的大局。”① 胡乔木在起草《关于建国以来党的若干历史问题的决议》时提出，应把毛泽东思想的原理、原则贯穿于《关于建国以来党的若干历史问题的决议》的始终。他认为，《关于建国以来党的若干历史问题的决议》要兼具现实与理想的力量，非常重要的一点就是指明中国前进的方向。中共党史的书写为现实社会的发展指明方向，最根本就是坚持毛泽东思想的正确指导。毛泽东同志重视调查研究、尊重群众经验、有长远的战略眼光，为中国革命的胜利和社会主义建设作出了杰出的理论贡献，其思想蕴含着对新时期社会主义建设与发展的思想和主张，对大力推进中国社会主义现代化建设发挥着至关重要的作用。

党只有在正确思想的指导下，才能有坚实的理论支撑。胡乔木认为，在中共党史的书写过程中，坚持正确思想的指导，就是要严格区别毛泽东思想与毛泽东晚年错误。他指出，毛泽东虽晚年犯了错误，但他犯的错误没有否定其思想的科学性，还从反面证实了不能违背毛泽东思想。这样的书写思路不仅忠于历史事实，还能够通过把握毛泽东思想的科学地位，进而促进党内的思想统一，“毛泽东思想是中国人民自己的、中国共产党自己的革命道路的象征。通过这个，实现党的统一和团结”。② 改革开放后，中共党史的书写秉承为科学的政治服务的理念，为未来社会指出了正确的发展方向，通过科学确立毛泽东思想的指导地位，实现了党内的团结与统一，凸显了重要的时代价值与现实意义。

改革开放初期，胡乔木提出中共党史的书写应成为思想斗争的有力武器，这是党史为科学的政治建设服务的又一表现。他指出，要写一部完整的中共党史，“一方面要对党的历史做总结性的回顾，有肯定，有评价，有批评；另一方面，要答复青年中间一些重要的跟党史有关的思想上的问题和一些错误的、歪曲的看法”。③ 在胡乔木看来，中共党史的

---

① 胡乔木：《胡乔木关于两个历史决议的书信三封（一九四五年四月——一九八〇年十一月）》，《党的文献》2002 年第 3 期。

② 胡乔木：《关于写作〈回忆毛泽东〉一书的设想》，《人民日报》1993 年 10 月 15 日。

③ 金冲及：《一本书的历史：胡乔木、胡绳谈〈中国的七十年〉》，中央文献出版社 2014 年版，第 34 页。

书写不仅要发挥资政育人的功效，还应成为批判错误思潮、增进党内团结的有力武器。改革开放初期，国内资产阶级自由化思潮及西方的“和平演变”政策威胁党内的思想和政治安全，歪曲和污蔑党的革命历史。胡乔木说：“我们反对资产阶级自由化的斗争，反对国际敌对势力对我国内政进行干涉渗透、企图在我国实行向资本主义和平演变的斗争，成为摆在我们全党和全国人民面前的一项长期的、严重的任务。”[①] 他认为，科学研究党史、准确叙述和解释党史，不断总结国内历史的经验教训，才能系统地、全面地对现实问题作出判断，为反对资产阶级自由化和国外反动势力的渗透提供有力的证据。

胡乔木指出，中共党史的书写应当阐明，中国的革命历程宣告了坚持共产党领导的正确性，“在中国，哪一个政党能够以工农联盟为基础，团结全国95%以上的爱国人民解决民族独立问题……同时为占人口80%以上的农民解决土地问题，这个政党就一定能够领导中国，使祖国走上富强文明民主之路。在这两个问题上，中国国民党都失败了，中国共产党都成功了”[②]。同时，中共党史书写者要据理力争地发声，中国共产党以自己的实践经验与辉煌成就宣告了坚持走社会主义道路的正确性与必要性，“社会主义使得中国的经济得到很快的发展……使中国这样一个落后的大国的国民生产总值上升到世界第八位……中国人民的生活得到了根本的保障和巨大的改善，真正成了国家的主人。这一切都说明，没有中国共产党就没有新中国，只有社会主义才能救中国，只有社会主义才能发展中国，这确实是一个客观的真理”。[③] 党史研究不仅要有力地驳斥错误言论，又要防止错误思潮泛滥给改革开放带来消极的影响，不让社会主义建设事业走歪路、走邪路，这是中共党史书写成为思想斗争的有力武器、为科学的政治建设服务的核心所在。

---

① 胡乔木：《加强党史的研究、宣传和教育》，载《胡乔木传》编写组编《胡乔木谈中共党史（修订本）》，人民出版社2015年版，第372页。

② 胡乔木：《略谈八年抗战的伟大历史意义》，《人民日报》1987年7月8日。

③ 胡乔木：《加强党史的研究、宣传和教育》，载《胡乔木传》编写组编《胡乔木谈中共党史（修订本）》，第374页。

二 运用“三个科学”

改革开放初期，胡乔木明确中共党史研究书写应更加注重党史研究的科学性，他说：“我们需要用科学的态度、科学的方法、科学的论证来阐明党的各种根本问题。”[①] 胡乔木以忠于历史真实的科学态度、历史主义的科学方法、辩证主义的科学论证，为中共党史的书写指明了一条科学的研究路径。他运用“三个科学”阐释中共党史问题，体现了马克思主义史学家书写历史的科学认知与修养。

阶级分析法的理论基础是马克思主义的社会基本矛盾学说。按照这一学说，研究和考察阶级矛盾的发展，把握历史发展的本质内涵，揭示历史发展的内在规律性。改革开放后，胡乔木提出，中共党史的书写要分清界限，不能把党内的一般争论上纲上线，造成党内生活的紧张状态，“就像‘阶级斗争’、‘路线斗争’，名词也可以很好，但如使用时没弄清它的界限，就不能成为有助于我们前进的武器”。[②] 在研究 1957—1966 年的历史时，胡乔木指出对这十年间的政治斗争要进行客观分析，“如反彭德怀，就不能说是阶级斗争。批判吴晗等等都是诬陷，一方面说是政治诬陷，另外又说是阶级斗争扩大化，这不是忠实于历史”。[③] 他认为当时社会存在着许多政治矛盾，而不是阶级斗争。如用阶级斗争扩大化这一词语，将历史的真实面相歪曲化，这不仅是事实错误，而且是政治错误。在谈到“文化大革命”发生的原因时，胡乔木强调，也不能专门从阶级斗争方面找根源，如果这样寻找，我们不但无法纠正“文化大革命”的错误，反而会导致阶级斗争扩大化。关于中共党史的书写，在胡乔木看来，马克思主义历史学家应站在无产阶级立场上讲阶级斗争，要

---

① 胡乔木：《加强党史的研究、宣传和教育》，载《胡乔木传》编写组编《胡乔木谈中共党史（修订本）》，第 373 页。

② 胡乔木：《党的十一届三中全会的重大意义》，《胡乔木文集》第 2 卷，第 114 页。

③ 胡乔木：《关于阶级斗争问题和党的建设问题》，《胡乔木回忆毛泽东》（增订本），人民出版社 2003 年版，第 660 页。

立足于科学的分析基础上，一定要讲究客观性。

胡乔木认为，中共党史的书写应谨慎看待中共历史发展过程中出现的“左”倾错误。他首先指出，革命时期发生的“左”倾错误，不能都用小资产阶级狂热性来解释。1945 年通过的《关于若干历史问题的决议》对党在革命斗争过程中犯的“左”倾错误进行了剖析。从社会历史根源层面讲，决议认为抱着小资产阶级思想到党内来的人，还是保持了原来的思想，因此产生了“左”倾错误。在胡乔木看来，这是一个比较复杂的问题，需要进一步展开研究，“有小资产阶级思想的原因，也有的不能用小资产阶级思想的原因来解释。如果没有详细的历史分析，就轻易地运用这么一种分析方法的话，就很可能犯一种实用主义的错误，把它当作一种工具使用，哪个错误要分析，有一个现成的解释的方法，就是小资产阶级的思想根源”。[①] 小资产阶级要分很多集团与不同的阶层，同一阶层中又细分许多小阶层，互相之间有很大的差别。在分析“左”倾错误时，我们不能随便贴标签，这样容易将历史唯物主义简单化、庸俗化。在党史的叙述与书写过程中，我们应看到历史事件发展的主要方面，以生产力的发展规律作为衡量事物发展的准绳，“不能认为阶级斗争比之于生产、生产力的发展是更为根本的东西”,[②] 这样不仅能够把握历史发展的主要脉络，还能深刻感知党带领中国人民取得革命斗争胜利的不易。胡乔木指出，对新中国成立初期的政治运动应该看其主流，不能因部分工作出现的“左”倾做法与错误行为而否定它们的合理性。“我们进行了土地改革、镇压反革命、抗美援朝，进行了农业、手工业、资本主义工商业的社会主义改造，还进行了作为改造资本主义工商业前奏的三反、五反运动。这些是完全适合历史需要的，生产力并没有受到破坏，而且保持了基本的社会政治安定。”[③] 加强党史研究的科学性，树立正确的党史观，通过准确把握党史发展的主流本质，才能丰富

---

① 胡乔木:《对〈历史决议〉学习中所提问题的回答》，《胡乔木文集》第 2 卷，第 174 页。

② 胡乔木:《党的十一届三中全会的重大意义》,《胡乔木文集》第 2 卷，第 104 页。

③ 胡乔木:《党的十一届三中全会的重大意义》，载《胡乔木传》编写组编《胡乔木谈中共党史（修订本)》，第 25 页。

中共党史的书写内容。

胡乔木认为，研究党史要有科学的态度，运用科学方法对相关问题进行科学论证。实事求是的态度是科学书写党史的基石，置身于客观环境的历史主义研究方法是科学书写党史的重要条件，辩证分析的论证过程将科学书写党史推向更高水平。

科学的态度要求忠实客观历史，按照实事求是的原则研究与书写党史。忠实历史的科学态度不能拘泥于党的文献与历史决议，要还原当时历史的实际状况。1987 年 8 月 1 日，胡乔木在中共党史、中国革命史讲习班上指出，中共党史的写法好像历来就存在这样一个规矩："那一时期开了什么会议，作了什么决议，然后就怎么样；然后又通过什么决议，然后又怎么样。"① 胡乔木认为，中共党史写会议和决议固然是重要和必要的，但这样并不能完全反映当时的实际状况，党的实践活动经常要超出决议范围很多。党的历史应该全面记录正确路线与错误路线的斗争，尽管在错误路线时期，"广大的党员、干部、解放军的指战员，广大的革命工农群众的斗争不能够抹杀。他们仍然是艰苦奋斗、英勇牺牲。这一方面，我们还是要在党史里面生动地、真实地记录下来，不能够因为当时的领导是错误的，我们就把党的群众性的斗争都给否定了"。② 除了还原历史事实外，胡乔木还强调采用科学态度书写党史，不是简单地罗列历史现象，而是通过解读可靠的材料揭示党史的复杂面相，弄清历史事件的来龙去脉，研究本质规律、探求问题。随着新时期史学的发展，口述材料逐渐成为忠实历史、揭示党史复杂面相不可缺少的资料。例如，对延安文艺座谈会的研究，从现在来看，当时的档案资料很少，主要通过还原现场活动来反映当时的历史场景。胡乔木指出："要写好这篇东西，需要访问很多人。档案材料不会很多，甚至可能没有，因为完全是现场活动，没有什么电报往来，毛主席会下与作家的谈话也没有正式记录。"③

---

① 胡乔木：《在中共党史、中国革命史讲习班的讲话》，载《胡乔木传》编写组编《胡乔木谈中共党史（修订本）》，第 251 页。

② 胡乔木：《在中共党史、中国革命史讲习班的讲话》，载《胡乔木传》编写组编《胡乔木谈中共党史（修订本）》，第 251 页。

③ 胡乔木：《关于延安文艺座谈会前后》，《胡乔木回忆毛泽东》（增订本），第 56 页。

因此，口述访谈成为研究延安文艺座谈会的重要形式，整理好口述访谈资料是还原文艺座谈会真实场景的重要环节，有利于推动历史真相的揭示。

科学的方法是研究党史的基本工具。历史主义方法是书写中共党史的科学方法，即把党史事件置身于历史环境中去考察。针对有人提出的“作为总结经验，可以说新民主义时期也许宜于较长一些”这一问题，胡乔木认为他们没有把问题放在历史环境中去考察，尤其“没有着重考虑到1949年至1956年间所发生的实际经济变化（主要是社会主义国营经济日益强大和国家实行计划经济制度），以及在此期间民族资本主义工商业本身的发展怎样日益与整个国计民生发生矛盾，最后不能不求助于公私合营以摆脱困境的客观过程”。[①] 历史结论不能只靠逻辑推理，更重要的是将问题放置于历史发展的过程中进行分析，这样才能得出恰当的结论。延长新民主主义时期这一问题的提出离开当时的经济形势而总结经验，违背了用历史主义看待问题的原则。党史的叙述与书写不能脱离历史环境，更不能脱离政治形势。在中共历史的发展过程中，各个领域的意识形态、思想形式都不能离开客观政治。1962年3月，周恩来、陈毅在广州的讲话主要提出了对知识分子的正确政策，胡乔木在编写《中国共产党的七十年》一书时对其有还原事件场景的评论，他认为党中央虽然对知识分子提出了正确的政策，但是，思想还是笼罩在“左”倾的政治氛围中。党史的书写要放在具体的历史环境中去考察，这样才能看清楚事件发展的前后脉络。

科学的论证是书写党史的必要过程。“写文章首先要讲辩证法，同时还要讲形式逻辑，两样东西并用。”[②] 运用辩证主义方法书写党史就是要有客观的分析。胡乔木认为，历史的发展是复杂的，党史研究如果缺少客观分析，很可能犯实用主义错误。他首先指出党史中已发生事件的客观分析为书写党史提供了更多思考。针对1947年党中央留驻陕北一事，部分学者认为此事是盲目的冒险行为。在胡乔木看来，党中央留驻陕北的确带有“冒险性”，但毛主席科学地预见了陕甘宁边区地形险要、回

---

① 胡乔木：《致胡绳》，《胡乔木书信集（修订本）》，人民出版社2015年版，第613页。

② 胡乔木：《怎样写好文件》，《胡乔木文集》第3卷，人民出版社2012年版，第31页。

旋地区大、群众基础好、安全有保障等客观条件，在转战过程中两次化险为夷。因此，他说："党中央留在陕北并非如有人所说的那样是盲目的冒险行为，而是建立在科学分析基础之上的英明决策。"① 其次，胡乔木认为，当代领导人客观分析党史事件，也为运用辩证主义方法书写党史树立了榜样。他指出薄一波《若干重大决策与事件的回顾》一书中对社会主义改造的评论就是客观分析党史的典范，"对于三大社会主义改造的每一方面（即令是求成过急这样的缺点也在内），无不详细说明有关的各种现象是怎样一步步形成而又互相影响的；即令急于求成必然会带来损失，也说明这些损失是暂时的、局部的，总起来看还是既有所失又有所得的"。② 客观分析党史不能用现在的标准去评判过去，胡乔木指出："对于一九四九年到一九五六年这一段历史，只能根据当时已经形成的各种社会力量在特定的经济基础上的实际活动和经济基础具有历史必然性的变化来评价，而不能任意进行逻辑的推演。"③ 薄一波在占有详细史料的基础上对社会主义改造做了辩证的分析，得出的结论让人信服，这是科学论证党史事件的典型例子。再次，一分为二地评价历史，也是运用辩证主义方法的重要体现。1958 年 1 月党中央在南宁召开工作会议。会议的议题是总结"一五"计划的建设经验，讨论和研究第二个五年计划以及长远规划的相关问题。胡乔木对南宁会议做了公允的评价，他既肯定南宁会议总结经验教训、解放思想、突破条框的积极方面，又指出会议消极的一面，"把经济恢复以来的第一个五年计划时期丰富的、宝贵的、成功的经验踢开了。创造性的东西，不能把原来的基础撇开。这不是打破旧世界、建立新世界"。④

三　回向党史本身

以论代史是研究者书写历史发展进程的一种方式。改革开放后，胡

① 胡乔木：《1947 年在陕北》，《胡乔木回忆毛泽东》（增订本），第 481 页。

② 胡乔木：《党史著述中的空前力作》，《人民日报》1991 年 6 月 11 日。

③ 胡乔木：《思想领域里一项重要的基本建设》，《胡乔木文集》第 2 卷，第 685 页。

④ 金冲及：《一本书的历史：胡乔木、胡绳谈〈中国的七十年〉》，第 181 页。

乔木对过去“以论代史”的书写方式进行了反思，他指出，中共党史的书写要厘清历史发展脉络，用生动史实说明问题，在此基础上，进而展开必要的论证过程，“党史著作中抽象议论太多，过于逻辑化，人们就不想读了，就像在长江上航行，如果不断遇到大坝，这个航行就没有兴味了”。[①] 他强调观点要通过叙述事实来表达，不能把观点的表达与事实的叙述完全隔开，史论结合，写出的文章才能更生动丰富、进而增强可读性与耐读性。同时，胡乔木强调中共党史的书写要突出党自身的特点，以共产党执政史和建设史为研究内容，党史书写的目的是让人看清中国共产党是怎么样一个党，这是叙述党史的主要意义所在。胡乔木指出，“回向党史本身”的书写，不是建立一种可以放弃理论反思的纯粹历史知识，而是通过明晰党史发展的主线与脉络，在对中共党史理论系统的不断阐释中建立对历史的理解，要以党的意志表达为灵魂，重新探究被以往视角遮蔽的历史过程，突出正面的力量，让人们真正认识到共产党的伟大。

（一）明晰中共党史的发展脉络

马克思主义中国化理论是书写中共党史的主线理论，揭示了本学科的发展规律。胡乔木认为，“回向党史本身”书写历史，就要通过党史表述马克思主义中国化理论的发展过程，这样才能有力地抓住党史发展的脉络与主线。1991 年 6 月 25 日，胡乔木在《人民日报》上发表《中国共产党怎样发展了马克思主义——为纪念建党 70 周年作》一文，总结了共产党创造性发展马克思主义理论的历程。他说：“中国人民所走过的道路，中国革命所取得的胜利，中国现在所进行的社会主义现代化建设和改革开放事业，这些事业所取得的巨大成就，都是马克思主义的胜利，而这种胜利又都是马克思主义同中国具体实际相结合的结果。”[②] 在胡乔木看来，共产党在历史发展进程中，创造性地发展了马克思主义革

① 沙健孙：《胡乔木同志谈党史工作》，载《胡乔木传》编写组编《我所知道的胡乔木》，当代中国出版社 2012 年版，第 64 页。

② 胡乔木：《加强党史的研究、宣传和教育》，《胡乔木谈中共党史（修订本）》，第 375 页。

命理论、阶级斗争理论、经济理论、统一战线理论等。

共产党用无产阶级革命观点看待中国革命问题，创造性地发展马克思主义革命理论。大革命失败以后，“中国的城市无产阶级在严重的白色恐怖之下，既不能通过民主制度合法争取自己的生存权利和实现自己的政治要求，又不能通过组织城市武装起义夺取政权。这种形势要求党非把主要的力量转向反革命势力相对薄弱的农村不可”。[①] 无产阶级既不能争取自己的合法权利，又不能组织武装力量夺取政权。毛泽东在革命过程中，发现了农民群众的伟大力量，拒绝了党内教条主义的指导，他逐渐找到了农村包围城市、武装夺取政权的革命发展规律。在毛泽东正确规律的指引下，无产阶级领导农民进行革命斗争，创立了农村革命根据地，建立了自己的革命政权。1936 年冬，毛泽东写了《中国革命战争的战略问题》一文，系统总结了近十年的革命斗争经验，批判了“左”倾和“右”倾分子的军事路线错误，深刻分析了中国革命的规律，进一步丰富了马克思主义的革命理论。《新民主主义论》是毛泽东研究革命理论的光辉著作。胡乔木指出，《新民主主义论》探讨了一定历史条件下中国革命发展的规律性与自身特点，对民主革命性强但经济力量薄弱的国家如何建设和发展做了回答，“它是马克思主义关于民族民主革命理论的一个重大发展”。[②] 新民主主义理论科学地解决了革命发展阶段问题，揭示了革命的发展历程与规律，对马克思主义革命理论的发展起到了推动作用。

胡乔木在《中国共产党怎样发展了马克思主义》一文中，强调指出党创造性地发展马克思阶级斗争理论，推进了革命的进程。抗日战争时期，毛泽东对社会各阶级又一次进行了深入研究，将大地主大资产阶级从地主资产阶级中分化出来。胡乔木看来，“只有正确认识这些区别，利用这些矛盾，才能坚持抗日民族统一战线政策并取得胜利”。[③] 解放战

① 胡乔木：《中国共产党怎样发展了马克思主义——为纪念建党 70 周年作》，《人民日报》1991 年 6 月 25 日。

② 胡乔木：《中国共产党怎样发展了马克思主义——为纪念建党 70 周年作》，《人民日报》1991 年 6 月 25 日。

③ 胡乔木：《关于写作〈回忆毛泽东〉一书的设想》，《人民日报》1993 年 10 月 15 日。

争时期，毛泽东把大资产阶级改称为官僚资产阶级，并与民族资产阶级划分开来。胡乔木认为，这一阶级分析的细化过程就是马克思的阶级分析理论与中国革命实际相结合的典型例子，对中国革命方针、政策的制定产生了深远的影响，丰富和发展了阶级斗争理论。

共产党不断丰富和发展马克思主义经济理论，促进了生产力的发展。抗日战争时期，面对着敌人封锁与农村经济的凋敝，毛泽东果断提出发展大生产运动。马克思主义认为，随着生产力的提高，必然出现社会分工，分工促进生产力的发展，二者相辅相成。与自给经济相比，社会分工是一种历史的和社会的进步。毛泽东没有教条地理解马克思主义的生产理论。他说："军队的生产自给，在我们的条件下，形式上是落后的、倒退的，实质上是进步的，具有重大历史意义的。在形式上，我们违背了分工的原则。但是，在我们的条件下——国家贫困、国家分裂（这些都是国民党主要统治集团所造成的罪恶结果）以及分散的长期的人民游击战争，我们这样做，就是进步的了。"[①] 在胡乔木看来，毛泽东从当时根据地的实际状况出发，提出"只要以恰当的形式把分散的个体农民组织起来，就能在一定程度上解决农业生产中劳力不足的问题"，[②] 从而大大提高了劳动生产率，这是共产党人科学运用马克思主义经济理论的表现。20 世纪 50 年代，共产党创造性发展马克思主义经济理论的又一表现是对资本主义经济进行和平改造。胡乔木认为中国共产党能够成功实现对资产阶级的赎买，有一定的政治前提与社会基础：抗日战争时期共产党实行统一战线策略，不断吸引民族资产阶级参入队伍，解放战争时期民族资产阶级与共产党达成政治共识，商讨和平建国。新中国成立后，民族工商业的发展需要政府的大力支持，民族资产阶级拥护公私合营。共产党对资产阶级的和平赎买立足于中国社会的实际情况，不是教条地照搬马克思的经济改造理论，因而取得了很大的成效。胡乔木对此评价为："中国就得以在一个世界人口最多的大国中，完全以和平方式有秩序地实现了社会主义思想有史以来先进的思想家们所提出的以赎买方法

---

① 毛泽东：《论军队生产自给，兼论整风和生产两大运动的重要性》，《毛泽东选集》第 3 卷，人民出版社 1991 年版，第 1106 页。

② 胡乔木：《大生产运动和组织起来》，《胡乔木回忆毛泽东》（增订本），第 245 页。

解决资产阶级问题的伟大设想。”①

胡乔木指出，中国共产党能够承认革命进程中每一个矛盾的特殊性，独立自主地发展统一战线理论，推动了中国革命的进程与历史的发展。抗日战争时期，面对着国民党的“反共”，党内右倾机会主义者“用抄袭的方法要求中国共产党人的活动应当‘一切经过’与蒋介石的统一战线，因为他们没有看见过一个反动的中央政权之下可以有一个革命政权，这个革命政权既不与反动政权破裂，又可以保持自己的独立自主”。② 相比之下，中国共产党人提出了“发展进步努力，争取中间势力，孤立顽固势力”的口号，在建立统一战线过程中采取了区分原则，“党不但把中央军同地方军加以区别，而且对不同的中央军也采取不同的政策。对比较能接受抗日统一战线的如卫立煌，采取主要是联合的政策。在地主阶级中也把开明地主区分出来”。③ 这些区分成了后来党制定方针政策的重要依据。共产党根据当时的革命形势，没有完全拘泥于统一战线的联合原则，而是独立自主地创造性发展马克思主义理论。胡乔木认为，抗战时期，共产党使得对国民党的劣势变为对其实质上的优势，这是“党中央、毛主席成功地运用国际国内统一战线来制止国民党反共活动的一个范例”。④ 马克思主义中国化理论是党史发展的脉络主线，胡乔木通过叙述历史事件，阐发了中共党史发展的主线理论，让我们感知党在关键时刻做出选择的重要历史过程，体会到党创造性发展马克思主义的正确选择，这是回归党史本身书写党史的重要内容。

（二）“回向党史本身”的书写内容

遵循宏观叙事的书写原则，把党史重要人物与重大事件放于历史进程中加以考察，这是“回向党史本身”视域下书写党史的入手点。党史

---

① 胡乔木：《中国共产党怎样发展了马克思主义——为纪念建党 70 周年作》，《人民日报》1991 年 6 月 25 日。

② 胡乔木：《中国共产党的三十年》，人民出版社 2008 年版，第 83 页。

③ 胡乔木：《关于写作〈回忆毛泽东〉一书的设想》，载《胡乔木传》编写组编《胡乔木谈中共党史（修订本）》，第 352 页。

④ 胡乔木：《苏德战争、太平洋战争和中国政局》，《胡乔木回忆毛泽东》（增订本），第 174 页。

研究者抓住关系到国际、国内形势的重要事件进行分析，才能确保在“回向党史本身”视域下叙述党史的完整性。首先，胡乔木指出回归党史本身的书写要有国际眼光，要对关系到国际局势的党史大事重点研究。抗战时期，苏德战争对国内抗战的影响很大。胡乔木特别指出要注重苏德战争的研究，他强调，“写这篇文章，一方面要反映出毛主席、党中央当时紧张、沉重的心情。毛主席当时是全神贯注于苏德战争的发展。另一方面要反映出苏德战争、太平洋战争引起的世界格局的变化，有利于发展世界反法西斯统一战线”。[①] 苏德战争是抗战时期共产党制定相关政策的国际背景，加强对苏德战争的研究，有利于厘清宏观叙事的发展脉络。其次，胡乔木指出，回归党史本身的书写要有国内大局观念，要对关系到国内重大事件的关键环节进行重点研究。上党战役是重庆谈判过程中出现的大事件。胡乔木说：“这一仗不仅打退了国民党的军事进攻，消灭了阎锡山的主力，而且鼓舞了人民的胜利信心，显示了解放军的实力，对谈判是很大的支持。”[②] 上党战役的意义不在于战争本身，它是扭转历史局面，推进重庆谈判、争取国内和平局面的转折点。胡乔木在党史书写过程中，抓住国内重大事件的关键环节进行分析，让大家在历史进程中再次感知党领导力量的伟大。再次，胡乔木认为，从整个党史发展进程来看，回归党史本身书写历史，要关注重大历史事件的作用发挥。他指出，党带领中国人民建设社会主义国家的过程中，由于经验不足，导致了严重失误的发生，但总体评价，还是取得了巨大的胜利，“中国在50年代确立了社会主义制度，在80年代实行了改革开放政策。中国的一切成就都应归功于这两座里程碑”。[③] 在宏观叙事的书写模式中，胡乔木提出把党史重要人物与重大事件放于历史进程中加以考察，有助于大家全面了解中共历史发展的进程，从整体上把握党史发展的脉络。

---

① 胡乔木：《关于苏德战争、太平洋战争和中国政局》，《胡乔木回忆毛泽东》（增订本），第42页。

② 胡乔木：《关于重庆谈判》，《胡乔木回忆毛泽东》（增订本），第83页。

③ 胡乔木：《中国共产党怎样发展了马克思主义——为纪念建党70周年作》，《人民日报》1991年6月25日。

“回向党史本身”的书写，不仅要在历史发展进程中分析与考察党史重要人物与重大事件，还要重新探究被以往视角遮蔽的历史过程。胡乔木认为，党史的书写要体现党的奋斗与努力是反映群众要求的，党是依靠群众取得胜利的。书写党领导人民进行艰苦奋斗的历程，胡乔木说：“即使在错误路线占领导地位的时期，我们党的广大党员、广大干部、人民群众仍然是在为革命而艰苦奋斗、英勇牺牲的。党史对此应作如实的、生动的记录，不能因为领导的错误就把党的群众性斗争都一笔抹煞。”[①] 他指出书写中共党史时，对于错误路线时期党员干部带领人民群众的斗争，要有形象的真实的呈现，“‘文革’中对正面人物要大树特树，被迫害致死、坚贞不屈的同志（刘、彭、贺、张闻天、陶等），被结合的干部，大多数在极端困难的条件下为党为国家任劳任怨地工作（以周、邓为代表），还有广大干部和知识分子，他们是真正代表党、代表人民的。”[②] 胡乔木特别强调 1970—1976 年在长江以南各省协作中获得的杂交水稻成功试验与大面积推广的科技成就也要写进历史之中，进一步有力地说明“文化大革命”时期的党政领导并没有只做坏事不做好事。胡绳曾说：“对‘文革’总体上必须否定，但这个时期，党还是继续表现了它的生命力，不能说这段历史的主体就是两个反革命集团，真正作为历史主体的还是抵制‘文革’、坚持党的基本路线的干部、党员和人民，才能纠正‘文革’的错误。”[③] 胡乔木与其持相同的看法，他也认为不能以“文化大革命”的错误路线掩盖党和人民做出的努力与选择。揭示被以往视角遮蔽的历史过程，才能呈现党史的真实复杂面貌，才能真正回归党史本身的书写。

中共党史的书写只有站在人民群众的立场，才能完成回归党史本身的书写过程。人民群众看完中共党史后，要感觉党是尊重他们的选择的，是把人民利益放在中心位置的。胡乔木指出，党的胜利不仅是依靠和团

① 沙健孙：《胡乔木同志谈党史工作》，载《胡乔木传》编写组编《我所知道的胡乔木》，第 63 页。

② 金冲及：《胡乔木和〈中国共产党的七十年〉》，载《胡乔木传》编写组编《我所知道的胡乔木》，第 59 页。

③ 金冲及：《一本书的历史：胡乔木、胡绳谈〈中国的七十年〉》，第 185 页。

结广大人民群众取得的，也是与党密切合作的人共同奋斗的结果。作为胜利者来书写自己的历史，不能将党外人士忘记。在书写抗日战争史过程中，胡乔木时刻关注党外人士在其过程中发挥的作用，他强调："在这一抗日运动中共产党是主体，但也有很多非党员，不仅有学生参加，还影响到民族资产阶级。救国会的前身，就有许多知名人士的抗日爱国活动，如沈钧儒、邹韬奋、陶行知、章乃器等，他们并不是到了一九三六年才开始活动的。"① 胡乔木在研究抗战时期南方局历史时，也指出南方局本身的资料很丰富，但要真正展现南方局历史的生动画卷，对外国人的著作要进行翻译与解读，因为"许多与我们保持联系、与我们合作的人，如宋庆龄，如民盟的领导人，如文化界的朋友们，他们的活动是在党的指导和影响下进行的，体现了党的领导，是党史的一部分"。② 党史发展的过程是复杂的，仅有档案资料还不能完全展现波澜壮阔的历史画卷，民主人士在抗战过程中发挥着重要作用，他们的书信、回忆录都是书写南方局历史的不可或缺的资料。解放战争时期，共产党如果没有南方局在大后方建立的广泛统一战线，就很难把各民主党派和人士团结在我党周围，也就难以形成新中国成立后团结一致的局面。因此，可以说，一部党史的书写不能离开党外人士的身影，回归党史本身的书写要充分考虑党外人士作用的发挥。

余　论

改革开放后，胡乔木深入党史研究，对中共党史的书写提出了许多建设性的指导意见，为以后学者研究与书写党史指明了方向。历史的书写应有现实关怀，胡乔木提出中共党史的书写不仅要为未来社会的发展指明方向，也应成为思想斗争的武器，这样中共党史才能形成具有中国

① 胡乔木：《先讲清政治形势，才能讲清党的政策》，载《胡乔木传》编写组编《胡乔木谈中共党史（修订本）》，第 297 页。

② 胡乔木：《关于南方局党史的编写及其他》，载《胡乔木传》编写组编《胡乔木谈中共党史（修订本）》，第 328 页。

特色的应用社会学科。胡乔木提出运用“三个科学”来阐述党史的各种根本问题，为研究者书写党史指出了一条明路。胡乔木提倡党史书写要回归自身的研究，明晰历史发展的主线与脉络，不断揭示被以往视角掩盖的历史过程，才能真正反映历史发展的全貌。

在中共党史学科体系建设方面，胡乔木提出党史研究为现实服务，树立抓主流、看重点的党史观，真正做到了历史与政治的科学统一。一个学科的学术体系和话语体系是不可分割的。胡乔木将忠于历史真实的科学态度、历史主义的科学方法、辩证分析的科学论证融入中共党史学术体系的建设过程中，有力地推进了学术体系的新发展。他提倡回归党史本身的书写，以发展马克思主义理论为研究主线，全面展示马克思主义中国化理论的历史进程，为中共党史话语体系的建设提供了理论先导。中共党史的学术体系建构也只有通过站在人民群众立场的话语体系的创设，明确发展方向，把握发展脉络与主线，才能用科学研究方法揭示党史的本质和规律。

（原载《史学理论研究》2023 年第 6 期）

思想与时代：新时代中国学术建构的前置之思[*]

王　广

任何一个时代的学术建构，总离不开对时代问题的深入考察。现今我们所身处的中国特色社会主义新时代，赋予建构新时代中国学术以基础、使命和未来。一个生气勃勃的新时代，呼唤着元气淋漓的学术思想。放眼新时代中国学术建构的远景和未来，笔者试图围绕思想与时代问题作一论列，借此爝火之光，献于正与向海图强、决然复兴之新时代中国联袂致远的中国学术宏图。

思想与时代的双向奔赴

一时代有一时代之学术。纵观人类思想史，一种真正成熟的、传诸久远的学术思想，背后充盈的总是时代的大悲欢。

思想史迭经数千年之累积，渊深浩瀚。然而，思想从来不是凭空开出的花朵，与思想共舞飞扬、须臾未可分离的是波涛激荡的社会发展史。被恩格斯誉为哲学奥林匹斯山上之宙斯的黑格尔就曾断言："每个人都是他那时代的产儿。哲学也是一样，它是被把握在思想中的它的时代。"① 思想

* 本文是中国社会科学院习近平新时代中国特色社会主义思想研究中心重点项目"习近平总书记关于大历史观重要论述研究"（项目号：2023XYZD03）的阶段性成果。

① ［德］黑格尔：《法哲学原理》，范扬、张企泰译，商务印书馆 1961 年版，序言第 12 页。

或可超越时代、落后时代，抑或具有一种粗看之下远离时代的表象，但从深层究之，则其根源总是深深地扎在时代的土壤之中。扎根愈深，则思想之花愈能毓秀华滋。因之，当我们探讨现时代中国学术建构诸问题时，就不能不将时代与思想的关系作为一条重要取径。

人类社会发展史抑或思想演进史，都如同奔流不息的长河巨川，不可遽然截断，但在其发展过程中总可以划分为不同的阶段，具有不同的主题和内容。绵延性与阶段性的统一，是事物发展的常态。因此，社会发展的不同时代，总会提出与其他时代不同的、亟待解决的问题，从学术的视角概括、分析、解决这些时代问题，就构成一切真正有分量、有价值、有影响的学术思想的内核和密码。

不同时代有不同的时代精神，亦有殊异的时代问题。宋人张端义在其所著《贵耳集》中写道："古今治天下多有所尚，唐虞尚德，夏尚功，商尚老，周尚亲，秦尚刑法，汉尚材谋，东汉尚节义，魏尚辞章，晋尚清谈，周隋尚族望，唐尚制度文化，本朝尚法令议论。"[①] 此处所谓德、功、制度文化、法令议论等，既是对不同历史阶段的时代精神和风气的概括，也在一定程度上反映了不同历史时期所集中关心的问题，更高度概括了不同历史时期因应时代问题的重要举措。

对时代问题的深度关切，是古今中外一切学术思想的共通之处和重要特征。唐代大诗人白居易在《与元九书》中鲜明提出了"文章合为时而著，歌诗合为事而作"的创作理念。这不仅是文学创作的重要理念，更是学术建构的根本要求。中国学术有着悠久的发展历史和博大精深的思想内涵。"轴心时代"的百家争鸣，奠定了中国学术的宏伟版图和理论底色，在此后长期的历史发展中，逐渐形成了以经史之学为主轴的传统学术形态。习近平总书记在2016年召开的哲学社会科学座谈会上，对此有一段重要论述："中华文明历史悠久，从先秦子学、两汉经学、魏晋玄学，到隋唐佛学、儒释道合流、宋明理学，经历了数个学术思想繁荣时期。在漫漫历史长河中，中华民族产生了儒、释、道、墨、名、法、

① 张端义:《贵耳集》卷中，纪昀、永瑢等《景印文渊阁四库全书》第865册，台湾商务印书馆2008年版，第447页。

阴阳、农、杂、兵等各家学说，涌现了老子、孔子、庄子、孟子、荀子、韩非子、董仲舒、王充、何晏、王弼、韩愈、周敦颐、程颢、程颐、朱熹、陆九渊、王守仁、李贽、黄宗羲、顾炎武、王夫之、康有为、梁启超、孙中山、鲁迅等一大批思想大家，留下了浩如烟海的文化遗产。”① 这些著名思想家和学者，莫不是以积极回应时代问题、贡献充满智慧的独到学术见解而在思想史上留下自己独特印记的。反观西方思想史亦如是。习近平总书记曾谈到从古希腊柏拉图的《理想国》、亚里士多德的《政治学》到当代萨缪尔森的《经济学》、弗里德曼的《资本主义与自由》、西蒙·库兹涅茨的《各国的经济增长》等一系列著作，他指出，“这些著作都是时代的产物，都是思考和研究当时当地社会突出矛盾和问题的结果”。②

能否敏锐地对所处时代的迫切问题进行理论上的概括，在很大程度上反映初学者的理论思维之高下。马克思早在青年时期就明确写道：“一个时代的迫切问题，有着和任何在内容上有根据的因而也是合理的问题共同的命运：主要的困难不是答案，而是问题。因此，真正的批判要分析的不是答案，而是问题。”③ 从这一意义上说，正确地提出问题比解决问题更为重要，因为前者是一切真正的学术思想的立足点和出发点。正如马克思所言：“问题却是公开的、无所顾忌的、支配一切个人的时代之声。问题是时代的格言，是表现时代自己内心状态的最实际的呼声。”④ 习近平总书记在党的二十大报告中，进一步将“问题意识”提高到新时代中国特色社会主义思想的世界观和方法论的高度而加以强调，“问题是时代的声音，回答并指导解决问题是理论的根本任务”。⑤ 舍弃了“时代之声”和“时代的格言”，所谓学术就不免沦为脱离实际内容的云端高蹈和袖手玄谈。

---

① 习近平：《在哲学社会科学工作座谈会上的讲话》，《光明日报》2016 年 5 月 19 日。

② 习近平：《在哲学社会科学工作座谈会上的讲话》，《光明日报》2016 年 5 月 19 日。

③ 马克思：《集权问题》，《马克思恩格斯全集》第 1 卷，人民出版社 1995 年版，第 203 页。

④ 马克思：《集权问题》，《马克思恩格斯全集》第 1 卷，第 203 页。

⑤ 习近平：《高举中国特色社会主义伟大旗帜　为全面建设社会主义现代化国家而团结奋斗——在中国共产党第二十次全国代表大会上的报告》，人民出版社 2022 年版，第 20 页。

时代与思想是双向奔赴的辩证统一关系。真正的学术思想，不仅能反映时代、回应时代，而且能推动时代、引领时代。马克思在《〈黑格尔法哲学批判〉导言》中就曾提出这样一个重要命题："光是思想力求成为现实是不够的，现实本身应当力求趋向思想。"① 这就意味着，思想要为现实的变革提供理论指南，现实的实践运动则要锚定科学理论的思想高度。在中国近现代学术史上，以积极回应时代问题、推动时代发展为特色的学术作品不胜枚举。如翦伯赞先生的《历史哲学教程》就是一部"为时而著"的伟大作品。这本书写于战火纷飞的抗日战争时期，出版于 1938 年 8 月。按照翦伯赞的原初构想，是要撰写一本关于中国社会史方面的范围较大的著作，一方面对各学派关于中国史的意见进行全面清理，另一方面较为系统地提出自身的见解。但"由于神圣的民族抗战的展开"，原来的计划"便不能不略加改变"。② 翦伯赞指出："现在，我们的民族抗战，已经把中国历史推到崭新的时代，中华民族已经站在世界史的前锋，充任了世界史转化的动力。为了争取这一伟大的历史胜利，我们认为决不应使理论的发展，落在实践的后面；反之，我们认为，必须要以正确的活的历史原理，作为这一伟大斗争的指导，使主观的努力与客观情势的发展，相互适应。"③ 他以鲜明的问题意识和斗争精神写道："在这样一个伟大的历史变革时代，我们决没有闲情逸致埋头于经院式的历史理论之玩弄；恰恰相反，在我的主观上，这本书正是为了配合这一伟大斗争的现实行动而写的。"④ 出于这种强烈的时代意识，翦伯赞在这本书中深刻揭露了当时隐藏在民族统一战线理论与行动阵营中的"悲观主义""失败主义"等错误倾向的历史根源，批判了陶希圣、胡适等人对中国历史分期、社会性质和未来前途的错误理解，以彻底的历史唯物论分析了中国具体的历史，创造性地探讨了历史学的科学方法论。

《历史哲学教程》并不是一本单纯的历史著作，而是坚持以历史关

① 马克思：《〈黑格尔法哲学批判〉导言》，《马克思恩格斯选集》第 1 卷，人民出版社 2012 年版，第 11 页。

② 《翦伯赞全集》第 6 卷，河北教育出版社 2008 年版，第 7 页。

③ 《翦伯赞全集》第 6 卷，第 7 页。

④ 《翦伯赞全集》第 6 卷，第 7 页。

照现实并引领未来，正如作者所宣示的："我们历史哲学的批判在批判过去中就含着领导现在和指示将来。"[①] 研究历史绝不是为了发思古之幽情，而是要在对历史的回顾和梳理中为人们面临的时代问题和未来发展提供答案。在翦伯赞看来，中国拥有五千多年有文字记载的历史，在这一漫长的进程中，并不是"建基于封建主义的经济基础之上"而一成不变的，相反，它也和世界其他民族的历史一样，经过了一系列发展阶段。换言之，中国的封建社会并不是停滞在同一水平上，而是经常不断地处在发展中，无非是发展的速度比之西欧较为缓慢而已。中国的资本主义因素在明末清初，即鸦片战争以前，已经走上了历史舞台，"但是当他们正在开始其向资本主义转化的过程中，却遭受了外国资本主义强力之袭击，'鸦片战争'把他扼死于封建社会的母胎中"。[②] 正由于外国资本主义的压迫和侵略，才改变了中国独立自由的性质，被迫走上殖民地化的过程，逐渐沦为半殖民地半封建社会。

这种压迫和侵略，在日本帝国主义的野蛮入侵中达到了顶点。这一侵略一方面使得中国内部形成了空前的民族团结，另一方面促使国外资本主义国家为了保护自身利益也开始声援中国的抗战。这样，伟大的抗日战争便成为一个重要的历史转折，预示着一个独立自由幸福的新中国的光明未来。翦伯赞满怀信心地写道："自从民族抗战开始以来，中国的历史又走上了一个变革的过程，即由半封建半殖民地的社会开始向着独立自由与幸福的社会之转化的过程。中国历史的这一伟大的变化，直接是使中华民族跃入一个崭新的历史阶段；间接又成为转化世界史的一个动力。因此，我们这一次民族抗战，是一个伟大无比的历史任务，它不仅改变中国史，而且也改变世界史。"[③] 这就是翦伯赞在《历史哲学教程》这一著作中，以唯物史观研究中国历史而作出的关于时代迫切问题和中国前途命运的重要解答。几十年后我们回看这段学术史，仍然不能不折服于先生深沉的时代意识、深邃的历史眼光和深刻的理论思维。这就是时代与思想相遇相激而迸射出来的强烈的学术光芒，它不仅揭示真

① 《翦伯赞全集》第6卷，第33页。
② 《翦伯赞全集》第6卷，第191页。
③ 《翦伯赞全集》第6卷，第194—195页。

理，而且给人以光明和力量。

制度体系博弈的“时代之声”

人类生产和生活的空间无比广阔，由此带来的问题也无限复杂。然而，在这些复杂的问题系统中，总有一个根本问题居于统摄地位，从而成为“时代之声”和“时代的格言”。在现时代，我们所面临的最迫切、最根本、最深层的时代问题是什么？在笔者看来，就是人类将选择何种制度体系、何种发展道路，进而拥有何种命运与未来的问题。

一个民族、一个国家，总要通过一定的发展道路、依托一定的制度体系去实现自身发展。环顾当今世界，纷繁驳杂的世界历史，仍然处于资本主义与社会主义两种发展道路、两种社会制度、两种价值体系、两种前途命运的长期博弈和竞争当中。在此过程中，人类将作何选择？这将是一次具有本质重要意义的历史性抉择。这一选择之所以意义重大，是因为无论从生态危机所暴露的地球脆弱的承载能力，还是从现代性社会所遭遇的种种不可预测的危机来看，它都将决定生活于地球这颗蓝星之上的数十亿人口的远景和未来。

人们可以用后工业社会、后现代社会、信息社会、消费社会、景观社会等各种概念来指称以美国为首的现代欧美资本主义社会形态——这些概念的确从不同角度指认了其某方面的重要特征。但无论如何，“资本主义”总是其本质层面的根本性制度安排，资本的基因被刻蚀在这些国家的血液里，表现在它们对内对外的每一步行动中。

自地理大发现以来，资产者奔走全球，致力于开拓世界市场，用严酷的竞争性生产机制和低廉的商品价格摧毁了一切前资本主义社会的万里长城，将整个世界历史都裹挟进了强横的资本逻辑之中。“各国人民日益被卷入世界市场网，从而资本主义制度日益具有国际的性质。”① 但资本不是造福人间的天使，其本性是嗜血和疯狂的。资本主义制度耸入

① 马克思：《资本论》第1卷，人民出版社2018年版，第874页。

云天的大厦，是修筑在两大基础之上的：一是从资本原始积累时期就残酷开展的对内剥削和压榨，二是从大航海时代就狂热进行的对外侵略和掠夺，包括赤裸裸的奴隶贸易、极端无耻的鸦片贸易等。正如美国学者施韦卡特所言："资本主义及其取得的辉煌成就，在其起源上，在其日常的运作中，在其理论核心的极度不公平的经济秩序上，都植根于剥削。"①

马克思在《资本论》中就曾愤慨地谴责过资本主义在其发展过程中"集中的、有组织的社会暴力"，"美洲金银产地的发现，土著居民的被剿灭、被奴役和被埋葬于矿井，对东印度开始进行的征服和掠夺，非洲变成商业性地猎获黑人的场所——这一切标志着资本主义生产时代的曙光"。② 毫无疑问，这是污浊的曙光，是血色的黎明。在这一早期发展阶段之后，"接踵而来的是欧洲各国以地球为战场而进行的商业战争。这场战争以尼德兰脱离西班牙开始，在英国的反雅各宾战争中具有巨大的规模，并且在对中国的鸦片战争中继续进行下去，等等"。③ 正由于此，马克思公正地裁决道："资本来到世间，从头到脚，每个毛孔都滴着血和肮脏的东西。"④ 美国学者诺奇克曾试图提出一种正义理论来为资本主义辩护，施韦卡特则在《反对资本主义》中明确反驳："这种关于正义的理论似乎根本不符合现代资本主义的现实。在美国，土著人近乎灭绝，成百万计的黑人奴隶被戴上锁链从他们的祖国偷运到这里。在英国，圈地运动践踏农民的长期利益，迫使大量的农民失去土地。整个世界，西方殖民者横行。关于正义的理论很难辩驳马克思主义的控诉。"⑤

毋庸讳言，资本主义制度也在不断地自我调适，试图通过调整国内外各种政策来延拓自身命数。然而，二战以来的世界历史在不断地确证这种调适的边界和限度。从宪政民主制的金钱政治、富人游戏到制度失灵、治理失范，资本主义制度体系的疲软和颓势不断展露。从海湾战争、科索沃战争、叙利亚战争、阿富汗战争一直到最近的俄乌冲突，以美国

① ［美］戴维·施韦卡特：《反对资本主义》，李智、陈志刚等译，中国人民大学出版社2016年版，第330页。

② 马克思：《资本论》第1卷，第860—861页。

③ 马克思：《资本论》第1卷，第861页。

④ 马克思：《资本论》第1卷，第871页。

⑤ ［美］戴维·施韦卡特：《反对资本主义》，第37页。

为首的西方资本主义发达国家为了攫取资本集团利益而不惜践踏他国人民和利益的霸凌面目，也正越来越明显地暴露出来。法国学者米歇尔·于松指出，当代资本主义“已经进入了一个‘收益递减’的时代”。[①] 资本主义的确曾经大大地促进了劳动生产率的提高，这也是资本主义能够保持活力的主要原因。但在现时代，这一原因已经处于无效地位。于松指出：“从更深的层次看，当代资本主义已越来越无力把满足人类的需求纳入自己的逻辑当中。相反，它所采用的方法是将世界商品化，而某些基本需求在这一过程势必会被排除在外：如果盈利率太低，就干脆不要生产或投资。最后，那些唯一符合资本主义逻辑的商品化解决方案显然不足以应对气候变暖这样的大威胁。基于上述原因，当代资本主义的合法性正在丧失。与人类所面临的巨大挑战相比，资本主义的效率原则今天看来已经过于狭隘，甚至是不合理的。”[②] “将世界商品化”的资本逻辑显然无法囊括整个世界，无论是社会治理、环境保护还是战争与和平问题，显然都是无法商品化的，它们都溢出了资本的管控范围，需要超越商品化、非逐利性的社会主义制度体系。

问题不止于此，资本主义制度不仅是一种经济—生产方式，而且利用其强悍的资本逻辑将社会生活的方方面面席卷进来。举凡社会交往、伦理风习、价值评判、审美趣味、娱乐休闲，无不处于资本逻辑的宰治之下。正如马克思和恩格斯在《共产党宣言》中所论，资产制“使人和人之间除了赤裸裸的利害关系，除了冷酷无情的‘现金交易’，就再也没有任何别的联系了”，“它把人的尊严变成了交换价值”，“抹去了一切向来受人尊崇和令人敬畏的职业的神圣光环”，“它把医生、律师、教士、诗人和学者变成了它出钱招雇的雇佣劳动者”，甚至连家庭生活也是如此，“资产阶级撕下了罩在家庭关系上的温情脉脉的面纱，把这种关系变成了纯粹的金钱关系”。[③] 一些西方学者喜欢谈论所谓现代性，认

① ［法］米歇尔·于松：《资本主义十讲》，潘革平译，社会科学文献出版社 2013 年版，第 2 页。

② ［法］米歇尔·于松：《资本主义十讲》，第 2 页。

③ 马克思：《1848 年至 1850 年的法兰西阶级斗争》，《马克思恩格斯选集》第 1 卷，人民出版社 2012 年版，第 403 页。

为这是一种“未完成”的谋划，但究其本质，它不是“未完成”，而是资本的残酷本性和资本主义制度的弊病在不同领域的暴露而已。不是所谓现代性的谋划未能完成，而是资本主导下的现代社会处于全面危机之中。

“货币的力量多大，我的力量就多大”，“谁能买到勇气，谁就是勇敢的，即使他是胆小鬼”。[①] 货币之力已然如此强横，资本逻辑更加令人惊怖。在资本这一以太之光的统摄下，一切都可以交换，交换可以换来一切。交换价值和金钱关系，取得了凌驾于一切社会关系之上的神性地位。资本将王权和教权赶下了王座，自己却无所顾忌地窃居其位。资本不是神灵，却比一切神灵更有魔力。在这样一种“单向度”和“异化”的社会中，资本的增殖成为一切生命活动的本质目的。处身于资本之下，表面的丰富掩盖着内容的贫乏，外在的充实遮蔽着内在的空虚，硬化的躯壳扼杀着生活和生命的无限可能。

凡此种种，都在急迫地向人类敲响警钟。习近平总书记在党的二十大报告中指出，“当前，世界之变、时代之变、历史之变正以前所未有的方式展开”，与和平、发展、合作、共赢历史潮流并行的，是“恃强凌弱、巧取豪夺、零和博弈等霸权霸道霸凌行径危害深重，和平赤字、发展赤字、安全赤字、治理赤字加重，人类社会面临前所未有的挑战”。[②] 深究起来，这些行径和赤字的背后无不隐藏着资本逐利的逻辑。“世界又一次站在历史的十字路口，何去何从取决于各国人民的抉择。”[③] 因而，人类社会的发展，迫切需要改弦更张，以一种更博大的胸襟、更普惠的发展，创造更美好的制度形式和文明形态，这不能不成为当前时代最核心、最根本、最迫切的问题。

建构新时代中国学术的理论姿态

如果说资本主义和社会主义两种制度体系的长期博弈是现时代全人

---

① 马克思：《1844 年经济学哲学手稿》，人民出版社 2000 年版，第 143、145 页。

② 习近平：《高举中国特色社会主义伟大旗帜　为全面建设社会主义现代化国家而团结奋斗——在中国共产党第二十次全国代表大会上的报告》，第 60 页。

③ 习近平：《高举中国特色社会主义伟大旗帜　为全面建设社会主义现代化国家而团结奋斗——在中国共产党第二十次全国代表大会上的报告》，第 60 页。

类所面临的根本问题，那么中国特色社会主义新时代的发展成就及其创造的中国式现代化和人类文明新形态，则是对这一问题的重要解答。中国特色社会主义新时代，以无可辩驳的事功成就和价值内涵，构成了建构新时代中国学术的基点、出发点和着力点。

历史总是在矛盾中展开的。资本主义制度在其发展过程中，不可避免地发展了自身的对立面，这就是无产者及其共产主义诉求。马克思恩格斯所创立的科学社会主义，不仅以从本质层面揭露资本剥削的秘密而将自己的理论矗立在人类思想史的巅峰，而且以最彻底、最广泛的人民本位牢牢占据着道义的制高点。

马克思主义自诞生以来，就从不同角度和层面对资本主义制度展开深入反思和批判。如何深入揭示资本主义在不同发展阶段的弊病，如何在批判旧世界中为新世界确立新原理，成为众多学者思考的主题。20 世纪 60 年代，就连非马克思主义者的萨特都明确提出："马克思主义远远没有衰竭，还十分年轻，几乎还在童年；它好像才刚刚开始发展。所以，它仍然是我们时代的哲学；它是不可超越的，因为产生它的情势还没有被超越。"[①] 这里所谓的"情势"，就是资本主义制度仍然在全球占据主导地位的客观态势。在资本主义全球扩张时期，曾写下著名的"年代四部曲"的英国学者霍布斯鲍姆认为："马克思最终应该出人意料地回到我们的世界。在我们的世界中，资本主义已经让人想起，它的未来之所以遭到了怀疑，不是因为社会革命的威胁，而是因为它的无拘无束的全球运作性质。事实已经证明，对于资本主义的全球运作性质，马克思是一位比自由市场的理性选择和自我纠正机制的信徒更敏锐的指导者。"[②] 果不其然，自美国金融危机以来，西方再次掀起了研究马克思、批判资本主义的潮流。2008 年 10 月 21 日，《泰晤士报》就曾用一个整版的篇幅刊登马克思的大幅照片，人们向马克思墓献花的大照片也占据了一个版的篇幅，配文的大标题为《他（马克思）又回来了》。文章认为，世界金融体系正在瓦解，资本市场不再交易，国家掌管了部分银行的主要

① ［法］萨特：《辩证理性批判》，林骧华等译，安徽文艺出版社 1998 年版，第 28 页。

② ［英］霍布斯鲍姆：《如何改变世界：马克思和马克思主义的传奇》，吕增奎译，中央编译出版社 2015 年版，第 368 页。

业务，政府担保储户存款，资本家丢掉饭碗，工人失去房产，“难道这正是马克思所描写的时代最终到来了吗?”德里达、特里·伊格尔顿、大卫·哈维等知名学者都从不同研究角度出发，探求马克思理论批判资本主义制度体系的当代价值。德里达的论断尤其意味深长，“不去阅读且反复阅读和讨论马克思……而且是超越学者式的‘阅读’和‘讨论’，将永远都是一个错误，而且越来越成为一个错误，一个理论的、哲学的和政治的责任方面的错误”。他甚至警告，“不能没有马克思，没有马克思，没有对马克思的记忆，没有马克思的遗产，也就没有将来”。①

马克思突出强调，本质重要的问题不在于解释世界，而在于改变世界。“在人类思想史上，还没有一种理论像马克思主义那样对人类文明进步产生了如此广泛而巨大的影响。”② 马克思主义这一重要特点，在近代以来中国社会历史进程中发挥得淋漓尽致。19 世纪 40 年代以降，列强以坚船利炮打开中国的国门，中国逐渐沦为半殖民地半封建社会，割地赔款，山河破碎，民生凋敝，痛苦不堪。在这种“天崩地解”、数千年未有之大变局下，中国传统学术开始了艰难的现代转型。国家和民族遭遇的苦难，也成为中国近代思想学术挥之不去的沉郁底色。从林则徐、魏源、严复等人“开眼看世界”，把眼光转向西方，译介和引进一系列西方学术思想著作，到洋务运动引入西洋先进技术和器物，从“师夷长技以制夷”“师夷长技以自强”“师夷长技以自富”到“中体西用”，中国几代先进学人跋涉在救亡图存的征途之上。为了改变中华民族积贫积弱、任人宰割的局面，各种思想、理论、主义和思潮被轮番尝试，然而，资本主义道路没有走通，改良主义、自由主义、社会达尔文主义、无政府主义、实用主义、民粹主义、工团主义等思潮纷纷登场，也都没能解决中国的前途和命运问题。直到十月革命一声炮响，给中国送来了马克思列宁主义，饱受磨难的中华民族终于找到了强大的思想武器。马克思主义以其强大的真理力量，以其独有的科学性、人民性、实践性、开放性，引领中国人民和中华民族走出了悲惨

① ［法］德里达：《马克思的幽灵》，何一译，中国人民大学出版社 2016 年版，第 15 页。
② 习近平：《在哲学社会科学工作座谈会上的讲话》，《光明日报》2016 年 5 月 19 日。

境地，改变了自身命运。

社会实践变革与思想学术发展，往往处于同频共振之中。马克思主义改造中国的过程，也是中国学术实现现代转型、取得重大突破的过程。陈独秀、李大钊等中国共产党的早期创始人，积极传播马克思主义，倡导运用马克思主义研究、分析和改造中国社会。在中国共产党领导中国人民和中华民族展开实践斗争的同时，一大批学者服膺于马克思主义的科学原理，自觉运用马克思主义展开学术探索。郭沫若、李达、艾思奇、翦伯赞、范文澜、吕振羽、侯外庐等一大批名家大师，在不同学科领域开辟榛莽，以启山林，建构了以马克思主义为指导的学术新形态。正如习近平总书记所说："当代中国哲学社会科学是以马克思主义进入我国为起点的，是在马克思主义指导下逐步发展起来的。"① 回溯新中国马克思主义学术的建构过程，对当前的学术发展亦有良好裨益和启迪。

社会主义在中国的发展绝非一帆风顺，通往胜利的道路上总是充满着艰辛和曲折。东欧剧变、苏联解体之后，世界社会主义运动遭受沉重打击，陷入低谷。以美国为首的西方发达国家为此志得意满、弹冠相庆，认为已经彻底绞杀了社会主义和共产主义，资本主义制度成为人类社会历史的终极标本。唱衰中国的舆论也在国际上不绝于耳，各式各样的"中国崩溃论"从来没有中断过。就是在这样一种风狂雨暴、万马齐喑的态势下，社会主义中国顶住压力，鲜明向世界宣告了继续走中国特色社会主义道路的坚定意志。中国共产党把马克思主义基本原理与中国具体实际、与中华优秀传统文化相结合，坚定不移地走中国特色社会主义道路，中国非但没有崩溃，且综合国力与日俱增，人民生活水平不断提高，国际影响愈益提升，在"黑云压城城欲摧"的态势中打造了"风景这边独好"的非凡伟业。在庆祝中国共产党成立 100 周年大会上，习近平总书记庄严宣示："我们坚持和发展中国特色社会主义，推动物质文明、政治文明、精神文明、社会文明、生态文明协调发展，创造了中国式现代化新道路，创造了人类文明新形态。"② 党的十九届六中全会

① 习近平：《在哲学社会科学工作座谈会上的讲话》，《光明日报》2016 年 5 月 19 日。

② 《在庆祝中国共产党成立一百周年大会上的讲话》，《习近平重要讲话单行本（2021 年合订本）》，人民出版社 2022 年版，第 94 页。

审议通过的《中共中央关于党的百年奋斗重大成就和历史经验的决议》也强调："党领导人民成功走出中国式现代化道路，创造了人类文明新形态，拓展了发展中国家走向现代化的途径。"① 在党的二十大报告中，习近平总书记用很大篇幅深入阐发了中国式现代化的本质要求、丰厚内涵和重要特色。

时代的核心问题，构成学术建构的根本关切。时代之问，总是强烈地吸引着真正的学术研究，以极大的热情、智慧和创造作出科学的解答。这是学术发展史的一条重要规律，也是建构新时代中国学术的宝贵经验。现在的问题在于，进入中国特色社会主义新时代，开创中国式现代化、创造人类文明新形态，这一系列重大历史事件，已经成为中国人民和中华民族对时代之问的响亮回答。正如习近平总书记在党的二十大报告中深刻指出的，"在新中国成立特别是改革开放以来长期探索和实践基础上，经过十八大以来在理论和实践上的创新突破，我们党成功推进和拓展了中国式现代化"。② 中国式现代化得以开拓这一实践运动所蕴含的价值内核和世界历史意义，迫切需要当代中国学者去探讨和阐发。我们关于现代化的理论，举凡现代化的标准、模式、内涵、外延、道路、制度、价值、功能等，都需要在更深层次上进行考量。同时，关于文明的理论，长期以来西方发达国家把持着文明的定义权，似乎只有西方社会才是文明社会，只有西方国家才是文明国家，其他国家和民族都是野蛮、落后、未开化、不文明的。但历史和实践表明，在西方发达国家所宣扬的文明外衣下，深藏着侵略、掠夺、杀戮、剥削的事实。因而，他们所宣扬的文明并非真正的文明，只是一种高级的话术和诡辩技巧。中国特色社会主义开创的人类文明新形态，坚决摒弃西方发达国家在文明外衣下隐藏的野蛮内核，始终坚持文明交流互鉴，超越文明对抗冲突，倡导和而不同、兼收并蓄，凸显平等相待、守望相助、休戚与共、安危共担的世界情怀，"以文明交流超越文明隔阂、文明互鉴超越文明冲突、文明共存

① 《中共中央关于党的百年奋斗重大成就和历史经验的决议》，人民出版社 2021 年版，第 64 页。

② 习近平：《高举中国特色社会主义伟大旗帜　为全面建设社会主义现代化国家而团结奋斗——在中国共产党第二十次全国代表大会上的报告》，第 22 页。

超越文明优越”，[①] 为建构真正的人类文明贡献了中国智慧、提供了中国方案。正由于此，我们不能不看到，新时代的深刻变革为建构新时代中国学术提供了源头活水，成为新时代中国学术确证自我、走向世界、赢得尊严的重要支撑。能否立足中国特色社会主义新时代，能否瞄准时代之问、胸怀国之大者，已成为推进新时代中国学术发展的必要前提。

学术研究往往置身书斋、专注文本，但同时更需关注时代、切中现实。时代与思想、现实与文本并非相互冲突，而是相辅相成、相得益彰。从思想与现实双向奔赴的视角而言，我们一方面要紧扣经典文本，展开扎实的学术研究，另一方面要密切关注社会现实，以现实的涌动哺育思想的成长。从学术研究的特性来说，文本是研究的基础，离开了对文本的深入研读、精细考察，所谓研究就是无源之水、无本之木，就是游谈无根、空中楼阁。同时，研究应立足文本，但不能止于文本，不能满足于寻章摘句，做“两足书橱”。在历史和现实的深层变迁中提出问题、解决问题，是研读文本的归宿，也是学者的使命所在。所谓现实，不是僵硬的时间切片。现实，从来既是承载历史的现实，更是开启未来的现实。当我们以历史的眼光观照现实时，现实总是给我们历史性的回馈。由是观之，中华民族五千年源远流长的文明史和近代以来异常沉重的屈辱史、抗争史、发展史给我们留下了哪些经验、哪些教益、哪些启迪？如何从哲学意义上来把握我们的历史积淀、现实境遇和前途命运？如何在文明史和世界史的广阔视域中阐发中国式现代化的丰厚内涵和历史意义等，这些问题在文本中都找不到现成答案，需要我们在历史与现实、理论与实践的交织互动中，凝练学术课题，予以具有高度原创性的科学解答。

习近平总书记指出：“当代中国正经历着我国历史上最为广泛而深刻的社会变革，也正在进行着人类历史上最为宏大而独特的实践创新。这种前无古人的伟大实践，必将给理论创造、学术繁荣提供强大动力和广阔空间。这是一个需要理论而且一定能够产生理论的时代，这是一个需

① 习近平：《高举中国特色社会主义伟大旗帜　为全面建设社会主义现代化国家而团结奋斗——在中国共产党第二十次全国代表大会上的报告》，第63页。

要思想而且一定能够产生思想的时代。"① 学术之途漫远艰辛，然而，星光不负赶路人，功夫不负苦心人，当我们从思想与时代相激互动的关系视角审视当前的学术发展时，不能不对新时代中国学术建构充满信心和期待，它必将在恢宏的社会变革和实践创新中生发创造出新的学术形态和思想辉煌。

（原载《江海学刊》2023 年第 2 期）

① 习近平：《在哲学社会科学工作座谈会上的讲话》，《光明日报》2016 年 5 月 19 日。

二

历史理论概念与史学理论研究

加快构建新时代历史理论研究“三大体系”*

夏春涛

一

五卷本《新时代历史理论研究前沿丛书》终于问世了！这是历史理论研究所建所后首次推出的集体研究成果，是《史学理论研究》改刊三年来刊发优秀论文的集中呈现，从一个侧面反映了我们的建所思路和成长轨迹。

历史理论研究所的建所方案经过多方论证、再三斟酌，最终由中央审定。该所名为历史理论研究所，不是史学理论研究所，如此取舍是含有深意的。一是突出强调了唯物史观的指导地位，强调要旗帜鲜明地坚持唯物史观。我们所说的历史理论主要指马克思主义历史理论，即唯物史观；本所下设九个研究室，马克思主义历史理论研究室排列第一。二是解决了概念之争。顾名思义，历史理论指阐释客观历史本身的相关理论，史学理论指历史学发展过程中形成的相关理论，两者内容有交叉，但主体不一。关于“历史理论”“史学理论”概念的异同、大小，学界看法并不一致。研究所名称的确定给出了明确答案，即“历史理论”概念大于或优先于“史学理论”概念。我们要与中央保持一致，有不同意

* 《新时代历史理论研究前沿丛书》五卷本，由中国社会科学出版社出版，该文系笔者为这套丛书撰写的序言。

见可以保留，仍可以深化思考，但不必拘泥于概念之争。①

历史理论研究所诞生于新时代，是应运而生。中国历史研究院由六个研究所组成，除中国社会科学院原有的五个相关研究所外，历史理论研究所是唯一新建的研究所。中央为什么要专门成立历史理论研究所？我想，这大体可以从三个方面来理解。

一是在全社会牢固树立正确历史观。

新中国诞生给中国历史学带来的最大变化是明确了唯物史观的指导地位，确立了人民的主体地位，澄清了若干重大理论问题，尤其是科学解答了历史学为谁著书立说这一根本性、原则性问题，进而为研究工作树立了正确导向，极大推动了新中国历史学的繁荣发展。改革开放以来，历史学在蓬勃发展的同时，也面临挑战——随着社会经济成分、组织形式、就业方式、利益关系和分配形式的多样化趋势的发展，以及东西方各种思想文化的碰撞、交汇，我国社会思想呈现出多样、多元、多变的特点，唯物史观遭冷落、质疑和冲击的现象日渐显现出来。有人矫枉过正，出于对过去一度盛行的极“左”思潮的抵触心理，说了一些过头话。也有人蓄意挑战主流意识形态，不时发出一些噪声杂音，随意涂抹、肆意歪曲历史尤其是中共党史，借谈论历史来否定现实，散布错误的历史观，形成历史虚无主义思潮，产生恶劣影响。

历史观涉及对是非、正邪、善恶、进步与落后的评判，与价值观密不可分。否定历史发展的主题主线、主流本质，颠倒是非、正邪、善恶、荣辱，就会使人丧失对历史的敬畏之心，模糊对方向、道路等原则问题的认识，导致价值观扭曲。价值观一旦混乱，我们这样一个大党大国就会成为一盘散沙，社会上道德失范、诚信缺失现象就会滋蔓，乃至乱象丛生，其后果将是灾难性的。一言以蔽之，历史虚无主义思潮一旦泛滥，就会肢解我们的自信，消磨我们的意志，腐蚀我们的精

---

① 目前，“历史理论”“史学理论”两个概念实际上仍在交叉使用。例如，历史理论研究所所刊名为《史学理论研究》，2022 年 9 月完成换届选举的全国性学术团体名为“中国史学会史学理论分会”，这是延续历史，而变更名称洵非易事，须走较为繁杂的报批程序。学界时下召开的相关学术会议大多仍约定俗成，冠名为“史学理论研讨会”。我们似应在概念使用上力求统一，避免掰扯不清的困扰。

神。党的十九大报告明确提出“引导人们树立正确的历史观、民族观、国家观、文化观”。① 由此观之，加强历史理论研究，巩固唯物史观的指导地位，引导人们树立正确历史观尤其是正确党史观，已是刻不容缓。坚持以唯物史观为指导，是坚持正确的政治方向、学术导向、价值取向的重要前提，是当代中国历史研究区别于欧美国家历史研究的根本标志。

二是以史为鉴，为当代中国发展进步提供学术尤其是理论支持。

改革开放以来，经济学、法学、政治学、社会学等学科基础理论研究与应用对策研究并重，积极参与当代中国的社会变革与发展，成为万众瞩目的显学。历史学与时俱进，也取得累累硕果，但相比之下，总体上参与有限、发声有限。这与历史学本质上属于基础理论研究有关，也与其研究滞后有关。平心而论，我们的历史研究存在两个缺陷，不能很好地顺应大势。其一，与现实脱节。有人自诩“清高”，搞所谓“纯学问”，有意识地远离现实、回避政治。其实，历史是一条奔腾不息的河流，不可能抽刀断水；昨日中国是今日中国的延续和发展。研究历史，不能就历史论历史，不能也不可能脱离现实，遑论历史学原本带有鲜明的意识形态属性。其二，重考证、轻理论，研究呈现“碎片化”、条块分割。有人专注细枝末节研究，研究题目小、研究范围窄，死守自己的“一亩三分地”，一谈到理论或现实问题便张口结舌，茫然莫知置对。考据是治史的基本功，没有考证便无信史可言，但不能“只见树木不见森林”，不能无视或忽视宏观理论思考。

中国特色社会主义已进入新时代，当代中国正进行着伟大的理论与实践创新，迫切需要历史学发挥鉴古知今、资政育人的作用。“明镜所以照形，古事所以知今。”② 新中国的前途为什么是社会主义而不是资本主义？为什么说中国特色社会主义是实现中华民族伟大复兴的必由之路？为什么说中华民族伟大复兴的历史进程不可逆转？以中国式现代化全面推进中华民族伟大复兴，如何深刻领会中国式现代化的中国特色和本质要求？中国式现代化道路的原创性贡献是什么？回答此类重大理论问题，

① 习近平：《决胜全面建成小康社会　夺取新时代中国特色社会主义伟大胜利——在中国共产党第十九次全国代表大会上的报告》，人民出版社2017年版，第43页。

② 《三国志》卷59《吴书·孙奋传》，中华书局1982年版，第1374页。

都必须从历史上来追根溯源。当代历史学若想真正成为显学，具有生命力、体现影响力，就必须顺应时代需要，力戒那种选题无足轻重、搞烦琐考证、内容空洞的学究式学院式研究，有意识地加强历史与现实的对话，积极回应重大现实问题，立时代之潮头，通古今之变化，发思想之先声。[①] 这也是我国史学的一个优良传统。司马迁以“通古今之变”相期许写《史记》，司马光为资政著《资治通鉴》，均具有鲜明的现实关怀。北宋大儒张载“横渠四句”有云：“为天地立心，为生民立命，为往圣继绝学，为万世开太平。”[②] 身处新时代，我们的胸襟应当不比古人逊色，理应具有强烈的使命和担当意识。

三是加快构建新时代中国历史学“三大体系”。

目前，我国经济总量稳居世界第二，日益走近世界舞台中央，为维护世界和平、促进共同发展作出巨大贡献，而历史学的发展总体上与我国综合国力和国际地位还不太相称，未能居于国际学术界中央，在国际上的声音还比较小。笔者 1994 年在哈佛大学访学时，哈佛—燕京学社主任、明清小说研究专家韩南（PatrickHanan）教授在交谈时善意地表示：“谈到人文和社会科学方面，目前世界上重要的学术思想主要来自英、美、德、法等西方国家。然而在将来，重要的学术思想同样很有可能来自中国、日本等国家。”比照现实，我们做得远远不够。

历史研究是一切社会科学的基础，历史理论则是历史研究的指南和灵魂。中国历史研究院中国历史学学科体系学术体系话语体系研究中心设在历史理论研究所。[③] 党的二十大报告在阐述“推进文化自信自强，

① “立时代之潮头，通古今之变化，发思想之先声”语出习近平总书记致中国社会科学院中国历史研究院成立的贺信，是党中央对广大历史研究工作者提出的殷切希望，而我们做得远远不够，应努力争取更大作为。西方学界很重视研究、思考那些宏大理论问题，重视提出新概念新表述，以迎合本国的内外政策。举凡“历史终结论”“文明冲突论”等，均为融合政治学、历史学等学科作出的新概括新阐释，弗朗西斯·福山和他的老师塞缪尔·亨廷顿都是西方名噪一时的历史哲学家。

② 张载：《张载集》，章锡琛点校，中华书局 1978 年版，第 396 页。

③ 该中心成立于 2019 年 6 月，至今已多次开展活动：2019 年 11 月，与中国社会科学院国际中国学研究中心联合举办“‘海外中国学研究’学科建设研讨会”；2020 年 11 月，主办“‘中国历史学话语体系建设’学术研讨会”；2021 年 9 月，参与承办“社科论坛”（史学·2021）“新时代中国历史学‘三大体系’建设国际学术研讨会”。另以“研究中心”成员名义相继发表学术论文 10 篇，《中国历史学“三大体系”建设研究》一书已于 2023 年在中国社会科学出版社出版。

铸就社会主义文化新辉煌”时，再次郑重强调“加快构建中国特色哲学社会科学学科体系、学术体系、话语体系”。[①] 加快构建新时代中国历史学学科体系、学术体系、话语体系，必须加快构建新时代历史理论研究的学科体系、学术体系、话语体系。要继续以开放胸怀加强中外学术交流与合作，既“请进来”，更要“走出去”。要以我为主，努力提出具有原创性、主体性的学术思想，努力打造自己的学术特色和优势。要增强学术自信，摒弃学术上的“崇洋”心理，对西方的后现代主义史学、公民社会理论以及全球史、“新清史”、新文化史、情感史研究等，我们要有鉴别和取舍，决不能被别人牵着鼻子走，决不能邯郸学步、鹦鹉学舌。特别是中国史研究，其学术根基、学术中心理应在中国。我们要有这种自信、底气和气魄，主动引领学术潮流、推进学术创新，积极掌握学术话语权。

总之，历史理论研究所是时势的产物。新时代是历史学可以也必须大有作为的时代，是历史理论研究受到空前重视、享有前所未有发展机遇的时代。我们要把握机遇，乘势而上。

二

按照中央审定的建所方案，历史理论研究所下设九个研究室，依次是：马克思主义历史理论研究室、历史思潮研究室（又称“理论写作组”）、中国史学理论与史学史研究室、外国史学理论与史学史研究室、国家治理史研究室、中华文明史研究室、中国通史研究室、中外文明比较研究室、海外中国学研究室。排在前面的四个研究室，其名称均有“理论”二字。从中国社会科学院层面讲，本所是唯一一个以“理论”二字命名的研究所。这种定位是荣誉，更是一种使命和责任。

这九个研究室即九个学科，构成完整的历史理论研究学科体系，史

① 习近平：《高举中国特色社会主义伟大旗帜　为全面建设社会主义现代化国家而团结奋斗——在中国共产党第二十次全国代表大会上的报告》，人民出版社 2022 年版，第 43 页。

学理论研究仅是其中的一个分支，在学科设置上真正实现了各历史学科的融合。我将其特点概括为“打通古今中外，注重大历史、长时段研究”。①

马克思主义历史理论研究室排列第一，是学科建设的重中之重。其主旨是以唯物史观为指导，加强理论思考与研究，以总结历史经验、揭示历史规律、把握历史趋势。党的十九届六中全会审议通过的《中共中央关于党的百年奋斗重大成就和历史经验的决议》堪称历史理论研究的典范：作为科学历史观，唯物史观科学诠释了人类社会发展规律和历史现象，以此为指导来总结百年党史所形成的历史观便是正确党史观；以3.6万字来总结百年党史，进行长时段、贯通式研究与思考，生动体现了大历史观。唯物史观被确立为指导思想后，究竟给中国历史学带来哪些深刻变化？对中国历史进程产生哪些深刻影响？在极“左”思潮泛滥的年代，我们在理解和运用唯物史观上存在哪些偏差？这一历史很值得好好总结。2021年，本所申报的《中国马克思主义史学家口述访谈录》《马克思主义历史理论发展史研究》，分别被列为国家社科基金重大专项课题、重点课题。

从事马克思主义历史理论研究，须具备相应的理论素养，用马克思主义中国化的最新理论成果——习近平新时代中国特色社会主义思想来指导研究，努力做到既不丢老祖宗，同时又能讲新话。对唯物史观及时作出新阐释新概括是一个具有战略意义的重大课题。坚持唯物史观与发展唯物史观是辩证统一的关系，发展是最好的坚持。马克思主义深刻改变了中国，中国也极大丰富和发展了马克思主义。与时俱进是马克思主义的理论品质，党的百年奋斗史就是一部不断推进理论创新、实践创新的历史，坚持理论创新是党百年奋斗的十条历史经验之一。从毛泽东、邓小平、江泽民、胡锦涛到习近平，在唯物史观上都是坚持与发展、继承与创新相统一。譬如，“五种社会形态”理论是唯物史观的一个最基本观点，我们党将之作为指南而不是教条，科学分析中国具体国情，据此提出新的原创性理论作为科学决策的遵循：创立新民主主义革命理论，

① 参见《史学理论研究》2019年第3期“卷首语”。

指出近代中国的社会性质是半殖民地半封建社会，其前途是社会主义；创立中国特色社会主义理论体系，指出我国正处于并将长期处于社会主义初级阶段；习近平同志提出“新发展阶段”说，进一步发展了社会主义初级阶段理论。党带领人民筚路蓝缕攻坚克难，跨越资本主义发展阶段，成功走出中国革命和中国特色社会主义这两条新路，使中国阔步走向繁荣富强，与我们党创造性地运用“五种社会形态”理论密不可分。“理论是灰色的，而生活之树常青。”需要进一步思考的是，唯物史观诞生在大机器生产时代，而现在已处在后工业时代，是大数据、人工智能时代，由此引发的变化是深刻的、全方位的，生产力、生产关系的内涵必然会随之发生变化。再如，人民是历史的创造者，这是唯物史观的基本原理。人民在我国的主体地位始终没有变也不能变，而“人民”概念的内涵以及当代中国阶级、阶层的构成，与过去相比确已发生深刻变化，江泽民同志敏锐注意到这一新变化，在2001年“七一”讲话中分析指出我国已出现六个新的社会阶层。① 在百年光辉历程中，我们党是如何既坚持唯物史观，同时又丰富和发展了唯物史观，赋予其新的历史内涵？就此进行系统总结和研究对推进理论创新大有裨益。

历史思潮研究室的旨趣是关注历史思潮演变，及时就当下社会上的热点话题作出回应，释疑解惑，正本清源，宣传、阐释正确历史观，解析、批驳历史虚无主义错误思潮。该研究室又名“理论写作组”，写理论文章是主业，带有时效性，出手要快。要加强两方面素养。一是理论素养。建所之初，我分析了研究队伍存在的短板，其中一个短板是“只会讲老话（马克思主义基本原理），不会讲新话（马克思主义中国化最新成果），甚至是老话讲不好、新话不会讲”。补短板须加强理论学习，我们专为本所青年学习马克思主义中国化经典文献开列了书单。二是专业素养。宣传要以研究为依托，以深厚的学术积淀作为支撑，深入才能浅出。再就是要注意两点：其一，严格区分政治原则问题、思想认识问题、学术观点问题，既敢于斗争，又要把握好分寸，不能无端上纲上线。

① 他们是民营科技企业的创业人员和技术人员、受聘于外资企业的管理技术人员、个体户、私营企业主、中介组织的从业人员、自由职业人员。参见江泽民《在庆祝中国共产党成立八十周年大会上的讲话》，人民出版社2001年版，第31页。

其二，善于用学术话语来表达政治话语。写理论文章不是贴标签、喊口号、表决心，不能居高临下板着面孔说教，要具有感染力和说服力，努力收到春风化雨、润物无声的社会效果。2021 年，本所申报的《历史虚无主义思潮解析和批判》被列为国家社会科学基金重大专项课题，计划写三卷。

中国史学理论与史学史研究、外国史学理论与史学史研究是中国社会科学院的传统优势学科。近二三十年来，这种优势在不知不觉中削弱，研究成果萎缩，研究队伍青黄不接，由盛转衰趋势明显。这也是全国范围内带有普遍性的现象。这两个学科被列为本所重点学科，须尽快止跌回升。从学术史角度看，这两个领域是块“熟地”，以往研究虽已取得骄人成绩，名家辈出、成果丰硕，但毋庸讳言，仍存在不足。一是深耕式、开拓创新性的研究相对较少，粗放式、低水平重复的研究较多。一些著述偏重于介绍、描述，缺乏思想性。二是有些学者画地为牢，专注中国古代史学理论或外国史学理论研究，唯物史观被边缘化。其实，我们研究中外史学理论，主旨是推陈出新，通过兼收并蓄、博采众长，致力于丰富和发展当代中国的马克思主义历史理论。要着力在古为今用、洋为中用上下功夫。本所新近申报了两个国家社会科学基金重大专项课题，分别是《“中国之治”的历史根源及思想理念研究》以及六卷本《西方历史理论发展史》课题。①

与历史思潮研究相似，国家治理史研究属于新兴学科。本所的国家治理史研究室是国内首个专门的研究机构。党的十八届三中全会提出推进国家治理体系和治理能力现代化这一重大战略课题。提高国家治理体系和治理能力现代化水平是实现中国式现代化的题中应有之义，其途径之一是总结、反思我国古代漫长的治国理政实践，从中获取有益借鉴。《中国历代治理体系研究》是我们在建所当年承担的首个重大项目，属中国历史研究院交办课题。我们随即组成课题组，设立中央与地方、行政与监督、吏治与用人、礼治与法治、思想与文化、民本与民生、边疆

① 2022 年 11 月 30 日，全国哲学社会科学工作办公室公示了国家社会科学基金中国历史研究院重大历史问题研究专项 2022 年度重大招标项目立项名单。本所申报的《“中国之治”的历史根源及思想理念研究》《西方历史理论发展史》获得立项。

治理、民族治理、宗教治理、环境治理、基层秩序11个子课题，用三年多时间完成近一百万字的书稿撰写，结项评审等级为“优秀”。目前书稿已完成第三次修订，处在出版前的审稿阶段。

中国通史研究室、中华文明史研究室、中外文明比较研究室、海外中国学研究室，均有别于通常的专题或专史研究，要求研究者是通才，具有大历史视野和世界眼光，学养深厚、思辨能力强，能登高望远，深入思考、科学解读一些前沿性重大问题，以便从中汲取历史智慧，增强历史自觉，坚定文化自信、道路自信。例如，通过深入研究中华文明的发展历程、特质和形态，为今天的人类文明新形态建设提供理论支持——倘若按照西方“文明三要素”标准，中华文明仅有3300年历史；我国于2002年启动的中华文明探源工程提出了文明定义和认定进入文明社会标准的中国方案，实证了我国百万年的人类史、一万年的文化史、五千多年的文明史。这是很了不起的学术贡献，为相关研究提供了范例。本所这四个研究室起步晚、起点低，缺乏学术积累，须苦修内功、奋起直追。

概括地说，历史理论研究所在学科设置上打通古今中外，实现了各相关历史学科的融合发展，体现了前沿性、战略性、理论性。基于这一学科布局，要努力做到“两个结合”：基础理论研究与应用对策研究相结合，历史研究与现实问题研究相结合。“三大体系”建设是一个整体，学科体系相当于学科的顶层设计，学术体系是学科体系的支撑，话语体系是学术体系的外在表达形式，而贯穿其中的核心要素是人才。说到底，学科靠人来建设，学术带头人有权威、形成研究梯队，推出一批高质量、有影响的研究成果，就构成学术体系，支撑起学科建设；权威学者及论著所阐释的成系统的观点、思想、理论等，被学界奉为圭臬，便构成话语体系。因此，衡量“三大体系”建设之成效，关键看是否出成果、出人才。这无捷径可走，从个人角度讲，归根到底靠潜心治学。从研究所角度讲，加快构建新时代历史理论研究“三大体系”、引领全国历史理论研究，除组织实施课题、主办各种专题学术研讨会、积极利用中国史学会史学理论分会这一平台开展活动外，另一重要途径是办好所刊《史学理论研究》。

三

《史学理论研究》创刊于1992年，原由中国社会科学院世界历史研究所牵头主办，2019年第3期起，正式转为历史理论研究所所刊。为顺应振兴新时代历史理论研究的需要，我们举全所之力办刊，依据中央核准的建所方案成立专门的编辑部（以前是研究室兼职编稿），并果断改季刊为双月刊；在办刊风格上与历史理论研究所的学科布局和建所思路对接，在论文选题上精心策划，在栏目设置上推陈出新，并致力于制度化、规范化管理和运作。一分耕耘，一分收获。改刊后，该刊论文转载量、转载率和综合指数排名均显著提升。以2021年论文转载量为例，合计《新华文摘》5篇（2篇全文转载），《中国社会科学文摘》5篇，中国人民大学复印报刊资料24篇。

这套五卷本《新时代历史理论研究前沿丛书》主要从改刊三年来发表的论文中编选而成。遗憾的是，限于主题和篇幅，不少优秀论文未能一并辑录。这五卷按主题编排，依次是《唯物史观与历史研究》《马克思主义史学与史家》《中国史学理论与史学史》《外国史学理论与史学史》《历史理论研究的新问题·新趋向》，集中体现了我们的建所及办刊思路，展示了全国学界同仁的最新研究成果。

在建所半年后举办的中国社会科学院暑期专题研讨班上，我在历史学部发言时坦陈："建所了，牌子挂起来了，并不代表立刻就能按照上级要求发挥应有的作用，两者之间存在很大距离。我们要做的，就是百倍努力，尽量缩小这个距离，缩短这个周期。"现在回想起来，不免有几分感慨。这一路走来，激励、支撑我们砥砺前行的是一种精神。姑妄言之，可称为"建所精神"，其内涵为"团结，务实，奋进"六字。

建所第一步，是把近代史研究所、古代史研究所、世界历史研究所的三拨人整合在一起，接着是面向社会招聘人员。我们起始就强调，新所要树立新风气，大家共同营造风清气正的环境。近四年来，本所没有人事纠葛，没有意气之争，大家有话好好说，有事好商量，形成合力。

“兄弟同心，其利断金”，是为团结。本所核定编制80人，应聘者纷纷。我们一开始就明确，进人不是“拉壮丁”，不能一味追求数量，应首重质量，宁缺毋滥。至于学科布局，我们意识到，在人员不足、人才匮乏情况下，九个研究室不可能齐头并进，应有所侧重；具体到每个具体学科，不求四面开花，应集中力量找准突破口，争取逐渐形成自己的研究特色和优势。是为务实。我们在建所之初仅有两人，连公章都没有，千头万绪，一切从零开始。我们起始就确立“边建所、边搞科研”的工作思路，迎难而上。本所是中国社会科学院最年轻的研究所，至今建所不到四年，在职人员平均年龄不到40岁，朝气蓬勃。目前，我们已大体完成建所任务，搭建起作为一个研究所的完整架构，科研稳步推进并取得显著成绩。本所综合处兼具科研处、人事处、党办、办公室的职能，在岗人员仅五人，爱岗敬业，表现出色。是为奋进。建所不易，亲身参与建所是荣幸更是责任，大家很辛苦，同时又很享受这个过程，展现出好的精神面貌。

有了这种精神，历史理论研究所未来可期。新时代是历史理论研究大有作为的时代，曾有一位前辈学者感叹：历史理论研究的春天到来了。让我们以此共勉，抓住机遇，不负韶华，不辱使命，加快构建新时代历史理论研究“三大体系”。

（原载《史学理论研究》2023年第1期）

新时代中国史学理论研究：进展、挑战与方向*

杨艳秋

史学理论探讨的是历史研究的理论和方法，涉及历史学深层次、宏观性的内容，在历史学科中有着举足轻重的地位。新时代以来，在习近平新时代中国特色社会主义思想的指导下，史学界按照“立足中国、借鉴国外，挖掘历史、把握当代，关怀人类、面向未来”的思路，[①] 就如何构建中国特色历史学“三大体系”进行了广泛而深入的研讨。史学理论与史学史学科在历史学的学科体系中具有重要的基础性地位，在历史学“三大体系”构建中居于重要位置。总结梳理新时代以来以唯物史观为指导的中国史学理论研究的实践成就和特点，对于推动历史学研究的健康发展，更好地构建中国特色历史学“三大体系”，具有重要意义。

一　面貌、趋势与特点

新时代以来，中国史学理论研究在唯物史观指导下，朝着构建中国特色史学理论与史学史的学科体系、学术体系、话语体系方向不断前进，在传统史学遗产的发掘梳理、唯物史观分析、社会形态理论的研究、中国本土史学理论体系的建构、历史认识论研究等方面取得了积极成果，

---

* 本文是国家“十四五”规划项目“（新编）中国通史·史学史卷”的阶段性成果。

① 习近平：《在哲学社会科学工作座谈会上的讲话》，人民出版社2016年版，第15页。

研究重点和主要成就体现在以下几个方面。

（一）传统史学遗产的发掘梳理取得新进展

作为一个历史悠久的文明古国，中国有着丰富的史学遗产。长期以来，学术界一直重视对传统史学遗产的发掘和梳理工作，新时代以来，学界从不同角度推进了对传统史学理论遗产的研究分析，较为深入地探讨了中国古代史学与经学、史学的体与用、历史理性与逻辑理性等问题，① 并对中外史学的异同进行了系统比较。② 肯定中国传统史学遗产在构建新时代中国史学中的重要作用，成为多数学者的共识。

（二）唯物史观研究取得新突破

党的十八大以来，学术界持续加强对唯物史观的理论研究工作，通过现代哲学、科技、考古等知识反观唯物史观，论证其科学性，③ 在多个方面取得了新突破，主要表现为实践思维方式和实践观点得到进一步强调和发展，在研究方法上更加注重宏观描述与微观分析的结合。

文本研究与概念史研究是这一时期唯物史观内涵及其基本原理研究的主要内容。其中，对文本的考察沿袭了相关研究自 21 世纪以来形成的实证风格，即以某一经典马克思主义文献为中心，考察其在唯物史观产生和发展历程中的作用。④ 学术界意识到，对唯物史观的传统解释体系，形成于特定的历史背景之下，难免存在理解上的简单化倾向，在一些问题上未能完全把握马克思在相关认识上的复杂性，不可避免地存在理解和认识的偏颇之处，因此，大力提倡回到马克思主义原典，号召史学界与马克思主义哲学界合作，结合历史与现实的经验事实，重新建构唯物史观的解释体系，并运用于对重大历史和现实问题的解析，在新时代形成了“重建”“重构”或“重释”历史唯物主义的思潮。

---

① 刘家和：《史苑学步：史学与理论探研》，北京大学出版社 2019 年版。

② 乔治忠：《中国史学史的考析与评判》，生活·读书·新知三联书店 2019 年版。

③ 刘森然：《历史唯物主义：现代性的多层反思》，中山大学出版社 2016 年版。

④ 比较典型的是聂锦芳、黄建都等人合著的 12 卷本《重读马克思：文本及其思想》，中国人民大学出版社 2018 年版。

而由此产生的学术争鸣，例如区分“狭义历史唯物主义”与“广义历史唯物主义”、“唯物史观”与“历史唯物主义”等概念的讨论，更反映了唯物史观研究的活跃情况。同时，从唯物史观的生成语境入手，探讨唯物史观的具体内涵，以此展开了对唯物史观的始源语境和科学性质的发掘与讨论。史学界以实践观点和人本观点透视唯物史观的逻辑起点，在唯物主义前提下深刻揭示人的主体性、能动性和创造性在历史中的作用，尝试科学地回答人的创造性与历史发展客观规律性的相互关系这一史学研究的重大问题。[①] 种种研究，都使得人们对唯物史观的认识不断趋向丰富。

（三）对马克思主义社会形态理论的再关注

作为解释人类社会发展规律的理论范式，社会形态理论是马克思主义理论的重要内容，对中国马克思主义史学的发展起到了重要的作用。近年来，随着唯物史观相关研究的深入，对社会形态理论的分析逐渐增多，探讨的内容包括对社会形态理论的创新性阐释、“五形态”与“三形态”的进一步论争、社会形态理论与中国古代社会性质等方面。《史学理论研究》聚焦马克思主义社会形态理论与中国早期社会性质研究，编发了一组文章，澄清了中国早期社会性质方面的许多问题；《中国史研究动态》则聚焦于中国古代有无奴隶社会这一问题，组织了一场“中国古代社会性质的再研究”笔谈。相关研究聚焦于社会形态理论的生成和再阐释，或对马克思有关西欧封建社会形态理论的历史、内涵、适用范围及其与其他社会形态的关系进行考察，或对“五大社会形态”进行再阐释。此外，学界还对马克思所论述的以亚洲为代表的东方社会的固有特征与特殊的发展规律进行了科学阐明，提出了构建唯物史观的崭新形态——“东方史观”的主张。总体来看，史学界在对马克思主义社会形态理论进行再研究的同时，对中国独特的历史变迁情况进行了分析，反映出马克思主义在新时代史学研究中的主导地位得到进一步巩固，证

---

① 安启念：《马克思的大唯物史观及其史学价值》，《理论探索》2016 年第 1 期；侯继迎、倪志安：《实证·总体·实践：历史唯物主义理解三题》，《哲学动态》2018 年第 1 期；王让新、李弦：《“现实的人”的理论跃迁：历史唯物主义的深度解读》，人民出版社 2018 年版。

明了唯物史观蓬勃的学术生命力和解释力，这将是新时代历史理论研究的重要学术增长点。

（四）构建中国本土的史学理论体系形成强劲思潮

进入新时代，构建中国特色哲学社会科学学科体系、学术体系、话语体系成为学界广泛共识。对历史学研究来说，尽快构建起具有中国特色的本土史学理论体系，成为新时代历史学研究健康发展的当务之急。在这个问题上，学术界主张从宏观和微观两个层面共同发力：在宏观上，逐步形成符合历史特点和历史进程的清晰脉络和整体框架；在微观上，对术语、概念、范畴等作细致分析和谨慎抉择，探索体现继承性、民族性的学科体系建设之路。[①]

构建“中国历史哲学”设想的提出，是新时代学术界探索构建中国本土史学理论体系的有益尝试。“中国历史哲学”是关于中国历史发展过程的理论考察，包括中国历史道路的特殊性、中国社会历史阶段的划分、中国社会矛盾、中国文化精神及文化属性、多民族国家形成、历史上的国家与社会等内容，主要任务是要建构中国历史的过程体系，建构一部有内在逻辑联系的理论形态的中国历史。[②] 与此同时，构建“马克思主义史学理论新形态”成为新的呼唤。[③]

（五）历史认识论研究取得长足进展

历史学永远需要对影响历史认知的非证据性因素保持警觉，史学理论研究必须直面历史认识论、知识论等当代世界范围内史学理论的高水平前沿问题。近年来，受后现代思潮影响，不少学者将历史认识论作为深耕领域，部分学术期刊也组织了相关讨论。如《历史研究》于2018年刊发了一组文章，内容涉及阐释学与历史学的关系、公共阐释理论视域下的公共历史文化机制建设、思想史研究领域作者和文本之间的关系

① 霍林东：《理论研究与学科体系》，《史学理论研究》2017 年第 2 期。

② 李振宏：《关于建设中国历史哲学的初步构想》，《四川师范大学学报 》2018 年第 6 期。

③ 于沛：《〈史学理论研究〉三十年：构建马克思主义史学理论新形态的三十年》，《史学理论研究》2017 年第 2 期。

等。学界普遍认为，马克思主义历史哲学与后现代主义历史哲学之间存在重大区别，前者将历史认识论与历史本体论视为有机整体，而后者否定历史的客观实在性和历史矛盾运动的客观规律性，随心所欲地解读历史，对史学研究提出了挑战。加强对马克思主义历史认识论的研究，在新时代建设中国的历史阐释学，对于当前构建中国特色史学理论话语体系十分必要。

二　问题与挑战

新时代以来，全国史学理论与史学史学科发展布局呈现出新变化，下设马克思主义历史理论、中国史学理论与史学史、外国史学理论与史学史、历史思潮、中国通史、国家治理史、中华文明史、中外文明比较、海外中国学 9 个研究室的中国社会科学院历史理论研究所成立。在史学研究领域，诸如中华文明起源、中华优秀传统文化的历史作用、中国历代治理体系等历史理论的相关问题，日益受到学界的高度重视。随着马克思主义中国化时代化的不断推进以及相关研究的深入，史学理论学科在观念、方法等方面均有所突破，展露出不同以往的新气象。但需要注意的是，与中国史的其他几个二级学科发展相比较，当前，史学理论研究在学科建设方面还面临不少问题和挑战。

（一）马克思主义理论研究相对弱化

近年来，虽然史学界直面西方后现代思潮的挑战，站在现代实践、科学和哲学的基础上，重新解读唯物主义历史观的文本，对唯物主义历史观这一马克思主义史学基本理论进行了现代诠释，取得了一定成绩，[①] 但总体来看，当前，马克思主义史学在理论层面上的建构还需加强，不少已有研究对马克思主义和唯物史观的解释力度、对社会经济形态及人

① 杨耕：《危机中的重建：唯物主义历史观的现代阐释》，北京师范大学出版社 2018 年版。

民群众历史作用的关注还相对缺乏，存在着唯物史观研究的学院化倾向，整体性、贯通性的综合研究还相对欠缺。如何将马克思主义的观点与中国的历史、现实相结合，需要广大史学工作者在理论修养、批判能力、反思能力等各个方面作出进一步的努力。

（二）基础理论研究相对薄弱

新时代以来，学术界先后迎来了改革开放 40 周年、新中国成立 70 周年、中国共产党成立 100 周年等重要时间节点。通过回顾新中国成立以来史学研究的发展状况，系统总结所取得的主要成就，分析存在的问题，并探讨未来的发展方向，成为新时代以来史学研究的特点之一。在史学理论研究方面，“五朵金花”问题的大讨论、白寿彝的中国通史理论、吴于廑的整体史观等成为中国学界 70 多年来，在探索马克思历史理论的中国形态上具有里程碑意义的重要贡献。① 但与以往相比，近年来，与史学史研究领域的丰硕成果形成鲜明对照的是，学术界目前对史学理论的研究相对较为逊色，对历史理论的研究则相对更为薄弱，主要表现在有关历史进程本身的一系列重大问题上长时间缺乏有突破性的成果。可以说，历史理论的相对弱化乃至缺失，已成为制约历史学研究的一个主要瓶颈。这也使得在最需要为社会发展和国家建设提供历史借鉴的时候，历史学可能不能及时发挥应有的作用。

“历史”是被阐释的历史，历史研究是在认识论的范畴和认识论的意义上展开的，如何加强对马克思主义历史认识理论的研究，摆脱既往中国历史研究中存在的西方学术思想、话语体系的束缚，取得创新性认识，提炼出富有启发性和解释力的具有中国特色的本土化概念和理论，以提升对中国历史问题的阐释力、解读力，使历史唯物主义不断强化面向中国问题的研究能力，适应新时代中国社会和历史研究的新需要，是当前学界加强史学基础理论研究需要直面的重要挑战。

---

① 于沛：《批判与建构：新中国史学理论研究的回顾与思考》，《历史研究》2019 年第 4 期。

（三）对社会重大现实问题的关注相对不够

讲求“致用”，注重“以史经世”，在埋首著述的同时关注现实社会，是中国史学的优良传统，也是一直以来中国马克思主义史学所强调努力的方向之一。但长期以来，史学理论与社会现实之间仿佛隔着一条鸿沟，一些研究者专注于自身学术领域的探讨，对现实社会缺乏关注，史学理论研究有流于空洞的风险，主要表现为相关研究从理论到理论、从概念到概念，脱离社会实践。由于缺乏应有的理论视野和运用科学理论指导史学实践的自觉，当前历史研究存在一定的“碎片化”现象，影响研究层次的提升和对历史进程的规律性认识。当代中国社会中诸多重大问题，迫切需要史学工作者从理论与实际的结合角度作出符合时代要求的满意回答。

（四）话语系统的构建和面向世界的能力相对不足

现代中国历史学是在近代西方学科体系传入中国的大背景下建立并发展起来的，许多理论和术语引进自西方。尽管学术界一直在强调对传统史学遗产的发掘和整理，也取得了一定成绩，但总体看来，目前我国本土史学理论和话语体系的建设仍然相对不足。众所周知，与西方社会相比，中国有着独特的文明起源和历史道路，对中国历史的考察不能盲目套用那些基于西方经验形成的理论体系，这会导致中国史学自我意识的缺失。由于现有研究多将重点置于对既往史学发展历程的知识性梳理，理论建设方面的研究稍显薄弱，尚未将既有史学史研究成果上升为具有理论高度的系统认识和话语体系，同时未能有效借鉴其他学科的优秀理论和概念工具，导致当前历史学学科发展问题意识和研究范式的更新相对缓慢，在一定程度上削弱了史学理论研究的“高度”和“反思”特质。如何在全球学术研究的思潮激荡中拥有话语主动权，建立具有中国特色的历史学“三大体系”，是新时代摆在广大史学工作者面前的现实问题。

三　方向：构建中国特色的史学理论话语体系

党的二十大报告提出了“加快构建中国特色哲学社会科学学科体系、学术体系、话语体系，培育壮大哲学社会科学人才队伍”[①] 的重要任务。学科体系、学术体系、话语体系三者彼此相对独立，又相互联系、密不可分。其中，话语体系主要包括概念、范畴、命题、判断、术语、语言等，是构成学科体系之网的纽结。[②] 应该说，话语体系是复杂的思想观念的表达系统，不仅涉及语言的叙述方式，而且承载着一定的思想取向、价值取向和民族观念，是文化软实力的体现。建设具有中国特色的史学理论体系，是当前中国马克思主义史学面临的一项重要任务。

（一）建设以马克思主义唯物史观为指导的史学方法论，建立成体系的学科理论和概念

唯物史观是马克思主义的基本观点，也是中国史学的旗帜和灵魂，在我国的史学研究中居于重要的指导地位。但 20 世纪 90 年代以来，随着思想文化、意识形态等领域内交锋的加剧，唯物史观一度面临着来自各方面的挑战。在各种西方社会科学思想、观念，特别是后现代解构主义思潮的影响下，文化虚无主义、历史虚无主义等观点甚嚣尘上，尽管学术界从未放弃过对相关挑战的回应，并一再重申唯物史观的科学性，但要从根本上破除各种西方思想特别是后现代思潮对中国史学研究的不良影响，必须建设创新的、以马克思主义唯物史观为指导的史学方法论，加强对学科理论、学科概念的建设。

习近平在哲学社会科学工作座谈会上的重要讲话中指出：“要善于提炼标识性概念，打造易于为国际社会所理解和接受的新概念、新范畴、

---

① 习近平：《高举中国特色社会主义伟大旗帜 为全面建设社会主义现代化国家而团结奋斗——在中国共产党第二十次全国代表大会上的报告》，人民出版社 2022 年版，第 43—44 页。

② 谢伏瞻：《加快构建中国特色哲学社会科学学科体系、学术体系、话语体系》，《中国社会科学》2019 年第 5 期。

新表述，引导国际学术界展开研究和讨论。这项工作要从学科建设做起，每个学科都要构建成体系的学科理论和概念。”① 成体系的学科理论是形成中国风格学术体系的理论指导，成体系的学科概念是建立中国特色学科体系的理论基石。对于历史学研究来说，就是要改变当前部分研究领域内存在的“碎片化”倾向，打破各研究领域之间的壁垒。既要完善中国特色马克思主义史学理论的研究，包括历史认识论、本体论、方法论；也要注重总结、提出具体历史研究中的理论问题，注重从长时段、大历史的研究中形成理论性成果；更要注重对重大理论问题的关注和对现实问题的回应，提出具有中国特色的理论问题，摆脱对西方学术体系、话语体系的亦步亦趋、盲从崇拜。对待西方的史学理论，需要站在中国史学立场，审视其价值意义。

我们必须深刻认识到，只有加强马克思主义唯物史观对历史研究的指导，提高人们自觉运用马克思主义进行历史研究的坚定性，才能推动新时代史学理论研究的进一步发展，并进一步促进中国史学的健康发展。运用唯物史观进一步总结、阐释中国历史发展，将研究的视角集中于中国历史变迁的实际过程，集中于中国史学发展演变的历史脉络，形成具有中国特色的，以马克思主义唯物史观为指导的史学方法论，将是未来史学理论研究工作者需要持续努力的方向。

（二）发扬中国史学优良传统，发掘中国史学的民族特色

历史具有传承性，文化也有其传承。作为中华文化灿烂宝库中的一颗璀璨明珠，中国传统史学在漫长的演进过程中形成了较为完备的修史制度和秉笔直书、关怀现实、注重经世的优良传统，出现了司马迁、刘知幾、章学诚等一大批“究天人之际，通古今之变”的杰出史学家。习近平强调，“新时代坚持和发展中国特色社会主义，更加需要系统研究中国历史和文化”。② 新时代史学研究的健康发展、中国特色史学理论

① 习近平：《在哲学社会科学工作座谈会上的讲话》，人民出版社 2016 年版，第 24 页。

② 《习近平致信祝贺中国社会科学院中国历史研究院成立强调　总结历史经验揭示历史规律把握历史趋势　加快构建中国特色历史学学科体系学术体系话语体系》，《人民日报》2019 年 1 月 4 日。

话语体系的构建，同样也需要从中华民族积淀深厚的史学传统中汲取营养。这些都要求新时代的中国史学理论研究发扬中国史学的优良传统，发掘中国史学的民族特色。

一是要加强对中华民族史学传统的阐释和分析。源远流长、内容丰富的史学传统是当前构建中国特色史学理论话语体系的宝贵资源，也是新时代丰富和发展中国马克思主义史学的理论源泉。构建中国特色的史学理论话语体系，需要注意沟通马克思主义史学基本理论与中华优秀传统文化之间的关系，将唯物史观同中国历史实际相结合，积极吸纳中华优秀传统文化之精华，并合理借鉴西方社会科学研究中的优秀成果。

在这个方面，学术界已经取得了一些有价值的成果，比如 20 世纪 90 年代兴起的中国古代史学批评研究就是其中一个典型例子。在此基础上，进一步系统地挖掘中国古代史学批评的理论与方法，在新时代撰成了系统的《中国古代史学批评史》，建构起史学批评史的研究构架和具体路径，[①] 这对继承和发扬中国古代优秀史学理论遗产，推动当代史学理论发展具有重要的理论和实践意义。

二是要做好理论概括和研究阐释。通过对传统史学思想的发掘，提炼总结中国史学的内在精神，不仅有助于更好地认识中国史学独特的发展历程，也有助于在新时代更好地构建基于中国本土的历史学理论体系。这就需要学术界在对传统史学的研究和分析中，努力总结和阐释那些显示中国史学民族特色、具有当代价值，具有中西融通学理意义的内容、思想、命题和方法，并力求作出新概括、新表述，以展示传统史学和近现代史学的成就与独具魅力，促进中国学术向世界传播。[②]

（三）坚守中国史学立场，构建中国历史学的自主知识体系

党的十八大以来，学术研究本土化成为学术界引人注目的方向性变化。习近平在哲学社会科学工作座谈会上的重要讲话中提出“加快构建中国特色哲学社会科学”这一重大任务，并强调“不断推进学科体系、

① 瞿林东主编：《中国古代史学批评史》，湖南人民出版社 2020 年版。
② 陈其泰：《关于拓展中国史学史研究的思考》，《陕西师范大学学报 》2015 年第 4 期。

学术体系、话语体系建设和创新，努力构建一个全方位、全领域、全要素的哲学社会科学体系”,[①] 为我国哲学社会科学的长期健康发展指明了方向。2019 年 1 月，中国社会科学院中国历史研究院成立。在致中国历史研究院的贺信中，习近平指出，要“坚持历史唯物主义立场、观点、方法，立足中国、放眼世界，立时代之潮头，通古今之变化，发思想之先声”,[②] 为历史学学科体系、学术体系、话语体系的构建指明了基本的路径和方向。

过度使用西方史学理论的话语体系、研究范式来分析中国历史问题，缺乏自主性的历史解释体系，是当前中国史学发展亟待克服的弊端之一。如何在马克思主义唯物史观指导下，以中国历史实际为研究起点，摆脱长期以来对西方理论话语的盲从崇拜，构建起具有中国自身特色的史学理论学术体系和话语体系，受到学者们的广泛关注。2022 年 4 月，习近平在考察中国人民大学时强调，“加快构建中国特色哲学社会科学，归根结底是建构中国自主的知识体系”,[③] 提出了构建中国特色哲学社会科学自主知识体系这一重大任务，在哲学社会科学研究的各个领域中都产生了积极反响，引发了热烈讨论。

对于历史学研究来说，构建中国历史学自主知识体系，一方面凸显的是中国史学的主体性地位，要求学术的继承性和理论的原创性，具体说来，就是在坚持马克思主义唯物史观的指导下，通过发掘和整理传统史学的优秀遗产，建设有中国话语特色、基于中国本土的史学理论体系，建构有内在逻辑联系的理论形态的中国历史。另一方面则凸显的是中国史学的实践性和时代性，这需要广大史学理论研究工作者关注现实，推动学术研究与新时代发展同频共振。经世致用是中国史学的鲜明底色，史学理论研究的最高目标是直面实践、融入时代，立足中国实际，解决中国问题。回答中国之问、世界之问、人民之问和时代之问，是史学理

① 习近平：《在哲学社会科学工作座谈会上的讲话》，人民出版社 2016 年版，第 22 页。

② 《习近平致信祝贺中国社会科学院中国历史研究院成立强调　总结历史经验揭示历史规律把握历史趋势　加快构建中国特色历史学学科体系学术体系话语体系》，《人民日报》2019 年 1 月 4 日。

③ 《习近平在中国人民大学考察时强调　坚持党的领导传承红色基因扎根中国大地　走出一条建设中国特色世界一流大学新路》，《人民日报》2022 年 4 月 26 日。

论研究繁荣发展的动力。史学理论研究在中国的发展史告诉我们，越是社会转型、社会变迁激烈的时期，越是史学理论蓬勃发展的时期。20 世纪 50、60 年代，史学界围绕着古史分期、汉民族形成、社会发展形态等基本理论问题，进行了广泛而深入的学术讨论，对中国的历史道路问题进行了探索。党的十八大以来，中国特色社会主义建设事业蓬勃发展，要求史学界关注现实，对社会发展过程中的各种问题作出深层次的理论回应，时代的变革和中国人民历史实践的伟大发展，给历史研究带来了新的视野和新的课题，史学理论研究者需要直面时代，发挥更大的作用。

需要指出的是，构建中国历史学自主知识体系，还需要进行知识、理论和方法上的创新，推动中国史学屹立于世界史学之林，凸显中国史学的世界价值。史学研究工作者要在对中外优秀史学理论遗产的综合研究中，汲取包括自然科学在内的一切科学研究的优秀成果，创造性地建立研讨中国历史的新思路、新方法，在国际史学对话中作出科学回应，形成国际学术前沿的相互关照，构建出既符合中国历史和中国史学实际又具有全球视野的、融通古今中外的当代中国史学话语体系。

党的十八大以来，构建有中国特色的史学理论体系已经成为学界共识，学者们普遍认为，要用中国话语发展当代史学理论，建设有中国话语特色的史学理论体系，建构有内在逻辑联系的理论形态的中国历史。当前，在历史学研究的一些具体领域，从中国本位出发开展研究已渐成主流，可以预见的是，“中国史重返故土”的研究热潮，将会在未来若干年内在史学研究的更深层次和更广范围内展开。植根于中华民族 5000 多年悠久历史所形成的丰富史学积淀，吸收不断深化的马克思主义唯物史观研究的理论滋养，新时代的中国史学理论研究，需要朝着构建中国历史学的自主知识体系这一方向，作出更大努力。

结　语

总体来看，构建具有中国特色的史学理论体系，是新时代中国史学面临的一项重要任务，也是未来史学理论与史学史学科发展的方向。新时代中国特色社会主义的伟大实践呼唤理论创新，广大史学研究工作者要从中华民族5000多年连绵不断的文化传统的优秀基因中，创造性地发掘出具有普遍意义和未来价值的文明观念，并真正将其创造性转化创新性发展成我们思考世界、思考历史和思考时代的有效方式，自觉担负起推动构建中国特色历史学“三大体系”的时代使命，以扎实的学术研究，作出不负民族、不负时代的应有贡献。

（原载《求索》2023年第2期）

本土化、科学化和方法热：民国时期史学理论研究的基本趋向*

左玉河

中国古代有自己的史学理论，但现代意义上的史学理论学科及学术体系是清末民初从西方引入的。民国时期的史学理论研究，经历了从着力译介西方史学理论，到尝试创建中国自己的史学理论体系的演进过程。民国学者在接受西方史学理论的基础上，逐渐构建了以历史本体论、认识论、方法论和价值论为主要内容的现代史学理论体系。民国史学理论研究深受西方近代实证主义史学思潮影响，强调历史学的客观性及科学性，致力于历史学的科学化并强调科学方法，将研究重心集中于科学方法论，出现了史学研究的“方法热”。本土化、科学化和方法热，成为民国时期史学理论研究的基本趋向。

一　从译介西学到发掘传统：民国史学理论演进的本土化趋向

民国时期的史学理论研究，经历了从输入、移植、介绍西方史学理论到逐渐领悟而尝试建构中国本土化史学理论体系的过程。清末民初，西方史学被视为塑造中国现代史学的样板被加以介绍，出现了翻译西方

* 本文是国家社会科学基金重点项目“中国马克思主义历史理论发展史研究”（项目号：21AZS001）的阶段性成果。

史学著作的热潮。五四运动以后，中国史学界更加重视介绍欧美史学思想，西方近代有代表性的史学理论著作陆续翻译到中国，其中比较重要的有美国鲁滨逊的《新史学》（何炳松译，商务印书馆 1924 年版），法国朗格诺瓦、瑟诺博司的《史学原论》（李思纯译，商务印书馆 1926 年版），美国亨利的《历史教学法》（何炳松译，商务印书馆 1926 年版），美国塞利格曼的《经济史观》（陈石孚译，商务印书馆 1928 年版），英国弗林特的《历史哲学概论》（郭斌佳译，新月书店 1928 年版），美国绍特韦尔的《西洋史学史》（何炳松、郭斌佳译，商务印书馆 1929 年版），法国施亨利的《历史之科学与哲学》（黎东方译，商务印书馆 1930 年版），美国班兹的《史学》（向达译，商务印书馆 1930 年版）、《西洋史学进化概论》（雷震译，北平文化学社 1932 年版）和《新史学与社会科学》（董之学译，商务印书馆 1933 年版），法国瑟诺博司的《社会科学与历史方法》（张宗文译，大东书局 1930 年版），英国司各脱的《史学概论》（余楠秋、谢德风译，民智书局 1933 年版）和《史学与史学问题》（翁之达译，开明书局 1934 年版），弗领的《历史方法概论》（薛澄清译，商务印书馆 1933 年版）及《历史研究法》（李树峻译，北平立达书局 1933 年版），德国黑格尔的《历史哲学》（王造时译，商务印书馆 1936 年版），德国伯伦汉《史学方法论》（陈韬译，商务印书馆 1937 年版）等。

在这些翻译著作中，影响最大者当数朗格诺瓦、瑟诺博司合著的《史学原论》和伯伦汉著《史学方法论》。《史学原论》主要阐释了从搜集与考证资料，综合史实直至落笔成书时所必须遵循的史学研究的基本原则及其方法；[①] 伯伦汉的《史学方法论》主要论述史学的概念和本质、史学方法论、史料及其考证、历史的综合和编纂等。[②] 这两部著作，是民国史家不断征引的西方史学理论的权威之作，是民国多数史家编撰“史学概论”的底本。

西方史学理论著作及其史学思想介绍到中国后，中国学者为了教学

---

① 参见［法］朗格诺瓦、瑟诺博司《史学原论》，余伟译，大象出版社 2010 年版。

② 参见［德］伯伦汉《史学方法论》，陈韬译，胡昌智、李孝迁整理，上海古籍出版社 2018 年版。

和研究需要，以西方史学理论著作为底本，编撰出版了各种类型的史学理论教材或著作。这些著作难免带有明显的模仿痕迹，很多教材就是对西方相关史学著作的抄录和改写，但随着对西方译著作理解的加深，民国学者综合多部西方史学著作而加以编撰，陆续撰写出比较系统的带有中国特色的史学理论著作。西方翻译过来的史学理论著作逐渐被改编并重新编撰成各种类型的“史学概论”新著，标志着西方史学理论逐渐中国化（本土化）。从平行移植到本土化撰述，是西方史学理论在中国传播的主要趋向。总体上看，民国时期史学理论研究的本土化，主要是沿着两条路径推进的。

首先，以西方史学理论著作为蓝本，接受和综合西方近代史学理论而创建中国本土的史学理论。清末从日本传入新史学著作之初，中国学者便开始撰写史学理论文章，如梁启超的《新史学》、汪荣宝的《史学概论》、邓实的《史学通论》、吴渊民的《史学通义》、马叙伦的《史学总论》、王葆心的《史学研究法》等，这些论著多依据西方史学理论，尝试建立中国自己的史学理论体系，论述内容涉及史学的定义、目的、意义、方法及其他学科关联等。“五四”以后，中国史家在介绍翻译西方史学理论著作过程中，逐渐深化了对史学理论及方法的认知，开始撰写并出版中国学者自己所理解的史学理论教材或著作。中国史学界尽管从清末就开始引入西方史学理论学科，但中国现代意义上的史学理论学科体系，则是“五四”以后逐渐构建起来的。

到 20 世纪 30 年代中后期，中国现代意义上的史学理论体系基本建构起来。其标志为：一是讨论史学理论问题的论文增多，许多史学著作设有专谈理论问题的章节、绪论或引言，从不同视角阐述史学理论问题，如缪凤林《中国通史纲要》、马乘风《中国经济史》、周谷城《中国通史》、钱穆《国史大纲》等。二是各种类型的《史学概论》类著作的陆续出版。据不完全统计，民国时期出版的讨论史学理论的著作多达 30 余种。其中影响较大的有：李泰棻的《史学研究法大纲》（1920 年），梁启超的《中国历史研究法》（1922 年）、《历史统计法》（1922 年）和《中国历史研究法补编》（讲于 1926 年 10 月至 1927 年 5 月，1933 年出版），杨鸿烈的《史地新论》（1924 年）和《史学通论》（1939 年），朱谦之的《历史哲学》（1926 年），何炳松的《历史研究法》（1927 年）和《通史新义》（1930 年）、卢绍稷的《史学概要》（1930 年）、吴贯因的《史之梯》（一名《史学概论》，1930 年）、周容的《史学通论》（1933 年）、胡哲敷的《史学概论》（1935 年）、李则纲的《史学通论》（1935 年）、翦伯赞的《历史哲学教程》（1938 年）、陆懋德的《史学方法大纲》（1945 年）、吕思勉的《历史研究法》（1945 年）等。这些史学理论著作，尽管是在介绍西方史学理论基础上编撰的带有概论性的教材（读物），内容比较肤浅，但这些史学理论著作展示了"五四"以后中国学者对史学理论基本问题的初步思考，展现了中国史学界尝试构建中国本土化史学理论体系的学术成果。民国史家仿照西方史学理论体系，逐渐建构了中国自己的史学理论体系。

民国时期出版的各种"史学概论"著作，论述范围大致包括历史本体论、认识论、方法论和编撰学等方面。这些方面，大体构成了民国时期本土化史学理论体系的主要内容。如蒙思明将史学理论等同于"史学方法"，内容涉及史料搜集考订的方法、历史观和历史编纂学。[①] 刘国钧将史学理论称为"广义的历史哲学"，内容包括本体论、价值论、知识论和史学方法四个方面。本体论研究的问题，是关于史实的解说，如历史的本质如何，是精神的还是物质的？史实发展的历程如何？史实变动的力量从何而来等。价值论注意的问题，一是寻求过去的事迹对于人们今天的关系；二是在过去事实中寻求若干定律以为人们今后行动的依据；三是就过去的事件或人物的行为，予以道德或伦理的意义，作为后人行动的标准。历史知识论所讨论的问题，是历史的知识如何可能，历史知识如何可以正确。史学方法讨论的问题，则包括研究历史的方法和撰写史书的方法。[②] 民国时期史学本体论讨论的问题，主要集中于三方面：一是历史及史学的定义、性质、结构和分类；二是史学与他学科关系；三是史料的内容、分类及其搜集鉴别考证问题。史学认识论讨论的问题则包括：一是史学是科学还是艺术；二是历史有无规律性（必然性与偶

① 蒙思明：《史学方法的任务》，《华文月刊》第 2 卷第 1 期，1943 年 1 月。
② 刘国钧：《历史哲学之需要》，《斯文》半月刊第 1 卷第 12 期，1941 年 8 月。

然性关系）；三是求真与致用关系问题等。史学编撰论则主要讨论史学叙述及著作撰写体例问题。这些内容，构成了民国时期比较完整的史学理论体系。

其次，用西方史学理论的基本理念来关照中国史学传统，发掘中国传统史学中适合西方近代史学理论的因素，进而构建具有中国本土化特色的史学理论体系。注意发掘并吸收中国传统史学的积极资源，以现代眼光对其加以整理和阐释，是民国时期史学理论研究的重要特征。

民国时期的史学理论研究深受西方近代实证主义及相关史学理论影响，但中国毕竟有着两千多年的史学传统和丰富的史学理论资源，故民国史家在介绍西方史学理论之同时，也注意发掘、继承中国史学传统及其理论资源。关注并发掘中国传统史学理论，将其作为构建中国现代史学理论的重要资源，是民国史学理论本土化的重要标志。梁启超、胡适、何炳松等人对章学诚史学思想的发掘和阐释，即为典型例证。

何炳松推崇鲁滨逊的新史学，但并未摒弃中国传统史学。何炳松潜心研究章学诚史学思想并撰写了《读章学诚〈文史通义〉札记》《章学诚史学管窥》《增补章实斋年谱序》等文，认为以章氏为代表的浙东史学与鲁滨逊为代表的美国新史学派，在史学思想的诸多方面是相通的，因而也是可以进行相互比照的，故尝试将现代西方史学理论与中国传统史学理论结合起来，以建立自己的史学理论体系。何炳松传承中国传统史学理论并尝试建构现代史学理论的努力，集中体现在其著作《历史研究法》中。该书在译介伯伦汉和郎格诺瓦、瑟诺博司的史学方法论的同时，大量引用中国古代史家和经典史著的相关理论，详列中国史法之各类史著并予以高度评价，盛赞章学诚为“中国史学界唯一天才”，[①] 其史学方法代表了中国传统史学之最高水平。正因如此，何氏的《历史研究法》被民国学界称颂为：“立说宗实斋而以《新史学》之说融会贯通之。”[②] 何炳松以中国传统史学方法系统阐释西方现代新史学方法论，既吸收了兰克学派及鲁滨逊新史学的史学方法，又发掘并传承了章学诚等

---

① 何炳松：《历史研究法　历史教授法》，上海古籍出版社 2012 年版，第 61 页。

② 金兆梓：《何炳松传》，《读书通讯》1946 年第 117 期。

人的史学理论，成为民国时期融合中西史学理论资源之典范。

民国时期编撰的各种史学理论著作，往往是在挖掘和吸收中国传统史学理论基础上构思而成的，带有明显的本土化特色。民国史学所强调的新史学方法，往往是在继承中国古代史学方法（特别是乾嘉考据方法）基础上，吸取西方现代史学方法而形成的。民国史家不仅继续使用辨伪、校勘等传统的史学方法，而且在融合西方现代科学方法基础上加以系统化和条理化，形成一些新法则和新程式，如梁启超的“辨伪书十二条公例”，陈垣的“校法四则”，等等。柳诒徵、刘咸炘等老派学人，以中国传统史学理论为主，部分接纳了西方近代史学理论，逐渐创建了新的史学理论；胡适、何炳松等新派学者，对刘知幾、崔述等传统史家的史学思想加以发掘，对乾嘉考据学方法加以发挥，形成了本土化的新历史考据学。将中西两种史学理论资源融合起来，构建具有本土化的现代史学理论体系，是民国史学理论研究的特色，也是民国史学理论演进的基本趋向。

二　从实证主义到客观中立：民国史学理论研究的科学化趋向

西方近代史学理论是19世纪实证主义和科学主义的产物。民国史学理论研究深受科学主义影响，将史学作为一种科学加以看待，以科学化作为史学理论建构的主要目标，努力建构实证主义的科学化史学。实证化和客观化，成为民国史学理论建构的基本依据和价值目标。

“五四”后中国翻译介绍的西方史学理论著作，多为实证主义和历史主义史学著作，加上西方史学理论是在“五四”后科学主义大潮下输入的，故民国史学理论研究格外推崇西方近代科学主义和实证主义，将历史学当作“科学”加以看待，建立科学基础上的新历史学，追求历史学的科学化。王抱冲的《中国历史科学化》和王睿的《论中国历史观之科学化》，均将历史学视为一门像自然跨学那样的“科学”，称为“历史科学”。王抱冲说：“所谓科学化，是指主观心理对于客观事实的了解的一种方法——即摈除以前那种非科学的方法，而尽量采取科学的方法，以期我们所了解的历史，正与客观的历史符合。”① 因此，民国学界关注的西方新史学，主要是实证主义史学；所要建构的中国史学理论体系，是实证主义支配下的科学化的史学，是在科学理论和科学方法指导下的历史科学。

兰克的实证主义史学，强调用叙事体裁和个别描述的方式，把历史人物的行为和支配那些行为的真实动机、意念如实地描述出来，这样就可以恢复历史的本来面目。任何理论性的解释都是多余的，因为历史行为者的动机和意念就是他们的行为的解释。这就是所谓的“让史实说话”或“让史料说话”。兰克史学强调用科学方法考订史料，强调史料考据方法的严谨性和客观性，承认历史学是一门“科学”，倡导客观主义的史学认识论，强调历史学家在考订和辨识史料史实时，必须不偏不倚，排除自我的既有之见和任何理论的指导，排斥史学家的主观性，认为只需要把史料鉴别和整理好，历史事实就会自动呈现，并且这种呈现出来的历史现象才是真实的客观。朗格诺瓦、瑟诺博司合著《史学原论》，是兰克实证史学的集中体现，反映了法国史学科学化倾向。它注重文献史料，强调从史料出发，进而个别事实综合而形成结论及原理原则的归纳方法；提倡冷静客观的中立态度，注重事实判断，抱有“价值中立”立场，不过多进行评论；注重历史实证，故认定史学是科学，主张史学科学化。朗格诺瓦、瑟诺博司强调了搜集和鉴别史料的方法，与乾嘉学派考证史料的思路和方法是一致的，故它在中国传统史学传统中找到了根基及共同点。该著是实证主义史学思潮影响的史学理论的经典著作，对民国学界影响大，民国诸多史家均接受并以此作为建构史学理论体系和史学研究的指南。民国时期编撰出版的众多史学概论讲义及著作，均关注史料的搜集考证，并将考据史料的方法等同于历史研究方法，典型地反映了实证主义的影响。如卢绍稷的《史学概要》沿袭何炳松《历史研究法》云：“第一步，是搜集史料；第二步，是考证。”② 中国学

① 王抱冲：《中国历史科学化》，《大学月刊》第1卷第7期，1942年7月。

② 卢绍稷：《史学概要》，商务印书馆1930年版，第149页。

者撰写的史学理论著作，多带有明显的实证主义色彩。

受西方近代实证主义影响，民国学者多主张以自然科学为榜样建设中国现代史学，强调历史学的科学性质。傅斯年认为："史的观念之进步，在于由主观的哲学及伦理价值论变做客观的史料学。"① 他坚信在剔除了附在历史记载上的道德意义之后，由"赤裸裸的史料"就可显示其历史的客观性，故认为："断断不可把我们的主观价值论放进去……既不可以从传统的权威，也不可以随遗传的好尚。"② 这与兰克所标榜的不偏不倚之说相吻合。他强调："近代的历史学只是史料学"，"我们只是要把史料整理好，则事实自然显明了。一分材料出一分货，十分材料出十分货，没有材料便不出货……材料之内使他发见无遗，材料之外一点也不越过去说。"③ 故宣称要将历史学建设成为"与自然科学同列之事业"，要使历史学成为"客观的史学""科学的东方学"。

在许多民国学者看来，历史学可以成为像自然科学那样的历史科学。杨鸿烈认为："'史学'和'自然科学'在'材料'和'方法'上都非绝对的有性质上的差异"，所以史学不但可以成为科学，而且还是"狭义的科学。"④ 李则纲比较历史学与自然科学后，提出史学可以成为科学的三点理由：一是从科学的特征考察，自然科学的特征是客观的，历史学也是客观的；自然科学具有机械性，历史活动也是无目的的、机械的；自然科学的特征为必然性，历史发展也有必然性；两者都有因果性："有一事即有一事之因，亦即有一事之果。"⑤ 故历史学具备了自然科学的特征。二是从研究的目的考察，自然科学的目的是求真理，而历史学研究的目的亦以客观的史实作证据，以求建立普遍的理法。⑥ 三是从科学研究的方法考察，自然科学运用类推的推理、归纳的推理、演绎的推

---

① 傅斯年：《史学方法导论》，载欧阳哲生编《傅斯年文集》第2卷，中华书局2017年版，第326页。

② 傅斯年：《中国古代文学史讲义》，载欧阳哲生编《傅斯年文集》第2卷，第45页。

③ 傅斯年：《历史语言研究所工作之旨趣》，载欧阳哲生编《傅斯年文集》第3卷，中华书局2017年版，第3、10页。

④ 杨鸿烈：《史学通论》，岳麓书社2011年版，第45、47页。

⑤ 李则纲：《史学通论》，商务印书馆1935年版，第133页。

⑥ 李则纲：《史学通论》，第133—134页。

理以成定律，历史学对史料的观察、搜集、鉴定、排比、推理、制作及史律研究，也使用了同样方法。因此，“从科学的特征、目的和方法说，历史学无论如何，不惟不能与玄学同科，被逐于科学领域之外。而历史的科学性，原与自然科学无殊。”①

民国时期学界围绕着“历史是科学还是艺术”问题展开过比较深入的讨论，很多学者强调历史学的科学特性。即便有些学者看到了历史学的人文性和艺术性，但多数也是在承认历史学的科学性的前提下对其艺术性进行讨论的。多数学者认为，若将科学仅限定为自然科学，则历史非科学，但若将科学泛指科学态度和科学方法，则历史为科学。如齐思和将史学方法与自然科学方法的相异之处归纳为四点：一是自然科学应用直接观察，而历史应用间接观察；二是历史不能有实验；三是历史不能建设定律；四是史家不能预见。但他认为两者在治学态度及方法上是一致的，故仍倾向于将史学视为一门科学：“史家之目的为真实，舍此外更无其他目的。实事求是，不夹杂任何情感，乃现今一般史家所共持之态度。是史家之治学态度，与自然科学者初无二致也。”② 故强调：“其治学方法，亦于自然科学家者根据同一原理，采取同一步骤。”③

尽管民国学者对科学的范围及历史是否为科学的意见有较大分歧，但均认定史学方法是科学的。这几乎成为民国学界之共识。史学虽与自然科学不同，但因具备了科学的基本特征，故仍可称为“科学”：一是历史学之所以成为科学，在于它使用了科学的方法。蒙思明说：“倘使这方法是科学的，这学问就是科学了。”④ 历史学的方法不仅奠基于经过考证的事实之上，还可寻出事物发展的规律，故历史学应是科学。二是历史学之所以成为科学，在于它探求法则。朱谦之认为：第一，科学的根本特征是求法则：“我们要问历史是不是科学，应该先问历史是不是与一切科学同样有一个法则？是不是贯彻于历史进程中的‘个性’，乃

① 李则纲：《史学通论》，第 135 页。

② 齐思和：《齐思和史学概论讲义》，天津古籍出版社 2007 版，第 42 页。

③ 齐思和：《齐思和史学概论讲义》，第 43 页。

④ 蒙思明：《史学方法的任务》，《华文月刊》第 2 卷 1 期，1943 年 1 月。

是跟着存在其中的必然底法则来的?”[1]“历史学的最大任务即在于根据历史的一切事实，来发现一切统辖人类发展之定律的”，故它是一种科学。[2]第二，历史学自身有一个发展过程，过去的那种教训的、玄学的历史学不是科学，只有近代的历史学才属于科学。第三，历史科学的法则与自然科学的法则不同；历史科学法则是动的，自然科学法则是静的，历史法则是心理的，自然法则是物理的，历史法则注重目的，自然法则注重因果。自然的法则是必然的，而历史的法则“是由于人们的欲望与目的而成”。[3]故朱谦之强调历史是叙述人类文化的进化现象的“文化科学”。

陈啸江指出：“凡一种学问可以独特成一门科学者，最少要具两个条件：第一是有特殊的对象可供研究，第二是有普遍的法则可供证实。”[4]以这个标准来衡量，单纯的史料研究与事件考证并不是历史科学，它不过在求个别事件之真，以备从中抽出共同法则之用。历史哲学也不是科学，因为它太笼统武断，未能达到实证的地位。科学的历史学的任务是根据其特殊的研究对象，找出历史自身的演化规律。它一方面是综括的，即研究整个人群演化规律，如起源论、变迁论、变革论、停滞论、进化论，另一方面又是特殊的，即研究人群活动的不同侧面，如政治发展史、经济发展史、教育发展史、哲学发展史等部门的规律，只有达到这一水平，历史学才真正成为科学。[5]将历史学视为科学，认为历史学的任务是探求人类历史发展规律，这与马克思主义有共同之处。

总体上看，科学化的历史研究，一方面重视历史考证和史实求真，另一方面注重探寻历史规律和历史法则，重视采用科学的理念及方法进行研究，体现了史学理论的科学化追求。民国时期的史学研究，强调历

---

① 朱谦之：《历史哲学大纲》，载《朱谦之文集》第5卷，福建教育出版社2002年版，第135页。

② 朱谦之：《现代史学》，载《朱谦之文集》第6卷，福建教育出版社2002年版，第109页。

③ 朱谦之：《历史哲学大纲》，载《朱谦之文集》第5卷，第137页。

④ 陈啸江：《为建立史学为独立的（非综合的之意）法则的（非叙述的之意）科学新议》，《现代史学》第2卷第4期，1935年10月。

⑤ 陈啸江：《为建立史学为独立的（非综合的之意）法则的（非叙述的之意）科学新议》，《现代史学》第2卷第4期，1935年10月。

史学的科学化，将其创建的新史学称为历史科学。历史学与社会学、经济学等并称为社会科学；它借鉴了社会科学的方法，并在20世纪30年代掀起了社会科学化运动，将经济学、社会学等学科的理论方法具体运用到历史学，推动历史研究的社会科学化。历史学研究的科学化，及随后掀起的社会科学化，汇成了历史学的科学化思潮，历史学被民国学者视为历史科学加以建设。即便历史学不像自然科学那样有规律和法则，受必然性支配，那它也会像经济学那样属于社会科学。既然实证主义的理论方法被视为科学的理论方法，那么1930年兴起的马克思主义唯物史观，同样被视为“科学”的理论方法，并且是最新的科学理论方法。为什么会形成这样的新认识？因为唯物史观与自然科学相似，都注重发现历史发展的客观规律。正因注重发现客观规律，故唯物史观成为最先进、最新颖的“科学”。民国史学有着追求科学的强烈诉求和发展动力，正是在这种动力推助下，唯物史观作为更科学、更新颖的研究方法，引起民国学界的高度重视，唯物史观及辩证方法被视为更加科学的方法为许多学者所接受。这样看来，民国史学所追求的科学化趋向，经历了从强调历史学的自然科学属性到历史研究社会科学化的递进过程：先是强调历史学的自然科学特性，随后强调历史学的社会科学化，最后演进到重视并接受更先进的社会科学方法，即马克思主义唯物史观及唯物辩证法。

三　从史学研究法到史料考证法：民国史学理论研究的方法论追求

民国学者对历史哲学和历史理论的兴趣不大，反而对历史研究的科学方法格外重视，将关注点集中于实用层面的史学研究方法；其创建的史学理论体系同样将关注点集中于史学方法论，故民国时期的史学理论著作，多冠以“史学方法论”之名。从早期的姚永朴到后来的梁启超、何炳松、傅斯年等，都重视“历史研究法”，出版了多种冠以“历史研究法”的著作，各种类型的“史学概论”也以讨论历史研究法为主，推动了民国史学方法论的探究。如李泰棻的《史学研究法大纲》分原史、读史、作史和结论四部分，重视探讨史学方法，强调：“欲改旧图新，求合科学方法，则研究法尚矣。”[①] 故民国时期的史学理论研究，注重探讨历史研究的方法，出现了明显的“方法热”。

民国时期史学理论研究的“方法热”，首先体现为自觉借鉴并引入自然科学方法及社会科学方法。民国时期的史学研究特别注重逻辑推理和归纳方法，将自然科学的原理原则及其方法广泛运用到历史学中来。广泛采用科学方法进行研究历史，成为民国史学的主要趋势。何谓科学方法？当时所指的科学方法就是实验法、归纳法；科学的内涵，包括科学理念、科学精神，科学态度及科学方法。科学方法成为民国时期史学界所关注和推崇的方法；探究历史研究的科学方法，成为民国史学理论界较普遍的趋向。胡适强调采用科学实验的态度与方法及傅斯年“要把历史学、语言学建设得和生物学、地质学等同样”[②] 的理念均体现了这种趋向。民国时期将自然科学和社会科学方法引入历史学并构成“史学方法”论重要内容者，主要有语言文字比较研究法、历史统计研究法、实地发掘调查方法等。

语言学是欧洲正统汉学的基本功。西方汉学家沙畹、伯希和、高本汉、马伯乐、卫礼贤等，是从语文考证入手来研究中原、蒙古、西藏、中亚等地的历史、民俗、艺术等。欧洲汉学家的研究路径对中国学者具有直接的启发作用。傅斯年在欧洲留学期间，研修西方的比较语言学、语音学，足见对语言学重视。傅斯年受兰克史学及欧洲汉学重视语言学分析的影响，重视对史料进行语文分析，以鉴别其真实性和可靠性，故倡导语言文字比较研究方法。他搜集卜辞、金文等有关性、命二字的两万余条资料，运用语言文字比较研究方法说明其原训及字义的演变，从而对先秦时期的哲学、伦理观念进行梳理，进而讨论其发展演变过程，于1936年写成《性命古训辩证》一书，树立了“以语言学的观点解决思想史中之问题”的样板。[③]“以语言学的观点解决思想史中之问题”史

---

① 李泰棻：《史学研究法大纲》，北京武学书馆1920年版，“初版自序”。

② 傅斯年：《历史语言研究所工作之旨趣》，载欧阳哲生编《傅斯年文集》第3卷，第13页。

③ 傅斯年：《性命古训辨证》，载欧阳哲生编《傅斯年文集》第2卷，第537页。

学方法，实际上是以语言学为根本的欧洲正统汉学之翻版。

历史统计研究法，是以归纳法为基础的研究方法。梁启超主张将把统计学方法引入史学，提倡计量史学方法。他在东南大学史地学会所作《历史统计学》的讲演中指出，这种方法是“用统计学的法则，拿数目字来整理史料，推论史迹”，其具体作法是：把“同类的全搜集起来，分别部署，一一研究，便可以发现出极新奇的现象，而且发明极有价值的原则”。故他将其命名为“史学上之统计的研究法”，可以通过统计结果以“推求变化原因”。[①] 这是中国计量史学方法的较早尝试。

由专注于文献转向趋重实物和实地发掘调查，是民国时期史学研究的新取向；以考古材料补史证史是民国时期学术研究的新趋向。王国维提出的“二重证据法”是其集中体现。其云：“吾辈生于今日，幸于纸上之材料外，更得地下之新材料。由此种材料，我辈固得据以补正纸上之材料，亦得证明古书之某部分全为实录。即百家不雅驯之言，亦不无表示一面之事实。此二重证据法惟在今日始得为之。”[②] 所谓“纸上之材料”，指中国旧有的文献资料；“地下之材料”，主要指殷墟发现的甲骨卜辞、西北发现的汉晋简牍、敦煌莫高窟发现的石室藏书和传世、出土的殷周青铜器铭文等历史资料。二重证据法就是把这两方面的资料用来相互释证。二重证据法是一种广泛利用文献、文物、考古资料和外族语文资料，吸取西方的思想观念，把文字训释与史事、制度考察结合起来，并融入近代“新史学”观点的综合比较考证方法。它突破了乾嘉学者囿于经史文献考证的圈子，成为清代考据学发展为近代新考据学之转折点。

胡适对史学研究方法格外重视。他自称：“我治中国思想和中国历史的各种著作，都是围绕着‘方法’这一观念打转的。‘方法’实在主宰了我四十年来所有的著述。从基本上说，我这一点实在得益于杜威的影响。”[③] 尽管胡适在《中国哲学史大纲》和其他著作中谈校勘、谈音韵、

① 梁启超：《历史统计学》，《史地学报》第2卷第2期，1923年1月；卫聚贤：《应用统计的方法整理国故学》，《东方杂志》26卷第14号，1929年7月。

② 王国维：《古史新证——王国维最后的讲义》，清华大学出版社1994年版，第2页。

③ 胡适：《胡适口述自传》，载欧阳哲生编《胡适文集》第1册，北京大学出版社1998年版，第265页。

谈清儒、谈国故、谈国学等，但其所论其实均为“西洋的史学方法”。他以西方近代科学方法关照清代考据学，认定清代朴学与西方近代科学精神是相通的：“清代的朴学与近世西洋所谓科学方法相合，”[①] 并强调：“在历史上，西洋这三百年的自然科学都是这种方法的成绩；中国这三百年的朴学也都是这种方法的结果。”[②] 胡适提出的“朴学方法即现代科学方法”，得到民国许多学者的认同，成为新考据学的重要方法。同时，胡适将实用主义方法运用到历史研究中，提出了“大胆的假设、小心的求证”方法：“科学的方法，说来其实很简单，只不过‘尊重事实，尊重证据’。在应用上，科学的方法只不过‘大胆的假设，小心的求证’。”[③] 所谓大胆的假设，是史学主体“大胆的”提出对某个历史问题的解决设想；所谓小心的求证，就是围绕这个设想去“小心的”搜求证据，以达到得出解决此历史问题的结论。胡适提出的史学研究方法对民国史学界影响颇大。顾颉刚《古史辨》第一册《自序》说：“从证据去修改假设，日益演进，自可日益近真。”[④]

其次，民国时期史学理论研究“方法热”，还集中体现在对狭义的史料学方法的探讨上，即实用层面的史料方法。重视史料搜集考证方法，是民国史学理论研究的另一个突出特点。

民国时期的史学理论研究，关注实用性的具体研究方法，以史学研究方法为关注点，而对史学本体论和认识论的关注程度有限，这显然是中国的实用理性使然。兰克史学的史学方法论之核心内容，一是批判性地运用史料，史料问题成为最基本最重要的问题；二是认识论上的客观主义。无论是姚从吾在北大讲兰克的方法论，还是梁启超在清华大学讲中国历史研究方法，或是顾颉刚根据可靠史料重建信史，抑或孟森利用实录资料考证明清史实等，都受到兰克史学方法的深刻影响。朗格诺瓦、瑟诺博司合著《史学原论》，围绕历史研究以可信的史料为基础的内容

---

① 齐思和：《近百年来中国史学的发展》，载李孝迁编校《中国现代史学评论》，上海古籍出版社 2016 年版，第 142 页。

② 胡适：《治学的方法与材料》，载欧阳哲生编《胡适文集》第 4 册，北京大学出版社 1998 年版，第 105 页。

③ 胡适：《治学的方法与材料》，载欧阳哲生编《胡适文集》第 4 册，第 105 页。

④ 顾颉刚：《古史辨》第 1 册《自序》，上海古籍出版社 1982 年版，第 95 页。

展开，系统阐述了收集史料、鉴别史料、综合史料的方法。其所谓方法，实为史料学方法，而非历史研究方法。史学研究工作经历收集史料、外证、内证的基本程式，最后将史料置于更宽广的语境中进行综合理解。① 在这个过程中，史料始终是最重要的。梁启超的《中国历史研究法》、何炳松的《历史研究法》《通史新义》等，均受到《历史研究导论》的影响，重视史学研究方法论。如何炳松的《历史研究法》首章“绪论”总论史学方法，第二至第九章分别为：博采、辨伪、知人、考证与著述、明义、断事、排比、著述，从各章主题来看，基本是按历史研究步骤来阐述史料收集、史事分析和编排、史著撰写等史学方法的，讨论重点集中于“史学方法”，尤其是史料考证方法。② 再如卢绍稷的《史学概要》，沿袭何炳松的《历史研究法》的观点，同样将史学方法论视为史学理论的核心。它将历史研究分为三个步骤：“第一步，是搜集史料。第二步，是考证，将所搜集之史料，依其性质，加上种种考证之工夫，藉以正误，辨伪，明义。此步工作，又可分为校勘底本，鉴别史书，详知撰人，断定事实四阶段，即所谓‘分析工作’。第三步，是编著，将分析研究所得之结果（已断定之事实），编比成为历史专著。此步工作，亦可分为编比事实，与著作成史二阶段，即所谓‘综合工作’。”③ 再如陆懋德的《史学方法大纲》，论历史、论史料、论考证、论解释、论著作，同样将重心集中于史学方法论。④

历史研究要重建史实，必须借助于科学的史学方法。所谓科学的史学方法，主要是指史料的搜集、鉴别和考订的方法。李承廉在《史学方法论》中详细列举了对史料进行考证、校雠和辨伪的方法，认为这是“求真”，即重建史实的主要途径。⑤ 顾颉刚说：客观历史与史料记载的关系，就像人与画像的关系一样，虽然执笔者非一人，其注目之点互有不同，所记也有短长，但只要“集种种异同之材料而评判之，举散乱无

① 参见［法］朗格诺瓦、瑟诺博司《史学原论》，余伟译，大象出版社 2010 年版。

② 参见何炳松《历史研究法　历史教授法》。

③ 卢绍稷《史学概要》，商务印书馆 1930 年版，第 149 页。

④ 参见陆懋德《史学方法大纲》，商务印书馆 2019 年版。

⑤ 李承廉：《史学方法论》，《江汉学报》1933 年第 1 期。

纪之事件而贯穿之，绳以科条，要以必信”，“虽使百人不相谋而为之，必可得同一之结论”，从而使后人“得识其统绪而瞻其真象”。[①] 杨鸿烈在《史学通论》中认为：“我们若要明白历史的正当目的，就得要承认历史家的责任不过是搜集、鉴别和整理史料罢了。他只是‘为历史而治历史’，他的‘目的’说来也很平常，不过是‘记真事’‘说实话’罢了。”[②] 既然历史研究的主要工作是整理史料，那么历史研究的方法，主要就是史料整理方法。蒙思明指出，史学方法是一些合乎逻辑、合乎常识，可以使人信赖的批判原则和工作程序，因而是认识历史、重建史实的利器，只有使用这种方法，才能“奠史学于泰山之安”。[③] 吕思勉和王抱冲则强调对史料的全面的广泛的搜集。吕氏说，“所知者博，则所测者确”，往往多一条史料，或少一条证据，事相即为大变，故史料搜集，应宁多勿少，而史料汇集编订，则是解决个人精力有限，不能遍读群书问题的有效办法。[④]

民国学者所探讨的史学方法论，主要集中于史料考证辨别与利用的方法，集中于编撰史书的方法，而不是历史研究的思维方法和研究方法，更不是史学认识论的方法。因此，民国史学理论关注的重点，与其说是系统研究历史的方法，毋宁说是史料考证方法，而非史学研究方法；民国史学理论主要集中于史学方法论，而非史学认识论、本体论。兰克以“内证”和“外证”为特征的历史考证方法，伯伦汉著《史学方法论》为实证性史学研究确立了基本规范。民国学者关注于史料学方法，即重视史料的搜集、鉴别和使用。史料领域除了文献、档案之外，关注考古发现的实物遗存及口述调查材料，相应的史料学方法注重对其进行搜集、分类、鉴别、考证辨析工作及方法，进而扩大为考释史实的方法。如何炳松的《历史研究法》重点探讨的是史料搜集整理方法。傅斯年强调史学便是史料学，而“史料学便是比较方法之应用”。[⑤] 高度重视史料整理

---

① 顾颉刚：《史学季刊发刊词》，《宝树园文存》第1卷，中华书局2010年版，第5页。

② 杨鸿烈：《史学通论》，岳麓书社2011年版，第99页。

③ 蒙思明：《史学方法的任务》，《华文月刊》第2卷第1期，1943年1月。

④ 吕思勉：《吕著史学与史籍》，华东师范大学出版社2002年版，第23页。

⑤ 傅斯年：《史学方法导论》，载欧阳哲生编《傅斯年文集》第2卷，第327页。

方法："假如要问我们整理史料的方法，我们要回答说：第一是比较不同的史料，第二是比较不同的史料，第三还是比较不同的史料。"[①] 傅斯年深谙兰克的史料互勘与比照纠误之道，将史料归纳为八对十六种：直接材料对间接材料、官家记载对民间记载、本国记载对外国记载、近人记载对远人记载、不经意的记载对经意的记载、本事对旁涉、直说对隐喻、口说的史料对著文的史料。[②] 傅氏引进兰克的治史方法，再摄纳中国传统史学的考证方法，形成了考辨、比较方法以及由语言文字入手辨析史料等治史方法，写出了《明成祖生母记疑》等。

由此可见，受历史学就是史料学观念的影响，民国时期史学方法论主要集中于史料学方法，聚焦于如何搜集、鉴别和利用史料的具体方法上，从而形成了明显的史料学方法论倾向，即高度重视史料学及其方法。因此，重视实用层面的历史研究方法，尤其是史料学方法，构成了民国时期史学理论研究的明显趋向。

（原载《史学史研究》2023 年第 1 期）

① 傅斯年：《史学方法导论》，载欧阳哲生编《傅斯年文集》第 2 卷，第 326 页。

② 参见傅斯年《史学方法导论》，载欧阳哲生编《傅斯年文集》第 2 卷，第 326—369 页。

构建具有中国特色的史学理论学科体系和话语体系的思考

吴　英

面对西方社会科学理论和方法的巨大影响，面对中华民族伟大复兴需要理论概括、理论论证和理论指导的时代要求，社会科学各门学科构建具有中国特色的学科体系、学术体系和话语体系已经成为具有时代紧迫性的重大课题。历史学也不例外。历史学的三大体系建设已经成为历史学目前关注度最高的重大课题。其中构建具有中国特色的史学理论学科体系和话语体系在历史学的三大体系建设中具有突出的重要地位。因为，不管承认与否，历史研究都是需要理论指导的，由什么样的理论指导就会产生什么样的历史学。不解决史学理论学科体系和话语体系建设的问题，历史学的三大体系建设就像无本之木和无源之水一样无从谈起。本文拟对构建具有中国特色的史学理论学科体系和话语体系谈些思考，希望能有助于历史学的三大体系建设。

一　需要构建适应新时代需要的唯物史观的解释体系

中国历史学的最大特色就是以唯物史观为指导。但是，唯物史观对历史学的指导地位目前面临挑战。因此，要构建具有中国特色的历史学的学科体系、学术体系和话语体系，首先必须重塑唯物史观对历史学的指导地位。而要重塑唯物史观的指导地位，则必须构建适应新时代需要的、对重大历史和现实问题具有解释力的唯物史观解释体系。

从苏联借鉴而来的唯物史观的解释体系是在“战争与革命”的时代主题下，适应社会主义革命和社会主义改造的需要构建的。它是强调“通过阶级斗争夺取政权以改变落后的生产关系、建立先进的社会主义生产关系，以促进生产力发展”的解释模式。但是随着冷战结束，尤其是进入 21 世纪以来，“和平与发展”成为时代主题。就中国特色社会主义建设而言，“中华民族伟大复兴”和“构建人类命运共同体”成为中国学术界应该予以优先阐释的两大课题。面对研究内容的扩展，研究主题的转换，传统的以阶级斗争为主导的解释体系呈现出相对滞后的状态，很难给出令人满意的解析。由此造成的后果，一方面是唯物史观对诸门社会科学研究的指导地位逐渐被弱化，主张指导理论多元化、反对宏大叙事、历史虚无主义等错误思潮纷纷涌现；另一方面由于迟迟未能构建出一套适应新时代需要的唯物史观解释体系，使得中国学术界在对国际社会已经转换的时代主题和中国特色社会主义建设取得的伟大成就的阐释上未能交出令人满意的答卷。因此，构建适应新时代需要的唯物史观解释体系已经成为中国学术界亟待完成的一项紧迫任务。

但这是一项非常艰巨的工作。因为它需要从基本概念、基本原理和历史叙事等方面来重建唯物史观的解释体系。在传统的解释体系下，为了适应“通过革命推翻资产阶级统治，建立社会主义政权”的时代需要，我们在基本概念的界定、基本原理的阐释和历史叙事与书写上已经形成了一套完整的体系。像在基本概念的界定上，我们简单地把马克思有关劳动过程的三要素说（劳动者、劳动对象和劳动工具）移植来界定生产力，又在生产力的“三要素”中用易于衡量的劳动工具作为衡量生产力水平的标准；我们主要用所有制形式来界定生产关系，用阶级关系来界定社会形态，用阶级压迫的工具来界定国家。因为从原始社会一直到资本主义的工场手工业阶段，都是在使用手工工具，所以很难从劳动工具的改进来解释社会历史发展的进步和社会历史发展阶段的更替。由此，我们便主要从阶级矛盾和阶级斗争来解释社会历史发展的进步和社会历史发展阶段的更替。通过阶级斗争，被压迫阶级夺取国家政权，尔后通过改变所有制形式来服务于自身的阶级利益；至于社会历史的发展阶段，则是根据阶级关系划分为不存在阶级的原始社会、奴隶主阶级和奴隶阶级对立的奴隶社会、封建地主阶级和农民阶级对立的封建社会、资产阶级和无产阶级对立的资本主义社会、消灭阶级对立的社会主义社会，这就是著名的五种社会形态理论。由此书写的历史叙事往往将阶级矛盾和阶级斗争作为历史发展的主要动力，将社会发展史写成了阶级斗争的发展史。有关奴隶社会的历史书写，往往突出奴隶和奴隶主之间的矛盾以及由此造成的奴隶反抗斗争甚至奴隶起义；有关封建社会的历史书写，较为强调农民和地主之间的矛盾以及由此造成的农民反抗斗争甚至农民起义；有关资本主义社会的历史书写，重在突出无产阶级和资产阶级之间的矛盾以及由此造成的无产阶级的反抗斗争甚至无产阶级革命。在阶级斗争的话语体系中，从奴隶社会向封建社会的过渡、从封建社会向资本主义社会的过渡、从资本主义社会向社会主义社会的过渡，则是阶级矛盾激化，引发被统治阶级的反抗，后者进而通过革命夺取政权而实现的。

尽管唯物史观的传统解释体系从基本概念到基本原理再到历史叙事已经形成一套完整的体系，并且它也确实能够从经典作家的一些论述中获得做出这种解释的支持；但我们必须清醒地认识到，传统的解释体系是在“战争与革命”的时代主题下，为了满足后发国家通过发动革命夺取政权，建立先进的社会主义生产关系以促进生产力发展需要的产物。在构建这种解释体系的过程中，我们重点引用了经典作家的论述中强调阶级斗争的动力作用、国家等上层建筑对改变生产关系的反作用等方面的论述，而忽略了经典作家有关生产力是历史发展的最终动力、由生产力发展水平决定的劳动分工决定所有制形式、经济基础决定上层建筑、人类历史发展是一种自然历史过程等方面的论述。

正是由于受到时代主题和面对所要解决问题的影响，唯物史观传统解释体系的构建有选择地引用了经典作家的一些论述，而遮蔽了可能对这种解释体系质疑的另一些论述。在时代主题和所要解决的问题不变的情况下，并不容易对这种传统解释模式质疑。但随着时代主题的转换和所要解决问题的变化，对传统解释模式的质疑或不同观点开始出现。用它来解释历史和现实重大问题的说服力受到质疑。

像从唯物史观的解释逻辑看，我们知道唯物史观的基本原理是生产力决定生存关系、经济基础决定上层建筑，也就是说唯物史观解释体系的逻辑出发点是生产力。但在传统的解释体系中，生产力的决定作用被淡化甚至被忽略，阶级斗争取代了生产力的位置；相应地，生产力决定生产关系变成了阶级斗争决定生产关系。即通过阶级斗争夺取国家政权（掌握上层建筑）以改变所有制形式（生产关系）。这样，唯物史观就不是生产力决定生产关系，而是上层建筑决定生产关系。这也是西方马克思主义研究发展史当中不断出现的观点，持上层建筑决定生产关系观点的学者由此质疑唯物史观基本原理的科学性。由此可见，夸大阶级斗争的决定作用实际上是违背唯物史观的基本原理的，而且它根本不是唯物史观的解释逻辑。马克思将阶级斗争的作用比做是“助产婆”① 或“杠杆”②。

再从历史和现实看，对唯物史观逻辑前提的错误认识会给历史研究带来争议。像中国封建社会是阶级矛盾和阶级斗争最激烈的社会，每个王朝都有多次大大小小的农民起义，而且王朝大都是由农民起义推翻的，但通过阶级斗争和农民起义建立的都是新的封建王朝，并没有斗出一种新的社会形态。与之相比，西欧尤其是英国封建社会的农民起义屈指可数，却率先向新的社会形态过渡。用恩格斯的话说：“当居于统治地位的封建贵族的疯狂争斗的喧嚣充塞着中世纪的时候，被压迫阶级的静悄悄的劳动却在破坏着整个西欧的封建制度，创造封建主的地位日益削弱的局面。”③ 再如“文化大革命”期间，我们将唯物史观解释成阶级斗争起决定作用的史观，指导现实的政策是“阶级斗争为纲”，造成的后果是经济下滑。经过拨乱反正，我们将经济建设放在首位、将发展生产力作为硬道理，通过改革开放，为发展生产力提供内部和外部的有利条件。经过广大人民 40 多年的辛勤劳动，迎来了中华民族伟大复兴的光明前景。

由此可见，在新的时代主题和时代背景下，唯物史观的传统解释体系必须被适应新时代需要的解释体系所取代；而且也只有在唯物史观新

① 《资本论》第 1 卷，《马克思恩格斯文集》第 5 卷，人民出版社 2009 年版，第 861 页。

② 《给奥·倍倍尔、威·李卜克内西、威·白拉克等人的通告信》，《马克思恩格斯文集》第 3 卷，人民出版社 2009 年版，第 484 页。

③ 《论封建制度的瓦解和民族国家的产生》，《马克思恩格斯文集》第 4 卷，人民出版社 2009 年版，第 215 页。

的解释体系的指导下，我们才能对新的时代主题和新时代中华民族取得的伟大成就做出全面而深入的阐释。

二　需要力戒运用唯物史观的教条主义倾向

唯物史观对历史学指导地位的边缘化，一方面是唯物史观传统解释体系的影响下降的结果，另一方面则是我们在运用唯物史观于历史研究中犯了教条主义错误的结果。教条主义是不顾时间、地点和具体条件的不同，不做是否适用的研究，就将经典作家从特定研究对象概括出的观点照抄照搬到新的研究对象上来。对马克思的理论加以教条主义运用的错误在马克思恩格斯在世时就已经出现，他们对此是坚决反对，并反复予以告诫。恩格斯就曾告诫："如果不把唯物主义方法当做研究历史的指南，而把它当做现成的公式，按照它来剪裁各种历史事实，那它就会转变为自己的对立物。"①

唯物史观是博大精深的知识体系，既包括经典作家对基本原理和方法的阐释，又包括他们运用基本原理和方法对特定研究对象所做的经验研究。在运用唯物史观指导历史研究时，一定要厘清哪些是具有普遍适用性的基本原理和基本方法，像生产力决定生产关系、经济基础决定上层建筑、存在决定意识等就是这样的原理和方法，也要厘清哪些是运用这些基本原理和方法研究特定对象得出的经验结论。在将从特定研究对象得出的经验结论运用于其他研究对象时，一定要将产生这种经验结论的具体情况同其他研究对象的具体情况做比对研究。如果两者一致的话，那就证明经典作家针对特定研究对象得出的经验结论适用于新的研究对象，从而扩大了原来经验结论的适用范围；如果不一致，那就绝不能不顾新研究对象的特殊情况，照抄照搬经典作家的经验结论，并用这些结论来裁剪有关新研究对象的诸种历史事实。

---

① 《恩格斯致保尔·恩斯特》，《马克思恩格斯文集》第10卷，人民出版社2009年版，第583页。

回顾唯物史观传入中国百余年来的历史，我们在这方面有许多深刻的教训值得反思。像我们把马克思在《〈政治经济学批判〉序言》中主要根据西欧历史演进归纳的四种社会形态、后来由斯大林在《联共（布）党史简明教程》中加以公式化的五种生产方式依次演进，视为放之四海而皆准的普遍规律，直接套用到中国的历史和现实中来，造成许多学术研究和现实运用上的误区。例如，以古希腊、罗马为标准的奴隶制在中国历史上找不到对应的形态，由此产生了关于中国到底有没有奴隶制的争论，目前看，主张中国没有古希腊、罗马那种奴隶制社会的史学研究者占了上风。又如，恩格斯的《家庭、私有制和国家的起源》被视为马克思主义研究早期社会的经典著作。恩格斯有关氏族社会向国家过渡的两个标准（由按血缘组织国民向按地区组织国民转变、公共权力的设立）被视为具有普遍适用性的规律，被运用到中国早期社会的研究中来。学者们无视中国社会按血缘关系组织国民的做法长期存在，即使国家的产生和发展也未打破血缘关系的纽带这一事实，直接套用恩格斯观点的做法也引起很大争论。再如，斯大林根据西欧近代民族国家形成的经验对民族所下的定义（即民族是人们在历史上形成的有共同语言、共同地域、共同经济生活以及表现于共同的民族文化特点上的共同心理素质这四个基本特征的稳定的共同体），并确定民族形成的时间是伴随着近代资本主义的形成而形成。学者们将斯大林有关民族定义和形成时间的观点教条式地运用于中国历史研究面临的一大难题是，中华民族有五千年的文明发展史，中国从秦汉开始就形成了统一的汉民族。如果非要将民族形成的时间定于近代，那中华民族几千年的文明史和汉民族发展史就将被忽略，这成为讨论中华民族形成问题的学者主要根据中国的历史事实来讨论，而忽略经典作家观点的主要原因。从现实看，中国一度无视自己是后发国家的国情，而按照马克思在《哥达纲领批判》[①] 中

① 1875 年 5 月在德国的哥达召开了德国工人运动代表大会，在会上由李卜克内西和倍倍尔领导的社会民主工党（爱森纳赫派）与由哈森克莱维尔等人领导的拉萨尔派的全德工人联合会合并为德国社会主义工人党。大会起草的纲领草案请马克思审定，马克思的修改稿即是《哥达纲领批判》。它是针对德国当时状况而提出的争取实现社会主义和共产主义的方案。参见《马克思恩格斯文集》第 3 卷，第 419—450 页。

构想的社会主义建设模式（它是针对在发达资本主义国家建设社会主义而设计的）来制定中国建设社会主义的方针，否定市场经济存在的合理性，实行平均主义分配政策，这些都严重挫伤了劳动者的积极性，使中国社会主义建设出现挫折。

这方面的例子还很多，在此不再赘述，但其中的经验教训必须引起我们的反思。教条化地运用经典作家的论述迟滞了我们运用唯物史观的基本理论和方法对中国历史和现实做出科学概括的进程，由此造成的后果是严重的。要重塑唯物史观的指导地位，在构建适应新时代需要的唯物史观解释体系的同时，必须祛除教条主义这一大顽疾。

三　需要理顺史学理论与史学史学科内部的两种关系

在历史学科内部，唯物史观解释体系与时俱进的发展需要史学理论学科为其提供原料和养分。可以说，没有史学理论学科的整体发展，唯物史观的研究是不可能实现单独发展的。这就需要在史学理论学科建设过程中纠正各分支学科之间发展的不平衡，加强史学理论尤其是历史理论研究，为构建适应新时代需要的唯物史观解释体系提供助力。

（一）史学理论与史学史的关系

在历史学学科目录划分中，史学理论与史学史是历史学的二级学科，有时被简称为史学理论二级学科。在中国史和世界史分别成为一级学科后，史学理论与中国史学史和世界史学理论与史学史仍然作为二级学科存在。这说明史学理论与史学史是两个联系紧密的学科。但在目前的中国史学界，史学史研究与史学理论研究的发展处于冷热不均的状态。史学史，尤其是中国史学史研究处于繁荣发展状态，从事研究的学者人数和成果数量都相当可观；而与之形成鲜明对比的是，史学理论研究却被严重边缘化，从事研究的学者人数和成果数量都寥寥可数。正是由于两个学科在发展态势上的巨大差异，以至于有从事史学史研究的学者对将两个学科放在同一个二级学科之下提出疑问，认为这根本就是两个不同的学科，没有必要“拉郎配”。“史学理论与史学史原本属于两个学科，因为都是关于历史学的研究，所以在学科分类上被划在一起。事实上，史学理论与史学史的研究任务并不相同。”① 但从事史学理论研究的学者却不同意这种观点。他们认为，史学理论和史学史都是以历史学的发展为研究对象的，目标都是揭示历史学的发展规律，只不过史学理论着重从论的方面揭示历史学的发展规律，而史学史则着重从史的方面揭示历史学的发展规律。一些从事史学史研究的学者之所以会产生史学史和史学理论属于不同学科的认识，是因为史学史研究还没有将揭示历史学的发展规律作为自身的研究目标，而是满足于由梁启超开创的以史家史书为研究对象的研究路数。对此，李振宏先生认为：“‘史学理论与史学史’是一个独立而完整的学科，不可将二者割裂开来，而实际上在这个学科内部却是两个似乎并不相涉的群体。从史学史的角度说，我们应该强调的是加强自身的理论修养，这是这个学科未来能否取得突破性发展的关键所在。”② 一些从事史学史研究的学者对此也有清醒的认识：“对史学史的反思需要借助史学理论研究的新成果，这样不仅会开阔史学史研究者的视野，改变他们看待史学史的角度，而且会促使史学理论与史学史的交融，提升史学史研究的价值。”③

从一些从事史学史研究的学者对史学史研究现状的反思看，史学史研究的路数基本上还是在沿用100年前梁启超开创的、以史家史书为研究对象、按时间顺序记述的方法。这种研究方法在已经非常成熟的同时却阻碍着史学史研究在理论和方法上的创新，以致史学史研究成果目前更多的是量的积累，而缺乏质的创新。存在的问题包括：第一，理论修养不足；第二，缺乏问题意识；第三，缺乏对历史学发展规律的宏观思考。

从目前史学史研究发展面临的瓶颈看，理顺史学史同史学理论之间的关系是实现史学理论与史学史学科发展的正途。要提高理论修养离不

---

① 孙美娟：《构建中国特色史学理论学科体系》，《中国社会科学报》2020年8月3日。
② 李振宏：《开辟中国史学史研究新局面的思考》，《史学月刊》2012年第8期。
③ 王记录：《回归与变革：中国史学史研究及学科发展趋向》，《史学月刊》2012年第8期。

开对史学理论研究的关注；要提高问题意识，同样离不开史学理论的修养；要揭示历史学发展的规律，更离不开史学理论的指导。与此同时，史学理论研究要获得发展同样也离不开史学史的支持。对此，朱本源先生予以了精辟的概括："没有史学史的历史方法论是空洞的，没有历史方法论的史学史是盲目的。"①

首先，史学理论的一些命题需要从史学史研究的成果中予以归纳。史学史研究越具有理论意识，就越能为史学理论研究提供好的原材料，供史学理论研究者加工。其次，史学理论的命题需要在史学史的研究中予以检验。理论命题的正确与否需要到史学研究实践中进行检验。所以史学史研究的问题意识就产生于对史学理论的敏锐把握，从而能够自觉地为发展史学理论和检验史学理论提供原材料。当然，史学史研究者如果能够具有理论和问题意识的话，同样能够提供一些理论概括，这本身就构成史学理论的发展。对此，王记录指出："中国史学史研究在理论与方法上往往处于被动状态，研究者将太多注意力集中在某些具体的历史文本的解读中，既对史学理论呼应不够，又不能够从具体的研究中抽绎出具有普遍意义的理论。"② 由此可见，史学理论学科的振兴与史学史学科在自身已有成就的基础上实现进一步的发展，有赖于双方的密切合作与良性互动。

（二）历史理论与史学理论的关系

对历史发展进程本身做出理论思考是历史学和哲学共同的研究论题。在历史学中称这种研究为历史理论，在哲学中称这种研究为思辨历史哲学或历史本体论。与之相对应，对历史知识性质和特点所做的理论思考，在历史学中被称为史学理论，在哲学中被称为分析历史哲学或历史认识论。在作为历史学二级学科的史学理论与史学史中，"史学理论"概念是一个广义用法，包括历史理论和史学理论两个部分；"史学理论"概念的狭义用法仅仅指对历史知识性质和特点的研究。国内史学界对历史

① 朱本源：《历史学的理论与方法》，人民出版社2007年版，第28页。

② 王记录：《回归与变革：中国史学史研究及学科发展趋向》，《史学月刊》2012年第8期。

理论和史学理论的了解和研究是从改革开放开始的。通过引介西方历史哲学的研究成果，我们了解到西方历史哲学分思辨历史哲学和分析历史哲学两种，而且在第二次世界大战之后，西方历史哲学发生了研究范式的转向，即从思辨历史哲学研究转向分析历史哲学研究。受西方历史哲学研究范式转向的影响，国内史学界在20世纪80年代中后期开始了对分析历史哲学（历史学界称之为史学理论）的研究。同样受西方历史哲学研究范式转向的影响，西方历史理论研究并未引起国内史学界的足够重视，反而被视为一种在西方已经过时的学问，研究者更多地是以批判眼光看待像施宾格勒和汤因比等思辨历史哲学代表人物的研究成果；加之，作为揭示人类社会历史发展规律的科学历史理论的唯物史观已经成为历史学的指导理论，学者们认为似乎没有做进一步研究的必要。由此造成一个时期以来我们对历史理论研究的忽视，而专注于史学理论研究。21世纪以来，忽视历史理论研究的后果逐渐显现出来。一方面是如前所述，唯物史观的传统解释体系面对新的时代主题、面对重大历史和现实问题，解释力逐渐下降，由此造成其对历史学的指导地位逐渐被边缘化；另一方面，由于对历史理论的研究兴趣和研究能力弱化，历史学出现碎片化倾向，甚至出现历史虚无主义思潮传播的态势。这使得历史理论研究开始得到重视。新成立的中国历史研究院专门新设立了“历史理论研究所”，就是要加强历史理论的研究。

要加强历史理论研究，首先必须厘清历史理论同史学理论的关系。受西方历史哲学研究范式转向的影响，国内史学界往往将历史理论（主要是指那种思辨的、带有历史目的论和命定论特征、已经被现实的历史进程证伪的思辨历史哲学）视为一种已经过时的学问，而将狭义的史学理论视为应该予以加强的、能够弥补历史理论研究不足的前沿性学问。至于这两种理论到底是什么关系则很少有学者关注。笔者认为，对历史过程本身做出理论认识的历史理论，决定着对历史知识的性质和特点做出理论认识的史学理论，即对历史是如何发展的认识，决定了研究者会采用何种方法去认识历史。分析历史哲学的代表人物柯林武德，由于在对历史本身的理论思考上认为，“历史过程则是各种思想的过程”，导致他在史学理论的理论思考上认为“历史学家所要寻求的正是这些思想过程”，“历史学家必须在他自己的心灵中重演过去”，[①] 即通过设身处地地重现历史人物的思想来理解历史。与之相对，逻辑经验主义的代表人物亨普尔则认为，历史学和自然科学的研究对象都是可以观察的“经验事实”，而且两类现象都受本领域的普遍规律所支配，因此，历史认识同自然科学认识并没有什么不同，都是要通过经验归纳发现本领域的普遍规律，然后借助于初始条件加上普遍规律来对历史现象做出解释。[②] 至于后现代史学，由于他们认为历史现象是一去不复返的而无法客观地予以认识，所以对实际历史进程是如何演进的避而不谈，主张对历史如何书写并不存在什么客观限制，而完全取决于历史书写者的主体意识。由此可见，有什么样的历史理论就会有什么样的史学理论，从事史学理论研究的学者必须自觉地反思自己的历史理论，由此将自己的史学理论研究奠基于科学的历史理论之上，而不是否认或回避历史理论对史学理论的指导作用。其次，需要捋顺唯物史观同其他各种历史理论的关系。唯物史观本身就是一种历史理论，而且是经过历史和现实检验证明为科学的历史理论。但唯物史观并不是一种终结性的历史理论，正像它在创建时需要汲取像黑格尔、亚当·斯密、圣西门等思想家的历史理论中的有益成分一样，它与时俱进的发展同样需要新的历史理论研究提供养分。但目前史学界在历史理论研究方面的严重缺失，未能为唯物史观适应新时代需要的发展提供坚实基础。这也是唯物史观的传统解释体系未能实现与时俱进，其对历史学的指导地位被边缘化的重要原因。由此可见，加强历史理论研究，构建起我们自身的历史理论话语体系，并为构建具有中国特色的、适应新时代需要的唯物史观解释体系提供资源和借鉴，由此实现唯物史观与时俱进的发展，才能为历史学走出碎片化的泥淖和打破历史虚无主义的迷思奠定坚实的理论基础。

从目前中国史学界的发展现状看，理论研究兴趣和理论研究能力的薄弱，是构建具有中国特色的史学理论学科体系和话语体系的最大障碍，

---

① ［英］柯林武德：《历史的观念》，何兆武、张文杰译，中国社会科学出版社 1986 年版，第 245、244、319 页。

② Carl Hempel, “The Function of General Laws in History”, in *Theories of History: Readings from Classical and Contemporary Sources*, edited by Patrick Gardinar, Free Press, 1963.

而史学理论学科体系和话语体系的建设又是一项难度颇大的系统工程。因此，这项建设工程是一项长期的系统工程，不能指望在短时间内迅速完成。但这并不意味着史学理论工作者可以以此为借口放松努力、自甘平庸。作为发展史学理论学科的主力军，史学理论工作者必须行动起来，既不能坐等史学理论发展春天的到来，又不能浮躁地试图走捷径，幻想从西方借用某种理论来改变目前史学理论研究的颓势。只有踏踏实实地从理论研究做起，振兴研究的弱势领域，补齐研究的短板，争取尽快实现史学理论诸门学科的均衡发展，在此基础上实现重点研究领域的尽快突破。同时必须狠抓史学理论课程的教学工作，培养史学理论研究的后备人才，建设好史学理论研究的梯队力量。如果史学理论工作者能够在紧迫意识和危机意识的促动下，经过两三代人的艰辛努力，我们可以期待史学理论研究繁荣发展局面的出现，到那时，具有中国特色的史学理论学科体系和话语体系的建设将顺利完成，以此为契机，历史学的学科体系、学术体系和话语体系三大体系建设也将获得重大推进，每一位参与到具有中国特色史学理论学科体系和话语建设中的史学理论工作者都会感到与有荣焉！

（原载《江海学刊》2022 年第 1 期）

“革命”的内涵与变形：一项全球思想史的考察

张旭鹏

艾玛·罗斯柴尔德在论及思想史的跨国转向时，曾以19世纪法国漫画家让-雅克·格兰维尔（Jean-Jacques Grandville，1803—1847年）的一幅画作为例，形象地说明了观念或思想的变形问题。在这幅名为“空中漫步”（*Une promenade dans le ciel*，1847年）的漫画中，一轮新月渐次幻化成蘑菇、雨伞、猫头鹰、风箱、纺锤和一辆三驾马车，然后驶入远方的银河之中。这一系列看似无关但却彼此联系的事物，构成了一道巨大的弧线，让人们可以清楚地看到事物变形的过程。[①] 罗斯柴尔德认为，跨国思想史研究的一个危险之处就在于，当一种观念进入一个新的环境中后，就会发生一次变形，同时取代原来的观念。如此反复几次之后，这一观念的内涵便会发生巨大的变化，与其最初的含义渐行渐远。这也是为什么昆廷·斯金纳强调“语境”在观念史研究中具有重要性的原因。[②] 其实，不论观念是在横向的空间传播中，还是在纵向的时间演进上，都会划出一道长长的“观念之弧”（Arcs of Ideas），而从这条弧线的开端到终点，亦即从观念的最初形态到最终形态，已经发生了明确的变形。西方语境中的“革命”观念即是如此，它自产生以来，其内涵随时

---

① Emma Rothschild，“Arcs of Ideas：International History and Intellectual History”，Gunilla Budde，Sebastian Conrad and Oliver Janz，eds.，*Transnationale Geschichte*：*Themen*，*Tendenzen und Theorien*，Vandenhoeck & Ruprecht，2006，p. 217.

② 参见 Quentin Skinner，“Meaning and Understanding in the History of Ideas”，*History and Theory*，Vol. 8，No. 1，1969，pp. 3-53。

间的变化而不断丰富，直至具备了现代“革命”概念的各种特点。与此同时，“革命”观念向西方之外地区的传播，也使之在这一过程中发生变形，在新的空间中获得了更多不同的意涵。

一

现代西语中的“革命”一词（英文 revolution、法文 révolution、德文 revolution、意大利文 rivoluzione）源自拉丁语 *revolutio*，最初是指时间或空间上的旋转循环运动，哥白尼《天体运行论》（*De revolutionibus orbium coelestium*，1543 年）中“运行”一词使用的便是 *revolutionibus*。16 世纪时，意大利佛罗伦萨的一些历史学家，如雅科波·纳尔迪（Jacopo Nardi，1476—1563 年）、弗朗切斯科·圭恰尔迪尼（Francesco Guicciardini，1483—1540 年）等人率先赋予“革命”以政治内涵。他们在著作中使用 *rivoluzione* 一词或其变体 *revoluzione* 来指称美第奇家族在佛罗伦萨统治的频繁更迭，并认为这种变动具有周期性地向过去的政治制度回归的特点。[①] 在他们看来，1494 年美第奇家族被放逐，即意味着佛罗伦萨又回到了之前更民主的共和政体，但当 1512 年美第奇家族重新执掌政权时，佛罗伦萨又恢复了 1494 年之前的僭主统治。同样，1527 年美第奇家族被再次放逐后，1512 年之前在佛罗伦萨运行的共和制得以再度出现。[②] 这种循环往复的政治变动，与天体的运动之间确实有相似和可比之处。

到 17 世纪 40 年代，因目睹欧洲各地频仍的战争、内战和政治动荡，一些意大利尤其是威尼斯历史学家最早使用 *rivoluzione* 的复数形式 *rivoluzioni* 来描述此类历史事件，并撰写了相关著作。比如，卢卡·阿萨里诺（Luca Assarino，1602—1672 年）的《加泰罗尼亚革命》（*Delle rivoluzioni di Catalogna*，1644 年）、比拉戈·阿伏伽德罗（Giovanni Battista Birago

---

① Harry R. Ritter, *Dictionary of Concepts in History*, Greenwood Press, 1986, p. 389.

② 一些当代学者并不认为 1512 年皮埃罗·德·美第奇重返佛罗伦萨是旧制度的复辟，因为皮埃罗的统治更加专制，也更少受到佛罗伦萨政治传统的束缚。参见 John M. Najemy, *A History of Florence 1200 - 1575*, Blackwell Publishing, 2006, p. 414。

Avogadro，1600—1684年）的《葡萄牙王国革命史》（*Historia delle rivoluzioni del regno di Portogallo*，1646年）、亚历山德罗·吉拉菲（Alessandro Giraffi，生卒年不详）的《那不勒斯革命》（*Le rivoluzioni di Napoli*，1647年）、普拉西多·雷纳（Placido Reina，？—1671年）的《巴勒莫的革命》（*Delle rivoluzioni della città di Palermo*，1649年）等。①

这一时期，*rivoluzioni* 一词开始具有线性的、剧烈的政治变动的含义，比如王国的兴衰、朝代的覆灭等，逐渐接近“革命”的现代意涵。不过，该词在当时基本只出现在著作的标题中和开篇部分，或者以大写的方式印在扉页上，正文中则很少使用或几乎不用，这很可能只是作者或出版商的一种营销噱头，为了增加图书的卖点而已。比如，前引比拉戈·阿伏伽德罗《葡萄牙王国革命史》初版标题只作《葡萄牙王国史》（*Historia del regno di Portogallo*），“革命”一词完全系盗版者所加。1652年，阿伏伽德罗又从拉丁文翻译了一本讲述英国内战的小册子，译者本人并没有在书中使用 *rivoluzioni* 一词，反倒是出版商在该书的介绍中将其主题概括为“描述几个世纪以来可能是最重大的一次国家革命的起源”。②

这种情况说明，*rivoluzioni* 作为一个新词尚未得到人们的普遍接受。人们在习惯上还是经常使用传统的 *sollevazioni*（起义）、*ribellioni*（叛乱）、*cambiamenti*（变化）、*mutazioni*（突变）等词。比如，在威尼斯历史学家加莱亚佐·瓜尔多·普里奥拉多（Galeazzo Gualdo Priorato，1606—1678年）出版于1648年的，叙述法国投石党运动的《法兰西革命史》（*Historia delle revoluzioni di Francia*）中，作者只是在序言的第一句话中使用了 *rivoluzioni* 一词：“在我们这个时代因世事变迁而产生的变化中，我认为没有哪一种变化比法国晚近所发生的一系列革命更值得我们铭记，或者更能满足我们的好奇心。”同样的例子也见于另一位威尼斯历史学家马乔里诺·比萨齐奥尼（Majolino Bisaccioni，1582—1663年）

---

① Ilan Rachum, “Italian Historians and the Emergence of the Term ‘Revolution’, 1644–1659”, *History*, Vol. 80, Issue 259, 1995, p. 195.

② Ilan Rachum, “Italian Historians and the Emergence of the Term ‘Revolution’, 1644–1659”, pp. 195, 198.

1653 年的著作《近期内战史》（*Historia delle guerre civili di questi ultimi tempi*）。该书记述了西欧过去 12 年发生的叛乱，作者在全书的第一段中直言："在我看来，如果有什么历史著作对君主有益的话，那种描述人民中的各种革命或暴力骚动的著作应当最有用。……人民的革命通常是大臣们恶政的结果。因此，我决定写下在我有生之年发生的众多的人民反叛，它们可以被合理地称为国家的地震。"①

但在此后，*rivoluzioni* 一词的使用开始增多，出现了与旧有的表示政府或统治更迭的术语并用的情况。值得注意的是，*rivoluzioni* 一词除了有"大变""巨变"之义外，依然保留了向旧有的秩序回归的内涵。威尼斯学者吉罗拉莫·布鲁索尼（Girolamo Brusoni，1614—1686 年）在 1659 年出版的论国家革命的著作中，就用 *rivoluzioni* 一词指称英国 1642 年至 1651 年间的内战。布鲁索尼认为，内战结束后克伦威尔作为护国主所获得的权力要远远大于国王，其统治比暴君统治更加独裁，因而重新回到了过去的旧制度中。② 可以说，在 17 世纪 40 年代意大利历史学家用 *rivoluzioni* 指称政治变动并写下相关著作之前，西欧各国尚未出现用各自语言中复数的"革命"为标题的著作。

在英国，revolution 一词获得政治变动的含义大致是在 1648 年。这一方面是受到了意大利学者在同样含义上使用 *rivoluzioni* 一词的影响，其时亚历山德罗·吉拉菲的《那不勒斯革命》一书已经流传到了英国，并由后来成为詹姆斯二世王家史官的詹姆斯·贺维尔（James Howell，约 1594—1666 年）于 1650 年译成英文。另一方面，英国当时正处于内战之中，一些学者希望通过了解其他国家所发生的类似事件为英国当下所面临的政治危机提供借鉴。1648 年，在伦敦刊印了一篇作者不详的论君主制兴衰的短文。文章提出，英国的混合君主制是有史以来最好的政体，并在下面一段文字中使用了"革命"一词："如果上帝秘密安排的毁灭之日来临的话，那些伟大的君主和政治家仅凭他们的智慧、权谋、勇气

① Ilan Rachum, "Italian Historians and the Emergence of the Term 'Revolution', 1644 – 1659", pp. 200 – 201.

② Ilan Rachum, "Italian Historians and the Emergence of the Term 'Revolution', 1644 – 1659", p. 203.

以及战士们的力量，是不可能阻止共和国和君主制发生变化和革命（revolutions）的。”[①] 显然，“革命”在这里的意思是一种不以人的意志为转移的神意所决定的政治变化。同一年，英国天文学家和占星家安东尼·阿斯卡姆（Anthony Ascham，1614？—1650 年）也在他的小册子《论政体的混乱与革命》（*Of the Confusions and Revolutions of Governments*）的标题中使用了“革命”一词。在这本小册子中，阿斯卡姆主要是劝说英国人去拥护议会所建立的共和政体。在他看来，政体无论是君主制、贵族制还是民主制，对于普通民众来说差别不大，因为它都有权颁布法律、征税、判决生死、发动战争或缔结和约。当因政体发生改变而带来的新奇性消失后，人们没有理由拒绝新政体的统治。值得注意的是，阿斯卡姆同样认为议会所建立的政权代表了天意，是人们无法阻止的，因而是“革命”的。[②] 可以看出，在 17 世纪中期英国内战的背景下，“革命”首先延续了以往的含义，意指一种政治变动。其次，更重要的是，“革命”是上帝旨意的表达，因而不是人的力量所能左右的。不过，随着内战结束后克伦威尔独裁政权的建立，尤其是 1660 年斯图亚特王朝的复辟，“革命”一词中向着旧制度回归的含义得到强调。雷蒙·威廉斯在分析“革命”一词在英语中的语义变化时也指出，17 世纪“革命”一词在表示政治变化方面，与该词过去的意涵有所重叠，即周期性的恢复（restoration）旧有的政治秩序之意，但其主宰力量是上帝（Providential）而非命运女神（Fortune）。因此，“革命”较之之前用于表达同类意思的 rebellion（叛乱）一词，更具正面含义：rebellion 是破坏法律，而 revolution 是推翻暴君。或者说，revolution 中的周期性含义意味着恢复或革新之前的法定的执政当局，与 rebellion 一词中所带有的不正当地反对

① Ilan Rachum, “The Meaning of ‘Revolution’ in the English Revolution (1648 - 1660)”, *Journal of the History of Ideas*, Vol. 56, No. 2, 1995, p. 199.

② Ilan Rachum, “The Meaning of ‘Revolution’ in the English Revolution (1648 - 1660)”, p. 199. 对阿斯卡姆《论政体的混乱与革命》及之后的扩展版文本的详细分析，参见 Marco Barducci, “Hugo Grotius and the English Republic: The Writings of Anthony Ascham, 1648 - 1650”, *Grotiana*, Vol. 32, Issue 1, 2011, pp. 40 - 63。

执政当局的意涵不同。[1]

上述“革命”一词在英语语境中的含义和变化与意大利的情形较为相似，这与西语中“革命”一词的本意均指天体的旋转运动有关。不过，威廉斯也特别强调了 revolution 一词所获得的政治含义也受到了英语中一个词形与之接近的单词 revolt 的影响。威廉斯指出，revolt（反叛）在英文里从一开始就具有政治上的意涵，同时也兼具滚动或旋转的意思。但 revolt 一词语义的变化主要来自两个方面。一方面来自物理学意义上的力量的高低分布。从执政当局的观点来看，revolt 就是下层对抗上层，是对正常政治秩序的颠覆、破坏。另一方面来自“命运之轮”（Wheel of Fortune）的意象，即命运之轮的旋转决定了人生的上下起落，进而也决定了公众活动的变化。因此，威廉斯认为，revolution 意涵的变化至少部分来自 revolt。[2] 可见，英语中“革命”一词的内涵除了来自天文学意义上的水平的循环、旋转外，也与英语特定语境中 revolt 一词所具有的上下旋转或自上而下跌落的含义密切相关。

经过 17 世纪中期英国的内战，“革命”一词具有了较为明确的内涵，即循环式的政治变动。这一特点在内战结束后霍布斯创作于 1668 年的《贝希摩斯》中，有着最为形象和全面的概括。《贝希摩斯》以两位对话者在内战结束后，重新回顾和梳理 1640—1660 年间，从查理一世召开长期议会开始到查理二世恢复斯图亚特王朝统治为止的内战历史展开，向读者们分析和勾勒了内战发生的原因和经过。在《贝希摩斯》一书的结尾处，年幼的对话者总结了他称为“革命”的这次内战的总体脉络：

> 在这一场革命中我看到主权权力的循环运动，从已故国主，经过两个篡权者，传递到他的儿子手中。这一主权（暂且不提军官委员会的权力，它只是暂时的，而且是代为行使）从国王查理一世传到长期议会，然后到残缺议会，又从残缺议会到奥利弗·克伦威尔；接着又从理查德·克伦威尔回到残缺议会，再到长期议会，最后到

---

① Raymond Williams, *Keywords: A Vocabulary of Culture and Society*, Oxford University Press, 1985, p. 272.

② Raymond Williams, *Keywords: A Vocabulary of Culture and Society*, pp. 270 – 271.

国王查理二世——愿主权权力在他手中永世长存。①

从中，我们可以一目了然地看到国王权力被夺取后被渐次传递，最后又以相反的路线一步步重新回到国王手中的过程。

而在创作于内战期间即1651年的《利维坦》中，霍布斯在最后一章中描述了教会是如何逐步夺取国家的权力，这一权力后来又如何被国家收回的过程。首先是教会夺取权力的过程，共有三个阶段：第一，长老取得了将普通教徒开除教籍的权力，这给基督徒的自由打上第一个节；第二，主教获得了管辖地方长老的权力，这是给基督徒的自由打上的第二个节；第三，罗马主教取得了管辖帝国所有主教的权力，这是最后一个节，教会由此完成了对权力的“全部综合与建构”（the whole synthesis and construction）。其次是教会的权力被解析（analysis）或消除（resolution）的过程，也有三个阶段：第一，教皇的权力被伊丽莎白一世全部解除，这样便解开了第一个节；接着，英格兰的长老解除了主教的权力，于是便解开了第二个节；最后，长老的权力也被剥夺，第三个节也被解开了，人们又回到原始基督徒的独立状态。② 这六个阶段正好也是普通民众或基督徒的权力从失去到重获的过程。

马克·哈特曼认为，霍布斯在《贝希摩斯》结尾处列出的内战期间国家权力转移的过程，也可以用《利维坦》中所列出的权力变化的六个阶段加以概括，从而形成一个对称的完美循环。首先是国王权力被剥夺并转移的过程：国王→长期议会→残缺议会→护国主；其次是逆向的权力重新回归国王手中的过程：护国主→残缺议会→长期议会→国王。这就是霍布斯所说的“革命”中的“主权权力的循环运动”（a circular motion of the sovereign power）。在哈特曼看来，《贝希摩斯》中的“革命”类似于《利维坦》中权力被“综合”以及被“解析”的模式，也就是经

① Thomas Hobbes, *Behemoth or The Long Parliament*, ed. Ferdinand Tönnies, Frank Cass & Co. Ltd., 1969, p. 204.

② Thomas Hobbes, *Leviathan*, ed. J. C. A. Gaskin, Oxford University Press, 1996, pp. 461 - 462.

篡夺而来的权力被集中以及被消解的过程。[①] 不过，霍布斯却认为，这种循环并不只是一种简单地向过去统治形式的回归，因为复辟的君主制是建立在科学理性的基础之上的。霍布斯之所以得出这样的结论，除了他的保王倾向外，还因为他的政治思想与自然哲学有着密不可分的关系。

在《利维坦》中，霍布斯曾谈到创立和维持共和国需要一种技艺，这种技艺存在于某些法则（rules）之中，就像算术和几何中的法则一样，而不是像打网球那样只在于实践。并且，这些法则需要"好奇心或方法来发现"。[②] 也就是说，管理国家的技艺并非来自一般的经验，而是从经验中提取的科学的、理性的法则。霍布斯接着论证，国家的解体往往不是因为外界的暴力（可以理解为"革命"），而是因为内部的失调，解决这一问题的前提就是要求人们能够运用自己的理性："如果人们果真能运用其自认为具有的理性的话，那么他们的国家便至少也可以免于因内发疾病而死亡。"[③] 对此，霍布斯希望人们在吸取过往经验的基础上，通过勤勉的思考，发现使"国家的结构除了受外在暴力的作用外可以永远存在的理性原则（principles of reason）"。[④]

在《贝希摩斯》中，霍布斯借助两个对话者之口，更加明确地谈到了理性、科学、国家、公民服从之间的关系：

> A：但要治理共和国，只具备才智、远见或是勤奋则不够，还需要有绝对可靠的法则（infallible rules），以及关于公平和正义的真正的科学（true science of equity and justice）。
>
> B：如果确实是这样，那在这个世界上不可能有任何一个共和国，不论是君主制的、贵族制的，还是民主制的，能未经历改变或叛乱而长久维系。这些叛乱不是想改变政府，就是想改变统治者。
>
> A：确实如此……这些都是因为缺乏普通民众应关注的正义规

---

① Mark Hartman, "Hobbes's Concept of Political Revolution", *Journal of the History of Ideas*, Vol. 47, No. 3, 1986, pp. 492 – 493.

② Thomas Hobbes, *Leviathan*, p. 139.

③ Thomas Hobbes, *Leviathan*, p. 212.

④ Thomas Hobbes, *Leviathan*, p. 223.

> 则。如果民众在每场叛乱一开始就知道这些规则的话，一旦政府建立起来，那些野心勃勃的人就绝不会再有希望扰乱它。因为没有人帮忙，野心什么也做不了，而如果普通民众都接受了关于他们义务的正确原则的谆谆教导，野心也就不会得到什么人的帮助。[①]

正是基于这些科学和理性的法则，霍布斯认可复辟的斯图亚特王朝，因为它满足了霍布斯政治科学的需求，因为新的议会赋予国王权力的行为“比任何以主权名义而进行的论证对于人民都更加有指导意义，因此能更有效地打消今后所有心怀不轨的煽动者的野心”。[②]

从霍布斯的论述中，我们还可以看到另外一个很重要的观念，那就是掌握了科学、理性的法则后，就会避免“革命”的发生。这说明，与之前的“革命”观念相比，主宰革命的力量已经不再是上帝或天意，而是理性与科学，或者是作为自然神的上帝，革命因而是世俗性的。正如克里斯托弗·希尔在总结1640—1660年的英国内战时所说的：“人类思想的一场伟大革命可以追溯到这几十年——平等派、霍布斯和哈林顿总结出了那条普遍认识，即政治问题的解决方案可以通过讨论和辩论来达成；公用事业和权宜之计的问题比神学或历史更为重要，古物研究或遍查圣经都不是共和国带来和平、秩序和繁荣的最佳方式。这是一场伟大的知识革命，我们很难想象在它诞生之前人们是如何思考的。”[③] 就其所拥有的理性、世俗性等特征而言，经由17世纪中叶的英国内战，revolution向现代意义上的“革命”又迈出了关键的一步。

二

尽管包括从英国内战到光荣革命在内的一系列相关的政治事件也被称作“革命”，但一般认为，法国大革命才是第一场真正意义上的现代

① Thomas Hobbes, *Behemoth or The Long Parliament*, pp. 70 – 71.

② Thomas Hobbes, *Behemoth or The Long Parliament*, p. 204.

③ Christopher Hill, *The Century of Revolution* 1603 – 1714, Routledge, 2002, p. 189.

革命。关于法国大革命与英国革命之间的不同，埃德蒙·伯克在1790年2月9日，也就是法国大革命发生后不久于下议院发表的关于军队预算的讲话中作出了明确的区分：

> 事实上，我们的革命（正如人们所这样称呼的）和法国的革命，在几乎每一个细节上，在整个处理的精神上，都是完全相反的。在我们这里，这是一个合法君主试图获得专制权力的例子——而在法国，则是一个专制君主，不论其出于何种事由，意欲使其权力合法化的例子。一个需要抵抗，另一个需要管理和指导；但在这两个例子中，国家秩序都不应该被改变，以免政府被摧毁，而只应加以纠正和使之合法化。……从宪法的角度来看，我们所做的事实上不是发动革命，而是阻止革命。……我们没有损害君主制。人们或许可以看到，我们大大强化了它。国家保持着同样的等级、同样的秩序、同样的特权、同样的特许权、同样的财产法则、同样的服从关系，以及同样的法律、税收和地方行政规则；还有同样的上议院、同样的下议院、同样的法人和同样的选民。①

从伯克在讲话中不厌其烦地列举革命后英国在各方面均保持原状或未加改变的措辞来看，革命最重要后果同时也是革命最重要的特征就是，国家政权、社会结构、意识形态等各方面发生的全面的、彻底的、剧烈的变革。

对于革命的这一特征，许多现代的研究者都作出了总结和概括。克莱恩·巴林顿认为，"革命"的一个最常见的用法，就是指突然或显著的变化（change）。② 西达·斯考切波也看到："社会革命是一个社会的国家结构和阶级结构都发生快速而根本转变的过程；与革命相伴随，并部分地实施革命的是自下而上的阶级反抗。……社会革命的独特之处在

① Edmund Burke, "Speech on the Army Estimates", in Edmund Burke, *Pre – Revolutionary Writings*, ed. lan Harris, Cambridge University Press, 1993, pp. 317 – 318.

② Crane Brinton, *The Anatomy of Revolution*, revised and expanded edition, Vintage Books, 1965, p. 3.

于，社会结构和政治结构的根本性变化以一种相互强化的方式同时发生。而且，这些变化的发生要通过剧烈的社会政治冲突来实现，阶级斗争又在其中起着关键作用。”① 同样，在塞缪尔·亨廷顿为革命所下的经典定义中，“革命是对一个社会居主导地位的价值观念和神话，及其政治制度、社会结构、领导体系、政治活动和政策，进行一场急速的、根本性的、暴力的国内变革（change）”。② 从由暴力导致的剧变、大变的角度看，人们对于现代革命的感觉和体验基本来自法国大革命。

关于法国大革命这一显著特点，同时代的一些亲历者深有体会。1793 年，法国大革命爆发后不久，旧贵族出身的保皇派夏多布里昂流亡伦敦，并开始创作其处女作《试论古今革命》。夏多布里昂写作该书的目的，原本是希望通过将法国大革命与欧洲历史上的诸多革命进行平行对比，进而证明“日光之下，并无新事”这一古训的正确性，即法国大革命并非“史无前例”，而是大有前例可循，因为它的人物和特点都是以往革命的再现。据此，人们就可以整理过往、演绎结果，获得解决当下问题的经验。夏多布里昂直言：

> 在法国革命中出现的大多数新情况实际上几乎都已在古希腊出现。因此，我们拥有重要的真理，那就是，人类的手段和才能是如此虚弱，以至于只能不断重复；人在圈内移动，穿越这个圆圈的一切尝试都是徒劳；事件并非由人定，它们似乎产生于反复无常的命运，并且不断重复；因此，我们可以制作出一张表格，把国家史上所有想象得到的事件全部包含在内，并将其归纳成精确的数字。③

夏多布里昂的革命观无疑是 17 世纪的，依然秉持着革命循环往复、由神意或命运所决定等特征，但其中也蕴含着一些理性的因素。他似乎希望

---

① Theda Skocpol, *State and Social Revolutions: A Comparative Study of Analysis of France, Russia and China*, Cambridge University Press, 1979, pp. 4 – 5.

② Samuel P. Huntington, *Political Order in Changing Societies*, Yale University Press, 1968, p. 264.

③ ［法］夏多布里昂：《试论古今革命》，王伊林译，华夏出版社 2015 年版，第 300—301 页。

像霍布斯那样，借助一种科学手段，比如统计学，来找到革命的一般规律。正如莫里斯·勒加尔（Maurice Regards）所评论的："夏多布里昂将革命和天文学术语联系起来，认为政治制度、人物和事件就像行星那样以固定周期交替出现，所遵循的科学规律是可以总结归纳的。"① 不过，晚年的夏多布里昂也意识到了这种近似于"时代错置"（anachronism）的类比方法的牵强与可笑。1826 年，在为《试论古今革命》一书全集版所写的前言中，夏多布里昂认为该书并没有完成他当时所设定的目标，因为法国大革命的特殊性，已经超出了他对"革命"的一般理解。而革命事态发展之迅猛、变动之剧烈，也是以往任何经验都无法认知和把握的："常常，晚上就要把白天的草稿涂掉：事件跑得比我的笔迅速；突然一个革命让我所有的对照都变成谬误。"②

对政治史特别是革命史始终非常关注的马克思，对于法国大革命同样抱有极大兴趣。马克思在 1844 年初曾有过撰写法国大革命历史的想法，他希望以 1792 年 9 月到 1795 年 10 月这一关键时期作为考察的重点。当时，法国正处在集司法、行政和立法诸权力于一身的国民公会的统治下，马克思试图在国民公会的运转中找到国家与市民社会在现实中发生彻底分离的原因。为此，他阅读了大量著作并作了详细的笔记。但是，到 1844 年 7 月时，马克思却放弃了这一计划，因为马克思发现这一时期的法国大革命变幻莫测、波诡云谲，充满了变化和不确定性：先是吉伦特派当政，然后是雅各宾派专权，接着是热月党人的政变。马克思对此有过形象的描述："在第一次法国革命中，立宪派统治以后是吉伦特派的统治；吉伦特派统治以后是雅各宾派的统治。这些党派中的每一个党派，都是以更先进的党派为依靠。每当某一个党派把革命推进得很远，以致它既不能跟上，更不能领导的时候，这个党派就要被站在它后面的更勇敢的同盟者推开并且送上断头台。革命就这样沿着上升的路线行进。"③ 在马克思

---

① ［法］莫里斯·勒加尔：《关于〈试论古今革命〉》，载夏多布里昂《试论古今革命》，第 317 页。

② ［法］夏多布里昂：《试论古今革命》，第 12—13 页。

③ 马克思：《路易·波拿巴的雾月十八日》，《马克思恩格斯文集》第 2 卷，人民出版社 2009 年版，第 494 页。

看来，革命中暴烈的事态变化，加之掺杂其间的大量人性、情感、意外等偶然因素，是很难让人们在事后撰写一部理性的革命史，马克思因而转向了比政治层面更具理性的经济领域的研究。阿兰·梅吉尔对此有过令人信服的评论：革命的剧烈变动所带来的不可预测性和偶然性，违背了马克思看待人类历史发展的理性准则，这是马克思最终放弃撰写一部法国革命史的主要原因。①

不论是夏多布里昂还是马克思，他们在完成或者放弃对法国大革命历史的撰写时，都有一个共同的感受，那就是革命是急速变化的。对夏多布里昂来说，这种急速的变化打破了古今革命之间的延续性，让他无法从以往革命的经验中理解和解释这场革命。对马克思来说，这种急速的变化则让他难以预测未来，革命俨然成为打断历史“直线运动”的“关节点”。② 显然，自 1789 年以来，“变化”已经成为现代革命观念的一个核心内涵，这是它区别于以往的革命观念的一个重要特征，也使得革命失去了其原初的含义。但与此同时，变化中也孕育了一种新异性，意味着新时代、新纪元的到来，也意味着与过去的断裂和重新开始等意象。汉娜·阿伦特恰如其分地指出：“用暴力和变革来描写革命现象都是不够的。只有在变革的发生意味着一个新的起点，在暴力被用来构成一个完全不同的政府形式，并导致形成一个新的政体时……才谈得上革命。”③

法国大革命的这种新异性以及它与过去的决然断裂，直到革命发生近 70 年后的 1856 年，依然让托克维尔感到震惊：“1789 年，法国人以任何人民所从未尝试的最大努力，将自己的命运断为两截，把过去与将来用一道鸿沟隔开。为此，他们百般警惕，唯恐把过去的东西带进他们的新天地；他们为自己制订了种种限制，要把自己塑造得与父辈迥异；他们不遗余力地要使自己面目一新。”④ 黑格尔更是从人的精神和意识的

---

① Allan Megill, *Karl Marx: The Burden of Reason* (*Why Marx Rejected Politics and the Market*), Rowman & Littlefield, 2002, p. 113.

② 马克思：《关于伊比鸠鲁哲学的笔记·笔记五》，《马克思恩格斯全集》第 40 卷，人民出版社 1982 年版，第 135 页。

③ Hannah Arendt, *On Revolution*, Penguin Books, 1990, p. 35.

④ ［法］托克维尔：《旧制度与大革命》，冯棠译，商务印书馆 1997 年版，第 29 页。

根本性转变方面，阐述了法国大革命对于创造一种新的世界观的重要意义："但是直到现在，人类才进而认识到这个原则，知道'思想'应该统治精神的现实。所以这是一个光辉灿烂的黎明，一切有思想的存在，都分享到了这个新纪元的欢欣。一种性质崇高的情绪激动着当时的人心；一种精神的热诚震撼着整个世界……"①

至此，革命所蕴含的"变"（change）与"新"（new）的意涵，最终赋予法国大革命及后来的所有革命一种时间向度，即革命是向前发展的，指向了未来。虽然这种未来的愿景是模糊的，甚至一开始是不切实际的，但它却点燃了人们无穷的想象力，推动人们去实现革命的目标。在法国大革命之后，许多革命都为自己定下了一个基本任务，即摧毁旧制度以及与之相关的一整套思想、感情、习惯和道德上的附属物。总之，革命不希望再重演过去，它力求摆脱历史的束缚，甚至逃离历史，哪怕是以剧烈和暴力的方式。② 革命因而就如弗朗索瓦·孚雷所言，它成为一个绝对的开端，历史的一个零点，充满了有待未来完成的大业。③ 马克思在评价 1848 年的欧洲革命时，也明确指出了革命的这种未来导向："19 世纪的社会革命不能从过去，而只能从未来汲取自己的诗情。它在破除一切对过去的迷信以前，是不能开始实现自己的任务的。从前的革命需要回忆过去的世界历史事件，为的是向自己隐瞒自己的内容。19 世纪的革命一定要让死人去埋葬他们的死人，为的是自己能弄清自己的内容。"④ 因此，在某种意义上，面向未来的革命将创造新的历史，或者就是历史本身。

革命获得一种指向未来的时间向度，其实也就是科塞勒克所谓的概念的"时间化"（temporalization）的过程。⑤ 经历这样一种转变，"革

---

① ［德］黑格尔：《历史哲学》，王造时译，上海书店出版社 2001 年版，第 441 页。

② 关于 19 世纪的知识分子，比如傅里叶、马克思、蒲鲁东、尼采对历史的逃离，参见 Peter Lamborn Wilson, *Escape from the Nineteenth Century and Other Essays*, Autonomedia, 1998。

③ ［法］弗朗索瓦·孚雷：《思考法国大革命》，孟明译，生活·读书·新知三联书店 2005 年版，第 124 页。

④ 马克思：《路易·波拿巴的雾月十八日》，《马克思恩格斯文集》第 2 卷，第 473 页。

⑤ Reinhart Koselleck, "The Temporalisation of Concepts", *Finnish Yearbook of Political Thought*, Vol. 1, 1997, pp. 16 – 24.

命”一词被抽象化、总括化，成为一个“集合单数”的概念。“革命”一词不再像17世纪早期那样，以复数的形式使用，指某些具体的、不同的革命。相反，“革命”开始以单数的形式出现，从其内部统合了所有个别的革命进程，从而上升为一个特定的和总体性的范畴。正如科塞勒克指出的：“革命成为一个元历史概念，与其自然起源完全分离……换句话说，革命获得了一种超验的意义，不仅成为知识的调控原则，而且成为所有被卷入革命中的人的行为的调控原则。自此以后，革命进程与一种既受革命进程制约又反过来对它产生影响的意识，不可分割地同属于一个整体。现代革命概念所有更丰富的特征都是在这种元历史背景下产生的。”[①] 这种总体化的革命观念开启了一个新的“期待视域”，它吸引更多有着坚定革命信念的人参与其中，并导致“能够进行政治斗争的人成十倍以至成百倍地迅速增加”。[②] 用詹姆斯·比林顿的话说就是，革命已经成为19世纪的世俗宗教。[③] 从此，革命告别了罗宾汉式的侠盗、乡间的秘密会社、各种千禧年运动式的农民起义、前工业化都市的暴民与暴动、劳工阶级的宗教门派等“原始”和“古朴”的形式，[④] 迎来了以知识分子为主的职业革命者参与并领导的现代模式。

最终，这种代表了总体性的、具有坚定信念的革命观念，让革命超越了时间和空间的限制，获得一种具有无限可能的普遍性。在空间上，革命意味着一场世界革命，肩负解放全人类的重任；在时间上，革命意味着一场永久革命，在实现其全部目的之前绝不停止。[⑤] 革命也因此超越其发源地，向欧洲以及西方文明之外的所有地区传播。革命进而成为普遍历史的一部分。

---

① Reinhart Koselleck, “Historical Criteria of the Modern Concept of Revolution”, in *Futures Past: On the Semantics of Historical Time*, trans. Keith Tribe, Columbia University Press, 2004, p. 50.

② 列宁：《共产主义运动中的“左派”幼稚病》，《列宁选集》第4卷，人民出版社1995年版，第193页。

③ 关于革命作为一种世俗宗教，参见James H. Billington, *Fire in the Minds of Men: Origins of Revolutionary Faith*, Basic Books, 1980, p. 8。

④ Eric J. Hobsbawm, *Primitive Rebels: Studies in Archaic Forms of Social Movement in the 19th and 20th Centuries*, Manchester University Press, 1959, p. 1.

⑤ Reinhart Koselleck, “Historical Criteria of the Modern Concept of Revolution”, p. 52.

三

在19世纪乃至20世纪上半叶的所有现代革命中，几乎可以看到法国大革命的影子。对于法国大革命的全球性影响，埃里克·霍布斯鲍姆指出，在同时代的所有革命中，只有法国大革命是世界性的。它不仅为日后所有的革命提供了榜样，其教训也融入现代社会主义和共产主义之中。[①] 西达·斯考切波同样认为，法国大革命是一个真正世界历史性的事件，对于所有意欲理解由民主制、官僚制、民族国家、国际战争构成的全球时代的政治模式和意义的人们来说，法国大革命是他们共同的财富。[②] 不过，对于法国大革命及其所孕育的现代革命的普遍原则的大多数理解，基本是在民族国家的框架内展开的。也就是说，革命通常被看作是发生在一个国家内部彼此对立的两个群体或阶级之间的冲突。比如，为争夺生产资料所有权的双方。[③] 然而，在现代革命中还有这样一类革命，它不是发生在一国之内，而是发生两个国家——更准确地说发生在宗主国与殖民地之间，对抗的双方分属于不同的民族甚至种族，带有强烈的民族独立和解放斗争的性质。这类革命波及人数之多、涵盖地区之广，使之更具崇高性、鼓动性和持久性。正是借助这类革命，源自法国大革命的现代革命理念才真正全球化，获得了世界历史意义。

在所有这类革命中，海地革命因为最早爆发而具有特别重要的现实和象征意义。1791年8月，在法国大革命发生两年后，位于加勒比海伊斯帕尼奥拉岛上的法国殖民地圣多明克发生了黑人奴隶起义。在革命爆发前，法国人已经在圣多明克经营了一百多年，并把这里打造成法国乃至新世界最富有的殖民地。因此，当殖民当局获悉黑人奴隶正在密谋焚

① Eric Hobsbawm, *The Age of Revolution*, 1789 - 1898, Vintage Books, 1996, pp. 54 - 55.

② Theda Skocpol and Meyer Kestnbaum, "Mars Unshackled: The French Revolution in World - Historical Perspective", in Ferenc Fehér, ed., *The French Revolution and the Birth of Modernity*, University of California Press, 1990, p. 27.

③ Daya Krishna, "The Concept of Revolution: An Analysis", *Philosophy East and West*, Vol. 23, No. 3, 1973, p. 292.

烧种植园并计划杀掉所有白人时，他们根本不相信这些没有受过教育的黑人奴隶能够谋划出这样的方案，更不相信这些长期为奴的黑人能够组织起来推翻他们的主人。但让所有人意想不到的是，海地的黑人奴隶不仅成功发动了起义，而且将之发展成一场持续13年之久的革命，并在这一过程中先后击败了当地的法国殖民者、路易十六的军队、西班牙入侵者、英国人的干涉甚至拿破仑的远征军，最终于1804年1月1日宣布成立海地共和国。[①]

海地革命因其独特性而有着丰富的诠释空间：它是历史上唯一成功的奴隶起义，是第一场黑人推翻白人统治者的斗争，是拉丁美洲独立战争的先声，是最为激进的反对奴隶制和种族歧视的运动。当然，海地革命的残酷性和暴烈性也丝毫不亚于法国大革命。1801年底，拿破仑派出大军远征圣多明克，试图恢复白人的统治并重建奴隶制，这引发了黑人奴隶的强烈反抗并开启了海地革命最暴力的阶段。不仅法国军队被击败，岛上的白人居民也几乎被屠杀殆尽。不过，海地革命的真正贡献在于它为现代革命提供了全新的内涵。在这场革命中孕育而生的反殖民主义、反帝国主义、反种族主义、普遍人权等理念，不仅是以往发生在民族国家内部或具有“内战”[②]性质的革命所不具备的，而且也伴随着革命影响的扩散，成为19世纪以来发生在欧洲各帝国内部以及欧洲之外的革命的基本原则。

1789年8月，当国民议会公布《人权和公民权宣言》时，这里的“人”或者“公民”显然并不包括法国国内和殖民地的黑人奴隶。一个明显的例子是，1789年7月——就在巴士底狱被攻占的前几天，圣多明克的一些种植园主来到巴黎，希望新成立的国民议会能够接受来自加勒比海地区的20名代表。这一数字是依据法属加勒比海各岛屿的人口计算出来的，其中黑人奴隶和有色人种的人口也被计入其中。面对来自殖民

① 对海地革命的一个简要但清晰的概述，参见 Jeremy D. Popkin, *A Concise History of the Haitian Revolution*, Wiley - Blackwell, 2012。

② 革命和内战有时是很难区分的，大卫·阿米蒂奇对两者作了一个不甚严谨但却实用的划分：内战中的胜利者往往会把他们的斗争作为一场革命来纪念。参见 David Armitage, *Civil Wars: A History in Ideas*, Yale University Press, 2017, p. 14。

地代表的请求，不久后将在国民议会上宣读《人权宣言》的米拉波当即表示了反对，因为他认为黑人和有色人种是役畜，是“非人”：“如果殖民者想把黑人和有色人种也算作人，那就让这些人先获得选举权吧；所有人都可以是选民，所有人也都可以被选举。如果不是这样的话，我们请他们注意，在按照法国人口来分配代表的人数时，我们没有考虑到我们的马的数量，也没有考虑到我们的骡子的数量。”[①] 米拉波的这一言论其实反映了革命的一个悖论，即法国大革命所宣扬的各种原则在法国之外，在白人之外是否还有效？

沃勒斯坦敏锐地注意到了这个问题。他看到，圣多明克的法国白人移民者利用国内的革命原则不断加强自治权的行动，直接引发了黑人的革命意识，但是当海地革命出人意料地迅速展开时，所有曾经的革命者，不论是拿破仑、英国人还是美国和拉丁美洲的白人移民革命者都千方百计地试图摧毁或至少遏制这些现在的革命者。[②] 革命的精神到底何在？它是普世主义的还是仅仅为了满足国内的阶级利益？它是超越种族的还是局限于民族国家之内？海地革命的爆发，显然有助于从外部推动法国人去反思这些革命的悖论。1793 年 6 月，圣多明克最大的城市法兰西角（Cap Français）在法国军队和海地黑人的冲突中被焚毁。这场自革命爆发以来最大的暴力事件给法国国内带来极大的震动，最终导致 1794 年 2 月国民公会宣布废除奴隶制。不过，废奴法令在当时只得到了有限的支持，比如以罗伯斯庇尔为首的公安委员会更关心的是对英国的战争以及国内的政治对手。而且，废奴法令并不彻底，更像是权宜之计——它只废除了加勒比海地区殖民地的奴隶制，其他殖民地的奴隶制直到 1848 年才废除。此外，废奴法令的颁布更像是仪式层面的，比如在更名为“理性圣殿”的巴黎圣母院进行庆祝，为来自圣多明克的黑人国民公会议员让 - 巴普蒂斯特·贝雷（Jean - Baptiste Belley，1746—1805 年）绘制全身肖像等。但是，不论如何，废除奴隶制所产生的震撼效应，却是深远

---

① Michel - Rolph Trouillot, *Silencing the Past: Power and the Production of History*, Beacon Press, 2015, p. 79.

② Immanuel Wallerstein, “The French Revolution as a World - Historical Event”, in Ferenc Fehér, ed., *The French Revolution and the Birth of Modernity*, pp. 122 - 123.

的和难以估量的。

1807 年，在海地宣布独立三年后，黑格尔出版了《精神现象学》一书。在这部书中，黑格尔提出了著名的“主奴辩证法”，其灵感就来自海地黑奴反抗白人主人的斗争。所谓的“主奴辩证法”是指，当同为自为存在的两个自我意识发生对立时，双方会发生一场较量，最终的结果会产生一种主奴关系：其中拥有独立意识的一方是主人，拥有不独立意识的一方是奴隶。黑格尔详细地描述了这一过程：

> 双方都是自我意识……它们通过生死较量来考验自己和对方。它们必须进行这个较量，因为双方都必须把各自的自身确定性（即确信自己是一个自为存在）在对方那里和自己这里提升为一个真理。唯有冒着生命危险，自由才会经受考验……诚然，即使一个个体不敢去冒生命危险，我们仍然承认它是一个个人，但在这种情况下，它并没有获得“承认”的真理，因为它不是作为一个独立的自我意识得到承认。双方都必然希望致对方于死地，同样，双方都冒着生命危险。双方都不再认为对方就是它自己。……每一方都必须直观到对方的存在是一个纯粹的自为存在，或者说是一个绝对的否定。[①]

尽管研究者通常认为，黑格尔关于主奴关系的隐喻来自西方的哲学传统，但苏珊·巴克 - 莫斯坚称，主奴关系的建构受到了海地革命的影响。在《精神现象学》中，黑格尔虽然只字未提海地革命，但巴克 - 莫斯强调，黑格尔从他经常阅读的杂志《密涅瓦》（*Minerva*）上了解到了海地革命的详情。《密涅瓦》杂志从 1792 年开始报道圣多明克的革命，并在 1804 年秋至 1805 年底这一整年时间里，刊发了总篇幅超过 100 页的系列文章，包括原始文献、新闻摘要、目击者口述等。[②] 这些文字不仅向读者介绍了圣多明克的独立斗争，而且讲述了此前十年发生的事件。巴克 - 莫斯据此指出：“毫无疑问，黑格尔了解现实的奴隶，了解他们的革命

---

① ［德］黑格尔：《精神现象学》，先刚译，人民出版社 2015 年版，第 120—121 页。

② Susan Buck - Morss, “Hegel and Haiti”, in *Hegel, Haiti, and Universal History*, University of Pittsburgh Press, 2009, p. 42.

斗争。在他的学术生涯中或许最具政治性的文字表述中，黑格尔把海地发生的轰动事件，作为他在《精神现象学》中的论证的关键。加勒比海奴隶反对主人的这场实际和成功的革命，是相互承认的辩证逻辑成为世界历史主旋律的时刻，是自由的普遍实现的故事。"[①]

而在1821年的《法哲学原理》中，黑格尔再一次谈到了奴隶制与自由。在该书第57节的补充部分，黑格尔说道：

> 如果人们坚持人自在自为地是自由的这一方面，那就是以此来诅咒奴隶制度。但是某人当奴隶，原因在于他自己的意志，这就像某个民族受到奴役，原因在于这个民族的意志一样。所以，不仅仅使人成为奴隶和奴役他人的人是非法的，而奴隶和被奴役者本身也是非法的。奴隶制产生于由人的自然性向真正伦理状态过渡的阶段，即产生于尚以非法为法的世界。在这一阶段非法行之有效并同样必然地正当其位。[②]

显然，黑格尔对奴隶制进行了一贯且明确的谴责。但是，黑格尔也看到，由于奴隶制的存在，自由不能够仅仅依靠仁慈的主人赋予奴隶而获得，也不能通过表达虔诚的情感来实现。自由必须通过对主人的征服才能自主实现，奴隶必须迈出这一步。值得注意的是，在对第57节附释的笺注中，黑格尔提到了西印度的奴隶："在西印度经常有奴隶非常愤怒，在一个岛上人们现在还能阅读到所有的年月并常常是长年累月地在谋反。"[③] 从这个例子中可以看出，黑格尔确实受到了海地革命的影响。[④]

黑格尔的例子说明，两种对立的自我意识之间的生死较量，就是所谓的"追求承认的斗争"（struggle for recognition）。正是海地革命与法国大革命之间发生的对承认的斗争，而不仅仅是后者抽象的和以自我为中

① Susan Buck－Morss，"Hegel and Haiti"，pp. 59－60.

② ［德］黑格尔：《法哲学原理》，邓安庆译，人民出版社2017年版，第115—116页。

③ ［德］黑格尔：《法哲学原理》，第114页。

④ 对于黑格尔《法哲学原理》与海地革命之间关系的解读，参见Nick Nesbitt，"Troping Toussaint，Reading Revolution"，*Research in African Literatures*，Vol. 35，No. 2，Haiti，1804－2004：Literature，Culture，and Art，2004，pp. 23－27。

心的“自我意识”，才使得一种糅合了两种革命观念的新的革命观念应运而生。这种新的革命观念将以往在欧洲语境中产生的变动性、总体性和普遍性与反帝国主义、反殖民主义、反种族主义，以及超越种族的自由、平等和人权统合在一起，形成一种新的总体性。而这种新的总体性将带来对革命观念更完整的理解，也使得革命观念具有了真正的普遍性。

如果说革命观念在欧洲语境中的演进，让人们可以从时间之轴上看到它的形成和变形，那么海地革命则促使人们从空间角度去思考现代革命观念的重塑与锻造。回顾革命观念在时间尤其是空间之中的“变形之弧”，人们可以得出如下结论：现代革命观念不只是欧洲的产物，也不只是产生于欧洲的革命观念全球传播的结果，它是源自欧洲的革命观念与不同地方因素彼此影响、相互成就的混合之物。经过这一过程，革命观念既发生了不同于以往的变化，也增添了更为丰富和更具普遍意义的内涵。只有在不同的空间，与不同的地方因素进行协调，革命才会克服抽象的普遍主义（abstract universalism），[①] 获得一种更加真实的和真有实践意义的普遍性。对于那些后来的革命者来说，不论他们来自欧洲还是欧洲之外，革命既不是对过往经验的重复，也不是对欧洲经验的模仿。相反，革命是为了实现自身更为切实的目标。唯如此，革命者才能像马克思、恩格斯所说的“实践的唯物主义者即共产主义者”那样，“使现存世界革命化，实际地反对并改变现存的事物”。[②]

（原载《华东师范大学学报》2022 年第 4 期）

① Eduardo Grüner, *The Haitian Revolution: Capitalism, Slavery, and Counter - Modernity*, trans. Ramsey McGlazer, Polity Press, 2020, pp. 129 – 209.

② 马克思、恩格斯：《德意志意识形态》，《马克思恩格斯文集》第 1 卷，人民出版社 2009 年版，第 527 页。

“半殖民地半封建社会”概念的讨论及反思

赵庆云

作为解释社会发展一般规律的理论范式，社会形态理论是马克思主义分析历史的基本向度，是马克思主义史学话语体系的核心，也是中西历史比较、中外会通研究的重要理论平台。“半殖民地半封建社会”概念，是中国共产党对近代中国社会形态的概括，是将社会形态理论与中国历史实际相结合而形成的理论创造。这一概念不仅是中国共产党领导的民族民主革命的理论基础，也是中国近代史诠释体系的基石。其形成及定型，体现了学术话语与政治话语的关联互动；20 世纪 80 年代以来一些学者对此概念的质疑、挑战，又与近代史领域所谓“范式之争”纠结在一起。有学者认为，“不弄清这个根本性的概念，就谈不上对中国近代史发展趋向、基本线索的把握，更谈不上什么架构、体系、分期等问题”。[①] 对此一关键概念渊源流变及相关争论，有必要加以全面梳理和深入解析。

一

强调对社会性质、社会形态的判定，本是马克思主义史学的应有之义；而对于近代中国社会性质的认识，即等同于对近代中国国情的认识，

① 李时岳：《关于“半殖民地半封建”的几点思考》，《历史研究》1988 年第 1 期。

更与中国共产党领导的民族民主革命息息相关。毛泽东曾明确指出："认清中国社会的性质，就是说，认清中国的国情，乃是认清一切革命问题的基本的依据。"①

"半殖民地半封建社会"概念的源起及早期流变，经过一些学者的研究已大体清晰。兹综合既有研究概述如下："半封建"概念源于马克思和恩格斯，为列宁沿用并加以发挥。但列宁并未将"半殖民地""半封建"二者结合起来称谓中国。1924 年 9 月蔡和森明确提出"半资产阶级和半封建社会"概念。此后，"半封建"一词均从阶级关系和政治角度来阐释和使用。在中共文献中最早出现"半殖民地半封建"一词是 1926 年 9 月 23 日莫斯科中山大学国际评论社编译出版的中文周刊《国际评论》发刊词。1928 年 6 月，中共"六大"决议对中国社会的半殖民地、半封建性质有了较明确的认识。1929 年，中共中央首次使用"半殖民地半封建"概念。② 概念的提出、使用与阐发，背后有着颇为微妙的理论渊源脉络。李红岩对此作了深入考察辨析：第一次国共合作时期，斯大林与托洛茨基围绕中国社会性质问题已有交锋。托洛茨基认为资本主义关系在中国"占统治地位"、起"支配作用"，中国托派大大拓展了托洛茨基的中国问题主张，确定了近代中国是资本主义社会的社会性质论。中共在与托派进行的理论斗争中，继承与发展斯大林、布哈林的"封建残余优势说"，将社会形态理论与中国历史实际相结合而形成"半殖民地半封建"理论。这是马克思主义中国化的理论创造。③

作为"半殖民地半封建社会"理论的集大成者，毛泽东吸收融会社

---

① 毛泽东：《中国革命和中国共产党》，《毛泽东选集》第 2 卷，人民出版社 1991 年版，第 633 页。

② 聂希斌：《对中国半殖民地半封建社会的新认识》，《学术研究》1992 年第 1 期；陈金龙：《"半殖民地半封建"概念形成过程考析》，《近代史研究》1996 年第 4 期；陶季邑：《关于"半殖民地半封建"概念的首次使用问题》，《近代史研究》1998 年第 6 期；李洪岩：《半殖民地半封建理论的来龙去脉》，《中国社会科学院近代史研究所青年学术论坛》2003 年卷，社会科学文献出版社 2005 年版。

③ 李洪岩：《半殖民地半封建理论的来龙去脉》，《中国社会科学院近代史研究所青年学术论坛》2003 年卷；李红岩：《托派的中国社会性质论》，《史学理论研究》2020 年第 4 期。

会性质论战成果，对这一概念进行深入阐述和理论论证。[①] 在 1939 年的《中国革命和中国共产党》中进而对中国社会性质作了深入系统的考察分析，不仅揭示了半殖民地半封建社会的形成过程，而且概括了近代以来半殖民地半封建社会形成的历史过程及基本特点。"这些总结，比社会性质讨论中任何人的认识站位都高，阐述得更完整、更准确、更科学。"[②] "半殖民地半封建社会"至此完整定型，并成为中共民主革命理论的基本出发点，成为马克思主义学派关于中国近代史诠释体系的理论基石与核心命题。

近代中国社会性质为"半殖民地半封建社会"（简称"两半论"），长期以来在学界被视为不言自明的共识。对于"半殖民地半封建社会"性质在近代中国的演进，毛泽东有经典论述："自从 1840 年的鸦片战争以后，中国一步一步地变成了一个半殖民地半封建的社会。"[③] 但这一不断加深的演进历程其具体阶段如何，20 世纪 50 年代学者对此的解释迥乎不同，主要观点有以下几种。

1. 胡绳 1954 年发表的关于近代史分期的名文强调：从 1840 年到 1850 年（鸦片战争到太平天国起义前）"是中国由封建社会开始转变为半殖民地半封建社会的时期"；从 1864 年到 1895 年"是半殖民地半封建的社会和政治形成的时期"。[④] 胡绳的观点有其渊源，早在 1941 年陈伯达就曾提出："和资本主义变成帝国主义差不多同时，中国近代史，经过中日战争，才完全形成为半殖民地半封建的经济形态。"[⑤]

2. 天津师院历史系提出，1840—1864 年为"中国半殖民地半封建社

---

① 参见龙心刚《以毛泽东使用与认识"半殖民地半封建地"概念的历史考察》，《党史研究与教学》2007 年第 3 期；鲁振祥：《毛泽东使用和认识"半殖民地半封建"概念的历史情况的进一步考察》，《党史研究与教学》2007 年第 5 期；李张容：《毛泽东对"半殖民地半封建"概念的运用与阐释》，《党的文献》2019 年第 4 期。

② 张海鹏：《"半殖民地半封建"概念的提出及重大意义》，《北京日报》2021 年 4 月 12 日。

③ 毛泽东：《中国革命和中国共产党》，《毛泽东选集》第 2 卷，人民出版社 1991 年版，第 626 页。

④ 胡绳：《中国近代历史的分期问题》，《历史研究》1954 年第 1 期。

⑤ 陈伯达：《由封建的中国到半殖民地半封建的中国——近代中国经济杂说之一》，延安《解放》杂志 1941 年 11 月，第 128 期。

会开始”时期。1864—1901 年是“中国半殖民地半封建社会逐步形成”时期。1901—1919 年是“中国社会半殖民地化的加深”时期。①

3. 金冲及认为，“中国社会经济的半殖民地、半封建化是一个过程，不是一朝一夕就变成了的”，从 1840—1864 年“中国开始走上半殖民地半封建社会的道路。但是就整个说来，中国社会的性质基本上还是封建社会”。1864—1894 年才是“中国半殖民地半封建社会逐步形成”时期。1895—1900 年“是中国半殖民地半封建社会正式形成”时期。1901—1914 年“是中国半殖民地半封建社会继续加深”时期。②

4. 孙守任提出，1840—1864 年为“自由资本主义时代半殖民地半封建社会开始形成”时期；1864—1894 年为“自由资本主义时期半殖民地半封建社会巩固加深”；1894—1905 年为“帝国主义时期半殖民地半封建社会之形成”时期；1905—1919 年为“帝国主义时代半殖民地半封建社会的继续加深”时期。③

此外还有学者提出自己的解释，与上述四种大同小异。1955 年毛健予提出：1840—1864 年为中国“开始走上半殖民地半封建社会时期”，“南京条约订立，标志着中国开始走上半殖民半封建的道路”。1864—1895 年“是中国半殖民地半封建社会的逐步形成时期”。④ 1956 年李新撰文提出，中国近代史上部（旧民主主义革命时期）第二篇为“半殖民地半封建统治秩序的形成”（1864—1895 年）。⑤ 顾林则撰文强调甲午战后中国半殖民地半封建经济形态“完全形成”。⑥

不同学者对于“半殖民地半封建社会”在近代中国形成与加深历程之认识，与其对于中国近代史的分期主张密切相关。虽然各有道理，但深究起来亦均不无可议之处。第 1、2 两种观点将 1864 年作为半殖民地

① 天津师院历史系：《我们对中国近代史分期问题的意见》，《天津日报》1956 年 10 月 12 日。

② 金冲及：《对于中国近代历史分期问题的意见》，《历史研究》1955 年第 2 期。

③ 孙守任：《中国近代历史的分期问题的商榷》，《历史研究》1954 年第 6 期。

④ 毛健予：《从社会经济的变化来认识中国怎样逐步沦为半殖民地半封建社会》，《史学月刊》1955 年第 12 期。

⑤ 李新：《关于近代史分期的建议》，《教学与研究》1956 年第 1 期。

⑥ 顾林：《试谈甲午战后中国半殖民地半封建经济形态的完全形成》，《历史教学》1956 年第 4 期。

半封建社会形成阶段的上限，则1840—1864年的中国社会历史应如何理解？第3种观点明确表示1840—1864年虽然"开始走向半殖民地半封建社会的道路"，但"中国社会的性质基本上还是封建社会"，逻辑上存在矛盾。戴逸对此提出商榷，认为金冲及单纯用外国商品输入数量来判定社会性质"显然是错误的"，金氏对1840—1864年间中国社会经济的变化估计不足，由此导致将1864年"作为半殖民地半封建社会逐渐形成的上限"，"不仅是没有根据的，而且是自相矛盾的"。①

第4种观点着眼于世界范围由"自由资本主义时代"到"帝国主义时代"的阶段演进，提出中国近代的"半殖民地半封建社会"有两次"形成"，两次"加深"，也稍显牵强。

在1960—1961年学界关于中国近代经济史分期讨论中，中国近代"半殖民地半封建社会"的"形成"问题仍然难以回避。郭庠林认为：1840年鸦片战争对中国社会经济来说"只是量变的开始，而不是质变的时候"，1864年后中国社会经济才发生质的变化。② 丁日初明确提出："1840年不是划分我国封建主义社会经济形态同半殖民地半封建形态的界标。"③ 两人与金冲及的观点接近，均认为鸦片战争后20余年间并非"半殖民地半封建社会"。④ 如此一来，鸦片战争作为中国近代史开端的意义无疑被冲淡。黎澍1959年撰文强调鸦片战争在社会形态演进中的关键意义："封建主义的历史发展线索是无论如何在这里开始被永远斩断了，没有继续保持下去的余地了。"⑤ 刘大年进而提出：封建制度发展的线索从鸦片战争开始"被永远斩断了，封建社会内部资本主义萌芽发展的线索也明显地被斩断了"。⑥ 胡思庸也强调：中国社会自鸦片战争起，

① 戴逸：《中国近代史的分期问题》，《历史研究》1956年第6期。

② 郭庠林：《对中国近百年经济史分期的意见》，《学术月刊》1960年第10期。

③ 丁日初：《关于中国近代、现代经济史的分期问题》，《学术月刊》1961年第2期。

④ 20世纪80年代以后，一些学者明确提出应将"半殖民地"与"半封建"分而观之，则鸦片战争后几十年尽管"在半殖民地的道路上愈走愈远，领土主权不断遭到破坏，但中国的社会性质并没有发生根本变化，它仍然是封建主义生产方式占统治地位的单纯的封建社会"，并明确将中国封建社会转变为半封建社会的界限划在1911年。杜经国：《关于"半殖民地半封建"的几点思考》，《广州研究》1987年第9期。

⑤ 黎澍：《中国的近代始于何时》，《历史研究》1959年第3期。

⑥ 刘大年：《中国近代史研究中的几个问题》，《历史研究》1959年第10期。

在本质上成为半殖民地半封建社会形态，“这是一个爆发性的、根本性的质变，决不是什么量变。”①

概言之，20 世纪五六十年代，学界对将 1840—1949 年的近代中国社会形态界定为“半殖民地半封建社会”并无疑议，对近代以来中国的“半殖民地半封建”性质步步加深也有共识。争论的关键在于形成“半殖民地半封建”社会形态的时间断限。但所谓“形成”“加深”，其词意本有模糊之处，不易作出明晰界定和截然分段，学者可以作出各有侧重的不同解释。赵希鼎提出，“从历史发展的史事上看，在一百零九年中，半殖民地半封建社会是一步一步的深入，一步一步的恶化。在这个过程中不易找出那时是进半殖民地半封建社会的‘最后形成’或‘完全形成’的标志。因为它一直向前深入的发展着。看来只有 1840 年鸦片战争是中国社会由封建开始变为半殖民地半封建的质变。1949 年全国解放，中华人民共和国的成立，是中国半殖民地半封建社会开始转变为社会主义社会的质变。而在这一百零九年中间所有一系列的过程事件，都是一步步深入的半殖民地半封建社会的量变。”② 这样处理，确可避免分歧，但也实际上回避了“半殖民地半封建”化加深过程的阶段划分。

再看中国近代史通论性著作，其理论框架和章节结构多以“半殖民地半封建”概念作为关键词，其具体解释也有所出入。近代史研究所丁名楠等所著《帝国主义侵华史》第 1 卷，将 1864—1895 年作为半殖民地半封建社会形态的形成时期。近代史所编写的《中国史稿》第 4 册（人民出版社 1962 年版）第一章为“中国遭受外国资本主义奴役的开始，封建经济的破坏（1840—1864 年），第二章将 1864—1901 年作为“半殖民地半封建制度的形成”时期。

“文化大革命”前 17 年间，学界在接受“两半论”的前提下，对“半殖民”“半封建”形成时间的争论，实际上与近代史分期问题紧密相关，成为学者建构近代史分期体系和解释体系的重要考量。20 世纪 80

① 胡思庸：《中国半殖民地半封建社会“形成”问题的商榷》，《开封师院学报》1962 年第 1 期。

② 赵希鼎：《有关中国半殖民地半封建社会的发展问题》，《开封师院学报》1962 年第 1 期。

年代后，人们对“半殖民地半封建社会”的形成又提出新的看法。李时岳1988年撰文明确提出：1840—1949年为一个完整的历史时代，以中华民国成立为标志，划分为前、后两期，前期为“半殖民地半封建”的形成期，后期为“半殖民地半封建”的终结期。中国沦为半殖民地的开端是“鸦片战争”，而中国进入“半封建社会”的标志是辛亥革命。[①] 而宋德华则认为：“半殖民地半封建”首先是一个侧重于质的规定的、表明历史发展趋向性的概念，并无必要确定近代某一时期作为“半殖民地半封建”社会形成或确立的分界线。[②]

二

“两半论”长期以来在学界被视为定论，并无异议。但正如有学者指出，此概念尚“缺乏严格的、科学的、建立在大量事实基础上的论证，因此难以经受住来自反面的挑战”。[③] 改革开放后，由于国家核心任务由阶级斗争转变为发展生产力，史学界开始从偏重民族矛盾、阶级斗争转向以生产力标准来衡量近代历史进程。随着学界对此前以“三次革命高潮”为标志的近代史学科体系提出反思，“两半论”亦受到质疑和挑战，并引起热烈争鸣。就其观点倾向而言，参与讨论者大体可以分为质疑与坚持两个阵营，但其具体阐释互有交错，远非泾渭分明，整个讨论呈现出众说纷纭的局面。为避免枝蔓，兹就讨论的四个焦点问题加以梳理评述。

其一，“半封建”与“半资本主义”是何种关系？

1981年3月12日，胡绳在纪念太平天国起义130周年学术讨论会上的讲话中，一方面重申“中国近代社会的性质，是半殖民地半封建社会”，同时提出，近代中国也是“半封建半资本主义的社会”，“所谓半

① 李时岳：《关于“半殖民地半封建”的几点思考》，《历史研究》1988年第1期。

② 林有能：《中国近代社会性质的再认识——广东史学界的一场争论》，《学术研究》1988年第6期。

③ 张海鹏：《中国近代史研究的回顾》，《近代史研究》1989年第6期。

封建也就是半资本主义，不是完全的封建主义。因为是半资本主义，所以有资产阶级和无产阶级。民主革命的领导权开始属于资产阶级，以后不能不落到无产阶级的肩上。新中国成立后，完成了民主革命的任务，中国进入从资本主义到社会主义的过渡时期。这是因为虽然中国没有经过资本主义国家这个阶段，但是旧中国毕竟并不是完全的封建社会，而是半封建半资本主义的社会的原故"。①

胡绳这一观点，也有毛泽东的相关论述作为理论资源。毛泽东曾指出："中国自从发生了资本主义经济以来，中国社会就逐渐改变了性质，它不是完全的封建社会了，变成了半封建社会，虽然封建经济还是占优势。这种资本主义经济，对于封建经济来说，它是新经济……没有资本主义经济，没有资产阶级、小资产阶级和无产阶级，没有这些阶级的政治力量，所谓新的观念形态，所谓新文化，是无从发生的。"② 近代中国转变为"半封建社会"，其根本原因无疑在于产生了资本主义因素。但毛泽东同时也指出：近代中国"微弱的资本主义经济和严重的半封建经济同时存在"。③ 近代中国资本主义发展窒碍重重，在整个国民经济中居于相当微弱的地位，所谓"半资本主义社会"的称谓或定性，不无夸大之嫌。胡绳提出"半封建半资本主义社会"概念，进而指出"半封建"等同于"半资本主义"，却并未展开论述，也未深究其中可能隐含的内在矛盾。

不无巧合的是，与胡绳讲话的同一天，李时岳和胡滨在《人民日报》发表文章，将"半封建"引申为"半封建与半资本主义"。④ 这一表述较为模糊，并未如胡绳那样明确将"半封建"与"半资本主义"等同，但亦将"半封建"与"半资本主义"视为一体之两面，彰显了近代资本主义发展的重要地位。"半封建与半资本主义"概念，可以视为李时岳"两种趋向"论、"四个阶梯说"的逻辑起点。

胡绳提出的"所谓半封建也就是半资本主义"更为直白，也颇受关

---

① 胡绳：《关于中国近代史研究的若干问题》，《光明日报》1981年4月20日。

② 毛泽东：《新民主主义论》，《毛泽东选集》第2卷，第695页。

③ 毛泽东：《中国革命战争的战略问题》，《毛泽东选集》第1卷，第188页。

④ 李时岳、胡滨：《论洋务运动》，《人民日报》1981年3月12日。

注。1986 年刘耀的质疑文章，引用胡绳"所谓半封建也就是半资本主义"的论述，并反复强调近代中国为"半封建半资本主义社会"。[①] 苑书义则明确批评胡绳此观点，强调近代中国的"半封建经济是个汪洋大海，资本主义经济则是零星孤岛"。"半封建经济""是规定社会性质的矛盾的主要方面。因此，这种经济结构只能称之为'半封建'，而不能称之为'半资本主义'"。[②] 著名经济史学者汪敬虞撰文指出：直到 20 世纪 30 年代，中国自有的资本在整个国民经济中所占比重不足 10%，因而"中国至多只有 10% 资本主义，还谈不上半资本主义"，并明确批评李时岳将"半资本主义"等同于"半封建"。[③] 为李时岳辩护的郭世佑则强调：李时岳"没有提出所谓'半封建'等于'半资本主义'之类明显错误的论点。"[④] 郭世佑将李时岳与胡绳的"明显错误的论点"划清界限，亦可见胡绳此语确实存在不够严谨周密之处，胡绳自己此后也很少再提，却产生了一定影响，被一些著述引用。[⑤]

至于"半封建半资本主义"的概念影响更广，1987 年杜经国撰文，明确提出以"半封建半资本主义社会"取代"半殖民地半封建社会"。[⑥] 钟兴瑜也认为，"'半封建半资本主义社会'这一近代中国社会的定性定位，符合马克思主义以生产关系为基本内容的社会形态规范，符合近代中国社会的实际……它上承中国数千年封建社会，下启中国现代的社会主义初级阶段，名符其实，其特殊性、过渡性也清楚明确。"[⑦]

李时岳在 1988 年对此又有新的表述："半封建即封建 + 资本主义"，

---

① 刘耀：《中国半殖民地半封建社会若干问题的探讨》，《社会科学战线》1986 年第 3 期。

② 苑书义：《"半封建"浅释》，《河北学刊》1988 年第 5 期。

③ 汪敬虞：《中国近代社会、近代资产阶级和资产阶级革命》，《历史研究》1986 年第 6 期。

④ 郭世佑：《论"半殖民地"与"半封建"的区别和联系》，《湘潭师范学院学报》1989 年第 5 期。

⑤ 例如李培超、李彬《中华民族道德生活史（近代卷）》（东方出版中心 2015 年版，第 33 页）、陈汉楚：《社会主义在中国的传播和实践》（中国青年出版社 1984 年版，第 254 页）、贾福容：《中国近代史教程 1840—1919》（中共中央党校出版社 1994 年版，第 9 页）、廖盖隆等主编：《社会主义百科要览》（人民日报出版社 1993 年版，第 403 页）、理夫主编：《科学社会主义纲要》（河南人民出版社 1988 年版，第 41 页）等。

⑥ 杜经国：《中国"半殖民地半封建社会"概念新议》，《广州研究》1987 年第 9 期。

⑦ 钟兴瑜：《关于正确把握近代中国社会的几个问题》，《河北学刊》1995 年第 2 期。

“半封建的‘半’并不是一个数量的概念，而是指封建社会内部发生和发展了资本主义因素”。[①] 就李时岳的本意，“半封建半资本主义”概念虽然并不完全意味着“‘半封建’等于‘半资本主义’”，但应该可以解读为：“半封建化”等于“半资本主义化”。“半封建半资本主义”概念后来也曾受到颇为激烈的批评：“将旧中国是半殖民地、半封建的社会，改成旧中国是半封建、半资本主义社会。这一个谬论，就是不需要用中国的革命去解决半封建问题，而要用发展资本主义来吃掉半封建，因此革命就完全没有必要。从根本上讲，它就是否定革命。”[②]

其二，“半殖民地”能否表述社会性质？“半殖民地”与“半封建”能否割开来？

对“半殖民地半封建社会”概念的质疑，最关键的一条理由就是：“半殖民地”仅指国家地位，不能表述社会性质。1982 年杜恂诚撰文，从近代中国官僚资本状况论述社会性质问题，提出：“半殖民地指的是一个国家在民族矛盾中半附属国的地位，半封建指的是社会形态中的半封建、半资本主义性质。”虽未明确否定“半殖民地半封建”概念，但着重将“半殖民地”与“半封建”分开论述，并强调二者在性质上的差异、在时间上不同步。[③] 1986 年刘耀撰文提出：半殖民地是指国家地位，“决不能把半殖民地当做一种社会经济形态”；只有“半封建”是指社会经济形态。半殖民地化与半封建化是两种不同性质的变化，不能把它们等同或混淆起来。[④] 1987 年杜经国的文字仍循此思路，认为半殖民地这个概念所涉及的是国家主权和民族独立问题，与社会性质这个概念属于不同范畴。[⑤]

1988 年李时岳对“半殖民地”与“半封建”作了进一步分析，他强调：“众所周知，殖民地指的是国家地位，封建指的是一种社会形态，二者本没有什么必然的联系”。但又承认：近代中国的“半殖民地”与

① 李时岳：《关于“半殖民地半封建”的几点思考》，《历史研究》1988 年第 1 期。

② 曲建武、吴云志、赵冰梅：《高校辅导员工作中涉及社会思潮相关问题研究》，辽宁师范大学出版社 2015 年版，第 85—86 页。

③ 杜恂诚：《官僚资本与旧中国社会性质》，《社会科学》1982 年第 11 期。

④ 刘耀：《中国半殖民地半封建社会若干问题的探讨》，《社会科学战线》1986 年第 3 期。

⑤ 杜经国：《关于“半殖民地半封建”的几点思考》，《广州研究》1987 年第 9 期。

"半封建"二者之间"有着密切联系","但二者之间又确有区别,从各自的特定含义着眼,则并非'不可分割'"。他力图表述得更为圆融,不过其重心显然还在强调"半殖民地"与"半封建"之差异。① 郭世佑认为:"半殖民地"与"半封建"各有不同的内涵、各属不同范畴,"二者似无相加的可能性"。②

坚持"半殖民地半封建"概念的学者,亦针锋相对予以反驳。汪敬虞认为:"半殖民地"与"半封建"不可分割,近代中国"当他的一只脚踏进半殖民地社会,另一只脚必然进入半封建社会"。③ 钟近研认为:中国的半殖民地地位决定了中国内部社会经济和政治结构的发展变化,"半封建是被半殖民地所决定和制约的"。④ 姜铎、谢本书、苑书义大体持相同见解。苑书义强调:近代中国的"半封建"支撑着"半殖民地",而"半殖民地"又制约着"半封建",二者同步同趋。⑤ 陈旭麓对此有深入分析:半殖民地也揭示了被卷入世界市场的资本主义生产,民族资本就是相对于外国资本和买办资本的半殖民地产物,不能把半殖民地理解为单一的政治概念;半殖民地半封建既相区别又是互存的,不能截然分为两片,试问没有半殖民地何来半封建?⑥ 马敏也强调指出:"两半"是统一的整体,完整地表述一种"特殊的过渡形态","半殖民地不单纯是一个国家的政治地位问题,而还有其特定的经济内涵"⑦。张磊强调:"半殖民地这个语词决非'主要指国家地位'。作为关于近代中国社会性质的定语之一,半殖民地有其更为广泛和深刻的内涵,涉及社会生活的

---

① 李时岳:《关于"半殖民地半封建"的几点思考》,《历史研究》1988 年第 1 期;林有能:《中国近代社会性质的再认识——广东史学界的一场争论》,《学术研究》1988 年第 6 期。

② 郭世佑:《论"半殖民地"与"半封建"的区别和联系》,《湘潭师范学院学报》1989 年第 5 期。

③ 汪敬虞:《中国近代社会、近代资产阶级和资产阶级革命》,《历史研究》1986 年第 6 期。

④ 钟近研:《也谈中国半殖民地半封建社会的若干问题——与刘耀同志商榷》,《湖北社会科学》1988 年第 5 期。

⑤ 姜铎:《关于中国近代史发展线索之管见》,《社会科学》1988 年第 2 期;谢本书:《重评近代中国的社会性质》,《云南民族学院学报》1988 年第 2 期;苑书义:《"半封建"浅释》,《河北学刊》1988 年第 5 期。

⑥ 陈旭麓:《关于中国近代史线索的思考》,《历史研究》1988 年第 3 期。

⑦ 马敏:《过渡特征与中国近代社会形态》,《历史研究》1989 年第 1 期。

各个领域，具有本质的意义”；“半殖民地化和半封建化是同步的、共生的，两者又都标志了近代中国社会——过渡型的、而非相对独立——的基本状态和属性”。[①]

宋德华一方面认为“两半”可以看作相互区别的两个“特定的概念”，同时承认：中国近代变为“半殖民地”，不仅削弱了国家地位，也直接间接地改变了社会面貌，“‘半殖民地’也就成为说明、概括中国近代社会性质的一个必不可少的方面。”“半殖民地”与“半封建”“两者互相制约，互相依存”。[②] 聂希斌强调：不能将“半殖民地”仅理解为单一的政治概念，“无论是‘半殖民地’，还是‘半封建’，都应当从经济基础和上层建筑两个方面来把握和理解，都包含着政治、经济和文化的特定内容和属性”。[③]

对“半殖民地”的理解阐释，质疑者与坚持者各执一端。世纪之交，相关讨论热度降低，但仍时有余波。有学者着眼于考察马恩列斯运用“半殖民地”概念的本意以正本清源。张庆海 1998 年撰文梳理“半殖民地半封建社会”的由来，着力辨析：恩格斯、列宁、蔡和森等人均未用“半殖民地”来表述社会性质，以说明后来的“两半论”背离经典作家的本意。[④] 仓林忠于 2000 年强调：以“半殖民地”来表述社会性质“破坏了历史学科体系的统一性和同范畴历史概念的同一性”。[⑤]

方小年则通过文本分析，提出中国共产党早期领导人陈独秀就将“半殖民地”列入社会性质范畴，此后蔡和森、毛泽东等均从社会性质层面使用“半殖民地”。[⑥] 韩廉认为，“半殖民地”“半封建”虽然论述问题的角度不同，但都涉及列强入侵引起的从经济基础到上层建筑全方位的变化，“半殖民地”具体涵盖了经济、政治、思想文化等各个层面，

① 张磊：《关于中国近代史研究的几点思考——兼论中国近代社会性质》，《学术研究》1991 年第 2 期；林有能：《中国近代社会性质的再认识——广东史学界的一场争论》，《学术研究》1988 年第 6 期。

② 宋德华：《“半殖民地半封建”辨析》，《广东社会科学》1990 年第 2 期。

③ 聂希斌：《对中国半殖民地半封建社会的新认识》，《学术研究》1992 年第 1 期。

④ 张庆海：《论对“半封建”“半殖民地”两个概念的理论界定》，《近代史研究》1998 年第 6 期。

⑤ 仓林忠：《1840—1949 年中国社会性质商榷》，《安徽史学》2000 年第 3 期。

⑥ 方小年：《“半封建”“半殖民地”概念考析》，《文史哲》2002 年第 4 期。

而不仅指国家政治地位的改变。[①]

实际上，20 世纪 50 年代即有涉及此问题的讨论。尚钺 1959 年撰文对黎澍的商榷提出反批评，认为：外国侵入只能形成“半殖民地”，不能形成“半封建”。[②] 刘大年则提出：不能否定半殖民地半封建的统一性，“如果说，外国侵入只决定半殖民地，只干涉中国资本主义，不决定半封建，不干涉封建经济，或者是相反，这就必须承认社会生活不是一个统一的整体，在同一个社会里可以截然分为两个互不相干的独立世界”。[③] 面对新的时代背景下的质疑，刘大年在 1997 年撰文再次强调：半殖民地指民族不独立，着重讲对外一面；半封建指长期的封建制度开始崩溃，但没有形成独立的资本主义，着重于对内一面。二者互为表里，密不可分，取消其中一面就不存在另外的一面。[④]

其三，“两种趋向”论能否成立？

李时岳 1981 年提出“两种趋向论”，其要义为：近代中国社会存在两个互相矛盾的过程，一个是从独立国变为半殖民地（半独立）并向殖民地演化的过程，一个是从封建社会变为半封建（半资本主义）并向资本主义演化的过程。这两个过程“本质上不是互相结合，而是互相排斥。前者是个向下沉沦的过程，后者则是个向上发展的过程”。[⑤] 1984 年他撰文进一步阐发近代中国社会的发展存在两个不同趋向：“‘半殖民地’化是向下沉沦的趋向，‘半封建’化是向上发展的趋向。”[⑥]“两种趋向”论是李时岳建构近代史理论体系的核心内容。

“两种趋向”论与近代史学界普遍接受的“两个过程”论有实质差异。“两个过程”论由毛泽东归纳而成：“帝国主义和中国封建主义相结合，把中国变为半殖民地和殖民地的过程，也就是中国人民反抗帝国主

① 韩廉：《对中国“半殖民地半封建”社会性质的再认识》，《湖南师范大学学报》（社科版）1998 年第 2 期。

② 尚钺：《有关资本主义萌芽问题的二三事》，《历史研究》1959 年第 7 期。

③ 刘大年：《中国近代史研究中的几个问题》，《历史研究》1959 年第 10 期。

④ 刘大年：《方法论问题》，《近代史研究》1997 年第 1 期。

⑤ 李时岳：《近代中国社会的演化和辛亥革命》，《吉林大学社会科学学报》1981 年第 5 期；李时岳、胡滨：《论洋务运动》，《人民日报》1981 年 3 月 12 日。

⑥ 李时岳：《中国近代史主要线索及其标志之我见》，《历史研究》1984 年第 2 期。

义及其走狗的过程。"[①] 其核心涵义在于：半殖民地化与半封建化是一个完全的沉沦过程，与之相对抗的人民反帝反封建斗争过程是上升过程。显而易见，"两个过程"论与"半殖民地半封建社会"概念密切相关、相互印证、严丝合缝。而若依"两种趋向"论的逻辑，两种背道而驰的趋向怎可统一于同一概念之中？自然导致将"半殖民地半封建社会"概念割裂开来。

"两种趋向"论得到不少学者的认同。李泽厚在1986年对"半殖民地半封建概念"提出明确疑问："中国近代因为进入了'半封建半殖民地'社会，就是'历史的沉沦，不是时代的进步'，这到底对吗？难道中国更长停留在封建社会的古国中反而更好、反而更不是'历史的沉沦'吗"。[②] 自其基本观点和论述思路来看，可见"两种趋向"论的影子。"革命"叙事的重要构建者胡绳1988年也表示："现在史学界有种意见，认为变成半封建不是一个倒退，我赞成这个意见。有了点资本主义才叫半封建，比起纯粹的封建主义，这是个进步。"[③] 明确表示应坚持"两半论"的聂希斌也认为："两种趋向"论"把近代中国社会视为既有沉沦又有上升的社会，由'一点论'进到'两点论'，扭转了历史研究领域中长期存在的简单化和绝对倾向，这无疑是个进步。"[④] 不过肯定"两种趋向"论者，其实际阐释与李时岳也颇相径庭。如聂希斌认为，将"半殖民地"对应于"沉沦"、将"半封建"对应"上升"，就"仍没有完全摆脱简单化的窠臼"，实际上"半殖民地""半封建"二者都蕴含沉沦与上升两种因素。[⑤]

与此同时，也有不少学者对"两种趋向"论提出商榷批评。汪敬虞强调："近代中国由封建社会向半殖民地半封建社会的转变，这是历史的沉沦，不是时代的进步。"[⑥] 林华国认为："两种趋向"论回避近代中

① 毛泽东：《中国革命和中国共产党》，《毛泽东选集》第2卷，人民出版社1991年版，第632页。

② 李泽厚：《开辟中国近代史研究的新阶段》，《文汇报》1986年12月30日。

③ 胡绳：《社会科学面临的形势和任务》，《中国社会科学》1988年第4期。

④ 聂希斌：《对中国半殖民地半封建社会的新认识》，《学术研究》1992年第1期。

⑤ 聂希斌：《对中国半殖民地半封建社会的新认识》，《学术研究》1992年第1期。

⑥ 汪敬虞：《近代中国资本主义的发展和不发展》，《历史研究》1988年第5期。

国社会资本主义的复杂成分，将中国近代的资本主义混同于民族资本主义。事实上，中国近代以来代表半资本主义化的基本方向的并非民族资本，而是外国资本，"半殖民地化与半封建化都是在外国殖民者主导下进行的"。①

面对学界批评，② 李时岳力图完善自己的论述，他在 1991 年明确表示：此前为避免民族主义的敏感神经而回避了外国资本主义在近代中国的作用，"从而留下了不能令人满意的疑窦"，在他看来，外资、中外合资及中国资本虽然是"畸形的"，但"畸形的发展也是一种发展"，均优于封建经济，且正是资本主义入侵使中国产生了新兴的民族资产阶级和无产阶级。③ 林华国则认为，外国资本的"优越性"是对列强而言，对于中国资本主义的独立发展则起阻碍和遏制作用，以外国资本为主导的近代中国并无可能向独立的资本主义社会演化。西方资本主义的入侵充当了促进中国近代变革的"历史的不自觉的工具"，"也造成了自己的对立物"，但"如果因为某个事物所造成的对立面起了巨大进步作用就认为这个事物本身起了巨大进步作用，历史就会变成一笔糊涂账，任何反动事物就都可以被说成是进步的了"。④

还有学者在批评"两种趋向"论的同时，又受其启发提出关于近代中国社会发展趋势的新解释。张海鹏认为，"两种趋向"论看到在沉沦、屈辱的中国"仍然存在着上升的因素"，有其合理性，但还是难以自圆其说。但"沉沦"与"上升"两种趋向并非同时并存，他提出近代中国社会发展轨迹"像一个元宝形"，鸦片战争后中国一路沉沦，至 20 世纪初期沉至谷底；此后因新的阶级、新的政党、新的经济力量等因素，

---

① 林华国：《中国近代社会性质及近代史开端问题再探讨》，《清华大学学报》1992 年第 2 期；林华国：《也谈近代中国半殖民地化与半封建化之间的关系——李时岳"两种趋向"论质疑》，《北京大学学报》1999 年第 4 期。

② 包括同一阵营学者郭世佑的批评。郭提出：近代"半殖民地化"与"半封建化"两个演化过程"从整体上并非互相排斥，方向截然相反，而是互相影响，方向大体一致"。近代外国资本主义对中国资本主义的产生与发展均有促进作用。郭世佑：《论"半殖民地"与"半封建"的区别和联系》，《湘潭师范学院学报》1989 年第 5 期。

③ 李时岳：《论中国近代社会的畸形发展》，《学术研究》1991 年第 1 期。

④ 林华国：《也谈近代中国半殖民地化与半封建化之间的关系——李时岳"两种趋向"论质疑》，《北京大学学报》1999 年第 4 期。

“上升”成为主流趋势。[①] 这一论述实际上是融入“两种趋向”的合理因素，将“两个过程”论作了新的解释。

其四，新民主主义革命胜利与“两半论”。

关于近代中国为“半殖民地半封建社会”的定性，不仅是历史学术问题，也是新民主主义革命理论问题，学术话语与政治话语密切关联。建立于“两半论”认识之上的新民主主义革命理论指导革命最终取得胜利，这自然难免影响到人们对“两半论”的判断和认识。

李根蟠强调：“中华人民共和国建立前的中国是半殖民地半封建社会，新民主主义革命的任务是反帝反封建，这是写进了中国共产党纲领的。”因而对中国古代和近代社会性质的认识“从来就不仅仅是书斋中的问题，因为它牵涉到肯定还是否定中国新民主主义的历史，肯定还是否定中国马克思主义史学”。[②] 张海鹏指出，对于“两半论”的“任何学理的分析，都只能基于历史实践。脱离了历史实践的分析，都是书生之见，是靠不住的。近代中国的新民主主义革命，它的历史实践是什么呢？它正是基于对中国社会性质的正确认识和分析，才制定出新民主主义革命的战略、策略，才能明确革命对象、明确革命力量、明确革命前途。中华人民共和国的成立，社会主义道路的选择，都是这个历史实践的结果。离开这个历史实践，虚构各种臆测的理论，怎么能与历史的实践相符合呢？”[③]

质疑者则认为，革命理论与历史认识不宜等同，不能以革命胜利的结果来反证“两半论”的真理性。钟兴瑜提出：由于20世纪二三十年代的社会性质论战是对当时的国情研究，革命理论中的“半殖民地半封建社会”是对当时中国国情的判断，“而现在对近代中国社会的研究是历史研究，不是当代人对当代的国情研究”。[④] 郭世佑提出：“能否用新

---

① 张海鹏：《中国近代史的分期及“沉沦”与“上升”诸问题》，《近代史研究》1998年第2期。

② 李根蟠：《“封建”名实析义——评冯天瑜〈“封建”考论〉》，《史学理论研究》2007年第2期。

③ 张海鹏：《60年来中国近代史研究领域有关理论与方法问题的讨论》，《近代史研究》2009年第6期。

④ 钟兴瑜：《关于正确把握近代中国社会的几个问题》，《河北学刊》1995年第2期。

民主主义革命的胜利来反证新民主主义革命理论与历史观的科学性，在我看来也值得斟酌……如果用新民主主义革命的胜利来论证毛泽东的近代史论与新民主主义理论的绝对科学性，将不适当地夸大意识形态的作用，最终偏离马克思主义。"① 黄敏兰认为：新民主主义革命的胜利是中国共产党革命实践的结果，并不能归功于"两半论"。②

三

20世纪二三十年代"半殖民地半封建社会"概念的形成，就曾历经颇为激烈的争论；它经由政治权威阐释定型后，主导了中国近代史的基本理论架构。新中国成立后的"十七年"间，在接受此概念的前提下的具体探究，与中国近代史分期讨论紧密结合，得出的一些认识在近代史学科体系建构、近代史通论性著作的总体框架中均有所体现。改革开放后对这一概念的质疑，又与中国近代史的叙事之争（或曰"范式之争"）互为表里、密切关联，均源于现实中追求现代化的实践推动人们深化、丰富对近代中国的认识，进而为现实社会变革提供历史依据。对"两半论"的质疑，其核心要义在于重新衡量资本主义在近代中国的地位和意义。从问题之关键、参与讨论者之众多、相关讨论之深广来看，关于"半殖民地半封建社会"概念的讨论堪称颇为重要的理论争鸣。虽然众说纷纭难有定论，但这一持续甚久的反思与讨论，超越了意气之争，而主要为学理之争，其学术意义不可低估，不仅活跃了理论探讨的氛围，大大丰富了对"两半"概念内涵的认识和阐释，而且一些具体的理论创获，已然沉淀在三十余年来的近代史研究与著述之中。

虽然质疑者的领军人物李时岳明确表示："重新检讨'半殖民地半

① 郭世佑：《"封建"、"半封建"的理解与近代中国社会的性质》，《史学月刊》2008年第3期。

② 黄敏兰：《"封建"：旧话重提，意义何在？——对"封建"名实之争的理论探讨》，《史学月刊》2009年第8期。

封建’这一提法，是要为设计新的近代史构架寻找理论基点”，[①] 但重新构建新概念之难度，远甚于批评原有概念，寻找新的“理论基点”谈何容易。一些学者提出诸如“混合的、非稳定的社会形态”，“处于低级发展阶段的资本主义社会形态”，“资本主义范畴的官僚资本主义社会”，“特殊的过渡形态社会”，固可作为一家之言，但不易得到广泛认同。李时岳也承认：“‘半殖民地半封建’，突出了反帝反封建的革命任务，不失为较好的概括”，并明确反对“半殖民地半资本主义”或“半独立半封建”等胡乱搭配。[②] 郭世佑也认为：“半殖民地半封建”这一概念“既简单地表明了近代社会经济形态（半封建），又表明了决定这一经济形态的前提条件（半殖民地）。中国近代历史进程的特殊性和复杂性大致一目了然。”[③]

有学者还提出，“半殖民地”与“半封建”分属不同的逻辑范畴，只是人们认识到二者存在紧密的历史联系，从而将二者联组为一个完整概念而取消双方的逻辑边界。[④] 但应该看到，所有理论概念都具有构建性，“半殖民地半封建”概念如果源于实际存在的“历史联系”，切合历史实态，并在历史书写实践中被赋予了新的丰富涵义，则所谓“逻辑边界”并非什么严重问题。这一概念经过近百年来时间的淘洗仍有其生命力，从新的角度和方面对此概念加以阐释、丰富，在历史研究实践中对此概念加以发展，可能是更有建设性的方向。

21 世纪以来，学界关于秦汉以后为“封建社会”的质疑，使“两半论”的争论又起波澜。因为近代中国是由古代中国发展而来，“封建社会”如果名不副实，则“半殖民地半封建社会”自无从谈起。近年学界也有摆脱五种生产方式这一“洋马褂”的声音，[⑤] 使社会性质的讨论又

① 凌峰：《李时岳关于近代中国社会性质问题答记者问》，《学术研究》1988 年第 6 期。

② 李时岳：《关于“半殖民地半封建”的几点思考》，《历史研究》1988 年第 1 期。

③ 郭世佑：《中国近代社会主要矛盾与社会性质之我见——兼与钟兴瑜、王志远商榷》，《河北学刊》1990 年第 1 期。

④ 陈向阳：《近下为近世中国社会性质与社会形态问题研究述评》，《教学与研究》2001 年第 12 期。

⑤ 段忠桥：《对“五种社会形态理论”一个主要依据的质疑》，《南京大学学报》2005 年第 2 期；王学典、郭震旦：《重建史学的宏大叙事》，《近代史研究》2012 年第 5 期。

起波澜。但也有学者提出，社会性质是马克思主义史学话语之源，[①] 从长时段的宏观视野来考察历史，社会形态理论仍然有其无可替代的解释力。这一理论并非封闭的教条，而需要结合不同国家的具体国情加以创造发展。任何一个社会形态在不同国家的发生发展，都表现为各具特色的具体实现形式。而且一个国家在发展过程中遭受外力干扰越大，其社会形态的具体发展路径和马恩提炼的社会形态一般发展序列相比，特殊性就更为鲜明。1840—1949 这一历史时期，在整个中国历史长河中确实有其特殊性，即便将来随着时间推移仍有独立成篇的意义。理论争鸣对于学术发展的意义，有时可能并不在于形成某一定论，而在于拓宽视野，活跃思想，深化认识，逐步凝聚共识。经过反思与争论，学界已大体形成共识："半殖民地半封建社会"是近代中国依附于世界资本主义社会形态的特殊过渡形态。社会形态理论着眼于从社会物质生产活动出发，从生产方式这一人类社会存续的根本层面来分析社会基本矛盾运动，则重视研究近代中国资本主义的发生发展及其为何遭受重重窒碍而未能独立发展，自然成为"半殖民地半封建"这一定性的题中应有之义。

（原载《中国高校社会科学》2022 年第 5 期）

① 李红岩：《从社会性质出发：历史研究的根本方法》，《中国史研究》2017 年第 3 期。

"历史理论"一词源流考

——对中西历史思想交流中一个关键概念的探索

廉　敏　黄　畅

近代以来，迫于国内外形势，中国史学追随西方走上了近代化科学之路，中国传统的历史思想与西方的历史理论随之不可避免地发生了深刻的交流与碰撞。其间相继引发的一些问题，诸如中国古代是否具有历史理论、[①] 西方的历史理论能否运用于中国历史研究、[②] "历史理论""史学理论"等概念如何区分，[③] 等等，至今仍然制约着中国史学的发展。这些问题之所以出现，不能不说与中西历史思想的差异及如何认识这些差异有关。"历史理论"及对这一概念的认识，就是深度困扰中国学者的思想症结之一。为了更加全面而清楚地理解这一术语，我们有必要深入探索"历史理论"一词的来龙去脉。

---

① 可参考［德］黑格尔《历史哲学》："说到科学的本身，在中国人中间，历史仅仅包含纯粹确定的事实，并不对于事实表示任何意见或者理解。"王造时译，上海书店出版社2006年版，第126页。

② 可参考姜义华《正本清源，建立合乎实际的中国历史观》"摘要"："怎样从中国的历史实际出发来解释中国的历史进程，一百多年来，尽管中国历史学家做了许多努力，但是我们的许多观念、许多分析框架很多直接来自近代西方，而从西方舶来的过程中，有很多又是经过日本阐发，再从日本转运进来的，后来形成所谓的马克思主义史学又主要是经过苏联、经过共产国际转舶来的。这些新的观念、新的分析框架，推动了中国新史学的形成和发展，却又常常妨碍了对中国历史实际的真正揭示。"《史林》2014年第5期。

③ 可参考［美］汉斯·凯尔纳《怀特与安克斯密特之间的视角转换：历史学与语言之间存在"中间立场"吗?》："在历史理论与更广泛的文化理论话语与种类众多的历史编纂学，也即与任何种类对过去的思考难以区分之前，我们如何从广义上界定'历史理论'？哲学的方法是什么？在马克思主义以及弗洛伊德主义和种族主义等始终会有追随者的意识形态方案之外，我们将历史理解为从思辨的（包括刚才提到的那些体系）到分析的（与既往发生的事件没有太大关系），再到叙事主义路径的转换。"张作成译，《世界历史评论》2020年第3期。

一　西方文艺复兴之前的"历史"与"理论"

对于中国学者来讲，"历史理论"只是近代中国借鉴西方思想之后才开始使用的词汇；但是，在西方思想中，"历史理论"一词则有着深厚的历史渊源。对此，我们至少需要通过西方文艺复兴前后两个阶段来认识。这里先行追述西方文艺复兴之前的有关情形。

根据目前的资料，西方进入文艺复兴之前，尚无"历史理论"一词，"历史"与"理论"以两种独立的表达方式分别存在。

在西方，"历史"与"理论"最早皆可追溯至古希腊。在古希腊语中，"历史"为"ἱστορία"，其发音［istɒˈria］与现行英语"history"（"历史"）的发音非常接近，[①]《美国传统英语词典》（*American Heritage Dictionary of the English Language*）将之释义为"inquiry, knowledge acquired by investigation"（"查询，通过调查获得知识"）。[②] 在张广智主编的《西方史学通史》中，吴晓群曾对英语"history"的词义来源作了这样的梳理："英文 history 一词是由古希腊文 historia（意为'探究'）转化而来，其词根是 histor，最早见于《伊利亚特》中，指能够从诉讼双方的讼词中调查出真相、并做出判断的人，他因此而获得报酬。从词源上追溯，histor 演化出一个名词和一个动词，即 historia 和 historein，前者最初强调的是实地观察（autopsy），用目击证据来讲述某件事情并为之担保作证；后来，这种知识扩展到可以用别的方式来获取，比如通过对目击证人的询问，而并不一定要通过亲身经历；到了公元前 6 世纪，它的含义演变成通过收集和甄别证据然后以人的理性评判来获取真知。后者的意思是'询问、探询'，这个词派生自 idein（'看见'）和 eidenai（'知道'），'看见'和'知道'是一个整体，是同一个词的两种动词形式，可进一步引申理解为通过亲眼所见获知事情的真相。最先使用 historia 一

---

① 括号中乃前引英语的中文翻译。如非特殊情况，文中的中文翻译均出自本文作者。对此，下文将不再一一注明。

② Joseph B. D. and Janda R. D., *The Handbook of Historical Linguistics*, Blackwell Publishing, 2003, p. 163.

词来指称一种新的认知方式的是爱奥尼亚的思想家。公元前6世纪，小亚细亚爱奥尼亚地区的哲学家们普遍用historein的方法来研究自然界，并用散文的形式把他们的研究成果记载下来。通常他们被认为是希腊哲学的创始人，因为他们首先对万物的本原做出了较之传统更为理性的探索。他们的方法影响了另一些人，他们开始实地调查异域民族的地理与风俗，并同样用散文的形式将他们调查的结果记载下来。换言之，对于古希腊的早期史学来说，经过问询得来的口碑史料就是‘历史’。”① 这一梳理已经足够细致，有助于我们理解古希腊语“ἱστορία”（“历史”）发展为西方早期史学的历史脉络及其内在逻辑。

西方史学史研究对“history”一词的解释已经渐成常识，对此，我们不再过多关注。接下来，我们暂时将重点放在对“理论”一词的理解上。

“理论”在古希腊语中表达为“θεωρία”。像“ἱστορία”（“历史”）一样，其发音［θeoˈria］与今天表达“理论”的英语单词“theory”也非常接近，而其词义同样经历了特定的发展与丰富的过程。

就源头而言，国外学者对“θεωρία”（及其发展出的英语“theory”）（“理论”）的产生提供了两种不同的说法：一种是神的启示。词源学指出，“θεωρία”由词根“θεωρός”（theōrós）加上词尾“-ῐ́ᾱ”（－íā）合成而来，“θεωρός”的部分含义即来源于“θεός（theós，‘god’）”（“神”）。② 思想史研究也有类似的说法。研究者曾经表示，对理论与实践之关系的思考，根植于典型的希腊式的提问，诸如谁最快乐、谁最聪明、谁是最好的，就像德尔斐神庙的神谕所启示的问题那样。③ 如果真是这样，那么“θεωρία”的身影远在公元前8世纪到公元前7世纪德尔斐神庙被建造的期间应该就已经有所浮现。④ 不过，该研究并未就此提

① 张广智：《西方史学通史》第2卷（古代时期），复旦大学出版社2011年版，第34—35页。

② https：//en. wiktionary. org/. ［2021－02－20］.

③ “It originates in the typically Greek manner of posing the question concerning who is the happiest, the wisest, or the best (a question often asked of the Delphic oracle).” Nicholas Lobkowicz, “On the History of Theory and Praxis”, trans. Jere Paul Surber, in Terence Ball, ed., *Political Theory and Praxis*: *New Perspectives*, University of Minnesota Press, 1977, p. 13.

④ 关于德尔斐神庙的建造时间，可参考HISTORY. COM EDITORS. Who built Delphi?. https：//www. history. com/topics/ancient－greece/delphi#section_ 3 ［2021－02－20］.

供更多的信息。另一种是人的观察。词源学大多认为，"theory"一词可能部分地来自原始印欧语词根"wer－"的第3种含义"to perceive"（"察觉"），又通过古希腊语的词根"thea"（"视野"）与"wer－"在古希腊语中的衍生词"horan"（"看"）结合，经由希腊语"theōros""theōrein""theōria"及晚期的拉丁语"theoria"辗转变形而来。[①] 其中提到的几个词根——"察觉""视野""看"——都与视觉有关。以上两种说法都有一定的依据，也都留下许多疑问。因此，无论持哪种说法，又或者合二为一，都只能存疑而无法确信。而进一步的研究，则会因时代遥远、史料难觅、语系繁衍、方言变化等复杂因素的制约变得难以施行。对于中国学者来说，这一问题尤为遥远。但是，不可否认的是，"*θεωρία*"的词源中埋藏着西方"theory"（"理论"）的种子，并对西方理论思维的发展发挥着深厚的影响。

虽然源头难以探求，但是，"*θεωρία*"一词的流传大体还是可以追寻的。在西方传世古典文献中，可以发现古希腊语"*θεωρία*"的使用情形。

通过检索"洛布古典丛书"我们发现，[②] 至少在公元前5世纪，西方已经出现使用古希腊语"*θεωρία*"的文献。例如，色诺芬（Xenophon，前430年左右—前354年）的《回忆苏格拉底》（*Memorabilia*）。根据英译文，苏格拉底被判处死刑之后，因当时雅典正处于迪莉娅节庆（Δήλια，Delia）的月份，苏格拉底的死刑被缓期执行。这时，色诺芬讲到，"直到神圣的使团从提洛岛（Δήλος，Delos）返回之后，当众的死刑才允许执行"。[③] 其中"使团"英译文"embassy"就是对古希腊文

① 词源学在线词典（Online Etymology Dictionary）对"theory"的解释为："1590s，'conception，mental scheme'，from Late Latin *theoria*（Jerome），from Greek *theōria* 'contemplation，speculation；a looking at，viewing；a sight，show，spectacle，things looked at，' from *theōrein* 'to consider，speculate，look at，' from *theōros* 'spectator'，from *thea* 'a view'（see theater）＋ *horan* 'to see'，which is possibly from PIE root ＊wer－（3）'to perceive'."

② "洛布古典丛书是目前唯一一套完整收录西方古代重要作家作品，并采用古希腊文—英文（或拉丁文—英文）对照的方式进行排版的古典学术译丛。"倪滕达：《西方古典文献译者群研究——以洛布古典丛书为中心》，《史学史研究》2018年第1期。

③ "For he was forced to live for thirty days after the verdict was given，because it was the month of the Delia festival and the law did not allow any public execution to take place until the sacred embassy had returned from Delos." Xenophon of Athens，*Memorabilia*，IV.，trans. E. C. Marchant，O. J. Todd，revised by Jeffrey Henderson，Harvard University Press，2013，p. 371.

“*θεωρία*” 的翻译。①

“*θεωρία*” 在古希腊时期不只“使团”一义。曾经试图编纂一部汇总“古代、中世纪、近代”希腊语言的《希腊—英语词典》为我们提供了公元600年之前“*θεωρία*”一词的多种用法。该词典指出，“*θεωρία*”是多利安人的方言，爱奥尼亚人使用的则是“*θεωρίη*”（theōríē）——这反映出古希腊语在拼写上的确存在着显而易见的地区差异性。该词典中，“*θεωρία*”有3个义项、共8种使用方式：1.（1）派遣几位使臣或城邦外交官去女祭司处或运动会，或者，派遣使臣团体、外交团、代表团（与“军队”相对）（去女祭司处或运动会）；（2）使团的办公场所；履行职责的场所；2. 剧院或运动场的观众；3.（1）观看，注视，拜谒；（2）a. 思想活动，沉思，考虑；b. 理论，推测，与实践相对；（3）（用于被动语态）视野，景象，尤指剧院或运动场的公共景象；（4）（在修辞学或哲学中）解释性的序言，连续的解释。② 其中，只有第3个义项

---

① 其古希腊文为：“ἀνάγκη μὲν γὰρ ἐγένετο αὐτῷ μετὰ τὴν κρίσιν τριάκοντα ἡμέρας βιῶναι διὰ τὸ Δήλια μὲν ἐκείνου τοῦ μηνὸς εἶναι，τὸν δὲ νόμον μηδένα ἐᾶν δημοσίᾳ ἀποθνήσκειν，ἕως ἂν ἡ θεωρία ἐκ Δήλου ἐπανέλθῃ.” Xenophon of Athens，*Memorabilia*，IV.，trans. E. C. Marchant，O. J. Todd，revised by Jeffrey Henderson，Harvard University Press，2013，p. 370.

② “θεωρ-ία，Ion. θεωρίη，Dor. θεᾱρία（v. infr.），Boeot. θιαωρία Ἐφ.Ἀρχ. 1892. 34：ἡ：—

Ⅰ 1. sending of *θεωροί* or *state – ambassadors* to the oracles or games，or，collectively，the *θεωροί* themselves，*embassy*，*mission*，“*θεωρίαν ἀπάγειν εἰς Δῆλον*” Pl. Phd. 58b：pl.，opp. *στρατεῖαι*，Id. R. 556c；*ἄγειν τῷ Διὶ τῷ Νεμείῳ τὴν κοινὴν ὑπὲρ τῆς πόλεως θ.* D. 21. 115，cf. X. Mem. 4. 8. 2，Decr. Byz. ap. D. 18. 91（θεᾱρία），Plb. 28. 19. 4.

2. office of *θεωρός*，discharge of that office，*τῆς Ὀλυμπίαζε θ.* Th. 6. 16，cf. Isoc. 19. 10，etc.

Ⅱ being a spectator at the theatre or games，S. OT 1491；“οὔτ' ἐπὶ θεωρίαν πώποτε ἐκ τῆς πόλεως ἐξῆλθες” Pl. Cri. 52b；personified in Ar. Pax 523，al.

Ⅲ 1. *viewing*，*beholding*，θεωρίης εἵνεκεν ἐκδημεῖν to go abroad to see the world，Hdt. 1. 30；κατὰ θεωρίης πρόφασιν ib. 29；“ἐκπέμπειν τινὰ κατ' ἐμπορίαν καὶ κατὰ θεωρίαν” Isoc. 17. 4，cf. Arist. Ath. 11. 1，Th. 6. 24；pilgrimage，E. Ba. 1047.

2. a. of the mind，*contemplation*，*consideration*，Pl. Phlb. 38b：pl.，θεῖαι θ. Id. R. 517d：c. gen.，παντὸς μὲν χρόνου πάσης δὲ οὐσίας ib. 486a；ἡ τῶν ἀρχῶν，ἡ τῶν ὅλων θ.，Epicur. Ep. 2p. 55U.，Phld. Rh. 1. 288S.；“θ.ποιεῖσθαι περί τινος” Arist. Metaph. 989b25；ἡ περὶ φύσεως θ. Epicur. Ep. 1p. 3U.，etc.：pl.，τὰς σαθρὰς αὐτοῦ θ. Demetr. Lac. Herc. 124. 12.

b. *theory*，*speculation*，opp. practice，Plb. 1. 5. 3；ἡ περὶ τὰ στρατόπεδα θ. Id. 6. 42. 6；αἱ νυκτεριναὶ καὶ ἡμεριναὶ θ. *theoretic reckoning of night and day*，Id. 9. 14. 6；ἡ μαθηματικὴ θ. Plu. Rom. 12.

3. Pass.，*sight*，*spectacle*，A. Pr. 802，etc.；esp. *public spectacle at the theatre or games*，Ar. V. 1005，X. Hier. 1. 12；ἡ τοῦ Διονύσου θ. the Dionysia，Pl. Lg. 650a.

4. Rhet.，*explanatory preface* to a μελέτη，*Chor*. in *Hermes* 17. 208，etc.：so in Philos.，*continuous exposition*，*Olymp. in Mete*. 18. 30，al.”

Henry George Liddell and Robert Scott，*A Greek – English Lexicon*，revised and augmented throughout by Sir Henry Stuart Jones，with the assistance of Roderick McKenzie，Clarendon Press，preface，1940.

的2种用法与本文关注的“理论”有所联系。

“洛布古典丛书”中“*θεωρία*”及其同根词语的英文译语验证了《希腊—英语词典》列举的诸多义项与用法。对于“*θεωρία*”在不同语境中的不同含义，后来的英译者通过采用不同的英语词汇来对应翻译。因此，我们可以看到，西方早期文献中的“*θεωρία*”常常被译为“sacred embassy”（“神圣的使团”）、“mission”（“代表团”）、“spectator”（“观众”）、“viewing”（“观看”）、“beholding”（“注视”）、“contemplation”（“沉思”）、“theory”（“理论”）、“speculation”（“推测”）、“sight”（“视野”）、“spectacle”（“景象”），等等。需要指出的是，多数情况下，“θεωρία”的使用仍然比较明显地透露出与其词根的原始内涵（即“神圣”或“观察”）之间的紧密联系；“*θεωρία*”偶尔也会被译为“theory”（“理论”），但这种译法非常少见。

那么，古希腊语“*θεωρία*”是否可能与西方早期史学形成了某种特殊的联系？西方早期史学文献使用“*θεωρία*”的几种情形，将有助于我们进一步回答这个问题。

情形之一，在目前流传下来的西方史学早期作品（如赫西俄德）中，甚至找不到“*θεωρία*”或者同根词语。不过，这既不意味着他们不曾使用这样的词语（有可能只是没有流传下来），也不妨碍后人使用这样的词语来描述西方早期史学中的人与事。例如，公元2世纪，希腊地理学家帕萨尼亚斯（Pausanias，110—180年）记述赫西俄德的事迹时，便使用了“*θεωρούς*”（“*θεωρία*”宾格的复数形式）一词，① 用以称呼当时的“使者”。这意味着，赫西俄德的时代实际上存在使用“*θεωρία*”或其同根词语的可能。

情形之二，史书中提到“*θεωρία*”或者它的同根词语时，大都指的是当时社会生活中的某些具体的情景或事物，其词义不出前述《希腊—英语词典》所举，与后世所讲的“理论”无一相关。“洛布古典丛书”所收公元前5世纪希罗多德《历史》一书中所使用的几条“*θεωρ-*”，就

① “ τάφοι δὲ Μινύου τε καὶ Ἡσιόδου· καταδέξασθαι δέ φασιν οὕτω τοῦ Ἡσιόδου τὰ ὀστᾶ. νόσου καταλαμβανούσης λοιμώδους καὶ ἀνθρώπους καὶ τὰ βοσκήματα ἀποστέλλουσι θεωροὺς παρὰ τὸν θεόν· τούτοις δὲ ἀποκρίνασθαι λέγουσι τὴν Πυθίαν, Ἡσιόδου τὰ ὀστᾶ ἐκ τῆς Ναυπακτίας ἀγαγοῦσιν ἐς τὴν Ὀρχομενίαν, ἄλλο δὲ εἶναί σφισιν οὐδὲν ἴαμα.” Hesiod, *Testimonia*: *Paus*. 9. 38. 3 – 4, edited and translated by Glenn W. Most, Harvard University Press, 2018, p. 240.

属于这一类型。

情形之三，涉及哲学家事迹与思想的史书，会包含一定的理论思考，甚至也会使用到“*θεωρία*”或其同根词语，但不一定会被译为“theory”（“理论”）（或其不同形式）。如公元1—2世纪间普鲁塔克（Plutarch，约45/46—120年）的《（希腊罗马名人）传记》（*Lives of the Nobble Greek and Romas*）。在谈到公元前6世纪米利都地区的泰勒斯（Thales）时，普鲁塔克称颂他是第一位能够在实践活动之外进行抽象思考的智者。普鲁塔克用以表达这里的“抽象思考”的，正是“*θεωρίᾳ*”一词。① 对此，一位英译者采用“speculations”（“推测”）来翻译，② 另一位译者则采用了“theoretical”（“理论化的”）一词，③ 说明此处其词义并不确定。

情形之四，大多数情况下，西方早期的历史作品虽然没有使用“*θεωρία*”，但是，不排除它们可以具有一定的理论精神。例如，研究者发现，当时赫西俄德的诗作《工作与时日》（*Ἔργα καὶ Ἡμέραι*，一译《田工农时》）已经显示出“古希腊人对历史认识的最初萌芽”；④ 公元前5世纪希腊发生的“知识革命”深刻地影响着“希罗多德的创造与修昔底德的发展”；⑤ 希罗多德在其《历史》中体现出了超越时代的“求真与批判精神”；⑥ 修昔底德在《伯罗奔尼撒战争史》中表达出了关于“真理”的著名论断；⑦ 尤其是西方即将迈入中世纪时，圣奥古斯丁在《上

---

① “…καὶ ὅλως ἔοικεν ἡ Θάλεω μόνου σοφία τότε περαιτέρω τῆς χρείας ἐξικέσθαι τῇ θεωρίᾳ· τοῖς δὲ ἄλλοις ἀπὸ τῆς πολιτικῆς ἀρετῆς τοὔνομα τῆς σοφίας ὑπῆρξε.” Plutarch, *Lives*, Volume I: *Solon*, translated by Bernadotte Perrin, Harvard University Press, 1914, pp. 410 – 412.

② “And in general, it would seem that Thales was the only wise man of the time who carried his speculations beyond the realm of the practical; the rest got the name of wisdom from their excellence as statesmen.” Plutarch, *Lives*, Vol. I: *Solon*, trans. Bernadotte Perrin, Harvard University Press, 1914, pp. 411 – 413.

③ “And in general it seems that at that time only Thales’ wisdom, by reason of its theoretical aspect, went beyond practical necessity: the others [scil. of the Seven Sages] possess the name of wisdom from their excellence in politics.” *Early Greek Philosophy*, Volume II: Plutarch, *Solon*, edited and translated by André Laks, Glenn W. Most, Harvard University Press, 2016, p. 241.

④ 张广智：《西方史学通史》第1卷（导论），复旦大学出版社2011年版，第16页。

⑤ 张广智《西方史学通史》：“这或许源于其时的‘知识革命’，用西方古典史学研究家阿纳尔多·莫米格里亚诺（Arnaldo Momigliano）的话来说，那就是：‘希罗多德的创造与修昔底德的发展植根于公元前5世纪的知识革命，他们所有的影响也由此而来。’”第17页。

⑥ 张广智：《西方史学通史》第1卷（导论），第18页。

⑦ 张广智：《西方史学通史》第2卷（古代时期），复旦大学出版社2011年版，第34—35页。

帝之城》中提出了著名的“六个时代”（“six ages”）理论，成为影响深远的世界历史阶段性发展的观念。前述国外学者关于“theory”根植于以德尔斐神谕为代表的希腊式问题的看法，可能也属于这种情形。

这些情形表明，西方早期史学与“θεωρία”之间没有什么令人注目的联系；虽然不能说西方早期史学没有理论精神，但是，的确没有证据显示古希腊人将“θεωρία”一词的“理论”之义运用到历史思考上（不排除它已经被运用到哲学中）。通常情况下，这一时期的“θεωρία”是一个日常词语。

国外学者关于“θεωρία”词义发展的一个观点有助于我们理解这一时期该词词义与用法的总体状态：“θεωρία”先是作为一个日常词汇（“an everyday word”）被使用，表达“看着”“注视”“凝视”（“a looking at，viewing，beholding”）之义；后来，渐渐发展出“沉思或推测式的理解”（“contemplative or speculative understandings”），多被用于哲学家式的思考，与说唱者或艺术家的认识方式相对。①

本文无暇深究“θεωρία”一词对于西方哲学的意义。对于西方史学，文艺复兴之前的“θεωρία”明显无关紧要（这不意味着我们可以忽视“θεωρία”一词所蕴含的理论思维的发展）。这与当时正在形成西方早期史学的“ἱστορία”（“历史”）不同。

二　西方文艺复兴之后“历史”与“理论”结合

在古希腊文明之后、欧洲文艺复兴之前的千年之间，因西方语言的历史进程过于复杂，“θεωρία”及其同根词语的使用情形难于追踪。不过，通过前后两个阶段的对比，我们可以推测，“θεωρία”及其同根词语在中世纪及其前后一段时期正缓慢地经历着从日常词语向学术词语的转变，其词义趋于集中，地位也日益突出。

欧洲文艺复兴之后，中世纪神权日益衰退，人的力量得到前所未有

① https：//encyclopedia. thefreedictionary. com/theorist［2021－02－20］.

的激发。西方世界的智识在这一阶段获得蓬勃的发展，各种学问勃兴。自然科学的发展尤其令人注目。自然科学的发展推动西方对问题的关注由实践层面走向理论化。[①] 此前很少看到的以“theory”命名的论文、论著开始出现。1454 年，奥地利天文学家派尔巴赫（Georg von Peuerbach）发表著名的《行星新理论》（*Theoricae Novae Planetarum*，英译名“*New Theories of the Planets*”）。这是我们发现的较早以“theory”命名的作品。在早期英文图书在线（EEBO）数据库中，从1629 年始至1700 年，文献标题开始陆续出现“Practique theories”（“实践理论”）、“the theory of the planets”（“行星理论”）、“ye theory and practice of ye art of planting fruit - trees”（“果树种植技艺的理论与实践”）、“philosophical theory in mineral prosecutions”（“矿物诉讼中的哲学理论”）、“the theory of physick”（“药疗理论”）、“the new theory of tides”（“潮汐新理论”）、“the theory of the earth”（“地球理论”）、“the theory of the intelligible world”（“智识世界的理论”）、“theory or system of several new inhabited worlds”（“几个新兴宜居世界的理论或体系”）等字样。这些标题所关注的问题以自然科学为先、为主，人文或者社会问题为次、为辅，显示出自然科学及其理论的发展在这一阶段的主导性地位。这一时期，还有一些标题虽然也采用了“theory”一词，但在词义上延续了古希腊时期的用法，不宜翻译为“理论”。

这些现象在西方的语言研究中也得到了反映。语言学指出，英语单词“theory”及其同根词汇取代古希腊文“θεωρία”成为常用词语。目前可见的最早使用英语“theory”的文献出现在1592 年。[②] 在17 世纪10 年代的音乐思想（非练习或演奏）领域，“theory”第一次出现了“一门学问或者技艺的规则或方法”这样的内涵；在同一世纪的30 年代，“theo-

① “The role that natural science, which regards man both as subject and object, has played in man’s self - discovery can be shown by a consideration of three periods of culture. The first is characterized by an increasing mastery of nature, by an increasing practical knowledge (hence the StoneAge, Iron - Age, etc). In the second period (from Greek philosophy to modern technology), man’s attention was turned from the practical to the theoretical.” Andreas M. C. Van Melsen, “The Natural Versus the Historical Process”, *The Jerusalem Philosophical Quarterly*, Vol. 16, 1965, p. 141.

② Editors at Merriam - Webster. Time traveler for theory. https://www. merriam - webster. com/thesaurus/theory [2021 - 02 - 20].

ry"又具有了"建立在观察和推理基础上的一种有助于理解的解释"的涵义。[①] 1658 年，专门针对由其他语言衍生而来的新兴英语而编纂的词典收录了"Theorie"一词，在注明此词来源于希腊语之后，编者提供了这样的一条词义："未经实践而对任何一种技艺或者学问产生的思考或研究。"[②] 出于同样的原因，1661 年编纂的一部词典也收录了"theory"，并对其这样解释："未经实践而对一门技艺产生的推测、沉思和知识，或者深入研究。"[③] 这些材料反映出的正是西方的"理论"一词由古希腊语转化为英语之后的状况，不仅语言文字发生了变化，而且词义也缩小了许多，只突出发展了"理论"与实践相对的特征、抽象思考的特征，并在西方近现代学科门类发展的背景下强化了理论思考的普遍性。

就西方史学而言，其"理论"精神在古希腊罗马的思想基础上一直保持着发展。在这里，我们关注的是西方史学发展过程中与"理论"这一表述之间的关系。这一阶段，西方"史学"与西方"理论"之间存在以下几种现象。

现象之一，"历史"与"理论"作为研究对象的不同方面在同一著作或者同一主题中同时出现。也就是说，历史研究中可以包含理论研究，理论研究中也可以包含历史研究。例如，1657 年，有研究者从实践与理论两个方面来研究骨骼的历史，将之称为"骨骼学"。[④] 1664 年，有研究者关注色彩问题时，希望把色彩理论建立在色彩历史的基础上，而不是沿袭前人已经提出的色彩理论。[⑤] 1696 年，有研究者将"地球的理

---

① https://www.etymonline.com/search? q = theory [2021 - 02 - 20]

② Philips E. *The New World of English Words*: *Or*, *a General Dictionary*, Printed by E. Tyler for Nath Brooke, 1658, p. 3.

③ Blount T. *Glossographia*; *or*, *a Dictionary Interpreting the Hard Words of Whatsoever Language*, *Now Used in our Refined English Tongue*, Mosely and Sawbridge, 1661, p. 2.

④ "The History of the Bones is called. Osteology, of which are two Parts: Practice, and Theory." Johannes Riolanus, *A Sure Guide*, *or*, *the Best and Nearest Way to Physick and Chyrurgery*, Book Ⅰ, englished by Nich Culpeper and W. R. Doctor, Peter Cole, 1657, p. 4.

⑤ "For these and the like Considerations, *Pyrophilus*, I must desire that you would look upon this little Treatise, not as a Discourse written Principally to maintain any of the fore - mention'd Theories, Exclusively to all others, or substitute a New one of my Own, but as the beginning of a History of Colours, upon which, when you and your Ingenious friends shall have Enrich' d it, a Solid Theory may be safely built." Robert Boyle, *Experiments and Considerations Touching Colours*, London: Printed for Henry Herringman, 1664, pp. 88 - 89.

论”与“地球的历史”两类著作放在一起进行联系、比较与分析。[①] 这样的情形不胜枚举，说明历史与理论已经成为这一阶段比较普遍的相辅相成的两种认识方式，共同促进了西方历史理性的发展。

现象之二，“理论”出现在西方史学对史学自身的反思中。15、16世纪之间，西班牙学者内布里哈（Nebrija）所著《历史书写的前瞻》（*Divinatio in scribenda historia*）与哲学家塞巴斯蒂安·福克斯·莫西略（Sebastián Fox Morcillo）所著《关于历史的教导书籍》（*De historiae institutione liber*），其主旨被评论者认为是“对历史学的理论反思”。[②] 这是我们看到的西方较早的史学理论著作。1820 年，被视为启蒙史学向历史主义过渡的关键人物德国历史学家瓦克斯穆特（Wilhelm Wachsmuth）出版《一种历史理论的构想》（*Entwurf einer Theorie der Geschichte*，英译为 *Outline of a Theory of History*）。书中，他将“历史理论”分为“历史科学理论”（Theorie der Geschichtswissenschaft）与“历史艺术理论”（Theorie der historischen Kunst）两个部分。[③] 在这里，我们第一次看到了今天用以表达“历史理论”的英文短语“theory of history”。

现象之三，“历史理论”得到马克思、恩格斯的关注并获得马克思主义唯物史观的内涵。1842 年，马克思发表《历史法学派的哲学宣言》，批判德国历史法学派的历史观点，其中译文即使用了“历史理论”一词：“应当把哈勒、施塔尔、莱奥及其同伙的法律理论和历史理论看作只不过是胡果的自然法的旧版翻新。”[④] 1848 年，马克思在《法兰克福议会》中又提到“历史理论”：“当教授们创造历史理论的时候，历史本身却继续急遽向前奔驰，根本不顾教授先生们的历史。”[⑤] 1877 年，在

---

① Robinson T., *New Observations on the Natural History of this World of Matter, and This World of Life*, London: Printed for John Newton, 1696.

② Coroleu A., *Neo – Latin Literature – Spain: The Long Sixteenth Century*, FORD P, BLOEMENDAL J, FANTAZZI C. Brill's encyclopaedia of the Neo – Latin world, 2020.

③ 范丁梁：《现代德国史学历史知识的认知建构及其诉求转向》，《天津社会科学》2019 年第 4 期。

④ ［德］卡·马克思：《历史法学派的哲学宣言》，《马克思恩格斯全集》第 1 卷，人民出版社 1995 年版，第 238 页。

⑤ ［德］卡·马克思：《法兰克福议会》，《马克思恩格斯全集》第 6 卷，人民出版社 1961 年版，第 49 页。

《给〈祖国纪事〉杂志编辑部的信》中，马克思批评了错误的"历史哲学理论"："现在，我的批评家可以把这个历史概述中的哪些东西应用到俄国去呢？只有这些：假如俄国想要遵照西欧各国的先例成为一个资本主义国家，——它最近几年已经在这方面费了很大的精力，——它不先把很大一部分农民变成无产者就达不到这个目的；而它一旦倒进资本主义怀抱以后，它就会和尘世间的其他民族一样地受那些铁面无情的规律的支配。事情就是这样。但是这对我的批评家来说是太少了。他一定要把我关于西欧资本主义起源的历史概述彻底变成一般发展道路的历史哲学理论，一切民族，不管他们所处的历史环境如何，都注定要走这条道路，——以便最后都达到在保证社会劳动生产力极高度发展的同时又保证每个生产者个人最全面的发展的这样一种经济形态。但是我要请他原谅。（他这样做，会给我过多的荣誉，同时也会给我过多的侮辱。）"① 1884 年，恩格斯在《致弗·阿·左尔格》中，称摩尔根"独立地重新发现了马克思的历史理论"，② 这里的"历史理论"即指马克思的唯物史观。马克思、恩格斯在使用"历史理论"一词的过程中传达了丰富的哲学思想与历史观点。

可以说，在这一阶段，"历史"与"理论"这两个原本没有直接联系的词语产生了直接的联系、完成了重要的结合。随后，"历史理论"一词出现，并以学术专有名词的方式在历史与理论发展的道路上发挥着影响深远的作用。这种用法一直延续到现在，对中国史学乃至历史发展的意义尤为突出。在这里，本文将离开西方语境追溯"历史理论"一词在中国语境中的大致情形。

三 "历史理论"在中国的传播与发展

古代中国并无"历史理论"一词。进入近代之后，西学东渐，"历

① ［德］卡·马克思：《给〈祖国纪事〉杂志编辑部的信》，《马克思恩格斯全集》第 25 卷，人民出版社 2001 年版，第 145 页。

② ［德］弗·恩格斯：《致弗里德里希·阿道夫·左尔格》，《马克思恩格斯全集》第 36 卷，人民出版社 1975 年版，第 127 页。

史理论”随着这一潮流来到中国。

“历史理论”这一概念是随着马克思主义在中国的传播而备受关注的。对此深深服膺且用力至勤的是李大钊。1923 年，在《史学与哲学——在复旦大学的演讲》一文中，李大钊对“历史理论”概念表达了自己的理解：“历史理论的目的，是在把已经考察确定的零碎事实合而观之，以研究其间的因果关系的，这乃是科学的工作。”① 这里的“历史理论”强调的是“理论”，意思是，应当注重理论在历史研究中的目标性地位与科学价值。这是“历史理论”这一概念在中文语境中第一次引人注目的出现。“历史理论”实际上是李大钊对“历史哲学”的另一种表达。同年，李大钊在《马克思的历史哲学与理恺尔的历史哲学》一文中，明确肯定马克思的历史哲学具有划时代的意义：“自有马氏的唯物史观，才把历史学提到与自然科学同等的地位。”② 李大钊视马克思的唯物史观为马克思的历史哲学，认为运用马克思的唯物史观研究历史是科学的历史研究，他期望我国史学在解释上走向科学。从此，中国史学具有了马克思的唯物史观的指引，开始在马克思主义的历史科学或历史理论的道路上探索着具有中国内涵的历史学。在信仰马克思主义的史学家那里，唯物史观就是超越其他旧的历史观念、饱含真理的先进的历史理论。

以马克思主义为指导的历史理论研究或者历史科学，虽然逐渐发展成为中国史学的趋势，但这一道路并非没有坎坷与曲折。如何处理外来的马克思主义与中国的历史研究之间的关系，一直是中国马克思主义历史学的一个内部矛盾。为此，不少学者对马克思主义的中国化不断地进行着探索。

直到中国实行改革开放之后，马克思主义的历史科学在理论上才真正出现重大的机遇与变革。其中，最突出的表现就是尝试将历史理论与史学理论进行区分。1983 年 2 月 9 日，中国社会科学院世界历史研究所

---

① 李大钊：《史学与哲学——在复旦大学的演讲》，载《李大钊全集》第 4 卷，人民出版社 2013 年版，第 200 页。

② 李大钊：《马克思的历史哲学与理恺尔的历史哲学》，载《李大钊全集》第 4 卷，第 424 页。

邀请北京部分史学工作者就如何加强马克思主义史学理论的研究问题举行座谈。白寿彝、何兆武、齐世荣、刘家和、陈启能、沈仁安、瞿林东、张文杰、王瓘参加座谈会并作了发言。多数发言明确表示，"马克思主义史学理论"与马克思主义（或者称之为"历史唯物主义的普遍原理""历史唯物主义""历史唯物主义原理""马克思主义历史理论"）有所不同。[①] 这次座谈会可以说是对史学界关于发展马克思主义史学理论之主张的一个较早且相对集中的反映。1984 年，宁可发表《什么是历史科学理论——历史科学理论学科建设探讨之一》一文，"就什么是历史科学理论以及它同历史学和历史唯物主义的关系问题"进行讨论。[②] 这是我们看到的较早系统思考史学自身理论建设的文章。1986 年，陈启能在《光明日报》发表《历史理论与史学理论》一文，明确区分"历史理论"与"史学理论"两个概念，"大力提倡加强史学理论研究"。[③] 1987 年，瞿林东在《史学理论》杂志的创刊号上发表《史学理论与历史理论》一文，对"史学理论"与"历史理论"两个概念的区别与联系进行了初步说明。[④] 1992 年，何兆武为他自己主编的《历史理论与史学理论——近现代西方史学著作选》（商务印书馆 1999 年出版）一书作序，"采用'历史理论与史学理论'这两个历史学的基本概念"，并"以其中西兼通的大家风范把这两个概念同西方的思辨的历史哲学与分析的历史哲学大致对应起来"，"有利于中西史学在这一领域的交流和沟通"。[⑤] 对史学自身的理论建设一直发展到今天。

需要指出的是，虽然与马克思主义本身有所区分，但是，中国的马克思主义史学理论是在中国的马克思主义历史理论的基础上发展起来的；而且，多数从事这一理论建设的学者还是主张，历史学自身的理论建设仍需在马克思主义的指导下进行，因此可以说，中国的马克思主义史学

---

① 白寿彝等：《开展马克思主义史学理论研究（座谈会发言摘要）》，《世界历史》1983 年第 3 期。

② 宁可：《什么是历史科学理论——历史科学理论学科建设探讨之一》，《历史研究》1984 年第 3 期。

③ 陈启能：《历史理论与史学理论》，《光明日报》1986 年 12 月 3 日。

④ 瞿林东：《史学理论与历史理论》，《史学理论》1987 年第 1 期。

⑤ 瞿林东：《再谈史学理论与历史理论》，《学习与探索》2016 年第 12 期。

理论研究是马克思主义历史科学的一部分。这是中国的史学理论不同于国外史学理论的地方，是中国学者对马克思主义“历史理论”的丰富与发展。

“历史理论”在中国的发展还包括对中国传统史学的理论遗产的发掘与吸收。1979 年，白寿彝在《关于史学工作的几个问题》一文中指出：“历史唯物主义，也有个发展过程。说马克思主义出现前没有历史唯物主义，这是从理论体系上讲。如果不是在体系上，而是在某一具体论点上，是不是有唯物的东西呢，是不是有正确的东西呢？我看还是可以有的。中国史学发展史上，一个大史学家，往往是个大思想家、大政治家。特别是他们对于历代帝王兴衰的理论和判断，有很多是可以供我们参考的。虽然在体系上不可取，但是零零碎碎的，还是可以丰富我们自己的。对于推动史学发展还是有作用的。当然，这要有所选择。”[①] 这一思想从理论上解除了当时史学史研究中存在着的顾忌。他还多次撰文，深入表达他对“史学遗产”的思考，先后发表了《谈史学遗产》（1961 年）、《中国史学史研究任务的商榷》（1964 年）、《谈史学遗产答客问》（1981 年）等文，阐述了中国史学遗产值得借鉴的诸多方面，为日后中国古代史学研究的发展奠定了稳固的基础。1984 年，瞿林东在《光明日报》发表《关于历史科学的民族特色问题》一文，提出具有中国民族特色的马克思主义史学必须具有“中国的特性”“中国的作风和中国的气派”，为研究中国历史及中国史学史进一步提供了理论依据。2011 年，瞿林东出版《中国古代历史理论》（安徽人民出版社），第一次系统地总结了中国传统史学中的历史理论遗产，将西方的“历史理论”与中国传统史学相结合，是中国学者对“历史理论”的创造性的贡献。从此，西方的“历史理论”在汉语语境中具有了中国传统史学理论精神的内涵。

上述三种内涵只是“历史理论”这一概念在中国传播过程中发展出的荦荦大者。我们试图借以说明，中国语境中的“历史理论”概念不仅源于西方，全面地来看，近代中国的“历史理论”与近代西方的有关概念与思想具有直接的联系，是世界历史近代化进程中不可分割的一部分。此外，

① 白寿彝：《关于史学工作的几个问题》，《社会科学战线》1979 年第 3 期。

中国语境中的“历史理论”还与中国历史与中国史学产生了血肉联系，获得了具有中国特色的内涵，是马克思主义中国化的内在组成部分。

结　论

通过追溯“历史理论”一词的来龙去脉，我们可以得出若干结论及启示。

就历史而言，“历史理论”是西方发展至近代才出现的一个词语；其内涵深厚，是西方的人文与理性在历史认识及史学认识方面发展并壮大的结果；马克思的历史理论使得西方“历史理论”的发展到达一个高峰；其在中国的流传不仅改变了“历史理论”在西方没落的走向，而且，与中国历史文化的结合还使得自身内涵变得更为丰富。

就时下而言，中国语境中的“历史理论”具有不同于西方语境下“历史理论”的相对独立的发展道路。表现为：其一，多数情况下，“历史理论”与马克思主义紧密相连，且以马克思主义为指导；其二，多数情况下，“历史理论”是一个与“史学理论”相区别的概念；其三，“历史理论”与中国古代历史思想业已形成一定的内在联系，深入沟通的同时，也已展示出二者的分歧。中国历史的发展将一如既往地按照自己的方向推动“历史理论”充实、完善自己的中国内涵。

总而言之，“历史理论”与西方学术思想的变迁、中国社会实践的需要、中国传统史学的理性都有着密切的关系。如果单纯地使用“历史理论”，那么，在东西方乃至近现代不同语言文化环境中的学者看来，都非常容易产生歧义。因此，在使用“历史理论”这一概念时，我们至少需要就“在何种意义上使用这一概念”作出一些说明。诚然，上述考察只是出于中国学者当下的角度，远不能反映“历史理论”这一概念形成与发展的全部事实。即便如此，这样的追溯仍然有助于中国学者理解“历史理论”及其对当前中国史学理论发展的意义。

（原载《晋阳学刊》2021 年第 5 期）

“历史理论”一词在中国语境中的使用及其意义*

廉　敏

2019年1月，中国社会科学院历史理论研究所（中国历史研究院历史理论研究所）正式成立。这一国家机构的设立，体现出中国特色社会主义进入新时代后对历史理论研究的迫切需要。在新时代推进中国的历史理论研究，至少面临两个问题：一是对“历史理论”这一概念的理解与运用仍然存在混乱情形；[①] 二是历史理论研究与中国本土文化结合时出现了一些问题。[②] 这对进一步回答“什么是‘历史理论’”提出了要求。新近发表的《“历史理论”一词源流考——对中西历史思想交流中一个关键概念的考察》一文对这一需求有所回应，[③] 不过，该文以西方史实为主，对于此词在中国的使用情形，则失之粗略。本文拟回顾“历史理论”一词在中国语境中的使用情形，以期有益于对这一概念的准确理解。[④]

---

* 本文是国家社会科学基金一般项目“中国古代历史理论基本命题研究”（项目号：22BZS001）的阶段性成果。

① 虽然近代以来不乏对“历史理论”这一概念的界定，但目前学界对该词的使用仍然存在各种盲目而任意的情形。例如，不少研究者在使用“历史理论”一词时未能作出界定，其涵义往往需要读者根据文章内容自行推测；或者，一篇文章对同一对象既称之为“历史理论”，又称之为“史学理论”；又或者，将同一研究对象区分为“历史理论”与“历史思想”。这些用法不仅令人迷惑，也不利于历史理论研究的发展。

② 参见廉敏《古今比较对于史学理论发展的意义——对当前史学理论若干问题的思考》，《晋阳学刊》2019年第5期。

③ 廉敏、黄畅：《“历史理论”一词源流考——对中西历史思想交流中一个关键概念的考索》，《晋阳学刊》2021年第5期。

④ 本文虽然涉及概念与语境，但仅就限定条件与限定对象做一般意义上的考镜源流的工作，无意运用西方的语境理论或概念史研究理论。

一 语言基础：中国古汉语中的"历史"与"理论"

"历史理论"一词在中国语境中的使用，以"历史"与"理论"二词的使用为前提。近些年来的研究强调，"历史"与"理论"都来自近代日语对西文的翻译。[①] 这是一个事实。另外一个事实是，中国古汉语自身的发展及其对日语的影响。这里将"历史"与"理论"二词的古汉语源流依次论述如下。

（一）"历史"

关于"历史"一词何时出现，学界陆续提出不同的说法。一种说法认为出自南朝宋时裴松之的《三国志注》："（吴王）志存经略，虽有余闲，博览书传历史，籍采奇异，不效诸生寻章摘句而已。"[②] 但这里实际上存在句读错误，正确的断句应为"历史籍，采奇异"。另一说法认为出自南朝梁萧子显《南齐书》"积代用之为美，历史不以云非"一句。[③] 这里的"历史"被部分学人理解为"史书"。[④] 但是，因这一用法只是一则孤例，所以，"历史"一词在这里的含义不宜过早论定。以上两种说法皆不足采信。

运用目前的检索手段查询若干传世文献可以看到，直至宋代，"历"与"史"并用的情形才逐渐增多。如"星翁历史"，[⑤] 或"历史星翁"，[⑥]

---

① 夏晓丽通过整理《汉语外来词词典》、实藤惠秀所作"中国人承认来自日语的现代汉语词汇一览表"、马西尼"十九世纪文献中的新词词表"、岑麒祥《汉语外来语词典》中的日源词词汇，得到一份《日源外来词词表》，其中就包括"理论"和"历史"。参见夏晓丽《现代汉语中的日源外来词研究》，硕士学位论文，辽宁师范大学，2006 年，第 7、10 页。

② 韦昭：《吴书》，裴松之注，陈乃乾校点，中华书局 1982 年版，第 1123—1124 页。

③ 《南齐书》卷 40《武十七王·巴东郡王》，中华书局 1972 年版，第 707 页。

④ 学界关于"历史"起源的多种观点及其相关示例，参见高强《中文"历史"一词考源》，《兰台世界》2005 年第 9 期。

⑤ 鲍云龙：《天原发微》卷 8，明正统道藏本。

⑥ 郝经：《续后汉书》卷 84 上上《录·历象》前序，商务印书馆 1958 年版，第 1238 页。

等等。注释家称："历史：推算日月星辰之运行岁时而记载历史的史官。"① 如此，一则可知宋代的确已经出现"历史"一词，二则可知宋代的"历史"一词呈现明确的偏正结构，即"历"是对"史"的修饰。如果考虑到"历"（历法）与"史"（史官）在中国古代社会中的重要地位，那么可以发现，宋代出现的"历史"一词在继承古汉语单音词"历"与"史"各自文化内涵的基础上对二者进行了有机结合，并由此形成一个区别于二者且偏向于后者的新语义。可以说，以"制历史官"为义的"历史"一词虽涉新造，却存留着鲜明的与史官传统一脉相承的古老意味。

至明代，"历史"一词的使用出现了些许变化。祝允明有言："律经籍之典训兮，研历史之成败。"② 这里的"历史"继承了宋代的双声合成用法，却没有沿袭"制历史官"之义；它与前句中的"经籍"对应，当作"历代史籍"之义。结合"研历史之成败"一句，这里"历史"一词的准确含义当为"历代史籍（所记载的人事）"。王世贞也说："余生也晚，窃有志于史学。于是综集历史，削繁就简……"③ 这里的"历史"显然应当理解为"历代史籍"。袁黄撰《历史纲鉴补》（又名《鼎锲赵田了凡袁先生编纂古本历史大方纲鉴补》），是目前可见中国古代第一个含有"历史"一词的书名。根据袁黄自序，此书乃欲将历代"大方"之家——孔子《春秋》、司马光《资治通鉴》、朱熹《资治通鉴纲目》、金履祥《通览前编》、刘时举《续资治通鉴》、李焘《续通鉴长编》、陈柽《通鉴续编》、商辂《续资治通鉴纲目》诸书——"合并之一家"，于是"取诸史而采辑之"，④ 则知，"历史纲鉴补"中的"历史"也当为"历代史籍"之义。李廷机尚有《历史大方纲鉴》一书，其中"历史"一词

① 郝经著、田同旭校注：《郝经集校勘笺注》卷9《歌诗·纬亢行》，三晋出版社2018年版，第695页。

② 祝允明：《怀星堂集》卷1《骚赋·大游赋》，《景印文渊阁四库全书》第1260册，台北商务印书馆2018年版，第374页。

③ 王世贞：《历朝纲鉴会纂序》，载王世贞、袁黄合纂《历史纲鉴补会评》，上海鸿宝书局1914年石印本。

④ 袁黄：《历史纲鉴补引》，载《鼎锲赵田了凡袁先生编纂古本历史大方纲鉴补》，《四库禁毁书丛刊》史部第67册，北京出版社2005年版，第101页。

的使用详情不得而知。综观此类，大体可知，明人可能已经习惯使用“历史”一词来表达“历代史籍”之义。

清代章学诚有“历史合传、独传之文具在”一说，[①] 近人卢绍稷、杨鸿烈等皆视此说为中国自有“历史”一词的证据，并借以反对该词源于日语的观点。[②] 结合全句语境，章学诚所谓的“历史”明显也是“历代史籍”之义。此后，这一用法仍然存在。例如，陈衍有言：“外人每讥吾国无史学；所有历史，史料而已。”[③] 应该指出，晚清时期，“历史”一词有则有矣，且逐渐增多，但单独使用“历”与“史”的情形仍然是普遍的。

清末以来，受到西学东渐的影响，“历史”一词作为“history”等西语的译语，突然被频繁使用，西义也随之在中国语境中广泛出现。有些情况下，“历史”被用以指过去（的人事、经历、历程等），如“宜就欧美诸国讲其古今历史中重要事宜”；[④] 有些情况下，“历史”被用以指历史学科，如“于近时之地理、历史、物理、算术，知者甚稀”。[⑤] “历史”一词的这些语义在中国语境中是前所未有的，除却“历代史籍”一义在个别情形下得以延续（这一点至今不被人们留意）之外，“历史”一词一时间似乎失去了与古汉语的联系。因此时“历史”的用法与今日已经相当一致，本文的溯源工作也到此为止。

（二）“理论”

在中国古代漫长的历史时期内，“理”与“论”各自通过单字形式表达不同的事物。

至隋唐，佛教兴盛，佛理注重思辨，“以理论之”的使用频率有所

---

① 章学诚著、仓修良编注：《文史通义新编新注·外篇四·修志十议呈天门胡明府》，商务印书馆2017年版，第861页。

② 参见卢绍稷《史学概要》，商务印书馆1930年版，第8页；杨鸿烈：《史学通论》，商务印书馆1939年版，第2页。

③ 陈衍：《石遗室文集》卷9《四朝诗史叙》，清刻本。

④ 端方：《初级师范学堂章程》，载商务印书馆编译所编《大清光绪新法令》，清宣统上海商务印书馆刊本。

⑤ 黄遵宪：《日本国志》卷32《学术志一·西学》，清光绪刻本。

增多。在此背景下，佛经中译本曾出现“理”与“论”并用的情形：“理论则同如，是故不异；事论有机应，是故不一。”[①] 这里的“理论”与“事论”相对，可理解为“论理”或“以理论之”，尚有单字使用的痕迹。《汉语大词典》“理论”条以唐代李延寿《北史》为例：“（崔）光韶博学强辩，尤好理论，至于人伦名教，得失之间，榷而论之，不以一毫假物。”其释义为“说理立论；依理评论”，[②] 仍与“以理论之”的说法相近。两例中这种单字联用而形似一词的用法，反映出“理”“论”正经历着由单字演化为双字合成、由两种事物发展为一种事物的过渡状态。只是，这种情形非常少见。多数情况下，“理”与“论”还是在单字意义上使用的。

进入宋代之后，理学广泛发展，单字“理”“论”的使用及二者的联合出现得更为频繁。单字用法有如“以理论”“于理论”“就理论”“论理论事”“析理论事”“舍理论事”等，因时因事，说法不一而足。且对“理”字的使用呈现精细化趋势，如“物理”“政理”“地理”“脉理”“人理”“情理”“一时之理”“事理”“义理”，等等。在这种形势下，“理论”二字联用的情形也较之前更为多见，如“作何理论”“如何理论”“不在理论之限”之类，其中的“理论”被用来表达“说理立论”或者“辩论是非”的意思，具有鲜明的口语特征。这种用法在后来的元明清白话文学中变得非常普遍。在宋明时期的文人雅集中，实际上也出现了更宜视为合成词的“理论”用法。例如：“逮根诸理论，吾或有先焉”；[③] “吾儒存心制行，当以贤哲理论为典刑”；[④] “若夫排难解纷、发扬理论，非言其何以哉”。[⑤] 这说明在宋明时期，除了更为常见的单字用法之外，“理论”作为一个词语的使用也已经不再少见。不过，无论口语还是文言，这时的合成词“理论”始终带有单字“理”与“论”的痕迹。

---

① 释智凯：《法华玄义》卷6上，大正新修大藏经本。

② 罗竹风主编：《汉语大词典》第4卷，上海辞书出版社1986年版，第577页。

③ 蔡襄：《端明集》卷32《祭弟文》，宋刻本。

④ 邓球：《闲适剧谈》卷2《志英论》，明万历邓云台刻本。

⑤ 游潜：《梦蕉诗话》，明刻本。

"理论"一词的这种用法一直延续到清末。一个代表性的事例便是梁启超对中国古代史学的分类：所分十类中，第九类"史学"包含的（甲）类即"理论"，"如《史通》《文史通义》等是也"。[①] 从与之并列的"（乙）事论""（丙）杂论"来看，这里的"理论"可理解为"论理"或者"依理评论"，其实并未完全脱离"以理论之"的影子。

但是，受到西学东渐的影响，清末"理论"一词的西方意蕴及西式用法表现得更为主流。一种情形是，"理论"用以表示西方的思想学说。例如，1842 年，魏源在《海国图志》中使用"神理论"来称呼天主教关于神的教义："又有《神理论》曰：天地内有神，为极大全能，造化万物，管理万物。"[②] 又如，1866 年，威妥玛在《新议论略说帖》中对"理论"的使用："且因外国理论与贵国亦殊迥异，不免中有欠顺之词。"[③] 这种用法与明代文献中的"贤哲理论"其实是一致的，只是理论的文化底蕴不同。又一种情形是，"理论"被用来表示与实际经验相对的抽象思考。如谓"理论之不符于实际，是理论未精也"。[④] 将"理论"与"实践"对举，明显受到西方将"theory"与"practice"对举的影响。还有一种情形是，"理论"用来特指某种学科中的思想、观点。如"理论物理学""教育理论""天学理论"，等等。可以看到，"理论"的这些用法明显是中国与西方接轨的产物，其含义与今日相比已经相差无几。

综上所述，无论"历史"还是"理论"，作为独立的双声合成词，在中国本土文化中均呈现深厚的文化底蕴、必然的内在逻辑与清楚的历史脉络。不仅如此，它们还透露出与今日用法隐约相通的意味。像明代"历史"一词表示的"历代史籍（所记载的人事）"之义，与今日"历史"一词具有的"常识意义上过去真实发生过的事情，或者说历史实在"一义，都指向过去的事情，可谓貌异实同。[⑤] 而"历代史籍"一义，

---

① 梁启超：《新史学》，载《饮冰室合集》文集之九，中华书局 2015 年版，第 752 页。

② 魏源：《海国图志》卷 27《西南洋 · 天主教考上》，岳麓书社 2010 年版，第 874 页。

③ 陈忠倚编：《清经世文三编》卷 21《治体九 · 新议论略说帖（威妥吗）》，清光绪石印本。

④ 陈忠倚编：《清经世文三编》卷 80《洋务十二 · 外洋通论卮言》，清光绪石印本。

⑤ 彭刚：《历史事实与历史解释——20 世纪西方史学理论视野下的考察》，《北京师范大学学报》2010 年第 2 期。

与今日“历史”的含义之一“过去事实的记载”,[①] 更是接近。从宋明时期的“贤哲理论”到清末的“神理论”，“理论”一词径直实现了古今与中西的跨越。更有研究表明，明代“历史”一词的用法几乎在同一时期即已传到日本。[②] 也有日本学者表示，“历史”是“历代史学”的简称，与中国古代史学有着直接的渊源。[③] 这些因素无不提醒我们，除却近代西语日译这一显著的条件外，中国古汉语中的“历史”与“理论”已为“历史理论”在中国的传播提供了潜在的语言基础。对此，我们应当给予一定的重视。当然，中国古汉语“历史”与“理论”相对晚出，应用有限，发展脉络不够强劲，不足以与“史”“理”“论”“义”等概念在中国古代史学中的地位相提并论。对此，我们也须保持清醒。

二 概念初立：马克思主义的“历史理论”

中国古汉语虽然孕育出“历史”与“理论”这样的说法，但二者至终都没有显现进一步结合的迹象；“历史理论”这一表述来自清末民国时期学人对近代西方思想的学习与借鉴。

根据前述《“历史理论”一词源流考——对中西历史思想交流中一个关键概念的考察》一文，直到 19 世纪，在西方文献中才得以见到“历史理论”一词。[④] 被视为启蒙史学向历史主义过渡的关键人物——德国历史学家瓦克斯穆特（Wilhelm Wachsmuth）于 1820 年出版《一种历史理论的构想》（*Outline of a Theory of History*），书中将“历史理论”分为“历史科学理论”与“历史艺术理论”两部分。[⑤] 此后，西方传世文

---

① 《现代汉语词典》第 7 版，商务印书馆 2016 年版，第 802 页。

② 唐卉称，“在与明代的贸易往来中，袁黄所著的《历史纲鉴补引》传到日本，‘历史’作为学术用语开始普及”。参见唐卉《“历史（history）”词源考——近代西学东渐语境下中国和日本的“历史”认识》，《社会科学战线》2020 年第 10 期。

③ 参见［日］长坪井撰、张玉涛译述《史学研究法》，《学报》第 6 号，1907 年 6 月。

④ 廉敏、黄畅：《“历史理论”一词源流考——对中西历史思想交流中一个关键概念的考察》，《晋阳学刊》2021 年第 5 期。

⑤ 范丁梁：《现代德国史学历史知识的认知建构及其诉求转向》，《天津社会科学》2019 年第 4 期。

献中的"历史理论"便时常出现。其中，最当引起我们注意的是恩格斯对"历史理论"一词的使用。1884 年，恩格斯这样表述马克思的历史思想：摩尔根"独立地重新发现了马克思的历史理论"。[①] 这里的"历史理论"被用以指代马克思创立的新的历史观（即唯物史观）。正是从这里开始，西方语境中的"历史理论"与中国之间发生了影响未来历史进程的重大关联。

（一）马克思主义的"历史理论"

"历史理论"一词在中国语境中首次引发关注，当推李大钊的有关论述与宣传。1923 年，已经接受马克思主义的李大钊发表《史学与哲学——在复旦大学的演讲》。在此基础上，《史学要论》一书于次年发行。该书从史学学科发展的角度对"历史理论"这一概念作出系统深入的阐述。

在该书的第二部分"什么是历史学"中，李大钊这样介绍"历史理论"："今日的历史学，即是历史科学，亦可称为历史理论。史学的主要目的，本在专取历史的事实而整理之，记述之，嗣又更进一步，而为一般关于史的事实之理论的研究，于已有的记述历史以外，建立历史的一般理论。严正一点说，就是建立历史科学。此种思想，久已广布于世间，这实是史学界的新曙光。"[②] 这里的"历史理论"概念可作如下理解。1."历史理论"与"历史学""历史科学"这样的学科概念地位等同。从表面上看，这个定位似乎太高。实际上，这种说法有其具体的文化背景，即改造旧中国落后的历史学及历史观念。从这个意义上讲，"历史理论"在李大钊看来是非常切要的，几乎可以说是"历史科学""历史学"的代名词。2."历史理论"与"记述历史"两个概念既有联系又有区别。这一论述无疑规定了"历史理论"这一概念的内涵与外延。3."历史理论"是历史的一般理论。这是李大钊运用当时的理论语言对这一概念作

---

① ［德］弗·恩格斯：《致弗里德里希·阿道夫·左尔格》，《马克思恩格斯全集》第 36 卷，人民出版社 1975 年版，第 127 页。

② 李大钊：《史学要论》，载《李大钊全集》第 4 卷，人民出版社 2013 年版，第 528—529 页。

出的定义。4. "历史理论"这一概念具有广阔的前瞻性。

在此基础上，《史学要论》一书明确、系统地阐述了"历史理论"或"历史科学"的学科属性与学术体系，明确、系统地论述了马克思的唯物史观对于史学迈进科学领域的决定性意义。围绕着历史理论（或历史科学）学科的发展，该书依次讨论了"什么是历史""什么是历史学"（重点在于什么是"历史科学"）、"历史学的系统"（重点在于"历史理论的系统"）、"史学在科学中的位置""史学与其相关学问的关系"（包括区别"历史科学"与"历史哲学"、区别"历史理论"学科与"社会学"）、"现代史学的研究及于人生态度的影响"（也可以说是"历史理论"或"历史科学"对于人生态度的影响）六个方面的问题。其中包含的思想，不仅在中国史学理论发展史上是史无前例的，而且在马克思主义发展史上也是独树一帜的。

本文无从得知李大钊由何而来"历史理论"一词，[①] 也无从得知该词在李大钊之前的具体传播路径，不过，这些缺憾不足以影响我们作出判断，即李大钊对"历史理论"这一概念在中国语境中的传播具有首倡之功。其价值犹如春天的种子。

在之后的一段时间里，马克思主义的"历史理论"在中国思想界得到虽不显著却不绝如缕的关注与传播。其具体表现如下。1. 向外国学者学习马克思主义历史理论。1936 年，德国学者柯诺（Heinrich Cunow）的《马克思的唯物历史理论》中译本开始销售，[②] 这是本文所见国内较早以"历史理论"为名的著作。2. 对李大钊"历史理论"思想的吸纳与传播。如刘剑横对"记述"和"历史理论"的采用与区分："又在旧的历史学中，一切记载叙述，不过是王朝列传的记述……并没有进入于历史理论的探求范围。"[③] 3. 历史研究对理论研究的实践与推进。如

① 有研究表明，虽然李大钊的马克思主义思想受到日本思潮的影响，但是，"具体到李大钊当年受到哪一位日本思想家的影响"，则不易得出结论。参见［日］石冈陶子《李大钊的马克思主义思想来源之中日比较研究》，硕士学位论文，华东师范大学，2006 年，第 34 页。

② 《图书总目　社会科学（续）》，上海《大公报》1936 年 6 月 19 日。有学者对此作出详细考述，参见韦磊《主体、媒介、内容：民国时期〈史学要论〉传播的三重维度》，《史学理论研究》2022 年第 5 期。

③ 刘剑横：《历史学 ABC》，世界书局 1933 年版，第 19—20 页。

1934 年李麦麦的《先秦诸子之历史理论及其论战》一文，运用马克思的历史理论分析中国历史上春秋战国时期百家争鸣的观点及其阶级属性。[①]这些现象告诉我们，"历史理论"一词的运用及传播，与马克思主义在中国的传播有着直接的联系，有时甚至就是马克思唯物史观的代名词；而这段时期，马克思主义历史理论在中国的传播仿佛是可以燎原的星星之火。

抗日战争促使这些星火爆发明亮光芒。1938 年，翦伯赞出版《历史哲学教程》。该书中，"历史理论"一词展示出鲜明的实践性与战斗性。翦伯赞讲道，为了"以正确的活的历史原理，作为这一伟大斗争的指导，使主观的努力与客观情势的发展，相互适应"，"因此，对于这些错误的历史理论之彻底澄清，不仅是历史科学的研究任务，而且是目前中国民族解放斗争中一个紧要的政治任务"。[②] 其中的"历史理论"与翦伯赞同时使用的"历史哲学""历史原理""历史科学"等概念并无明确区别，也无须细究；重要的是，翦伯赞强调，运用正确的历史理论即马克思主义（"正确的活的历史原理"）对"错误的历史理论"进行斗争与批判，强调理论与实践的辩证关系。翦伯赞实际上对历史理论的标准提出了要求，即能够指导现实实践并以现实实践为科学准绳。《历史哲学教程》就是从抗日战争这一现实实践出发，在与错误的历史理论进行斗争的过程中，树立抗日实践所需要的、能够引导抗日实践走向胜利的真正科学的历史理论。翦伯赞对"历史理论"的运用，在"活的历史原理""历史科学"等方面体现了对李大钊思想的继承。批判中国历史研究中错误的历史理论，是中国社会斗争深入发展的需要，是马克思"历史理论"在中国深入传播的体现，也是中国历史对马克思"历史理论"的丰富与发展。

"历史理论"概念在抗战时期的实践性还表现为普通大众的学习与实践。1940 年，延安中国文化社创办《中国文化》。艾思奇在该刊第 1 卷第 4 期发文，以言简意赅的列举方式告诉读者，在"理论指导实践"

---

① 李麦麦：《先秦诸子之历史理论及其论战》，《新中华》第 3 卷第 18 期，1935 年 9 月。

② 翦伯赞：《历史哲学教程》，河北教育出版社 2000 年版，"序"，第 3、4 页。

的过程中，“马克思主义的历史理论”关于阶级关系推动历史发展的论述可以帮助人们研究中国的社会问题，是一种具有特色的可资运用的理论资源。[①] 这是马克思主义的“历史理论”走向群众、走向普及的一个反映，是其人民性的体现。

1949 年 10 月新中国成立之前，对马克思主义的“历史理论”的宣扬仍可见诸报端。例如，上海《大公报》1949 年 1 月 10 日发表的由保罗·斯威齐（Paul M. Sweezy）著、唐然翻译的《今日社会主义的根源》；同日香港《大公报》发表的曹绵之的《罗素怎样曲解马克思》，等等。对此，本文不再详加列举。随着中国革命的节节胜利，马克思主义历史理论的指导作用与指导地位已经深入人心，对马克思主义“历史理论”的传播也将成为大势所趋。

（二）一般意义上的“历史理论”

这一时期，不带有马克思主义色彩也不具有概念性质的“历史理论”也是存在的。目力所及之处，一般意义上的“历史理论”在中国语境中的出现甚至更早一些。1919 年，英人《托尔斯泰传》的中译本有这样一处文字：“关于其历史理论之为真为妄，传者于此□不必置议。”[②] 这里的“历史理论”被用来泛指托尔斯泰对历史的议论与观点。不过，这种用法在当时的中国几乎没有任何影响。伴随着马克思主义“历史理论”在中国的传播，一般意义上的“历史理论”也陆续增多，有时甚至得到主流力量的推广。例如，1928 年报刊宣传“三民主义”时指出，民生主义“融会古今中外与民生主义有关系的历史理论和事实而贯通之”。[③] 这里的“历史理论”包括“马克思的唯物论”“林肯的民治主义”“法国大革命的口号”等多种主张。此外，学术著作中也会出现“历史理论”。如李则纲于 1935 年出版的《史学通论》中提到，“西欧史

① 艾思奇：《哲学是什么（哲学讲座）》，《中国文化》第 1 卷第 4 期，1940 年。

② ［英］Charles Saroles：《托尔斯泰传（续）》，张邦铭、郑阳和译，天津《大公报》1919 年 10 月 26 日。

③ 庞善守：《民生主义产生的背景》，《三民半月刊》创刊号，1928 年 9 月。

家的历史理论，亦在陆续迻译中。”[①] 这里的“历史理论”与《史通》《文史通义》《史学要论》《中国历史研究法》等今日被归属为狭义史学理论的著作并称，或可理解为狭义的史学理论。杨鸿烈于1939年出版的《史学通论》中对“瓦赫斯姆特（Wachsmuth）著《史学原理大纲》（*Entwurf einer Theorie der Geschichte*，1820年）”“特戈忒（Teggart）《历史的原理》（*Theory of History*）”“佛林特（Robert Flint）所著《欧洲的历史哲学》（*Philosophy of History in Europe*）”等都曾有所借鉴与引用。[②] 1946年，吴恩裕用“历史理论”来表达一种与史学有关的哲学思想：“有人主张读历史可使我们‘彰往察来’。此说法显然已经包括一种历史的理论或历史哲学了。”[③] 这些示例应该说是西方有关用法在近代中国的零星反映，不具有任何系统性，在20世纪前半期的中国也非常少见。这种现象客观地反映出一个事实：马克思主义历史理论诞生之前，西人业已有所发展的“历史理论”并未引起当时中国学者的特别注意与系统研究。

总而言之，“历史理论”一词在西方出现百年之后传入近代中国，尤其是马克思的历史理论得到系统传播。这一过程不仅使得西方“历史理论”一词广为国人所知，而且产生了适应中国语境的“历史理论”概念——中国马克思主义的历史理论，凸显中国语境中“历史理论”在这一时期的主要特征。虽然“历史理论”概念并非马克思主义专有，马克思历史理论的传播者也不一定使用“历史理论”一词，但在晚清民国时期，“历史理论”一词的出现通常与对马克思唯物史观的宣传与讨论相伴随，却是非常鲜明的事实。这表明在近代中国与西方国家的思想文化交流过程中，从民族解放的实际需要出发，中国有选择地吸收了西方的历史理论，马克思的历史理论得到高度重视。在斗争中发展起来的中国的马克思主义历史理论，不仅在理论上结合了中国社会与中国历史的实际情形，而且还通过伟大的社会实践将学术思想转化为政治思想，在中

---

① 李则纲：《史学通论》，商务印书馆1935年版，第46页。

② 杨鸿烈：《史学通论》，第22、25、316页。

③ 吴恩裕：《历史·哲学·逻辑·与政治思想的研究》，《东方杂志》第42卷第19号，1946年10月。

国的近现代历史上享有崇高的地位。

三 内涵深化：不同问题意识下的“历史理论”

近代中国对“历史理论”一词的各种使用情形在新中国都得到了延续与发展，不过，随着新中国不同寻常的社会实践及史学变迁，“历史理论”的内涵在不断深化的同时，其用法也发生了一些变化。这里，笔者拟特别关注其中四种具有鲜明特征的使用情形。

（一）马克思列宁主义历史科学旗帜下的“历史理论”

随着新中国的成立，马克思主义才是真正的科学这一观念更加深入人心，各门学科都树立了以马克思主义为指导的科学旗帜。历史学也不例外。[①] 新中国成立后对“历史理论”概念的使用，便是在建设马克思列宁主义历史科学的任务与工作中展开的。

“历史理论”被用于马克思列宁主义历史科学建设的诸多方面。1. 论证马克思列宁主义历史学的科学性及其指导性地位。例如，通过引用列宁关于唯物主义历史观“消除了以往的历史理论的两个主要缺点”的论述，来揭示马克思主义历史科学对以往“历史理论”的突破。[②] 2. 与资产阶级史学、封建史学等非马克思列宁主义历史理论展开斗争。如对汤因比“文明起源”等“历史理论”的批判，对“四人帮”炮制反动“历史理论”的批判，[③] 等等。3. 与马克思主义的其他学科理论进行区别。例如，“辩证唯物主义是马克思主义的哲学理论”“历史唯物主义是马克思主义的历史理论”。[④] 4. 对马克思列宁主义历史科学进行内部分类。例如，以“历史理论”与“各历史专业”（大约相当于今天所讲的

① 参见《庆祝祖国四年来的成就　加强历史科学工作》，《历史教学》1953 年第 10 期。

② 刘大年：《中国近代史诸问题》，《历史研究》1963 年第 3 期。

③ 参见曹未风《对汤因比的“历史研究”批判之二——关于“文明起源”》，《学术月刊》1958 年第 10 期；黎澍：《评“四人帮”的封建专制主义》，《历史研究》1977 年第 6 期。

④ 刘丹岩：《论辩证唯物主义与历史唯物主义的区别和联系》，《东北人民大学人文科学学报》1957 年第 1 期。

"具体研究")、"历史教学"相提并论;[①] 以"历史理论"与"历史事实"相区别,[②] 等等。

这一时期对"历史理论"一词的运用较民国时期更为广泛,但鲜有对这一概念本身的研究。除去各种含义不清的情形,"历史理论"多被用来指称马克思、恩格斯、列宁、毛泽东等关于东西方历史的论述,以及指代社会发展规律、达尔文学说、历史主义、经济循环理论等。其中,有关"五朵金花"的讨论尤为令人瞩目。需要补充说明的是,与"历史理论"相比,这一时期对"历史科学"这一概念的使用更为多见。

(二)史学改革形势下的"历史理论"

改革开放后,鉴于马克思主义历史科学在"文化大革命"中出现的问题,史学界开始反思、总结马克思主义历史科学自身的规律,对"历史理论"的关注与使用随之逐渐被"史学理论"所取代。

1979 年,在成都召开的全国历史学规划会议,可以说为马克思主义历史理论向马克思主义史学理论的过渡提供了契机。[③] 之后,葛懋春主编的《历史科学概论》、祝祖耀翻译的《历史哲学和史学理论》、白寿彝主编的《史学概论》等,均在不同程度上反映出区别史学理论与历史理论的学术倾向。

对"历史理论"与"史学理论"两个概念的正式区别与重新定义,在这样的形势下顺势而生。1986 年,陈启能发文强调,"历史理论"与"史学理论"虽然只有一字之差,"内涵却是不同":"前者是指客观历史过程的理论问题","后者则是指同历史学有关的理论问题"。[④] 1987 年,瞿林东从"历史的说明和中国史学"的角度对"历史理论"与"史学理

---

① 姜德昌:《东北师范大学历史系教师的科学研究工作》,《历史研究》1956 年第 9 期。

② 黎汨原等:《清算"四人帮"利用历史进行反党的罪行——部分工人和史学工作者的笔谈》,《文物》1976 年第 12 期。

③ 参见《中国历史学规划会议在成都举行》,《历史教学》1979 年第 4 期;王学典《从"历史理论"到"史学理论"——新时期以来中国史学理论研究的回顾与展望》,《江西社会科学》2005 年第 6 期;刘后德《成都历史学规划会议与新时期中国历史学的发展》,《东岳论丛》2020 年第 1 期。

④ 陈启能:《历史理论与史学理论》,《光明日报》1986 年 12 月 3 日。

论”的区别及联系作出进一步论述。[①] 1992 年，何兆武在《历史理论与史学理论——近现代西方史学著作选》一书中写道：“这里的历史理论和史学理论，其涵义大致相当于当今西方通常所谓的‘思辨的历史哲学’和‘分析的历史哲学’以及我国传统意义上的‘史论’。”[②] 2016 年，瞿林东在深入思考“历史理论”与“史学理论”内涵的基础上提出，“充分认识历史理论的重要性和探索史学理论的体系构建，是历史学理论建设的双重任务”。[③]

不过，也有学者对上述两个概念的区分持有不同意见。蒋大椿坚持在“历史理论”概念的基础上反思史学研究存在的理论问题，并提出自己的思路：“作为整个马克思主义理论体系的有机组成部分，马克思主义的历史理论，也是一个由极多专门领域有机地构成并分为若干层次的完整统一的理论体系。”[④] 意即，从马克思主义历史理论的理解与运用上，而非历史理论与史学理论的区别上，来寻求解决问题的出路。这一思想贯穿在《史学理论大辞典》的编纂中。针对“历史理论”与“史学理论”的区分，编纂者指出，“广义的历史理论和广义的史学理论在内涵上存在着相互的重叠和交融”。[⑤]

从“历史理论”一词在中国语境中的使用历程来看，这一时期集中对“历史理论”进行概念界定的现象是史无前例的。这次努力不仅有益于改善多词一义、一词多义或多词并用的混乱现象，而且有利于推进历史理论研究的明确化与专门化。此外，还需补充说明几点。1. 针对同样的问题，除“历史理论”与“史学理论”外，实际上还有其他用以区别的概念。[⑥] 2. 总体上讲，改革开放以来，理论兴趣“不断从历史理论转

① 瞿林东：《史学理论与历史理论》，《史学理论》1987 年第 1 期。

② 何兆武主编：《历史理论与史学理论——近现代西方史学著作选》，商务印书馆 1999 年版，“编者序言”，第 1 页。

③ 瞿林东：《再谈史学理论与历史理论》，《学习与探索》2016 年第 12 期。

④ 蒋大椿：《马克思主义基本原理与历史研究》，《近代史研究》1987 年第 4 期。

⑤ 蒋大椿、陈启能：《〈史学理论大辞典〉前言》，《史学理论研究》1995 年第 1 期。

⑥ 参见宁可《什么是历史科学理论——历史科学理论学科建设探讨之一》，《历史研究》1984 年第 3 期；祝马鑫：《对历史学科学理论体系的一点认识》，《史学史研究》1984 年第 3 期；谭英华：《关于促进西方史学史研究的几点意见》，《史学史研究》1985 年第 2 期；朱本源：《历史学理论与方法》，人民出版社 2012 年版。

向史学理论”。[①] 3. 多数从事理论建设的学者还是主张，历史学自身的理论建设仍需在马克思主义的指导下进行，且历史理论与史学理论都“有很多进展，甚至突破性的进展”。[②] 总而言之，坚持马克思主义是中国的史学理论不同于国外史学理论之处，是中国学者对马克思主义“历史理论”的丰富与发展。

（三）继承我国史学优秀遗产思想下的“历史理论”

随着马克思主义史学理论研究的深入开展，尤其是中国史学理论及史学史研究这一分支学科的发展，对中国史学优良传统的发掘工作开始注意到历史理论方面的有关内容。

这也是坚持马克思主义在史学研究中的指导地位，并与时俱进的结果。1979 年，白寿彝发文主张：“说马克思主义出现前没有历史唯物主义，这是从理论体系上讲。如果不是在体系上，而是在某一具体论点上，是不是有唯物的东西呢，是不是有正确的东西呢？我看还是可以有的。”[③] 他还说，“史学史包括什么内容呢？第一，要研究历史观点、历史理论的发展”。[④] 在这一思想的指导下，历史理论研究成为北京师范大学史学研究所及其所刊《史学史研究》着力探索的领域之一。

在此基础上，2011 年，瞿林东主编出版三卷本《中国古代历史理论》，第一次尝试系统地总结中国传统史学中的历史理论遗产。全书以历史时段为经、历史观点为纬，比较立体地呈现了 1840 年以前中国关于历史进程及其成败得失的思考。在历史观点方面，该书总结并提出天人关系、古今关系、君主与国家的关系、地理条件与社会发展的关系、民族与文化的关系、兴亡之辩与历史鉴戒的关系等在中国古代具有标志性意义的理论问题。用编者的话讲，全书意在“探讨中国古代历史理论的存在状况和主要成就”，并“有助于沟通中国古代史学的思想体系同马克思主义唯物史观的联系”。[⑤] 这是第一部以“历史理论”命名的关于中

---

① 李红岩：《中国史学四十年：样态、潜流、走向》，《中华读书报》2018 年 12 月 5 日。

② 卜宪群：《新中国七十年的史学发展道路》，《中国史研究》2019 年第 3 期。

③ 白寿彝：《关于史学工作的几个问题》，《社会科学战线》1979 年第 3 期。

④ 白寿彝：《中国史学的童年》，《史学史资料》1979 年第 1 期。

⑤ 瞿林东主编：《中国古代历史理论》上卷，安徽人民出版社 2011 年版，“导论”，第 12 页。

国古代历史观点研究的论著。中国古代历史理论研究由此粗具规模。

将西方的“历史理论”与中国传统史学相结合，是中国学者对“历史理论”的创造性贡献。这一努力改变了先前历史理论研究对中国相关内容的贬抑，[①] 西方的“历史理论”概念在汉语语境中开始具有中国传统史学之理论精神的积极的内涵。

（四）正确解读经典要求下的“历史理论”

改革开放以来，相比历史学对历史理论研究的忽视，马克思主义哲学对历史理论的关注就显得特别突出。

马克思主义哲学对历史理论的研究，核心是如何正确解读马克思的历史理论。纵向上，马克思创立其历史理论的前后过程和不同阶段都较之前得到更为详细的认识。横向上，马克思之历史理论所包含的重要概念或内容，如人、劳动、生产力、生产关系、阶级、社会形态、城市、市民社会、世界历史、技术进步、制度变革、历史决定论、实践、发展、真理等，都得到更为深入的讨论。除去文章不论，明确以“历史理论”命名的著作有《马克思恩格斯列宁历史理论经典著作导读》《马克思主义历史理论经典著作导读》等。

另外，围绕如何正确理解经典理论，国外学者与之相应的有关论述，如马克思创立唯物史观之前的历史理论、马克思主义历史理论的传播与发展、唯物史观创立之后与之有别的其他历史理论等，也得到中国学者的密切关注。其中，日本学者望月清司（Mochizuki Seiji）1973 年出版的《马克思历史理论的研究》（『マルクス歴史理論の研究』）、英国学者柯亨（G. A. Cohen）1978 年出版的《卡尔·马克思的历史理论——一个辩护》（*Karl Marx's Theory of History*: *A Defence*）、美国学者威廉·肖（William H. Shaw）1979 年出版的《马克思的历史理论》（*Marx's Theory of History*）在中国学界引发了长时间的热烈讨论。

这些研究既是总结新中国成立 30 年来马克思主义研究经验教训的需

① 如民国时期借用西方的“历史理论”来批判中国旧有的“记述历史”，新中国成立后 30 年通过“历史理论”来批判封建史学。

要，也是中国的社会主义建设进入改革开放时期的需要。虽然这个问题自民国初年便被李大钊等马克思主义先行者正式提出并讨论，但是，改革开放之后的有关思考不仅更为专业，而且带着反思与重构的意味，从而呈现前所未有的阶段性特征。

总的说来，新中国成立至今，“历史理论”一词的使用仍与马克思主义尤其是唯物史观有着非常密切的关系，这一情形与民国时期对“历史理论”的使用大体一致。有所不同的是，新中国七十余年来对马克思主义历史理论的理解与运用，在规模、程度、内涵、外延等方面已有很大变化。这种变化是中国发展过程中不同年代、不同领域的问题意识推动马克思主义历史理论与具体实践深度结合的结果。今天，中国社会科学院历史理论研究所的成立及中国社会科学院大学历史理论系的建制，有望引领新的问题意识，推动历史研究在马克思主义历史理论的指导下产生更为丰富的理论成果。

结　语

通过历史地考察中国语境中“历史理论”一词的运用，我们可以形成这样一些结论性认识。

首先，汉语“历史理论”一词在中国语境中的使用随着时代的推移而有所变化。当西方出现历史理论研究的现象及潮流时，当时中国的知识分子未能注意到西方世界的有关思想动态；马克思创立新的历史观后不久，随着无产阶级革命洪流席卷世界，民国时期中国先进的知识分子很快意识到马克思历史理论的进步意义，对马克思历史理论的研究、宣传与实践由此展开，中国诞生了早期的马克思主义史学；新中国成立后，马克思主义的历史理论被树立为真正的历史科学而得以在全国范围推行，正面宣传、实践马克思主义历史理论的同时，也与封建地主阶级的、资产阶级的历史理论进行着斗争；改革开放之后，历史学的理论研究转向知识、学术及学科层面，对马克思主义历史理论的研究有哲学化倾向，历史理论在一定程度上脱离了历史研究实践。

其次，汉语“历史理论”在中国语境中大体产生了五种含义及用法。1. 泛指与过去有关的道理论说。“与过去有关”可以是过去的自然、社会、人、事与物，也可以是对过去有所记忆的形象、文字或思想。2. 专指与过去的自然、社会有关的研究或主张。这一用法广泛存在于西方17—19世纪的历史研究中。今人或称之为“思辨的历史哲学”“历史本体论”。马克思的唯物史观是其中之一。在中国，这一含义的“历史理论”一词被用于马克思主义诞生之前的封建主义史观、资产阶级史观，与“史学理论”相区别的“历史理论”，等等。3. 特指马克思创立的历史学说，又称“唯物主义历史理论”“唯物主义历史观”“唯物史观”“史的唯物论”“历史科学”“科学的历史理论”“历史唯物主义”等。此种含义的“历史理论”往往被视为17—19世纪西方历史理论最具创新意义的部分。4. 指研究历史事实之间因果关系的专门学科，又称“历史科学”。其核心是马克思主义，与记叙性的历史研究相对。这种用法不再多见，但其运用马克思主义指导历史研究的精神内涵则延续了下来。5. 专指历史研究作为一种学术的理论。今人倾向于称之为“史学理论”或“分析的历史哲学”。这种用法在中国语境中也不多见。上述五种含义与用法可能并行于一时，其使用程度或频率会因时代变化与社会需求不同而存在差异，但归根结底皆与西方“history”一词的双重涵义有着深刻联系。

再其次，汉语“历史理论”隐含中国古汉语基础。对此，我们之前未有充分意识，致使有关解释出现了矛盾或者断裂。例如，我们习以为常的“历史”一词为何表现出难以融入中国传统文化的迹象，以致中国学者至今仍然觉得有必要区分西方的“历史”与中国的“史学”两个概念？[①]“历史理论”这个西方概念是突然被中国文化理解并接受的吗？对于中国古代史学的理论思维，过去西方思想及中国学术主要持质疑态度，为何现在却给予积极的发掘？现在看来，这些问题背后存在一定的误解，我们没有充分意识到传统与现代之间的内在联系。宋明时期出现的双声合成词“历史”与“理论”，为弥缝中国传统史学与中国现代史学提供

① 乔治忠：《试论史学理论学术体系的建设》，《中国史研究》2017 年第 2 期。

了一座语言桥梁。这座桥梁的一头通往以“史”为核心、以“理”为要论的中国传统史学，另一头则通往以“历史”为基础、以“理论”为高标的现代史学——通过这座桥梁，我们得以将中国传统史学与西方现代史学更加真实地联系起来，不仅在思想内容上，也在语言形式上。这不仅有助于解释前述诸多问题，而且为中国古代历史理论研究及中西历史理论的联系与比较提供一条新思路。

最后，汉语“历史理论”与西方的“theory of history”同中有异。作为“theory of history”等词的一个译语，汉语“历史理论”似乎应该享有与之完全一致的内涵，实则不尽然。1. “历史理论”与“theory of history”在各自语境中的发展方向有所不同。不像“theory of history”既可指客观历史的理论，又可指主观知识的理论，汉语“历史理论”在其发展脉络中多指关于客观历史的理论。而且，西方的历史理论研究范式多变，而在中国语境中，汉语“历史理论”多指运用马克思主义的立场、观点与方法对人类社会历史尤其是中国历史的规律进行研究而得出的科学结论。2. 汉语“历史理论”从马克思创立新史观之后才与西方的“theory of history”等同义或近义词语接轨，但该词与此前西方史学中的理性传统能否顺利对应，仍然是一个疑问。《史学史研究》2007 年第 4 期刊登三篇关于西方古代中世纪“历史理论”的文章,[①] 均从问题意识出发讨论若干有关的理论议题，并不涉及“历史理论”的对译问题，无意中反映出上述疑问的存在。3. 汉语“历史”“理论”与西方诸如“history”“theory”的表述在文化内涵上也有差异。目前的对译只有在忽略东西方词语之文化内涵的情况下才是成立的。例如，如果考虑到汉语“历史”中包含着“史”的文化传统，而“史”又具有“史官”“史籍”“史事”等多种含义，那么，仅仅对译为“history”（含有“过去发生的事情”与“历史书写”二义）就远远不够了。

在中国语境中，“历史理论”总体而言既是一个学术专有名词，更是一个具有重大社会实践意义的思想概念；既指导着史学理论研究，又

---

① 张广智：《古代西方历史理论三题》，《史学史研究》2007 年第 4 期；易宁：《波利比乌斯的普世史观念》，《史学史研究》2007 年第 4 期；侯树栋：《西欧中世纪早期的史学观念》，《史学史研究》2007 年第 4 期。

与史学理论研究相区别；既是一个外来的概念，又日益丰富着中国历史文化的内涵。鉴于此，本文认为，在使用汉语“历史理论”一词时，需要充分考虑到它在中国语境中的历史语义，明确界定这一概念的内涵与外延，自觉推动马克思主义历史理论的发展，努力构建具有中国特色、中国风格、中国气派的历史理论，最终服务于全面建成社会主义现代化强国和打造人类命运共同体的伟大事业。

（原载《史学理论研究》2022 年第 6 期）

历史距离与现代历史意识嬗变

张旭鹏

历史乃过去发生之事，但并非所有过去发生之事都可以称作历史，或者说都可以作为历史学家著述和研究的对象。对于那些不久之前发生的事情，历史学家总是持审慎态度。一方面，事件发生后，需要一定时间积淀才能获得全面而正确的理解；另一方面，事件的后果及其可能产生的影响，只有在一段时间后方能显现和落定。此外，历史学家秉持的中立、客观原则，使之竭力摆脱个人情感或利益影响，力求避免被舆论及公众好恶支配，尽量不对发生不久且尚无定论的事情作出评判。因此，历史学家总是希望与过去保持一定距离，优先选择久远的过去（remote past），而不是近期的过去（recent past）作为研究对象，进而冷静理智地审时度势，对过去事件予以客观记述与合理解释。历史研究中的这种距离意识即历史距离（historical distance）。

历史距离概念最早由加拿大学者马克·菲利普斯提出，但他主要关注历史距离在形式、情感、意识形态和认知上的四种效应，及其对历史撰述的影响。[①] 赫尔曼·保罗等学者将历史距离与历史研究的客观性问题联系起来，认为与研究对象保持某种时间上的距离是历史研究的基本

---

① Mark Salber Phillips, *On Historical Distance*, Yale University Press, 2013, p. 1; Mark Salber Phillips, "Distan - ce and Distances in Our View of the Past", *Journal of the Canadian Historical Association*, Vol. 26, No. 2, 2015, p. 34。对于马克·菲利普斯观点的评介，参见张旭鹏《历史距离》，载王晴佳、张旭鹏主著《当代历史哲学和史学理论：人物、派别、焦点》，社会科学文献出版社 2020 年版，第 277—290 页；李鹏超：《西方史学思想中的历史距离——从时间距离到“距离效应”》，《史学月刊》2021 年第 11 期。

前提，也是历史学家应当具备的学术品格。① 上述学者虽从多个角度对历史距离进行分析，但均未论及历史距离产生的原因。笔者认为，历史距离是现代历史意识的产物，包含两个维度：首先，历史距离是指时间上的距离，用于标示历史学家与其研究对象之间被认可的时间尺度，是历史认识和历史研究保持公正客观的前提。其次，历史距离是过去与现在关系的一种表达，它源自过去与现在的分离乃至断裂，发端于文艺复兴时期，启蒙运动时期得到加强，最终形成于法国大革命时期。近年来，在现代阐释学和分析历史哲学，尤其是奥克肖特“实用的过去”观念影响下，过去与现在的关系得到重新解释。特别是记忆研究的兴起以及“过去的在场”理念出现，进一步打破过去与现在的时间界限，不仅让历史距离消失，也赋予现代历史意识更丰富的内涵。

一 距离如何使过去成为历史

历史不是静止的过去，它是过去与现在之间关系的动态发展，也是当下的历史学家回望过去的结果。那么，过去距离现在有多远，才能成为“历史”？对于这一问题，19 世纪英国维多利亚时代的历史学家认为，出于对职业历史学家实践原则的信守，历史学家所研究的过去应尽可能地远离现在。他们因而尽量回避距离现在太近的题材，以及那些发生不久尚存争议的事件，以确保研究的可信度。不过，这些距离现在太近的事件、人物和主题，却可以成为自传、传记和小说关注的对象。② 19 世纪历史学家对这一问题的思考，体现了现代史学建立之初的一种普遍愿望，即研究者应当超越个体或时代的局限，创建真正科学、客观和中立的研究方法。进入 20 世纪，一些当代学者对距离问题有了更为深入的

① Herman Paul, “Distance and Self - Distanciation: Intellectual Virtue and Historical Method around 1900”, *History and Theory*, Vol. 50, Issue 4, Theme Issue 50: Historical Distance: Reflections on a Metaphor, 2011, pp. 104 - 116.

② Helen Kingstone, *Victorian Narratives of the Recent Past: Memory, History, Fiction*, Palgrave Macmillan, 2017, pp. 2 - 3.

思考。

流亡美国的德裔艺术史家欧文·潘诺夫斯基在比较欧洲和美国艺术史研究现状时指出：在欧洲，由于受第一次世界大战以来各国敌对状态的影响，当代艺术研究很难作到公正客观，学者们要么是自我辩护或相互攻讦，要么是保持缄默，鲜有对所研究的对象进行不带偏见的历史分析。而在美国，艺术史家则不受民族和地域的约束，也较少个人或体制上的先入之见，因此能够以一种公正的眼光来研究当代艺术。由此，潘诺夫斯基声称，艺术史家与其研究对象之间的“距离”，通常应有60—80年。[①] 在潘诺夫斯基看来，这个相当于人的有生之年的时间间隔，能够让历史学家与自己的研究对象保持足够的距离，进而最大限度地摒弃自我的情感和偏见，摆脱外在的影响，不偏不倚地进行研究。与之类似，詹姆斯·帕特森在分析美国20世纪尤其是1945年以来的史学实践时指出，鉴于对距离现在较近的过去的研究缺乏一种历史视野，专业历史学家并不愿意涉足与他们的生活时代过于接近的事件。不少历史学家似乎都愿意接受一个非正式的“20年规则”，即历史学家的研究对象应当是20年之前的事件或现象，而20年之内的事情则交给新闻工作者、社会学家和政治学家。[②] 海伦·金斯顿则认为，从时间长度上看，不论这种距离是20年还是50年，都可以归入“近期的过去”这个时间范畴。“近期的过去”的一个基本特征是它存在于人们鲜活的记忆（living memory）之中，带有较强的主观性和不确定性，因而应被排除在历史学之外。[③]

尽管对于过去之成为历史应距离现在多远有着不同理解，但历史学家通常认为，他们所研究的对象应当与他们所处的时代之间存在某种时

---

① Erwin Panofsky, “Three Decades of Art History in the United States: Impressions of a Transplanted European”, in *Meaning in the Visual Arts: Paper in and on Art History*, Doubleday & Company, Inc., 1955, p. 329.

② James T. Patterson, “Americans and the Writing of Twentieth – Century United States History”, in Anthony Molho and Gordon S. Wood, eds., *Imagined Histories: American Historians Interpret the Past*, Princeton University Press, 1998, p. 190.

③ Helen Kingstone, *Victorian Narratives of the Recent Past: Memory, History, Fiction*, pp. 9 – 10.

间上的限度，无此他们的工作便不能被称作“历史”研究。这种横亘在过去与现在之间的、使过去成为历史的时间间隔，就是所谓的历史距离。历史距离首先是一种时间距离，它在过去与现在之间划出一条用时间度量的鸿沟，历史因而是指在时间上久远的过去，这一过去在时间属性上与现在截然不同，这是历史感得以产生的基础。而距离现在相对较近的过去，则被排除在历史的范畴之外，它可以成为其他学科研究的对象，却与历史学无关。历史距离的存在，一方面让历史与现在在时间上拉开了距离，另一方面也意味着过去发生之事或事件已经处于完成状态。一般而言，事件距离现在越远，就越可能已经结束或完成，而距离现在越近，就有可能仍在发展之中。但这里的完成不仅指事件行为的完成，而且指事件所产生的影响及所带来的后果的完成。也就是说，事件不仅发生了，而且它在当时和随后所产生的影响也已结束，并留下了较为确定的后果。只有具备这些条件，事件才在真正意义上完成。正如普雷斯顿·金指出的，如果事件只是结束，但其对现在的影响仍然存在，那么这个事件就仍在发展之中，从时间上看它依然属于现在。而如果事件的发展和变化均已结束，不论其与现在多么接近，它都处于完成状态，在时间属性上就应当被归于过去。① 因此，历史学家研究的对象不仅是久远的过去，而且是已经“完成”的过去（completed past）。

然而，如果历史学家研究的是久远的过去和已经完成的过去，那么当代史（contemporary history）能否成为历史学家研究的对象？按照一般的定义，当代史主要指第二次世界大战结束后至今的历史。② 狭义上的当代史则指留存于大多数成年人记忆中的历史，其年限大约为30年。从时间跨度上来看，当代史属于距离现在较近的过去，就其完成状态而言，当代的许多事件似乎仍处在发展之中，很难对之作出定论。因此，虽然当代史作为历史研究的一个领域是不争的事实，但对于当代史的性质及其研究方法的质疑却始终存在。批评者指出，当代史不过是新闻的一种

---

① Preston King, “Thinking Past a Problem”, in Preston King, ed., *The History of Ideas: An Introduction to Method*, Croom Helm, 1983, p. 34.

② Brian Brivati, “Introduction”, in Brian Brivati, Julia Buxton and Anthony Seldon, eds., *The Contemporary History Handbook*, Manchester University Press, 1996, p. xvi.

表现形式，因为它所关注的问题在时间上距离现在太近，而研究者本人距离事件的发生也太近，甚至有可能是事件本身的一部分，因而难以作出正确的判断。[①] 齐世荣就强调，当代人写当代史除了面临研究材料阙如、难以保证客观性、深受政治影响等困难外，缺乏足够的历史距离也是一个不利因素："对有些事件的意义和影响，对有些人物的作用，在当时未必看得清楚，而在过若干年以后反倒比当时看得更清楚，评价得更恰当。"[②] 彼得·卡特罗尔也认为，当代史除了没有距离感、不能获得足够的证据和缺乏解释性框架外，当代事件后果的不确定性以及人们对这些事件记忆的鲜活性，同样给人带来困惑。不确定性说明当代事件并没有处于真正的"完成"状态，而记忆的鲜活性则让历史学家在分析历史时面临背离客观性的风险。为此，卡特罗尔建议，研究者不应将自身局限在当代事件内，仅仅研究当代事件的社会、政治或经济结构，而是要追溯其在时间中的变化，探讨其生成的历史根源，这样才能更好地履行历史学家的职责。[③]

当代史与历史距离之间的紧张关系在杰弗里·巴勒克拉夫那里有着更为深入的论述。巴勒克拉夫首先强调了当代史的重要性，指出了当代史与现代史截然不同的时代特性："当代史应当被视作一个独特的历史时期，其本身有着区别于先前时代的各种特征。"但是，他也看到，由于缺乏一种历史距离，当代史面临着内容含糊和界限不明的困境。更重要的是，历史距离的缺失有可能会导致历史学家丧失应有的批判立场："在我们采用历史的眼光之前，我们务必要与所研究的事件保持一定的距离。'超越'自我，以历史学家批判的眼光不偏不倚地审视过去，原本在任何时候都很难做到。更何况面对与我们生活如此密切相关的事件，究竟还有无这一可能？"在这种情况下，如果使当代史研究更具可行性，更符合历史研究的通则，就必须赋予其一种历史距离，用巴勒克拉夫的

① Michael D. Kandiah, "Contemporary History", http://www.history.ac.uk/makinghistory/resources/articles/contemporary_history.html#f1 [2016-06-16].

② 齐世荣：《"合之则两美，离之则两伤"——试论当代人写当代史与后代人写前代史》，《史学理论研究》2001 年第 2 期。

③ Peter Catterall, "What (if anything) Is Distinctive about Contemporary History?", *Journal of Contemporary History*, Vol. 32, No. 4, 1997, pp. 441-452.

话说就是要使之有“深度”，即探寻当代事件的过去之源。巴勒克拉夫以1950年的朝鲜战争为例，告诫历史学家不要只看到这场战争的表象，认为它只是二战后两大世界阵营一系列冲突中的一个事件，而应追溯到一个世纪之前，认识到这场战争其实是争夺西太平洋统治地位更为久远的冲突的一个组成部分。巴勒克拉夫进而指出，在对近期历史的分析中，必须意识到更深的历史趋势在解释人类及事件演进中的恒久意义。①

由此，历史距离一方面通过赋予过去一种纵深的时间向度，使过去因为具有一种厚重的历史感而成为历史学家所认同的研究对象；另一方面，正如巴勒克拉夫所提到的，历史距离决定着历史学家看待事件的立场和态度，体现了历史学家与过去之间的一种认知关系。对于大多数历史学家，尤其是现代主义的历史学家而言，过去是可以被认知的，但前提是历史学家必须与过去保持一定的距离，这样才能够获得一种超越特定时空的独立意识，使客观公允的研究成为可能。自19世纪历史学的科学化和专业化以来，历史学家对这一点深信不疑。兰克在1859年致巴伐利亚国王马克西米利安二世的信中坦言：“历史教育的目标在于训练研究的主体，使之完全进入到研究客体的机体中，即进入到科学本身的机体中，而不会因为人类生存的自然或偶然的局限，阻碍他去认识和呈现全部的真理。”② 对历史学家而言，只要遵循上述历史研究的准则，同时加以自我约束，就可以客观如实地呈现过去。

这样，历史距离便不再只是一种时间距离，即那种能够让历史学家追溯既往的必不可少的时间间隔，更是历史学家进行客观研究乃至寻求历史真相的一个基本前提。也就是说，历史距离的存在有助于历史学家克制自我的情感和超越当下的情境，从事件发生的语境中探求认知过去的可能性。赫尔曼·保罗将这种摒弃从现在的立场去理解过去的行为称作历史学家的“自我设距”（self－distanciation），并以德国历史学家伯伦汉的代表作《史学方法论》为例，探讨了这一观念的意义和价值。赫

① Geoffrey Barraclough, *An Introduction to Contemporary History*, Penguin Books, 1967, pp. 12, 14－15, 16.

② Leonard Krieger, *Ranke: The Meaning of History*, The University of Chicago Press, 1977, p. 5.

尔曼·保罗认为，“自我设距”意味着历史学家必须摆脱他在展开研究之前就已经存在于头脑中的各种预设和成见。他援引伯伦汉的观点：一个优秀的历史学家总会将自己对世界运行方式的理解，将自己的思维、感知和认知模式视作“谬误的源头”，并竭尽一切可能去消除它。[①]

通过“自我设距”，历史学家在避免将主观意识投射到研究对象之上的同时，也力图置身于研究对象所处的环境和背景之中，对其作出符合历史情境的解释。“自我设距”的背后，实际上体现了历史学家的一种学术自律，一种自觉地去克服思想上的偏狭主义的努力。正如赫尔曼·保罗所言，历史学家的“自我设距”应当被视作一种与历史学家认识论相关的理想德性，这种德性旨在增进历史学家关于过去的知识，同时也使历史学家获得一种“科学人格”（wissenschaftliche Persönlichkeit）。“科学人格”具有深刻的道德意蕴，为历史学家规定了才能、操行和自我管理诸方面的标准，不仅告诫历史学家何以成为一名合格的学术人，也提醒历史学家必须让个人意愿服从这一理想德性的指引。[②] 如此一来，在“自我设距”规范下，历史学家即便难以完全实现追求客观历史真相这一“高尚的梦想”，[③] 也能够作到在历史研究中保持最大程度的客观性。

其实，无论是指过去与现在之间必要的时间距离，还是指历史学家为了确保研究的客观性而有意与过去或者自己的先入之见保持一定的距离，历史距离都可以被看作历史认识和历史解释的一个前提。它说明，作为客观实在的过去在转化为历史亦即历史学家的研究对象之前，首先需要被纳入一种时间体制中，让其经历一个从发生、发展再到结束的过程。其次，历史学家在进行研究时，应通过“自我设距”实现从个体人

---

① Herman Paul, “Distance and Self - Distanciation: Intellectual Virtue and Historical Method around 1900”, p. 109.

② Herman Paul, “Distance and Self - Distanciation: Intellectual Virtue and Historical Method around 1900”, p. 112. 关于认识论德性，参见 Herman Paul, “Performing History: How Historical Scholarship Is Shaped by Epistemic Virtues”, *History and Theory*, Vol. 50, Issue 1, 2011, pp. 1 – 19。

③ 彼得·诺维克将历史研究中的客观性原则归结为历史学家要忠实于过去的实在和客观的历史真相，参见 Peter Novick, *That Noble Dream: The “Objectivity Question” and the American Historical Profession*, Cambridge University Press, 1988, pp. 1 – 2。

格到科学人格的转变，从而超越自我认知的局限，达成对历史的客观认知与合理解释。

二　过去与现在的分离：历史距离的产生

距离意味着间隔以外，还意味着差距或不同。作为历史学家的“自我设距”，历史距离明确表达了过去与现在之间的不同，提醒历史学家不可以“以今度古”。而作为一种时间距离，历史距离则让历史学家在远离研究对象的过程中，对过去产生一种“陌生化效应”（alienat - ion effect），即不再认为过去是熟知的和习以为常的，进而对之产生一种不囿于成见的全新认识。[①] 黑格尔就强调了陌生化在认识活动中的重要性，认为“熟知的东西”不是“真正知道了的东西”，建议在对事物进行分析时，要扬弃它“熟悉的形式”。[②] 将过去“陌生化”有可能带来一种更加客观的历史认识。这种经由历史距离而产生的过去与现在殊为不同的观念，在被历史学家们广为征引的英国作家莱斯利·哈特利的名作《幽情密使》开篇第一句话中有着最为贴切的表达：“过去是一个异邦：人们在那里以不同的方式行事。”[③] 这句被历史学家广为征引的著名开场白，流露出的今昔迥异的怀旧情绪，显然是现代历史意识的产物。

而在西方古代和中世纪，古今殊异的观念并不常见。相反，过去被认为是与现在相等同的。《旧约·传道书》中曾言：“已有的事，后必再有；已行的事，后必再行。日光之下，并无新事。岂有一件事人能指着说，这是新的。哪知，在我们以前的世代，早已有了。”[④] 修昔底德（约

---

① 布莱希特指出，“陌生化”实际上也“历史化”的过程，即把“事件和人物作为历史的、因而也是暂时的现象去呈现”。参见 Bertolt Brecht，“On the Experimental Theatre”，trans. Carl Richard Mueller，*The Tulane Drama Review*，Vol. 6，No. 1，1961，p. 14。

② ［德］黑格尔：《精神现象学》上卷，贺麟、王玖兴译，商务印书馆 1981 年版，第 20 页。

③ 参见 Leslie P. Hartley，*The Go - Between*，Hamish Hamilton，1953。“过去是一个异邦”后来被英国历史学家大卫·洛文塔尔用作其一部著作的名字，参见 David Lowenthal，*The Past Is a Foreign Country*，Cambridge University Press，1985。

④ 《旧约·传道书》，1：9—10。

公元前460—约公元前400年）也认为，考虑到人性的普遍性，过去发生的事件因而“会在未来某个时间以同样的方式重复出现”。[①] 同样，波利比乌斯（约公元前208—约公元前125年）也将人类事务的可重复性作为探讨政治制度变化的前提，认为政体通常会经历一个变化、消失，最后又回到起点的过程。掌握了这种周期性循环的特点，人们便可以正确地判断一种政治制度的未来走向与发展。[②] 在波利比乌斯看来，这就是人们从研习历史中所获得的教益，它让人们能够依据已发生的事情对未来作出预判：“正是这种与我们所处时代相似的环境在精神上的转移，使我们能够对即将发生的事情形成预感，它使我们能够在某些时候未雨绸缪，也可以让我们在另外一些时候通过在脑海中重现之前的情形，而更加自信地面对威胁我们的困难。”[③] 事物发展的不变性与实用主义历史观的结合，进而催生出西塞罗（公元前106—公元前43年）“历史乃生活之师”（*historia magistra vitae*）的著名论断，它强调的同样是过去与现在在经验空间上的连续性。[④] 而到了罗马皇帝马克·奥勒留（121—180年）那里，过去、现在乃至未来之间的一致性，已经成为一种遵循理性的人生法则：“我们的后人看不到任何新的事物，正如我们的先辈不比我们看到得更多：这便是事物的相同性，一个40岁的人只要有一点理解力的话，他便在某种意义上已经看到了全部的过去和未来。”[⑤]

及至中世纪，对过去的记述也是以一种“范例史”的方式呈现给时人，供其仿效和借鉴，避免重犯历史上的错误。中世纪的人通常认为，过去为现在提供了一个合理的样板，告诉人们何以行事，或者为当下提

---

① Thucydides, *The History of the Peloponnesian War*, trans. Rex Warner, Penguin Books, 1954, p. 48.

② Polybius, *The Histories*, VI, 9, 10 - 14, Vol. III, trans. W. R. Paton, Harvard University Press, 1923, p. 289.

③ Polybius, *The Histories*, XII, 25b, 3, Vol. IV, trans. W. R. Paton, Harvard University Press, 1925, p. 373.

④ 西塞罗的这句话出自《论演说家》，参见 Cicero, *De Oratore*, II, 36。全文为：“而历史，这时代的见证，真理的光辉，记忆的生命，生活的老师，古代社会的信使，除了演说家之外，还有什么其他声音能使它永存不朽?”中译文参见西塞罗《论演说家》，王焕生译，中国政法大学出版社2003年版，第227页。试与中国的典故“前事不忘，后事之师”相比较，语出自《战国策·赵策一》，原句为“前事之不忘，后事之师”。

⑤ Marcus Aurelius, *Meditations*, trans. Martin Hammond, Penguin Books, 2006, p. 105.

出了一个理想的范型，人们可以据此对世事作出评判。[①] 所以，在中世纪人的眼中，过去的呈现是真切和实在的，是触手可及的，过去与现在之间并无时间上的距离，而是混为一体。彼得·伯克认为，造成这种情况的原因是中世纪的人没有“时代错置”（anachronism）的观念，亦即没有历史透视（historical perspective）意识、变化意识和关于过去的意识。不过，这并不是说中世纪的人不知道过去在某些方面与现在有所不同，而是他们不能认真对待这种差异，或者认为没有必要对之作出区分。[②] 比如，创作于13世纪的《埃伯尔明斯特编年史》（*Chronicon Ebersheimense*）中记载了恺撒征战日耳曼尼亚的事迹，其中罗马兵营被描述成中世纪的城堡，罗马军团的士兵被刻画成中世纪的骑士，而罗马的行政长官则成为中世纪的封臣，日耳曼人也变成德意志人。[③]

这种“时代错置”的现象，在绘画艺术中表现得最为直观明晰。据潘诺夫斯基的研究，中世纪的艺术家在借用古典主题或题材时，要么是赋予其基督教的内涵，要么是用当时的形式加以表现。比如，罗马皇帝安东尼·庇护以圣彼得的形象示人，罗马妇女被描绘成圣母玛利亚的形象。或者，古代神话人物赫克托耳与安德洛玛赫、埃涅阿斯与狄多、伊阿宋与美狄亚均被展示为中世纪的宫廷骑士和贵妇。[④] 林德·布罗卡托同样指出，绘画作品中的“时代错置”主要表现为，画中人物的衣着和背景与人物所处的年代并不一致，反而与作品创作的年代相符。比如，在从13世纪就开始编纂的《法兰西大编年史》（*Grandes Chroniques de France*）中，插图所描绘的特洛伊之战中的人物普里阿摩斯、帕里斯、海伦都身着13世纪法国贵族的服装。又如，成书于1450年左右的《西班牙王室族谱》（*Genealogía de los Reyes de España*）中共有82幅细密画

---

① Matthew Innes, “Introduction: Using the Past, Interpreting the Present, Influencing the Future”, in Yitzhak Hen, and Matthew Innes, eds., *The Uses of the Past in the Early Middle Ages*, Cambridge University Press, 2000, p. 1.

② Peter Burke, *The Renaissance Sense of the Past*, Edward Arnold, 1969, p. 1.

③ Hans-Werner Goetz, “The Concept of Time in the Historiography of the Eleventh and Twelfth Centuries”, in Gerd Althoff, Johannes Fried, and Patrick J. Geary, eds., *Medieval Concepts of the Past: Ritual, Memory, Historiography*, Cambridge University Press, 2002, p. 161.

④ Erwin Panofsky, “Renaissance and Renascences”, *The Kenyon Review*, Vol. 6, No. 2, 1944, p. 220.

插图，只有与族谱的作者和插图者处于同一时代的人物符合历史情景，其他的都存在着时间上的错乱。① 显然，在中世纪的历史著作和艺术作品中，不同时代的相互混淆，是一种典型的缺乏历史距离意识的表现。而要产生历史距离意识，就必须从时间上将过去与现在分离开来。这一现象的发生，最早可以追溯到文艺复兴时期。

大约从14世纪后期开始，新的历史分期意识开始在意大利出现。以彼特拉克为代表的人文主义者认为，他们正处在一个全新的时期，与之前的时代截然不同。为了显示这种区别，他们将人类迄今的历史分为古代、中世纪和现代三个阶段，认为自己所处的时代是现代，而之前的时代是介于古代和现代之间的“中间时代”（*media aetas*），也是一个野蛮的黑暗时代。借助这种带有价值判断的历史分期，文艺复兴的人文主义者使“黑暗”的中世纪与现代产生了分离。不仅如此，他们也开始重新思考古代与现代的关系，古代逐渐失去了为现在提供范例的崇高地位，现代的价值得到提升。由此所产生的今胜于昔的观念，在文艺复兴时期的欧洲得到普遍展现。意大利艺术家和美术史家瓦萨里（Giorgio Vasari，1511—1574年）在《艺苑名人传》中认为，米开朗基罗远胜于古代艺术家；弗兰芒医生和解剖学家维萨里（Andreas Vesalius，1514—1564年）指出，盖伦的著作中有超过两百多处的错误；德国矿物学家阿格里科拉（Georgius Agricola，1494—1555年）在《矿冶全书》中强调，普林尼的《自然史》中遗漏了数量众多的矿物；荷兰制图学家奥特里乌斯（Abraham Ortelius，1527—1598年）所绘制的第一部现代世界地图集，让古代的同类著作相形见绌。② 正是在这一意义上，彼得·伯克指出，文艺复兴时期人文主义者对古典过去的利用极具反讽意味：最初，为了效仿古代的范例，人文主义者满怀热情地研究古代，但他们的研究越是深入，就愈发认识到他们与古代之间的差异和中断。最终，不仅野蛮黑暗的中世纪，甚至古典古代也被排除在他们的时代之外。③

① Linde Brocato, “Visual Anachronism”, in Graeme Dunphy, et al., eds., *The Encyclopedia of the Medieval Chronicle*, Brill, 2010, pp. 1483 - 1484.

② Étienne Bourdon, “Temporalities and History in the Renaissance”, *Journal of Early Modern Studies*, Vol. 6, 2017, p. 51.

③ Peter Burke, “Exemplarity, Anti - Exemplarity in Early Modern Europe”, in Alexandra Lianeri, ed., *The Western Time of Ancient History*: *Historiographical Encounters with the Greek and Roman Pasts*, Cambridge University Press, 2011, p. 55.

不过，严格说来，文艺复兴时期效法过去的观念并没有完全消失。马基雅维里在《论李维》第一卷前言中指出：“公民对公共事务，或对人们染上的疾患，如果有了歧见，他们总是求助于古人的裁决，或是求助于古人的诊断和指定的方剂。民法无非是古代法学家提供的裁决，把它们简化为指令，可引导我们今天的法学家作出判断 。医术也不过是古代医师的实践经验，今日医师可据以作出诊断。”但在同一部书的第二卷前言中，马基雅维里却提出了完全相反的意见：“世人历来厚古薄今，虽然他们并非总有道理；他们偏爱旧事物的方式，使他们不但赞美作家的记载使他们得以知晓的时代，而且赞美步入暮年后回忆起的青春时光。他们这种看法在多数时候都是错误的。”[①] 马基雅维里观点的前后不一致——从效法古人到对古人的作为有所增益，说明历史文艺复兴时期尚处在现代历史意识产生的过渡时期。同样，在绘画作品中，中世纪的那种“时代错置”现象或不同的时间性（temporality）共存于一幅画面的现象依然存在，最典型的例子就是在古代题材的作品中出现了现代事物。比如，在威尼斯画家维托雷·卡巴乔（Vittore Carpaccio，1450—1525年）创作的《圣奥古斯丁的幻象》（*The Vision of Saint Augustine*，1502—1503年）中，出现了文艺复兴时期的主教才使用的法冠和权杖，以及在奥古斯丁时期不可能出现的维纳斯雕像和青铜耶稣塑像。[②]

尽管如此，在文艺复兴时期，过去还是经历了一个“祛魅”的过程。欧洲人开始意识到，每个时代各不相同，也自有其特点，适用于一个时代的东西并不一定为另一个时代需要。这种观念让人们在认知和研究过去时，能够与之保持一定的距离，并尽可能地采取一种客观的视角，而不像中世纪的人那样，缺乏审视过去的距离感。过去与现在之间的历史距离的出现，或者说过去与现在之间的分离，标志着现代历史意识开始萌生，即历史学家能够在过去与现在之间作出区分，并知晓不同的历史实体应当存在于不同的历史情境之中，而这正是客观、真实地再现过去的前提。15世纪意大利建筑家安东尼奥·费拉雷特（Antonio Filarete，

---

① ［意］马基雅维里：《论李维》，冯克利译，上海人民出版社2005年版，第44、205页。

② Alexander Nagel and Christopher S. Wood, “Toward a New Model of Renaissance Anachronism”, *The Art Bulletin*, Vol. 87, No. 3, 2005, pp. 403 – 405。

1400—1469 年）劝诫从业者的一段话，就形象地概括了这种现代历史意识："使服饰符合你所描绘的那些人物的特性。如果你确实要描绘现代的事情，就不要让你的人物穿戴古代流行的装束。同样，如果需要表现古代，就不要让他们穿着现代的服装。"①

过去与现在的分离，或者认识到过去与现在分属两个完全不同的时间阶段的意识，在启蒙运动时期得到进一步发展。1697 年，法国启蒙运动的先驱皮埃尔·培尔（1647—1706 年）出版了《历史与批判辞典》(*Dictionnaire historique et critique*) 一书。培尔写作该书的目的是揭示和批判以往历史著述中的各种谬误，而这些谬误因为代代相传，已被现代人当作真理和日常加以接受，但实际上却是对历史事实的严重扭曲。为此，培尔以历史上的人名或城市名来设置词条，细数其中的种种错误与不实。培尔的这种证伪方法源自启蒙时代普遍流行的怀疑主义，具体到历史领域中，就是否认过去的神圣性和确定性，并坚称历史真理只能建立在有效的证据之上，而不是宗教或政治的偏好之上。培尔在这里实际上对过去与现在做出了明确的区分，他强调过去的"事实"只能是当前历史知识的"终点"(*ter minus ad quem*)，而不再是它的"起点"(*ter minus a quo*)。新的"事实的真理"的内核，只有通过对琐碎证据最精心的筛选和最细心的考辨，才能被分离出来。②

培尔进而指出，古今殊异的历史观念是将过去与现在分离的主要原因。在培尔看来，过去的历史学家在编纂历史时，只是不加批判地引述和传递前人说过的话，或者借助修辞，用生动的语言增加一些不可证实的细节："我认为所有古代的历史学家在查阅过去的回忆录时，都行使了同样的特许权。他们添加了一些额外的材料，随意扩大和修饰它们，却没有找到根据他们的想象衍生和附加的事实。而我们今天却将此视为历史。"③ 与之相反，现代历史学的意义则在于批判地权衡历史现象的所

---

① Peter Burke, *The Renaissance Sense of the Past*, p. 27.

② Ernst Cassirer, *The Philosophy of the Enlightenment*, trans. Fritz C. A. Koelln and James P. Pettegrove, Princeton University Press, 1951, p. 205.

③ Pierre Bayle, *Historical and Critical Dictionary*: *Selections*, trans. Richard H. Popkin, Bobbs - Merrill Company, Inc., 1965, p. 9.

有特征。为此，历史学家必须对档案进行严格的审查，以发现后人因誊抄文献而造成的错误。他也要识别前人记忆中的偏差，并根除激情和腐败所带来的偏见。① 为应对过去与现在之间的时代差异，以及由此造成的人类观点和情绪的剧烈变化和反复无常，培尔主张研究者应秉持怀疑主义和批判精神，在求变中探查过去，并“随着事物的变化，随时准备以不同的方式进行推断和思考”。②

正是因为意识到了过去与现在的不同，启蒙运动时期也形成了一种明显的历史比较意识。孟德斯鸠（1689—1755 年）出版于 1734 年的《罗马盛衰原因论》堪称这方面的一个范例。从表面上看，该书是将不同时期的罗马与同时代的其他国家和地区，比如高卢、迦太基、波斯、阿拉伯进行比较，进而揭示罗马兴起和衰亡的原因。但值得注意的是，当孟德斯鸠论及某一时期罗马的历史及其特征时，他会经常性地将之与现代欧洲进行比较。比如，在谈到罗马人通过分散各民族的力量以达到消解联盟的目的时，孟德斯鸠会强调法国国王路易十四对英国国王詹姆斯二世的全力支持；在讲到迦太基因为权贵滥用职权而灭亡时，孟德斯鸠会马上转到当时的英国，指出英国政府的高明之处在于它有一个经常检查政府和进行自查的机构，因而不会犯下长久的错误；而在感叹东罗马帝国缘何会发生一系列叛变、骚乱和背信弃义的行为时，孟德斯鸠又指明这样的事情在当今很难发生，因为国家间的频繁交往和信息的快速传播，使得任何阴谋都难以被隐瞒。③ 借助这种在两种时间体系间不断转换的叙述方式，孟德斯鸠得以在过去与现在之间进行连续的对比，其结果是加深了人们对于过去与现在分属两个不同时间范畴的意识。

《罗马盛衰原因论》的另一个显著特点是，该书虽然以时间的顺序讲述罗马历史，但全书中没有出现任何一处年代和日期，这在一部历史

① Kenneth R. Stunkel, “Historical and Critical Dictionary (Pierre Bayle, 1647 - 1706)”, in *Fifty Key Works of History and Historiography*, Routledge, 2011, p. 74.

② Pierre Bayle, *Historical and Critical Dictionary: Selections*, p. 209.

③ ［法］孟德斯鸠：《罗马盛衰原因论》，婉玲译，商务印书馆 2005 年版，第 37、48、191—121 页。

著作中是非常少见的。[①] 其中的原因，可以理解为孟德斯鸠的重点并不在于准确地重构过去，而是通过将过去与现在进行比较，从现在的角度审视过去，并由此凸显现在的价值，而不是过去的重要性。阿尔贝·索雷尔曾对孟德斯鸠看待过去的方式有过如下评价："在试图复活古人的同时，他用他自己的灵魂，用他那个时代的灵魂来赋予其生命。他并不是在凭空创造已经死去的、超越了新的生命力量的古代亡魂；他从中引出了某种他那个时代特有的思想形式，注定会给法国的政治、文学，甚至艺术本身带来变革。"[②] 当代学者扎卡里·希夫曼认为，孟德斯鸠在《罗马盛衰原因论》中采用了一种跨历史的比较方法（cross - historical comparisons），这种方法强化了过去与现在之间的区别，即过去不仅先于现在，而且不同于现在。这样一来，过去便被语境化了，被推向了一个与现在不同的时间场域。人们只有将过去置于其应有的语境中，才能对之形成准确、客观的认识。语境（context）因而成为理解人类所有事物中的一个非常重要的因素。[③]

启蒙运动时期，过去与现在之间发生了进一步的分离。过去作为一个时间范畴，逐渐被认识到与现在的不同，过去的经验与价值也被认为并不一定能适用于现在。人们的历史距离意识和时代错置意识在不断加强，过去的重要性也在不断降低，失去了为现在提供范例和指导的价值。用恩斯特·卡西尔的话说，启蒙时代的历史学家为历史卸下了纯粹的尚古主义（antiquarianism）重负。[④] 不过，尽管启蒙时代人们不再强调历史发展的连续性，但过去与现在之间还没有发生彻底的断裂。这种断裂最终出现在法国大革命期间。

---

① 试与创作于同一时期的伏尔泰的《风俗论》进行比较。伏尔泰在《风俗论》的开篇写道："中华帝国……已有4000多年光辉灿烂的历史……远在公元前2155年，中国就已有观测日蚀的记载。……早在上述日蚀的日期之前230年，他们就已经不间断地以真实的资料把编年史一直记载到帝尧。"参见［法］伏尔泰《风俗论》上册，梁守锵译，商务印书馆2003年版，第239—240页。

② Albert Sorel, *Montesquieu*, trans. Gustave Masson, George Routledge and Sons, 1887, p. 157.

③ Zachary Sayre Schiffman, *The Birth of the Past*, The Johns Hopkins University Press, 2011, p. 263.

④ Ernst Cassirer, *The Philosophy of the Enlightenment*, p. 222.

三 过去与现在的断裂：现代历史意识的诞生

过去与现在的断裂，或者说过去作为一个时间阶段被人们彻底抛诸脑后，其体验主要来自法国大革命的爆发及其所带来的时代断裂感。一般认为，法国大革命赋予了“革命”（revolution）概念现代意涵。在法国大革命之前，政治意义上对“revolution”一词的使用（主要是在16、17世纪），指的是一种周期性地回到过去政治秩序的变化，这与“revolution”一词的本义“旋转”“循环”是一致的。[①] 到了法国大革命时，“revolution”开始指一个国家社会和政治生活中所发生的对过去的突然的、根本性的和革故鼎新式的背离（innovative departure）。[②] 托克维尔（1805—1859年）在《旧制度与大革命》前言的开始部分，曾点明了法国大革命的这一特性：“1789年，法国人以任何人民所从未尝试的最大努力，将自己的命运断为两截，把过去与将来用一道鸿沟隔开。为此，他们百般警惕，唯恐把过去的东西带进他们的新天地：他们为自己制订了种种限制，要把自己塑造得与父辈迥异；他们不遗余力地要使自己面目一新。”[③] 过去不再是储存范例的宝库，历史的垂训作用泯灭在纷繁难料的政治剧变当中。早在托克维尔写下《旧制度与大革命》16年前，过去的意义的消失就已经引起了他的感慨与沉思。在1840年出版的《论美国的民主》下卷末尾，托克维尔对曾经固若磐石的过去在经历了革命激荡后所显示出的与现在的不确定关系，表现出某种程度的迷惘。他想知道在革命后的巨大混乱中，哪些古老的制度和习俗会劫后余生，或是消失殆尽。为此他一个时代一个时代地向上回顾，试图从历史中找到先例，

---

① 参见 Harry Ritter, *Dictionary of Concepts in History*, Greenwood Press, 1986, p. 389；张旭鹏：《“革命”的内涵与变形：一项全球思想史的考察》，《华东师范大学学报》（哲学社会科学版）2022年第4期。

② Theda Skocpol and Meyer Kestnbaum, “Mars Unshackled: The French Revolution in World-Historical Perspective”, in Ferenc Fehér, ed., *The French Revolution and the Birth of Modernity*, University of California Press, 1990, p. 13.

③ ［法］托克维尔：《旧制度与大革命》，冯棠译，商务印书馆1997年版，第29页。

但一直追溯到古代，也没能发现任何变化与现在的变化相似。托克维尔就此得出结论："过去已经不再能为未来提供借鉴，精神正在步入黑暗的深渊。"①

如果说托克维尔的上述言论是在革命过去半个世纪后的回顾与反思的话，那么像埃德蒙·柏克（1729—1797 年）和夏多布里昂（1768—1848 年）这样的革命同时代的旁观者和亲历者，他们对法国大革命所造成的时代断裂的强烈感触，应当更加直观和真切。在一海之隔的英国，柏克于法国大革命爆发的次年写下了《法国革命论》一书。尽管柏克对法国大革命持强烈的否定态度，认为这是一场"脱离了自然"，"轻率而又残暴"的混乱，但他敏锐地发现，这场革命的一个显著特征，就是对"古代的生活见解和规则"的颠覆。柏克看到，革命者与一切既有的成就都处于不可调和的冲突之中，过去的恒久性或过去与现在之间的持续性是没有意义的。只要是旧的事物，就必须被摧毁。历史这部"从人类过去的错误和痛苦中汲取未来智慧"的大书，被彻底地翻转过来，不再用于指导现在，反而成为挑起争端和引发敌对的工具。②

在革命发生四年后的 1793 年，流亡伦敦的夏多布里昂开始创作其处女作《试论古今革命》，试图将法国大革命与欧洲历史上的诸多革命进行平行对比，进而从历史、政治和道德的高度对之予以反思。夏多布里昂直言，该书的目的是要证明"日光之下，并无新事"这一古训的正确性，即法国大革命并非"史无前例"，它的人物和特点其实都是对古代革命的重演和再现。不过，当夏多布里昂 30 多年后回顾这一写作过程时却有了完全不同的感悟——革命事态发展之迅猛、变动之剧烈，是以往任何经验都无法认知、把握和描述的："常常，晚上就要把白天的草稿涂掉：事件跑得比我的笔迅速；突然一个革命让我所有的对照都变成谬误。"③ 显然，夏多布里昂意识到，法国大革命已经催生出一个与既有的时间关系冲突不断的时代。在这样一个时代里，他生活的世界被革命彻

① ［法］托克维尔：《论美国的民主》下卷，董果良译，商务印书馆 1991 年版，第 882 页。

② Edmund Burke, *Reflections on the Revolution in France*, pp. 9, 68, 124.

③ ［法］夏多布里昂：《试论古今革命》，王伊林译，华夏出版社 2015 年版，第 12 页。

底粉碎，他坚定支持的事物迅速蜕变为“旧制度”，因而无法与现在达成和解。作为革命中的失败者，夏多布里昂比同时代的任何人都更能深刻感受到这种突如其来的现代时间秩序所带来的冲击。他一方面表现出对过去的眷恋，不过他深知这个过去已经积重难返；另一方面他又对未来有所憧憬，但这个未来却有着难以掌控的不确定性。在《墓畔回忆录》结语中，夏多布里昂剖析了自己的这种复杂心态：“我生活在两个世纪之间，就像在两条河流的汇合处一样。我跳进它们动荡的河水之中，依依不舍地离开我诞生的那个古老的河岸，怀着希望朝未知的彼岸游去。”① 过去的失落和未来的不确定，让夏多布里昂只能栖身于当下而无所适从，这大概是他数十年来一直在写作《墓畔回忆录》的一个原因。对此，阿尔托格评论道：“四十多年的时间里，夏多布里昂一直在写作和重写回忆录，他将这种时间的断裂，这种新旧历史性体制（regime of historicity）之间无法弥合的距离，视作自己写作的现实原则和享乐原则。”②

对无论在空间还是时间上都与这场革命有着一定距离的德国知识分子来说，法国大革命同样是一场史无前例的巨变，革命期间和革命之后，历史进程的骤然加速，让他们即刻感受到“新时代”（Neuzeit）的降临所带来的时间上的断裂。黑格尔对此有过最为明确的表达，他在写于1806年的《精神现象学》中如是说道：“我们这个时代是一个新时期的降生和过渡的时代。人的精神已经跟他旧日的生活与观念世界决裂，正使旧日的一切葬入于过去而着手进行他的自我改造……成长着的精神也是慢慢地、静悄悄地向着它的新形态发展，一块一块地拆除了它旧有的世界构造……这种逐渐的、并未改变整个面貌的颓废败坏，突然为日出所中断，升起的太阳就如闪电般一下子建立起了新世界的形相。”③ 在成书于1837年的《历史哲学》中，黑格尔更是对过去的经验作出了直接

---

① ［法］夏多布里昂：《墓畔回忆录》，学龄译，上海文化出版社2000年版，第360页。

② François Hartog, *Regimes of Historicity: Presentism and Experiences of Time*, trans. Saskia Brown, Columbia University Press, 2015, p. 88.

③ ［德］黑格尔：《精神现象学》上卷，贺麟、王玖兴译，商务印书馆1981年版，第6—7页。

否定，宣告了效法古代先例的无效性，并暗示了过去和现在的距离在无限地加大、拉开，直至断裂："经验和历史所昭示我们的，却是各民族和各政府没有从历史方面学到什么，也没有依据历史上演绎出来的法则行事。每个时代都有它特殊的环境，都具有一种个别的情况……当重大事变纷乘交迫的时候，一般的笼统的法则，毫无裨益。回忆过去的同样情形，也是徒劳无功。一个灰色的记忆不能抗衡'现在'的生动和自由。"[①] 法国大革命及其后续事件对黑格尔的深远影响，使之力图在哲学上去解决法国大革命所提出的问题，即世界历史的延续性不再有效，不论对于革命者还是反革命者来说，"伴随新时代和革命而涌现的东西，都意味着此前历史的结束，未来与传统再无关系"。[②]

在英国，长期关注法国大革命历史的约翰·密尔与黑格尔有着相似的感受。对于1789年及之后的一系列事件，密尔在分析和解释它们时从早先基于人性的先验假设，即革命是一场人对自身利益的理性追求和对权力的无限渴望所引发的冲突，逐渐转向了对历史进程的必然性的思考上。[③] 换句话说，密尔认为法国大革命不是一次孤立的政治改革尝试，而是更广泛意义上的人类进步的一个范例。因此，在1831年发表的《时代精神》一文中，密尔赞同进行一场"道德和社会革命"，因为只有通过这种转变，人们才能实现自己的命运，并认为这是"每一个能够感受到时代要求的，而无需留恋过去的人都会得出的结论"。密尔所谓的"时代精神"其实就是革命所带来的"新"（new）和"变"（change）这两种特质。正如密尔所指出的："时代精神"在本质上是一种属于变革时代（age of change）的观念，它让人们意识到"自己的时代以一种或注定以一种非常不同的方式区别于他们之前的时代"。进而，人们也意识到他们是一类"新人"（new men），应当由一种新的方式来治理。原因在于，人们"将被新的纽带联系在一起，被新的障碍所阻隔；因为

① ［德］黑格尔：《历史哲学》，王造时译，上海书店2001年版，第6页。

② Joachim Ritter, *Hegel and the French Revolution*: *Essays on the Philosophy of Right*, trans. Richard D. Winfield, MIT Press, 1982, p. 61.

③ John Coleman, "John Stuart Mill on the French Revolution", *History of Political Thought*, Vol. 4, No. 1, 1983, p. 95.

古老的契约现在已不能将人们凝聚起来，古老的边界也无法再将人们困于一隅”。由此所带来的是一种全新的历史意识，它不仅认识到现在与过去的不同，更宣告了现在与过去的决裂：“社会需要和期待的不仅是一台新机器，而且是一台以不同方式建造的机器。”这种新的历史意识，推动人们去摒弃“旧体制和旧学说”，因为“旧的事物秩序的模式已经不适应社会和人类心灵的状态”，“旧的箴言和旧的指导将不再引领人类”。①

从文艺复兴时期过去与现在的分离到法国大革命时期两者的彻底断裂，历史距离的形成是与现代历史意识的出现和发展相生相伴的。现代历史意识的产生，首先是发现了过去与现在的不同，形成了所谓的“时代错置”观念，即能够清楚地认识到“过去”和“现在”分属两种不同的时间阶段，具有两种不同的时间属性。这种差异意识，使得人们在记述历史时，不再将过去与现在混为一谈，而是将过去置于一种特定的语境中加以审视和评论，进而在过去与现在之间建立一种因果关系。一方面，历史学家不再满足于中世纪的那种通过罗列事实来记事的编年史以及体现了上帝意识的普遍史，他们试图在历史事件之间建立起逻辑联系，对历史进程作出合乎理性的而不是神意的解释。② 另一方面，历史学家也放弃了古代史家对当代史的偏好，放弃了后者所笃信的撰写当代史更加可靠以及距离现在较近的历史事件更具重要性的观念。③ 历史学家相信，对历史客观记述的前提是拥有大量经过严格甄别和考证的史料，而不是在时间上距离历史事件更近借以获得更为丰富的细节，也不能仅仅依靠“目击”和“亲历”这样虽然直接但更具主观性的行为。④

---

① John Stuart Mill, “The Spirit of the Age”, in *Collected Works of John Stuart Mill*, Vol. XXII, ed. Ann P. Robson and John M. Robson, University of Toronto Press, 1986, pp. 245, 228 - 229, 230, 231.

② Peter Burke, *The Renaissance Sense of the Past*, pp. 13 - 18.

③ Arnaldo Momigliano, “Tradition and the Classical Historian”, in *Essays in Ancient and Modern Historiography*, Middletown, Wesleyan University Press, 1977, pp. 161, 163.

④ 比如埃福罗斯（Ephorus，约公元前400—公元前330年）就认为，当代史比古代史更值得信赖。原因在于，当代史距离现在更近，能够提供更多的细节，而古代史则因为遗忘的缘故无法记录丰富的细节，也因为修辞的矫饰而蒙蔽了事情的真相。参见 John Marincola, *Authority and Tradition in Ancient Historiography*, Cambridge University Press, 1997, p. 70。

其次，在现代历史意识中，过去对现在不再具有指导作用，过去不再是提供经验和范例的宝库，相反，它成为被批评和扬弃的对象。浦朗穆指出，现代批判史学的性质就在于消解前人在用历史术语解释生活之目的时所使用的那些简单的、结构性的归纳，进而削弱和否定过去。[①] 因此，现代历史学家感兴趣的是已经"死去"的过去，而不是一个依然与现在发生关系的过去。用奥克肖特的话说就是，这是一个"历史的过去"（historical past），"一个固定的和结束了的过去，一个独立于现在经验的过去"。[②] 由此，历史学家才能理性地审视过去和自由地掌控过去。过去的神圣性消失了，人们无须再膜拜过去，亦无须接受其传递下来的各种不言自明的意义和价值，真理因而不再是权威的产物。这便为客观认识过去提供了一种可能，也为客观主义史学的形成奠定了基础。历史学家相信，只要坚持客观公正的立场，批判性地运用史料，并辅以科学的研究手段，假以时日，就一定会穷尽历史的本来面目。

最后，这种新的历史意识因为强调了历史的中断或历史延续性的消失，而不再以过去为导向。取而代之的是，现在成为历史发展的新起点，并最终指向了未来。由于不再以过去为导向，或者如海登·怀特所言，不再把对过去的研究作为"其自身的目的"（as an end in itself），而是为解决我们时代的特殊问题提供透视现在的视角，历史便不会成为羁绊人们前行的重负。[③] 同时，当历史获得了以未来为导向的时间指向，亦即经历了莱因哈特·科塞勒克称之为"历史的时间化"（Verzeitlichung der Geschichte）的过程后，历史将获得一种新的发展动力，并重新对现在产生意义。[④]"历史的时间化"因而推动了过去与现在的分离，使两者之间的距离愈发扩大，直至最终断裂。不仅如此，未来的无限开放性，更是为人们提供了创造历史的多种可能，历史的进程因而不再是宿命论的或

---

① J. H. Plumb, *The Death of the Past*, The Macmillan Press, 1969, p. 14.

② Michael Oakeshott, *Experience and Its Modes*, Cambridge University Press, 1933, p. 107.

③ Hayden White, "The Burden of History", *History and Theory*, Vol. 5, No. 2, 1966, pp. 124 - 125.

④ 科塞勒克将"历史的时间化"解释为一种指向未来的历史运动。参见 Reinhart Koselleck, "'Neuzeit': Remarks on the Semantics of Modern Concepts of Movement", in *Futures Past: On the Semantics of Historical Time*, trans. Keith Tribe, Columbia University Press, 2004, pp. 223 - 224。

决定论的。对于身处过去与未来之间的人们来说，现在——不断随着时间变动的现在，始终代表了一个全新的时刻，它将赋予人们一种乐观而坚定的信念，相信历史的进步以及经由这种进步而达到对未来的掌控。由于既能够把握过去，也能够驾驭未来，人们将获得一种持久的确定性。而这种确定性，正是现代历史意识的一个根本特征。

四 历史距离的消失：“过去的在场”

现代史学对过去与现在之间差异的强调，对客观性与历史实在的追求，使得历史距离成为历史认识的一个先决条件。正是因为如此，米歇尔·德塞托指出：“现代西方史学在本质上起源于现在与过去的分离。它假定在其试图去表述的沉默晦涩的‘事实’与产生其自我话语的地点之间存在着一定的间隔，而这一间隔受到现代西方史学本身与其对象之间距离的保护。”① 然而，历史学家对过去的认知，主要是借助过去所遗留下来的各种文本，如何对文本作出理解和解释就成为历史认识的关键。在客观主义历史学家看来，历史学家只要排除自我的情感、立场，设身处地地解读文本，就能够作到不偏不倚，甚至让文本自己说话。“自我设距”的意义也正在于此。但在现代阐释学看来，后代之人之所以能够很好地理解前代之文本，并不在于后来者可以让自己置身于文本所处的历史情境中，反而恰恰是因为他们与文本之间所固有的不可消除的时代差异。伽达默尔强调：“每一时代必须按照它自己的方式来理解历史流传下来的文本，因为这文本是属于整个传统的一部分，而每一时代则是对这整个传统有一种实际的兴趣，并试图在这传统中理解自身……文本的真实意义……总是同时由解释者的历史处境所规定的，因而也是由整个客观的历史进程所规定的。”②

① Michel de Certeau, *The Writing of History*, trans. Tom Conley, Columbia University Press, 1988, pp. 2 – 3.

② ［德］伽达默尔：《真理与方法》上卷，洪汉鼎译，上海译文出版社 1999 年版，第 380 页。

与客观主义者一样，伽达默尔承认历史距离造成了现在与过去之间的不同，但并不认为历史距离就是一道让过去与现在发生断裂的鸿沟。相反，伽达默尔强调了历史距离状态下过去与现在之间沟通的可能性："时间距离并不是某种必须被克服的东西。这种看法其实是历史主义的幼稚假定，即我们必须置身于时代的精神中，我们应当以它的概念和观念、而不是以我们自己的概念和观念来进行思考，并从而能够确保历史的客观性。事实上，重要的问题在于把时间距离看成是理解的一种积极的创造性和可能性。时间距离不是一个张着大口的鸿沟，而是由习俗和传统的连续性所填满，正是由于这种连续性，一切流传物才向我们呈现了出来。"因此，现代阐释学认为，历史距离并不会造成过去与现在各自孤立地存在，而是通过某种历史传承物将两者连接起来。那种认为只有经由某种历史距离才能排除主观干扰、达到客观认识的观念，实际上强调了历史文本的封闭性，即文本只有内在于产生它的历史情境，同时摆脱由研究者所处的环境而产生的现实性时，其意义才可以客观呈现。然而，对历史文本进而对历史事件的认识和把握，不仅在于辨明真伪，更正谬误，亦即客观地理解过去，还在于阐发新的意义。在现代阐释学看来，文本意义的产生是一个无限的过程："这不仅是指新的错误源泉不断被消除，以致真正的意义从一切混杂的东西被过滤出来，而且也是指新的理解源泉不断产生，使得意想不到的意义关系展现出来。"[①] 而历史距离本身——由于时间的延续而导致现在与过去的不断分化——或许正是产生新的意义关系的关键。因为，与相对恒定的过去相比，现在总是变动不居的，随着历史距离的拉伸，总会出现新的、不同的现在，形成新的、不同的现在与过去的关系。这种不断运动和扩展的历史距离，将会成为从现在不断回望过去，进而发现新的意义的起点。

这样，在历史距离动态和开放地变化中，文本的阐释者或历史学家的现在视域与他将自身置于过去之中的历史视域发生了"视域融合"(Horizontverschmelzung)，[②] 过去与现在不再是对立的，而是在视域的融

① ［德］伽达默尔：《真理与方法》上卷，第381、383页。

② 关于"视域"与"视域融合"，参见［德］伽达默尔《真理与方法》上卷，第388—394页。

合中彼此向对方转变，历史距离在某程度上消失了。与客观主义强调历史学家在实践中要放弃自我且置身于过去不同，阐释学主张历史学家应从自己的立场和当前的语境出发，因而具有强烈的主观主义色彩。这种历史理解的方式似乎是对客观主义史学的反动，但赋予历史学家更大的自由和能动性。或许正如克罗齐所说的，“历史的积极性质”的显现，在于让历史永远并坚定地追求主体性。[①] 也就是说，只有将过去的事实与历史学家现在的生活结合起来，或者让历史学家的精神世界融入历史世界之中，过去才不会因为历史距离的间隔成为死的和没有意义的历史，而是成为活的和真正的历史。这样，过去就完成了向现在的转化并融于其中，进而作为一种现在的力量存在于当下。这就是克罗齐为何将一切历史都视作“当代史”的原因：“因为从年代学上看，不管进入历史的事实多么悠远，实际上它总是涉及现今需求和形势的历史。”[②] 而这一点恰恰是历史理解的前提：“若以往满足的需求未在我们之中再现和复活，我们就不能理解其他时代、其他民族的历史；我们的后人若不能实现这一条件，也不能理解我们的历史。……事物进程带给我们的新经验、我们心中燃起的新需求，多少紧密地同过去的需求相比较并相联系，从而使过去生机勃勃。”[③] 正是基于这样的理解，克罗齐声称：“过去只在现在中活着，作为现在的力量在现在中融解并变形。”[④] 同样，柯林武德也认为，“历史学家研究的不是死去的过去，而是在某种意义上仍然存活于现在的过去”。[⑤] 也就是说过去并不是如实证主义者所认为的那样是确定无疑和缺少变化的，而是不断在历史学家的心灵中重演（re - enactment），进而被“合并到我们现在的思想里面来”。[⑥] 因此，在柯林武德的历史重演论中，过去并不会因为历史距离的存在而宣告死亡，反而会

---

① ［意］克罗齐：《历史学的理论和历史》，田时纲译，中国社会科学出版社 2018 年版，第 49 页。

② ［意］克罗齐：《作为思想和行动的历史》，田时纲译，中国社会科学出版社 2005 年版，第 6 页。

③ ［意］克罗齐：《作为思想和行动的历史》，第 6 页。

④ ［意］克罗齐：《历史学的理论和历史》，第 52 页。

⑤ R. G. Collingwood, *An Autobiography*, Oxford University Press, 1939, p. 97.

⑥ ［英］柯林武德：《历史的观念》，何兆武、张文杰译，商务印书馆 1997 年版，第 322 页。

经由历史学家的主体意识与现在融为一体。在某种意义上，重演论与伽达默尔的“视域融合”十分相似，其目的都是跨越现代史学所设定的历史距离这道鸿沟，将过去与现在重新整合在一起。[①]

与伽达默尔、克罗齐、柯林武德不同，奥克肖特不是通过强调历史学家的主体意识或主观性来将过去与现在联系在一起，而是借助对过去的性质的辨析，将过去划分为“历史的过去”（historical past）和“实用的过去”（practical past）两个层次，论述了过去存活于现在的必要性。奥克肖特认为，“历史的过去”是由历史事件构成的过去，[②] 是历史学家所探究的过去，是一种固定的、结束了的、独立的和有待发现的过去，一种由真实发生过的事情组成的过去。[③] 相比而言，“实用的过去”是一种想象的过去，记忆中的过去，以及作为传奇和神话的过去。[④] 这种过去以现在为依据并且以现在为目的，对人们当前的实践活动（practical engagements）具有重要价值，[⑤] 因而被视为政治智慧的宝库、宗教信仰的权威、哲学体系的表达方式或文学的原材料。[⑥] 总之，“实用的过去”是一种服务于现在并且对现在有用的过去（useful past）。[⑦]

现代史学的产生，基本上是一个形塑“历史的过去”而摒弃“实用的过去”的过程。这样做的目的是将过去从现在中分离出去，进而客观地研究过去；同时也希望人们能够摆脱过去的束缚，将目光投向未来，以“期待视域”取代“经验空间”。[⑧] 浦朗穆认为，现代史学的目的就是

---

① 柯林武德的重演论确实对伽达默尔的“视域融合”观念产生了一定影响，参见 Chinatsu Kobayashi and Mathieu Marion, “Gadamer and Collingwood on Temporal Distance and Understanding”, *History and Theory*, Vol. 50, Issue 4, Theme Issue 50: Historical Distance: Reflections on a Metaphor, 2011, pp. 84–85。

② Michael Oakeshott, *On History and Other Essays*, Basil Blackwell, 1983, p. 35.

③ Michael Oakeshott, *Experience and Its Modes*, p. 106.

④ Michael Oakeshott, *Experience and Its Modes*, pp. 103, 104.

⑤ Michael Oakeshott, *Experience and Its Modes*, p. 106; Michael Oakeshott, *On History and Other Essays*, p. 35.

⑥ Michael Oakeshott, *Experience and Its Modes*, p. 105.

⑦ Michael Oakeshott, *On History and Other Essays*, p. 34.

⑧ Reinhart Koselleck, “‘Space of Experience’ and ‘Horizon of Expectation’: Two Historical Categories”, in *Futures Past: On the Semantics of Historical Time*, trans. Keith Tribe, Columbia University Press, 2004, pp. 255–275.

要摧毁“实用的过去”在当今宗教、政治、教育和道德领域中的影响力和权威性，因为“过去总是一种被发明的带有目的性的意识形态，旨在控制个体、诱导社会或鼓动阶级。没有哪个概念像过去这种概念那样得到不正当的使用。历史和历史学家的未来就在于将有关人类的记载从这一有目的的过去的带有欺骗性的幻象中清除出去”。[①] 然而在现实中，现代史学在诞生之初就带有明显的“实用”特征，比如服务于民族国家的利益，帮助塑造民族认同，为国家培训教育者、政治家、殖民地官员，以及政治和宗教理论家等。因此，现代历史意识形成的过程，是一个“历史的过去”与“实用的过去”不断缠斗的过程：一方面，它通过设置历史距离，力求达成实证的、客观的研究；但另一方面，这种实证的、客观的研究背后却体现了强烈的“时代精神”（Zeitgeist），彰显了过去对于现在的作用和意义。由此可以看出，作为实证的、客观的研究对象的“历史的过去”与作为经验空间的“实用的过去”实际上是耦合在一起的，很难彻底将两者分开。正如海登·怀特所言：“历史作为一门研究过去的科学，其目的是清除对过去的研究中的任何伦理内容，但是历史作为民族国家谱系的监管人，同时也在为民族国家服务。因此，虽然史学旨在研究‘历史的过去’，但实际上它是在以科学的形式去满足‘实用的过去’的需要和利益。”[②]

无论是伽达默尔的阐释学，还是克罗齐和柯林武德的分析的历史哲学，抑或奥克肖特对“实用的过去”强调，它们在某种程度上，都是对19世纪以来以客观主义和实证主义为特征的现代史学的批评与反思，它们试图从作为研究主体的历史学家的主观性及经验出发，或者从作为研究客体的“过去”的性质入手，重新解释被现代史学所固定下来的过去与现在的关系，并力图弥合两者之间分离的状态。不过，上述这些新的洞见基本属于历史认识论的范畴，并不涉及历史学家的实践层面。进入20世纪80年代，尤其是21世纪以来，新的社会问题和历史现象的出现，让实践中的历史学家发现，过去和现在之间的界限日趋模糊，那种

① J. H. Plumb, *The Death of the Past*, The Macmillan Press, 1969, p. 17.

② Hayden White, *The Practical Past*, Northwestern University Press, 2014, p. 9.

让过去远离现在的历史距离也正在消失。

带来这种效应的一个重要原因是记忆研究在史学界的兴起。记忆研究的兴起及之后所形成的持续性的研究热潮，源于历史学家对纳粹屠犹也就是"大屠杀"这一在欧洲当代历史上最具象征意义事件的反思。1978年，美国犹太裔历史学家索尔·弗里德兰德（Saul Friedländer）出版了其关于大屠杀的回忆录《记忆来临之时》（*Quand vient le souvenir*），该书是此类回忆录中最早和有影响力的一本，确立了大屠杀和记忆研究之间的基本关系。从1986年开始，在联邦德国思想界爆发了一场旷日持久的关于大屠杀独特性的"历史学家之争"（Historikerstreit）。之后，就如何历史地再现大屠杀，历史学家展开了广泛的讨论，推动了记忆研究的整体发展。① 到20世纪末，记忆研究几乎覆盖了可以想象到的所有历史主题，成为文化史甚至整个历史学中唯一起主导作用的领域。② 此外，经由大屠杀，历史学家对记忆的研究逐渐拓展到历史上尤其是二战以来的各种创伤性事件中，比如种族屠杀、国家暴行、政治迫害、非正义行为等。③ 包括大屠杀在内的创伤性事件，可以看作是一个社会在危急时刻或者说转型时期特定的历史遗存物，历史学家的职责就在于将这些事件展现出来，使之存活于当下，昭示后人。

不过，记忆研究的出现，显然与现代史学注重客观性和科学性的特点发生了抵牾，更因其将过去纳入现在的做法，而有悖于现代史学固有的过去与现在相分离的观念，这也是记忆研究经常与后现代史学方法论

---

① Alon Confino, "History and Memory", in Axel Schneider and Daniel Woolf, eds., *The Oxford History of Historical Writing*, Vol. 5, *Historical Writing Since* 1945, Oxford University Press, 2011, pp. 38, 39. 需要注意的是，记忆研究在法国史学界的兴起有着与德国和美国不同的路径，其目的主要在于解构民族国家的宏大叙事，参见 Pierre Nora, ed., *Les Lieux de mémoire*, 3 Vols., Gallimard, 1984 - 1992。

② Alon Confino, "Collective Memory and Cultural History: Problems of Method", *The American Historical Review*, Vol. 102, No. 5, 1997, p. 1386.

③ 近年来对这方面的研究，可参见 Elizabeth Jelin, "The Past in the Present: Memories of State Violence in Contemporary Latin America", in Aleida Assmann and Sebastian Conrad, eds., *Memory in a Global Age: Discourses, Practices and Trajectories*, Palgrave Macmillan, 2010, pp. 61 - 78; Berber Bevernage, *History, Memory, and State - Sponsored Violence: Time and Justice*, Routledge, 2012。

联系在一起的一个原因。[①] 加布丽埃尔·斯皮格尔指出："记忆使过去重生、复活、得以再次利用，使过去重现和再生于现在，但它并不按历史的方式运作，因为它拒绝让过去停留在那个构成现代史学大业的过去之中，可以说与现代史学划清了界线。"[②] 皮埃尔·诺拉在论述记忆与历史的对立时也强调：记忆是一种持续不断的现行现象（actual phenomenon），是将我们与永恒的现在系为一体的纽带；历史则是对不复存在的事物的重构，对过去的再现。记忆是充满情感和神奇的，只接纳适合它的事实；历史则是思想和世俗的产物，需要分析和批判。[③] 在某种程度上，这里的记忆也可以视为"实用的过去"作用于现在的一种形式。不过，更为重要的是，记忆研究以一种不同的时间性对现代史学提出了挑战，它通过让过去介入当下，强调了过去的持久性以及"过去的在场"（presence of the past）这一信念。

所谓"过去的在场"，就是指过去以一种有形或无形的、精神或物质的方式存在于当下，它意味着过去并不像人们通常所认为的那样只存在于遥远的过去，或者以某种经过历史学家建构的方式重现于现在，而是以其自身的方式直接呈现于现在或对现在产生影响。用伊森·克莱因伯格的话说就是，处于在场中的过去不是被建构的过去，而是实际存在的过去。[④] 那些为了纪念大屠杀的受难者或为了保存大屠杀的记忆而修建的，存储并展示各种证据及见证的博物馆、纪念馆、档案馆，就是一种有形的或以物质方式存在的"过去的在场"。而那些由各种灾难性事件所造成的心灵上的创伤，虽非实体，却在精神和心理层面上更加难以抚平，这种无形的"过去的在场"反而让过去更加持久地"萦绕"在现在，挥之不去。无论是有形的还是无形的，"过去的在场"都表现出一

---

① Ewa Thompson, "Postmodernism and European Memory", *Modern Age*, Vol. 51, No. 2, 2009, pp. 112 – 122.

② Gabrielle M. Spiegel, "Memory and History: Liturgical Time and Historical Time", *History and Theory*, Vol. 41, Issue 2, 2002, p. 162.

③ Pierre Nora, "Between Memory and History: *Les Lieux de Mémoire*", *Representations*, No. 26, Special Issue: Memory and Counter – Memory, 1989, p. 8.

④ Ethan Kleinberg, "Presence *in Absentia*", in Ranjan Ghosh and Ethan Kleinberg, eds., *Presence: Philosophy, History, and Cultural Theory for the Twenty – First Century*, Cornell University Press, 2013, p. 12.

种违反常规的历史意识和时间意识，即那种被认为消逝了的和无可挽回的过去其实仍在进行当中，那种被认为是均质的和不可逆的时间其实正发生着反向的回归。“过去的在场”打破了现代史学过去与现在相分离的线性时间观，过去不再被认为是遥不可及的或与现在无关的，而是直接呈现于当下的时间体制中。埃尔科·鲁尼亚将这种充满悖论的“不在场的在场”（presence of absence）状态称为历史发展的间断性和连续性的混合，[①] 克里斯·洛伦茨则将之描述为“时间的紊乱”（unstuck in time）。[②]

“过去的在场”显然改变了人们的时间体验。对灾难性事件的亲历者来说，心灵和肉体的创伤时刻在提醒着“过去从未死亡，它甚至还没有过去”的警示。[③] 对大多数远离灾难性事件的后来者而言，参观遗迹、纪念馆、博物馆之类的记忆场所，同样会产生一种过去从未离去的感觉。记忆的这一在场效应，使得过去向现在延伸，现在也在与过去对接，过去与现在之间的界限不再那么分明，那种让过去与现在发生分离的历史距离也在消失。诚如伯伯尔·贝弗纳奇所言：“持续存在的过去不仅解构了不在场和距离的观念，而且模糊了过去和现在之间绝对的界限，也因此对这些作为不同实体的时间维度的存在提出了质疑。”[④]

然而，让过去在场不是为了发现、保存和证明“历史的过去”，而是通过一种纪念功能，让“实用的过去”，即那些对现在依然有用的过去持续地萦绕在当下，并对未来产生长远影响。这种过去首先是一种创伤性过去，它涵盖了人类在20世纪以来所经历的种种与战争、暴力、种族清洗、文明冲突、殖民主义行径等相关的灾难性事件。因此，记住这些过去并让其延绵于当下，既是对过去的反思，也是对未来的期许。尽管如尼采所言，纪念性历史的弊端在于它永远不能拥有完全的真理，有

---

① Eelco Runia, “Presence”, in *Moved by the Past: Discontinuity and Historical Mutation*, Columbia University Press, 2014, p. 55.

② Chris Lorenz, “Unstuck in Time. Or: The Sudden Presence of the Past”, in Karin Tilmans, Frank van Vree and Jay Winter, eds., *Performing the Past: Memory, History, and Identity in Modern Europe*, Amsterdam University Press, 2010, pp. 67 – 102.

③ William Faulkner, *Requiem for a Nun*, Vintage Books, 2011, p. 73.

④ Berber Bevernage, *History, Memory, and State – Sponsored Violence: Time and Justice*, p. 5.

着“让死者埋葬生者”的危险，[①] 但在一个过去在当下萦绕不散的时代，在一个历史上的创伤尚未抚平而新的创伤性事件仍会出现的时代，历史学并不能完全放弃其纪念功能。

结 语

西蒙·沙玛对执着于追求客观性的历史学家曾作出过这样的评论：“历史学家们对从距离那里所能获得的智慧过于自信，认为它以某种方式赋予了客观性，而客观性是他们寄予厚望的不可企及的价值之一。”[②] 显然，客观性是现代史学最重要的目标，历史距离也正是历史学家为了实现这一目标而进行的自我限制。但是，客观性不能成为现代史学所追求的唯一的目标，尤其当客观性遭遇道德与伦理问题时更是如此。卡洛·金兹伯格曾经指出，当某些历史事件只有一个目击者甚至无法证明其发生过时，人们不能仅仅依据客观性原则，即证据不足来否定这些事件的真实性。[③] 因为在由证据和客观性所决定的历史真实之外，还有一种只能经由道德才能认识的历史真相，而后者往往并不能借由过去与现在之间借助理性和证据建立的逻辑链条得到证实。这说明在现代史学之内，还存在着诸多理性认知的盲点，但这些盲点却为记忆研究、情感史、历史之用等当前方兴未艾的研究领域留下了空间。[④]

从历史时间的角度看，过去的在场、当下主义等带有后现代史学意味的观念，通过强调一种“持续存在的过去”的作用，让人们重新反思过去与现在的关系，注意到两者之间或许并没有严格的时间界限。这样做的目的，是提醒现代史学应当面对并处理总体性之下的那些看似非理

---

① ［德］尼采：《历史的用途与滥用》，陈涛、周辉荣译，上海人民出版社2000年版，第14、17页。

② Simon Schama, *Citizens: A Chronicle of the French Revolution*, Vintage, 1990, p. xiii.

③ Carlo Ginzburg, “Just One Witness”, in Saul Friedländer, ed., *Probing the Limits of Representation: Nazism and the “Final Solution”*, Harvard University Press, 1992, pp. 82–96.

④ 这些新的研究动向，参见 Marek Tamm and Peter Burke, eds., *Debating New Approaches to History*, Bloomsbury Academic, 2019。

性，实际上依然在个人、群体和国家层面得到实践，并对现在产生重要影响的，包含情感、审美、记忆、神话在内的“实用的过去”。从这个意义上来说，过去的在场与历史距离一样，同样塑造了现代历史意识，让其在追求客观性的同时，能够容纳客观性之外的更多意涵。现代历史意识经此嬗变，其内涵将更加丰富，也能更好地适用于当前的史学实践。

（原载《历史研究》2023 年第 2 期）

美洲人起源研究与近代历史意识之变迁

张一博

1492 年 8 月 3 日，克里斯托弗·哥伦布率领船员寻找前往东方的新航路。10 月 11 日，他们发现了陆地，并于次日凌晨踏上了这片土地。哥伦布至死都认为自己找到了通往东方的新航路，1492 年 10 月 12 日所登上的这个小岛是日本群岛附近众多岛屿之一。然而，随着对这片土地认识的深入，人们发现这并非东方。意大利探险家亚美利哥·韦斯普奇（Amerigo Vespucci）指出这是一个新世界。1507 年出版的《宇宙学导论》（*Cosmographiae Introductio*）为纪念韦斯普奇，将这片大陆命名为"亚美利哥之地"（Land of Amerigo）或"亚美利加"（America）。[①] 至此，人们认识到哥伦布发现的并非东方新航路，而是一个新的大陆，1492 年的这一事件在世界历史叙述中被凸显为"1492 年发现新大陆"，甚至成为世界近代史的开端。

当人们认识到哥伦布"发现"的陆地为新大陆时，另一个问题接踵而来：这些生活在新大陆的原住民起源何处？自中世纪以来，《圣经》被视为唯一的权威，同时也被看作是一部真正的世界历史，它囊括了关于过去未来的所有知识。据《圣经·创世纪》记载，世界上生活的一切生物都是大洪水的幸存者，世界上的所有居民都是诺亚的子孙。但是在《圣经》中，并没有有关这个新大陆的任何记载，因此对于美洲人起源

① Edmundo O' Gorman, *The Invention of America*, *An Inquiry into the Historical Nature of the New World and the Meaning of Its History*, Greenwood Press, 1972, pp. 122 – 123.

的解释直接关系到以《圣经》为基础的诺亚谱系的真实性。美洲人起源何处？他们是诺亚的子孙吗？近代早期许多学者从各自立场出发曾对这一问题作出解答。

有关近代早期美洲人起源的探讨，在西方学界成果宏富，主要可分为三类。一类集中于近代早期人文主义学者如何研究美洲人起源，他们主要关注西班牙、葡萄牙、英国、法国、荷兰等人文主义学者如何通过研究美洲人起源为本国殖民美洲寻找合法性。① 一类则主要关注美洲异域知识与近代思想及学术转型之间的关系，即美洲人起源问题如何推动《圣经》批判的兴起。② 除此以外，受后殖民思潮影响，还有一些研究者开始思考近代欧洲学者如何描绘美洲，塑造“他者”。③ 这一热潮也影响了中国学界，如王晓德系统研究了启蒙哲人对美洲人的认识。④

一个时代的史学受这个时代世界观与史学观所支配，因此每个时代有其特有的史学传统，美洲人起源研究也不例外。对美洲人起源的研究深受当时世界观和史学观的影响。之前研究者关注的焦点多为研究美洲

① Herbert F. Wright, “Origin of American Aborigines: A Famous Controversy”, *The Catholic Historical Review*, Vol. 3, No. 3, 1917, pp. 257 – 275; Lee Eldridge Huddleston, *Origins of the American Indians, European Concepts*, 1492 – 1729, The University of Texas Press, 1967; Joan – Pau Rubiés, “Hugo Grotius's Dissertation on the Origins of the American Peoples and the Use of Comparative Methods”, *Journal of the History of Ideas*, Vol. 52, No. 2, 1991, pp. 221 – 244.

② Don Cameron Allen, *The Legend of Noah, Renaissance Rationalism in Art, Science, and Letters*, University of Illinois Press, 1963, pp. 113 – 137; Richard H. Popkin, *Isaac la Peyère* (1596 – 1676), *His Life, Work and Influence*, Brill, 1987; Alain Schnapp, “The Pre – adamites: An Abortive Attempt to Invent Pre – history in the Seventeenth Century,” in Christopher Ligota and Jean – Louis Quantin, eds., *History of Scholarship: A Selection of Papers from the Seminar on the History of Scholarship Held Annually at the Warburg Institute*, Oxford University Press, 2006, pp. 399 – 412; Drik von Miert, *The Emancipation of Biblical Philological in the Dutch Republic*, 1590 – 1670, Oxford University Press, 2018.

③ Anthony Grafton, *New World, Ancient Texts: The Power of Tradition and the Shock of Discovery*, The Belknap Press of Harvard University Press, 1995; Jorge Cañizares – Esguerra, *How to Write the History of the New World: Histories, Epistemologies, and Identities in the Eighteenth – Century Atlantic World*, Stanford University Press, 2001.

④ 王晓德：《布丰的“美洲退化论”及其影响》，《历史研究》2013 年第 6 期；王晓德：《“雷纳尔之问”与美洲“发现”及其后果之争》，《世界历史》2018 年第 5 期；王晓德：《雷纳尔美洲退化思想与启蒙时代欧洲的“他者”想象》，《历史研究》2019 年第 5 期；王晓德：《启蒙运动时期德波对美洲“退化”的想象》，《世界历史》2021 年第 1 期；王晓德：《欧洲中心论与罗伯逊的美洲观》，《华中师范大学学报》（人文社会科学版）2022 年第 1 期。

人起源的近代学者们，本文并非单纯梳理近代美洲人起源的研究成果，而是希望将这一问题放在思想史脉络中，探讨这些讨论背后所反映的近代世界观的变迁。值得注意的是，美洲人起源的讨论并非只存在于15—18世纪，启蒙运动之后，仍有许多学者对这一问题有所研究，但研究方法已经大不相同。本文旨在通过对比前后研究方法，折射世界观转变后近代历史意识的变迁。

一 古典知识传统下的美洲人起源研究

受基督教影响，中世纪以来《圣经》成为认识世界的最高权威。欧洲人认为，上帝已经把关于过去、现在和未来的所有知识写在了《圣经》中，关于我们祖先是谁这一问题，《圣经》中已经有了答案，即现存世界上的所有民族都是大洪水后诺亚的子孙。这一观点反映在当时许多作品之中，如风靡一时的《曼德维尔游记》（*The Travels of Sir John Mandeville*）便秉持这一观念，将阿拉伯人、欧洲人和亚洲鞑靼人视为诺亚三子闪、雅弗和含的后代。① 新大陆的发现，促使时人开始思考，这些居住在新大陆的原住民他们从何而来？如何从遥远的希奈尔来到这片土地上？由于受基督教观念所支配，人们仍然相信《圣经》是一部真正的世界历史，这块新大陆的原住民自然也是诺亚的子孙。在当时正值文艺复兴时期，许多古典文献被重新发掘，一些学者开始从古典作家的记载中寻找美洲人的蛛丝马迹，并基于此形成了各种不同的观点。② 这些观点看似多元，实则都是在《圣经》所构建的诺亚谱系中寻找答案。

---

① 关于诺亚谱系和曼德维尔游记可参见 Benjamin Braude, "The Sons of Noah and the Construction of Ethnic and Geographical Identities in the Medieval and Early Modern Periods", *The William and Mary Quarterly*, Vol. 54, No. 1, 1997, pp. 103 - 142；刘招静：《〈曼德维尔游记〉里的中国——"普遍史"视角的考察》，《世界历史》2019年第1期。

② Kira von Ostenfeld - Suske, "A New History for a 'New World': The First One Hundred Years of Hispanic New World Historical Writing", in José Rabasa, Masayuki Sato, Edoardo Tortarolo, and Daniel Woolf, eds., *The Oxford History of Historical Writing*, Vol. 3, Oxford University Press, p. 558.

据李·哈德斯顿研究，有关新世界原住民起源的辩论始于1535年。[①] 当时的宫廷人文主义学者贡萨洛·奥维多（Gonzalo Oviedo）出版了《西印度的通史与自然史》（*Historia generaly natural de las Indias*）一书。奥维多曾在美洲的加勒比地区任殖民官员，在那里搜集了许多关于美洲人的资料，后来他结合自己所搜集的材料，仿效老普林尼的《自然史》（*Natural History*）写作该书。奥维多在书中讨论了印第安人的起源。奥维多从亚里士多德的一段关于迦太基商人的描述中找到了美洲人起源迦太基的证据。亚里士多德提到曾有迦太基商人在大西洋上航行，并越过“赫拉克勒斯之柱”（the Pillars of Hercules）到达一个无人居住的岛屿。[②] 奥维多以此认定该岛屿便是古巴或者新西班牙，认为早在哥伦布之前迦太基人便已经到达美洲。虽然奥维多解决了谁最先发现的美洲，但是他也不能确定这些土著人是迦太基商人的后裔，因为毕竟在亚里士多德记载中那些回到迦太基的商人都被处死了。于是奥维多提出了另一个假设，来解决美洲人起源的问题。奥维多借助希腊化时代的作家巴罗斯苏斯（Berosus）的记载，指出早在公元前1658年古西班牙人便发现了美洲，并移民于此，统治了这块地方。上帝只不过通过哥伦布这一中介使西印度重新回到西班牙的统治之下。[③]

奥维多的观点一经抛出，在当时便引起轩然大波。其中以哥伦布之子费尔南德·哥伦布（Fernando Columbu）为代表，坚持认为哥伦布最先发现新世界，而奥维多的观点是对哥伦布的污蔑。[④] 虽然奥维多所提出的美洲西班牙起源说并未得到多少人赞同，然而无心插柳柳成荫，奥维多简略提及且自己并未接受的迦太基人发现美洲说反而流行开来，如瓦内加斯（Alejo Vanegas de Bustos）、科丘拉（Vicente Palatino de Curzola）

---

① Lee Eldridge Huddleston, *Origins of the American Indians*, *European Concepts*, 1492 - 1729, pp. 15 - 16.

② 赫拉克勒斯之柱为在直布罗陀海峡两岸耸立的海岬，据传是古希腊英雄赫拉克勒斯旅行的最西点。据柏拉图的记载，亚特兰蒂斯便在赫拉克勒斯之外的大西洋中。

③ Lee Eldridge Huddleston, *Origins of the American Indians*, *European Concepts*, 1492 - 1729, pp. 16 - 18.

④ Lee Eldridge Huddleston, *Origins of the American Indians*, *European Concepts*, 1492 - 1729, p. 19.

等学者进一步阐释了迦太基起源说。科丘拉甚至通过论证美洲人起源迦太基来为西班牙殖民美洲做辩护。他认为美洲人是迦太基的后裔，布匿战争罗马征服了迦太基，拥有对迦太基人的统治权，而教宗作为罗马皇帝的继承人享有对迦太基后裔美洲人的统治权，他将这一权力给予了西班牙。因此西班牙对美洲的统治有其历史依据。[①] 在当时除了迦太基起源说之外，还有其他学说如印度起源说、亚特兰蒂斯起源说、犹太起源说和中国起源说等，这些推测大多依据古典作家的作品抑或“次经”（Apocrypha），从这些文献中寻找美洲人起源的证据。如巴托洛梅·拉斯·卡萨斯（Bartolomé de las Casas）便根据希罗多德和狄奥尼修斯的记载，认为西印度人起源于东印度。萨拉特（Agustin de Zárate）则依照柏拉图所描绘的亚特兰蒂斯的传说，认为亚特兰蒂斯的部分习俗现在仍保留在秘鲁。[②] 甚至有人认为美洲人是消失的十个犹太部族，如玛拿西·本·伊斯拉尔（Menasseh ben Israel）通过对比犹太人与美洲人在习俗、仪式和语言等方面，论证美洲人起源犹太部族，这一观点也被欧洲一些学者所采信。[③] 还有一些学者通过对比美洲人和中国人的长相、习俗，认定他们是中国人的后裔。[④]

由于西班牙人、葡萄牙人最先到达美洲，因此早期关于美洲人起源的假说多由伊比利亚半岛学者所提出。他们所依据的主要是非《圣经》文献，研究内容并未涉及《圣经》所载内容。他们多是从古典文献中寻找美洲人的蛛丝马迹，对美洲人起源的讨论也依然遵循传统的“诺亚谱系”，认为美洲人是诺亚的子孙。这些观点在当时并未产生太大影响。

---

① 当时很多学者认可迦太基起源说，认为早在哥伦布之前便有人到达美洲，如瓦内加斯认为第一批美洲移民来自迦太基，而科丘拉认为美洲人是迦太基的后裔，布匿战争罗马征服了迦太基，因此西班牙应该征服美洲。参见 Lee Eldridge Huddleston, *Origins of the American Indians, European Concepts*, 1492 – 1729, pp. 20 – 21, 29。

② Agustin de Zárate, *The Discoverie and Conquest of the Prouinces of Peru, and the Nauigation in the South Sea, along that Coast. And also of the ritche Mines of Potosi*, trans. T. Nicholas, Richard Ihones, 1581, pp. ii – v.

③ Menasseh ben Isreal, *The Hope of Israel*, London, 1650; Thomas Thorowgood, *Jews in America, or Probabilities, that Those Indians Are Judaical, Made More Srobable by some Additionals to the Former Conjecture*, London, 1660.

④ Lee Eldridge Huddleston, *Origins of the American Indians, European Concepts*, 1492 – 1729, pp. 27 – 28.

这也反映了在当时基督教世界观占据主导地位，人们对美洲的认识尚不充分，仍然可以用古典资源来解释这些新的问题，并未能冲击到基于《圣经》的知识框架。直至17世纪，随着英国、荷兰、法国等其他国家染指美洲，对美洲人起源的讨论不再由伊比利亚学者所把持，欧洲其他国家的学者也参与其中，美洲人起源研究成为当时欧洲学界的一股热潮。

二　美洲人起源大论战对传统世界观的冲击

虽然早在16世纪中期，西班牙和葡萄牙学者关于美洲人起源的论著就已经被翻译成各种语言，在欧洲各地流行，如英国著名历史学家理查德·哈克鲁伊特（Richard Hakluyt）翻译了葡萄牙作家安东尼·加维昂（António Galvão）的作品，西班牙作家萨拉特的著作也被翻译成意大利语、德语、法语和英语，但这些作品并未引起欧洲学者的重视。只有一些少数学者的讨论接续伊比利亚学者的观点，提出相应的特洛伊起源说、迦太基起源说、犹太人起源说等，并未能在社会上引起很大反响。直至17世纪，随着人们对美洲认识的进一步加深，传统的古典知识越来越不能解释美洲人起源这一问题，一些学者对此展开进一步研究，如格劳秀斯（Hugo Grotius）、莱顿大学历史学教授霍尼乌斯（Georg Hornius），以及当时的神学家拉佩雷尔（Isaac la peyère）等知名学者都参与到这一问题的讨论中，他们的观点在欧洲学界引发热议，并形成思想史上的大论争。这一论争不仅推进了美洲人起源的研究，而且动摇了基于《圣经》的传统世界观。

欧洲学术界第一次有关美洲人起源的大论战始于1641年，即格劳秀斯出版《论美洲原住民起源》（*De origine gentium Americanarum dissertatio*），而后荷兰学者约翰·德·拉特（Joannes de Laet）对此进行反驳。[①]

① 哈德斯顿认为这场论战起源于1641年是基于格劳秀斯该书的成书时间，而该书于次年正式出版。Lee Eldridge Huddleston, *Origins of the American Indians*, *European Concepts*, 1492 - 1729, pp. 118 - 120.

在当时欧洲学界，西班牙学者何塞·德·阿科斯塔（Jose de Acosta）的观点盛行，阿科斯塔认为美洲印第安人起源于鞑靼和西伯利亚，他们通过北方的陆桥来到美洲，德·拉特也深受其影响。[①] 格劳秀斯根据古典作家的作品，并结合印第安人现下的生活，逐一反驳了当时颇为流行的鞑靼起源说和犹太人起源说。格劳秀斯在《美洲人起源论》开头便指出，之前的学者们并没有人认真去研究美洲人的起源，他则要仿效古典作家的研究，如塔西佗、萨鲁斯特对不列颠人和非洲人起源的探讨，来研究美洲人起源。[②] 由于鞑靼人离不开马，但是西班牙人在美洲并未发现马。据此，格劳秀斯质疑了北方陆桥的存在，“如果美洲和鞑靼曾连在一起，而马群又可自由驰骋和觅食，它们早就会被从鞑靼带到美洲”。[③] 格劳秀斯驳斥了当时流行的“美洲人是消失的犹太部族的后裔”的假说。他对犹太起源说的基础《以斯拉续篇》（*Esdra*）所载的真实性持怀疑态度，认为圣哲罗姆（St. Jerome）和许多人文主义者早已经证明该书是伪造的，并被剔除出《圣经》正典。格劳秀斯嘲讽道：“《以斯拉续篇》的作者所载与呓语无异，因此不应相信其内容。”[④] 除了批判前人的假说外，格劳秀斯还提出了自己的观点，即北美印第安人是日耳曼的后裔，尤卡坦半岛的原住民起源于非洲，具有高度文明的秘鲁则是南方大陆或者中国人的后裔。[⑤]

值得注意的是，格劳秀斯出版该书并非为了批判德·拉特，该书出版之前格劳秀斯曾将书稿寄给德·拉特，希望能得到这位在当时享誉盛名的美洲研究专家的认可，但是德·拉特读后只在上面做了一些批注，并附赠了一本墨西哥词典和阿科斯塔的著作复本寄与格劳秀斯。1642 年春，格劳秀斯出版该书，却并未做任何删改，随后这本书多次翻印畅销欧洲。该书出版后招致了德·拉特的严厉批评，他于次年出版《论雨

① Joan - Pau Rubiés, “Hugo Grotius's Dissertation on the Origins of the American Peoples and the Use of Comparative Methods”, p. 224.

② Hugo Grotius, *On the Origin of the Native Race of America*, trans. Edmund Goldsmid, Privately Printed, 1884, pp. 7 - 8. 该文收录在 *Bibliothek Curiosa* 中。

③ Hugo Grotius, *On the Origin of the Native Race of America*, p. 9.

④ Hugo Grotius, *On the Origin of the Native Race of America*, p. 14.

⑤ Hugo Grotius, *On the Origin of the Native Race of America*, p. 18.

果·格劳秀斯的论文》（*Notae ad Dissertationem Hugonis Grotti*），在书中逐一驳斥了格劳秀斯的观点，指出了格劳秀斯提供的论据中的诸多错误，如墨西哥语和日耳曼语中的“lan”和“land”并不是一个概念，中国宗教和秘鲁宗教并不等同。德·拉特支持鞑靼起源说，在文中重点批驳了格劳秀斯对鞑靼起源说的质疑。他认为格劳秀斯误解了鞑靼起源，美洲人祖先从鞑靼（斯基泰）而来，并不意味着他们就是斯基泰人，也可能是他们被斯基泰人驱赶到了美洲。随后德·拉特驳斥了格劳秀斯的论证，认为无法通过斯基泰人使用马而美洲没有马来证明美洲人并不是起源于斯基泰，而且随着历史的变迁，斯基泰地区也会发生变化，斯基泰地区遍布马匹并不能证明美洲人迁徙时该地也遍布马匹。①

该文一出引起了当时知识界的极大震动，虽然德·拉特并未提出一个新的美洲人起源学说，但他提供了许多反驳格劳秀斯的证据，格劳秀斯曾抱怨道：“他写的每句话都冲我而来，他写这篇文章并非为追求真相，而是要诋毁我。”② 随后格劳秀斯也对德·拉特的驳斥做出了进一步的回应，之后其他学者也参与其中。如 1644 年罗伯特·孔德（Robert Comte）出版《关于美洲人起源的研究》（*De Origine Americanarum Dissertatio*）认为美洲人起源于腓尼基，1652 年霍尼乌斯进一步综合前人观点，出版了《论美洲人起源》（*De Originibus Americanis*）一书，提出美洲人起源的三个阶段。③

在当时人看来，格劳秀斯的观点已是石破天惊，然而同时期拉佩雷尔提出的“亚当前人说”更令人震惊，他不仅否定了之前学者对美洲人起源的假设，甚至开始质疑《圣经》记载的真实性，他的观点招致时人攻讦。拉佩雷尔出生于波尔多（Bordeaux）的一个贵族家庭，借家族与孔代亲王（Henri II de Bourbon，price de Condé）的关系，于1640 年前往巴黎担任孔代亲王的秘书。在巴黎期间拉佩雷尔结识了许多学界名流，如马兰·梅森神父（Father Marin Mersenne）、布莱士·帕斯卡尔（Blaise

① Herbert F. Wright，“Origin of American Aborigines：A Famous Controversy”，p. 267.

② Herbert F. Wright，“Origin of American Aborigines：A Famous Controversy”，p. 269 – 270.

③ Adalbert Klempt，*Die Säkularisierung der universalhistorischen Auffassung*：*Zum Wandel des Geschichtsdenkens im* 16. *und* 17. *Jahrhundert*，Musterschmidt Verlag，1960，S. 113 – 114.

Pascal)、格劳秀斯等人。[①] 他先后出版《呼唤犹太人》(*Du rappel des juifs*)、《论与格陵兰的关系》(*Relation du Groenland*) 和《亚当前人说》(*Praeadamitae*),系统论述自己的宗教观念,尤其是系统讨论了人类起源。值得注意的是,自古代以来便有许多人质疑亚当是第一个人,如罗马皇帝叛教者朱里安(Julian the Apostate)便曾质疑所有人都是亚当和夏娃的子孙,中世纪也有人认为亚当有父母,他们来自印度。但这些质疑在当时并非主流,并没有冲击到基于《圣经》所构建的世界观。然而到了16世纪,随着新航路的开辟,大量异域知识传到欧洲,尤其是美洲人的发现,加之文艺复兴一些曾经视为异教徒文献被打入另册的古典作品被重新发掘出来,一些学者开始讨论亚当是不是人类唯一的祖先。如瑞士学者帕拉切尔苏斯(Paracelsus)便提出存在两个亚当,美洲人的祖先是另一个亚当,但这些观点多是一些只言片语,在知识界并未引起太大反响。直至拉佩雷尔,他系统考证《圣经》后抛出"亚当前人说",一石激起千层浪,这一"悖逆狂言"在当时欧洲知识界引起极大骚动。[②]

早在巴黎期间,拉佩雷尔曾在小范围内宣读自己关于亚当前人的研究,引发孔代亲王圈子内部的争议,如格劳秀斯批评拉佩雷尔动摇了宗教的基础,"近期法国有人异想天开地认为,在亚当之前存在人类,如果我们相信这一说法,将会立即危害到宗教"。[③] 而后拉佩雷尔在《与格陵兰岛的关系》中批驳了格劳秀斯的美洲起源斯堪的纳维亚说。[④] 然而这些只是小范围的讨论,直到拉佩雷尔在1655年出版《亚当前人说》后,这个争议性话题被激化,并引起欧洲知识界的广泛热议,同年拉佩雷尔还出版名为《亚当前人假说的神学体系》(*Systema theologicum ex Praeadamitarum hypothesi*, *Pars prima*,下文简称《体系》)一书。前者主

---

① 关于拉佩雷尔的经历,参见 Richard H. Popkin, *Isaac la Peyère* (1596 - 1676), *His Life, Work and Influence*, pp. 5 - 6。

② 有关早期对亚当前人说的讨论,Richard H. Popkin, *Isaac la Peyère* (1596 - 1676), *His Life, Work and Influence*, pp. 26 - 41; Alain Schnapp, "The Pre - adamites: An Abortive Attempt to Invent Pre - history in the Seventeenth Century", pp. 400 - 401.

③ Richard H. Popkin, *Isaac la Peyère* (1596 - 1676), *His Life, Work and Influence*, p. 6.

④ Alain Schnapp, "The Pre - adamites: An Abortive Attempt to Invent Pre - history in the Seventeenth Century", p. 403.

要讨论了《保罗书信》，后者则借助《圣经》和古典作家的作品进一步论证亚当之前存在人类，随后该书被迅速翻译成英语和荷兰语。[①] 在书中拉佩雷尔认为《圣经》并非一部世界史，只是犹太人的历史，亚当只是犹太人的祖先。在书的开端拉佩雷尔便提出亚当之前便有人类存在，那些新发现的古老的民族并非亚当的后代，这些事实被记载在《创世纪》中，“那些迦勒底人、埃及人、斯基泰人、中国人还有最近哥伦布所发现的墨西哥人，他们最早被创造出来，而这些内容与《创世纪》第一章所载相吻合。同样那些不为人知的北方和南方诸民族，他们可能也是最早被创造出来，他们都不是亚当的后裔”。[②] 在《体系》中拉佩雷尔进一步论证了亚当之前的人类从何而来，拉佩雷尔认为犹太人的祖先亚当和异教徒的祖先都是上帝所创，只不过后者和其他创造物一样，是由上帝在创世六天中用言语所创，而亚当则是上帝亲自用泥土所捏成的。“值得注意的是，那些最先被创造出来的人类（我认为他们是异教徒）和整个世界一样都是被上帝用言语所创造。在创世纪第一章中明确记载了这一内容。”“在创世纪第二章中记载了亚当并不是用言语所创造，而是上帝从大地的尘土中亲自用手创造的。”[③]

该书一经出版便引起极大震动，由于其内容狂悖，拉佩雷尔遭到逮捕，他的书也被列为禁书，甚至在有些地方公开焚毁了他的作品。然而这一举措反而引起知识界的极大兴趣，除了上文提到的格劳秀斯外，许多学者参与到对拉佩雷尔学说的讨论中来。据波普金研究，1656 年便出版至少 20 篇文章反驳拉佩雷尔，到了 17 世纪末许多研究《圣经》的作品都会谈及拉佩雷尔的学说，出版的著作达上百本之多。[④] 许多学者被其狂悖的结论所震惊，在他们的批驳文章中充斥着“不能容忍的无耻之

---

① 出于安全考虑该书为匿名出版，但当时大家都知道是拉佩雷尔所作。这两本书为同一时期所做，笔者所用版本为伦敦惠康图书馆（Wellcome Library）所藏 1656 年英文版。

② Isaac la Peyère, *Men before Adam or a Discourse upon the Twelfth, Thirteenth, and Fourteenth Verses of the Fifth Chapter of the Epistle of the Apostle Paul to the Romans, by Which Are Prov' d, That the First Men Were Created before Adam*, London, 1656, p. 22

③ Isaac la Peyère, *A Theological System upon Presupposition, That MEN Were before Adam*, London, 1655, p. 113.

④ Richard H. Popkin, *Isaac la Peyère (1596 - 1676), His Life, Work and Influence*, p. 80.

书”“历史上最大的渎神者”这类刻薄的词语。[①] 虽然拉佩雷尔的观点遭到许多人的质疑，但是这种研究思路却影响了后世对于《圣经》的态度，即《圣经》不再是一个不证自明的权威，而只是一个历史文本，需要通过研究去捍卫它的权威性。

自哥伦布发现新大陆后，对美洲人起源的讨论便没有停歇，但是无论从旧大陆的民族中寻找美洲人起源的蛛丝马迹，还是另起炉灶论证美洲人是亚当之前的人的后裔，这些观点看似新奇、互相抵触，实则都共享了同一个思想基础，即《圣经》与古典文献的记载。当这些来自异域的新知遭遇旧识时，旧识既与新知相冲突，又充当了认识新知的媒介，而新知又在旧识的改造下与旧识相沟通、融汇，最后旧有的知识框架被改造，新的知识图景形成。近代早期美洲人起源的讨论正好展现了这一新知遇旧识的过程。在美洲刚被发现的时候，人们尚可以借助古典传统来解释美洲人的起源，将美洲人纳入《圣经》所构建的诺亚谱系之中。但是随着人们对美洲认识的深入，人们发现古典传统资源已经无法解释各种新的问题，如拉佩雷尔甚至开始质疑美洲人是亚当的后裔，并在此基础上提出了“亚当前人说”。这些质疑挑战了《圣经》至高无上的权威，基于《圣经》所构建的世界观遭受冲击。

三 美洲人起源研究与近代批判性历史意识的生成

18 世纪之前学者们本是希望通过探讨美洲人起源解决基于《圣经》的知识框架与新知识之间的冲突，然而这种在传统知识框架下的“小修小补”却使整个《圣经》知识框架遭到冲击。虽然传统知识大厦的内部已经开始瓦解，在基督教仍然占据主流的欧洲，传统知识大厦并未彻底崩塌，启蒙运动则是对这一传统知识大厦的最后一击。伏尔泰在《风俗论》中辛辣地嘲讽《圣经》的权威，在他看来诺亚谱系是连一个小孩也

---

① 参见 Don Cameron Allen, *The Legend of Hoah*, *Renassance Rationalism in Art*, *Science*, *and Letters*, p. 136; Eric Jorink, “‘Horrible and Blasphemous’: Isaac La Peyère, Isaac Vossius and the Emergence of Radical Biblical Criticism in the Dutch Republic,” p. 441.

不会相信的谎言。[①] 法国著名汉学家毕诺曾言："拉佩雷尔在提出其'亚当之前人类说'的理论时候，冒着被当做异教徒而遭薪火活活烧死的危险。伏尔泰在否认诺亚洪水的普遍性时并没有冒多大的危险。"[②] 对比拉佩雷尔与伏尔泰的不同境遇，可以看出世界经历了一场巨大转变，即毕诺所谓的"改变大众意识的思想大飞跃"。这一变化也反映在美洲人起源的研究中，启蒙运动之后，仍然有一些学者关注美洲人起源这一问题，他们的结论看似与人文主义前辈们的非常相似，但是所采用的方法、所共享的知识基础已经完全不同。

18 世纪中后期，关于美洲人起源的讨论可分为两派，一派仍然延续之前学者的讨论，关注美洲原住民与旧大陆的关系，另一派则不再拘泥于所谓的诺亚谱系，而是尝试将美洲历史置于世界历史线性发展的框架之中。德意志学者加特勒（Johann Christoph Gattere）曾在《普遍史手册》中讨论美洲人起源何处，在驳斥之前的种种美洲人起源假说，如以色列起源说、拉麦起源说、中国起源说等内容后，通过比较美洲人与亚洲鞑靼人的宗教习俗，判定他们主要来自亚洲北部，并通过陆桥从西伯利亚到达美洲。[③] 卡尔·米歇埃勒（Karl Michaeler）在加特勒研究的基础上系统讨论了美洲人的起源问题，并于 1802 年出版《关于最古老的民族和他们最初迁徙、定居美洲以及早期发展的历史批判研究》一书。在书中米歇埃勒借助霍尼乌斯的美洲多起源说的框架，认为美洲人并非由一个民族迁徙而来，而是在历史上由多民族迁徙而来。米歇埃勒坚持诺亚谱系，指出美洲人也是诺亚的后裔，讨论了含米特族（chamitische Geschlechte），如埃及和腓尼基人；闪米特族（samitische Geschlechte），如中国人；和雅弗的后代（japhetische Geschlechte），如俄罗斯北部的游牧

① ［法］伏尔泰：《风俗论：论各民族的精神与风俗以及自查理曼至路易十三的历史》上册，梁守锵译，商务印书馆 2000 年版，第 105 页。

② ［法］维吉尔·毕诺：《中国对法国哲学思想形成的影响》，耿昇译，商务印书馆 2013 年版，第 216 页。

③ Johann Christoph Gatterer, *Handbuch der Universalhistorie nach ihrem gesamten Umfange von Erschaffung der Welt bis zum Ursprunge der meisten heutigen Reiche und Staaten*, 1. Th. Mittwe Vandenhoeck, 1765, S. 180 - 181.

民族，分别如何从旧大陆迁徙美洲，并在此地繁衍发展。① 与此同时，在知识界还存在另一种启蒙史学家所主导的潮流，他们不再将美洲人的文化视为一种文明，也不再用西方古典文明比附美洲，而是将其贬斥为一种原初的未开化的状态。他们虽然也关注美洲原住民但他们的目的并非讨论美洲原住民与旧大陆的关系，而是尝试如何将美洲置于世界历史线性发展的框架之中。如启蒙史学家威廉·罗伯逊（William Robertson）认为美洲仍处于狩猎采集阶段，并没有发展出高级文明。除罗伯逊外，在当时许多启蒙哲人都秉持此观念，将美洲视为没有文明的大陆，视为世界历史发展的某一阶段，如布丰（Georges Louis Leclere de Buffon）、科内利乌斯·德波（Cornelius de Pauw）以及纪尧姆－托马·雷纳尔（Guillaume – Thomas Raynal）所提出的“美洲退化论”。

当时欧洲知识界对美洲的认识不尽相同，对美洲起源的观点甚至相互抵牾，如米歇埃勒便曾批驳罗伯逊的观点，认为罗伯逊的假设看似严谨，但却并非事实，强调美洲人起源的多元性。② 但是他们却共享一个知识基础，即启蒙之后所建立的世界图景和知识体系。不仅如此，通过对比这些新的研究与人文主义学者们关于美洲起源的讨论，可以发现，这些新的研究与人文主义学者们的观点虽然相似，但观点背后的知识基础已然不同，这一知识基础的变化也影响了他们的史学观念和研究方法，出现了一种新的批判性意识。早期人文主义学者有关美洲起源的研究五花八门，但他们都共享一个思想基础即坚持《圣经》和古典文献的权威。在当时除了拉佩雷尔外没有多少人质疑诺亚洪水的普世性，甚至像拉佩雷尔的假说，这种当时被看做悖逆的言论也并不会质疑《圣经》作为唯一权威的地位，而是希望通过研究，更好地理解《圣经》。③ 除了

---

① Karl Michaeler, *Historisch – kritischer Versuch über ältesten Völkerstämmen, und ihre ersten Wanderung, nebst weiterer Verpflanzung nach Amerika, zur Entwicklung des dunkeln Zeitalters*, Anton Pichler, 1802.

② Karl Michaeler, *Historisch – kritischer Versuch über ältesten Völkerstämmen, und ihre ersten Wanderung, nebst weiterer Verpflanzung nach Amerika, zur Entwicklung des dunkeln Zeitalters*, S. 36 – 37.

③ Isaac la Peyère, *Men before Adam or a Discourse upon the Twelfth, Thirteenth, and Fourteenth Verses of the Fifth Chapter of the Epistle of the Apostle Paul to the Romans, by Which Are Prov' d, That the First Men Were Created before Adam*, p. F2 – F3.

《圣经》和古典文献外，时人游记也是这些人文主义学者们研究的重要依据。然而18世纪之后，传统的人文主义知识基础遭受冲击，美洲起源研究不再奉《圣经》记载为唯一权威，游记和古典作家的作品也备受质疑，不再被视为重要的史料依据。一些启蒙哲人对美洲人起源何处也失去了兴趣，他们更关心如何将美洲历史纳入世界历史发展的线性叙事中。为何会出现这一转变，这一转变的背后又反映了什么样的历史意识和知识观念？

正如法国哲学家保罗·阿扎尔（Paul Hazard）所言“曾几何时，大部分法国人的思想还是以博絮埃为参照的，但转瞬间，法国人就全效仿起了伏尔泰：这分明是一场革命”。[①] 17—18世纪所盛行的《圣经》批判使得《圣经》走下神坛，《圣经》不再被视为用来判断其他史料真伪的至高权威，只是一部与其他史料无异的历史文献。早在17世纪末便有许多学者开始对《圣经》进行史料批判，如斯卡利格（Joseph Scaliger）、斯宾诺莎（Baruch Spinoza）、格劳秀斯和理查·西蒙（Richard Simon）等人将《圣经》视为历史文本进行校勘批判。这一做法虽然在当时备受关注，但也引起了极大的争议，如当时英国学者休·布劳顿（Hugh Broughton）批驳斯卡利格用异教徒的文献去校订《圣经》，布劳顿认为《圣经》是唯一的权威，应通过《圣经》去订正异教徒文献。[②] 斯宾诺莎被贬斥为异端，[③] 理查·西蒙的《旧约批评史》也曾被法国当局查禁。[④] 虽然当时已经出现了质疑《圣经》的声音，但是这种声音并未被主流所接纳。18世纪之后，在启蒙运动对基督教的强烈批判下，《圣经》最终走下神坛。在有关美洲人起源的新研究中，《圣经》不再被视为唯一的权威，只是众多历史文本中的一部分，如奥古斯特·施洛策尔（Angust

---

① ［法］保罗·阿扎尔：《欧洲思想的危机（1680—1715）》，方颂华译，商务印书馆2019年版，第1页。

② Jed Z. Buchwanld and Mordechai Feingold, *Newton and the Origin of the Civilization*, Princeton University Press, 2013, p. 113.

③ 关于斯宾诺莎的《圣经》批判研究，参见吴树博《阅读与解释：论斯宾诺莎的历史观念及其效用》，上海三联书店2015年版。

④ 关于理查·西蒙的《圣经》研究，参见［法］保罗·阿扎尔《欧洲思想的危机（1680—1715）》，方颂华译，第187—204页；Nicholas Hardy, *Criticism and Confession: The Bible in the Seventeenth Century Republic of Letters*, Oxford University Press, 2017.

Luding Schlözer）在《普遍史论稿》中质疑诺亚洪水的普世性。虽然当时施洛策尔的这一质疑也遭到一些学者的批判，但是他们不再只是认为施洛策尔的观点与《圣经》不符，所以它是荒谬的，而是试图通过其他史料论证《圣经》记载的真实性。①

当《圣经》被降格为历史文献的同时，以《圣经》世界观所构建的世界历史发展框架也遭受冲击。自中世纪以来，基于《圣经》的世界观塑造了一种世界历史书写模式，即诺亚谱系。这一模式在美洲人起源研究中表现为关注美洲人与旧大陆的关系。虽然早在15世纪就有学者讨论美洲人起源问题，但直到17世纪才真正有学者将美洲历史纳入世界历史书写之中，他们以诺亚谱系为基础书写世界历史，美洲人作为旧大陆的移民自然可以被纳入诺亚谱系之中。如霍尼乌斯在《诺亚方舟》（*Arca Noae*）中以诺亚谱系为基础将美洲人纳入世界历史框架之中。霍尼乌斯认为，大洪水后各族人民分散世界各地，彼此之间失去了联系，也失去了对他们共同起源的记忆。地理大发现让世界各地重新联系到一起，通过欧洲人和海外贸易构建了一个新的诺亚方舟。② 这一观点一直延续到18世纪，如在当时风靡一时的英国多卷本《普遍史》（*An Universol History from Earldest Account of Time to the Pressent*）便持这一观点。书中梳理评判了近代早期关于美洲人起源的各种假说，以证明美洲人是旧大陆的不同民族在不同时期移民汇聚而成。这些讨论以诺亚谱系为基础证明美洲人与旧大陆的联系，其实质是证明诺亚谱系的真实性，在英国多卷本《普遍史》中，编者驳斥了对诺亚洪水普遍性的质疑，并从美洲土著人的传说中寻找诺亚洪水的记忆。③ 但是，当《圣经》失去了解释力，这一基于《圣经》的世界历史发展模式也不再流行，取而代之的是一种新的线性历史发展模式，即所谓的进步史观。在这一模式中美洲人是否与

---

① August Ludwig Schlözer, *Vorstellung der Universal - Historie*, Johann Christian Dieterich, 1775, S. 12. 关于对施洛策尔的批评，参见 Karl Michaeler, *Historisch - kritischer Versuch über ältesten Völkerstämmen, und ihre ersten Wanderung, nebst weiterer Verpflanzung nach Amerika, zur Entwicklung des dunkeln Zeitalters*, S. 13 - 14。

② Adalbert Klempt, *Die Säkularisierung der universalhistorischen Auffassung: Zum Wandel des Geschichtsdenkens im 16. und 17. Jahrhundert*, S. 119.

③ *Additions to the Universal History*, *in Seven Volumes in Folio*, London, 1750, pp. 260 - 261.

旧大陆有关不再重要，在当时更为重要的是将美洲文明纳入历史发展阶段中，美洲不过是人类历史发展的一个初级阶段。如罗伯逊的《美洲史》虽然也花费一些篇幅讨论美洲人起源，但是他并不认为这种起源研究可以找到历史的真相，“没有历史和传统可以佐证这些悠久的事件，我们也无法从中追寻在原初社会中人类的行为”。① 对罗伯逊而言，探讨美洲人起源只是为了证明美洲人来源于低等民族。②

在《圣经》备受质疑的同时，另一类型的史料“游记”也遭受冲击。文艺复兴时期“历史”（historia）的古典意涵被人文主义学者重新挖掘，historia 的自然史维度重新回到学者研究的视野之中。③ 新世界的发现在极大拓宽了欧洲人的世界图景同时，也使他们必须用更有效的途径来研究这些新的异域知识，自然史的研究方式则在很大程度上满足了他们的需要。④ 其中亚里士多德、普林尼等人的自然史著作被重新发现，许多人文主义学者开始仿效他们的研究方法去描绘美洲，如奥维多的《西印度通史与自然史》便是仿效普林尼之作，格劳秀斯也借用塔西佗研究不列颠人起源的方法来研究美洲人起源，即通过语言、服饰、习俗的比较来判断美洲人起源。此外在 16—17 世纪出现了大量关于异域的游记，这些游记多由那些殖民官员结合自己在异域的经历写作而成，其中夹杂了有关异域的各种描述。这些游记被系统地整理、编辑、出版，作为亲历者的一手史料备受学者重视。如洛克认为游记是研究“人类理解”（human understanding）的最佳途径，约翰·哈里斯（John Harris）强调游记可以修正古典文献中的错误和补充曾经被古典文献忽视的内容。⑤ 游记也是 16—

---

① William Robertson, *The History of America*, Vol. 1, Johnson& Warner, William Greer, Printer, 1812, p. 2.

② 关于罗伯逊的美洲观，参见王晓德《欧洲中心论与罗伯逊的美洲观》。

③ 关于 historia 的古典意涵，参见张巍《希罗多德的“探究”——〈历史〉序言的思想史释读》，《世界历史》2011 年第 5 期；吴晓群：《论希罗多德的“探究”是何以成为“历史”的》，《世界历史》2013 年第 3 期。

④ 关于文艺复兴时期自然史的复兴，参见吴树博《近代早期欧洲历史观念的内涵及其形态转变》，《世界历史》2016 年第 2 期；［美］布莱恩·W. 欧格威尔《描述的科学：欧洲文艺复兴时期的自然志》，蒋澈译，北京大学出版社 2021 年。

⑤ Jorge Cañizares - Esguerra, *How to Write the History of the New World: Histories, Epistemologies, and Identities in the Eighteenth - Century Atlantic World*, p. 23.

18 世纪初美洲人起源研究的重要参考资料，许多学者都会参考那些西班牙作家们带来的美洲游记，亦或是结合自己的美洲经历描绘美洲原住民。

18 世纪中叶后，尤其受启蒙思想的影响，人们对于游记的观念发生了转变。这一转变主要表现在两个层面。其一为游记的真实性开始遭受质疑，其二则是传统游记形式发生了转变，人们不再单纯描绘那些风土人情，而是开始具有反思性地去思考所观察社会的结构性问题，试图解释现象背后的原因。[①] 这一转变在关于描绘美洲的游记中也有所表现。人们开始用文字学的方法来研究之前西班牙人留下的游记。一方面对搜集来的各种游记手稿进行校勘，另一方面研究游记内部叙述的一致性，质疑这些描述新世界的游记真实性。如伏尔泰曾质疑西班牙人游记中记载美洲原住民吃人就像吃羊一样稀松平常。布丰怀疑西班牙人对美洲人口的记载。[②] 除此以外，18 世纪的美洲研究者们也开始批判传统游记的肤浅，希望用一种新的哲学化的视角来取代游记式的视角观察美洲，即将美洲纳入世界历史发展的阶段之中。雷纳尔（Guillaume Thomas Ragnal）认为人们不能指望从那些野蛮的水手、贪婪的商人和传教士所写的作品中获得对美洲的准确描绘，而且他们也不能用一种哲学化的方式去描绘新世界。[③] 罗伯逊也曾认为这些游记只是一些“肤浅的记录”，甚至早期美洲人起源研究者经常引用的阿科斯塔也遭到罗伯逊的批判，认为包括阿科斯塔在内的早期西班牙的观察者们都并不能以一个哲学家的方

① 关于启蒙时期游记观念的转变，汉斯·埃里希·博德克（Hans Erich Bödeker）曾做过系统研究，在他看来 18 世纪游记从具有博古传统的宫廷和学者游记转向了一种关注国家知识和地理的国势学—地貌学的游记（statistisch - topographischen Reisenverschreibung），受启蒙理性主义影响，这种游记不只是去描绘现象，而且开始具有反思性思维，力图去解释现象背后的原因。参见 Hans Erich Bödeker, "Reisebeschreibungen im historischen Diskurs der Aufklärung," in Hans Erich Bödeker, Georg Iggers, Jonathan B. Knudsen und Peter H. Reill, Hrsg., *Aufklärung und Geschichte*, *Studien zur deutschen Geschichtswissenschaft im 18. Jahrhundert*, Vandenhoeck&Ruprecht, 1986, S. 276 - 298。

② Jorge Cañizares - Esguerra, *How to Write the History of the New World: Histories, Epistemologies, and Identities in the Eighteenth - Century Atlantic World*, p. 22.

③ Jorge Cañizares - Esguerra, *How to Write the History of the New World: Histories, Epistemologies, and Identities in the Eighteenth - Century Atlantic World*, p. 36.

式去理解他们所观察到的现象的原因。①

18 世纪后的哲学家不仅质疑游记中的内容，而且对游记中描绘美洲人的方法也提出疑问，即自文艺复兴以来人文主义学者们所经常使用的将异域与古典文明相比附的方法。比附古典可谓是 16—17 世纪西班牙人书写美洲历史所惯常的方法，如卡萨斯便曾把美洲社会的宗教、经济和政治与古典时期相比附，加西拉索·德·拉维加（Inca Garcilaso de la Vega）在其著作《印加王室述评》（*Comentarios Reales de los Incas*）中将印加帝国比附为罗马帝国。17 世纪中叶，当时许多学者关注新发现的这些蛮族的政制，认为在他们的政制中保留了古典政治的因素。然而 18 世纪以来随着人们对异域认识的推进，古典知识失去了解释力，传统的比附古典的办法也备受质疑。德波便批评加西拉索误导性地将印加社会描绘为罗马类型，而罗伯逊则认为美洲处于思维的原始阶段，这与古典时期并不相同。②

若借用布克哈特（Jacob Burckhardt）的观点，如果文艺复兴的时代是“人的发现和世界的发现”，③ 那么启蒙运动时期对异域知识的描绘整合，则是一次对世界的再发现。④ 在美洲起源研究中材料、方法的使用，这些看似技术性的变化背后折射出一种世界观的变迁。一方面，旧有的传统知识在大量异域知识的冲击下失去了解释力，人们不再奉《圣经》和古典文献为权威。与此同时，依赖古典文献和古典方法的游记也遭受质疑。另一方面，人们关注的不再是具体的异域知识，而是希图将美洲纳入世界历史线性发展的框架中。美洲人不再是古典作家笔下保有质朴品格的“高贵的野蛮人”的翻版，也不再是拥有文明和历史的悠久民族，而是一个等待西方人去开化的没有文明的种族，他们的生活展现的

---

① Jorge Cañizares - Esguerra, *How to Write the History of the New World: Histories, Epistemologies, and Identities in the Eighteenth - Century Atlantic World*, p. 39, p. 43.

② Jorge Cañizares - Esguerra, *How to Write the History of the New World: Histories, Epistemologies, and Identities in the Eighteenth - Century Atlantic World*, pp. 38 - 41.

③ ［德］雅各布·布克哈特：《意大利文艺复兴时期的文化》，何新译，马香雪校，商务印书馆 1983 年版，第 280 页。

④ 此处借用拉里·沃尔夫和马克·西博隆尼的观点，文艺复兴是一个发现美洲的时代，而启蒙运动则是对新世界的再发现，参见 Larry Wolff and Marco Cipolloni, eds. *The Anthropology of the Enlightenment*, Stanford University Press, 2007, p. xi。

是社会历史发展阶段中最原初的状态。这一过程也反映了一种新的批判性历史意识的生成，一方面在历史书写中古典文献和《圣经》的真实性遭到怀疑，学者们开始批判性地看待这些材料。另一方面，描述性书写被反思性书写所取代，美洲人的历史被纳入线性发展的框架之中。这一历史意识的形成，一方面推动了史料批判的发展，一种新的史料等级制开始出现。另一方面，也推动了一种新的宏大叙事的历史哲学的出现，美洲在线性史观中成为没有历史和文明的民族。

结　论

异域知识的冲击下，欧洲学者们希望通过传统知识框架去理解这些异域知识，但随着更多异域知识传入欧洲，传统的知识框架越来越不能去解决这些异域知识所带来的新问题，每次的小修小补最终却导致传统基于《圣经》和古典知识的知识基础的崩塌。这一现象在美洲人起源研究中也有所表现。在美洲刚被发现之时，基督教占据着支配地位。没有人怀疑基于《圣经》所构建的诺亚谱系，因此人们可以通过古典知识来解释美洲人的起源。但随着人们对美洲人认识的丰富，传统的古典知识已经不能解释这些新出现的问题，传统基于《圣经》的知识框架受到了挑战，如拉佩雷尔开始质疑诺亚谱系，甚至触及《圣经》的权威。虽然当时有拉佩雷尔这样的“异端”质疑诺亚谱系，但是由于基督教在当时仍占据主导地位，这一理论在当时被斥为“异端邪说”，并未被主流所接纳，在当时研究美洲人起源的学者仍然共享《圣经》和古典传统构建的世界观。但是质疑《圣经》所构建的世界观的观念已经萌发，随着大量异域知识的冲击，对《圣经》的批判形成一股新的思潮。启蒙运动对基督教的强烈批判成为冲击《圣经》权威的最重一击，《圣经》所构建的知识大厦轰然倒塌。之后对于美洲人起源的研究虽然在结论上和他们的人文主义前辈相似，但所共享的世界观已然不同。

这一世界观的转型也推动了历史意识的转型。在《圣经》所构建的世界观遭受冲击后，以《圣经》世界观为基础的历史意识也发生了变化，表现为批判性意识的出现和宏大叙事的产生。一方面，以《圣经》为基础所构建的史料观遭到质疑，《圣经》不再是不证自明的最高权威，而是一个需要去研究和批判的历史文本。当基于《圣经》和古典知识所构建的知识框架无法解决新问题时，以旧有知识框架为基础的研究方法也不合时宜，如当时被视为重要史料的游记开始遭到批判。另一方面，《圣经》世界观支配下的世界历史书写框架也遭受冲击，新的进步史观开始出现。学者们不再过多关注美洲人与旧大陆的关系，而是将美洲视为一种野蛮状态，将其纳入世界历史线性发展框架之中。讨论美洲人起源并不属于美洲地区史问题，而是属于欧洲思想史的范畴，美洲原住民只是被观察研究的客体。在这一过程中，美洲历史最终被纳入欧洲塑造的世界历史线性发展框架，美洲也进入欧洲思想之中形塑了近代欧洲思想意识。然而，美洲原住民却成为没有历史的民族，消隐于世界历史书写之中。

（原载《史学月刊》2022 年第 9 期）

新世纪以来国内学界口述历史理论研究回顾

张德明

新世纪以来，中国的口述历史研究成为异常活跃的研究领域，吸引了多学科学者的广泛参与，出现一批高质量的口述历史成果，并推动了历史学在研究方法、领域方面的变革，但其在飞速发展的同时也存在诸多问题，带来许多研究困惑。本文旨在系统梳理2000年以来学界有关中国口述历史理论的代表性论著，总结口述历史理论研究的热点问题及不足，并对未来研究进行展望。

一 口述历史理论著作

在口述历史理论方面，此时期国内出版多部著作，从不同视角深化了口述史理论探索。如杨祥银的《与历史对话——口述史学的理论与实践》（中国社会科学出版社2004年版）为国内较早关注口述史学理论的著作，该书介绍了口述史学的基本理论、基本方法，口述史学与课堂教学及跨学科思考，并对当代中国口述史学发展情况及美国、英国等13个国家的口述史学进行了详细叙述。李向平、魏扬波的《口述史研究方法》（上海人民出版社2010年版），则对口述史的访谈方法、研究方法、研究的设计、访谈的开展、资料整理与使用、口述资料分析、理论建构及研究伦理等进行了系统研究。陈旭清的《口述史研究的理论与实践》（中国社会出版社2010年版）共八章，内容包括口述史概述、口述史研究的主要类型、口述史的操作、口述史资料的加工和整理、口述史资料的解读、情感与记忆、NGO 与口述史研究、口述史研究的应用与解读等。定宜庄、汪润主编的《口述史读本》（北京大学出版社 2011 年版）则是收录了中外有关口述史探讨的代表性文章，对口述史的学术史与基本理论、研究方法及经典案例进行了介绍。王宇英的《当代中国口述史——为何与何为》（中国大百科全书出版社 2012 年版），分五章内容对当代中国口述史的话语与实务、呈现与传播、历史与现状、热点与案例、问题与对策进行了系统的介绍。陈墨的《口述历史门径实务手册》（人民出版社 2013 年版）对如何进行口述历史采访给予了具体指导，介绍了口述历史的基本问题、模式及不同群体的口述历史，最后分析了口述历史研究的路径与想法。李卫民的《本土化视域下的口述历史理论研究》（上海人民出版社 2014 年版），探讨了口述史的文体、特点和作用，研究了口述史的学术潜力，口述历史的规范化、民主性及本质问题。陈墨的《口述史学研究——多学科视角》（人民出版社 2015 年版）则分七章讨论了口述历史与档案学、历史学、社会学、心理学、传播学、语言学、教育学七个学科的密切关系，并提出了口述历史为个人记忆与人类个体记忆库的概念。王军的《口述历史研究》（广西师范大学出版社 2018 年版）系统研究了口述历史理论，分三章考察了口述历史的动机与操作、求真之险途、对话与人格等问题。此外，陈默的《口述史学与心灵考古》（人民出版社 2019 年版）则收入了其有关口述历史的论文与演讲，探讨了口述历史的实践方法与理论概念问题。

在此时期，国内学者还翻译一些国外学者出版的口述理论与方法著作。如英国保尔·汤普逊的《过去的声音——口述史》（覃方明等译，辽宁教育出版社 2000 年版），通过九章的内容，深入研究了口述史的概念、成就、历史学家与口述史、访谈、储存与筛选、证据、记忆与自我等有关口述历史的重要问题。美国著名口述史专家唐纳德·里奇的《大家来做口述史：实务指南》（当代中国出版社 2006 年第 2 版，2019 年第 3 版），该书为口述历史理论的代表作，从当代的口述历史，开展一项口述历史计划、执行访谈、在研究与撰述中应用口述历史、档案馆和图书馆的口述历史保存、口述历史教学、展现口述历史共八章介绍了如何进行开展口述历史，并通过具体案例与讲解进行了详细的指导。唐纳德·里奇的《牛津口述史手册》（左玉河、宋平明译，人民出版社 2017 年版）也在近年翻译成中文出版，此书通过实践案例分析及理论解读，全面探讨了口述史采访的本质、回忆和历史的关系、理论和解释关系、技术对口述史的影响、口述史工作中的法律、道德、档案存储及口述史的呈现共六大问题。

新世纪以来，国内学界召开多次口述史的会议，部分会议论文集也结集出版，其中有很多探讨口述历史理论的文章。如 2004 年 12 月，扬州大学承办的首届中华口述史高级论坛暨学科建设会议举行，中华口述历史研究会也在此次会议上正式成立。周新国主编的《中国口述史的理论和实践》（中国社会科学出版社 2005 年版），即为此次会议的论文集，涉及多篇探讨口述史理论研究与学科建设的文章。2006 年 8 月，当代上海研究所主办了首届“海峡两岸口述历史理论与实务研讨会”，100 多位口述史专家参加此会。《口述历史的理论与实务》（上海人民出版社 2007 年版）即为此研讨会的论文选编，收录了有关口述史理论、发展状况、方法与技巧及法律与道德问题等内容的文章。林卉、刘英力主编的《口述历史在中国·第 1 辑：多元化视角与应用》（广西师范大学出版社 2016 年版），为 2015 年首届“口述历史在中国”国际研讨会论文集，主要内容包括口述历史的基本理论与方法、口述历史实践的多元化主体、口述历史的多元化应用等方面的文章。林卉、康学萍主编的《口述历史在中国·第 2 辑：跨学科应用与公共传播》（广西师范大学出版社 2018 年版），为 2016 年第二届“口述历史在中国”国际研讨会的论文集，内容涉及口述历史理论探讨、口述历史学科教学与实践、口述历史公众传播与普及、口述历史实践个案等问题。

此外，在专业辑刊方面，2003 年起，王俊义、丁东主编的《口述历史》由中国社会科学出版社每年推出 1 辑，先后出版 4 辑，其中也有文章探讨了国内口述历史的理论建设。杨祥银主编的《口述史研究》辑刊，从 2014 年起出版第 1 辑，目前已由社会科学文献出版社出版到第 4 辑，为国内专门的口述史研究刊物，秉持“回顾性、前瞻性、多元性与跨学科性”原则，围绕口述历史的理论、方法与跨学科应用等问题展开讨论。

二　口述史性质、作用的讨论

口述历史虽然在中国已有广泛影响，但对于何为口述历史，口述历史如何定义，学界仍是众说纷纭。如关于口述史的定位，陈娜指出：学术界对口述历史的理解和运用可以概括为三种不同形态：一是作为史料工具的口述历史；二是作为历史研究方法的口述历史；三是作为史学分支学科的口述历史。[①] 学界多认为，口述历史是采访者依托记录工具，对有直接经验的人士所经历的往事进行采访调查，并根据这些调查形成书写记录，用作历史研究的参考。如钱茂伟指出：口述史是历史的声音再现，录音技术催生口述史，生活世界中的口述史不同于文本世界中的口述史，笔书的作品不是口述史。口述史是一种口头讲述的故事，口语化是其基本风格，即使转化成文本，仍属口语形态的文本。只有主体建构的才是口述史，其他的就是社会调查。[②] 学者们也看到，口述史并不等同于口述史料，两者既有联系也有区别，口述史为对口述史料的加工整理与提升。而且回忆录、访谈录也不能称为口述历史，同时不同学科的口述史定义及方法，仍然存在一定差异。

对于口述历史性质，学者们多认为其为史学的分支学科或史学方法，并对其具体表现进行了分析。如边静指出：口述史的内涵包含史料搜集保存方法、口述史料、口述研究、口述史理论多个层面。现代口述史的崛起是20世纪西方史学新的治史观念与研究方法拓展的产物，是史学现代化与民主化的体现。口述史的人民性特征与人民史观不尽然相同，它意味着更有社会意识、更民主的史学发展方向。口述史的方法论特征有：口述史的基础是人类的记忆、口述史是一种会话叙事、口述史方法具有广泛性和创造性。[③] 赵雪等则指出：口述历史语篇倾向于人际互动；它重在对事实的客观陈述；它是准备程度较高、经过编辑加工的言语成品，

---

① 陈娜：《口述历史的不同形态与发展目标》，《人民日报》2014年6月29日。

② 钱茂伟：《口述史诸问题再思考》，《晋阳学刊》2016年第5期。

③ 边静：《口述历史理论与实务杂谈》，《当代电影》2011年第7期。

具有书面语体的倾向；它重在重构历史事件，具有叙事性。上述特征是由口述历史语篇的交际方式、交际目的以及生成环境决定的。[①] 陈墨还提出了“人类个体记忆库”概念，则是要在口述历史学既有的历史学面向、社会（史）学面向之外，建立第三个面向，即个人面向。换言之，口述历史是一种有着新的方法路径、新型研究规范的人学。口述历史的人学面向并非改变原有的历史面向和社会面向，而是要在更为精细的程度上建立与历史学和社会学的深度关联。口述历史的重点在于知人，社会学的重点在于论世；口述历史知人越深、越细、越真，社会学的论世就会越广、越精、越实。[②] 而且因口述史的动态性、生动性、民主性、广泛性等特点，也吸引了各阶层、各学科人员的广泛参与。

在口述历史的作用上，学者们撰文认为其可以提供历史研究的资料，丰富历史研究内容，引起历史研究方式的变化，推动对历史真相的探求及史学研究的大众化，满足公众认识历史的需要，给普通人进入历史创造机会等，在功能上有较强的多样性。如对于口述史的贡献，李小沧认为：由于口述史走的是“自上而下”与“自下而上”并举的路线，它的研究波及社会各阶层的生活状况。口述史的取材弥补了传统史学的文献不足，拓宽了历史学对社会的干预和教育功能。口述史的方法论吸取了新社会史学向社会现实调查取证的科学方法，又迎合了信息化时代各种知识日益综合化，知识之间相互交叉、相互融合的大趋势，因而在未来会有更为广阔的发展前途。[③] 而且口述历史可以突破传统文字资料局限，提供一些未有文字记载的史料支持，推动历史研究的创新，如李宝梁指出：现代口述史的兴起得益于人类记载历史的手段不断发展，以及现代人对过往历史和当代所经历事件的一种文化自觉。现代口述史远超出传统历史学范畴，作为一种历史叙事和社会记忆，不仅可以生动地再现历史，更可贵的是通过口述的研究方法，真实记录下不同时代所发生的变化，为后人重温历史，从中分析提取有益的经验或教训提供丰富翔实和

---

① 赵雪等：《口述历史语篇的多维度分析》，《宁波大学学报》2019 年第 4 期。

② 陈墨：《口述历史：人类个体记忆库与社会学》，《当代电影》2014 年第 3 期。

③ 李小沧：《现代口述史对传统历史学的突破与拓展》，《天津大学学报》2011 年第 1 期。

可以考证的历史资料。[①] 王宇英则认为：口述历史有助于普通民众书写历史，展示历史叙事的多元性，有助于深入认识人类思维及叙说方式的特质，中国当代口述历史抢救和创造了鲜活史料，弥补了文献历史的缺漏与局限，为还原历史真相提供了可能。[②] 王艳勤考察了公众史学视野下的口述历史的贡献，认为：在公共史学视野下，口述历史具有来自公众、服务公众、公众参与、面向公众的家族共性，在共享对于历史的解释权时，应该接受公共阐释的规训，警惕强制阐释。口述历史接地气的气质是其时下受到欢迎的重要质素，口述有助于建构可信又可爱的历史，可以通过自上而下和自下而上两种途径实现，但需要以求真为前提，在职业史家和公共史家的共同努力下实现。[③]

国内的一些学术刊物还推出口述史研究专栏，约请专家学者讨论口述史理论的热点问题。如《郑州大学学报》2010 年第 4 期推出口述史讨论的专栏文章，刊发杨祥银的《关于口述史学基本特征的思考》、杨雁斌的《论口述史学的社会性特征》等文章。而且该专栏在引言中指出：当下，口述史学以其在挖掘史料与再现社会底层声音方面的独特优势而迅速引得国际史学界的关注。它的出现与发展不仅在研究内容、方法与理论等方面为历史学注入了新的生机与变革动力，同时也引起了其他学科的广泛兴趣，在推动跨学科研究中起到了非常重要的作用。作为一门名副其实的面向大众的科学，其社会含义在一定程度上反映了当前史学研究的大众化趋势和发展动向，体现出一种重返人文的传统。再如《南京社会科学》2019 年第 12 期也推出“口述史研究”专栏，刊发了周晓虹的《口述史与生命历程：记忆与建构》、朱义明的《口述史的概念与研究向度》、吴晓萍的《口述史访谈在田野调查中的应用》三篇文章，也对口述史的概念、方法进行了探讨。

口述历史档案的建设及问题，也是学者讨论热点。如洪佳惠认为：口述历史是当下历史重现方式，而口述历史档案则是当下档案收集方式

---

① 李宝梁：《现代口述史的兴起与研究述要》，《社科纵横》2007 年第 7 期。

② 王宇英：《口述史：为何与何为》，《中国政法大学学报》2011 年第 4 期。

③ 王艳勤：《何种历史：公共史学视野下的口述历史》，《武汉科技大学学报》2018 年第 1 期。

的热点，但在众多探讨中有一个问题却少人问津，即“口述历史档案中的差异”。这种时常发生的“差异”恰恰是口述历史重现历史面貌的最主要方式。从口述历史档案中获得总体历史，需要档案收集人员尽量将自我的主体性后置，以一种全然不绝对化的、开放的工作思路，来尽可能多地保存口述历史档案中的各种信息。① 赵国华深入分析了口述历史档案差异化问题，指出：通常认为，口述历史档案出现差异的原因是受访者存在记忆问题和故意的心理，或者干脆归因于“口述历史的局限性”。这种观点无疑忽视了事物的本质以及历史方法论的重要意义。对于总体历史研究而言，差异化的口述史并不是错误的历史；差异化的口述历史彻底打断了全面历史的连续性；对差异点的透析有助于构建多维立体的总体历史。② 陈墨则指出口述史档案化程度不足问题，认为这与学术伦理及学术文化界公共意识的欠缺有关，并表现为两点：一方面，一些口述史工作者，一旦编辑成书或剪辑成片，所得素材就随便放弃。另一方面，一些档案馆对口述史档案价值认识不到位，将口述史档案拒之门外。这就造成口述史文本的可信度难以通过档案查证，经不起检验和质疑。③ 在口述历史档案价值的探讨方面，学者们多认为其有重要的史料价值，可以填补历史空白，弥补官方档案的不足，丰富档案馆的馆藏。如唐蔚指出：口述历史档案与一般档案存在共性，但在生成方式和叙事角度方面不同。口述历史档案的价值体系可划分为基本价值和延伸价值，其中基本价值包含记忆价值、还原价值、补充价值，延伸价值包含叙事价值、情感价值、证据价值和启示价值。④ 当然口述历史与口述历史档案之前也有联系与区别，不能混为一谈。而且口述历史档案的当事人，由于受现实因素、各方面利益等因素影响，其口述还原历史事件形成的档案带有较强的个人色彩，必须对这些口述档案进行辨析使用，不能盲目轻信。

---

① 洪佳惠：《口述历史档案发生差异的知识考古方法考察》，《档案学通讯》2016 年第 5 期。

② 赵国华：《口述历史档案差异化探析》，《山西档案》2017 年第 6 期。

③ 陈墨：《明确基本理论问题，推动中国口述史科学发展》，《中国社会科学报》2016 年 8 月2 日。

④ 唐蔚：《口述历史档案价值考察》，《图书情报研究》2017 年第 3 期。

三　口述历史方法、规范性的讨论

当前中国口述历史虽然出现如火如荼之势，各行业者广泛参与其中，但是对于口述历史的方法、规范，如何提高口述史的可信度等问题，却困扰着口述历史的实践，影响着口述历史的学术地位，学者们也对此进行了深入讨论。

对于口述史方法，学者多是从口述者、访谈者的视角进行了分析，对两者的角色、职责及注意事项进行了讨论。如陈墨指出：口述历史是通过采访人与受访人的对话，通过受访人的回忆与陈述，重建过去专业经历、社会生活、个人心灵的历史。口述历史工作者需要掌握专业知识，包括专业历史知识及专业的心理学知识——采访过程中需涉及对记忆与遗忘机制的了解，对个人心理“乔哈里窗口”的探索，以及对受访人自我运作机制与个性和心理测评等多项心理学知识。[①] 访谈者是口述历史的“导演”，口述者则是口述历史的“主演”，但都有应尽的职责。如王军指出：口述史是采访者与讲述者经过口述对话合作完成的。主要负责提供资料的讲述者的自我意识及记忆都是不确定的因素，采访者需要克服这些因素。而采访者与讲述者不同的身份带来的对话中的不同地位也会影响到访谈的进行及结果。口述史的最终面貌即是二者彼此主张又妥协合作的结果。[②] 对于口述采访的具体环节，李天星分析称：口述史学研究的基础工作是口述访谈，亦可称为口述采访。口述访谈是获得口述历史资料的根本途径，是进行口述史学研究的必要前提。一次完整的口述访谈大致可以分为准备访谈、进行访谈和结束访谈三个阶段。虽然每个阶段都有其特点，但做好一次口述访谈，熟练掌握口述访谈的方法和技巧，是每一位口述史学研究者必须具备的专业素养和技能。当然，由

① 陈墨：《“心灵考古”：口述历史的方法与模式探索》，《当代电影》2010 年第 7 期。

② 王军：《基于对话、共享权威——论口述史的性质》，《北方民族大学学报》2012 年第 3 期。

于各种因素的影响，在口述访谈过程中会呈现出一定的差异性。[①] 还有学者宏观论述了口述历史的方法，如曹幸穗指出：口述史在史学研究中起到人事记载平民化、史事记载细节化、史料载体多样化和史料组合系列化的作用；口述史的工作应遵循史学单元构成、回忆性陈述、尊重受访者意愿和隐私、忠实于口述记录和采访资料整体性收藏等原则；口述史项目实施分为项目准备、实地采访和资料整理收藏三个相互关联的阶段的若干采访加工整理程序来进行。[②] 此外，武黎嵩关注了口述史资料整理的方法，指出：口述史料是采集整理者和口述者合作形成的史料作品，其客观性需要通过提升采集整理者的历史文献素质来保证，并且需要关注有关的知识产权问题。口述历史文本的整理形式总体分为纪事本末体和个人自传体两类，整理方式包括逐字转录和二次整理两个步骤，整理办法为截句法。同时，“理论可行，实践规范”的良性发展态势是口述历史学科发展的理想状态。[③]

对于口述历史的真实性，也是学者关注热点，因受采访者记忆、眼界及各种因素影响，其口述并不能符合历史的真实，故受到质疑。陈墨对口述史真实性问题称：口述历史的真实性，一直是一大问题。这一问题有多种表象，可在心理—社会—时间的多维结构中找出不同原因，口述历史工作者须针对这些表象与原因找出相应的矫正方法或补救措施。但口述历史涉及个人记忆及对历史的反思与评价，必然会出现信息的虚实、正误交融现象。[④] 卢钰探讨了口述历史档案内容的真实性，指出真实性受到主客观多种因素影响，如客观因素有受访者记忆模糊、遗忘，产生或编造想象、受访者记忆来源错误、受访者所处的历史、政治和社会环境不同；主观层面影响有：受访者回避错误，刻意遗忘或修改事实、

① 李天星：《口述史学的理论与实践——怎样做一次口述访谈》，《长春工业大学学报》2012 年第 3 期。

② 曹幸穗：《口述史的应用价值、工作规范及采访程序之讨论》，《中国科技史料》2002 年第 4 期。

③ 武黎嵩：《略论口述历史的学术定位与口述史料的整理方法》，《档案与建设》2019 年第 1 期。

④ 陈墨：《史学之谜：真实性、口述历史与人》，《当代电影》2011 年第 3 期。

受访者的个人情感偏好、政治立场。[①] 荣维木对此则分析称：由于回忆者个人条件的差别，有些口述史料难免不实。最常见的有三种情况：回忆者只对史事的一个阶段、一个方面有所了解，而不知其余；回忆者受情感支配，叙事难免片面；因年代久远而叙事有误。无论是哪种情况，未加分析的口述史料都不足为凭。[②] 基于此类原因，口述工作者必须还要搜集考证其他文献资料，与口述史料相对照，辨析其访谈记录的真伪，及时进行修订完善，从而防止一些存在史实错误的口述史料被别有用心的人利用。

对如何提高口述史可信度，学者们提出需要排除当事人在历史记忆呈现过程中受到的各种因素干扰，保证历史叙述的真实，并强调需要录音、多次追问、多访问其他当事人等各种需要注意的问题。如郝银侠提出确保口述采访真实性办法：首先是选择一个亲身经历事件且自己感兴趣的采访对象；其次是多方搜集并掌握口述者与所处时代的相关史料，尽可能寻访与口述者及其所讲事件相关的历史见证人，形成多视角、多侧面的记忆材料；再次是精心准备采访提纲与掌握一定的采访技巧；最后是保持口述历史的原貌，对于不明白、不甚详细、有歧义之处，采用加注解的形式解决。尽可能保持历史的原生态，预防“前知现象”的发生。[③] 张锦则指出：在既往的口述史学理论研究中，针对口述历史可靠性受到质疑时通常采取强调一切材料主观性的相对主义辩护策略而缺乏理论建构，甚至产生严重的社会后果。系统的口述历史证据理论对于口述史学理论建构具有重要意义，无论是对于档案型口述历史还是社会历史型口述历史而言都是如此，进而弥合两者之间的分歧。言语记录本位是作为这一证据理论的起点和核心，同时明确口述历史证据与其他史料证据，特别是一般档案证据之间异同的实质。[④] 有学者认为需要提高口述历史者修养，如谭政强调称：口述史研究要加快发展，取得更大的突

---

① 卢钰：《口述历史档案内容真实性分析》，《档案与建设》2016 年第 11 期。

② 荣维木：《明确基本理论问题，推动中国口述史科学发展》，《中国社会科学报》2016 年 8 月2 日。

③ 郝银侠：《口述历史的现状与困惑——以张学良口述历史为例》，《山西师大学报》2011 年第 3 期。

④ 张锦：《论口述历史证据可靠性的言语记录本位》，《当代电影》2017 年第 6 期。

破，其从业者的修养问题应给予重视。口述史工作者只有持“公正”之心；拥有扎实的史学功底和经过相关的专业培训；汲取相关学科成果，与时代紧密结合；高扬民主旗帜，让大众参与历史还原，口述史研究才能健康、持久。[①] 口述史料的是否真实，也是关乎口述史在史学研究中地位的重要课题，学界必须加以设法克服解决，才能使其真正成为中国学术研究中的可靠资料来源。

当前中国的口述历史还处在探索期，急需加强规范，也有学者对此问题进行探讨。学者们多强调需要加强对采访者的专业训练，采访前需要进行充分的各种资料准备，了解受访者情况，尊重受访者的意愿，将采访与历史文献进行互证、引导受访者回忆，整体性保持口述史料等。如左玉河指出：强调口述历史的规范化，必须严格规范访谈者的行为。因此，口述历史对访谈者所要求的门槛是很高的，绝不是“你说、我录、后整理”这么简单。访谈者是整个口述访谈的策划者和组织者。口述历史除了对访谈者有一套操作规范外，对当事者的口述访谈同样有一套严格的规范。[②] 对于口述采访与编纂的技巧，钱茂伟指出：口述史就是用自己的话讲述自己的故事，聊天得找到对手，低层人群采访要用自然闲聊法，高层人群采访要有问题意识，采访要“点”“面”结合，需要注意南方口述史采访中普遍存在的方言问题，提倡由外围包抄核心的口述采访法；口述是声音的外壳，转录是一种翻译，将口述编辑成文是“编纂”，口述史稿的编纂要重在内容的逻辑分析，要突出有史料价值的内容，内容扩充的要重在句子上，口述当与文献互补；口述史是口语形态的史学作品，受访人通过“采访手记”参与进来，补访是研究的不断深化。[③] 还有学者对口述采访的各种前期准备如选题策划、团队组建、知识储备、法律文书等进行了论述。如全根先研究了口述历史采访需要注意的问题，并称：口述史采访是口述史学理论研究与实践中的核心问题和关键环节。口述史采访大致可以分为前期准备、采访过程、文本转录与编辑处理三个阶段。前期准备，包括确定选题与受访者、知识准备、

① 谭政：《浅论我国口述史工作者的修养》，《武汉交通职业学院学报》2007 年第 1 期。

② 左玉河：《多维度推进的中国口述历史》，《浙江学刊》2018 年第 3 期。

③ 钱茂伟：《口述史实务流程相关问题思考》，《学习与探索》2014 年第 12 期。

采访提纲、组建团队、物质准备等。采访过程中，应注意访谈细节、提问技巧、话题控制与补充访谈。文本转录与编辑处理，则是将口述史采访的音频资料转换成文字文本，进而对其进行整理与研究，是口述史采访的重要成果。熟练掌握口述史采访的方法与技巧，进行有效的口述史采访，是口述史工作者必须具备的专业素养和基本技能。① 上述方法也是针对了口述历史采访中的弊端，而从采访计划、访谈准备、录音要求、资料整理及存放等方面对口述史进行具体规范，并遵守基本的道德、法律与学术规范，可以切实加强口述历史的学术与真实性。

四 口述史的现状、问题与困境的讨论

中国的口述历史自20世纪80年代以来开始兴起，在新世纪以来走向兴盛，取得了突出的成绩，但是也在发展过程中面临很多问题与困境，许多非专业人士都在进行口述采访，导致出现了许多争议，这也影响了中国口述历史的理论探索进程，许多学者也对此进行了总结，并从多方面提出了应对之策。

对于中国口述历史的发展现状，学者从多方面进行了深入讨论。如秦汉指出：作为探索历史新的知识供给和作为市场存在的知识需求，共同创造了以“我”为主体的口述史历史写作方式，在一定程度上满足了不同层次读者对史料挖掘、历史知识或传奇阅读的需求；其得以成功的合法性，在于难以否认的真实性、基于道德的客观性和由此发生的巨大市场性。② 沈飞德则指出：新中国的口述历史取得了丰硕成果，产生了广泛影响，但学术界对口述历史在历史研究中的作用和地位仍有两种不同的倾向。由于史学研究方法的改变和研究领域的不断拓展、档案开放和公布的滞后与当代史研究的日益深入、“资政育人”的社会功能和认识历史的迫切需求等原因，使我国的口述历史发展有着广阔的前景。口

---

① 全根先：《口述史采访需要注意的几个问题》，《图书馆理论与实践》2019年第1期。

② 秦汉：《当代中国口述史发展及其文化身份》，《中国图书评论》2006年第5期。

述历史发展中必须注意提高认识和改变观念、加强队伍和学科建设两个问题。新的史学革命终将由口述历史的充分发展而引发。① 周新国概括了中国口述历史的特点，指出：进入21世纪，中国大陆口述史实践在口述访谈对象上进一步呈现开放性与多元化；在研究方法上，进一步采用现代口述史的理论与方法。伴随着这股媒体、网络带来的口述史的热潮，“口述历史”的书刊发行或刊载成为时尚。当然，构建中国口述史学工程是一项艰巨、复杂、浩大的系统文化工程。从研究方法来说，它涉及多个学科；从内容上看，它包括多个领域；从类型来说，包括社会各个阶层和各种社会现象，无一不是口述历史的对象。② 杨祥银则关注口述历史实践与研究主体的多元化，指出：近年来，一些拥有共同兴趣爱好的个人，围绕特定的街区、乡村、城市、历史遗迹以及民俗等特定文化艺术形式，运用口述史学方法开展一系列的历史挖掘、记录、保存、整理与传播等工作，对提升公众的历史意识起到一定作用。从某种意义上说，口述历史近年来在我国的日益流行与广受关注很大程度上得益于多元主体的参与。③ 不可忽视的是，中国口述历史发展在区域、学科等领域仍存在不平衡性及差异性，需要相关部门加强统筹协调。

还有学者总结了口述史取得的成绩及未来发展建议，对口述史在中国发展寄予希望。如章玉钧指出：中国大陆的口述历史正在走向繁盛，政要人物、普通民众、人文学者、科技专家、艺术家、媒体人、史学工作者都积极参与其中，大量的口述作品相继推出。未来发展之路需要明确其学科定位，进一步解放思想，整合各方力量，运用现代新的信息技术，不断创新，使口述历史登上新的台阶。④ 施佳慧则强调称：多年来，口述历史从萌芽、初步发展到逐步发展到各个领域，这种历史探寻方式呈现出一定意义上的真实性、客观性，扩充了传统史料，丰富了历史知识的角度和层面。另外，在当下多媒体共存的社会时代中，口述历史积

① 沈飞德：《当代中国的口述历史：前景和问题》，《探索与争鸣》2008年第8期。

② 周新国：《中国大陆口述历史的兴起与发展态势》，《江苏社会科学》2013年第4期。

③ 杨祥银：《充分发挥口述史学的跨学科应用价值》，《人民日报》2019年8月26日。

④ 章玉钧：《从中国大陆口述史发展态势、动因展望未来之路》，《中华文化论坛》2011年第1期。

极地融入这一潮流之中。但是一些不完善的因素也逐渐显现，如何规范借助个案分析，将口述历史规范成一种客观、科学的历史研究方式，并力求借此推动我们的国家进一步增强民族意识，建立价值共识及政治认同是今后我们依旧需要努力的方向。① 目前口述历史发展也随着现代科技发展不断进步，网络通信、数字化记录的新技术也为口述历史提供了更便捷的工具，可以方便更多人参与其中，扩大了口述史的题材。

对于目前口述史存在的问题，也有学者讨论，多指出口述史概念的滥用，缺乏专业的口述研究机构与人才，口述理论体系建设不足，采访多停留在表面，挖掘深度欠缺，在版权、法律、伦理方面存在争议等。如李娜研究了口述历史中伦理问题，认为：口述历史在公众领域的产生、解读与传播面临着一系列挑战，急需关于伦理问题的反思。她基于口述历史与公众史学的共同关注点，引入“公众口述历史”的概念，提出公众口述历史的主要伦理议题，并探讨权力、利益与真实的历史的冲突，隐私权与知情权的博弈以及个人记忆成为公众历史、口述历史的公开出版和数字时代的口述历史面临的伦理挑战。② 蓝鹰关注了口述史文本书写形态存在的问题，指出：口述史应该用怎样的书写形态来展示研究成果，就是一个影响口述史发展的现实问题。当前口述史的书写形态呈现很多“乱象”，最突出的问题就是将其与访谈录、回忆录等混淆，把口述史与口述史料等同，对口述史料缺乏延伸性研究等。造成“乱象”的原因在于对口述史定义核心要素的认识不统一或模糊。③ 车彤等关注了口述历史研究中的法律问题，认为：口述历史研究由于涉及相关著作权、名誉权、荣誉权等法律问题，容易因为权属不明引起法律纠纷，为此，一方面需要加大对于口述历史本身的研究，另一方面还必须对于其中所涉及的法律问题进行认真分析探讨，并为口述历史研究提供相应的法律保障。④ 全根先还指出：口述历史理论研究原创性的成果较少，大多仍

① 施佳慧：《口述史方法的能与不能》，《艺术评鉴》2017 年第 11 期。

② 李娜：《当口述历史走向公众：“公众口述历史”中的伦理问题刍议》，《社会科学战线》2016 年第 3 期。

③ 蓝鹰：《口述史的文本形态》，《电子科技大学学报》2016 年第 2 期。

④ 车彤：《口述历史研究中的法律问题刍议》，《法制与社会》2017 年第 9 期。

是引用、阐发西方学者的观点，深度研究成果稀少。虽然当前以“口述史”为名的著作不少，但绝大多数停留在一般的资料采集、整理阶段，没有提升到研究层面。[①] 而且目前学界对口述历史的概念认识不清，部分口述历史存在碎片化与历史虚无主义的倾向。上述这些问题，也是困扰目前口述历史发展的难题，需要各方协力解决，坚持科学理论与方法的指导，才能推动中国口述历史健康发展。

在口述历史学科建设上，其学科归属十分模糊，存在很多不足，许多学者也提出了自己建议。如周新国指出：目前国内口述史学发展仍然存在缺乏专门的研究机构和专项经费的支持，口述史的学科建设还涉及口述史的理论研究、人才队伍的培训与专业队伍的建设、口述史全国发展规划的制定以及筹建中国口述史资料馆和中国口述史数据库等诸多方面的任务，这些都应当在口述史发展过程中逐步解决和完善。[②] 左玉河则提出了创建中国口述历史学科的基本设想：将口述史学作为历史学的二级学科加以建设；强化口述史学基础理论与方法的研究；加强人才培训并组建专业化的口述历史研究队伍；推进口述历史项目的普遍实施；加强学术交流与合作，创办口述历史网站及学术刊物；筹建中国口述历史资料档案库。[③] 随着我国高等教育与口述历史的快速发展，口述史学科建设已经成为当前学界亟待解决的问题，并且应兼顾大众性与专业性。

五　研究展望

新世纪以来，中国的口述历史发展取得了长足的进步，不仅表现在对口述历史实践的快速推进，还表现在对口述历史理论问题的深入探讨，取得了一系列显著的成果，但仍有许多问题值得进一步研究。

---

① 《明确基本理论问题，推动中国口述史科学发展》，《中国社会科学报》2016 年 8 月 2 日。

② 周新国：《口述史的学科属性与学科设置 》，《光明日报》2017 年 1 月 16 日。

③ 左玉河：《中国口述史研究现状与口述历史学科建设》，《史学理论研究》2014 年第 4 期。

（一）加强口述历史的理论体系建设

目前中国口述历史研究如火如荼，但多是口述史的实践，在理论建构方面仍然不足，理论与实践存在脱节，且多是吸收借鉴西方的口述历史理论，为此国内学界急需在如何确保口述历史的真实性、口述历史的性质、口述历史如何采访等关键问题上，构建有中国特色、中国风格的口述史学学科体系、学术体系、话语体系。这就需要我国的口述历史理论建设在继续翻译学习西方最前沿口述历史理论的基础上，还需吸收历史学、社会学、文化学、传播学、教育学等多学科的知识，加强对口述历史内容的分析挖掘与解读。特别是国内学界还应学习历史人类学的田野调查方法，增强与国际学界的理论对话，随时引进翻译国外的最新口述史理论著作，并加强与港澳台学界口述史学者的沟通交流，以便互相借鉴学习。只有在有成熟口述史理论支撑前提下，国内学界才可以早日出版类似《张学良口述历史》《李宗仁回忆录》等为代表的优质口述史作品。同时，建议相关学者可整理西方、中国口述历史理论代表文章结集出版，方便学界同仁利用学习，国内学术期刊也可适时推出口述理论的专栏文章，邀请学者刊文进行讨论。

（二）推动口述历史采访的规范化

目前国内对各群体、各行业的口述历史进行得颇为红火，但是口述历史的成果质量参差不齐，牵涉的版权、法律等问题已经产生不少纠纷，许多成果只能算作简单的访谈，也就是口述史料，而非是经得起考证的口述历史，故急需统一的规范与深入研究。为此中华口述历史研究会有必要聘请学者制定一套合乎中国口述历史实际的采访规范，特别是编写出版指导口述史采访的工具手册，并且鼓励成立省市地方性口述史学会及音乐、体育、美术、科学等分专业的口述历史分会组织。这些地方或专业的口述史学会，应定期举行相关学科的口述历史中青年培训班，加强对口述史采访人员的培训，提升其基本的文献功底与史料解读能力等史学素质及利用新技术进行口述采访的能力，在对口述历史档案整理过程中增强其对理论的掌握，为确保口述史的真实性与规范性提供保证，同时相关机构应对不断出现产生的口述历史采访记录、档案进行统一整理，建设公益开放的口述历史档案平台。

（三）切实加快口述历史学科建设与人才培养

目前国内高校有中国传媒大学的崔永元口述历史研究中心、温州大学口述历史研究所等专业从事口述历史研究的机构，并培养了一些研究生，但整体上口述历史的人才培养较为匮乏。这也在于虽然有口述史研究人士在不断呼吁设立口述历史学科，但由于种种限制，在国内高校、科研院所仍未有口述史的二级学科的设立。这也需要有一定口述历史研究基础的高校、科研院所及中华口述历史研究会，应借助历史学领域的全国人大代表、政协委员的提案呼吁，利用教育部2020年第五轮学科评估的机遇，积极与教育部历史学科教学指导委员会、国务院学位委员会办公室对接联系，争取设立口述历史二级学科，或在专门史、中国近现代史的硕博士点下增设口述史的三级学科，从而可以公开招收口述历史方面的研究生。同时，条件允许的高校可以开设口述历史相关必修或选修课程，还应组织相关专家编写一套口述史教学的实用教材；相关单位中的史学理论与史学史方面的硕博士点，应鼓励学生进行口述历史理论的研究探索，国家社会科学基金、教育部及各省的社科项目方面也应支持口述历史的建设。

（原载《湖南社会科学》2020年第1期）

论新时代中国世界历史学话语体系的构建

董欣洁

2019年1月，习近平总书记致中国历史研究院成立的贺信指出："新时代坚持和发展中国特色社会主义，更加需要系统研究中国历史和文化，更加需要深刻把握人类发展历史规律"，"坚持历史唯物主义立场、观点、方法"，"加快构建中国特色历史学学科体系、学术体系、话语体系"。[①] 这里表达的既是时代要求，同时也指明了历史学发展的努力方向。新时代中国世界历史学话语体系如何构建，是对习近平新时代中国特色历史学三大体系建设研究在世界历史学领域如何落实而进行的新探索。

中国世界历史学话语体系的构建，显然需要由中国学界主动开启，并由中国学者在自身历史经验和当代社会实践的基础上探索完成。事实上，我国的世界史研究者尤其是史学理论工作者已经在世界历史学的话语体系建设上进行了卓有成效的研究。例如，周一良、吴于廑主编的《世界通史》，吴于廑、齐世荣主编的《世界史》，武寅主持的百余位中国世界史学者合作完成的8卷38册1500余万字的《世界历史》，等等，这些世界通史性著作实际上都是世界史话语体系的展现和载体。又如，于沛的《当代中国世界历史学研究（1949—2009）》集中梳理和总结了新中国成立以来世界史的学科发展、学术发展和研究实践。这些理论与

① 《习近平致中国社会科学院中国历史研究院成立的贺信》，《人民日报》2019年1月4日第1版。

实证研究成果，为在新的时代条件下进一步发展世界历史学的话语体系提供了重要的学术资源。

世界历史学的话语体系蕴含在世界史的研究、编撰和教学之中，其实质是中国学者如何认识中国与世界的关系，如何界定人类历史的性质，如何阐明对人类社会发展演变的基本观点和基本判断，体现的是中国学者将世界历史理论化的途径，目的则在于实现自身的学术话语权，确保中国文化的发展空间。新的时代必然要求不断发展的话语体系。人类历史发展到当代阶段，是各国社会和国际社会的结构以及世界力量平衡发生根本变化的产物，各种历史和现实问题混合发酵，造成了一个剧变的经济全球化时代。相应地，这就要求世界历史学的话语体系能够科学把握和应对这个由各种社会关系网络与交流空间范畴组成的复杂世界，充分说明全球一体的演变和走向。所以，我们需要在唯物史观基本原理和习近平新时代中国特色社会主义思想的指导下，梳理世界史话语体系的演变历程，进一步提炼世界史研究的核心概念、表述框架和阐述方式，彰显中国世界史研究和编撰的当代理论视角，进而为打通三大体系建设探索内在的理论途径。

一　中国世界历史学话语体系建设的初兴

齐世荣在总结中国世界史学科发展历程时，概括为“三个阶段六代人”。这三个阶段分别是草创时期（19 世纪末到 1949 年）、承前启后的打基础时期（1949—1966 年）和专精发展时期（1978 年以来）。世界史的学科体系在第二阶段开始建立，学科内部分工日益发展，研究领域从“西洋史”逐步扩展到亚洲史、拉美史和非洲史等。改革开放极大地促进了世界史学科的发展：地区史、断代史、国别史和专门史的专业研究学会纷纷成立；专业刊物《世界历史》《史学理论研究》得以创刊；《中国大百科全书·外国历史》卷和各种世界历史地图集、各种世界通史作品纷纷出版，等等。这些具体工作在世界史研究力量的组织培养、世界史研究项目的规划制定等方面都起到了积极的推动作用。相应地，这也为克服“欧洲中心论”的消极影响、切实从全球视野出发推进具体的世界史研究提供了制度基础和人才储备。

回顾中国世界历史学的发展历程，就会发现关于世界历史学话语体系的探讨从近代中国世界史研究萌生以来，一直持续至今。从 19 世纪中期中国先进知识分子“睁眼看世界”开始，就与“救亡图存”的时代主题紧密联系在一起，这就使得中国的世界史理论研究始终与中国社会发展的时代脉搏密切相连。因此，在中国人民反侵略并实现国家独立和民族解放的过程中，在世界一体化进程中，在国际政治现实基础上考察中国世界历史学话语体系建设的初兴与探索，可以避免就世界史本身进行抽象的所谓“纯学术”的探究，这对真正理解和把握中国的世界历史学具有直接的意义。

从 19 世纪中期开始，西方资本主义列强为抢占资源和市场，携坚船利炮暴力打开清政府闭关自守的国门，强迫清政府签订不平等条约，将中国拖入半殖民地半封建社会的深渊。中国面临着“亡国灭种”的巨大危机，如何“救亡图存”成为中国人面临的迫切时代主题。这个时代主题在历史学领域的理论表现之一，就是如何认识中西文化之间的关系，如何把握中国（史）与世界（史）的关系。当然，探索外部世界的意识在东西方的史学传统中都是一种长久以来的存在，中国学界正式接触到所谓的“西学”，亦可追溯到明末的基督教入华时期传入的学术。16 世纪末以来，中西文化能够进行较为平等的交流，但到 19 世纪中期，西方资本主义文化展现出来的暴力性和侵略性，使中国知识分子产生了空前的文化危机意识。

1840 年鸦片战争的爆发，促使以林则徐、魏源、徐继畬、姚莹、梁廷枏等为代表的一批先进知识分子，迅速对时代变局做出反应，积极吸收外国史述著作的成果，编撰完成《四洲志》《海国图志》《瀛寰志略》《康輶纪行》《海国四说》等作品，以满足国人急需了解外国和世界情况的现实需要。这标志着中国近代的世界史研究的萌生，同时也意味着中国世界史研究话语体系的初兴阶段，其突出表现就是魏源的《海国图志》及其提出的“师夷长技以制夷”论断。

作为当时中国人编撰的最为完备的世界史地全书，《海国图志》于

1842年底刊刻问世，这部开山之作为国人提供了广阔的世界知识图景，将中国的传统天下观念对接到近代的世界地理范围之中，对中国人新的世界观念的形成具有极大的助益。梁启超在《中国近三百年学术史》中指出：中国士大夫之稍有世界地理知识，实自此始。魏源（1794—1857）生于乾隆五十九年（1794），历经乾嘉道咸四朝，正是中国从封建社会向半殖民地半封建社会转变的剧烈变革时期，他师从经学大师刘逢禄研习《公羊春秋》，从抵御西方列强侵略的现实前提出发，积极提倡社会变革思想。

魏源在《海国图志》中对“救亡图存”的时代主题给予了理论解答。他鲜明地提出：“是书何以作？曰：为以夷攻夷而作，为以夷款夷而作，为师夷长技以制夷而作”，“去伪、去饰、去畏难，去养痈，去营窟，则人心之寐患祛”，“寐患去而天日昌，虚患去而风雷行”，“以守为攻，以守为款，用夷制夷，畴司厥楗”。[①] 面对西方资本主义列强的侵略，魏源并不纠缠于“华夷之辨”“夷夏大防”，他敢于正视国家的不足之处，在用国别史体例和大量篇幅介绍西方资本主义发展状况的基础上，指出学习西方才能抵抗西方侵略，并对中国取得反侵略战争的胜利怀有坚定的信心。魏源将夷之长技归纳为战舰、火器和养兵练兵之法。[②] 他的论断对洋务派和维新派都构成了重要的学术资源。同时，这也表明中国近代的先进知识分子于艰危之世接触西方文化、接触世界之时，仍然秉承传统史学的经世致用的原则，没有将抵抗列强侵略与向外来的西方文化学习盲目对立，而是努力理顺两者的关系以达到摆脱侵略和实现中国文化自新的双重目的。这一鲜明的主体意识也成为中国历史学从传统向近代转型时期的重要理论特征。

作为“第一中国留学生毕业于美国第一等大学者”，容闳1854年启程归国时怀有的信念便是“以西方之学术，灌输于中国，使中国日趋于文明富强之境”。[③] 到19世纪60年代，这种提倡学习西方的科学技术以

---

① 魏源著，李巨澜评注：《海国图志》，中州古籍出版社1999年版，第67—68页。

② 魏源著，李巨澜评注：《海国图志》，第75—107页。

③ 容闳：《西学东渐记》，徐凤石等译，生活·读书·新知三联书店2011年版，第22、27页。

实现富国强兵目的的思想共识，得到更加明确的表述。冯桂芬（1809—1874）在《校邠庐抗议》的《采西学议》篇中提出："今则地球九万里，莫非舟车所通，人力所到……今欲采西学……如以中国之伦常名教为原本，辅以诸国富强之术，不更善之善者哉。"[①] 以中国之伦常名教为原本，辅以诸国富强之术，这一论断在二三十年后得到更简练的表达，即"中学为体，西学为用"之说。例如，清末翻译家沈毓桂（曾用名沈寿康，1807—1907）供职于《万国公报》，在光绪十五年（1889）撰《西学必以中学为本说》一篇，指出"西学自当以中学为本，而提纲挈领固亦有道也。务愿有志西学者，勿视中学为具文，细绎中国之文辞，以旁通西国之义蕴"。[②] 再如，张之洞（1837—1909）在1898年刊行的《劝学篇·会通第十三》中指出，"今日新学、旧学互相訾謷，若不通其意，则旧学恶新学……新学轻旧学"，"不通之害"，导致"自塞""自欺""自扰"三蔽，他明确提出"中学为内学，西学为外学；中学治身心，西学应世事。不必尽索之于经文，而必无悖于经义"。[③] 这种思路显然是当时的开明士大夫阶层在坚持中国文化主体性的同时努力汇通中西之学的表现。这也说明了中国学界对如何认识中西文化之间的关系、中国与世界的关系进行的长期探讨。

《海国图志》仍然将西方各国称为"西夷"。《瀛寰志略》开篇"地球"虽然提出"地形如球，以周天度数分经纬线纵横画之"，[④] 但仍将中国视为"万方仰之如辰极"。[⑤] 这些都是传统的天朝上国观念在当时世界史地研究中的反映。正如有学者指出，从鸦片战争到1875年，国人亲历东西洋的载记，为数实在寥寥。[⑥] 到19世纪末，甲午战争使中华民族的民族危机空前严重。日本凭恃武力和强权向中国索取的2.3亿两白银，

---

① 冯桂芬著，冯凯整理，熊明心校对：《校邠庐抗议汇校》，上海社会科学院出版社2015年版，第123—127页。

② 李天纲编校：《万国公报文选》，上海中西书局2012年版，第461页。

③ 张之洞著，程方平编校：《劝学篇》，北京师范大学出版社2014年版，第84—87页。

④ 徐继畬：《瀛寰志略》一，清道光三十年刊本，华文书局印行，第39页。

⑤ 徐继畬：《瀛寰志略》一，第42页。

⑥ 锺叔河：《走向世界——中国人考察西方的历史》，中华书局2010年版，第131页。

相当于当年日本国库收入的四倍之多。[①] 帝国主义列强加紧瓜分中国，中国的半殖民地化程度大大加深。国门大开，西学大量涌入，中国学者对于世界的观念日益扩展。王韬（1828—1897）、黄遵宪（1848—1905）等人都有在外国的亲身生活和工作经历，纷纷编写了关于对象国的史学研究著作。王韬的《法国志略》《普法战纪》，黄遵宪的《日本国志》，是这一时期的代表性作品，可以视为中国在法国史和日本史领域的开创性研究成果。这些作品研究的虽然是法国和日本的历史，但出发点是对中国社会现实的关注，将外国历史作为中国变法自强的借鉴。

受西方资本主义列强侵华的现实影响，中国近代的世界史研究首重自然是西方各国，对东邻日本近代的情况则有所隔膜。黄遵宪曾任清朝驻日本使馆参赞，驻美国旧金山总领事等职，与日本朝野交往广泛，他既认为日本明治维新后取得的进步可资借鉴，又对日本的扩张野心怀有警惕。黄遵宪明确指出："以余观日本士夫，类能读中国之书，考中国之事。而中国士夫好谈古义，足己自封，于外事不屑措意。"[②] 1887 年黄遵宪完成了 50 多万字的典制体著作《日本国志》。典章制度之专史即为志，黄遵宪首次将典制体用于外国史研究，对日本各项制度进行了原始察终性质的分析，他还开创了《工艺志》的研究，阐述科学技术和生产技术。《日本国志》成书后曾送呈总理衙门，可惜未能引起重视，甲午战争中国惨败于日本，这部著作的学术价值和现实意义才逐渐为世人所知。

王韬在《普法战纪》（1873 年印行）前序中表明自己对 1870—1871 年普法战争的分析。他以春秋列国之大势例之欧洲，分析欧洲均势现象，认为"以英、法、普、俄四者并峙，可以维持欧洲，互相牵制"；欧洲变局对中国的借鉴意义则在于"善体天心者，无虞邻国之难，而益励其修，奋武卫，振边防，习战守，练水攻，造舰炮，精艺术，师长技，明

---

① 辽宁省档案馆编：《中日甲午战争档案汇编·序言》，辽宁人民出版社 2014 年版，第 1 页。

② 黄遵宪著，吴振清等点校整理：《日本国志·日本国志叙》上卷，天津人民出版社 2005 年版，第 4 页。

外情，先自立于无间之地，而后敌乃不得伺间以乘我”。[①] 王韬进一步整合天下与世界的观念，指出“天盖欲合东西两半球联而为一也……其所谓世界者，约略不过万年，前五千年为诸国分建之天下，后五千年为诸国联合之天下……地球不毁，人类不亡”。[②] 王韬痛陈那些因循守旧、夜郎自大的传统观念已经落后于时代。他作《中国自有常尊》篇，指出“中国天下之首也，尊无异尚，此古之通义，而非徒以口舌争者也。若夫盛衰之势，强弱之形，则自玄黄剖判以来，原无一定，固不得藉一时之盛，恃一日之强，而辄夜郎自大也”。[③] 他作《变法自强》三篇，指出“我中国……溯乎立国规模，根深蒂固，但时异势殊，今昔不同，则因地制宜，固不可不思变通之道焉”。[④] 他作《华夷辨》提出，“自世有内华外夷之说，人遂谓中国为华，而中国以外统谓之夷，此大谬不然者也……然则华夷之辨，其不在地之内外，而系于礼之有无也明矣……岂可沾沾自大，厚己以薄人哉？”[⑤] 王韬提倡“君民共治，上下相通”，认为“以我中国幅员之广，生齿之繁，甲于天下，以视欧洲诸国，其大小多寡岂可同日而语？即如英国，屹然三岛耳，其地不足当中国数省，其民不足当中国二大省，而民心团结，有若长城，遂足恃之以无恐。我中国诚能收民心为己助，其何向而不利？”[⑥] 王韬这些阐述将传统文化与外国历史结合起来，从器物层面扩展到制度层面，分析了中国在时代变局中应当持有的社会变革意识和文化定位，进一步推动了新的世界观念和历史研究问题意识的发展。

前述的《万国公报》，首创者为美国传教士林乐知（Young John Allen，1836—1907），初名《中国教会新报》，后来更名为《教会新报》，1874 年再更名为《万国公报》，其英文名直译为《全球杂志》（*Globe Magazine*，《万国公报》于 1883 年停刊，1889 年复刊，英文名称改为 *The Review of the Time*）。《万国公报》及其复刊后所属的广学会（前身为

① 王韬：《弢园文录外编》，上海书店出版社 2002 年版，第 191—193 页。

② 王韬：《弢园文录外编》，第 168—169 页。

③ 王韬：《弢园文录外编》，第 115 页。

④ 王韬：《弢园文录外编》，第 33 页。

⑤ 王韬：《弢园文录外编》，第 245 页。

⑥ 王韬：《弢园文录外编》，第 18—19 页。

同文书会，由在华的英、美、德国人士创办），汇集了一批传教士撰稿人，例如，林乐知、慕维廉、李提摩太、李佳白，等等，他们积极在中国传播西学尤其是史学作品以便进行学术传教。林乐知编译的《中东战纪本末》，李提摩太编译的《泰西新史揽要》，都是其中的代表性作品。《中东战纪本末》是关于中日甲午战争的原始文献和评论的汇编，林乐知与其中国合作者蔡尔康在书中言道："身居局外，心系行间，博采见闻，详加纪载，几如杜诗韩笔，无一字无来历。"[①] 该书在丰富的史料基础上，描绘出甲午战争的社会历史背景、战争过程、国际形势、西方列强的对华政策，尤其是对中国战败原因的分析，颇见史学研究的深度。《中东战纪本末》《泰西新史揽要》这两部作品分别由林乐知和李提摩太口译，由蔡尔康（1852—1920）笔录完成。蔡尔康国学功底深厚，他的世界史书译撰活动，在这一时期的跨文化史学互动中很有代表性。他为《中东战纪本末》作序时写道：该书"事必求其真实，文无取乎浮华"，"当痛深创钜之时，重筹长治久安之策"。[②] 这表达了当时中国先进知识分子面对甲午战争惨败仍然持有的一种坚韧的文化心态，以及从事国别史和世界史研究中的实事求是的精神原则。

围绕《万国公报》展开的跨文化史学交流在这一时期颇为引人注目。例如，企德原著、李提摩太和蔡尔康编译的《大同学》（选录）于光绪二十五年（1899）在《万国公报》上刊登，此文已经提到了马克思和他的"安民新学"："其以百工领袖著名者，英人马克思也。马克思之言曰：纠股办事之人，其权笼罩五洲，实过于君相之范围一国。吾侪若不早为之所，任其曼延日广，诚恐总地球之财币，必将尽入其手……穷黎既至其时，实已计无复之，不得不出其自有之权，用以安民而救世。……迄无讲安民新学者，以遍拯此垂尽之贫佣耳。"[③] 而且，"全地球"的史学这时也进入学界的视野。广学会署名所撰《速兴新学条例》刊于光绪二十四年（1898）的《万国公报》第115册，甚至声称"今泰

---

① 上海广学会译著：《中东战纪本末·例言》卷一，上海图书集成局1896年铸版，第1页b。

② 上海广学会译著：《中东战纪本末·蔡序》卷一，第8页a。

③ 李天纲编校：《万国公报文选》，第547页。

西各大国之士人，无不究心于学问。而其所究之舆地，遍地球之舆地也。所究之教化，遍地球之教化也。所究之史学，遍地球之史学也……中国自古迄今，但究心于本国之学……总之，人不囿于古，而共知新学之大有关系，国势必浡然而兴……今将泰西要书总目附开于后”，在这份要书总目之中，在第六项史学所列的九支类当中，第一类就是“全地球史学”。[①] 这似可视为全球史学史意识的萌芽。我们从中可以管窥中西文化之间的跨文化史学互动现象的丰富性与复杂性。

19 世纪末，大量的外国史学作品被翻译引进，世界史研究的编译渠道从欧美扩及日本。这使国人更加了解外国的历史知识，关于世界的基础知识的扩展，为中国的世界史研究继续积累条件。《万国史记》是这一时期受到中国学界重视的一部世界通史性作品。该书是日本学者冈本监辅在博采日本国内翻译的西方世界史著作的基础上用中文撰写而成，目的是为日本学校提供世界历史教科书，1879 年以 20 卷刊印于世。《万国史记》进一步突破了中国传统的天下观念和华夷观念。该书显然参稽了魏源的《海国图志》，不过，重野安绎为《万国史记》作序，批评魏源《海国图志》“以五洲诸邦为海国”，“汉土亦一海国而已”，魏源“以达识著称，犹局于素习而不自察”。[②]《万国史记》按照西方的上古、中古、近古的历史分期，将日本历史列于卷一开篇的“万国总说”和“亚细亚总说”之后，然后分述亚洲、非洲、欧洲、美洲等地区各个国家的历史。这种编撰方法表现出来的关于历史不断进步的观念和总体观念受到重野安绎、冈千仞等日本学者的称道。[③] 该书随后在中国广为翻刻，黄遵宪、郑观应、康有为、梁启超等人都对其有所关注并受到程度不同的影响。

二　中国世界历史学话语体系建设的探索

在 19 世纪末 20 世纪初的世界史编译活动中，弱国的亡国史和帝国

① 李天纲编校：《万国公报文选》，第 542、543 页。

② ［日］重野安绎：《万国史记序》，载［日］冈本监辅《万国史记》第 1 册，上海六先书局 1897 年铅印版，第 1 页 a。

③ ［日］冈千仞：《万国史记序》，载［日］冈本监辅《万国史记》第 1 册，第 2 页 b。

主义列强的侵略史都受到很大程度的重视，其意则在于使中国摆脱被列强瓜分亡国之危机。此类作品包括《埃及近世史》（1902年）、《印度灭亡战史》（上海群宜译社）、《亚细亚西部衰亡史卷》（《译书汇编》本）、《波兰衰亡史》（1901年），以及《西力东侵史》（1903年）、《五洲三十年战史》（京师大学堂所藏译书）、《俄国蚕食亚洲史》（1902年）、《世界殖民史》（1905年），等等。对外国立宪史和革命史作品的编译活动也非常突出。《英民史记》（1907年）、《法兰西革命史》（1903年）、《美国独立史》（1903年）、《美国立国原理》（1915年）等都是此类作品。[①]救亡、反侵略、自强、进化论、变法、立宪、革命、建国等都是这一时期世界史话语中的核心概念，这些核心概念通过世界通史、文化史、国别史、断代史、地区史、普及读物甚至外国人物传记等作品得到关注和讨论。

到20世纪初，中国学者对世界史的发展已经进行了一定程度的总结，其中也包括对西方史学中明显的“欧洲中心论”各种表现的反思。1901年，梁启超发表了《中国史叙论》，1902年，他又发表了《新民说》《新史学》《论中国学术思想变迁之大势》等文，积极倡导进化史观、新史学和史界革命，并在其中总结提炼了与世界史研究密切相关的三个问题。一是中国史与世界史的关系：“今世之著世界史者，必以泰西各国为中心点……盖以过去现在之间，能推衍文明之力以左右世界者，实惟泰西民族，而他族莫能与争也……而自今以往，实为泰西文明与泰东文明即中国之文明相会合之时代，而今日乃其初交点也。故中国文明力，未必不可以左右世界，即中国史在世界史中，当占一强有力之位置也。虽然，此乃将来所必至，而非过去所已经。故今日中国史之范围，不得不在世界史以外。”[②] 二是对“欧洲中心论”的警惕和对爱国精神的强调：“吾不患外国学术思想之不输入，吾惟患本国学术思想之不发明……不然，脱崇拜古人之奴隶性，而复生出一种崇拜外人蔑视本族之

① 此处世界史编译作品的文本信息，参见张晓编著《近代汉译西学书目提要 明末至1919》，北京大学出版社2012年版，第109、347—388页。

② 梁启超著，夏晓虹、陆胤校：《新史学》，商务印书馆2014年版，第67页。

奴隶性，吾惧其得不偿失也。”[①] 三是参照西人之著世界史的上世史、中世史、近世史的分期，将中国史划分为三个时代：第一为上世史，自黄帝以迄秦之一统，是为中国之中国，即中国民族自发达、自争竞、自团结之时代；第二为中世史，自秦一统后至清代乾隆之末年，是为亚洲之中国，即中国民族与亚洲各民族交涉繁赜、竞争最烈之时代；第三为近世史，自乾隆末年以至于今日，是为世界之中国，即中国民族合同全亚洲民族，与西人交涉竞争之时代。[②] 这三个问题反映出梁启超对世界史研究核心问题的敏感性，也是中国学者对半个多世纪以来世界史研究的适时理论总结。

1901 年清末学制改革，这对世界史教育的普及和学科发展具有直接的促进意义，对于话语名词也是一种梳理。1904 年清政府颁布《奏定学堂章程》（癸卯学制），在初等、中等和高等教育三大阶段都开设了历史课程，其中就包括世界史。例如，1904 年 1 月 13 日《奏定中学堂章程》指出：“盖中学教育，以人人知国家、知世界为主”，历史课程先讲中国史，“次讲亚洲各国史”，“示以今日西方东侵东方诸国之危局”，“次讲欧洲、美洲史”，“凡教历史者，注意在发明实事之关系，辨文化之由来，使得省悟强弱兴亡之故，以振发国民之志气”。[③] 癸卯学制不仅在中学堂以上各个阶段明确设定了世界史的各项课程，而且对中学和西学的关系进行了阐述。《奏定学务纲要》指出：“中小学堂宜注重读经以存圣教……中国之经书，即是中国之宗教。……学失其本则无学，政失其本则无政。其本既失，则爱国爱类之心亦随之改易矣。安有富强之望乎？……在学堂时，经书必宜诵读讲解；各学堂所读有多少，所讲有浅深，并非强归一致”，[④] “经学课程简要，并不妨碍西学”，[⑤] “叙事述理，中国自有通用名词，何必拾人牙慧”，“中学堂以上各学堂必勤习洋文。

① 梁启超著，夏晓虹、陆胤校：《新史学》，第 129 页。

② 梁启超著，夏晓虹、陆胤校：《新史学》，第 80—81 页。

③ 璩鑫圭、唐良炎编：《中国近代教育史资料汇编·学制演变》，上海教育出版社 2007 年版，第 329—330 页。

④ 璩鑫圭、唐良炎编：《中国近代教育史资料汇编·学制演变》，第 498 页。

⑤ 璩鑫圭、唐良炎编：《中国近代教育史资料汇编·学制演变》，第 499 页。

今日时势不通洋文者，于交涉、游历、游学，无不窒碍”。[①] 鉴于当时教科书急缺，《奏定学务纲要》还指出：“教科书应颁发目录，令京外官局、私家合力编辑”，官编教科书未经出版以前，“采用各学堂讲义及私家所纂教科书”，“选外国教科书实无流弊者暂应急用”。[②] 实际上，对于世界史研究而言，教科书是话语体系的基本载体。

王桐龄在1922年初版的《新著东洋史·序论》中开篇就提出一个严峻的问题：“我中国今日竞言变法，谈政治则效法西洋，谈法律则效法西洋”，但是为何“西洋行之而日富以强”，“中国效之而日贫以弱”？他认为“凡事必有基础，基础不固，则全体动摇，效法人国者，不探讨其精神，徒规规于形式……懦夫举鼎，只以取绝膑之祸而已”，“历史者，合道德宗教法律政治文学美术风俗习惯等组织而成，各种学术之基础也，故欲研究其国之学术者，不可不知其国之历史”。[③] 该书作为一本中等学校用教科书，对什么是世界史给出了明确的定义：“世界史者，研究地球上各民族自古迄今互相竞争互相融合演成今日之社会状态，所经过之阶级者也”；世界史又分为东洋史和西洋史二部，西洋史学家“谓西洋史为世界史，其说非也”，“亚东民族，在历史上，绰有价值，欧人一笔抹杀之，大不可也”；世界史研究“全世界国与国之关系”，但是目前“东洋各国，孤立东亚，与西洋各国关系绝少……欲合一炉而陶铸之，恐无水乳交融之望”，所以，王桐龄提出，该书定名为东洋史，以作为“中国史之补助学科，以中国为主，而与中国有关系之国皆附入”，从而使世界史研究者能够更加了解东方形势之大略。[④] 王桐龄不仅指明了“欧洲中心论”弊端，而且从学科建设角度为如何加强中国史与世界史的内在联系提供了现实思路。

到20世纪上半期，随着五四运动和新文化运动的展开，西方有影响的历史哲学著作和史学理论著作被译介引入中国，中国学者在译介的同时也进行了相应的研究与回应，这一时期可以视为中国世界史理论研究

---

① 璩鑫圭、唐良炎编：《中国近代教育史资料汇编·学制演变》，第501页。

② 璩鑫圭、唐良炎编：《中国近代教育史资料汇编·学制演变》，第508—509页。

③ 王桐龄：《新著东洋史·序论》上册，商务印书馆1923年再版，第1页。

④ 王桐龄：《新著东洋史·序论》上册，第3—4页。

的积累期，从理论研究的角度为学科形成准备条件。在这一时期，以鲁滨逊为代表的美国“新史学派”，对中国新史学的发展产生了较大的影响。鲁滨逊的代表作《新史学》由何炳松译为中文出版。这部《新史学》认为“历史是一种研究人类过去事业的广泛的学问”，“到了现在，我们才知道世界是一个变化的东西，各种制度统是多年进步的结果，历史的继续是一个科学的真理”。① 该书之所以名为《新史学》，“就是特别要使大家知道历史不是一种停顿不进步的学问，只要改良研究的方法，搜集、批评、融化新资料，他定能进步的；历史的观念同目的，应该跟着社会同社会科学同时变更的；而且历史这种东西，将来一定能够在我们知识生活里面，占一个比从前还要重要的位置”。② 何炳松认为鲁滨逊的新史学思想虽然是就欧洲史而言，但也可以对中国历史研究形成借鉴。他与郭斌佳合译了中国最早的西方史学史译著即美国学者肖特维尔（James T. Shotwell）的《西洋史学史》，他还翻译了美国学者亨利·约翰生的《历史教学法》，尤其是编撰了《通史新义》。何炳松在《通史新义》中不仅对中国传统史学中的通史编撰进行了总结，还借鉴了西方史学提出对新式通史的看法：所谓通史者，其特性在于描写具体之真相，叙述社会人群之行为与伟业，故通史之为物无异一切专史之连锁，通史中之事实无异专史中事实之配景。③ 这就要求通史家对于各类事实之关系必须具有明白公正之观念，然后方能权其轻重而综合之，既不可失其相对之重要，亦不引入主观臆测于事实之因果关系中。④ 这些阐述对于通史的理论研究具有承前启后的积极意义。

俄国十月革命之后，唯物史观在中国知识界广泛传播。李大钊敏锐地意识到十月革命的世界历史意义。从1918—1923年，他陆续发表了《法俄革命之比较观》《庶民的胜利》《布尔什维主义的胜利》《唯物史观在现代史学上的价值》《马克思的历史哲学》《我的马克思主义观》

---

① ［美］J. H. Robinson：《新史学》，何炳松译，商务印书馆1924年初版，第1页；“译者导言”第6—7页。

② ［美］J. H. Robinson：《新史学》，第23页。

③ 何炳松：《通史新义》，上海古籍出版社2015年版，第88页。

④ 何炳松：《通史新义》，第135页。

《史学与哲学》《研究历史的任务》等文。1924年5月，他的《史学要论》由商务印书馆出版（署名李守常），这是中国近代第一部系统的史学理论著作。李大钊对唯物史观进行了较为系统的阐释，并从唯物史观出发对历史学的基本理论问题进行了初步概括，建立了具有鲜明时代特色的马克思主义史学理论话语体系。

李大钊分析唯物史观指出："马克思述他的历史观，常把历史和社会关联在一起；纵着看人间的变迁，便是历史；横着看人间的现在，便是社会"；李大钊将历史定义为："历史就是人类的生活并为其产物的文化……亦可以说历史就是社会的变革。"① 他分析历史和历史学的关系，指出"以历史为中心，史学可分二部：记述历史；历史理论"，记述历史的目的是确定各个零碎的历史事实并描写出来，历史理论的目的是将历史事实合而观之以研究其间的因果关系。② 李大钊强调历史理论的重要性，指出历史理论说明历史现象的一般性质、形式和理法，实为构成广义的史学的最要部分。③ 他进一步说明历史学的科学地位和发展现状："史学不但就特殊事例为推理的考察，并当关于一般为理论的研究……史学之当为一种科学，在今日已无疑义，不过其发达尚在幼稚罢了……史学方在幼稚的时期，刚刚达到就各个事实而为解释说明的地步，自与其他已经达到概括的为理论的研究的科学不同。但此之不同，是程度上的不同，不是性质上的不同。"④ 李大钊将记述历史分为六个部分：个人史（传记）、氏族史、社团史、国民史、民族史和人类史，提出"人类史以把人类的经历看作全体，考究叙述，以明人生的真相为目的"。⑤ 在此基础上，他分析了世界史发展的现状，指出"现在有所谓世界史者，其内容与此处所云的人类史不同。这种世界史，不是并叙各国史，即是叙说列国关系的发达；其内容仍为研究国家经历的事实，在学问的性质上，这不过是国民史的一种，决非吾人所说的人类史"。⑥ 这一判断指明

---

① 李守常：《史学要论》，商务印书馆2017年版，第83页。

② 李守常：《史学要论》，第65—66页。

③ 李守常：《史学要论》，第118—119页。

④ 李守常：《史学要论》，第97—98页。

⑤ 李守常：《史学要论》，第108页。

⑥ 李守常：《史学要论》，第109页。

了世界史研究重史实而轻理论分析的要害所在。有学者指出，“李守常先生在中国近五十年思想史上贡献，非他人所可比及；其贡献不只破坏传统中国旧的思想，同时对于西洋思想亦加以攻击，而建立一种系统的、深刻的、新的思想”，“李先生是研究历史最有成绩的人，也是唯物史观最彻底最先倡导的人。今日中国辩证法、唯物论、唯物史观的思潮这样澎湃，可说都是先生立其基，导其先河”。[①] 包括李大钊在内的中国共产党的早期领导人在传播阐发唯物史观方面作出了卓越贡献，马克思主义经典作家的作品也大量地译为中文出版，这对于中国世界史的话语发展具有极大的促进作用。

20 世纪 20 年代有两部世界史作品颇有特点。一是 1924 年出版的张仲和的《西史纲要》，这本教科书在编撰上具有明显的特色。张仲和在该书的《编辑大意》中指出，“旧日教科学为体裁所拘束、务求言简意赅，于历史上重要之点均不能显出，本书编制则纯用提纲挈领之法，撷取西史重要材料，依次论列，原因，事实，结果，均朗若利眉，能养成读者对于学科之系统观念。”[②] 张仲和还强调该书“特别注意中西之关系”，所以在上古史部分专章列出“东西接触时代”和“东西融合时代”。[③] 二是 1929 年王纯一编译的《西洋史要》出版，其突出特点是以唯物史观为指导撰写西洋史。在第 11 章“1848 年德国革命”中，该书专门介绍了马克思和恩格斯，指出“马克斯及恩格斯创造了唯物史观”，“他们认为由生产力的发展而决定的社会经济生活的发展，就是历史进程的基础”，“一切人类社会的历史，就是阶级斗争的历史”，“共产党宣言是马克斯主义主要原则的第一次有系统的叙说，也就是第一个共产党的党纲”。[④] 在《西洋史要》中，封建社会、商业资本、工业生产、农民战争、资产阶级革命、英国宪章运动、工业革命、资产阶级、无产阶级、工人阶级、空想社会主义、科学社会主义、共产主义、1848 年革命、民族解放运动、巴黎公社、帝国主义、资本输出、军国主义、第一国际、

① 郭湛波：《近五十年中国思想史》，上海古籍出版社 2010 年版，第 98、103 页。
② 张仲和：《西史纲要 · 编辑大意》，京华印书局 1926 年订正再版，第 1 页。
③ 张仲和：《西史纲要 · 编辑大意》，第 2、9、23 页。
④ 王纯一编译：《西洋史要》，上海南强书局 1929 年印行，第 318—320 页。

第二国际、第三国际、国际联盟等概念及术语都得到了运用，支撑了全书 18 章的总体结构。这不仅反映出马克思主义在中国的广泛传播与影响，而且代表着世界史新的话语概念的规范化进展。在 20 世纪 30 年代的中国社会史论战中，围绕对亚细亚生产方式等问题的讨论，唯物史观关于世界历史发展一般规律的学说影响日益扩大。

20 世纪三四十年代，日本帝国主义悍然发动的侵华战争，和中国人民万众一心、抵抗侵略的浴血奋战，成为中国历史学研究关注的重点，主要表现之一就是在世界历史进程中分析中国历史和中国抗战的定位，批判帝国主义的侵华谬论，坚定国人的抗战胜利信念，总结历史经验提振民族自信心。例如，韩启农指出："从鸦片战争（1840 年）到现在，已经整整一个世纪了。这一百年的历史，是用泪和血写成的，一方面，中华民族被奴隶的锁链紧紧束缚着，做着帝国主义的牛马；一方面，民族斗争一次又一次的掀起……就是为了自由，为了解放……我们得把每一次的经验教训，应用在今天的抗日战争上。"① 这反映出当时爱国知识分子的思想共识。

翦伯赞 1938 年 8 月出版了《历史哲学教程》，明确提出："我们的民族抗战，已经把中国历史推到崭新的时代，中华民族已经站在世界史的前锋，充任了世界史转化的动力。"② 他分析了世界历史进程中各民族的交互作用，指出：世界是整体的，每一个民族的历史都不断要受到其他民族的历史影响，同时也影响其他民族，这样就严密地构成世界史的交互作用，把握历史发展中之空间的关联性是不容忽视的；我们不仅要从世界史发展的一般途径中去分别考察个别民族的历史，还要从个别民族的历史发展中去考察其与其他民族相互之间的影响作用。③ 吕振羽在 1942 年初版的《中国社会史诸问题》中严格批判了日本秋泽修二的法西斯主义侵略史观。④ 他还分析世界史的研究现状指出："在吸收世界文化进步成果这一课题下，从洋务运动以来，就有两种主要的偏向：一是文

① 韩启农：《中国近代史讲话》，新华书店晋察冀分店 1947 年再版，第 77 页。

② 翦伯赞：《历史哲学教程》，生活·读书·新知三联书店 2015 年版，"序"，第 1 页。

③ 翦伯赞：《历史哲学教程》，第 150 页。

④ 吕振羽：《中国社会史诸问题》，生活·读书·新知三联书店 1961 年版，第 48—56 页。

化贩运主义的偏向，一是文化闭关主义的偏向。”文化贩运主义的偏向表现为对资本主义文化的无条件贩运，已经翻译的多种“西洋科学”的书籍多系贩运式的介绍，没有通过其时中国民族的具体环境加以批判、改造和消化；“所谓世界史，实际上只是欧美史，并没有中国史和亚洲及非洲等各民族历史的地位。”[①] 他进一步指出：数十年来，在帝国主义支配下的大地主大资产阶级所统治的中国教育事业的不死不活，症结就在于反映半殖民地半封建社会特性的文化贩运主义，“我们新文化工作者对‘民族化’、‘科学化’、‘大众化’，特别对‘民族化’也是‘中国化’的工作还作得很不够”。[②] 这些阐述体现出马克思主义史学研究者对世界史发展的理论反思。

1943 年，缪凤林在《中国通史要略》中不仅驳斥了“汉族西来说”，[③] 而且运用世界视野将“中国民性”概括为六点特征，分别是家族主义、中庸主义、世界主义、和平主义、政治上之不干涉主义和实用主义，认为“吾民族得失之林，大略在是”；他认为中国国民性中的世界主义优点在于“以平天下为理想，而以国治为过程，化育外族，施不责报”，弊端则在于“有世界思想，而乏国家观念”。[④] 周谷城 1949 年 9 月出版的三卷本《世界通史》被一些学者视作专业历史学家书写的第一部综合性世界史。周谷城明确提出：世界通史并非国别史之总和，该书力避分国叙述的倾向，而特别着重世界各地相互之关联；欧洲通史并非世界通史之中心所在，断不能忽视亚洲及欧亚之间的活动；世界各地历史的演进，无不有阶段可寻；概括的叙述不能转为抽象的空谈。[⑤] 他提出，世界通史之所谓世界，系以整个地球上的人类为范围，该书力求突出世界史在发展中各部分的“日趋联系”，从而得出一个比较完整的“有机统一体”，所以该书第一篇讲远古文化之发展，第二篇讲亚欧势力之往还，第三篇讲世界范围之扩大。[⑥] 周谷城在“远古文化区”上下两章中

---

① 吕振羽：《中国社会史诸问题》，第 155 页。

② 吕振羽：《中国社会史诸问题》，第 156—157、159 页。

③ 缪凤林：《缪凤林中国通史要略》，吉林人民出版社 2013 年版，第 20 页。

④ 缪凤林：《缪凤林中国通史要略》，第 5—6 页。

⑤ 周谷城：《世界通史》第 1 册，商务印书馆 2005 年版，“弁言”，第 4—5 页。

⑥ 周谷城：《世界通史》第 1 册，第 2 页，“原影印本新序”第 1—2 页。

讲述尼罗河流域、西亚文化区、爱琴文化区、中国文化区、印度河流域和中美文化区，将中国史纳入世界史的书写。缪凤林的《中国通史要略》则努力在世界史背景下书写中国通史，力求“见天下之动而观其会通”。[①] 这两部作品正表明了中国学者对世界逐渐一体化的认识，同时也说明通史理论研究始终是通史编撰中的核心问题，这些理论话语构成了世界史话语体系探索的重要内容。

三 中国世界历史学话语体系建设的发展

1949 年中华人民共和国成立，中国人民赢得了国家独立和民族解放，中国社会的发展进入了崭新阶段。马克思主义唯物史观成为中国世界史研究的指导思想，对世界史研究的发展方向具有决定性的作用。随着社会主义建设各项事业的开展，世界史研究也相应地进入了新的发展阶段。广大史学工作者自觉学习马克思列宁主义和毛泽东思想，运用唯物史观研究世界史。1954 年，郭沫若在《历史研究》创刊号撰文指出：中国人民革命的胜利，对全世界是一个极大的鼓舞，因而世界人民特别是追求解放的人民对中国的历史和现实便感到莫大的憧憬，他们想从这里求得解决他们本身问题的钥匙，然而在世界史中关于中国方面的研究却差不多还是一片白页，这责任是落在我们的肩头上的，我们须得从历史研究这一角度来推进文化建设，促成社会主义工业化的实现。[②] 这显然是新的时代形势对世界史研究的客观要求。

20 世纪 50 年代和 60 年代初，苏联世界史研究成果的引入，对于中国学界清除旧社会的资产阶级史学和封建主义史学的消极影响具有重要作用。生活·读书·新知三联书店 1959 年出版了苏联科学院主编的《世界通史》。该书分析指出：马克思主义的历史科学与各色非马克思主义的历史学派别具有根本区别，非马克思主义历史学甚至在其最为兴盛的

① 缪凤林：《缪凤林中国通史要略》，“自序”，第 2—3 页。

② 郭沫若：《开展历史研究，迎接文化建设高潮——为〈历史研究〉发刊而作》，《历史研究》1954 年第 1 期。

时代，也只限于把各种事实加以证实和系统化，它虽然有许多深刻的观察和可靠的思想，仍然不能够揭露出那决定全部非常复杂而矛盾的历史过程和决定各种政治制度、国家、思想体系和文化的更替的客观社会发展规律性；唯物史观给历史科学奠定了基础，这种历史科学是把人类历史当作合乎规律的、被内在矛盾所推进的社会发展过程来研究。① 该书进一步指出：统一的和合乎规律的历史过程的基础就是社会经济形态的前后相承的更替，即原始公社制、奴隶制、封建制、资本主义制，都是人类前进运动中的主要阶段，是人类进向更高一级即共产主义制度去的大路上的各个历史阶段，共产主义制度第一个阶段是社会主义；世界史过程的主导线索如此，它丝毫也不排除每个社会形态和世界史各个时期界限以内极其参差不齐的具体社会发展方式和途径。② 该书明确提出：阶级斗争贯穿于对抗性社会的全部生活中，在各个历史时期有各式各样的表现方式，全部历史经验证实了马克思列宁主义的根本原理，只有通过社会革命道路，摧毁统治阶级的国家机器，把政权转移到劳动者手里，才能消灭剥削者的统治。③ 这部《世界通史》共十卷：前两卷专讲原始公社和古代世界史（到公元 4、5 世纪）；三、四两卷专讲中世纪史（由 5 世纪到 17 世纪中叶）；五、六、七三卷专讲近代史（由 17 世纪英国革命到俄国十月社会主义革命）；最后三卷即现代史一直写到第二次世界大战结束。④ 该书的世界史分期框架被中国的世界史研究者长期采用，其阐述方式成为世界史话语体系发展过程中的一部分，对于唯物史观在世界史研究中理论指导地位的确立具有重要作用。

这一时期还有耶·马·茹科夫主编的《远东国际关系史（1840—1949）》。该书指出其编写目的是要书写从 19 世纪中叶起直到中国人民民主革命取得世界历史性胜利和中华人民共和国成立这段时期的远东国际关系史，远东国际关系反映帝国主义时代各国经济和政治发展的极端

① ［苏］苏联科学院主编：《世界通史》第 1 卷，生活·读书·新知三联书店 1959 年版，“总编辑部的话”，第 5 页。

② ［苏］苏联科学院主编：《世界通史》第 1 卷，“总编辑部的话”，第 7 页。

③ ［苏］苏联科学院主编：《世界通史》第 1 卷，“总编辑部的话”，第 13—15 页。

④ ［苏］苏联科学院主编：《世界通史》第 1 卷，“总编辑部的话”，第 24—25 页。

不平衡性和冲突性，表明资本主义大国之间为重新瓜分世界而进行的斗争日益尖锐化，同时也证明亚洲各国人民和全人类的进步力量在不断增长，这种力量积极地反对帝国主义，卓有成效地抵抗帝国主义的扩张政策，并使资本主义剥削和殖民压迫的范围不断缩小，中国由帝国主义政策的对象变为国际舞台上的一支积极力量，说明帝国主义阵地的削弱；中国人民在共产党领导下对帝国主义和封建反动派的联合力量的胜利，是俄国十月革命以后现代史上最伟大的事件，它标志着帝国主义的一次最惨重的失败，并在亚洲各国人民历史上写下新的光辉一章。[①] 这部著作对中国新民主主义革命胜利的世界历史意义给予充分肯定。这一时期的苏联史学家来华讲学和中国留学生到苏联学习世界史，对中国世界史学科的人才队伍建设具有重要促进作用。

20 世纪 60 年代，国际国内形势的发展急需加强对世界历史的研究。黎澍在《毛泽东同志的〈改造我们的学习〉和中国历史科学》一文中提出：中国历史科学的最根本的方向是以中国历史为依据，说明人类社会发展的共同规律和它们在中国历史中反映出来的特点；西方侵略者在中国横冲直撞一百年之久，始终没有能够使中国沦为他们直接统治的殖民地，到底也还是因为我们民族是有伟大革命传统和优秀文化遗产的民族，能够很快地领会世界最先进的文化成果；必须加强对世界历史的研究，资产阶级创造了世界市场，加强了世界各个部分的联系，这是对于人类发展的一个极其重要的贡献，但是资产阶级创造世界市场的手段是殖民主义最残暴的掠夺，资产阶级学者的“欧洲中心论”，极力贬低中国和其他非欧洲国家对人类文化的贡献，从世界历史中排除这些国家的地位；因此，马克思主义历史科学应当把重新研究世界历史并给以正确的说明当作中国历史科学的迫切任务。[②] 这些基本理论判断直到今天来看，仍有现实意义。这也表明，新中国成立后的世界史学科建设和话语体系建设，从一开始就努力在批判“欧洲中心论”的基础上通过具体的研究实践来进行。

---

① ［苏］耶·马·茹科夫主编：《远东国际关系史（1840—1949）》，世界知识出版社 1959 年版，“前言”，第 2—3 页。

② 黎澍：《马克思主义与中国革命》，人民出版社 1963 年版，第 5—14 页。

新中国成立后的第一部世界通史性作品是1962年周一良和吴于廑主编的《世界通史》，当时多所高校的教师都参与了编写工作。这部《世界通史》从原始社会写到1917年十月革命，对世界上古、中古、近代各时期的历史，包括社会经济发展、阶级斗争、政治制度、重大事件、历史人物以及文化等内容，进行了比较详细的叙述。[①] 这套四卷本《世界通史》“未脱苏联教材窠臼，但多少有所改进，如采取一般公认的论点，注重史料的具体与确切，加强亚非拉各国历史，增加中外交流的章节等。各大学历史系教师多目为比较合用的教材”。[②] 周一良提出：马克思主义史学十分重视历史分期问题，依照社会发展阶段的学说研究历史，需要明确不同时代的不同社会性质，掌握时代的特征，了解哪个阶级是时代的中心，决定着时代的主要内容和时代发展的主要方向，只有明确了某一时代社会发展的阶段，才能明辨当时什么是先进，什么是落后。[③] 这是中国学者从世界史的编撰实践中得出的切实体会。

新中国成立后，第一部国别性通史著作是黄绍湘1953年的《美国简明史》。该书意在以资本主义的发展和阶级斗争的展开作为贯穿全书的线索，来写美国资产阶级的上升和没落，以及劳动人民必然获得最后胜利，该书运用马克思列宁主义观点和方法来进行分析，并以美国的新史学家对于美国历史的分析材料作为主要参考，叙述了从“北美发现”以来的美国各个时期的经济情况、经济政策及其后果，对外的扩张和侵略以及人民的斗争。[④] 这一时期在法国史、英国史、亚洲国家史、非洲史、拉丁美洲史等方面也都出现了一定数量的研究作品或译作。吕振羽还分析了世界历史发展中的特殊性和共同性，指出历史唯物论只规定人类社会在客观规律性的下面采取着一般的共同过程，但并不规定相同的历史阶段一定要经过相同长短的时间，更不否认世界史各部分都有其独自的特殊性，忽略这种特殊性就不能了解具体的历史，会堕落到公式主义或原理论，把这种特殊性夸大到否认共同性的程度就不能把握历史的规律

① 周一良、吴于廑主编：《世界通史》上古部分，人民出版社1973年版。

② 周一良：《周一良学术论著自选集》，首都师范大学出版社1995年版，第620页。

③ 周一良：《周一良学术论著自选集》，第544页。

④ 黄绍湘：《美国简明史》，生活·读书·新知三联书店1953年版，“自序”，第1页。

性，会堕落到唯心史观或多元论。[1]

“文化大革命”时期，马克思主义史学受到严重摧残，但一些有责任感的世界史研究者，在逆境中仍然坚持学术探索，虽然此时问世的作品带有“文化大革命”特定时期的痕迹，但客观上为在中国传播世界史知识起到促进作用。[2] 其中的重要表现之一就是对美国学者海斯等人所撰《世界史》内含的“欧洲中心论”的批判。这部世界史是1932年美国出版的一本有代表性的教科书，该书认为，从伯利克里和恺撒的时代直到现在，历史的伟大戏剧中的主角都是由欧洲白种人担任的，从15世纪以来，欧洲各国就一点一点地把它们的文明传播到全世界，而要引导千百万的陌生人（黄色、棕色和黑色皮肤的民族）走上欧洲文明和进步的道路，是一个负担，而且是一个沉重的负担。[3] 该书1975年的中译本“出版说明”明确指出：这部世界史深深地打上了资产阶级“欧洲中心论”的印记，其作者怀着种族主义的偏见，标榜欧洲白种人自古希腊罗马时代以来一直担任历史的“主角”，诬蔑非白种人是“落后种族”“白种人的负担”，在书中多方贬低和抹杀亚、非、拉人民在世界历史上的伟大贡献。[4] 这个判断点明了“欧洲中心论”的种族主义实质。“欧洲中心论”在西方传统世界史研究中的具体表现就是把西欧地区的进步视作整个世界历史发展的主题，其他地区则被排除在世界历史之外，而欧洲的自我中心、欧洲白种人肩负领导世界责任的种族优越论和帝国主义理论充斥其间。“欧洲中心论”不只体现西方狭隘的地域主义，而且体现西方狭隘的民族主义和种族主义，它把不同于欧洲和西方的历史和文化视野排除在世界历史的阐释体系之外，严重歪曲了对人类历史的整体考察。

1978年党的十一届三中全会以后，中国开始实行改革开放，踏上了建设有中国特色社会主义的历程。解放思想、实事求是的思想路线重新

---

① 吕振羽：《中国社会史诸问题》，第57页。

② 参见于沛《当代中国世界历史学研究（1949—2009）》，中国社会科学出版社2012年版，第57页。

③ ［美］海斯等：《世界史》下册，中央民族学院研究室译，生活·新知·读书三联书店1975年版，第1059—1060页。

④ ［美］海斯等：《世界史》下册，“出版说明”，第IV页。

确立，改革开放事业急需对外国情况和外国历史的深度了解，为世界史研究提供了时代发展机遇，其研究领域的广度和深度极大扩展，研究成果的数量和质量极大提高，尤其是形成了自身的世界历史理论体系，这就为世界历史学的话语体系建设奠定了基本的理论框架和阐述方式。

在改革开放的时代背景下，中国世界史学者对通史研究、编撰及教学的探讨迎来了热潮。例如，罗荣渠在1984年撰文指出：把世界历史作为全球性的历史活动与经验来进行研究，是近代资本主义兴起之后才逐步开展起来的，因为人类活动的范围是逐步扩大及于整个地球的，而把全球视为一个整体的新的世界观，也只能在资本主义冲破一切旧的区域性藩篱并把世界逐步连成一体的条件下才可能产生。[①] 罗荣渠认为：作为全球性世界史（不是指作为国别史的外国史），研究对象是整个世界，上下五千年，纵横数万里，内容无限丰富，不能没有一定的限界和主要的研究任务；要写出作为人类整体发展过程的世界史，并不是要把没有内在联系的历史条件和过程随便纳入一个统一的世界史结构，而是要写出人类历史如何随着生产斗争、阶级斗争和科学实践的发展，形成内在的有机联系，逐步汇合成为全世界的历史进程；他进而指出就世界史这门学科来论，世界愈是卷入统一的历史进程，对这种统一进程的整体研究，对世界不同地区、不同国家所展现的共同历史规律的共性与特殊性的相关研究，以及全球性相互关系的研究，必然会日益加强。[②] 这些阐述表明中国学者对世界史研究对象和学科性质的判定日益清晰。

作为中国第一部大型综合性百科全书，1990年的《中国大百科全书·外国历史》集中反映了当时中国世界史研究取得的进展。本卷由总论、亚洲史、欧洲史、非洲史、拉美史、北美大洋洲史、国际共产主义运动史、国际关系史八个部分组成。吴于廑在其中《世界历史》的专文中，系统阐明了世界史的学科性质、中国史与世界史的关系，梳理了古今历史学家对世界历史的不同认识，分析了世界历史的纵向发展和横向发展，并对世界历史进程做出全局性概览。这篇文本标志着中国世界历

① 罗荣渠：《开创世界史研究的新局面》，《史学求索》，商务印书馆2009年版，第94页。

② 罗荣渠：《开创世界史研究的新局面》，《史学求索》，第96—97、102—103页。

史学理论体系和话语体系的确立。

吴于廑指出：世界历史是历史学的一门重要分支学科，内容为对人类历史自原始、孤立、分散的人群发展为全世界成一密切联系整体的过程进行系统探讨和阐述；世界历史学科的主要任务是以世界全局的观点，综合考察各地区、各国、各民族的历史，运用相关学科如文化人类学、考古学的成果，研究和阐明人类历史的演变，揭示演变的规律和趋向；世界历史绝非把中国历史排除在外的域外史，而中国历史也和所有其他国家历史一样，是人类历史发展为世界历史全过程的组成部分。[①] 他根据马克思、恩格斯的世界史观指出：人类历史发展为世界历史经历了一个漫长的过程，这个过程包括纵向发展和横向发展两个方面；纵向发展是指人类物质生产史上不同生产方式的演变和由此引起的不同社会形态的更迭，人类历史由原始的无阶级社会到直接生产者遭受不同形式奴役和剥削的阶级社会，又由阶级社会到未来共产主义没有奴役和剥削的无阶级社会，这个纵向发展的总过程具有普遍的、规律性的意义，马克思主义史学在阐明人类历史的纵向发展方面已经做出了不少可贵的成绩。[②] "所谓世界历史的横向发展，是指历史由各地区间的相互闭塞到逐步开放，由彼此分散到逐步联系密切，终于发展成为整体的世界历史这一客观过程而言的"，"推动历史从原始人类分散生活的各个点到最后联结为世界一体的这一横向发展过程的决定力量，同样是物质生产的不断发展……历史的横向发展过程仍然具有理论上的普遍规律性的意义"，"物质生活资料生产的发展，是决定历史纵向和横向发展的最根本的因素，它把历史的这两个方面结合在一个统一的世界历史发展过程之中"。[③] 吴于廑的这些论述成为中国世界历史学的主流理论话语，对于世界历史学的话语体系建设具有极大的推动和促进作用。1990 年，西方的《世界史杂志》（*Journal of World History*）创刊，中西方学界对新的时代条件下世界史的探讨可谓同步进行，以吴于廑为代表的中国学者在理论研究上的

① 吴于廑：《世界历史》，《中国大百科全书·外国历史》，中国大百科全书出版社 1990 年版，第 1 页。

② 吴于廑：《世界历史》，《中国大百科全书·外国历史》，第 5 页。

③ 吴于廑：《世界历史》，《中国大百科全书·外国历史》，第 5—7 页。

前瞻性尤其突出，他不仅分析了世界历史横向发展过程的内涵，而且指明了横向发展与纵向发展之间的基本关系，为此后中国世界历史学的理论体系探讨提供了基本框架。

1992—1994 年，吴于廑和齐世荣主编的《世界史》六卷本由高等教育出版社出版。这套六卷本分为古代史编、近代史编、现代史编各两卷，注重史论结合，构筑新的编撰体系，力求体现吴于廑关于世界从分散走向一体的学术思想，对世界各地区的经济、文化交往有所加强，并将中国史纳入世界史体系。六卷本的古代史、近代史和现代史的分期是从人类起源至 1500 年；从 1500—1900 年；从 20 世纪初至第二次世界大战结束。齐世荣不仅是这套六卷本《世界史》的主编之一，他还于 2006 年主编了四卷本《世界史》，也由高等教育出版社出版。四卷本《世界史》明确指出是在六卷本《世界史》的基础上，吸取近年学术成果，从宏观与微观的结合上，从历史纵向发展即社会形态的演进与各国各地区的横向联系上把握世界历史进程的基本脉络及其发展规律。四卷本增加了思想史和社会生活方面的内容，着力揭示宗教的演变及其对历史的影响；着重考察近代世界横向联系的加强及其对各地区各文明各民族的影响，探究现代化在世界各地的不同进程及其复杂影响；阐述了 20 世纪初帝国主义形成以来至第二次世界大战结束的历史，对国际关系演变、苏联社会主义建设历史经验的认识和亚非拉民族民主运动的不同类型及其特色研究等均有所深化。四卷本在六卷本的古代、近代、现代的分期基础上突出了“当代”（从二战结束以来至 21 世纪初），把当代史单独列为一卷。《世界史 · 当代卷》在六卷本《世界史 · 现代史编》（下卷）的基础上，增补了加拿大、澳大利亚等国的有关史实和联合国维和行动及其改革的近况，战后科技和文化所占的比重亦有所增加，力求为读者勾勒出当代世界历史的全貌。《世界史 · 当代卷》明确指出：二战结束以后，特别是从 20 世纪 80 年代起，以资本主义国家为主导的经济全球化出现了；政治上世界殖民主义体系瓦解，一系列发展中国家兴起，它们成为影响世界历史进程的一个十分重要的新因素；1991 年苏联的解体震惊了世界，但是苏联的剧变和解体只是社会主义一种已经僵化而未及时改革的模式的失败，并非整个社会主义制度的失败；中国特色社会主义所取得的举世瞩目的成就，证明了社会主义这种新生制度富有生命力。[①] 六卷本《世界史》和四卷本《世界史》都是国家级规划教材，集中体现了吴于廑的整体世界史观，这就意味着中国世界历史学主流的基本话语阐释框架已经搭建起来了。

这一时期现代化研究成为中国世界史的重要研究领域。这一研究的开创者罗荣渠把现代化视为一个世界历史范畴和历史过程，把现代化作为一个全球性大转变的过程即从传统农业社会向现代化工业社会转变的过程来进行整体性研究；他在马克思主义分析框架基础上，提出了一元多线历史发展观，主张"把历史当做一个十分复杂并充满矛盾但毕竟是有规律的统一过程来研究的途径"。[②] 罗荣渠从历史学的角度分析了现代化进程的内涵，提出以生产力作为社会发展中轴的理论框架，勾画了近两个世纪以来现代化的全球发展趋势的总轮廓和总线索，并把近代中国的社会巨变放在世界大变革的总进程中加以考察。他认为 1955 年以后的 25 年间，是历史研究发生急剧变化和重新评价的新时期，变化的原因则是由于历史学家的工作环境较之 20 世纪上半叶发生了急剧变化，世界各部分的密切相互关联与影响加强，历史成为真正意义上的世界史；科学技术突飞猛进，到处造成新的社会模式和知识模式；欧洲重要性降低，苏美崛起形成压倒优势，亚洲和非洲的兴起；传统的自由民主体制解体，以及与 19 世纪迥然不同的政治形势的出现；在这一形势下，西方历史学出现许多新趋向，其中就包括从以欧洲为中心的历史扩大到以亚、非、拉美以及整个第三世界作为研究对象、把世界视为整体从全球角度研究"世界社会"的宏观史学。[③] 钱乘旦则进一步提出以现代化为主题构建世界近现代史新的学科体系，倘若以现代化为主线，世界近现代史可以划分为五个阶段，这五个阶段首尾相接，组成了完整的世界现代化的过程。[④] 现代化研究构成了中国世界历史学话语体系的重要组成部分。

---

① 齐世荣主编：《世界史·当代卷》，高等教育出版社 2006 年版，"前言"，第Ⅲ页。

② 罗荣渠：《现代化新论——世界与中国的现代化进程》增订本，商务印书馆 2004 年版，"序言"第 4—5、75 页。

③ 罗荣渠：《积极推进中国的世界史研究》，《史学求索》，第 120 页。

④ 钱乘旦：《以现代化为主题构建世界近现代史新的学科体系》，《世界历史》2003 年第 3 期。

2010年，武寅主持的百余位中国世界史学者合作完成的8卷38册1500余万字的《世界历史》，由江西人民出版社发行面世。这是中国第一部将专题研究与编年叙事结合起来的大型世界通史著作。这套多卷本由理论与方法、经济发展、政治制度、民族与宗教、战争与和平、国际关系、思想文化、中国与世界各卷组成，体现出当代中国世界史学者对人类历史的独立理解和对当代社会发展中提出的重大理论问题及现实问题的认识体系。[①] 这套多卷本的第一册就是于沛的《中国世界史研究的产生和发展》，他在书中明确指出：1949年之后中国的世界史研究进入一个新的发展阶段，主要表现就是马克思主义唯物史观得到广泛传播，成为世界历史研究的指导思想和理论基础，通过中国世界史学的学科建设、史料建设和史学理论方法论建设，完成了中国世界史研究从译介到研究的转变。[②] 这个基本判断指明了中国世界历史学理论化和时代化的内在途径与发展历程。

经过几代世界史研究者的努力推进，在唯物史观的指导下，中国的世界历史学形成一门独立的学科。正如于沛指出：世界历史学已经完全具备了任何一门科学学科所具有的科学形态，以及不可或缺的理论和方法。[③] 2011年，根据国务院学位委员会和教育部公布的《学位授予和人才培养学科目录》，世界史正式成为一级学科。世界史的发展诚为不易，翦伯赞早在1938年5月曾经指出：当时在中国历史科学研究的领域内，还存在着许多荒原区域，需要继起的历史家从事于历史科学之拓荒运动。[④] 此后的几十年中，世界史研究在通史、外国史学理论研究、文明史、断代史、地区史、国别史、国际关系史、一战二战史、国际共产主义运动史、专门史、中外历史比较研究、外国史学译著等诸多领域取得了丰硕的研究成果。因此，世界史成为一级学科是对几代学人辛勤工作的充分肯定，同时也意味着世界史话语体系建设将面临时代提出的更高要求。

---

① 于沛：《中国世界史研究的产生和发展》，《世界历史》第1册，江西人民出版社2010年版，“总序”，第3—4页。

② 于沛：《中国世界史研究的产生和发展》，《世界历史》第1册，“前言”，第2页。

③ 于沛：《当代中国世界历史学研究（1949—2009）》，“代序：中国世界史学者的社会责任”，第1页。

④ 翦伯赞：《历史哲学教程》，“序”，第8页。

四 中国世界历史学话语体系建设的特点和新的时代要求

从19世纪中期以来，中国遭受了帝国主义列强残酷的殖民侵略，中国人民被迫付出了沉重的历史代价，历经御侮自强、艰难自新，终于在中国共产党领导下赢得了国家独立和民族解放，探索出一条社会主义建设和发展之路，并通过改革开放为世界整体和平与经济发展作出了重要贡献。根据国家统计局公布的《新中国成立70周年经济社会发展成就系列报告之一》，1952年我国国内生产总值仅为679亿元，2018年达到900 309亿元，比1952年增长175倍，年均增长8.1%；中国对世界经济增长的年均贡献率为18%左右，仅次于美国居世界第二。相应地，在这大约180年的时间里，中国世界历史学的话语体系建设从初兴到不断探索发展，以1949年为界，大致可以分为两个相继相接的发展阶段。

第一阶段是从19世纪中期到1949年，在这大约110年的时间里，中国的世界史研究者筚路蓝缕，从无到有，开创了世界史的一些研究领域，经历了一个艰难的摸索和实践过程。在“救亡图存”时代主题的呼唤下，这个阶段的世界史在不断扩展对世界的认识和编译外国史学作品的基础上，形成了当代人研究当代史的突出特点。中国的世界史研究者努力为国家民族提供世界史的专业知识，能够迅速对世界上发生的重大事件做出比较专业的学术反应，而且努力对世界大势做出科学的学术判断。其中有些判断的精准，实令后人感叹。例如，王韬在《普法战纪》后序中分析欧洲和世界的走势，“欧洲列国辙迹几遍天下……夫彼既割据日多，则争竞迭出……舟车、枪炮之技尽人皆同，遂不得不更出新法，思驾其上。顾彼能然，此亦能然，日后必至斗智斗力之俱困然后已。……未有物极而不反者也。呜呼！不以大德宰之，元气安能久长也哉？”[①] 这已经指出了欧洲国家将面临的困局。黄遵宪在成书于1887年

---

① 王韬：《弢园文录外编》，第194页。

的《日本国志·学术志一》中指出："吾观欧罗巴诸国，不百年必大乱。当其乱则视君如弈棋，视亲如赘旒。而每一交锋，蔓延数十年，伏尸百万，流血千里，更有视人命如草菅者，岂人性殊哉？亦其教有以使之然也。"[①] 这种学术判断的前瞻性已经被后世的两次世界大战和冷战的世界历史进程所证实，同时也充分说明了世界史学术话语和思想的历史穿透性。当代人研究当代史的鲜明主体意识，促使这一阶段的话语体系建设努力在中国文化的主体性和史学研究的世界性之间确立一种适当的内在平衡，这种努力也推动了中华文化在新的时代条件下的不断自新。

结合中国近代历史的发展，对世界历史学的话语体系建设会有更深刻的体会。从1840年鸦片战争以后，帝国主义列强和中华民族的矛盾，封建主义和人民群众的矛盾，是中国半殖民地半封建社会的主要矛盾。20世纪上半期，中国的社会矛盾已经空前尖锐。帝国主义列强侵略中国的目的是攫取巨大的经济利益，它们不会允许中国发展成为独立的资本主义国家甚至成为它们的竞争对手。1919年巴黎和会将德国一战前在山东的特权转交给日本从而严重损害了中国利益，就是帝国主义对华关系实质的明显表现。地主买办资产阶级政权为了维护自身利益在中国实行顽固的军事独裁统治，1927年蒋介石发动"四一二"反革命政变，就是地主买办资产阶级政权残酷统治的具体表现。中国近代的社会现实已经验证了资本主义道路在中国行不通，而要打破帝国主义和封建主义的双重枷锁，革命自然而然地成为中国人民的唯一选择。中国共产党领导的新民主主义革命的胜利，使得中华民族摆脱了被侵略被奴役状态，四亿中国人民挣脱了帝国主义殖民统治的枷锁，极大地鼓舞了亚非拉人民争取民族独立的斗争。这对于中华民族来说，是经过一个多世纪的艰苦奋斗赢得的真正历史性进步。同时，这也表明，中华文化已经从封建文化发展到新民主主义文化，即大众的、民主的新文化。史学作为文化中的文化，这一个多世纪的时代巨变，对其而言既是发展动力，也成为其研究的对象。中国的世界历史学实际上正是这种时代巨变的产物，世界史话语体系建设所反映的正是对这一历史进程的理论总结。马克思主义唯

① 黄遵宪著，吴振清等点校整理：《日本国志》下卷，第779页。

物史观与世界史研究的结合，使得中国的世界史研究深深扎根于中国社会的现实基础之上，成为中华民族文化自新进程中的重要组成部分。

第二阶段是从1949年以来，在这70年当中，世界历史学的学科建设取得长足进步，成为与中国史并列的一级学科。世界历史学的话语体系获得极大发展，可以看出，世界历史学的话语体系内含于世界历史学的学科体系和学术体系之中。这一阶段的突出特点是马克思主义史学理论在世界史话语体系建设中发挥了核心作用，无论是新中国成立之初，还是改革开放之初，或者世纪之交，在重要历史时刻，马克思主义史学理论对学科体系和学术体系构成了坚实的学理支撑，发挥了思想引领作用。例如，苏联东欧剧变以后，马克思主义史学在国际国内面临着严峻的挑战，实事求是地总结马克思主义史学在20世纪的经验得失就是一个迫切的现实问题。陈启能、于沛等的《马克思主义史学新探》一书，一方面对马克思主义史学若干重要问题进行了思考，主要包括历史规律，社会形态，历史必然性、偶然性和选择性，历史思维，历史认识中的主体和客体等问题；另一方面具体考察了中国、英国和苏联的马克思主义史学，对这三个最具代表性的国家的马克思主义史学进行了反思。该书明确提出：马克思主义史学在20世纪的发展，既有成功发展的时候，也有失败和受挫折的时候，这本是符合事物的一般发展规律，并不奇怪；由于马克思主义史学总是密切联系现实，特别是与各国的革命实践或进步运动相联系，因而东欧剧变自然会给它带来较大的影响；关键是要善于从发展特别是从挫折中认真进行反思，及时总结经验教训，这样就可能使今后的发展更顺利些。[①] 70年来，正是在世界史的具体研究实践中，中国学者对中国与世界的关系、人类历史的性质、阐明人类社会发展演变的基本方式等世界史话语体系建设的核心问题，作出了明确的判断和阐发，这意味着中国学者已经探索了一条将世界历史理论化的基本途径，即在唯物史观指引下，从物质生活资料生产的发展这个最根本因素出发，从世界历史的纵向发展和横向发展两个方面入手，说明人类社会结合为

---

① 陈启能、于沛等：《马克思主义史学新探》，社会科学文献出版社1999年版，“前言”，第5页。

统一的世界历史的发展过程。

新时代发展中国特色社会主义文化的现实要求，对世界史研究提出了更高的需求。实际上，我国是哲学社会科学大国，研究队伍、论文数量、政府投入等在世界上都是排在前面的，但目前在学术命题、学术思想、学术观点、学术标准、学术话语上的能力和水平同我国综合国力和国际地位还不太相称。要按照立足中国、借鉴国外，挖掘历史、把握当代，关怀人类、面向未来的思路，着力构建中国特色哲学社会科学，在指导思想、学科体系、学术体系、话语体系等方面充分体现中国特色、中国风格、中国气派。当代世界的突出特点是世界一体化的加速发展，即人与世界的联系日益密切，组成世界的各个部分之间相互作用程度不断提高，而且各个部分之间形成各种交流网络和不同层次的互动空间，具体表现在经济全球化、政治多极化、文化认同多样化等各个方面。国际社会的结构和世界力量的平衡正在发生根本变化，世界正在大陆性和全球性的规模上重新调整，各种历史和现实问题相互纠葛，使各国各地区都面临着一个剧变的全球化时代。中国世界历史学话语体系研究的成果已经成为中国在世界一体化进程中努力传承民族文化、构建国家认同的重要资源与载体。在具体实践中可以看出，这个话语体系侧重于分析世界历史的纵向发展过程。新时代对世界历史学话语体系建设的新要求，就是加强对世界历史横向发展过程的研究，进而更加充分地在经济全球化的时代背景下说明中国历史与世界历史的辩证统一，在复杂的国际政治现实中说明世界历史的整体性和多样性的辩证统一。

从学理角度而言，中国世界历史学的话语体系建设，既包括作为指导思想的唯物史观的基础理论研究，也包括世界历史学作为一门学科而言自身的理论方法论研究，批判吸收外国史学理论的学术成果，就是其中一项重要内容。在此意义上，西方学界的世界史研究对我们有可资借鉴之处。二战后西方传统世界史研究因其浓重的“欧洲中心论”色彩而广遭批评，西方学界也在进行相应的反思和重构，其成果就是二战后西方的全球史的不断发展，并与包括中国在内的各种史学传统日益发生互动。全球史就是全球化时代的世界史。西方全球史以研究不同人群接触后发生的多种交往（跨文化互动）为切入点，构建出跨国、跨地区、跨大陆、跨半球、跨海洋直至全球的多重地理空间，以及贸易、移民、技术、文化等多种社会性交流网络，全球史便具体化为在这些空间和网络内的各种人类活动，这样就可以研究空间和网络内的某个地方、不同空间和网络之间的交流、多个空间和网络的交叉互动，从而在同一个分析框架内兼顾地方和全球。[①] 西方全球史实际上意味着西方世界史研究的新一套话语体系。这套体系的核心概念是人类不同群体之间的“跨文化互动”，也就是对世界历史各种横向发展现象的研究。半个多世纪以来，西方全球史在世界历史横向的实证研究上取得了丰硕成果，不过也显露出新的问题，即如何界定发生跨文化互动的双方主体或多方主体的历史作用。这个问题的实质在于，脱离生产和交往的相互关系而单纯强调交往的历史作用，无法说明不同时期世界基本结构上的变化，无法说明不同时期各种交往现象的区别和联系。相应地，这就凸显出马克思“世界历史”理论对于世界史话语体系建设的重要学术价值。

马克思“世界历史”理论的核心观点是：世界历史是人类创造的社会生产力不断发展和在此基础上人类交往不断密切的产物，是人类整体的历史。其中两个核心概念就是生产和交往，生产的发展促进交往的扩大，交往的扩大有利于生产的保持，这两个相辅相成的要素构成了人类作为一个物种而言的两种基本发展动力。西方全球史的话语体系在具体实践中回避了对生产及生产基础上的社会形态更迭的分析，这是中国学界在对西方全球史的研究和判断中应当充分注意的问题。这也提示我们，可以考虑从生产和交往两个基本概念入手，从历史发展动力的角度来探讨世界历史的纵向发展与横向发展的关系，我们以往比较欠缺的对世界历史横向发展过程的研究，急需得到改善和提高。

具体而言，由生产和交往两条基本主线组成的纵横时空轴线，既包含了人类作为一个物种的整体性和统一性，也涵盖了人类不同群体发展的关联性和多样性。生产和交往的每一阶段的总和，都构成了人类能动的生活过程的一种形态，都意味着世界历史演进中的一个特定阶段。世界历史作为人的生活过程的集合体，也将随之继续演化并不断臻至新阶

① 董欣洁：《巴勒克拉夫全球史研究》，中国社会科学出版社 2017 年版，第 22—23 页。

段。包括中国在内的各个国家和各个文明或地区的历史，显然构成了世界历史发展的各种支点，这体现了中国历史与世界历史的统一性。生产和交往在各个支点达到的水平和程度，表现为各种地方社会的具体化情境，这些具体化情境成为各种社会关系网络与交流空间范畴得以存在的现实基础。在这个现实基础上，才能充分理解各种地方网络之间的互动，以及地方网络和全球网络之间的互动，而这些不同层次的网络和范畴共同构成了世界历史的整体性和多样性的辩证统一。通过生产和交往两条主线构建的这个分析框架，可以清楚地看到，中国特色社会主义建设事业不仅是中国历史连续性的自然体现，而且也是人类社会发展规律的具体表现。

综上所述，从 19 世纪中期开始，中国世界历史学的话语体系建设走过了一个不平凡的发展历程，凝聚了几代学人的心血和热忱，体现出中国知识分子对如何把握文化主体性与研究视野全球性之间关系的不断探索，已经形成了自身阐述世界历史的基本概念和基本框架，这是世界历史学未来发展的重要理论资产。当代中国正处在新的发展节点上，复杂的社会生活实践向世界历史学的话语体系建设提出了更高的要求，以便充分理解和应对当代这个由多种社会关系网络与不同交流空间层次组成的复杂世界，阐明中国人对全球一体的演变和走向的基本判断。这实际上也就是世界历史学能够为新时代坚持和发展中国特色社会主义提供的历史智慧和学术支持。从生产和交往两个基本概念进一步分析世界历史演化的内在动力，显然是其中一种可行的研究思路。

（原载《史学集刊》2020 年第 2 期）

❖ 三 ❖

历史思潮与学术争鸣

历史虚无主义思潮的产生背景、主要特征及其危害

夏春涛

一

2019 年是中华人民共和国成立 70 周年。历史虚无主义在新中国兴风作浪，是改革开放以后出现的情况。作为一种错误思潮，它屡遭批驳，声名狼藉，但一直没有归于沉寂，仍不时掀起波澜，混淆视听，扰乱人心。历史虚无主义思潮的产生与发展绝非偶然，与世情、国情、党情的深刻变化有着紧密关联。

从世情的变化看，东欧剧变后，世界社会主义运动骤然陷入低谷。西方世界因“不战而胜”而洋洋自得，有人甚至抛出“历史终结论”。中国作为当今世界唯一的社会主义大国，必然树大招风。基于国体与意识形态的本质区别，美国等西方国家继续不遗余力地对中国实施“西化”战略，企图使中国改旗易帜，上演“和平演变”这一幕。中国坚定不移走自己选择的发展道路，综合国力不断提升，改变了旧的世界格局和力量对比。西方势力心有不甘，以致冷战思维抬头，处心积虑地遏制中国，蓄意给中国制造麻烦，在意识形态领域加紧渗透、在传播历史虚无主义言论上做幕后推手，便是其手段之一。

从国情的变化看，随着我国对外开放力度不断加大，不可避免地会与西方思想文化产生交流碰撞。1992 年社会主义市场经济体制建立后，

国内逐渐出现四个多样化，即社会经济成分、组织形式、就业方式、利益关系和分配形式的多样化；随之伴生出其他显著变化，例如“80 后”“90 后”年轻人主要在体制外就业，宣传思想工作对他（她）们的覆盖与影响相对有限。人们思想活动的独立性、选择性、多变性、差异性日趋增强，用一元化指导思想统领多样化社会思潮的难度增大。随着信息化迅猛发展，互联网成为信息传播的重要平台，微信、微博等迅速普及。与报刊、广播、电视等传统媒体相比，新媒体具有一些新特点，诸如可以第一时间发声，信息传播异常迅疾；新媒体也是自媒体，人人可以随时随地发声，且身份隐秘；网友可以实时互动，围绕同一个话题各抒己见。这客观上进一步加大了遏制噪声杂音的难度。

从党情的变化看，中国共产党面临“四大考验”（即在执政、改革开放、市场经济、外部环境方面的考验），须规避“四种危险”（精神懈怠、能力不足、脱离群众、消极腐败），同时党员总数及青年党员人数持续增加，管党治党的压力有增无减，党风廉政建设和反腐败斗争的形势十分复杂严峻。中国共产党始终走在时代前列，高度重视自身建设，执政成绩出色。但在中共十八大之前，管党治党客观上存在宽松软的一面，党内不正之风和腐败现象未能得到有效治理，以致在某些地方或部门出现“塌方式腐败”“系统性腐败”和“家族式腐败”。有人欲借此发泄对现实的不满情绪，但又不敢公然否定写入宪法、作为我们立国之本的四项基本原则，于是便借历史这杯陈酒来浇胸中块垒，含沙射影转弯抹角地攻击和否定党的领导。而有些官员面对错误言论态度暧昧，不当战士当绅士，搞爱惜羽毛那一套，反击不力。

概括地说，历史虚无主义思潮的产生与发展有着深刻的社会根源。西方遏制中国发展的态度不会改变，世情、国情、党情还会继续发生变化，各种不确定不稳定因素仍会存在甚至增加。因此，我们与历史虚无主义的交锋将是长期的。

二

历史虚无主义言论林林总总，在不同时期挑起的话题不尽相同，但其主要特征总体上并无变化，大致可归纳为以下几点。

第一，从谈论话题看，主要集中在中国近代史、中华人民共和国史、中共党史，其特点是否定唯物史观，否定马克思主义的社会形态理论，对相关历史作错误解读，提出颠覆性结论，把原本轮廓清晰、主线明确的历史虚无化模糊化。

第二，从人员构成看，谈论者大多是学术圈子之外的人；即便属于学术界，也以非历史专业的学者居多。在谈及历史时往往以点带面、以偏概全，甚至信口开河。历史学是一门严谨的学问，以求真求实为第一要务，大凡受过严格训练的专业学者，无不重视爬梳史料、考订史实，言必有据，有一份材料说一分话，通常不会讲出那些不靠谱不着调的话。

第三，从言论实质看，表面上在谈论历史，实际上关注的是现实；貌似学术话题，落脚点却是现实政治，纯属借题发挥、指桑骂槐。其形式以短论、杂谈居多，而不是正规的论文或专著，与学术研究根本不沾边，几乎谈不上什么学术性。

第四，从传播途径看，起初为报刊、讲坛、沙龙，后来让位互联网，微信、微博、博客、贴吧、论坛等成为主要平台。网络空间的虚拟性、网民身份的隐匿性，使一些人在言谈时无所顾忌。其相同点是言语偏激，通常语出惊人，乍一发表便引起围观，众人七嘴八舌，迅速形成舆论场。

以中国近代史为例，在香港回归前夕，有人妄言，鸦片战争一声炮响给中国送来了近代文明；香港被殖民一百多年才有今天的繁荣，以中国之大，至少要被殖民 300 年。为近代中国没有从半殖民地沦落为殖民地大呼遗憾，这是哪门子逻辑？还有人谈到具体细节，说近代开辟租界是中方主动提出的，不少中国人对租界印象不错云云。血腥罪恶的帝国主义侵华史，竟然被描述成田园诗般温情脉脉的西方文明输入史。需要指出的是，基于对“西方中心论”的反思，西方学界兴起全球史研究。这对国内的晚清史研究产生影响，有助于我们拓宽研究视野，但仍须加以辨析。对发展中国家来说，融入全球化、走向现代化是大势所趋，愿景很诱人，但过程很曲折，代价巨大。譬如，中国国门是在清道光年间被西方列强用坚船利炮强行打开的，中国融入全球化是被迫、被动的，是逐步陷入半殖民地深渊的令人痛彻心扉的过程。从世界范围看，血腥的海外殖民掠夺、可耻的贩卖黑奴勾当，乃至20世纪两次世界大战的爆发，哪一幕不是罪恶昭彰？西方资本主义国家主导的全球化绝非单纯的文明输出，并不光彩。

评说历史必然涉及对历史人物的评价。史学界过去在人物研究上存在脸谱化、简单化偏向，对正面人物一味美化，对反面人物大肆口诛笔伐，说了不少过头话。中共十一届三中全会后，史学界努力肃清极"左"思潮影响，做了大量纠偏的工作。然而，有人却揪住过去"左"的观点不放，以"还原历史真相"的名义大搞"翻案"，抛弃马克思主义阶级分析方法，大谈抽象的人性，明显矫枉过正。全盘否定洪秀全、一味赞美曾国藩便是一例。南方某中文系教授在2000年出版散文集《太平杂说》，斥责洪秀全因科场失意才萌生造反之意，是"野心家""邪教主""暴君""淫棍""有轻度精神病的准皇帝"；痛斥太平天国是"'洪'水滔天，鬼魅横行，蛇鼠袭人，万家墨面，文化荡然"；认为"将洪秀全这个暴君和邪教主送进坟墓，给太平军造反画上句号，从根本上说，是曾国藩对中国的重大贡献"。照此说法，天安门广场人民英雄纪念碑的第二块浮雕"金田起义"就该被铲毁。这将会造成怎样的震动和思想混乱？事实上，金田起义的根源在于吏治腐败、官逼民反，其正义性不容否定。就连主持广西战事的清钦差大臣赛尚阿也承认："州县各官，胆大贪婪，任听家丁者十居八九。百姓受其欺凌，终无了期，往往铤而走险……粤西之匪蓄谋已非一日，缘大吏因循、州县逼迫所致。"① 至于"邪教"，原本是个政治概念——宗教有雅俗之别、门户之争，但没有正邪之分。历史上流行于下层社会的民间宗教也是宗教，采用秘密结社形式，在教义、社会功能上瑕瑜互见，因被官府视为威胁统治的异己力量和异端邪说，故被贬斥为"邪教"。中国历史上的旧式农民起义几乎无一不以宗教形式起事。奉曾国藩之意编纂的《贼情汇纂》便指斥太平天国宗教是"邪教"，声称"从来叛逆多借邪教倡乱，而粤匪为尤甚也"。倘若照此定性，中国历代农民起义就都被否定了，我们

① 《赛尚阿奏报沿途秘访湖南广西会党及官习民情片》，载中国第一历史档案馆编《清政府镇压太平天国档案史料》第2册，光明日报出版社1990年版，第79页。

总不能与残民以逞的封建专制统治者坐在一条板凳上吧？再如，袁世凯复辟帝制是倒行逆施、神人共愤之举，而电视连续剧《走向共和》的编剧在回答网友提问时，称袁世凯是他个人特别喜欢的一个人物，赞许袁氏“是一个大才”，对“窃国大盗”说不以为然，认为“窃国”二字用得不科学，“怎么能把国家给偷了呢”？这实在令人无语。晚清维新思想家谭嗣同在其所著《仁学》中精辟指出：“二千年来之政，秦政也，皆大盗也。”这说得再清楚不过了。

近些年社会上出现的“民国热”也有类似偏向。网络上津津乐道民国时期大学教授、社会名流的所谓“自由风范”“独立精神”“风骨”，称为“民国范儿”。有个段子被添枝加叶反复炒作，说安徽大学校长刘文典教授因学潮与蒋介石发生言语乃至肢体冲突，在挨了耳光后反踢蒋介石腹部，最终只是换个地方教书。某网站刊发文章，标题赫然为“蒋介石为什么对学者做到‘打不还手骂不还口’?”蒋介石政权血腥的白色恐怖与特务政治，包括暗杀李公朴、闻一多教授的暴行，居然在轻描淡写间被一笔勾销，而“礼贤下士”“延揽人才”的光环却被无休止放大。有人甚至一本正经地发问：1949 年之后，中国为什么出不了学术大师？其弦外之音不言而喻。民国时期特别是“十年黄金期”的社会发展成绩同样被片面夸大。论者对官僚买办资本戕害、挤压民族企业的事实闭口不提，却将 1927 年至 1937 年一些民族资本家致力于实业救国、在夹缝中谋发展所取得的业绩一股脑儿归功于南京国民政府。如果民国果真这么好，那中国共产党领导革命、建立新中国的依据和意义何在？难怪有人说革命是“多余”的，渲染革命的所谓“破坏性”，要“告别革命”。这难道是对历史的正确解读吗？

革命与改良之争是清末民初的老话题，本无新意，况且在理论与实践两个层面上，历史早已给出正确答案。围绕如何使中国摆脱积弱积贫之困境，当时的知识界和各种政治力量提出了不同方案。实业救国、教育救国、乡村建设等改良方案具有积极意义，但终究属于补苴罅漏，只看到病象、不触及病根。1930 年 4 月，胡适在《新月》月刊第 2 卷第 10 期发表《我们走哪条路》一文，提出“五鬼闹中华”说，认为“要铲除打倒的是贫穷、疾病、愚昧、贪污、扰乱五大仇敌”，只有用教育才能将之消灭。此说当时就遭人诟病。陶行知揶揄胡适，说他将帝国主义之侵略武断地一笔勾销，“捉着五个小鬼，放走了一个大妖精”，可谓一针见血。在关于中国社会性质问题的大论战中，中共领导下的左翼学者在《新思潮》杂志刊文，正确指出中国现阶段既不是封建社会，也不是资本主义社会，而是半殖民地半封建社会。很显然，要从根本上改变中国现状，必须致力于反帝反封建。当时只有中国共产党看清这一历史逻辑，明确提出反帝反封建的政治纲领，并为之不懈奋斗。在狱中写就的《可爱的中国》中，方志敏把祖国喻为“生育我们的母亲”，谴责帝国主义践踏中国主权、欺侮中国人民的种种罪行，为江山破碎、国蔽民穷而痛心疾首，指出欲求民族之独立解放，决不是哀告、跪求、哭泣所能济事，必须进行神圣的民族革命战争，把帝国主义打出中国去，“这才是中国唯一的出路，也是我们救母亲的唯一方法”；坚信中华民族必能从战斗中获救、有个光明前途，坚信“中国的面貌将会被我们改造一新”。“为有牺牲多壮志，敢叫日月换新天”，历史证明，中国革命是时势逼出来的正确选择、首要选择，不是可有可无，不是说“告别”就可以告别的，这个历史过程是不以个人意志为转移的。

再以抗日战争史为例，以国民党军队为主体的正面战场与中国共产党领导的敌后战场缺一不可，共同构成中国抗战之局面。有人却大谈正面战场，轻视或无视敌后战场，无视敌后战场后来逐渐成为中国人民抗战的主战场，无视中国共产党在这场全民族抗战中发挥的中流砥柱作用。

1949 年新中国成立后的历史属于当代史，更加敏感。有人将改革开放前后的历史割裂开来、对立起来，用改革开放后的历史时期否定改革开放前的历史时期，或者用改革开放前的历史时期否定改革开放后的历史时期。这显然是错误的。这两段历史固然有重大区别，但本质上是前后衔接、不可分割的，共同构成中国共产党带领人民沿着社会主义道路接续探索奋斗、致力于实现中华民族伟大复兴的光辉历史。在早期探索中，我们因指导思想上“左”的错误的蔓延而走过弯路，经历了曲折，包括“文化大革命”十年内乱那样的严重曲折；同时也取得伟大建设成就，在我国确立了社会主义基本制度，在一穷二白基础上建立起独立的比较完整的工业体系和国民经济体系，成功研制作为大国标志的“两弹一星”；外交工作也有重大建树，突出体现在我国于1971年恢复在联合国的合法席位，次年促成美国总统尼克松访华、实现中日邦交正常化。所有这一切，为后来的新探索创造了有利条件，提供了根本制度保障、物质基础和理论准备——正是通过深刻总结历史、审时度势，中国共产党深知老路、邪路都不能走，进而带领人民披荆斩棘砥砺奋进，成功走出中国特色社会主义这条新路，迎来中华民族伟大复兴前所未有的光明前景。

改革开放至今的历史波澜壮阔、可歌可泣。恶意抹黑这段历史的声音主要有两种，一是否定我们走的是社会主义道路，二是散布“中国崩溃论”。

有些西方人胡乱贴标签，说我们搞的是“新官僚资本主义”“权贵资本主义”“国家资本主义”；国内也有人附和，说我们只是名义上的社会主义。姓“资”姓“社”的争论由来已久，两者其实有着明确分野。这么多年来，中国社会确实变化很大，包括产生新的社会阶层，出现社会经济成分等“四个多样化”，但万变不离其宗。必须看到，无论怎样千变万化，中国共产党全心全意为人民服务的根本宗旨始终没有变，人民在国家的主人翁地位始终没有变，公有制的主体地位始终没有变，马克思主义在意识形态领域的指导地位始终没有变。共同富裕被确立为中国特色社会主义的根本原则；全面建成小康社会，其任务之一是打好脱贫攻坚战，全体人民同步实现全面小康，一个也不能少。而资本主义是一种剥削制度，必然导致两极分化，不可能提出更无法实现共同富裕。正如法国学者托马斯·皮凯蒂在《21世纪资本论》一书中所说，美国等西方国家的不平等程度已达到或超过历史最高水平，不加制约的资本主义加剧了贫富分化。这是西方社会挥之不去的梦魇。中国是世界上最大的发展中国家，在发展中出现问题在所难免，不能因为问题解决得不够快、不尽如人意，就不分主次地怀疑我国的社会主义性质。“中国特色社会主义”是个完整概念，“社会主义”这四个字是定性的。我们仅用几十年时间就走完西方国家二三百年才走完的发展历程，其根本原因之一，在于发挥了社会主义制度的优越性。倘若我们真是在搞资本主义，中国就绝无可能取得今天的发展成就，相反，必然招致灾难性后果。这层意思，邓小平同志早就讲清楚了。

与“国家资本主义”等说法相比，“中国崩溃论”更接近或直接反映了西方的真实心态，无非是说我们没有照搬西方那套政治制度，所以迟早要“崩溃”。眼下美国采用贸易、科技、军事等手段加紧遏制和围堵中国，我们面临的风险挑战明显增大。今年适逢中华人民共和国成立70周年，有人遂跟着起哄，诋毁新中国历史，唱衰中国。也有人感到有点不踏实，流露出些许悲观情绪。“艰难困苦，玉汝于成。”自新中国成立后，我们一直在涉险滩、克难关，一路风雨兼程披荆斩棘，从未被吓倒、被压垮。“中国崩溃论”喊了这么多年，中国非但没有崩溃，反倒是这个说法在国际上成了笑柄。事实胜于雄辩，70年来特别是改革开放以来，无论从哪个方面看，当代中国都是在持续发展进步，并且发展得越来越好，而不是停滞，更不是倒退。根据国家卫生健康委员会近期发布的健康公报，中国居民人均预期寿命2018年为77岁，与1949年的35岁相比，增加了42岁。我国经济总量在改革开放之初位列世界第11位，自2010年起超过日本，稳居世界第二位。近年来，中国对世界经济增长年均贡献率达30%以上，超过美、日、欧元区国家的总和。说中国“崩溃”，无异于睁眼说瞎话。

三

国内发表历史虚无主义言论的人是否都是蓄意反党反社会主义？恐怕不能一概而论。要具体情况具体分析，注意区分政治原则问题、思想认识问题、学术观点问题，把握好尺度和分寸。不过，这类言论随意涂抹、肢解历史，甚至或明或暗地挑战四项基本原则，确实触犯了底线，决不能等闲视之。历史虚无主义思潮危害极大，突出体现在三个方面。

（一）传播错误的历史观，颠覆了历史，否定了现实

这是最大的危害，从根本上否定中国共产党的领导，否定中国特色社会主义道路，属于釜底抽薪。

改革开放对中国学术研究来说也是一个重大转折。思想解放的推进，研究禁区的突破，日益开放的对外学术交流，新研究领域的开辟，新资料的整理出版，使历史研究异常活跃，气象万千。以现代化历程为视角来阐释中国近代史便是一例，客观上丰富和深化了我们对历史的认识——使中国摆脱积弱积贫状况，走向现代化，这当然是一种进步取向。不过，革命史、现代化史这两条线索并非截然对立，而是相辅相成的：现代化为中国革命提供了物质条件、酝酿了阶级基础，革命则是中国迈向现代化的必要前提。在处于半殖民地半封建社会的近代中国，要实现国家富强、民族振兴、人民幸福，首先必须实现国家统一、民族独立、人民解放，也就是进行中国共产党领导的新民主主义革命。否则，现代化终将是镜花水月，正所谓“皮之不存，毛将焉附”。说到底，反帝反封建是中国近代史的主线，这是无可置疑的。因此，坚持中国共产党的领导，坚持走社会主义道路，这是中国历史发展的必然选择。倘若按照历史虚无主义的逻辑，随意肢解、歪曲历史，否定鸦片战争以来中国历史发展的主线，否定中国革命的正义性、必要性，也就否定了中国共产党执政的合法性。这岂不是历史的大颠倒？

中国共产党是执政党，否定党的领导，也就否定了新中国的历史。现代化绝不等同于西化，近代如此，当代亦如此。我们得出历史结论，强调中国共产党领导是中国特色社会主义最本质的特征，是中国特色社会主义制度的最大优势。而西方却把这说成是我们的最大“缺陷”，有意识地宣传所谓“普世价值”，大肆攻击我国政治制度，说我们是一党制，不民主。国内也有人无视党的执政成就，无视党在从严管党治党上所作的努力、所取得的成效，无视我国社会主义民主政治的优势和特点，片面地以党内存在腐败现象和不正之风为由，肆意诋毁、否定党的领导，提出“08宪章”，鼓噪“宪政民主”。在谈到中共党史时，历史虚无主义者的言论十分露骨。早先是以海外为中心，以书刊形式，大肆攻击污蔑毛泽东、周恩来等党的领袖和开国元勋，如某保健医生在美国出版的回忆录充斥了捏造和谎言。近些年又有新变化，国内互联网上的噪声杂音增多，人民爱戴的党的领袖继续遭到诋毁，各个时期具有标志意义的人民英雄也被恶搞、嘲讽。譬如，有人胡诌一气，说张思德是“烧鸦片时窑塌致死”，抗日英雄群体“狼牙山五壮士”跳崖实际上是“溜崖”，刘胡兰“精神有问题”，董存瑞舍身炸碉堡纯属“虚构”，黄继光堵枪口是因为“摔倒”，邱少云在潜伏中烈火烧身纹丝不动“违背生理学”，雷锋是“自拍狂魔”、日记“造假”，等等。如此诽谤英雄、颠倒英雄形象，是对民族共同记忆、民族精神的亵渎和侵犯，是在肆意抹黑中共党史、中华人民共和国史。中央电视台某节目主持人在酒宴上轻佻放肆地辱骂毛泽东主席这令人瞠目结舌的一幕，正是在这种舆论氛围下发生的。历史虚无主义思潮的影响与危害，由此可见一斑。法院就“狼牙山五壮士”等名誉侵权案作出公正判决，捍卫了法律的尊严，也捍卫了历史的尊严。

中国共产党是中国道路的设计者、领路人和主心骨，否定党的领导，也就否定了中国道路。道路决定命运。中国特色社会主义是党和人民历尽千辛万苦、付出巨大代价取得的根本成就，是实现中华民族伟大复兴的必由之路。中国道路还具有世界意义，说明广大发展中国家完全可以找到一条不同于西方、适合自己国情的发展道路，从而为缩小南北差异、解决发展不平衡这一全球性难题，贡献了中国智慧、中国方案。历史与现实充分说明，中国特色社会主义是人间正道，除此之外，中国走任何别的路都是绝路、死路。

忘记历史就意味着背叛，歪曲、扭曲历史则是十足的背叛和亵渎。不敬畏历史，不珍惜当下，我们就没有未来，好不容易攒下的家底就会毁于一旦。东欧剧变的惨痛历史印证了这一点。苏联解体十年后，两位俄罗斯学者专门写有一书进行反思，分析西方如何以信息为武器进行渗透，对苏联展开心理战，通过抹黑苏共历史在意识形态领域撕开缺口，最终操纵了公众意识，导致苏联走向自我毁灭。① 前事不忘，后事之师。我国是拥有 14 亿人口的发展中大国，中国共产党是拥有 9059.4 万名党员的执政党，这样一个大党大国，人心一旦散乱，势必自乱阵脚，就会出大事。全国一盘棋、集中力量办大事是我国突出的政治优势，而要保

① ［俄］B. A. 利西奇金、Л. A. 谢列平：《第三次世界大战——信息心理战》，徐昌翰等译，社会科学文献出版社 2003 年版，第 49—287 页。

持这一优势，就必须统一思想、凝聚共识，就必须在全社会树立正确的历史观，坚决抵御历史虚无主义思潮。中央一再号召全党全体人民坚定“四个自信”，而历史自信是文化自信的题中应有之义。[①] 近一百年来，一代代共产党人壮怀激烈慷慨高歌，带领人民不懈探索与奋斗，继走出中国革命新路后，又成功开辟并拓展了中国特色社会主义这条新路，进而从根本上改变了国家、民族和人民的前途命运，近代以来历经磨难的中华民族迎来从站起来、富起来到强起来的伟大飞跃。“青山遮不住，毕竟东流去”。事实胜于雄辩，历史不容歪曲。对于这段峥嵘岁月、光辉历史，我们要始终怀有敬畏之心。正如习近平同志在庆祝中国共产党成立 95 周年大会上所说：“一切向前走，都不能忘记走过的路；走得再远、走到再光辉的未来，也不能忘记走过的过去，不能忘记为什么出发。”[②]

（二）严重扭曲了价值观

史家记述历史，必然臧否人物，须分辨是非曲直。这是中国史学的一个优秀传统。世传孔子编《春秋》，就讲究微言大义，寓褒贬于行文叙事中，即所谓“《春秋》笔法”。孟子遂有“孔子成《春秋》，而乱臣贼子惧”一说。成语流芳百世、盖棺论定或遗臭万年，说的都是这个意思。历史观涉及对是非、正邪、善恶、进步与落后的评判，与价值观密不可分。有什么样的历史观，就有什么样的价值观。历史虚无主义言论从学术层面讲是肤浅的，历史观是错误的，因而价值观是颠倒错乱的。否定历史发展的主线、主流、主旋律，颠倒是非、正邪、善恶、荣辱，就会使人失去对历史的敬畏之心，不知鉴戒，导致价值观扭曲。价值观一旦混乱，必然做事没有底线，为满足私欲不择手段。为官者如此，就会利令智昏，成为两面人，置党纪国法于不顾，弃党性原则如敝屣，以致集政治上变质、经济上贪婪、道德上堕落、生活上腐化于一身，行为龌龊，进而严重污染政治生态、败坏社会风气。时下社会上有些人的价

① 五千多年文明历史孕育的中华优秀传统文化是中华民族的“根”和“魂”，须结合时代要求加以继承和创新，而历史虚无主义者通常数典忘祖，否定中华优秀传统文化。

② 习近平：《在庆祝中国共产党成立 95 周年大会上的讲话》，《求是》2021 年 4 月 16 日。

值观很庸俗功利，判断一个人是否成功，主要看两点：做多大官，有多少钱，而不问官是怎么当上的，当得如何；钱是怎么得来的，又是怎么花的。“我爸是李刚”的段子，以及某对富豪父子被一些网民戏称为“国民公公”和“国民女婿”，都反映了这种心态。社会上一旦崇拜或追逐权力、金钱的人多了，道德失范、诚信缺失现象就会滋蔓，乃至黄赌毒屡禁不止。一言以蔽之，历史虚无主义思潮一旦泛滥，就会消磨我们的意志，瓦解我们的精神，腐蚀我们的灵魂。

建党近一百年、新中国成立 70 年来，我们之所以能攻坚克难砥砺前行，不断铸造辉煌，其中一个重要因素，就在于党和人民有好的精神面貌，有崇高的价值追求，有理想信念作为支撑。1980 年 12 月，即改革开放之初，邓小平同志在中共中央工作会议上引述毛泽东同志“人是要有一点精神的”一语，强调全党要学习和培养大公无私、服从大局、艰苦奋斗、廉洁奉公等精神，并把这些精神推广到全体人民、全体青少年中间去，使之成为中华人民共和国的精神文明的主要支柱。中共十九大报告郑重指出：“社会主义核心价值观是当代中国精神的集中体现，凝结着全体人民共同的价值追求。”在新时代走好新的长征路，必须牢牢掌握意识形态领域的主导权和话语权，继续大力培育和践行社会主义核心价值观。要重视在青年特别是青年党员中加强中国近代史、中华人民共和国史、中共党史的学习教育，倡立正确历史观，传承红色基因。

（三）严重败坏了学风

如果说戏说历史类电视连续剧在剧情上无厘头、在典章制度等方面经不起推敲多少情有可原，那么，所谓正剧也出现大量硬伤就说不过去了。例如，太平天国在定都初期推行隔绝男女政策，即便是夫妻同居也是死罪，而电视剧《太平天国》却穿插了许多谈情说爱情节；该剧在公映前的宣传海报甚至以“江山如画，美女如云”为题，当时就引起哗然。清初将京师周边大片区域划为“直隶省”，民国十七年（1928 年）改称“河北省”，该剧写太平军北伐推进到直隶泊头镇，字幕却作“河北”。再如，时下一些博士学位论文在知识点上有不少硬伤，甚至有一些句读错误、错别字，连表述都磕磕绊绊。凡此种种，与随意肢解、涂抹历史之风大作不无关系。率尔操觚、不求甚解、胆大心粗，是两者的共同特征。

例如，前述《太平杂说》的作者承认该书仅是“一个写历史题材的散文集”，同时又自诩该书揭开了太平天国“被冷藏的真相”。作者倡议“隔行论史”，表示“不能论或不想论就短说，杂谈，七嘴八舌”，认为“这对激活学术，大有裨益”。历史是一面镜子，读史使人明智，大众关注、评论历史值得鼓励和提倡，但要以正确的历史观为引导，否则有害无益。至于说短说、杂谈能起到“激活学术”的作用，似乎有点言过其实。求真求实是历史研究的首要前提，论从史出是必须遵循的基本原则。既然是论史，即便做不到充分占有资料、缜密考订史实，至少也得掌握最基本的史料与史实，大体了解史学史和学界最新研究动态。倘若仅读一点史料就贸然下结论，并且先有结论再拼凑史实作为依据，甚至在叙述史实时存在硬伤，所谓论史岂不等同于文字游戏？又有何严肃性、科学性可言？例如，曾国藩为了向清廷邀功，在奏折中捏称洪秀全是在官军猛攻南京时“服毒而死”。《太平杂说》不加分析地信以为真，讥讽洪秀全“在五十岁的盛年服毒自杀”，并且全书重复此说达十次之多。其实，王庆成先生《稀见清世史料并考释》一书先于《太平杂说》出版，辑录了洪秀全长子幼天王洪天贵福被俘后的多份供词（台北“故宫博物院”收藏），明确交代洪秀全是在城破前卧床九日“病死”。[①] 以杂说、戏说的方式写翻案文章，片面追求轰动效应，语不惊人誓不休，这不但丝毫无助于推动学术进步，反而会混淆视听、败坏学风。此风可以休矣。学风绝非小事。毛泽东同志说过，学风和文风都是党风。总之，对于历史虚无主义思潮，必须旗帜鲜明、理直气壮地进行抵御，及时予以解析。要因势利导，趋利避害。

（原载《史学理论研究》2019 年第 3 期）

① 参见王庆成《稀见清世史料并考释》，武汉出版社 1998 年版，第 522、527、532 页。

试论历史思潮的学科定位及重要价值*

高希中

2019 年 1 月，随着中国历史研究院和中国社会科学院历史理论研究所历史思潮研究室的成立，历史思潮作为学科受到普遍关注。自此伊始，如何推动历史思潮学科建设，如何推进历史思潮研究，成为一个重要问题。历史思潮在学科分类上属于历史理论的研究范畴，属于历史理论研究的分支学科。对于如何定义历史思潮、界定历史思潮学科性质等问题，学界至今尚无细论。对此，有必要从学科的角度做出比较中肯的界定，以推动这一学科的建设与发展。

一　历史思潮及学科界定

虽然学界对具体历史思潮，包括史学思潮已有一些研究，但对如何界定历史思潮，如何界定历史思潮学科的宗旨、目标、任务等，学界尚无深刻的系统考虑。

（一）历史思潮的定义

历史思潮是指人们对客观历史认识或研究的某种思想、观念、方法等汇聚而成的潮流，具有群体性、社会性、时代性、持续性等特点。这

* 本文是国家社会科学基金中国历史研究院重大历史问题研究专项 2021 年度重大招标项目“历史虚无主义思潮解析和批判”（项目号：LSYZD21002）的阶段性成果。

种思想、观念、方法等之所以能够形成潮流，是因为它适应一定的社会需要，表现出一定的客观性，有着鲜明的时代性，具有广泛的代表性，从而波澜激荡汇聚成流。值得注意的是，并非所有对历史认识的思想、观点、方法都能形成潮流。形成潮流的，主要是那些在特定时间内掌握了相当一部分专家学者或人群，而又冲击了某种业已很有影响的思想，或对冲击者进行反冲击的某种思想、观念、方法或主张。

同时，历史思潮有正面或反面，主流或非主流之分。有的潮起潮落很快消失，有的则发展成为流派，或成为完善的思想体系，从而超越思潮本身并长期发挥重要作用和影响。例如，20 世纪二三十年代的马克思主义思潮即是如此。马克思主义从 20 世纪初年传入中国，渐成主要思潮。1949 年中华人民共和国成立后，成为国家的指导思想和意识形态最为重要的组成部分。此后，再以“思潮”观之，既不妥当，也不贴切。

（二）历史思潮学科的宗旨、目标及研究方法

作为一种学术门类，历史思潮是研究中外历史思潮的整体状况，每一具体历史思潮的生成、发展、回落、消逝，及其与各种社会因素相互关系的学科。

其一，以求真求实、阐理明道、服务国家、裨益社会为宗旨。求真与致用是中国史学，包括古代史学、近代史学和马克思主义史学的优良传统。在宗旨上，历史思潮学科，无疑要坚持和继承这种优良传统，以扎扎实实的学术研究，发挥其经世致用的功能，努力为新时代的历史创造、治国理政和中华民族伟大复兴做出应有的学术贡献。

其二，以构建、发展、丰富、完善历史思潮研究的学科体系、学术体系、话语体系为目标。自党的十八大以来，构建中国特色哲学社会科学“三大体系”，成为学术界的一项重要任务。历史思潮学科既要呼应这一重大任务，又要积极参与其中，努力在新的领域做出新的开拓、新的贡献。

其三，以溯源法、实证法等为主要研究方法。第一，溯源法。考镜源流是中国史学的优良传统，历史思潮研究应该继承和发扬这种优良传统，弄清、阐明所研究具体历史思潮的来龙去脉。第二，实证法。就是

把史实考证清楚，不论史实还是史料必须真实可靠。第三，跨学科研究。历史思潮与历史观、文化史、思想史、史学理论与史学史等有着密切关联。要想对历史思潮做出全面而深入的研究，必须注重与其他学科的关系，在具体考察与其他学科的关联中，进行跨学科研究。第四，思想与理论分析。对历史思潮的研究，不仅要具有深厚的学识积累，也要有敏锐的思辨、反思和总结的能力，能够对其中的现象、观点、取向等进行理论考察，思想分析，从而洞见本质，把握规律。

（三）历史思潮学科承担的任务

历史思潮学科所承担的任务主要是阐明历史思潮演进过程，使人们对其有全面、深刻的认识；同时，推动正确历史思潮的生成和发展，批判错误历史思潮，传播正确历史知识，弘扬正确的历史观、价值观、世界观。

第一，不论在宏观上还是在微观上，阐明历史思潮演变过程，使人们对其有全面、深刻的认识。一方面，对不论在历史上还是在现实中存在的历史思潮，从宏观上进行整体、系统、全面的认识和把握；另一方面，对某一具体历史思潮的生成、演变有详细的了解、叙述和阐释。例如，西汉初年的“过秦”思潮、19 世纪末 20 世纪初的进化论思潮等，都需要在史实和思想上阐释清楚，分析明白。如此，才能为认识或研究这是一时期的历史提供有益借鉴。

第二，积极推动正确、正面、正向历史思潮的生成与发展。例如，党的十八大以来的历史研究中国本土化思潮，主张摆脱西方思想与话语的影响，彰显中国主体性，提炼出能够体现中国特色、中国风格、中国气派的思想和概念。再如，党的十八大以来的文化复兴思潮，积极肯定中华优秀传统文化在中国历史和中国特色社会主义建设中的重要作用，强调文化自信，进而积极推动与马克思主义的结合，倡导提升中国文化软实力，增强文化影响力，以及为世界发展提供新的文化选择。这两股思潮，不论是对我国当下历史研究、文化建设，还是对中华民族伟大复兴、人类命运共同体的形成，都有百利而无一害，都值得肯定并积极推动。

第三，批判历史虚无主义等错误思潮。历史虚无主义是一种影响广泛的政治思潮，有着西方的理论渊源和复杂的国际国内背景。自20世纪80年代以来，随着各种西方史学思潮的传入，历史虚无主义在中国悄然兴起，并在最近几年有新变种、新动向。历史虚无主义反映的不仅是文化问题、对待历史的态度问题，而且是政治问题、对待现实的态度问题。对于这一错误思潮，我们必须坚持以唯物史观为指导，旗帜鲜明地做坚决、彻底的斗争，直至将其根本清除。

二　历史思潮学科的研究内容

如果说历史思潮学科的宗旨、目标、任务，是要遵循的原则、努力的方向和承担的使命，那么，研究内容则是具体要做的工作。将具体内容展开，做好系统、全面的梳理和扎扎实实的研究，历史思潮才是连续生动的实景，而非抽象干涩的文字。举要言之，历史思潮的研究内容包括演进历程、时代特征、社会根源、代表性人物及观点，以及中外史学发展趋势和史学思潮等。

第一，历史思潮的演进历程。系统梳理、归纳、总结不同历史思潮的演变过程及其整体状况，揭示其发展规律，这是最基础的工作。只有这样，才能使历史思潮研究真正具备独立学科的性质，从而在学科功能上与其他相邻学科区别开来，彰显自身存在的价值和意义。这既要全面、系统的记述历史思潮的产生、发展和各个时期的基本状况，展现其演进历程的连续实景；又要概括、总结其整体状况，中肯、深刻评析其中的优劣得失；还要揭示历史思潮嬗变规律，探讨其产生、发展的内在动力、逻辑路径、运行机制、本质特征。

第二，历史思潮的代表性人物及观点。代表性人物的史学活动及其观点，构成了表现本质问题的客观细节，展现了历史思潮的具体发展过程。因此，需要重点研究相关历史思潮的代表人物和代表性观点。同时，还要注意以下两点：一方面，专家学者的政治、社会等活动，往往与其史学活动联系在一起，并产生不同程度的影响，因此，历史思潮研究对代表性人物主要的生平事迹，或史学之外的其他活动应有所涉及；另一方面，凡是形成潮流的思想、理论、观点，往往非一人所能为之，因此，还要重视促使某一思潮产生和发展的群体分析，乃至对所形成的流派进行细致的考察。例如，不论对20世纪前半期刚刚兴起的马克思主义思潮，还是马克思主义史学思潮而言，其主要代表人物如李大钊、郭沫若等，都有除了史学活动之外的政治、社会等活动。同时，这两种思潮也是群体行为，而非个人行为。因此，要想对马克思主义思潮和马克思主义史学思潮有深入全面的认识和研究，除了李大钊、郭沫若等史家群体的史学活动外，还要对他们的政治活动与社会活动有所涉及。

第三，历史观与历史思想。历史观是人们对历史发展的总体认识，是对历史的概括性看法，回答诸如历史是否进步、历史有没有规律等一系列根本性问题。历史观与历史思想在整体上属于历史哲学或历史理论的研究范畴，而不属于历史思潮的研究范围。但是，它们对历史思潮的形成具有重要影响，凡是历史上形成的思想潮流，其背后的历史观清晰可见。例如，19世纪末20世纪初传入中国的进化史观，对近代“新史学”思潮产生了重要影响。如果对进化史观毫无了解，或了解不深，要想对“新史学”思潮做出深刻分析，绝难办到。

如果说历史观是人们对客观历史的概括性认识，那么历史思想则是人们对客观历史的系统性、具体性认识，是历史思潮的灵魂。所有历史认识、研究、书写，包括史料搜集和运用等，无不反映作者的历史思想，何况历史思潮本身具有强烈的现实性。因此，对相关历史观与历史思想的探讨与考察，是历史思潮研究不应回避的内容。

第四，历史思潮的时代特征。历史思潮最为明显的特征，就是其时代特征。任何一个较大思潮的产生、发展、回落，都脱离不了它所处的时代，都以其所处时代的发展状况为前提和基础。尤其是历史本身的重大变革，既催生新的历史思潮，也促使不合时宜思潮的消逝。因此，从不同历史时期的时代特点，审视不同历史思潮的起落历程，把握其所特有的时代特征，是历史思潮研究的应有之义。

第五，历史思潮的社会根源。如同任何社会思潮都不是凭空产生的一样，历史思潮也有其社会因素的渊源。它的产生、发展不但受社会整体条件的制约，而且受政治等上层建筑及其他社会意识的影响。对历史思潮产生、各阶段发展特点等问题的研究，都必须置于与各种社会因素的内在联系中，才能够全面清晰探讨。若仅仅从历史思潮自身探究，则难以求得令人满意的答案。但需要注意的是，历史思潮一经形成，就会具有相对独立性，也会反作用于社会的发展，甚至会影响社会风气或政治发展取向。因此，历史思潮的产生和发展不是孤立的现象，而是与政治、经济、文化等社会因素互动的结果。历史思潮研究既要剖析具体社会因素对历史思潮产生、发展和消亡的影响，又要阐述历史思潮对社会的影响，在与社会的互动中阐明其发展历程、阶段特点、深层动因、整体面貌。

第六，史学思潮。历史思潮研究的重点是人们对客观历史的认识和形成的潮流。史学思潮重点研究人们对认识史学研究本身所形成的潮流。两者联系紧密，甚至有重合之处。研究史学思潮，不但可以丰富历史思潮学科的研究内容，而且有利于从史学研究自身来认识和把握历史思潮。例如，1921 年中国共产党的诞生，为马克思主义史学奠定了政治组织基础，而马克思主义史学就是“伴随着中国共产党的成长而成长，伴随着中国共产党的发展而发展”。[①] 之后的社会史大论战，不但促进了马克思主义在中国的传播，而且促进了马克思主义史学的成熟与发展。此时的马克思主义思潮和马克思主义史学思潮紧密联结在一起，把两者结合起来才能有更清晰、深入和全面的认识。

第七，中外史学发展趋势。将历史思潮置于中国或中外史学发展的进程和链条上予以定位分析，看其有哪些创新，并且这种创新是否切合史学发展的前进方向。这样，某一思潮学术价值的高低、是非利弊，就能充分显现。历史思潮的研究不应脱离当代史学发展的趋势及其所面临的重要问题，后者是前者的重要参照系，能够令前者不至于迷失大方向。例如，自党的十八大以来，历史研究中国本土化趋势日益明显，此时的历史思潮研究应该与这种趋势相呼应，而不是背道而驰。

历史思潮研究的内容既具系统性，又具开放性。所谓系统性是指，

---

① 李红岩：《中国马克思主义史学思想概说》，《史学理论研究》2016 年第 1 期。

历史思潮学科具有自己的学术旨趣、研究内容和学科特点，能以其特有的成果为历史学的研究和发展提供新的视域、思想和成果。所谓开放性是说历史思潮的研究内容与其他学科有着密切关联，可以交叉对接进行跨学科研究。例如，要深刻认识与之关联紧密的历史观、历史思想、史学思潮，就需要借助历史哲学、历史理论、史学理论等学科的优秀成果。事实也是如此，跨学科研究是历史思潮研究必不可少的方法和路径。

三 推动历史思潮学科建设的重要价值和意义

积极有序推动历史思潮学科建设，有利于对历史思潮进行深入、全面、系统地研究，有助于知识体系的完善；同时具有传播正确的历史观、价值观、世界观和资政育人的重要社会价值。

（一）学科价值

历史思潮作为一门新兴学科，正处于披荆斩棘、创榛辟莽的起步阶段。积极有序地推动学科建设，有利于促进本学科的构建、完善和成熟。

第一，有利于明晰历史思潮学科规律。一切史学活动和史学现象都有其自身的发展轨迹，遵循一定的发展规律。学科规律的特殊性，是区别于其他学科的关键所在。因此，总结、探索、明晰学科规律，有助于将历史思潮学科与其他学科区别开来，从而促进本学科的成熟与发展。

第二，有利于明晰历史思潮学科的基本理论。任何一个学科的发展，都必须在本学科的理论研究方面取得进展，以提升学科思想水准。在浩渺史料中发现真问题，并做出深刻阐述，将其中最有价值的东西浅显易懂地表述出来，非有思想洞见不行，非有理论分析不可。历史思潮兼具实证研究和理论研究，而且理论特色极为明显。因此，历史思潮研究不仅要进行史料爬梳整理，同样要进行思考辨析、理论分析和思想探析。例如，对历史思潮发展的内在逻辑、发展规律、社会价值等理论问题的探讨。目前，历史思潮学科的相关理论问题尚未得到充分展开，期待有志之士的共同参与、共同努力。

第三，有利于明晰历史思潮学科的未来发展方向。历史思潮研究具有强烈的现实性、思想性、理论性。因此，未来的历史思潮研究，要基于扎实的学术史，持续拓展广度，加强深度，提出问题、提炼思想、提升理论，也就是要有问题意识，出理论、出思想，打造富有理论性、思想性的精品力作。同时，我们要加强自身的硬件建设，例如专门性资料库、数据库建设；另外，利用不同层面的教学平台，努力培养更多历史思潮专业人才，从而能够持续组织有效力量展开系统深入研究。

（二）学术价值

加强和推动历史思潮学科建设，有利于促进历史思潮研究系统性知识的生成；有助于学人洞见、把握历史思潮的演进趋向、发展方向和可持续的学术生长点；有助于历史思潮研究思想性的提升和经世致用功能的发挥。

第一，有助于完善历史思潮研究的系统性知识。尽管学界对历史思潮已有零星的研究，但在总体上还处于起步阶段。“知识总是由片断的积累而逐步形成系统性，知识的系统化过程是持续的、不断组合与分流的进程，但总会存在着非系统性知识与系统性知识的区别，系统性知识不同于零散、片断的知识，是把握了知识各部分内容的内在联系，一定程度上认识到了其相关事物的本质及其演化规律。”① 尽管每一学科的学术体系在结构上不尽相同，但必须具备一套系统性的知识结构，则是最基本的条件。因此，基于前人已有研究成果，汲取史学理论与史学史、思想史、文化史、社会史等不同学科的优秀成果，将零散的知识逐渐扩充为系统的知识，无疑能够奠定历史思潮研究的学术基础。

第二，有助于彰显历史思潮学科的学术价值。对历史思潮的系统研究和总结，使相关成果、研究历程、不同见解清晰、扼要地展现出来，哪些理念曾经流行而后来被否定，哪些观点提出后被批驳，哪些思想有益于社会和国家等，都清晰可见。例如，当今社会生活中就存在着不同

① 乔治忠：《论中国史学史的学术体系》，《史学理论与史学史学刊》2002 年卷，社会科学文献出版社 2003 年版。

的历史思潮，并程度不同地，或正面或负面地直接影响着现实。历史思潮研究对现实生活中这些具有潮流性思想的认识、分析和把握，不仅能够促进正向积极思潮的生成和发展，而且能够通过批判错误历史思潮，清除其消极影响。即使存在于过往的历史思潮，其本身所蕴含的经验教训，不论对学术研究还是现实创造都有不同程度的借鉴价值。这些都有助于后人洞见历史思潮演进趋向和新的学术生长点，为今后的历史研究提供可资借鉴的思想、观点和经验。

第三，有助于提升历史思潮研究的思想性，发挥济世安邦的致用价值。中国史学具有经世致用的优良传统，尤其注重发挥历史的明道和资治功能。明道功能表现在自孔子著《春秋》之后形成的史学传统。《左传》云："《春秋》之称，微而显，志而晦，婉而成章，尽而不污，惩恶而劝善。"① 孟子则曰："孔子成《春秋》，而乱臣贼子惧。"② 司马迁曰："夫《春秋》，上明三王之道，下辨人事之纪，别嫌疑，明是非，定犹豫，善善恶恶，贤贤贱不肖，存亡国，继绝世，补敝起废，王道之大者也。"③ 之后，刘勰、刘知幾、孔颖达、柳宗元、戴名世、章学诚等历代史家或文学家对史学明道功能多有阐述和发挥，并成为中国古代史书撰述的重要宗旨。《资治通鉴》"专取关国家盛衰，系生民休戚，善可为法，恶可为戒者"，④ 全面总结了前代的统治经验，以"有资于治道"。王夫之说："所贵乎史者，述往以为来者师也。为史者，记载徒繁，而经世之大略不著，后人欲得其得失之枢机以效法之无由也，则恶用史为？"⑤ 之后，不论是近代史学，还是马克思主义史学，无不呼应和接续了这种优良传统。

历史思潮研究应当继承和发扬治史明道资治的优良传统，阐明不同具体思潮中蕴含的理论、思想、智慧，以及与社会互动中产生的经验、教训，从而对人们的现实生活和国家政治、经济、社会、文化、生态等

① 《春秋左传正义》，载阮元校刻《十三经注疏》，中华书局1980年版，第1913页。
② 《孟子注疏》，载阮元校刻《十三经注疏》，第2715页。
③ 《史记》卷130《太史公自序》，中华书局1982年版，第3297页。
④ 《资治通鉴·进书表》，中华书局1956年版，第9607页。
⑤ 王夫之：《读通鉴论》卷6，舒士彦点校，中华书局2013年版，第131页。

方面的建设有所裨益。

（三）社会价值

历史思潮的产生、发展和落幕等与社会现实密切相关，甚至就是现实重大问题激发的结果。因此，历史思潮研究具有极强的现实性，虽为学术研究，但对社会现实有着深度的思考，深切的关怀。这也就决定了历史思潮研究决不能远离社会，躲进学科的象牙塔孤芳自赏，而有其特殊的社会意义。朱熹曾言："读史当观大伦理、大机会、大治乱得失。"[①] 借着发掘历史思潮的过去，让人们了解历史的传统，定位现在的坐标，启发和引导人们对自身、社会、国家乃至整个民族未来的思考。也就是马克思所说的，问题的关键绝不是仅仅解释世界，而"在于改变世界"。[②]

因此，除了学术层面的价值，历史思潮研究还应具有社会层面的价值，这因其对社会所具有的真意义而存在。例如，一个人生命的真价值不在肉体本身，而是对社会真贡献的大小。也犹如医学的真价值不仅在于医学本身，更在于救死扶伤。这也就不难理解，凡是在中国历史上流传下来的经典之作无不具有这一特征，例如《春秋》《史记》《资治通鉴》等。最为可贵的是，除了学术本身的贡献之外，这些经典之作无不承载着重要的社会功能，不但使作者本身的生命发出耀眼的光辉，而且造福后人，裨益社会。刘知幾所言"史之为用，其利甚博，乃生人之急务，为国家之要道。有国有家者，岂可缺之哉"，[③] 也就是这个意思。

历史思潮研究社会价值的一个重要方面，即在于传播正确的历史知识，弘扬正确的历史观、价值观、世界观。由此，我们不能不注意历史思潮本身及其成果在社会上的影响。瞿林东认为，不断走向社会，深入大众，是历史学发展的规律。[④] 这确实道出了中国史学的一个重要传统。历史思潮研究确实要积极发挥正向的社会影响，扼制负面的社会影响。

---

① 黎靖德编：《朱子语类》卷 11，王星贤点校，中华书局 1986 版，第 196 页。

② 《马克思恩格斯选集》第 1 卷，人民出版社 2012 年版，第 136 页。

③ 刘知幾：《史通》，白云译注，中华书局 2014 年版，第 506 页。

④ 瞿林东：《中国史学的理论遗产》，北京师范大学出版社 2005 年版，第 22 页。

一则通过塑造或推动正向正确的历史思潮的生成和发展，传播正确历史知识，弘扬正能量。这不仅能帮助人们明是非、辨善恶，增长知识、陶冶情操，而且有助于提高人们的社会洞察力，优化社会风气，促进社会发展。二则贬斥错误历史思潮，清除其消极影响，能够净化社会风气，维护社会稳定。

总之，历史思潮是一门以记述、分析、评价、总结、反思为主的学科。它不仅要对以往各种历史思潮做出实事求是的记述、评析与总结，而且要对正在发生或发展中的历史思潮做出及时有效的分析、回应与反思，为当前史学发展提供有益的经验借鉴。当前，有序推动历史思潮学科建设，推进历史思潮逐渐走向全面、整体、深入研究，不仅对本学科具有重要的开创意义，而且对于构建新时代中国历史学的学科体系、学术体系、话语体系具有积极作用，对促进中国历史学的整体发展具有重要价值。①

（原载《史学理论研究》2023 年第 2 期）

① 本文受乔治忠关于史学史学科体系研究系列成果的启发良多，如《论中国史学史的学术体系》等，并借鉴了其中的某些表述，特此说明并由衷致谢。

1950年代范文澜与尚钺学术论争再析

赵庆云

对于1950年代范文澜与尚钺的学术分歧与论争，学界已经有所关注。[①] 由于范文澜、尚钺均为颇有影响的马克思主义史家，两人的论争不仅涉及中国马克思主义史学内部的学术分歧，且有苏联等国际因素的纠葛，并开此后对尚钺的批判之端绪。细绎各方文本，回到彼时语境，从人际关系、时代背景、学术理路、国际因素等方面着眼，此事尚有待发之覆，值得再予探讨。

一 范文澜与尚钺之渊源

范文澜与尚钺的交集，始于北方大学时期。1946年初，北方大学成立，杨秀峰要求中央调范文澜任校长。4月中旬，范文澜抵达邢台履职。[②] 据毛佩琦整理的《尚钺年表》，尚钺1947年任解放区山东大学教授；1948转赴华北解放区，7月任华北大学二部史地系主任；1950年2月，中国人民大学筹备期间任教育研究室研究员兼史地组组长；10月中国人民大学成立，任中国历史和中国革命史教研室中国史组长、中国历

---

① 张承宗：《半个世纪前的一桩学术公案——对尚钺批判的回顾与反思》，载《吴门探史录》，黑龙江人民出版社2009年版；杜学霞：《从“教条主义”到“修正主义”——尚钺史学批判之由来及其反思》，《中共历史与理论研究》2016年第1辑；胡尚元：《意识形态语境中的学术论争与蜕变——以对尚钺历史观的批判为例》，《安徽大学学报》2007年第2期。

② 任晓璐：《北方大学》，载王荣丽主编《邢台记忆》，河北人民出版社2015年版，第251—252页。

史教研室副主任、主任。[①] 此年表疏漏了尚钺在北方大学历史研究室的经历。1947 年初范文澜接中共中央宣传部电报，要其聚集人才研究历史，是年暑假成立北方大学历史研究室，范文澜兼研究室主任，刘大年任副主任。1948 年初，尚钺到达北方大学，任历史研究室研究员。研究室此时共有研究员 11 人、研究生 3 人，一时人才称盛，其主要任务为修订《中国近代史》和《中国通史简编》。[②]

1948 年 6 月，北方大学与华北联合大学合并组成华北大学，6 月底，范文澜派历史、经济两个研究室学者率先由邢台赶赴正定，王冶秋、尚钺、李何林、叶丁易等人都在其中。[③] 7 月 1 日抵达正定。7 月 26 日，华北联大和北方大学正式合并成立华北大学。[④]

可以确定，范文澜与尚钺在北方大学历史研究室有为时甚短的共事经历。尚钺虽然比范文澜年轻近十岁，但革命资历并不逊色；且于 1948 年 7 月被任命为“华北大学二部史地系主任”。第二部为师范部，类似教育学院，专门培养中等学校的师资及其他教育干部，共分国文、史地、教育、社会科学、外语及数理化六个系，由何干之、陈唯实任正副主任。第四部研究部，以研究专门问题及培养、提高大学师资为目的，范文澜任主任，艾思奇任副主任。刘大年任研究部党支部副书记。下设八个研究室，其中中国历史研究室由原北方大学历史研究室一脉相承而来，范文澜兼主任，刘大年任副主任。八个研究室中，中国历史研究室规模最大、成果最多。[⑤]

1949 年新中国成立后，范文澜以华北大学中国历史研究室为班底，组建中国科学院近代史研究所；何干之、尚钺等人则以华北大学史地系、短训部为基础组建中国人民大学中国历史和中国革命史教研室。二者均

---

① 毛佩琦：《尚钺年表》，《尚钺史学论文选集》，人民出版社 1984 年版，第 593 页。

② 高翔、赵子真：《解放区第一所综合大学》，载韩辛茹主编《回忆北方大学》，北方大学校友会、长治市地方志办公室 1991 年版，第 23—24 页；刘大年：《北方大学记》，《近代史研究》1991 年第 3 期。

③ 刘大年：《北方大学记》，《近代史研究》1991 年第 3 期。

④ 白金、罗亚东：《华北大学正式成立全校师生举行盛大联欢会》，《人民日报》1948 年 8 月 9 日。

⑤ 刘大年：《北方大学记》，《近代史研究》1991 年第 3 期；成仿吾：《战火中的大学——从陕北公学到人民大学的回顾》，人民出版社 2014 年版，第 241—242 页。

承接延安史学之脉络，可谓同出一源。

1949 年前范文澜、尚钺二人虽有交集，却并无个人矛盾。据李新回忆："一九七九年春节后，我去看他（指尚钺——引者注）时，他正在修改他的《中国历史纲要》，并向我介绍了他以后的工作计划。我劝他计划宁可小一些，并祝愿他一定能完成计划，不要像范老（文澜同志）那样，壮志未酬［面］而赍志以殁。他听了，一时很动感情。对范老的去世，感到很痛惜；对我替他沟通了和范老的旧谊，表示非常的感谢。"① 经历政治风雨之后，尚钺仍提起与范氏之"旧谊"，可见二人在北方大学、华北大学相识共事，并非一段不愉快的经历；至 1949 年新中国成立之前，两人彼此之间并无成见。

二　两部通史及其反响

范文澜与尚钺二人的芥蒂，直接原因在于学术观点之分歧，这一分歧在二人编纂的通史著作中有所体现，并经由学界对此两部通史的关注、评论而凸显出来。

范文澜所著《中国通史简编》堪称典范之作，自出版后一直广受瞩目，新中国成立初期被不少大学作为通史教材。② 但此书撰著于革命战争时期，限于当时延安的资料条件，难免因陋就简。1951 年，范文澜在中宣部机关所作讲演中对《中国通史简编》作了措辞相当激烈的自我检讨，③ 并向学界广泛征求意见，得到诸多学者的积极响应。④ 范文澜将修订《中国通史简编》作为首要工作全力投入，且在近代史研究所内设立

① 李新：《一个坚强的共产党员和史学战士——痛悼尚钺同志并纪念他的八十诞辰》，载《尚钺史学论文选集》，第 11 页。

② 唐长孺说："现在这一本书（按，即范著《中国通史简编》）几乎为全国各大学中国通史课所采用。"据"唐长孺致范文澜函"，泰和嘉成 2013 年 5 月拍卖《范文澜手稿十六种》。

③ 范文澜自我批评太过，以致时任中宣部部长的陆定一给范回信曰："文澜同志：……我想，如果能在文章中把你的通史的'光明面'也提出一些，或者写在后头，则可以更为完备些。"据泰和嘉成 2013 年 5 月拍卖《范文澜手稿十六种》。

④ 参见赵庆云《范文澜与中国通史撰著》，《史学理论研究》2017 年第 4 期。

“通史简编组”以全力从事《中国通史简编》之修订。1952 年 9 月提出研究所五年计划，要求所内同仁加紧完成《中国通史简编》之修订，并“深入钻研，为成立历史研究所做准备，希望本所同志成为骨干”。是年 10 月范文澜更提出在 5 年之内“向历史研究所发展至 100 人”。[①] 这一构想后来因种种原因未能实现。不过，近代史所的通史组一直以来研究力量颇强，以至副所长张维汉批评：名为近代史研究所，通史组占用资源过多，“不仅机构重叠，主要是这个近代史所研究名实不符，几个研究组形同虚设。……通史组的做法，也不是现代的科学研究章法，而更像是旧中国的书院，范则像个老山长”。[②]

范文澜将通史撰著修订作为毕生事业，倾尽心力，自然对修订中国通史有相当高的期许。1953 年 8 月，修订本《中国通史简编》第一编（以下简称“修订本”）由人民出版社出版。郭沫若 1954 年在总结“新中国的科学工作”时亦特别强调：“对古代史的研究，出版了郭沫若的《奴隶制时代》及范文澜的《中国通史简编》第一分册。”[③] 范文澜此书名为修订，实为重写，篇幅大为扩充，且对一些理论问题有更明确的阐述。范著修订本甫一问世，即受到学界高度关注，北京大学历史系中国古代史教研室、中山大学历史系、中国人民大学中国历史教研室均组织讨论，讨论记录均发表于学术期刊。王玉哲、赵光贤、吴大琨等学者也撰写了书评。

总体来看，这些评论对范著修订本还是多所肯定。北京大学历史系座谈讨论，肯定范著修改本比延安旧本“有了很大的提高：旧本某些不符合于历史唯物主义的论点已加改正；对某些重要的历史人物作了新的估量；对社会历史生活的各个方面以及各个方面的相互关系有了较为全面的阐述和一些具体的分析……这些改进，使本书的科学水平有了显著

① 李瑚：《李瑚日记》，未刊手稿，1952 年 9 月。

② 齐武：《清偿集》，时代文化出版社 2013 年版，第 369 页。

③ 郭沫若：《新中国的科学工作——一九五四年十月郭沫若院长为纪念新中国成立五周年给〈苏联科学院通报〉而写》，载中国科学院办公厅编《中国科学院资料汇编（1949—1954）》，1955 年印行，第 41 页。

的提高，因此对于大学的中国史教学有更多的帮助”。[①] 中山大学历史系教师讨论认为，范著通史修订本比旧本“大大提高了一步”，“一、体系益形严整，阶级结构的分析较为明确，且纠正了旧本中非历史主义的说法；二、因此论述与批判更加切实，思想性也加强了；三、材料增多，文字通俗；四、关于学术文化部份能适当地按时代插入”。[②] 南开大学教授王玉哲强调：修订本“在广大读者的期待下出版了。这是史学界的一件大事。因为像这样熟练的运用历史唯物主义的立场、观点和方法，把中国古史作了具体的阐述和分析的历史著作，在目前来说是太少了。预料这本大著在历史知识的传播与教学上，一定起很大的推动作用”。[③] 赵光贤也认为：范著修订本“在许多方面已表现了突出的进步。在材料上，它增加了许多旧本所未有的材料，在问题的解释上，也加详了很多，在阶级阶层的分析和学术思想的批判上，也比旧本细致而深入，在叙述方法上，大体上是按着时间先后的顺序来叙述，是比较进步的叙述方法，这些优点说明了修订本不止远远超越了旧本，也为同类书籍所不及”。[④]

至于批评商榷意见，一些具体的史实及史料解读问题之外，主要集中于通史撰著如何运用马克思社会形态理论的问题，实质上仍属于当时学界争论热烈众说纷纭的古史分期问题。北大历史系讨论意见其要义有二：（1）范文澜将社会形态的更替分为两种情形，一种以生产力为决定因素，另一种以生产关系为主要关键，标准并不一致，“应该从生产力与生产关系的统一认识中来区别一个社会经济形态”。（2）范著认为西周的宗族制度是封建制度与氏族制度相结合的一种制度，而东周则领主的宗族制度被地主的家族制度所代替。“这就是说，不等到家族制度的确立，我国的历史已经历了长期的阶级社会阶段（由商代到东周），这

① 北京大学历史系中国古代史教研室：《关于范文澜中国通史简编修订本第一册座谈会的纪录》，《历史研究》1954 年第 2 期。

② 中山大学历史系：《对范文澜中国通史简编修订本第一编的意见》，《历史研究》1955 年第 1 期。

③ 王玉哲：《关于范著中国通史简编修订本第一册的几点意见》，《历史研究》1954 年第 6 期。

④ 赵光贤：《读范著中国通史简编修订本第一册》，《历史研究》1954 年第 6 期。

种说法是与恩格斯经典著作中的意见不相符合的”。[①] 王玉哲对此则辩解说：范文澜的观点与恩格斯著作并非不合，因为“在商周之际，各古代部族的文化发展是不平衡的。……对周族来说，她没有经历过纯粹的奴隶社会阶段。所以周代的宗族制度可以理解为氏族制度与封建制度相结合的一种制度”。[②]

吴大琨的长文亦主要针对社会形态更替的标准问题展开批评，他指出：范著在社会形态问题上观点偏颇的根源，在于其理解生产力这个概念时忽略了生产工具的因素。他强调：西周与殷之间确实找不出什么显著的生产力（生产工具）上的变化，二者应为同一社会性质。范文澜认为，“区别奴隶社会与封建社会的主要关键，则在剥削方法的变换”，实为硬造理论，并不妥当。[③] 中山大学历史系亦提出：范著“对于殷周之际由奴隶社会转入封建社会的过程交代得不清楚”，“从奴隶到农奴，或从自由民到农奴，都需要有一个相当长的过程的。商代奴隶兵倒戈起义后，便立即被释放为农奴的说法，未免过于简单，似乎还需要更详细的说明”。[④]

“文化大革命”前十七年间，史学界直率尖锐的学术争鸣与批评并不鲜见。郭沫若、范文澜等史学权威人物亦倡导学术批评风气。范文澜1956年10月在《人民日报》发表文章，特别强调：“学术批评本来是研究工作中的互相砥砺、互相帮助。研究者和批评者不论知识多少广博，要做到自己在每一点上都十分正确那是很困难的。经过批评讨论，才有可能取长补短、精益求精。我们有些学术问题的批评和讨论，离开这种积极意义，变成了门户之见，意气之争。有些学术批评缺少具体分析。批判者拿大帽子作武器，把对方一笔抹杀。受到批评的人失去自信，不

---

① 北京大学历史系中国古代史教研室：《关于范文澜中国通史简编修订本第一册座谈会的纪录》，《历史研究》1954年第2期。

② 王玉哲：《关于范著中国通史简编修订本第一册的几点意见》，《历史研究》1954年第6期。

③ 吴大琨：《与范文澜同志论划分中国奴隶社会与封建社会的标准问题》，《历史研究》1954年第6期；吴大琨：《再论划分中国奴隶社会与封建社会的标准问题——答时希哲同志》，《文史哲》1955年第8期。

④ 中山大学历史系：《对范文澜中国通史简编修订本第一编的意见》，《历史研究》1955年第1期。

敢坚持自己的意见。看批评的人也以为被批评的作品是百无一是，不值一顾。”①

“修订本”出版后，范文澜无疑颇为在意学界反应，但他并不排斥学术批评。1950 年代他在致刘大年函中表示：“现在最重要的事情是打开局面，使大家对我的顾虑逐渐消除，还不忙于展开多方面的讨论（这应是第二个步骤）。因此，我意岑仲勉、南开两篇可整个集中力量对我批评，放宽尺度，造成‘老虎尾巴，毫不可怕的气度。”② 在 1953 年 9 月 21 日召开的中国历史问题委员会第一次工作会议上，范氏建议以他的《中国通史简编》修订本“作为讨论的底稿”，以“开展充分的批评与自我批评”。③ 前述对范著“修订本”的书评虽不乏直率批评，但均为学理争论，不涉意气之争。对于吴大琨的长篇批评文章，范文澜致函刘大年表示：“吴大琨文发表很好，以提倡批评风气。”④

再来看尚钺主编的通史著作《中国历史纲要》（后文简称《纲要》）。此书是中国人民大学中国历史教研室为本科中国通史教学需要而于 1952—1953 年间集体编写的教科书，1954 年 8 月由人民出版社出版后，由于此书“理论一贯，通畅易懂”，⑤ 引起史学界高度关注，“在解放初期各界的理论学习中发挥过重要作用”。⑥ 此书与范著“修订本”可谓两峰并峙，其风头甚至有超越之势。⑦ 最早的一篇评论是王介平、罗明、孙长江、王忍之、石峰、李文海六人合写的《“中国历史纲要”评介》，王介平等六人均为中国人民大学历史研究班的研究生。此书评写作方式颇有独特处，后文详论，按下不表。

1955 年 1 月 26 日，山东大学历史系中国古代及中世纪史教研组召开讨论《中国历史纲要》座谈会。教研组内童书业、赵俪生、张维华、

---

① 范文澜：《贯彻“百家争鸣”方针的关键》，《人民日报》1956 年 10 月 6 日。

② 《范文澜来函》，《刘大年全集》第 11 卷，湖北人民出版社 2019 年版，第 107 页。

③ 《中国历史问题研究委员会第一次会议记录》，载刘潞、崔永华编《刘大年存当代学人手札》，内部印行，第 44 页。

④ 刘潞、崔永华编：《刘大年存当代学人手札》，第 97 页。

⑤ 尹达：《深切怀念马克思主义史学家尚钺同志》，载《尚钺史学论文选集》，第 3 页。

⑥ 毛佩琦：《〈中国历史纲要〉前言》，载尚钺《中国历史纲要》，河北教育出版社 2000 年版。

⑦ 可以作为参照的是翦伯赞的《中国史纲要》，“文化大革命”前十七年间并无一篇书评。

黄云眉、王仲荦等12人与会之外，还约请马列教研室的吴大琨、葛懋春、洛洋，以及中国近现代史教研组郑鹤声参与讨论。《文史哲》1955年第3期设讨论专辑，刊载王仲荦、吴大琨、童书业、韩连琪、赵俪生、张维华、罗祖基、卢南乔等学者的评论意见共9篇。[①] 声势之大可谓盛况空前。这些评论对《纲要》整体上多所肯定，往往就一些具体问题提出补充或商榷。

贵阳师范学院历史系于1956年组织三次座谈，讨论意见发表于《历史研究》1956年第3期。大家肯定《纲要》将社会生产的发展提到首要地位，注重说明生产力状况。揭露各个时期的社会矛盾和阶级斗争。[②] 1956年12月27日，北京大学历史系中国古代史教研室举行关于尚钺著《中国历史纲要》一书的讨论会，会议由中国古代史教研室主任邓广铭主持，讨论记录1957年8月发表于《历史研究》第4期，主要就具体史实错误、史料解释问题提出批评和商榷。由于北大历史系主任翦伯赞建议讨论“不要纠缠在分期问题上”，此次讨论对历史分期问题并未展开，但也涉及历史认识问题的批评，主要包括：《纲要》对先秦文化估计过低，关于奴隶制过渡到封建制问题处理混乱，夸大秦汉时商业资本的作用，存在大汉族主义倾向。[③]

此外尚有学者个人撰写的书评与商榷文章4篇：乌廷玉《对尚钺主编“中国历史纲要”若干问题的商榷》(《史学集刊》1956年第2期)、汪槐龄《对“中国历史纲要”元代部分的意见》(《历史研究》1958年第7期)、张旭光《与尚钺同志商榷关于唐代租庸调的数量问题》(《史学月刊》1958年第2期）和《对尚钺“中国历史纲要”的一些补充意见》(《史学月刊》1958年第4期)，均为具体史实史料问题的探讨。

颇不寻常的是，邓春阳、张我德、何志作为《纲要》撰著团队成员，却公开撰文对此书提出了颇为尖锐的批评。邓春阳撰写《对“中国

① 《“中国历史纲要”讨论专辑》,《文史哲》1955年第3期。

② 贵阳师范学院历史系：《对尚钺主编“中国历史纲要”的一些意见》，《历史研究》1956年第3期。

③ 北京大学历史系中国古代史教研室：《“中国历史纲要”讨论会纪录》，《历史研究》1957年第4期。

历史纲要”的一些意见》提及：中国人民大学中国历史教研室的教师们在集体撰著过程中，对于若干重大问题曾有过严重分歧，邓春阳直接批评《纲要》将任何商品经济的发展都看作否定封建制度的因素，过分强调中国封建社会内部商业资本的积极作用，夸大中国封建社会各个历史时期的商品发展程度及明清时代资本主义萌芽的发展程度；还批评《纲要》夸大清代民族矛盾，过分贬低某些少数民族如满族的历史作用。[①] 邓春阳此文写于 1955 年初，“在写作和发表过程中却受到各种阻挠。最初是有人动员我不要写；等到我写好后，又有人动员我送到校刊‘教学与研究’，不要送到外面去”。此文 1955 年 3 月底送给《教学与研究》，一年半之后才刊出。[②] 被《读书月报》1956 年第 10 期以《“教学与研究”评“中国历史纲要”》为题摘要转载。

张我德、邓春阳、何志合写的《评中国历史纲要》则直言不讳：“本书虽然是集体著作，但反映在书中的对中国历史上许多重要问题的看法却是尚钺同志个人的看法。我们参加了本书的编写工作，对这些看法便有不同的意见。”明确批评《纲要》的分期解释框架“有否认中国社会的具体特点，把中国历史简单化、公式化的倾向”。就古史分期问题和土地所有制问题来看，“本书不是从中国历史发展的具体情况和具体特点出发，而是把一般社会发展的规律及其在欧洲的某些表现形式硬套在中国历史上。这种倾向在本书关于中国资本主义萌芽问题的论述中也有同样的表现……这套看法我们看来是很难自圆其说的”。[③]

1957 年 6 月 5 日，邓春阳又在《人民日报》发表《尚钺同志怎样对待学术讨论》，更是激烈批评尚钺作为教研室主任“对学术上的不同意见一贯采取粗暴的压制手段，并对同他进行学术争论的教员同志加以各种打击，使得学术上的不同意见在教研室内几乎没有存在的余地”。[④]

从学术研究能力与资历来看，张我德、邓春阳等人确实与尚钺差距甚远，其敢于公开挑战尚钺的权威，或与当时学界的平等氛围不无关系。

---

① 邓春阳：《对“中国历史纲要”的一些意见》，《教学与研究》1956 年 Z1 期。

② 邓春阳：《尚钺同志怎样对待学术讨论》，《人民日报》1957 年 6 月 5 日第 7 版。

③ 张我德、邓春阳、何志：《评中国历史纲要》，《历史研究》1957 年第 1 期。

④ 邓春阳：《尚钺同志怎样对待学术讨论》，《人民日报》1957 年 6 月 5 日第 7 版。

从相关资料及一些学者的回忆来看，尚钺“最不囿于成说，最重视创新”，能“大胆地突破框框”，[①] 相当自信地执着于自己的学术观点，且颇为书生气，未能妥善处理与撰著团队的关系。据撰著团队重要成员（三人修改小组成员）邓春阳所言，1952—1953 年间，在撰写修改过程中，撰著团队内部发生过数次激烈争议，“尚钺同志以为他的观点是唯一正确的，只允许大家经过讨论来体会他的观点，如果有什么不同意见，便是‘反马列主义’”。“谁要在教学中违反这本书的观点就是‘无组织、无纪律’。”“如果有人说他的观点不过是一家之言，便算是犯了忌讳，便算是破坏领导的‘学术威信’。”[②] 参与编撰《中国史纲要》（翦伯赞主编）的邓广铭、陈庆华等人认为，集体撰著要想成功，须具备三个条件：一位有较高理论水平和学术造诣、并敢于承担责任的主编；若干学有所长的专家参与；“大家有接近的学术观点”。[③] 尚钺所率撰著团队中观点分歧对立，且形诸文字公开发表，某种程度也埋下了此后危机的种子。

三　两篇书评

杜学霞注意到中国人民大学中国历史研究班集体讨论、王介平等六位学生执笔的《〈中国历史纲要〉评介》，认为正是这篇文章被范文澜认为是为尚钺代言并发起挑战，“造成了尚钺和范文澜之间的误会”，并引发范文澜、尚钺两人的论辩。[④]

此文确实颇耐寻味，关于其撰写缘起，李文海在回忆中提及：“学到第三年，教研室领导给我们布置一个任务，就是认真研读范文澜同志的《中国通史简编》，并写一篇书评。后来由石峰、王忍之、王介平、孙长

① 戴逸：《战士、学者、良师——悼念尚钺同志》，《历史研究》1982 年第 2 期。

② 邓春阳：《尚钺同志怎样对待学术讨论》，《人民日报》1957 年 6 月 5 日第 7 版。

③ 邓广铭、陈庆华、张寄谦、张传玺：《翦伯赞同志和〈中国史纲要〉》，《北京大学学报》1978 年第 3 期。

④ 杜学霞：《从“教条主义”到“修正主义”——尚钺史学批判之由来及其反思》，《中共历史与理论研究》2016 年第 1 辑。

江、罗明和我六个人署名，在《新建设》杂志发表了。书评既肯定了《中国通史简编》的成就，也对有些问题提出了商榷。范老是史学权威，我们是几个没有毕业的学生，居然写这样的文章，实在有点越出常规。这一方面反映了当时的学术大环境还比较好，另一方面也说明我们的老师思想比较开放，能够鼓励年轻人大胆发表学术见解。”① 与尚钺在中国人民大学曾经共事的孙健回忆：“他就曾经指导他的学生对史学权威范文澜先生的历史著作《中国通史简编》第一卷进行公开的学术批评。据我了解，尚钺先生进行学术批评是为了展开学术讨论，没有别的想法。可是，这在当时的史学界却引起了极大的轰动。”②

李文海先生的回忆不够确切，可能有所混淆。尚钺给中国人民大学中国历史教研室三年级研究生布置任务为“认真研读范文澜同志的《中国通史简编》，并写一篇书评”，但检索相关学术期刊，王介平等六人署名在《新建设》发表的却是《评〈中国历史纲要〉》，③ 其主旨无疑应是评介《中国历史纲要》一书。另一篇署名“中国历史教研室三年级研究生集体讨论、王忍之执笔”的《对〈中国通史简编〉的几点意见》，发表于《教学与研究》1955 年第 3 期（1955 年 4 月）。此文发表在后，集中于古史分期问题对范著修订本提出批评意见。其一，针对范著以两类标准作为区别社会形态的主要关键，明确提出只有“生产方式”这一个标准。其二，范著对于商代奴隶制占主导、产生了阶级对立和国家的论证不能令人信服；其三，关于封建制代替奴隶制，批评范文澜过分夸大了生产关系的作用，过分缩小了生产力的作用，“而在生产力这个概念中又过分强调了劳动力的作用，同时也就忽视了生产工具的作用”。④ 这篇书评对范著坦率批评其理论分析之缺陷，但行文较为平实，着眼于学

---

① 《李文海自述》，载《求是园名家自述》第 2 辑，中国人民大学出版社 2012 年版，第 150 页。

② 孙健：《尚钺先生的治学精神》，载《尚钺先生》，中国人民大学出版社 2011 年版，第 154 页。

③ 此书评先以《〈中国历史纲要〉评介》为题，发表在《教学与研究》1954 年第 11 期（11 月 27 日），后略加修改以《评〈中国历史纲要〉》为题再次发表于《新建设》1954 年第 12 期。

④ （中国人民大学）中国历史教研室三年级研究生集体讨论、王忍之执笔：《对〈中国通史简编〉的几点意见》，《教学与研究》1955 年第 3 期。

理分析，仍属理性节制的学术批评。

两篇书评都涉及范著“修订本”，细绎文本，可知李文海、孙健所言在史学界引起轰动的书评应为1954年11月发表在先的王介平等六人署名的《〈中国历史纲要〉评介》（及1954年12月发表于《新建设》的《评〈中国历史纲要〉》）。此文对尚钺主编的《纲要》“几个特点与优点”予以充分肯定，而将范著“修订本”作为反面参照物予以尖锐批评。兹择其要者概述如下：

其一，《中国历史纲要》是以斯大林的“生产底变更和发展始终是从生产力底变更和发展上，首先是从生产工具底变更和发展上开始。所以生产力是生产中最活动最革命的要素”这一原理，作为处理和分析中国生产发展的问题的出发点的。“我们认为，本书的这一特点，具有特别重大的意义。因为直到今天，并不是每一个历史学者，都是遵循着这一原理来对待中国社会生产发展问题的。例如范文澜同志在《中国通史简编》中证明西周是封建社会时就这样写道：‘在同样生产工具的基础上，剥削者从长期经验中，看到奴隶暴动、怠工、破坏工具等各种反抗和奴隶管理、补充的不容易，逐渐发现变换一些剥削方法，使劳动者有自己的经济，有自己的生产工具……’。显然，这种说法不仅没有史实的根据，而且是和上述斯大林的原理不一致的。”

其二，《中国历史纲要》在叙述一个经济形态向另一个经济形态过渡的时候，“是遵循着如下这一原理的：‘新的生产力以及与其相适合的生产关系产生的过程……是在旧制度内部发生……是自发地、不自觉地、不依人们意志为转移地发生的。’……我们认为本书这个特点也具有重大的意义，因为，直到今天，并不是每个历史学者都遵循着这一个原理的。例如，《中国通史简编》在说明奴隶制向封建制的过渡时说：‘豳人和其他地方的居民，说古公是个仁人，扶老携幼都来归附……这样，新的生产关系即封建的生产关系很自然的萌芽了。’这个论点显然是违反上述原理的。……显得生产关系的转变，是由历史人物的‘善良意愿’出发”。

其三，《中国历史纲要》“把每一历史时期的经济制度、政治制度以及社会思想联成一个整体加以考察，从而阐明他们之间的内部联系，指出这些现象本身的历史变化和发展倾向。……本书这样来考察社会历史，是有重大意义的。因为，直到今天，并不是每个历史学者都是这样做，而往往相反地把各种历史现象彼此隔离开来，加以罗列，这样，就不可能正确地揭示出中国社会发展的面貌。《中国通史简编》就有这样的例子……使人读后得到的只是一些互不连属的历史断片，而不是中国社会发展具有全面性的规律知识”。

其四，《中国历史纲要》把各种历史现象看成一个有机的整体，把上层建筑方面的变化，归结为社会经济变化的结果，而不是任何伟大人物的主观愿望和意图，“本书这个特点，显然也是具有重大意义的。因为直到今天，并不是每个历史学者都是这样做的。例如，《中国通史简编》对于宋代中央分集权的措施……把宋代中央集权的政治制度归结为赵匡胤的主观意图的论战，显然是违反历史唯物主义原理的，因而也是错误的”。

其五，《中国历史纲要》着重写劳动群众的历史，说明劳动人民是物质财富与精神财富的创造者。用中国的史实证明了劳动人民是生产关系变革中的决定力量，将人民群众的活动和斗争与一定的历史条件和一定的生产方式联系着来考察。但“遗憾的是，这样的方法并不是每一个历史学者都已经掌握了的，例如，《中国通史简编》写道：‘秦汉起下迄太平天国起义是农民自发的争取土地时期’。这种抹杀各次起义特点的看法，显然是因为没有对起义作历史地具体地分析的结果”。①

这篇书评题为《〈中国历史纲要〉评介》(《评〈中国历史纲要〉》)，着重推介称许《中国历史纲要》，仅附带对范著“修订本”作寥寥数语的批评，虽未展开却颇为犀利。这种扬此抑彼、声东击西的行文方式在1950 年代的学术氛围中亦不多见，从此文看来，范著只可充当反面教材，几乎“百无一是，不值一顾”。考虑到此文的作者与尚钺的师生关系，难免让人产生联想，在范文澜看来，此文或许就属“门户之见，意气之争”，② 而不免心生芥蒂。平心而论，从倾注心力之多、助手阵容之

① 王介平、罗明、孙长江、王忍之、石峰、李文海：《〈中国历史纲要〉评介》，《教学与研究》1954 年第 11 期。

② 范文澜：《贯彻“百家争鸣”方针的关键》，《人民日报》1956 年 10 月 6 日第 7 版。

强、学术积累之厚来看，范著通史“修订本”自有其难以否定的价值。而尚钺主编的《纲要》，赵俪生的看法或可谓持平之论：“假如我可以拿本书来跟吕振羽著简明中国通史和范文澜著中国通史简编做一番对照的话，那么本书中所发生的错误（包括史料方面的错误和论点方面的错误）要比那两本书中的少，但创发与独到之处也远不及那两本书中的多。”①

四　范文澜为何批评尚钺?

范文澜、尚钺两部通史，在1954—1957年间备受关注，又因王介平等人的书评将两书学术观点分歧放大并突显。不过，范著通史自1941年延安出版以来，一定程度上已成为代表中国共产党的历史观点的权威著作，② 而尚钺主编的《中国历史纲要》虽有后来居上之势，但吕振羽1955年10月5日在民主德国莱比锡“东方学讨论会”上介绍《六年来的新中国的历史科学》时，仅将尚著与北京大学、东北人民大学的通史讲义并列称为“在教学中比较有成绩的讲义”；同时着重介绍了郭沫若的《奴隶制时代》和范著《中国通史简编》修订本。③ 范著通史的地位并非轻易可以取代。

1957年3月25日，范文澜应翦伯赞之邀赴北京大学讲演《历史研究中的几个问题》。此讲座缘于1957年春北大为贯彻执行党的“百花齐放、百家争鸣”方针，由历史系翦伯赞主办高水平的具有国际性的学术论坛“历史问题讲座”，范文澜为第一讲，听众达千人以上。上海《文汇报》3月30日对此讲座作了报道。讲稿以《历史研究中的几个问题——北京大学历史问题讲座第一讲》为题发表于《北京大学学报》

① 赵俪生：《对“中国历史纲要”农民战争部分的几点意见》，《文史哲》1955年第3期。

② 毛泽东对范著《中国通史简编》曾高度评价说：“我们党在延安又做了一件大事。我们共产党人对于自己国家几千年的历史有了发言权，也拿出了科学的著作了。”佟冬：《我的历史》，载《中国当代社会科学家传》第4辑，书目文献出版社1983年版，第83页。

③ 吕振羽：《六年来的新中国历史科学》，载《吕振羽全集》第八卷，人民出版社2014年版，第416页。

1957 年第 2 期。范文澜强调“搜集资料，应从大量的、普遍存在的事实下功夫，不要作寻章摘句、玩弄举例游戏的手法”。接着对尚著《中国历史纲要》明确提出批评：“我看这本书是用西欧历史作蓝本的。他们那里是奴隶社会了中国也就开始是奴隶社会；他们那里封建社会开始了，中国也跟着开始封建社会；西欧封建社会发达起来了，中国封建社会也跟着发达起来。整本书里大致都是这一类的比附……西欧有资本主义了，中国也来个市民运动和过分夸大的资本主义萌芽，甚至说，中国封建制度‘崩解’、‘瓦解’了。他们怎么样，中国也就跟着怎么样，时间先后凑得颇为整齐划一，这真是一件怪事！……是否写这本书时，有意无意地依西欧历史的样来画中国历史的葫芦？或者说，是否在削中国历史之足，以适西欧历史之履？”① 范文澜批评《纲要》削足适履，抹杀中国历史的特性，其基本观点并无新奇之处，在张我德等人合写的《评中国历史纲要》一文中也能找到。但因范氏在学界的地位，自然引起高度关注，也引起尚钺颇为激烈的隔空回应。②

如前文所论，范文澜、尚钺两位马克思主义学者既有撰著中国通史的争竞，也有历史理论方面的分歧，尚钺学生的书评一定程度激化了这种分歧，范文澜、尚钺二人产生芥蒂自在情理之中。不过回到当时语境来看，范文澜下决心点名批评尚钺为“教条主义”的主要原因并非“负气”或者“意气”，以下两个方面更为重要。

其一，范文澜思想观念的局限，在他看来，“魏晋封建说”已然超出一般学术争鸣范围。在 20 世纪 50 年代的语境中，“魏晋封建说”确实具有一定的政治敏感性，一些人甚至将之视为“异端”。持魏晋之际封建说的何兹全，在 20 世纪 50 年代写了一篇《汉魏之际社会经济的变化》，他后来回忆：当时“不敢提这是由奴隶社会到封建社会的转变”，只是“论述变化的客观情况，画龙不点睛，不说变化的性质。既说出了思想认识，又不提分期。这篇文章，不怕被人抓辫子”。据何兹全的观

① 范文澜：《历史研究中的几个问题》，载《范文澜全集》第 10 卷，河北教育出版社 2002 年版，第 392—394 页。

② 尚钺：《关于研究历史中的几个问题》，载“历史研究”编辑部编《尚钺批判》第 1 辑，内部发行，1960 年，第 271—307 页。

感，当时“汉魏之际封建说虽然没有受过政治迫害，但压制还是有的。空气也有重量，那个气氛是很重的”。[①]

尚钺对此问题的敏感性也有所意识，因此在《纲要》“编者的话”中声明：对于古代史分期问题既“不敢轻从一般的说法，又不敢作盖然性或臆测式的判断”。如此回避含糊处理，也是为了自我保护。1957 年 5 月 2 日，在江苏师范学院历史系座谈会的报告中，尚钺回应范文澜的批评，不无庆幸地说：“……当时幸运的是在‘中国历史纲要’我谨慎一下，我没有敢发表我的谬论，在那个书从西周一直写到南北朝，就没敢提出是奴隶社会是封建社会这样帽子，大家可以参考有许多小农应该是奴隶的，我就把它变成农民，怕引起争论，因为我自己学识也不够，理论水平也很低，很怕，所以没有敢加上这个帽子。范文澜同志说我划分阶段怎样怎样划的，我疑心他没有看‘中国历史纲要’，光是听人家这样说我这样主张就用个帽子一戴？现在有客观事实在那里摆着，我自己现在最骄傲的就是谨慎一下。”[②]

由于《纲要》回避了明确的古史分期断限，张我德等人批评说：“作为一本教科书和科学著作，应当明确提出自己的看法。不明确提出而又暗中透露，徒然使读者陷于迷惑，也妨害了自己作充分的论证。这不能不说是本书的严重缺陷。”[③] 苏联学者也指出此书对社会形态更替时间节点未作确切表述。[④] 贵阳师范历史系讨论认为，《纲要》实际上“用自己的分期见解，贯串在这部书中。只因不肯明确说出，以致在若干问题上（特别是前三章）的解释就受到限制”。[⑤]

尚钺在撰写《纲要》时出于“谨慎”而回避明确表述自己关于历史分期的观点，不过以他颇具学术自信的个性，自己得意的学术观点抑不

---

① 何兹全：《九十自我学术评述》，《北京师范大学学报》2001 年第 5 期。

② 尚钺：《关于研究历史中的几个问题》，载“历史研究”编辑部编《尚钺批判》第 1 辑，第 305 页。

③ 张我德、邓春阳、何志：《评中国历史纲要》，《历史研究》1957 年第 1 期。

④ ［苏］弗·尼·尼基甫洛夫：《评“中国历史纲要”》，《教学与研究》1956 年第 3 期，魏越译自苏联《历史问题》1955 年 12 月号。

⑤ 贵阳师范学院历史系：《对尚钺主编“中国历史纲要”的一些意见》，《历史研究》1956 年第 3 期。

得发恐怕也引为憾事，转而由其学生在书评中以一种曲折委婉的方式透露出来。王仲荦推测："大概在'中国历史纲要'发行之后，该书主编也感觉到这是一个缺点吧！因此，才由王介平等六位同志写了一篇评文，主要想把'中国历史纲要'编者对分期的看法正面介绍出来。幸亏有了这一篇'索隐'式的评文，我们才能按图索骥，加以领会。"① 范文澜对此文也高度关注，甚至注意到此文两次发表的细微差异，他在北大的讲座中特别提到："《纲要》有它的主张，但又往往隐蔽这些主张，其'微言大义'必须看王介平等六人《评〈中国历史纲要〉》一文才能知道。王文在《新建设》一九五四年十二号上说：明清是'封建制崩解的时期'，王文在《教学与研究》一九五四年十一号上说：明清是'封建制瓦解的时期'。王文既断定明清时期封建制'崩解'、'瓦解'了，文中却说得似乎没有'崩解''瓦解'，究竟'崩解''瓦解'了没有呢？其中是否又含有什么'微言大义'"。②

范文澜对"魏晋封建说"的反感一以贯之。1957 年 7 月 29 日，他在《光明日报》发表《文要对题》，针对"两汉奴隶制论"作火药味十足的批驳。他先明确提出：争鸣也是斗争，"斗争一定要针锋相对，在要害处决胜败。击中要害者胜，要害被击中者败"。在他看来，"西周封建"论与"战国封建"论的争议不过是同道之争，而与"魏晋封建说"则有敌我之争的意味。故而他在文中引郭沫若为同道以批驳共同的论敌。他引用郭沫若在 1952 年《奴隶制时代》中的质问："西汉奴隶制说者在这里不自觉地碰着了一个无法解决的矛盾，他们承认孔子和儒家学说是封建理论，而却主张西汉的生产关系还在奴隶制的阶段，这岂不等于说：在奴隶制的社会基础之上树立了封建制的上层建筑吗？"而郭沫若的"这个质问，正是对准两汉奴隶制论的要害处，射出了一枝致命的利箭"。他还提到郭沫若 1956 年 12 月 6 日在《人民日报》发表《汉代政权严重打击奴隶主》一文，认为此文就是对魏晋封建论者的再次追问。1957 年 2 月 25 日，日知在《人民日报》发表《试答郭沫若先生的质问

① 王仲荦：《关于"中国历史纲要"古史分期问题及魏晋南北朝隋初唐史部分的意见》，《文史哲》1955 年第 3 期。

② 范文澜：《历史研究中的几个问题》，载《范文澜全集》第 10 卷，第 393—394 页。

之一》，范文澜认为日知此文并未能回答郭沫若的质问，因而是“文不对题”。①

范文澜将“魏晋封建论”视为异端，原因主要有两个方面：首先，毛泽东曾明确论断：“这个封建制度，自周秦以来一直延续了三千年左右”，②“西周封建”与“战国封建”均与“周秦以来”不矛盾，而“魏晋封建论”与毛泽东的论断“挂不上钩”。③ 范文澜对毛泽东的论断奉为圭臬，他1940年5月在延安《中国文化》发表《关于上古历史阶段的商榷》，即为对毛泽东论断的论证。④ 他在致翦伯赞的信中说：“关于‘商业资本’，我想不用这个名词也不要强调商业的作用，因为《中国革命与中国共产党》已指出，它不是起决定作用的东西。”⑤

其次，“魏晋封建论”的首倡者为陶希圣，虽然尚钺与陶希圣并无任何学术师承或渊源关系，且在讲演中对陶希圣严加批判，⑥ 也有学者认为陶希圣史观不纯，对“魏晋封建论”仅仅提出而已，对此说的深入论证在新中国成立以后，而尚钺则有开创之功。⑦ 但二者基本学术观点的相似仍难以完全切割。

范文澜对陶希圣的学术观点自然并不陌生，且难免将“魏晋封建”与陶希圣予以关联，他在对尚钺的批评中并未加引申，还留了余地。讲演稿发表前他致函刘大年：“我那篇稿子中有对着吴大琨文（《历史研究》）的，和《教学与参考》里《尚著简介》的那些文章的批评。稿子打印前，请你仔细看一看，是否有引起其他误会之处。如结束语一段，‘谁都知道生产力论是……可耻的骗术，等处，可多作删改，以免误会。’”⑧

---

① 范文澜：《文要对题》，《光明日报》1957年7月29日。

② 《毛泽东选集》第二卷，人民出版社1991年版，第623页。

③ 何兹全：《九十自我学术评述》，《北京师范大学学报》2001年第5期。

④ 何兹全认为：“解放后，西周封建说是中国历史分期的主导学说。”“我不知道是毛泽东受范文澜的影响，还是范受毛的影响”。《何兹全文集·自序》第1卷，中华书局2006年版。

⑤ 泰和嘉成2013年5月拍卖《范文澜手稿十六种》。

⑥ 尚钺：《关于研究历史中的几个问题》，载“历史研究”编辑部编《尚钺批判》第1辑，第294页。

⑦ 牛润珍：《尚钺先生与“魏晋封建说”》，《淮北煤炭师范学院学报》2003年第1期。

⑧ 《范文澜来函》，载《刘大年全集》第11卷，第108页。

而据向达 1957 年“鸣放”中所言：范文澜“因为尚钺关于历史分期的意见和他的意见不同”，便写信给中国人民大学吴玉章，请吴玉章解决，“这不是宗派主义，又是什么?”① 向达所言应该并非空穴来风，由此可知公开发表的点到为止的批评而外，范文澜还希望通过时任人大校长、德高望重的吴玉章出面。在范氏而言，此举恐怕不能简单理解为“宗派主义”或者“霸道”，而更有劝其迷途知返的用意。后来随着“反右”运动展开，学术氛围趋于紧张，尚钺观点与“食货派”的相似性，不免被用来做文章。翦伯赞在 1960 年的文章中火力全开：“尚钺同志自认为是独创的‘魏晋封建论’就是当时的‘食货派’头子后来的汉奸陶希圣的得意之作。……由此可见，‘魏晋封建论’，陶希圣、王宜昌都有版权。至于明代乃至宋代资本主义萌芽论，陶希圣也有版权。”②

其二，苏联等国际因素掺入其中，也是使范文澜决定对尚钺点名批评的不可忽视的原因。

尚钺的《中国历史纲要》得到苏联学者的好评。苏联《历史问题》1955 年 12 月号发表弗·尼·尼基甫洛夫的书评《评“中国历史纲要”》，对此书评价颇高：“去年中国科学生活中的出色事件之一就是‘中国历史纲要’一书的出版。……迄至目前在中国出现的评论都对本书给予好评，认为本书比以前中国历史学者同样的著作前进了一步。”“本书的巨大优点是作者们尝试把中国历史作为一个发展过程来描述。……‘中国历史纲要’比以前的著作较好地指明，中国任何时候也未停止不动，它经常在发展，生产在变化，生产关系在改变，上层建筑也有改变；中国历史每一巨大时期都有其特点。”③ 苏联学者的称赞，也进一步扩大了此书影响，并先后译成俄、日、波兰文出版。

新中国成立初期，中国史学无疑与苏联史学关系密切，但中国马克

---

① 《向达在中国科学院哲学社会科学部召开的高级研究人员小型座谈会上的发言》，载中国科学院整风领导小组办公室编印《中国科学院右派分子言论材料汇集》（一），内部资料，1958 年 6 月，第 47 页。

② 翦伯赞：《“新冒出来”的史学体系还是“旧的传统史学体系”的翻版?》，《历史研究》1960 年第 3 期。

③ ［苏］弗·尼·尼基甫洛夫：《评“中国历史纲要”》，《教学与研究》1956 年第 3 期，魏越译自苏联《历史问题》1955 年 12 月号。

思主义史家对苏联史学并非亦步亦趋，而始终保持着相当的独立性。1951 年苏联科学院派人来北京，提出苏联在编写 10 卷本《世界通史》，其中中国史部分建议由中国史家编写。来人还带来一个编写提纲，要求中国学者按此提纲撰写。中央指示此事由中国史学会处理。范文澜与翦伯赞等人讨论后，明确向苏联方面提出，苏方提供的提纲有很多提法不妥，特别是将魏晋作为中国封建社会的开端更不能接受。苏方只得同意由中国方面自拟提纲撰写。1951 年秋，范文澜和郭沫若邀请北京大学、清华大学、燕京大学的十余位中国史专家、教授开会，推翦伯赞、邵循正、胡华三人分别负责古代、近代和现代三部分的撰写工作，由范文澜代表史学会主持书稿的讨论、修改和定稿。①

苏联学者的提纲持魏晋封建观点，范文澜、翦伯赞等人也丝毫不留情面、不作妥协，直截了当予以拒绝。而苏联学者对尚钺《中国历史纲要》的推重，在范文澜等人看来，恐怕更增加了几分对尚钺的疑虑。

1956 年 5 月 5 日下午，中宣部部长陆定一召集近代史问题会议，范文澜、刘大年、何干之、廖盖隆、田家英、黎澍与会。许立群“先提到南斯拉夫大使对少奇同志谈话，要中国历史家不要受苏联史学家的影响。举出：（一）尚钺中国史受到苏联史学界恭维。（二）叶菲莫夫《中国近代史》两书均须注意”。陆定一“讲到范的汉民族形成文甚好。听说反对者多，是由于斯大林的教条”。②

此次由陆定一亲自召开的会议谈话，透露出中央高层也关注到尚钺主编的《中国历史纲要》“受到苏联史学界恭维”，尚钺的史学观点还牵涉当时中苏之间的微妙关系。对于许立群、陆定一透露的这些关键信息，与会的范文澜、刘大年、黎澍等人无疑会有所触动。不过 1956 年正提倡“百花齐放，百家争鸣”，史学界对理论问题的讨论空前活跃，范文澜、刘大年、黎澍等史学界权威人物如果贸然发声批评尚钺，则可能会压抑争鸣氛围。至 1957 年 3 月，范文澜终于在北大讲座上向尚钺放了“第一炮”。而随后刘大年、黎澍等人撰文对尚钺关于“资本主义萌芽”、近代开端的史学观点展开尖锐批评，③ 与其说出于范文澜之授意，不如说是

① 张传玺：《新史学家翦伯赞》，北京大学出版社 2006 年版，第 165—166 页。

② 《刘大年全集》第 8 卷《日记（上）》，第 150 页。

③ 刘大年：《关于尚钺同志为“明清社会经济形态的研究”一书所写的序言》，《历史研究》1958 年第 1 期；黎澍：《中国的近代始于何时》，《历史研究》1959 年第 3 期。

切实贯彻“不要受苏联史学家的影响”的指示。

相较于中国学界其他马克思主义史家，范文澜在历史观点上受浙东学派潜移默化之影响，其史学著述中带有颇为浓厚的民族主义色彩，因而他更清晰地意识到中国史学不能盲目追随苏联史学。1955 年 6 月，范文澜在致助手蔡美彪的信函中明确表示：“我从前对苏联史学工作者过高地看待了。可愧!”① 另据刘大年日记记载，1956 年 8 月 31 日“晚上见范读他的八大发言稿。他讲到今天毛主席在一个会上谈到学习苏联的问题。指出我们要学苏联，但是要［学］先进的东西，不是连落后的东西也学。苏联绝不会是一切都是先进的。苏联人放屁总是臭的不能是香的。别人有些是落后的东西，我们就不去学”。② 可知范文澜亦切实认识到毛泽东所强调的独立自主性，这种自主性在历史学中即体现为应由中国学者掌握中国历史的话语权。

此外还需注意的是，范文澜虽本质为超然无求的书生，然个性亦存在偏激之处。其子范元维留学苏联列宁格勒矿冶学院，1957 年毕业归国，思想受苏联影响，引起他的激烈反应。卞孝萱回忆：“范老是一个真正的共产党员，是彻里彻外的革命者，他完全革命化了。有一件事可以充分地说明这一点。他的小儿子，刚留苏回来，思想和国内的形势不大合拍，现在看来是很平常的事，但范老认为很严重，就写信给党中央，主动请求把自己喜欢的小儿子送去劳改。”③ 以范文澜的个性，起而批驳他认为触及了原则问题的错误观点，并不令人意外。

结　　语

马克思主义史学，从来不是纯粹的书斋学问，而总是与现实社会政治密切关系。马克思主义史学内部也远非整齐一律，而是众声喧哗、争

---

① 蔡美彪：《学林旧事》，中华书局 2012 年版，第 40 页附“范文澜手柬（1955 年）”。

② 《刘大年全集》第 8 卷《日记（上）》，第 175 页。

③ 白兴华、许旭虹整理：《范文澜的学术发展道路与学术风范》，《浙江学刊》1998 年第 1 期。

论激烈。因此有必要回到彼时的语境，才能真正理解当时学者关切的焦点所在，才能更好地把握字里行间的言外之意。

深入梳理考察20世纪50年代范文澜与尚钺的学术分歧和争论，可以看到，其中既有学者的个性意气，有彼此的学术自信与著作争胜，更牵涉中国史学与苏联史学、史学与政治之间的微妙关系。争论背后的一些因素、一些考量，即便作为当事者的尚钺恐怕也未能清晰地意识到。而范文澜这样超然无求、书生气颇重的史学家，由于存在认识的局限，未能很好地把握学术争论的边界，将学术观点的分歧上升为对"教条主义"的批驳。对于这一学术公案，我们不宜简单地判定是非曲直（古史分期的具体观点至今依然众说纷纭，难有定论），而应紧密结合时代语境加以考察，以论世知人，对前辈学者在当时何以如此认知与行事、相互批驳何以如此激烈，抱有理解之同情。

马克思主义史学史研究，不宜仅着眼于分析双方学术争论的文本，还需要兼顾学术的内史与外史，从人际关系、学术脉络、时代背景、国际因素等多个方面加以考察。只有回到历史现场探讨史家的所思所虑，机锋所向，我们对于马克思主义史学的复杂性、丰富性或许会有更深入的认识。

（原载《天津社会科学》2022年第5期）

马克思主义“五形态说”是符合历史实际的

——兼评《中国社会形态史纲》

张顺洪　甄小东

社会形态史是历史研究中的重大问题。不管是中国史研究，还是世界史研究，都必须高度重视社会形态史的研究。然而，近些年来，我国学术界并不重视社会形态史的研究，主要体现为淡化或忽视社会形态史，也存在着否定社会形态理论的倾向，否定我国历史上存在过某个社会形态如奴隶社会或封建社会。学术界的这种状态当然很不利于促进历史研究的发展和创新。社会形态是人类社会发展中根本性的问题。如果我们忽视对这个根本性问题的研究，我们怎么能够科学地理解世界历史和我国历史的发展规律呢？显然是不可能的。最近，王伟光同志主编了《中国社会形态史纲》一书，2020 年 9 月由中国社会科学出版社出版。这本史纲是作为中国社会科学院大学和南开大学教材出版的。这是令人鼓舞的，体现了我国学术界有识之士对培养青年学生重视社会形态问题的高远之见。

王伟光同志为这部著作的撰写制定了全书框架和写作提纲，由王启发、解扬、刘仓三位中国史专家撰写初稿，并请卜宪群、余新华、李红岩、王震中等知名专家参与了审阅书稿的工作；王伟光同志先后对书稿进行了七次修改审定；还有其他同志参与了这项工作。我在阅读《中国社会形态史纲》一书时，脑海中不自觉地浮现出毛泽东同志八十多年前的一段名言：“在担负主要领导责任的观点上说，如果我们党有一百个至两百个系统地而不是零碎地、实际地而不是空洞地学会了马克思列宁主义的同志，就会大大地提高我们党的战斗力量，并加速我们战胜日本帝国主义的工作。”[①] 这是在我国抗日战争艰难的时期。在今天，中国特色社会主义新时代，在复杂的国际背景下，为实现中华民族伟大复兴，我们党仍然需要许许多多“系统地而不是零碎地、实际地而不是空洞地学会了马克思列宁主义的同志”。王伟光同志是马克思主义理论专家，高度重视历史唯物主义研究和宣传工作，这些年来在主持行政管理工作的同时，深入研究学术问题，不断进行理论探索，推出了不少有影响的著述。主编《中国社会形态史纲》一书，是具有重要学术意义和现实意义的。

一　《中国社会形态史纲》的学术和理论贡献

《中国社会形态史纲》是近些年来我国学术界出版的第一部关于社会形态史的专著，也是多年来第一部中国社会形态史教材。在今天的国内外学术大环境下，能做到这一点是难能可贵的。笔者通读了这部著作，有的部分进行了反复阅读，以求深入理解。这部著作具有重要的学术和理论贡献。

第一，旗帜鲜明地坚持“五形态说”。

王伟光同志在前言中开宗明义地讲：“马克思主义的社会形态演变一般规律理论告诉我们，人类社会形态发展的历史顺序，是经原始社会、奴隶社会、封建社会、资本主义社会，再经社会主义社会过渡而进入共产主义社会的历史进程，这就是马克思主义关于社会历史发展的‘五形态说’学说。”本书的“代序：坚持唯物史观及其社会形态演进一般规律原理，正确认识和把握中国社会形态历史发展的道路”（以下简称“代序”）对五种社会形态理论进行了深刻阐述，并对当前史学界存在的有关问题做了深入剖析。这里不妨引述一两段文字。王伟光同志指出：

① 毛泽东：《中国共产党在民族战争中的地位》，《毛泽东选集》第 2 卷，人民出版社 1991 年版，第 533 页。

“否定和反对历史唯物主义‘五形态说’是一切历史唯心主义特别是历史虚无主义的通病。其表现为：有的根本不承认人类社会经过原始社会、奴隶社会、封建社会、资本主义社会，必将经过社会主义的过渡而发展到共产主义社会这一人类历史发展的普遍规律，认为‘五形态说’是马克思主义经典作家臆造出来的，不是科学真理；有的变换手法，故意谎称马克思、恩格斯根本没有提出过‘五形态说’，‘五形态说’是列宁、斯大林等后来人编造出来并强加给马克思主义经典作家的，制造出马克思主义经典作家与马克思主义的继承者和发展者之间的对立和矛盾的假象，以混淆是非；有的玩弄抽象承认、具体否定的伎俩，抽象地承认‘五形态说’，但具体到对中国历史与现状的判断，则认为中国没有经过原始社会、奴隶社会和封建社会……”王伟光同志指出：“坚持不坚持历史唯物主义是坚持不坚持马克思主义的试金石，坚持马克思主义必定坚持历史唯物主义，坚持历史唯物主义必定反对历史唯心主义。当前，反对历史唯心主义首要的是反对历史虚无主义。”“否定和反对历史唯物主义，必定否定马克思主义经典作家概括的社会形态演变一般规律的科学原理，否定和反对共产主义代替资本主义必然趋势的正确结论。”①

这篇代序坚定地坚持“五形态说”，整个论述充分展现了马克思主义理论家的战斗品格。《中国社会形态史纲》全书内容也是明确地按五种社会形态演进历程安排的。第一章考察中国的原始社会和文明起源；第二章考察奴隶社会；第三章考察封建社会；第四章考察中国半殖民地半封建社会；第五章也是最后一章，考察中华人民共和国成立后的历史进程。作者查阅了大量研究资料，既很好地坚持了前辈学术大家们经年研究的成果，也广泛吸纳了近些年新的学术研究成果，包括丰富的考古资料。

在学术界不少人淡化、回避、否定社会形态发展演进历史的学术氛围下，《中国社会形态史纲》这部著作可以说是我国史学界的“空谷足音”，体现出了作者登高望远的学术境界、振臂高呼的战斗精神！

第二，对中国社会形态演进史作了简明而系统的考察和分析。

---

① 王伟光主编：《中国社会形态史纲》，中国社会科学出版社 2020 年版，第 3—4 页。

《中国社会形态史纲》运用马克思主义唯物史观，对中国社会形态演进的历史进行了简明而系统的考察和分析。我国社会历史的发展经历了五个大的阶段，这五个大的阶段是原始社会时期、奴隶社会时期、封建社会时期、半殖民地半封建社会时期和社会主义社会时期。原始社会是一个十分漫长的时期，从中国古人类的产生到新石器时代后期文明萌芽和国家逐步形成，属于我国原始社会时期。国家形成和文明出现标志着我国社会进入了奴隶社会时期。夏、商、西周是奴隶社会。春秋战国时期是我国奴隶社会向封建社会过渡的时期。相比世界其他国家，我国封建社会时期较长，从春秋战国之际到1840年鸦片战争。从鸦片战争起，我国沦为半殖民地半封建社会。半殖民地半封建社会只有100余年，是我国几千年文明史中一个短暂的时段。中国历史上没有一个资本主义社会时期，取代它的是半殖民地半封建社会。相比于欧洲国家，这是中国历史演进的一个特点。亚非地区一些国家也经历了半殖民地半封建社会时期。在半殖民地半封建社会时期，资本主义在我国得到了一定的发展，但由于帝国主义和封建主义的双重阻碍和压迫，我国民族资本主义不能得到正常的发展。1949年我国取得新民主主义革命的胜利，成立了中华人民共和国。经过几年对旧的经济基础和上层建筑的改造，我国确立了社会主义制度。过去70多年，我国社会主义制度不断完善，国力不断增强。

《中国社会形态史纲》对我国原始社会、奴隶社会、封建社会、半殖民地半封建社会的基本概念进行了科学的阐述；对“共产主义社会”“社会主义社会”和“新民主主义社会”的基本概念也进行了科学的阐述。对从奴隶社会到社会主义社会，我国社会的经济基础和上层建筑，特别是生产关系和阶级结构进行了系统的考察和分析，非常有助于广大读者和青年学生系统地了解我国历史的发展进程，认识我国历史的发展规律。

第三，在历史考察和理论探索中坚持“守正创新”的原则。

《中国社会形态史纲》在历史考察和理论探索中，很好地坚持了“守正创新”的原则。例如，在关于私有制的产生、阶级的形成和奴隶制国家出现的论述中，坚持了马克思主义经典作家一系列符合历史实际的科学论断。在讨论中国封建社会、半殖民地半封建社会的特征时，大量引述了毛泽东的论断。毛泽东的论断在很大程度上反映了当时我国一大批马克思主义历史学家深入研究我国历史的成果，是符合我国历史实际的。以毛泽东同志为代表的中国共产党领导人对中国半殖民地半封建社会的社会性质、特征及主要矛盾的认识是正确的。这是无需多说的道理，我国新民主主义革命的伟大胜利本身就证明了这一点。任何一场社会革命的胜利，都不可能建立在对当时社会性质、特征及其主要矛盾的错误认识上。相反，如果对一个社会的性质、特征及其主要矛盾形成错误认识，革命和建设事业就必将受到挫折。

《中国社会形态史纲》将夏王朝称为“中国历史上第一个奴隶制王朝国家”[①]，体现了我国史学界多年研究的成果。这一定位是可取的。说夏朝是我国历史上第一个“奴隶制王朝国家”，而不说是夏王朝是我国第一个“奴隶制国家”。这意味着中国历史上奴隶制国家的产生要比夏朝更早。在书中，作者也明确讲了：中国奴隶社会从虞夏开始[②]；又讲“中国奴隶制国家的形成过程从传说中的五帝后期开始”[③]。这就明确讲了我国奴隶社会要早于夏王朝。这样的表述留下了更多学术探讨的空间，处理方式是科学的。关于我国奴隶制产生于何时，本文后面还将论及。

这部著作把春秋战国时期视为我国奴隶社会向封建社会转型的“过渡时期”。作者指出：“中国历史进入春秋战国时期，是中国社会形态的转型时期，奴隶社会开始瓦解，封建社会的基本元素逐渐生成，奴隶社会又延续残存了数百年”[④]；“春秋战国时期是从奴隶社会向封建社会演进的重要转型时期”[⑤]。这样的表述，在赞同“五形态说”的学者中，是有很大共识的，体现了我国学术前辈和当今马克思主义历史学者们深入研究的成果。这样的表述也强调了我国奴隶社会向封建社会转型的渐进性，是符合我国历史发展实际的。夏、商、西周属于奴隶社会，秦汉以后至1840年属于封建社会，而处于中间的春秋战国时期则是两种社会形

① 王伟光主编：《中国社会形态史纲》，第42页。
② 王伟光主编：《中国社会形态史纲》，第27页。
③ 王伟光主编：《中国社会形态史纲》，第42页。
④ 王伟光主编：《中国社会形态史纲》，第48页。
⑤ 王伟光主编：《中国社会形态史纲》，第52页。

态的过渡期。这个过渡时期，以周元王元年即公元前475年为界，前为春秋时期，后为战国时期。这部著作在所附年表中明确列入以公元前475年为界，前为我国奴隶社会时期，后为封建社会时期。这个分界线是郭沫若长期研究反复推敲确定下来的，广为学术界沿用。关于我国古代奴隶社会与封建社会的分界线，郭沫若做过深入探讨，也曾两度改变自己的看法。他说："关于奴隶制的下限，我前后却有过三种不同的说法。最早我认为：两种社会制度的交替是在西周与东周之交，即在公元前770年左右。继后我把这种看法改变了，我改定在秦、汉之际，即公元前206年左右。一直到1952年年初，我写了《奴隶制时代》那篇文章，才断然把奴隶制的下限划在春秋与战国之交，即公元前475年。"①

《中国社会形态史纲》一书对我国近代半殖民地半封建社会的考察和分析是非常深刻的。作者明确指出："在半殖民地半封建社会，帝国主义和中华民族的矛盾、封建主义和人民大众的矛盾是近代中国的主要矛盾。"② 这样的一个半殖民地半封建社会，是需要革命，也是必须革命的。这是由近代中国社会的性质和主要矛盾决定的。不打倒帝国主义，中国就不能独立发展，不打倒封建主义，中国就难以实现社会进步。不是中国人民不愿意集中精力搞现代化建设，而是帝国主义、封建主义严重地阻碍着中国实现现代化。作者指出："中国共产党领导的新民主主义革命，成立了新中国，为当代中国一切发展进步奠定了根本政治前提和制度基础。历史表明，只有民族独立，才能实现民族富强；只有革命胜利，才能建设现代化。"③ 这是符合客观历史的科学结论。第四章《中国半殖民地半封建社会》的最后一段文字是："近代中国的历史，是一部中国人民推翻封建专制制度、赶走帝国主义、打倒官僚资本主义，最终'站起来'，走向社会主义的斗争史。中国人民不屈不挠、前赴后继，经过艰苦卓绝的斗争，终于在中国共产党的领导下，实现了人民解放，民族独立。历史表明，没有共产党，就没有新中国；只有共产党，才能

---

① 郭沫若：《奴隶制时代》，人民出版社1973年版，第2页。

② 王伟光主编：《中国社会形态史纲》，第113页。

③ 王伟光主编：《中国社会形态史纲》，第123页。

救中国。"[1] 这一总结完全符合历史实际，也是我国学术界以往的广泛共识。然而，近些年来历史虚无主义却在转弯抹角地极力否定这样的结论。本书作者斩钉截铁的表述既是对近代中国历史深入研究得出科学结论的自信，也是具有明确的现实针对性的。本书正文的最后一段话是："中华民族从来没有像今天这样接近中华民族的伟大复兴。历史证明，只有社会主义才能救中国，只有中国特色社会主义才能发展中国。"[2] 这是对我国历史和世界历史发展演进规律深入认识的结论。然而，这样的科学结论这些年来却被国内外历史虚无主义者稀释了，被不少人淡忘了，一些人不爱讲了，也不爱听了，甚至采取抵触的态度。本书正文以这样的表述结尾，具有特别的针对性，表明了作者的科学认识和鲜明态度。

这部著作的历史考察贯通古今，从原始社会一直到中国特色社会主义新时代。对新时代我国社会主要矛盾的变化，对中国特色社会主义制度的发展和完善，进行了分析和阐述。在论述中，作者特别强调了"坚持公有制主体地位，发挥国有经济主导作用"[3]。我们认为强调这一点是非常重要的，体现了我国宪法的精神，也体现了中国特色社会主义的本质要求。这也是我们在现实中必须努力坚守和努力实践的。

二　关于社会形态问题的几点认识

第一，中国历史是世界历史的一部分。

中国是世界的一部分，中国历史也是世界历史的一部分，中国历史发展进程与世界历史发展进程是不可分割的，共同组成人类社会发展演进历程。事物总是发展变化的，每个国家每个地区每个时段社会的发展演进过程中都有其特殊性。但是，在这些特殊性中却存在着人类社会发展演进的共同性。人类社会各国各地区发展演进历程中的共性大于特殊性或个性，共性是决定性的，体现了一般规律，特殊性是非决定性的。

① 王伟光主编：《中国社会形态史纲》，第124页。
② 王伟光主编：《中国社会形态史纲》，第171页。
③ 王伟光主编：《中国社会形态史纲》，第167页。

在我国历史研究中，我们不应过分强调中国历史的特殊性，从而否定中国历史具有人类社会发展中的一般的、普遍性的规律。实际上，在我国社会演进的不同时期，不管是奴隶社会时期、封建社会时期，还是半殖民地半封建社会时期，与世界上处于同一社会形态的其他国家或地区也是具有明确的共同特征的。

王伟光同志在代序中特别强调："唯物史观关于人类社会经历了五种社会形态，只是讲的一种总的历史趋势或者说总的历史规律，并不等于说每个国家、每个民族都必须完整地经历这五种社会形态。事实上，迄今为止，有些国家和民族没有完整地经历这五种社会形态。肯定五种社会形态发展的一般规律，并不等于否定历史的跨越，也不等于否定历史可能出现的倒退等特殊情况。从科学角度看，作为人类社会演进的基本历史趋势，马克思主义'五形态说'的概括具有充分的历史依据。但也要看到，理论概括源于实际，但并不等于全部具体的历史实际。'五形态说'只反映了人类历史发展的普遍性规律，而具体的历史发展不是单一的、直线的、绝对的，不是毫无偶发性、毫无特例的。在一定历史条件下，哪个国家、哪个民族、哪个地区是否可以有特例、有偶然的情况发生，是否都要依次经过同样的社会形态发展阶段，马克思主义经典作家从来没有把它绝对化。他们从来不以认识历史过程的一般规律为满足，而是努力进一步探索不同民族、国家和地区符合一般规律的特殊发展道路。"①

王伟光同志这一长段论述是非常深刻的，符合世界历史发展实际，也体现了学术研讨中辩证的、科学的态度和方法。毋庸置疑，中国历史的发展具有鲜明的特殊性；中国历史发展的各个阶段也具有其特殊性。但是，这不等于说马克思主义经典作者揭示的人类社会发展一般规律就不适合中国历史了。每个国家的历史都有其特殊性，每个国家历史不同阶段也有其特殊性，我们不能因为这些特殊性的存在而否定人类社会发展的一般规律。

马克思主义经典作家揭示人类社会发展规律，不是仅仅针对某个国

① 王伟光主编：《中国社会形态史纲》，第12—13页。

家或某个地区如欧洲的，而是针对整个世界、整个人类社会。这一点是确定无疑的。例如，在《论国家》中，列宁指出：“我们始终都要记住历史上社会划分为阶级的这一基本事实。世界各国所有人类社会数千年来的发展，都向我们表明了它如下的一般规律、常规和次序：起初是无阶级的社会——父权制原始社会，即没有贵族的原始社会；然后是以奴隶制为基础的社会，即奴隶占有制社会。整个现代的文明的欧洲都经过了这个阶段，奴隶制在两千年前占有完全统治的地位。世界上其余各洲的绝大多数民族也都经过这个阶段。”“在历史上继这种形式之后的是另一种形式，即农奴制。在绝大多数国家里，奴隶制发展成了农奴制。这时社会基本上分为农奴主—地主和农奴制农民。”“后来，在农奴制社会内，随着商业的发展和世界市场的出现，随着货币流通的发展，产生了一个新的阶级，即资本家阶级。”“你们应当时刻注意到社会从奴隶制的原始形式过渡到农奴制、最后又过渡到资本主义这一基本事实”。“在人类史上有几十个几百个国家经历过和经历着奴隶制、农奴制和资本主义。”①

这里，列宁讨论社会形态演进规律时，毫无疑问不仅仅关系到俄国或欧洲，而是关系到整个世界；列宁关于五种社会形态先后更替的论述是十分清楚的，毫不含糊的。只是在这几段论述中，列宁还没有讨论到社会主义社会。中国历史与他国历史一样，都是符合五种社会形态发展演进规律的。关于这一点，《中国社会形态史纲》讲述得十分清楚了。我们想建议的是：研究中国历史的学者，需要更多地了解外国历史，把中国各个时代的历史放在世界历史发展进程中来考察分析，深入地理解我国历史与他国历史的共性和差异性。

第二，人类历史上“第一个国家”是奴隶制国家，即奴隶社会。

关于人类社会的原始社会时期，学术界争论不大。原始社会不是文明社会，没有国家。一旦文明出现了、国家产生了，人们就告别了原始社会。国家的产生是原始社会后期社会生产力发展的结果。原始社会后

---

① 列宁：《论国家》，《列宁专题文集·论辩证唯物主义和历史唯物主义》，人民出版社2009年版，第285—287页。

期，是在新石器时期（有的地区可能处于铜石并用时期），人们的生产力水平提高了，能够生产出剩余财富；随着剩余财富的增多，在财富占有上出现了不平等，社会逐渐贫富分化，产生了贵族、平民、奴隶，阶级逐渐形成。这在中外学术界有广泛共识，也为考古发掘工作所不断证实。社会出现了贵族和奴隶，也就意味着奴隶制形成了。关于奴隶制的形成，恩格斯在《反杜林论》的“暴力论”部分作过精辟的论述。恩格斯讲：“生产已经发展到这样一种程度：现在人的劳动力所能生产的东西超过了单纯维持劳动力所需要的数量；维持更多的劳动力的资料已经具备了；使用这些劳动力的资料也已经具备了；劳动力获得了某种价值。但是公社本身和公社所属的集团还不能提供多余的可供自由支配的劳动力。战争却提供了这种劳动力，而战争就像相邻几个公社集团的同时并存一样古老。先前人们不知道怎样处理战俘，因此就简单地把他们杀掉，在更早的时候甚至把他们吃掉。但是在这时已经达到的‘经济状况’的水平上，战俘获得了某种价值；因此人们就让他们活下来，并且使用他们的劳动。这样，不是暴力支配经济状况，而是相反，暴力被迫为经济状况服务。**奴隶制**被发现了。”①

奴隶制产生了，阶级矛盾就会随之激化，阶级矛盾的激化导致国家的产生。这个国家就是奴隶主阶级占统治地位的国家，即奴隶制国家，也就是奴隶社会。恩格斯的论述和上文所引列宁的论述都表明，历史上的“第一个国家”是奴隶制国家。经典著作的结论不是凭空想象出来的，而是基于深入的历史研究。今天的世界各国并不是在历史上都经历过奴隶社会，但可以确定地说，“原初文明”地区是经历了奴隶社会的。“原初文明”是指在没有外在文明影响或者外在文明影响较小的历史条件下主要是自身从原始社会后期逐渐发展演进形成的文明，文化、种族等方面有鲜明的自身特色，特别是形成了自己的原初文字，一般为象形文字或向象形文字过渡的图画文字。象形文字是人类历史上“原初文明”地区使用的成熟文字，是在表意符号和图画文字基础上形成的。具

① 恩格斯：《反杜林论》，《马克思恩格斯文集》第9卷，人民出版社2009年版，第187—188页。

有象形文字的文明也就是原初文明。创造并使用象形文字的早期国家，就可视为“原初国家”。

世界历史上典型的原初文明是古代埃及文明、古代西亚两河流域文明、中国古代文明、印度河流域古代文明以及美洲印第安文明。亚非地区的古代原初文明，相互不是完全没有影响。例如，印度河流域古代文明，因为离西亚两河流域较近，很早就有交往，可能在相当大程度上受到两河流域文明的影响。但印度河流域文明有自己的代表性原初成分——印章文字，只是此文字迄今为止学术界尚未成功释读。古代埃及与两河流域地区交往联系较多，在文明形成发展进程中也有相互影响。古代中国与亚非大陆的其他文明地区也是有联系的，并非完全隔绝。但是，古代世界这四大文明都有自身特色，有自己的象形文字。过去长期以来被学术界忽略的“原初文明”是古代美洲印第安文明。美洲印第安人自己创造了独具特色的文明。美洲印第安文明具有原初文明特征，特别是已出现了图画文字、象形文字，发明创造了自身文明的各种因素，包括天文学知识、数学知识等。而雅典时期的希腊文明和罗马文明，可以说在很大程度上并不是“原初文明”，其奴隶占有制繁荣时期文明的基本因素——文字就是从亚洲非洲古代文明成就那里借鉴来的。古代希腊和古代罗马，与尼罗河地区、两河流域地区距离较近，可以说“一衣带水”，许多文明因素来自亚洲和非洲文明地区。这一点西方严谨的学者也不否认。[①] 我们认为，要说明一个地区或一个国家是否经历了奴隶社会，更重要的是要考察是否为“原初文明”地区或原初国家；这些地区的文明和国家，是在没有强大外力影响的历史条件下，自身从原始社会后期向新的社会形态演进的，具有鲜明的“原初文明”特色。

① 关于这一点，英国学者约翰·德斯蒙德·贝尔纳就讲过：“铁器时代的，甚至希腊人的科学和各项技术，大部分都从古世界所有的推演而来，但绝大部分因无法稽考而未经承认。当然，有些技术体现在实质的和耐久的物件上，我们就肯定这样演变情形曾经发生过。许多观念或发现都归功于某一位希腊哲学家，其理由只不过他是我们所晓得的，曾经，或相信他曾经如此表示过的第一人罢了。进一步研究下去，就往往揭露起源于更早的埃及或美索不达米亚。因此我们就没有理由可以相信，考古学上现有一些判断已是定论。”（［英］约翰·德斯蒙德·贝尔纳：《历史上的科学》第 1 卷，《科学萌芽期》，伍况甫、彭家礼译，科学出版社 2015 年版，第 98 页。）

中外历史学家们广泛深入的研究也充分揭示了古代埃及的早期国家是奴隶制国家。西亚两河流域最早的国家，即苏美尔的城邦国家，也是奴隶制国家。埃及和西亚地区后来长期都处于奴隶社会时期。南亚地区最早的文明是印度河流域文明，因最早发现于哈拉帕，也称哈拉帕文明。据有关专家研究，印度河流域在公元前2500年时，也出现了奴隶制城邦国家。[①] 后来印度也长期经历了奴隶社会。美洲印第安人创造了自己独特的文明。在欧洲人于15世纪末年到达美洲开始殖民征服之前，印第安三大文明地区：玛雅文明、阿兹特克文明和印加文明，都形成了早期奴隶制国家，处于奴隶社会发展阶段。一些即使不承认马克思主义社会形态理论的学者，也不否认美洲这三大文明地区当时存在着许多奴隶，在社会底层组成了一个奴隶阶级。美洲早期奴隶制国家并不是在15世纪末欧洲人到来之前刚形成的，而是早已有之。例如，位于今墨西哥境内的特奥蒂瓦坎古城和阿尔万山古城均具有早期国家都城的气派，且都存在着早期奴隶制国家突出特征——人祭现象，也存在着贫富分化，存在着阶级，有统治者和被统治者之分；西班牙人入侵时，阿兹特克王国已存在了一两个世纪。美洲印第安各文明地区存在着普遍的人祭现象。人祭现象实际上是历史上奴隶制国家特别是早期奴隶制国家的突出特征，是奴隶社会的一个重要标识。

我国一大批前辈学者如郭沫若等都认为中国存在着奴隶制国家，夏、商、西周就是奴隶社会。也有学者认为在夏之前就存在着奴隶制。夏王朝之前存在着地域性奴隶制国家，这在我国古文献中也是能找到一些痕迹的。例如，《国语·周语下》记载，上古时期黎苗部落被征服后，“人夷其宗庙，而火焚其彝器，子孙为隶，下夷于民”，被强迫成为奴隶。[②]

---

① 例如，我国学者编写的《世界上古史纲》认为：哈拉帕和摩亨佐—达罗是两个大城邦国家，而且是奴隶制国家。“在这样早期的文明时代，阶级社会只能是奴隶制社会”；“除了这两座大城市外，在印度河流域还发现有几十处城镇和村落，包括较大的卡里班甘，它们无疑地也组成一些小的奴隶制城邦。”《世界上古史纲》编写组：《世界上古史纲》上册，人民出版社1979年版，第348—351页。

② 引言中的原文，参见上海师范大学古籍整理研究所校订《国语》卷三《周语下》，上海古籍出版社1998年版，第111页；亦参见中国社会科学院图书馆《文渊阁〈四库全书〉》电子版，子部/类书类/经济类编/卷七十七；史部/杂史类/国语/卷三。这种毁宗庙、“子孙为隶”的做法，在人类社会发展的奴隶社会时代应是常发事件。世界上考古发掘出的早期国家古城遗址多有被人为毁坏的迹象。迟至公元前2世纪，罗马人攻灭迦太基时，城池被夷为废墟，幸存者被卖为奴隶。罗马是奴隶制国家，当时还为“共和国”时期。

《尚书·甘誓》讲：“用命，赏于祖；弗用命，戮于社。予则孥戮汝。”这是夏王朝“开国之君”启作战前的誓师词。明确讲了，不奉命努力作战，就要受到惩处，被处死或降为奴隶。[①] 可见，其时已存在着奴隶这个概念，并有将社会自由民甚至贵族成员降为奴隶的做法。可以推测，这种状况在此之前应是早已存在的，也就是说在夏朝之前就存在着奴隶制。

近些年来，我国古代史研究不断深入，特别是考古工作取得了很大成绩，成果丰富，让我们对中国历史上更早的国家有了更清晰的认识。我国奴隶制的存在早于夏，已为考古成果所揭示。我国地域辽阔，在新石器时代多个地区存在着良好的农业发展环境，有利于人口繁衍生息；而当社会人口达到一定程度时就会形成国家。古代两河流域最早的苏美尔城邦国家，有的只有几万人。中华大地上，夏之前应该存在着众多“邦国”或“古国”——早期国家，而且是具有原初性质的早期国家。近年来卓有成就的考古工作，也在逐渐揭开被浩渺的时空尘埃遮掩的历史面纱。根据考古发掘，早于夏的石峁古城，就有“皇城台”和“君王住居区”。在石峁古城，考古专家们还发现了人祭人殉实证。陶寺古城的建立也早于夏朝，考古专家们发现了王墓和贵族墓地。这说明石峁古城和陶寺古城，应都是我国早期国家的都城。我国考古专家何驽就认为，石峁“是一个建立在商品贸易基础上的奴隶制国家”；在距今4000年前后，“石峁集团奴隶制国家曾将晋南地区的中原文明核心陶寺邦国征服，作为其殖民地，整体上将陶寺文化所建立的邦国政权摧毁，并将陶寺邦国的遗民，整体沦为石峁集团的生产奴隶，为石峁集团从事农业、牛羊肉食养殖、羊毛产业、石器制造业殖民经济生产”。无疑，这是一种“国家奴隶制”。[②]

的确，夏之前古国的存在现已成为我国考古学界的广泛共识。至目

---

① 《尚书》，顾迁注释，中州古籍出版社2010年版，第73—74页；参阅阮元校刊《阮元尚书注疏》卷七《甘誓》，浙江大学出版社2014年版，第387—388页。关于《尚书·甘誓》中的这段文字，古今学者是有不同理解的，经反复推敲，我们认为《尚书》顾迁注释版的解释是合理的，说得通。

② 何驽：《中国史前奴隶社会考古标识的认识》，《南方文物》2017年第2期。

前考古发现，最早又最有代表性的古国可能是良渚古国；新近考古发掘的河洛古国也受到学术界的高度关注。关于良渚古城出版和发表的成果不少。考古专家刘斌认为良渚古城是消失了5000年的王国的都城。“良渚古城无论从其宏大的规模，还是城市体系的规划设计及土石方工程量等来看，都反映了其背后的社会发达程度。再加上高等级的墓葬与玉礼器所体现的宗教与权力，这一切都足以证明良渚文化已经进入了成熟的国家文明阶段。”[①] 朱雪菲讲：“考古发现和考古学阐释已经为我们呈现出良渚王国之国都气象。”[②] 良渚古城是5000年前一个古国的都城，这在一些专家当中已达成了共识；这个国家还不是一个小小的城邦国家，而是具有一定地域规模的“王国”。

我们有理由推测：五千年前的良渚古国也应该是一个奴隶制国家。良渚古城有王和贵族墓地，显然是个等级社会；还有神徽、神庙等奴隶制国家的现象。“神王国家”现象正是奴隶制国家的一种标识，这一点我们在下文还会论及。良渚文化地区也存在人祭人殉遗迹。考古资料证实：良渚时期的人祭人殉遗存几乎发生于良渚文化各个大的时期。[③] 而人祭人殉正是奴隶社会特别是早期奴隶制国家的重要特征。不过，目前尚无专家表明良渚古城本身发现了明确的人殉人祭材料。我们期待考古专家们有更深入的发掘和更大突破。

关于河洛古国，目前发表的研究成果不多。但河洛古国遗址存在着人祭现象，这一点是确定无疑的。[④] 这一已为考古专家确认了的事实可能标志着中原地区在五千年前就已进入奴隶社会。考古研究发现，在河洛古国时期至夏王朝初期，“暴力冲突现象渐趋普遍”；发掘出的“奠基坑”“乱葬坑”“灰坑墓”表明当时存在人祭现象和不少俘虏被杀现

---

① 刘斌：《法器与王权：良渚文化玉器》，浙江大学出版社2019年版，第53页。

② 朱雪菲：《神王之国：良渚古城遗址》，浙江大学出版社2019年版，第171页。

③ 赵晔：《良渚文化人殉人祭现象试析》，《南方文物》2001年第1期；张忠培在《良渚文化墓地与其表述的文明社会》一文中，也讨论到良渚社会中存在人殉事例（张忠培：《良渚文化墓地与其表述的文明社会》，《考古学报》2012年第4期）。

④ 一个值得注意的现象是：有的人不愿意讲早期国家一些标志奴隶社会性质的事例。例如，新华社报道考古专家们关于河洛古国考古发现时，明确引述了专家的意见——存在人祭现象，而其他跟进的一些报道却把“人祭”这一条省略了。

象。[1] 考古研究还发现：“龙山时期的杀人祭祀现象在涧沟型遗存中显得也特别突出。”[2]

近年甘肃地区新石器——青铜时代考古发现，当时存在着不少人殉现象。“磨沟墓地人殉现象较普遍”；“人殉多为未成年人或成年女性”；“人殉1—4人不等”。[3] 从人殉规模看，这很可能只是地区性中小奴隶主贵族墓地，还不是王室墓地。人殉现象也主要是奴隶社会的现象。青年学生何艺培在其硕士学位论文《我国最早的阶级社会——齐家文化的社会性质研究》中讲：“在齐家文化时期，墓葬中已经出现人殉的现象，在齐家坪、皇娘娘台、秦魏家与柳湾等地都有发现。这种被殉者，主要有两种：一种是墓主人的亲属，妻妾等，近亲相殉是人殉制的共同准则；另一种则是战俘。……齐家文化时期的这些人殉的墓葬都是当时存在阶级压迫的反映，是当时阶级对立的证明。充分证明了当时已经是鲜明的阶级社会，奴隶制社会已经出现。”何艺培认为齐家文化时期已经出现了早期国家。[4] 这样的早期国家，正如考古资料所揭示的，应该属于早期奴隶制国家。

第三，应从历史发展长时段视角看不同社会形态的演进。

人类社会是不断发展变化的，社会形态也是不断发展变化的，一个国家的社会形态在不同时期也是有差异的；不同国家，即使处于同一个社会发展阶段，社会形态上也有差异，不可能完全相同。但是，在人类历史发展进程中，从整个世界历史发展长时段看，存在着几种相对稳定的社会形态，即原始社会、奴隶社会、封建社会、资本主义社会、社会主义社会（和未来的共产主义社会）。推动社会形态演进的决定性因素是生产力；而确定社会形态性质的决定性因素是生产关系，即一个特定社会中掌握主要生产资料的人与不掌握生产资料或只有极少量生产资料的人在社会生产活动中形成的相互关系。

---

① 王立新：《先秦考古探微》，科学出版社2016年版，第76、91页。

② 王立新：《先秦考古探微》，第103页。

③ 甘肃省文物考古研究所编著：《甘肃重要考古发现（2000—2019）》，文物出版社2020年版，第67页。

④ 何艺培：《我国最早的阶级社会——齐家文化的社会性质研究》，硕士学位论文，兰州大学，2016年，第25页。

从生产力发展水平讲，主要经历了旧石器时代、新石器时代；在铜石并用时期，有的地区仍处于原始社会时期，有的地区则已经产生了国家，进入了奴隶社会。从社会组织形式来讲，原始社会经历了原始群、血缘家族、氏族社会，氏族社会又分母系氏族社会和父系氏族社会；父系氏族社会的发展为国家形成、文明社会出现准备了条件。关于原始社会，学术界总的讲争议不大。原始社会不是文明的社会，也没有国家。这在学术界是有共识的。我国学术界分歧较大的是关于奴隶社会。下面重点讨论一下奴隶社会问题。

奴隶社会是人类社会发展进程中的第一个有阶级剥削和阶级压迫的社会。一般情况是：奴隶社会存在着奴隶主贵族、平民、奴隶三大阶级。奴隶社会最本质的特征是一部分人是另一部分人的财产，即奴隶是奴隶主的财产；国家的主要生产资料土地等掌握在奴隶主阶级手中。平民不是奴隶，但在奴隶社会中平民可能因为多种原因如欠债而沦为奴隶；奴隶制的存在也为奴隶主阶级剥削和压迫平民提供了条件。

奴隶社会的一个重要标识是人祭人殉。人祭人殉是奴隶社会特别是早期奴隶制国家比较普遍的现象。在封建社会时期，有的地方也存在过人殉现象，但那种现象不是普遍的，是奴隶社会的残余。在所有原初文明地区，特别是在早期奴隶社会中，人祭人殉是比较普遍的。在古代埃及、两河流域、中国和美洲印第安奴隶制国家中，均存在着人祭人殉现象。有学者认为："事实上，用活人作祭品无论在新大陆，还是在旧大陆都出现过。这样的例子不仅在中美洲找得到，在美索不达米亚、埃及和中国也都找得到。"① 正如上文已论及的，随着中国考古工作的深入，在新石器时代晚期或铜石并用时期，越来越多的人祭人殉现象被发现。② 我国处于奴隶社会阶段的殷商王朝存在着大量人祭人殉遗迹，已为过去和今天考古发掘所充分证实。美洲印第安早期奴隶制国家，因为从存在时间上讲，离我们今天比较近，关于人祭人殉的实据可能保存得相对比

---

① ［美］帕特里西亚·安纳瓦尔特（Patricia R. Anawalt）：《对阿兹特克人祭的理解》，林振草译，周庆基校，《贵州大学学报》（社会科学版）1986 年第 3 期。

② 参见中国社会科学院考古研究所编著《中国考古学·新石器时代卷》，中国社会科学出版社 2010 年版，第 797—799 页。

较好。关于阿兹特克王国人祭现象的材料就比较丰富。学者们对阿兹特克王国人祭规模大小有不同判断，但共识是祭祀的人牲数量很大。有的学者甚至估计：15世纪的墨西哥，每年被用于人祭者大约25万，大致相当于整个人口的1%。卡罗琳·多兹·彭诺克在分析多种数据后，认为在西班牙人入侵时，阿兹特克首都特诺奇蒂特兰每年人祭数量通常情况下可能平均大约几千人。“准确地估算此前的人牲数量是不可能的，但在15世纪后期，阿兹特克人控制的边疆在扩大，特诺奇蒂特兰的人祭活动看来达到了高峰，每年人牲可能在1000人至20000人之间。”① 阿兹特克王国处于奴隶社会早期阶段，也处于快速扩大的历史进程中，王国“内部”阶级矛盾尖锐。也许正是因为如此，阿兹特克王国统治集团迫切需要用恐怖手段来维持统治和稳定局势。这可能是发生大规模人祭的根本原因。

一些学者认为人祭是一种宗教迷信活动。我们认为这样的看法还很不全面。人祭应主要是早期奴隶社会中发生的一种政治行为，是占主导地位的集团或统治阶级控制社会的一种方式，是涂上了神秘色彩的恐怖统治手段，不能简单地视为宗教迷信，也不能简单地指斥为野蛮习俗。人祭是一种暴力行为，是奴隶主阶级控制、镇压、威慑广大奴隶和平民的阶级斗争表现形式。正如有学者指出的，“在像特奥蒂瓦坎这样的复杂社会中实行人祭被认为是国家为了巩固和保持权力的镇压手段。这种行为是一种通过操纵意识形态和超自然力量的社会控制方式，把神用作镇压手段”。② 在阿兹特克王国，懒惰和“不驯服”的奴隶就会被多次倒卖，最终用于人祭。这就很形象地说明，人祭也是奴隶主迫使广大奴隶服从奴隶主、老老实实为奴隶主劳动的一种手段。除这样的奴隶外，某

① Caroline Dodds Pennock, “Mass Murder or Religious Homicide? Rethinking Human Sacrifice and Interpersonal Violence in Aztec Society”, *Historical Social Research / Historische Sozialforschung*, 2012, Vol. 37, No. 3 (141), pp. 281—283.

② Rubén Cabrera Castro, “Human Sacrifice at the Temple of the Feathered Serpent: Recent Discoveries at Teotihuacan”, Kathleen Berrin and Esther Pasztory, eds., *Teotihuacan: Art from the City of the Gods*, The Fine Arts Museums of San Francisco, first paperback edition, New York: Thames Hudson Inc., 1994, p. 106；特奥蒂瓦坎古城位于今墨西哥境内，是中美洲地区一个古国的都城，这个国家学术界一般称为“特奥蒂瓦坎国”。

些罪犯和战争中俘获的那些不顺从并拒缴贡赋的武士也用于人祭。阿兹特克王国举行人祭仪式，常要求被征服地区的上层人士参加，这种恐怖现场对其造成某种威慑。有学者指出：人祭仪式意味着战争和祭祀像狩猎、农业、手工生产等一样，是一种“生产形式”。[①] 这说明奴隶主贵族通过实行人祭能够获取财富。

“王神合一”也是奴隶社会一种较普遍的现象。在奴隶社会，统治阶级为了维护社会统治，奴役被剥削被压迫者，把王权神圣化，国王的先祖是神。各奴隶制国家中的宗教虽然有差别，“但它们都有一个共同点：把奴隶制的国家制度和王权神圣化，宣传对自然界力量、对压迫者强力的屈服，不仅用地上的制裁而且用天上的惩罚来恫吓一切不驯服的人们”。[②] 在古埃及，国王在宗教领域起着极为重要的作用，他是最高宗教官员。“国王本身就是神，只有他才能与神进行直接交流。”[③] “法老是火之王，因为他是太阳，他在地球上模仿太阳光辉灿烂的运行过程。加冕之时，国王像天空中的太阳一样，‘升上’（kha）王座。”[④] 商王也是以神化祖先的方式，来神化自己。《诗经》中有：“天命玄鸟，降而生商”（《诗经·商颂·玄鸟》）；商人的祖先契就是上帝的儿子。[⑤] 更早的良渚古国也存在着神王合一现象。张忠培认为：“良渚文化社会政权的性质是神王国家，也可称之为政教合一的国家”，国王掌握着政权和神权。[⑥] 古代两河流域最早的文明社会——苏美尔城邦国家，王生前就是神或半神式的人物；王可能被视为太阳神之子；王权“自天下降”。[⑦] 美洲早期奴隶制国家印加王国的国王也被视为太阳神之子。

① John M. Ingham, “Human Sacrifice at Tenochtitlan”, *Comparative Studies in Society and History*, 1984, Vol. 26, No. 3, pp. 393—395.

② 苏联科学院主编：《世界通史》第1卷上册，生活·读书·新知三联书店1959年版，“序言”，第42页。

③ ［美］詹森·汤普森：《埃及史：从原初时代到当下》，郭子林译，商务印书馆2012年版，第32页。

④ ［法］亚历山大·莫瑞、G. 戴维：《从部落到帝国——原始社会和古代东方的社会组织》，大象出版社2010年版，第123页。

⑤ 徐义华：《略论中国早期国家的血缘与地缘关系》，《中原文化研究》2020年第1期。

⑥ 张忠培：《良渚文化墓地与其表述的文明社会》，《考古学报》2012年第4期。

⑦ 刘文鹏、吴宇虹、李铁匠：《古代西亚北非文明》，福建教育出版社2008年版，第179—181页。

奴隶社会存在着成千上万的奴隶，组成一个被奴役的阶级，处于社会底层。这是奴隶社会的普遍现象。至于奴隶人口在社会总人口中占多大比例，这个社会才算是“奴隶社会”，学术界是有不同认识的。有的学者之所以否认中国有过“奴隶社会”，理由是奴隶劳动者不占社会劳动者的多数。这是一个似是而非的理由，缺乏严谨的科学根据。因为，一个基本的事实是：古代奴隶制国家一般没有准确的人口统计，无法确定奴隶人口占社会总人口的比例。而且，任何一个奴隶制国家中的奴隶人口数量都是不断变化的，有时奴隶人口可能超过半数，有时可能达不到半数。而且，奴隶制国家的“边界”也是变动不住的。周边地区的人口随时可能通过战争或其他方式，掠夺而来，作为奴隶。这种现象史不绝书。商朝奴隶主集团与羌人发生冲突抓获羌人为奴的事例在甲骨文材料中举不胜举；古希腊斯巴达人更是把周边的黑劳士作为军事训练的“耙子”，随时可以捕杀。正如有学者早就指出的，邻近部落和各族正是奴隶制国家“有生力量——奴隶的取之不尽的源泉”。①

有的学者强调奴隶制度在世界古代、中古、近代都存在，从而不承认人类社会发展进程中经历了一个特定的历史阶段——奴隶社会时期。我们所讨论的“奴隶社会”与“奴隶制”是有区别的。奴隶社会或奴隶制国家指的是人类社会发展进行中一个特定的历史阶段，处于原始社会和封建社会之间。的确，一些国家和地区总体上进入封建社会时期后，仍然保留有奴隶社会的残迹，有时甚至保留着比较浓厚的奴隶社会残余，社会上还存在着不少奴隶，占有奴隶也是“合法的”；也有这种现象，一个国家整体上已进入了封建社会，局部地区却仍然存在着奴隶制。这样的国家和地区不属于奴隶社会，而是封建社会。在资本主义时期，世界范围内也存在过奴隶制度。例如，近代早期西方殖民国家在其殖民地就实行过奴隶制度；美国独立后也长期保留着奴隶制。但独立后的美国整体上是个资本主义社会，而不是奴隶社会。当今资本主义国家，也存在着某种“奴隶”现象。例如，黑社会犯罪集团非法剥夺他人人身自由。这样的现象在一些资本主义国家，也许是常态，是资本主义制度的

① 苏联科学院主编：《世界通史》第1卷上册，“总编辑部的话”，第23页。

伴生物，但资本主义国家的法律是不承认这种奴隶存在的。资本主义社会和封建社会中的奴隶制或奴隶现象，不能与奴隶社会中奴隶制和奴隶阶级相提并论。学术界有些人把“古今”奴隶制混淆，从而否定人类历史上存在着一个特定的奴隶社会阶段，这不是一种科学的态度和方法。

在人类社会发展进程中，取代奴隶社会的是封建社会。这里“封建社会”中的“封建”一词，不是指我国古代的“封邦建国”，而是指一种社会形态，它处于奴隶社会与资本主义社会之间。[①] 封建社会取代奴隶社会是人类社会发展的一般规律，是世界历史发展中的一般现象。亚非欧各地区主要国家都经历了封建社会的阶段。中国、日本、印度、伊朗、土耳其等亚洲国家，欧洲地区、非洲部分地区，都经历过封建社会时期。整个美洲地区由于欧洲国家的殖民入侵，正常的发展进程被打断，奴隶社会没有演进到封建社会，就沦为殖民地了。澳大利亚等地也是如此，发展进程为欧洲或西方殖民扩张所中断。经历了封建社会时期的国家，时间也有长有短，各国封建社会也有其自身特色。但是，所有这些并不能否定人类社会作为一个整体经历了一个封建社会时期。封建社会的生产是以农业为主，土地是主要的生产资料。封建土地所有制是封建社会的基础。一般情况下，封建土地所有制的形式主要有三种，即封建国家土地所有制、封建地主土地所有制、个体农民土地所有制。地主阶级是封建社会的统治阶级；国家的土地主要掌握在地主阶级手中。封建社会主要有两大阶级，即地主阶级和农民阶级；前者是主要由拥有土地的人组成，后者主要由没有土地或只有很少土地而在土地上劳动的人组成。地主阶级包括君主、各级封建领主（或称地主）或贵族、官员和高级僧侣等；农民阶级主要由不同身份的在土地上劳作的广大劳动者组成，包括自耕农、佃农、农奴等，他们是在不同程度上依附于地主阶级的劳动者，遭受封建国家和封建地主的奴役和剥削。当然，在不同国度不同发展阶段，社会的阶级阶层结构也是变化着的；每个国家封建土地所有制也在不断发展变化。

---

① 我国学术界对此已进行过深入探讨，读者可参阅林甘泉《“封建”与“封建社会”的历史考察——评冯天瑜的〈“封建”考论〉》，《中国史研究》2008 年第 3 期。

封建地主阶级占有大部分土地，但对直接生产者不完全占有。封建社会的农民享有不同程度上的人身自由，他们不是地主阶级的财产。这是封建社会与奴隶社会的一个本质区别。资本主义社会仍然是私有制占主体地位的社会，与奴隶社会和封建社会一样，存在着鲜明的阶级差别。资本主义社会主要阶级矛盾是资产阶级与工人阶级（或曰无产阶级）之间的矛盾；统治阶级是资产阶级，被统治阶级是工人阶级。这两大基本阶级的矛盾始终存在于资本主义社会之中。社会的生产资料，如资本、土地、工厂等，主要掌握在大大小小的资本家手中。雇佣关系是资本主义生产关系的核心，也是资本主义社会本质性关系和特征。资本主义社会是不断发展的，资产阶级和工人阶级也是不断发展变化的，但不管怎么发展变化，资本家是“雇主”、工人是“雇工”这一基本关系没有发生什么变化。可以说，资产阶级主要由“雇主”组成，工人阶级主要由“雇工”组成，两者是雇佣与被雇佣的关系，也就是剥削与被剥削的关系；资本家可以解雇工人，工人则无法解雇资本家；工人有选择不同资本家的权利，但不管是哪个资本家，工人仍然是雇工。当然，在当今资本主义社会中，公司的高管形式上是受公司聘用的雇工，但他们如果掌握了大量资本，实际上也是资本家，属于资产阶级。而一些工人虽然也可能有点股份，但他们及他们的家庭成员主要不是依靠股份生活，而不得不受雇于人，挣取工资来维持家庭生活。不能因为工人们拥有极少量股份，就认为工人们也是资本家，也不能因为公司高管形式上是受雇者，就断言他们属于工人阶级，要依据实际情况来确定。需要强调一下的是，当今资本主义国家中所谓的“中产阶级”，许多人只不过是工人阶级中收入较高者。

从人类历史发展进程看，取代资本主义社会的是社会主义社会。人类社会是不断进步的，不可能停留在同一个社会形态。资本主义社会不是万世不易的。十月革命的胜利开启了全人类从资本主义社会向社会主义社会过渡的历史进程。

人类社会不同社会形态的演进、更替，从长时段看，是非常清晰的、不可否定的。在奴隶社会，有的人是其他人的财产，即奴隶是奴隶主的财富，奴隶主掌握着对奴隶的生杀予夺之权，奴隶可以大量用来“祭祀神灵”和陪葬。在封建社会，封建主阶级（各国封建主的名称可能不同）掌握着社会的主要生产资料——土地，但封建主不能随意出卖、转让、杀害依附封建主并在其土地上耕作的农奴或农民。在资本主义社会，表面上“人人平等”，但在雇主与雇工之间实际上是不平等的，掌握着财富掌握着资本的雇主，也就掌握着随时解雇雇工的主动权。这是资本主义社会整个时代不同于其他时代的最核心特征。社会主义社会本质上是人民当家作主的社会，国家权力掌握在不受少数富人集团操控的政党——共产党的手中，也只有在社会主义制度下，人与人之间才有可能逐步实现真正的相互平等。总之，人类社会进入“文明阶段”后，是不断地从低阶段向高级阶段发展演进的；人类文明发展水平是不断提高的；社会中“人与人的关系”是不断地趋向平等的。

第四，不同社会形态的分界线往往是一个过程。

社会形态的分期，不管是一个国家还是整个世界，往往难以确定某个具体的时间或某个明确的标识。原始社会过渡到奴隶社会，本身就是一个过程。从氏族社会内部贫富分化到阶级形成，再到阶级矛盾激化，从而产生国家，需要经历一个较长的时间。早期奴隶制国家的都城大多已成废墟或淹没于地下，通过考古工作才能发掘出来，文献资料也很缺乏，历史证据往往显得不足。因此，原始社会与奴隶社会的分界线只能确定一个大致的时间段；而且各国各地区也不是同步的。

奴隶社会过渡到封建社会，一般地讲也是一个较长的过程。两者都具有鲜明的阶级压迫和剥削，存在着一些共同点；奴隶主贵族与封建贵族也存在着相似的地方。有的奴隶，如“授产奴隶”或被征服地区整个部落“集体奴隶”，在生产与生活形式上与封建社会的农奴也存在着一定相似性。在奴隶社会后期，封建生产关系的因素已逐步产生；而在封建社会早期，奴隶社会的痕迹一定程度上依然存在。学术界往往把公元476年罗马帝国灭亡作为欧洲奴隶社会与封建社会的分界线；也往往作为世界古代与中世纪的分界线。这只是一个确定性的时间标志，一个大的历史事件而已。显然，封建生产关系在罗马帝国晚期已经出现了；罗马帝国灭亡后，奴隶社会因素并非在欧洲国家马上就完全消失了。从整个世界历史看，各地区从奴隶社会过渡到封建社会也不是同步的，因此在世界范围内更难确定一个具体的时间点作为两种社会形态的分界线。

封建社会向资本主义社会过渡也是一个过程。15、16 世纪资本主义首先开始在西欧兴起，欧洲地区逐渐从封建社会向资本主义社会过渡。欧洲资产阶级性质的革命，最早是尼德兰革命，发生在 16 世纪下半叶至 17 世纪初年；英国资产阶级革命则发生在 17 世纪中叶。而这个时期，欧洲大陆封建社会因素仍然十分浓厚。反对封建专制统治的法国大革命于 1789 年爆发。对整个欧洲而言，要划出一条封建社会与资本主义社会精确的分界线是困难的。单独一个国家，如英国和法国，即使发生了资产阶级革命这样的大事件，封建生产关系被资本主义生产关系代替也是一个过程。与奴隶社会的奴隶主能够逐渐演变为封建社会的封建主一样，封建主也可能逐渐采取资本主义生产方式，演变为资产阶级性质的“新贵族”。就整个世界而言，也难以划出一条封建社会时期与资本主义社会时期的分界线。当 17、18 世纪欧洲发生资产阶级革命时，亚洲一系列大国仍然处于封建社会时期。总体上讲，封建社会后期出现了资本主义萌芽，资本主义逐步兴起；在资本主义社会初期，封建社会因素或封建生产关系在一定程度还残存着。

奴隶社会、封建社会、资本主义社会都是具有鲜明的阶级压迫和阶级剥削的社会，都是统治阶级的私有制占主体地位的社会，发生渐变是可能的，在演进过程中也的确体现出了很强的渐变性。这里要强调的是：不能因为奴隶社会、封建社会、资本主义社会之间缺乏明确的分界线，就否定奴隶社会、封建社会、资本主义社会这三种不同的社会形态的存在。奴隶社会、封建社会、资本主义社会各有其本质特征，从历史发展长时段看，它们之间的差异是确定性的。这一点上文已述。

社会主义社会取代资本主义社会，从已经发生的历史实例看，却是“突变性的”。1917 年俄国十月革命胜利，在很短时间内就建立起来了社会主义基本经济制度和政治制度，资本主义的俄国成为社会主义的苏联。第二次世界大战后，东欧一系列社会主义国家的建立，中国、朝鲜、越南等社会主义国家的建立，都是“突变性的”。因而，俄国的资本主义社会与苏联社会主义社会的分界线十分明确，那就是 1917 年的十月革命。十月革命开创了人类历史的新纪元，所以，1917 年也就成为人类社会发展进程中资本主义社会逐步被社会主义社会所取代的历史进程的开端。这一点在马克思主义史学工作者之间早已形成了广泛共识。

三 坚持“五形态说”的现实意义

坚持“五形态说”具有极其重要的现实意义。对此，王伟光同志在代序中作出了深刻的阐述。这里我们再简要谈谈我们对坚持“五形态说”现实意义的领会。

（一）坚持“五形态说”就是尊重历史客观事实

“五形态说”体现了人类社会发展进程的客观实际。人类社会就是这样一步步从低级阶段向高级阶段不断发展演进的。历史学是一门科学。从事历史研究必须坚持论从史出。这是从事科学研究的要求，也是坚持唯物史观的要求。我们不赞同某些学者急于撇清与马克思主义唯物史观关系的做法，断言中国没有奴隶社会；不赞成没有深入研究就轻率地否定前辈学者长期深入探讨得出来的结论，更不赞同把唯物史观一些基本概念视为“舶来品”。科学无止境，历史研究工作也是需要不断深化、不断加强的。马克思主义经典著作和以往学术界关于五种社会形态的研究，没有也不可能穷尽真理，并且可能存在这样那样的不足。我们要努力加强人类社会发展史及其规律的研究，不断丰富、不断发展社会形态理论，深化我们对人类社会发展规律的认识和把握。

（二）坚持“五形态说”有利于深入认识当今世界历史发展大势

五种社会形态理论揭示人类社会发展规律，阐述人类社会的发展进程和探讨发展趋势。鉴往才能知来。了解人类社会是怎样发展演进过来的，对于我们理解当今世界形势是非常必要的。而从历史发展长时段视角观察世界形势，则能够更好地把握当今世界发展大势。今天的世界既有资本主义国家，也有社会主义国家；既有资本主义社会，也有社会主义社会。社会主义社会是新生的社会形态，资本主义社会相比之下是走向衰落的社会形态，当然这个衰落过程是较长的。人类社会面临一系列重大问题，如一国之内和国家之间严重的贫富两极分化、核扩散和核战争威胁、生态危机等，这都是资本主义制度造成的后果，在资本主义制度下是无法克服的。从整个人类社会发展进程看，可以说社会主义社会正在和将要逐步取代资本主义社会。

（三）坚持“五形态说”是坚持中国特色社会主义道路的必然要求

五种社会形态理论是马克思主义唯物史观的核心组成部分。马克思主义理论是中国共产党的指导思想，是社会主义中国立国的理论。否定了“五形态说”也就是否定了马克思主义的一个内核，否定了中国走上社会主义道路和坚持社会主义道路的历史合理性和必然性。走上社会主义道路，坚持社会主义道路，是几代中国共产党人研究社会发展规律、总结中华民族在近代历经的重重磨难而认识到的真理。我们党的几代领袖，从毛泽东、邓小平到习近平，都反复强调只有社会主义才能救中国。在今天的历史条件下，只有坚持中国特色社会主义才能发展中国。习近平总书记指出，“历史和现实都告诉我们：只有社会主义才能救中国，只有中国特色社会主义才能发展中国，这是历史的结论、人民的选择”。习近平总书记还强调：“中国特色社会主义是社会主义而不是其他什么主义，科学社会主义基本原则不能丢，丢了就不是社会主义。”① 中国作为唯一社会主义大国和最大的发展中国家，是以美国为首的西方发达国家集团围堵遏制、西化分化的主要对象。中华民族伟大复兴进程仍然充满着各种风险和挑战。没有中国共产党的坚强领导，没有强大的公有制经济及其各领域大型国有企业，没有庞大的、强有力的“国家队”科研和教学队伍，没有党绝对领导的强大的人民军队，我们是难以抵御西方敌对势力围堵遏制、西化分化中国图谋的。而这一切只有在坚持社会主义道路的条件下才能有保障。国际敌对势力对中华民族的生存与和平发展威胁极大，国内也有一些人错误地认为中国应该走资本主义道路。习近平总书记为何强调科学社会主义基本原则不能丢！这说明我们党内和

① 习近平：《习近平谈治国理政》第1卷，外文出版社2014年版，第22页。

社会上是有人想丢掉科学社会主义基本原则的。崇奉新自由主义思潮的人就是想丢掉科学社会主义基本原则；历史虚无主义思潮也是宣扬中国应该走资本主义道路的一种极其危险的思潮。在当今中国，坚持“五形态说”绝不仅仅是一个学术探讨问题，而直接关系到坚持还是不坚持社会主义道路的问题。今天，我国迎来了前所未有的发展局面，中华民族伟大复兴处于快速进程之中，世界百年未有之大变局已经来临，但“变局”不等于“定局”，还处在艰难博弈的现实进程当中。对此，我国广大史学工作者应有清醒的认识和基本的自觉。

（原载《政治经济学研究》2021 年第 2 期）

要从历史发展大势看历史事件和人物

——兼与沈志华先生商榷

张顺洪

一

近年，沈志华先生在学界甚为活跃，受到不少人的推崇，不少高校和机构请他作演讲，参加学术会议；在境外、国外的学术影响也不小，还在国外获得过奖项。

近期，通过网络，笔者读到陈湘安题为《历史研究中的文明尺度》的文章。文章认为，从事历史研究应该讲究文明尺度，历史研究的标准是以事实为标准。作者强调了运用档案材料的重要性，并认为民间研究的兴起改变了人们对中共党史的认识。而在这些民间研究者中，作者特别称道了沈志华先生。

作者讲，《毛泽东、斯大林与朝鲜战争》等历史著作的作者沈志华堪称其中的一个范例。苏联解体之后，有关中苏关系和共产国际的大批档案文件解密，成为沈志华等一批研究者的重要研究来源和依据。这批档案披露的事实改变了许多历史的定论。沈志华是因研究解密档案成为一个被网民称为“颠覆性的历史学者”，主张重读历史。沈志华在香港科技大学讲课时甚至说：过去看到的东西几乎是不能相信的，历史学家就是要把真实的东西写出来给大众看，把过去到底发生了什么，真实、客观、详尽地告诉后人。

由此可见，沈志华先生在社会上的影响之大。

二

沈志华先生多年来受聘为华东师范大学教授，2018 年底又担任华东师范大学新成立的世界历史研究院的院长。沈志华先生是否属于所谓的民间研究者姑且不论，这里只就他的一些言论提出点评，来看看他何以能被视为“颠覆性的历史学者”。坦率地说，他的不少观点是有问题的，不仅体现出学风不严谨，而且体现出很强的意识形态偏向，其中一些看法是非常错误的。下面略举例分析。

（一）对无产阶级政党的领袖人物特别是毛泽东和斯大林采取嘲笑的态度，缺乏应有的尊重

在谈到毛泽东主席访问苏联时，沈志华先生讲：“等到祝寿完了，各国领导人都走了，就剩毛泽东一人，他待在宾馆里，也不出来，在那里发脾气，毛泽东有什么脾气呢？毛泽东不睡沙发床，只睡硬板床，他就把宾馆里的沙发垫拉出来，扔在地上，说‘非要让我睡这个，我就是不睡’。他还有一个毛病，不会用马桶，他上厕所必须蹲着，不坐着，一个人在厕所里发牢骚，非让我坐在这儿，有什么办法。”①

这段文字明显是一种推测性的、小说式的语言，其用意是贬低、歪曲领袖人物的形象。

关于斯大林，沈志华先生讲：“斯大林特别坏，他故意要马林科夫。大家都在这儿坐着，他说，马林科夫，下一届政治局委员都是谁，你考虑好了吗？马林科夫心说，这哪是我考虑的问题，我要考虑这个我脑袋不得掉了，所以他哆哆嗦嗦，说不出一句话。斯大林说，你把名单拿出来让我看看。但马林科夫根本就没有名单，吓得汗都下来了，不知道说什么好。斯大林一看这个情形，非常高兴，哈哈一笑，从兜掏出一个单

① 沈志华：《毛泽东访苏轶闻》，《文史大讲堂》系列讲座三，时间：2011 年 1 月 7 日。

子，我已经拟好了。从十一人增加到二十五人，就整个改变了领导结构。等到 3 月 5 号的时候，他们又给改过来了。新一代的苏联领导人其实是看到了原来苏联社会的问题，必须得改变，不改变苏联社会就要爆炸。等他们把联合决议起草完了，大家再到隔壁一看，9 点多，斯大林正式咽气了，大家心里踏实了，真醒过来那就麻烦了。”①

这里沈对斯大林的描述，用语粗俗恶劣，根本就不应该是出自严谨的历史学者之口。

从以上两例，读者不难看出，沈志华先生对毛泽东、斯大林这样的无产阶级政党的伟大领袖采取何等轻慢的态度。作为历史学者，这是完全不应该的。

（二）宣称毛泽东有“帝王思想”

沈志华先生讲：“如果我们把视线往后拉，看到 1956 年事件，直到 1961 年中朝建立同盟关系，签订同盟条约的时候，你就会明显地感觉到毛泽东有那种所谓的中央帝王的思想，此后，他在处理许多问题的时候都是如此，可以说，毛泽东没有作为一个现代民主国家领导人的现代感觉，他仅有一个中国传统皇帝的感觉。”② 在谈到中朝关系时，沈志华先生讲：“中国与朝鲜之间在历史上长期保持着宗藩关系，其特点之一就是宗主国并不要剥夺藩属国的主权，要求的只是臣服和追随。毛泽东熟读古书，作为中国的最高领导人和亚洲革命的负责人，在他的头脑中有意无意地接受了‘中央王朝’的统治理念。”③ “在冷战时期的中国和朝鲜，其外交决策方式都体现为‘领袖外交’，也就是说，毛泽东和金日成的个人理念决定了两国关系的基本走向。毛泽东在新中国建立伊始就开始考虑如何恢复历史上中国对周边国家的主导权和领导权，又熟读中国古代史书，深谙中国历代皇帝作为‘天朝大国’天子的统治术。因

---

① 沈志华：《苏联解体和斯大林模式的终结》，文化纵横网，2010 年 10 月 20 日。

② 沈志华：《斯大林、毛泽东与朝鲜战争的起源》，爱思想网站沈志华专栏文章，2009 年 5 月 30 日，三味书屋演讲，更新时间：2009 年 6 月 21 日。

③ 沈志华：《尊重与援助：新中国对朝鲜外交方针的形成（1950—1955）》，《历史教学问题》2015 年第 6 期。

此，在他处理与朝鲜关系的理念中，有意无意地闪现出历史上中国帝王的‘天朝’意识。”①

毛泽东同志是无产阶级革命家，带领中国人民浴血奋战，推翻了三座大山，建设社会主义现代化国家，毕生为中国人民的解放事业和国家发展奋斗，毕生为人民服务。毛泽东等老前辈具有深厚的无产阶级国际主义精神，对许多新生的发展中国家提供了不少无私援助。我不知道沈志华先生是从哪些档案里读到了毛泽东有帝王思想。无疑，沈的观点是非常不公正的！

（三）对中国抗美援朝决策的评价是很不恰当的

谈到抗美援朝战争时，沈志华先生讲：“中国出兵，毛泽东不是为了国家安全，如果他是为了国家安全，他就不动了，不动是最安全的了，所以他不是为了国家安全……其实就是为了苏联，为了苏联潜在的背后还是为了自己，因为当时能够帮助中共，能够稳定这个政权，能够在发生战争的情况下同时搞经济建设只有苏联，所以毛那会儿就是为了要挽回跟苏联的关系，他当然知道现在出兵对中国非常不利，中国没有这么准备，武器又不如人，这些材料都非常详细。但是他不这样做就彻底失去了斯大林的信任，中苏同盟条约就形同一张废纸，没有人再来帮你，所以他只能出兵。”“毛泽东出兵朝鲜就是一个赌，他赌着了，斯大林答应了他所有要求。这就是我对毛泽东访苏，中苏同盟，到朝鲜战争整个关系的理解。”②

关于抗美援朝战争，众所周知的基本史实是：美国是侵略者，侵略我国友好邻邦朝鲜，并且直接威胁中国安全。中国出兵完全是美国侵略者的进犯逼出来的。不知道沈志华先生是从哪些档案中读出来：“中国出兵，毛泽东不是为了国家安全”，而“是为了自己”。在抗美援朝战争中，中国人民付出了巨大牺牲，毛岸英同志也牺牲在朝鲜战争上。沈对抗美援朝战争的言论令人寒心！

---

① 沈志华：《中朝关系史研究中的几个重要问题》，《清华大学学报》（哲学社会科学版）2018 年第 1 期。

② 沈志华：《毛泽东访苏轶闻》，《文史大讲堂》系列讲座三，时间：2011 年 1 月 7 日。

沈志华先生把朝鲜内战和抗美援朝战争归因于中国、朝鲜和苏联。这一点与西方主流观点是一致的。他用大量笔墨来揭示朝鲜如何与苏联、中国沟通发动朝鲜战争，忽视世界历史发展大趋势和国际大背景，孤立地看朝鲜内战和抗美援朝战争。他的书《毛泽东、斯大林与朝鲜战争》的一个结论是："中苏同盟条约签订导致了朝鲜战争的爆发。"

（四）全盘否定"苏联模式"，为戈尔巴乔夫开脱苏共亡党亡国的历史责任

谈到苏联解体时，沈志华先生讲："苏联这么一个超级大国一瞬间就轰然倒塌。当然什么说法都有，过去比较集中的一个说法是因为戈尔巴乔夫叛变了，他出卖了苏联共产党。这个说法很有政治性，但是很缺乏学术性，没有什么根据。"[①] "但是总的趋势可以这样认为，戈尔巴乔夫的失败不是他个人的失败，而是苏联党和国家已经走进了一个死胡同，船调不过头来了，早晚是一死，就是早的事还是晚的事。戈尔巴乔夫就是在你病入膏肓的时候，下了一剂重药，结果当场死亡。你要是下点轻药，或者你干脆不下药，还能喘息一段时间。但这种体制确实是走入了一个死胡同。"[②]

沈志华先生还说："苏联政府的垮台、苏联共产党权力的丧失，确实是人民的选择。……因为人民厌恶了这种制度，不再选择这样的制度。所以，这到底是戈尔巴乔夫和叶利钦的责任，还是人民的选择?"[③] 这里，沈志华先生显然是在为戈尔巴乔夫开脱历史责任，就是为戈尔巴乔夫抛弃马克思主义、实行多党制、推行所谓的"人道的、民主的社会主义"从而导致苏共亡党亡国，开脱历史责任。

沈志华先生讲："苏联解体和苏共垮台……标志了斯大林模式的终结——'十月革命'所开创的苏联社会主义道路已经走到尽头"。"毛泽东本人对中国社会主义道路的探索最后以失败告终"；"毛泽东以后，中

---

① 沈志华：《苏联解体和斯大林模式的终结》，文化纵横网，2010 年 10 月 20 日。

② 沈志华：《苏联解体和斯大林模式的终结》，文化纵横网，2010 年 10 月 20 日。

③ 《刘瑜、沈志华、王小东等：精英、民粹与中国未来》，腾讯网，2013 年 11 月 28 日，http：//cul. qq. com/a/20131128/015243. htm。

国渐渐走上了一条本质上与苏联不同的发展道路”。[①] 这里，沈志华强调毛泽东对中国社会主义道路的探索失败了，是不符合实际的，这是意在全面否定改革开放前的社会主义建设成就。毛泽东等老前辈开创的社会主义事业为改革开放打下了坚实基础。没有改革开放之前的社会主义建设基础，我们绝不可能取得改革开放40年来如此辉煌的成绩。说毛泽东对中国社会主义道路的探索失败了，也是在全盘否定“苏联模式”。说中国后来走上了本质上与苏联不同的发展道路，也是不正确的。昔日苏联的道路是社会主义道路，今天中国特色社会主义道路也是社会主义道路，不是本质上的不同；资本主义道路与社会主义道路才是本质上的不同。

沈志华先生特别强调：“苏联这个制度自诞生到20世纪90年代灭亡，始终一成不变。”[②] 这一判断是不符合历史实际的。苏联不是静止的，一直在发生变化。赫鲁晓夫时期就与斯大林时期不一样；戈尔巴乔夫上台后，更是“大刀阔斧”地实行错误的改革路线，实际上已背弃了“苏联模式”，最终导致苏共亡党亡国。沈志华先生讲苏联“始终一成不变”，是在强调苏共亡党亡国是“苏联模式”的失败，而不是戈尔巴乔夫实行错误改革路线造成的。许多俄罗斯人包括普京总统在内，都认为苏联解体是历史悲剧，而沈志华先生却认为：“既然中国的发展道路与俄国不同，那么大可不必为苏联解体而伤感和忧虑。”[③]

（五）渲染朝鲜是中国的敌人、韩国是中国的朋友，主张中美配合，实现韩国主导下的朝鲜半岛统一

2017年3月，沈志华先生在大连外国语大学作讲座，其在3月19日的讲座中，谈古论今，引经据典，不惜歪曲历史事实，宣扬其主旨：中国应该抓住机遇帮助韩国把朝鲜统一掉。

---

① 沈志华：《“十月革命”与中国的发展道路——写在俄国革命爆发一百周年之际》，《探索与争鸣》2017年12期。

② 《刘瑜、沈志华、王小东等：精英、民粹与中国未来》，腾讯网，2013年11月28日，http://cul.qq.com/a/20131128/015243.htm。

③ 沈志华：《“十月革命”与中国的发展道路——写在俄国革命爆发一百周年之际》，《探索与争鸣》2017年12期。

沈志华先生说："我们现在就来看一看，朝鲜和韩国，谁是中国的朋友，谁是中国的敌人。表面上看，中朝是同盟关系，美日支持韩国对抗朝鲜，这是冷战的遗产。但是，我认为，经过这几十年的争斗和国际环境的变化，情况早已发生了根本的改变。我有一个基本的判断：就目前的格局来看，朝鲜是中国潜在的敌人，韩国是中国可能的朋友。""在解决朝核危机的问题上，中国应该采取主动，关键是不能站在维护朝鲜的立场上解决这一问题。""所以我想战争的可能性是不大的。那么就是和平统一，而且是以韩国为主导的和平统一。我个人觉得这应该是个比较好的出路，也应该是中国持有的立场。""我是从历史的角度看问题，研究结果告诉我，朝鲜已经不是盟友了，而韩国已经化敌为友了。……如果我们定位定好了，大势看清楚了，敌我友分明白了，政策的制定就比较清楚了，至于制定哪些具体的方针措施，我想中国人有的是方法。"①

沈志华先生在这里长篇大论宣扬朝鲜是中国的潜在敌人，韩国、美国是中国的朋友，不是偶然的。2017 年 11 月，沈志华在日本的一个报告中谈到朝鲜半岛问题时又说，可能性之一是："朝鲜不接受放弃核武器，一心要掌握核武器，那就中美联手把它干掉。然后在韩国的主导下，实现朝鲜半岛的统一。"② 在 2018 年发表的一篇文章中，他又强调："美国和韩国仍然是朝鲜的敌人和威胁，但对中国已经不具有直接的安全威胁，甚至在某种程度上成为潜在的盟友。"这里，不仅韩国是"潜在的盟友"，而且时不时把航空母舰开到中国海域耀武扬威的美国，也对中国不具有"直接的安全威胁"，而成了"潜在的盟友"。③

读了沈志华先生的言论，让人不得不感到他作为历史学家是非常不严谨的。历史研究的基本要求是论从史出。关于当前朝鲜半岛形势，众所周知的是，美国长期驻军韩国，美韩不断军演，威慑朝鲜及其他有关国家；韩国近期又同意美国部署"萨德系统"，制造东北亚紧张气氛，

① 沈志华：《从中朝关系史的角度看"萨德"问题》，爱思想网，2017 年 3 月 23 日，http：//www. aisixiang. com/data/103725. html。

② 沈志华：《中朝关系演变与朝鲜拥核政策的关联》，钝角网，http：//www. dunjiaodu. com/top/2017 - 11 - 29/2198_ 2. html。

③ 沈志华：《中朝关系史研究中的几个重要问题》，《清华大学学报》（哲学社会科学版）2018 年第 1 期。

威胁中国安全。不仅如此，美国还在日本长期驻扎大军，多方军演不断，威胁地区安全。怎么在沈志华先生的眼中，美国和韩国就成了我国盟友，而与中国实行相同社会主义制度的朝鲜却成了潜在的敌人呢？在我看来，沈志华先生言论所主张的，正是西方国家集团企图达到的目的。沈志华先生无视世界格局的真实状况，无视历史发展大趋势，竟能得出如此匪夷所思的结论。作为历史研究者，并以重视档案出名，沈志华先生是从哪家档案中看到了美国、韩国是中国潜在盟友，而朝鲜是中国的潜在敌人？

三

作为社会主义国家的学者，我们从事历史研究工作，最根本的指导思想是马克思主义唯物史观。

从事历史研究工作不可能脱离今天社会的客观实际；历史工作者生活于现实世界之中，其历史观也不可能脱离自己所生活的现实世界。如何评价历史事件和历史人物关系到如何认识现实世界和如何改造现实世界。我们评价历史人物和历史事件，要立足于历史发展大势。如果孤立地、片面地看待历史人物和事件，就会得出偏颇甚至谬误的结论。错误的史观也势必对现实社会的稳定和发展造成难以估计的消极影响。

当今中国进入了中国特色社会主义新时代。我国的这个新时代，处于世界历史长时段发展的大趋势之中。从整个人类社会发展进程看，当今世界处于资本主义社会逐渐被社会主义社会所取代的历史阶段。这个大的历史阶段是从十月革命开始的。十月革命开创了人类历史新纪元，世界上诞生了第一个社会主义国家，从此人类社会迈入了社会主义社会逐步取代资本主义社会的历史进程。苏联的存在为人类社会的发展作出了不可磨灭的巨大贡献。苏共亡党亡国，只是这一历史进程中的重大挫折，并不意味着这个历史进程的终止。这个伟大的历史进程也不可能终止。西方一度盛行的“历史终结论”是荒谬的，不过是资产阶级学者一种愚弄人的政治谎言。人类社会的进程不可能永远停留在资本主义阶段，必将不断向前发展，整个世界也必将逐渐向社会主义社会迈进。

中国特色社会主义是社会主义，不是什么其他的主义。中国特色社会主义的远大前途是未来的美好社会——共产主义社会。当然，这个历史进程无疑是长期的，也是十分艰巨而复杂的。我们今天的现实发展目标是建设发达的社会主义现代化强国。中国不应也不可能步苏联解体的后尘。中国的前进方向不可能是资本主义社会，更不可能回到半殖民地半封建的社会。只有社会主义才能救中国，只有中国特色社会主义才能发展中国，这是中国共产党和中国人民长期认识到的真理。

中国必须坚持社会主义道路。这是我们面临的时代课题。历史研究工作要努力揭示人类社会发展进程中的规律，要对我们面临的时代课题作出科学的解释。的确，做好历史研究工作需要掌握丰富的资料，包括档案材料。但是，掌握了资料不等于能够对历史发展进程作出符合客观实际的科学分析。离开了唯物史观的指导，即使掌握了丰富的档案材料也很难对历史人物和历史事件做出正确判断和公正评价。如果忽略历史发展大势，夸大个别细节，随意解读甚至“戏说”，则可能陷入历史虚无主义的泥坑。

（原载《世界社会主义研究动态》第 63 期，2019 年 5 月）

“中国农村派”与“乡村建设派”的论争

谭　星

20世纪三四十年代“中国农村派”① 和“乡村建设派”（又简称“乡建派”）② 围绕中国农村发展道路和如何改造中国，或者说中国民族发展之前途问题展开了一场论争。相较于“中国农村派”同为参与方的中国农村社会性质论战，此次与“乡建派”的论争得到学界关注较少，③

---

① “中国农村派”指的是陈翰笙领导的以中国农村经济研究会机关刊物《中国农村》为主要阵地、研究中国农村问题的左翼知识分子团体。作为活跃于20世纪三四十年代的左翼学术流派，“中国农村派”以“研究中国农村经济底结构”（《中国农村经济研究会简章》，《中国农村经济研究会会报》1934年4月第1期）为宗旨，主要目标是“探求中国民族独立的前途”以及“全世界的和平和全人类的自由”（《发刊词》，《中国农村》1934年10月创刊号）。他们运用马克思主义唯物史观和实证调查的方法研究中国农业、农村和农民问题。除了陈翰笙，代表人物有薛暮桥、孙冶方、钱俊瑞、秦柳方、千家驹等。

② “乡村建设派”广义而言指的是20世纪二三十年代形成的主张用改良主义方法解决中国农村问题并进行乡村建设实践的知识分子团体，简称“乡建派”。“乡建派”的乡村改良主义运动影响较大者包括梁漱溟领导的邹平乡村建设实验、晏阳初领导的定县平民教育运动、卢作孚主导的北碚乡村建设运动和黄炎培主导的徐公桥乡村改进实验等。狭义而言，“乡村建设派”指的是梁漱溟领导的一派，他们创建了山东乡村建设研究院及其机关刊物《乡村建设》。本文接下来的讨论使用狭义上“乡建派”的概念。

③ 朱汉国《简评历史上对梁漱溟乡村建设的几次批判》（《历史教学》2018年第11期）一文指出“中国农村派”对梁漱溟乡村建设的批判，反映了人们在改造中国问题上，走革命道路还是改良道路的分歧。但仅是简单列举了“中国农村派”对梁漱溟的批评，没有分析其中的原因和之间的逻辑联系，也没有强调梁漱溟对其批评的回应。汪效驷的《陈翰笙与“中国农村派”》（《中共党史资料》2007年第2期）一文提到了此次论争，但并未展开论述。毕耕等的《〈中国农村〉与农村问题论战评析》（《出版发行研究》2016年第8期）一文认为“中国农村派”对乡建派的批判切中要害，但其激进言论则并不可取，有些属于人身攻击，不符合事实，抹杀了乡村建设的功绩。这一点评还算公允，“中国农村派”有的文章确有一些过于尖刻、推论过多而近乎诬的问题。

但这场关于中国民族发展前途问题的论争在理论和实践上都颇具影响，值得深入研究。[①] 本文拟从两派对中国农村问题的认识之不同比较两派对中国出路的回答，并分析两派分歧的缘由。同时，比较两派在工农业发展和对现政权态度上的意见分歧，力求较为全面、细致地展现此次论争的内在逻辑和多维面向。

一　对农村破坏根本原因的认识之分歧

无论是“中国农村派”还是“乡建派”，都承认中国农村凋敝是有目共睹的事实。陈翰笙观察到“农村经济之衰落，在中国已成普遍之现象”；[②] 梁漱溟认为“近年来农村经济日趋崩溃，这是很明显的事实”。[③] 他们的分歧在于对造成这一问题的原因有不同认识。除了水旱蝗螨之天灾和兵匪苛税之人祸这样显而易见的直接原因，两派对于导致中国农村破坏的根本原因各有见解。

梁漱溟将根源归结于学西洋而至文化失调。他的逻辑是：因为敌不过西洋文化，所以中国要学西洋以求应付西洋；[④] 然而中西方文化不同，中国是以乡村为本的社会，而西洋则是都市文明；西方的都市文明与中国乡村原有的文化是冲突的；所以学都市文明必然导致乡村日渐崩

① 说是两派，实际上“乡建派”做出有效回应的几乎只有其灵魂人物梁漱溟，他在1940年写了10篇文章做了较为集中和系统的回应。除此之外，似乎只有他的学生公竹川在《益世报》上发表过一篇回应文章。而“中国农村派”则是团队作战，许多有理论素养的年轻人写文章批评“乡建派”的乡村建设理论和实践。笔者认为一方面是因为“乡建派”在从事乡村建设实践，事务繁杂，梁漱溟也是等乡建实践结束后才腾出手来写回应文章。另一方面或许是“乡建派”没有特别重视理论论争，梁漱溟自己就说过“以言语胜人，何益于事？事实所在，不可以口舌争”（梁漱溟：《答乡村建设批判》，《梁漱溟全集》第2卷，山东人民出版社2005年版，第611页）。当然，还有一层实际原因或许也是“乡建派”比较缺乏可以与之论争的理论人才。

② 陈翰笙：《中国农村经济研究之发轫》，《陈翰笙集》，中国社会科学出版社2002年版，第5页。

③ 梁漱溟：《乡村建设理论》，《梁漱溟全集》第2卷，第149页。

④ 这可以说是“师夷长技以制夷”的延续和翻版。

溃破坏。[①] 他提出："今日中国之问题在其千年沿袭之社会组织既已崩溃，而新者未立；或说是文化失调，人非社会则不能生活，而社会生活则非有一定秩序不能进行；任何一时一地之社会必有其所为组织构造者，形著于外而成其一种法制、礼俗，是即其社会秩序也。一社会之文化要以其社会之组织构造为骨干，而法制、礼俗实居文化之最重要部分。"[②] 简而言之，梁漱溟的结论是："中国的问题就是文化失调，极严重的文化失调，其表现出来就是社会构造的崩溃，政治上的无办法。"[③] 在他看来"政治上的无办法"和"社会构造的崩溃"都只是"文化失调"的表现。

"中国农村派"显然不能认同梁漱溟的"文化失调论"。他们认为帝国主义的侵略和封建残余的剥削才是农村危机的罪魁祸首："如我们不从这些基本问题上去着眼，结果岂仅止实验自实验，破产自破产，而且有一天破产的浪潮会把实验的一点点基础，也打击得粉碎呢！"[④] 陈翰笙通过对山东东部、安徽北部和河南中部这三个最重要的卷烟原料供应地的调查研究，写出了《帝国主义工业与中国农民》一文，深刻揭示了帝国主义工业资本如何联合中国官僚和有权势的士绅共同盘剥贫苦农民，具体展现了帝国主义和封建势力对中国农村的破坏，有力论证了中国农

① 这里还隐含了梁漱溟的一个判断，即中国无法直接走上都市文明的路，即便要发展都市文明也得从乡村建设开始。梁漱溟曾说："假令中国也像日本一样，成功了近代的工业国家，走上了一条新路；则乡村虽毁也不成大问题。"（梁漱溟：《乡村建设理论》，《梁漱溟全集》第2卷，第152—153页）最怕的就是新路没走通，旧路也没了。至于中国为什么无法向日本一样走上近代工商业的新路呢？梁漱溟从过去和今后两大层面给出了解释。从过去言，可分为国内国际两方面。就国内而言，中国和日本的情况不一样，日本是万世一系，在政治改革中保持了制度的连续性；而中国则是发生了剧烈变革，辛亥革命不仅结束了清王朝的统治，延续千年的帝制也被彻底推翻。在国际形势方面，日本明治维新时欧洲列强更多地在经营澳洲、非洲，还没有全面转向亚洲；科技也不如后来进步，因而所受威胁也较小，追步西洋较易；且后来欧洲内部爆发战争，工业生产停顿，日本工商业有机会占领市场。而中国则因本身内部政治问题错过了发展机遇。从今后言，可分三层：一是近代资本主义过时了，人类历史已进入反资本主义阶段；二是近代工商业"个人主义"的发展模式不合当今国家统制经济、计划经济之趋势；三是中国缺乏发展近代工商业所需的政治环境。关于苏联模式，梁漱溟也认为在当时中国的政治经济条件下不可能实现。参见梁漱溟在《乡村建设理论》第153—160页的论述。

② 梁漱溟：《乡村建设理论》，《梁漱溟全集》第2卷，第162页。

③ 梁漱溟：《乡村建设理论》，《梁漱溟全集》第2卷，第164页。

④ 千家驹：《中国农村建设之路何在——评定县平教会的实验运动》，《申报月刊》第3卷第10号，1934年10月。

村半殖民地半封建社会的特征。[①] 千家驹也对梁漱溟关于中国农村凋敝的原因根源在文化失调的说法提出疑问。他指出文化失调就是文化破坏，文化破坏是政治破坏与经济破坏的结果，而非原因；经济基础决定上层建筑，文化由经济基础决定作用，因此，梁漱溟的“文化失调论”实际上是倒果为因。[②]

二 对中国农村社会性质认识之分歧

关于中国社会性质问题的判断不仅是一个重要的学术问题，更是关乎中国发展道路和前途的现实问题：“只有认清中国社会的性质，才能认清中国革命的对象、中国革命的任务、中国革命的动力、中国革命的性质、中国革命的前途和转变。”[③] “中国农村派”和“乡建派”对农村的重要性有高度共识。陈翰笙认为“在中国，大部分的生产关系是属于农村的”，[④] 梁漱溟也有“中国的根本在乡村”这一基本判断。然而，对于中国农村社会性质这一重要问题，“中国农村派”和“乡建派”认知迥异。正是由于这一根本分歧，引发了“中国农村派”对“乡建派”最为严厉的两点批评：对帝国主义“助纣为虐”、不触及封建土地所有制。

正如何干之所言：“为着彻底看清目下的中国社会，决定文明对未来社会的追求，迫着我们不得不生出清算过去的要求。”[⑤] “中国农村派”作为中国农村社会性质论战中重要的参与者，他们对中国农村社会性质的认识有一套相当系统的理论。他们从马克思主义社会形态理论汲取养分，并结合中国特殊的历史进程和发展情况，得出了中国是半殖民地半

---

① 陈翰笙：《帝国主义工业资本与中国农民》，《陈翰笙集》，第121—195页。

② 千家驹：《中国的歧路——评邹平乡村建设运动》，《中国农村》第1卷第7期，1935年4月。

③ 毛泽东：《中国革命和中国共产党》，《毛泽东选集》第2卷，人民出版社1991年版，第633页。

④ 陈翰笙：《中国的农村研究》，《陈翰笙集》，第32页。

⑤ 何干之：《中国社会性质问题论战》，《何干之文集》，中国人民大学出版社1989年版，第7页。

封建社会的结论。而梁漱溟不承认中国是阶级社会，在他看来中国是“职业分立的伦理社会”。[①] 这包含两层含义：一是中国是伦理本位的社会，二是中国是职业分立的社会。所谓伦理本位即伦理关系发达，文化中特别注重互以对方为重的伦理情谊。伦理情谊指的是一种义务关系，即儒家所说的父子、君臣、夫妇、兄弟、朋友之“五伦”。职业分立是相对阶级对立而言。梁漱溟认为阶级对立社会的特点是：在经济方面，生产工具被部分人垄断，例如封建社会之土地被地主阶级垄断，而中国土地可自由买卖，因而无所谓垄断；在政治方面，封建社会的政治权力被世袭贵族垄断，而中国早已建立了科举制，“朝为田舍郎、暮登天子堂”，“士农工商”不过是职业分工不同而已。[②]

基于对中国社会性质的认识，梁漱溟虽然也注意到帝国主义对中国的破坏，但他的观点是“外界问题（帝国主义）虽是有的，但中国内部问题大于外界问题”。[③] 除此之外，这还与他对中国和西方关系的复杂性的认识有关。西方对中国有剥削压迫的一面，同时也有科技转移等积极的一面，或者说中国在一定程度上依赖帝国主义。下面这段话很好地表明了梁漱溟的这一态度：“国际资本帝国主义原重在经济的侵略；我们受他侵略既深且久，固一面吃亏愈大，而一面愈依赖于他。好似吸鸦片一般，烟瘾愈深且久，身体愈伤，而愈离不了他。所以他若将其经济手段一旦骤然撤回，我们便大起恐慌，支撑不住；反而要哀恳于他‘请你还是侵略我罢！’”[④]

“中国农村派”对此提出了严厉批评。他们认为不解决帝国主义问题、不实现民族独立，现在的乡村建设不过是助纣为虐，客观上有益于帝国主义在中国的侵略，救济乡村也不过是为了继续剥削乡村。“现在的农村建设，只有外国资本和国内金融资本可以大得其利，政府亦可从中收得一些手续费；至对于国民生计，非徒无益而又害之……不但对外

① 梁漱溟：《乡村建设理论》，《梁漱溟全集》第 2 卷，第 164—174 页。

② 梁漱溟：《乡村建设理论》，《梁漱溟全集》第 2 卷，第 175—176 页。

③ 梁漱溟：《乡村建设理论》，《梁漱溟全集》第 2 卷，第 163 页。

④ 梁漱溟：《我们政治上的第二个不通的路》，《梁漱溟全集》第 5 卷，第 279—280 页。

毫无抵抗，并且是悉敞赋以从。"[①] 他们认为梁漱溟和他领导的乡村建设不过是打着"乡村自治"的旗号，不仅没有积极对帝国主义的侵略进行抵抗，反倒压制了民众的自发抵抗。如此乡村建设的结果，只能是"为帝国主义和封建势力做了续命的忠臣了"，乡建者不过是充当了帝国主义或其代理人安定、维持社会秩序的工具。[②] 或者亦有稍微温和一点的批评，认为梁漱溟的乡村建设不合时宜，在国难最严重的时候不去御敌抵抗，"纵使不是有心要当汉奸至少也是避重就轻，自愿放弃'民众领导'地位"。[③]

同时，因为梁漱溟认为中国不存在阶级对立、没有垄断土地的地主阶级，他的乡村改造自然也就不会触及土地所有制。陈翰笙认为中国农村的问题主要在"土地占有与利用，以及其他的农业生产的手段上，从这些问题产生了各种不同的农村生产关系，因而产生了各种不同的社会组织和社会意识"。[④] 从慈善救济、改良农业入手的乡村调查和改良都浮于表面，生产关系的变革才是解决中国农村问题的关键。1934 年到 1937 年，薛暮桥在《中国农村》上发表了系列文章，依据大量调查资料，剖析了中国农村的土地剥削制度，提出"中国的地主（甚至富农）大多是把所有土地分割开来租给贫苦佃农耕种；中国的贫农大多是向地主（或向富农）租地经营，他们所受到的最主要的剥削乃是苛重租佃"。[⑤] 土地使用权分散，然而所有权集中，"这种半封建的收租地主和半封建的饥饿佃农的对立，就是中国现存土地关系的特征"。[⑥] 薛暮桥提出从生产关系入手改变农民受剥削的现状，才能改善农村的状况，不触及土地所有制的乡村建设运动只是改良而非革命。农村需要的不是局部的改良，而是彻底的革命。由此，"中国农村派"和"乡建派"的矛盾聚焦到"革命"与"改良"之争。

---

① 张志敏：《从整个民族经济上观察现阶段的乡村建设》，《中国农村》第 1 卷第 7 期，1935 年 4 月。

② 李紫翔：《农村建设运动应有的转变》，《中国农村》第 2 卷第 4 期，1936 年 4 月。

③ 余霖：《怎样"助成地方自治"？怎样"促兴社会生产"？——评中国社会教育社第四届年会的中心问题讨论》，《中国农村》第 2 卷第 3 期，1936 年 3 月。

④ 陈翰笙：《中国的农村研究》，《陈翰笙集》，第 32—33 页。

⑤ 薛暮桥：《薛暮桥学术精华录》，北京师范学院出版社 1988 年版，第 105—106 页。

⑥ 薛暮桥：《薛暮桥学术精华录》，第 106 页。

三 对中国民族前途走革命道路还是改良路径之分歧

在讨论“中国农村派”和“乡建派”对于中国是走革命道路还是改良路径之前，需要简要辨析“革命”和“改良”的概念，看双方在何种意义上使用这两个词。

梁漱溟绝不承认自己是“不革命的”或是“反革命的”，甚至对于“改良主义者”这一标签也不愿接受。他在《乡村建设理论》中多次说道，革命就是社会秩序的推翻与改建。什么是社会秩序呢？梁漱溟认为社会秩序包括“法律、制度、礼俗、习惯”。[①] 什么是革命呢？“革命”有广义狭义之分。广义上，指一切有形无形（政治、社会、经济、文化等方面无所不包）的大变革；次之，指政治体系上的剧变，无论是通过武力还是和平手段；再狭义上，则指暴力的政治革命。而梁漱溟正是从广义上理解革命的。他认为革命要否定旧秩序，建立新秩序，革命就是对社会结构的根本变革。因此，梁漱溟认为在辛亥革命之前，中国没有革命，因为中国社会的基本构造历久不变：“那些朝代更替只是一家一姓的兴衰，谈不上是革命。”[②]

梁漱溟从事乡村建设运动，是从政治、经济、文化、社会方方面面出发，多管齐下改造中国社会，建立新秩序、开创新文化。显然，梁漱溟的自我定位是“革命者”。他对“中国农村派”批评他不革命多少有些委屈和不平，他在乡建运动结束三年后的1940年写文回应对乡村建设的批评，在文章的最后为自己辩白：“请不要以为‘只有我明白，你们都不明白；只有我革命，你们都不革命。’……倘使推自己革命之心，以相信当世之同具此心肝者，则于大局当更有补益，又不止彼此一二人之私幸也。”[③] 梁漱溟从内涵而非手段的角度理解“革命”，暴力与否不是他认定革命的关键。梁漱溟认为革命的最佳手段不是破坏而是建设，

① 梁漱溟：《乡村建设理论》，《梁漱溟全集》第2卷，第162页。

② 梁漱溟：《乡村建设理论》，《梁漱溟全集》第2卷，第174页。

③ 梁漱溟：《答乡村建设批判》，《梁漱溟全集》第2卷，第658页。

因而反对暴力革命，主张逐步建设，而他寻到的方法则是从乡村建设开始。

作为马克思主义者的"中国农村派"，对"革命"一词有非常特定的用法。虽然他们也承认革命是非常重大的政治事件，牵涉政府更迭或全新政权的建立，但他们将这些变化解释为更深刻的社会变化的反映。不同于起义或叛乱，革命在本质上是根本性的社会变革，即旧有的经济制度（或者说生产方式）崩溃瓦解并由新制度所取代。在当时中国的情境下，就是改变中国半殖民地半封建社会的性质，先完成新民主主义革命再走向社会主义革命。

梁漱溟很少在政治意义上使用"改良"一词。在他的思想体系中，该词不具有贬义，也不是他思想中重要或主体的部分。他所谓的"改良"，含义接近于改进、提升，在乡村建设的范畴和语境中往往指的是农业技术、卫生条件等的改善。"中国农村派"对"改良"一词特别是加了"主义"后缀的"改良主义"，则有自己特定的意指。他们使用"改良主义"一词来描述那些革命不彻底的主张，即反对阶级革命和暴力革命的渐进式、妥协式、枝节性的改变。"中国农村派"对改良主义的认识基本符合列宁所说的"改良主义就是要人们只局限于为一些不要求铲除旧有统治阶级的主要基础的变更，即一种同保存这种基础相容的变更进行鼓动"。① 因此，具体而言，"中国农村派"对"乡建派"走改良主义道路的批评也就是批评其不反帝反封建，对外不与帝国主义斗争，对内不发动阶级斗争改革封建土地所有制。

由此可见，两派关于革命或改良之争，其实归根结底，是对中国社会性质和中国农村危机问题原因认识的分歧产生的路线之争。其中还牵涉另一个问题，即是否要进行阶级斗争。"中国农村派"对梁漱溟的批评还包括很重要的一点：无视阶级矛盾，忽视贫农利益。

针对梁漱溟乡村建设运动中的核心组织形式"乡农学校"，李紫翔认为乡农学校并不是一个真正意义上的民众合作组织。由于土地分配不

① 列宁：《几个争论的问题》，《列宁全集》（第二版增订版）第23卷，人民出版社2017年版，第87页。

均，且高利率租佃普遍存在，这些事实使得农村内部有着“显然对立的农民阶层的划分”。[①] 农民中的阶级对立和利益冲突，使得乡村不可以被简单地划归为一个整体。对于乡农学校，即便称其为“民众组织”，也无法真正消除农村中显而易见的阶级差异。梁漱溟所憧憬的不分贫富贵贱、“德业相劝，过失相规，礼俗相交，患难相恤”的乡约精神并不现实。李紫翔指出，所谓“整个的乡村”“乡民”不过是抽象名词，并不存在利益一致的乡村和乡民。“全乡村的利益”也并不存在，乡农学校不过是地主豪绅操控的“集各种农民于一堆的垃圾堆”。如果仅仅依靠乡农学校“齐心向上学好求进步”，而不顾阶级分化的事实，那乡村建设的结果必然是贫雇农的利益被忽略、牺牲，少数乡村精英独享利益，乡村贫富分化也会愈发严重。[②]

针对梁漱溟在邹平建立信用合作社和为农民设立低息贷款的行为，李紫翔认为实际效用有限，有作秀性质，因为所放贷款金额远远不足以解决农民的需要，不过是装点门面。“以如此渺小的款项，要把农村从高利贷的束缚下解脱出来，或者在三个月六个月限期归还的条件下，要把借款运用到生产上去，岂不完全成了一个梦想？”[③] 除了金额小之外，李紫翔还批评这项举措无益于贫农：“层层保证的困难手续，实更限制了最大多数的贫苦农民，绝无借到款项的可能。”[④] 所以，所谓低息贷款反倒是放给乡民里有钱有地的人，这使贫者愈贫、富者愈富。

梁漱溟对此的回应是，他何曾不了解乡村不是一个整体，他也认识到中国乡村内部存在矛盾，但革命者与革命对象并不以阶级来分，而是根据具体情况因人而异，而且通过教化，人的理性均可以被启发，理性被启发之后就会发现在根本上、长远上彼此利害的一致性。[⑤]“问题解决的路不在分化斗争”，而在“文化改造运动”，“转移风气改变形势，使人不流于土豪劣绅，从而正面培养民主势力，健全地方组织”。[⑥] 换句话

---

① 李紫翔：《中国的歧路》，《中国乡村建设批判》，新知书店1936年版，第148—149页。

② 李紫翔：《中国的歧路》，《中国乡村建设批判》，第148—149页。

③ 李紫翔：《中国的歧路》，《中国乡村建设批判》，第221页。

④ 李紫翔：《中国的歧路》，《中国乡村建设批判》，第225页。

⑤ 梁漱溟：《答乡村建设批判》，《梁漱溟全集》第2卷，第652—655页。

⑥ 梁漱溟：《答乡村建设批判》，《梁漱溟全集》第2卷，第656页。

说，梁漱溟认为这些指责批评颇有些无中生有的味道，而且他坚持认为自己做的是建设工作、根本工作，而“中国农村派”不过是在做破坏工作且无涉根本。

四 对工农业发展和现政权态度上的分歧

除了对中国农村破坏根本原因、中国农村社会性质以及中国民族前途这三点重要问题上有重大分歧外，“中国农村派”和“乡建派”在下列两个值得关注的问题上也有不同看法。

一是关于工农业的发展和相互关系。是“以农振工”还是“以工救农”?[①] 梁漱溟希望振兴农业以带动工业。他并非想要保持淳朴恬静的农业社会，而是希望借由促兴农业而走上工业化的道路。梁漱溟认为所谓工业化，“要在生产技术的进步”。[②] 谈工业化问题必须从两面看，一是资金问题，一是市场问题。当时中国社会的资金多集中在军阀、官僚、商人、买办之手。这些财富敲剥于农村、囤于都市银行，然而由于外界的不平等条约和内部政治秩序的不安，富人不敢投资生产，不过借以孳息生利而已。农业发展起来，可以吸收资本，发展生产，又可以产生资金，经济就活起来了。[③] 农村不仅是生产基地，更是消费市场。由于国际关税壁垒森严和中国工业的落后，工业产品输往外国几乎不可能，中国工业只有依靠国内市场，即广大农村。农村经济发展，购买力增强，工业制品就有了市场：“在农业技术前进程中，工业自相缘相引而俱来；一般购买力随生产兴盛而抬头，尤刺激工业之兴起。如是，生产力购买力辗转递增，农业工业迭为推引，产业日进无疆，是为真正之自力更生。”[④]

---

① 这一论争其实主要发生在“乡建派”和“独立评论派”之间，“中国农村派”对此略有涉及，内部看法也并不统一。

② 梁漱溟：《往都市去还是到乡村来》，《梁漱溟全集》第5卷，第638页。

③ 梁漱溟：《促兴农业的办法》，《梁漱溟全集》第5卷，第648—650页。

④ 梁漱溟：《乡村建设理论提纲初编》，《梁漱溟全集》第5卷，第1043页。

另外，梁漱溟认为中国农业有基础，恢复农业生产力较为容易且见效快。对农业生产而言最为重要的土地资源是现成的；而工业生产所需的资本和机器设备则是缺乏的。所以，要以农产出口换机器，然后才可以发展工业。相较工业竞争的激烈，农业方面还缓和一些，可以从容渐进地发展。再者，在农业技术前进的过程中，工业也能得到发展，如农业化学、农业机械和农业工程都有助于工业发展。如此便可“由农入工”。[①]

“中国农村派”并未就这一问题与“乡建派”展开详细辩论，因为这并非他们眼下最关心或者认为十分重要的问题，其内部看法也不统一。例如有意见认为恢复农业生产力并不比恢复工业生产力更简便迅捷。中国农村凋落，水利失修、交通梗塞、生产力低下、农民不能利用土地，因而中国需以工业改进农业，而不能先从农业入手，“以旧式的农业对抗新式的工业，在生产技术上就命定地要处在劣败的地位。而况农业又以宣告破产，急图挽救，犹恐不及”。[②] 还有意见认为“以工立国”或是“以农立国”“先工后农”，还是“先农后工”，这不过是一个形式逻辑的问题。重要的问题是：“在中国目前的半殖民地的状况下，乡村建设前途的可能性如何？它能否走得通？工业化前途的可能性又何如？它的障碍又在哪里？”[③] 还有“中国农村派”成员出于对眼下局势的判断直接批评“以农振工”还是“以工救农”的争论毫无意义，不顾缓急轻重。前一种意见与“独立评论派”的吴景超、陈序经在这一问题上的立场相当接近，而后两种意见实际上都是取消了问题，或是从逻辑出发，或是从时局出发，否认这一议题当前的重要性，因此也就没有辩论的必要。

二是关于对待现政权的态度。梁漱溟对待现政权的态度介于否定和依附这两端之间，即既不完全认可，又不完全否定。这种态度，部分由其理论认知决定，部分出于对现实的妥协。在他的乡建理论中，自操政

---

① 梁漱溟：《乡村建设理论》，《梁漱溟全集》第2卷，第160页。

② 张志敏：《从整个民族经济上观察现阶段的乡村建设》，《中国农村》第1卷第7期，1935年4月。

③ 千家驹：《中国的歧路——评邹平乡村建设运动》，《中国农村》第1卷第7期，1935年4月。

权并不是解决中国问题的最佳途径。他有意识地与政权保持距离，“守定在野的营垒，自己不操政权”。[①] 梁漱溟给自己的定位是建设性的、在野的社会力量，而非操持政权的政治力量。另外，梁漱溟不愿乡建派自操政权的理由，还可从他对政权强硬、机械性质的认识上看出端倪。[②] 他希望采取更加温和、灵活、有韧性的方式，或者说保持乡建运动更多教化和道德的属性。但是，他显然也看到现政权的腐败，不愿意成为其附庸，甚至帮凶，所以他希望有限度地与政权合作，影响、改造现政权，[③] 希望能“我为主，它为宾”及其“政权为我所用”。[④] 简而言之，“乡建派”的态度是与政府合作，并在合作中保持独立和对政府的影响力。

“中国农村派”的立场显然与“乡建派”相差甚远。毛泽东早在1927年就提出“枪杆子里出政权”，这是共产党人对局势的清醒判断：通过武装斗争推翻军阀、建立新政权。当然“由于众所皆知的原因”，为了保证杂志的顺利发行和存活，“中国农村派”在杂志上公开发文时比较注意策略和技巧。即便如此，其立场态度也是非常鲜明的：“一切参加农村实际工作的人员特别是青年工作人员，应该立刻放弃在帝国主义的虎口里和封建主义的蛇口里从事和平建设的幻想，应该配合着整个的民族解放运动担负起可以做到的救亡任务。”[⑤] 梁漱溟对其立场非常清楚，他认为“他们意在将被统治阶级，有一种组织，共起而反抗推翻那统治阶级。而在他们看军阀便是中国的统治阶级，正为革命对象，所以必得推翻之，而后新政权乃得建立”，梁漱溟认为这是“流俗的意见”，

---

① 梁漱溟：《乡村建设理论》，《梁漱溟全集》第2卷，第486页。

② 梁漱溟有个有名的比喻，“我常说中国人民好比豆腐，官府力量强似铁钩。亦许握铁钩的人，好心好意来帮豆腐的忙；但是不帮忙还好点，一帮忙，豆腐必定要受伤。山西各项新政，原都是好的；而上面用力太过，人民纯处于被动地位，其易有弊害，理所必然。现在全国当政各界，有一句时髦的话叫作‘建设’；不知老百姓就怕听建设这句话。”梁漱溟：《北游所见记略》，《梁漱溟全集》第4卷，第910页。

③ “以全国乡建联合的中枢组织为知觉和用思想的机关，而以政府为行政机关。但不必从法律上取得此种地位，而要在从事实上能代表大社会的痛痒，同时集中人才以学术头脑规划前途，为政府施政之指南。”梁漱溟：《乡村建设理论提纲初编》，《梁漱溟全集》第5卷，第1051—1052页。

④ 梁漱溟：《我们的两大难处》，《梁漱溟全集》第2卷，第581页。

⑤ 平心：《乡村工作青年的出路和任务》，《中国农村》第2卷第8期，1936年8月。

因为“中国缺乏统治阶级，军阀不算革命对象，你也无法推翻他，而建立你的新政权”。[①] 辩论至此，双方之“志不同而道不合”跃然纸上。“中国农村派”是要推翻军阀、建立新政权，“乡村建设派”则是与军阀合作、建立新秩序。

结　语

20 世纪 30 年代的中国，民族危机深重。民生凋敝、农村萧条是每个具有观察力的知识分子有目共睹的现实。民族自救成为知识界的共识。然而，对问题的根源、如何自救却产生了种种不同的判断。以我们的后见之明，似乎可以轻松地给出标准答案。但是前人却没有这种经过历史和事实证明的笃定。民族自救之路和中国发展前途，是在不断的理论论争和实践中逐渐明晰起来的。

“中国农村派”与“乡建派”这场论争，深化了有关中国农村社会性质论战，扩大了中国农村是半殖民地半封建社会这一学说的影响力。“中国农村派”在论争中论证了改良主义道路在中国走不通，进而争取了广大青年，[②] 培育了革命力量。这场论争可以看作是掌握了唯物史观理论的马克思主义者对试图整合传统儒家思想和社会主义思想的调和主义者的批判。面对中国的危机和现状，两派对当时中国的“病症”有共识，但对“病因”有不同判断，因此给出的“病方”也就不同。针对农村破坏的原因，梁漱溟认为应归结于“文化失调”，而“中国农村派”则归因于“帝国主义和封建主义的双重压迫”。两派争论的焦点是革命还是改良。追根溯源，产生这一分歧的主要原因在于双方对中国社会性

① 梁漱溟：《答乡村建设批判》，《梁漱溟全集》第 2 卷，第 605 页。

② “中国农村派”特别注意对青年的宣传和启蒙，特别是从 1936 年开始，《中国农村》注意争取从事乡村建设运动中的广大青年，引导他们在乡村中教育农民抗日救国。西安事变后，他们与中华农学会共同发起、组织乡村工作人员的抗日统一战线，甚至得到“乡建派”中一些中层骨干的响应。例如邹平乡村建设中的重要成员、曾任邹平简易乡村师范学校校长的张宗麟在 1936 年离开邹平，带领了一批青年奔赴延安，其中还包括梁漱溟的外甥（梁漱溟大妹的长子）邹晓青。

质的认识不同：梁漱溟认为中国是职业分立的伦理社会，“中国农村派”认为中国是半殖民地半封建社会。

“乡建派”的思想底色是具有“乌托邦”色彩的儒家精神。乡村建设的目的在于实现中国的现代化，然而采取的手段却不是通向现代化的方式。梁漱溟曾说乡村建设既是向前看，也是向后看。或者可以说，既有复古成分，又面向未来。然而，他却忽略了最紧迫的现状。法治、理性、效率是现代化的重要标志，“乡建派”希冀的却是圣人、情谊、伦理。梁漱溟以对现代性批评、反思的姿态和思路，跨越了现代性。“中国农村派”最有力的思想武器是马克思主义唯物史观，坚信人类社会历史发展的进程有规律可循。实现从半殖民地半封建社会向资本主义、社会主义的转变，本身就是走向现代化的过程，这一进程的历史方向是确定无疑的，而革命是通向未来的桥梁。另外，“中国农村派”重视实证调查，利用西方社会学、经济学和统计学的知识，理论联系实际，为中国民族自救之路给出了有价值的理论探索。历史证明，掌握了唯物史观的“中国农村派”对中国农村和中国社会的认识是正确的，他们探索出的革命框架经受住了历史的检验。

（原载《齐鲁学刊》2023年第4期）

20 世纪 50 年代的
凉山彝族社会调查与古史分期争论

王慧颖

20 世纪四五十年代，西周社会性质的界定成为古史分期争论的重要问题。因对同一资料解读多歧，所以持“封建论”与奴隶社会说者虽均援引大量历史文本和考古发现，但始终各执一是。讨论陷入僵持，正值国内少数民族调查蓬发之际。于是，曾多次以凉山彝族社会补证其说的郭沫若，冀望于胡庆钧的《大凉山彝族社会》这一“活材料”的引入，能打破当时的困局。“西周封建论”者曾将西周社会比照古希腊罗马奴隶社会，由此得出西周的井田制、分封制以及有一定人身自由和土田房屋的劳动者，与古希腊罗马社会的特征不符，反而更类似西欧的封建社会。胡氏报告所呈现的凉山彝族社会，在古希腊罗马奴隶社会之外，为人们提供了一个新的现成可供细致观察的奴隶社会标本，这便为郭沫若解决西周社会性质讨论中诸如井田制、分封制的性质以及“农奴”与“奴隶”等纠葛，提供了有力的论据。与此同时，郭沫若对西周奴隶社会的见解，也持续推动着胡庆钧后续的凉山彝族社会调查。在二人的影响下，越来越多的马克思主义史学家将少数民族历史调查材料引入古史分期讨论，推动马克思社会形态理论与中国实际的结合。

既有关于凉山彝族社会调查的研究，多属民族史范畴，或将其视作 20 世纪五六十年代少数民族调查的一个分支，或把它作为凉山地区民主改革进程的组成部分，探讨该调查展开的始末、影响以及有关该地区社会性质争论的情况。[①] 至于有关中国古史分期讨论的专题研究，则重在

① 如纳日碧力戈等：《人类学理论的新格局》，社会科学文献出版社 2001 年版；秦和平：《四川民族地区民主改革研究——20 世纪 50 年代四川藏区彝区的社会变革》，中央民族大学出版社 2011 年版等。

阐释众多有关中国古代社会性质的分歧意见，审视各派论证之得失，并分析其历史源流与语境。① 总的来说，目前学界较少注意到凉山彝族社会调查与古史分期争论的相互作用。② 近年来，由于缺乏新视角与新材料等，国内学者对古史分期争论的研究热情显著下降。在这种情况下，对凉山彝族社会调查与古史分期讨论进行同步考察，重新审视二者之间的交互影响，总结其经验得失，有助于深入了解古史分期争论在少数民族调查材料的支撑下所取得的进展，并捕捉唯物史观和社会形态理论在历史学科之外造成的余响。

一　西周社会性质争论与凉山彝族社会研究缘起

西周究属何种社会形态，历来是中国古史分期争论的重要议题。自 1930 年出版《中国古代社会研究》以来，郭沫若虽对中国古代历史的分期几易其说，但不曾动摇有关西周奴隶社会的看法。因西周社会性质不但事关中国奴隶社会之有无，也牵涉中国奴隶制与封建制的界限，所以在郭沫若的分期主张屡屡遭到质疑与挑战之际，西周社会性质也持续引起学界热议。

自 20 世纪二三十年代以来，参与古史分期争论的学者在分析西周生产力和生产关系各要素时，往往“不是举希腊、罗马的例子，就是罗列殷墟不完整的材料”。其中，持“西周封建论”者将西方古希腊、罗马的奴隶社会范例与中国历史文本和考古发现相结合，将西周的井田制、分封制认定为生产资料私有制，并把有一定私产和人身自由的生产者视

① 如林甘泉等：《中国古代史分期讨论五十年（一九二九—一九七九年）》，上海人民出版社 1982 年版；许冠三：《新史学九十年》，岳麓书社 2003 年版；罗新慧：《20 世纪中国古史分期问题论辩》，百花洲文艺出版社 2004 年版；李红岩：《新中国马克思主义史学思想》，载于沛主编《马克思主义史学思想史》第 4 卷，中国社会科学出版社 2015 年版等。

② 伍婷婷曾发表论文指出，20 世纪五六十年代的少数民族社会历史调查与同时期的古史分期争论有密切关系，为支撑这一观点，文章侧重列举郭沫若等人援引凉山彝族社会调查材料进行西周社会性质讨论的例子，未及深入探讨二者互动的源流、发展及影响。参见伍婷婷《20 世纪 50 年代少数民族社会性质调查与史学论争的互动关系》，《中央民族大学学报》2013 年第 5 期。

为农奴，借此对“西周奴隶社会”说提出有力的质疑。① 对此，郭沫若虽一一反驳，但难以在有限的史料中找到压倒性证据。于是他将凉山彝族社会研究与“黑劳士”“人殉”一并引入讨论，在论述中国奴隶社会过程中，不以古希腊罗马的奴隶为准绳，而常与现实中的凉山彝族社会相联系。

其实，20 世纪 30 年代，郭沫若便注意到凉山“倮罗”与“奴隶”之间的联系，② 此后在《由周代农事诗论到周代社会》和《古代研究的自我批判》等文章中，更是多次引据《四川省雷马峨屏调查记》所载之凉山彝族“活历史”，③ 对当时的“西周封建论”作出反驳。他根据调查报告，先阐释凉山彝区的生产力和生产关系皆处于奴隶社会这一大前提，然后以凉山彝族社会的相应制度对照西周的井田制、分封制和生产劳动者的人身依附情况，指出三点。首先，井田制对土田的分割只是衡量管事者应得报酬的手段，并不意味着土地由国有转为私有。例如，黑彝的奴隶“娃子”倘得主人的欢心，亦可婚配并在婚后被“分与田土若干”，但他们对土地房屋等只有使用权，没有私有权。④ 其次，以凉山彝族几滩娃子的制度比照周初分封制，则“所谓‘百僚庶尹，惟亚惟服，宗工，越百姓里居’的内服，一多半是所谓的‘管家娃子’”，至于“所谓

① 如吕振羽指出：西周分封锡土锡臣，是封建的土地赠予方式；西周的直接生产者“分田而耕”，缴纳“劳役地租、贡物”，从事“徭役”，且不能被任意屠杀，所以不是奴隶而是农奴。参见吕振羽《中国社会史上的奴隶问题》，载江明、桂遵义编《吕振羽史论选集》，上海人民出版社 1981 年版，第 343、351—354 页；吕振羽《西周时代的中国社会》，载江明、桂遵义编《吕振羽史论选集》，第 79—80、84—91 页；吕振羽：《殷周时代的中国社会》，上海不二书店 1936 年版，第 178—225 页。翦伯赞亦认为：周初大规模分封的是封建领主；西周井田制是“封建主义的庄园制经济”。参见翦伯赞《中国史纲》第 1 卷，生活书店 1946 年版，第 278 页。范文澜则以西周从事农业生产的主要劳动者有一定人身自由并可婚配成家，指出西周主要生产者为封建社会的农奴。参见范文澜《关于上古历史阶段的商榷》，《范文澜全集》第 10 卷《文集》，河北教育出版社 2002 年版，第 39 页。

② 参见郭沫若《中国古代社会研究》，联合书店 1930 年版，第 136 页。

③ 1934—1935 年，中国西部科学院派雷马峨屏调查团前往凉山考察。最终的调查报告《四川省雷马峨屏调查记》在 1935 年 4 月出版。参见常隆庆等《四川省雷马峨屏调查记》，载李文海等主编《民国时期社会调查丛编・二编・少数民族卷》（中），福建教育出版社 2014 年版，第 197—308 页。

④ 郭沫若：《青铜时代》，载郭沫若著作编辑出版委员会编《郭沫若全集・历史编》第 1 卷，人民出版社 1982 年版，第 430、433 页。

‘侯甸男卫邦伯’的外服”，则是“酋长族的分家”。[①] 鉴于此，西周分封制与凉山的几滩娃子制度一样，都是生产奴隶数量增加后，为便于管理奴隶而进行的等级划分，属奴隶社会范畴，而非封建社会制度。最后，因农业奴隶离开土地后难以生存，故与工商业奴隶不同，可以享受一定人身自由。如被黑彝掳掠的汉人，在驯服后也可获准自由行动。[②]

对郭沫若围绕凉山彝族社会而发的论说，持“西周封建论”者罕有直接回应；此后郭沫若对古史分期讨论的关注稍减，直到 1950 年殷墟“人殉”证据出现，新一轮有关殷周社会性质的争论才再度兴起。[③]

1949 年 12 月，亲自参与殷墟发掘的董作宾指出殷墟甲骨文没有“奴隶的痕迹”，矛头直指《古代研究的自我批判》。[④] 对此，郭沫若没有立即反驳，而是在 1950 年 1 月，从郭宝钧处获得有关殷代殉人的新证据后，[⑤] 才借《十批判书》改版之机，撰文商榷。文中，郭沫若未讨论殷墟甲骨文有无“奴隶的痕迹”，径以殷墟大规模的殉人遗迹为殷代存在大量奴隶的铁证。[⑥] 正当郭沫若以“人殉”笃信殷周奴隶社会说“铁案难移”之际，为其提供殷代“殉人”力证的郭宝钧却公开与此事撇清关系。[⑦]

正当郭沫若引证“殷代殉人”无果时，他在争论过程中逐渐明晰的“战国封建说”又引发了更多质疑。[⑧] 以范文澜《关于〈中国通史简

---

① 郭沫若:《十批判书》，载郭沫若著作编辑出版委员会编《郭沫若全集·历史编》第 2 卷，人民出版社 1982 年版，第 36—37 页。

② 郭沫若:《青铜时代》，载郭沫若著作编辑出版委员会编《郭沫若全集·历史编》第 1 卷，第 432 页。

③ 1950 年间，郭沫若等人围绕郭宝钧提供的“人殉”材料展开了一系列争论，有关这一段公案，张越已作探讨，本文对张文未尽之处进行补充。参见张越《新中国史学的初建：郭沫若与中国马克思主义史学主导地位的确立》,《史学理论研究》2020 年第 2 期。

④ 董作宾:《殷墟文字甲编自序》,《中国考古学报》1949 年第 4 期。

⑤ 郭沫若:《申诉一下关于殷代殉人的问题》,《新华月报》1950 年第 4 期。

⑥ 郭沫若:《蜥蜴的残梦——〈十批判书〉改版书后》,《奴隶制时代》，人民出版社 1973 年版，第 78—82 页。

⑦ 郭宝钧:《记殷周殉人之史实》，载历史研究编辑部编《中国的奴隶制与封建制分期问题论文选辑》，生活·读书·新知三联书店 1956 年版，第 58—60 页。

⑧ 如郭沫若在《读了〈记殷周殉人之史实〉》中指出，由于殷代以后，周秦殉葬之风并未消减，所以“殷周都是奴隶社会，而奴隶社会的告终应该在春秋与战国之交”，参见郭沫若《读了〈记殷周殉人之史实〉》，载历史研究编辑部编《中国的奴隶制与封建制分期问题论文选辑》，第 57 页；在《申述一下殷代殉人的问题》中，他明确提出：“我自己很想把春秋和战国之交作为奴隶制与封建制的分水岭”，参见郭沫若《申诉一下关于殷代殉人的问题》,《新华月报》1950 年第 4 期。

编〉》的发表为开端，围绕周代社会性质的讨论在1951年再次勃发。是年5月，范文澜再次申论“初期封建社会始于西周”之义，并据周代“人殉”数量少于殷代的新材料，主张西周已进入封建社会。[①] 不久，范文澜的助手荣孟源亦以卫墓发掘情形倒推西周殉葬制度，主张周代殉葬之风与殷代迥异。[②] 郭沫若此前频以“人殉”论证殷周两代的奴隶社会性质，而此说欲成立，则两代殉人风气应为一脉。为此，郭沫若不得不就周代“人殉”问题，两次面商郭宝钧，请其提供更多有关周代殉葬情形的考古发掘材料；然而，郭宝钧却以辛村西周墓和汲县、辉县两地战国墓发掘中所见殉葬情形，继续其西周殉葬较殷代“所逊远甚”的前说。[③] 如此，郭沫若为论证殷周奴隶社会而在“人殉”这一新材料方向上做出的努力，又难竟其功。

同年8月，王毓铨加入论争。郭沫若曾在“人殉”和“凉山彝族社会”两重证据之外，征引斯巴达“黑劳士”的例子来对照西周奴隶，故王毓铨对“黑劳士”的奴隶身份提出质问。[④] 此后，杨向奎、童书业、何高济等人也陆续对“黑劳士”的奴隶身份提出异议。[⑤]

综合上述情状，可以明了郭沫若重视凉山彝族研究的缘故。20世纪50年代初，郭沫若对西周奴隶社会性质的论证主要从“人殉”“黑劳士”与“凉山彝族奴隶社会”三个方面着手。其中，他以“人殉”证殷周奴隶社会频遭挫折，其有关“黑劳士”性质的主张亦饱受质疑，唯“凉山彝族奴隶社会”较少遭到抨击。因为凉山彝族社会的“蓄奴”特征和残酷的奴役关系自近代以来便有公论，并非中国马克思主义史学家的独创。如法国外方传教会的传教士利纳尔（A. Lienard）和法国殖民军一等医官吕真达（A. F. Legender）分别在19世纪末和20世纪初于实地

---

① 范文澜：《关于〈中国通史简编〉》，《新建设》1951年第2期。

② 荣孟源：《周代殉葬问题》，《新建设》1951年第6期。

③ 郭沫若：《奴隶制时代》，载郭沫若著作编辑出版委员会编《郭沫若全集·历史编》第3卷，人民出版社1984年版，第143—144页。

④ 王毓铨：《周代不是奴隶社会》，《新建设》1951年第5期。

⑤ 杨向奎：《古代史研究中的几个问题》，《文史哲》1956年第6期；童书业：《“古代史研究中的几个问题”的补充》，《文史哲》1956年第6期；何高济：《黑劳士问题的再探讨》，《文史哲》1958年第1期。

考察后提出凉山彝族社会盛行奴隶制；此后至 20 世纪三四十年代，我国一批著名人类学家和民族学家也在他们有关彝族社会的调查报告中提到“蓄奴”这一特征。[①] 当时反对西周奴隶说者既无新证据来推翻凉山彝族奴隶社会之说，便只能围绕其他两项进行反驳。面对这种局面，郭沫若不得不在放弃“人殉”证据、补证“黑劳士”是奴隶的同时，更加倚重于“凉山彝族奴隶社会”。因此，在 1952 年新撰成的《奴隶制时代》中，郭沫若继续借用彝族的“管家娃子”和“王家娃子”来解读周代的“邦司”和“夷司王臣”的身份。[②]

至于郭沫若在众多彝族研究中独对《四川省雷马峨屏调查记》青眼有加，除其当时所能获得的资料有限外，还应与当时学界缺少在唯物史观指导下的彝族社会调查与研究有着密切关系。郭氏撰《由周代农事诗论到周代社会》等文时，国内外彝族研究虽有不下上百种，但较少论及彝族社会的阶级组织；在谈及“娃子”时，虽多认其为奴隶，但只是泛指的“奴隶”，而非马克思社会发展理论中的“奴隶”。[③] 在这种情况下，记述了大凉山彝族富有奴隶社会色彩的阶级组织和生产方式的《四川省雷马峨屏调查记》，显得格外珍贵。

总的来说，因凉山彝族社会与西周社会有诸多相似之处，郭沫若将其引入西周社会性质的讨论，接着又通过论证凉山彝族的奴隶社会性质，类推出西周社会的奴隶社会性质。西周的井田制、分封制以及劳动者有一定人身自由并可拥有土田房屋的情况，是“西周封建论”者质疑郭沫若的“西周奴隶社会”说的重要依据，而凉山彝族社会与西周社会的关键共同点，也恰集中在上述三个方面：凉山彝区存在与西周井田制类似的土田分割行为；凉山彝区的层层奴役体系与西周分封制相似；凉山彝区的劳动者与西周劳动者都有一定的人身自由，并可拥有一定土田房屋。

---

① 李绍明、彭文斌：《西南少数民族社会历史调查：李绍明美国西雅图华盛顿大学讲座（二）》，《西南民族大学学报》2010 年第 1 期。

② 郭沫若：《奴隶制时代》，载郭沫若著作编辑出版委员会编《郭沫若全集·历史编》第 3 卷，第 24 页。

③ 相关研究综述参见杨小柳《参与式行动：来自凉山彝族地区的发展研究》，民族出版社 2008 年版，第 330 页；易谋远：《20 世纪彝学研究回顾》，载揣振宇等主编《中国民族研究年鉴·2002 年卷》，民族出版社 2003 年版，第 121—167 页。

当郭沫若将解放前的凉山彝区认定为奴隶社会后，西周的分封制、井田制以及享有一定生产资料和人身自由的生产劳动者，因在另一个“现成的”奴隶社会中出现过，而不能作为判定西周为封建社会的依据，反而成西周奴隶社会说的有力支撑。

二 郭沫若与胡庆钧的互动

郭沫若援引凉山彝族奴隶社会类推西周社会的奴隶性质，虽在逻辑上自洽，但因立说于凉山彝族奴隶社会的大前提下，所以在凉山彝族社会性质有定论之前，不足以平息西周社会性质的争议。在此后的争论中，西周直接生产者的阶级性质成为讨论的焦点，而“有田宅和一定人身自由的劳动者”能否被视为奴隶，遂成问题的关键。[①] 这一过程中，郭沫若愈益倚重“凉山彝族奴隶社会”这一重论据，而使学界对凉山彝区的奴隶社会性质达成共识，则成当务之急。然而，由于雷马峨屏调查团的主要目标是考察凉山动植矿产和地理气候，而不是在唯物史观指导下专门针对凉山彝族社会的调查，所以，不但《四川省雷马峨屏调查记》全文八个章节中可资郭沫若使用的内容共计不足五千字；而且该调查报告所描述的凉山彝族“奴隶社会”与马克思社会发展理论中有关“奴隶社会”阶级对立的内容并不十分契合：因将最受剥削压迫的“娃子”划为临时且流动的独立阶层，故该报告所记述的彝族社会内部黑彝、白彝两固定阶层之间的阶级矛盾很不尖锐，以至于白彝“皆心满意足，从无反

① 在1951年以后的争论中，郭沫若有关直接生产者身份的论断继续成为众矢之的。不仅西周封建论者群起非议，即在“西周奴隶说”内部也不乏异辞。如吴大琨、日知认为“庶人”是“自由民”或“自由农民”；林甘泉则认为，庶民或庶人的地位比奴隶高得多。参见吴大琨《与范文澜同志论划分中国奴隶社会与封建社会的标准问题》，《历史研究》1954年第6期；日知：《中国古代史分期问题的关键何在?》，《历史研究》1957年第8期；林甘泉：《说庶人的身份》，载中国社会科学院历史研究所编《古史文存·先秦卷》，社会科学文献出版社2004年版，第62页。

叛之事”。[①] 为此，郭沫若在引用时不得不将汉人娃子纳入白彝范畴，并隐去原报告有关黑彝、白彝和睦的内容。

当《四川省雷马峨屏调查记》不敷使用之际，胡庆钧在 1952 年寄呈的凉山彝族奴隶制报告，对郭沫若而言，不啻雪中送炭。1950 年上半年，中央政务院向全国少数民族地区派出中央民族访问团。得益于此前积累的少数民族研究经验，胡庆钧在总团长刘格平带领的第一分团中担任要职。是年 9 月，胡庆钧以副队长身份与李平元一起率领第一分团第三队赶赴西昌专区，访问当地彝汉等族人民；三个月后，他被进一步派往凉山彝区的中心地带昭觉县开展摸底工作；次年 3 月，他带领十余人深入在黑彝统治下的凉山腹心地区；1952 年下半年，前往凉山进行第二次实地考察。[②]

在上述调查过程中，胡庆钧比较完整地了解了彝族中心地带的社会等级结构，并完成了四万字调查报告《大凉山彝族社会》。随后，他在 1952 年 8 月 15 日，以无法界定彝族社会中间等级曲诺的性质为由，[③] 将上述报告寄给了郭沫若。该报告从农业和畜牧业水平、生产工具、社会分工、商品交换等方面入手，得出凉山彝族的社会生产力水平近似于奴隶社会前期的结论；并把最受剥削的汉人娃子作为“锅庄娃子”和“忌索佐”等纳入白彝范畴，从而构建出一套更为周密的层层奴役体系。相较于《四川省雷马峨屏调查记》，该报告不但材料详尽，而且呈现了一个与“西周奴隶社会”说更相适配的彝族奴隶社会。

值得注意的是，胡庆钧在随报告一同寄出的信中，还提出了凉山彝族社会“前期生产力与后期生产关系的矛盾”，即从生产力来看，凉山

---

① 常隆庆等：《四川省雷马峨屏调查记》，载李文海等主编《民国时期社会调查丛编·二编·少数民族卷》（中），第 226—229 页。

② 参见江山《回忆西南民族访问团》，《中国统一战线》1988 年第 7 期；王天玺、张鑫昌主编，载中国彝族通史编纂委员会编纂《中国彝族通史》第 4 卷，云南人民出版社 2012 年版，第 466 页；杜发春：《在比较中探求奴隶制社会的规律与特点》，张冠梓主编，载中国社会科学院青年人文社会科学研究中心编《学问有道——学部委员访谈录》（下），方志出版社 2007 年版，第 1224、1226 页；王文光等：《中国西南民族通史》（下），云南大学出版社 2015 年版，第 301 页；胡庆钧：《凉山彝族奴隶制社会形态》，中国社会科学出版社 1985 年版，第 467 页。

③ 在有关凉山彝族社会的研究中，曲诺又被译为“曲洛”等；在本文中，统一作“曲诺”。

彝族社会近似于早期奴隶制度；但由生产关系观之，它又“具备奴隶制后期或向封建制过渡的特征”。矛盾的症结在于庞大的中间等级“曲诺”：在凉山彝区生产力非常落后，且完全无法与西欧中世纪的封建社会生产力相匹敌的情况下，却存在曲诺这样一个近似于西欧封建农奴的群体。这个群体几乎占凉山彝族总人口的一半，一方面均与主子建立着“赤裸裸的被占有关系”，但另一方面却有一部分拥有私有财产并向主子租种土地，近似于农奴；甚至还有少数则拥有土地，上升为奴隶主。①

由这一“矛盾”来看，胡庆钧似仍在凉山彝族奴隶社会与凉山彝族封建社会之间徘徊，但以他寄出这份报告的实际行动观之，可能并不尽然。因为自1951年以后，“有宅田和一定人身自由的劳动者”的阶级性质，便是西周社会性质争论的重要内容，其中持西周奴隶社会说者认为此类劳动者亦属奴隶，而西周封建论者则主张为封建农奴。曲诺与西周农业生产者有不少相似特征，胡庆钧既选择向主张西周劳动者为奴隶的郭沫若请教曲诺的定性问题，可见其对该问题已有自己的初步判断。

胡庆钧的报告迅速引起郭沫若、范文澜等人的兴趣。② 其中，郭沫若的反应格外热切。郭氏在给胡庆钧的复信中，不但表露出中国科学院支持他开展进一步研究的强烈意愿，而且还在胡庆钧已有所倾向的基础上，进一步为“前期生产力与后期生产关系的矛盾”指出了解题思路：首先，社会生产力才是社会性质的决定因素，曲诺虽然绝对数量庞大，但不足以决定彝族社会的性质；其次，从凉山彝族社会的生产力水平来看，该地生产力十分低下，并不存在形成封建社会的基础；③ 最后，郭沫若建议胡庆钧，可以通过借鉴斯巴达“黑劳士”来分析曲诺的来源：如后者也是被当前统治民族所征服的异族，便与“黑劳士”同为奴隶；

① 胡庆钧：《郭沫若与凉山彝族奴隶制研究》，《学术月刊》1983年第7期。

② 杜发春：《在比较中探求奴隶制社会的规律与特点》，张冠梓主编，载中国社会科学院青年人文社会科学研究中心编《学问有道——学部委员访谈录》（下），第1226—1227页；揣振宇、李彬：《胡庆钧先生访谈录》，载于宝林、华祖根主编《中国民族研究年鉴1998》，民族出版社1999年版，第428页。

③ 在此前与王毓铨的讨论中，郭沫若便已提出，奴隶和农夫的绝对数量不能作为社会性质的判定标准，即使一个社会中农奴的数量超过奴隶，也依然可能是奴隶社会。参见郭沫若《关于奴隶与农奴的纠葛》，《新建设》1951年第5期。

至于他们所拥有的私产和自由，便可作黑彝的羁縻之策理解。[1]

此后，胡庆钧在郭沫若的启发下，解决了上述生产力与生产关系的矛盾，完善了《大凉山彝族社会》调查报告，并明确提出了凉山彝族奴隶社会的主张。[2] 通过帮助胡庆钧解决凉山彝族社会“前期生产力与后期生产关系的矛盾”这一核心问题，郭沫若得到了一份充分论证凉山彝族奴隶社会性质的重要材料。这份材料不但有力地夯实了“凉山彝族社会是奴隶社会”这一大前提，还通过呈现彝族奴隶社会的活历史，提供了比古希腊罗马奴隶社会更现成且细致的标本，为郭沫若解决西周社会性质讨论中诸如井田制、分封制的性质以及“农奴”与“奴隶”等纠葛提供了有力的支撑。

胡庆钧的《大凉山彝族社会》很快便被郭沫若吸收进 1953 年改版的《奴隶制时代》一书。早在 1951 年郭沫若便曾将周代的大小臣工比作彝族社会的“管家娃子”，至接胡氏报告以后，他进一步明确曲诺的性质是奴隶，从而得出西周的大小臣工也是“奴隶”身份的结论。郭氏在“改版书后”中将凉山彝族社会的层层奴役制度与周初“封建”进行更密切的对应，不但以白彝内部因威望而诞生的头人对应西周外服的异姓诸侯，而且将白彝“跟腿”类比西周内服的王朝卿士；既然白彝头人与“跟腿”均不外是可以屠杀贩卖的奴隶，则同理可知周初“封建”也是奴隶性质的等级制度。[3]

由郭沫若与胡庆钧的上述互动，可窥知新中国成立初期西周社会性质讨论与凉山彝族社会调查之间的交互关系。此一时期，胡庆钧尝试以唯物史观标准分析凉山彝族社会的性质，并从凉山彝族社会提取奴隶社会的要素，帮助郭沫若巩固其立说的大前提；而郭沫若也基于其对西周社会性质的认识，为胡庆钧解决“前期生产力与后期生产关系的矛盾”提出解题思路，促使原本徘徊于封建制和奴隶制岔路口的胡庆钧明确研

① 胡庆钧：《郭沫若与凉山彝族奴隶制研究》，《学术月刊》1983 年第 7 期。

② 胡庆钧：《大凉山彝族社会概况》，《中国民族问题研究集刊》第 2 辑，1955 年 10 月。

③ 郭沫若：《奴隶制时代》，载郭沫若著作编辑出版委员会编《郭沫若全集 · 历史编》第 3 卷，第 251、252 页。

究方向，进一步运用马克思主义社会发展理论对凉山彝族奴隶社会进行更扎实的论证。

在郭沫若与胡庆钧二人的合力下，20世纪50年代初有关西周社会性质的讨论，因凉山彝族社会调查材料的存在而取得切实的新进展。如，此前持“西周封建论”与“西周奴隶社会说”的两派学者，面对西周劳动者同时具备的可被屠杀买卖和享有一定财产、自由的两种特征时，多先质疑不利证据之真伪，或认其为问题的次要方面，然后一以西周劳动者可被随意屠杀买卖而证其为奴隶，一以西周劳动者享有一定财产、自由而证其为农奴；至由凉山彝族的实例，发现该地区劳动者确实兼有被随意屠杀买卖的一面，以及享有一定财产、人身自由的另一面后，人们重新正视这两种特征在同一社会形态内的并存情况，并在此基础上，对凉山彝族社会乃至西周社会性质作新一轮探讨。

三　凉山彝族社会性质讨论的扩大

1956年，全国少数民族社会历史调查正式启动。[①] 胡庆钧不仅参与调查提纲“奴隶社会”部分的修改工作，还以四川省少数民族社会历史调查组副组长身份，领导1956下半年和1957年上半年旨在确定凉山彝族社会性质的调查活动。[②] 伴随全国少数民族社会历史调查的展开，人们对凉山彝族社会等少数民族社会有了更深入的了解。这不仅使参与少数民族社会历史调查的专家学者逐渐形成不同的意见，而且也吸引了更多的历史学者参与到凉山彝族社会性质讨论中，借社会历史调查的活材料，推进古史分期领域有关奴隶制与封建制上下限的争论。

---

① 中共沧州市委党史研究室编：《刘格平文集》，中央民族大学出版社1999年版，第430页；秦和平：《四川民族地区民主改革研究——20世纪50年代四川藏区彝区的社会变革》，第64页。

② 揣振宇、李彬：《胡庆钧先生访谈录》，第428—429页；纳日碧力戈等：《人类学理论的新格局》，第137页；李绍明口述：《变革社会中的人生与学术》，世界图书出版公司2009年版，第170页。

尽管胡庆钧所提出的“凉山彝族奴隶社会”的观点得到了郭沫若等人的支持，且凉山彝族自治州人民代表大会在“凉山彝族奴隶制”认知基础上形成的凉山民主改革方案也得到了中共中央的批准，但参与1956—1957 年少数民族社会历史调查的不少领导和专家，仍对凉山彝区的社会性质提出了不同的看法。据胡庆钧回忆，在范文澜向杨静仁提出解放前凉山彝族处于封建农奴制最前期的主张后，“四川省省委有人支持范老的意见”；受四川省省委的影响，四川省少数民族社会历史调查组组长夏康农也一度“从领导的角度开始认为是封建制，但说不出理由”。[①] 总的来说，20 世纪 50 年代后半期有关凉山彝族社会性质的观点，大致可分为凉山彝族奴隶社会说，凉山彝族封建社会说，凉山彝族周围封建、中心奴隶制说，以及凉山彝族原始氏族社会说四类。[②]

除民族学界外，许多历史学家也对“凉山彝族社会性质”展开讨论。其中最典型的应是范文澜。范文澜虽在西周社会性质上与郭沫若认识分歧，但同样重视社会调查。[③] 自 1952 年胡庆钧向郭沫若递交报告以来，凉山彝族研究便引起了范文澜的兴趣。当时，郭沫若以凉山彝族社会为奴隶社会的标本比照西周，力斥西周封建说之非，其中，解放前的凉山彝族社会属于奴隶社会，乃其立论的基础。出于对西周社会性质的不同看法，范文澜对凉山彝族社会性质也与郭沫若分歧。为此，他曾在1953 年向杨静仁提出解放前凉山彝族社会处于封建社会前期的意见。不过，由于缺乏与胡庆钧报告分量相当的材料，所以直到 1955 年，范文澜收到《一个彝族地区底社会经济结构在清两代迄解放前的发展过程——由奴隶制向封建制过渡之一例》的报告后，才比较明确地发表了对凉山彝族社会性质的不同主张。

---

① 杜发春：《在比较中探求奴隶制社会的规律与特点》，载中国社会科学院青年人文社会科学研究中心编《学问有道——学部委员访谈录》（下），第 1226—1227 页。

② 这种分歧在 1957 年 3 月的少数民族社会历史调查研究工作第一次汇报会上有集中体现。参见高哲《有关凉山彝族社会性质的讨论》，载《凉山彝族隶制》编写组编《凉山彝族社会性质讨论集》，四川省民委 1977 年版，第 20—21 页。

③ 范文澜：《介绍一篇待字闺中的稿件》，《新华半月刊》1956 年第 12 期；有关范文澜对社会调查与传统史籍的结合，参见蔡尚思《范文澜同志的长于各种结合》，《蔡尚思全集》第 6 册，上海古籍出版社 2005 年版，第 529 页。

上述报告出自刘尧汉之手。刘氏曾在1953年3月受命于翦伯赞等，前往哀牢山调查南诏历史和王室族别，并因此与范文澜有了交集；同年10月，胡庆钧的《大凉山彝族社会概况》发表；此后，刘尧汉亦结合1953年对哀牢山沙坦郎彝族村的实地调查，在1955年5月，将《沙村社区研究》修改为三万字的前述报告，寄送范文澜审阅。[①] 这份报告不但得出中国另一彝族社会在解放前正处于封建社会阶段的结论，而且还在阐述哀牢山沙坦郎彝族村由奴隶制过渡到封建制过程中，使用了与范文澜有关殷周社会形态变革的论述极为契合的调查材料和论证思路，因此很快便得到范文澜的重视。1956年，范文澜在《光明日报》以《介绍一篇待字闺中的稿件》为题，不无激动地向公众推荐刘尧汉的哀牢山彝族研究，并大段引用刘尧汉报告有关沙村社会形态更迭的调查材料。[②]

范文澜、刘尧汉二人围绕哀牢山彝族社会的互动，与郭沫若、胡庆钧二人在凉山彝族社会方面的互动遥相呼应，由此可见当时古史分期讨论与少数民族历史调查的紧密关系。在凉山彝族社会材料的帮助下，郭沫若论证西周奴隶社会的思路大致如右：首先根据调查报告阐释凉山彝区的生产力和生产关系皆处于奴隶社会这一大前提；接着，以凉山彝族社会为奴隶社会之样本，反推奴隶社会的具体特征；随后，他一面根据所得之奴隶社会诸特征反驳"西周封建论"，一面则以此验证"西周奴隶社会"说。

与之相对的，范文澜在引证刘尧汉的哀牢山彝族调查时，也是将它作为封建社会的一个活样本来比照西周社会。早在《关于〈中国通史简编〉》中，范文澜已经批驳了郭沫若以土地不能私有推断生产工具亦非私有，从而得出周代奴隶社会的结论；同时范文澜还强调剥削形式的变换，才是由奴隶社会过渡向封建社会的关键。[③] 至20世纪50年代后半叶，刘尧汉的哀牢山彝族调查也以剥削形式的变换为线索，梳理沙村地区的社会经济结构由奴隶制向封建制的演进。根据《诫谕诸儿侄》的记载，刘尧汉指出：普楷高祖时期，因奴隶劳动积极性不高，生产效率低

① 揣振宇等主编：《中国民族研究年鉴》（2003），民族出版社2004年版，第353页。

② 范文澜：《介绍一篇待字闺中的稿件》，《新华半月刊》1956年第12期。

③ 范文澜：《关于〈中国通史简编〉》，《新建设》1951年第2期。

下，所以普姓家族将部分生产资料授予庄奴，改剥削其剩余劳动的全部产品，而沙村亦由是进入封建社会初期的领主经济制。范文澜曾称誉刘文的妙处“正在于所用材料‘几全是取自实地调查，无史籍可稽’”，而《诫谕诸儿侄》正是刘尧汉前往哀牢山地区实地调查所得，同时也是后者用以分析哀牢山彝族社会演进的重要资料。由该材料在范文澜的《光明日报》文中被全文引用可知，范文澜对刘氏哀牢山彝族调查的器重，与后者以剥削形式的变换为奴隶制向封建制演进的重要线索不无关系。在刘氏的论述过程中，劳动者开始得到“份地”等生产资料，被视为沙村由奴隶制过渡到封建制的标志。因西周社会的部分劳动者和凉山彝族的“曲诺”都存在得到少量土地的现象，故由普楷高祖时期的哀牢山彝族社会推及民主改革前的凉山彝族社会乃至西周社会，三者亦应均处封建社会初期。①

诚如胡庆钧所说，民主改革以前的凉山彝族社会存在“前期生产力与后期生产关系的矛盾”。郭沫若强调生产力对社会形态演进的决定意义，故他与胡庆钧由凉山彝族落后的生产力出发，将其带封建制色彩的劳动者人身依附情况与生产资料所有制等政治经济因素，纳入奴隶制范畴作解析。与之相对应的，范文澜强调生产关系的关键作用，故认同刘尧汉以部分劳动者得到土地等生产资料为沙村进入封建社会的起点，以示民主改革以前的凉山彝族社会与西周社会均属封建社会。

除郭、范等人外，其他历史学者也开始运用少数民族社会调查材料探讨西周的社会性质。如 1960 年，邓子琴分别以凉山彝族社会和羌族社会作为奴隶社会和封建社会初期的实例，主张西周已进入封建社会。同年 8 月，杨宽则根据凉山彝族社会和哀牢山彝族社会调查报告指出，西

---

① 除此之外，刘尧汉在阐释奴隶社会向封建社会的过渡时，以劳动者生产积极性的提高作为社会向前发展的重要动力；而范文澜在 1953 年改版后的《中国通史简编》中也以周古公为提高劳动者生产积极性而改变土地所有制与剥削方式，来解释殷周社会性质的变革。参见刘尧汉《由奴隶制向封建制过渡的一个实例：云南哀牢山彝族沙村底社会经济结构在明清两代至解放前的发展过程》，《历史研究》1958 年第 3 期；范文澜：《中国通史简编》第 1 编，人民出版社 1955 年版，第 129 页。有关刘尧汉的上述论证材料与思路和范文澜在 1953 年改版的《中国通史简编》中论证殷周之际由奴隶制过渡到封建制的思路相同这一点，受到中国社会科学院历史理论研究所赵庆云研究员的启发，谨申谢忱。

周春秋时代既不是封建领主制社会，也不是“古代东方型”奴隶社会，而是一种因中国幅员辽阔、生产力发展不平衡等历史条件造成的保存着“村社”残余的中国特色奴隶社会。此后至1963年，马曜、缪鸾和又利用西双版纳傣族的活材料比对西周社会制度，指出民主改革以前的西双版纳傣族社会与西周十分相似，因此西周社会同样是一种建立在“封建井田制”上的特殊封建社会形态。①

余 论

20世纪50年代以前，有关西周社会性质的讨论，大多“不是举希腊、罗马的例子，就是罗列殷墟不完整的材料”，50年代以后，以郭沫若为首的马克思主义史学家，开始尝试借助凉山彝族等少数民族社会调查材料来推进中国古史分期问题的讨论。

少数民族社会调查新材料的引入，在遥远的古希腊罗马社会或西欧中世纪封建社会之外，提供了一个现成且具象的活标本。因此，这一新材料虽不能终结有关奴隶制和封建制的争论，但仍使学者们得暂跳出原先对先秦文本和考古发现的模棱两可的解读，根据“活着”的少数民族社会，具体分析奴隶社会和封建社会的分别与演进。20世纪50年代后半叶涌现的一系列具有鲜明中国特色的少数民族社会发展历史材料，使许多参与古史分期讨论的学者直观地认识到：民主改革前的少数民族社会有着鲜明的中国特色，并不像马恩原著中所描述的那些社会形态那样标准而纯粹；推及中国古代社会，亦是如此。为了进一步阐发中国古代社会发展的独特之处，有的学者根据凉山彝族社会的调查结果，对奴隶社会与封建社会两种社会形态下的生产劳动者应各自具备何种根本特征，同一社会形态下不同阶级的劳动者应各自达到何等数量这类问题进行展

① 邓子琴：《从少数民族社会的考察和研究来看西周社会性质问题》，《西南大学学报》1960年第2期；杨宽：《论中国古史分期问题讨论中的三种不同主张——兼论中国奴隶制社会的特点》，载杨宽《古史新探》，上海人民出版社2016年版，第52—70页；马曜、缪鸾和：《从西双版纳看西周》，载云南民族学院编《云南民族学院学术论文集1951—1981》，云南民族学院1981年版，第1—139页。

开与细化；有的学者通过引证哀牢山彝族社会由奴隶制向封建制过渡的实例，阐释殷周之际发生的社会鼎革；还有的学者则综合中国少数民族社会与古代希腊罗马、古代东方各国的奴隶社会特点，阐释富有中国特色的中国古代奴隶社会演进过程。

新局面被打开的同时，新的问题也随之产生。首先，无论是持“西周奴隶社会说”的郭沫若等，抑或是持“西周封建论”的范文澜等，均将某少数民族社会预设为自己心目中的西周社会的翻版，并在此预设的指引下，寻找并推重对自己立说有益的少数民族调查材料。这种理论先行的做法，使得不少社会调查在开始之前便已被各派学者预设了结果。于是一些少数民族社会的性质也和中国古代社会性质一样成为争议未决的问题，而利用少数民族社会调查材料来分析中国古代社会，则被诟病为“拿一个争议未决的问题，比另一个争议未决的问题”。[①] 其次，在对比研究中，一些学者多着眼于其所同而忽视其所异，不乏出现“引唐律断汉狱”的误读；最后，我国相当一部分少数民族社会受外界影响较大，其社会发展并非纯粹而自发的，用一些受汉民族等周遭影响较大的少数民族社会作为活样本来比附中国古代社会，忽视了我国古代多民族统一政权的历史特点。

尽管如此，解放前凉山彝区的奴隶社会性质，不应被视为完全是政治影响下产生的结论。因为自近代以来，中外学者对凉山彝族实行“奴隶制”的认定，主要根据该地区普遍且显著“蓄奴”的特征、奴役者对被奴役者的绝对权威、被奴役者的悲惨处境，以及凉山彝族社会落后“未开化”的印象；并且，胡庆钧有关凉山彝族奴隶社会的调查结果，无疑建立在比较深入且扎实的社会调查基础上。进入 21 世纪后，尽管“无奴论”盛行一时，但李根蟠等人仍援引胡庆钧的凉山彝族社会研究对“无奴论”作出反驳，认为“无奴论”者要讨论中国奴隶社会的有无，便不应绕过胡庆钧的凉山彝族社会研究，“也不可能绕过它”。[②] 由此足可见胡庆钧凉山彝族社会调查与研究的分量。

结合 20 世纪中期的少数民族历史调查，重新审视同时期的古史分期

---

① 束世澂：《有关古史分期一些理论问题——与杨宽同志商榷》，《学术月刊》1960 第 9 期。

② 李根蟠、张剑平：《社会经济形态理论与古史分期讨论——李根蟠先生访谈录》，《史学理论研究》2002 年第 4 期。

讨论，不仅有助于我们发现古史分期讨论的另一面，也能为我们当今有关社会形态的争议提供一些启发。在新中国成立初期百废待兴的情况下，我国老一辈马克思史学家不囿于教条，勇于直面问题、解决问题，广泛应用社会人类学调查与研究成果，将社会形态理论与中国历史实际相结合进行理论创造，在坚持社会形态理论的前提下，力图呈现中国历史发展的独特道路。学术研究应先因而后创，马克思主义史学是当代史学发展的重要学统，深入挖掘相关史实，并对马克思主义史学丰富遗产进行梳理和审视，当能为目前中国特色历史学三大体系的建设，提供一些历史智慧与智力支持。

（原载《史学理论研究》2023 年第 1 期）

20 世纪以来“夏代怀疑论”驳议[*]

王　祁

夏问题研究是当今史学界的热点话题。最近几年，与夏有关的专著、论文多有出现，相关主题学术活动也较为频繁，河南省文物考古研究院还成立了夏文化研究中心，可见夏问题的热度。

夏问题之所以依旧是一个有待解决的学术问题，一方面是因为目前没有发现夏时期的文字，考古学家也没有确凿证据把“夏”落实到具体的遗址中，“二里头遗址夏都说”只是一种极有可能的观点，而非一个不会被质疑的历史事实；① 另一方面则是因为学术界一直有“文献中的夏史不可信”的观点，甚至怀疑夏代是一个杜撰出来的朝代，此即“夏代怀疑论”。关于后者，多数持“夏代怀疑论”的学者，都倾向于认为夏代是周人所杜撰，周人杜撰夏代的目的是建构伐商的合法性。对于这一观点，朱凤瀚在 2003 年有一个较好的回应，他指出：“西周早期文献已言及夏，时克商未久，商遗民众多，如果周人生生地造出一个虚构的夏来，用以宣传周代商犹如商代夏，是秉承天命，那么如何能使早已有历史典册的商遗民相信?”② 朱氏所言，直中要害，本可消解周人杜撰夏

* 本文是国家社会科学基金项目“商周农业及其生产组织形式研究”（项目号：21CZS009）的阶段性成果。

① 夏鼐：《中国文明的起源》，载《夏鼐文集》第 2 册，社会科学文献出版社 2017 年版，第 242 页；许宏、刘莉：《关于二里头遗址的省思》，《文物》2008 年第 1 期；许宏：《关于二里头为早商都邑的假说》，《南方文物》2015 年第 3 期。

② 朱凤瀚：《论中国考古学与历史学的关系》，《历史研究》2003 年第 1 期。此后，朱氏又对此观点进行了较详细的论证，参见朱凤瀚《夏文化考古学探索六十年的启示》，《历史研究》2019 年第 1 期。

代说的逻辑基础，但“夏代怀疑论”或“周人杜撰夏代说”并没有就此消失。即使经过众多学者的反驳，[①] 依旧有学者坚持“周人杜撰夏代说”。[②]

之所以如此，笔者认为，是因为当今的“夏代怀疑论”有一个很重要的学术渊源，就是20世纪以来的疑古思潮。[③] 早在20世纪初，就有学者对夏代史料的真实性产生过怀疑，古史辨运动期间甚至产生了否定夏代存在的观点。当今持“夏代怀疑论”的学者，往往援引早期的“夏代怀疑论”以为论据，若不系统讨论早期“夏代怀疑论”，就无法彻底反驳当今的“夏代怀疑论”。但是，学术界一直没有对“夏代怀疑论”的一系列重要观点进行系统的梳理和反驳，而是理所当然地认为早期的“夏代怀疑论”没有依据。即使最近十多年撰写专文反驳“夏代怀疑论”或“周人杜撰夏代说”的几位学者，也多针对当今“夏代怀疑论”，没有系统地讨论早期的“夏代怀疑论”。这自然会为“夏代怀疑论”留有继续存在的空间。

因此，今天依旧有必要系统梳理20世纪以来的“夏代怀疑论”，从现有史料出发，检视“夏代怀疑论”是否有合理内核。如果系统检视的结果是之前的“夏代怀疑论”没有史料支撑，“周人杜撰夏代说”自然就不攻自破，以后若有学者再提“夏代怀疑论”或“周人杜撰夏代说”，就需要提交更为坚实的新证据。需要说明的是，由于缺乏夏代共时性文献，本文的目标自然不是证明夏代存在，而仅仅是判断“夏代怀疑论”

---

① 除了朱凤瀚，沈长云、杜勇、张国硕等都有专文反驳“夏代怀疑论”。参见沈长云《夏代是杜撰的吗——与陈淳先生商榷》，《河北师范大学学报》2005年第3期；杜勇：《关于历史上是否存在夏朝的问题》，《天津师范大学学报》2006年第4期；张国硕：《“周代杜撰夏王朝说”考辨》，《中原文物》2010年第3期；张国硕：《论夏王朝存在的依据》，《中国历史文物》2010年第4期。

② 陈淳、龚辛：《二里头、夏与中国早期国家研究》，《复旦学报》2004年第4期；陈淳：《科学方法、文明探源与夏代信史之争》，《广西师范大学学报》2020年第3期；艾兰：《对公元前1920年积石峡洪水与古代中国洪水传说的初步思考》，《文史哲》2018年第1期；李宏飞：《夏商世系探索》，载李雪山、郭旭东、郭胜强主编《甲骨学110年：回顾与展望》，中国社会科学出版社2009年版，第331—340页。

③ 这一点早有学者指出，参见张国硕《试析“夏王朝否定说”形成的原因》，《华夏考古》2010年第4期；李峰：《早期中国研究及其考古学基础——全球化时代的新观察》，载张海惠主编《北美中国学——研究概述与文献资源》，中华书局2010年版，第59—60页。

是否信而有征。笔者相信，讨论“夏代怀疑论”，本身就会对夏代是否存在、夏与考古遗址的对应关系等重大问题有所帮助。

一 20世纪初的“夏代史料怀疑论”

学者们的“夏代怀疑论”，可以分为两个层面：一是对文献中的夏代记载的怀疑，二是对夏代存在的否定。前者可以称为“夏代史料怀疑论”，后者则是典型的“夏代否定论”。从学术史角度上看，“夏代怀疑论”有一个明显的从“夏代史料怀疑论”到“夏代否定论”的演变过程。因此，我们需要先讨论“夏代怀疑论”的第一个阶段，即20世纪初学术界的“夏代史料怀疑论”。这一怀疑论又可以追溯到清末。

清末是今文经学盛行的时代，公羊学兴起，与现实政治紧密结合，其对史学的影响，主要表现为政治诉求主导早期历史的解读模式。典型的例子是康有为的《孔子改制考》一书。康有为希望为其变法诉求寻找学术上的依据，积极宣扬“孔子改制”的观点，认为“六经”皆孔子所作。孔子之前，自然是“上古茫昧无稽考”，“六经以前，无复书记，夏殷无征，周籍已去，共和以前，不可年识，秦汉以后，乃得详记”。[①] 这就明确指出，孔子之前的历史，都是无可稽考的传说，典籍中的记载，并不可真信。这虽然没有直接提到夏代可疑，但有了可以疑夏的精神。所以，康氏弟子梁启超评曰：“数千年来共认为神圣不可侵犯之经典，根本发生疑问，引起学者怀疑批评的态度。”[②] 其后，夏曾佑在《中国历史教科书》中提出：“由开辟至周初，为传疑之期，因此期之事，并无信史，均从群经与诸子中见之，往往寓言、实事，两不可分，读者各信其所习惯而已，故谓之传疑期。”[③] 这明显受到康有为的影响。

---

① 康有为：《孔子改制考》，中国人民大学出版社2010年版，第4页。

② 梁启超：《清代学术概论》，上海古籍出版社1998年版，第80页。

③ 夏曾佑：《最新中学教科书中国历史》，载杨琥编《夏曾佑集》，上海古籍出版社2011年版，第792页。

早有学者指出，民国时期的古史辨运动，与清末今文经学关系密切。[①] 这一影响同样体现在胡适身上。[②] 1917 年，胡适在北京大学开设“中国哲学史”课程，重编讲义，开头一章是“中国哲学结胎的时代”，用《诗经》做时代的说明，丢开唐、虞、夏、商，径从周宣王以后讲起，使得学生们“骇得一堂中舌挢而不能下”。[③] 其后不久，胡适在《中国哲学史大纲》中正式提出：“以现在中国考古学的程度看来，我们对于东周以前的中国古史，只可存一个怀疑的态度。”[④] 这一“怀疑的态度”与康有为“上古茫昧无稽考”颇为相似。

胡适之所以认为“东周以上无史”，[⑤] 归根结底是对早期史料的不相信。他认为：“唐、虞、夏、商的事实，今所根据，止有一部《尚书》。但《尚书》是否可作史料，正难决定。梅赜伪古文，固不用说。即 28 篇之‘真古文’，依我看来，也没有信史价值……我以为《尚书》或是儒家造出的‘托古改制’的书，或是古代歌功颂德的官书。无论如何，没有史料的价值。”[⑥] 胡适虽然不相信《尚书》的可信，但他的怀疑没有丝毫的力度，不仅没有举出任何可以证明《今文尚书》“没有信史价值”的证据，且怀疑时使用的逻辑也存在问题。从逻辑上说，《尚书》是儒家造出的“托古改制”的书，与《尚书》是古代歌功颂德的官书，这两种观点的史学意义并不相同。前者自然是说《尚书》不可信，但后者并不排斥《尚书》是夏商周三代的官书，即使只为“歌功颂德”，《尚书》也有其可信的成分存在，不能说完全没有史料的价值。

虽然胡适与康有为的疑古思想都没有多少史料的根据，但相对于康有为的疑古是为了政治诉求，胡适的疑古则是为了重新审查古史，更易让时人接受，故胡适的主张在五四运动之后产生了极大影响。这一点在顾颉刚身上体现得较为明显。顾颉刚早年颇为信服“东周以上无史”

---

① 房德邻：《康有为的疑古思想及其影响》，《北京师范大学学报》1994 年第 2 期。

② 赵利栋：《胡适与康有为：学术联系的一个初步探讨》，《学术研究》2000 年第 1 期。

③ 顾颉刚编著：《古史辨》第 1 册，海南出版社 2005 年版，“自序”，第 20 页。

④ 胡适：《中国哲学史大纲》，商务印书馆 2011 年版，第 16 页。

⑤ “东周以上无史”是胡适弟子顾颉刚对乃师观点的总结，参见顾颉刚《自述整理中国历史意见书》，载顾颉刚编著《古史辨》第 1 册，第 45 页。

⑥ 胡适：《中国哲学史大纲》，第 16—17 页。

说，他在 1920 年给其妻殷履安的信中有“自周之前……都不是‘信史’”的表述，[①] 明确提出东周以前的不可信。1922 年，受罗王之学影响的顾氏，认为商代具有可证的史料，属于信史行列，不再强调“东周以上无史”，但依旧把夏代归为传说之列。[②] 这说明顾氏早年对夏代的认识，属于“疑”多于“信”，没有把夏当作信史。学术界或有一种观点，认为顾氏并不怀疑夏，[③] 仅就 1920 年前后的顾氏而言，这一观点并不准确。

随着甲骨文的发现和殷墟的发掘，以及王国维古史新证的成就，商代不仅被证明存在，而且其部分史料也被证明是可信的，夏史记载的可信性自然有所提高。20 世纪 30 年代，顾颉刚对夏的认识有了一定的变化，多次表示夏代的存在是无可怀疑的。比如，顾氏在《春秋战国史讲义》（1933 年）中称：“在西周和东周人的记载里，很清楚地告诉我们：在周的前边有夏和商二代。他们说话中常提到‘三代’，这就是指的当朝的周和前代的夏商……夏的存在是无可疑的。”[④] 再如，顾氏与史念海合写的《中国疆域沿革史》（1938 年）：“夏代历史虽亦仅凭后世之记载，然由种种方面证明，则知在殷商以前确有此一朝代也……禹之传说乃属一种神话性质，不足知夏代政治范围之所在，中夏以先，夏之政治中心似在今山东省，其势力及于河北、河南，晚夏则移居河东及伊、洛流域，然东方仍有其孑遗也。”[⑤] 可见，至迟到 20 世纪 30 年代，顾氏有了明确的夏代存在、夏史可征的认识，抛弃了过去的夏代非信史的观点。

不过，在 20 世纪 30 年代，顾颉刚对夏的认识，尚有一个较为矛盾的态度，即一方面相信夏代是真实存在的，另一方面又认为文献中的夏代史料基本是不可信的。顾氏对文献中的夏代记载持否定之态度，在他

---

① 顾颉刚：《顾颉刚书信集》卷 4，中华书局 2011 年版，第 324 页。

② 顾颉刚：《中学校本国史教科书编纂法的商榷》，载《顾颉刚全集·宝树园文存》卷 3，中华书局 2011 年版，第 31 页。

③ 孙庆伟：《顾颉刚夏史研究与夏文化早期探索》，《中国国家博物馆馆刊》2015 年第 5 期。

④ 顾颉刚：《春秋战国史讲义第一编》，载《顾颉刚全集·顾颉刚古史论文集》卷 4，中华书局 2011 年版，第 114 页。

⑤ 顾颉刚、史念海：《中国疆域沿革史》，载《顾颉刚全集·顾颉刚古史论文集》卷 6，中华书局 2011 年版，第 12—18 页。

与童书业合写的《夏史考》（仅完成四章）中体现得最为明显。顾、童二人认为：不仅鲧、禹与夏无关，就连启、五观、三康、后羿、少康等夏代传说人物和故事，或是由神话转化而来，或是由早期传说分化而来，或是由后人杜撰，而其他诸王，如相大约是商祖相土的分化、杼似与越民族有相当的关系、孔甲大约是商王祖甲的分化，“至于皋、不降等，我们差不多只知道一个名字而已，他们是不是真正的夏王，已不可知了”。[①] 文献中的夏代故事，基本被顾氏否定，夏史几乎全为伪史，夏代存在的根基已经基本被抽离。

可见，20 世纪 30 年代的顾颉刚对夏代的态度，具有矛盾性：承认夏，却不承认文献中的夏史。这种矛盾性是在夏代“共时性”史料缺失的前提下，顾氏把上古史传说视为中古期史料的必然结果。[②] 顾氏是古史辨运动的发起者，在民国疑古思潮中处于领导者的地位，他的“夏代史料怀疑论”，自然会对疑古派的其他学者有较大影响。顾氏宣布了夏代史料的不可信，已经在事实上抽离了夏代存在的根基，他的承认夏，和后来学者的否定夏，仅仅一线之隔。继顾氏而起的疑古学家，很容易在顾氏的基础上，发展出“夏代否定论”。

二　陈梦家、杨宽“夏代否定论”辨析

20 世纪初学术界对夏代古史记载的怀疑，已经在事实上动摇了夏代存在的根基，“夏代否定论”就是在这一学术背景下产生的。持此论者，以陈梦家和杨宽为代表。

陈梦家 1936 年发表长文《商代的神话与巫术》,[③] 其第二章“神话传说中的历史系统”之第一部分“虞夏商为一系说”有“夏世即商世”

① 顾颉刚、童书业：《夏史三论》，载《顾颉刚全集·顾颉刚古史论文集》卷 1，中华书局 2011 年版，第 553—611 页。

② 关于顾颉刚志愿从事“中古期的上古史说”研究，参见李扬眉《颠覆后如何重建：作为思想史家的顾颉刚及其困境》，《学术月刊》2008 年第 9 期。

③ 陈梦家：《商代的神话与巫术》，《燕京学报》第 20 期，1936 年 12 月。此文后收入《陈梦家学术论文集》（中华书局 2016 年版）。

一节，被吕思勉、童书业收录于《古史辨》（第七册）中，成为影响一时的有名观点。陈梦家认为：

> 《史记·夏本纪》叙禹至帝癸凡十四世，《殷本纪》叙帝喾至示癸凡十四世，窃疑夏之十四世，即商之十四世，而汤武之革命，不过亲族间之争夺而已。①

明确指出夏是由商分化出的一个朝代。这一观点的提出，是基于六点理由：1. 地理文化相同，主要引用王国维《殷周制度论》中夏、商起源于东方的观点；2. 兄终弟及之制，文献记载夏代和商代都有兄终弟及之事；3. 治水之业，夏之禹，殷之契、冥皆有治水的事迹；4. 先妣为神媒，陈氏认为殷之简狄、夏之涂山氏都是古之神媒；5. 禹为商人之祖，主要依据传世文献和金文中的成汤居禹迹的相关事项；6. 夏、商帝王号多相重复。

陈梦家的这六条理由里，第一条不足为据。商的地理记载，主要以东土为主，商不曾在西土建都，陈氏“神话传说中的历史系统”之第二部分“商为东方民族”也赞同这一观点。但是，夏的地理记载，除了曾在东土，也有在西土者，傅斯年著名的“夷夏东西说”就建立在夏为西土民族的基础之上。即使如杨向奎、沈长云等学者所言，夏起源于东土，后迁于西土，② 也不能以“地理文化相同”论证“夏世即商世”，因为这样不足以解释何以商没有迁徙西土的传说。第二条理由中，夏是否为兄终弟及，文献记载纷乱，并不能得出这一结论；而商之世系是否就是兄终弟及，至少在武丁以后，已经演化出父子相继的线索。即使夏、商都是“兄终弟及”，也可以用早期国家继承制度不发达来解释，“兄终弟及”是早期继承制度的一个较为普遍的现象，③ 西周时期姬姓的鲁国就

---

① 陈梦家：《夏世即商世说》，载吕思勉、童书业编著《古史辨》第7册，海南出版社2005年版，第691—692页。

② 杨向奎：《夏民族起于东方考》，《禹贡》第7卷第6、7合期，1937年6月；沈长云：《夏后氏居于古河济之间考》，《中国史研究》1994年第3期。

③ 加拿大学者布鲁斯·G. 崔格尔曾指出，在早期国家中，“王权常常采用兄终弟及或单一家庭的父死子继的方式继承”。参见布鲁斯·G. 崔格尔《理解早期文明：比较研究》，徐坚译，北京大学出版社2014年版，第58页。

曾有此制度。可见，“兄终弟及”并不能作为夏、商一系的论据。第三条理由中，如果认为夏、商都起源于东方，而东方多有水患，[①] 夏、商两族先祖都有治水之经历，实为平常，同有治水经历并不足以证明二者为一系。第四条理由中，我们且不说涂山氏、简狄为神媒之说年代较晚，没有早于汉代的文献证据，即使如陈氏所论，其逻辑也是不能成立的。闻一多早有论述，夏、商、周三民族都以其先妣为神媒，夏之涂山氏、殷之简狄、周之姜嫄皆如此。[②] 依陈氏逻辑，则夏、商、周三代先妣都是同一人分化。这自然是不能够成立的。第五条理由中，《诗·商颂·长发》“洪水芒芒，禹敷下土方……帝立子生商”、叔夷鎛铭“赫赫成唐……处禹之绪”（《集成》[③] 285）为其立论基础，陈氏认为商是禹所生。然则，类似的承天受命、处禹之迹（或作“绪”“绩”等）的记载还见于姬姓周人和嬴姓秦人身上，如《逸周书·商誓解》记载周武王追溯“在昔后稷，惟上帝之言，克播百谷，登禹之绩”，[④] 传世的秦公簋记载秦的先祖“受天命，鼏宅禹迹”（《集成》4315），岂非夏、商、周、秦皆为一系分化？最近出现的曾国嬭加编钟有铭“伯括受命，帅禹之绪”，[⑤] 也可以证明《商颂·长发》与叔夷鎛铭中的相关铭文是古人承天受命的一贯说辞。

上述六条中，唯第六条理由“夏、商帝王号多相重复”，实为“夏世即商世”说根基，影响较大，[⑥] 可作详细讨论。陈梦家认为，夏、商帝王号相重合者有七条，分别是：a. 夏—喾；b. 启—契；c. 相—相土；

---

① 顾颉刚：《说丘》，《顾颉刚全集·顾颉刚古史论文集》卷5，中华书局2011年版，第148—156页。

② 闻一多：《神话与诗》，武汉大学出版社2009年版，第88页。陈、闻二人皆以涂山氏为女娲来论述涂山氏为神媒，然则《楚辞·天问》中的“女娲”和“涂山氏”为毫无关系的二人，可知涂山氏是否为女娲，本身就是一个很大的问题。

③ 中国社会科学院考古研究所编：《殷周金文集成》（修订增补本），中华书局2007年版。本文简称《集成》。下同。

④ 黄怀信、张懋镕、田旭东：《逸周书汇校集注》，上海古籍出版社2007年版，第452页。

⑤ 郭长江、李晓杨、凡国栋、陈虎：《嬭加编钟铭文的初步释读》，《江汉考古》2019年第3期。

⑥ 年轻学者中，李宏飞就以陈氏这一论述为基础，进一步阐述“夏世即商世”，参见李宏飞《夏商世系探索》，载李雪山、郭旭东、郭胜强主编《甲骨学110年：回顾与展望》，第331—340页。

d. 芒—冥；e. 槐—亥；f. 不降—王恒；g. 履癸—示癸。关于 a，“喾”即指卜辞中的“高祖夒”，王国维以声求之，“高祖夒”即商人始祖契之父“帝喾”，陈氏则认为“夒”乃“夏”字，以此证明“夏”最初为殷人祖先之名。不过，“夒”的上古音为泥母幽韵，“夏”的上古音为匣母鱼韵，二者韵部可以旁转，但声母较远，上古音并不接近，陈氏自己后来在《殷虚卜辞综述》中也放弃这一观点，认为“夒”可能相当于少皞挚，说明以“夒”为“夏”并无坚实的证据。[①] 关于 b，陈氏认为“启”又作“开”，而“契”亦有开意，然“启”之作“开”，乃汉人避讳汉景帝刘启而改“启”为“开”，非“开”乃“启”之别名。“启”在夏朝为第二代帝王，“契”在商朝为第一代先公，二者在本民族中的地位并不相同，不存在“启”由“契”分化之基础。关于 c，夏王相与殷先公相土虽然同有“相”名，但学术界颇多以“相土”与卜辞中“土”相对应的观点，[②] 若这一观点准确，则“相土”实以“土”为名，与夏王“相”并不同名。关于 d、e，在《史记·夏本纪》中，芒为槐之子；而在《史记·殷本纪》中，王亥为冥之子，芒、槐、王亥、冥四人之关系正与陈氏所论相反。另外，陈氏认为槐、亥音近，槐乃亥之分化，又与殷人命名原则不符。“亥”乃殷人日名，王亥当有本名，如大乙名履、帝辛名纣之类，假如槐乃王亥的分化，也应该是从王亥本名探求，而非基于亥、槐音近。至于陈氏认为槐又作芬，王亥又作王冰，芬、冰音近，也是误解。王国维早已言之，王亥写作王冰，是因为“冰”乃“亥”之讹，[③] 非冰乃亥的本名。关于 f，降上古音为冬韵见母，恒上古音为蒸韵匣母，声母虽然接近，但韵部较远，很难说二者上古音相近。关于 g，“履癸”虽与“示癸”皆有“癸”名，但“示癸”之“癸”为日名，而非“示癸”本名。陈氏又谓，履癸之履，亦为汤名，似认为“履癸”又从成汤之名中分化，但成汤的日名为乙，与“履癸”之癸不同。且履癸为夏末的桀，恶名颇多，成汤为代夏的第一位商王，是圣贤之王，认为夏桀由成汤分化而出，于逻辑不符。可见，陈氏“夏、商帝王号多相重

---

① 陈梦家：《殷虚卜辞综述》，中华书局 1956 年版，第 338 页。

② 王国维：《古史新证》，湖南人民出版社 2010 年版，第 7 页。

③ 王国维：《古史新证》，第 9 页。

复”一条，问题较多，存在臆测的成分，并不可信。实际上，仅仅因为名号中略有相同文字，就认为存在分化之可能，则不仅夏商帝王名号多相重复，商周帝王名号也多相重复，如殷之先公中有昌若、曹圉，周之先公先王中有高圉、亚圉、姬昌，是不是也能说商世即周世？

陈梦家所论“夏世即商世”的六点理由既然多不能成立，其结论“夏世即商世”自然也不可信。大约是知道这一早年观点的不成熟，陈氏后来在《殷虚卜辞综述》中有“关于夏年”一节，不仅承认夏的存在，还积极探索了夏的年代。[①] 这说明陈氏后来已经放弃了“夏世即商世”的观点。

杨宽在20世纪30年代著有《中国上古史导论》一书，其第十篇“说夏”专门讨论夏之名号及有无问题。“说夏”第二部分“夏国族之有无问题”指出：“夏代之有无，本属疑问，吾人尚无实物以明证其必有。”又谓：“夏代传说之确立，至早在殷周之际。夏史大部为周人依据东西神话展转演述而成者，故周人盛称之，而殷人则不知，亦无怪乎卜辞之不见其踪迹矣。”并援引顾颉刚、童书业《夏史考》为证：“近顾颉刚、童书业二氏复作《夏史考》，明证夏史之皆属虚无，无不由于神话传说展转演变。夏史既出演变而成，则‘夏’之一名又安见其非演变而成乎？”[②] 概括而言，杨氏对夏之怀疑，主要基于这样三个方面的证据：其一，文献中的夏史，“无不由于神话传说展转演变”；其二，甲骨文中没有夏代踪迹；其三，夏可能是周人为建构伐商天命观而特意杜撰的朝代。其第三点仅是逻辑推测，并无史料支撑，本文最后还会论及，此处不复赘言。

杨宽的“夏代否定论”的第一个重要支撑，是顾、童二氏的《夏史考》。《夏史考》对夏代传说的彻底否定，抽离夏代存在的根基，上文已有所论。但是，《夏史考》对夏史传说的彻底否定，论据并不充分，其结论多有可以证伪之处。比如，《夏史考》关于夏史传说层累形成体系的观点，有一个很重要的支点，就是禹与夏发生关系在战国时期，此后

---

① 陈梦家：《殷虚卜辞综述》，第213—214页。

② 杨宽：《中国上古史导论·说夏》，载吕思勉、童书业编著《古史辨》第7册，第163—164页。

才有禹与启的父子关系，但这一认识无疑是有问题的。学术界普遍认为《逸周书·世俘解》是一篇可信的周初文献，[①] 文中记载古乐名《崇禹生开》，其中“开”就是“启”，为避汉景帝讳改为“开”。《崇禹生开》就是禹娶涂山女生启之事。[②] 周武王克商后奏此乐，说明此乐早已流传，禹与启发生联系远在商末之前。清华简《厚父》记载：“遹闻禹……川，乃降之民，建夏邦。启惟后，帝亦弗巩启之经德少，命咎繇下为之卿事。”[③] 它清楚地说明禹是“建夏邦”之人，启是继承禹之人。《厚父》是早期可信的文本，也能证明禹、启、夏发生关系的时间，不会晚于西周时期。[④] 这些可信的早期史料都可以证明《夏史考》构建的夏史体系是有问题的。

还有一点需要注意，《夏史考》认为禹是由神话而为人王（此乃顾颉刚观点，顾氏关于禹的观点虽然多变，但一直坚持禹由神而人的观点），一个重要的证据是大禹治水的神话性质。保利博物馆收藏一件西周中期豳公盨，有“天命禹敷土，堕山濬川，廼畴方，设征，降民监德”（《铭图》[⑤] 5677）之铭，显示西周时期的大禹确实具有治水的神性，有利于大禹是由神话人物转变为人王的观点。但是，清华简《厚父》不仅有禹为夏之人王，还有“禹……川，乃降之民”的记载，正可与豳公盨对读。这说明，西周时期禹治水和禹建夏邦是并行不悖的两个传说，即神性和人王两个特征在西周时期并存于禹的身上。这样一来，《夏史考》所说大禹是由神话而人王，至少是不符合西周材料，他很可能把两个并行的传说，或同一传说的两个特性，线性的安排为前后演进

---

① 顾颉刚：《〈逸周书·世俘篇〉校注、写定与评论》，《文史》第 2 辑，1963 年 4 月；裘锡圭：《谈谈地下材料在先秦秦汉古籍整理工作中的作用》，载《裘锡圭学术文集·语言文字与古文献卷》，复旦大学出版社 2012 年版，第 379—380 页。

② 黄怀信、张懋镕、田旭东：《逸周书汇校集注》，第 429 页。

③ 清华大学出土文献研究与保护中心编：《清华大学藏战国竹简》第 5 辑，中西书局 2015 年版，第 110 页。

④ 杨栋：《清华简〈厚父〉所见夏代传说》，《民俗研究》2020 年第 1 期。关于《厚父》的性质，有《夏书》《商书》《周书》之争，但据《厚父》与商周金文、《尚书》周初“诸诰”的对比，可知《厚父》成书年代不会晚于周初。

⑤ 吴镇烽编著：《商周青铜器铭文暨图像集成》，上海古籍出版社 2012 年版。本文简称《铭图》。

的关系。

从禹与启的关系可知，《夏史考》所建构的夏史传说层累形成体系不可轻信，这也能说明借《夏史考》以论证夏为伪史的杨宽观点之不足信。

杨宽的“夏代否定论”的第二个重要支撑，就是甲骨文中没有夏代踪迹。甲骨文中没有夏代踪迹，这里存在多种解释。第一种解释，就是甲骨文是时王占卜福祸的遗物，它可以详细记录掌握福祸的殷之先公先王和众多自然神灵，却未必会记载与自己非同一族属的夏之先王或夏之历史故事。甲骨卜辞不是典册性质的文书，它不记载一个已经逝去了几百年的夏代故事，是理所当然的事情。这就如，我们看东周时期的金文，除了宋国一脉，非子姓的诸侯国铜器又有几件记录过与殷商有关的历史故事？晚商与夏，正类似于东周与商的关系。甲骨金文都是特殊性质的文字材料，它所能记录的内容有很强的指向性，不能强求其中必然存在前朝旧事。

第二种解释，就是卜辞记载了与夏有关的内容，却没有被释读出来，或已经释读出来而没有被学术界认可。上文曾提到，陈梦家考证甲骨卜辞中殷之先公“夒”乃“夏”字，虽未必正确，却是一个从甲骨文中探索夏的极有意义探索。最近，蔡哲茂据清华简中《尹至》《尹诰》，指出卜辞中的“西邑”最早是夏的王都，在卜辞中已转化为夏王朝先王之亡灵，是夏王朝存在的新证。[①] 有学者指出，蔡氏的观点可以启示我们，过去在甲骨卜辞中找不到“夏”或者误释“夏”，有可能是商人并不管夏叫“夏”。[②] “西邑”乃夏都说最终能否成立，尚待将来材料的检验，但它可以说明，贸然认定甲骨文中一定不存在夏的证据，并不见得就一定正确。

第三种解释，目前发现的甲骨文材料只是当初埋藏于地下的材料中的一部分，过去毁坏的，或没有发掘出来的甲骨文应该还有很多，与夏

---

① 蔡哲茂：《夏王朝存在新证——说殷卜辞的“西邑”》，《中国文化》第44期，2016年10月。

② 陈民镇：《信史抑或伪史——夏史真伪问题的三次论争》，《中国文化研究》2018年第3期。

有关的内容也可能记载在那部分甲骨文中。果若如此，那就只能期望未来的考古发现能提供更多的线索。

这三种可能的解释皆可以说明，已知甲骨文材料中没有发现“夏”，并不能成为否定夏之存在的证据。可见，杨宽否定夏代的存在，也仅仅是一种推测，并没有多少实证层面的证据。对此，顾颉刚曾评价杨氏此说：“吾人虽无确据以证夏代之必有，似亦未易断言其必无也。”[①] 足以说明杨氏此说的问题所在。杨氏后来也改变观点，认为“不能否定夏代的存在”。[②]

三　当代学者的“夏代否定论”

在陈梦家、杨宽之后，国内学术界较少有学者公开质疑夏的存在，在大家看来，夏的存在是一件理所当然的事情。不过，国外学术界对夏的怀疑和否定一直没有消失。[③] 1999 年出版的《剑桥中国上古史》第四章以“商：中国第一个历史王朝”为题，就是西方汉学界疑古倾向的集中体现。对此，编者之一的夏含夷曾说道：“历史是什么东西呢？我们就是确定一个比较窄的历史定义——有文字资料。没有文字资料之前，不是信史。”[④] 这也可以为西方学者质疑夏代信史作注脚。

细究“没有文字资料之前，不是信史”，似专指狭义的文献历史学而言的，即认为没有共时性文献，就没法证明传世文献中夏代史料的真实性。这与清末民初的“上古茫昧无稽考”“东周以上无史”颇为接近，而与“夏代否定论”略有不同。对于这一观点的回应，即判断文献中夏

---

① 顾颉刚：《中国上古史导论第十篇说夏附函按》，载《顾颉刚全集·顾颉刚古史论文集》卷 1，第 612 页。

② 杨宽著，贾鹏涛整理：《杨宽史学讲义六种》，上海人民出版社 2020 年版，第 37 页。

③ 本文的“国外学术界”，也包括日本学界，日本学界有不少学者对夏代表示怀疑，如落合淳思的近著（『殷——中国史最古の王朝』、中央公論新社、2015 年）就是这一思想的反映。不过，限于笔者学识，本文并不涉及日本学界。

④ 黄晓峰：《夏含夷谈〈剑桥中国上古史〉出版二十年》。https：//www. thepaper. cn/newsDetail_ forward_ 4905904 ［2023 - 02 - 13］。

代历史故事是否夏代真实发生的事情，似只能有待于将来发现夏代共时性文献材料，这就如对“东周以上无史”的回应，是由甲骨文的发现和殷墟的发掘来完成的一样。

把“没有文字资料之前，不是信史”往前推进一步，很容易走到“夏代否定论”上。最近几十年的“夏代否定论”也有新的进展，就是美国学者艾兰的“夏代神话说”。[①]

艾兰对夏的研究，始于20世纪80年代初，她在《世袭与禅让——古代中国的王朝更替传说》一书中建构了上古史传说中的“世袭”与“禅让”的结构性对立主题，夏的诸王也作为结构性矛盾中的一部分，被纳入书中。[②] 在把古史系统分解为“世袭”与“禅让”两个对立的主题元素后，艾兰发现，她所归结为商的神话因素，正与夏的神话因素处于对立面，而这一对立的夏、商神话体系，在周人那里被转化为政权的更替。因此，艾兰认为，夏可能是商的神话，夏存在一个由“神话”转化为“历史”的过程。艾兰对“夏代神话说”的论述，除了早期的两篇论文，[③] 更系统的论述见于《龟之谜——商代神话、祭祀、艺术和宇宙观研究》一书。

艾兰认为，十日神话中十日由东方扶桑飞西方若木，然后通过地下河流（黄泉）回到东方，这里的东方/西方、扶桑/若木、天空/黄泉就形成了多组对立形象，艾兰把其中的东方、扶桑、天空称为商人形象，西方、若木、黄泉称为夏的形象。艾兰具体论述道：

> 商人的神话体系中存在一种二元对应论……在这个神话体系里，商人跟太阳、东方、生命、天空、天界神灵相联系；夏人则跟月亮、水、龙、西方、死亡、下界、下界神灵相联系，两者之间形成一种

① 对艾兰“夏代神话说”的解读，参见韩鼎《从艾兰“夏代神话说”看中西方学界夏文化研究的差异》，《中国社会科学评价》2020年第3期。

② ［美］艾兰：《世袭与禅让——古代中国的王朝更替传说》，余佳译，商务印书馆2010年版，第53—72页。

③ ［美］艾兰：《早期中国历史、思想与文化》，杨民等译，商务印书馆2011年版，第73—92页；［美］艾兰：《关于“夏”的神话》，载洛阳市第二文物工作队编《夏商文明研究》，中州古籍出版社1995年版，第122—140页。

> 对应关系。当周人灭商以后，这个神话体系就在周人自己历史的语境中被重新解释了，神话成了相应的历史事件。“夏”成了一个先前的政治王朝。到后来，跟“夏人”紧密联系在一起的原来下界黄泉神祇“黄帝”，也就演化成历史上的帝王了。在历史传统的次序里，黄帝跟他的后代颛顼被放到了尧（上帝的变形）的前面。总的说来，那些从黄帝到夏代的历史记载，都可以看作是从商代神话体系中演变发展而来的。①

可以看出，艾兰的夏为神话观中，既延续了古史辨运动期间“夏代怀疑论”的某些论断，如夏最后成为历史王朝，是周人为了建构合法性而杜撰的，这与杨宽的观点如出一辙；也有自己的发明，认为夏本是商人的一种神话，这是过去没有人说过的，是她论证的重点。

在艾兰的论述中，最关键的地方是确定月亮、若水、龙、西方、死亡、下界（黄泉）等形象，是夏的特征。这些特征中，有些较容易与夏发生关联，如水生物（龙、龟）、西方、若水等，在文献中与夏的关系密切。月亮、死亡、黄泉等意象，则与夏的关系并不密切。艾兰通过夏的始祖黄帝，把黄泉与夏建立起联系，认为黄帝是黄泉之神，是地下神祇。但是，罗新慧已经指出，文献材料并不支持黄帝是由地下神祇演变而来的结论，黄帝不能被视为黄泉之神，而且黄帝也不仅仅是夏族的始祖，《史记·殷本纪》还记载黄帝是商人始祖帝喾的祖父。② 实际上，黄帝不仅是夏、商两族的始祖，也是周人的始祖，《史记·周本纪》记载周人祖先后稷也是帝喾之子。这里就出现了颇为有趣的现象：夏商周虽都是黄帝之后，但三族亲属不同，夏禹为颛顼的后裔，而商契、周稷都为帝喾的后裔。如果艾兰所说可信，即夏、商是二元对立的两种意象，周人伐商后又积极以各种意象来表达对商的对抗和取代，那么自称“有夏”的周人最容易选择与夏有相同的祖先谱系，即都是颛顼的后裔，但

① ［美］艾兰：《龟之谜——商代神话、祭祀、艺术和宇宙观研究》（增订版），汪涛译，商务印书馆 2010 年版，第 94 页。

② 罗新慧：《十日神话：结构主义的诠释——评〈龟之谜——商代神话、祭祀、艺术和宇宙观研究〉》，《中国史研究》2012 年第 1 期。

文献中却恰恰相反。这足以证明，以黄帝为媒介，来把夏与黄泉建立联系，并不是好的选择。

关于夏与商、黄泉与天空的对立，最新的考古学研究成果可以提供一个反证。岳洪彬发现殷墟王陵区大墓墓穴（尤其腰坑）的深度均穿透当时的地下水，达到“下及黄泉”的效果，体现了商人的黄泉观念。[①]若这一成果可信，则说明商人也流行黄泉的观念，黄泉不能被视为夏所独有的文化因素。

从文献角度看，艾兰所列举的夏、商二元论意象也有颇多不合适之处。艾兰把太阳归为商人意象，把月亮归为夏人意象，从而把夏与太阳割裂开来，这其实是有问题的。首先，颛顼是夏的祖先，颛顼也称高阳氏，表现出对太阳的崇拜。其次，在周人的文献记载中，后羿射日是一个极为重要的神话，艾兰把这一神话解释为周人杜撰后羿射日来对抗商人的十日传统，但问题是后羿往往被认为是代夏的人物，是早夏的终结者，而非商的敌人。如果按照艾兰的“后羿射日”蕴含了族群对立、政治鼎革的隐喻，那么后羿所射之“日”，只能被认为是夏的形象。也就是说，无论从颛顼为高阳氏出发，还是从后羿射日神话出发，夏与太阳都是有关联的。

而且，夏的神话也不是与天空、天庭彻底无关的。《山海经》中“大荒西经”和“海外西经”记载夏启“御龙登天”之事，郭璞注引《归藏·郑母经》“夏后启筮御飞龙登于天”，[②]说明神话中的夏与天的关系也很密切。

可见，艾兰通过十日神话，强行把夏、商归纳为神话体系中的二元对立，把夏看作商人的神话，既与现有文献、考古成果不符，也不能做到逻辑自洽，因而无法成立。

需要指出的是，当前国内的部分学者也持“夏代否定论”，最有代表性的学者为考古学家陈淳。陈淳的一系列论文也都认为夏可能是周人

---

① 岳洪彬：《再论商代的“黄泉观念”——从殷墟王陵和水井深度的比较得来的启示》，《中原文物》2018 年第 5 期。

② 郭璞注：《宋本山海经》，国家图书馆出版社 2017 年版，第 169 页。

杜撰的朝代。① 这些论文颇有影响力，甚至一度引起学术论战。② 但是，陈淳的理由，除了指责国内学者带有主观立场论证夏的存在外，主要还是引用古史辨运动时期顾颉刚、陈梦家、杨宽等人的论述。也就是说，陈淳在此问题上并没有太多新的论述，加之已有不少学者专文反驳陈淳的观点，所以本文就不再过多讨论。

四 夏代不是周人杜撰的新证

如前所述，自 20 世纪以来，学术界对于夏代信史的否定，除了没有共时性文字材料、甲骨卜辞没有记载夏外，最为重要的一个理由，就是想当然地认为夏代是周人代商过程中，为了构建自己的合法性，杜撰而来。对于这一观点，上文所举朱凤瀚、张国硕、沈长云等学者已经辩驳，尤其是朱凤瀚，从《尚书》中可信的周初史料（如《多士》《多方》《召诰》诸篇）入手，论证商末周初的周人、殷人都知道夏的存在，夏的故事是当时社会一般人都知道的历史背景，颇令人信服。试想，周公当着大量“殷先人有册有典”的殷遗民宣传一个不存在的朝代，且让殷遗民也认同这一朝代，委实匪夷所思。凭借这样虚假的宣传，周公如何自信能够建立起属于周王朝的天命观？其中不合情理之处一目了然。

除了上述诸位学者的分析，本文还可以根据清华简公布的几篇新材料，补《尚书》之不足，以论证夏不是周人杜撰的朝代。

清华简《四告》是四组告辞，其第一组告辞乃周公告皋陶，可与

---

① 陈淳、龚辛：《二里头、夏与中国早期国家研究》，《复旦学报》2004 年第 4 期；陈淳：《从考古学理论方法进展谈古史重建》，《历史研究》2018 年第 6 期；陈淳：《科学方法、文明探源与夏代信史之争》，《广西师范大学学报》2020 年第 3 期。

② 对陈淳的回应文章，主要参见沈长云《夏代是杜撰的吗——与陈淳先生商榷》，《河北师范大学学报》2005 年第 3 期；杜勇：《关于历史上是否存在夏朝的问题》，《天津师范大学学报》2006 年第 4 期；张国硕：《“周代杜撰夏王朝说”考辨》，《中原文物》2010 年第 3 期；张国硕：《论夏王朝存在的依据》，《中国历史文物》2010 年第 4 期；张国硕：《试析“夏王朝否定说”形成的原因》，《华夏考古》2010 年第 4 期。

《立政》《吕刑》对读，乃周初文献。[1] 周公称颂皋陶事迹，谓“夏用配天”，明确指出皋陶是夏代之神。有学者指出，皋陶是东夷族人，周公被封于鲁，因此特意告祭皋陶，求得皋陶之配合。[2] 如果夏本不存在，周公何必给皋陶安上一个“夏用配天”的头衔？这岂不给皋陶在鲁地配合周人增加了一个本不必要存在的门槛？而且，周人祈祷神灵，本是极为虔诚的事情，故意杜撰皋陶“夏用配天”之事，实是对神灵的大不敬。这在逻辑上无法说通。

前举清华简《厚父》是逸《尚书》之一，文辞古奥，多有可以与商周金文和周初“书”篇对读之处，学者多认为《厚父》为早期文献。[3]《厚父》记载非常丰富的夏代历史故事，如禹建夏邦，皋陶为夏启卿事、孔甲为哲王、节制饮酒等。其中，皋陶故事可与《四告》（一）皋陶“夏用配天”对读，说明皋陶为夏之卿事是周人（周公）、夏后裔（厚父）都熟知的历史故事，证明《厚父》所载夏之历史故事是西周时期共享的历史传说。这就说明，西周时期的人们并非仅仅知道“殷革夏命”，他们对夏的了解已经极为丰富，夏的建立、发展、灭亡的整个历史故事已经存在。这种丰富的历史系统，必然不是周人凭借一己之力在短时间内能够建立的，需要有渊源的形成历史。

清华简《傅说之命》三篇是殷高宗武丁对臣子傅说的命书，记载了武丁得傅说的过程以及对他的训诫，其中篇有“故我先王灭夏”之句，[4] 记载了武丁述商汤灭夏事，极为重要。《傅说之命》文辞古奥，虽在传抄过程中受到春秋战国时期的影响，仍多有可以与《尚书·盘庚》和甲骨卜辞对读的地方。比如，李学勤指出上篇“我其杀之/我其已，勿杀”与殷墟卜辞格式一致，认为《傅说之命》包含了商代以下很难拟作的内涵，其价值可与《盘庚》相提并论。[5] 付强对比了《傅说之命》与宾组

---

① 赵平安：《清华简〈四告〉的文本形态及其意义》，《文物》2020 年第 9 期。

② 程浩：《清华简〈四告〉的性质与结构》，《出土文献》2020 年第 3 期。

③ 赵平安：《〈厚父〉的性质及其蕴含的夏代历史文化》，《文物》2014 年第 12 期。

④ 清华大学出土文献研究与保护中心编：《清华大学藏战国竹简》第 3 辑，中西书局 2012 年版，第 125 页。

⑤ 李学勤：《论清华简〈说命〉中的卜辞》，《华夏文化论坛》第 8 辑，吉林文史出版社 2012 年版，第 273—274 页。

卜辞用例，认为清华简《傅说之命》的用词和用字习惯与商周时期的语言实录有非常多的相合之处，只有一小部分的润色与加工，基本上可以证明清华简《说命》确实为武丁时期的一篇实录。① 可见，《傅说之命》是较为可信的《商书》逸篇。《傅说之命》记载了商汤灭夏之事，说明此事在武丁时期已经是极为重要的历史背景之一，不会是晚到周代才被创造出来。

因此，无论是传世的《尚书》中诸可信文献，还是新出的清华简《四告》《厚父》《傅说之命》，皆可证明，夏代不仅不会是周人杜撰的，而且早在晚商时期就已存在于商人的历史观念中。这就抽掉了“夏代否定论”最后一根支柱。

结　论

本文系统回顾了 20 世纪以来“夏代怀疑论”的兴起与发展过程。“夏代怀疑论”最初以“夏代史料怀疑论”的形式存在，它在清末民初时期逐渐发展为一种较有影响力的学术观点，并被顾颉刚等学者所继承和阐释。《夏史考》对夏代史料进行了系统的质疑，抽空了夏代信史的基础，进而产生了陈梦家、杨宽的“夏代否定论”。新中国成立后，直至 20 世纪末，国内学术界基本视“夏代否定论”为无稽之谈，并没有给予认真的对待，自然也就没有系统地加以驳斥。但是，陈梦家、杨宽的“夏代否定论”在国外却一直有着较大的影响，艾兰的“夏代神话说”既是她用结构主义解读中国上古史料的结果，也有早期“夏代否定论”（尤其是杨宽的观点）的一些影子。于是，在 21 世纪初，“夏代否定论”在国内再度复活。

本文不仅梳理了“夏代怀疑论”的兴起与发展过程，也对“夏代怀疑论”，尤其是“夏代否定论”的代表性学说，如陈梦家、杨宽、艾兰

① 付强：《从宾组卜辞看清华简〈说命〉的用词》，转引自程浩《清华简〈说命〉研究三题》，《古代文明》2014 年第 3 期。

的观点，加以系统的辨析，并补充了夏代不是周人杜撰的新证。笔者认为，持“夏代否定论”的学者并没有实质的证据证明文献中的夏是不存在的，更无法证明夏是周人杜撰出来的朝代。这固然不能彻底证明夏代曾存在，但夏代存在于商周人的历史观念中的事实，对于进一步证明夏代信史说是有利的。

（原载《史学理论研究》2023 年第 3 期）

争鸣还是立异?

——从《史记》《汉书》关系的域外争论浅谈汉学史研究

庄亚琼

20 世纪 70 年代，荷兰学者何四维（A. F. P. Hulsewé，1910—1993）通过对校《史记·大宛列传》，提出了一个让人颇为惊异的观点，即现本《史记·大宛列传》（以下简称《大宛列传》）是由公元 200—400 年之间的编者在《史记》原文已佚（其认为的亡佚时间大致在公元 100—400 年间）、缺乏材料的压力下，以《汉书·张骞李广利传》为主、《汉书·西域传》与《汉书·西南夷两粤朝鲜传》等为辅，拼凑重建而成。

当然，这并不是第一次有学者指出《史记》部分篇目并非原文。[①] 除了原本已知不传的篇目以及文中明确增补的内容如“褚先生曰”，清末学者崔适在《史记探源》一书中将《史记》多篇斥为“妄人”伪作；李奎耀在《史记决疑》中认为东汉杨终删书导致《史记》原本已然不复存在。[②] 这类有极端之嫌的疑古观点，在近代一度不乏支持。时至今日，

---

① 单就海外学界而言，法国学者吴德明（Yves Hervouet）曾通过比对《史记·司马相如列传》与《汉书·司马相如传》之异文，认为这些不同之处有可能源于后来史家尝试根据《汉书·司马相如传》复原已经失传的《史记·司马相如列传》。参见 Yves Hervouet，“La valeur relative des textes du Che ki et du Han chou”，*Mélanges de sinologie offerts à Monsieur Paul Demiéville*. Presses Universitaires de France，1974，pp. 66 – 76. 按：何四维曾评论该篇，认为其与自己就《大宛列传》的研究结论相呼应。但实际上，恰如美国《史记》学者倪豪士（William H. Nienhauser，Jr.）在评析两者时指出的，吴德明文中强调其观点只是“一种不确定的解释（a tentative solution）”，而何四维却在评论中将该观点绝对化；倪豪士同时指出，何四维的《大宛列传》研究“对《史记》与《汉书》字词的比对也非常之少”。详见：William H. Nienhauser，Jr.，“A Century（1895—1995）of‘Shih chi’史记 Studies in the West”，*Asian Culture Quarterly*，Vol. 24，No. 1，1996，p. 10.

② 李奎耀：《史记决疑》，《清华学报》第 4 卷第 1 期，1927 年。

国内学界在《史记》辨伪上已卓有成绩，如张大可、韩兆琦等学者都曾明确反对过分质疑《史记》部分篇目的真实性。[①]

海外汉学，尤其在史汉关系这类早期史学、文献学问题的研究上，有其自身的发展脉络与特点：在观点上，深受近代疑古思潮的影响；在具体论证方法上，则不同程度借用了西方古典文献学理论。

何四维所持《大宛列传》袭自《汉书》之论，1975 年发表于权威的欧美老牌中国研究杂志《通报》（*T'oung Pao*），在当时的海外学界引发了强烈反响；之后，在其 1979 年出版的《汉书·西域传》与《汉书·张骞李广利传》英译本[②]前言中，英国学者鲁惟一（Michael Loewe）再次阐述了这一观点。此后，来自欧美、日本的多位学者就《大宛列传》的真伪性质，从不同角度对其观点及方法进行驳斥，基本达成了拨乱反正之功。

然而至 21 世纪前后，美国学者韩大伟（David B. Honey），通过化用西方古典文献学理论、结合抄本文献中的异文考辨《史记·匈奴列传》与《汉书·匈奴传》（以下简称“史汉《匈奴传》”），再次提出当《史记》《汉书》有对应内容（parallel accounts）时应将参考的优先性赋予《汉书》。

我国新时期的文史研究强调与海外研究者增进交流、论辩，因此要求我们对海外具体论题的相关学术史有所梳理、辨析。海外学界就史汉关系近三十年的论争，影响延续至今，折射出海外史学、文献学研究的独特风貌与学理背景，值得我们回顾与解读。

一　何四维论《史记·大宛列传》为《汉书》重构及相关反驳

何四维认为，之前探讨《大宛列传》真伪性质的学者——无论中

① 可参见张大可《史记残缺与补窜考辨》《关于史记续补与亡篇散论二题》，载张大可《史记研究》，甘肃人民出版社 1985 年版，第 162—202 页；韩兆琦：《史记的散佚与补缀》，韩兆琦等：《史记通论》，北京师范大学出版社 1990 年版，第 43—47 页。

② A. F. P. Hulsewé, *China in Central Asia, the Early Stage: 125 B. C.—A. D. 23. An Annotated Translation of Chapters 61 and 96 of the History of the Former Han Dynasty*, *with an Introduction by M. A. N. Loewe*, E. J. Brill, 1979.

西，支持或反对——都未对该篇进行翔实而有标准的文本考据。这促使他将史汉相关篇目的对应内容逐字逐条进行比对、考察。

何四维写于1975年的论文将《史记》原文附在文末，① 逐列标注次序，再将每列中与《汉书》相异的部分以字母标注。举例而言，《大宛列传》第一列为："大宛之迹见自张骞。张骞，汉中人，建元中为郎。是时天子问匈奴降者，皆言匈奴……"何四维以字母a—e标注了该列中的五项异文，分别如下：

a. Not in HS。《汉书》中无a句"大宛之迹见自张骞"。

b. HS adds 也。《汉书》于b句后加"也"字，作"汉中人也"。

c. HS om。《汉书》省略"是时"中的c字"是"。

d. HS om。《汉书》省略d词组"天子问"。

e. HS om。《汉书》省略"皆言匈奴"中的e字"皆"。

这种事无巨细、近似解剖的比对方法与传统注疏类似，优势是形式灵活又有针对性，方便就具体问题进行拓展。如，何四维十分赞同并倚重王念孙关于《汉书·张骞李广利传》有错简的论点，② 在《大宛列传》对应条目下根据自己的理解重新排列了该段内容，③ 并指出了他认为可能的其他错简内容。④

然而，何四维的论证方法，与注重查缺补漏、存疑备考的传统注疏有一项本质区别，即他的通篇考证是建立在《大宛列传》并非"原文"的预设前提之上，但他对这一预设前提的论证却无法令人信服。下面将从三个层面归纳何四维的论证，并缕析后来学者的反驳意见。

其一，结构问题。何四维认为《大宛列传》内容与《太史公自序》的总结不符，且其他跟随过卫青的属将皆附于《卫将军骠骑列传》，而

---

① 何四维所附《史记》版本是1936年不含注释的顾颉刚点校白文《史记》，同时与1955年文学古籍刊行社影印的南宋绍兴本相比对；《汉书》则用商务印书馆百衲本二十四史的北宋景祐本，以及王先谦《汉书补注》。

② 王念孙：《读书杂志》卷6，中国书店1985年版，第4页。

③ A. F. P. Hulsewé, "The Problem of the Authenticity of *Shih - chi* Ch. 123, the Memoir on Ta Yüan", *T'oung Pao*, Vol. 61, Livr. 1/3 (1975), pp. 122 - 123.

④ 何四维认为《大宛列传》中"大月氏在大宛西可二三千里"一段，为《汉书·西域传》中"大月氏本行国也"一段的错简。A. F. P. Hulsewé, "The Problem of the Authenticity of *Shih - chi* Ch. 123, the Memoir on Ta Yüan", *T'oung Pao*, Vol. 61, Livr. 1/3 (1975), p. 95.

《大宛列传》的前半部分几乎相当于张骞的独立传记，有文不对题之嫌。

就这一点，中国台湾学者陈文豪从司马迁的写作“史法”入手分析，认为《大宛列传》之主旨在于记载西域风土人情。张骞、李广利的相关事迹皆围绕这一主题展开，不可谓文不对题。①

其二，行文语言。何四维认为《大宛列传》中的史汉异文大多为衍文，这使《大宛列传》较之《汉书》更为明确易懂；而《汉书》用词更加严整凝练（sober）且难以理解。在这里，他虽未明言但依据了西方古典校勘学中“更难理解的文本可能是更早的文本（*difficilior lectio potior*）”的原则，② 认为《汉书》比《史记》更为古老。

然而，其他学者却反对将《史记》明确的表述归因于其文晚出。如，彼时正于美国威斯康星州麦迪逊大学攻读博士学位的吕宗力，将《大宛列传》中何四维认为有冗余、重复问题的几则表达——“是时”“于是乃”等放置于《史记》全篇中进行考察，指出这些并非后人添加的“解释性文字”，而是司马迁个人的行文习惯。③ 中国台湾学者陈建文也以“其明年”这一习惯用法作为反驳意见。④

其三，流传过程。何四维认为《史记》最早的注疏只见于东晋徐广（352—425年）的《史记音义》，而裴骃的《集解》中多见早期的《汉书》注释而非《史记》注释，可见《史记》在魏晋之际已散佚。鲁惟一则补充指出《史记》的早期流传情况复杂，曾经散佚的可能性很大，而《汉书》的真实性更有保障。⑤

然而，轻率地认定《史记》原文已佚，反而成为何四维、鲁惟一此

---

① 陈文豪：《史记大宛列传与汉书西域传之关系》，载简牍学会编辑部主编《简牍学报》1980年第7期，台北简牍学会，第401页。

② 原文为：“哪一种文本更可能发生演变（*utrum in alterum abiturum erat*）？是哪一种更难以理解的文本（*difficilor lectio potior*）。” Bruce M. Metzger, *The Text of the New Testament: Its Transmission, Corruption, and Restoration*. Oxford University Press, 1968, p. 154.

③ Zongli Lu, “Problems concerning the Authenticity of *Shih chi* 123 Reconsidered”, *Chinese Literature: Essays, Articles, Reviews (CLEAR)*, Vol. 17, 1995, pp. 61 – 65.

④ 陈建文：《关于〈史记·大宛列传〉真实性的一些补正》，《台湾师大历史学报》第41期，2009年，第8—11页。

⑤ A. F. P. Hulsewé, *China in Central Asia, The Early Stage: 125 B. C. —A. D. 23. An Annotated Translation of Chapters 61 and 96 of the History of the Former Han Dynasty, with An Introduction by M. A. N. Loewe*, pp. 11 – 12.

论最为确凿的纰漏。吕宗力通过详细列数《三国志》《后汉书》《晋书》等对《史记》的引用和评论，证明《史记》在公元100—400年间实有流传。同时，吕宗力征引司马贞《索引后序》中“始后汉延笃乃有《音义》一卷，又别有《章隐》五卷，不记作者何人。近代鲜有二家之本”,[①] 指出“鲜”一字便意味着，至司马贞之时尚存这两部不知作者何人但早于徐广的注本。虽然吕宗力也承认：“《史记》未曾散佚的证据，并不能保证例如《大宛列传》这一具体篇章的真实性。”[②] 但离开了散佚这一前提假设，何四维结论便摇摇欲坠了。

实际上，除了《史记》原文已佚的假设，为了证明《大宛列传》为伪还需要不少其他前置条件同时成立，如：判定《汉书》的内容更“好”、更“有逻辑的”，认为《大宛列传》可能保存了一些已佚原本的“片段”,[③] 等等。加拿大学者蒲立本（E. G. Pulleyblank，1922—2013年）对此提出尖锐批评，认为何四维与鲁惟一的论证是一种典型的“特设假设（*ad hoc* hypothesis）”,[④] “虽不能被反驳却有违常识，其产生仅仅是为了免于攻讦”。[⑤]

二　韩大伟论史汉《匈奴传》异文的关系

何四维的论证虽未获得广泛认可，但海外学界仍不乏质疑传统史汉关系的声音。美国学者韩大伟通过分析史汉《匈奴传》，同样认为《汉

① 《史记》（修订本）第10册，中华书局2014年版，“后记”，第9页。

② Zongli Lu, “Problems concerning the Authenticity of *Shih chi* 123 Reconsidered”, *Chinese Literature: Essays, Articles, Reviews*, Vol. 17, 1995, p. 60.

③ A. F. P. Hulsewé, “The Problem of the Authenticity of *Shih - chi* Ch. 123, the Memoir on Ta Yüan”, *T'oung Pao*, Vol. 61, Livr. 1/3 (1975), p. 101.

④ 按：特设假设，即为了防止某理论被反证而强加的假设。此假设仅适用于此理论，其设置是为了使理论之可证伪性降低而不被推翻，或不经修改即能将此理论适用于无法解释的情况。

⑤ E. G. Pulleyblank, “Book Review: A. F. P. Hulsewé, *China in Central Asia, the early stage: 125 B. C. —A. D. 23. An annotated translation of chapters 61 and 96 of the History of the Former Han dynasty, with an introduction by M. A. N. Loewe*”, *The International History Review*, Vol. 3, No. 2, 1981, p. 283.

书》记载更为古老、较之《史记》更具参考价值。

与《大宛列传》的情况不同，史汉《匈奴传》同一历史时间的记载从内容到结构都高度相似。此前学者普遍认为《汉书》基本“全袭”《史记》，只是进行了内容补充并另作论赞。韩大伟进一步指出，史汉《匈奴传》的相似是在叙述主题（*logoi*）① 层面上，而非语文学（philology）层面。其认为组成《匈奴传》的是以下五类独立的叙述主题（*logoi*）：民族志主题（Ethnographic *logos*）、历史主题（Historical *logos*）、组织基础主题（Foundation *logos*）、文化内容插叙（*logos* of Cultural Digressions）、战役与外交主题（Campaign and Diplomatic *logoi*）。

从这一角度出发，韩大伟指出何四维与鲁惟一否定《汉书》承袭《史记》是不恰当的。在他看来，既然《史记》中已然存在一个记载匈奴历史的叙述系统，《汉书》没有理由一定要另起炉灶，甚至放大至整个汉代的历史书写可能皆是如此。但这并不意味着在采信史料时应优选成书时间靠前的《史记》。

韩大伟此论与一般的史料选取标准明显相左——既然承认《汉书》是在承袭、补充《史记》的基础上晚出的，那为什么不首选参考更近似一手材料的《史记·匈奴列传》呢？韩大伟的解释是：虽然《史记·匈奴列传》成书在先，但其文原貌在后世不断传抄的过程中发生了更多改变，反而是直接袭录《史记》原文的《汉书》保留了更多该篇的原貌。乍看起来，这与何四维与鲁惟一认为《汉书》更古老的观点非常相似，但韩大伟的论证方法与前者却相当不同。

从信息理论（information theory）来看，一则文献是由其表达的信息与承载该信息的语言符号这两部分组成的。上文提到史汉《匈奴传》的历史叙述主题，即信息。史汉记载在这一层面的差异不大。而具体的史汉异文，则是符号表达上的不同。韩大伟将《史记》较之《汉书》的具体差异归纳为以下五个方面：正字使用的简化（orthographical simplifica-

---

① 韩大伟在此借用了希罗多德研究中 logoi（单数形式为 logos）概念，意为“故事（stories）”或“论证（arguments）”，即围绕着同一主题、互为关联的记载。David B. Honey，“The *Han - shu*, Manuscript Evidence, and the Textual Criticism of the *Shih - chi*”，*Chinese Literature: Essays, Articles, Reviews*（*CLEAR*），Vol. 21，1999，p. 68.

tion）、词汇使用的简化（lexical simplification）、语法的清晰化（grammatical clarification）、语义的清晰化（semantic clarification）、致力修复文本上的损坏与错误（attempts to repair textual corruption or error）。[①]

举例而言，《史记》载“少长则射狐兔，用为食”，《汉书》则记为“少长则射狐菟，肉食”。其中，“兔”为“菟”之正字简化，“用为食”为“肉食”之语法清晰化。再如，《汉书》中载“匈奴，其先夏后氏之苗裔”，《史记》将“其先”记为“其先祖”；《汉书》言“其俗有名不讳而无字”，《史记》将“而无字”记为“而无姓字”，这些都是语义清晰化的例子。[②]

中国传统史学一般认为，班固袭录《史记》原文时因崇古而修改了原有用词，从而导致“《史记》多俗字，《汉书》多古字”[③]的结果。韩大伟不同意这一观点，并指出现存的宋前《史记》抄本（尤其是日本所存之抄本），其词语用法更多地契合传本《汉书》而非传本《史记》。

以一则史汉《匈奴传》异文为例。

《史记》：匈奴骑，其西方尽白马，东方尽青駹马，北方尽乌骊马，南方尽骍马。[④]

《汉书》：匈奴骑，其西方尽白，东方尽駹，北方尽骊，南方尽骍马。[⑤]

《史记会注考证》于此注曰：“枫、三本、《汉书》青駹乌骊下，皆无马字。《类聚》、《御览》引《史》亦无。”[⑥]《史记会注考证校补》补言：“南化、枫、棭、三，无马字。”[⑦]韩大伟认为这类语文学上的证据

① David B. Honey, “The *Han-shu*, Manuscript Evidence, and the Textual Criticism of the *Shih-chi*”, *Chinese Literature: Essays, Articles, Reviews (CLEAR)*, Vol. 21, 1999, pp. 81-86.

② 《史记》，第2879页；《汉书》，第3743页。

③ 王鸣盛：《十七史商榷》第4册，广雅书局1893年版，第111—114页。

④ 《史记》，第2894页。

⑤ 《汉书》，第3753页。

⑥ ［日］泷川资言：《史记会注考证》，文学古籍刊行社1955年版，第4522页。

⑦ ［日］水泽利忠：《史记会注考证校补》，广文书局1972年版，第3077页。按：幻云南化玄兴直江兼续旧藏上杉隆宪藏南宋庆元本栏外校记，称为南化本；枫山文库旧藏宫内厅书陵部藏本，称为枫山本；狩谷棭齐旧藏宫内厅书陵部藏本，简称“棭”；三条西实隆公自笔宫内厅书陵部藏本，称为三条本。

(philological proof)，比之单纯从行文角度分析《史记》为何要补缀“马”字，[①] 更易令人信服。

韩大伟指出，史汉异文整体中有大量类似的衍字情况，历代考据多以“汉书无”作为某字“衍”或“疑衍”的依据。虽然没有《史记·匈奴列传》的抄本流传至今，但仍可推想《史记》在流传早期更类似现本《汉书》。

实际上，国内学者贺次君就史汉异文早有类似观点：“余初读《史记》，见郦道元《水经注》及唐、宋诸类书所引，多与《汉书》相符而与今行各本不同，窃疑班固取《史记》文字以入《汉书》，并非有意增损，特古今传本有异耳。”[②] 后来学者也多有附议。[③] 因此，到底是班固将《史记》的语言凝练化、返古化，还是《史记》的原始“面貌”更多地保存在《汉书》之中呢？显然，韩大伟认为后者的可能性更大。

至此我们不免疑问，以《史记·匈奴列传》单篇推至《史记》汉代整体皆不如《汉书》记载，是否足够充分呢？实际上，由于存世的《史记》早期抄本极少，通过广泛比对来证实这一论点几乎是不可能的。韩大伟也意识到这一点，并转而向西方古典文献学研究（尤其是《新约圣经》抄本研究）寻求理论依据。

韩大伟通过征引欧美古典学研究，补充阐释了上文提到、被何四维视作默认原则的 *difficilior lectio potior* 校勘原则：“鉴于传抄时对文本必然有所破坏，无意中的讹误与有意的简化皆会导致某些特定类型的文本改变，这自然也是一种合理的假设……（因为）传抄者倾向于——有时候是有意、有时候是疏忽——将文本中佶屈的古老语言形式去除，或简化

---

① 如王念孙所论：“青骊乌骊下本无马字，后人依上下文加之也……皆五字为句，其马色之一字者，则加马字以成文。两字者，则省马字以协句。《尔雅·释地》之说八方，东南西北之下，皆有方字，而东南西南西北东北之下，皆无方字，例与此同也。后人不知古人属文之体，而于青骊乌骊下各加一马字，则类于词矣。”王念孙：《读书杂志》卷三，中国书店 1985 年版，第 32 页。

② 贺次君：《史记书录》，商务印书馆 1958 年版，第 4 页。

③ 如：“（《史记》）唐写本与宋本异文，往往与《汉书》同，以此可正宋本之误。”张玉春：《日本藏〈史记〉唐写本研究》，《中国典籍与文化》2001 年第 1 期，第 60 页。

处理那些他们无法把握的复杂思想活动。”①

但是我们又不免疑问，这一原理可以被直接嫁接在我国传统文献的研究中吗？毕竟，《圣经》校勘学中的“传抄者（scribes）”一般对抄写内容的理解程度极其有限，《史记》《汉书》的早期抄本则只在知识阶层内部传播。这里是否存在一个适用性问题呢？再则，依据少量传世抄本中的衍文去判定传抄中普遍存在“污染”，是否称得上论证充分呢？这些都有待进一步讨论。

三　史汉关系域外争论的反思与展望

《史记》与《汉书》之间的承袭关系，原本是史学史及文献学史中无需多辩的结论。为什么部分海外研究者投入如此大的精力去论证这样一个颠倒的论点呢？窃以为有三方面原因。

其一，并未深入把握学术史及其时代背景。任何学术观点的产生都会受到时代风气的影响，甚至有的观点本身就是特殊社会历史环境塑造出来的。何四维曾多次强调崔适结论的正确性，却并未提及《史记探源》的今文经学背景。虽然崔适在该书中不乏有益见解，但部分其斥之伪作的篇目，或只有寥寥几笔解释，或只是直接给出结论，并未提供让人信服的论证。《大宛列传》的情况便是如此。因此，国内《史记》学与史学史研究一直倾向将《史记探源》定位成一个有特殊时代色彩的研究成果。加拿大学者蒲立本也曾指出：“仅仅在本世纪初——那时中国学术传统整体都在遭受十分激进的怀疑——才出现了《大宛列传》原文已佚、现本为《汉书》相应篇章之重构（而非反之）这样的观点。”② 当然，从有所怀疑到展开论证是学术研究的自然历程，但深入把握前人观

① L. D. Reynolds and N. G. Wilson, *Scribes & Scholars. A Guide to the Transmission of Greek & Latin Literature*, *3rd ed.*, Clarendon Press, 1991, p. 221.

② E. G. Pulleyblank, “Book Review: A. F. P. Hulsewé, *China in Central Asia*, *the early stage*: 125 *B. C.—A. D.* 23. *An annotated translation of Chapters* 61 *and* 96 *of the History of the Former Han dynasty*, *with an introduction by M. A. N. Loewe*”, *The International History Review*, Vol. 3, No. 2, 1981, p. 282.

点的学术背景，无疑可以少走弯路。

其二，论证中过于依赖个别观点、个别证据。何四维与鲁惟一之所以认定现本《大宛列传》并非原文，至关重要的一条依据即王念孙在《读书杂志》中指出《汉书·张骞李广利传》的错简。但实际上，有相当一部分错简的认定基于语义理解。[①] 如徐朔方认为《大宛列传》中"骞曰：臣在大夏时，见邛竹杖、蜀布……"等句也是错简，后来也受到不同学者的质疑。[②] 何四维与鲁惟一仅仅依据王念孙的错简论断，将错简内容共69字与出土汉简大多约长23.1厘米相联系，便推测《汉书》原文被写在每支大约23个字的竹简之上，并以23字一支简作为标准尝试复原，自然难逃批评。而韩大伟的论证，由于抄本所见异文的实际数量并不多，他也未将考察范围推广至史汉《匈奴传》以外的其他篇目，因此只能视作有待考察的一家之言。

其三，对近代以来疑古思潮的范畴、内涵理解不到位。声势浩大的疑古思潮催生了许多享誉海内外的研究成果，但对疑古的反思也贯穿始终。如王国维通过甲骨文卜辞考证《史记·殷本纪》的记载，极有力地维护了早期史学文献的可信度。近代古史辨伪的核心关注在于上古史，而《史记·大宛列传》《史记·匈奴列传》大部分内容属于西汉的现当代史，偶有质疑也并未形成广泛影响。诸如《史记》原文曾经散佚的观点，早已被陈直等学者驳斥。[③]

疑古思潮的核心精神是"大胆假设、小心求证"、实事求是的学术精神。部分海外研究者立论鲜明大胆，但论证的严密程度欠奉。当然，言之成理的观点，都可以作为合理假设存在，但涉及类似化用西方古典学理论的适用性问题等，则需尤为审慎。

需要强调的是，海外汉学家的思路与方法，尤其是他们擅长的跨学科方法，值得我们积极借鉴。《史记》《汉书》归根结底是社会历史的产

---

① 如日本学者榎一雄即反对该段有错简。榎一雄『史記大宛伝と漢書張騫・李広利伝との関係について』、『東洋学報』1983年第64卷，頁27—30。

② 详见徐朔方《徐朔方集》第5卷，浙江古籍出版社1993年版，第166—167页。许勇强、李蕊芹《〈史记·大宛列传的错简〉献疑》，《科教文汇（下旬刊）》2008年第2期。

③ 陈直：《汉晋人对史记的传播及其评价》，《四川大学学报》1957年第3期。

物，研究历史文献应从促成它们的方方面面入手，即采用跨学科方法。在近代古文献辨伪中大放异彩的历史语言学方法，便是值得称道的典型例子。20 世纪 70 年代，西方语言哲学的兴起促使叙事学、符号学、信息学理论被介绍进历史文献研究中，催生了文本分析、传播形态等多种新兴议题，开拓了传统文献研究的视野与维度。诸如史汉关系这样看似陈旧的命题，也被学者从不同角度再次挖掘，无论是否真的推陈出新，都极大加深了我们对历史文献、传统文化的认识。

海外研究者的观点与方法是在其学术传统中逐步产生的。想要进行高质量的中外学术交流，必须对彼此的学术史进行全面、深度的回顾。从这个角度来看，即便对方得出的结论欠妥，甚或后来被证明是错误的，也并不意味着我们就该忽视这些海外汉学成果。通过梳理海外汉学发展的曲折历程，不仅可以帮助我们更好地理解当代海外汉学的趋势与内涵，也为深入开展交流、促进对方了解我国学术传统与现状发挥积极作用。

我国新时期的史学研究强调加快构建具有中国特色的历史学学术体系、话语体系。在这个意义上，反思海外汉学的长处与不足将有利于全方位理解我国的传统学术，从而进一步发挥海外汉学研究在中外学术交流层面的促进作用。

（原载《国际汉学》2022 年第 1 期）

探寻革命史研究的“新气息”：“新革命史”研究述评*

——以岳谦厚《边区的革命（1937—1949）：华北及陕甘宁根据地社会史论》一书为例

宋　儒

一　疏离与挣脱：“新革命史”研究思路的提出

“革命”是20世纪中国的重要主题。在跌宕起伏的革命潮流中，中共革命无疑最引人瞩目。随着中共领袖和党内理论界对中国革命认识的不断深化，以及中共政治地位的巩固，一套用于解释近代中国发展走向和中共革命正当性的理论框架、话语体系和叙事手法逐步形成，并“日久弥新为单一话语结构及体系”。① 革命史研究被赋予了统一思想、教育群众的重要职能。但也正是由于过分地“突出政治”——研究表明，早期的中共革命史论著中就已出现“以形式主义、教条主义的态度对待毛泽东著作”的倾向，继而在极“左”思想影响下产生以路线斗争代替党史、夸大和神化领袖等做法，及至“文化大革命”时期，革命史研究更

---

* 本文关于“新革命史”研究的源流、特征、局限等问题的诸多看法受到中国人民大学夏明方教授在课堂上的提点和启发，也得益于向南京大学岳谦厚教授的请教。谨识于此，以表敬意。文中若有偏差舛误之处，由本人自己负责。

① 黄文治：《观念变动与新革命史研究价值取向——评王奇生〈革命与反革命〉》，《开放时代》2010年第8期。

是“成了为‘左’倾路线服务的工具”,[①]“出现了随意歪曲、窜改历史事实的问题，阻塞了通过百家争鸣促进科学发展的正确途径”。[②]

改革开放后，随着对“左”倾思想的彻底抛弃，有关方面以《中共中央关于建国以来若干历史问题的决议》为基本依据，开展了颇具规模的党史编研工程，并出版了《中国共产党的七十年》等标志性成果。胡乔木将当时党史编研工作的进展概括为以下方面：“中央作了两次若干历史问题的决议，使大的是非有了准绳；老一辈无产阶级革命家们的文集先后出版，为党史研究提供了许多指导性意见；多年来许多老同志写了各种形式的回忆录，记载了历史上的许多细节；历史工作者编写了多种党史、军史、政治史、经济史、外交史等等；又有国家保存的大量档案，可供查阅。”[③] 此外，一些党和国家重要领导人亲自参与对党史上诸多重要问题的澄清，如邓小平曾会见编写第二野战军战史的人员，并就相关问题做了回忆，陈云也曾对编写《辽沈决战》一书提出过意见。[④] 中共中央还成立了编研党史的专门机构，一批涵盖不同区域、时期、层级、专题的史料汇编、年谱、文集等也相继问世，文艺领域也出现了诸多涉及中共党史上重大事件、重要人物的文艺作品。总体上看，这些工作，具有鲜明的政治导向，力求在实事求是的原则下重建革命史的话语体系和范式意义，“对我们党的历史进行科学的、准确的叙述和解释”，从而彰显党史的政教功能，“教育人民、教育青年、教育全党”。[⑤]

但另一方面，由于政治生态和社会经济形势的深刻变化，一度在史学研究中定于一尊的“革命史范式”受到冲击，继而出现了多种研究范

---

① 张静如、唐曼珍主编：《中共党史学史》，中国人民大学出版社 1990 年版，第 60、65、170—171、218 页。

② 王仲清主编：《中共党史学概论》，浙江人民出版社 1991 年版，第 28 页。

③ 胡乔木：《〈中国共产党的七十年〉题记》（1991 年 8 月），《胡乔木文集》第 2 卷，人民出版社 2012 年版，第 337 页。

④ 参见陈云《对编写〈辽沈决战〉一书的意见》（1983 年 8 月 9 日），《陈云文选》第 3 卷，人民出版社 1986 年版，第 326—329 页；邓小平：《对二野历史的回顾》（1989 年 11 月 20 日），《邓小平文选》第 3 卷，人民出版社 1993 年版，第 336—343 页。

⑤ 金冲及：《一本书的历史：胡乔木、胡绳谈〈中国共产党的七十年〉》，中央文献出版社 2014 年版，第 11 页。

式竞争、互渗、共存的态势。[①] 在范式转换过程中，对中共革命进行所谓"颠覆""翻案"，甚至"妖魔化""娱乐化"的做法也开始出现。直到现在都仍有一定受众的"告别革命论"正是这种情况的反映。毋庸讳言，一个时期以来，正如周锡瑞所言，"关于革命性进步（以及通过革命取得进步）的叙事不再具备吸引力"。[②]

李怀印进一步总结了中共革命史传统叙事体系式微的表现。他认为，革命叙事的退却首先表现在以胡绳为代表的资深革命史学家"逐步修订乃至否定革命叙事的基本观点"，即所谓"胡绳现象"。同时，一些史学家所"重构"的重要事件"真相"，"往往跟党治国家所支持的故事版本相冲突"，此外，新一代史学家则"对区域文化史和社会史表现出日益浓厚的兴趣"。这些现象"共同摧毁了在20世纪的绝大多数时间内支配中国史学家思维和写作的主叙事的合法性"。[③] 在这样的时代条件和学术氛围下，中共革命史研究面临着艰难复杂的调整和转型任务。此外，这一时期还有很多学者感到中共革命史研究、"无论是从研究的广度、深度和高水平、高质量的成果看，还是从学科的基本理论建设来看，都处于相当落后的状态"，[④] 纷纷就中共党史和革命史的学科归属、研究方法、观察角度、叙事方式等问题提出诸多看法，希望通过对传统革命史研究在这些层面的清理和改造，使之从政治宣教走向学术研究，以"阐明自己的解释能力"。[⑤]

具体而言，20世纪80年代以来，学界对革命史研究的反思主要集中在检讨对经典理论的教条化运用和脱离实际的"跟风式""注经式"研究，批评将学术研究与政治宣传混为一谈的倾向，希望克服既往研究

---

① 有关中国近代史研究的范式转换，很多论著已进行过十分深入系统的梳理。如夏明方：《中国近代历史研究方法的新陈代谢》，《近代史研究》2010年第2期；[美] 李怀印：《重构近代中国——中国历史写作中的想象与真实》，岁有生、王传奇译，中华书局2013年版；左玉河：《中国近代史研究的范式之争与超越之路》，《史学月刊》2014年第6期等。

② [美] 周锡瑞：《关于中国革命的十个议题》，载董玥主编《走出区域研究：西方近代中国史论集粹》，社会科学文献出版社2013年版，第182页。

③ [美] 李怀印：《重构近代中国——中国历史写作中的想象与真实》，第245页。

④ 王仲清主编：《中共党史学概论》，第28页。

⑤ [美] 阿里夫·德里克：《欧洲中心霸权和民族主义之间的中国历史》，《近代史研究》2007年第2期。

失之于空、失之于粗、失之于泛的研究缺陷。如张静如指出，彼时的党史研究把一切社会现象都归结为阶级斗争；[①] 杨奎松认为，“简单地把中共党史同需要应时而变的政治宣传等同起来，难免因其过分具有宣传意味或变来变去而严重贬损自身的价值”；[②] 郭德宏则呼吁纠正“脱离实际的空谈、不研究具体历史的‘宏观叙事’”等现象。[③] 此外，对党史研究中学科体系不够健全、研究内容单一刻板、知识结构欠缺、思维方式陈旧，“几乎缩小成为政治事件史及政治家活动史”，“少见微观发掘、细微推敲、数据证明”[④] 等问题的反思亦不鲜见。不断加强中共革命史研究的规范化建设、扩宽研究视野和研究领域，已逐步成为学界共识。学者希望通过各种努力和尝试，使中共革命史研究“严格保持一种客观的、实事求是的科学态度”，“把人和事放到当时特定的条件和环境当中，用发展的眼光，从历史的大背景来认识”，[⑤] 同时“运用中性而严谨的学术话语，实现由意识形态规范话语向学术规范话语的转变”，[⑥] 或曰“尽可能不在预设前提的背景下，去面对原初的过程”。[⑦]

而要实现这样的学术追求，就需要开辟有别于传统革命史的研究路径。正如李怀印所指出的，区域文化史和社会史研究的兴起表明了革命史研究的退却。也正是在这样的背景下，革命史学界开始主动探索运用社会史的视野和方法实现革命史研究的路径转换。早在 20 世纪 90 年代初，张静如就提出要“以社会史为基础深化党史研究”，即“对党史中的重大问题，包括大的历史事件和有影响人物的思想及实践，利用中国近现代社会史研究的成果，从社会生活诸方面进行分析，找出形成某个

---

① 张静如、侯且岸：《中共党史学理论和方法论纲》，《中共党史研究》1989 年第 1 期。

② 杨奎松：《50 年来的中共党史研究》，《近代史研究》1999 年第 5 期。

③ 郭德宏、董汉河：《三十年来中共党史研究的进展、不足与进一步深化的路径和方法——郭德宏先生学术访谈录》，《甘肃社会科学》2009 年第 3 期。

④ 参见王仲清主编《中共党史学概论》，第 179—180 页；关志钢：《中共党史研究的困惑》，《深圳大学学报》1996 年第 2 期；沈传亮：《20 世纪 90 年代以来中共历史研究的若干新趋向分析》，《教学与研究》2004 年第 12 期等。

⑤ 杨奎松：《50 年来的中共党史研究》，《近代史研究》1999 年第 5 期。

⑥ 杨凤城：《关于中共党史研究的规范与方法》，《中国人民大学学报》2001 年第 3 期。

⑦ 黄道炫：《张力与限界：中央苏区的革命（1933 ~ 1934）》，社会科学文献出版社 2011 年版，第 5 页。

重大历史现象的复杂的综合的原因，并描述其产生的影响在社会生活诸领域的反映”。黄道炫将这样的转向概括为“将研究建基于社会和民众生活之上”，“对政治力量和政治革命予以技术化的理解和分析”。[①] 但实际上，这一时期学者们的学术追求并不只是对中共政治行动进行技术化分析。在正式提出前述主张之前，张静如即已倡导在革命史研究中对社会经济结构、政治结构、文化状况、社会组织、社会关系、社会意识形态、社会心理、社会生活方式、社会思维方式等进行全面考察和研究，从国情出发重新考虑“为什么革命、革谁的命、谁来革命、如何革命、革命的目的、建设的出发点、建设的道路、建设的方针和政策、建设的前景”等问题。此后，他又进一步指出，“中国共产党的活动都是在整个社会的活动中进行的”，“要研究社会上的大小变迁如何与党的历史发展联系起来”，并尤其强调要重视对社会心理的研究。[②] 可以看出，张氏力图通过引入对“社会生活诸层面”的综合分析，在更加纵深的历史脉络和更加广阔的历史舞台上重建关于中共革命的认识逻辑和解释思路。

还应看到，在海外，研究者的目光早已不再局限于革命进程中炫目的政情起伏和军事攻伐，转而关注“在中国到底发生了什么事”。[③] 一些海外学者认为“人们对中国革命展开争论的中心问题是中共与农民的关系”，[④] 并据此就“农民的行为和农民对共产党动员政策的反应”“农村社会的改变如何成为 1937 年至 1945 年中共在华北敌后急剧地、大规模地扩张的条件”等论题提出了诸多论断。[⑤] 正如陈耀煌援引班国瑞所言，

---

① 黄道炫：《关山初度：七十年来的中共革命史研究》，《中共党史研究》2020 年第 1 期。

② 参见张静如、侯且岸《中共党史学理论和方法论纲》，《中共党史研究》1989 年第 1 期；张静如《以社会史为基础深化党史研究》，《历史研究》1991 年第 1 期；张静如、王炳林《中共党史学理论和方法的回顾与思考》，《北京党史》1999 年第 2 期；张静如、邹兆晨《中共党史是一门历史科学——访张静如教授》，《历史教学问题》2004 年第 2 期。

③ 范力沛：《西方对中国革命研究的过去、现在和未来》，载陶文钊、樊书华整理《国外中国近现代史研究》(25)，中国社会科学出版社 1994 年版，第 258 页。

④ ［美］马克·塞尔登：《他们为什么获胜——对中共与农民关系的反思》，载南开大学历史系中国近现代史教研室编《中外学者论抗日根据地——南开大学第二届中国抗日根据地史国际学术讨论会论文集》，档案出版社 1993 年版，第 639 页。

⑤ 参见［法］L·毕仰高《抗日根据地中农民对中共动员政策的反应：一些西方的观点》，载南开大学历史系中国近现代史教研室编《中外学者论抗日根据地——南开大学第二届中国抗日根据地史国际学术讨论会论文集》，第 642—650 页；［瑞典］达格芬·嘉图《走向革命——华北的战争、社会变革和中国共产党》，杨建立、朱永红、赵景峰译，中共党史资料出版社 1987 年版，第2 页。

"自1970年代末期以来，研究中共党史的西方学者不再拘泥于追求'大理论'（grand theory），转而从事以根据地为中心的地方研究……以致以中国为单位的宏观革命史研究在西方学术界已经绝迹"。[①] 这样的旨趣与国内学界"以社会史为基础深化党史研究"的思路不谋而合，无疑也给中共革命史研究向社会史方向的转型提供动力和启示。

与此同时，学界对社会史的认识也在逐步深化。社会史研究者越来越不满足于将社会史视为某种学科分支，而认为其是"一种运用新方法、从新角度加以解释的新面孔史学"。[②] 马敏指出，社会史研究应"将宏观历史研究与微观历史研究、长时段研究与短时段研究有机地结合在一起"，"使某种具体的研究更趋精细化和精致化，展现历史的多面相、多维度，更接近于历史的客观真实"。[③] 具体到研究实践中，即如陈春声、赵世瑜所指出的，"通过区域的、个案的、具体事件的研究表达出对历史整体的理解"，[④] 而非"用具体领域的研究去印证或填塞宏大叙事的框架结构"。[⑤] 可见，社会史研究已经开始谋求跳脱出具有特定研究领域的"专史"框架，希望通过研究视野的转换和研究方法的更新，将社会史转变为认识和书写历史的新型视角与方法。这与前述张静如倡导的"社会生活诸层面"研究已经有所异趣，用社会史改造革命史的学术主张自然也会随着社会史研究本身的推进而被赋予更深更广的内涵。

正是由于前辈学者的呼吁、西方学界的影响和社会史研究理念的更新，革命史研究者对于在研究中采借社会史研究视野和方法的讨论也愈加主动和热烈，并逐步深化和超越了张静如提供的框架。关注革命形成机制和运作过程，再现革命微观形态和实践情况，从区域和个案出发，用"解剖麻雀"的方式将革命史研究精细化、具体化、复杂化的研究取向呼之欲出。如杨凤城强调要关注"地方与基层党组织的结构与功能，

---

① 陈耀煌：《从中央到地方：三十年来西方中共农村革命史研究述评》，《"中央研究院"近代史研究所集刊》第68期。

② 赵世瑜：《社会史研究呼唤理论》，《历史研究》1993年第2期。

③ 马敏：《商会史研究与新史学的范式转换》，《华中师范大学学报》2003年第5期。

④ 陈春声：《走向历史现场》，载赵世瑜《小历史与大历史：区域社会史的理念、方法与实践》，生活·读书·新知三联书店2006年版，第Ⅱ页。

⑤ 赵世瑜：《小历史与大历史：区域社会史的理念、方法与实践》，第3页。

普通党员和一般民众的响应与反馈”，“从决策者与执行者的互动中，从党和社会的互动中”写出中共党史的全貌。[①] 郭若平提出要借鉴“中层理论”的分析框架，研究“中共在中国社会生活中地位和作用与‘公共领域’的关系”，同时通过区域性研究，呈现“在区域范围内，中共在不同历史时期的行为及行为结果”。[②] 宋学勤则主张“通过对基本史实的发现与钩沉，从具体而微的角度去揭示历史的真相”。[③] 这些论断表明，改革开放后，反思、批评、疏离、挣脱极“左”思潮支配下说教式的党史叙事，引进新的叙事方式和解释思路，已经成为革命史研究者的普遍追求，而“新革命史”的提出无疑是给这一过程中的种种努力和所获成果作了阶段性总结，也为此后的研究提供了更明确的学术标识。

李金铮明确提出并倡导革命史学界向“新革命史”转型。他认为，“新革命史”是为了纠正传统革命史研究中普遍存在的“中共政策演变，农民接受并获得了利益以及革命斗争、革命建设积极性提高三部曲”的“政策—效果模式”，强调“从国家与社会的关系即国家政权与民间社会双重互动角度研究中共革命史”，“不仅看表面的政策、法令，更应重视实际发生了什么”，解决“共产党如何制定正确的方略和路线”以赢得胜利的问题。[④] 黄道炫虽未明确使用“新革命史”这样的概念，但其对革命史研究“转向基层寻找问题，由单纯的文本解读和事件追索转向对社会机理的解剖”，“将研究建基于社会和民众生活之上”趋向的分析，以及不盲从于权威解释、不满足于文件结论，“敢于在史实探求的基础上提出新问题、新观点”的主张，显然也与前述“新革命史”的基本观点相一致。[⑤] 王奇生则又进一步指出应将革命理论、革命话语、革命逻

① 杨凤城：《关于中共党史研究的规范与方法》，《中国人民大学学报》2001 年第 3 期。

② 郭若平：《评〈中层理论〉兼论对中共党史的启迪作用》，《中共党史研究》2005 年第 2 期。

③ 宋学勤：《试论改革开放以来中共党史研究的价值取向》，《学习与探索》2008 年第 3 期。

④ 李金铮：《向“新革命史”转型：中共革命史研究方法的反思与突破》，《中共党史研究》2010 年第 1 期。

⑤ 黄道炫：《改革开放以来中国革命史研究及其趋向》，《史学月刊》2012 年第 3 期。

辑、革命价值也作为研究对象，在“求真”的基础上“求解”。[①]

另外，谢维强调应站在实践者的立场审视革命，“从当下的时代回到过去的时代”，“从理论的、分析的、抽象的视角回到实践者的视角”。[②]韩晓莉提出要关注社会文化与革命的关系，“将社会文化纳入中共革命史研究的范畴”，“从社会材料中获得关于中共革命的新理解”。[③] 李放春以“经”“史”作喻，呼吁中共革命史研究在“疑古”“非古”之后走向“直接面向革命实践的话语—历史过程，努力生成新的问题意识”的“释古”道路。[④] 葛玲则希望“在上下多层互动中呈现地方历史复杂性”，“从地方反观整体”。[⑤] 从问题意识与学术目标来看，这些观点亦可视为从不同角度对“新革命史”研究思路的进一步发挥和阐释。

经过长期的学术争鸣，学界对于传统革命史的转型道路逐渐形成共识，即秉持用社会史改造革命史的思路，不再机械依循和复述既有的理论框架、基本概念和主要结论，努力使中共革命史研究从宏观的全景勾勒走向微观的局部深描，从论证理论政策走向探究实践形态，从关注重大政治事件走向聚焦底层社会情势，从局限于相对狭隘的政治军事领域走向在经济、社会、文化等层面展开综合探讨，从线性描述和简单臧否走向具体分析和多维审视。这种研究旨趣，即可大体称为“新革命史”研究。

以上大致梳理了中共革命史研究走向“新革命史”的过程。之所以要作这样的回顾，主要是因为近年来关于“新革命史”的涵义及学术定位又出现了一些争议。如陈红民指出，“一个学科或者领域，如果不是研究的核心内容发生了变化，只是在研究方法上有进步，能否就用‘新’来重新命名”，“‘新革命史’到底是为了更弄清中国革命的规律，

---

① 王奇生：《高山滚石——20世纪中国革命的连续与递进》，载王奇生主编《新史学（第七卷）：20世纪中国革命的再阐释》，中华书局2013年版，第23页。

② 谢维：《回到革命史的实践现场——读黄道炫〈张力与限界：中央苏区的革命（1933～1934）〉》，《近代史研究》2014年第2期。

③ 韩晓莉：《社会史视角下中共革命史研究的突破和反思》，《中共中央党校学报》2015年第6期。

④ 李放春：《“释古”何为？论中国革命之经、史与道——以北方解放区土改运动为经验基础》，《开放时代》2015年第6期。

⑤ 葛玲：《中共历史研究的地方视野——兼论微观个案的适用性》，载杨凤城主编《中共历史与理论研究》第1辑，社会科学文献出版社2015年版，第62、63页。

还是就是为了提出新的视角和方法"?[1] 对此，李金铮回应称，"新革命史"强调研究对象与传统革命史无异，但研究的议题和内容则随着方法的变化而变化了，"新革命史"正是希望"提出一套符合革命史实际的问题、概念和理论"。[2] 可以看到，李金铮对上述问题的回应，基本是基于其关于"新革命史"的一系列主张展开的。而通过前文的叙述不难发现，改革开放后，出于对极"左"思潮笼罩下的教条式党史研究的挣脱，对革命史研究的推陈出新已成为各界共识。在有关方面主持的党史编研工作中，"新的探索、新的见解、新的表述"同样是十分明确的学术追求。[3] 也正是这样的时代呼声激发了学界对革命史研究中的相关概念、理论进行重新解说，对重要史实进行细致考辨。同时，相关研究者在对传统革命叙事的不断省思的过程中，在前辈学者的鼓舞和影响下，伴随着同时期社会史研究的不断深入，开始了用社会史改造革命史的理论探索，其目的并不只是引入新的研究方法，而是要借助新的方法，在新的视域下对中共革命的道路、方式、动力、影响等规律性问题作出新的认识。从这个意义上看，目前这个经由李金铮提出，并受到学界认可的"新革命史"理念，并非这场学术旅程的起点，而是对其间众多理论探索的阶段性概括和提炼。作为一个新的研究理念和方法，"新革命史"的"新"不是被强行定义的，而是在其建设和成长过程中不断体现的，大可不必怀疑其"是否为新"。也正是在这个过程中，许多学者进行了重要的实证探索和实践，不断为"新革命史"研究创造着经验基础和提升空间。

二 探索与实践：社会史视野下的"新革命史"研究

近年来，在社会史视野下研究中共革命的学术成果不胜枚举。如王

① 陈红民：《"新革命史"学术概念的省思：何为新，为何新，如何新?》，《苏区研究》2018年第5期。

② 李金铮：《关于"新革命史"概念的再辨析——对〈"新革命史"学术概念的省思〉一文的回应》，《中共党史研究》2019年第4期。

③ 金冲及：《一本书的历史：胡乔木、胡绳谈〈中国共产党的七十年〉》，第215页。

奇生、黄道炫、徐进等学者对中共政权在基层社会的运转机制予以详细考察，努力还原中共底层动员和政权建设的实态与得失；① 李金铮、刘亚娟等分别从群体和个案的层面，分析革命过程中的人的复杂心态和行为；② 黄正林对陕甘宁边区农村经济进行了深入研究；③ 韩晓莉、李军全等则从革命根据地节庆、象征、妇女解放、话语建构和记忆形塑等问题入手，展现了中共革命中其他生动鲜活的历史侧面。④ 这些成果，虽然侧重不一、角度各异，但其关注中共在基层的革命经历，探索中共与基层社会的互动关系的问题意识基本一致，其中所体现的立足区域、关注个案、注重细节、再现过程的“新革命史”研究取向也大致相同。

在众多研究者中，岳谦厚教授及其团队近年来以对张闻天晋陕农村调查资料的发现、收集、整理和研究为入口进入中共革命史研究领域，产生了一批较有影响的学术成果。2003 年，岳谦厚在对晋西北根据地革命实践和社会变迁的研究中指出黄土、革命与日本入侵是研究近代该地历史进程时必须考虑的三个元素，认为“革命为黄土注入新的活力，但战争消耗了支撑其现代发展所需要的物质基础”，⑤ 试图将发生在晋西北的中共革命纳入衰变的自然环境与激烈的社会变动中加以观察，展现出类似于“新革命史”的学术旨趣。此后，他们围绕革命根据地这个革命生成、开展与演进的具体场域，从各根据地千差万别的自然环境、经济结构、社会生态中探讨中共革命的丰富面相和多元进路，在根据地政权建设、经济状况、女性婚姻、土地改革等问题的研究上均有建树，不啻是对“新革命史”理念的长期集中实践。2014 年出版的《边区的革命

① 王奇生：《革命的底层动员：中共早期农民运动的动员·参与机制》，载王奇生主编《新史学（第七卷）：20 世纪中国革命的再阐释》，第 61—97 页；黄道炫：《洗脸——1946 年至 1948 年农村土改中的干部整改》，《历史研究》2007 年第 4 期；徐进、杨雄威：《政治风向与基层制度：“老区”村干部贪污问题》，《近代史研究》2012 年第 2 期。

② 李金铮：《土地改革中的农民心态：以 1937—1949 年的华北乡村为中心》，《近代史研究》2006 年第 4 期；刘亚娟：《从张顺有到“张顺有”：原型、典型与变形》，载王奇生主编《新史学（第七卷）：20 世纪中国革命的再阐释》，第 161—188 页。

③ 黄正林：《陕甘宁边区乡村的经济与社会》，人民出版社 2006 年版。

④ 韩晓莉：《女性形象的再塑造——太行根据地的妇女解放运动》，《山西大学学报》（哲学社会科学版）2005 年第 5 期；李军全：《“统一”与“独立”的双重思虑：中共根据地节庆中的国旗和党旗》，《江苏社会科学》2014 年第 4 期。

⑤ 岳谦厚、张玮：《黄土·革命与日本入侵》，书海出版社 2005 年版，第 3—4 页。

(1937—1949)：华北及陕甘宁根据地社会史论》一书，集结了岳谦厚近年来与学生合作发表的、“具有某些‘新气息’”的学术论文，明确强调研究的总体思路是“以一种‘新革命史’的观察视野和逻辑手法，通过对各种新史料的多重比对和缜密分析，使根据地或边区革命进程中的各种主客观因素能够清晰地呈现出来，并形成一个大致可视的‘全相’”。[①] 因此，以该书为例，似可进一步了解“新革命史”对以往革命史研究有怎样的纠正、补充、完善和突破，又带有哪些方面的困难和局限，从而对当前蔚成风潮的“新革命史”研究形成更加清晰直观的把握和思考。

总体来看，本书收录的13篇文章均是在有关革命根据地浩如烟海的各类史料中抽丝剥茧、爬梳剔抉后之所得，作者在前人研究的基础上，运用“新革命史”倡导的研究视野和分析方法，挖掘了大量新知识，形成了一些新论断，使革命史研究散发出作者所认为的“新气息”。具体而言，这种“新气息”主要体现在以下几个方面。

一是研究视角和问题意识的转换。如前所述，“新革命史”研究试图将研究的眼光聚焦于地方，聚焦于基层，调整以往革命史研究脱离实际、流于空疏的偏向，进而以“制度实践史”的思路对一些定见和成说进行反思、质疑和对话，对以往研究的薄弱或空白环节进行丰富、补充和深化。该书收录的多篇论文均体现了作者在这方面的自觉意识。

与前述的诸多学者一样，本书作者对中共革命根据地的政权建设给予了高度关注。着眼于中共如何“将离散的乡村社会整合为一个有机的整体”这一基本问题，[②] 作者系统梳理了中共力量进入各根据地后对基层政治秩序的重建，更加具体地呈现出中共力量在基层社会渗透、整合和调适的可视图像。作者以张初元这一在中共革命中崛起的乡村领袖为例，详细分析了其成长轨迹，将贫农化、英雄化和中共扶持概括为新式乡村领袖获取权力资源的“张初元模式”，并将其作为晋西北乡村政权

① 岳谦厚：《边区的革命（1937—1949）：华北及陕甘宁根据地社会史论》，社会科学文献出版社2014年版，第435页。

② 岳谦厚：《边区的革命（1937—1949）：华北及陕甘宁根据地社会史论》，第3页。

重构的示范标本和可能路径，[①]“从一个新的视角来揭示中共最终取得乡村控制权的某些内在关联”。[②] 作者指出，“中国共产党要达成自己的政权建设目标需要建立一个忠诚且有效的干部支持体系”。[③] 作者进而从组织机构、遴选机制、运行体系等方面细致考察了晋西北的基层干部体制和干部群体，认为在中共通过选举建立的新式乡村社会权力体系中，虽然旧的权力体系并未完全解体，但“政权结构还是朝着中共预想的方向发生着变化”，“新的以贫苦农民为主体的权力规则和体系开始逐步确立”。[④] 尽管这批新干部在工作经验、行政能力、工作作风、革命理想等方面仍存在各种问题，但他们中的多数仍可称得上是中共的忠实支持者和拥护者。此外，树立典型、宣传英模也是政权建设的基本内容之一。作者对陕甘宁边区 1943—1944 年两届劳动英模及表彰大会进行了重点研究，指出劳动英模评选活动“亦是中共中央直接领导陕甘宁边区社会建设的新型组织形式”。[⑤]

土地问题是农村革命中的首要问题，事关中国亿万农民的利益诉求、命运抉择以及他们对革命的态度。该书着力还原土改在具体时空环境中复杂多态的运作机理。作者以偏关县这一“集原行政人员、乡绅、小商贩、土匪等阶层并存的县域”为典型个案，[⑥] 运用大量档案史料，结合实地调查，指出土改前当地土地集中程度低，地权分散，但租佃率较高。作者认为，偏关县的土改是一场“对全民以财产占有状况为基础的平等的‘人人过关’运动”，[⑦]“每个人都对未知的政策存在一种潜在的恐慌心理”。[⑧] 就干部而言，其既是运动的领导者，又是运动的对象，“一直在此双重身份中进行艰难的博弈”。[⑨] 在农民阶层内部，贫雇农“并不一

① 岳谦厚：《边区的革命（1937—1949）：华北及陕甘宁根据地社会史论》，第 22—25、30 页。

② 岳谦厚：《边区的革命（1937—1949）：华北及陕甘宁根据地社会史论》，第 3 页。

③ 岳谦厚：《边区的革命（1937—1949）：华北及陕甘宁根据地社会史论》，第 31 页。

④ 岳谦厚：《边区的革命（1937—1949）：华北及陕甘宁根据地社会史论》，第 47 页。

⑤ 岳谦厚：《边区的革命（1937—1949）：华北及陕甘宁根据地社会史论》，第 121 页。

⑥ 岳谦厚：《边区的革命（1937—1949）：华北及陕甘宁根据地社会史论》，第 296 页。

⑦ 岳谦厚：《边区的革命（1937—1949）：华北及陕甘宁根据地社会史论》，第 340 页。

⑧ 岳谦厚：《边区的革命（1937—1949）：华北及陕甘宁根据地社会史论》，第 301 页。

⑨ 岳谦厚：《边区的革命（1937—1949）：华北及陕甘宁根据地社会史论》，第 308 页。

定像预期的那样积极与强大”,[①] 地主富农则从村民曾经的追随者和仰慕者变为斗争对象。而对于军人、原行政人员、乡绅、土匪，中共也根据其土地占有状况划分了阶级，并根据其政治倾向和群众意见给予照顾或制裁。作者指出，通过土改，“广大乡村完全融入中共的权力体系”。[②] 在运动过程中，“由于变革的突发性及群众理解力与中共制度安排所存在的差距”，在一些方面也存在着“与政策预期结果不符甚至背离的现象”。[③] 对不同村庄而言，土改“既是一种内部整合又是一次外在考验”，对不同个体而言，土改则是“国家政策与民众选择相交融的一场运动”，“广大群众作为运动对象则经受着感情与理性的双重考验”。[④]

可见，本书致力于以区域的、微观的视角审视中共革命，希望通过将革命实践放到具体时空场域，从政党与民众、理念与实践的多重互动中审视和分析革命发展和演进的独特道路，评判和剖析中共的应对策略和治理技术，展现革命摸索中理解政策、执行政策、行使政策的差异，从革命的实践现场挖掘历史细节，从而回答中国革命何以可能，如何运作，怎样影响社会、改塑个人等一系列问题，而非学界批评的“用地方性的原始材料填充传统的叙事逻辑和框架，论证已经被证明了无数遍的既有结论”。[⑤] 反过来说，如果研究者只是换套资料、换个区域解释和表达已经提出的问题，证明已经得出的结论，在问题把握、实证方法、理论贡献上都乏善可陈的话，无疑曲解和矮化了“新革命史”的学术追求与理论意义。这也正是本书重要价值和启发所在。

二是研究领域的拓展与开新。在前人研究基础上不断拓展和开辟研究领域，也是推进学术研究的题中应有之义。该书一些论文关注到前人研究中鲜有触及的领域和问题，并采用了新的分析和书写手法，使文章

---

① 岳谦厚：《边区的革命（1937—1949）：华北及陕甘宁根据地社会史论》，第 310—311 页。

② 岳谦厚：《边区的革命（1937—1949）：华北及陕甘宁根据地社会史论》，第 331 页。

③ 岳谦厚：《边区的革命（1937—1949）：华北及陕甘宁根据地社会史论》，第 331 页。

④ 岳谦厚：《边区的革命（1937—1949）：华北及陕甘宁根据地社会史论》，第 340 页。

⑤ 辛逸：《关于中国乡村研究“中央决策—地方传达—乡村落实”叙事模式的批评——以［美］李怀印著〈乡村中国记事〉为例》，载杨凤城主编《中共历史与理论研究》第 1 辑，第 197 页。

具有新意和创见。

如前所述，干部队伍建设是中共根据地政权建设的重要内容，但关于基层干部待遇与廉政建设的相关研究仍付阙如。该书以晋察冀革命根据地为例，初步理清了干部待遇政策、给付标准的演变过程，认为干部待遇政策体现了廉洁、节俭的施政追求，边区各级基层干部的待遇水平一直维持在较低标准，村级干部甚至不享受经济和生活待遇。但是，“无法享受经济待遇却又需承担大量生产和行政任务的村干部在生活上面临种种困难”，这些现实困难又最终打开了村干部待遇问题的缺口。①为此，边区政府采取了整顿财政、打击浪费、惩治贪腐等多种方式纾解民负，种种措施背后的努力与诚意不可忽视。

女性婚姻问题同样是革命史研究应加以关注的重要领域。作者注意到学界“从女性角度研究革命根据地婚姻问题的成果屈指可数，缺乏深入细致的实证研究，采用多学科交叉方法研究有待加强，研究视觉有待拓展”等问题，② 对根据地女性离婚、军婚等问题进行了较深入的专题研究，努力还原根据地女性的婚姻生活、情感世界和行为方式，挖掘其背后复杂的政治考量和新旧博弈，扩展了根据地女性婚姻问题的研究视域。作者以晋绥高院审理的卷宗比较齐全的 25 宗离婚案为实证依据，详细归纳案件的基本情形、主要动因和处理情况，并对军婚纠纷这一出现在根据地的新情况做了探讨。作者认为，离婚案件增多及婚姻关系的大量解除表明“中共在晋西北抗日根据地大力推行的妇女解放运动取得了成绩”，③ 但由于妇女在经济上的不独立以及服从抗战大局的现实需要，“中共所倡导的‘婚姻自由’的原则仍在有限范围内进行”，④ “真正的婚姻自由要靠社会多重元素的互相作用才可实现”。⑤ 同时，作者立足于近代化的法制体系与根深蒂固的婚姻家庭习俗的激烈冲突，通过婚姻关

① 岳谦厚：《边区的革命（1937—1949）：华北及陕甘宁根据地社会史论》，第 71 页。

② 岳谦厚、王亚莉：《1980 年以来革命根据地女性婚姻研究述评》，《甘肃社会科学》2015 年第 1 期。

③ 岳谦厚：《边区的革命（1937—1949）：华北及陕甘宁根据地社会史论》，第 392 页。

④ 岳谦厚：《边区的革命（1937—1949）：华北及陕甘宁根据地社会史论》，第 392—393 页。

⑤ 岳谦厚：《边区的革命（1937—1949）：华北及陕甘宁根据地社会史论》，第 394 页。

系解除的不同方式分析根据地女性取得的相对应的家庭财产权，认为彼时中共更加照顾女性的财产权利，但由于女性政治上的弱势处境和维护社会稳定的考虑，中共“在司法实践中又不得不向一些传统习俗妥协”。[①] 军婚是在特殊的战争形势和政治背景下产生的重要社会现象。作者指出，“中共将维护军人婚姻作为一种基本的制度安排和非常重要的策略选择”，[②] 并分析了这种婚姻形式的组成机制和演变趋向。

上述研究成果所关注的都是以往研究中未曾重视的问题，但也不是对既往成果的简单填空或补苴。作者力图运用新的视角、方法和史料对这些以往被视作“边缘问题”的领域加以重新审视和细致剖解，勾勒出更加生动多元的革命图景，为学界在认识和理解中共革命和根据地社会生态时增添了更加丰富鲜活的观察口径和素材，为“新革命史”研究提供了更多探索方向。

三是史料发掘与解读的深化。史料是史学研究的基础。正如黄道炫所指出的，“革命史研究要取得新的进展，必须更多地从史料的发掘、分析、研究中建立历史真实”[③]。近年来，中共革命史研究者搜集、整理和使用了大量各类地方史料、海外史料、稀见史料、口述史料，但不可忽视的是，对史料重收集轻解读、重使用轻辨析的问题也比较严重，甚至出现唯“新史料”独尊、唯“新史料”是用、唯“新史料”为信的盲目倾向。由于各类“新史料”俯拾即是，研究者即使针对某一具体问题也难以将其收罗完备，反倒使人产生了某种路径依赖和本领恐慌，导致有的研究用“新史料”论证“老问题”，难免简单重复、碱砆混玉。一些研究则把现实中存在的某些问题想当然地投射到完全不同的时空环境中，用一些看似不证自明实则似是而非的先入之见对有利于己的“新史料”加以简单组合、拼接和附会，放大或误读了史料中的某些信息，不仅在史料运用上挂一漏万，在史实陈述上也以偏概全，得出的结论自然有失公允，甚至有意无意地沦为另一种形式的“影射史学”。史料本无新旧之分，亦难较价值高下，关键在于学者能否对其加以合理、充分和

① 岳谦厚：《边区的革命（1937—1949）：华北及陕甘宁根据地社会史论》，第432页。
② 岳谦厚：《边区的革命（1937—1949）：华北及陕甘宁根据地社会史论》，第397页。
③ 黄道炫：《改革开放以来的中国革命史研究及其趋向》，《史学月刊》2012年第3期。

有效的利用。“动手动脚找东西”固然重要，但“找”绝非研究者的终极目的。正所谓“研究越深入，就越可能从不同来源的资料中发现证据”。[①] 一味将治史的目光囿于某些“新史料”之一隅，沉浸在某些偏见和定见之中，忽视对各类史料的排比、爬梳、辨伪和分析，其实无形中消解和贬损了史料的学术价值。

从这个意义上看，该书的重要价值绝不仅在于其对张闻天晋陕农村调查资料的发现与整理，也不仅在于其以此为起点大力拓展和运用了大量各级各类档案、报刊、口述、资料集、回忆录等史料，更在于作者对这些史料进行了细致比对和深入研读，进而推进了诸多领域和问题的研究。基于张闻天晋陕农村调查资料，该书对根据地多样的经济形态、生产生活方式以及建基于其上的阶层分布和社会关系进行了深入考察，修正或补充了以往关于中国农村社会经济状况的一些抽象描述和刻板印象。作者以米脂县作为“描述中共抗日根据地区域地主经济面貌或检视战时地主、农民与共产党三者之间互动关系的样本”，[②] 详细考察当地租佃关系、雇佣关系和借贷关系，梳理了中共在当地推行的减租、减息、公粮负担等经济政策，认为在中共政策影响下，地主呈现收入减少的态势，地主对中共的态度也经历了一个从被动因应到主动适应的过程。[③] 此外，中农化亦是张闻天晋陕农村调查揭示的重要经济现象。基于这一判断，并结合大量细致的数据整理和统计分析，作者进一步指出，“‘中农经济’是以中农为主体的自耕农型小农经济”。[④] 抗战爆发后，由于中共减租减息和合理负担等政策的推行，晋西北“中、贫农尤其贫雇农等底层农民之经济形势开始逐步好转”。[⑤] 在急剧的阶层流动中，农村地权分配日渐分散，“呈现出一种‘中农化’发展趋向下的自耕农型土地利用形

① ［法］马克·布洛赫：《历史学家的技艺》，张和声、程郁译，上海社会科学院出版社1992年版，第53页。

② 岳谦厚：《边区的革命（1937—1949）：华北及陕甘宁根据地社会史论》，第162页。

③ 岳谦厚：《边区的革命（1937—1949）：华北及陕甘宁根据地社会史论》，第180—186页。

④ 岳谦厚：《边区的革命（1937—1949）：华北及陕甘宁根据地社会史论》，第188页。

⑤ 岳谦厚：《边区的革命（1937—1949）：华北及陕甘宁根据地社会史论》，第205页。

式”。[1] 在中共革命政策影响下，地主富农和贫雇农都纷纷向中农转化，土地越来越以自有自种为主，“各种基层权力组织几乎完全变成以中农为主导的穷人的‘天下’”。[2]

另一方面，张闻天晋陕农村调查资料固然有重要的史料价值，但也并不意味着研究者可以将其直接作为思考的前提和进一步研究的基础。如对张闻天在《陕甘宁边区神府县八个自然村的调查》中关于当地租佃关系资本主义化的判断，该书即提出了疑问和批评。作者从马克思主义关于资本主义租佃关系的经典定义出发，从耕地状况、农业技术、农业劳动生产率等方面对神府县农业生产力水平进行了详细考察，认为“当地的农业始终处在一个很低的维持生活的经济水平”。[3] 同时，作者指出，由于经济基础薄弱、土地分散、社会生态环境闭塞、传统小农意识强劲等因素，富裕中农无心也无力“投入更多精力和资金去追求更多剩余价值的规模经营”，“未能完成发展新式农村资本主义的重任”，[4] 因而张闻天“租佃关系资本主义化的结论似乎很牵强”。[5] 可见，对史料本身进行分析和辩证，避免受到史料作者立场和意图的影响，对于更加清晰准确地呈现区域社会经济发展的本来样貌具有重要意义，亦是革命史研究者在广泛运用史料过程中所应注意的问题。

对史料的生成、书写、修饰机制进行反思，通过不同史料之间的排比和对话揭示其背后的影响因素，也是深化史料挖掘与解读的重要路径。作者抓住“郭四颗事件”这一发生在晋西北霍家坪村的贫农致死案，综合运用档案、报刊和口述资料，对各种文本展开多重比勘，指出在官方媒体的反复宣传下，郭四颗之死成了轰动边区的重大事件，但当时不同当事人对事件即持有不同说法，官方对这些说法进行选择，形成自身对事件的表述体系。而这一具有轰动效应的事件也留存于当代人的记忆中，

---

① 岳谦厚：《边区的革命（1937—1949）：华北及陕甘宁根据地社会史论》，第219页。

② 岳谦厚：《边区的革命（1937—1949）：华北及陕甘宁根据地社会史论》，第224—225页。

③ 岳谦厚：《边区的革命（1937—1949）：华北及陕甘宁根据地社会史论》，第148页。

④ 岳谦厚：《边区的革命（1937—1949）：华北及陕甘宁根据地社会史论》，第156—159页。

⑤ 岳谦厚：《边区的革命（1937—1949）：华北及陕甘宁根据地社会史论》，第160页。

他们利用对事件的表述宣泄自己的情感，传达自己的体验。作者认为，郭四颗形象的“英雄化”过程最终被当地党和政府用来“象征并鼓舞农民群众阶级觉醒”，并“服务于彻底清算封建主义的农村革命目标”。[①]通过这种方式，中共“实现了对整个贫雇农阶级的社会动员”。[②]

综上可见，该书致力于在“新革命史”视野下关注中共党史与中国革命史研究中的热点难点问题，在史料整理辨析、研究领域拓展、研究方法更新、研究视野转换等方面进行了大量尝试。从史料运用情况看，既有对常见史料的细致解读，也有对大量稀见、不常用的史料的挖掘与运用，在提高运用史料的系统性、解读史料的准确性上也给人以启发。同时，该书以区域史研究作为各领域研究的主要抓手，努力审视单一线性逻辑之外的多元的经济形态、曲折的政权建设和繁复的社会整合，探索中共革命活动在具体时空背景下的实践情况和各项革命政策运行中所面对的复杂主客观因素，感知身处革命洪流之中的不同群体、不同个体在成功与失意、理想与现实、激情与惶惑、主动为之与无可奈何等多种张力中的心态变化、行为抉择和命运沉浮，努力形成更具说服力的叙事方式。从这个意义上看，该书的研究有助于提高革命史研究的学术化水准，有利于使中共革命成为更加清晰可辨的“故事”，而非遥不可及的“神话”和大而无当的“标签”。其在以上三个方面的成绩，也可视作“新革命史”研究多年探索和实践成果的集中体现，也表明引入社会史视野的“新革命史”研究的确呈现出了有别于传统革命史的面貌，散发着新的气息。

三　反思与超越：探寻革命史研究的“新气息”

当然，该书在取得诸多学术成果的同时也不免留下一些遗憾。该书主要研究区域集中于晋绥和陕甘宁边区，但也兼及晋察冀、太岳等地，

① 岳谦厚：《边区的革命（1937—1949）：华北及陕甘宁根据地社会史论》，第269页。
② 岳谦厚：《边区的革命（1937—1949）：华北及陕甘宁根据地社会史论》，第278页。

就各区域在全书中所占之权重而言，还稍显不平衡，未能很好地实现所研究区域及区域内相关研究论题的有机联系与统合，也就难以反映革命在华北和陕甘宁边区的整体运作情况。对于所研究区域本身而言，该书对于“该区域有什么特性”“区域特性如何参与和影响了历史行程”“为什么是这个区域而非别的区域”“区域中出现的若干个案在多大程度上可以代表整体的情形”“区域之间有什么联系，区域间的共性与区域自身的特性是在何种层面、以何种方式体现的”等问题尚未及进一步关注。同时，该书对与研究论题相关的同时期国内外政治、经济、军事等方面的重大事件、关键人物、重要决策，中共治理区域与国统区、日占区之间的错杂关系，还有彼时各方治理能力和治理手段之间的区别和联系等问题也基本未予考虑。这些都可能会在一定程度上影响对中共革命进程的进一步分析和把握，作者力图呈现的“边区的革命”的“全相”也因此仍不免略显零散和模糊。

由此需要引起思考的是，基于区域和实践的微观叙事究竟能在何种层面、何种意义上反映中共革命的宏观进程和整体形态，研究者该如何以这些微观层面的实证成果为基础探寻革命史研究新的叙事方式和话语体系？应当看到，研究的微观化、精细化不等于琐碎化和零乱化，微观研究不是要将观察的视野局限于微观，区域研究也不是要把探索的脚步止步于区域。尽管该书的精细化叙事增添了诸多有关中共革命的细节体认，但终究还是带有某种“明足以察秋毫之末，而不见舆薪”的尴尬和困惑，甚至可能因研究者在案例和史料选取中未必合适的“选精”和“集粹”，出现前人批评的“将某一或某些例证所反映的现象普遍化”，“割裂了事物内部各个方面之间的联系，破坏了事物的整体性”等问题。[①] 换言之，对于区域与整体的关系、普遍性与特殊性的关系，以及微观研究中得出结论的普适性等问题，该书的研究仍留存诸多未解之题和未尽之意。这样的评论当然未免求全责备，但笔者以为，正是这些白璧微瑕提醒着我们进一步思考运用社会史改造革命史研究这一问题。

---

① 李伯重：《理论、方法、发展、趋势：中国经济史研究新探》（修订版），浙江大学出版社 2013 年版，第 108、109 页。

早在年鉴学派学人倡导和推进社会史研究时，整体史就是他们十分明确的学术追求。布洛赫曾指出，“唯有总体的历史，才是真历史”，[①]布罗代尔认为，“作为时段的辩证法，历史不正是对整个社会现实的解释吗?”[②] 中国的社会史研究者也强调，“社会史必须应该是总体史、综合史”。[③] 但另一方面，“近代中国多变而多歧的时代特征制约了史学研究，使得各类框架性的系统诠释和整齐划一的阶段论都有相当大的局限性”；[④] 由于“中国幅员过于辽阔，一时无法对如此庞大地域的历史全貌做通盘全面的观察，只能切割成较小的单位加以较为精细的解读”，[⑤] 亦即柯文所倡导的“把中国从空间上分解为较小的、较易于掌握的单位”，“以区域、省份或是地方为中心”的研究手法。[⑥] 于是，“越来越多的史学家将注意力从支撑传统叙事的重大政治事件和全国性趋势，转移到被传统史学所轻视的地方或区域性的发展”。[⑦] 研究者认为，“这既是一种整体社会史在特定区域内的研究尝试，又可以在实践中推动整体社会史研究的深入发展”。[⑧]

在此影响下，区域和微观研究几乎已经成为史学研究中某种不言自明，甚至必须遵循的方法。但是，区域与整体之间、区域话语与宏观叙事之间的张力也因这种研究取向而愈益凸显，区域研究的实践似乎与前述“把如此众多的事实和解释组织起来”“从细小的方面去研究一个大题目”[⑨] 的学术理想之间的距离越拉越大，也引起了学界对“历史知识

① ［法］马克·布洛赫：《历史学家的技艺》，第 39 页。

② ［法］费尔南·布罗代尔：《资本主义论丛》，顾良、张慧君译，中央编译出版社 1997 年版，第 188 页。

③ 赵世瑜：《狂欢与日常——明清以来的庙会与民间社会》，生活·读书·新知三联书店 2002 年版，第 457 页。

④ 罗志田：《见之于行事：中国近代史研究的可能走向——兼及史料、理论与表述》，《历史研究》2002 年第 1 期。

⑤ 杨念群：《“感觉主义”的谱系：新史学十年的反思之旅》，北京大学出版社 2012 年版，第 3 页。

⑥ ［美］柯文：《在中国发现历史——中国中心观在美国的兴起》，林同奇译，中华书局 2002 年版，第 178 页。

⑦ ［美］李怀印：《重构近代中国：中国历史写作中的想象与真实》，第 269 页。

⑧ 赵世瑜：《小历史与大历史：区域社会史的理念、方法与实践》，第 27 页。

⑨ ［法］费尔南·布罗代尔：《资本主义论丛》，第 65、66 页。

变得支离破碎”“失去关怀的重心”等“碎片化”问题的担忧。[①] 正如唐仕春所指出的，“区域的历史与整体史之间关联常常是微弱的，以此微弱的关联进行区域比较或者重构整体史，有可能导致不能承受之重。即便是区域的历史与整体史的关联足够强大，通过各具特色的区域如何重构整体史亦非易事”。[②] 而社会史研究目前所呈现的这种矛盾状态在试图用社会史改造革命史的“新革命史”研究中则体现得更为明显，集中体现在新式微观研究和传统宏大叙事之间的张力上。

正如前述，“新革命史”的理论阐发和实践探索是在疏离与挣脱教条化的宏大叙事过程中开始的。虽然也有学者不断强调要在“不放弃革命史宏大叙事的前提下”开展研究，[③] 提出要注意“汲取传统革命史研究合理内核”，[④] 但不可否认的是，“新革命史”研究的起点本身就是不再机械依循以往有关中共革命的经典阐释，对其中所涉的重要概念、论述框架、核心议题、基本结论存而不论。李金铮在新近论述中则明确表示，在传统革命史观仍然盛行的情况下，“已经到了不提‘新革命史’就不足以真正推动革命史研究的地步”，而且对于很多革命史研究中的重大事件，在“新革命史”的视野之下，“研究结论不能不说已经发生了很大变化”。[⑤] 这表明，“新革命史”已经在谋求与传统革命史研究展开对话，甚至要修正其中的一些重要结论，这就要求研究者必得深入思考如何通过微观研究呈现革命的整体面貌，进而重建革命史研究的理论框架和叙事体系。从岳著及其他研究成果来看，目前的“新革命史”研究还多是在用现象描述置换学理分析，用“讲故事”代替“讲道理”。即使一些研究可能对传统革命史的主流叙事、基本判断有所补益，也往往并不具备更明确的理论自觉，很难使人通过这些具体而微的研究构建

① 俞金尧：《微观史研究与史学的碎化》，《历史教学》2011 年第 24 期。

② 唐仕春：《心系整体史——中国区域社会史研究的学术定位及其反思》，《史学理论研究》2016 年第 4 期。

③ 黄道炫：《改革开放以来的中国革命史研究及其趋向》，《史学月刊》2012 年第 3 期。

④ 朱文通、把增强：《学术史视域下的“新革命史”研究》，《衡水学院学报》2014 年第 6 期。

⑤ 李金铮：《关于“新革命史”概念的再辨析——对〈“新革命史”学术概念的省思〉一文的回应》，《中共党史研究》2019 年第 4 期。

起更具普遍性和共识性的研究结论。诚然，“细部和微观研究是宏观研究的前提和基础”，[①] 但问题在于，并不是微观研究积累得越多，历史的全貌就越清晰；把微观层面的研究成果简单连接和堆积起来，也并不能自动产生整体性的图景。总体而言，“新革命史”研究在有关中共革命宏观把握和整体判断上依然处于失语状态，也就不免会招致“添些许奇闻轶事，依然局限于狭义的革命史范围”，[②] “将历史书写退化成为传播逸闻轶事和发思古之幽情的手段”，“对重大问题的失语和无力”[③] 等质疑，甚至可能会被认为是汪晖所言之“后悔史学”，即省略“对资本主义，尤其是帝国主义时代的基本矛盾的政治经济分析”，一定程度上把革命视为“一些革命者在密室中筹划的结果”。[④]

不可否认，以往教条式的党史叙事逻辑和体系的确在一定程度上湮灭了中共革命的复杂面貌，使其自身的解释力、公信力和吸引力遭遇了严重危机。但这也并不意味着研究者可以忽视这套宏大叙事背后的历史成因和现实基础。李剑鸣指出，“宏大叙事”是一种“以高度整合的史实作为铺垫而构筑的具有历史哲学性质的故事脉络”。[⑤] 以往革命史研究中形成的“宏大叙事”，很大程度上源自革命者对中国革命原因、性质、动力、过程、影响和前途的宏观预设和总体凝练，其本身也是中国革命进程的产物。正是中共革命在全局范围、整体意义上的摧枯拉朽和狂飙突进，才给了“宏大叙事”充分的立论基础和广阔的话语空间。那么，“在我们投入到大量的地方资料以前，应该先停下来问问自己究竟在寻找什么，并且试图去获得一个整体的革命图像”。[⑥] 因此，“如何估价作为实践的共产主义，如何思考作为运动的共产主义的未来”仍然是十分严肃而迫切的学术议题。[⑦] 从总体上认识和解释中共革命由谁领导、由

---

① 王玉贵、王卫平：《“碎片化”是个问题吗?》，《近代史研究》2012 年第 5 期。

② 夏明方：《中国近代历史研究方法的新陈代谢》，《近代史研究》2010 年第 2 期。

③ 王学典、郭震旦：《重建史学的宏大叙事》，《近代史研究》2012 年第 5 期。

④ 汪晖：《世纪的诞生：中国革命与政治的逻辑》，生活 · 读书 · 新知三联书店 2020 年版，第 372 页。

⑤ 李剑鸣：《隔岸观景》，社会科学文献出版社 2012 年版，第 18 页。

⑥ 陈耀煌：《从中央到地方：三十年来西方中共农村革命史研究述评》，《“中央研究院”近代史研究所集刊》第 68 期。

⑦ 汪晖：《世纪的诞生：中国革命与政治的逻辑》，第 373 页。

谁参与、由谁获益，分析其有何成就、有何影响，由谁书写、由谁认知、由谁诉说，探索其因何而生、因何而进、因何而成仍是研究者必须承担的学术任务。消解“宏大叙事”并不具备充分的理论准备和现实基础，革命史研究的当务之急是如何克服目前革命史学界所担忧的“片面追求‘微观实证’和‘理论宣传’的两极化现象”。[①] 换言之，就是必须与支撑中共革命实践与革命史书写的一系列立场、观点、方法及话语体系展开深入而充分的对接，实现传统革命史与“新革命史”研究的进一步融合。只有这样，“新革命史”研究才能凸显其理论品质与现实意义。

以上以岳谦厚所著《边区的革命（1937—1949）：华北及陕甘宁根据地社会史论》为例，分析了“新革命史”研究目前取得的学术成绩和面临的主要困难。可以看到，在经历对传统革命史研究思路的疏离与挣脱后，“新革命史”研究者展开了积极广泛的探索和实践，集中表现在问题意识转换、研究领域扩展和史料搜集整理上，但伴随着实践的推进也面临着一些困难，突出表现为新式微观研究与传统宏大叙事之间的张力。具体而言，即怎样看待全局性的革命理想、理论、政策和区域性的基层运作之间的关系，怎样看待区域化、微观性研究与宏观评估革命方向、路线、性质、作用、地位之间的关系。说到底依然是站在什么立场、以什么视角和方法审视革命、理解革命、研究革命的问题。这不仅是岳著13篇文章所未能圆满解决的问题，也是“新革命史”研究继续推进过程中必须正视的问题。

近年来，这些问题已经在学界引发了广泛讨论。如王奇生希望将中共“放置在整个近代中国与世界历史的大变局中去观察，放置到近代中国革命和世界革命的大脉络中去讨论”，进而对中共革命加以适当定位，“探寻其成因与历史影响”，[②] 避免“从一个很小的个案一下子上升到这么高的高度来讨论问题”。[③] 应星强调要“带着总体史的关怀进入地方

---

① 《发刊词》，载杨凤城主编《中共历史与理论研究》第1辑，第2页。

② 王奇生：《中国革命的连续性与中国当代史的“革命史”意义》，《社会科学》2015年第11期。

③ 王奇生：《可否“以小见大”》，载《社会经济史视野下的中国革命》，《开放时代》2015年第2期。

史”，相对深入地理解西方现代性理论和共产主义理念，相对完整地理解中国革命的局势演化，相对系统地收集历史资料；打通中共革命的国际源头与国内根基，打通中国晚近以来的辛亥革命、国民革命和共产革命这三次革命浪潮，打通中共革命中的政治路线、组织路线和工作路线，通过政治文化的角度达成对中共革命的总体性理解。① 李金铮则进一步提出要运用国家与社会互动的视角、强调基层社会和普通民众的主体性、实现革命史与大乡村史的结合、引入全球史视野、开拓新的研究视点。② 孟永着眼于中共革命史“研究对象日渐琐碎，且又缺乏整体关联和普遍内涵”的问题，强调在思想史视野下注重对史实的阐释，实现研究的“宏微相济”。具体而言，即要求研究者具有明确的问题意识，注重事件和思想的历史背景，纵观古今、兼修中西，还原概念与语境的关系，展现思想者及其思想与社会环境之间的关系。③ 在与李金铮的学术讨论中，陈红民就“新革命史”研究提出了要注重 1949 年前后的革命史贯通、注意革命力量在城市的发展、注意吸收社会学之外其他学科的研究方法、借鉴学界研究革命对象的成果等建议。对此，李金铮也表示了认可。④

2019 年，《中共党史研究》还专门组织了关于“新革命史”研究的笔谈。在笔谈中，有学者强调“新革命史”与传统革命史之间是相互融合、相互借鉴的关系，前者要在学术研究的视野、方法、风格等方面突破后者的局限性。⑤ 有学者则提出要努力建立能凝练历史经验的整体性逻辑结构，使“新革命史”对革命的把握实现从“连续性”到“总体性”的提升，探索“新革命史”参与并推动中国近现代史新的“总体性”研究范式成为可能。⑥ 还有的学者提出要关注“革命如何植根于文

---

① 应星：《“把革命带回来”：社会学新视野的拓展》，《社会》2016 年第 4 期。

② 李金铮：《再议“新革命史”的理念与方法》，《中共党史研究》2016 年第 11 期。

③ 孟永：《关于中共党史研究思想史路径的初步思考》，载杨凤城主编《中共历史与理论研究》第 4 辑，社会科学文献出版社 2017 年版，第 205—225 页。

④ 陈红民：《“新革命史”学术概念的省思：何为新，为何新，如何新?》，《苏区研究》2018 年第 5 期；李金铮：《关于“新革命史”概念的再辨析——对〈“新革命史”学术概念的省思〉一文的回应》，《中共党史研究》2019 年第 4 期。

⑤ 李里峰：《何谓“新革命史”：学术回顾与概念分疏》，《中共党史研究》2019 年第 11 期。

⑥ 董丽敏：《“新革命史”重构革命史叙述如何可能》，《中共党史研究》2019 年第 11 期。

明的沃土并带动精神资源的创造型转化”，“进一步关注个人的、内在的、心性的革命之发生，考察身处历史现场的人们如何发动群众、如何思想动员”，同时把知识分子视野引入“新革命史”研究。[①] 也有学者则提到在推进“新革命史”研究的过程中，社会科学和史学要“不畏繁难地走向对方的纵深处”，史学领域要对社会科学的若干经典传统进行有选择性的、深入的、长期的读解与追随；社会科学领域要将视野向历史悠久、传统成熟、源流清晰的中国史学扩展，并对中国史学的既有研究根据自己的“问题意识”有选择性地深入读解和长期追随，尽可能地自己动手处理一手史料。[②] 这些主张，均着眼于当前“新革命史”研究中失之于偏、失之于碎、失之于窄的倾向，试图通过在理念、方法、观察角度、研究领域等方面的拓展，在更加整体和系统的层面上推进“新革命史”研究。不过，就其主要内容而言，尚未对前述“新革命史”提出和发展过程中产生的学术观点形成超越。

而作为“新革命史”研究理念的积极践行者，岳谦厚在其后来的研究中也试图有所突破。他指出“新革命史”研究明显存在走向另一极的端倪，即过度强调“中共制度安排的‘缺陷性’或‘近视性’、政策执行的‘有限性’、解决问题的‘无期性’、克服困难的‘应时性’”。针对这样的问题，他认为中共多有“少讲成绩，多摆问题”的传统，故学者们所阅读到的这一时期的档案文献亦自然多为“问题材料”，故而“见道之器”尚须“彼此互参”，“特别是敌方（如日伪方面）或政治对手（如国民党方面）等‘旁观’的行为主体对于中共方面的正面描述尤须‘广罗’‘互参’”。[③] 为此，他主持承担“太行山和吕梁山抗战文献整理与研究”等科研项目，致力于多层次、多角度地收集整理有关史料，呼吁建设“沦陷区”日伪史料库，强调“只有充分占有文献资料，才能使该领域或该学科研究取得坚实的基础，而新资料新文献发掘与整

① 吴重庆：《迈向社会革命视野的革命史研究》，《中共党史研究》2019 年第 11 期；唐小兵：《知识分子视野下的“新革命史”研究》，《中共党史研究》2019 年第 11 期。

② 应星：《交界·交叉·交融——浅论史学与社会科学在“新革命史”中的结合》，《中共党史研究》2019 年第 11 期。

③ 岳谦厚：《太行山和吕梁山中共抗日根据地文献整理与研究述评》，《日本侵华南京大屠杀研究》2018 年第 4 期。

理往往是取得突破性进展的前提条件”。[①] 特别是其近期将积十余年之功收集整理的“延安农村调查团”兴县调查资料加以重新校注和编辑，并公之于学界，不仅充分践行了前述学术理念，也为“新革命史”研究提供了坚实的资料基础。[②] 不难发现，岳谦厚对“新革命史”的学术贡献是寓于其具体实证研究和史料整理过程中的，在他看来，“新革命史”研究面临的困难“不一定在于该领域某些学者或史家的历史观发生了问题，而主要在于史料的发掘与运用上”。[③] 不过，从本文考察看，“新革命史”在其提出和发展过程中，都伴随着学界对研究理论、研究方法的探索，前述有关“新革命史”的新近学术观点，实质上都是关于以何种方法和视角认识革命、理解革命的问题。史料的发掘与积累固然重要，但也并不能含括“新革命史”的全部学术需求。正确处理微观书写和宏大叙事的关系，整合“新革命史”与传统革命史的研究议题、问题意识和研究方法，建设有关中共革命更具包容性与解释力的理论框架和叙事体系，形成对中共革命的贯通性认识和整体性阐释，依然是当前中共革命史研究中必须正视并加以解决的重要问题。

这也提醒研究者须在更加深广的视野中认识“革命”，认识“革命史”。王先明从较长时段中梳理了近代以来革命史的形成和建构，指出中国革命史除了是对中国革命运动的记述和研究之外，还有一个以革命史视角重构中国历史的取向。故只有将中共革命置于近代中国革命史的整体脉络中，才能真正达到学术研究的深度和学理认识的高度，而“如果疏离了对于中国革命史主体内容、历史脉络和学理系统的根本性讨论，事实上恐难以在超越‘旧革命史’的意义上形成‘新革命史’的学理性建构”。[④] 而事实上，早在2010年，夏明方即明确指出彼时对革命的批判、旧革命新叙事、“重访革命”和对革命的浪漫化研究等研究路径仍

---

① 岳谦厚：《抗战史要重视沦陷区研究——太行山和吕梁山沦陷区研究的学术检讨》，《中北大学学报（社会科学版）》2020 年第 6 期。

② 岳谦厚、张玮辑注：《“延安农村调查团”兴县调查资料》，南京大学出版社 2020 年版。

③ 岳谦厚：《太行山和吕梁山中共抗日根据地文献整理与研究述评》，《日本侵华南京大屠杀研究》2018 年第 4 期。

④ 王先明：《关于革命史的形成、建构与转向的历史思考——兼论“新革命史”问题》，《近代史研究》2019 年第 6 期。

然带有将革命妖魔化、简单化，或并未跳出狭义的革命史范围等缺陷。有鉴于此，夏文提出建立“新革命”范式，这里的“革命”，是“一种远比阶级斗争和暴力革命范围更加广泛的革命”。其最大的特点是“从疾风暴雨式的暴力革命向渐进的、和平的非暴力革命的转移，从民族革命、政治革命、经济革命向社会革命、文化革命的转移，从征服自然的科技革命向追求人与自然动态平衡的生态革命的转移，从解放绝大多数被压迫被剥削人民群众的阶级革命向关注少数群体、边缘群体、弱势群体和公民权利的公民革命的转移”。基于这种“新革命”之上的研究范式，则应当包括通变史观、全球史观、生态史观、多元史观、新辩证史观、叙事史观、新史料观和开放史观，以期为中国近代以来的复杂历史变迁提供更具解释力和包容性的研究框架。[①] 可见，“新革命”范式关照的并非局限于中共革命之一隅，其在此范式下对革命的定义、诠释和现实关怀也远比前文所讨论的“革命”内涵丰富、指涉广泛。其虽然与本文所论之“新革命史”有所异趣，但依然可以给成长中的“新革命史”提供不少概念、观点和方法上的启迪。因为自近代以来，中国社会在各方面几乎都经历了“天地翻覆”的重大变化，有些变革甚至仍在进行当中，故认真清理中国革命和中国革命史曲折繁难的建构历程，建设一个以“革命”为总纲的，更有包容性和延展性的历史叙事体系显然应是“新革命史”的长期努力方向。

当然，诚如李金铮所言，中共革命史是中国革命史中最重要的组成部分，他有关“新革命史”的理念和方法，也是以1921—1949年间的中共革命史为例进行阐论的，近些年学界关于“新革命史”研究的成果，也大多集中在这一领域。[②] 同样，本文所论也主要是对中共革命史的讨论。之所以要提及“新革命”范式，一是因为目前革命史学界对此问题尚未加以足够关注，[③] 二是感到这一问题值得革命史学界今后在理

---

① 夏明方：《中国近代历史研究方法的新陈代谢》，《近代史研究》2010年第2期。

② 李金铮：《关于“新革命史”概念的再辨析——对〈“新革命史”学术概念的省思〉一文的回应》，《中共党史研究》2019年第4期。

③ 以笔者目力所及，目前仅有王卫的《近十年来“新革命史”理论研究综述》（《信阳师范学院学报》2019年第1期）和董丽敏的《“新革命史”重构革命史叙述如何可能》（《中共党史研究》2019年第11期）注意到夏明方的有关观点，但王文虽用较长篇幅对夏文加以引述，却未能进一步揭示该观点在革命史研究的学术脉络中的地位和影响；董文对夏文则仅作提及，未予分析。

论和实证层面加以进一步深入探讨。当然，本文尚不足以对此展开更具体的讨论。就本文所述而言，笔者认为，在继续探寻中共革命史研究“新气息”的过程中，还需要处理好以下几方面的问题。

一是准确深入理解中共的革命思想和理论。“新革命史”研究倡导对革命实践的细致观察，可能会忽视对宏观意义上的革命理论基础和思想指南的审视，甚至将中共的革命理论与政治宣传混为一谈。而如果搞不清中共思想资源和理论基础的来源和流变，搞不清中共对中国历史的认知、对内外形势的分析和对中国革命的预期有何反复和调整，不能说清中共到底是“怎么想的”，那么对其“怎么做的”的解释也就容易缺乏力度，甚至出现曲解和误读。换言之，对中共宏观意义上的“道”语焉不详，则对其微观层面上“术”的分析也就无从谈起。在曲折复杂的革命历程中，不同背景、不同经历、不同层级、不同个性的革命者都会对经典理论和现实情况有不同的认识和看法，也会贡献各式的思想和主张，这些丰富的思想资源如何在不同历史时期发生流变，如何被统合到革命的洪流中，如何影响和形塑着中共的思想和行动？亦即史华慈所指出的“以某种信仰为基础的历史运动在多大程度上可以偏离最初的基本前提而仍然保持它的特性”？① 因此，对中共革命理念、思想、战略进行全面研究甚至可视为是革命史研究的基础性工作之一。

正如前述，孟永在其研究中已经提出要在思想史路径下开展对中共革命的研究，注意思想与社会环境的互动关系。不过，这种研究的前提和基础不应只是其强调的对西方思想史研究理论和范式的采借，还应包括对马克思主义的基本立场、观点、方法的系统研读和准确理解。如果脱离对马克思主义本身的深入把握而贸然以一些时髦概念或流行思潮研究一个长期以马克思主义为旗帜的政党的政治活动，想要真正做到“同情之理解”恐怕并不容易。研究者应把中共的革命理论放置于国际共运的时代潮流中，放置于近代中国多种社会思潮、多种政治力量的长期交互作用中，也放置于革命者自身的成长脉络中，进一步考察革命者如何

① ［美］本杰明·I. 史华慈：《中国的共产主义与毛泽东的崛起》，陈玮译，中国人民大学出版社2013年版，第163页。

接受、理解、阐释、发挥和调整了马克思主义的基本观点和旨趣，思考中共在不同的时代条件和生存环境下在关心什么、筹划什么，有什么重要结论、有哪些具体做法，其表达与实践、想法与做法之间经历了怎样的演变过程，又存在怎样的具体互动，努力厘清哪些是不同时空条件下中共革命的核心问题、重大问题，哪些属于边缘问题、枝节问题、争议性问题，实现思想史、政治史和社会史的有效互动和对接，超越区域研究视角可能带来的琐碎和支离，找到值得着力的研究议题，生发出别开生面的问题意识与研究结论。

二要系统把握中共社会治理实践的总体情况。承前所述，“新革命史”研究对中共在“道”之外所使用的“术”更感兴趣，而“动员”一度成为研究者对这种“术”的基本概括，因为毕竟革命是“闹”起来的。但是，中共革命离不开疾风骤雨的“闹”，也更需要润物无声的“治”，复杂而艰巨的社会治理实践才是“把落后的农村造成先进的巩固的根据地，造成军事上、政治上、经济上、文化上的伟大的革命阵地”的题中应有之义，也才能支持中共“在长期战斗中逐步地争取革命的全部胜利”。[①] 正是在艰苦的政权建设、经济恢复、社会治理和环境改善中，中共获得了宝贵的经验、技术，积累了深厚的人心、民望。其所产生的变革意义，早已超越了权力更迭、阶级斗争的狭隘范畴，广泛体现在经济发展方式、社会组织形式、思想意识形态和人与自然关系等各个领域。当然，从本文前面的叙述中可以看出，包括《边区的革命(1937—1949)：华北及陕甘宁根据地社会史论》在内的很多研究实际上已经开始在这些层面上探讨中共革命。但这些研究还未能将中共的社会整合、社会治理、社会重建实践放置在层次更加丰富、范围更加广阔、联系更加错综、变动更加急剧的自然和社会网络中加以观察，同时也由于所研究问题的具体化和微观化，难以给研究论题找到更加清晰的时空坐标。

要解决这些问题，固然需要史料整合与互参，但更关键的问题还在

① 毛泽东：《中国革命和中国共产党》（1939 年 12 月），《毛泽东选集》第 2 卷，人民出版社 1991 年版，第 635 页。

于真正厘清中共所面临的问题，哪些属于理论上的困惑，哪些属于实践中的难题，哪些又因为带有历时意义上的延续性和共时意义上的普遍性而更加复杂，其背后受到哪些因素的影响和制约，中共与彼时其他政治力量相比又呈现哪些特色。革命者毕竟不是魔法师，不是预言家，“建设一个新世界”的尝试不可避免会遇到诸多障碍，留下不少遗憾，但也蕴涵无数奋斗和牺牲、理想和信念。仅仅通过对某些细部的勾画并不足以反映中共革命的真实面貌。因此，必须全面把握中共社会治理实践的整体形象，即使是研究区域和个案，也应在对“点”的深入研究的同时，扩展在“线”和“面”上的思考。应积极借鉴社会学、生态学、人类学、经济学、心理学等相关学科的理论和方法，将中共革命放置到诸多要素相互联系又不断变动的“生态系统”中，放回到近代中国的历史变局中，延伸到所研究论题在中国历史上的演进脉络中，扩展到中共与彼时其他政治力量的交往与竞争关系中，进一步把握中共革命在近代中国自然和社会环境演化过程中的地位和作用，在对革命思想、理论、路线的准确把握基础上，全面认识革命的变革意义、正确理解革命的暂时困境、科学把握革命的嬗变前景，构筑更具包容性和解释力的叙事框架和解释体系。

三要加强对史料的集成性收集、整理和解读。毋庸置疑，“新革命史”研究一直十分注重史料建设，也取得了重要进展。但是，对于中共革命这样牵动全局且形态复杂的问题而言，仅仅停留在抄出来几卷“新档”，看到几份“秘档”的层面是远远不够的。毕竟，再翔实的史料也不过是呈现了历史进程中的某些并不规整的断面，而这些断面在革命实践的宏大框架之下所占据的位置、发挥的作用又有着显著差异，并不是仅靠研究者的零打碎敲就能自动拼接出清晰准确的图景。要想对中共革命有更宏观的把握，必须真正树立驾驭史料的自觉意识，远离出于猎奇的蜚短流长，克服“史料崇拜”的研究惰性。研究者应注意加强对不同层次、不同类型史料的整理分析，加快建设系统化、集成性的史料体系。在具体研究中，应从问题意识出发扩展史料的搜集和利用边界，找寻不同时空、不同视角下对所研究论题的不同表达，用史料的兼容和贯通实现研究的兼容和贯通，避免成为史料的复述者，而非问题的研究者。同时，还要注意把握不同史料的行文特征和表述习惯，考证和辨析不同史料表述上的矛盾和差异，不断探究这些史料希望表达什么、实际表达了什么，真正进入到史料描述的情境中，克服预设立场后的各取所需，防止知之甚少时的少见多怪，反对强人就我式的过度解读，在对史料的多重比对中感受中共革命的不同侧面，进而丰富和充实对中共革命的整体研究。

总之，革命史研究不可能有一成不变、放之四海而皆准的研究路径，实证研究不仅要适应，更应该引领理论探索，而不是成为某种时髦理论和方法的附庸和注脚。中共革命史研究需要“不停留于革命过程的描述，更进一步探寻革命的原理、机制以及革命的政治文化”①，需要更多维度下各种论题的统合和贯通，从而在更宽广的视域下使中共革命通过严肃的学术研究呈现更丰富的面貌，使一些学界争论的议题得到新的解释或补充，一些学界未曾关注的领域得到开辟和挖掘。“新革命史”研究的内涵也会在对这些问题的探索与解决中得到扩展，其理论上的解释力与实践中的操作性也会得到提升。毕竟，中共革命是20世纪具有重要意义和深刻影响的事变，具有明显的复杂性和繁难性，在这股“前浪远去后浪更磅礴”的洪流中，有一些力量被淘汰、被湮没，也有一些力量在觉醒、在奋起，正是这些惊心动魄的血与火、兴与废、死与生，构造了当代中国的面貌。毫不夸张地说，今天的我们依然生活在革命擘画的蓝图中，依然行进在革命的延长线上。因此，“新革命史”研究应尽可能拓宽研究视野、丰富研究思路、更新研究手法，在与传统革命史的有效对接和深入融会中谋求超越之路，正确处理微观实证与宏大叙事的关系，使研究者能够真正正视革命的复杂性、呈现革命的复杂性、分析革命的复杂性，最终努力理解革命的复杂性。

（原载《近代史学刊》第24辑，社会科学文献出版社2021年版）

① 王奇生：《高山滚石——20世纪中国革命的连续与递进》，载王奇生主编《新史学（第七卷）：20世纪中国革命的再阐释》，第23页。

用正确历史观反对软性历史虚无主义

冯　立

习近平总书记在党的二十大报告中强调："新时代十年的伟大变革，在党史、新中国史、改革开放史、社会主义发展史、中华民族发展史上具有里程碑意义。走过百年奋斗历程的中国共产党在革命性锻造中更加坚强有力，党的政治领导力、思想引领力、群众组织力、社会号召力显著增强，党同人民群众始终保持血肉联系，中国共产党在世界形势深刻变化的历史进程中始终走在时代前列，在应对国内外各种风险和考验的历史进程中始终成为全国人民的主心骨，在坚持和发展中国特色社会主义的历史进程中始终成为坚强领导核心。"① 这不仅是对于新时代十年中国共产党的建设成就和伟大变革的总结，也是对党史、新中国史、改革开放史、社会主义发展史、中华民族发展史学习教育常态化提出的理论指导。学习习近平总书记关于历史和中共党史的重要论述、学习党的二十大报告，以及《中共中央关于党的百年奋斗重大成就和历史经验的决议》，可以给我们进行历史研究和反对历史虚无主义提供正确的立场观点方法。

一　软性历史虚无主义的表现形式

《关于〈中共中央关于党的百年奋斗重大成就和历史经验的决议〉

① 习近平：《高举中国特色社会主义伟大旗帜　为全面建设社会主义现代化国家而团结奋斗——在中国共产党第二十次全国代表大会上的报告》，《人民日报》2022 年 10 月 26 日第 2 版。

的说明》指出："要坚持辩证唯物主义和历史唯物主义的方法论，用具体历史的、客观全面的、联系发展的观点来看待党的历史。要坚持正确党史观、树立大历史观……要旗帜鲜明反对历史虚无主义，加强思想引导和理论辨析，澄清对党史上一些重大历史问题的模糊认识和片面理解，更好正本清源。"① 近些年来随着各类中外新兴史学研究理论与范式的出现，历史虚无主义思潮逐渐在表现形式上分型，一种是以公开的形式从根本上主张历史唯心主义，反对主流意识形态，彻底否定中共党史、中国革命史和新中国史的硬性、显性历史虚无主义；另一种是以隐蔽的形式，将历史片面化、碎片化、戏谑化，只见树木不见森林、以偏概全的软性、隐性历史虚无主义，这两种历史虚无主义都是错误的。

改革开放以来，中国共产党高度重视意识形态工作，抵制历史虚无主义取得了一定成效。尤其是党的十八大以来，反对历史虚无主义取得了显著成效，硬性、显性历史虚无主义已经得到很大程度的遏制。党的二十大报告指出，十年前我们面临的形势是，一系列长期积累及新出现的突出矛盾和问题亟待解决。"一些人对中国特色社会主义政治制度自信不足，有法不依、执法不严等问题严重存在；拜金主义、享乐主义、极端个人主义和历史虚无主义等错误思潮不时出现，网络舆论乱象丛生，严重影响人们思想和社会舆论环境。"② 经过这十年的努力，硬性、显性历史虚无主义已经不敢明目张胆了，软性、隐性历史虚无主义借助互联网为主的新兴媒介载体加以传播，逐渐成了历史虚无主义思潮的主要表现形式，软性历史虚无主义是历史虚无主义这一概念最早由董学文于2018年在《揭一揭软性历史虚无主义的真实面目》一文中率先提出，并概括出软性历史虚无主义议题设置更加广泛、手段更加隐晦、传播途径发生了变化、趋向"学术化"和"学理化"的四个特点。③

历史虚无主义的软性与硬性不是以出现的时间先后来区分的，而是

① 习近平：《关于〈中共中央关于党的百年奋斗重大成就和历史经验的决议〉的说明》，《求是》2021年第23期。

② 习近平：《高举中国特色社会主义伟大旗帜　为全面建设社会主义现代化国家而团结奋斗——在中国共产党第二十次全国代表大会上的报告》，《人民日报》2022年10月26日第2版。

③ 董学文：《揭一揭软性历史虚无主义的真实面目》，《红旗文稿》2018年第16期。

以其表现形式来区分的。两种形式的历史虚无主义的共同特征是否认历史事实的真实性、历史的客观规律性，制造“爆炸性历史真相”，迎合受众猎奇、叛逆、从众的心理、调侃历史事件和英雄人物。[①] 软性历史虚无主义的独特性在其以细节代替整体、以支流来判断主流，将历史肤浅化、碎片化、戏谑化，或者以科学研究“价值中立”为名“重写历史”“重评历史人物”。分析而言，软性历史虚无主义具有以下几种基本表现形式。

第一，质疑历史细节的真实性，否定英雄人物或英雄群体的事迹和历史贡献。例如，狼牙山五壮士的英雄事迹本来是家喻户晓的，然而有人在报纸上发文说，他们五人只有三人是跳崖，有两人是顺着崖壁溜了下去的。也有人说他们偷吃了农民的萝卜和红薯，是被农民赶下悬崖的。[②] 另外，还有人“考证”出“刘胡兰被老乡铡死”的所谓“历史真相”。他们以细节考证为名，编造事实，抹黑英雄人物和英雄群体。还有一些公众人物在网络平台发布错误言论，对中国人民志愿军的形象进行歪曲，这些言论涉嫌“侵害英雄烈士名誉、荣誉罪”。

第二，以片面代替整体，以未经求证的个人回忆录、访谈录改写历史，以历史碎片得出荒谬历史结论。话题主要集中在新中国史中的“大跃进”“文化大革命”等重大事件上，以及改革开放史中的部分年社会现象和腐败问题。[③] 例如，有人以美国斯坦福大学胡佛研究所图书馆的蒋介石的档案为根据，认为可以重写中国近代史中更为“真实”的蒋介石，实则日记中有许多本人刻意掩盖历史真相之描写。[④] 个别艺术工作者与历史学爱好者把书写历史故事、创作历史题材作品等同于专业历史研究和微观历史再现，从而得出一些荒谬的结论。

第三，以支流代替主流，以次要原因代替主要原因。这种情况主要表现在探究中华文明史中重要历史事件诱因问题上。例如，有些人认为

① 刘宇、林于良：《软性历史虚无主义渗透的危害及治理》，《中学政治教学思考》2020年第34期。

② 孙丽萍、光新伟：《狼牙山五壮士——一个抗日英雄群体》，《百年潮》2016年第1期。

③ 杨军：《中国共产党反对历史虚无主义的实践与经验》，《人民论坛》2022年第14期。

④ 耿雪：《历史虚无主义“重写历史”有何诉求？——访北京大学中国特色社会主义理论体系研究中心教授梁柱》，《中国社会科学报》2015年9月15日。

陈胜、吴广起义的主要原因是起义那天晚上大雨误期使得他们造反，大雨是推动历史转折的关键因素。而没有看到下雨只是陈胜、吴广被迫起义的诱因，主要原因是“延期当斩”的秦朝苛法逼得他们不得不起义，如果没有这条苛法，下雨也不能成为加速陈胜起义的诱因，是“暴秦”的残酷政治制度导致百姓的反抗。[①]

第四，片面夸大历史人物的丰功伟绩，忽略其历史负面危害，对于历史人物评价不够公允。例如，在一些影视作品中，刻意强调秦始皇的历史功绩，而忽略其性格残忍、秦朝制度和法律严酷、“天下苦秦久矣”的历史事实。[②] 本来是荆轲刺秦王，却变成荆轲被秦始皇的“伟大”所折服，为成全秦始皇的“法治”而主动受死。[③] 还有一些网络平台上的短视频节目，没有以人民作为历史的中心，过分地夸大封建帝王的作用，例如刻意强调商纣王、崇祯皇帝的历史贡献，而忽略他们残酷、昏庸的统治事实，传达错误的历史观。

第五，利用人们的猎奇心理，以历史真相大揭秘为名，为反面人物翻案，刻意强调他们的贡献，忽略他们卖国求荣、站在人民对立面的历史行为。例如，有人将慈禧和李鸿章描绘成忍辱负重的“悲剧英雄”，强调“坏蛋也有温柔的一面”。[④] 有人在评价汪精卫时，强调他早年作为兴中会成员刺杀载沣和袁世凯的革命行为，将其成立汪伪政府就任伪政权主席的行为形容为曲线救国，而忽略其任职期间大量残杀抗日爱国志士。又如评价国民党将领张灵甫时，将他拔高为抗日名将，夸大了他的历史贡献，而刻意忽略他 1946 年两次涟水战役，大量残忍杀害解放军战士的历史事实。

第六，以追求科学论证的合理性为名，认为科学是解释一切现象的唯一方法，用科学来解释历史现象是否合理，从而判断历史现象的真伪。例如，英国人李爱德和毛普安重走长征路后声称长征路线最多是 5860 公

① 陈先达：《历史唯物主义的史学功能——论历史事实·历史现象·历史规律》，《中国社会科学》2011 年第 2 期。

② 韩浩月：《历史剧的创作底线不可逾越》，《东方艺术》2021 年第 1 期。

③ 秦晖：《从“荆轲刺孔”到“荆轲颂秦”》，《中国改革》2003 年第 3 期。

④ 李文海、龚书铎、梁柱：《近代中国怎样走向共和的？——大型电视连续剧〈走向共和〉引发的思考》，华龄出版社 2003 年版，第 3—5 页。

里。其错误在于他们用卫星定位系统测量的是直线路程，而非红军频繁行军几度折返、山路弯路的真实路线，质疑红军长征的距离过短，颠覆中国革命史的历史事实，矮化红军将士的苦难历程和历史功绩。

二　软性历史虚无主义在理论和方法上的错误

软性历史虚无主义刻意设置的话题大多集中为中华文明史、中国近现代史、中共党史、中华人民共和国史等领域的题材。就宣扬软性历史虚无主义的人员构成而言，大多是“民间高手”和非历史专业研究人士。软性历史虚无主义的方法特征是混淆历史的支流和主流、现象和本质、偶然和必然，歪曲历史事实，纠缠历史细节，以偏概全，以野史代替正史，制造“小人物”和“大人物”之间的对立、道德评价和政治评价之间的分裂。软性历史虚无主义的传播途径除报刊、课堂、沙龙等传统的传播途径外，更多的是借助互联网等新兴媒体平台，其本质动机在于否定马克思主义在意识形态领域的指导地位，以及否定唯物史观的正确立场、观点与方法。①

软性历史虚无主义在理论和方法上的错误主要表现以下四个方面。

第一，以“学术研究”“重释历史”之名，在历史叙事中肆意虚构、否定、捏造、歪曲历史。② 有些软性历史虚无主义打着“独立研究”、比较研究、方法论转借和移植的旗号，宣扬错误的历史观和价值观，夸大党史、军史、国史上出现的曲折和失误。③ 例如，一些历史虚无主义者提出宣扬“告别革命论”否定马克思主义暴力革命学说进而否定中国革命的必要性。④ 一些软性历史虚无主义者在共产党抗战问题上制造的种种谬误，否定中国共产党是抗日战争的中流砥柱。⑤ 一些历史虚无主义

① 夏春涛、左玉河等：《历史虚无主义解析》，《史学理论研究》2019 年第 3 期。

② 杨全海：《软性历史虚无主义的实质与危害》，《马克思主义与现实》2018 年第 6 期。

③ 汝倩倩：《习近平批判历史虚无主义的方法论》，《理论研究》2021 年第 5 期。

④ 高炳亮：《历史虚无主义的问题、危害及应对策略》，《理论与评价》2019 年第 3 期。

⑤ 李慎明、张顺洪：《抗日战争胜利的关键是中国共产党思想上政治上的路线正确》，《历史研究》2015 年第 4 期。

者在政治上否定中国共产党领导革命和建立新中国的历史合法性，否定中国的社会主义制度及其发展道路，在理论上和方法上根本否定唯物史观对历史学的指导地位，影响哲学社会科学发展的正确方向。

第二，软性历史虚无主义以“庸俗史学”或“伪史学”的叙述形式对历史戏说、胡说，以戏谑化的手段歪曲、修改或编造历史事实，利用文学手法提供和传播假历史知识，占领大众通俗史学市场。[①] 抓住历史细节，刻意夸大普通人回忆录和访谈录的史学价值。[②] 关注历史大事件中处于旁支地位的小人物立场，试图通过普通人的曲折磨难折射历史的阴暗面，对重大历史事件和重要历史人物展开抽象的道德指责和批判。[③] 软性历史虚无主义者叙述历史以偏概全叙述历史，以其不正确的政治诉求肆意书写历史风貌，孤立地看待历史中的人物与事件，将其从历史背景中抽离出来。此举不仅亵渎了历史英雄人物为民族、社会发展做出的历史贡献与个体牺牲，也会歪曲民众对历史本真的基础认知，瓦解民众对革命先烈的敬仰之情，从而动摇民族精神文明的根本所在。

第三，软性历史虚无主义利用互联网等新媒体易于被大众接受、易于迅速传播等特点，输出错误观点误导大众。有些软性历史虚无主义的策略是将观点化整为零，以碎片化、“蹭热点”“搭便车”的方式输出，于不知不觉中争夺阵地，在涓滴渗透中危及安全，在不经意间扰乱人心。[④] 网络已经成为意识形态斗争的主战场、主阵地。软性历史虚无主义借助于互联网进行传播，受众在海量信息的网络中犹如“乱花渐欲迷人眼，无法精准地判断某些信息的来源及这种来源背后的动机”。[⑤] 广大网民对接收信息有浅显化和形象化的需求，尤其是青少年群体好奇心较重、历史观尚未形成，容易被历史虚无主义者所利用。在学校教育与社

① 钱茂伟：《中国公众史学通论》，中国社会科学出版社 2015 年版，第 323 页。

② 左玉河：《追根溯源：历史虚无主义的认识论误区》，《光明日报》2014 年 10 月 26 日第 7 版。

③ 邢中先、张平：《软性历史虚无主义的生成机理及其异化历史观批判》，《毛泽东邓小平理论研究》2019 年第 7 期。

④ 郝永平、黄相怀：《加强对软性历史虚无主义的辨识与防范》，《光明日报》2021 年 12 月 15 日第 16 版。

⑤ 陈清、刘珂：《自媒体时代历史虚无主义传播的特点、危害及对策》，《广西社会科学》2016 年第 3 期。

会教育领域以“挖阵地、毁人物”等手段，形成对主流意识形态的去权威化与去中心化趋势。[①] 甚至以“偶像明星”的套路包装历史，通过明星流量影响大众精神文化生活，使得青年人们过度关注偶像明星人物，从而忽略历史事件与历史场景的真相。[②]

第四，软性历史虚无主义以心理暗示等柔性渗透模式，借助从众心理和“共情效应”，利用社会生活中的热点事件，掀起网络舆情。[③] 有的将党史事件同现实问题刻意勾连、恶意炒作；有的利用野史将党史庸俗化、娱乐化，以所谓八卦轶闻歪曲历史真相。有的对党的决议中已经确定的历史结论质疑和批判。[④] 谈论历史借题发挥，让历史与现实勾连，其落脚点在于在现实政治中创造“爆点”，利用消费主义并结合网络民粹主义，[⑤] 从而制造舆论热点，掀起网络舆情，危害社会稳定和安定团结。

三　唯物史观是反对软性历史虚无主义的理论武器

唯物史观是反对软性历史虚无主义最具效力的理论武器，习近平总书记关于历史和中共党史的重要论述、党的二十大报告以及党的十九届六中全会审议通过的《中共中央关于党的百年奋斗重大成就和历史经验的决议》为我们提供了正确的历史观，坚持用唯物史观和大历史观看待历史，为我们进行历史研究提供了正确的立场观点方法。

第一，反对软性历史虚无主义要坚持历史唯物主义这一认识和把握历史的根本方法。无论是硬性、显性历史虚无主义，还是软性、隐性历

① 徐秦法：《唯物史观视阈下历史虚无主义新样态的解析与应对》，《马克思主义研究》2022 年第 4 期。

② 张博：《警惕“娱乐包装”下的软性历史虚无主义》，《毛泽东邓小平理论研究》2021 年第 3 期。

③ 刘宇、林于良：《软性历史虚无主义渗透的危害及治理》，《中学政治教学思考》2020 年第 34 期。

④ 姜迎春：《历史虚无主义削弱民族凝聚力》，《人民论坛》2018 年第 7 期。

⑤ 杨军：《中国共产党反对历史虚无主义的实践与经验》，《人民论坛》2022 年第 14 期。

史虚无主义，它们都是坚持唯心主义的历史观，其本质特征是否定历史事实的客观性、历史发展的规律性、人类社会的进步性。历史唯物主义的根本观点在于社会存在决定社会意识，生产力与生产关系的互动关系、经济基础与上层建筑互相作用相互制衡，推动人类社会的发展进步，人民是历史的创造者、是推动历史前进的动力。历史唯物主义承认历史的客观实在性和历史运动的规律性，正确把握人民、阶级、政党和领袖的关系。马克思主义中国化的理论，将马克思主义基本原理同中国具体实际结合起来、同中华优秀传统文化结合起来，揭示了半殖民地半封建中国的历史走向，民主革命和社会主义革命的基本规律，中国共产党的执政规律以及中国特色社会主义的历史必然性。以上马克思主义基本原理是我们认识过往、分析历史的根本方法。历史研究应该坚持以事实说话，分析和研究中国问题，同时还要推进理论创新、进行理论创造，回答中国之问、世界之问、人民之问和时代之问，这就是坚持和发展马克思主义史学理论的基础。

第二，反对软性历史虚无主义要正确评价历史人物。软性历史虚无主义，利用日记、笔记，回忆录、个别细节、偶然事件来评价历史人物，对历史人物评价有失公允。习近平总书记对于毛泽东的是非功过、历史地位和毛泽东思想的评价为我们如何评价历史人物提供了理论指引，他强调："对历史人物的评价，应该放在其所处时代和社会的历史条件下去分析，不能离开对历史条件、历史过程的全面认识和对历史规律的科学把握，不能忽略历史必然性和历史偶然性的关系。不能把历史顺境中的成功简单归功于个人，也不能把历史逆境中的挫折简单归咎于个人。不能用今天的时代条件、发展水平、认识水平去衡量和要求前人，不能苛求前人干出只有后人才能干出的业绩来……不能因为他们伟大就把他们像神那样顶礼膜拜，不容许提出并纠正他们的失误和错误；也不能因为他们有失误和错误就全盘否定，抹杀他们的历史功绩，陷入虚无主义的泥潭"。① 我们可以把习近平总书记的这段论述称作"八不能"原则，

① 习近平：《在纪念毛泽东同志诞辰120周年座谈会上的讲话》，《人民日报》2013年12月27日。

这些原则就是唯物史观的具体体现和精彩运用。对于其他领袖人物和重要历史人物的评价，皆可以利用这“八不能”原则加以分析评价。例如，习近平总书记在纪念马克思诞辰200周年大会上的讲话、纪念孙中山诞辰150周年大会上的讲话、纪念辛亥革命110周年大会上的讲话中也都体现了这“八不能”原则，可见“八不能”原则具有普遍的方法论意义。①

第三，反对软性历史虚无主义要对英雄保持敬仰与崇敬之心。软性历史虚无主义常常调侃、戏说、丑化、黑化英雄人物，颠覆崇高，数典忘祖。习近平总书记在党的二十大报告中要求“发挥党和国家功勋荣誉表彰的精神引领、典型示范作用，推动全社会见贤思齐、崇尚英雄、争做先锋”。② 他还曾指出：“对中华民族的英雄，要心怀崇敬，浓墨重彩记录英雄、塑造英雄，让英雄在文艺作品中得到传扬，引导人民树立正确的历史观、民族观、国家观、文化观，绝不做亵渎祖先、亵渎经典、亵渎英雄的事情。”③ 党的第十八届六中全会通过的《关于新形势下党内政治生活的若干准则》将尊重和维护党史、军史、新中国史和改革开放史写进党规之中。十三届全国人大常委会第二次会议通过了《中华人民共和国英雄烈士保护法》，以立法形式规定“国家和人民永远尊崇、铭记英雄烈士为国家、人民和民族作出的牺牲和贡献”。④ 从法律层面要求对诋毁英烈等违法违规行为要及时进行查办、判决，充分发挥检察机关在英烈保护方面的职能作用，保护英雄烈士的名誉、荣誉。⑤ 网络空间不是法外之地，对于在互联网上侮辱、诽谤或以其他方式侵害英雄烈士名誉、荣誉的行为，也应该进行严厉查处。

第四，反对软性历史虚无主义应该加强对互联网和新兴媒体的管理。微信、微博、短视频网络平台均是滋生软性历史虚无主义问题的重灾区，

---

① 冯立：《学会用大历史观看待历史》，《红旗文稿》2022 年第 11 期。

② 习近平：《高举中国特色社会主义伟大旗帜　为全面建设社会主义现代化国家而团结奋斗——在中国共产党第二十次全国代表大会上的报告》，《人民日报》2022 年 10 月 26 日。

③ 习近平：《在中国文联十大、中国作协九大开幕式上的讲话》，《人民日报》2016 年 12 月 1 日。

④ 冯俊：《学习和研究“四史”的理论指引——深入学习习近平总书记关于“四史”的重要论述》，《红旗文稿》2021 年第 3 期。

⑤ 陈春琳：《警惕历史虚无主义的新动向及其新对策》，《思想理论教育导刊》2020 年第 4 期。

政府职能部门应当加强意识形态的预警，各地宣传部门应加强对网络平台的网管运营职能机构在意识形态上进行长期培训，尤其是加强党史学习的常态化培训机制，对社会热点事件进行客观、准确的权威解读，掌握网络舆论的主导权，增强民众对错误意识形态的判断能力。

第五，反对软性历史虚无主义要坚持向社会大众普及正确的历史知识。人民群众喜爱历史，渴望了解历史知识，通俗史学的市场应该由专业历史工作者去占领，要将向社会大众普及历史知识和反对软性历史虚无主义结合起来，要创作尊重历史常识和历史逻辑，站在全局和全面的角度把握历史真实的作品，而不应该让具有软性历史虚无主义倾向的“民间高手”和非历史专业工作者去占领文化市场，更不能因为某一种材料就改变对历史人物、历史事件的研究定论。要吸引科班出身的历史文化专业人士运用网络媒体新科技，引导网民树立正确的价值观，传递正能量。不能让新媒体和网络平台成为传播软性历史虚无主义的“温床”。历史学专业人士既要生产出高质量的研究成果，又要能够写出通俗易懂的历史普及读物，来满足人民群众对历史知识的需要。可以结合新媒体技术，推广认证具有权威解读价值的常态化系统性的系列讲座课程，将中华精神文明史与“四史”教育结合起来。

第六，反对软性历史虚无主义要对领导干部加强培训，提高他们的理论鉴别力和工作责任感。领导干部是学习历史、重视历史的重点人群，历史是最好的老师，学习历史可以帮助领导干部提高治国理政能力。习近平总书记要求：“要加强对历史的学习，特别是对中国古代史、中国近现代史、中国共产党历史的学习，从历史中得到启迪、得到定力。”① 同时，习近平总书记还特别指出，要注意在学习历史和党史时的存在的一些错误倾向：“现在，一些错误倾向要引起警惕：有的夸大党史上的失误和曲折，肆意抹黑歪曲党的历史、攻击党的领导；有的将党史事件同现实问题刻意勾连、恶意炒作；有的不信正史信野史，将党史庸俗化、娱乐化，热衷传播八卦轶闻，对非法境外出版物津津乐道，等等。”② 这

① 中共中央宣传部编：《习近平总书记系列重要讲话读本》，学习出版社、人民出版社2016年版，第295页。

② 习近平：《在党史学习教育动员大会上的讲话》，人民出版社2021年版，第24页。

些错误倾向就是历史虚无主义的具体表现，不仅在学习党史时要警惕，在学习中国古代史和中国近现代史时也应该警惕。另外也要加强领导干部对于怎样识别和反对对软性历史虚无主义的能力培训，从而影响全社会对历史的认知，营造传承中华文明的浓厚社会氛围，支持历史工作者开展研究，引导和教育青少年树立正确的历史观。

四　增强历史自信才能把握历史主动

第一，反对软性历史虚无主义的关键是要坚定历史自信。中国人的历史自信，既是对奋斗成就的自信，也是对奋斗精神的自信。无论是硬性、显性的历史虚无主义，还是软性、隐性的历史虚无主义都是对于自己的历史不自信的表现，不自信的主要原因就是缺乏对历史的基本认知和正确的理解认识。习近平总书记在党的二十大上指出："坚持理论武装同常态化长效化开展党史学习教育相结合，引导党员、干部不断学史明理、学史增信、学史崇德、学史力行。"[①] 因为"一百年来，我们党致力于为中国人民谋幸福、为中华民族谋复兴，致力于为人类谋进步、为世界谋大同，天下为公，人间正道，这是我们党具有历史自信的最大底气，是我们党在中国执政并长期执政的历史自信，也是我们党团结带领人民继续前进的历史自信"。[②] 这是我们反对软性历史虚无主义的精神指引。党的十九届六中全会审议通过的《中共中央关于党的百年奋斗重大成就和历史经验的决议》对于中国共产党在伟大建党精神引领下在四个历史时期取得的伟大成就、历史意义和历史经验进行了全面总结，从中国共产党的百年奋斗历程中，思考党的成功秘诀与未来继续成功的道路，充分显示了我们党高度的历史自信。历史研究工作者首先要深入学习领会习近平总书记关于中共党史的重要论述，深入学习领会党的第三个历

① 习近平：《高举中国特色社会主义伟大旗帜　为全面建设社会主义现代化国家而团结奋斗——在中国共产党第二十次全国代表大会上的报告》，《人民日报》2022 年 10 月 26 日第 5 版。

② 《习近平谈治国理政》第 4 卷，外文出版社 2022 年版，第 545 页。

史决议，只有对于中华文明史、中国近现代史和中共党史有全面和深刻的认知，我们在反对软性历史虚无主义时才能有坚实底气。

第二，反对软性历史虚无主义就应当秉持历史主动精神。历史虚无主义具有很强的政治目的，试图通过否定我们民族、国家、党和军队的历史，从而否定中国共产党领导、社会主义制度的合法性，最终阻止中华民族伟大复兴的历史进程。我们要通过总结历史经验，汲取历史教训、掌握历史发展规律及其大趋势，把握中国共产党和国家事业发展的历史主动。党已经实现了第一个百年奋斗目标，如今开启迈向第二个百年奋斗目标的新征程，我们要更加紧密地团结在以习近平同志为核心的党中央周围，发扬历史主动精神，踔厉奋发、笃行不怠，顽强拼搏、不懈奋斗，奋力走好新的赶考之路。

第三，反对软性历史虚无主义就要发扬斗争精神，敢于斗争、善于斗争。中美贸易战、科技战这些是硬实力的斗争，反对历史虚无主义就是软实力的较量。我们要坚持马克思主义在意识形态领域的指导地位，加强党对意识形态的领导权和责任制，占领好互联网这个主战场和主阵地，把反对历史虚无主义看作是一场敌我软实力的较量。我们既要敢于斗争、敢于亮剑，又要善于斗争、以理服人。历史理论工作者要以学术讲政治，以自己深厚的学术功底、强大的理论支撑，在反对历史虚无主义的战场上发挥主力军的作用。“全党同志务必不忘初心、牢记使命，务必谦虚谨慎、艰苦奋斗，务必敢于斗争、善于斗争，坚定历史自信，增强历史主动，谱写新时代中国特色社会主义更加绚丽的华章。”①

总而言之，反对软性历史虚无主义应该成为中国特色历史学研究领域的重要课题，成为构建中国特色历史学学科体系、学术体系、话语体系的重要任务。我们要廓清历史虚无主义的迷雾，让历史学的研究不断结出硕果，创造新的辉煌。

（原载《中国井冈山干部学院学报》2022 年第 6 期）

① 习近平：《高举中国特色社会主义伟大旗帜　为全面建设社会主义现代化国家而团结奋斗——在中国共产党第二十次全国代表大会上的报告》，《人民日报》2022 年 10 月 26 日第1 版。

改革开放以来历史虚无主义解析与批判综论*

陈 甜

改革开放以来，我国意识形态领域泛起一股历史虚无主义思潮。这股思潮具有鲜明的政治诉求，其核心要害在于歪曲和虚无中国革命史、中共党史、新中国史、社会主义发展史，从而达到否定马克思主义指导地位、否定中国共产党领导、否定中国特色社会主义道路的目的。习近平总书记反复强调要旗帜鲜明地批驳历史虚无主义。四十多年来，学界对历史虚无主义思潮批判从未止息，对其渊源、表现、实质、危害与应对做了深入剖析，但是尚未对改革开放以来的历史虚无主义发展脉络作长时段系统分析，以致难以宏观把握学界对历史虚无主义辨析的动态变化。笔者不揣浅陋，拟以历史虚无主义的虚无内容为线索，考察历史虚无主义思潮演变轨迹，梳理相关研究的历史与现状，总结其研究经验与不足，对日后研究中尚需进一步探讨、突破的问题谈谈一孔之见。

一

历史虚无主义演进历程复杂，其泛起、嬗变与国内外环境因素密切相关，带有明显的时代烙印，不同时期虚无内容和表现形式各有侧重，

---

* 本文是国家社会科学基金中国历史研究院重大历史问题研究专项“历史虚无主义思潮解析和批判”（项目号：LSYZD1002）的阶段性成果。

因此对历史虚无主义讨论的重点随着历史条件变化而不断演变。从党的十一届三中全会至20世纪80年代，我们党冲破“两个凡是”的思想禁锢，开展了一系列拨乱反正工作，决定将工作重心转移到经济建设上来，不断推进改革开放。历史虚无主义作为一种错误思潮兴风作浪，以党的领袖和中国传统历史文化为靶向，主要表现为否定毛泽东和毛泽东思想、虚无传统历史文化两种形态。党中央对历史虚无主义的早期表现形态与政治实质保持了清醒的认识和坚决批驳的态度。学界对历史虚无主义的解析与批驳也正式起步。

党的十一届三中全会后，如何总结“文化大革命”、正确评价毛泽东和毛泽东思想，成为党中央亟待解决、党内外和国内外都很关注的重大问题。在党中央对此没有作出客观、全面阐述前，有人利用党进行拨乱反正的时机，曲解“解放思想”的真正含义，借对毛泽东和“文化大革命”评价问题，肆意攻击毛泽东，否定毛泽东思想的科学价值和指导意义，攻击党的领导和社会主义制度。在西单“民主墙”，有人甚至打出“废弃毛泽东思想”“坚决彻底批判中国共产党”的标语，掀起“非毛化”思潮，严重破坏了当时正常的工作秩序、社会秩序，造成人们思想上的混乱。邓小平敏锐地觉察到这股思潮的严重性质，于1979年3月16日在党中央召开的高级干部会议上，对“非毛化”明确表态，指出必须维护毛泽东这面伟大旗帜，“否定毛主席就是否定中华人民共和国，否定党的整个历史”,[①] 告诫人们不要上国内外阶级敌人的当。1979年3月30日在党的理论工作务虚会上，邓小平又指出社会上极少数人散布怀疑或反对四项基本原则的思潮，违背马列主义、毛泽东思想，妨碍了社会主义现代化建设事业的前进，要做坚决斗争，但斗争不是简单的、短时间就可以解决的。[②] 这表明了党中央长期反对错误思潮的态度。

根据笔者掌握的资料，中共中央文献中首次完整出现“历史虚无主义”，是在1978年7月陈云阐述现代书和传统书的辩证关系时，他提出

① 武市红：《邓小平与共和国重大历史事件》，人民出版社2000年版，第238页。

② 邓小平：《坚持四项基本原则》，《邓小平文选》第2卷，人民出版社1994年版，第158—184页。

"闭目不理有几百年历史的传统书，是一种历史虚无主义"，[①] 主要指对传统历史文化遗产的否定态度。针对党的十一届三中全会后国内出现的历史虚无主义和"非毛化"思潮，党中央坚持唯物史观记述历史的原则，但清醒地认识到，这股思潮的实质就是通过否定毛泽东进而否定中国共产党的历史、否定党的领导和社会主义道路，与今天所提的历史虚无主义的内涵实质基本一致。党中央高度重视意识形态安全，1980 年在加强思想政治工作和社会主义精神文明建设论断中，批判违反四项基本原则的错误思潮，[②] 并要求报刊新闻广播对诋毁四项基本原则的思想言论进行有力批驳。[③] 1981 年党的十一届六中全会通过《关于建国以来党的若干历史问题的决议》，更为集中地对毛泽东和"文化大革命"评价问题作出实事求是、恰如其分的阐述，维护了毛泽东的历史地位，肯定了毛泽东思想，正面回击了对毛泽东的歪曲和污蔑。历史虚无主义最初表现形态"非毛化"，在党中央的理论批判和坚决反对下得到遏制，社会团结安定的局面得以维护。

短暂沉寂后，历史虚无主义在 20 世纪 80 年代中后期以虚无民族历史文化的形式再次泛起。随着改革开放的推进，西方文化大量涌入，国内出现典型的"崇洋媚外"民族自卑心理，有些人开始对中国传统历史文化妄自菲薄，主张全盘西化，走资本主义道路。最具表征的是，1988 年电视系列片《河殇》播放，将中华文明描述成愚昧、封闭、必然走向衰亡的黄色文明，称其出路唯有拥抱西方蓝色文明。一味颂扬西方文明，完全抹杀资本主义国家殖民掠夺的残暴和致使近代中国贫弱的原因，得出"侵略有功"论，模糊了人们对中国传统文化的认识，动摇了民族的凝聚力和向心力，为资产阶级自由化泛滥起了助推作用。1986—1989 年，刘晓波、方励之也曾在多次演讲、著述中贬斥中国传统文化的历史价值和时代意义，吹捧西方文化、制度和生活方式，主张用资本主义取

---

① 《陈云同志关于评弹的谈话和通信》编辑小组：《陈云同志关于评弹的谈话和通信》，中央文献出版社 1997 年版，第 94 页。

② 《中国共产党中央委员会关于建国以来党的若干历史问题的决议》，人民出版社 1981 年版，第 36 页。

③ 《中共中央关于当前报刊新闻广播宣传方针的决定》，载中共中央文献研究室编《三中全会以来重要文献选编》下册，人民出版社 1982 年版，第 681—684 页。

代社会主义。

党中央敏锐地察觉到，这“不仅是个文化问题，而且是个政治问题”，关涉引导人们坚持什么方向，中国走什么道路的问题。[①] 1989 年，江泽民在党建理论研究班上，作为中共中央总书记第一次明确提出反对历史虚无主义。他指出：“一个时期以来，资产阶级自由化思潮的泛滥，资产阶级的‘民主、自由、人权’口号的蛊惑，利己主义、拜金主义、民族虚无主义和历史虚无主义的滋长，严重侵蚀党的肌体，把党内一些人的思想搞得相当混乱。”[②] 1990 年，李瑞环在全国文化艺术工作情况交流座谈会上分析指出，方励之、刘晓波和《河殇》的作者诋毁民族文化、歪曲民族历史，是为否定社会主义制度、否定共产党领导的政治目的服务的，[③] 指出了这股思潮通过否定传统文化，进而否定现实的真实用意。需要指出的是，这个时期党和国家领导人的一些文章、讲话中，虽提出并使用了“历史虚无主义”一词，但它常与民族（文化）虚无主义概念并用，[④] 或提出“批判对待民族文化的历史虚无主义”“全面否定民族文化的历史虚无主义”。[⑤] 从相关表述中，一方面可以看出历史虚无主义与其首次在中共中央文件中出现的含义发生了变化，除指代否定传统文化外，还包含对历史的否定；另一方面表明民族文化的虚无是历史虚无主义的重要部分。由于党中央对历史虚无主义与民族虚无主义之间的关系未作出明确区分，学界对历史虚无主义的解析或将历史虚无主义、民族虚无主义并用，或直接采用民族虚无主义。

1986—1990 年，学界相关领域的权威学者开始对历史虚无主义发声，揭露其荒谬观点，将对历史虚无主义思潮的批驳推向第一个高潮。

---

① 李瑞环：《关于弘扬民族优秀文化的若干问题》，载中共中央文献研究室编《十三大以来重要文献选编》中册，人民出版社 1991 年版，第 858 页。

② 江泽民：《为把党建设成更加坚强的工人阶级先锋队而斗争》，载中共中央文献研究室编《十三大以来重要文献选编》中册，第 810 页。

③ 李瑞环：《关于弘扬民族优秀文化的若干问题》，载中共中央文献研究室编《十三大以来重要文献选编》中册，第 857—858 页。

④ 李鹏：《为我国政治经济和社会的进一步稳定发展而奋斗》，载中共中央文献研究室编《十三大以来重要文献选编》中册，第 982 页。

⑤ 李瑞环：《关于弘扬民族优秀文化的若干问题》，载中共中央文献研究室编《十三大以来重要文献选编》中册，第 857 页。

1986年初，中国社会科学院院长胡绳要求近代史研究所要对历史虚无主义"有所态度"。为此，近代史研究所召开小型座谈会，张海鹏撰文《略谈外国侵略与近代中国的"开关"》驳斥历史虚无主义。[①] 1990年，国家教育委员会社会科学发展研究中心（以下简称"国家教委社科中心"）组织北京部分高校专家学者，编写论文集《民族文化虚无主义评析》（中国人民大学出版社1990年版），并成立"民族文化与社会主义现代化建设"课题组，对改革开放以后历史虚无主义思潮在民族文化层面的表现、产生的根源、消极影响及如何正确对待民族文化与外来文化等有关问题进行了学术探讨。其中，学者们对否定中国传统文化背后深层次的政治问题认识清晰，一致提出要严格区分学术问题、理论问题和政治问题。历史虚无主义在民族文化层面的复出，张岱年、张岂之等从原委角度分析，认为有复杂性，民族自卑、崇洋媚外的奴化心理是一方面，韦伯、魏特夫等西方理论家的思想基础是另一方面。羊涤生、戴逸、李文海等从影响角度看，指出历史虚无主义不仅损及中华民族的自尊心、自信心、凝聚力和向心力，还对涉世未深的青年学生造成思想混乱。龚书铎、蔡乐苏等着重从中国传统文化与现代化关系展开论证，批判传统文化阻碍现代化进程的说法。金冲及、戴逸、龚书铎、张岂之、丁守和等学者从应对角度，强调坚持马克思主义指导，批判地继承传统文化等原则。[②]

除以上具有组织性的研讨成果外，还有学者在《学习与研究》《社会科学研究》等期刊撰文批驳历史虚无主义，虽然数量十分有限，[③] 但论题相对集中且有针对性。一是以《河殇》和刘晓波、方励之的言论为靶向进行揭批。[④] 二是从建设中国特色社会主义新文化、树立民族自尊

① 张海鹏：《略谈外国侵略与近代中国的"开关"》，《红旗》1987年第6期。

② 任青、史革新：《"如何正确对待中国传统文化"学术座谈会综述》，《高校理论战线》1991年第1期；任菁：《"如何正确对待中国传统文化"学术座谈会述要》，《教学与研究》1991年第1期。

③ 以"历史虚无主义"和"否定毛泽东"为主题词，通过中国知网检索1978—1990年相关文献，有十余篇。

④ 闻平：《从民族虚无主义到卖国主义——评刘晓波的资产阶级自由化谬论》，《北京师范大学学报》1989年第6期；李缵绪：《驳民族虚无主义》，《云南社会科学》1989年第5期。

心、抵制西方政治社会观视角，指出历史虚无主义的谬误、危害及应对方法。[①] 三是从研究历史的科学性，揭露历史虚无主义反马克思主义的反动实质。[②] 四是与资产阶级自由化思潮相联系，分析其否定毛泽东和毛泽东思想的原因和谬误。[③]

学界依据历史文化发展客观规律和确凿的历史事实，重点摒弃了历史虚无主义思潮在民族文化领域导致的错误倾向，澄清了“非毛化”谬误及本质，有效遏制了其蔓延势头。同时，这也标志着学界认识到改革开放以来历史虚无主义泛起的危害性，开始从学理上解析、批判历史虚无主义。

二

20 世纪 80 年代末 90 年代初东欧剧变、苏联解体，世界社会主义运动遭遇重大挫折，世界政治形势出现大的震荡。西方国家加紧对中国“和平演变”。在此背景下，国内历史虚无主义发生转向，不再泛泛虚无中国传统历史文化，而将重心转移至史学领域，对中国近代史、中共党史和已有定论的历史人物、历史事件“重新评价”，作出颠覆性解读，从大胆直白的大字报式表露走向含蓄间接的学术式论争，意在质疑现实。党中央从理论和实践层面，要求坚决抵制历史虚无主义的蔓延。学界对历史虚无主义思潮相关解析不断增加，也有所突破。

以“告别革命”为标志，历史虚无主义以新的面目卷土重来，先是对中国近代史发难。以 1995 年李泽厚、刘再复所著《告别革命——回望二十世纪中国》为标志，否定近代中国的革命，认为“革命破坏一切”，指责毛泽东没有走出农民狭窄的眼界，否定近代以来中国共产党带领中国人民为实现民族独立、人民解放而浴血奋战的革命历史。由于一些人

---

① 范阳：《建设有中国特色的社会主义新文化的若干问题》，《社会科学探索》1990 年第 3 期；李振刚：《民族虚无主义及其理论误区》，《东岳论丛》1992 年第 2 期。

② 刘文泰：《历史主义与历史虚无主义》，《南都学坛》1992 年第 1 期。

③ 张检明：《试析“彻底否定毛泽东思想”的险恶用心》，《湖湘论坛》1990 年第 2 期。

对近代中国社会性质和主题主线的认识偏差，与“否定革命论”相呼应，近代中国历史上反帝反封建的革命事件和历史人物遭到贬抑，维护封建主义的洋务运动和历史人物受到极力揄扬，“翻案”风一时颇为兴盛。2000 年百花文艺出版社出版复旦大学中文系教授潘旭澜所著《太平杂说》、2001 年史式发表的《让太平天国恢复本来面目》，“充分”地体现了这一点。作者极力美化曾国藩及湘军，为曾国藩的罪行辩白，称曾国藩镇压太平天国，“阻止”了中国历史的“倒退”，全盘否定洪秀全和太平天国，甚至将其“妖魔化”，从而否定太平天国运动的合理性和进步性。历史虚无主义在中共党史领域同样掀起波澜，2000 年高华著《红太阳是怎样升起的：延安整风运动的来龙去脉》，由香港中文大学出版社出版，该书用脱离前因后果的所谓历史细节，将延安整风运动描述为毛泽东操纵权势、排除异己，重建绝对主宰上层权力再分配的过程；作者肆意抹黑毛泽东，只字不提延安整风运动使广大干部、群众思想、组织上达到空前团结的历史价值和现实意义，虚无中国共产党奋斗的历史。历史虚无主义在虚无中国革命史、中共党史过程中，还和所谓“文化保守主义”“保守与激进之争”，以及中国近代史领域的“范式之争”纠葛在一起，将早期文化保守主义思潮运用到历史学领域，表现为对五四运动、辛亥革命、戊戌维新、中国共产党领导革命的否定。许多所谓新的观点和理论范式的提出，似乎呈现学术争鸣的面貌，实则蒙蔽了一部分党员干部和群众，造成思想混乱。

党的十三届四中全会以来，以江泽民同志为核心的党中央高度重视抵制错误思潮的侵蚀和影响。随着历史虚无主义不断蔓延，党中央敏锐地觉察到这一势头，分析党员干部和群众受错误思潮影响的严峻态势：“现在，有的党员干部在报刊书籍和讲坛上，对党的路线方针政策，对中央已经作出决定的重大理论问题和历史结论，公开发表反对意见。有的公然歪曲党的历史、诋毁党的领袖人物和党的优良传统，散布违反马克思主义的错误观点。”① 对于歪曲党和人民奋斗历史的言行，党中央强

---

① 江泽民：《治国必先治党，治党务必从严》，载中共中央文献研究室编《十五大以来重要文献选编》中册，人民出版社 2001 年版，第 1118 页；江泽民：《通报中央政治局常委“三讲”情况的讲话》，《江泽民文选》第 2 卷，人民出版社 2006 年版，第 566 页。

调："对各种错误思潮和社会丑恶现象及时给予有力的揭露和批判，决不能给它们提供舆论阵地"；"坚持进行中国近现代史、中共党史和基本国情教育"；"加强马克思主义唯物论教育。"① 党中央对思想政治工作的态度，明确了对历史虚无主义思潮予以抵制的坚定立场。

我国学术界和理论界对"告别革命"论引发的中国近代史研究中的一些重大原则问题上的"新见"，开始有所警觉和关注，通过召开研讨会、出版书籍、发表文章等方式，澄清历史是非。对此，国家教委社科中心和北京市历史学会作出了积极努力：1995 年 6 月 6 日在北京联合召开以"中国近现代史研究的历史观和方法论"为主题的学术讨论会；1996 年 4 月 10 日至 11 日又在北京联合召开以"五四运动与二十世纪中国的历史道路"为主题的学术讨论会；组织史学界的专家学者撰写《走什么路——关于中国近现代历史上的若干重大是非问题》（山东人民出版社 1997 版）。据统计，参与的学者多达 100 人，他们本着实事求是的原则和百家争鸣的方针，阐明了近现代史研究所坚持的马克思主义理论与方法，一致认为只有用马克思主义的基本观点和方法去分析历史，才能够把握本质、明辨是非，当前对中国近现代史一些基本问题认识上存在差异，是由于不同的历史观和方法论导致的，并对"告别革命"论所提出来的疑问进行解析。刘大年、沙健孙指出近代中国的社会性质为半殖民地半封建社会，对"两半论"的质疑根本不成立，若否定了近代中国半殖民地半封建的社会性质，也就否定了革命的依据和新中国成立的历史根基。李文海、杨东梁、龚书铎、汪敬虞通过回顾史实，指出殖民侵略有助于实现我国现代化是侈谈怪论，在半殖民地半封建社会的中国，不铲除帝国主义和封建主义，没有相应的政治前提做保障，现代化是不会实现的。如何反对、铲除帝国主义和封建主义？张海鹏、谷方肯定了太平天国运动、辛亥革命、五四运动、新民主主义革命的历史功绩，否认这些运动是激进主义思潮的结果，提出近代中国革命的发生是客观情势使然，戊戌维新等事实表明了改良之路在我国行不通，对改良不加分

① 《中共中央关于加强和改进思想政治工作的若干意见》，载中共中央文献研究室编《十五大以来重要文献选编》中册，第 1040—1043 页。

析的肯定是一种反历史主义的态度。针对近代封建统治阶级、反帝反封建代表人物的评价出现隆此抑彼现象，萧致治、许增纮、郭毅生、刘仰东着重分析了鸦片战争、太平天国运动、辛亥革命的历史史实，并对近代历史人物林则徐、琦善、慈禧等重新审视，做出实事求是的研究和评价。这时期的学者还对20世纪90年代苏联解体给予关注，以苏联演变为镜鉴，解析了“告别革命”的政治结果，阐发了史学领域中存在的意识形态问题。[①] 以上学者通过摆事实、讲道理，科学地阐明了中国近代历史发展道路，正确评价了历史事件、历史人物，打破了“好人绝对好、坏人绝对坏”的脸谱化模式，对近代史研究中出现的错误观点给予了集中澄清，对于促进中国近代史研究发展、开展国情教育有着重要的意义。

这时期学界关于历史虚无主义的解析较改革开放初期有所提升，[②] 内容多集中于对“告别革命”论的驳斥。除此之外，还有一些突破性进展。其一，学界出现了首篇以历史虚无主义为题的期刊论文。2000年《求是》第16期发文《应当十分珍惜党和人民奋斗的历史——兼评历史虚无主义的若干观点》。该文对中国为什么发生革命、和平改良为什么失败、资本主义建国方案为什么行不通、社会主义改造指导思想及其对社会主义建设事业的促进作用做了深入分析，揭示了中国近代史、中共党史中不容含糊其词的政治性原则问题。该文以历史虚无主义立题，将党中央对历史虚无主义的概念界定引入学术研究，表明了部分学者对历史虚无主义的研究态度和政治觉悟，但未在学界获得共识性运用。其二，引发太平天国史领域对历史虚无主义观点的辨析。太平天国运动是历史虚无主义的“重灾区”之一。对此，太平天国史领域的研究学者就《太平杂说》引发的对洪秀全评价问题，以及《天朝田亩制度》和《资政新篇》毫无进步意义、太平天国宗教是邪教等错误言论，以翔实的史料予以驳斥。[③]

---

① 沙健孙、龚书铎：《走什么路——关于中国近代历史上的若干重大是非问题》，山东人民出版社1997年版，第3—69、120—145、185—230页。

② 以“历史虚无主义”“否定毛泽东”为主题词，通过中国知网检索1991—2002年相关文献，有20余篇。

③ 朱东安：《太平天国“推行神权政治”说质疑》，《历史研究》1990年第5期；夏春涛：《太平天国宗教“邪教”说辩正》，《山西大学学报》2002年第2期；曹念明：《洪秀全、曾国藩功过片论——评冯友兰〈中国哲学史新编〉中的一个论点》，《学术研究》1996年第6期。

还有学者对2000年央视播放的《太平天国》电视剧有悖历史真相、偏离中国近代历史主线、随意滥用历史文化的硬伤做了解析。[①]

学界意识到历史虚无主义在史学研究中的误导性，组织了专家学者对争论较多的近代中国走什么道路问题展开学术探讨，对近代中国一些重大原则性问题提出权威性见解，为批驳错误思潮提供了重要的理论依据。但是，由于当时缺少开展正常学术批评的环境和史学界对历史虚无主义研判意识不足，[②] 批判性的文章和著作均相对较少，对中共党史领域历史虚无主义关注也略显不足。

三

进入21世纪，信息网络技术迅猛发展，美国等西方国家借此蓄意在别国煽动“颜色革命”。国内历史虚无主义思潮在延续史学领域虚无范畴基础上，内容和形式发生了一些变化。就内容而言，一是将虚无的触角从中国近代史、中共党史延伸至新中国史、社会主义发展史。具体而言，中国近代史领域的舆论持续发酵，主要表现为2003年历史剧《走向共和》和2006年《中国青年报·冰点周刊》发表袁伟时的《现代化与历史教科书》一文。它们为近代帝国主义侵略者辩护，对中国人民反帝反侵略的斗争质疑并进行“挞伐”，传达了错误的历史观。在中共党史、新中国史和社会主义发展史领域，历史虚无主义有所蔓延，妄言“五四”以来中国选择社会主义发展方向是误入“歧路”，否定中国共产党在新民主主义革命、社会主义建设和改革中的领导作用，大肆渲染我们在前进中出现的失误和曲折，抹杀社会主义建设取得的辉煌成就，等等。二是玷污、污蔑的对象从党的领袖扩展至人民英雄。黄继光、董存瑞、邱少云等英雄人物成为历史虚无主义攻击的对象。英雄人物代表着中华

① 盛巽昌：《艺术虚构的前提是尊重历史——评电视连续剧〈太平天国〉》，《探索与争鸣》2000年第10期。

② 当时某些带有明显错误倾向的观点接连发表在各种出版物上，但对此提出批判的文章和著作难以发表和出版，缺乏繁荣学术、正常争鸣的学术氛围。

民族精神，理应被尊重，却被以“无厘头”方式遭到恶搞、调侃，[①] 在一片戏说、恶搞中甚至连狼牙山五壮士事迹的真实性，岳飞的身份都成了疑问。历史成了任人打扮的“小姑娘”。

就形式而言，历史虚无主义在新的发展阶段形式更加多样。除披戴学术外衣外，还以文学、艺术作品为载体，利用电视、网络传播的力量，向大众“普及”。具体来看，否定和诋毁中国人民和中国共产党革命、社会主义建设、改革开放的历史被影射到文学领域，鲁迅、郭沫若、茅盾、巴金等文学家的革命立场遭到揶揄，[②] 学习和宣传革命的文学作品受到贬损。[③] 一些历史题材的艺术作品也成为历史虚无主义者散布谬论的重要推手，它们通过解构、戏说历史，诱导人们“重新认识”某段历史和历史人物。如在“红色经典”改编热潮中，《沙家浜》的传统革命主题被颠覆为“一个女人和三个男人之间的关系”，淡化人们对革命的理解和思考。随着新传媒和互联网空间的扩大，历史虚无主义思潮的影响力由学界开始向一般公众“扩散”。据人民论坛问卷调查中心统计，2010—2011 年度历史虚无主义成为“最受关注”的十大思潮之一。[④]

党中央对此高度警觉。党的十六大以来，党中央密切关注不同阶层、不同群体的思想状况，分析指出各种反马克思主义思潮变换不同面目、利用多种方式否定马克思主义，意识形态领域面临严峻考验。2004 年，中央启动马克思主义理论研究和建设工程，坚持和巩固马克思主义在意识形态领域的指导地位，对“思想理论界出现的借‘反思改革’宣扬错误观点和民主社会主义、新自由主义、历史虚无主义以及僵化思想等错误倾向，及时组织专家撰写引导文章”。[⑤] 针对历史虚无主义严重干扰的

---

① 英雄人物黄继光舍身堵枪口被说成是摔倒所致，董存瑞炸碉堡是因为手被炸药包上的双面胶粘住了，邱少云在战场上不是被烧死而是被吓死等。

② 张晓红、梅荣政：《历史虚无主义的实质和危害》，《思想理论教育》2009 年第 7 期。

③ 如魏巍名作《谁是最可爱的人》被攻击，胡说抗美援朝战争中美帝国主义侵略根本不存在，志愿军跨过鸭绿江作战也不伟大。

④ 王业、韩冰曦、康培：《2011 重大思潮调查报告——与 2010 年的对比分析》，《人民论坛》2012 年第 3 期。

⑤ 《中共中央宣传部关于马克思主义理论研究和建设工程实施以来的工作情况和今后五年工作设想的报告（二〇〇八年四月二十九日）》，载中共中央文献研究室编《十七大以来重要文献选编》上册，中央文献出版社 2009 年版，第 448 页。

中共党史领域，中共中央于2010年6月19日提出新形势下党史的工作任务，要“坚决制止歪曲党的历史的错误倾向，有力驳斥敌对势力对党的历史的污蔑和攻击”,[①] 引导广大干部群众正确认识和对待党的历史。党中央着重从以上马克思主义理论研究和建设、党史工作任务两个实践层面，批驳和抵制历史虚无主义思潮，显示了党中央愈加重视从实践中创新，探索批驳历史虚无主义的新策略。

以前期研究为积累，学界对历史虚无主义有所虚无、有所不虚无的叙事特点作出归纳总结，开始明确以“历史虚无主义”为专题，展开系统性解析，兼具集中和分散两种研究形式，相关文章数量逐年递增，对历史虚无主义解析进入常态化和稳定期。[②] 其中，集中性解析主要体现为以下两点。

其一，2003年电视剧《走向共和》播出后，中国史学会和教育部高等学校社会科学发展研究中心（以下简称“教育部社科中心”）组织专家学者召开研讨，并由李文海、龚书铎、梁柱会后主编《近代中国是怎样走向共和的？——大型电视剧〈走向共和〉引发的思考》（华龄出版社2003年版）。其中，史学家们依据历史事实还原历史上真实的慈禧太后、李鸿章、袁世凯，批评该剧对史实的颠覆和以人性阐释历史的错误，强调史学研究和艺术创作要遵循唯物史观，并进一步对近代中国的历史走向和近代中国是怎样走向共和的加以阐明。“研讨会+著作”延续了20世纪90年代针对“告别革命”论的学界应对方式，但其影响和意义并未达到以往的效果。因为该剧在中央电视台一套黄金时段播出，其覆盖率和辐射力前所未有，使其拥有最广大的受众。但受众评价不一，有人奉为历史教科书，有人痛斥批判，有人满怀狐疑，分歧较大。学界对《走向共和》的批评，订正和解答了多数“观众”对该剧史实的惶惑和误知,[③] 提高了人们对“走向共和”这一重大历史性巨变的科学认识，

① 《中共中央关于加强和改进新形势下党史工作的意见（二〇一〇年六月十九日）》，载中共中央文献研究室编《十七大以来重要文献选编》中册，第791页。

② 以“历史虚无主义”为主题词，通过中国知网检索2003—2012年相关文献，平均每年发表文章十余篇至30篇。

③ 梁柱：《历史不是可以任人打扮的小姑娘——与年轻朋友谈电视剧〈走向共和〉》，载《中华魂》编辑部编《忘年交书简五十封》，中央文献出版社2007年版，第238—243页。

一定程度上抵制了历史虚无主义造成的负面影响。

其二，响应强化马克思主义在科研等领域的指导地位。2005 年 3 月 19 日，教育部社科中心和中国史学会联合召开“近现代历史研究与历史虚无主义思潮”研讨会。梁柱、龚书铎主编《警惕历史虚无主义思潮》，收录了此次研讨会成果和史学界一些评价文章，共 22 篇，由人民教育出版社于 2006 年出版。此次会议上，学界首次提出针对“中国共产党成立以来的中国历史虚无的态度”，加之《警惕历史虚无主义思潮》是国内首部以历史虚无主义命名的著作，两者都具有重要意义，且集中体现了进入 21 世纪后学界对历史虚无主义的认识和研究成果，具有相当的学术价值和现实意义。[①] 参与研讨会并撰文的 30 余位专家学者对历史虚无主义作了系统研讨。对历史虚无主义表现，梁柱、沙健孙、张启华等学者指出，进入 21 世纪除“告别革命”说、否定中国文明起源、研究范式转换、颠覆已有定论的错误言论外，攻击中国共产党和新中国历史的较为明显。关于历史虚无主义思潮产生的理论基础，梅荣政、杨军、龚云深入剖析，指出 20 世纪七八十年代欧美史学界出现的否定一切革命、鼓吹改良的历史相对主义思潮和将客观存在的历史视为历史学家主观构建的后现代主义思潮，是历史虚无主义遵奉的教条。龚书铎、田居俭全面批驳了历史虚无主义思潮在史学方法上采用形而上学的偏颇，批评其混淆了历史的支流与主流、现象与本质，对历史做出错误解读。关于历史虚无主义的危害，学者们着墨尤多，从党和国家的意识形态安全性、学科科学性、民族凝聚力等角度予以揭示。有较大突破的是陈之骅、钟哲明、吴恩远，他们通过历史虚无主义在苏联解体、苏共丧失执政地位中扮演的“特殊”角色，揭露历史虚无主义的危害，更有说服力和针对性。关于历史虚无主义的应对举措，学者们建言献策，提出坚持马克思主义指导地位，在全民范围内开展马克思主义历史教育，培养民族自信心、自尊心等。其中，对历史虚无主义思潮做系统、全面、深入的解析不仅是应对之策，也成为学界共识和进入批驳历史虚无主义的自觉阶段

① 文世芳、王瑾：《新世纪历史虚无主义的论争及启示》，《中共云南省委党校学报》2005 年第 6 期。

的标志。

截至党的十八大，历史虚无主义作为反马克思主义思潮，持续受到学界关注。一是重点揭露历史虚无主义唯心史观，以划清与马克思主义唯物史观的界限。梁柱、方艳华、李方祥等就历史虚无主义反阶级斗争说、社会形态说、历史发展客观性等错误历史观，通过讲史实、摆道理，揭露历史虚无主义的理论伪装和本质。① 二是从西方反马克思主义思潮视角评析历史虚无主义与历史终结论、新自由主义、民主社会主义的耦合关系。梅荣政、李志军、邓鹏等分析反马克思主义思潮的渊源、流变，提出若不综合研究当代反马克思主义思潮之间的逻辑关系，则不能掌握历史虚无主义思潮的变化规律。② 三是重视马克思主义理论建设工作。从大学生思想政治教育和高等学校哲学社会科学体系建设角度，杨军等运用量化研究方法，分析历史虚无主义影响高校师生的现状和原因，提出应对之策。③ 以上研究成果，既是国家启动马克思主义理论研究和建设工程的题中应有之义，也是学界对历史虚无主义“亮剑举旗”的重要突破。此外，学界还从澄清具体史实、廓清历史虚无主义文艺“嫁衣”方面进行评析。如梅宁华、李方祥等对历史虚无主义者歪曲的辛亥革命、五四运动、北伐战争、全民族抗战、三年解放战争、社会主义改造等重大历史事件，作了“史实 + 理论”的阐释。④ 王科、熊元义、马建辉等对历史虚无主义在文艺领域的典型表现予以揭露。⑤

---

① 梁柱：《历史虚无主义是唯心主义的历史观》，《思想理论教育导刊》2010 年第 1 期；方艳华：《以社会主义核心价值体系引领历史虚无主义思潮论析——唯物史观视域下的考察》，《求实》2010 年第 10 期；李方祥：《划清马克思主义与历史虚无主义界限的几个问题》，《思想理论教育导刊》2010 年第 8 期。

② 梅荣政、杨瑞：《历史虚无主义思潮的泛起与危害》，《思想理论教育导刊》2010 年第 1 期；李志军、邓鹏：《当代主要反马克思主义思潮批判——基于划清“四个重大界限”的思考》，《马克思主义研究》2011 年第 8 期。

③ 杨军：《历史虚无主义思潮影响高校师生的现状、原因和对策》，《思想理论教育导刊》2011 年第 11 期。

④ 李方祥：《中国共产党是中国革命、建设和改革的中流砥柱——兼评近年否定党的领导地位的几种错误观点》，《思想理论教育导刊》2011 年第 10 期；梅宁华：《旗帜鲜明地反对历史虚无主义——辛亥革命百年回眸》，《红旗文稿》2010 年第 10 期。

⑤ 王科、熊元义：《文论建设不积跬步难致千里》，《云梦学刊》2001 年第 6 期；马建辉：《文艺中的价值虚无主义思潮》，《求是》2009 年第 3 期。

21 世纪以来至党的十八大期间，历史虚无主义由中国近代史、中共党史领域不断向新中国史、社会主义发展史蔓延，污蔑对象由党的领袖延伸至人民英雄，表现形式不再局限于学术著作、学术期刊等，文学艺术作品、互联网等均被其所用。历史虚无主义由学术圈开始走向大众的日常生活，影响呈蔓延之势。基于形势变化，党中央着重从实践层面作出部署安排。学界对历史虚无主义自觉“举旗亮剑”，参与批判的学者越来越多，产生了不少有价值的成果。2012 年 7 月梁柱所著《历史虚无主义评析》由社会科学文献出版社出版。该书对改革开放以来历史虚无主义泛起的背景、新时期若干特点及其危害作了精辟分析，全书仅四万字左右，但兼具说理性和可读性，是一部难得的理论普及性读物。这些成果的取得，为抵御历史虚无主义提供了有力的学理支撑，但相较于借助文学艺术甚至互联网渗透的历史虚无主义，其社会舆论导向增强，影响对象愈加平民化，历史虚无主义研究所发挥的澄清是非作用还远远不够。学界和普通民众中还存在对历史虚无主义认识不清的现象，如有些学者和网民对电视剧《走向共和》持欣赏、肯定态度。①

四

党的十八大以来，我国进入中国特色社会主义新时代。历史虚无主义弥漫的国际国内社会土壤尚未发生根本性改变。随着我国互联网的发展和普及，大数据、人工智能、区块链等新一代技术的发展，历史虚无主义乘机又衍生出新的表现形式。

就内容看，历史虚无主义是以往虚无内容的集合体，持续就中国革命史、中共党史、新中国史、社会主义发展史进行歪曲和否定。新时代以来历史虚无主义“变”的更多的是虚无的方式和散播的形式。虚无的方式，可以用以下两点加以说明，一是用片面的、零散的所谓新史料、

① 方闻：《真是真非安在人间北看成南——〈走向共和〉及其引起的反响述评》，《文艺理论与批评》2003 年第 5 期。

新档案作为重评历史的标尺，阐释历史。如有人根据回忆录、日记等将民不聊生的民国时代塑造成“温柔之乡”。二是与现实问题相结合，歪曲历史。以上两点都是用新的方式切入虚无主题的典型，看似新颖，实则老调重弹。散播的形式在新时代更为复杂多样，主要涉及以下几种。一是利用重要时间节点，制造舆论话题。毛泽东诞辰 120 周年、中国人民抗日战争 70 周年等历史节点，历史虚无主义大肆歪曲历史，吸人眼球。二是用反批判来抢夺批判历史虚无主义的旗帜。将马克思主义反诬为历史虚无主义、网络上围攻历史虚无主义批判者，都是历史虚无主义以反击谋求扩散的重要形式。三是以信息技术为依托，将历史娱乐化、碎片化。历史虚无主义者抓住我国庞大的网民规模和移动互联网技术，以微信、微博、网游等新媒体为载体，将历史娱乐化、碎片化，用荒诞不经、以偏概全的形式遮蔽历史真相，渗透进大众日常生活中。四是伺机向多个领域拓展活动空间。如教育领域，质疑主流历史教学。法律领域，亵渎英烈的某杂志主编状告捍卫英烈的爱国群众，妄图挟持司法为其“正身”。可见，新时代以来的历史虚无主义主要“新”在虚无的方式和散播的形式。历史虚无主义改头换面，逆风行进，在 2013—2017 年连续多年被评为“讨论激烈”的国内十大社会思潮之一。[①] 经过党和学界的大力批驳和抵制，2018—2022 年，历史虚无主义收敛锋芒，更加隐秘地散播其谬论，展现为软性历史虚无主义或隐性历史虚无主义，隐蔽性、欺骗性和迷惑性不断增强。

以习近平同志为核心的党中央高度重视社会主义意识形态建设，坚持破立并举，对历史虚无主义的揭批和抵制更为彻底、深刻和全面。在理论上，习近平总书记以苏联解体、苏共垮台为镜鉴，廓清了历史虚无主义的本质和危害，即“从根本上否定马克思主义指导地位和中国走向社会主义的历史必然性，否定中国共产党的领导”，[②] 使人们能更清晰地辨识历史虚无主义。对于历史虚无主义在重大历史问题上的诸多错误言论，习近平总书记在讲话中作出强有力回击，以正视听。如对割裂改革

① 陈琳：《当前国内社会思潮趋势走向》，《人民论坛》2018 年第 6 期。

② 《马克思主义历史理论经典著作导读》编写组：《马克思主义历史理论经典著作导读》，人民出版社 2013 年版，第 396 页。

开放前后三十年历史的言论，以“两个不能否定”予以回应，深刻揭露历史虚无主义的谬误。在实践上，党中央提出“真正弄懂马克思主义才能更好地抵御历史虚无主义谬论”，把“四史”学习提高到前所未有的战略高度，坚定“四个自信”，综合立论抵御历史虚无主义。党和国家相关机构通过《中国共产党纪律处分条例》《中华人民共和国英雄烈士保护法》等法律法规，设立烈士纪念日、中国人民抗日战争胜利纪念日、南京大屠杀死难者国家公祭日，发行《历史虚无主义与苏联解体》教育参考片，规定历史教材由国家组织统一编写，整治网上传播的历史虚无主义内容，多措并举与历史虚无主义作斗争。

学界以习近平总书记关于揭批历史虚无主义重要论述为指导，对历史虚无主义展开持续深入的剖析，论著数量和研究内容都达到前所未有的高度。据在知网上以历史虚无主义为主题词进行检索统计，新时代至今（2022 年 3 月）相关期刊论文、报纸文章共有 2575 篇，相关著作出版约 20 部，较以往呈直线上升趋势。历史虚无主义研究有更多的学者参与，从多学科、多视角对历史虚无主义者回炉加工再散布的言论进行深刻批判，对炮制的新话题及时回应，不乏综合分析、具体驳斥和多领域开拓的重量级成果。为方便叙述，笔者从以下三点对新时代以来的历史虚无主义解析成果和研究动态略加评介。

（一）综合分析

对历史虚无主义做全面系统分析是学界一如既往坚持和完善的方向。在中共中央宣传部、中国社会科学院、中共中央党史研究室等部门精心组织下，学界于 2014—2017 年多次召开以批驳历史虚无主义为主题的研讨会，《人民论坛》《历史研究》《史学理论研究》《中国社会科学报》等理论期刊、报纸开设评析专栏，国家及地方研究院所设立专项课题，组织科研力量，围绕历史虚无主义的思想根源、时代背景、认识误区、最新表现形式、实质和危害、如何批驳历史虚无主义等，推出了一系列富有成效的理论成果。

其中，深化历史虚无主义理论批判、考察其发展演变、追踪新变种、研究新时代的相关应对策略，反映了学界关注的方向。关于深化理论批判，学界主要从历史虚无主义生成的社会根源和理论渊源两方面做出探索性突破。社会根源研究，不再局限于国内外政治经济形势宏观性分析，而是沉入社会现实，于细微处洞察历史虚无主义泛起的原因。如夏春涛在分析世情、国情基础上，阐释党的十八大前后党情变化与批驳历史虚无主义的关系，以及信息化发展带来的挑战；[①] 郑师渠、郑志康指出当下市场经济催生的不良社会风气、文艺作品审查不严、网络监管不力、现代化社会心理等问题糅合交织，构成了历史虚无主义的现实成因。[②] 在理论渊源研究上，学界不断拓展，挖掘与历史虚无主义唯心史观、形而上学方法，剖析历史虚无主义多重思想脉络。如于沛、卜宪群、韩炯等，剖析了卡尔·波普尔（Karl Popper）、弗里德里希·哈耶克（Friedrich Hayek）等人的理论观点与历史虚无主义的关系，批判历史虚无主义对叙事史、微观史的误用、滥用，揭露了历史虚无主义历史书写的谬讹。[③] 关于历史虚无主义演进流变，学界形成两条研析路径，一是以刘森林、邹诗鹏等为代表的马克思主义哲学领域学者将历史虚无主义作为舶来品，深掘其在 19 世纪欧美、20 世纪日俄的演变，回应虚无主义、历史虚无主义的广义范畴。[④] 二是王瑾、文世芳、李方祥等基于中共中央文件，考察党中央对历史虚无主义的认识过程，廓清历史虚无主义在我国的严格界定，将人们思想统一到党中央的认识上。[⑤] 以上研析路径揭示了历史虚无主义非线性单向的发展逻辑，为人们认识历史虚无主义提供了宏阔视野。对历史虚无主义最新动态跟踪、研判，是学界普遍关注的焦点。田心铭、黄楚新等及时追踪历史虚无主义者炮制的错误

---

① 夏春涛：《历史虚无主义解析》，《史学理论研究》2019 年第 3 期；张海鹏、赵庆云：《历史虚无主义的若干表象及其实质》，《世界社会主义研究》2018 年第 9 期。

② 郑师渠：《当下历史虚无主义之我见》，《历史研究》2015 年第 3 期；郑志康：《软性历史虚无主义：现实成因、基本样态与纠治进路》，《思想教育研究》2020 年第 8 期。

③ 于沛：《后现代主义历史观和历史虚无主义》，《历史研究》2015 年第 3 期；卜宪群：《历史唯物主义与历史虚无主义琐谈》，《历史研究》2015 年第 3 期；韩炯：《因果解释的迷失：历史虚无主义的方法论基础批判》，《史学理论研究》2019 年第 3 期。

④ 刘森林：《物与无：物化逻辑与虚无主义》，江苏人民出版社 2013 年版，第 2—22 页；邹诗鹏：《虚无主义研究》，人民出版社 2016 年版，第 11—50 页。

⑤ 王瑾、文世芳：《1949—1989 年〈人民日报〉对历史虚无主义的解析》，《当代中国史研究》2017 年第 2 期；李方祥：《“历史虚无主义”是意识形态领域特定的政治概念——基于党的文献的历史考察》，《思想理论教育导刊》2015 年第 1 期。

言论，如微博大V侮辱中印边境戍边烈士等，以理论和事实予以驳斥。[①]董学文、郑志康、孙洲等对历史虚无主义最新表现形态作出研判，称之为软性（隐性）历史虚无主义，指出随着时代和社会客观形势变化，历史虚无主义由明火执仗到暗度陈仓，形式更隐秘、迷惑，影响力和危害性更强。由于软性历史虚无主义辨识难度增大，学界开始涉入并展开系统解析。[②] 历史虚无主义散播为害尤甚，基于当前国际国内形势变化，学界提出了新的应对策略。例如，加快构建中国特色哲学社会科学学科体系、学术体系、话语体系；做好历史上重难点、热点问题研究和成果宣传；强化网络阵地建设，培育健康社会心态等。[③] 从理论批判和实践纠治双向度，探寻揭批历史虚无主义良策，体现了学界理论联系实际、学术回应现实的研究指向。

（二）具体驳斥

学界针锋相对地驳斥历史虚无主义在歪曲具体史实、颠覆历史结论、污蔑英烈等方面的谬误，形成若干批判成果。例如，吴英对当前中国社会性质是否资本主义社会的问题，沈冰清对夸大租界历史作用问题，从理论高度和客观史实两个方面厘清了真相。[④] 由于具体驳斥论著较多，本文择要予以说明。

其一，党史国史方面。党史国史也是历史虚无主义泛滥的“重灾区”之一。中共中央党史研究室和中国社会科学院当代中国研究所对此给予关切，召开“唯物史观与中华人民共和国史研究”研讨会，出版了

① 田心铭：《警惕历史虚无主义的新变种》，《红旗文稿》2014 年第 13 期；黄楚新：《严防历史虚无主义解构主流意识形态》，《人民论坛》2018 年第 6 期。

② 董学文：《揭一揭软性历史虚无主义的真实面目》，《红旗文稿》2018 年第 16 期；孙洲：《当代中国软性历史虚无主义的审视与批判》，《思想教育研究》2019 年第 11 期；郑志康：《当代中国软性历史虚无主义思潮的四维逻辑透视》，《当代世界与社会主义》2020 年第 6 期。

③ 王伟光：《以唯物史观为指导，加快构建中国特色马克思主义史学理论和史学学科创新体系》，《世界社会主义研究》2016 年第 1 期；卜宪群、杨艳秋、高希中：《一个民族的历史是一个民族安身立命的基础——兼评历史虚无主义》，《求是》2014 年第 4 期。

④ 吴英：《驳中国非社会主义论》，《史学理论研究》2019 年第 3 期；沈冰清：《在租界问题上应坚决反对历史虚无主义——以上海公共租界为案例》，《人民论坛・学术前沿》2018 年第 12 期。

《反对历史虚无主义》（中共党史出版社 2017 年版）、《历史的细节与主流》（陕西人民出版社 2020 年版）等著作。曲青山、吴德刚、罗平汉等党史国史领域的专家学者，改变过往研究中对历史虚无主义回应不到位的问题，重点运用实证史学方法，通过对历史细节的挖掘，对历史虚无主义者在抗日战争、土地改革、社会主义改造等方面上所制造的“史实”和“理论”加以核对、考证和分析，还原被遮蔽的历史真相，使研究成果更具有针对性和说服力。学界对党史国史的研究相对而言比较成熟，既有对虚无者抹黑党史国史的交锋性成果，又有对当前研究不足及改进的反思性探讨。如有学者指出党史国史通史性研究薄弱、揭露叙事“硬伤”的精准个案研究缺乏等问题，并提出推进党史国史编修、建设高端智库、科学揭示党史国史主题与主线、主流与本质等对策建议。[①] 可以看出，党史国史领域研究的学者“以批促进”，检讨过往研究中史料单一、观点陈旧等缺陷，开始重视历史细节的钩沉和历史脉络的把握，努力推进史学社会功能发挥和党史国史研究理论创新。

其二，历史人物研究方面。新时代以来学界对虚无历史人物研究主要趋向于两点，一是作整体性分析，对虚无历史人物产生的原因、表现、危害及应对做系统阐释。其中较有创建性的是对原因和对策的分析，有学者指出，领袖和英雄人物“高大全”脸谱化解读、网络游戏与历史人物混搭等，会导致历史人物颠覆性阐释扩散，提出要构建马克思主义历史人物评价的体系和标准，把握历史人物评价的主动权和话语权。[②] 二是客观、科学评价毛泽东和毛泽东思想问题。历史虚无主义者矛头指向最多的是毛泽东，对其领导的新民主主义革命、社会主义革命和建设的实践，以及毛泽东理论著作及其思想价值、毛泽东私人生活等进行指责和非议。对此，学界组织召开第七届“毛泽东论坛”，重点评析毛泽东研究中的历史虚无主义。程美东重点揭批历史虚无主义者聚焦毛泽东的

---

① 宋月红：《党史国史研究中抵制历史虚无主义的三个关键抓手》，《红旗文稿》2017 年第 6 期；孙钦梅：《深化国史研究抵制历史虚无主义——“唯物史观与中华人民共和国史研究”学术研讨会述要》，《世界社会主义研究》2017 年第 6 期。

② 周进：《历史人物研究与历史虚无主义批判》，《红旗文稿》2018 年第 17 期；熊燕华：《历史虚无主义虚无历史人物的策略、动因及危害》，《思想教育研究》2018 年第 9 期。

失误的片面性，充分肯定毛泽东对党和国家的重大贡献，对其作出辩证、客观的评价。[①] 王芳、孙帅等则关注海外毛泽东研究中的历史虚无主义倾向，以及把毛泽东思想看作马克思主义“异端”等虚无主义观点进行整理，进而驳斥历史虚无主义者观点的虚假性，以廓清事实、正本清源。[②] 学界在历史人物研究中批驳历史虚无主义，一方面使被遮蔽的历史人物得以彰显，推动了国内历史人物尤其是毛泽东研究向纵深发展；另一方面加强了国际传播能力，促进国际社会正确看待我党领袖、英雄人物和中国近现代历史进程。

其三，马克思主义理论研究方面。新时代，历史虚无主义者继续向马克思主义发起攻击，反诬马克思主义是历史虚无主义。张海鹏、龚云等及时向历史虚无主义这一新动向“亮剑”，批判历史虚无主义者提出的“马克思主义指导下的历史认识体系是教条主义历史虚无主义”“马克思把历史终结在共产主义社会”“马克思主义历史图式与基督教历史图式相似”观点，指出这些言论是对马克思主义的严重歪曲，言明当下我国历史虚无主义思潮的特定内涵。[③] 通过学界反击历史虚无主义者对马克思主义理论的攻讦，人们更加明确了改革开放以来我国揭批历史虚无主义思潮的具体内涵，同时也让学界关注到，当前复杂舆论环境下马克思主义与时俱进的重要性和迫切性，如何让马克思主义更“接地气”，指导公众识别历史虚无主义者的唯心主义本质，成为理论工作者认真研究和思索的重要问题。学界对历史虚无主义的具体驳斥，及时清除了历史虚无主义“兴风作浪”，起到了激浊扬清作用。

（三）多领域探索

由于历史虚无主义波及学科领域较多，学界在文学艺术、世界历史、思想政治教育、互联网传播等领域均进行了批驳。文学艺术领域，黄会

---

① 程美东：《以大历史的眼光审视毛泽东的历史价值》，《中国社会科学报》2013年11月27日。

② 王芳：《海外毛泽东传记文本中历史虚无主义的表现与批判》，《毛泽东研究》2021年第4期；孙帅：《国外毛泽东思想研究中的历史虚无主义思潮批判》，《思想教育研究》2018年第8期。

③ 张海鹏、龚云：《马克思主义是历史虚无主义吗?》，《红旗文稿》2014年第16期。

林等披露历史虚无主义在文学艺术中的表现，解析其附着于文学艺术的原因、危害，认识到多种历史虚无形式互为表里，提出要清除文艺创作中的历史虚无主义。[①] 世界历史领域，我国学者将视野投置到历史虚无主义与苏联解体的关系中，李慎明、陈之骅、吴恩远、张树华等学者专注此领域研究，他们剖析了历史虚无主义致使苏共垮台、苏联解体的思想舆论因素与历史过程，阐述了苏共亡党、苏联解体给俄罗斯带来的危害，考察俄罗斯当今在历史研究领域拨乱反正的国家战略。[②] 思想政治教育领域，历史虚无主义泛起对其冲击较大。学习研读习近平关于历史科学的重要论述、探究历史课程体系改革、关注青年群体受历史虚无主义思潮的影响与应对，都是该领域的主要内容，由于其研究视角丰富，涉及内容较多，在此不再赘述。互联网传播领域，历史虚无主义以网络新媒体助推各种谬论，引起学者警惕。李方祥、陶鹏从政治经济、社会心理、历史文化、传播媒介层面分析了历史虚无主义与网络媒介结合的原因；[③] 王仕勇、周玉等注重传播链、传播规律探究，并围绕互联网和人工智能技术，解析了历史虚无主义思潮渗透精准化、隐蔽性、渗透力强的特点。[④] 以上多领域研究，既反映了历史虚无主义涉及领域的广泛，又表明了学界解析历史虚无主义的细致和深化。

新时代以来，历史虚无主义的虚无方式和散播形式发生了明显变化。学界对其批驳与揭示更加深刻，多措并举进行抵制，社会各界民众对历史虚无主义的本质和危害有了更清醒的认识，历史虚无主义一度蔓延的趋势得以遏制。在批驳历史虚无主义的同时，学界也发现构建中国特色哲学社会科学学科体系、学术体系和话语体系的重要性和迫切性。

---

① 黄会林：《别让影视领域成为历史虚无主义的“重灾区”》，《红旗文稿》2016 年第 12 期。

② 周兵：《历史虚无主义批判文选》，红旗出版社 2018 年版，第 399—460 页。

③ 李方祥：《历史虚无主义的传播特点分析》，《红旗文稿》2016 年第 7 期；陶鹏：《网络语境下历史虚无主义的流变及其批判》，《中州学刊》2016 年第 8 期。

④ 王仕勇：《警惕网络历史虚无主义新动向》，《前线》2019 年第 2 期；周玉：《历史虚无主义网络传播的新特点及对策》，《马克思主义研究》2020 年第 7 期。

五

“历史虚无主义不仅是个文化问题，而且是个政治问题；不仅是个对待历史的态度问题，而且更重要的是个对待现实的态度问题。”[①] 改革开放以来，历史虚无主义在我国出现，党中央就对其政治实质作出分析判断，一以贯之地坚持批驳历史虚无主义。历史虚无主义虽屡遭批驳，活动和生存的空间越来越小，却腐而不僵，不时掀起波澜，混淆视听，给中华民族复兴伟业带来了风险和挑战。当前国际形势“东升西降”趋势明显，但“资强社弱”的总体态势未发生根本性转变，国内经济体制改革处于转型升级的关键时期，不确定不稳定性因素增多。历史虚无主义的本质决定其不会自动退出历史舞台，反对历史虚无主义的斗争具有长期性、复杂性和艰巨性。新形势下，历史虚无主义解析的任务更为繁重。谢茂松在《人民论坛》发表题为《要持续反复地深入批判历史虚无主义》的文章，[②] 反映了今后学界任重而道远的研究指向。回顾四十多年来历史虚无主义研究，成绩斐然，尤其21世纪以来，越来越多的学者自觉参与历史虚无主义解析和批判中，使得历史虚无主义研究力量不断壮大，成果日渐丰硕，成绩值得肯定，但也存有阙如。整体而言，开拓创新性成果少，同质化、低端重复性研究多。相关著作多为论文选编合集，成系统、有深度、有影响力的研究著作依然稀缺。内容专业性、针对性不足，历时性、动态性、跟踪性研究缺乏，仍存在较多可待拓荒的研究空间。笔者不揣浅陋，拟就进一步推动相关研究，提出以下几点浅见。

首先，要提升历史虚无主义解析的政治站位，正确区分政治原则问题、思想认识问题和学术观点问题。改革开放以来，我国坚持“百花齐放、百家争鸣”的方针，积极推进学术研究和学术创新，大力繁荣和发展中国哲学社会科学，积极纠正过去极“左”时期对学术问题上纲上

① 李瑞环：《关于弘扬民族优秀文化的若干问题》，载中共中央文献研究室编《十三大以来重要文献选编》中册，第857页。

② 谢茂松：《要持续反复地深入批判历史虚无主义》，《人民论坛》2020年第1期。

线，对学术研究过多政治干预的倾向。在宽松的学术氛围下，历史虚无主义极力强调自身学术研究的性质，假借“价值中立”“尊重学术研究自由”的名义，获取政治上的“合法性”，不断扩大其在社会各个层面中的影响，巧妙地攻击主流意识形态。历史虚无主义的学术外衣，不仅给意识形态领域纠治和管理带来难度，也给历史虚无主义解析带来不小的障碍。一方面，受“文化大革命”时期，把学术问题当作政治问题处理、把学术论争当作政治斗争的错误影响，使得部分学者在批判关涉政治原则问题的历史虚无主义新表征时，不够果断，显得畏首畏尾。另一方面，历史虚无主义与新媒体不断融合，以其学术形态、文艺形态、舆论形态相互交织，浸入普通百姓日常生活中，容易导致某些群众受历史虚无主义误导，生成思想认识问题，增加了学界对历史虚无主义解析的难度。因此，正确区分政治原则问题、思想认识问题和学术观点问题，对推进历史虚无主义研究朝着正确的方向发展至关重要。

其次，扩展历史虚无主义解析的理论深度。历史虚无主义将唯心史观和形而上学方法奉为圭臬，制造了背离历史唯物主义的诸多错误谬论，违背了实事求是、全面、客观的历史研究方法。推进历史虚无主义批判，需要加强马克思主义理论研究和建设。系统掌握马克思主义理论的精髓，运用马克思主义基本立场、观点和方法，才能深刻剖析历史虚无主义的理论渊源、逻辑结构、嬗变脉络，发现历史虚无主义的演变规律，做好风险研判。同时，还要以马克思主义为指导加快构建具有中国特色哲学社会科学学科体系、学术体系和话语体系，掌握阐释历史史实，评价历史人物的话语权和主动权，推动历史虚无主义研究向纵深发展。强化历史虚无主义解析的同时，还要注重思索解析成果的转化和引导。当前历史虚无主义的影响确实已“飞入寻常百姓家”，需要深入思索，如何以生动多样、深入浅出的方式，向社会公众指明历史虚无主义的谬误，提升理论批判的说服力和社会化，这样理论深度的扩展才更具有现实意义。

最后，拓宽历史虚无主义解析的知识广度。历史虚无主义涉及领域广泛，当下需要多学科合作，才能实现抵制历史虚无主义的共赢。因此，要拓宽历史虚无主义解析的视野和知识广度，不断探寻创新点。举例来说，历史虚无主义能动性强，展现出动态变化，对其跟踪研判是成果趋新的“便捷”途径。尤其是基于互联网、人工智能、大数据等信息技术的新发展，意识形态领域主战场的转移，解析历史虚无主义散播变化，思考应对策略，是重要的探讨内容。再者，历史虚无主义善于以具体历史事件和历史人物为靶向，从历史细节处制造“问题”。对此，抓住历史细节，以唯物史观为指导，深挖史料资源，强化历史事件和人物实证研究，也是思考的新方向。此外，关注信息化时代下海外中国学领域中的历史虚无主义杂音，借鉴海内外马克思主义者抵制历史虚无主义的应对策略，探讨多学科联动揭批历史虚无主义等，都具有一定的研究空间。

总体而言，当前历史虚无主义揭批取得了显著成绩，但也有较大的空间亟待开拓。我们必须以习近平新时代中国特色社会主义思想为指导，笃行不怠、赓续前行，旗帜鲜明地批驳历史虚无主义。

（原载《史学理论研究》2022 年第 5 期）

互联网带动史学发展

尹媛萍

时至今日，互联网的重要性已经毋庸置疑，无论如何估量互联网对世界的影响都不为过。据中国互联网络信息中心发布的第44次《中国互联网络发展状况统计报告》，截至2019年6月，我国网民规模已经达到8.54亿，普及率达61.2%，其中，手机网民规模达到8.47亿。今天，人们学习、生活和工作几乎已经离不开网络。从史学角度而言，互联网已经成为影响当代史学样貌和走势的重要变量之一，当代史学研究者无法将互联网从自己的思考和研究中剔除出去。甚至，我们在某种程度上可以这样认为，互联网与人类社会的纠缠只会加深而不会减弱，互联网的发展和影响将远远超过我们如今对它的认识。因此，历史越走向未来，或者说未来越变为已来，史家对互联网的重视只会增强而不会减弱，互联网在史学研究中的地位会越来越重要。

一切真历史都是当代史。正如何兆武所说，“历史研究的工作，最后就归结为历史学家根据数据来建构一幅历史图画。每一个个人、学派、时代都是以自己的知识凭借和思想方式来构思的，因而其所构造出来的画卷必然各不相同。他或他们不可能超越自己知识和思想能力之外和水平之上去理解历史。”① 互联网蕴含的巨大思想意义和新鲜的文化内涵，深刻地改变着人们对时间、空间、群体以及人本身的观念，而这些观念正是构成史家“知识凭藉”和“思想方式”的核心内容。这些观念的改变，必然会影响史家对过往历史的研究和叙述。即便这些历史中并没有

① 何兆武：《对历史学的若干反思》，《史学理论研究》1996年第2期。

互联网的存在，也无法逃脱互联网对这些历史叙述的形塑作用。因此，互联网的影响不但将施之于当下以及今后，还将投射到过去，从而推动包括既有历史叙述在内的史学发生革命性、总体性的变化。正是在这个意义上，一种真正的“互联网史学”得以形成，并应引起我们足够的重视。

学界同仁目前已经对“互联网史学”或“网络史学”有所关注。不过，现有研究尚停留在两个方面。一方面，将“互联网史学”等同于或约等于史学的网络传播。有的学者认为，互联网作为一种传播平台，为史学思想和史学研究成果的传播提供了新的渠道和方式，进而改变了史学与社会之间的互动模式，史学的社会影响方式也因此发生了改变。“网络史学”的主要任务就是对这些史学领域的新现象、新变化进行研究，并提出推动和规范史学研究和传播的对策建议。此类研究让我们更清醒地思考史学的社会意义，自觉增强史学研究的社会责任感。另一方面，将“互联网史学”视为对互联网及其相关内容变迁的研究。互联网起始于1969年的美国，20世纪90年代以后，随着个人电脑的普及而风靡全球，中国的互联网历史则开始于1987年。在科技史领域，关于互联网发展史的研究已经颇具规模。互联网影响下的文化、社会，也已经成为文化史、社会史研究者的“新宠”。这对于我们更全面、更理性地认识互联网的历史或互联网时代的历史，无疑都提供了帮助。这两种“互联网史学”均得风气之先，学术理路各有所长，但似还未揭示或涵括互联网时代史学之变最重要的内容。

就互联网发展对史学的影响而言，目前最直观也最显著的变化是历史言说主体的极大扩充。马歇尔·麦克卢汉认为“媒介即信息”“媒介即人的延伸”。[①] 近代史与古代史相比，最重要的特征之一即是史料浩瀚无比，其重要原因之一在于大众传媒的发达。近代以来，出版技术的进步令更多的思想和言论被保存下来，成为后人治史的基本依据。当互联网平台为大众所掌握，一个“人人都有麦克风”的时代就来临了，个人

① ［加］马歇尔·麦克卢汉：《理解媒介：论人的延伸》，何道宽译，商务印书馆2000年版，第33—34页。

对时代的体验、对世界的观察，乃至于内心瞬间即逝的感受，都有可能被记录下来并展示在网络搭建的公共空间。

几千年中“沉默的大多数”，现在一变而为“大多数不沉默”。这至少从两个方面对史学造成冲击。一方面，互联网的发展促进“民众史观”的二次发育。20 世纪初，梁启超倡导“新史学”，批判中国传统史学只是各个王朝帝王将相的家谱，普通的老百姓则被忽视了。因而他提出，“史之目的乃为社会一般人而作，非为某权力阶级或某智识阶级而作”。不过，不仅古代的“社会一般人”难以发出自己的声音，即便在梁启超及其之后的岁月中，“社会一般人”的声音也很难留在历史上。即使是互联网发达的今天，或许也还没有根本扭转这一状况，但具有史学研究意义的“社会一般人”群体已经日趋壮大。昔日梁启超等一大批史学家所孜孜以求的“新史学”，也有更大的可能变为现实。面对这一具有强烈现实性的学术前景，史学研究者有必要回到“民众史观”，重新思考其革命性意义。我们要努力发掘那些原先因为客观条件所限导致在“技术”层面无法进行研究的思想因子，促进“民众史观”的时代新变，建构足以容纳和解释互联网时代历史言说主体极大扩张这一现实的史学话语体系。

另一方面，史料的数量和形态发生了巨大变化。从体量上看，“汗牛充栋”这样的概念已完全无法匹配互联网时代的史料状况。2018 年，全球每天发送和接收的电子邮件总数超过 2811 亿封。据 IDC 发布《数据时代 2025》的报告，到 2025 年，全球每年产生的数据将从 2018 年的 33ZB 增长到 175ZB，相当于每天产生 491EB 的数据。而 1ZB 相当于 1.1 万亿 GB。需要指出的是，互联网固然刺激着人们的言说欲望，也在日益丰富的表达训练中提升着人们的言说能力。但是，这并不意味着互联网时代产生的数量庞大的信息完全是互联网带来的。在前互联网时代，人们在生产实践和社会生活中，同样产生着大量的信息，只是由于缺乏表达和保存手段，大部分都在时间中流逝了。而现在，它们以数据的形式更为持久地留存下来。

除了史料“体量”的增长，史料的形态也在发生变化。人类脱离口头交流的时代之后，人与人的信息交流大多具有延时性，围绕某一历史事件形成的史料群也往往由多个各自独立的文本构成。正因为如此，作为史学研究基本手段的文本考证和辨析技艺十分重要。但在互联网的条件下，人与人之间的信息交流方式更多、速度更快、“距离”更短。一个历史事件的多种史料极有可能是融汇于一个文本之内的。微信勃兴之后，经常有人制作“古代名人朋友圈”之类的图片，把古人错置在当下的互联网语境中，为其“发”在“朋友圈”里的一段话或一首诗添上各种好友“点赞”和“评论”。这当然只是玩笑。不过，在当下的网络环境中，此类文本每时每刻都在生成，或许多主体文本将取代单主体文本成为今后“史料”的主流形态。众所周知，史料的处理是史学研究第一步也是最基础的工作，“互联网史学”也必须把建构新的史料学作为首要任务。

历史研究是一切社会科学的基础。习近平总书记在《致中国社会科学院中国历史研究院成立的贺信》中强调指出，“历史是一面镜子，鉴古知今，学史明智。重视历史、研究历史、借鉴历史是中华民族5000多年文明史的一个优良传统。当代中国是历史中国的延续和发展。新时代坚持和发展中国特色社会主义，更加需要系统研究中国历史和文化，更加需要深刻把握人类发展历史规律，在对历史的深入思考中汲取智慧、走向未来。”（《光明日报》2019年1月4日）因此，对于史学工作者而言，不论具体研究对象多么古老，其眼光必须聚焦现实。史学究其根本是对人的研究。当下，互联网仍在加速发展，新技术新现象层出不穷，对人类社会以及人本身不断产生着新的影响。互联网带给人类社会最深刻的改变也是对人的改变。生活在互联网时代的人，其思想观念、行为方式、价值取向都在悄悄地发生着变化，史学的研究也应随之不断地发展、更新。不仅如此，史学善于以长时段的视角来考察社会，也就善于发现那些“百姓日用而不知”的变化的沉淀积累轨迹。从这个意义上说，“互联网史学”是一个生成性的概念，其内涵将在应对新课题过程中不断得到丰富和深化。这也恰是其充满学术生长力的迷人之处。

（原载《中国社会科学报》2019年12月16日）

日本的近代中国留日学生研究

徐志民

1896 年中国首批 13 名学生赴日留学，不仅标志着千年以来中日“师生关系”易位，而且近代中国持续不断的留日运动，对中日两国社会和中日关系产生了巨大影响，成为中日学界关注的焦点之一。日本学界利用日本政府、学校和个人保存的中国留日学生相关史料，探讨他们的赴日原委和日本政府的应对，考察日本学校对他们的接受和教育，分析他们的留日生活及其与日本社会的关系，评价他们在中日文化交流中的地位与作用等，这与中国学界侧重介绍留日学生的基本情况和他们的爱国革命活动、推动中国社会变革的作用有所不同。日本学界虽不乏中国留日学生研究的学术史回顾，① 但往往从“知识流动”的视角，概述近代中国人的留日史，或者主要回顾与个人研究相关之学术史。时至今日，一个多世纪的近代中国留日学生史及其研究确有全面总结之必要。故而，笔者拟通过梳理日本的近代中国留日学生研究历程，重在考察当代日本学界的相关成果和发展现状，总结其研究特点，分析其研究规律和趋向，为深化和拓展近代中国留日学生研究提供“他山之石”。

---

① 小林文男「中国人日本留学史考—日本留学開始 100 周年に当って—」、『愛媛大学教育学部紀要 第Ⅱ部 人文・社会科学』第 29 巻第 2 号、1997 年；李協京、田渕五十生「中国人の日本留学の百年—歴史的軌跡と現在の留学事情に ついて—」、『奈良教育大学紀要 人文・社会科学』第 46 巻第 1 号、1997 年；平田諭治「留学史研究の回顧と展望—欧米—日本—アジアの『知』の連還と構造を考える—」、『筑波教育学研究』第 4 号、2006 年。中文之学术史回顾和旅日中国学者的日文成果，此处从略，特此声明。

一 研究历程之回顾

日本的近代中国留日学生研究，既是近代中国留日运动在日本社会留下深刻印迹的学术反响，也是日本学界结合近代以来中日关系、教育交流、国际环境的历史与现实做出的回应和探讨。笔者按照时间顺序，将日本的近代中国留日学生研究分为三个阶段：一是近代的学术积累和研究起步，其又可细分为明治末期、大正时期和昭和初期三个阶段①；二是战后初期的学术延续与研究低潮；三是20世纪80年代以来的学术发展和研究高潮。

（一）近代的学术积累与研究起步

穿着长袍马褂、留着长长辫子的清末留学生，从踏足日本列岛便引起日本社会广泛关注。这种关注不仅仅来自他们的穿着打扮和发饰造型，更多的来自日本国民对昔日“先生之国”的中国人竟到日本留学的惊奇，来自学习西方先进科技和通过明治维新取得“进步”的沾沾自喜，来自打败清国后极度膨胀的傲慢与向东亚大陆扩张的侵略野心，来自对作为“战败国”的中国留学生的怜悯与惋惜。这种或友善，或同情，或嘲讽，或蔑视，或兼而有之的复杂情感，不仅影响中国留学生的对日认识，而且引起日本各界讨论。明治末期，日本知名报刊，如《外交时报》《太阳》《中央公论》等都对中国学生的到来、入学、教育和社会活动给予报道。② 早稻田大学教授青柳笃恒，呼吁积极接收中国留学生，以增强日本对中国的潜在影响力。③

大正时期，日本政府和军部企图独霸中国，而留日学生被视为增进

① 笔者根据研究需要和表述便利，将明治末期设为1896—1912年、昭和初期设为1926—1945年，大正时期是1912—1926年，特此说明。

② 実藤恵秀『中国人日本留学史』、くろしお出版、1981年、第16、44—47頁。

③ 青柳篤恒「支那人の子弟は何故に游学せざる可からざる乎」、『早稲田学報』第141号、1906年11月；青柳篤恒「支那人教育と日米独間の国際的競争」、『外交時報』第122号、1908年1月。

“日中亲善”和辅助侵华扩张的战略资源，日本各界也对中国留日学生从直观介绍，转向实用性对策分析。明治专门学校创办者安川敬一郎，在1917年自刊《教育事业是“日中亲善”之基》，强调发挥留学教育在“日中亲善”事业中的积极作用。① 日本驻华使领馆人员、军人，建议改变明治末期以来对中国留日学生的冷漠政策，转向“优待主义”，为他们提供住宿、学习便利②，培养其“亲日倾向”。日本的有识之士和部分国会议员，尤其与留日学生教育相关的松本龟次郎、服部美佐雄等人，多次呼吁改善中国留日学生待遇。日本国会从1918年通过两项改善中国留日学生待遇的建议案，到1923年通过《对华文化事业特别会计法案》，促使日本政府逐步调整和改善中国留日学生政策。这些法案和对策虽未全部实施，但反映了大正时期日本社会对于中国留日学生问题的讨论。

昭和初期是日本侵华加剧和挑起侵略战争的年代，留日学生常常因此愤而归国，但总体上赓续不断，日本学界关于他们的研究不仅没有中断，而且从学术积累真正走向学术研究。1931年，松本龟次郎出版《中华留学生教育小史》③，回顾其教育中国留学生之历程，提出积极接收和培养中国留学生的建议，并对中日教育交流抱有期待。实藤惠秀从1936年11月至1938年12月在《日华学报》上系统介绍中国人赴日留学的原因、人数，以及日本教育机构、日本教习等，实为1896—1937年的中国留日学生史。这些成果于1939年3月结集出版，即《中国人日本留学史稿》。④ 实藤惠秀还采访唐宝锷、曹汝霖等多位原留日学生，在20世纪40年代出版《日本文化对中国的影响》《近代日中文化论》等，分析留

① 安川敬一郎『日支親善の基礎たるべき教育事業』、1917年、自刊。

② 「32. 雑/分割2」、『在本邦清国留学生関係雑纂/雑之部』第一巻；「分割」、『在本邦清国留学生関係雑纂/雑之部』第二巻，アジア歴史資料センター、レファレンスコード，B12081625700、B12081629800，外務省外交史料館藏；「暹国、支那留学生（1）」、『大正2年公文備考　巻16　学事1』、アジア歴史資料センター、レファレンスコード，C08020252300，防衛省防衛研究所藏。

③ 松本亀次郎『中華留学生教育小史』、東亜書房、1931年。

④ 実藤恵秀『中国人日本留学史稿』、日華学会、1939年。

日教育和日本文化对留日学生、中国近代化之影响。[①] 这些成果成为日本的近代中国留日学生研究的开山之作，直接或间接影响战后初期的留日学生研究。

（二）战后初期的学术延续与研究低潮

战后初期在冷战对峙的国际格局下，中国大陆不仅留日运动中断，转向苏联和东欧等社会主义国家派遣留学生，而且近代中国留日学生因“海外关系”备受“嫌疑”和政治运动冲击；日本经过战后经济恢复和高速增长，到20世纪五六十年代否认战争责任的错误思潮抬头，狭隘的民族主义膨胀，也没有研究近代中国留日学生的良好环境，仅有少量研究论著维持近代中国留日学生研究的薪火相传。20世纪50年代，永井算巳主要关注明治末期中国留日学生的动向，包括1902年孙揆均、吴稚辉等20多人联名担保9名自费生入学成城学校事件，以及留日学生的拒俄运动、反对“取缔规则”等活动。[②] 佐藤三郎介绍早期中国留日学生的一些逸闻趣事。[③] 1960年，实藤惠秀出版《中国人留学日本史》，成为近代中国留日学生研究的经典名著，且与其后的系列成果共同奠定他在该领域的重要地位。[④] 1966年，大高严、波多野太郎将留日学生景梅九的《罪案》，翻译为《留日回顾——一个无政府主义者的半生》[⑤]，叙述其留日期间参加同盟会和开展反清革命活动的经历。

20世纪70年代，中日关系从“复交”到签署《中日和平友好条约》，特别是随着“文化大革命”结束和中国大陆决定改革开放、再次

---

① 実藤恵秀『日本文化の支那への影響』、蛍雪書院、1940年；実藤恵秀『近代日支文化論』、大東出版社、1941年。

② 永井算巳「所謂清国留学生取締規則事件の性格—清末留日学生の一動向—」、『信州大学紀要』第2号、1952年；永井算巳「所謂呉孫事件に就て—清末留日学生史の一断面—」、『史學雑誌』第62編第7号、1953年；永井算巳「拒俄学生軍をめぐって」、『信州大学紀要』第4号、1954年。

③ 佐藤三郎「最初の留日中国人学生のこと」、『新中国』新春号、1956年。

④ 実藤恵秀『中国人日本留学史』、くろしお出版、1960年；実藤恵秀『中国留学生史談』、第一書房、1981年；黄尊三著、さねとう・けいしゅう、佐藤三郎訳『清国人日本留学日記』、東方書店、1986年。

⑤ 景梅九著、大高巖、波多野太郎訳『留日回顧 —中国アナキストの半生』、平凡社、1966年。

派遣留日学生[①]，近代中国留日学生问题又引起日本学界关注。其主要关注点如下：一是重在分析清政府选派留日学生政策的确立过程、主要特点、影响因素和指导理念。[②] 二是介绍日本对中国留日学生的特设预科制度和以增进“日中亲善”、借机扩大在华权益为目的的对华文化事业。[③] 三是考察接受中国留日学生的主要学校，如山口高等商业学校、早稲田大学“清国留学生部”、东京同仁医药学校、第一高等学校等。[④] 四是留日学生个案研究，包括鲁迅、郭沫若、彭湃。[⑤] 五是留日学生相关统计。如，二见刚史、佐藤尚子分类统计近代日本学校的中国留学生人数、专业、出身、年龄、学历、毕业去向。[⑥] 六是整理与研究近代中国留日学生相关史料。[⑦] 七是日本政府和学校对作为殖民地台湾的留日

① 馬越徹『アジア・オセアニアの高等教育』、玉川大学出版部、2004 年，第 29 頁。

② 細野浩二「中国対日留学史に関する一問題——清末における留学生派遣政策の成立過程の再検討」、『史観』第 86、87 册，1973 年；細野浩二「清末留日極盛期の形成とその論理構造—西太后新政の指導理念と「支那保全」論的対応をめぐって—」、『国立教育研究所紀要』第 94 集、1978 年。

③ 二見剛史「 戦前日本における中国人留学生の教育—特設予科制度の成立と改編—」、『日本大学精神文化研究所・教育制度研究所紀要』第 7 集、1976 年；二見剛史「戦前日本における中国人留学生予備教育の成立と展開」、『国立教育研究所紀要』第 94 集、1978 年；阿部洋『「対支文化事業」の研究——近代日中学術文化交流史の一断面』、アジ了経済研究所、1978 年；阿部洋「『対支文化事業』の成立過程」、『日本の教育史学』第 21 集、1978 年。

④ 渡部宗助「アジア留学生と日本の大学・高等教育—明治末期の山口高商の事例より、(続) —」、『月刊アジアの友』第 119、120 号、1974 年；実藤恵秀「早稲田大学における中国留学生教育—特に清国留学生部を中心に—」、『早稲田フォーラム』第 8 号、1975 年；細野浩二「所謂「支那保全」論と清国留日学生教育の様態—同仁会・東京同仁医薬 学校を例にして—」、『早稲田大学史記要』第 8 巻、1975 年；二見剛史「第一高等学校における中国人留学生教育」、『国立教育研究所紀要』第 95 集、1978 年。

⑤ 上垣外憲一「魯迅と郭沫若の日本留学時代—救国、実学、留学、そ して文学—」、『比較文学研究』第 26 号、1974 年；細野浩二「境界の上の魯迅—日本留学の軌跡をおって—」、『朝日アジ アレビュー』第 4 号、1976 年；斎藤秋男「彭湃—中国人日本留学生の一典型」、『国立教育研究所紀要』第 94 集、1978 年；仙台における魯迅の記録を調べる会編『仙台における魯迅の記録』、東京、平凡社、1978 年。

⑥ 二見剛史、佐藤尚子「 <付 >中国人日本留学史関係統計」、『国立教育研究所紀要』第 94 集、1978 年。

⑦ 增田史朗亮「清末、中国人日本留学界の一側面—二、三の留学生名簿による分析をめぐって」、『長崎大学教育学部教育科学研究報告』第 17 号、1970 年；伊澤平八郎「『清国人留学生』についての一史料」『キリスト教史学』第 33 集、1979 年。

学生的接受、教育和同化政策。① 这一时期不仅是中日关系的转折年代，也是日本学界兴起近代中国留日学生研究的转折时代，反映了日本学界的近代中国留日学生研究与中日关系密切相关。

（三）当代的学术发展与研究高潮

20世纪80年代以来，随着东欧剧变和冷战崩溃，全球秩序发生重大变化，而试图成为世界重要“一极”的日本，为增进各国特别是亚洲邻国对日感情，缓解老龄化带来的劳动力不足、大学招生困难等问题，决定积极招收留学生，呼应了改革开放后中国大规模的出国留学潮。1983年8月，日本政府发布“留学生10万人计划”，即到2000年达到接受10万名留学生的规模。为此，日本政府扩充教师、教育设施、学生宿舍，放宽留学签证等，到2003年5月接受留学生达109508名，其中中国大陆留学生为70814人，占总数之64.7%；中国台湾留学生4235人，占总数之3.9%，两者合计占总数之68.6%，可见中国留日学生规模之盛。2008年7月，日本政府通过“留学生30万人计划”，预计2020年达到接收30万名留学生的规模，并制定鼓励政策。② 2017年5月，日本接受留学生达267042人，其中中国大陆留学生107260人，占总数之40.2%，中国台湾留学生8947人，占总数之3.4%③，两者合计占总数之43.6%，虽然比例有所下降，但中国留日学生绝对人数却在增加，是日本第一大留学生群体。

当代中国的“留日高潮”和持续扩大的中日教育交流，促使日本学界思考留日学生现实问题的同时，转向从近代中国留日学生研究中寻找历史智慧与借鉴，推动了近代中国留日学生研究的快速发展与研究高潮。

---

① 渡部宗助「アジア留学生と日本の大学・高等教育—植民地・台湾からの留学生の場合—」、『月刊アジアの友』第124号、1974年；上沼八郎「日本統治下における台湾留学生—同化政策と留学生問題の展望—」、『国立教育研究所紀要』第94集、1978年。

② 寺倉憲一「我が国における留学生受け入れ政策－これまでの経緯と「留学生30万人計画」の策定－」、『レファレンス』第697号、2009年；岡田昭人、岡田奈緒美「日本における留学生受入れ政策の史的展開過程と現状に関する一考察」、『學苑』2011年5月号。

③ 文部科学省『文部科学白書　平成29年度』第2部、日経印刷株式会社、2018年、第387頁。

首先，日本政府设立课题，资助近代中国留日学生研究。无论从坪井健整理的“留学生研究相关文献目录（1955—2005）”，还是从年度之“东洋教育史相关文献目录”，均可发现20世纪80年代以来文部省（2001年1月更名“文部科学省”）资助的有关近代中国留日学生的研究项目。如，2007—2008年度的《近代中国留日归国者的社会活动》、2017—2020年度的《教育交流与东亚国际关系——中国留学生的派遣与交流》等。2001年，文部科学省在《文部科学时报》第1507号发表《纪念留学生接受制度100年》，追溯1901年11月11日《文部省直辖学校外国人特别入学规程》颁布以来的留学生接受体制。[①] 2005年，总务省出版《关于留学生接受推进施策政策评价书》[②]，反映了日本政府对留日学生研究的重视。

其次，从“单打独斗”走向共同研究，从一国学者合作走向多国学者联合研究。20世纪80年代以来，随着中日韩学术交流频繁和当代留日运动的发展，旅日学者和当代留日学生以留日体验和语言优势，在近代中国留日学生研究中产生了重要影响。日本学者也联合旅日中韩学者和留日学生共同研究，避免“单打独斗”式的个人研究或一国学者研究的局限。1998年，神奈川大学的大里浩秋、孙安石等，在横滨成立中国留日学生史研究会，搜集留日学生相关资料，组织学术交流，培养新的留日学生研究人才，推动各国学者的联合研究，从2002年出版《中国人日本留学史研究的现阶段》到2019年出版《中国人留学生与“国家”“爱国”“近代”》，推出一系列高水平合作成果[③]，某种程度上代表有关近代中国留日学生研究的国际化水平与方向。

最后，当代日本有关近代中国留日学生研究成果丰硕，内容广泛，

① 文部科学省『文部科学時報〈特集〉留学生受入れ制度100年記念』第1507号、ぎょうせい、2001年。

② 総務省『留学生の受入れ推進施策に関する政策評価書』、総務省、2005年。

③ 大里浩秋、孫安石『中国人日本留学史研究の現段階』、御茶の水書房、2002年；大里浩秋、孫安石『留学生派遣から見た近代日中関係史』、御茶の水書房、2009年；大里浩秋、孫安石『近現代中国人日本留学生の諸相：「管理」と「交流」を中心に』、御茶の水書房、2015年；孫安石、大里浩秋：『中国人留学生と「国家」、「愛国」、「近代」』、東方書店、2019年。

形式多样，特色鲜明。具体而言，一是日本学界从近代中国留日学生的资料整理到学术研究，从学术论文到专著，从通俗文章到普及读物，各种成果形式皆有。二是日本的近代中国留日学生研究，既有以留日学生政策、留日学生群体、留日学生资料整理为主的宏观选题，也有以留日学生就读的日本学校、专业和留日学生教育者、留日学生个案为主的微观选题，内容广泛程度远超之前。三是20世纪80年代以来的不足40年，日本的近代中国留日学生研究成果数倍于之前80多年的成果总和，真正进入研究高潮期和研究成果的井喷期。四是宏观选题的微观化研究和微观选题的精细化研究趋向，既是当代日本有关近代中国留日学生研究的现状，也是其一大特点。

二　宏观选题的微观化研究

日本的近代中国留日学生研究，即使是宏观选题也大多选取某个时段、某个事件或某个侧面进行探讨，往往把某个人、某件事考释得较为详细，彰显了日本学者的资料搜集和考证能力。但是，他们容易忽略宏观的时代背景，即近代中日关系的剧烈变动和日本不断扩大侵华行动的基本史实；难以透过近代中国留日运动的表象，探究留日学生追求国家独立、民族解放的本质目的，以及日本政府通过接收中国留学生而培植“日中亲善”倾向和向大陆侵略扩张的主要目的，往往是就事论事。

首先，日本的近代中国留日学生政策选题，以清政府的留日政策为主。具体而言，一是清政府留日政策的形成与调整。日本学者认为甲午战后中日互有所需，是清政府选派留日学生的真正原因和历史契机，而矢野文雄的“清国留学生招聘策”，对试图效仿日本维新变法的康有为、光绪帝具有相当吸引力。[①] 戊戌政变后，清政府虽继续推行留日政策，

---

① 柴田幹夫「康有為と清末留日政策」、『東アジア』第8号、1999年；山口隆正「清朝における留日学生派遣の契機について」、『留学生教育』第5号、2000年；川崎真美「清末における日本への留学生派遣—駐清公使矢野文雄の提案とそのゆくえ—」、『中国研究月報』第696号、2006年。

但1905年的反对“取缔规则”事件①，以及留日学生在清政府举办的考试中效果不佳，导致清政府调整留日政策，与日本政府在1907年8月签订“五校特约”。二是比较中日两国之留学政策。横井和彦、高明珠以日本的留学政策为参照，分析清政府的留日学生派遣政策②，虽肯定后者的积极意义，但指出当时的留日学生与日本留学生的历史贡献相比仍黯淡不少。三是清政府留日政策的微观化研究。如，有学者细究清政府的商业类留日学生的派遣政策与实态。③

国民政府乃至伪政权的留日政策和日本政府对中国留日学生政策虽也受到关注，但皆非重点，故无论研究时限还是研究内容均不完整，没有连续性。如，三好章从七七事变前国民政府的留日政策入手，重点分析伪中华民国维新政府和汪伪政府的留日政策，认为三者的留日政策具有一定连续性，但后者努力将“和平运动理论”加入留日学生选拔规定之中。④ 不过，这项研究未能关照北京政府的留日政策。至于日本政府对中国留日学生政策，不仅时间上存在明治末期、大正时期和日本战败前后三个时间段的断裂，而且内容上主要是接受政策和预备教育政策⑤，对普通教育政策和管理政策并未给予相应重视。

即使日本对中国留日学生的预备教育政策，也大多局限于某所学校的预备教育或日语培训。如，二见刚史就介绍了东亚高等预备学校对中

---

① 孫安石「清国留学生取締規則事件の諸相―政治考察5大臣、上海、そして韓国との関連を中心に―」、『中国研究月報』第565号、1995年。

② 横井和彦・高明珠「中国清末における留学生派遣政策の展開－日本の留学生派遣政策との比較をふまえて－」、『経済学論叢』第64巻第1号、2012年。

③ 王嵐、船寄俊雄「清末における商業系留日学生の派遣政策と派遣実態に関する研究」、『神戸大学発達科学部研究紀要』第9巻第2号、2002年。

④ 三好章「維新政府と汪兆銘政権の留学生政策－制度面を中心に－」、『人文学研究所報』第39号、2006年。

⑤ 酒井順一郎「1920年代から1930年代に於ける中国人留学生政策」、『留学生教育』第9号、2004年；田中剛「日本敗戦前後の中国人留日学生政策：汪精衛政権・『満洲国』・『蒙疆政権』」、森時彦編『長江流域社会の歴史景観』、京都、京都大学人文科学研究所、2013年；大里浩秋「敗戦前後の留日学生受け入れ事情など―石田一郎氏に聞く―」、『中国研究月報』第800号、2014年；川崎真美「石田一郎氏所蔵文書にみる中国人留学生受け入れの実態―日華協会を中心に―」、『中国研究月報』第800号、2014年。

国留学生的预备教育。[①] 近代中国学生蜂拥赴日，其中不少人赴日前没有日语基础，但又欲收“速成”之效，因而日本各校对中国留学生预备教育的主要内容多为培训日语。从事留日学生教育的本田增次郎，最初通过手势、笔谈等方法教授中国学生日语[②]，还有学校利用翻译或日语程度较好的留日学生担任课堂翻译教授日语，不少留日学生学习日语也是一知半解，反而成为中日教育交流“相互误解”的一个因素。[③] 因此，1896 年中国首批留日学生的日语教育和宏文学院、东亚高等预备学校等校的日语培训，以及松本龟次郎的日语教育方法、教育理念、编纂的日语教材，作为解密留日学生学习生活的一把“钥匙”，广受关注。[④]

1923 年 3 月，日本决定“退还”部分“庚子赔款”，兴办“对华文化事业”，资助中日文化交流和中国留日学生。阿部洋自 20 世纪 70 年代开始研究日本“对华文化事业”的变迁，考察资助中国留日学生的一般补给生制度、选拔补给生制度、特选补给生制度，出版《“对华文化事业”研究——战前日中教育文化交流的展开与挫折》[⑤]，是关于“对华文化事业”研究的集大成之作。山根幸夫、熊本史雄阐述了从“对华文化事业”发展而来的东方文化事业的来龙去脉和日本政府的相关决策。[⑥] 日本学界不少人肯定该事业的积极意义，但实藤惠秀认为这是拿着从中

① 二見剛史「戦前日本における中国人留学生教育　東亜高等予備学校を中心として」、阿部洋『日中関係と文化摩擦』、厳南堂書店、1982 年。

② 長谷川勝政「本田増次郎と清国留学生教育—「グアン・メソッド」と「筆談」による日本語教育—」、『英学史研究』第 43 号、2010 年。

③ 酒井順一郎『清国人日本留学生の言語文化接触—相互誤解の日中教育文化交流—』、ひつじ書房、2010 年。

④ 河路由佳「戦前・戦中の在日留学生に対する直接法による予備教育用日本語教科書国際学友会編『日本語教科書 基礎編・巻一～五』—その編纂・内容・使われ方—」、『文学部紀要』第 10 巻第 1 号、1996 年；二見剛史「松本亀次郎の日本語教育論」、『アジア教育史研究』第 14 号、2005 年；酒井順一郎「1896 年中国人日本留学生派遣・受け入れ経緯とその日本語教育」、『日本研究』第 31 集、2005 年；増田光司「宏文学院編纂『日本語教科書』について」、『東京医科歯科大学教養部研究紀要』第 41 号、2011 年。

⑤ 阿部洋『「対支文化事業」の研究——戦前期日中教育文化交流の展開と挫折』、汲古書院、2004 年。

⑥ 山根幸夫『東方文化事業の歴史——昭和前期における日中文化交流』、汲古書院、2005 年；熊本史雄『大戦間期の対中国文化外交——外務省記録にみる政策決定過程』、吉川弘文館、2013 年。

国敲诈来的“庚子赔款”公然进行文化侵略。①

其次，近代中国留日学生相关资料的搜集、整理和研究，由于时间跨度长、涉及内容范围广、史料数量多，属于留日学生研究的宏观基础性课题。据大里浩秋介绍，外务省外交史料馆藏有1898—1922年中日交涉留日学生学费问题的《中国留日学生学费之部》，1899—1921年中国留日学生革命运动、生活状况、经费来源等方面的《中国留日学生关系杂纂：杂之部，第一至四卷》；1924—1940年中国留日学生情况汇览——《留日学生关系杂件》（全12册）；东洋文库藏有汪伪政权的留日学生的资料；东京大学、爱知大学、早稻田大学、明治大学、法政大学、天理大学等校的同学录、研究纪要、校史中，均有不少中国留日学生的资料；《外事警察报》《外事警察概况》等报刊图书中，也有中国留日学生活动的记录②，对留日学生史料做了较为系统的梳理。

日本学界和留日学生资料保存机构，不断搜集、考订、整理、编辑和出版这些资料。1987年，法政大学大学史资料委员会出版该校1904—1909年的“清国留学生速成科”资料，包括留日速成法政学生的招收、教育、毕业，以及社会各界的关注和评价。③所泽润、谷本宗生等在《东京大学史纪要》上，展示该校保存的留日学生的申请书、各类报告等文献或记录。④川岛真介绍了散存于日本和中国台湾的驻日留学生监督处、外务部、教育部档案中的留日学生史料。⑤大里浩秋整理了1927年8月创刊至1945年10月第97号终刊的《日华学报》每期目录⑥，并与见城悌治、孙安石合作，将含有中国留日学生丰富资料的《日华学

① 実藤恵秀『中国人日本留学史』、第572—573頁。

② 大里浩秋「留学关系関係資料の中間報告」、浙江大学日本文化研究所、神奈川大学人文研究所编：《中日文化论丛：一九九九》，北京图书馆出版社2001年版。

③ 法政大学大学史資料委員会『法政大学史資料集　第11集　法政大学清国留学生速成科（明治37～42年）』、法政大学、1987年。

④ 所澤潤「『外国人留学生取扱ニ関スル調査委員会』（昭和十七［一九四二］年・東京帝国大学）の記録」、『東京大学史紀要』第9号、1991年；谷本宗生「東京大学所蔵『留学生関係書類』の一端—申報書・報告書類—」、『東京大学史紀要』第13号、1995年。

⑤ 川島真「日本と台湾における清末民初留日学生関係史料——中国留日学生监督処文献、外務部档案、教育部档案」、『中国研究月報』第557号、1994年7月。

⑥ 大里浩秋「『日華学報』目次」、『人文学研究所報』第38号、2005年3月。

报》全部汇编出版，共计16卷[①]，为研究这一时期中国留日学生的学习生活与日常提供了便利。

槻木瑞生以兴亚院1940年10月编制的《日本留学中华民国人名调》，兴亚院政务部1942年3月制成的《日本留学支那要人录》，日华学会学报部1935年11月整理的《第9版留日学生名簿》，日本陆军士官学校印、郭荣生校补的《日本陆军士官学校中华民国留学生名簿》，日华学会1937年6月出版的《第2版留日学务规程及概况》，东亚同文会于1918年6月、1919年6月相继提出的《中国人本邦留学情况改善案》《中国留学生状况调查书》，中国留日同学会1942年9月发行的《中国留日同学会季刊》（第1号）等资料为基础，于2014年7月出版《日本留学中国人名簿关系资料》（全7卷）[②]，是近代中国留日学生资料整理和出版又一项重要成果，为留日政策和留日学生个案研究提供了方便。

最后，近代或其中某个时段、某个地域的中国留日学生被视为一个整体或群体，属于整体史的宏观选题。日本学界大多根据时间顺序，分为明治末期、大正时期和战时三个留日学生群体，其中明治末期留日学生是重点，内容包括明治末期中国人的留日史实，以及留日学生与日本社会的接触。他们认为当时中国留日高潮的出现是近代以来西力东渐和中国人思想开放的结果，而日本人对中国留日学生的惊奇、嘲讽、同情、怜悯交织的复杂认识，也是明治末期日本社会现实的反映，强调应以史为鉴，关注当代留日学生问题。[③] 大正时期和战时留日学生的整体研究成果不太多，主要考察战时特殊环境下的留日教育。[④]

---

① 大里浩秋、見城悌治、孫安石編『日華学報』全16卷、ゆまに書房、2012—2013年。

② 槻木瑞生『日本留学中国人名簿関係資料』全7卷、龍溪書舎、2014年。

③ 佐藤慎一「留学ブームと与思想的開国——二十世紀初頭の中国人日本留学生」、加藤祐三『近代日本と东亚』、筑摩書房、1995年；高田幸男「明治期東京の中国人留学生諸相」、藤田直晴『東京：巨大空间の請相』、大明堂、2001年；酒井順一郎「もう一つの留学生活—明治期清国人日本留学生と日本社会の関係—」、『留学生教育』第11号、2006年；片桐史尚、宇田川のり子「清国留学生—明治に始まる日本留学ブーム—」、『月刊日本語』2006年12月号；酒井順一郎「過去の光から現在を照らし、現在の光から過去を照らす（第1回）日本留学界の原点 その1 —明治期の中国人留学生—」、『留学交流』2010年11月号。

④ 河路由佳「戦時体制下の在日留学生教育」、『インターカルチュラル』第1号、2003年。

除按时限划分外，还有宏观地域的留日学生整体研究。与欧美各国留日学生相比，亚洲留日学生或东亚留日学生是一个整体。例如，移民研究会编《来日留学生的体验　北美、亚洲出身者的1930年代》，和田博文、徐静波、俞在真、横路启子编《作为“异乡”的日本　东亚留学生所见的近代》[①]，既将亚洲或东亚留日学生视为一个整体，也将中国大陆、中国台湾和朝鲜等地留日学生视为较小范围的留日学生整体进行研究。由于选派的主体不同，中国留日学生又分为台湾“内地留学生”、伪满洲国留日学生及各地域留日学生。这些表面上被视为某个地域留日学生的整体，在日本学界的实际研究中往往选取其中的一个点或某个侧面。如，阪口直树、河口充勇分别介绍同志社、青山学院的中国台湾“内地留学生”[②]；阪根庆子从近代留学教育史视角，考证与分析中国台湾“内地留学生”赴日求学的概况。[③]

伪满洲国、内蒙古的留日学生虽也受到日本学界特别关注，但相关研究成果除滨口裕子系统地阐述伪满洲国留日学生的战时留日、战后回国和为中日复交、民间交流发挥积极作用外[④]，主要是以地域留日学生群体为名的微观化研究。如，田中刚分析了伪蒙疆政权的留日学生选派政策、蒙古族留日学生群体[⑤]；横田素子重点考察了内蒙古留日学生的“蒙古留日学生会”机关杂志《祖国》的发行、内容和思想倾向。[⑥]这些成果虽以某地域或伪政权留日学生为题，但内容相当细致，反映了宏观选题微观化的特征，这也体现在留日女生群体研究之中。

---

① マイグレーション研究会『来日留学生の体験　北米・アジア出身者の1930年代』、不二出版、2012年；和田博文、徐静波、俞在真、横路啓子『＜異郷＞としての日本　東アジアの留学生が見た近代』、勉誠出版、2017年。

② 阪口直樹「戦前の同志社と台湾留学生」、『言語文化』第3巻第2号、2000年；河口充勇「同志社と台湾留学生——〇〇年の軌跡—」、『評論・社会科学』第83号、2007年。

③ 坂根慶子「留学生教育史の視点から見た「台湾人内地留学」の実態」、『東海大学紀要留学生教育センター』第18号、1998年。

④ 浜口裕子『満洲国留日学生の日中関係史——満洲事変・日中戦争から戦後民間外交へ』、勁草書房、2015年。

⑤ 田中剛「『蒙疆政権』の留学生事業とモンゴル人留学生」、『歴史研究』第38号、2000年。

⑥ 横田素子「蒙古留日学生会機関誌『祖国』の刊行について」，《蒙古史研究》第十辑，内蒙古大学出版社2010年版。

留日女生作为近代中国留日学生的一个特殊群体，人数不多，但影响不小，是近代中国女性走出国门和思想解放的一个象征，因而受到重视。日本的中国留日女生研究主要分为四个方面。一是留日女生史料的整理，代表性成果是石井洋子、三崎裕子等人对中国留日女生名簿的整理与考订。① 二是留日女生的综合性研究，包括从中日文化教育交流史的视角和近代中国留日运动、辛亥革命、日本侵华与中日关系的时代背景出发，考察留日女生在留学救国、爱国革命洪流中的知识取向、思想变化、政治动向。② 三是分析留日女生对近代中国女子教育发展、女性思想解放的积极作用与影响。③ 四是考察留日女生就读的日本学校，如实践女校“中国留学生部”、帝国女子专门学校等，以及著名的留日女生教育者下田歌子、坂寄美都子等④，还有留日女生代表秋瑾⑤，但这些已非宏观选题的微观化研究，而属于微观选题的个案研究。

三　微观选题的精细化研究

史学研究提倡从大处着眼、从小处着手，而从小处着手的微观研究，确实有助于人们从历史深处了解和把握时代发展的脉搏。日本学

---

① 石井洋子「中国女子留学生名簿（1901—1919）」、『辛亥革命研究』第2号、1982年；三崎裕子「東京女医校・東京女子医学専門学校中国人留学生名簿」、『辛亥革命研究』第8号、1988年。

② 石井洋子「辛亥革命期の留日女子学生」、『史論』第36号、1983年；加藤直子「戦前における中国人留日女子学生について——女子学生の事例を中心として—」、『史論』第40号、1987年；江藤恭二、肖朗、王鳴「日本における清国女子留学生に関する一考察—近代の日中 文化・教育交流史研究—」、『名古屋大學教育學部紀要—教育学科—』第38卷、1991年。

③ 岩澤正子「清国女子留学生と女性解放—秋瑾と下田歌子—」、『Polyglossia』第2卷、1999年。

④ 上沼八郎「下田歌子と中国女子留学生—実践女学校「中国留学生部」を中心として—」、『実践女子大学文学部紀要』第25集、1983年；岩澤正子「清国女子留学生教育と実践女学校—留学生教育を担当した坂寄美都子の講演会記録を参考に—」、『マテシス・ウニウェルサリス』第3巻第1号、2001年；福田須美子「日本への留学—帝国女子専門学校に学んだ留学生—」、『相模英米文学』第26号、2008年。

⑤ 樽本照雄「秋瑾来日考」、『大阪経大論集』第159—161合併号、1984年；大里浩秋「日本人の見た秋瑾——秋瑾史実の若干の再検討」、『中国研究月報』第453号、1985年。

界关于近代中国留日学生的微观选题，往往致力于留日学生的某项活动、某个事件、某位人物，或者还原他们留日生活的某个细节、某个场景，或者考察他们的留日专业、就读学校、日本老师等，以见微知著，甚至就事论事。这种精细化研究，不仅为我们提供了丰富的近代中国留日学生研究成果，而且提示了不少深化相关研究的资料线索和努力方向。

日本学界虽也关注近代中国留日学生的反帝爱国革命活动，但主要是典型事件或重大活动。如前所述，永井算巳在20世纪50年代研究留日学生组织拒俄义勇军、开展反对“取缔规则”等政治活动。20世纪80年代以来，日本学界从关注明治末期留日学生动向和他们参加辛亥革命①，扩大到留日学生参与五四运动和反对日本侵华行动。② 近代中国留日学生还在日本展演中国传统戏剧和西方话剧，并以此作为开展社会活动，甚至是反帝爱国活动的一种形式。饭塚容、小谷一郎考察了20世纪30年代中国留日学生的文艺活动、演出活动，以及以《剧场艺术》杂志为中心的中日艺术交流。③ 从政治活动、反帝爱国活动到文艺活动，日本学界关注中国留日学生活动的范围日益广泛。

留日学生的身份，决定了他们在日的主业是学习。中国学界虽广泛关注他们在日学习的各个专业，但总体而言，政法、军事、师范是较受留日学生欢迎的热门专业，而日本学界侧重于某个行业或某些学校的留日专业。如，近代中国留日学生直至中日战争期间的1939年，才实现文理科留学生人数的平衡，此前一直是文科生居多，但石田文彦专门研究

① 阿部賢一「清末、中国人留日学生の動向と進化論（Ⅰ）（Ⅱ）」、『政治経済史学』第195、196号、1982年；上垣外憲一『日本留学と革命运动』、東京大学出版会、1982年；小島淑男『留日学生の辛亥革命』、青木書店、1989年；小島淑男「明治末期、日本大学中国人留学生の動向」、『研究紀要 一般教育・外国語・保健体育』第44号、2004年。

② 小野信爾『五四運動在日本』、汲古書院、2003年；菊池一隆「日本国内における在日中国・「満洲国」留学生の対日抵抗について—戦時期、日本華僑史研究の一環として—」、『人間文化』第23号、2008年。

③ 飯塚容「1930年代日本における中国人留学生の演劇活動」『人文研紀要』第42号、2001年；小谷一郎「一九三〇年代日本における中国人日本留学生の文学・芸術活動と日中の交流—雑誌『劇場芸術』を手掛かりに—」、『季刊中国』第108号、2012年。

学习理工科的留日学生①，宗村高满相继研究20世纪二三十年代的中国留日铁道学生、1937年中日全面战争爆发后的留日警察学生②，分析这些特殊行业的留日学生的派遣背景、学习情况及其所发挥的作用。

留日学生所学专业不仅与中国近代化密切相关，而且是日本学校的专业设置和留学教育的体现。如，东京高等师范学校、东京高等农林学校等专业属性明显的日本学校，一些中国学生"慕名而来"，分别学习师范各科、农林知识等。河路由佳、渊野雄二郎、野本京子以东京高等农林学校为中心，考察1935—1944年该校中国留学生的农林知识学习与实践，并通过访谈个别留日学生，回顾他们与日本老师、同学一起学习和交流的经历。③ 见城悌治是研究千叶医学专门学校（1923年升格为千叶医科大学）的中国留日学生史专家，他在2018年3月出版《留学生在近代日本学到了什么?》，重点分析近代中国留学生在日本学习的医药、园艺、设计、师范等专业，以及他们回到中国后在专业领域发挥的重要作用。④

在接受中国学生的日本各校中，宏文学院以其成立早、接受留日学生多和主要对他们进行日语培训、基础教育而闻名。荫山雅博根据嘉纳治五郎创设的讲道馆中所藏宏文学院相关资料，以及外务省外交史料馆、国立公文书馆的史料和中日两国的报刊等，不仅介绍宏文学院接受和培养中国留学生的详细情况，而且考订该校中国留学生的姓名、籍贯、所属班级、毕业升学及去向，考察嘉纳治五郎为培养山西省选派学习农林知识的留日学生而在长野县师范学校内开设的信浓宏文学院，以及该学

① 石田文彦「理学・工学を専攻した中国人の留日学生史」、『技術史教育学会誌』第6卷第2号、2005年。

② 宗村高満「一九二〇～三〇年代の中国人鉄道留学生」、『大正大学大学院研究論集』第31号、2007年；宗村高満「一九三七年以降の中国人警察留学生」、『大正大学綜合佛教研究所年報』第30号、2008年。

③ 河路由佳、淵野雄二郎、野本京子『戦時体制下の農業教育と中国人留学生：1935—1944年の東京高等農林学校』、農林統計協会、2003年。

④ 見城悌治『明治～昭和期の千葉医学専門学校・千葉医科大学における留学生の動向』、『国際教育』第2号、2009年；見城悌治「戦前期留日医薬学生の帰国後の活動と現代中国における評価」、『国際教育』第3号、2010年；見城悌治『留学生は近代日本で何を学んだのか—医薬・園芸・デザイン・師範—』、日本経済評論社、2018年。

院学生毕业后升入日本高等教育机构和回国后在教育领域所发挥的积极作用。[①] 高桥强主要考察了孙中山与宏文学院中国留学生的联系与交往，以及在他们中间发展革命力量的历史细节。[②]

接受和培养中国学生较多或较有特色的日本学校，受到学界的关注相应较多。一是久负盛名的早稻田大学，既提供留日预科，也提供普通本科，成为近代日本接受中国学生的重要教育机构，甚至以该校留日学生的相互交流为中心，形成所谓“早稻田文化”。[③] 二是留日学生学习军事知识的成城学校、振武学校，以及日本陆军士官学校[④]，既为近代中国培养了一批批军事人才，推动了中国军事近代化，也是个别军阀的“军事摇篮”。三是因留日学生或特殊事件而出名的日本学校，如地理位置偏僻的东北大学，因鲁迅留学而备受关注[⑤]；广岛高等师范学校、广岛文理大学等校的部分留日学生，因遭受1945年8月6日的广岛原子弹爆炸而引人注目。[⑥] 此外，东京大学、法政大学、东京美术学校、明治

① 蔭山雅博「宏文学院における中国人留学生教育：清末期留日教育の一端」、『日本の教育史学』第23集、1980年；蔭山雅博「宏文学院における中国人留学生教育について」、『呴沫集』第2号、1980年7月；荫山雅博「宏文学院における中国人留学生教育について（2）」、『呴沫集』第5号、1987年；荫山雅博「宏文学院における中国人留学生教育の展開」、斎藤秋男編『教育のなかの民族—日本と中国—』、明石書店、1988年；荫山雅博「信濃宏文学院における中国人留学生教育について」、『呴沫集』第7号、1992年；荫山雅博「信濃宏文学院における中国人留学生教育について（続）」、『呴沫集』第11号、2004年。

② 高橋強「孫中山と中国留日学生—弘文学院を通して—」、『創大中国論集』第4号、2001年。

③ 泉正人「一九二〇—四〇年の留日学生受入れ—早稲田大学の場合—」、『早稲田大学史記要』第25巻、1993年；安藤彦太郎『未来にかける橋—早稲田大学と中国—』、成文堂、2002年；高木理久夫、森美由紀「早稲田の清国留学生—『早稲田大学中国留学生同窓録』の記録から—」、『早稲田大学図書館紀要』第62号、2015年3月。

④ 中村義「成城学校と中国人留学生」、小林共明「振武学校と留日清国陸軍学生」、辛亥革命研究会編『中国近現代史論集——菊池貴晴先生追悼論集』、汲古書院、1985年；小林共明「陸軍士官学校と中国人留学生——日露戦争期を中心として」、『びとりから』第6集、1985年；宮城由美子「成城学校と中国人留学生についての一考察」、『佛教大学大学院紀要』第35号、2007年。

⑤ 永田英明「魯迅と東北大学—歴史のなかの留学生—」、『東北大学史料館紀要』第7号、2012年。

⑥ 江上芳郎「中国人留学生と原子爆弾被爆」、『（広島大学）学内通信』第3号、1983年；小林文男「ある中国人被爆者 広島文理大卒業生 初慶芝を訪ねて」、『広大フォーラム』第385号、2004年。

大学等校的留日学生教育，均受到日本学界的关注和研究。[①]

日本学校和部分教师或主动或被动配合日本政府侵华扩张的殖民教育政策，但仍有部分教师不受此项政策和歧视中国的社会氛围影响，恪守师者本分，对中国学生“传道、授业、解惑”，成为他们的“良师益友”。鲁迅留学仙台时期的老师藤野严九郎即其中一位。松本龟次郎根据留日学生的日语程度和知识基础认真施教，积极推动中日教育交流，如创办东亚高等预备学校，被誉为“中国留学生教育之父”。[②] 有“留学生教育先驱者”之称的嘉纳治五郎，创办宏文学院，多次赴中国考察教育，且不论其政治立场，至少为推动近代中国留日运动的发展发挥了一定作用。[③] 东京农业大学首任校长横井时敬，积极支持中国留日学生教育事业，希望通过对该校中国留学生的农业教育，促进科学的农业方法的普及和中国农业近代化。[④] 参与创办东亚同文书院的柏原文太郎，主持北京东文学社的中岛裁之[⑤]，无论是否包藏政治目的，都在近代中国留日运动史上留下了他们的身影。

与日本社会接触较多，或在中日两国具有广泛影响的留日学生，往往作为历史人物，成为日本学界的研究个案。如，鲁迅于1936年10月19日逝世后，藤野严九郎在1937年3月发表专文悼念。[⑥] 此后虽经日本

① 吉田千鶴子『近代東アジア美術留学生の研究—東京美術学校留学生資料—』、ゆまに書房、2009年；所澤潤「東京帝国大学における大東亜戦争後半期の外国人留学生受入れ状況—『外国学生指導委員会』の活動を中心に—」、『東京大学史紀要』第10号、1992年；法政大学国際日本学研究所『百年後の検証・中国人の日本留学およびその日本観 法政大学清国留学生法政速成科などの事例を中心に』、法政大学国際日本学研究所、2015年；高田幸男『戦前期アジア留学生と明治大学』、東方書店、2019年。

② 平野日出雄『日中教育のかけ橋：松本亀次郎伝』、静岡教育出版社、1982年；二見剛史「東亜学校と松本亀次郎—戦時下の動向を中心として—」、『国立教育研究所紀要』第121集、1992年；二見剛史「中国人留学生教育の父・松本亀次郎」、モラロジー研究所出版部編『至誠に生きた日本人』、廣池学園事業部、2007年。

③ 与那原恵「柔道の父であり、留学生教育の先駆者・嘉納治五郎」、『東京人』2011年11月号；平田諭治「嘉納治五郎の留学生教育を再考する—近代日中関係史のなかの教育・他者・逆説—」、『教育学論集』第9集、2013年。

④ 蔭山雅博「横井時敬と中国留学生」、東京農業大学出版会、榎本横井研究会『東京農大二人の学祖』、東京、2008年。

⑤ 小川博「柏原文太郎と中島裁之—中国留日学生史の一齣—」、『社会科学討究』第35巻第1号、1989年。

⑥ 藤野厳九郎「謹んで周樹人様を憶う」、『文学案内』1937年3月号。

侵华战争和战后初期的中日政治对立，但在1972年中日复交后，特别是20世纪80年代以来，日本学界的鲁迅研究成果丰硕，包括鲁迅从宏文学院的入学与退学、在仙台时期的留学生活、鲁迅的文学创作和翻译、鲁迅与其兄弟周作人的关系等①，内容广泛。1992年，山根幸夫等编著《近代日中关系史研究入门》，不仅单列“鲁迅与日本、日本人”一节，而且特设“近代日本文学与中国文学”一节，重点介绍日本学界关于郭沫若、郁达夫等人的研究成果。② 此后，日本学界对留日出身的中国文学家的研究继续发展，愈加细化。如，有学者探究周作人的日本文化认识和文学理论的材料来源③，萧红的文学作品与留学东京时代④，钟敬文的赴日留学与中日学术交流⑤，深入他们留日生活和文学创作的细节与情感。

除留日文学家外，诸如李大钊、陈独秀、周恩来、蒋介石、阎锡山、孙传芳等留日出身的历史人物，作为日本学界的研究重点，已超越个案范围，更多地属于人物研究或中日关系史、中国近现代史研究。日本学界关于此类中国留日学生的研究成果丰硕、内容细致，兹不赘述，仅举周恩来的日本留学一例。如，矢吹晋编辑、铃木博翻译了周恩来19岁时的日本留学日记⑥，鹭山恭彦介绍了周恩来留日期间与松本龟次郎的交往⑦，但这些成果只是周恩来留日研究的“冰山一角”。因为他的留日学习既反映中国留日学生史的某个侧面，也由此形成的日本观，直接或间

---

① 阿部兼也『鲁迅の仙台時代—鲁迅の日本留学の研究』、東北大学出版会、1999年；北岡正子『鲁迅：日本という異文化のなかで—弘文学院入学から「退学」事件まで』、関西大学出版部、2001年。

② 山根幸夫、藤井昇三、中村義、太田勝洪『近代日中関係史研究入門』、研文出版、1992年。

③ 根岸宗一郎「周作人留日期文学論の材源について」、『中国研究月報』第565号、1996年。

④ 岡田英樹「孤独の中の奮闘—蕭紅の東京時代」、『立命館文学』第451—453合併号、1983年；平石淑子『蕭紅研究——その生涯と作品世界』、汲古書院、2008年。

⑤ 加藤千代「鐘敬文の日本留学—日中交流の側面から」、『人文学報』第166号、1984年。

⑥ 矢吹晋編、鈴木博訳『周恩来の「十九歳の東京日記」』、小学館、1999年。

⑦ 鷲山恭彦「周恩来の日本留学と東亜学校校長の松本亀次郎」、『アジア文化』第32号、2015年。

接影响中日关系的发展与走向，所以周恩来留日相关研究成果较为丰硕也在“情理之中”。在这些著名留日学生外，还有更多既有一定社会影响但又相对普通的“中层”留日学生，在愈来愈细致的留日学生个案研究中，他们或将会成为日本学界关注的一个方向。

结　语

日本的近代中国留日学生研究，虽在切入视角、选择资料、研究内容等方面与中国学界互为补充、互相启发，但也存在一些需要注意的问题。一是宏观选题微观化和微观选题精细化，虽是深化、细化和还原近代中国留日学生在日学习与生活的基础与前提，但过度精细化研究，容易失去对事物本质的探讨，陷入就事论事或碎片化。二是日本学界虽尽可能运用中日文资料，但目前仍是以日文资料为主，某种程度上限制了他们的关注对象、研究内容和学术视野。如，中国留日学生团体包括革命团体、立宪团体、学术团体、艺术团体、各地同乡会、各校同学会等，但日本学界主要关注中华留日基督教青年会、“中华民国留日学生会”等个别团体[①]，视野相对有限。三是日本学界缺乏近代中国留日学生研究的宏观、通史性成果。如，近代日本对中国留日学生政策，包括接受、教育、管理和毕业后联络几个方面，但日本学界往往关注接受和预备教育政策，且集中于明治末期、大正时期和日本投降前后三个时间段，缺少连续性、系统性，难以管窥日本对中国留日学生政策的变化、特征和规律。

鉴于此，日本的近代中国留日学生研究需要拓宽研究视野，深化研究内容，不断推进该领域研究的广度和深度。从广度而言，一是广泛利用既有史料，充分关注中日双方资料，不断挖掘日本政府、学校、机构、团体和个人保存或留日学生遗存的相关新资料，毕竟史料是史学研究与

① 参见渡边祐子「もうひとつの中国人留学生史—中国人日本留学史における中華留日基督教青年会の位置—」、『カルチュール』第5卷第1号、2011年；見城悌治「1940年における「中華民国留日学生会」の創設と日華学会」、『中国研究月報』第800号、2014年。

创新的基础。二是延伸研究时限，避免过度细化或局限于明治末期、大正时期、战时、日本战败之际等单个“短时段”的研究，应以“长时段”眼光，宏观研究近代日本对中国留日学生政策的演变史，考察日本政府面对几起几落的中国留日运动和国际国内形势、中日关系变化，为何又是如何调整其中国留日学生政策，以及这些政策变化怎样反作用于留日学生与中日关系？这些内容只有在相对长时段的历史中才能观察得更清楚。三是扩大研究空间，不仅在中国留日学生与留美学生、留欧学生之间比较①，或者对比中国留日学生与日本留学生，而且转向中国、东南亚、欧美各国留日学生之间更加广泛的比较，以他者的视角反观中国留日学生，或许会得出不同的认识。总之，从历史的时空经纬出发，更容易找到近代中国留日学生在中国留学史、世界留学史上的客观位置与准确坐标。

从深度而言，日本的近代中国留日学生研究还有不少值得努力的空间。首先，需要细化研究范围。日本的近代中国留日学生研究虽然细化“程度有余”，但是细化“范围不足”。如留日学生教育者的个案研究不少，但曾游走于留日学生及其各个派系之间的犬养毅、白岩龙平等各界人士，以及近代中国留日学生在日本组建的各类团体，创办的百余种报刊，开展的各种活动，仍有细化研究之余地。其次，深化研究内容。只有深入分析近代中国留日学生所处的家庭环境、时代背景、国际关系等，才能探究他们赴日留学的不同目的和根本追求；只有深入分析日本对中国留日学生接收、教育、管理和安置政策的连续性及其变化，才能揭示日本对中国留日学生政策的本质和规律。最后，引入新的研究方法。不断引入教育学、社会学、国际关系学，尤其是留日学生所学专业的相关研究方法，或可深化该领域研究，毕竟新的研究方法往往带来新的突破。

（原载《近代史研究》2020 年第 1 期）

---

① 横井和彦、高明珠「「五校特約留学」と「庚款留学」の比較研究—『日本留学中華民国人名調』と『清華同学録』にもとづく留学生群の特徴の比較—」、『経済学論叢』第 66 巻第 2 号、2014 年。

发展中的非洲中国学：脉络、议题与特点

黄　畅

伴随中非之间经贸往来的不断扩大、加深，进入 21 世纪的中非关系更加紧密，中非间的人文交流也有了长足发展，相互认知也愈发深入。与此同时，非洲地区的中国研究也得以较为全面而系统的开展，一批专门的机构和人才得以涌现。这一区域中国研究的蓬勃发展既反映出中非关系的发展深入，又为非中关系的建构提供智识助力。然而，国内外学术界对此研究较为薄弱。荷兰汉学家戴闻达（Jan Julius Lodewijk Duyvendak）是较早关注中非关系的学者之一，他于 1948 年出版了《中国人对非洲的发现》（*China's Discovery of Africa*，Hertford：Stepher Austin and Sons，1947），该书钩沉了中非交往历史，梳理郑和第六次、第七次航行与非洲的关系，为研究中非关系史奠定了坚实的基础。近年来，学者从国际关系史、政治学、经济学等角度关注非洲中国学，李安山《中非关系研究中国际话语的演变》（《世界政治与经济》2014 年第 2 期）对非洲涉及中非关系研究的部分中国学中心和智库的话语表述进行了阶段性分析；郑惟迪等《从非洲思考中国：与另一个他者的相遇》（"Thinking China from Africa：Encounter with the Other Other"，*Journal of African Cultural Studies*，Vol. 33，No. 2，2021，pp. 119 – 129）尝试超越"中国中心主义"和"中西二元"框架，讨论中国与非洲的"位置和位置性"；丹尼尔·拉奇（Daniel Large）等主编的《中国重返非洲：一种新兴力量与一个大陆的拥抱》（*China Returns to Africa*：*A Rising Power and a Continent Embrace*，London：Hurst and Company，2008），基于当代中非

地缘政治格局视角，介绍了中国在非洲不同地区的具体活动形式、政治动态、对非洲发展的影响以及西方的看法等，批判“中国争夺非洲论”“中国新帝国主义”等广受西方吹捧的论调，探讨研究中非新型关系对中国对外贸易和经济发展的意义；哈佛大学经济学教授哈里·布罗德曼（Harry Broadman）《非洲的丝绸之路：中印的新经济领域》（*Africa's Silk Road*：*China and India's New Economic Frontier*，Washington D. C.：World Bank，2007），结合中文档案，从非洲的“边界以外”“边界之间”和“边界之内”三个角度分析了中印在非洲的活动和影响；荷兰学者范·迪克（Meine Pieter Van Dijk）主编的《中国在非洲的新出现》（*The New Presence in Africa*，Netherlands：Amsterdam University Press，2009）探讨了当代中国之于非洲的意义；丹尼尔·拉奇《中国与非洲：新时代》（*China and Africa*：*The New Era*，Oxford：Pelity，2021）是2021年出版的探讨新时代中非关系史的最新论著。目前著述中直接提出“非洲中国学”（China/Chinese Studies in Africa）这一概念，并对非洲中国学的内容、方法有一定涉猎的，可见的仅有博茨瓦纳大学中国研究项目（Chinese Studies Programme）主任范莎娜（Sara van Hoeymissen）的《非洲中国学》①这篇文章。因此，本文尝试梳理非洲中国学发展脉络，关注其研究议题与呈现的特点，以期进一步丰富海外中国学研究的内容。

一 非洲中国学的发展脉络

（一）21世纪以前：前中国学阶段

与其他大洲相比，非洲国家对中国的研究起步晚、发展慢，无论是在规模上还是在关注度上都不及其他大洲。在第二次世界大战以前，非洲大陆只有埃及、埃塞俄比亚和利比里亚三个独立国家，绝大部分国家自20世纪50年代才开始逐渐走向独立。因此，非洲对中国的研究跳过

① Sara van Hoeymissen，“China Studies in Africa”，*Journal of African Cultural Studies*，Vol. 33，No. 2，2021，pp. 201 – 209.

了传统汉学阶段，直接进入了当代中国研究。20 世纪 80 年代以前，非洲对中国的研究内容零星且分散，主要关注毛泽东思想、革命路线与中国民族解放运动、周恩来访非活动等。1949 年新中国建立以前，苏丹左派知识分子一直坚持在报纸上报道中国共产党领导的解放运动。苏丹人民从 20 世纪 40 年代就开始了解和阅读毛泽东撰写的革命文章。此外，自 1956 年埃及派遣 4 位学生来中国学习后，到 20 世纪 60 年代，14 个非洲独立国家都曾派遣留学生来中国学习。① 大批在华非洲留学生对中国有了一定认识，撰写报道，为早期非洲中国学发展奠定了基础。

非洲中国对中国的研究在不同阶段侧重点不同，20 世纪 50 年代中期侧重关注中国共产党领导的民族解放运动，南非《星报》（*The Star*）和《非洲共产主义者》（*African Communist*）、坦桑尼亚《旗帜报》（*Tanzania Standard*）、《赞比亚时报》（*Times of Zambia*）、《新尼日利亚人报》（*New Nigerian Newspaper*）等报纸大量关注中国对非援助活动。非洲政治家尼雷尔（Julius Kambarage Nyerere）、戈翁（Yakubu Gowon）和卡翁达（Kenneth David Kaunda）等人都曾高度评价中国共产党在非洲非殖民化全过程中所发挥的作用；20 世纪 50—80 年代，非洲国家关注“古代中国”（old China）与“新中国”（new China）的区别，重点关注中国的社会主义革命和国家建设历史以及中国对非政策；20 世纪 80 年代以后，随着非洲各国政治经济的发展及中非关系的深化，非洲学界对中国的关注从反帝反侵略所取得的成绩逐渐转向当代中国政治、经济发展的成就。

（二）21 世纪：中国学起步与发展阶段

非洲中国学虽然起步晚，研究成果数量和质量较之欧美国家有一定差距，但进入 21 世纪以来，非洲学界对中国的研究发展迅猛，研究机构数量激增。随着中非合作的深化，有关中国的学术研究进入整合式发展。中国学项目与高校的孔子学院剥离，成立单独的科研机构，对当代中国

① 李安山：《非洲留学生在中国：历史、现实与思考》，沈晓蕾译，《西亚非洲》2018 年第 5 期。

的关注日益增强，研究水平稳步提高。目前，非洲中国学的研究机构有智库、高校和科研机构三种类型，主要国家有南非、尼日利亚、坦桑尼亚、苏丹、博茨瓦纳等。

南非是最早开展中国研究的非洲国家，2004 年南非斯坦陵布什大学中国研究中心（Center for Chinese Studies，University of Stellenbosch）成立，聚焦中非政治、经济、环境等议题，致力于推动中非的知识、思想与经验交流。除定期出版期刊、研究报告和政策简报，举办关于中国问题的国际研讨会之外，中心还于 2016 年设立中国研究博士后项目，培养中国学问题研究专家。2013 年 6 月 12 日，马蓬古布韦战略反思研究所（Mapungubwe Institute for Strategic Reflection）设立中国文明研究项目，这是第一个以非洲人视角进行中国研究的项目，集结非洲智库、政治家、学者，耗时多年进行的“中国文明哲学”（the philosophy of Chinese civilization）项目囊括了中国文明、价值观、政治、经济、中非关系等内容，为南非全面了解中国共产党的执政理念和各项政策奠定了基础。南非约翰内斯堡大学非洲—中国研究中心（Center for Africa - China Studies，University of Johannesburg）于 2018 年 11 月 22 日成立，将中非关系、“一带一路”建设作为中心重点研究项目。中心主任戴维·蒙亚埃（David Monyae）致力于中国“一带一路”倡议及习近平总书记的“人类命运共同体”理念的研究。此外，还有南非伦理研究所、南非政策研究所、南非金山大学国际问题研究所、南非人类科学研究院等机构从政治、经济、文化等多学科对改革开放以来中国政治、经济、文化等内容展开研究。

尼日利亚是最早开展中国研究的西非国家，2015 年尼日利亚中国研究中心（The Center for China Studies of Nigeria）成立，旨在通过对中尼关系、中非关系的研究，加深中尼两国之间各种形式的交流，对中国共产党的研究是其重点研究项目之一，该中心充分发挥尼日利亚智库作用，密切关注中国的政治体制改革、中国改革开放以来的成就、十九大以来中国的发展。2016 年 11 月 30 日，尼日利亚中国研究中心和中国驻尼日利亚大使馆联合举办“中国共产党和现代中国发展道路”主题研讨会；2017 年 10 月 18 日，尼日利亚中国研究中心在尼日利亚首都阿布贾组织举办“中共十九大的全球意义及对非洲影响”专题研讨会；2018 年 12

月 14 日，尼日利亚中国研究中心举办“中国改革开放 40 周年：意义、影响与经验”专题研讨会；2020 年 4 月 24 日，尼日利亚中国研究中心举办主题为“尼中合作：迈向命运共同体”的研讨会，该研讨会鼓励尼日利亚借鉴中国共产党的成功抗疫经验、执政经验，深化尼中合作；2020 年 11 月 3 日，尼日利亚中国研究中心在阿布贾举办“中非合作论坛 20 年：成就与展望”专题研讨会。这些研讨会规模较大，有着一定的影响，尼日利亚执政党全体进步大会党、在野党人民民主党和全体进步大联盟等政党代表，尼日利亚国际问题研究所、阿布贾大学等智库的学者都积极参与上述研讨会。此外，该中心还创办了《中非简报》（*ChiAfrica*）期刊，致力于关注中国的政治、经济发展变化，2015 年 12 月至 2019 年 12 月共出版了 20 期。尼日利亚中国研究中心主任查尔斯·奥努奈居（Charles Onunaiju）是目前非洲中国学研究领域最为活跃的学者之一，著述涉及中国共产党改革开放政策、“一带一路”倡议、人类命运共同体的构建、习近平治国理政思想等内容。此外，尼日利亚战略与国际关系中心（Center for Strategic and International Studies）特设“中国在尼日利亚”项目，研究当代中国的崛起及其对尼日利亚的影响。尼日利亚阿布贾大学中国问题研究中心也是以当代中国的政治、经济、历史、文化为其主要研究方向，中心主任谢里夫（Sheriff Ghali Ibrahim）博士对中国的义务教育政策、中国共产党的扶贫减贫政策、中国特色社会主义事业的发展有着强烈的兴趣。

坦桑尼亚达累斯萨拉姆大学中国研究中心（Center for Chinese Studies，University of Dar es Salaam）是东非首个研究中国问题和中非关系的专业学术机构，于 2018 年 5 月 15 日成立。该中心的战略目标是开启中非、中坦学者之间的交流，促进两国政治家之间的相互学习，持续加强其在中国研究领域的影响力。中心主任、经济学家汉弗莱·莫希（Humphrey P. B. Moshi）致力于研究中国如何在中国共产党的带领下摆脱贫穷走向繁荣富强，希望通过借鉴中国共产党治国经验，助力坦桑尼亚实现现代化。

除了上述规模稍大的研究中心之外，近年依托非洲大学开设的中国研究项目还有博茨瓦纳大学中国研究项目、乌干达麦克雷雷大学“中国与亚洲研究项目”。从外，苏丹喀土穆大学亚非研究所、加纳大学亚洲研究中心等也都开设了中国研究项目。

非洲的中国学中心、研究机构与研究项目在2010年后数量激增，体现了其与孔子学院剥离的尝试。自2013年南非成立非洲首个中国研究项目以来，短短8年，非洲已经有几十家机构开设中国研究项目，创办了中国研究期刊，发表了一批中国研究文章，对中国的研究从语言学习转向对当代中国的研究，研究内容聚焦新中国成立以来尤其是改革开放以来中国共产党在政治、经济、文化建设方面的成就及中非关系的发展。同时，这些机构不断加强与中国高校和科研机构的合作，如尼日利亚中国研究中心与中国非洲研究院建立学术合作关系，南非约翰内斯堡非洲—中国研究中心邀请中方学者参与中心的创立工作。

然而，非洲中国学跳过了传统汉学阶段，直接在当代中国研究的框架下展开。因此，对传统中国的认识显然不充分；又因研究经费大多依托欧洲政治学术组织，人员严重不足，实际上尚未形成完整的中国学的特点。尽管如此，非洲中国学还是提供了欧美中国学之外的一种中国研究的新内容、新特点与新范式。

二 非洲中国学的议题

（一）基于考古学和历史学的中非关系史研究

对中非关系史的研究是非洲中国学的重要内容。非洲学者致力于从考古学和历史学角度探讨中国与非洲的古代联系，有力地驳斥了欧美舆论和部分西方学者口中的中国对非洲是一种“新入侵”（new inroads）。①

坦桑尼亚达累斯萨拉姆大学考古学教授菲利克斯·查米（Felix A.

① 例如2014年在埃塞俄比亚的斯亚贝巴召开的由埃塞俄比亚主办，非洲、澳大利亚、美国与中国学者参加的“探寻中国与非洲的古代联系国际学术研讨会”（“Exploring China's Ancient Links to Africa World Conference”）上，就有多位学者从明永乐帝的对外政策、郑和下西洋、丝绸之路等角度探讨古代中国与非洲的联系。

Chami）根据2005年在桑给巴尔的库姆比洞穴的考古发现，结合中国、欧洲和非洲的史料，指出库姆比洞穴发现的钱币为中国宋真宗年间的天禧通宝（铸造时间约为1017—1021年），进而将中坦交往史追溯至北宋时期。[①] 埃塞俄比亚亚的斯亚贝巴大学考古学教授马可·维加诺（Marco Vigano）通过考古发现，鉴定并分析在埃塞俄比亚编号1040洞穴的两枚钱币分别为中国宋仁宗年间的皇宋元宝（铸造时间为1039—1053年）和宋神宗年间的元丰通宝（铸造时间大约为1080年），从而指出中国与埃塞俄比亚东部在1000多年前就存在着一条贸易路线，他认为，“从公元1000年到1450年，中国人拥有先进的技术，对当时尚不发达的欧洲不感兴趣，经常与非洲进行贸易”。[②] 索马里兰（Somaliland）文物部主任萨达·米尔（Sada Mire）博士指出，古代中国与索马里地区的贸易可以上溯至公元1000年中叶，他通过在索马里的考古发掘揭示了非洲之角伊斯兰王国索马里与中国古代丝绸之路贸易之间的相互影响。他结合中非史料指出，古代中国与索马里沿海城镇的贸易活动不仅促进了商品的流通，更促进了思想与文化的传播。[③] 非洲生态学者柯蒂斯·亚伯拉罕（Curtis Abraham）在《中国在非洲的悠久历史》一文中指出中国自古代以来就与非洲友好往来，他通过追溯古代中非关系史，探讨其对当今中非关系的影响，并结合中非史料和文献档案，指出郑和下西洋（尤其是第五次和第六次航行）已经到达东非海岸，且明朝时期（1368—1644年）中国商人和外交官频繁到达埃及和埃塞俄比亚，有力驳斥了西方历史著作中记录的达伽马是第一个到达东非沿海的外国人。[④] 大量考古学的发现以及中国丝绸之路研究成果的推进，引发了非洲考古学者和历史

---

① 详见查米2005年的考古报告：Felix Chami，“Identification sheet of a North Song Chinese coin found by Dr. Felix Chami in the Kuumbi Cave，Zanzibar，in 2005”以及埃塞俄比亚“探寻中国与非洲古代联系国际学术研讨会”论文集文章《埃塞俄比亚桑给巴尔库姆比洞穴》。

② 详见维加诺的考古报告（Marco Vigano，“Identification of two Chinese coins found in Ethiopia，ca 1040 and 1080 AD，Inner China”）。

③ Sada Mire，“Mapping the Archaeology of Somaliland：Religion，Art，Script，Time，Urbanism，Trade and Empire”，*African Archaeological Review*，Vol. 35，2015，pp. 111 – 136.

④ Curtis Abraham，“China's Long History in Africa”，*New African*，March 3，2015.

学者对古代中国与非洲之间的关系的研究。

非洲学者对当代中非关系的研究成果颇丰，塞内加尔学者阿达玛·盖伊（Adama Gaye）的《中国与非洲：龙与鸵鸟》是非洲学者第一部较系统地描述当代中非关系的著作。[①] 加纳学者克维希·普拉（Kwesi Prah）主编的《中非关系：过去、现在与未来》是中非学者首次合作出版的论文集。[②] 苏丹共和国驻华大使加法尔·卡拉尔·艾哈迈德（Gafar Karar Ahmed）《以苏丹为例探讨1949—1995年的中国与阿拉伯关系》详细介绍了中国共产党在万隆会议上对阿拉伯国家及非洲问题的支持，对中国共产党承认苏丹独立以及中国共产党支持非洲国家的独立事业表达了肯定。[③] 他的《苏丹与中国关系：1956—2011》介绍了自1955年万隆会议两国首脑会晤以来，中国共产党领导人对苏丹领导人就民族解放问题、苏丹南部问题等提出的中肯建议，梳理了苏丹共产党与中国共产党一直以来的紧密联系以及中国共产党在中苏外交关系上的决策。[④] 尼日利亚学者阿拉巴·奥贡桑沃（Alaba Ogunsanwo）教授的著作《中国在非洲的政策（1958—1971）》对中国的政治、经济、文化及对非政策进行了深入研究。[⑤] 该书一直是非洲研究中国共产党对非政策的基础文献。

（二）从对中国的“观察”到非洲的主动“参与”：中国共产党研究

20世纪60年代后非洲大多数国家纷纷走向民族独立，因此，中国的社会主义革命和建设时期的成就成为他们的观察对象，“中国”作为可参照的“他者”（the other）进入非洲学者的研究视野中，由此产生了一批研究成果。

伊瓦·德·蒂亚姆（Iba Der Thiam）和詹姆斯·穆利拉（James

① Adama Gaye, *Chine - Afrique, le dragon et l' autruche*, Paris: L' Harmattan, 2006.

② Kwesi Prah, ed., *Afro - Chinese Relations: Past, Present and the Future*, Cape Town: CASAS, 2007.

③ 加法尔·卡拉尔·艾哈迈德：《以苏丹为例探讨1949—1995年的阿中关系》，博士学位论文，南京大学，1996年，未刊。

④ Gafar Karar Ahmed, *Sudan - China Relations 1956 - 2011*, Arab Unity Studies Center, 2016.

⑤ Alaba Ogunsanwo, *China's Foreign Policy in Africa 1958 - 1971*, Cambridge University Press, 1974, pp. 180 - 241.

Murila）合作撰写的《非洲与社会主义国家》一文从“中华人民共和国与非洲的非殖民化”入手，分析第三世界国家与中国建立外交关系的原因，指出中国共产党对非洲非殖民化三大贡献：一是坦赞铁路的修建；二是中国共产党对南非游击队运动、津巴布韦民族联盟游击队、坦桑尼亚、莫桑比克的援助，助力非洲国家民族解放运动；三是中国共产党对非洲非殖民化运动起到巨大作用，非洲的反殖民主义和反种族主义运动离不开中国共产党的支持。①

1956 年，中华人民共和国对阿尔及利亚事件的表态、对埃及的三大敌人（英国、法国、美国）的政治立场以及对非洲解放运动的态度，促使苏丹共产党对中国共产党表现出了极大的关注。阿卜杜拉·阿比德（Abudullah Abid）的《苏丹人在中国》一书以 1949—1959 年苏丹共产党档案为依据，阐明在苏丹获取独立以前，中国共产党对苏丹共产党的巨大影响力。②苏丹共产党对中国共产党的革命实践给予了高度评价，对中国共产党、对中国的青年运动及工会组织表现了极大的热情。该书还指出，苏丹共产党强烈要求苏丹政府增进与中国在内的社会主义阵营国家联系，鼓励苏丹共产党员前往中国等社会主义阵营国家学习。苏丹学者哈桑·阿里·萨欧利（Hassan Ali al—Sauri）的著作《中国与苏丹（1959—1989）》梳理中国共产党承认苏丹独立以来 30 年间中国与苏丹的交往历史，指出，中国共产党对苏丹共产党影响深远。③苏丹捍卫民族独立与世界和平委员会前秘书长艾哈迈德·赫尔（Ahmed Mohammed Kheir）于 20 世纪 50 年代中期以世界和平大会的成员身份出访中国，他支持毛泽东革命路线，支持中国共产党反对西方帝国主义的侵略，支持中国共产党与敌对中国的苏联的斗争，他将毛泽东的著作翻译成阿拉伯语。④

① Iba Der Thiam and James Murila in collaboration with Chrsitophe Wondji, “Africa and Socialist countries”, in Ali A. Mazrui (ed.), *General History of Africa*, Volume 8: Africa since 1935, pp. 798 – 828.

② Medani Mohammed M. Ahmed ed., *Current Studies on Sudan*, Mohamed Omer Beshir's Center for Sudanese Studies, Omdurman Ahlia University, 1998, p. 18.

③ Hassan Ali al – Saguri, “China and the Sudan: 1959 – 1989”, Sudan Foreign Relations Conference, Institute of African and Asian Studies, University of Khartoum, 10 – 13 March 1995.

④ *Statement of Foreign Policy by His Excellency Ahmed Mohamed Kheir*, *Foreign Minister of The Republic of the Sudan*, The Embassy of the Republic of the Sudan, 1958.

1967年1月，苏丹共产党中央委员会发布《苏丹共产党中央委员会关于中国状况的看法》,[①] 指出中国的现实状况对苏丹左派运动影响深远，中国与苏丹的关系影响着苏丹的某些政治决策。

尼日利亚学者阿拉巴·奥贡桑沃《中国在非洲的政策（1958—1971)》的第二章“开辟新天地（1958—1959)”、第三章“调整和重新评估（1960—1962)”、第四章“战争、巩固与反思（1963—1965)”对中国共产党自1958年以来的历史进程进行了详细梳理，并对中国对非政策进行了评价。[②] 值得一提的是，他的另一本著作《1871—1958年中国在非洲的外交政策》对中国共产党的建立历程、中国共产党与非洲共产党之间的关系进行了详细梳理，对中国共产党在对非事件中的立场进行了评价。[③]

尼日利亚前总统候选人、尼日利亚政治经济学和管理学教授帕特里克·奥克迪纳奇·乌托米（Patrick Okedinachi Utomi）的《中国与尼日利亚》详细梳理了中非关系，尤其中国与尼日利亚的关系发展的历史进程、现状和存在的问题。他在文中肯定了万隆会议后周恩来对非洲十国访问的历史意义，并高度评价了邓小平对中非关系发展的推动作用。[④]

中国共产党在长期的革命战争与社会主义建设中涌现出许多杰出人物，这是非洲学者关注的重点研究课题。他们对毛泽东、周恩来等进行了比较深入的研究。

对毛泽东思想的研究。毛泽东的“第三世界理论”及其《在延安文艺座谈会上的讲话》在非洲受到了一定关注。非裔学者维克托·维埃拉(Victor Carneiro Corrêa Vieira)《从毛泽东“第三世界”理论到“一带一路”倡议》一文对毛泽东“第三世界”理论产生的缘起、发展过程及对

① Hassan Ali al - Saguri, “China and the Sudan: 1959 - 1989”, Sudan Foreign Relations Conference, Institute of African and Asian Studies, University of Khartoum, 10 - 13 March 1995, p. 18.

② Alaba Ogunsanwo, *China's Foreign Policy in Africa 1958 - 1971*, Cambridge University Press, 1974, pp. 15 - 179.

③ Alaba Ogunsanwo, *China's Foreign Policy in Africa 1871 - 1958*, Cambridge University Press, 1974.

④ Patrick Okedinachi Utomi, *China and Nigeria*, 2008.

非洲的贡献做了详细的论述。[①] 他认为，从毛泽东“第三世界”理论开始，“国际援助”理念成为中国外交政策的重要工具。尼日利亚最重要的马克思主义文学理论家欧玛福姆·费赖迪·奥贡戈（Omafume Friday Onoge）的《朝向非洲文学的马克思主义社会学》（“Towards a Marxist Sociology of African Literature”）一文对毛泽东《在延安文艺座谈会上的讲话》进行了深入研究，他对毛泽东的讲话给予了高度肯定，他指出，当今世界，所有文化和文学艺术都属于特定的阶级，都服务于特定的政治路线，并不存在超越阶级的艺术，或者脱离政治或独立于政治的艺术，并认为这一观点可以服务于非洲文学研究。

对周恩来访非的研究。1963 年 12 月至 1964 年 2 月，周恩来总理访问了埃及、苏丹、阿尔及利亚、摩洛哥、突尼斯、埃塞俄比亚、加纳、马里、几内亚、索马里等非洲国家。出访期间周恩来总理根据中国和非洲各国的基本国情和具体情况，结合中国的援外思想和对外经济技术援助工作的经验，形成了中国对非洲进行援助的援助理念。[②] 因此，非洲国家对此进行报道和研究，有多篇著述。非裔美籍学者艾迪（W. A. C. Adie）《周恩来在热带非洲》一文对周恩来总理在非洲的活动进行了细致入微的研究。[③] 尼日利亚学者阿拉巴·奥贡桑沃的《中国在非洲的政策》对周恩来总理访非活动给予了高度赞扬。该书指出，周恩来总理带有政治色彩的访非活动是巩固中国与非洲关系的重要举措。[④]

非洲对中国共产党的研究主要涉及中非关系、中国政治体制改革、中国改革开放进程的成就及其对非洲的借鉴意义。学者们从政治学、经济学、社会学、国际关系等角度，从宏观或微观分析中国的发展、中国所取得的经验及其与非洲的联系，研究成果颇丰。不难看出，他们逐步

---

① Victor Carneiro Corrêa Vieira, “From Third World Theory to Belt and Road Initiative: International Aid as a Chinese Foreign Policy Tool”, *Contexto Internacional*, 2019.

② 中共中央文献研究室编：《周恩来外交文选》，中央文献出版社 1990 年版，第 388—389 页。

③ W. A. C. Adie, “Chou En-lai on Safari”, *The China Quarterly*, Vol. 18, 1964, pp. 174-194.

④ Ogunsanwo Alaba, *China's Policy in Africa (1958-1971)*, Cambridge University Press, 1974, p. 126.

摆脱一种“他者”视角“观察”中国的桎梏，彰显了非洲学者的主动“参与”，尤其他们大量使用口述史学的方法，结合史料，体现非洲视角的独特性。

（三）“中国模式”在非洲的发展：当代中国研究

近年来，非洲学界关于中国共产党的建设与改革史的论述，尤其关注中国发展实践对非洲的借鉴意义。“中国模式”成为非洲中国学重点关注议题，非洲学者力图借鉴中国发展经验，找到非洲特色发展道路。

1. 中国改革开放政策及脱贫经验对非洲的借鉴意义

非洲学者对中国改革开放政策十分关注，尤其是2018年中国改革开放政策推行40周年时涌现出了一大批文章。尼日利亚中国研究专家艾祖伦（Ehizuelen Michael Mitchell Omoruyi）的《扩大开放，促进繁荣》一文梳理中国改革开放40年来所取得的成绩，盛赞中国在全球贸易保护主义势力疯狂抬头的背景下扩大开放的坚定决心，呼吁非洲国家深度参与中国的“一带一路”倡议。① 他的另一篇文章《从对外开放政策到人类命运共同体构建》盛赞中国改革开放40年的成绩，肯定共建人类命运共同体对非洲的重要意义。② 尼日利亚中国研究中心主任奥努奈居的《中国改革开放40年与现代化道路的经验教训》和《中国改革开放40年：对于非洲的启示》两篇文章通过钩沉中国改革开放40年的历程，分析中国取得巨大成就的根本原因及其对非洲的启示。③

非洲学者对中国的社会主义建设，特别是改革开放以来的经济改革问题比较关注，尤其对中国的脱贫经验着力颇多。奥努奈居的《中国脱贫：对非洲的启示》一文中对中国全面脱贫攻坚战、习近平“精准扶

① Ehizuelen Michael, “Open Wilder for Common Prosperity”, *People's Daily*, December 19, 2018.

② Ehizuelen Michael, “From Reform and Opening - up to Common Shared Prosperity”, *Leadership*, May 20, 2018.

③ Charles Onunaiju, “China's Reform at 40 and Lesson in Many Pathways to Modernization”, *People's Daily*, Dec. 20, 2018; Charles Onunaiju, “China's 40 Years of Reform: What Lessons for Africa”, *Punch*, July 25, 2018.

贫”战略给予了高度肯定。[①] 他认为，中国成功脱贫的根本原因在于中国共产党纪律严明，坚持一切以人民为中心，全心全意为人民服务。他呼吁非洲国家认真学习中国减贫经验，切实推动非洲减贫事业。马里前驻华使馆第一参赞、国际问题专家约罗·迪亚洛（Yoro Diallo）的《中国脱贫攻坚：创造载入历史史册的奇迹》对中国脱贫攻坚历史进程进行了介绍，[②] 他指出，中国脱贫攻坚取得全面胜利离不开中国共产党的领导。他以自己在延安参观的经历为例，介绍中国共产党领导工农红军进行战略转移的历史。他认为，长征精神激励了中国人顽强进取，也为中国打赢脱贫攻坚战赋予了力量。中国作为世界主要经济体，其发展模式和道路对非洲国家有着重要借鉴意义，迪亚洛呼吁非洲国家“向东看”，学习中国智慧，借鉴中国经验。坦桑尼亚学者弗朗西斯·塞姆万扎（Francis Samvanza）撰文对中国精准扶贫政策深入研究，高度评价中国脱贫攻坚所取得的全面胜利，认为中国减贫经验对于非洲具有极大的借鉴意义。

2.“人类命运共同体”与“中非命运共同体”

值得一提的是，非洲学者对中国共产党的抗疫经验、香港选举制度的修订、中国两会、中国共产党的反恐经验、中国发展模式等给予了高度关注和积极肯定。尼日利亚主要报纸《领导者报》（*Leadership*）主编布考拉·奥贡西纳（Bukola Ogunsina）的《尼中关系与中非合作论坛20年》一文以中非合作论坛成立20年来取得的丰硕成果为切入点，对习近平在2018年北京峰会上提出的“八大行动”、王毅外长提倡的新时代中非合作模式给予了高度赞扬，指出尼日利亚应以此为契机，加紧落实北京峰会成果。[③] 尼日利亚中国研究中心主任奥努奈居在《后新冠疫情时代与中国共产党》和《后新冠疫情时代世界秩序与人类命运共同体》两篇文章中指出，百年前中国共产党给中国人民带来了光明，中国在共产党

① Charles Onunaiju，“China's Exit From Poverty：Lessons for Africa”，*The Nation*，March 10，2020.

② Yoro Diallo，“La Chine gagne la lutte contre l' extrême pauvreté Un miracle humain de plus”，*l'Independant*，10 March，2021.

③ Bukola Ogunsina，“Nigeria – China Relations and 20 Years of FOCAC”，*Leadership*，November 8，2020.

的领导下实现了繁荣富强，中国共产党始终以人民为先。高度评价中国疫情防控方面表现出的坚定决心，肯定中国共产党领导中国人民抗击新冠肺炎疫情所取得的成绩，认为疫情未对世界经济造成更大影响完全归功于中国共产党的领导，强调构建习近平主席提出的“人类命运共同体”理念已是大势所趋，呼吁国际社会重视中国为推动构建人类命运共同体所做出的突出贡献，呼吁非洲各国借鉴中国抗疫经验。[①] 他在《中国高质量发展对全球经济繁荣的影响》一文中，通过梳理中国两会历史进程，对中共十九届五中全会精神及中国“十四五”规划给予了高度评价。[②] 该文指出，2021 年中国两会的召开体现了中国以共产党为核心、多党合作和政治协商为特色的政治体制，是中国人民着眼民族利益并在审视发展现状及国际环境基础上，为国家发展所做的坚定努力，中国的每一次重大政治议程都会在促进国家发展和民生改善上迈出历史性步伐。他呼吁非洲国家借鉴中国治国理政实践经验。尼日利亚国际问题专家拉瓦尔·萨勒·梅达（Laval Sale Maida）的《中国两会及其对非洲的影响》一文以中国两会为分析对象，对中国共产党的各项政策给予了高度评价，他指出，中国两会为中非友好关系发展提供了保障。[③] 奥努奈居的《理解中国两会与中国的民主化进程》一文也以中国两会为分析对象，指出中国的两会制度极具中国特色，充分表明人民是国家的主人，这一制度推进了中国的民主化进程，值得非洲国家深思和借鉴。[④] 尼日利亚国际问题专家弗雷德·欧克舒库（Fred Okechukwu）的《中国如何发挥外债的杠杆作用及非洲如何做》一文肯定中国改革开放 40 多年来所取得的成就，中国共产党依据本国国情带领人民走出了一条中国特色的现代化道路，中国对非援助和贷款给广大非洲国家提供了有力的支持，非洲各国

---

① Charles Onunaiju, “Post Covid – 19 Period and the Communist Party of China”, *Blueprint*, March 10, 2020; Charles Onunaiju, “Post Covid – 19 World Order and Humanity's Shared Future”, *Blueprint*, March 27, 2020.

② Charles Onunaiju, “Implications of China High – quality Development for Global Prosperity”, *Blueprint*, March 11, 2021.

③ Laval Sale Maida, “China's Two Sessions and Its Impact on Africa' ”, *People's Daily*, June 1, 2020.

④ Charles Onunaiju, “Understanding the “Two Session” and the Democratic Process in China' ”, *People's Daily*, March 19, 2018.

不应被西方炒作的“中国债务陷阱论”误导，而应充分借鉴中国的发展经验，走出非洲特色发展道路。① 尼日利亚阿布贾大学谢里夫教授的《中国新疆与一种去极端化的改良方式》一文指出，西方媒体所谓的中国在新疆建立“集中营”迫害维吾尔族人的说法毫无根据，中国共产党和中国政府成功阻止了宗教极端主义在新疆的蔓延，有效地遏制了恐怖主义，保障了人民的权利，远胜于美国的暴力反恐举措。② 他在《中尼建交五十年评价》一文中，梳理了自 1971 年尼日利亚与中国建交以来，中尼在经贸、教育、文化和军事领域取得的成绩。③ 尼日利亚阿布贾大学阿嘎巴·哈里杜（Agaba Halidu）博士的《论香港选举制度修订》指出，中国全国人大完善香港选举制度、扩大选举委员会和立法委员会制度及时正确、意义深远，是中国共产党的英明决策，对维护香港繁荣稳定和长治久安、确保“一国两制”制度的实施具有重要作用。④

3. 中国治国理政实践经验

尼日利亚中国研究中心奥努奈居《引领新时代：中国和世界》深入评析中共十九大报告，高度赞扬习近平总书记向世界展示出引领经济全球化的中国担当。他认为，“习近平总书记是当今世界最有影响力的领导人之一”。⑤ 尼日利亚学者艾祖伦博士《理解全球趋势与习近平在博鳌论坛的讲话》对习近平主席在博鳌论坛的讲话思想进行了深度分析，高度评价习近平主席把握世界发展大势及中国坚持扩大开放的决心。⑥ 尼日利亚和平与冲突解决研究所前所长约瑟夫·戈尔瓦（Joseph Golwa）的《“习近平：治国理政思想”与中非合作愿景》认为，《习近平谈治国理

---

① Fred Okechukwu, “How China leveraged foreign credit and How Africa Can”, *The Nation*, November 18, 2020.

② Sheriff Ghali Ibrahim, “China’s Xinjiang Province and a Modified Way of Deradicalisation”, *Blueprint*, March 16, 2021.

③ Sheriff Ghali Ibrahim, “Assessing 50 Years of Sino - Nigeria Relations”, *Blueprint*, February 5, 2021.

④ Agaba Halldu, “On Hong Kong’s Revised Electoral System”, *Blueprint*, April 2, 2021.

⑤ Charles Onunaiju, “Heralding the New Era: China and the World”, *Peoples Daily*, November 14, 2020.

⑥ Ehizuelen Michael, “Understanding Global Trends and Xi Jinping’s Speech at Boao Forum”, *Peoples Daily*, April 23, 2018.

政》系列著作蕴含着习近平主席的治国智慧，也是中国共产党和中国政府治国思想理念的结晶，阐明了中国共产党领导中国取得国家建设成功的原因。[①] 尼日利亚中国研究中心主任奥努奈居在《评〈习近平谈治国理政〉第三卷》一文中认为，《习近平谈治国理政》第三卷是当代中国特色社会主义思想的理论宝典，内容丰富，涵盖了中国国家治理所有关键问题，是中国共产党集体智慧的结晶，是马克思主义中国化的最新理论成果，是新时代中国特色社会主义的指导思想和行动指南，有助于世界各国全面理解当代中国。他认为，中国共产党是新中国的缔造者和建设者，代表中国最广大人民的根本利益。中国是国际社会负责任的大国，为全球治理的关键问题提出了中国方案。习近平主席提出的"一带一路"倡议为全球治理体系变革注入了强劲动力。[②] 南非知名智库全球对话所所长费拉尼·穆坦布（Philani Mthembu）的《中国"一带一路"倡议将成为全球经济复苏催化剂》和《中国"一带一路"倡议为非洲提供无限选择》两篇文章从地缘政治和经济等角度，对习近平主席的"一带一路"倡议和"构建人类命运共同体"理念的价值及对世界的贡献进行了全面梳理，积极评价"一带一路"倡议对接非洲发展的广阔前景。[③]

三　非洲中国学的特点

第一，研究主体身份和研究目的日趋复杂。20 世纪 80 年代以后非洲中国学相关学者大多既有担任外交职务的经验，也有高校任职的经验，拥有政治家与学者两重身份。因此，他们享有查阅档案的便利，如外交

① Joseph Golwa, " 'Xi Jinpin: Thoughts on Governance of China' and Prospects of China – Africa Cooperation", *Leadership*, December 25, 2020.

② Charles Onunaiju, "The Governance of China, Volume III by Xi Jinping: A Review", *Peoples Daily*, September 18, 2020.

③ Philani Mthembu, "The Chinese Initiative That Could be a Catalyst For Economic Recovery", *Daily Maverick*, 24 May, 2021; Philani Mthembu, "China's Belt and Road Initiative Offers Myriad Options for Africa", *Petoria News*, 3rd September, 2019.

部和贸易部档案、官方代表团访华报告、高级官员涉华信函以及解密后的官方档案等，许多档案内容甚至在中国首次披露，这也决定了他们的研究目的和动机并不是单纯从学术研究出发，而是夹杂了非洲的政治、经济、社会、文化等因素。

第二，研究视角（知识立场）逐渐由以西方为参照转向非洲本土，研究方法多样化。部分非洲学者曾以西方作为参照点来解释中国及中国共产党，将西方文献进行情景化解读。随着中非关系的发展，非洲学者更加重视本土史料，运用口述史学的研究方法，对中国共产党有了更加客观的认识。如苏丹学者加法尔·卡拉尔·艾哈迈德在研究中国共产党时直接采访了大量当事人或相关人士，包括20世纪50年代访华的苏丹贸易代表团团长曼苏尔、长期在华工作生活的阿拉伯专家阿布·杰拉德、前苏丹驻华大使穆罕默德以及数位苏丹共产党员，这些口述史料丰富了中共党史研究。此外，也有学者使用多学科比较研究的方法，将非洲的政治价值观与中共执政理念进行对比。

第三，非洲生产中国知识的性质发生变化。21世纪以来，非洲的中国学研究集中在中国共产党执政思想、中非关系的研究，成果丰富，角度不同。正如奥努奈居在《卡尔·马克思、社会主义和非洲的第二次解放》一文中所说，非洲许多国家无视自身国情和社会发展程度，盲目模仿西方政治模式，从而无法推动国家发展。中国共产党实事求是，构建具有鲜明中国特色的社会主义体系的经验正是非洲在现代化和包容性发展道路上可以借鉴和参考的经验。[①] 部分非洲学者希望对中国共产党执政理念的研究能对中非关系的开展产生实际影响，这直接影响了非洲生产中国知识的性质，许多学者在基础研究和政策研究之间徘徊。非洲对中国共产党的研究主要对政策决策者、商人和与中国利益相关人员产生影响。[②] 然而，学者不应当仅仅充当知识传递者的功能。

---

① Charles Onunaiju, "Karl Marx, Socialism and Africa's Second Liberation", *Dailysun*, May 7, 2018.

② Arina Muresan, Philani Mthembu and Faith Mabera, *China－Africa: High Time for a Common Integrated African Policy on China*, Pretoria: Institute for Global Dialogue and UNISA, 2017.

第四，非洲关于中国的部分研究经费主要来源于西方基金会资助，[①]因此，部分中国研究存在盲目跟从西方观点的情况，在没有充分了解史实的背景下，容易受西方影响，带有鲜明的意识形态偏见。个别学者甚至撰文对中国共产党在防疫、涉疆、涉港、人权政策无理指摘，对中国特色社会主义制度进行批评，故意误导民众。这类文章的出现甚至在非洲还受到了少数人的拥护。针对这类文章，非洲中国学家积极发声，尼日利亚阿布贾大学谢里夫教授立即发文回应，他指出，中国特色社会主义制度优势确保中国走向成功。[②] 中非关系目前面临的最大挑战之一就是缺乏全面、有深度的相互理解。非洲中国学家的回应有效及时，但是我们不仅需要非洲学者发声，中国学者也需及时把握非洲学者研究动态，适时作出回应。

第五，非洲中国研究的学术价值正在提升。我们需要将非洲中国学的研究成果与研究价值置于国际中国学的背景之下。非洲部分学者一直致力对中国共产党的研究，著述有力地抨击了西方抹黑中国的论调。如尼日利亚阿布贾大学谢里夫教授的《中国恐惧症和美帝国的衰落》一文就通过对中国共产党历史的研究、对习近平的“四个全面”和“一带一路”倡议政策的分析，与特朗普政策进行了对比，从而抨击了西方抹黑中国、遏制中国的策略。[③] 非洲学者的这些发声对于中国的国际形象十分重要。因此，中国需要重视非洲中国学的意义与价值。目前，国内对海外中国学的研究主要集中在欧美和亚洲部分国家，近年来，开始有中国学者关注拉丁美洲的中国学研究。然而，对非洲中国学的关注严重不够。非洲中国学是国际中国学的一支重要力量，非洲中国学虽然因为自身发展原因，起步晚，但是发展迅速，非洲政治家、学者积极参与，并在国际大胆发声，对国际社会的中国观有着一定影响，对国内中国学研究也有一定的借鉴意义。

---

① 例如，南非斯坦陵布什大学中国研究中心的绝大部分项目由西方基金会资助实行。

② Sheriff Ghali Ibrahim, “Re: COVID 19 and China’s Communist Authorities Have Gone a Step Too Far”, *Leadership*, May 31, 2020.

③ Sheriff Ghali Ibrahim, “Chinaphobia and the Decline of American Empire”, *Blueprint*, August 4, 2020.

四 非洲中国学学者的“位置”（position）与“位置性”（positionality）[①]

目前非洲中国学呈现两种形式：一种是在非洲的中国学；另一种是非洲人的中国学。可能也有第三种情形：即不在非洲且不由非洲人进行的非洲中国学研究，例如在欧洲、拉丁美洲、亚洲等一些国家进行的非洲中国学研究，研究者可能是与非洲没有关系的欧洲/美国/拉美/亚洲学者，这种研究者身份既不属于非洲，研究者所处环境也不在非洲。本文认为这种情形下从事的中国学研究并不属于非洲中国学的内容，而属于对于非洲中国学的再研究范畴。[②]

近年来，欧洲学者或供职非洲的中国学中心，或在非洲的期刊上发表中非关系等相关研究文章，对非洲的中国学产生了一定的影响，催生了在非洲的中国学的产生。在欧洲学术训练背景下，他们的研究在一种“自我”（欧洲的/西方的）与“他者”（非洲的/东方的）二元对立的框架下，大多倾向性较强，意识形态色彩明显，很难突出非洲中心视角，以及非洲的主体性（Subjectivity），更难客观地看待非洲与中国的关系，甚至充斥着对中国的谩骂与批评。丹尼尔·拉奇发展的“丛林中的龙”（dragon in the bush）的这一话语表述将中国在非洲的出现与“新殖民主义”“帝国主义”“中国威胁论”等西方抹黑中国的话语紧密联系。部分在非洲的中国学研究甚至为西方提供了学术情报。前南非斯坦陵布什大学中国研究中心主任马丁·戴维斯（Martyn Davies）和斯文·格里姆（Sven Grimm）就将在南非的实地调研报告发回欧洲国家，成为欧洲国家对非政

① 后现代转向下“客观性”问题，有学者提出了“位置”与“位置性”这对概念，“位置”体现的社会角色，“位置性”则是在认识论层面使用的方法（参见：Naoki Sakai，“Positions and Positionalities：After Two Decades”，Asia Critique，Vol. 20，No. 2，pp. 67 –94）。本文在此借用这对概念探讨非洲中国学研究者的立场与方法问题。

② 例如在中国任教的越南学者黄石秀《未确定的身份：中非研究中的一名离散学者》（T. T. Huynh，“Undetermined Identity：A Diaspora Scholar in China – Africa Studies”，*Journal of African Cultural Studies*，33：2，2021，pp. 210 –217）一文就指出了离散学者在研究中的身份不确定性。

策的重要参考。因此，罗斯·安东尼（Ross Anthony）[①] 指出，非洲需要培养自己的中国学家，打破欧洲中心论，建立非洲中心的研究视角。

在当前背景下，将非洲作为研究的中心，在“全球南方”（global south）的框架下，以中非的“南南合作”为基础，以中国作为一种观照，突出非洲人主体性的非洲人的中国学研究更为必要与重要。肯尼亚活动家菲洛兹·曼吉（Firoze Manji）主编的《非洲视角下的中国在非洲》[②] 一书指出，现在的许多关于非洲的评论都集中在西方既得利益上，而独立的非洲分析家和活动家的声音却消失了，因此非洲视角下对中国在非洲的出现则显得极为必要。因此，非洲的中国学家将研究内容集中在加强非洲与中国的谈判能力上，研究重点侧重于中非具体现实直接相关的知识和技能。例如博茨瓦纳大学的中国学研究中心的目标之一就是帮助博茨瓦纳更好地从中国（在非洲）的角色中获益，同时避免潜在的劣势。从非洲学者、外交官的研究成果也可以看出，非洲的中国学家的知识生产的性质是基于基础研究与政策研究之间，更多的是充当智库作用，以期对中非关系的开展产生实际影响。例如，尼日利亚伊洛林大学列缪尔·奥德（Lemuel Ekedegwa Odeh）教授的《自 1971 年以来中尼经济关系动态》[③] 等文章就是充当智库作用，为政府对华决策提供参考。

结　语

正如博茨瓦纳中国研究项目主任范莎娜（Sara Van Hoeymissen）所言，“非洲的中国学是一个有着特殊使命和研究议题的领域”。[④] “非洲中国学”与“美国中国学”“欧洲中国学”“日本中国学”等概念一样，

---

① 曾于 2014—2018 年担任南非斯坦陵布什大学中国研究中心主任。

② Firoze Manji, Stephen Marks ed, *African Perspectives on China in Africa*, Pambazuka Press, 2007.

③ Lemuel Ekedegwa Odeh, “Dynamics of China - Nigeria Economic Relations Since 1971”, *Journal of the Historical Society of Nigeria*, Vol. 23, 2014, pp. 150 - 162.

④ Sara van Hoeymissen, “China Studies in Africa”, *Journal of African Cultural Studies*, Vol. 33, No. 2, 2021, pp. 201 - 209.

作为一个整体概念浮现，成为值得关注的学术现象，它指的是非洲国家和地区对当代中国政治、经济、文化、历史等的研究。因区域而生成的一种可识别的非洲中国学的产生、起步与发展是近二十年的事情，受中非的政治、经济、文化发展、中非关系不断深化的影响。非洲中国学有其独特的发展脉络、学术传统，有其侧重关注的议题与特定的研究范式，近年来，中非关系史研究、中非地缘政治格局研究等全局性问题逐渐进入非洲学者的视野，非洲中国学开始作为一支独立的学术力量出现，并产生了专门的研究机构，对非洲认识和了解当代中国提供了平台，其大量研究成果对中国在国际社会的形象树立具有正面、积极的作用。

但是，我们也要注意到非洲中国学也存在着一些值得注意的问题：一是研究成果数量虽然在近十年来呈现激增趋势，但缺乏高质量的学术专著，研究成果缺乏足够的代表性，产生的学术影响、政治影响有限，并未形成严格的学术意义上的中国学内容与特点；二是虽然非洲学者已经开始关注对本土史料的挖掘，大量使用口述史学的研究方法，使用访谈和田野调查等方式补充史料，但是对本土史料的使用依然远远不够，著述中依旧依赖西方史料及成果，这也导致有时会出现一些史实错误；三是因非洲学者文化背景等原因产生了曲解和误读，例如以非洲生育观批判中国的计划生育政策则有失公允；四是非洲各国之间学者交流、互动不充分，中非、非欧的研究各自为营，并不能形成对话。

（原载《国外社会科学》2022 年第 2 期）

近二十年尼日利亚史学述评

黄　畅

从全球史学发展的角度看，非洲史学是其中不可缺少的一部分，但因其起步较晚，国内外有关研究成果相对有限。实际上，非洲史学自有其传统，摆脱殖民统治后更是得到了蓬勃发展，形成了伊巴丹学派、达累斯萨拉姆学派和达喀尔学派等重要史学派别，“为非洲史观的确立、方法论的突破和史学人才的培养作出了贡献”。[①] 作为非洲重要史学分支的尼日利亚史学[②]从伊巴丹学派发展而来，因其学术规模和基础之大之深，为西非史学、非洲史学乃至世界史学的发展做出了显著的贡献，成为严格意义上的科学的非洲历史研究的源泉之一。

尼日利亚史学的发展先于国家的独立，自20世纪50年代以来至今，其发展大致经历了三个阶段。第一个阶段从20世纪50年代至80年代初，以民族主义史学为特点。这一时期，历史学家将史学作为去殖民化的工具，以重塑民族自信，代表人物是伊巴丹学派的学者肯尼思·迪凯（Kenneth Dike）。[③] 第二阶段从20世纪80年代至90年代，研究方法和理论日益多样化，出现了社会史、经济史和妇女史等研究领域。第三个阶段从20世纪90年代末至今，是尼日利亚史学高度专业化和迅速发展的阶段。这一时期，尼日利亚史学更加注重与社会现实的联系，加强了对

① 参见李安山《非洲民族主义史学流派及其贡献》，《世界历史》2020年第1期。

② 本文中的尼日利亚史学主要指的是尼日利亚本土学者的史学研究。

③ 关于迪凯对于尼日利亚史学的贡献，参见曹峰毓、后黎《论肯尼思·翁伍卡·迪凯在非洲史研究中的贡献》，《史学理论研究》2022年第2期。

重大历史问题的研究。[1] 本文将以尼日利亚史学的第三阶段尤其是近二十年来为重点，对其内容、特点及所出现的问题和不足做一梳理，力求把握其总体特征，预见其发展趋势。

一　当代尼日利亚史学的广度与深度

近二十年来，面对新的时代需求和挑战，尼日利亚历史学家努力践行“由尼日利亚人书写尼日利亚历史”这一宗旨，推动了尼日利亚历史研究的全面发展，主要表现在以下五个方面。

（一）加强反思：强调历史研究、史学研究与现实的关联性

进入21世纪，尼日利亚历史研究在继承之前的史学成就的同时，也加强了对历史研究的性质、功用和价值等方面的反思。反思的内容包括历史著作在多大程度有助于解释或解决当代问题、历史研究如何凸显尼日利亚的主体性等。早在20世纪80年代，尼日利亚著名史学家阿德·阿贾伊就已经注意到，“在非洲研究的所有分支学科中，历史学是所有学科中最无用的，因为它未能将研究与非洲的实际问题联系起来”。[2] 前文提到的“反思”，可以看作是当代尼日利亚史学对阿贾伊观点的延续，更具时代特征。这部分研究包含两方面内容：一是尼日利亚学者对尼日利亚历史的进一步研究——历史反思；二是尼日利亚学者有关尼日利亚

---

① 国内学者围绕伊巴丹学派及代表人物进行了若干研究，代表性文章有李安山：《论伊巴丹历史学派——其形成、发展及批判》，《世界史研究动态》1990年第3期；石海龙：《阿德·阿贾伊的非洲史研究》，硕士学位论文，上海师范大学，2016年；王勤：《托因·法洛拉史学研究述评》，硕士学位论文，上海师范大学，2017年；石海龙、张忠祥：《阿德·阿贾伊与非洲史研究》，《史学集刊》2020年第3期；曹峰毓、后黎：《论肯尼思·翁伍卡·迪凯在非洲史研究中的贡献》，《史学理论研究》2022年第2期等。郑晓霞等学者将尼日利亚史学家阿拉戈的史学论著译介至中国，为国内学界了解尼日利亚民族主义史学实践提供了便利，参见埃比戈贝里·乔·阿拉戈《非洲史学实践——非洲史学史》，郑晓霞、王勤、胡皎玮译，上海社会科学院出版社2016年版。近年来，也有个别学者开始关注尼日利亚第三代历史学家的史学成果，代表性论文有王严《阿尤德吉·奥卢贡菊及其海洋史研究》，《史学理论研究》2020年第1期。

② J. F. Ade Ajayi, “Canada Provides Food for Thought”, *West Africa*, May 26, 1980, p. 296.

历史研究成果的反思——史学反思。

历史反思主要集中在尼日利亚殖民史、独立后的发展历史、民主化进程等内容。阿贾比利的《合并后的一个世纪：1914—2014 年尼日利亚历史和国家建设的反思》一文，通过梳理南北保护领合并后 100 年尼日利亚的发展，对国家当前的建设提出了相关建议。① 还有一些历史学家强调，历史研究应当凸显尼日利亚的主体性。比如，贝努埃州立大学的阿尔南·特尔法·维克多的《1999—2007 年尼日利亚民主化进程的历史分析》一文，反思了尼日利亚民主化进程的得失，回击了西方对于尼日利亚民主化的指摘，在这一重大问题上发出了尼日利亚学者的声音。②

在大量具体研究的基础上，尼日利亚史学家对历史研究理论方法进行了史学反思，产生了一些有影响的著述。尼日利亚裔史学家皮乌斯·阿德桑米与莱索托国立大学克里斯·丹顿的《尼日利亚的第三代写作：史学和初步的理论思考》，对尼日利亚史学发展的第三阶段的历史写作进行了详细的梳理和反思，并探讨了用英语进行学术写作的局限。③ 卡拉巴尔大学威妮弗雷德·阿科达的《使用档案进行研究：历史学家的经验》一文，则强调口述材料与档案材料对于研究尼日利亚历史的重要性。他认为，不仅要关注欧洲的档案材料，更要重视尼日利亚本土语言材料。④ 伊巴丹大学的克里斯托弗·奥波博在《尼日利亚历史学会：历史研究与尼日利亚民族》一文中，通过梳理尼日利亚历史学会的发展历史，反思了该组织所倡导的历史研究理念和方法对于尼日利亚民族建构的意义，以及历史学能在多大程度上服务于现实需要这样的重大问题。⑤ 与之类似，拉菲亚联邦大学的威尔弗雷德·特鲁蒙·乌吉撰写了《历史

① C. N. Ajaebili, "A Century after Amalgamation: Reflections on History and Nation Building in Nigeria, 1914 - 2014", *Journal of the Historical Society of Nigeria*, Vol. 24, 2015, pp. 95 - 107.

② Aernan Terfa Victor, *An Historical Analysis of the Democratisation Process* 1999 - 2007, Ph. D thesis, Benue State University, 2011.

③ Pius Adesanmi and Chris Dunton, "Nigeria's Third Generation Writing: Historiography and Preliminary Theoretical Considerations", *English in Africa*, Vol. 32, No. 1, 2005, pp. 7 - 19.

④ Winifred E. Akoda, "Using the Archives for Research: a Historian's Experience", *Journal of the Historical Society of Nigeria*, Vol. 17, 2007/2008, pp. 75 - 84.

⑤ Christopher B. N. Ogbogbo, "Historical Society of Nigeria: The Study of History and the Nigerian Nation", *Journal of the Historical Society of Nigeria*, Vol. 24, 2015, pp. 1 - 13.

及其与尼日利亚公共部门发展的关联性》一文，探讨历史与尼日利亚公共部门发展的关系，体现了历史学家的现实关怀。① 在美国森林湖学院（Lake Forest College）任教的尼日利亚学者德斯蒙德·伊肯娜·奥杜古撰有《非洲殖民教育的史学反思：1890—1930 年北伊博兰早期英语教育扩张中的国内力量》一文，对大英帝国建设时期西方正规教育在非洲扩张的原因提出了独到的见解。奥杜古使用殖民档案和口述资料证明，在西方传教的影响因素之外，尼日利亚国内的竞争与殖民进程的融合，也促进了北部伊博兰的英语教育的普及。奥杜古强调了前殖民地时期尼日利亚内部的发展动力，批判了西方教育史学中将尼日利亚本土因素边缘化的研究方法。② 上述研究都体现了进入 21 世纪以来，尼日利亚史学家更加关注历史对现实的能动作用。

与此同时，历史学家也开始对尼日利亚极具影响力的学者，如阿菲格博、索因卡、法洛拉等人进行全面细致的个案研究，力求总结和归纳尼日利亚史学研究的一般特点。比如，托因·法洛拉和马修·希顿的《阿菲格博关于尼日利亚的著述：一篇史学论文》、格伦·A. 奥多姆的《尼日利亚历史的终结：沃莱·索因卡与约鲁巴史学》、阿卜杜拉·卡里姆·班古拉的《托因·法洛拉与非洲认识论》，堪称这方面的代表作。③ 值得一提的是，哈科特港大学的约翰·恩尼姆格文姆以历史学家恩科帕罗姆·埃吉图乌为个案，考察了尼日尔三角洲的史学发展，强调三角洲史学在方法和理论上的贡献和影响。④

---

① Wilfred Terlumun Uji, "History and Its Relevance to Public Sector Development in Nigeria", *Journal of the Historical Society*, Vol. 17, 2007/2008, pp. 191 – 200.

② Desmond Ikenna Odugu, "Historiographic Reconsideration of Colonial Education in Africa: Domestic Forces in the Early Expansion of English Schooling in Northern Igboland, 1890 – 1930", *History of Education Quarterly*, Vol. 56, No. 2, 2016, pp. 241 – 272.

③ Toyin Falola and Matthew Heaton, "The Works of A. E. Afigbo on Nigeria: An Historiographical Essay", *History in Africa*, Vol. 33, 2006, pp. 155 – 178; Glenn A. Odom, " 'The End of Nigerian History': Wole Soyinka and Yorùbá Historiography", *Comparative Drama*, Vol. 42, No. 2, 2008, pp. 205 – 229; Abdul Karim Bangura, *Toyin Falola and African Epistemologies*, Palgrave Macmillan US, 2015.

④ John H. Enemugwem and Darlington K. Okere, "The Role of N. C. Ejituwu in the Development of Niger Delta Historiography", *History in Africa*, Vol. 35, 2008, pp. 191 – 207.

(二) 从长时段和全球史的视角重构尼日利亚各族群的历史

21 世纪以来，在新的史学思潮尤其是长时段和全球史等方法的影响下，尼日利亚史学家主张重构各族群的历史，以摆脱殖民地时期“尼日利亚—殖民统治者”的二元化简单关系，力图揭示尼日利亚各族群复杂和多样的历史。这一研究理路，集中体现在以下两个方面。

第一，在长时段中重新审视约鲁巴、豪萨、伊博等主体民族的历史及各族群之间的关系。这方面的代表性著述有尼日利亚拉菲亚联邦大学的小奥科佩·奥查义·奥科佩的《1800—1900 年尼日利亚族群间关系的模式和动态》、[①] 尼日利亚历史学家托因·法洛拉与美国得克萨斯州大学奥斯汀分校安·吉诺瓦主编的《约鲁巴人的身份与权力政治》、[②] 尼日利亚史学家阿迪耶勒·阿菲格博的《尼日利亚东南部奴隶废除奴隶贸易(1885—1950 年)》,[③] 以及约翰·恩瓦齐梅雷泽·奥里吉的《自石器时代晚期以来尼日利亚的政治组织：伊博人的历史》。[④] 此外，尼日利亚少数民族也开始获得史学家的关注，如伊巴丹大学的安德鲁·奥赛洛加·索耶尔的《1998—2007 年伊乔兰的石油和民族内部冲突》一书，关注伊乔族的民族发展与全球化之间的关系。[⑤]

第二，打破原有本国、本民族视野下的民族与身份的叙事方式，从地方转向全球，关注全球视野中的尼日利亚族群的发展，尤其注重离散群体的研究。比如，从跨大西洋的宏观角度审视民族与身份建构问题的《非洲离散群体：奴隶制、现代性和全球化》《大西洋世界的约鲁巴离散群体》《大西洋世界的伊博人：非洲的起源和离散目的地》《强迫移民：

---

① Okpeh Ochayi Okpeh, Jr., “Patterns and Dynamics of Inter - group Relations in Nigeria, 1800 - 1900”, *Journal of the Historical Society of Nigeria*, Vol. 17, 2007/2008, pp. 123 - 137.

② Toyin Falola and Ann Genova, eds., *Yorùbá Identity and Power Politics*, University of Rochester Press, 2006.

③ Adiele Afigbo, *The Abolition of the Slave Trade in Southeastern Nigeria*, 1885 - 1950, University of Rochester Press, 2006.

④ John Nwachimereze Oriji, *Political Organization in Nigeria since the Late Stone Age: A History of the Igbo People*, Palgrave Macmillan, 2010.

⑤ Andrew Oseloka Sawyer, *Oil and Intra - Ethnic Conflict in Ijoland*, 1998 - 2007, Ph. D. thesis, University of Ibadan, 2013.

当代尼日利亚中部蒂夫人的流离失所》等。[①] 此类研究将尼日利亚各民族与跨大西洋奴隶贸易、全球化进程联系起来。除了关注全球视野中的尼日利亚人之外，也有一些著述考察了归国者的民族身份认同问题。比如，《尼日利亚国际归国者亲属关系构建的民族志》一文探讨了离散群体回归尼日利亚后的民族与身份构建问题，开辟了新的研究课题。[②] 此外，也有一些微观研究，如《约鲁巴离散群体：伦敦的一个非洲教会》《奥拉达·艾奎亚诺和伊博世界：历史、社会和大西洋离散群体的联系》等。[③]

总的来说，这些著述将尼日利亚的民族研究置于全球背景之下，使用全球史及全球微观史的研究方法，探讨了跨大西洋奴隶贸易、尼日利亚离散群体及其与全球化之间的联系。

（三）挖掘新材料、新档案，探索新的历史研究领域

20 世纪 80 年代末，犯罪、城市、女性、儿童等主题开始出现在尼日利亚文学作品中。这些主题在最近 20 年历史学研究视野中得到了持续关注。例如，纳萨拉瓦州立大学的阿诺伊·奥诺嘉的《殖民时期尼日利亚警察史学再评价》、奥孙州立大学的奥拉瓦雷·伊多乌的《1960—2007 年尼日利亚军警关系的历史》，分别以殖民时期和独立后尼日利亚的警察为主要研究对象，探讨了警察、犯罪等议题对尼日利亚政府的影响。[④]

---

① Toyin Falola, *The African Diaspora: Slavery, Modernity, and Globalization*, University of Rochester Press, 2013; Toyin Falola and Matt D. Childs, *The Yoruba Diaspora in the Atlantic World*, Indiana University Press, 2005; Toyin Falola and Raphael Chijioke Njoku, *Igbo in the Atlantic World: African Origins and Diasporic Destinations*, Indiana University Press, 2016; Wilfred Terlumun Uji, "Forced Migration: The displacement of Tiv People of Central Nigeria in Contemporary Times", *International Journal of Arts and Humanities*, Vol. 5, No. 2, 2016, pp. 29 – 38.

② Olayinka Akanle and A. O. Olutayo, "Ethnography of Kinship Constructions among International Returnees in Nigeria: Proverbs as the Horses of Words", *Journal of Anthropological Research*, Vol. 68, No. 2, 2012, pp. 249 – 271.

③ Herminoe Harris, *Yoruba in Diaspora: An African Church in London*, Palgrave Macmillan US, 2006; Chima J. Korieh, Emmauel N. Obiechina and Maureen N. Eke, *Olaudah Equiano and the Igbo World: History, Society and Atlantic Diaspora Connections*, Africa World Press, 2009.

④ Adoyi Onoja, "A Reappraisal of the Historiography of the Police in Nigeria during the Colonial Period", *Journal of the Historical Society of Nigeria*, Vol. 22, 2013, pp. 1 – 32; Olawale Idowu, "The History of Police – Military Relations in Nigeria, 1960 – 2007", *Journal of the Historical Society of Nigeria*, Vol. 18, 2009, pp. 113 – 117.

随着尼日利亚城市化进程的加速，城市及社区成为史学研究热点，涌现了大批著述。比如，托因·法洛拉与路易斯安那沙勿略大学的史蒂文·J. 萨尔姆合编的《尼日利亚的城市》、伊巴丹大学的穆里塔拉·蒙苏鲁·奥拉勒肯的《1861—1960年拉各斯的城市生计》、伊巴丹大学的阿尼玛肖恩·巴希尔的《1500—2000年拉各斯的白帽酋长和土地政治》、阿尤德吉·奥卢科菊的《1861—2000年拉各斯的基础设施发展和城市设施》。[①] 值得注意的是，阿尤德吉·奥卢科菊的《历史视角下的非洲海港和海洋经济学》对包含尼日利亚的港口在内的非洲重要海港及其经济进行了研究，成为当代非洲海洋史及经济史的代表。[②] 除了经济中心拉各斯之外，其他城市和社区也走入研究者视野之中。比如，塔拉巴州立大学穆罕默德·苏雷姆里的《对乌穆阿希亚牛贸易社区的研究（1895—2000年）》、拉各斯大学的约翰·瞿科乌梅卡·奥卢卡－恩瓦泽的《乌克瓦尼人和他们的邻居，1590—1970年》、尼日尔三角洲大学的尤佩勒·巴尼戈的《伊乔终极原地成煤说：仍然是一个悬而未决的问题?》等。[③]

妇女史、性别史是尼日利亚史学研究发展最快的领域之一。20世纪90年代末之前，尼日利亚女性的历史几乎完全用政治术语来解释，这种情况在21世纪发生了改变，学者们将注意力集中于妇女在尼日利亚各地区历史中发挥的多方面的作用，包括妇女在财产的拥有和社会权力的行使等方面扮演的角色。例如，伊洛林大学奥耶隆克·奥拉尤布致力于关注宗教领域里女性的地位与权力，她的《约鲁巴宗教领域的女性》《透

---

① Toyin Falola and Steven J. Salm, eds., *Nigerian Cities*, *Trenton*, Africa World Press, 2004; Muritala Monsuru Olalekan, "Urban Livelihood in Lagos 1861 – 1960", *Journal of the Historical Society of Nigeria*, Vol. 20, 2011, pp. 193 – 200; Animashaun Bashir, *The Idejo Chiefs and Land Politics in Lagos* 1500 – 2000, Ph. D thesis, University of Ibadan, 2015; Ayodeji Olukoju, *Infrastructural Development and Urban Facilities in Lagos* 1861 – 2000, IFRA – Nigeria, 2013.

② Ayodeji Olukoju and Daniel Castillo Hidalgo, *African Seaports and Maritime Economics in Historical Perspective*, Palgrave Macmillan US, 2020.

③ Muhammad Suleimuri, "A Study of the Cattle Trading Community in Umuahia c. 1895 – 2000", *Journal of the Historical Society of Nigeria*, Vol. 21, 2012, pp. 203 – 213; John Chukwuemeka Oluka – Nwaeze, "The Ukwuani and Their Neighbours, 1590 – 1970", *Journal of the Historical Society of Nigeria*, Vol. 18, 2009, pp. 118 – 124; Youpele Banigo, "Ijo Ultimate Autochthony: Still an Unanswered Question?", *Journal of the Historical Society of Nigeria*, Vol. 16, 2005/2006, pp. 30 – 35.

过女性的视角：约鲁巴宗教传统和性别关系》等为欧美学界进行尼日利亚女性研究提供了一定的基础。① 美国著名历史学家玛乔丽·麦金托什闻名世界的《约鲁巴妇女、工作和社会变革》就参考了奥拉布尤的研究。② 此外，还有一些著述关注了女性领导力及其地位，如尼日利亚历史学家桑皮埃·科庞尼－汤维的《前殖民时期尼日利亚的领导力培训：奥戈尼的妇女传统》、托因·法洛拉的《妇女在撒哈拉以南非洲的角色》等。③ 与女性研究相关的儿童研究也是热点之一，萨希德·阿德林托主编的《尼日利亚殖民地时期的儿童及童年》是近年来的一部重要著作。④

二 当代尼日利亚史学的特点

21 世纪以来，尼日利亚史学在广度和深度上都得到了长足进展，体现出鲜明的研究特点，使之成为非洲史学中的一支令人瞩目的力量，并逐渐进入全球史学之中。当代尼日利亚史学的特点主要表现在如下三个方面。

（一）全球史学下的尼日利亚史学：多学科的综合研究

自 20 世纪 90 年代冷战结束之后，世界范围内的史学趋势与重点在尼日利亚史学中均有所体现，这包括：1. 理论与实践的分野；2. 口述史和历史记忆的兴起；3. 妇女史和性别史的深入；4. 历史学与社会科学以及自然科学的结合；5. 民族国家治理理念的转型和全球史的日益重要；

---

① Oyeronke Olajubu, *Women in the Yoruba Religious Sphere*, State University of New York Press, 2003; Oyeronke Olajubu, "Seeing through a Woman's Eye: Yoruba Religious Tradition and Gender Relations", *Journal of Feminist Studies in Religion*, Vol. 20, No. 1, 2004, pp. 41 – 60.

② Marjorie Keniston McIntosh, *Yoruba Women, Work, and Social Change*, Indiana University Press, 2009.

③ Sonpie Kpone – Tonwe, "Leadership Training in Precolonial Nigeria: The Yaa Tradition of Ogoni", *The International Journal of Historical Studies*, Vol. 34, No. 2, 2001, pp. 385 – 403; Toyin Falola and Nana Akua Amponsah, *Women's Roles in Sub – Saharan Africa*, Greenwood, 2012.

④ Saheed Aderinto, eds., *Children and Childhood in Colonial Nigerian Histories*, Palgrave Macmillan US, 2015.

6. 环境史研究的发展；7. 探究情感在历史中的作用。纵观尼日利亚史学的发展趋势与研究内容，一方面继承了本土传统史学的优良传统，另一方面也积极汲取国际史学的新成果，非常重视史学新方法和新路径的开拓与利用。结合原有研究优势，进一步更新研究方法和理念，取得了引人注目的进展。其中，尤以跨学科的综合研究为特色。拉各斯大学的贾贾团队撰写的《尼日利亚奥戈尼的皮纹学及其史学意义》一文，将医学、考古学、人类学与史学研究结合，调查尼日利亚南部的奥戈尼人的手掌和手指表面的真皮脊形成的皮纹图案，得出奥戈尼的起源可能为西非加纳南部某个部落的结论，为民族史学和部落形态学研究提供了有益补充。[①] 托因·法洛拉与史蒂文·J. 萨尔姆合著的《历史视角下的非洲城市空间》一书，将非洲城市史的研究与人类学、地理学、文学、艺术和建筑学相结合，不仅详细阐述了非洲城市空间研究在城市史学中的独特之处，还将非洲城市史的研究引入了世界范围内对于城市历史和文化的讨论中。[②] 上述跨学科甚至多学科综合研究的应用，极大丰富了尼日利亚史学研究的内容。

（二）继承伊巴丹学派对口头传说史料价值的重视

由于历史发展的特殊性，尼日利亚历史与文化中有着悠久的口述（oral）和复述（recitative）传统。20 世纪 50 年代，伊巴丹学派批判了 19 世纪至 20 世纪上半叶欧洲史学中将档案资料等同于历史的观念，明确提出尼日利亚要继承前殖民时期的非洲史学传统，将口头传说引入史学。[③] 1956 年，尼日利亚史学家开始倡导将口头传说融入专业史学研究之中。[④] 自此，口述性（orality）成为尼日利亚史学研究的特点之一。这

---

① B. N. R. Jaja, O. Olabiyi and C. C. Noronha, "Dermatoglyphics of the Ogoni of Nigeria and its Historiographic Implications", *Anthropologischer Anzeiger*, Vol. 68, No. 2, 2011, pp. 175 – 183.

② Toyin Falola and Steven J. Salm, *African Urban Spaces in Historical Perspective*, University of Rochester Press, 2005.

③ J. F. A. Ajayi, *Christian Missions in Nigeria*, 1841—1891: *The Making of a New Elite*, Longman, 1965, pp. x – xi.

④ S. O. Biobaku, "The Yoruba Historical Research Scheme", *Journal of the Historical Society of Nigeria*, Vol. 1, 1956, pp. 59 – 60.

个史学传统在21世纪的尼日利亚史学中得以继承和发扬。尼日利亚历史学家阿迪历基·阿迪埃科将口述材料从口头材料延伸至影像材料，他在《从口述性到视觉性：尼日利亚当代拉各斯的颂歌和摄影》一文中强调，不仅要关注口头记录的材料，也要关注影像史料。① 曾担任卡拉巴尔大学历史与国际研究系教授、现为人民民主党参议员的桑迪·奥诺将口述史料与尼日利亚年表的建设联系起来，他在《年表和口述历史的重建：以尼日利亚克罗斯河流域的埃贾格汉姆为例》一文中指出，历史发生在特定的时间和空间中，只有通过明确界定的年代，才能真正理解历史的流动。这就解释了为什么许多尼日利亚历史学家将年表视为“历史的支柱”。② 鉴于尼日利亚许多地区缺乏明确的文字记录，使用文字资料进行历史重建的挑战很大。因此，口头资料作为重要的来源，辅以档案材料，可以重建尼日利亚一些缺乏文字材料的地区的历史。

21世纪以来，尼日利亚史学家致力于使用口述资料，从长时段来研究尼日利亚某一民族或地区的历史。以约鲁巴兰为例，研究者将研究时段从约鲁巴起源问题扩展到整个民族的发展历史，地理范围不但包括约鲁巴人实际占领的领土，而且还包括过去曾受约鲁巴人影响的所有地区。研究者尤其关注约鲁巴民族“近东迁移论”，将研究范围将扩大到苏丹共和国等地。在进行上述研究时，研究者都强调了口述史料的重要性。比如，图恩戴·奥杜沃比的《伊杰布的口述历史传统与政治整合》、阿金武米·奥贡迪兰的《伊拉莱地区的派系竞争、社会政治发展和定居点循环（约1200—1900年）：约鲁巴社区历史经验的口述传统》，都使用了口述资料考察约鲁巴兰地区的历史。③

---

① Adélékè Adéẹ̀kọ́, “From Orality to Visuality: Panegyric and Photography in Contemporary Lagos, Nigeria”, *Critical Inquiry*, Vol. 38, No. 2, 2012, pp. 330 – 361.

② Sandy Onor, “Chronology and Oral Historical Reconstruction: The Example of the Ejagham of the Cross River Region of Nigeria”, *Journal of the Historical Society of Nigeria*, Vol. 24, 2015, pp. 37 – 55.

③ Tunde Oduwobi, “Oral Historical Traditions and Political Integration in Ijebu”, *History in Africa*, Vol. 27, 2000, pp. 249 – 259; Akinwumi O. Ogundiran, “Factional Competition, Sociopolitical Development, and Settlement Cycling in Ìlàrè District (Ca. 1200 – 1900): Oral Traditions of Historical Experience in a Yorùbá Community”, *History in Africa*, Vol. 28, 2001, pp. 203 – 223.

此外，尼日利亚国家档案局设有专门机构对口头史料和口头传说进行收集、分类与保存，批判了将非洲史写成“在非洲的欧洲人的历史”这一殖民史学传统，明确提出要继承非洲史学传统，将口头传说资料同历史档案置于同等重要的地位，呼吁结合口头史料与档案史料进行史学研究。对口述史的重视与史学的记忆转向密切相关。但这也产生了问题：严肃历史研究的前提是为了构建真实的过去，并尽可能通过史料来加以验证，而口述史和记忆研究者没有这样的企图。① 尼日利亚民族史还应该包括尼日利亚人对自己国家过去的想象。所以在民族意识形成的过程中，节日、神话、“传颂”（chant）、赞美诗、文学和艺术发挥了作用。过去的重要不仅在于它曾经发生，也在于它是如何被记忆的，而在大多数情况下，记忆中的过去无法与发生的过去互相印证。这实际上也一直成为尼日利亚史学或非洲史学的口头传说传统不为世界史学认可的重要原因之一。为此，尼日利亚档案馆做了极大的努力，在尼日利亚国家档案馆的推动下，完备细致的口述资料整理和分期，并在欧美史学界的协助下，正在逐步将这些档案电子化、公开化，给历史学家的研究提供了极大的便利。②

（三）强调对尼日利亚历史的整体研究，注重对当代事件的历史溯源和理论阐释，突出尼日利亚历史的“非洲性”

进入21世纪后，尼日利亚史学的一个重要特征是，强调对尼日利亚历史的整体性研究。主要表现在重视尼日利亚通史编纂、历史词典编写，希望通过此类整体性研究，巩固和强化尼日利亚人民的民族认同和国家认同。在这一研究理念的指导下，《尼日利亚史》《尼日利亚》《尼日利亚历史词典》等著作相继出版，不仅使得尼日利亚拥有了完整的介绍本国历史的书籍，也强化了尼日利亚作为一个整体在史学研究中的重要位置。③ 与

---

① 参见 Alon Confino，“History and Memory”，*The Oxford History and Historical Writing*，Vol. 5，Oxford University Press，2011，pp. 36－53.

② 关于尼日利亚口述资料的分类参见：“Guide to the Sources of Nigerian History”，http：//www. nigerianarhives. gov. ng/［2022－05－20］.

③ Toyin Falola，Matthew M. Heaton，*A History of Nigeria*，Cambridge University Press，2008；Toyin Falola and Bukola Adeyemi Oyeniyi，*Nigeria*，ABC－CLIO，LLC，2015；Toyin Falola and Ann Genova，*Historical Dictionary of Nigeria*，The Scarecrow Press，Inc. 2009；Toyin Falola，Ann Genova and Matthew M. Heaton，*Historical Dictionary of Nigeria*，Rowan & Littlefield，2018.

对尼日利亚历史进行整体研究相关的，是强调了尼日利亚历史的非洲属性。这一研究路径主要受到了去殖民化和后殖民理论的影响，突出了非洲知识生产在尼日利亚历史编纂中的重要性，挑战了尼日利亚历史研究中的欧洲中心主义。比如，《尼日利亚、民族主义和历史的书写》《约鲁巴专家：非洲本土知识生产》《非洲化知识：跨学科的非洲研究》《去殖民化的非洲研究：知识生产、代理和声音》等著述，均是从“非洲性”和批判欧洲中心主义入手，力求展现非洲知识生产对于尼日利亚国家和民族形成的作用，发挥非洲历史学的实用功能。①

与之前史学研究大多是经验式的描述不同，21 世纪以来的尼日利亚史学多以理论分析为主，集中体现在对尼日利亚独立后及内战时期的当代历史的阐释上，涉及民族国家、宗教政治化、尼日利亚内战的根源等问题。究其原因，在于当代史为尼日利亚的历史学家提供了开放的阐释空间，成为重塑尼日利亚民族和文化认同的主要场域。相关的代表性著述有《1967—1970 年尼日利亚内战期间的天主教会及冲突管理》《1967—1970 年尼日利亚内战期间的奥鲁—伊博人和国内流离失所者》《将尼日利亚建设成一个民族国家：对一个破碎的盟约的回顾》《尼日尔三角洲危机史及其对尼日利亚经济发展的影响（1958—2009 年）》《共同的历史，分裂的记忆：调解和驾驭尼日利亚—比夫拉战争话语中的紧张局势》《尼日利亚的暴力：宗教政治和世俗意识形态的危机》等。②

---

① Toyin Falola and Saheed Aderinto, *Nigeria, Nationalism, and Writing History*, University of Rochester Press, 2011; Toyin Falola, *Yoruba Gurus: Indigenous Production of Knowledge in Africa*, Africa World Press, 2000; Toyin Falola and Christian Jennings, *Africanizing Knowledge: African Studies across the Disciplines*, Transaction Publishers, 2002; Toyin Falola, *Decolonizing African Studies: Knowledge Production, Agency, and Voice*, University of Rochester Press, 2022.

② Jacintha Chiamaka Nwaka, *The Catholic Church and Conflict Management during the Nigerian Civil War, 1967 - 1970*, Ph. D. thesis, University of Ibadan, 2011; Ugo Pascal Onumonu, *Oru - Igbo and the Internally Displaced Persons during the Nigerian Civil War*, 1967 - 1970, Ph. D. thesis, University of Ibadan, 2018; Onwuka Ndukwe Njoku, "Towards Building Nigeria into a Nation: Retrospect on a Broken Covenant", *Journal of the Historical Society of Nigeria*, Vol. 28. 2019, pp. 1 - 30; Godwin Bassey Eteng, *A History of the Niger Delta Crisis and Implications for Nigeria's Economic Development* (1958 - 2009), Ph. D. thesis, University of Jos, 2013; Godwin Onuoha, "Shared Histories, Divided Memories: Mediating and Navigating the Tensions in Nigeria - Biafra War Discourse", *Africa Today*, Vol. 63 No. 1, 2016, pp. 3 - 21; Toyin Falola, *Violence in Nigeria: The Crisis of Religious Politics and Secular Ideologies*, University of Rochester Press, 2000.

三　对当代尼日利亚史学的几点反思

作为西非史学和非洲史学的重要一支，尼日利亚史学在近二十年来取得了长足进展。主要表现在研究内容不断丰富，研究范围不断扩大，从通史到国别区域史，从政治史、经济史到文化史、奴隶贸易史，从宏观历史到微观历史，不一而足；研究方法也从单一学科扩展到跨学科和多学科研究；研究主体则从一国学者研究发展成为多国学者合作研究。此外，尼日利亚史学秉持非洲视角的学术立场，坚持尼日利亚的历史必须突出非洲特性，成为批判欧洲中心主义的有力武器。归根结底，当代尼日利亚史学强调了尼日利亚的主体性，深化了尼日利亚历史学家的主体意识，为非洲史学的发展作出了自己的贡献。不过，客观而言，当代尼日利亚史学也存在着如下几个问题。

第一，尼日利亚史学研究的缺陷在于存在史料与理论的双重困境。当前的尼日利亚史学研究比较注重当代历史，但鉴于部分档案材料的缺失或难以获得，历史学家也面临着无法获得相关材料的困境。同时，对本土材料尤其是口述材料的过分重视，也带来了对口述材料的误读和曲解，因而难以保证历史研究的客观性和真实性，造成了本土历史学家研究的精确度不高等问题。历史和史学研究中传承和发展是重要因素，20世纪90年代之后的尼日利亚史学在特点方面表现最为突出的，是成果的丰富程度和深刻程度。但在理论和方法上主要是继承前代学者，新意并不突出。以宗教史研究为例，目前的研究从方法上仍未突破或拓展新史学倡导者阿德·阿贾伊和阿严德拉取代旧史学“传教史”的“非洲教会史”范式，落脚点仍落在基督教对非洲精英阶层的塑造之上，难以走出宗教和民族的局限，难以解决尼日利亚当前国族认同问题。由于缺乏本土原创的史学理论，导致史学家过分依赖西方史学研究的理论和方法。因此，虽然尼日利亚史学家强调打破“欧洲中心论”的窠臼，但事实上依旧是在“欧洲中心论”所设定的语境中转圈，其所提倡的区别于旧史学的新史学，在很大程度上是对西方史学移植。在一些影响尼日利亚国家发展的重要问题上，史学研究明显不充分。这包括尼日利亚的内战史研究，尽管内战史学是尼日利亚当前史学研究的一个重要内容，但目前主要以伊博族学者的研究为主。这两个困境是制约尼日利亚史学进一步发展的障碍，是今后尼日利亚史学家要重点解决的理论问题。

第二，尼日利亚的民族研究还是没走出个体民族研究和历史研究中的国族认同不足的局限，民族认同因素在历史研究中尚未解决。不论是国内民族研究的基本情况及背后的研究动因，还是国外离散群体的研究，基本是国内各个族群的延伸。民族问题与当前各地方政治冲突的关系中的历史研究视角成为维护个体民族利益的工具，部分学者过于美化前殖民地时期尼日利亚的民族身份和政治社会生态。虽然客观上为研究豪萨人、约鲁巴人、伊博人奠定了身份认同的基础，但由于过于强调语言（豪萨语、约鲁巴语、伊博语等）与身份认同的关系，不免将历史重建与政治认同纠缠在一起，陷入了民族主义的窠臼。此外，这类研究过于强调“记忆”在前殖民地历史研究中的重要作用，而所谓的“记忆”一般与某一族群联系在一起，这就进一步强化了尼日利亚史学中的民族主义的意识。众所周知，民族主义史学是一把双刃剑，它虽然可以增强民族认同，使某个民族获得主体意识，但也会遭到一种方法论上的民族主义，为历史研究带来诸多不便。此外，在海外任教的尼日利亚史学家群体值得关注，他们合法拥有双重国籍，成果属于两国共有，对于传播非洲史学有着不可忽视的贡献和作用，但其拥有的西方学术背景和所受的西方思想影响，对国内史学也产生了影响，所提倡的全球史视角下的尼日利亚史学研究一方面将尼日利亚史学带入世界史学，而从另一方面来看非洲的主体性反而削弱了。

第三，尼日利亚史学存在发展不平衡的问题。首先，史学家对于底层民众的关注不够，而底层民众占尼日利亚人口的大多数，他们的历史才更具代表性。其次，尼日利亚大学里从事尼日利亚史和非洲史研究的学生人数在逐年减少，甚至低于欧美高校的非洲史专业学生，使得尼日利亚历史学科呈现萎缩态势。再次，使用本土语言撰写的史学著述非常少，利用本土语言档案或史料的著述也不多见。

尼日利亚史学若要获得进一步发展，就必须及时克服上述三个主要问题。这些问题的出现，既有实践上不足，也有理论上的缺失，更有观念上的陈旧等多种因素。这就需要尼日利亚的历史学家秉承自身乃至非洲史学的优秀传统，在汲取西方史学的可取之处的同时，加强本土史学理论和方法论的建构。唯如此，尼日利亚史学才会迎来更加精彩的未来。

（原载《史学理论研究》2022 年第 4 期）

历史理论研究再出发

中国社会科学院历史理论研究所成立五周年学术论文集

（下）

中国社会科学院历史理论研究所 编

中国社会科学出版社

目　录

（下册）

四　史学的传承发展与学术转型

五　史学视域下的国家治理研究

四

史学的传承发展与学术转型

进路："反思"特质的中国史学史研究

杨艳秋

史学史是对历史学进行反思的学科，相对于历史学对人类社会活动的反思，史学史的反思更为深层。白寿彝指出，从学科结构上讲，史学史是较高层次的史学工作。他说："史学只是研究历史，史学史要研究人们如何研究历史，它比一般的史学工作要高一个层次，它是总结一般史学工作而产生的。"① 杨翼骧对史学史"反思之反思"的特点及其在中国的重要性阐述说："如果说历史学是对于人类社会历史的系统反思，那么史学史就是对历代史学遗产与史学活动系统性的总结和反思，而史学活动又是人类社会活动的组成部分，则史学史研究即历史学不可或缺的组成部分，在中国，这一点尤为突出，因为中国是史学遗产最为丰富的国家。"②

从 20 世纪 20 年代，史学史被作为一个独立的历史学分支学科提出，已近百年。历经三四代学人的努力，中国史学史研究摆脱了"旧的史学史工作的躯壳"，迎来了 21 世纪史学史与史学理论融会贯通的新局面。在一段时期内，当中国史学研究因"碎片化"倾向受到诟病的时候，中国史学史研究的碎片化却并不明显，相反，以宏观的视野、多样的视角、丰硕的成果，稳固、提升了中国史学史学科的学术地位。这很大程度上

---

① 白寿彝：《在第一次全国史学史座谈会上的讲话》，《中国史学史论集》，中华书局 1999 年版，第 406 页。

② 杨翼骧：《悼念杰出的历史学家白寿彝先生》，《学忍堂文集》，中华书局 2002 年版，第 418 页。

是因为史学史研究具有反思的特性。

一个学科地位的取得，取决于它的理论基础、研究成果与应用广度在同一领域学科发展的潜力和话语权，在这一基点上，中国史学史学科仍然是机遇与挑战并存，这个挑战来自20世纪以来新知识的产生、新理念的引入，社会发展引发的新问题对人文社会科学发展的挑战。胡逢祥指出："与人文学科专史化比较起来，不能不承认，史学史研究的战场依然不够开阔，需要做进一步的拓展。"[①] 在新时代背景下，如何推动史学史学科向着繁荣继续前进，是我们不得不思考的问题。新的历史时期，以下五个方面或是中国史学史发展的方向。

一　在检讨与自省中进一步完善自身的学科体系

对中国史学史学科体系的探索，无疑是改革开放以来中国史学史研究中的一个重要课题，这类论文和专著难以尽举，仅史学史通史类著作就有二三十部。具有代表性的著作，尹达主编的《中国史学发展史》、白寿彝的《中国史学史》第一册，是在20世纪80年代中国史学史论著出版与编撰连续不断背景下建设新的史学史学科的实践。1999年，瞿林东出版20世纪最后一部史学史著作《中国史学史纲》，体现出中国史学史研究中的新进展。21世纪之初，两部多卷本《中国史学史》，即中国社会科学院《中国史学史》三卷本、北京师范大学《中国史学史》六卷本的出版，代表着21世纪之初中国史学史研究的翔实与精进。此后，谢贵安《中国史学史》、瞿林东《中国史学史教本》、乔治忠《中国史学史》、谢保成《增订中国史学史》的出版，则代表着新世纪第二个十年对中国史学史的纵深探索。从这些中国史学史通史著述中，我们可以看到史学史学科内涵的演变。以什么样的内容和框架形成中国史学史的知识体系、支撑中国史学史学科，是完善史学史学科体系探索的首要问题。

① 胡逢祥：《自觉注入对当代史学的关切——对中国近现代史学的一些看法》，《中国史研究动态》2017年第2期。

在中国史学史的研究实践中，设计史学史学科的内容和框架，大致可以分为两种路径。

一是20世纪20年代，梁启超在《中国历史研究法补编》之《史学史的作法》一节主张的，把史学史作为文化专史中学术思想史的一个分支，以史官、史家、史学的成立及发展、最近史学的趋势四项基本内容对史学进行专门研究。① 王玉璋、金毓黼等人依此进行撰著，以金毓黼的《中国史学史》为代表，形成了20世纪三四十年代中国史学史的学科特色："就历代史家史籍所示之法式义例及其原理，而为系统之记述，以明其变迁进化之因果"。② 在新世纪，继承这一体系脉络的史学史通史著作，是谢保成主编的《中国史学史》三卷本与他撰著的《增订中国史学史》四卷本。2016年出版的《增订中国史学史》一书，继续注重史学分支发展、各成系列的特点，采取按时间跨度和史书系列相结合的框架，"以史家为主体、史书为主干，详开创、重划时代者"③，将中国史学史的基本内容划分为史家、史书、史学、史法、趋势和制度。需要注意的是，其中对史家、史书的认识较之前注目于人物、典籍的认识走向深化。

另一路径是新中国成立后，在唯物史观指导下，基于20世纪60年代和80年代两次史学史大讨论形成的以历史观、史学思想、历史编纂学及史家活动等为研究内容，以朝代为线索，探讨史学与社会的关系的研究路径。张越称之为"史学—社会—时代"的中国史学史研究。④ 这一路径体现在白寿彝、杨翼骧、瞿林东、乔治忠等学者的史学史著作中。

20世纪80年代，白寿彝指出，史学史的范围包括"历史理论""史料学""历史编纂学"和"历史文学"四个方面，史学史论述的范围包括中国史学本身的发展、中国史学在发展中与其他学科的关系、中国史学在发展中所反映的时代特点以及中国史学的各种成果在社会上的影响。⑤ 90年代初，白先生提出："史学史是一门在建设中的学科，从近年

① 梁启超：《中国历史研究法补编》，载梁启超《中国历史研究法》，东方出版社1996年版，"附录"，第316、318页。

② 金毓黼：《中国史学史》，上海古籍出版社2014年版，"导言"，第2页。

③ 谢保成：《增订中国史学史》，商务印书馆2016年版，"导言"，第7页。

④ 张越：《中国史学史的学科位置与研究框架》，《河北学刊》2019年第1期。

⑤ 白寿彝：《中国史学史》第一册，上海人民出版社1986年版，第11、29页。

发展的形势来看，这门学科还需要历史文献学史、历史思想史、历史编纂学史、历史文学史、史学比较研究等分支学科的建设。”① 90 年代末，瞿林东从理论上着眼论述中国史学史的任务，实际上也是论述了史学史研究的内容，包括“关于史学的发展过程及其阶段性特点”“史官、史家与史学成果及其特点”“历史思想与史学思想”“史学与社会的相互关系”“史学发展与相关学术文化领域的关系”“史学发展的规律性”六个方面。② 新世纪，乔治忠著《中国史学史》将史学史研究的内容拓展为历史观、史学思想、历史编纂学、官方史学及其相关的制度与举措、史家的史学活动、史学评论、史学与其他社会因素的联系和相互影响、史学发展的社会运行机制八个方面。③

第一种路径沿梁启超的思路而进，在新世纪认识更加深化。其特点是注重以史学自身发展的线索进行阶段划分，注重史学分支发展和史书系列的形成演变。认为史学史应以史部书为主要研究对象，即使探讨史学思想，也应主要考察史部书中的史学思想。第二种路径则将探讨中国史学的发展规律作为重要任务。如白寿彝所言，中国史学史是“以中国史学为对象，按照我们的理解，是对于中国史学发展过程及其规律的论述”。④ 这一路径将历史理论（历史观）、史学理论作为史学史框架的重要内容，强调史学发展的阶段性特点及其与社会的相互作用，由此不断拓展史学史的内容。分析这两种路径，有两方面的问题需要注意。

第一，学科史角度的学科边界问题。梁启超在谈及学科进化分化的原则时指出，凡一种学问，当其未成科学以前，范围很广，和旁的学问分不清；初成科学时，一定想兼并旁的学问；最后分野越分越细，缩小领土，“把旁的部分委给旁的学问”，以求研究深透。⑤ 新世纪，两种路径中最值得商榷的问题，恐怕是“历史理论”是否要纳入研究范围。谢保成从作为学科史的史学史研究这一思路出发，认为历史理论是史学的

---

① 白寿彝：《序》，载吴怀祺《宋代史学思想史》，黄山书社 1992 年版，第 1 页。

② 瞿林东：《中国史学史纲》，北京出版社 1999 年版，第 24 页。

③ 乔治忠：《中国史学史》，中国人民大学出版社 2011 年版，第 5—7 页。

④ 白寿彝：《中国史学史》第一册，第 29 页。

⑤ 梁启超：《中国历史研究法补编》，载梁启超《中国历史研究法》，“附录”，第 328 页。

重要组成部分，需要高度重视，但是历史理论属于哲学、史学两大学科研究的范围，作为史学下面的二级学科的中国史学史不应把历史理论当作研究对象，以免混淆与哲学、史学两大学科的界限，但是可以关注每个时代的主流意识、非主流意识如何影响和干预当时的史学。[①] 乔治忠对史学史中的历史观研究也作出界定，他指出：“严格地说，历史观在整体上不属于史学史研究的范围”，所以要研究对史学造成影响的历史观。[②] 谢保成还提出了史学史研究仅有思辨而无史实、史学史与历史文献学相混淆等不足或误解。[③] 这些不足多是对学科边界认识不清造成的。中国史学史学科已趋成熟，明确学科边界，是深化研究的重要一步。

第二，如何拓展史学史研究新领域的问题。连续不断地中国史学史著作的编撰与出版是建设新的史学史学科的实践，但由近代以来所形成的史学史研究路径已经成为较为稳固的思维框架，几乎很难有继续开拓的学术空间，21 世纪的史学史著作基本上是把中国史学史研究推向了一个难以逾越的高峰。[④] 如何在学科反思中更新知识体系，是 21 世纪史学史学术地位的提升需要面对的重要问题。

二　在探讨“最近史学的趋势”下形成当代史学史研究

史学史学科的总结与反思特色，从史学史学科创立之初就已显现。梁启超提出的史学史框架中，第四部分是“最近史学的趋势”，他说：“第四部分应该讲最近中国史学的趋势，有许多好的地方，有许多不好的地方，最近几年来时髦的史学，一般所注重的是别择资料。”[⑤] 金毓黼的《中国史学史》因为将史学史研究倾向于“史部要籍解题”而受到批

① 谢保成:《增订中国史学史》,“导言”,第 9 页。

② 乔治忠:《中国史学史》,第 6 页。

③ 谢保成:《增订中国史学史》,“导言”,第 5 页。

④ 李振宏《开辟中国史学史研究新局面的思考》,《史学月刊》2012 年第 8 期。

⑤ 梁启超:《中国历史研究法补编》,载梁启超《中国历史研究法》,“附录”,第 334 页。

评，但其最后“最近史学的趋势”一章综论史料的搜集与整理、新史学之建设与新史之编纂，却抓出了其所处时代史学的特点，实现了当时史学的总结和反思。而这一史学史研究的传统，在史学史学科发展过程中并没有得到足够的重视。

历史是不断向前发展的，史学的发展伴随着社会历史的发展持续前进，史学史研究的对象“史学之史”也随之延续，随着史学内容的拓展，时间的更替，史学史研究的内容也是动态前进的。史学史作为一种“高一层次”的史学工作，它对现实史学应当具有指导和引领作用。如此来认识“最近史学的趋势”，这一趋势无疑既包括对以往史学发展的总结，也包含对当代史学的关注，还包含着对未来史学发展方向的预测。21 世纪史学史反思的实现，在于研究当代史学。

20 世纪 80 年代末，中国史学史发展的一个重要的趋势是中国史学近代化进程的研究受到重视，由此带来近代史学史研究兴起。1989—1999 年十年间，吴泽主编，袁英光、桂遵义著《中国近代史学史》（上下册）（江苏古籍出版社 1989 年版），胡逢祥、张文建著《中国近代史学思潮与流派》（华东师范大学出版社 1992 年版），陈其泰著《中国近代史学的历程》（河南人民出版社 1994 年版），马金科、洪京陵编著《中国近代史学发展叙论》（中国人民大学出版社 1994 年版），蒋俊著《中国史学近代化进程》（齐鲁书社 1995 年版），张岂之主编《中国近代史学学术史》（中国社会科学出版社 1996 年版），等等，都是关于近代史学和 20 世纪史学的著作。

今天，新中国走过了 70 年的发展道路，给学术发展带来春天的改革开放也过去了 40 年，在新中国的史学曲折发展前进的道路中，历史研究的意义、历史与现实的关系，史学在社会中的位置，求真与致用、史学与政治、封建问题，革命范式与现代化范式等问题，不断被史学界提出进行讨论。此外，世纪更替带来了 20 世纪学术总结，回顾和总结 20 世纪学术文化发展，自 90 年代中期逐渐引起普遍重视。这类著作，以王学典《二十世纪后半期中国史学主潮》（山东大学出版社 1996 年版）、张书学《中国现代史学思潮研究》（湖南教育出版社 1998 年版）为重要代表。世纪之交，林甘泉《二十世纪的中国历史学》（《历史研究》1996

年第 2 期)、马大正《二十世纪的中国边疆史地研究》(《历史研究》1996 年第 4 期)、白钢《二十世纪的中国政治制度史研究》(《历史研究》1996 年第 6 期)、林甘泉《新的起点：世纪之交的中国历史学》(《历史研究》1997 年第 4 期)、戴逸《世纪之交中国历史学的回顾与展望》(《历史研究》1998 年第 6 期)等文章形成了世纪史学反思与新世纪史学展望，为当代史学史研究提供了丰富的学术积累。建设中国史学史学术体系的重要学术意义，便是为建立和丰富史学理论提供必要条件。[①] 而建设和进一步丰富史学理论，必须对历史学的现状进行总结和概括。

习近平总书记在写给中国历史研究院的贺信中指出："当代中国是历史中国的延续和发展。新时代坚持和发展中国特色社会主义，更加需要系统研究中国历史和文化，更加需要深刻把握人类发展历史规律，在对历史的深入思考中汲取智慧、走向未来。"这就将史学与时代和社会关系的命题提到了一个新的高度，从中可以听到时代对史学的热切呼唤，这也要求在史学史研究中注入对当代史学的关切。白寿彝总结说："在中国历史遇到一个显著变化以后，总有带总结性的历史名著出现。"[②] 而这些著作所以成为名著，是因为它们能够在历史剧变中把握住时代脉搏并为后来者指引前进的方向和轨辙，中国当代史学史研究正是把握住了时代史学脉搏的研究方向。

三　在世界史学发展的视野中开创未来

通过对"欧洲中心观""中国中心观"局限的反思，中国史学研究的范围和视野越来越突破中国囿限，开始从全球视角下考察、评估整个中华文明在世界史上的独特地位及影响。中国史学史研究中注重中外史学的比较和互相交流，也是在这样一个背景下展开的。将中国史学纳入

① 乔治忠：《中国史学史》，第 10 页。
② 白寿彝《史学遗产六讲》，北京出版社 2004 年版，第 3 页。

世界史学发展之林进行中外比较，探讨中国史学的对外影响，这并不是一个新的论题。以中国传统史学为核心的东亚史学和以古希腊罗马史学为起源的西方史学是世界文化中最具活力的两大历史学发展体系。中国史学史研究的东亚视域，注重的是中国传统史学的对外影响。中国史学与西方史学源流不同，发展异途，探讨二者的关系，侧重的是比较研究。

尽管自20世纪后半期以来，中西史学比较研究取得了很大进展，成果不断涌现，但开展中西史学比较的难度仍然很大。一方面是由不同历史文化的差异、历时性与共时性的差异、中西方比较标准的差异等等造成的可比性问题；另一方面是中西史学比较的理论与方法尚未完善。20世纪末以来，中西史学比较取得了一些突破，主要是不再局限于对中西史学间过分具体的两相对比和具体细节的微观对比，尤其是单个的史家、史书的对比。未来中西史学比较的方向和难点是寻找“可比性”，在宏观的层面中探寻中西史学在同一时代或同一发展阶段的一些共同之处或发展规律。[①] 杜维运认为，比较史学的研究重点在于比较各国史学的思想、理论、方法的异同，比较各国史学与其他学问的关系、各国史学的术语、各国史学对社会与人群所发生的影响。[②] 这仍然是今后的一个方向。

瞿林东在21世纪之初即指出，中西史学的比较研究应当走向更高的层次，这种比较研究不仅仅是为了说明过去，更重要的是启示未来，要探讨中国史学应从西方史学中汲取哪些有益的因素，中国史学如何把自己的特点和优点向世界传播；这种比较研究的开展，无疑将推动世界各国史学走向新的进步、新的境界。[③] 在这条追求中国史学未来发展的道路上，中国史学史研究至少应作两个方面的努力。

一是拓展中国史学的对外影响。朱政惠认为：“两千多年来，中国史学作为完整的学术生命体，在世界史学前行的版图上，一直是活跃的、

---

① 参见张越《中西史学比较研究的开展与深化》，《史学理论与史学史学刊》2006年卷；秦丽：《章学诚与柯林武德史学思想比较之再思考——兼评余英时〈章实斋与柯灵乌的历史思想〉一文》，《史学理论研究》2017年第1期。

② 赵文宇：《比较史学在杜维运清代史学史研究中的应用探析》，《贵州社会科学》2016年第6期。

③ 瞿林东：《史学史研究的过去与未来》，《淮北煤炭师范学院学报》2000年第8期。

变动的，与世界其他国家和地区的史学，呈现频繁交流与互动的状态。"[①] 中国史学的国际传播与交流，可以成为中国史学史研究的一个创新领域。当前的史学史研究在这个问题上有很大的拓展空间，一方面是中国传统史学对外影响的探讨还不够，中国史学的对外交流，可以从日、韩拓展至西方，西方学者也指出，中国史学"千年传统的丰富性"没能在"更新的比较研究中"得到体现[②]；另一方面是把握国际学术界对中国史学史研究的关切与真实脉动，向外传播中国史学。

二是关注西方历史观念、历史理论对中国史学的影响。中国历史学学科的建立是近代引入西方学术体系的结果，这使得中国现代史学的发展深受西方历史学理论和方法的影响。20 世纪初以来，这种影响已经广泛涉及中国史学的基本范式、分析工具、研究方法乃至写作形式。这是中国史学史研究需要关注的问题。由于中西方社会、文化和历史道路存在一定的差异，运用西方的某种历史观或历史学理论考察中国历史时，应当进行重新思考和检验，或汲取合理因素而去其糟粕，或补充新的理念而使之更加科学。

不只中国史学要吸收外国史学特别是西方史学的精华，中国史学的精粹对于世界史学的发展和繁荣也有重要的意义。在世界史学发展的视野下，进行跨文化的史学研究，中国史学史的关照应当是两方面的：一是在汲取世界优秀理论遗产的基础上，丰富自身的史学观念；一是立足于世界史学的发展，科学地总结中国史学思想。

四　在与其他史学学科的交流对话中共同发展

历史学必须重视自身的学术发展史，否则"治一学而不深观其历史

① 朱政惠：《中国史学研究的国际视野——中国史学史研究的再出发（专题讨论）之四》，《学术月刊》2012 年第 1 期。

② 朱政惠：《中国史学研究的国际视野——中国史学史研究的再出发（专题讨论）之四》，《学术月刊》2012 年第 1 期。

演进之迹，是全然蔑视时间关系，而兹学系统终未由明瞭"[①]。中国史学史是中国历史学的学术发展史，这是它对于中国历史研究的重要意义。但我们却发现，尽管史学史研究的成果不断涌现，也成为与断代史、专门史并列的二级学科，但在历史学分支学科中，其受重视和关注的程度与这门学科的重要性似乎不太相称，"即使是一些专业史学工作者，也还未能把史学史在历史学领域中的重要性置于应有的地位看待"。[②] 它在人文学科乃至整个知识体系中的地位并未尽人意，史学史学科的边缘化也是当前各类史学史会议中大家都会提到的问题。其间有一个重要原因，就是不同学科间的对话与交流不够。这一方面是机制上的，比如史学史的学术会议，参与者一般都属于专业史学史的学术圈；另一方面，则是史学史知识体系的更新不够，在知识不断更新的今天，其学术创新滞后于学科发展。[③]

作为一个学科，中国史学史也应当是一个相对独立的知识体系。但同时，因为它与历史学研究方法相近，认识特点相同，"史学发展与相关学术文化领域的关系"也被纳入史学史的研究体系，史学史需要在与其他史学学科的交流对话中共同发展。

近年来，随着人文社会学科特别是历史学科系统的调整和学科建设的发展，史学研究呈现出了前所未有的广度和深度，研究的纵深和优秀成果的涌现，不仅推动了重大历史问题的研究，也促进了新理论和方法的广泛的运用，历史学日益成为多学科参与的交叉学科。仅就中国古代史而言，中国史学史要与断代史、专史学科进行对话和交流，在研究中至少要关注两方面的问题。一是中国古代史领域传统研究课题的深入和突破。这包括在早期国家的形成、商周封建、春秋诸子、秦汉宗教与思想、魏晋国家体制、唐宋社会变革、明清中西交流、科举制度、内阁制度等方面提出的新观点和新理论以及相关问题的研究的深化。一是研究资料、内容、方法和研究领域的不断创新。近年来，考古发现、出土文献、古文书、墓志、族谱等资料大量涌现，以新资料发现和研究为基础，

---

① 梁启超：《中国历史研究法》，第 42 页。

② 瞿林东：《史学史研究的过去与未来》，《淮北煤炭师范学院学报》2000 年第 8 期。

③ 张越：《中国史学史的学科位置与研究框架》，《河北学刊》2019 年第 1 期。

新领域和新学科得以开辟和拓展，如环境史、海洋史、城市史、区域史、灾异史、人口史、社会保障史、水利史、出版史、家族史、家谱史等，为研究和认识历史提供了新的视角，提供了更为广阔的空间。而这些对史学史研究者的素养和知识体系提出了较高的要求。

史学史研究的反思特质，意味着它将批判地继承史学遗产、借鉴历史记忆中的经验教训，在整体上推进史学研究。而这种推进应当与其他史学学科一起来完成。

五 在史学评论尤其是当代史学评论中引导史学的自我反省与批评

如前所言，从史学史学科性质来说，史学史所做的工作是较高层次的，具有总结、批评与反思的特质。白寿彝指出：“所谓史学工作是自觉的活动，就是说，作为史学工作者，史学史的工作就是要批判、总结我们这个行业的成就。”① 在中国史学史学科建立的早期，史学评论、史学批评已被引入史学史研究，杨翼骧先生将史学批评作为史学史研究的一项重要内容，明确指出：“史学批评是指对于史学领域的各种工作的批评，如对于史料的选择与组织，史书编纂的体例与内容，记载的是否真实，历史观点是否正确，史学思想是否正确，史学发展的趋势如何，等等。任何一门学科如果没有批评，就不易有很快的进步，所以史学批评是推动史学进步和发展的重要因素之一。”② 这是20世纪60年代史家的学术眼光。80年代，他将“史学批评”扩展为“史学评论”，还对历史评论和史学评论作了区分：“史学评论是指对史学本身主要是历史著作的评论而不是历史评论，即不是评论历史事件的史论，裴松之、刘知

① 白寿彝：《在第一次全国史学史座谈会上的讲话》，《中国史学史论集》，第406页。

② 乔治忠、杨柳整理：《杨翼骧先生中国史学史手稿存真》，天津古籍出版社2006年版，第13页。

幾、章学诚等都是著名的史学评论家。”① 新世纪，乔治忠对作为史学史内容的史学评论和功能进行了较为细致的解析。他认为，史学评论是史学史学科的一个研究手段，也是史学史研究的一项内容，史学评论的问题涉及历史观、史学思想和史学方法的各个方面，是一项综合的工作；相对于一般专业的史学评论，史学史角度的史学评论具有一定的滞后性，等到矛盾现象充分展开，背景原因更多显现，因而能够观察得更加全面，对于历史学较大问题应当并且可以追求最终的裁决水平。② 史学史研究做出的史学评论，需要在更宽广知识结构的基础上进行。

新世纪开展史学评论的实践聚焦于2013年中国社会科学院历史研究所《中国史研究》杂志社创办国内第一本历史研究学术评论杂志《历史学评论》，其间，力倡在认真梳理学术研究脉络和把握时代脉搏的基础上，思考史学发展的大势，探讨理论和方法的建立及其运用于具体研究中存在的问题；立足学术前沿，分析各种学术问题出现和研究的态势，以及学术现象变化的趋向。③ 其中，李振宏《六十年中国古代史研究的思想进程》通过对历史学自身思想状况进行深入解剖，梳理了六十年中国史学发展的历程，堪称史学评论的典范之作。由于种种原因，《历史学评论》止步于第一卷，但它在历史学界激动的潮流却经久不息。中国历史研究院成立后，历史研究杂志社新增的一本刊物就是《历史评论》，它的影响我们将拭目以待。

这里谈的虽然是刊物建设，但史学评论也将成为中国史学史学科发展的重要内容，随着中国史学史作为一个成熟学科，它对史学活动审视的时段将接近当下，当代史学评论不但会成为中国史学史研究工作的一部分，史学史研究也需要对其提供理论阐发和支撑。随着当代史学史研究成为趋势，当代史学评论将在引导史学的自我反省、自我批判中成为历史学前行的动力。

① 乔治忠、杨柳整理：《杨翼骧先生中国史学史讲义》，天津古籍出版社2006年版，第5页。

② 乔治忠：《中国史学史学科体系的思考》，《学术月刊》2012年第1期。

③ 彭卫：《〈历史学评论〉发刊词》，《历史学评论》，社会科学文献出版社2013年版，第3页。

时代变革和中国人民伟大历史实践的发展，迫切需要史学观念的创新、价值理念的创造和史学话语体系的构建。习近平总书记在贺信中为中国历史学学科体系、学术体系、话语体系的构建指明了基本的路径和方向，那就是："坚持历史唯物主义立场、观点、方法，立足中国、放眼世界，立时代之潮头，通古今之变化，发思想之先声。"[①] 在新的世纪，如何建立具有民族特色的中国史学理论体系和话语系统，是中国当代史学面临的一项重要任务，中国史学史研究也将参与其中。"史学史的研究结果，可以上升为史学理论"[②]，早在20世纪80年代，白寿彝便如是说。作为一种较高层次的反思学科，中国史学史研究的理论意义在新时代将更加彰显。

（原载《四川师范大学学报》2019年第5期）

① 《习近平致信祝贺中国社会科学院中国历史研究院成立》，《人民日报》2019年1月4日第1版，2019年1月4日发布，2019年5月13日引用，http：//cpc. people. com. cn/n1/2019/0430/c64094－31059998. html。

② 白寿彝：《关于史学工作的几点意见》，《史学史研究》1985年第2期。

新时代历史研究构建中国主体性的逻辑与路径

高希中

党的十八大以来，中国特色社会主义进入新时代，思想文化领域产生了许多新变化。在学术研究中，一些学者反思既有研究理论和研究范式，开始注重从中国本土出发来研究问题。在史学界，王学典的著作——《把中国“中国化”》堪称代表①。有论者指出：“实现主体性是一国史学臻于成熟的标志，它意味着一国史学对于本民族及世界历史有自己独立的认知和表达系统。”② 新时代历史研究回归中国本土，构建“中国主体”已成为不可逆转的时代潮流。

一 新时代历史研究“中国主体性”问题的提出及内涵

自近代以来，西方价值及思想独占世界鳌头，西方中心论一度盛行。时过境迁，当今世界不论在西方国家还是在中国，西方文化、价值、思想所表现出的弊端越来越明显。例如，自改革开放以来，在与世界学术接轨的背景下，我国哲学社会科学建立起完备的学科体系，取得了巨大成就，但同时也存在一些西方学术体系带来的不容忽视的副作用。这主

---

① 王学典：《把中国“中国化”》，上海人民出版 2017 年版。

② 郭震旦：《根植本土：当代中国史学主体性的崛起》，《文史哲》2019 年第 4 期。

要表现在，对中国历史和现实作出解释的很多理论框架来自西方社会科学的各种学说，学术研究已经无法完全摆脱西方学术范式、话语系统和价值体系的影响。尽管诞生于基于西方历史和经验的概念、思想、理论，曾经引领了世界的近现代化潮流，但本身也并非绝对的真理，也有其相当的局限。基于西方历史经验的理论、思想、概念等，并不能对中国的历史和现实做出恰如其分的令人满意的解释。

就拿改革开放史来说，在40余年间里，中国基本完成了从延续了几千年的农耕社会向工业社会的深刻转型，用短短几十年的时间走完了西方几百年所走过的路程。这种转型和飞跃走的是一条迥异于西方的中国式现代化道路，不但改变了中国贫穷落后的面貌，而且改变着世界格局。这条独特的中国式现代化道路颠覆了哪些基于西方经验的结论？奥秘又在哪里？如果我们不能很好地回答这一问题，就可能失去自己的主体性。

再就话语系统而言，它是一种复杂的思想观念的表达系统，不仅涉及语言的叙述方式，而且承载着一定的思想取向、价值取向和民族观念，是文化软实力的体现。西方话语之所以无法表达中国、阐释中国，就在于西方话语以西方社会的思维方式为其基本内容①，而中国有着和西方完全不同的历史、传统、文化、社会生活，用西方的价值观念来否定中国的传统，不仅不能使我们对中国历史有更好的认识，反而阻碍着我们对自身的认知。更有甚者，借用他人的概念和理论来解释自己，结果不仅没能解释好自己，反而曲解了自己，更不用说让外在世界来了解自己。

因此，对中国历史本身诸如中国道路、文化特性等重大理论问题的解释，有待于对中国本土的重新认识。随着历史研究向中国本土转向，这些重大问题的解决亟需提上日程。其中之一，就是如何构建和彰显中国“主体性”。

新时代构建具有中国特色的历史学“三大体系”，首先需要构建历史学研究的中国“主体性”，让对中国历史的研究回归中国本土。具体

① 王学典：《把中国“中国化”——人文社会科学的转型之路》，《中华读书报》2016年9月21日。

说来，就是基于中国历史自身的发展理路和内在逻辑，在借鉴吸收古今中外一切优秀学术研究成果的基础上，构建一套不仅能够全面展现中国历史的发展历程，而且能够准确阐明中国历史的发展逻辑的新的历史学学术体系和话语体系。一方面使国人更好地认识自己的历史，另一方面也使他人真正了解中国。用一种形象的说法，就是能够向自己阐明“我是谁”，向他人说明“我是谁”。

构建“中国主体性”的主旨，就是系统、全面、完整、清晰展现中国历史的历史实际、内在逻辑、文化根脉、思想渊源、精神气韵。其主要任务，就是按照中国历史本身的嬗替逻辑，阐述中国历史的合逻辑发展过程，建构具有内在逻辑联系的中国史。主要内容，既包括中国文明的起源与演变、多元一体的中华民族共同体的形成过程，也包括中国社会的近现代转型、中国特色社会主义道路的开辟，等等。这不仅能推动新时代历史研究的深入发展，而且能够为中国当下和未来的创造，及世界的发展提供历史经验和文化智慧。

因此，新时代的历史研究，需要将中国本土历史精细化、理论化，从而摆脱基于西方历史经验的理论预设，构建起一套真正能够准确反映中国经验的价值系统、话语系统和知识系统，从而建构起能够展现中国实景、阐明中国问题、探明中国道路内在逻辑的历史理论。

二　新时代历史研究构建中国主体性的时代逻辑

时代性是历史学的重要特征，不同时代的历史研究都带有时代的烙印。构建中国史研究的中国“主体性”，推动相关研究回归中国本土，是史学界立足新时代党和国家事业发展、中华文化发展新需要，基于学科自身发展演变规律提出的新思考，符合时代逻辑。

（一）回应新时代党和国家事业发展新需要

中华人民共和国成立以来，特别是党的十一届三中全会以来，中国社会发生了巨大变化，我们“用几十年时间走完了发达国家几百年走过的工业化历程，跃升为世界第二大经济体"[①]。党的十八大以来，在以习近平同志为核心的党中央坚强领导下，"党和国家事业取得历史性成就、发生历史性变革，推动我国迈上全面建设社会主义现代化国家新征程"[②]。与经济社会领域重大成就相伴随的，是思想文化领域"文化自信"这一重大论断的提出。2014 年 10 月 15 日，习近平在文艺工作座谈会上的重要讲话中指出，"增强文化自觉和文化自信，是坚定道路自信、理论自信、制度自信的题中应有之义"[③] 引发了学术界的积极反响和热烈讨论。新的时代任务对哲学社会科学研究提出了新要求、新期待，也赋予了其新使命、新任务。

党的十八大以来，党和国家高度重视哲学社会科学研究工作，习近平多次作出重要部署。2016 年 5 月 17 日，习近平主持召开哲学社会科学工作座谈会并发表重要讲话，指出"哲学社会科学发展战略还不十分明确，学科体系、学术体系、话语体系建设水平总体不高，学术原创能力还不强"[④]，强调"我们的哲学社会科学有没有中国特色，归根到底要看有没有主体性、原创性"。[⑤] 2022 年 4 月考察中国人民大学时，习近平进一步明确提出，"加快构建中国特色哲学社会科学，归根结底是建构中国自主的知识体系。要以中国为观照、以时代为观照，立足中国实际，解决中国问题"[⑥]。新时代历史学研究之构建中国"主体性"，正是史学界回应新时代党和国家事业发展新需要，克服对西方史学学术体系、话语体系的"跟跑"和"效仿"，在学习借鉴古今中外一切优秀学术研究成果的基础上，努力建构中国特色历史学"三大体系"的需要。

---

① 习近平：《在党史学习教育动员大会上的讲话》，人民出版社 2021 年版，第 8 页。

② 习近平：《高举中国特色社会主义伟大旗帜　为全面建设社会主义现代化国家而团结奋斗——在中国共产党第二十次全国代表大会上的报告》，人民出版社 2022 年版，第 6 页。

③ 习近平《在文艺工作座谈会上的讲话》，人民出版社 2015 年版，第 25 页。

④ 习近平：《在哲学社会科学工作座谈会上的讲话》，人民出版社 2016 年版，第 7 页。

⑤ 习近平：《在哲学社会科学工作座谈会上的讲话》，第 19 页。

⑥ 《坚持党的领导传承红色基因扎根中国大地　走出一条建设中国特色　世界一流大学新路》，《人民日报》2022 年 4 月 26 日。

（二）适应新时代中华文化发展新需要

历史上，中国曾经长期是世界上经济最发达、文化最先进的国家之一。诸子百家、两汉经学、魏晋玄学、隋唐佛学、宋明理学、乾嘉朴学等，不仅在东亚地区产生了深远影响，在整个世界文化史上也具有重要地位。但1840年鸦片战争以后，中国却由于西方列强的不断入侵和清政府的无能腐败，越来越深地坠入半殖民地半封建社会的深渊，“国家蒙辱、人民蒙难、文明蒙尘”。[①] 曾经被伏尔泰等西方启蒙学者大为赞赏的中华文明、中华文化，在近代西方一些学者眼中，却成了“蒙昧”“野蛮”的代名词。而中华民族在近代所遭受的前所未有的劫难，也让部分人对传统文化的价值和出路产生了怀疑。在一些人看来，向西方学习甚至全盘西化是中华民族的唯一出路，还有人持激烈的反传统主义观点，将整个传统文化与“封建迷信”画上等号。中国共产党在领导人民探索中国式现代化道路的长期过程中，“科学对待传统中华文明的内核——中华优秀传统文化，使曾遭遇整体性危机的传统中华文明换羽新生”。[②]

党的十八大以来，党和国家高度重视中华优秀传统文化的传承与弘扬工作。习近平指出，中华优秀传统文化是“中华民族的根和魂”[③]，“也是我们在世界文化激荡中站稳脚跟的坚实根基”。[④] 在庆祝中国共产党成立100周年大会上的重要讲话中，习近平提出“坚持把马克思主义基本原理同中国具体实际相结合、同中华优秀传统文化相结合”。[⑤] 这些重要论述，高度肯定了中华优秀传统文化的重要地位和重大价值，中华文化的前景无比光明。新时代历史研究回归中国本土、构建中国“主体

---

① 《中共中央关于党的百年奋斗重大成就和历史经验的决议》，人民出版社2021年版，第3页。

② 杨振闻：《从“文明蒙尘”到“人类文明新形态”——中国式现代化道路的文明旨归》，《求索》2022年第1期。

③ 《习近平谈治国理政》第2卷，外文出版社2017年版，第426页。

④ 习近平：《在文艺工作座谈会上的讲话》，第25页。

⑤ 习近平：《在中国共产党成立100周年大会上的讲话》，人民出版社2021年版，第13页。

性”，是史学界适应新时代中华文化发展需要，从中国本土出发更好地研究和分析中国历史的必然选择。

（三）新时代历史学自身发展演进的必然结果

当代中国史学界建构中国“主体性”的尝试和努力可以追溯到20世纪70、80年代，在中华文明起源研究领域，一批专家学者从考古发掘出土的实证材料出发，阐明中国文明的自成一体，力图建构中华文明演进的总体脉络和时空框架。[①] 到了20世纪90年代，本土化讨论迅速扩大，并掀起了“重思中国”的热潮，影响波及哲学、政治学、法学、经济学、社会学等诸多领域。[②]

近年来，在历史学界，有相当数量的知名学者对如何彰显中国“主体性”，推动历史研究回归中国本土等问题进行了讨论。于沛认为，“中国传统史学，是中华光辉灿烂文化宝库中的一颗璀璨的明珠……对构建中国的马克思主义史学理论新形态具有重要的借鉴意义”。[③] 瞿林东认为，传统史学所留下的丰富遗产，是当代中国史学实现创造性转化、创新性发展的重要历史资源。[④] 杨念群则建议从中国史学内部寻找解释中国自身历史演进变化的概念。[⑤]

除了学者的个人研究与思考，中国社会科学院中国历史研究院相关重大项目的推行，也昭示出新时代历史研究重建中国“主体性”的趋势。中国历史研究院自2019年成立以来，连续实施国家社科基金中国历史研究院重大历史问题研究专项，研究项目覆盖中华文明起源、中华优秀传统文化等重大历史理论和前沿问题。[⑥] 这些项目的实施，旨在挖掘

---

① 郭震旦：《根植本土：当代中国史学主体性的崛起》，《文史哲》2019年第4期。

② 郭震旦：《音调难定的本土化——近年来若干相关问题述评》，《清华大学学报》（哲学社会科学版）2019年第1期。

③ 于沛：《〈史学理论研究〉三十年：构建马克思主义史学理论新形态的三十年》，《史学理论研究》2017年第2期。

④ 瞿林东：《理论研究与学科体系》，《史学理论研究》2017年第2期。

⑤ 杨念群：《中国人文学传统的再发现——基于当代史学现状的思考》，《中国人民大学学报》2015年第6期。

⑥ 李国强：《奋进新时代中国史学繁荣发展新征程》，《中国社会科学报》2022年5月18日。

中国自身的历史和文化传统，同时围绕建设中国特色历史学“三大体系”，努力彰显历史学研究的中国特色、中国风格、中国气派。

构建新时代历史学研究的中国“主体性”，既需要聚焦客观历史，通过扎实的考证重建历史事实，也需要关注概念、范式等理论方面的内容。总体来看，目前学术界在这两个方面都取得了一定的成绩，越来越多的学者主张中国的历史学研究应当建立起自己的理论和学术范式，只有提炼概括出基于中国自身历史的新的概念系统和思想体系，重建中国史叙事的理论体系方才可能。可以说，告别基于西方经验、思想、话语、范式形成的历史叙事，回归中国本土，建构彰显中国“主体”的叙事体系，已经成为当前史学界的集体意识和共同行动，是新时代历史学发展演进的必然结果。

三　新时代历史研究构建“中国主体性”的路径思考

党的十八大以来，习近平着眼于党和国家发展大局，多次就加强哲学社会科学，特别是历史学的研究工作发表重要讲话，提出了一系列新观点、新论断、新部署，是推动史学研究健康发展的根本遵循。新时代历史学研究构建中国“主体性”，要依托高度的文化自信，聚焦中国历史实景，提炼生成能够体现中国自身历史、符合中国实际的概念、理论和观点；总结概括中国历史的文化脉络和中华文明的基本精神；同时关注社会现实及实践中存在的问题，展现中国历史文化的力量与价值。

（一）提炼生成能够体现中国自身历史、符合中国实际的概念、理论和观点

习近平指出，对于西方形成的文明理论，“我们要加以借鉴，但不能照抄照搬”[①]。新时代的历史学研究，既要学习借鉴包括西方学界在内的

---

① 习近平：《把中国文明历史研究引向深入　增强历史自觉坚定文化自信》，《求是》2022年第14期。

世界一切优秀成果，又要注意甄别其中那些不符合中国实际的概念、理论和观点，在具体研究的基础上，提炼出能够体现中国自身历史的新概念、新理论和新观点。

众所周知，除了世界各民族国家所具有的共同特征，中国历史在文明起源、国家形态、社会结构、文化思想等诸多方面都有其自身的特殊面貌。新时代的中国史学界，理应责无旁贷地将中国历史区别于其他国家的文化特质、社会机制、政治制度、经济形态、民族关系等阐释明白、撰写清楚。譬如，作为一个多民族国家，汉民族与其他少数民族共同创造中国历史的具体过程是什么，中华文化的特性与生成机制又是什么，中国道路的独特性在哪里？从而将中华文明这一当今世界独一无二、延绵至今的文明体，清晰地展现在世人面前。这些概念、理论和观点不仅要能够向自己阐明“我是谁”，还要能够向他人说明“我是谁”，使他人信服地接受这一阐释。只有这样，才能真正建立起基于中国本土的历史学“三大体系”，拥有对中华文明、中国历史阐释解读的话语权。

在这个问题上，新时代的中国历史学研究者们理应发挥更大的作用。主体性为“自塑”而非“他塑”。虽然经过一代又一代学者的接续努力，我们已经在不少方面取得了一定成绩，但还存在着一些不足，主要表现为，在国际哲学社会科学学术交流中，我国学者发声较少，声音也比较小，影响力亟待提升。新时代历史学研究构建中国“主体性”，必须注意提炼易于为国际学术界所理解和接受的新概念，积极主动参与国际学术讨论，在交流对话中掌握学术话语主动权。新时代的中国历史研究工作者们，要以建构中国“主体性”为切入点，基于中国历史演进的内在逻辑，对中国历史的发展道路提出自己独到的深刻解释，切忌从理论到理论的空谈。

（二）总结概括中国历史的文化脉络和中华文明的基本精神

中华文明是中国历史特殊性的集中体现，对中国“主体性”的探讨，不能不探究中国历史的文化根脉和中华文明的基本精神。众所周知，中华文明是世界文明史中唯一从未中断、延续至今的文明。那么，与其他已经消失了的古老文明相比，中华文明为什么能够拥有长久的生命力？其中一个关键因素就是“文化”。多元一体中华民族的形成有其内在文化根源，中华文化不但是中华民族世代传承的宝贵精神财富，而且也是民族融合的内在动力。新时代基于中国本土，彰显中国“主体性”的历史学研究，必须揭示中华文明的这个奥秘所在。

中华文化是自古至今由无数先人用心血和生命写成的，因此才有了生生不息的根脉传承。要准确认识今天的中国，首先必须完整了解历史的中国，了解历史上中华民族大家庭交流、融合的具体过程，了解民族交流、民族融合对中华文化发展演进的推动作用。中华文化悠久绵长，虽历经朝代更迭、社会变迁，但其中的核心内容从未中断，反而随着历史的演进不断得到了丰富和发展，中华民族的凝聚力和向心力也在漫长的历史变迁中不断增强。

中国历史的文化脉络和中华文明的基本精神，扎根于中华民族5000多年的文明历史之中，以巨大的渗透力和生命力植根于不同朝代、不同时期的政治、经济、社会、文学、艺术、科技等不同领域，乃至人们的生活方式和风俗习惯之中，润物无声地滋养着每一个社会成员，塑造了中华民族独特的民族性格、思维方式、价值取向，并给生长在中华大地上的人们打上了深刻的中华烙印。对一个民族的文化的深刻认知，是了解这个民族的重要途径。在几千年漫长历史的文明演进过程中，生活在今天中华大地上的多个民族之所以能够在交流中不断融合，根源就在于有着共同的文化认同。中华优秀传统文化不但是中华民族世代传承的宝贵精神财富，而且也是民族融合的内在动力。挖掘、继承和发展中华文化根脉，建设中华民族的心灵家园，彰显中国历史的精神气韵，是新时代历史研究的重要任务。因此，新时代历史学研究之建构中国“主体性”，就是要“坚守中华文化立场，提炼展示中华文明的精神标识和文化精髓，加快构建中国话语和中国叙事体系”①。

① 习近平：《高举中国特色社会主义伟大旗帜 为全面建设社会主义现代化国家而团结奋斗——在中国共产党第二十次全国代表大会上的报告》，人民出版社2022年版，第45—46页。

（三）关注社会现实及实践中存在的问题，展现中国历史文化的力量与价值

“纸上得来终觉浅，绝知此事要躬行。”习近平深刻指出：“当代中国是历史中国的延续和发展。新时代坚持和发展中国特色社会主义，更加需要系统研究中国历史和文化，更加需要深刻把握人类发展历史规律，在对历史的深入思考中汲取智慧、走向未来。”① 新时代历史学研究回归中国本土，构建中国“主体性”，如果仅仅停留于概念的推演，从文字到文字、从理论到理论，那么不仅无法取得令人信服的结论，而且也不可能传之久远。纵观中国史学史上的那些经典佳作，无不是关怀现实的产物。《春秋》《史记》《资治通鉴》等流传久远的鸿篇巨制，除了在相关学术领域中作出重要贡献，无不担载着重要的社会功能，由此形成了中国史学经世致用的优良传统。唐代史学家刘知幾所言“史之为用，其利甚博，乃生人之急务，为国家之要道。有国有家者，其可缺之哉!”② 正是此意。

改革开放40多年来，在党的领导下，中国经济取得了显著进步，人民幸福感普遍增强，社会面貌发生了深刻变化。党的十八大以来，在党中央的坚强领导下，中国人民如期全面建成小康社会，脱贫攻坚取得决定性胜利，取得了一个又一个令世界惊叹的巨大成就。事实证明，中国特色社会主义道路是实现中华民族伟大复兴的必由之路。如何通过扎实的研究工作阐明中国道路的深厚文化底蕴，为民族复兴立根铸魂，是新时代历史学研究工作者们责无旁贷的重大使命和应尽职责。

“问题是时代的格言，是表现时代自己内心状态的最实际的呼声。”③ 考证史实、还原历史场景是史学研究的重要内容，但历史学的意义还在于资治致用，基于独有的历史眼光对现实社会中的重大问题作出深刻而有力的回应。新时代历史研究在回归中国本土，构建中国“主体性”的过程中，必须关怀现实，正视现实重大问题。具体而言，

---

① 《习近平致信祝贺中国社会科学院中国历史研究院成立》，《人民日报》2019年1月4日第1版。

② 刘知幾：《史通》，辽宁教育出版社1997年版，第89页。

③ 《马克思恩格斯全集》第1卷，人民出版社1995年版，第203页。

就是以中国本土历史为背景，以解决中国现实重大问题为鹄的，展现中国历史和文化的力量价值，为社会现实重大问题的解决提供智慧和思路。

从历史的长时段来看，人文精神是中国历史和中华优秀传统文化的突出特点。古人云，“观乎人文以化成天下”①。文化的影响细雨无声，但反映着一个国家、一个民族的思维和行为方式，潜移默化地影响着每一个人的言行举止。这用孔子的话说就是：“道之以政，齐之以刑，民免而无耻。道之以德，齐之以礼，有耻且格。”② 新时代的历史学研究建构中国“主体性”，可以通过中华优秀传统文化中“人文精神”的弘扬，倡导正确的价值观、历史观、世界观，为民族复兴贡献力量，这也是史学研究肩负的一个重要使命。

需要指出的是，强调新时代历史研究构建中国“主体性”，不是将视野局限在本土之内，而是通过探求中国历史发展的内在逻辑，寻求世界不同文化类型国家之间的和平共处之道，在交流互鉴中探究和平共存、协同发展的路径，促进世界和平，增进人类福祉。

值得注意的是，尽管中国历史有其特殊性的一面，但依然是整体人类史的组成部分。因此，重建中国“主体性”，在揭示中国道路特殊性的同时，还要考虑在世界未来的发展中，为世界贡献有益的文化、思想、经验和智慧，这将进一步展现中国的“主体性”。

结　语

总之，中国历史有其自身的发展理路和内在逻辑，基于西方历史和经验的概念、思想、理论，既不能从根本上解释中国的历史问题，也不能圆满回答中国的发展问题。构建历史研究的中国“主体性”，是新时代国家发展的需要，是文化发展与历史学自身发展的必然。历史工作者要基于文

① 阮元校刻：《十三经注疏·周易正义》，中华书局1980年版，第37页。

② 阮元校刻：《十三经注疏·论语注疏》，第2461页。

化认同，依托文化自信，回归中国历史本身，重新认识中国历史发展的内在理路，提炼出富有启发性和解释力的概念、理论和观点，在揭示中国道路特殊性的同时，为世界贡献有益的经验和智慧。目前，历史研究向本土转向，构建中国“主体性”的工作在整体上还只是初步，由开始转向到真正完成建构，还需要相当长的一段时间，需要学界付出更多努力。

（原载《求索》2023 年第 2 期）

现实之问与学术回应

——步平与中日关系史研究

徐志民

步平先生在中日复交翌年，即1973年入学哈尔滨师范大学历史系，作为那个时代“工农兵学员”的他，或许冥冥之中注定今生与中日关系史研究有缘。原本理科成绩突出的他，被指定学习历史专业。他大学毕业后曾从事东北地方史、中俄关系史研究，后来转向中日关系史研究，在日本化学战、历史教科书事件、右翼问题、靖国神社与军国主义、日本人的战争责任认识、中日韩三国共同编写历史辅助教材、中日共同历史研究等方面做出了突出成绩，受到中日韩三国学界的积极评价。步平逝世后，学界相继出版《永远的怀念：步平先生逝世周年纪念集》《步平文集》等①，汇编了学界对步平学术人生之评价，选编了步平的代表性成果，但如何深入挖掘步平的治学要领与心得，特别是他“转战”中日关系史各领域的学术理论与方法尤为必要。笔者拟以中日关系的现实之问为题，以步平的中日关系史研究为回应，阐述他经世致用、为人民做学问的人生追求、学术理念和研究方法，既为中日关系史研究之鉴，亦为中日关系的和平、稳定与发展提供历史智慧和学理启示。

一　转向中日关系史研究

步平大学毕业后经历短暂的从教生活，调入黑龙江省哲学社会科学

---

① 張宏波「步平先生、安らかに!」、『中帰連平和記念館会報』Vol16、2016年9月28日；步平先生逝世周年纪念委员会编：《永远的怀念：步平先生逝世周年纪念集》，国家图书馆出版社2017年版；马晓娟、徐志民主编：《步平文集》，社会科学文献出版社2021年版。

研究所（1979 年改为黑龙江省社会科学院）从事学术研究工作，现今来看他当年的学术兴趣点，既非东北地方史、中俄关系史，更非中日关系史，而是李大钊的民主思想。或许从祖籍上说有作为李大钊的河北“同乡”之学术情感，或许是“文化大革命”结束和改革开放后的思想解放，步平从开始探讨李大钊的民主思想走向了学术研究之路。为搜集李大钊的相关史料，探究 1919 年五四运动前后以李大钊为代表的一批中国先进知识分子如何同工农群众相结合，汇聚在民主与科学的旗帜下，为国家独立、民族复兴寻路的艰辛历程和英勇斗争[①]，步平从哈尔滨返回从出生到高中生活的北京查阅资料。这在今天看来短短几个小时的路程，但在当时可谓路途遥远，属于长途出差。我记得在步平的档案中曾看到他对这次搜集李大钊的史料和参加相关学术会议的记录，其中也有其长期留驻黑龙江而回京“探亲”的记忆和感想。

个人学术兴趣固然重要，但学术研究服务现实和社会需要更为重要，这是步平始终坚持的学术原则，也是他此后“转战”各个学术领域的思想基础。他作为黑龙江省社会科学院的科研骨干，根据黑龙江省经济社会发展需要将研究领域转向东北地方史，发表了《“达斡尔地区”的由来及其他》《东北边疆开发与近现代化过程》《近年来黑龙江地方史研究概述》等论文[②]，单独或合作出版了《东北近百年史讲话》《中国东北沦陷十四年史纲要》《东北国际约章汇释（1869 ~ 1919 年）》《黑龙江百科全书》《黑龙江通史》等著作[③]，主要服务于黑龙江省社会发展、文化建设和对外交往，为黑龙江省历史学事业的发展做出了积极努力。随着 1978 年中日签订《中日和平友好条约》、1979 年中美建交，某种程度上影响着中美苏三角关系，而黑龙江省位于中苏边境之前沿，任何风吹草动都可能刺激当时紧绷之中苏关系。步平根据现实研究需要，以“17 世

① 步平：《试论李大钊的民主思想》，《学习与探索》1979 年第 2 期。

② 步平：《“达斡尔地区”的由来及其他》，《学习与探索》1980 年第 2 期；步平：《东北边疆开发与近现代化过程》，《学习与探索》1993 年第 3 期；等等。

③ 步平先生合著、参编、主编的东北地方史的代表性成果有，《东北近百年史讲话》，黑龙江人民出版社 1984 年版；《中国东北沦陷十四年史纲要》，中国大百科全书出版社 1991 年版；《东北国际约章汇释（1869 ~ 1919 年）》，黑龙江人民出版社 1987 年版；《黑龙江百科全书》，中国大百科全书出版社 1991 年版；《黑龙江通史》，中国社会科学出版社 2009 年版；等等。

纪中俄东部边界史”为题，逐渐转向沙俄侵华史研究，所幸他从初中到大学学习的外语均为俄语，反而借助俄语优势，在中俄关系史研究方面取得突出成绩。①

步平原本设想在东北地方史、中俄关系史领域继续探索，但在20世纪80年代中期随着国际国内形势变化，逐渐转向中日关系史研究。一是国际上冷战格局趋于和缓，特别是苏联的戈尔巴乔夫上台后推行“新思维”“多元化”“民主化”，苏联与美国、欧洲“接触”，而中苏关系也有所缓和。二是日本右翼和保守势力泛滥，打着战后40年政治“总决算”的旗号歪曲侵略历史、美化侵略战争、否认战争责任，相继发生了1982年、1986年两次历史教科书事件，日本首相中曾根康弘在1985年8月15日公然参拜靖国神社，日本政府的一些阁僚在历史问题上不时“失言”，挑战和刺激饱受日本侵略战争伤害的中国人民的感情，引起了中国政府和人民的警觉。三是中国各界对日本右翼和保守势力在历史问题上错误言行的回击，成为新的时代课题和现实需要。当时，中国政府就中曾根康弘首相参拜靖国神社一事进行交涉；一些青年学生在北京、沈阳等地举行九一八事变纪念活动，抗议中曾根首相参拜靖国神社；中国的新闻媒体纷纷报道，并批驳前述日本右翼和保守势力的错误言行。②侵华日军南京大屠杀遇难同胞纪念馆、侵华日军第七三一部队罪证陈列馆在1985年建成，中国人民抗日战争纪念馆在1987年，即七七事变50周年之际开馆。此外，如何从学术层面进行回击？成为摆在当时中国学界特别是中日关系史学界面前的一个重要问题。

在我们与步平生前的访谈中，他道出了自己转向中日关系史研究的时代背景和个人的心路历程。他说：“根据胡乔木同志重视日本侵华史研究的意见，东北地区成立了‘东北沦陷十四年史编纂委员会’，以东北三省社科院的历史学者为骨干力量，我被指派为黑龙江省的学术

① 代表性成果有，步平：《中俄东部边界的历史考察》，《学习与探索》1983年第6期；步平：《清初抗击沙俄侵略的若干问题介绍》，《历史教学》1984年第5期；步平：《关于中俄电报线路的联接问题》，《黑河学刊》1985年第2期；等等。

② 《外交部新闻发言人就一些学生举行纪念“九一八”事变活动发表谈话　日本内阁成员正式参拜靖国神社严重伤害中国人民感情　希望日本政府领导人严格履行诺言巩固发展中日友好》，《人民日报》1985年9月20日。

负责人。”[①] 1985年已经出任黑龙江省社会科学院历史研究所所长的步平，环顾四周，发现历史研究所同事中并没有专门研究日本侵华史的学者，怎么办？作为所长，作为东北沦陷十四年史编纂委员会的黑龙江省学术负责人，他以身作则，主动从中俄关系史研究转向中日关系史研究，重点转向日本侵华史。从一个拥有俄语优势和自己熟悉的研究领域，转向一个相对陌生且没有研究基础的领域，谈何容易。首先，研究中日关系史需要学会日语而不仅仅是学习日语。当时步平已近不惑之年，抛开从初中学习并使用至今的俄语，转而从あいうえお开始学习日语，个中艰辛可想而知。其次，既没有中日关系史研究的基础，也没有可以随时请教的对象，一切需要自己摸索。因而，坚韧刚毅的步平“也一度为研究方向的转换而苦恼过”。[②]

然而，步平最直击人心或者说最打动人的，就是只要国家和社会需要，“有条件要上，没有条件创造条件也要上”的奋不顾身的钻研精神和风雨彩虹般的乐观精神。他没有在研究困难面前退缩，反而利用一切条件和机会，克服种种困难，跟着广播和电视自学日语，不仅可以查阅日文史料与文献，而且达到与日本学者自由交流的程度。[③] 这往往使我们年轻的自学外语者深感惭愧，同时也激励着我们前进。没有研究基础、没有基本史料，步平就利用东北三省协作研究日本侵华史的机会，主动向辽宁、吉林两省社会科学院中的老同志，特别是有过伪满时期生活体验的老同志请教，并在他们指导下一点一滴地搜集资料和进行实地考察。也正是在考察东北各地的原日军要塞遗址遗迹、抗联活动的遗址遗迹等活动中积累从事中日关系史研究的大量资料，反而拓宽了研究视野，发现了中俄关系史与中日关系史之间的有机联系，不仅丰富了东北地方史、中俄关系史研究的内容与视角，而且为此后转战中日关系史各领域奠定

① 步平、徐志民、马晓娟：《中日历史问题研究的过去、现在与未来——访中国社会科学院近代史研究所研究员步平先生》，《历史教学问题》2016年第4期。

② 步平、徐志民、马晓娟：《中日历史问题研究的过去、现在与未来——访中国社会科学院近代史研究所研究员步平先生》，《历史教学问题》2016年第4期。

③ 步平先生翻译了不少日文论著，代表性译著有，小川武满著，步平译：《大地的呼声：反对战争追求和平的人生轨迹》，黑龙江人民出版社1997年版；加藤克子著，步平译：《日中战争中悲哀的军队——搜寻父亲记忆的旅行》，中国广播电视出版社2004年版，等。

了坚实基础。

二　转战中日关系史各领域

步平虽涉猎中日关系史各领域，但集中于近代和战后中日关系史。具体说来，他侧重于日本侵华战争的毒气战、细菌战、慰安妇问题，日本军国主义精神象征的靖国神社，以及战后日本人的战争责任认识问题。这些问题既属于近代日本侵华战争史及其遗留问题，也是战后中日关系恢复、发展和合作中绕不过去的历史问题与现实影响因素。清除与销毁战时日军遗留的化学武器，日本首相及阁僚参拜供奉14名甲级战犯的靖国神社，歪曲侵略历史和美化侵略战争的日本右翼历史教科书，以及战后日本人对战争责任的“暧昧”态度等相关动向，不仅事关中日两国的历史记忆、民众情感、政治互信和经贸合作，而且事关东亚乃至世界的和平与稳定。如何避免历史悲剧重演，实现东亚各国历史“和解”，走向各国友好合作与和平发展的阳关大道，既是步平转战中日关系史各领域的初心与使命，也是其孜孜不倦、不懈追求的奋斗目标。

日本的毒气战，是步平转向中日关系史研究后较早涉足的领域。他之所以较早涉足该领域，其主要原因有三。一是20世纪90年代关于战时日军遗弃在华化学武器考察的“冲击”。1992年，步平一行在黑龙江省孙吴县考察时，获悉当地深山中掩埋着战时日军遗弃的化学武器，即毒气弹，便亲自到掩埋毒气弹的地点查看：在荒无人烟的山坡上，竖立着一个简陋的水泥标志，上书“此处埋有日伪遗留之毒弹”，且在其旁边杂乱堆放着数十枚没有安装引信的炮弹。抗战结束近半个世纪，而锈迹斑斑的毒气弹、人迹罕至的掩埋地，既提醒着人们注意安全，也似乎诉说着战争尚未结束。步平对此非常“震惊”[①]，将学术目光转向了毒气战研究。二是日军遗弃在华的化学武器，在战后不仅污染当地环境，而

① 步平、徐志民、马晓娟：《中日历史问题研究的过去、现在与未来——访中国社会科学院近代史研究所研究员步平先生》，《历史教学问题》2016年第4期。

且不时发生伤人事件。抗战胜利之际，溃败之日军将大量化学武器或投弃江河湖泊，或悄悄就地掩埋，而在战后生产建设中有的被打捞出来，有的发生泄漏，造成人员伤亡。据有关资料初步统计，日军遗弃化学武器伤害人数达2000—3000 人，其中步平参与调查 10 余件伤害事件，涉及受害者约 100 人。[①] 2003 年 8 月 4 日，黑龙江省齐齐哈尔市有人遭受日军遗弃化学武器伤害，再次敲响日军遗弃化学武器毒害的警钟。三是从 20 世纪 80 年代末 90 年代初中国在日内瓦裁军会议上提出日军在华遗弃化学武器问题，到中日开展交涉、共同调查、协商销毁等，追究日本化学战罪行与责任，思考亚洲与世界的真正和平成为一个迫切问题。[②]

基于时代需要和民众需求，步平投入日本毒气战及在华遗弃化学武器研究，取得了丰硕成果，获得中日各界认可。例如，他与高晓燕合著的《阳光下的罪恶——侵华日军毒气战实录》《日本在华化学战及遗弃化学武器伤害问题研究》，以及他与高晓燕、笪志刚编著《日本侵华战争时期的化学战》等论著；还有步平著，由山边悠喜子和宫崎教四郎监译的『日本の中国侵略と毒ガス武器』等日文论著。[③] 这些论著是步平个人，或其带领的研究团队集体努力的结果。他一方面带着关于日军遗弃在华化学武器及其造成人员伤亡的调查结果与研究成果，前往日本各地介绍或做学术报告，引起日本各界关注；另一方面在日本收集关于日军化学战和化学武器的档案史料与文献。在此过程中，他意外地发现战后日本人的战争责任认识的复杂情况。1. 一般日本人对战时日军的化学战和化学武器“一无所知”，甚至误认为化学武器是非致命性的“文明”武器。2. 战后日本本土也有日军遗弃的化学武器，截至目前已发现 20 处以上，其中仅战时制造化学武器的重要基地大久野岛就被遗弃毒剂

---

① 步平：《日本在中国的化学战及战后遗弃化学武器问题》，《民国档案》2003 年第 4 期。

② 步平：《关于追究日本生化战战争责任的思考》，《常德师范学院学报》2003 年第 1 期。

③ 步平、高晓燕：《阳光下的罪恶——侵华日军毒气战实录》，黑龙江人民出版社 1999 年版；步平、高晓燕：《日本在华化学战及遗弃化学武器伤害问题研究》，中共党史出版社 2010 年版；步平、高晓燕、笪志刚编著《日本侵华战争时期的化学战》，社会科学文献出版社 2004 年版；步平著、山辺悠喜子・宮崎教四郎監訳的『日本の中国侵略と毒ガス武器』、明石書店、1995 年。

3260吨[①]，但在步平未到该地作报告之前，他们只是从当地民众遭受毒气污染的立场谴责日军的化学战和化学武器，而在步平做了战时日军毒气战和遗弃化学武器仍在伤人的报告后，促使不少人开始思考自己“既是受害者，也是加害者”的问题。3. 原本觉悟的一部分进步人士和市民团体从1993年在日本各地举行“七三一部队展”，以反省战时日军的细菌战，但从1996年增加“毒气展”的巡回展览，积极反省日军毒气战和遗弃化学武器的罪行与责任。[②] 步平受邀参加相关活动，并与他们结下深厚友谊。

这些进步的、友好的日本人士和市民团体，不仅邀请步平参与活动、做学术报告，而纷纷提供相关资料，支持步平的日军化学战和化学武器研究。步平常常提到大久野岛的“毒气资料馆”馆长村上初一、创建“毒气岛研究所”的山内正之夫妇，以及中央大学吉见义明教授、立教大学粟屋宪太郎教授、庆应大学松村高夫教授等为其提供化学武器相关资料和学术帮助的事情。需要特别提出的是，嗥田文雄向步平赠送日军化学武器图纸一事。1996年1月，步平在日本岐阜市举办的揭露日军化学战罪行讲演活动期间，参与接待的服装企业家嗥田文雄是一位军品收藏家，当他听步平说苦于没有资料而无法核实在中国境内发现的那些炮弹是否战时日军的化学武器时，他立即从家中取出搜集珍藏多年的20张原日军化学武器图纸送给步平。通过比对这些图纸和中国境内发现的化学武器，两者不仅完全吻合，而且可以准确判断这些化学武器的种类与型号，在中日确认与交涉销毁日军遗弃在华化学武器过程中发挥了重要作用。这些图纸直到四年后的2000年才在日本公开出版[③]，反映了日本进步友好人士和市民团体开放、积极的心态，与日本右翼、保守势力在战争责任认识方面形成了鲜明对比。

---

① W. E. Williamson, Major CWS USA, for Disposition Enemy Equipment Section, Headquaters BCOF, Disposal Report Chemical Munitions: Operation Lewisite, 1946, U. S. National Archives.

② 笔者跟随步平先生访日期间，曾参与他们的活动，并访问了福岛县白河市的“奥斯维基纪念馆”。参见徐志民《战后日本人的战争责任认识研究》，社会科学文献出版社2012年版，第311页。

③ 步平、徐志民、马晓娟：《中日历史问题研究的过去、现在与未来——访中国社会科学院近代史研究所研究员步平先生》，《历史教学问题》2016年第4期。

基于战后日本人对战争责任认识的复杂态度，以及其对现实中日关系和中日民众感情的极大影响，步平逐渐转向战后日本人的战争观、日本右翼、靖国神社等领域研究。他与王希亮合著《良知与冥顽：战后五十年日本人的战争观》，其中步平主要撰写战后五十年来日本进步派人士和青年学生反省战争责任的具体事实与思想转变，而王希亮主要撰写战后五十年来日本右翼和保守势力歪曲侵略历史、美化侵略战争的错误言行及其演变。① 可以说，该书的两个关键词“良知”与“冥顽”分别代表了战后日本进步派与保守派的战争责任观。随着20世纪80年代以来日本历史教科书事件、首相参拜靖国神社、阁僚在历史认识问题上“失言”频发，中国各界从关注日本进步派的和平友好活动，更多地转向警惕日本右翼的“死灰复燃”和日本社会的“右倾化”。步平与王希亮合著《日本右翼问题研究》，向中国介绍日本右翼的来龙去脉。其中，步平负责战前日本右翼部分，包括日本右翼思想和右翼运动产生的历史根源、早期运动，以及日本国家“革新”运动与20世纪初期右翼运动的演变，最终将日本引向侵略战争道路。② 步平在《靖国神社与日本军国主义》《靖国神社七问》等论著中，还考察了作为日本军国主义和日本右翼代表性精神支柱——靖国神社的背景、建立、战时作用，分析了战后日本围绕靖国神社“国营化”“正式参拜靖国神社法案”的斗争和首相参拜靖国神社引起的诉讼、国际社会的强烈反对等背后的深层原因③，希望日本与国际社会相向而行，在历史认识问题上与东亚各国走向“和解”。

为此，步平参与发起中日韩三国“历史认识与东亚和平”论坛和三国共同编写历史辅助教材的活动。2002年，由中日韩三国学者、教师和市民团体组织的首届“历史认识与东亚论坛”在南京召开，目的是铭记历史教训，谴责日本“新历史教科书编撰会”编写的《新历史教科书》，

---

① 步平、王希亮：《良知与冥顽：战后五十年日本人的战争观》，黑龙江人民出版社1999年版。

② 步平、王希亮：《日本右翼问题研究》，社会科学文献出版社2005年版。

③ 步平：《靖国神社与日本军国主义》，黑龙江人民出版社2011年版；步平：《靖国神社七问》，解放军出版社2016年版；等等。

以正确传递记忆历史，为实现中日韩三国历史认识的“共有”努力。该届论坛决定以后每年召开一届，分别在中日韩三国轮流举办；同时，根据学者提议与其批判日本右翼编撰的历史教科书，不如自己编写一部历史教科书更有利于传播正确历史。于是，中日韩三国学者、教师和市民团体在该届论坛期间决定成立历史教科书编写委员会，并在会后积极联络，特别是每届“历史认识与东亚和平”论坛之际都讨论编写工作。且不说中日韩三国学者、教师和市民团体成员在论坛与编写教科书中存在种种认识差异、观点冲突，即使中国学者内部对于同一历史问题也有不同认识，加之分处各地、讨论不易，步平总是以谦逊儒雅的态度，以扎实有力的研究，以求同存异、兼容并包的度量，巧妙化解，妥善处置，推动“历史认识与东亚和平”论坛和共同编写历史辅助教材工作前进，取得了积极成果。例如，中日韩三国学者、教师和市民团体合写的《东亚三国的近现代史》于2005年在三国同时出版[①]，其中仅在中国就发行16万余册，受到各界广泛关注。2006年至2013年，步平又推动共同编写第二部历史辅助教材，即《超越国境的东亚近现代史》（上、下）。[②]随之，他又策划推动共同编写第三部历史辅助教材[③]，目前仍在进行中。“历史认识与东亚和平”论坛举办至2021年已达19届，成为东亚持续时间较长的民间国际论坛之一。

其实，不仅中日韩三国民间人士认识到历史“和解”与维护和平的重要意义，而且中日韩三国政府也希望缓解因历史问题引发的民众情绪对立和国家关系紧张，故积极从事中日韩民间共同历史研究与社会活动且卓有成效的步平被推上了时代潮头。小泉纯一郎从2001年4月至2006年9月担任日本首相期间，连续参拜靖国神社，导致中日民众感情恶化和中日关系降至“冰点”，日方于2005年提议开展中日共同历史研

---

① 《东亚三国的近现代史》共同编写委员会编：《东亚三国的近现代史》，社会科学文献出版社2005年版。

② 中日韩三国共同历史编纂委员会：《超越国境的东亚近现代史》，社会科学文献出版社2013年版。

③ 2015年，步平先生在冲绳参加“历史认识与东亚和平”论坛和历史辅助教材编写会议后不久即生病住院，虽在病榻上仍关心和关注该论坛与历史辅助教材编写会议的后续工作，但未能参加相关会议，直至2016年8月14日逝世。

究的计划也就此搁浅。[①] 国际上此时反而出现了共同研究历史的氛围。20 世纪前半期经历两次世界大战的欧洲，在战后不仅开启了欧洲一体化进程，而且开始共同历史研究，如德国与法国、德国与波兰等成立历史研究委员会，并将研究成果反映到共同编写历史教科书中。例如，三卷本的《欧洲的历史》从 2006 年至 2008 年陆续出版[②]，德国与法国历时五年共同编撰的《讲述欧洲历史的教科书》在 2011 年出版。这些国家共同研究历史的实践，为中日韩三国的历史“和解”提供了经验与启示。日本与韩国从 2002 年至 2005 年进行了共同历史研究，相关研究成果已传至网络。2006 年 10 月，继小泉后出任日本首相的安倍晋三访华，其间再次提出中日共同研究历史，后经中国外交部部长李肇星与日本外相麻生太郎于 2006 年 11 月 16 日在越南河内就中日共同历史研究问题达成“五点共识”[③]，成立由中日各 10 名学者组成的中日共同历史研究委员会。时任中国社会科学院近代史研究所所长步平被任命为中方首席专家、主任委员，负责中日共同历史研究工作。

步平主持的中日共同历史研究，既是落实中日两国领导人关于共同历史研究的框架协议，是一项重要而严肃的政治任务；也是中日专业历史学家参与的大型学术活动，是以史为鉴、面向未来的学术研究，必须遵守严格的学术规范和研究规律。因此，中日共同历史研究必须对人民负责，必须对历史负责，步平的压力之大可想而知。更关键的是，中日

---

① 步平、徐志民、马晓娟：《中日历史问题研究的过去、现在与未来——访中国社会科学院近代史研究所研究员步平先生》，《历史教学问题》2016 年第 4 期。

② 《欧洲的历史》第一卷是“古代欧洲与世界”，第二卷是“1815 年《维也纳公约》至 1945 年的欧洲与世界”，第三卷是“1945 年以来的欧洲与世界”。

③ 五点共识的具体内容如下：一、中日两国外长在亚太经合组织会议期间举行会晤，根据两国领导人达成的有关共识，就中日共同历史研究的实施框架交换了意见。二、双方一致认为，应基于《中日联合声明》等三个政治文件的原则及正视历史、面向未来的精神，开展中日共同历史研究。三、双方一致认为，中日共同历史研究的目的在于，通过两国学者对中日 2000 多年交往史、近代不幸历史以及战后 60 年中日关系史的共同研究，加深对历史的客观认识，增进相互理解。四、双方一致同意，各自成立由 10 名学者组成的委员会，设置“古代史”和“近现代史”两个小组，由中日双方轮流主办会议。双方确认，委托中国社会科学院近代史研究所和日本国际问题研究所负责具体实施。五、双方一致同意，年内举行第一次会议，争取在中日和平友好条约缔结 30 周年的 2008 年内发表研究成果。参见黄海敏、徐剑梅《中日外长就中日共同历史研究达成一致》，《人民日报》2006 年 11 月 17 日。

共同历史研究的内容，既包括古代中日 2000 多年的交往史，也包括近代 70 多年的日本侵华史，以及战后中日关系史，可以说是一部中日关系"通史"，难度之大、争议之多可想而知。笔者有幸参加"近现代史组"的资料整理、会议记录、学术服务等方面工作，亲身见证了中日学者围绕一系列历史问题的激烈争执。长期与日本各界交往和了解日本社会的战争责任观的步平，既坚持学术原则，又理解包容各方观点，是推动中日共同历史研究的灵魂人物，赢得双方学者的尊重与支持。从 2006 年底到 2009 年底历时三年，中日共同历史研究基本完成预定的研究任务，中方在 2014 年正式出版了《中日共同历史研究报告》。[①] 该报告虽不能解决所有的中日历史问题，但就日本侵华战争性质等重大历史问题进行定性，是中日形成"共有的历史认识"和走向历史"和解"迈出的坚实一步，既为以后的中日共同历史研究划定了"共识"范围与研究"底线"，也为中日关系史研究提供了宝贵的经验借鉴与理论方法。

三　研究方法与理论思考

中日关系史研究既属于历史学中专门史的一个研究方向，也是国际关系史学科的一个分支，在现代学科门类中既非一级学科亦非二级学科，但鉴于中日关系的重要地位和复杂性而受到高度关注，相关研究成果也比较丰硕。加入中日关系史研究队伍的步平，转战中日关系史各领域，取得了突出成绩。这些研究成绩除了补充、丰富中日关系史特别是近现代中日关系史的相关史实与知识外，更重要的是他从事中日关系史研究的精神、理论和方法带来的启示。中日关系史研究不乏通史性、断代性、专题性的优秀成果，但步平的研究论著更加突出时代性，更加突出包容性，更加突出实证性，从而在与外国学者的对话中使之愿意倾听、理解甚至接受。例如，步平的日本化学武器研究、日本右翼问题研究、日本

① 该报告共发表双方学者的古代史组各 7 篇文章、近现代史组各 6 篇文章（该组各有 3 篇文章未发表），步平、［日］北冈伸一主编：《中日共同历史研究报告》（古代史卷、近代史卷），社会科学文献出版社 2014 年版。

的战争责任认识研究等领域的论著被译为英文、日文；步平参与主持的两部中日韩三国历史辅助教材，以三国语言在三国同时出版，且被译成英文；《中日共同历史研究报告》本身就是中日双语。步平以一己之力，团结三国学者，努力打造中国中日关系史研究的话语体系、学术体系、学科体系和教材体系，确实值得深思。

首先，时代的需要就是最好的选题。从东北地方史、中俄关系史转向中日关系史，步平从被动到主动，从受时代感召到顺势而为、乘势而上，将中日关系史研究推向一个新高度。所谓“时势造英雄”，即强调两点，一是“时”，二是“势”。某种程度上说，哪有什么好与不好的专业，哪有什么合适或不合适的选题，其实时代需要就是最好的专业，就是最好的研究课题。无论日本化学武器研究，还是日本右翼、靖国神社、历史教科书事件、慰安妇问题等研究，都源自中日关系史的战争遗留问题和历史认识问题，也是影响当代中日关系和中日民众感情的障碍性因素。随着东欧剧变、冷战结束，原本被两大阵营对立掩盖的民族问题、宗教问题、领土问题、历史问题等喷涌而出，如战时日军强征中韩等国慰安妇问题被披露出来，原慰安妇、强征劳工等向日本提出赔偿诉讼，获得了日本进步律师和律师团体的支持。步平敏锐地捕捉到这一中日关系史上的新动向，相继撰写了《慰安妇问题与日本的战争责任认识》《关于“跨国诉讼”——中日民间战争赔偿诉讼评述》等文章[①]，分析日本社会思潮变化和赔偿诉讼的前景与问题，体现了他强烈的现实关怀。当日本文部科学省审定中学历史教科书之际，步平从其对中日关系影响的学术视角报以关注，他在 2000 年和 2005 年分别比较日本的各中学历史教科书，分析这些教科书关于日本侵华战争表述的变化，阐释其反映的日本人的战争责任观。[②] 他参与发起的“历史认识与东亚和平”论坛、中日韩三国共同编写历史辅助教材，主持的中日共同历史研究，以及策划海峡两岸共同研究抗日战争史等活动，均具有鲜明的时代感和强烈的

① 《步平文集》第 1 卷，社会科学文献出版社 2021 年版；步平：《关于“跨国诉讼”——中日民间战争赔偿诉讼评述》，《抗日战争研究》2003 年第 4 期。

② 步平：《关于日本历史教科书问题》，《抗日战争研究》2000 年第 4 期；步平：《扶桑社〈新历史教科书〉的历史观》，《抗日战争研究》2005 年第 2 期。

使命感。解答现实之问，反映时代心声，这是步平的中日关系史研究“活的灵魂”。

其次，求同存异、理解包容是国际关系史和共同研究历史的方法论。步平根据研究中日关系史和主持中日共同历史研究的思考与体悟，提出中日历史问题表现为政治原则、民众感情和学术研究三个层面，而这三个层面犹如三个相互交叉但又不完全重合的圆，既相互影响又连锁反应，即“三圆交叉论”。具体而言，日本右翼和保守派政客歪曲侵略历史、美化侵略战争的错误言行，往往引发中日政治外交层面的交涉，既对中日关系产生消极影响，也给遭受日本侵略战争灾难的中国民众带来“二次伤害”，导致中日民众感情对立。这种感情对立往往影响中日学者对历史问题的冷静研究或学术判断，同时又容易被日本右翼和保守派政客所利用，如此恶性循环，难以形成中日历史问题的“共识”。因此，步平提出首先给予学者冷静的学术环境，将中日历史问题的分歧或问题点进行梳理与归纳，通过共同研究和学术讨论，求同存异，作为政治判断和民众理解的认识基础。随着这种历史认识基础的扩大，民众才能相互理解，进而影响两国政治家的判断，为政治层面解决历史认识问题创造条件。[①] 步平“一直认为从事抗日战争史和中日关系史研究的学者，应当有促进两国关系正常发展的责任”[②]，他是这么说的，也是这么做的。“历史认识与东亚和平”论坛、中日韩三国共同编写历史辅助教材、中日共同历史研究等相关学术活动，已经证明了这一点。

求同存异、理解包容还体现在步平善于倾听、分析和判断不同的学术声音，归纳和总结开展中日关系史研究的理论与方法。面对日本个别媒体对中日共同历史研究唱反调，质疑其未能摆脱政治影响，指责中国学者维护国家利益等“发难”，步平指出“维护国家利益是学者的基本职责，在这一点上，日本学者也一样。但必须看到：中日友好也是由国

① 步平：《中日共同历史研究中的理论与方法问题》，《抗日战争研究》2011 年第 1 期；步平：《中日历史问题的对话空间——关于中日历史共同研究的思考》，《世界历史》2011 年第 6 期。

② 步平、徐志民、马晓娟：《中日历史问题研究的过去、现在与未来——访中国社会科学院近代史研究所研究员步平先生》，《历史教学问题》2016 年第 4 期。

家利益决定的，是符合中日两国共同利益的。两国历史学者站在历史的高度和国家、民族利益的高度，全面地审视和调整相互之间的关系，是中日两国利益的需要，也是整个亚洲利益的需要”。[①] 强调学术问题不要“政治化”，但不等于两者之间没有关系。步平提醒学界从事中日关系史研究，既要注意政治判断、民众感情和学术研究之间的区别，也要注意战后日本与战前日本的区别[②]，才能更加客观、准确地了解和理解日本社会关于战争责任、历史问题的复杂态度与不同认识。他指出在确定日本侵华战争性质的大前提下，中日双方关于侵华战争爆发的原因、侵华战争的必然性与偶然性，以及双方运用史料、观察历史的角度、研究方法等存在差异是正常的，但学术差异和分歧应通过共同研究、学术讨论或相互了解、相互理解、求同存异、兼容并包而逐步缩小，实现历史认识的“共有”。[③]

最后，实证研究与价值判断的辩证统一，是中日关系史研究的学术原则与重要方法。步平非常重视实证研究在历史研究中的基础性地位与作用，但强调实证研究有两个前提，一是资料的真实可靠，二是资料的全面完整，认为扎实的实证研究是学术观点的有力支撑，可以使价值判断无懈可击；同时指出实证研究不是史料堆砌，其中也融入了研究者的分析、思考与判断，因而实证研究与价值判断本身就是一体两面、无法截然分开。例如，南京大屠杀遇难同胞的人数问题，由于战时混乱状态和当时户籍制度不完善，以致难以精确统计，但根据东京审判认定大屠杀遇难人数为“20 万以上”，“南京审判”认定遇难人数为“30 万以上”，虽然从理论上追求更精确的人数、进行更严密的实证研究是必要的，但实际上在目前条件和短期内是不可能的。不过，这并不影响对南京大屠杀性质的判断。有人则企图借实证研究之不足，将南京大屠杀的性质判断和事实认定转移到遇难人数的讨论上，目的并非提倡实证研究，

① 步平：《关于中日共同历史研究的思考》，《抗日战争研究》2007 年第 1 期。

② 步平：《重视两个区别：关于中日历史问题的研究方法》，《安徽师范大学学报》2015 年第 4 期。

③ 步平：《历史认识的交锋与相互理解——关于中日共同历史研究及研究报告》，《中共党史研究》2015 年第 8 期。

而是为否定南京大屠杀设置陷阱、制造舆论，其实“南京大屠杀虚构论”本身就是一种价值判断。[①] 同理，中日学界关于“田中奏折”真伪的争议由来已久，相关实证性研究成果颇丰，但有人意在通过“田中奏折”伪造说为田中义一“免罪”和否定田中外交的侵略性[②]，实际上无论“田中奏折”真伪都无法否认日本侵华战争的性质。

当然，步平也反对以价值判断轻视或否定实证研究的倾向。他指出：“轻视实证研究，将其完全被动地置于理论或价值判断的从属地位，就会使研究的结论成为无源之水、无本之木，陷入唯心主义的泥潭。”[③] 因而，步平的中日关系史研究，既广泛搜集中外文档案史料与文献，也深入历史遗址遗迹进行实地调查和口述访谈。步平常常对笔者谈起他在中国东北三省、内蒙古、山西等地的学术考察经历，谆谆教导笔者要“读万卷书，行万里路”。例如，2000 年 5 月，步平一行曾到海拉尔市的“巴彦罕”，考察当年日军的化学武器实验场，在约 4 平方公里的地域发现各类大坑 200 余处，他们测量了其中较大的坑 22 个，较小的坑 23 个，而较大的坑有 6 类，分为长方形（三种不同的边距）、方形、圆形、马蹄形，后比对 1943 年日本陆军省的工事建筑标准，两者完全一致[④]，证明了此处是日军化学武器实验基地之一。步平还与日本和平友好人士保持密切联系，参与他们反省战争责任的活动，使他更加清晰地了解并理解战后日本人的战争责任认识。正是以这样的经历和认识为基础，步平从实证研究与理论分析相结合的角度出版了《跨越战后：日本的战争责任认识》，阐述了战后日本社会各阶段关于战争责任认识的变化，呼吁

---

① 步平：《中日共同历史研究中的理论与方法问题》，《抗日战争研究》2011 年第 1 期；步平：《中日历史问题的对话空间——关于中日历史共同研究的思考》，《世界历史》2011 年第 6 期；步平：《历史认识的交锋与相互理解——关于中日共同历史研究及研究报告》，《中共党史研究》2015 年第 8 期。

② 江口圭一「田中上奏文の真偽」『日本史研究』第 80 号、1965 年、60—65 頁；江口圭一『日本帝国主義史論——満州事変前後』青木書店、1975 年、297—301 頁

③ 步平：《中日历史问题的对话空间——关于中日历史共同研究的思考》，《世界历史》2011 年第 6 期。

④ 步平：《残暴罪行不容掩盖——揭露侵华日军在中国的毒气实验》，《北方文物》2001 年第 3 期。

建立面向未来的历史认识①，受到中外学界广泛关注。

结　语

步平的生日是 1948 年 7 月 3 日，与全民族抗战爆发的七七事变同月；其忌日是 2016 年 8 月 14 日，既与八一三事变相近，又暗合了“八一四空战”的时间，但终未能跨越象征抗日战争胜利结束的“八一五”，既令人唏嘘，又使人感慨，难道说暗含了当代中日关系尚未跨越历史认识鸿沟，实现中日历史“和解”任重道远。步平从转向中日关系史研究，历经日本的化学战、慰安妇问题、历史教科书事件、右翼问题、靖国神社与军国主义、战后日本的战争责任认识、战争遗留问题与战后处理等研究，参与发起或主持“历史认识与东亚和平”论坛、中日韩三国共同编写历史辅助教材、中日共同历史研究等，均为近现代中日关系史的重要事件和重大问题。步平逝世三年后，他主持的《中国抗日战争史》（八卷本）出版②，既像是对他一生所从事的主要学术事业的回顾与总结，也代表了目前抗日战争史和中日关系史研究的学术前沿与最新水平。某种程度上说，步平本身就是一部当代中日关系史的缩影。他的中日关系史研究，往往根据中日关系发展变化的需要，从妥善处理中日历史问题和维护中日友好合作的大局出发，站在世界和平与人类友爱的共同价值立场上，以长时段和大历史的学术眼光，打破学科藩篱，实施贯通研究，留下了关于中日关系史研究的宝贵经验与重要方法，福泽后进，惠嘉学林。

（原载《北方论丛》2022 年第 5 期）

① 步平：《跨越战后：日本的战争责任认识》，社会科学文献出版社 2011 年版。
② 步平、王建朗主编：《中国抗日战争史》（八卷本），社会科学文献出版社 2019 年版。

简帛文献与中国早期史学史研究

靳　宝

简帛文献中有不少与史学史直接相关的内容，如清华大学收藏的楚竹书《系年》，记录了从西周至战国早期的历史，是一部带有独特编纂意识的史书，让我们看到了战国史学的某种原始形态，对中国早期史书的形成也有更为直接而深入的了解。清华大学所收藏的楚竹书《楚居》《良臣》及睡虎地秦墓竹简《葉书》等史篇，一定程度上展示了中国早期史学中“世”类史书的某种形态，推进了关于《世本》成书及来源的认识，有助于深入思考《世本》与《史记》的关系。马王堆汉墓帛书《春秋事语》和清华简《越公其事》等大量“语体”类文献，不仅有助于认识《国语》的形成背景、史学价值，而且丰富了对中国早期史学中“语”类史书叙事的了解。可以说，简帛文献中的史类文献，从某一层面再现了战国史学的繁荣，拓展和丰富了我们对先秦史学史的认识。

一　《系年》与中国早期史书的编纂

大量简帛史类文献发现之前，研究中国早期史学所能够利用的史料，不外乎《春秋》及“春秋三传”、《国语》《战国策》《竹书纪年》《世本》等。而《左传》《国语》《战国策》，羼入了战国之后的编纂因素，很难再现春秋战国史书的原始形态。西晋时汲冢墓出土的《竹书纪年》虽是战国魏国史官所编纂的一部编年体史书，但缘于当时的保护条件，传世的只是清人辑佚出来的一部文献。《世本》同样具有这方面的窘境，且有更多的争议。在这种情况下，20 世纪以来出土的简帛文献，特别是近些年发现的史类文献，对于我们了解和认识春秋战国史学的历史面貌和史书的形成及原始形态，显得尤为珍贵。

清华简《系年》是继《竹书纪年》之后又一部新发现的战国史书，被学界誉为中国史学史上的重大发现，与《左传》《竹书纪年》《国语》等史著一样，代表了先秦史学创作的最高成就。①《系年》的出现，就像曾侯乙墓编钟改变我们对音乐史的认识一样，也会改变我们对先秦史学的认识。② 这些高度评价，道出了《系年》在中国史学史上的地位和价值。的确，《系年》所展现出来的史书编撰、叙事风格、著史观念，既有战国史学的共性，又有自身的独特性。如果对清华简作整体性审视，更有助于我们认识这一点。

史书的编纂，是史学成果最便于集中体现的所在，也是传播史学知识的重要途径。③ 中国的史书编纂，多讲史体和史例。史体是指史书的体裁，史例是指史书内部在组织形式上的安排。从《系年》整体叙事来看，它是遵从编年记事这一早期史体的。总的来看，《系年》有两种编年记事形式：第一种是明确"表年以首事"④，不过往往用某年的时间坐标书写两年或多年的历史，这一现象在《系年》中是常例；而且"《系年》既不像《春秋》那样本来便是鲁国史书，也不像《竹书纪年》那样于周室东迁后用晋国及后来的魏国标年，而是对各诸侯国各以其君主纪年"。⑤ 第二种是以世系为序进行书写，其中有的文中还有明确纪年。虽然《系年》没有严格按照"通比其事，列系年月"⑥，或"以事系日，以日系月，以月系时，以时系年"⑦ 这一成熟编年体编纂原则进行书写，但我们不能由此而否定《系年》为编年体史书这一判断，只能说它是一种编年体早期史书的代表，与《汉纪》这样成熟的编年体史书是有差

① 许兆昌、齐丹丹：《试论清华简〈系年〉的编纂特点》，《古代文明》2012 年第 2 期。
② 李守奎：《清华简〈系年〉与古史新探》，《光明日报》2015 年 12 月 10 日第 16 版。
③ 白寿彝：《中国史学史》第一册，上海人民出版社 1986 年版，第 23 页。
④ 杜预：《春秋经传集解》序十三经注疏本，中华书局 2009 年版，第 3696 页。
⑤ 李学勤：《清华简〈系年〉及有关古史问题》，《文物》2011 年第 3 期。
⑥ 荀悦：《汉纪・序》，张烈点校，中华书局 2002 年版，第 1 页。
⑦ 杜预：《春秋经传集解》序十三经注疏本，中华书局 2009 年版，第 3695 页。

距的。

如果从战国史学的发展特点和历史地位来看，显然这种认识也是成立的。白寿彝在谈到先秦时期史学发展特点时说："所有这些，说明史学的一些主要方面都已经有了，但基本上都还处于早期状态，还没有达到成长的阶段。"[①] 此即为"中国史学的童年"。他举例说，如《春秋》及"春秋三传"是先秦时期最主要的史书，但都还是按年编次，连首尾起讫的原因都还不显著，这说明它们对于史书应具的规模还是不够的。[②] 因此，我们在考察中国早期史书形态时，这样的理论指导显得尤为重要。显然，我们不能拿成长阶段的编年体编纂原则与童年时期的编年记事作对等评判。

许兆昌、齐丹丹认为《系年》是一部纪事本末体史书，并提出"我国纪事本末体的形成当可上溯至战国中晚期，提前一千年之久，甚至早于纪传体的出现，《系年》的出土，无疑具有改写中国古代史学发展史的重大意义"[③]，恐怕言过其实。从史例层面言，纪事本末书写手法（简称纪事本末法）在中国早期史学发展中是常见的。《国语》就提供了纪事本末法叙述历史的范式。[④]《左传》关于晋文公重耳的叙述，是编年史中典型的纪事本末法。白寿彝对《左传》的这一史学创新称赞有加，"《左传》把纪事本末体和传记体运用于编年史之中，作为编年体的补充，这是很重要的创举。对于后来编年史的体裁是有影响的"。[⑤] 从其解读语境来看，这里的"纪事本末体"理解为"纪事本末法"，似乎更符合他所要表达的意思。这也说明，史书编纂过程中，多种书写形式的综合运用，早在先秦史学中已有很好的体现，开创了中国古代史学的一个优良传统。《系年》的独特价值就在于，"提供了战国时期史书编纂中体裁融合的范例"。[⑥] 从这一点来讲，《系年》有着类似《左传》的史学创举。

---

① 白寿彝：《中国史学史》第一册，第 49 页。

② 白寿彝：《中国史学史》第一册，第 49—50 页。

③ 许兆昌、齐丹丹：《试论清华简〈系年〉的编纂特点》，《古代文明》2012 年第 2 期。

④ 陈其泰：《〈国语〉的史学价值和历史地位》，《中国史研究》2015 年第 2 期。

⑤ 白寿彝：《中国史学史》第一册，第 231 页。

⑥ 杨博：《裁繁御简：〈系年〉所见战国史书的编纂》，《历史研究》2017 年第 3 期。

选取何种材料进行编纂，显示出编纂者的历史见识。据相关研究，《系年》的史料来源，一是本于西周王朝史官的原始记录，包含“书”类、“语”类文献，二是诸国史记，三是少量的传闻故事。[①] 对于诸国史记，有“春秋”纪年类史料，还有“世系”谱牒类史料，这类材料具有很高的史料价值和史学价值。从所采诸国史记的别国来看，主要以楚、晋、郑为主，与《左传》的郑、晋、魏为大宗相对比，其共同点是重视有关郑国、晋国史记的选取，不同的是《系年》偏重楚国的史料采择。这让我们看到了战国史学的区域特征，这也正是春秋战国时代背景的史学反映。蒙文通《中国史学史》提出晚周史学三系的认识，即南方楚人、东方鲁人和中原三晋，“故书传之陈古史，驳文虽多，要不出此三系”。[②] 这对我们分析《系年》，乃至整个清华简史类文献的史学价值，是有启迪意义的。如果以此反观简帛文献与传世文献有关史料选取的差异及所表达不同的历史观念，也就好理解了。

秉笔直书是中国史学的优良传统，也是历代史家追求的理想目标。从史学功用角度讲，史学的另一项重要传统就是书法不隐。秉笔直书，说明的是某人做了某事，属于陈述，即记录的直笔，齐太史兄弟“崔杼弑其君”就是典型代表；书法不隐，说明的是做某事的是某人，属于判断，即定性的直笔，晋太史董狐“赵盾弑其君”是典型体现。[③] 需要注意的是，孔子所言的“书法不隐”与今文经学家积极追求的“一字褒贬”不能相提并论。孔子修《春秋》，追求直笔下的“微言大义”，把秉笔直书与书法不隐相融，是中国早期史学的重要开创。朱熹《朱子语类》卷八三曾言：“《春秋》只是直载当时之事，要见当时治乱兴衰，非是于一字上定褒贬。”以往我们并没有很好地注意到这一层区别。

《系年》在一定程度上继承了《春秋》的这一优良传统。虽说是以楚国为中心进行选材和记录，但“楚师无功，多弃旃、幕，宵遁”“楚人尽弃其旃、幕、车、兵，犬逸而还”这样的叙事，显然是秉笔直书。

① 参见杨博《战国楚竹书史学价值探研》第二章，上海古籍出版社 2019 年版。

② 蒙文通：《中国史学史》，上海世纪出版集团 2006 年版，第 20 页。

③ 参见刘家和《史学、经学与思想》，北京师范大学出版社 2005 年版，第 31 页。

再如第五章记楚“伐息赣陈”事中的“息妫过蔡”,《左传》《史记》记述含蓄,称蔡侯对息妫“弗宾”“不敬”,而《系年》则直言“蔡哀侯妻子”。这样的事例,在《系年》及清华简的其他史类文献中还有很多。《系年》的叙事,不仅实现了直笔,还体现了编纂者“多闻善败以鉴戒”的编纂意图和叙事视角。通鉴观念、盛衰观念在《系年》中有很好的体现。[①] 更为突出的是,《系年》在记述西周直至战国时期历史发展上有重要影响的历史事件时,不同于《左传》《国语》的是,它并没有选取有关卜筮的材料,也没有记述类似《左传》的神异预言,更多地从人的活动方面进行考察。这种述史的平实,在一定程度上体现了战国时人著史的理性观念,开《史记》叙事之先河。[②] 这些均说明,《系年》继承并发展了《春秋》所开创的秉笔直书与书法不隐二者相融的史学传统。

以《系年》为代表的简帛史书,让我们对战国时期盛行的著史观念有了很好的了解,如叙事跳出了时间的绝对限制,有选择地重视特殊国别与重点人物,以标志性人物作为一个时代的结束,当时存在一个共享西周—春秋—战国年代史观的现象。[③] 从而使得我们对战国史学发展有了新的认识:一是编年记事下多种叙事方法的融合是战国史书编纂的常态,也是一种优良史学传统;二是晚周史学三系是存在的,区域文化影响下的区域史学是战国史学繁荣的重要体现,三是秉笔直书与书法不隐相融的史学传统是承接相续的。

二 《楚居》与“世”类史书的起源

《世本》的成书年代及其性质,是中国史学史上非常重要的问题。自清人秦嘉谟根据其辑佚的《世本》,提出了一个中国史学史上非常重要的命题,即“太史公书采《世本》,其创立篇目,如本纪,如世家,

① 参见杨博《战国楚竹书史学价值探研》,第139—157页。
② 杨博:《战国楚竹书史学价值探研》,第166页。
③ 参见杨博《战国楚竹书史学价值探研》,第163—164页。

如列传，皆因《世本》”。[①] 这一论断影响很大。梁启超就提出《世本》“为《史记》之蓝本”。[②] 吕思勉也有同样的看法。[③]

其实，对秦嘉谟这一论断的质疑，源源不断。特别是从史学史视野对此作新的评定，试图纠正以往的偏识，厘清这一史学问题。对于所谓《世本》开创综合体通史，白寿彝对此表示出某种质疑，“历史的发展在这时究竟还没有走完一个阶段，通史的写作仅是在未成熟的酝酿中有了开始，它们还不能完成通史写作的任务”。[④] 故他把《世本》当作先秦通史性质的史书看待。谢保成进一步提出，“通常将《世本》视为综合体通史的先驱，认为在历史编纂方面是一种创意。若弄清楚‘世’与《世本》的关系，称其为专项史料汇编更符实际。要说其对《史记》体例有多少直接影响，恐怕只是臆想而已”。[⑤] 乔治忠、童杰从史学史的学术层次考察了《世本》的成书年代及其史学价值，提出《世本》并非先秦史书，乃是刘向编辑的图书之一。[⑥] 这些思考和论述，虽然推进了我们对《世本》成书年代和史学价值的认识，但还是没有厘清《世本》的渊源和“世”类史书的原始形态，说服力不强。而简帛文献的发现，对此问题的深入探讨提供了非常重要的材料。

中国史学早期，有“世”这一历史编纂形式。《国语·楚语上》云：“教之世，而为之昭明德而废幽昏焉，以休惧其动。”韦昭注：“世，谓先王之世系也。”鲁国夏父弗忌为宗伯，欲改昭穆，升僖公于闵公之上时，有人以“宗庙之有昭穆也，以次世之长幼，而等胄之亲疏”表示反对，进而说“工史书世，宗祝书昭穆，犹恐其逾也”[⑦]。可见，春秋战国时期史官所书写的“世”确实存在并有一定的劝诫意义。《周礼·春官·小史》曰：“小史掌邦国之志，奠系世，辨昭穆。”郑玄注引郑司农

---

① 秦嘉谟：《世本辑补》卷首《诸书论述》，（汉）宋衷注，（清）秦嘉谟等辑《世本八种》，中华书局2008年版，第3页。

② 梁启超：《中国历史研究法》，上海古籍出版社1998年版，第14页。

③ 吕思勉：《吕著史学与史籍》，华东师范大学出版社2002年版，第110页。

④ 白寿彝：《中国史学史》第一册，第244页。

⑤ 谢保成：《增订中国史学史·先秦至唐前期》，商务印书馆2016年版，第144页。

⑥ 乔治忠、童杰：《〈世本〉成书年代考论》，《史学集刊》2010年第5期。

⑦ 《国语·鲁语上》，徐元浩撰，王树民、沈长云点校《国语集解》，中华书局2002年版，第165页。

云："系世，谓帝系、世本之属是也。"何以称"世本"，《周礼·春官·瞽蒙》郑玄注云："世之而定其系，谓书于世本也。"所谓"世之而定其系"，就是一种历史编纂，所成的史书就叫世本。上引《国语·楚语上》韦昭注引陈瑑曰："教之'世'，即《周官·小史》所奠之世系。"这又说明，郑玄所言的"世本"就是楚太傅所教的"世"类文献。

目前所见文献最早提到《世本》这一书名的是西汉图书整理者刘向，司马贞《史记索隐》引西汉刘向之言称："《世本》，古史官明于古事者之所记也，录黄帝已来帝王诸侯及卿大夫系谥名号，凡十五篇也。"《汉书·艺文志》载"《世本》十五篇，古史官记黄帝以来讫春秋时诸侯大夫"。班固《汉书·司马迁传》认为司马迁在编撰《史记》时采纳了《世本》。显然，这里的"世本"指的是刘向编辑后的一部书，与郑玄所言的"世本"不是同一内容。刘向编辑的《战国策》，是由"或曰国策、或曰国事、或曰短长、或曰事语、或曰长书、或曰修书"[①]的众多零星文献修补校订，编辑成的一部书，定名为《战国策》。由此来看，刘向所说的《世本》也很可能由众多的类似文献汇编而成。司马迁在叙述其编纂《史记》时所采用的史料，对此已有了某种提示。《史记·三代世表》序言："余读谍记，黄帝以来皆有年数。稽其历谱谍终始五德之传，古文咸不同，乖异。夫子之弗论次其年月，岂虚哉！于是以《五帝系谍》《尚书》集世纪黄帝以来讫共和为《世表》。"《索隐》曰："（谍）音牒。牒者，纪系谥之书也。下云'稽诸历谍'，谓历代之谱。"这说明，"谍记"是记系谥之书，历谱谍则指历代年谱，二者似乎是有区别的。但从司马迁整个叙述来看，二者又是统一的。故《史记·十二诸侯年表》序云："历人取其年月，数家隆于神运，谱谍独记世谥，其辞略，欲一观诸要难。"谍记也好，谱谍也好，都是记世谥的，与"世"类史书的记述主体一致。

秦汉简牍的发现，为我们认识这一史学现象提供了实例。1975 年睡虎地秦墓出土一部竹书，整理者最初称《大事记》，后又称《编年记》。

① 何建章：《战国策注释》附录四"刘向战国策序"，中华书局 1990 年版。

当时，傅振伦就提出标题当定为“牒记”[1]，但没有过硬的史料支撑，这种看法也就没有被学界采纳。直到2002年湖北荆州印台60号汉墓出土一批竹简，有类似睡虎地秦墓竹简的编年记，且标题书写为“葉书”二字。2004年，荆州松柏1号汉墓出土一批木牍，其中有一种亦为“葉书”，记载秦昭襄王至汉武帝七年历代帝王在位的年数。受印台汉简与松柏汉简的启示，李零称睡虎地秦简《编年记》为《葉书》，并认为“葉书”应读“牒书”，其实就是世表、年表和月表一类东西。[2] 陈伟经过对秦汉简牍的分析，认为简牍中的“牒书”含义比较宽泛，一般不具备世表、年表一类特定含义。他怀疑“葉书”的“葉”应读为“世”，二字通假。葉（世）书，应是与《国语》“世”、《周礼》“世系”以及秦汉时流行的《世本》大致类似的文献，为记叙世系之书。[3]

睡虎地秦简、岳麓秦简、印台汉简、松柏汉简有关帝王年世的书写，至少让我们看到了“世”这一类史体的不同形态，当然还相对简略，并未形成一定规模的成文史书。很可能，《世本》就是刘向将司马迁曾阅读过的“五帝德”“帝系姓”“谍记”“历谱谍”“五帝系谍”“春秋历谱谍”，以及出土的睡虎地《葉书》、清华简《楚居》等文献整理而成的一部史书，定名为《世本》。郑玄所言“世之而定其系，谓书于世本也”，或许从中可探寻刘向命名《世本》的学术来源。

清华简还有关于楚先世的一部文献，记述从季连到楚悼王间的迁徙过程及相关史事，涉及32位楚先王、楚公、楚王，从传说时代延至战国中期。整理者命名为《楚居》，就缘于传世《世本》中的“居篇”。简文没有对先祖降生进行过分渲染，也抛弃了流传甚广的陆终六子拆剖胁生的传说，以更加平实而理性的视角叙述楚世系。还有学者把清华简《良臣》看作“世”类文献的衍生。[4] 这又从另一层面说明《世本》中的某些篇章在战国时期是存在的，也让我们对《世本》的原始形态有了更多

① 傅振龙：《云梦秦墓牒记考释》，《社会科学战线》1978年第4期。

② 李零：《视日、日书和葉书——三种简帛文献的区别和定名》，《文物》2008年第12期。

③ 陈伟：《秦汉简牍“葉书”刍议》，《简帛》第十辑，上海古籍出版社2015年版。

④ 杨博：《战国楚竹书史学价值探研》，第50页；杨栋、刘书惠：《由〈吕氏春秋·尊师〉论清华简〈良臣〉中的“世系”》，《四川文物》2015年第5期。

的了解。

虽说《世本》乃刘向编辑而成的一部史书，但从司马迁引用的相关“世”类文献、简帛文献中的“世”类文献来看，“世”类文献所呈现出来的以人为主、以时为轴的基本叙事方式，确实对《史记》的传记体开创具有某种启示意义。当然，我们不能给这种启示有过高的评定，也不能因《世本》非先秦史书而否定这一启示意义。

三　《春秋事语》与“语”类史书的繁荣

《国语·楚语上》申叔时与楚庄王在谈太子教育时涉及诸多历史编纂形式，其中“教之语，使明其德，而知先王之务用明德于民也”。韦昭注：“语，治国之善语。”这说明，春秋时已有“语”一类体裁的史书。[①] 春秋时诸侯国史，其中一种形式就是记言，或以记言为主，或记事又记言。[②] 传世的《国语》，是汇集各诸侯之“语”而形成的一部重要史书，成功地创设了记言为主的史书体裁。[③] 《汉书·艺文志》将其与《左传》列为“春秋”类，刘知幾将其列为“六家”之一。然而长期以来，《国语》作为“春秋外传”而存在，是一部被边缘化的史书。原因之一，就是没有充分揭示《国语》何以称为“语”，这种史书体裁为何产生于战国前期，书中记载的“语”究竟有哪些不同的类型和宝贵的价值。[④] 而马王堆帛书《春秋事语》、清华简《越公其事》等的发现，为我们了解战国“语”类史书提供了实例。

马王堆帛书《春秋事语》，其体例与《国语》接近，先叙事后议论，记言是重点，最后用事件的结局来证明自己的观点，注重前后因果关系，有“综其终始”的写作追求，且一些篇章中的见解还是很深刻的，显然

---

① 瞿林东：《中国史学史纲》，北京出版社 1999 年版，第 143 页。

② 白寿彝：《中国史学史》第一册，第 211 页。

③ 陈其泰：《〈国语〉：“记言”史书的成功创设及其丰富内涵》，《史学理论与史学史学刊》2012 年卷，社会科学文献出版社 2012 年版，第 135—154 页。

④ 陈其泰：《〈国语〉的史学价值和历史地位》，《中国史研究》2015 年第 2 期。

这是经过编纂而成的。说其为战国时的一部史书是没有问题的。张政烺当时就指出："这在春秋时期的书籍中是一种固定的体裁，称为'语'。"[①] 只不过，《春秋事语》叙事简单，事件的本末记述不够完整，内在逻辑性也不强，更符合早期史书的一些特征。[②] 值得注意的是，《春秋事语》整体上反映了法家思想对史书编纂的影响，这或是战国末期至秦汉之际史学观念的特点以及发展状况。[③] 这些让我们看到了战国"语"类史书的多样性。《国语》只是流传于世且带有经学化的一部"语"类史书。再有，《春秋事语》的议论多为《左传》所无，侧重对历史事件的进程作多方面多层次的再现性或完善性展示，除了具有再现历史真实面貌、反映当时历史形势、揭示某些历史规律的历史价值外，还具有改变叙事的展示视角、省文可知以及准确鲜明地再现或表现人物的历史表达及其文学上的价值。[④] 故《春秋事语》的发现，使我们对战国史学的发展状况有了更多的了解和认识。

清华简《越公其事》11 章，是目前所见楚竹书"语"类文献中篇幅最长者，主要记述"勾践灭吴"，这一叙事主题与《国语·吴语》《国语·越语上》《越语下》"语"类史篇密切相关。如果将其与《左传》《国语》等传世史书叙事对比，有助于我们了解战国时期的史书形态。从具体叙事来看，《越公其事》的记述形式，没有采用君臣问答或单纯叙述的方式，而是进行了分类总结和概括，再以时间的次第分别叙述，既有政论的特点，又不失记事的大体；"五政"是作者对句践灭吴历史经验的总结，依次排列，不仅有具体的施政内容，而且有施政次序，具有明显的史论特点。[⑤] 当然，就整体的越国灭吴历程来看，《越公其事》的记载与传世文献相比，要简略一些，时间线亦不明显。[⑥] 句践攻打吴

① 张政烺：《〈春秋事语〉解题》，《文物》1977 年第 1 期。

② 王莉：《〈春秋事语〉研究二题》，《古籍整理研究学刊》2003 年第 5 期。

③ 罗新慧：《马王堆汉墓帛书〈春秋事语〉与〈左传〉——兼论战国时期的史学观念》，《史学史研究》2009 年第 4 期。

④ 龙建春：《〈春秋事语〉记言论略》，《江淮论坛》2004 年第 2 期。

⑤ 杨博：《战国楚竹书史学价值探研》，第 123—124 页。

⑥ 熊贤品：《论清华简七〈越公其事〉吴越争霸故事》，《东吴学术》2018 年第 1 期。

王的背景性描述，《越公其事》略之，且其对具体战役的记载也很少。总体而言，就清华简而论，《系年》与《越公其事》是两类史书的代表，前者可以视为春秋类记事文献，后者可以视为语类文献，是两篇各有价值的优秀史书。[①]

由《越公其事》、郑国“语”书等来看，“语”类文献的叙述主题都表达出“多闻善败以鉴戒”的编纂意图，显示出战国史学“资政”功能的特点。如果从更为广泛的简帛“语”类文献出发，“过去我们的印象，古代史书，‘春秋’最重要，但从出土发现看，‘语’的重要性更大。因为这种史书，它的‘故事性’胜于‘记录性’，是一种‘再回忆’和‘再创造’。它和它所记的‘事’和‘语’都已拉开一定距离，思想最活跃，内容最丰富，出土发现也最多。”[②] 尤其是清华简中为数不多的“语”类文献带有明显的历史化倾向，这就提示我们墓主更重视有依据的历史，而不是“大众之语”。[③]

对于出土文献的史学价值，王国维早已明确指出“古来新学问起，大都由于新发见”。[④] 就中国史学史研究而言，出土文献，尤其是简帛史类文献，同样具有重要推动作用。西晋时汲冢出土的《竹书纪年》，不但补充了传世文献的记载，更因其内容与儒家经典在叙述与认识上的差异，激发了人们对史学自身的反思，引起了关于经史关系、史体史例、疑古证经等一系列问题的探究，对晋唐间史学的发展带来了深刻的影响。[⑤] 清华简《系年》等简帛史类文献的发现，为我们深入了解先秦史学面貌提供了更为丰富的实例，让我们对战国史书编纂、历史叙事、史鉴思想、史学传统等有了新的认识，既看到了战国史学的共性，也认识到战国史学的多样性，这对先秦史学研究无疑会带来更多启示与反思。可以说，这是继《竹书纪年》之后再一次激发了学界对史学自身的反

---

① 李守奎：《〈越公其事〉与句践灭吴的历史事实及故事流传》，《文物》2017 年第 6 期。

② 李零：《简帛古书与学术源流》，生活·读书·新知三联书店 2007 年版，第 202 页。

③ 李守奎：《〈越公其事〉与句践灭吴的历史事实及故事流传》，《文物》2017 年第 6 期。

④ 王国维：《最近二三十年中中国新发见之学问》，《王国维遗书》第五册《静安文集续编》，上海古籍出版社 1983 年版，第 65 页。

⑤ 邱锋：《〈竹书纪年〉与晋唐间的史学》，《史学史研究》2013 年第 1 期。

思，必将推动中国古代史学史，特别是先秦史学史的深入研究。因此，对于简帛文献在史学史研究中的价值和地位，我们不能以“边角料”的态度待之，既要做减法更要做加法，要充分认识到它们对于史学史研究的重要性和独特性。

（原载《中国史研究动态》2019 年第 5 期）

备南北：《吴越春秋》与《南史》《北史》编纂

靳　宝

凝结了两代人心血的《南史》《北史》，不仅为我们了解和研究南北朝史提供了珍贵史料，而且开辟了南北朝史撰述的新发展，在二十四史中有自己的特色，在中国史学史上也有自己的地位。二史的成功编撰，离不开《吴越春秋》给予编撰者的启示和借鉴。李大师鉴于以往南北朝史编撰中存在的诸多弊病，萌生了重述南北朝历史之志。他的修史设想的核心就是“将拟《吴越春秋》，以备南北”，即以编年体为体裁、内北外南为体例形式、贯通南北为旨趣，编撰一部南北朝史。源于条件所限和自身因素，他没有完成这一修史设想。其子李延寿，曾在史馆工作，参与修史，积累了丰富经验，也搜集了大量史料，在时代发展和国家重视修史这一形势下，他继承和发展了其父李大师的修史设想和编撰思想，巧妙地把《史记》与《吴越春秋》在体裁体例方面相融合，采用内北外南而又贯通南北的纪传体书写形式，编撰完成了《南史》《北史》，实现了以备南北的著述之志。可以说，内北外南这一体例，既是李大师、李延寿站在隋唐立场上以北朝为正统的前提下所选择的，又是《吴越春秋》内吴外越的体例特征带给他们的启示和借鉴，二者高度契合；以备南北的著述旨趣，既是他们父子在大一统和天下一家观念影响下的必然追求，又与《吴越春秋》通观吴越、总揽内外的编撰思想相合。这些因素共同促成了《南史》《北史》的成功编撰，树立了他在中国史学史上的地位。以往学界对李大师“将拟《吴越春秋》，编年以备南北”这一修史设想所作的解释，只是认为李大师欲以编年体来编撰南北朝史，并没有作进一步阐释。本文则立足于这一修史设想，较为系统地阐释《吴越春秋》与《南史》《北史》编撰间的多重关联，乞请方家指正。

一 《吴越春秋》的体裁与体例

《北史》卷一〇〇《序传》载曰：

> 大师少有著述之志，常以宋、齐、梁、陈、魏、齐、周、隋南北分隔，南书谓北为“索虏”，北书指南为“岛夷”。又各以其本国周悉，书别国并不能备，亦往往失实。常欲改正，将拟《吴越春秋》，编年以备南北。

显然，“将拟《吴越春秋》，编年以备南北”是李大师修史设想的核心。如欲解读李大师的修史设想及蕴含的编撰思想，首先我们要明确这里的《吴越春秋》具体指何者所撰何书，以及它的体裁与体例问题。

唐初所编撰的《隋书·经籍志二》，载有《吴越春秋》十二卷，赵晔撰；《吴越春秋削繁》五卷，杨方撰；《吴越春秋》十卷，皇甫遵撰。[①]赵晔，东汉人，《后汉书》载其“著《吴越春秋》”。[②]杨方，晋朝人，《晋书》载其“更撰《吴越春秋》”。[③]至于皇甫遵，具体情况不明。《旧唐书·经籍志上》又载，《吴越春秋》十二卷，赵晔撰；《吴越春秋削烦》五卷，杨方撰；《吴越春秋传》十卷，皇甫遵撰。《新唐书·艺文志二》同此。由这些记载可知，赵晔所撰的是《吴越春秋》，杨方“更撰”的是《吴越春秋削烦》，皇甫遵所撰的是《吴越春秋传》。

---

① 其实，除了《隋书·经籍志二》所载的这三部《吴越春秋》类著作，唐初以前还有东汉赵岐《吴越春秋》、张遐《吴越春秋外纪》等多部（参见陈桥驿《〈吴越春秋〉及其记载的吴越史料》，《杭州大学学报》1984 年第 1 期；周生春：《今本〈吴越春秋〉版本渊源考》，《文献》1996 年第 2 期），但这些均不见于《隋书》《旧唐书》《新唐书》中，说明它们至少在隋唐时当已散佚，很大程度上不会是李大师所拟的《吴越春秋》，故本文对其不作讨论。

② 《后汉书》卷 79 下，《儒林列传》，中华书局 1965 年版，第 2575 页。

③ 《晋书》卷 68，《贺循传》附《杨方传》，中华书局 1974 年版，第 1831 页。

与《吴越春秋》有关的这三部书籍，相互间有何关联，这也是必须考查清楚的问题，不然影响我们对李大师所“拟”的《吴越春秋》作者及性质的判定。据《崇文总目》载，“《吴越春秋传》十卷，唐皇甫遵注。初，赵晔为《吴越春秋》十二卷，其后有杨方者，以晔所撰为烦，又刊削之为五卷。遵乃合二家之书，考定而注之。”[①]《宋史·艺文志三》载曰：“皇甫遵注《吴越春秋》十卷。”余嘉锡《四库提要辨证》云：“传所言更撰云者，即指削繁而言，非别撰一书也。皇甫遵之书，名之为传，即书之注。”[②] 这些说明，无论杨方，还是皇甫遵，他们都是对《吴越春秋》作简编或注疏，母本就是东汉赵晔所撰的《吴越春秋》。至于今传本《吴越春秋》出于谁之手，众说纷纭。[③] 应当指出的是，“如今流传的本子尽管已经不是赵晔的原书了，但丝毫不影响他在著作这部书上所作的贡献，尽管多次变动，他所确定的体裁、记载的主要内容可以说始终未变，否则也就不成之为《吴越春秋》了”[④]。

关于《吴越春秋》的体裁，范晔《后汉书》对赵晔所撰《吴越春秋》叙述简略，对此没有涉及。《隋书·经籍志二》把它归为“杂史”类[⑤]，并言“其属辞比事，皆不与《春秋》《史记》《汉书》相似，盖率尔而作，非史策之正也”，即“体制不经”。马端临《文献通考》卷一九五《经籍考二十二》引《宋三朝志》曰：“杂史者，正史、编年之外，别为一家，体制不纯。”由此来看，《吴越春秋》似乎很难归属编年体或纪传体。

随着研究深入，人们对《吴越春秋》的体裁有了更丰富的认识。其一，在坚持《吴越春秋》为编年体史书的前提下，看到了这部书所存在

---

① 马端临：《文献通考》卷195，《经籍考二十二》引，中华书局2010年点校本，第5654页。

② 余嘉锡：《四库提要辨证》卷7，中华书局2007年版，第379页。

③ 参见曹林娣《关于〈吴越春秋〉的作者及成书年代》，《西北大学学报》1982年第4期；周生春：《今本〈吴越春秋〉版本渊源考》，《文献》1996年第2期。

④ 仓修良《〈吴越春秋辑校汇考〉序》，《浙江大学学报》1996年第4期。

⑤ 《旧唐书·经籍志》《新唐书·艺文志》亦列入“史部·杂史类”，《宋史·艺文志二》将之列入“别史类”、《宋史·艺文志三》则将之列入“霸史类”，《四库全书总目》又归入“史部·载记类”。

的纪传体、纪事本末体、国别体的影子或编撰手法的运用。[①] 其二，把《吴越春秋》视为一部传记体或纪传体史书，同时兼有编年叙事、本末叙事的手法。[②] 无论哪一种认识，实际上已不再把《吴越春秋》看作一部单一的编年体史书，而视其为一部融编年记事、传记编排、本末叙事为一体的综合性史书，这似乎更符合东汉赵晔编撰的原意。自战国以来，中国史学发展的一个特点就是多种体裁的融合。出土文献也证实了这一点。[③] 白寿彝较早就指出："不同的历史体裁，在一部书里面是可以互相补充的。把历史体裁的区别都看成绝对的，这是不符合历史情况的。"[④] 虽然《隋书》对其体裁方面的评论有些偏颇，但整体而言还是抓住了《吴越春秋》在体裁方面的特点。如果从体裁的主体性来看，那么称其为传记体比较合适，因为它的核心是传记。也就是说，把东汉赵晔编撰的《吴越春秋》视为一部融编年、纪传、纪事本末为一体的综合性传记体史书，更为客观。

至于《吴越春秋》的体例，早在南宋时期目录学家晁公武就言："吴起太伯，尽夫差；越起无余，尽勾践。内吴外越，本末咸备。"[⑤] 清人周中孚亦曰："至作十卷，则以一篇为一卷也。吴起太伯迄夫差，凡五篇，越起无余迄句践，亦五篇，内吴外越，本末咸备。"[⑥] 这都是把"内吴外越，本末咸备"看作《吴越春秋》的体例特征。那么如何理解这一体例特征，它所蕴含的思想内涵是什么？从元代徐天祜、明代钱福

---

① 仓修良：《〈吴越春秋辑校汇考〉序》，《浙江大学学报》1996 年第 4 期；周生春：《今本〈吴越春秋〉版本渊源考》，《文献》1996 年第 2 期；郑先兴：《〈吴越春秋〉的史学思想》，《南都学坛》2013 年第 1 期；夏德靠：《论〈吴越春秋〉的生成及其"传体"改造》，《四川师范大学学报》2018 年第 6 期。

② 梁宗华：《现行十卷本〈吴越春秋〉考识》，《东岳论丛》1988 年第 1 期；林小云：《〈吴越春秋〉研究》，博士学位论文，福建师范大学，2006 年；张觉：《吴越春秋校注》，岳麓书社 2006 年版，第 16 页；许殿才《〈吴越春秋〉说略》，《史学史研究》2007 年第 1 期；乔云峰《论〈吴越春秋〉的史学价值》，《怀化学院学报》2007 年第 2 期。

③ 参见杨博《裁繁御简：〈系年〉所见战国史书的编纂》，《历史研究》2017 年第 3 期。

④ 白寿彝：《中国史学史》第 1 册，上海人民出版社 1986 年版，第 231—232 页。

⑤ 晁公武：《郡斋读书志》卷 6，《杂史类 · 吴越春秋》，孙猛校证本，上海古籍出版社 1990 年版，第 240 页。

⑥ 周中孚：《郑堂读书记》卷 26，《史部十二 · 载纪类 · 吴越春秋六卷》，黄曙辉、印晓峰标校本，上海书店出版社 2009 年版，第 433 页。

提出的困惑与不解，到近代以来，特别是20世纪80年代以来，学界从多角度多层面对《吴越春秋》的“内吴外越”体例进行了深入探讨。[①]笔者倾向于从大一统及历史文化认同观念来讨论“内吴外越”体例问题。[②]

《吴越春秋》作者处处强调吴国尊周、慕化中原德义的历史过程与实践效果，特别是“让”之德义。如卷一《吴太伯传》，叙述公刘时言“公刘避夏桀于戎狄，变易风俗，民化其政”。《史记·周本纪》特意点出“周道之兴自此始”[③]，对公刘以夏变夷、传播华夏文明、实现天下一家的历史贡献给予高度肯定。接着，本传记又载古公亶父“修公刘、后稷之业，积德行义，为狄人所慕”。之后，本传记花了很大笔墨叙述了吴太伯的“三让”。孔子对吴太伯很是推崇，《论语·泰伯》称“泰伯，其可谓至德也已矣。三以天下让，民无得而称焉”。司马迁编撰《史记》，以《吴太伯世家》列于世家之首。可以说，赵晔的安排与司马迁的世家编排“内心款曲是互通的”。[④]

尽管从吴王寿梦开始，吴国进入称霸的历史新阶段，但吴国“让”的政治文化传统仍在传承。卷二《吴王寿梦传》，“作者不但一而再再而三地以赞赏的口气大肆铺陈季札的让位言行，甚至还无视《春秋》《左传》等史籍的经典记载，创作出诸樊‘轻慢鬼神，仰天求死’的情景来，其创作倾向也是不言而喻的”[⑤]，故本卷依然称“传”。

卷三《王僚使公子光传》，作者用大量笔墨叙述伍子胥有关事迹，仍在强调吴国的让位传统。只不过，与前两卷不同的是，作者在本卷末点出了从吴王阖闾开始吴国让位传统被丢弃这一重要转折。当作者叙述

---

① 曹林娣：《〈吴越春秋〉二题》，《西北大学学报》1983年第4期；梁宗华：《现行十卷本〈吴越春秋〉考识》，《东岳论丛》1988年第1期；金其祯：《试解〈吴越春秋〉的“不可晓”之谜》，《史学月刊》2000年第6期；夏德靠：《论〈吴越春秋〉的生成及其“传体”改造》，《四川师范大学学报》2018年第6期；曾淑珍：《〈吴越春秋〉论》，扬州大学，硕士学位论文，2009年；等等。

② 许殿才：《〈吴越春秋〉说略》，《史学史研究》2007年第1期；林小云《〈吴越春秋〉与汉代今文经学》，《华侨大学学报》2015年第1期。

③ 《史记》卷4，《周本纪》，中华书局1959年版，第112页。

④ 许殿才：《〈吴越春秋〉说略》，《史学史研究》2007年第1期。

⑤ 张觉：《吴越春秋校证注疏》（增订本），岳麓书社2019年版，第28页。

了公子光（即吴王阖闾）攻杀吴王僚而自立为吴王后，接着写道：“季札使还至吴，阖闾以位让。季札曰：‘苟前君无废，社稷以奉，君也，吾谁怨乎？哀死待生，以俟天命。非我所乱，立者从之，是前人之道。’命哭僚墓，复位而待。”这就把吴王阖闾假让位而真夺君的历史事实巧妙地揭露出来，意味着吴国的“让位”传统自吴王阖闾中断了。从这个意义上讲，自然“传”要改为“内传”了，故卷四为《阖闾内传》、卷五为《夫差内传》。从这两卷内容叙述来看，显然不是“让”而是“取”了。

之所以吴王阖闾、夫差两传记称为“内传”而非“外传”，是因为吴国继位者没有丢弃尊周、重德这一传统。他们依然“忧中国”，慕化中原仁德与礼义，继续呈现由夷狄向华夏渐进的历史过程。除了这两篇“内传”叙事外，我们还可以举出两条经学材料加以说明。《公羊传》定公四年：“冬十有一月庚午，蔡侯以吴子及楚人战于伯莒，楚师败绩。吴何以称子？夷狄也而忧中国。”《公羊传》哀公十三年：“公会晋侯及吴子于黄池。吴何以称子？吴主会也。吴主会，曷为先言晋侯？不与夷狄之主中国也。其言及子何？会两伯之辞也。不与夷狄之主中国，则曷为会两伯之辞言之？重吴也。曷为重吴？吴在是，则诸侯莫敢不至也。”这两条经传材料，所叙的“吴”正指吴王阖闾（鲁定公四年即吴王阖闾九年）和吴王夫差（鲁哀公十三年即吴王夫差十四年）时期，他们“忧中国”，故出现“重吴”的书写。正如《春秋繁露》言：“先忧我者见尊。”①

而越国则相对不同。从其世系及先祖创业史来看，他们并没有出现“让位”传统，也没有体现出“尊礼重信”的《春秋》之义。《春秋繁露》曰：“《春秋》之义，贵信而贱诈。诈人而胜之，虽有功，君子弗为也。”② 如勾践以阴谋对抗吴国，董仲舒就认为越国“设诈以伐吴”“本无一仁”。③ 故赵晔对越以“外传”形式进行编排，用意很明显。

从上述对《吴越春秋》“传”“内传”“外传”的结构编排分析来

① 苏舆：《春秋繁露义证 · 观德》，钟哲点校本，中华书局 1992 年版，第 275 页。

② 苏舆：《春秋繁露义证 · 对胶西王越大夫不得为仁》，第 268 页。

③ 《汉书》卷 56，《董仲舒传》，中华书局 1962 年版，第 2523—2524 页。

看，“内吴外越”体例中蕴含着尊吴抑越的书写观念。这是由赵晔“以周室为正统的儒家立场和观点所决定的”[①]，也符合“汉人论吴越之事，均循儒家道德论尚吴卑越”[②]的基本原则。当然，就其实质而言，《吴越春秋》的“内吴外越”，“只是一种主从关系的安排，而不是内容体例的全面区别”。[③]这与中国古代诸多以内外分篇的编撰传统也是一致的。[④]同时，《吴越春秋》的内外之别，并非内外上的性质区别，而是相融的统一关系，隐含的是秦汉以来大一统思想与历史文化认同观念，故其史学内涵很丰富。有学者提出《吴越春秋》具有一种整体史学观念[⑤]，实际上也是对这一丰富内涵的深层解读。根本一点，就是赵晔把吴、越历史看作一个有机联系的整体来编排和叙述。书中的每传既是一个独立完整的个体，同时又是全书的一个有机组成部分；不仅有自己严格统一的体例，而且叙事更是首尾完整，“本末咸备”。[⑥]这是在大一统格局形成、统一思想深入人心之后才能做到的贯通书写。

二　“将拟《吴越春秋》，编年以备南北”

目前我们所能了解李大师的修史设想及编撰思想，集中于《北史·序传》的有关记载。结合这一记载和其他相关的零散记录，可以看到李大师对以往南北朝史修撰进行了审视，指出了其中存在的弊病。

其一，因南北分隔，南书谓北为“索虏”，北书指南为“岛夷”。经过考察以往南北朝史撰述，李大师发现，在南北分隔的政治局面下，南北朝史家在书写历史时，往往出现一种相互对峙、互相蔑视的史学态度，

---

① 金其祯：《试解〈吴越春秋〉的“不可晓”之谜》，《史学月刊》2000年第6期。

② 曹林娣：《〈吴越春秋〉二题》，《西北大学学报》1983年第4期。

③ 许殿才：《〈吴越春秋〉说略》，《史学史研究》2007年第1期。

④ 吕冠南：《〈韩诗内传〉性质问题新论——兼谈先唐古籍划分内外之通例》，《北京社会科学》2020年第4期。

⑤ 郑先兴：《〈吴越春秋〉的史学思想》，《南都学坛》2013年第1期。

⑥ 叶建华：《浙江史学探源——论〈越绝书〉〈吴越春秋〉的文化意义》，《浙江学刊》1989年第1期。

即南朝人书写北朝历史时称其为“索虏”，北朝人书写南朝历史时则称其为“岛夷”。如《宋书》首立《索虏传》，《南齐书》有《魏虏传》，主要记北魏史事；而魏收《魏书》设《岛夷传》，记与魏并存的南朝政权及南北关系史事。司马光明言：“宋、魏以降，南、北分治，各有国史，互相排黜，南谓北为‘索虏’，北谓南为‘岛夷’。”[①] 这样的敌视与蔑称，不只是一个简单的书写称谓问题，关乎南北史编撰的体例。清人赵翼就指出：“《宋》《齐》二书……即与本国交涉之事，于魏则书‘索虏’，于魏主则书‘虏伪主’，或书虏帅‘拓跋某’。而《宋书》列传后并立《索虏传》，与鲜卑、吐谷浑同。《齐书》列传后亦立《魏虏传》，与芮芮、氐羌同。此《宋》《齐》二书体例也。”“于东晋诸帝已斥其名，于宋、齐、梁诸帝则书岛夷刘裕、岛夷萧道成、岛夷萧衍，于西魏及周亦斥名曰宝炬、曰黑獭。列传后亦立岛夷刘、萧诸传，与匈奴、刘聪、铁弗刘虎等同。此《魏书》体例也。”[②] 在帝王年号书写上，《宋书》《南齐书》《魏书》于本国之帝王书庙号，而对并存政权帝王则直书其名。这种“南北朝史书相互谩骂、过分情绪化的历史记述，自然会影响到史书记述的公正。唐初史家李大师正是有鉴于此，而萌生了重述南北朝历史之志”。[③]

值得注意的是，这种南北不对等、相互敌视的称谓书写及所反映的体例思想，既是正统观念的反映，又含有坚持国家统一的思想。《史通·断限》曰：“自五胡称制，四海殊宅。江左既承正朔，斥彼魏胡。故氐、羌有录，索虏成传。”这样的正统之争有其时代特点和自身的思想内涵。对此，汪高鑫指出：“夷夏之辨由来已久，以夷夏论正统则始于魏晋南北朝时期，突出表现在南北朝时期。一般来说，以夷夏论正统往往都是汉族政权不承认少数民族政权的正统地位，而少数民族政权往往通过历史文化认同方式来维护自己的正统地位。南北朝时期的以夷夏论正统则不然，却是都以华夏自居，相互指责对方为夷狄，相互斥责对

① 《资治通鉴》卷69，《魏纪一》“黄初二年”条，中华书局1956年版，第2186页。

② 赵翼：《陔余丛考》卷6，《宋齐梁陈魏周齐隋诸史及南北史书法各不同》，中华书局1963年版，第114—115页。

③ 汪高鑫：《魏晋南北朝史学的正统之辨》，《郑州大学学报》2020年第4期。

方为‘僭伪’，由此来否定对方政权的合法性。”[①] 由此，我们对“索虏”“岛夷”这种称谓及体例要作两面观，即“《索虏传》和《岛夷传》的设立固然带有民族敌视的倾向，但同时也含有坚持国家统一的意蕴。刘宋与北魏是政治上相互敌对的两个政权，又各以正统自居，指责对方为僭伪。沈约和魏收修史时各自代表一方，分别为刘宋和北魏争正统。同时又都为对方立传。既不认为对方是外国，又不承认其政权的合法性。表面上看这种正闰之争十分尖锐，但实质上双方都有一个共同的信念，即天下只有一个中国。在这个大前提下，在南北对峙的现实政治面前，双方争论的意义在于究竟谁才有资格代表中国”。[②] 相比而言，这些南北朝史编撰者意识中，显然正统观念要高于国家统一观念。李大师生活于隋和唐初，虽有站在隋唐立场上以北朝为正的正统观念[③]，但在大一统和天下一家观念居于主导前提下，他的意识中国家统一观念要高于正统观念。由此来看，李大师萌生重述南北史之志也是自然的了。

其二，各以其本国周详，书别国并不能备，亦往往失实。李大师还发现，以往南北朝史撰述中存在本国详尽、他国简略的弊病，以及美化本国、贬低他国的曲笔、回护现象，往往造成史书记载的失实。如《宋书》《南齐书》，“但记本国，而邻国之事，仅书其与本国交涉者，其他虽兴灭崩立亦不书”。[④]《魏书》同样如此，“详记本国，而邻国大事亦附书”。[⑤] 实际上，这是以本政权或本王朝为中心的史学观念引发的详本国而略他国的书法问题。无论《宋书》《南齐书》，还是《魏书》，“在空间上，不以记述包括南北的整个中国的历史为己任；在时间上，又都是只记一代，而不贯通南朝各代或北朝各代。三书都以本朝为正统，本朝即‘中国’，实际上却只记述了处于分裂状态下的中国一部分地区的一段历史，并没有将

---

① 汪高鑫：《魏晋南北朝史学的正统之辨》，《郑州大学学报》2020 年第 4 期。

② 张子侠：《唐修八史散论》，《淮北煤师院学报》2001 年第 6 期。

③ 刘浦江在《南北朝的历史遗产与隋唐时代的正统论》（《文史》2013 年第 2 辑）一文中指出，无论隋还是唐，都以北朝正统论为主流意识形态，其基本立场是尊北而抑南。

④ 赵翼：《陔余丛考》卷 6，《宋齐梁陈魏周齐隋诸史及南北史书法各不同》，第 114 页。

⑤ 赵翼：《陔余丛考》卷 6，《宋齐梁陈魏周齐隋诸史及南北史书法各不同》，第 115 页。

整个中国和整个南北朝时期的历史，作为一个整体来记述。”[①] 显然，他们的南北朝史撰述，谈不上通观全局，无法将南北各朝的历史作为一个整体来记述。这是由他们正统观高于国家统一观的意识所决定的。三书在史法混乱、曲笔失实方面，如《宋书》“于萧道成未封王以前即书齐王”；《南齐书》“自萧道成微时以至为帝，皆称太祖”“于萧衍未封王以前亦即书梁王”[②]，等等。他们并没有按照客观来叙事，而直书其追尊之称号，让人看不到从臣到王或到帝这样一个历史过程。《宋书》“其于交战及通和之事，亦多回护”。[③] 对于《魏书》，时人“皆言《魏史》不直”[④]，甚至称其为“秽史”。[⑤] 故隋文帝命魏澹重修魏史，除了正统需要外，就是在史例上对魏收《魏书》有所“改正”[⑥]。这样失实的叙事，自然也是催生李大师重新编撰南北朝史之志的重要因素。

当然，三书在历史编纂上有诸多值得肯定的地方，对魏收《魏书》所谓“秽史”的评价也要予以修正，但李大师所言的这些弊病确实是存在的。正鉴于此，李大师立下著述之志，“常欲改正”。如何改正？具体不得而知，我们只能从《北史·序传》及其他相关记载来了解和认识他的“改正”。

第一，以大一统思想作指导，正确认识、如实书写南北史。李大师去除以往南北朝史编撰中南北互相谩骂、彼此以“索虏”“岛夷”相称的陋习和详本国、略他国的通病，纠正因种种偏见、避讳而造成史书失实的缺陷，对南北朝历史作客观认识和如实记述，体现出他倾向统一的编撰思想。这一点，从《北史·序传》关于他的修史设想的记载中就可看出，当然具体做法我们已无法得知。可以说，时代与史学共同推动了李大师著述之志和修史设想的产生。蒙文通对此有所揭示，他说：“李

---

① 高国抗：《一部倾向统一的正史——唐李延寿的〈南史〉〈北史〉》，《暨南学报》1989年第1期。

② 赵翼：《陔余丛考》卷6，《宋齐梁陈魏周齐隋诸史及南北史书法各不同》，第116页。

③ 赵翼：《陔余丛考》卷6，《宋齐梁书书南北交涉事》，第117页。

④ 《资治通鉴》卷165，《梁纪二十一》“承圣三年”条，第5112页。

⑤ 《北齐书》卷37，《魏收传》，中华书局1972年版，第489页。

⑥ 《隋书》卷58《魏澹传》载曰“当须南、董直笔，裁而正之”“今所撰史，分明直书，不敢回避”，中华书局1973年版，第1418页。

大师以六代史籍，南谓北为索虏，北谓南谓岛夷，鄙其相轻丑辞，作《南、北史》。然此实有义焉。”[①] 这个“义”就是李大师修史旨趣中的天下一家、国家一统思想观念。谢保成对此作了进一步阐释，他指出：“李大师是经历过南北分裂和隋唐初两度统一的人，饱受了南北对峙、互为敌国所带来的灾祸和苦楚，因而热切地希望统一、安定。统一的隋政权的建立，使他能够用统一的观点去看待南北朝时期的历史，因而也必然对反映割据政权的史学著作感到不满意。”[②] 正是有这样的“史义”，李大师编撰南北朝史时要“改变以往南北朝人们作史以本国详、他国简略的通病，在史料的运用上和史事的叙述上应对南北作同等看待；改变以往南北朝人们作史因种种偏见、避讳或其他原因而造成史书‘往往失实’的缺陷，求得史实上的准确”。[③]

第二，“将拟《吴越春秋》，编年以备南北”。有了编撰思想，还得落实到具体的编撰体裁、体例上。李大师遍览史籍，发现东汉赵晔所著的《吴越春秋》与他编撰南北朝史的思想，有太多的相合之处。《吴越春秋》内吴外越的内外体例结构，正与李大师站在隋唐立场而秉持的以北朝为正统的观念相契合，对他处理南北朝史编撰中南北关系有直接的借鉴价值。《吴越春秋》也具有天下一家、国家一统的编撰思想，赵晔把吴越在本质上作同等看待，认为它们都是华夏民族不可分割的部分。这一点又与隋唐大一统时代相应相通，为李大师突破一个王朝或政权中心模式、编撰一部南北贯通的南北朝史带来了启示。故他“将拟《吴越春秋》，编年以备南北”。李大师之所以看重《吴越春秋》，以其为模拟对象来编撰南北朝史，应该说他抓住了《吴越春秋》的编撰特点和价值所在，特别是对这部史书的“内外”体例结构及蕴含的思想内涵有精深把握。这绝不是一种随意性选择，而是一种审慎、务实的修史志向和史学追求。

第三，采用编年体编撰一部南北朝史。李大师采用何种体裁编撰南北朝史，“编年以备南北”之“编年”对此似乎有所提示。然而从上述

① 蒙文通：《中国史学史》，上海人民出版社 2006 年版，第 47 页。

② 谢保成：《倾向统一不是〈南史〉〈北史〉的主题》，《北京大学学报》1990 年第 2 期。

③ 瞿林东：《〈南史〉〈北史〉》，人民出版社 1987 年版，第 12 页。

对《吴越春秋》体裁分析来看，我们不能把《吴越春秋》视为一部单一的编年体史书，应将其看作一部融编年、纪传、纪事本末为一体的综合性传记体史书。既然“将拟《吴越春秋》”，那么李大师也应采用这种综合性传记体编撰南北朝史。实际上，李大师对《吴越春秋》体裁的认识达不到近代以来人们所作的解读，在他眼里，《吴越春秋》就是一部编年体史书。他之后的诸多史家也是如此理解的。如《新唐书》就言李大师“拟《春秋》编年，刊究南北事”[①]，南宋王应麟在《玉海·艺文》中有同样的叙述，晁公武更明确言“拟《吴越春秋》编年”。[②] 后世多数人因袭了这一认识。如中华书局本《北史》出版说明写道：“李大师本是仿照《吴越春秋》，采用编年体。”[③] 有关中国史学史论著，在叙述李延寿编撰《南、北史》时基本遵循了这样的看法。从李大师自身来讲，这样的看法并没有错；若就《吴越春秋》的体裁而言，这样的认识则需要纠正。我们不能由李大师的认识而把《吴越春秋》视为一部单一的编年体史书，应将其看作一部综合性传记体史书。

第四，采取“内北外南”的体例结构，而以“备南北”为著述宗旨。确定了编撰体裁，还得选择合适的体例结构进行具体编排史事。南北朝史中的南北对峙局面是客观存在的，如何处理这样的南北关系，关系到能否编撰完成一部南北朝史。《吴越春秋》的体例特征是“内吴外越”。这样的“内外”结构编排，正好为李大师编撰南北朝史时对南北关系的处理提供了启示和借鉴。吴与越对峙，南与北对峙。又李大师站在隋唐立场上必以北朝为正统，以此产生的内北外南思想，正与内吴外越体例思想相契合。故李大师要以“内北外南”的形式来编排、叙述南北朝史事。而《吴越春秋》的内外之别实质上是一种主从关系，在大一统思想和历史文化认同观念下，这种主从关系又蕴含着通观吴越、总揽内外的贯通思想。李大师处于大一统社会之中，他自然会接受《吴越春秋》编撰者的这种贯通思想，故有“以备南北”的著述旨趣。可以说，李大师虽有以北为正的正统观念，但“以备南北”的贯通编撰及所蕴含

① 《新唐书》卷102，《李延寿传》，中华书局1975年版，第3985页。

② 马端临：《文献通考》卷192，《经籍考十九》引，第5582页。

③ 《北史》“出版说明”，载《北史》，中华书局1974年版。

的统一思想，才是他著述之志的根本所在。他就是要以北朝历史为主线，撰写一部囊括十六国、南北朝以及隋朝历史的南北朝史，实现“以备南北”的著述之志。李大师突破以往南北朝史撰述以一个王朝或政权为中心的叙述模式，把南北朝历史作为一个整体加以叙述，表现出同时期史家难以企及的史学通识。谢保成就指出：“同是在统一的隋政权之下，李大师的这一见解却不为其他史学家所具有。无论是魏澹、王劭，还是牛弘、姚察、李德林，谁也没有站到李大师的高度，提出过这样的卓识。即使在唐高祖武德年间，也未见有哪一个史学家具有这样的史识。在这一点上，李大师超越了同时代所有的史学家。”①

虽有精深的史学见识，宏伟的修史设想，但因时代条件、个人因素等，李大师未能实现他的著述之志。而李延寿继承了其父李大师的修史事业，发展、完善了其父的修史设想，编撰成《南史》与《北史》。

三　以纪传备南北

李延寿正式编撰《南史》《北史》之前，唐代史臣完成了《梁书》《陈书》《北齐书》《周书》《隋书》的修史任务。既然已有如此高规格的南北朝史撰述，那么李延寿为何还要编撰南北朝史？原因很多②，重要的一条是其父李大师“以备南北”的著述之志依然没有实现。也就是说，唐初“五代史”修撰在“备南北”上并没有取得实质性突破，南北朝史编撰与大一统时代要求仍有距离。

对于《梁书》《陈书》，编撰者摒弃了以往南北朝史撰述中所存在的蔑称陋习，于北朝诸帝皆称谥号，抛弃民族偏见，基本上能以平等眼光看待北方民族政权，这是天下一家观念在史学上的反映。不过，二书仍存在详本国而略他国的弊病。③ 虽然“有美必书，有恶必为之讳”④ 这一

---

① 谢保成：《倾向统一不是〈南史〉〈北史〉的主题》，《北京大学学报》1990 年第 2 期。

② 高敏在《南北史考索·自序》（天津古籍出版社 2010 年版）中概括为四个方面的原因，多侧重于服务李唐政治之需。

③ 赵翼：《陔余丛考》卷 6，《宋齐梁陈魏周齐隋诸史及南北史书法各不同》，第 116 页。

④ 赵翼：《廿二史劄记》卷 9，《〈梁书〉悉据国史立传》，王树民校证本，中华书局 2013 年版，第 203 页。

看法有点夸大，但《梁书》《陈书》在历史编纂中确实存在曲笔回护现象，也是不容否认的。这说明，李大师所提出的南北朝史撰述之弊病，《梁书》《陈书》作者并没有给予彻底根除。

《北齐书》《周书》，不仅兼记并存政权之大事，还书并存王朝之君为某帝[①]，在南北历史平等书写上又往前迈了一大步。特别是二书在突破以往南北朝史撰述以一朝为中心的体例限制方面作了开拓，注重从历史发展的长时段来审视王朝兴亡。如李百药“突破纪传体史书本身的体例限制，破例为高欢设置本纪，并不纯粹是体例问题，而是一种对历史发展连续性及再现历史真实、探究一代历史盛衰的见识问题，对于我们全面认识北齐的历史是有所帮助的”。[②] 令狐德棻等人于《周书》中为宇文泰立本纪，“意欲勾勒出北魏由统一，历经东魏、西魏、北周、北齐的分裂，再到隋的统一这一主要线索和脉络，呈现了这一时期历史演进的路径及趋势”；而且对于当时复杂交错的政权关联，“《周书》在历史编纂上予以了很好的处理，即以本纪为纲领，对同一时空内的不同政权加以记载”，这“既凸显了以记北周历史为主的特色，同时又不忽略其他并存政权内部的重要史事”。[③] 故赵翼言：“当后周时区宇瓜分，列国鼎沸。北则有东魏、高齐，南则有梁、陈。迁革废兴，岁更月异。《周书》本纪一一书之，使阅者一览了然。”[④]

《北齐书》《周书》确实在一定程度上突破了以往南北朝史编撰的时空限制，开始反映当时全国范围的历史发展大势，具有一定的通识意识。然而，从南北朝历史的整体性和系统性而言，它们仍然脱离不了一代史或一朝史的窠臼，还不具备通观全局、总揽南北的器局，谈不上“以备南北”。况且，在具体书法方面，二书还有待修正之处。如《北齐书》中“孝静帝时，高欢、高澄皆臣也，不应即书其追尊之帝号。乃于欢已书神武，于澄已书文襄，则似东魏同朝有两帝矣。西魏时，宇文泰亦臣

① 赵翼:《陔余丛考》卷6,《宋齐梁陈魏周齐隋诸史及南北史书法各不同》,第115页。

② 张峰:《中国历史编纂学史》第三卷《魏晋南北朝隋唐五代时期》,国家图书馆出版社2018年版,第211页。

③ 张峰:《中国历史编纂学史》第三卷《魏晋南北朝隋唐五代时期》,第224页。

④ 赵翼:《陔余丛考》卷7,《周书》,第142页。

也，不应即书其追尊之帝号。乃亦书周文帝。如河阴之战书西魏帝与周文并来赴救，则亦似西魏同朝有两帝矣”。《周书》同样存在这样的书写现象。故赵翼指出：“此皆书法之失检者也。”[①]

由上可见，李大师所指出的南北朝史撰述存在的弊病，虽经唐初修“五代史”，在某些方面有所改正，但并没有得到完全根除，在“以备南北”上也未取得实质性突破，依然不能全面地反映隋唐大一统思想和天下一家的历史文化认同观念。因此，李延寿要继承其父李大师的著述之志，并在完善其父修史设想基础上，积极吸收和借鉴唐初修史成果，通过自己的史馆工作便利和参与修史的经验积累，最终完成了《南史》《北史》的编撰。

那么李延寿是如何继承和发展“将拟《吴越春秋》，编年以备南北”修史设想及蕴含的编撰思想？

第一，以《史记》纪传体为编撰体裁，借鉴、融合了《吴越春秋》的体例思想。班固撰成《汉书》之后，纪传体皇朝史撰述蔚然成风，根本原因是这一书写形式“正好与中国古代皇朝周期性的更迭相适应”[②]。这种修史范式自东汉以来，直至唐初，依然是皇朝史修撰之首选。唐初所修“五代史”、《晋书》均为纪传体皇朝史。在纪传体皇朝史编撰已成为官方修史范式的背景下，李延寿自然也会以纪传体来修撰南北朝史。只不过，他在遵循这一修史范式前提下，改断代为会通。《北史·序传》明确言“拟司马迁《史记》”，即采用纪传体通史来编撰南北朝史。他的这一体裁“改正”，既与唐初官方纪传体正史修撰相合，又体现出私人修史的风格。由此来看，李延寿并没有遵循李大师以编年体来编撰南北朝史。而《史记》在体裁上与《吴越春秋》的综合性传记体有相通之处，李延寿“拟司马迁《史记》”使其更有条件承继其父“将拟《吴越春秋》”的修史设想。

《史记》为纪传体通史，仅以此来编撰，难以处理南北朝史撰述中

---

① 赵翼：《陔余丛考》卷6，《宋齐梁陈魏周齐隋诸史及南北史书法各不同》，第116—117页。

② 陈其泰：《再建丰碑：班固和〈汉书〉》，生活·读书·新知三联书店1994年版，第265页。

的南北关系。司马光在评价李延寿编撰《南史》《北史》时言“陈寿之后，唯延寿可以亚之也”[①]。这一评论注意到了《三国志》与《南史》《北史》在编撰体例上的相通性。金毓黻更是指出：“若夫李延寿之作《南、北史》也，一用《史记》之法，取在南之宋、齐、梁、陈，在北之魏、齐、周、隋，合而纵述之，以成通史之一段；一用《三国志》之法，南北并述，而为国别史之后劲”，而《三国志》“乃在仿《国语》、《国策》之体，而造成三国分峙之国别史”，故“《南》《北》二史，盖合《史记》《国语》两家而兼之矣。”[②] 说李延寿采用《史记》之法而成《南史》《北史》，没有问题。但把《南史》《北史》中的南北关系处理归于对《国语》的承袭，却是一种简单的比拟，二者在体裁体例上并不属于同一范畴。《三国志》记魏、蜀、吴三国历史，将其作为南北两大历史系统来看待，有些勉强。若从李大师修史设想，李延寿“思欲追终先志”及编撰实践来看，说《南史》《北史》编撰在体裁体例方面承袭了《史记》《吴越春秋》两家而兼之，则更为确切。

在南北关系认识上，李延寿同样是站在唐代立场上，持有以北为正的正统观。他的这种正统观与其父李大师的正统观是一脉相承的。我们可从现存的《南史》《北史》中看到这一点。

清人王鸣盛通过考察《南史》《北史》帝纪的编年叙事特征，得出“李延寿欲以北为正”[③] 的认识；又从书法角度总结出李延寿亦有“抑南尊北之意”[④] 和“以北为正、南为伪”[⑤] 之意。李延寿在史论中也有体现，如他论曰“自金行运否，中原丧乱，元氏唯天所命，方一函夏。铁弗、徒何之辈，虽非行录所归，观其递为割据，亦一时之杰。然而卒至夷灭，可谓魏之驱除。”[⑥] 这明显有尊北魏的意识。他在评论南朝梁历史

---

① 司马光：《与刘道原书》，《司马温公集编年笺注》（第五册）卷62，《书启五》，李之亮笺注本，巴蜀书社2008年版，第79页。

② 金毓黻：《中国史学史》，河北教育出版社2000年版，第107页。

③ 王鸣盛：《十七史商榷》卷54，《南史合宋齐梁陈书二·北为正》，黄曙辉点校本，上海古籍出版社2013年版，第644页。

④ 王鸣盛：《十七史商榷》卷54，《南史合宋齐梁陈书二·北为正》，第644页。

⑤ 王鸣盛：《十七史商榷》卷55，《南史合宋齐梁陈书三·大举北侵》，第683页。

⑥ 《北史》卷93，《僭伪附庸列传》后论，中华书局1974年版，第3100页。

时言“称藩内款”“朝宗上国”[①]，即向北魏、北周称藩、朝宗。初步统计，《南史》中于某一岁末书北朝帝王纪年或崩亡的，有42处之多。这些都是以北为正的编撰思想之体现。

李延寿以北为正，是指他以北魏、西魏、北周、隋为正。北魏分裂为东魏与西魏，接续东魏的是北齐，接续西魏的是北周，北周灭北齐，隋又代北周而起，唐代隋而兴。故尊北抑南的以北为正思想中，又包括尊周抑齐的以西为正观念。魏收站在北齐立场上，以东魏为正。魏澹作为隋朝史臣编撰魏史，自然以西魏为正。李延寿立足于唐“受禅于隋”的大一统思想，编撰南北朝史时必以北魏、西魏、北周、隋为正。王鸣盛言：“李延寿意以北周为正，北齐为伪，盖唐承隋，隋承周故也。”[②]

虽有这样的政治立场和正统观念，但在编撰的具体落实上，采取什么样的体例结构，则需要寻求新的借鉴。或从以往史书编撰中汲取经验，或另辟蹊径，独自创作。事实是，李延寿同他父亲一样，看到《吴越春秋》“内吴外越”的体例对于南北朝史编撰中南北关系处理具有独到的价值和借鉴意义。他们以北为正的南北关系认识，正与《吴越春秋》“内吴外越”的内外主从体例形式相契合。故李延寿同样按照“内北外南”的布局形式编排南北朝史事，也就有了《北史》与《南史》的编撰。《北史·序传》明确言：“起魏登国元年，尽隋义宁二年，凡三代二百四十四年，兼自东魏天平元年，尽齐隆化二年，又四十四年行事，总编为本纪十二卷、列传八十八卷，谓之《北史》；又起宋永初元年，尽陈祯明三年，四代一百七十年，为本纪十卷、列传七十卷，谓之《南史》。凡八代，合为二书，一百八十卷，以拟司马迁《史记》。”这里只提“拟司马迁《史记》”，并没有明确交代他亦“拟《吴越春秋》”，或是为了突出他遵循了当时统治者以纪传体修正史的正宗做法，这样可避免麻烦。实际上，他借叙述其父李大师修史设想而作了隐形交代。所以说，李延寿既以《史记》纪传体为体裁，又借鉴、吸收了《吴越春秋》的体例思想，两方面的“拟”，才造就了《南史》《北史》，实现了南北

① 《北史》卷93，《僭伪附庸列传》后论，第3100页。

② 王鸣盛：《十七史商榷》卷55，《南史合宋齐梁陈书三·北周为正》，692页。

朝史编撰的新发展、新突破。

第二，通观全局，总揽南北，实现了“以备南北”的著述之志。《南史》《北史》一概取消了“索虏”和“岛夷”的错误称谓，这种不再强调华夷界限的做法，不仅是魏晋南北朝以来我国各民族大融合的历史发展的反映，更是唐代在政治上天下一家的统一局面的反映。二史也没有了详本国而略他国的叙事通病，秉持直书其事的实录精神，修正原有南北朝史撰述中存在的曲笔和回护。对此，瞿林东指出：“南北朝时期人们作史，因多所避讳而成曲笔者甚多，《南、北史》则因避讳较少、照实直书而基本上改变了这种情况。”① 这样的改变，“固然是由于李延寿撰写前代历史，与前人相比，顾忌较少有关，但也与他通观全局、总揽南北的著述思想分不开”。②

李延寿在南北关系处理上有主次之分，但没有内外之别，书邻国之事与本国之事均按照时间顺序进行，没有严格的王朝政权界限。赵翼批评《南史》《北史》没有“别内外”而使南北“殊无界限”③，恰恰反映出李延寿笔下的南北关系并非内外的性质之别，而只是一种具有正统观念的主次之分。不仅如此，在大一统和天下一家观念主导下，李延寿又能够超越这种正统观念下的主次之别，使得南北统一于整个南北朝历史系统成为他编撰思想的旨趣。

李延寿在《北史》卷九三《僭伪附庸列传》序中明确写道：“至如晋、宋、齐、梁虽曰偏据，年渐三百，鼎命相承。《魏书》命曰岛夷，列之于传，亦所不取。故不入今篇。”《南史》《北史》“以南北对峙代替了以往史书中的华夷对立，故于八代皇朝均立本纪”。④《北史·序传》对此也有说明，即从北魏到隋之北朝“为本纪十二卷”，南朝宋至陈“为本纪十卷”。从立帝纪这一体例来看，李延寿对南北朝确实做到了同等看待，体现出天下一家的统一思想。他不仅“反对南、北互斥对方为‘虏’为‘岛夷’，也反对将十六国政权列为‘四夷’的观点，表明他认

① 瞿林东：《〈南史〉〈北史〉散论》，《史学月刊》1981 年第 1 期。
② 瞿林东：《〈南史〉〈北史〉散论》，《史学月刊》1981 年第 1 期。
③ 赵翼：《陔余丛考》卷 6，《宋齐梁陈魏周齐隋诸史及南北史书法各不同》，第 117 页。
④ 瞿林东：《中国史学史纲》，北京出版社 1999 年版，第 304 页。

识到了南朝的历史，北朝的历史，还有少数民族建立的地方政权的历史，都是中国的历史，共同组成为一个整体。”① 这是李延寿统一观的重要体现。

南北兼书在帝纪体例编排上体现的也很明显。对此，赵翼指出：“《南》《北》二史，则更为周密。《南史》不惟兼书魏事，凡燕、凉等国兴废亦书。如宋永初元年书是岁西凉亡，景平元年书是岁魏明元帝崩之类是也。又兼记邻国年号，使阅史者一览了然。如宋元嘉二年书是岁魏神䴥元年之类是也。《北史》亦兼记南朝之事。如魏泰常五年晋恭帝禅位于宋之类。至于高齐纪则兼书南朝而并及后周之事，如天保七年书魏恭帝逊位于周，八年书梁主逊位于陈之类。周纪亦兼书南朝而并及北齐之事，如明帝元年书梁敬帝逊位于陈，武成元年书齐文宣帝殂之类。他如燕、凉等国之兴灭，亦一一附书。此又《南》《北史》体例也。”② 虽然李延寿有以西魏为正的正统观念，但他在撰《北史》时“兼自东魏天平元年，尽齐隆化二年，又四十四年行事，总编为本纪十二卷、列传八十八卷”，为东魏孝静帝立本纪，在东西魏史事书写上显得更加客观、公允。二史之间又用互见的叙事方法相联系、相贯通。诸如《北史》列传中往往有“《南史》有传”，《南史》列传中亦常看到“《北史》有传”之类的互见交代。

李延寿在编纂上确实视《南史》与《北史》为一个整体。虽然他把《南史》与《北史》分为二书，但分中有合。③ 后来有不少史家干脆把《南史》《北史》看作一书。刘知幾在《史通·六家》中说：“李延寿抄撮近代诸史，南起宋，终于陈，北始自魏，卒于隋，合一百八十篇，号曰《南北史》。”《旧唐书·李延寿传》也说：“延寿又尝删补宋齐梁陈及魏齐周隋等八代史，谓之《南北史》，一百八十卷，颇行于代。”《通志·艺文略》明确把《南史》《北史》列入“通史”类。清代纪昀等人

---

① 高国抗：《一部倾向统一的正史——唐李延寿的〈南史〉〈北史〉》，《暨南学报》1989年第1期。

② 赵翼：《陔余丛考》卷6，《宋齐梁陈魏周齐隋诸史及南北史书法各不同》，第115—116页。

③ 张子侠：《唐修八史散论》，《淮北煤师院学报》2001年第6期。

在为《北史》写的提要中直接提出："南北史虽曰二书，实通为一家之著述。"章学诚在《文史通义·释通》中也指出："李氏《南、北史》，薛、欧《五代史》，断代而仍行通法者也。"这都是看到和突出了《南史》《北史》的"合"。正如学者所言，"李延寿承继其先父的遗志，继续发展为李延寿完整的南北统一观主导下彻底将南北两地各朝的断代史融会为统一体例的纪传体的通史，把多元的分裂性的史书，改为一元的通史，虽仍以南、北史名之，而已形成了合二而一了"。[①]

《南史》《北史》虽为二书，在体例上各成体系，但这两体系间相互照应，互相联系，而非相互独立平行；不仅形成了南朝历史系统和北朝历史系统[②]，还将这两大历史系统统一起来，视其为中华民族历史进程中的重要组成部分。这是统一思想在李延寿历史编纂上的反映，也是他继承其父"以备南北"著述之志的体现，是他"拟司马迁《史记》"和"拟《吴越春秋》"的结果。可以说，通观全局、总揽南北，是李延寿在大一统和天下一家观念形势下，继承其父李大师"以备南北"的著述之志，在体例和叙事上所做的重大突破。

综上所述，李延寿编撰完成《南史》《北史》，有时代和自身奋斗因素，更离不开对李大师"将拟《吴越春秋》，编年以备南北"的修史设想及蕴含的编撰思想的继承与发展。这使得李延寿在南北朝历史编纂上迈出了实质性的一步，在南北关系处理上既有以北为正的正统观念，更能跳出正统观念而作南北贯通的编排，真正实现了"以备南北"的著述之志。从这一点来看，《新唐书》赞其"以史学称当世"[③]，章学诚称其为"良史"[④]，确为实论。

（原载《史学史研究》2023 年第 1 期）

---

① 穆德全：《唐初河北史家李延寿的南北统一观及其〈南史〉和〈北史〉的修撰》，《河北大学学报》1986 年第 4 期。

② 李凭：《〈北史〉中的宗族与北朝历史系统——兼论中华文明长存不衰的历史原因》，《中国社会科学》2016 年第 5 期。

③ 《新唐书》卷 102，《令狐德棻传》，第 3984 页。

④ 章学诚：《文史通义》卷 4，《释通》，叶瑛校注本，中华书局 1985 年版，第 376 页。

继往开来的隋代历史教育及其对唐代的影响

程源源

隋朝结束魏晋南北朝以来长期分裂局面，再度实现国家统一，为了稳定新兴政权统治，需要认真总结历史的经验教训，以史为鉴。出于维护大一统的需要，隋朝强化国家政权对于修史权力的掌控，私家修史受到极大的限制。在这种背景下，隋朝虽然私家修史乏善可陈，而官修史书却颇有成就。隋朝实行禁绝私人修史的政策，体现了官方掌控历史教育权力的意愿；而官修史书的具体内容则蕴含了丰富的历史教育思想。隋朝的官学虽然兴废不定，比起魏晋南北朝官学的衰落，还是呈现出明显的复兴迹象。官学教育以“五经”教育为主，其中包含了一定的历史教育内容。隋朝私学教育延续了魏晋南北朝以来的兴盛局面，私学教育虽然也是以经史为主，然而历史教育明显较官学更受到重视。长期以来，隋朝因其短祚，历史教育一直被学术界所忽视。[①] 实际上隋朝的历史教育也是中国古代历史教育的重要一环，具有明显的承上启下作用。有鉴于此，本文试从国家掌控史权、官学与私学三个角度，对隋朝的历史教育作出论述，以求教于方家。

---

① 目前学术界关于隋朝历史教育的研究成果，主要见于李良玉《中国古代历史教育研究》（合肥工业大学出版社 2007 年版）一书，该书第四章专辟一节《隋朝的历史教育》，虽然对隋朝历史教育的基本问题有所涉及，但总体叙述比较简略。除此之外，学术界尚无关于隋朝历史教育的专篇论述。

一　国家掌控史权与历史教育

与魏晋南北朝时期私家修史成风不同，隋朝为巩固大一统政治，严令限制私家修史。隋文帝开皇十三年（593 年）五月下诏："人间有撰集国史、臧否人物者，皆令禁绝。"[①] 这是明令禁止私修国史和品评人物。隋朝禁绝私家修史在执行上也是很严厉的，如史家王劭曾经私自著《齐书》，结果被人告发。《隋书》本传记曰："高祖受禅，授著作佐郎。以母忧去职，在家著《齐书》。时制禁私撰史，为内史侍郎李元操所奏。上怒，遣使收其书，览而悦之。于是起为员外散骑侍郎，修起居注。"[②] 从这段记载可知，王劭是因为所著《齐书》符合隋文帝的心愿才不但没有被治罪，反而授以史职，否则结局就不会是这样了。而从被告发，以及隋文帝听闻之后大怒可知，隋朝私修国史无疑是一种重罪。

既然禁绝私人修史，那么官方就要担负起修史的重任。从文献记载来看，隋朝在禁绝私人修史的同时，确实非常重视官方修史工作，官修史书成就颇丰。汉晋史学私家成就要远高于官方，而隋朝则相反，史学成就主要来自官方。隋朝承北周旧制，于秘书省置著作曹。《唐会要》卷六十三《史官上》说："武德初，因隋旧制，隶秘书省著作局。[③] 贞观三年闰十二月，移史馆于门下省北，宰相监修，自是著作局始罢次职。"由此可见，著作局（曹）作为修史机构，一直存在于隋朝至唐贞观三年以前。隋朝不但有专门掌管修撰国史的机构与人员，还实行了大臣监修制度。刘知幾在谈到史官建置沿革时说："高齐及周，迄于隋氏，其史官以大臣统领者，谓之监修。"[④] 隋朝实行大臣监修史书虽然是承袭旧制，却是符合朝廷对于修史工作掌控的需要，也显示了对于修史工作的

① 《隋书》卷 2，《高祖纪下》，中华书局 1973 年版，第 38 页。

② 《隋书》卷 69，《王劭列传》，第 1601 页。

③ 隋朝著作曹，唐武德四年改为著作局，隶属秘书省掌史职。

④ 刘知幾撰，浦起龙：《史通通释》卷 11，《史官建置》，上海古籍出版社 2009 年版，第 293 页。

高度重视。

纵观隋朝官修史书成就，主要表现在以下两个方面：

第一，皇朝史撰述成就显著。隋朝的历史撰述成就主要体现在前代史和本朝史的撰修上。其中前代史的纂修主要有魏澹的《魏书》、王劭的《齐志》、牛弘的《周纪》等；本朝史的纂修主要有王劭的《隋书》等。魏澹的《魏书》是受隋文帝诏命而修。据《隋书》本传载："高祖以魏收所撰书，褒贬失实……诏澹自道武下及恭帝，为十二纪，七十八传，别为史论及例一卷，并《目录》，合九十二卷。"[①] 与魏收《魏书》相比，魏澹《魏书》的体例多有不同，《隋书》本传罗列了五点不同，包括避讳、断限、直书、书法和劝戒等。[②] 对于魏澹的《魏书》，时人评价不一。《隋书》本传肯定其"甚简要，大矫（魏）收、（平）绘之失。上览而善之。"[③] 隋炀帝却"以澹书犹未能善"，而诏令杨素等人重修，"会素薨而止"。[④] 王劭撰述齐史颇为勤奋。据《隋书》本传载，他初撰编年体《齐志》20 卷，又撰纪传体《齐书》100 卷。按照刘知幾《史通·古今正史》的说法，《齐志》是依据起居注，"广以异闻"而成。对于王劭的齐史撰述，《隋书》本传评价很低，认为其"文词鄙野，或不轨不物，骇人视听，大为有识所嗤鄙"。[⑤] 而刘知幾却给予了充分肯定，"近有裴子野《宋略》，王劭《齐志》，此二家者，并长于叙事，无愧古人"。[⑥] 对于牛弘的学术成就，《隋书》本传作出了充分肯定，说他"采百王之损益，成一代之典章，汉之叔孙，不能尚也。"[⑦] 牛弘作周史，按照刘知幾的说法，其实只是"追撰"："宇文周史，大统年有秘书丞柳虬兼领著作，直辞正色，事有可称。至隋开皇中，秘书监牛弘追撰《周纪》十有八篇"。不过《史通》对牛弘的《周纪》评价不高，说它"略

---

① 《隋书》卷 58，《魏澹列传》，第 1417 页。

② 参见《隋书》卷 58，《魏澹列传》，第 1417—1419 页。

③ 《隋书》卷 58，《魏澹列传》，第 1419 页。

④ 刘知幾撰，浦起龙：《史通通释》卷 12，《古今正史》，第 339 页。

⑤ 《隋书》卷 69，《王劭列传》，第 1609—1010 页。

⑥ 刘知幾撰，浦起龙：《史通通释》卷 6，《叙事》，第 154 页。

⑦ 《隋书》卷 49，《牛弘列传》，第 1310 页。

叙纪纲，仍皆抵忤。”[①] 王劭所作《隋书》共80卷，篇幅虽然不小，后人评价并不高。《隋书》本传说其“多录口敕，又采迂怪不经之语及委巷之言，以类相从，为其题目，辞义繁杂，无足称者，遂使隋代文武名臣列将善恶之迹，湮没无闻”。[②] 刘知幾则从体裁角度评述道：“至于编年、纪传，并阙其体。”[③]“寻其义例，皆准《尚书》。”[④]

第二，对唐代皇朝史撰述有重要影响。众所周知，唐初官修史书成功颇丰，以《梁书》《陈书》《北齐书》《周书》《隋书》《晋书》《南史》《北史》（后二史成于李延寿，但得到官方大力支持）之“唐八史”最具代表。其实“唐八史”的纂修成功，也有隋朝史学的贡献。像李百药领修的《北齐书》，就受到其父李德林齐史撰述的影响。据《史通》记载，李德林是齐内史令，曾在齐时就“欲修国史，创纪传书二十七卷”。入隋之后，李德林又奉诏增补该书，“增多齐书三十八篇，上送官，藏之秘府”。唐贞观年间李百药主修《北齐书》，即“仍其旧录，杂采它书，演为五十卷”。[⑤] 由此可见，唐朝《北齐书》的纂修成功，是以隋朝李德林的齐史撰述为基础的。再如姚思廉主修的《梁书》《陈书》，也是在其父姚察梁史、陈史撰述的基础上完成的。姚察早在南陈时期，就开始在顾野王、傅縡、陆琼等人相继撰写的陈史基础上“就加修改，初有条贯”。入隋后，隋文帝向其求梁、陈国史，“察具以所成每篇续奏，而依违荏苒，竟未绝笔”。[⑥] 这就是说，梁、陈二史姚察只是“未竟”。对于姚察作梁、陈史，《陈书》本传做如是说：“开皇九年，诏授秘书丞，别敕成梁、陈二代史。”“梁、陈二史本多是察之所撰，其中序论及纪、传有所阙者，临亡之时，仍以体例诫约子思廉，博访撰续，思廉泣涕奉行。”[⑦] 由此来看，姚思廉的《梁书》《陈书》是续作而成。此外，如令狐德棻主修的《周书》，也在一定程度上受到牛弘《周纪》的

① 刘知幾撰，浦起龙：《史通通释》卷，12，《古今正史》，第344页。
② 《隋书》卷69，《王劭列传》，第1609页。
③ 刘知幾撰，浦起龙：《史通通释》卷12，《古今正史》，第343页。
④ 刘知幾撰，浦起龙：《史通通释》卷1，《六家》，第3页。
⑤ 刘知幾撰，浦起龙：《史通通释》卷12，《古今正史》，第342页。
⑥ 刘知幾撰，浦起龙：《史通通释》卷12，《古今正史》，第331页。
⑦ 《陈书》卷27，《姚察列传》，中华书局1972年版，第352、354页。

影响。《史通》认为《周书》是在柳虬撰齐史、牛弘作《周纪》之后，由令狐德棻、岑文本“共加修辑”而成，显然是受到后者的影响。

综上所述，隋朝实行禁绝私修国史与臧否人物的政策，在官修史书特别是官修皇朝史上取得了一定的成就。隋朝修史政策体现了官方掌控历史教育权力的意愿，而其官修史书的具体内容则蕴含了历史教育思想。

首先，禁绝私修国史与臧否人物，是统治者掌控历史教育的体现。魏晋南北朝由于国家虚弱，士族把持政权，促成了私人修史的繁荣。而私人修史呈现出的历史观，往往会与国家意志相左。隋朝是大一统的国家，为了体现国家的意志，需要通过掌控修史权，由此来杜绝前朝私人修史任意臧否人物的现象出现。同时，出于巩固大一统政治的需要，隋朝统治者也希望将修史权收归国家，从而可以保证历史观上与统治者意志的一致性。可以这样说，正是由于隋朝强有力的大一统政权，才能做到禁绝私修国史、臧否人物，而这样的修史政策反过来在一定程度不但体现了大一统皇权的意志，也维护了大一统政治。隋朝国家掌控史权的做法，其实也是在跟私人争夺对于社会进行历史教育的权力。值得注意的是，隋朝禁绝私修国史的修史政策，对于唐朝史馆修史制度的最终确定应该也是有影响的，从本质而言，史馆修史其实就是官方出于掌控史权而推行的修史制度，只是这种国家掌控史权的做法更加制度化而已。

其次，隋朝成就的史书蕴含了丰富的历史教育思想。隋朝为何不满魏收的《魏书》，而诏命魏澹作《魏书》？其中一个重要原因，就是正统问题。众所周知，隋政权是由北周政权脱胎而来，而北周政权又是接续西魏政权，出于维护隋朝正统的需要。而在北朝时期，还存在着与西魏并立的东魏、与北周并立的北齐政权，这就存在着并立政权的正统问题。魏收是北齐人，北齐脱胎于东魏，故所作《魏书》当然会以东魏为正统。如魏收《魏书》将东魏皇帝元善见的本纪直接置于北魏帝纪序列当中，对于西魏宇文泰则直接称呼其小名“宇文黑獭”，明显具有贬义。当然，这种正统书法还表现在两魏关系的许多方面。魏收《魏书》的正统观显然不可能被隋朝所接受，否则隋朝本身也就没有了正统。正因此，魏澹重修的《魏书》，便必然是明确以西魏为正统，以东魏为僭伪。由此可见，隋朝重修《魏书》，旨在纠正历史教育中的正统观问题。当然，魏澹《魏书》内蕴的历史教育思想并不止这一个方面。前述两《魏书》体例有五点不同，其中就包含了君臣之义、直书其事和华夏正统等历史教育思想。如书名避讳不同，魏收《魏书》“讳储君之名，书天子之字”，而魏澹《魏书》则“讳皇帝名，书太子字”，之所以如此书写，是“欲以尊君卑臣，依《春秋》之义”。如直书其事不同，北魏政权始于道武帝拓跋珪，而魏收《魏书》的记述则“远追二十八帝，并极崇高”。其实北魏政权在“平文以前，部落之君长耳”，“道武出自结绳，未师典诰”，魏收所记“二十八帝”并无事实依据，多荒诞不稽，认为这种历史断限书写“违尧、舜宪章，越周公典礼”，“当须南、董直笔，裁而正之”。如华夏正统不同，魏澹《魏书》强调夷夏之辨，故而明确规定所撰《魏书》对于国君之死，“诸国凡处华夏之地者，皆书曰卒”。[①] 由此可见，尽管魏澹《魏书》成就如何隋朝文、炀两帝的评价都不一样，然而该书带着维护隋朝正统使命则是事实。

二 官学的发展与历史教育

隋朝官学的兴起，与高度重视文教事业、积极推行文教政策密不可分。隋朝官学的发展，大致经历了一个从开皇初年的兴盛、隋文帝晚年“不悦儒术，专尚刑名”到隋炀帝“复开庠序”以兴学的过程。[②] 隋朝的官学教育以经学为主，同时包含了历史教育内容。

（一）文教政策及其具体表现

首先，“劝学行礼”与尊师重教。开皇初年，因柳昂“建学制礼”建议，隋文帝下诏“劝学行礼”，其曰：

> 建国重道，莫先于学，尊主庇民，莫先于礼……人禀五常，性

---

① 参见《隋书》卷58，《魏澹列传》，第1417—1419页。

② 《隋书》卷75，《儒林列传》，第1706—1707页。

> 灵不一，有礼则阴阳合德，无礼则禽兽其心。治国立身，非礼不可……今者民丁非役之日，农亩时候之余，若敦以学业，劝以经礼，自可家慕大道。人希至德。岂止知礼节，识廉耻，父慈子孝，兄恭弟顺者乎？始自京师，爰及州郡，宜祗朕意，劝学行礼。①

从隋文帝诏书可知，所谓“道”，乃指儒家“尊主庇民”之礼和仁义礼智信“五常”，亦即儒家纲常伦理，这是治国立身的根本。而践履儒家纲常伦常，需要以劝学为先。隋炀帝即位后，也非常重视劝学。据史载，“炀帝即位，复开庠序，国子郡县之学，盛于开皇之初。”②

教育的主体是教师，只有尊师重教，才能促进文教事业的发展。隋朝为了劝学、弘扬儒学的需要，非常重视礼遇教师。《隋书·儒林列传序》曰：

> 自正朔不一，将三百年，师说纷纶，无所取正。高祖膺期纂历，平一寰宇，顿天网以掩之，贲旌帛以礼之，设好爵以縻之。于是四海九州强学待问之士靡不毕集焉。天子乃整万乘，率百僚，遵问道之仪，观释奠之礼。博士罄悬河之辩，侍中竭重席之奥，考正亡逸，研核异同，积滞群疑，涣然冰释。于是超擢奇俊，厚赏诸儒，京邑达乎四方，皆启黉校。齐、鲁、赵、魏，学者尤多，负笈追师，不远千里，讲诵之声，道路不绝。中州儒雅之盛，自汉、魏以来，一时而已。③

正是隋朝推行尊师重教的政策，造就了汉魏以来盛极一时的“儒雅”之风。

其次，重视文献典籍的搜集与整理。官学的兴起，离不开文献典籍载体；而文献典籍的搜集与整理，也是隋朝重视文教事业的重要体现。经过魏晋南北朝四百年战乱之后，文献典籍的收集与整理显得非常迫切。

① 《隋书》卷47，《柳机列传》，第1278页。
② 《隋书》卷75，《儒林列传》，第1707页。
③ 《隋书》卷75，《儒林列传》，第1706页。

隋文帝开皇初年，秘书监牛弘上表请求开献书之路。这份上表表达了三重含义，其一，认为国家治理离不开经史，“圣人所以弘宣教导，博通古今，扬于王庭，肆于时夏。故尧称至圣，犹考古道而言，舜其大智，尚观古人之象。《周官》，外史掌三皇五帝之书，及四方之志。武王问黄帝、颛顼之道，太公曰：‘在《丹书》。’是知握符御历，有国有家者，曷尝不以《诗》《书》而为教，因礼乐而成功也。”其二，历数典籍所遭的五次浩劫，“自仲尼已后，迄于当今，年逾千载，数遭五厄”，肯定历史上学者如孔子、刘向歆父子、荀勖、王俭、阮孝绪等，帝王如汉光武帝、汉章帝、汉和帝、魏文帝、宋武帝刘裕、梁元帝萧绎等，都对搜集与整理文献典籍做出了贡献。其三，强调当朝重视文献典籍搜集与整理的必要性，“方当大弘文教，纳俗升平，而天下图书尚有遗逸。非所以仰协圣情，流训无穷者也。臣史籍是司，寝兴怀惧。昔陆贾奏汉祖云‘天下不可马上治之’，故知经邦立政，在于典谟矣”。有史官职守的牛弘，在这份上表中充分表达了文献典籍对于治国安邦的重要性。牛弘所谓典籍，其中很大一部分其实就是史籍，它们是蕴含“古道”“古象”的“典谟”，是“外史掌三皇五帝之书，及四方之志”。牛弘的建议得到了隋文帝的采纳，“于是下诏，献书一卷，赍缣一匹。一二年间，篇籍稍备”。[①] 隋朝平陈后，天下“经籍渐备”[②]，说明图书搜集工作基本完成。然而，搜集来的图书品相不一，参差不齐，需要进行整理。据史籍记载，当时“检其所得，多太建时书，纸墨不精，书亦拙恶。于是总集编次，存为古本。召天下工书之士，京兆韦霈、南阳杜頵等，于秘书内补续残缺，为正副二本，藏于宫中，其余以实秘书内、外之阁，凡三万余卷”。[③] 这是隋朝初年在搜集文献的基础上进行的第一次大规模的文献整理活动。隋炀帝即位后，隋朝又进行了一次大规模的文献整理活动。据《文献通考》载，“初，西京嘉则殿有书三十七万卷，帝命秘书监柳顾言等诠次，除其复重猥杂，得正御本三万七千余卷，纳于东都修文

① 《隋书》卷49，《牛弘列传》，第1299—1300页。
② 《隋书》卷32，《经籍志一》，第908页。
③ 《隋书》卷32，《经籍志一》，第908页。

殿。"[①]《隋书·经籍志》也对这次文献整理有记载："秘阁之书，限写五十副本，分为三品；上品红琉轴，中品绀琉轴，下品漆轴。于东都文殿东西厢构屋以贮之，东屋藏甲乙，西屋藏丙丁……又于内道场集道、佛经，别撰目录。"[②]

（二）官学的发展过程与经史教育

隋朝初年的教育管理机构叫国子寺，隶属于九寺之一的太常寺。国子寺作为官署名称始于北齐，此前的汉代以前官学称太学，魏晋以后或设太学或设国子学，或两学并设。北齐改国子学为国子寺，与太学并立。据《隋书·百官志》载，"（北齐）国子寺，常训教胄子，祭酒1人，亦置功曹五官、主簿、录事员。领博士5人，助教10人，学生72人，太学博士10人，助教20人，太学生200人"。隋朝国子寺下设有国子学、太学、四门学、书学、算学5所学校，其中前三种为经学教育，后二种为实科学校。开皇十三年（593年），诏"国子寺罢隶太常，又改寺为学"[③]，国子寺正式脱离太常寺，复名国子学，成为独立的教育管理机构，这对提升教育的地位、发展国家的教育事业无疑都是有重要意义的。然而，由于隋文帝晚年不好儒术，"遂废天下之学唯存国子一所，弟子七十二人"。[④]"太学、四门及州县学并废。"[⑤]该年七月又将"国子学"改为"太学"。隋炀帝即位后，又重新下诏兴学："其国子等学，亦宜申明旧制，教习生徒，具为课试之法，以尽砥砺之道。"[⑥]在隋炀帝的大力兴学下，这一时期的官学已较隋文帝时期更为兴盛，史载隋炀帝"复开庠序，国子郡县之学，盛于开皇之初。徵辟儒生，远近毕至，使相与讲论得失于东都之下，纳言定其差次，一以闻奏焉"。[⑦]大业三年（607年），炀帝将国子学改为国子监，其后历代国子监虽下辖内容有所不同，

---

① 马端临：《文献通考》卷174，《经籍考一》，中华书局2011年版，第5200页。

② 《隋书》卷32，《经籍志一》，第908页。

③ 《隋书》卷28，《百官志下》，第793页。

④ 《隋书》卷75，《儒林列传》，第1707页。

⑤ 《隋书》卷2，《高祖纪下》，第47页。

⑥ 《隋书》卷3，《炀帝纪上》，第65页。

⑦ 《隋书》卷75，《儒林列传》，第1707页。

但都是作为教育管理机构和最高学府存在，直至1905年设学部后，国子监才被废止。然而好景不长，随着战乱的爆发，“师徒怠散，盗贼群起，礼义不足以防君子，刑罚不足以威小人，空有建学之名，而无弘道之实。其风渐坠，以至灭亡，方领矩步之徒，亦多转死沟壑。凡有经籍，自此皆湮没于煨尘矣。遂使后进之士不复闻《诗》《书》之言，皆怀攘夺之心，相与陷于不义。”① 乱世中师徒离散，官学教育自然也就难以为继。

隋朝官学机构虽然先后几次易名，由国子寺而国子学而国子监，然其官署人员配备前后差别不大。据《隋书·百官志》载，国子寺官员：祭酒一人，属官有主簿、录事各一人，统国子学、太学、四门、书、算学，各置博士（国子、太学、四门各五人，书、算各二人）、助教（国子、太学、四门各五人，书、算各二人）、学生（国子一百四十人，太学、四门各三百六十人，书四十人，算八十人）等员。隋炀帝改为国子监后，“依旧置祭酒，加置司业一人，从四品，丞三人，加为从六品。并置主簿、录事各一人。国子学置博士，正五品，助教，从七品，员各一人。学生无常员。太学博士、助教各二人，学生五百人”。② 从中可知，国子监中太学学生的数量有增加，国子监学生则无名额限定。

除去中央官学，隋朝还有地方官学，也就是郡县学。在隋朝兴学背景下，当时“京邑达乎四方，皆启黉校”。③ 黉校即学校，《晋书·戴邈传》说：“古之建国，有明堂辟雍之制，乡有庠序黉校之仪，皆所以抽导幽滞，启广才思。”

隋代官学的教育内容以经学为主。在尊师重教的政策下，隋朝统治者往往以重金为官学延聘大儒。如隋文帝开皇初年，就曾“征召山东义学之士”，马光、张仲让、孔笼、窦士荣、张黑奴、刘祖仁6人一同到京师任职国子寺，“授太学博士，时人号为六儒”。④ 隋炀帝时期兴学规模更大，隋炀帝先后延聘南北大儒刘焯、刘炫、褚辉、顾彪、鲁士达等为国子和太学博士。刘焯、刘炫为一时经学大师，“刘炫聪明博学，名亚

① 《隋书》卷75，《儒林列传》，第1707页。
② 《隋书》卷28，《百官志下》，第798—799页。
③ 《隋书》卷75，《儒林列传》，第1706页。
④ 《隋书》卷75，《儒林列传》，第1717页。

于焯"；刘焯"论者以为数百年以来，博学通儒，无能出其右者"，时人有"二刘"之称，当时慕名求学者不可胜数。[①] 其他诸人，也都是一时大儒。

官学讲学盛况空前。隋文帝和隋炀帝都曾多次到国子学进行释奠，即参加奠祭先圣先师的典礼。每当这个时候，国子学往往都会举行论讲，主要是阐释儒家经义。史载山东大儒马光"尝因释奠，高祖亲幸国子学，王公以下毕集。光升座讲礼，启发章门。已而诸儒生以次论难者十余人，皆当时硕学，光剖析疑滞，虽辞非俊辨，而理义弘赡，论者莫测其浅深，咸共推服，上嘉而劳焉"。[②] 官学中学者之间也经常举行论辩，如刘焯曾"与左仆射杨素、吏部尚书牛弘、国子祭酒苏威、国子祭酒元善、博士萧该、何妥、太学博士房晖远、崔崇德、晋王文学崔颐等于国子共论古今滞义，前贤所不通者。每升座，论难锋起，皆不能屈，杨素等莫不服其精博"。[③] 由此可见隋朝官学讲学论辩盛况之一斑。

隋朝官学的经学教育需要面临一个南北朝经学分立的问题。南北朝经学"从总体上看，北朝经学受汉末郑玄之学影响较大，重视章句训诂，而不尚玄谈；而南朝经学不拘守一家，善谈玄理，且还深受佛学的影响"。[④]《隋书·儒林列传》也说："大抵南人约简，得其英华；北学深芜，穷其枝叶。"隋朝统一之后，服务于政治大一统的需要，经学也必须要实现统一。正如清人皮锡瑞所说，"学术随世运为转移，亦不尽随世运为转移。隋平陈而天下统一，南北之学亦归统一，此随世运为转移者也；天下统一，南并于北，而经学统一，北学反并于南，此不随世运为转移者也"。[⑤] 这里不但讲到了隋朝经学统一的问题，也指出了隋朝经学统一主要是由南统北，这跟政权由北统南的情况正相反。从《隋书·经籍志》的记载可以看出，隋朝经学主要盛行南学。如于《周易》，有"梁、陈郑玄、王弼二注，列于国学。齐代唯传郑义。至隋，王注盛行，

① 《隋书》卷75，《儒林列传》，第1719页。
② 《隋书》卷75，《儒林列传》，第1717页。
③ 《隋书》卷75，《儒林列传》，第1718页。
④ 汪高鑫：《论中国古代的经学与史学》，《宁夏社会科学》2009年第1期。
⑤ 皮锡瑞：《经学历史》，中华书局2008年版，第193页。

郑学浸微，今殆绝矣。”[①] 于《尚书》，“梁、陈所讲，有郑、孔二家，齐代唯传郑义。至隋，孔、郑并行，而郑氏甚微”。[②] 于《春秋》，“后学三传通讲，而《左氏》唯传服义。至隋，杜氏盛行，服义及《公羊》、《穀梁》浸微，今殆无师说”。[③]

隋朝官学的经学教育包含了历史教育内容，实际上是经史教育。官学中基本的经学教育典籍自然是“五经”，而“五经”具有亦经亦史的性质，其中的《尚书》和《春秋》更是严格意义上的史学典籍，其他“五经”典籍不但具有史料价值，更有丰富的历史思想。从事官学教育的经学大师，也都是对于经学和史学都有很高的修养，如经学大家“二刘”，少年时代就是好友，他们“同受《诗》于同郡刘轨思，受《左传》于广平郭懋富，问《礼》于阜城熊安生，皆不卒业而去。武强交津桥刘智海家素多坟籍，焯与炫就之读书，向经十载，虽衣食不济，晏如也”。[④] 这段话一方面反映了“二刘”少年苦学经学的精神，一方面交代了所学知识主要就是经史之学。“二刘”的著述也体现了他们对于经史之学的造诣，刘焯著有《五经述议》，刘炫著有《五经正名》《春秋述议》《尚书述议》《毛诗述议》《孝经述议》等，他们不但普遍对“五经”有精深造诣，而且对《春秋》学和《尚书》学多有贡献。这些著述其实也是他们的授课教材。又如大儒元善，“通涉五经，尤明《左氏传》”。开皇初，元善被拜为内史侍郎，后任果子祭酒，“上尝亲临释奠，命善讲《孝经》。于是敷陈义理，兼之以讽谏。上大悦曰：‘闻江阳之说，更起朕心。’”元善还精于《春秋》，于官学论讲，“初发题，群儒毕集”。[⑤] 再如大儒辛彦之，曾经担任隋朝国子祭酒，史称“博涉经史”[⑥]，其官学教学自然也包含了经史内容。

---

① 《隋书》卷 32，《经籍志一》，第 913 页。
② 《隋书》卷 32，《经籍志一》，第 915 页。
③ 《隋书》卷 32，《经籍志一》，第 933 页。
④ 《隋书》卷 75，《儒林列传》，第 1718 页。
⑤ 《隋书》卷 75，《儒林列传》，第 1707、1708、1708 页。
⑥ 《隋书》卷 75，《儒林列传》，第 1708—1709 页。

三 私学的兴盛与历史教育

隋朝兴学也促进了私学的发展。隋朝私学教育有多种形式，包括家学传授、名师讲学等。家学教育源远流长，是中国古代教育的重要组成部分。从《隋书》记载可知，这一时期一些大儒或官员，都曾经接受过良好的家学教育。如前述曾经向隋文帝建议“建学制礼”的柳昂，就曾经接受过家学良好教育。据史载，柳昂的父亲柳敏，“有高名，好礼笃学，治家如官”。柳昂之所以“有器识，干局过人”,[①] 应该与其父柳敏的家教分不开。又如隋朝名臣许善心，9 岁丧父而孤，出自士族、“博学有高节”的母亲范氏非常重视对儿子许善心的教育，史称其“幼聪明，有思理，所闻辄能诵记，多闻默识，为当世所称。家有旧书万余卷，皆遍通涉。十五解属文，笺上父友徐陵，陵大奇之，谓人曰：‘才调极高，此神童也。’”[②] 许善心的成功自然具有聪明勤奋好学的内因，却也与其母亲的严格教育分不开。

名师讲学则是隋朝私学兴盛的重要表现。隋朝聚徒讲学的学者，有专门的私人授徒讲学者，也有官学教员在官学教学之余私授生徒者。据《隋书·儒林列传》记载，该传传主几乎都有私人讲学的记录，如何妥，“时有负笈游学者，妥皆为讲说教授之”；包恺精于《史记》《汉书》，“聚徒教授，著录者数千人”；房晖远治“春秋三传”，“恒以教授为务。远方负笈而从者，动以千计”；马光治《三礼》，“初，教授瀛、博间，门徒千数，至是多负笈从入长安”；刘焯在被贬为平民后，“优游乡里，专以教授著述为务，孜孜不倦”；刘炫因逢隋末乱世，“门人多随盗贼”，死后门人谥为“宣德先生”；王孝籍遍治五经，“后归乡里，以教授为业”。前述“二刘”少年求学经历时师从过的刘轨思、郭懋富和熊安生，即当时北方大经学家，长期在乡间授徒讲学，“二刘”虽然没有在他们

① 《隋书》卷 47，《柳机列传》，第 1276 页。

② 《隋书》卷 58，《许善心列传》，第 1424 页。

那里“卒业”，他们的经学学术思想却是明显师承了北方经学，由此可见三人对于“二刘”经学思想的形成还是有重要影响的。名臣张衡的经学老师即南方经学大师沈重。张衡早年为太学生，毕业后又到沈重门下“受《三礼》，略究大旨”。[①] 名臣卢思道少年时期看见名儒刘松为人撰写碑铭，读来多有不解，于是就发愤求学，师事河间大儒邢子才。学成之后，“思道复为文，以示刘松，松又不能甚解。思道乃喟然叹曰：‘学之有益，岂徒然哉！’……数年之间才学兼具”。[②] 隋末王通为一代大儒，在家乡白牛溪聚徒讲学。《旧唐书·文苑列传·王勃列传》记曰：“祖通，隋蜀郡司户书佐。大业末，弃官归，以著书讲学为业。”据其弟王绩《游北山赋》自注所言，王通聚徒讲学规模很大，“门人常以百数，唯河南董恒、南阳程元、中山贾琼、河东薛收、太山姚义、太原温彦博、京兆杜淹等十余人为俊颖。而以姚义慷慨，同侪方之仲由；薛收理识，方之庄周”。[③]《新唐书·隐逸列传·王绩列传》也说：“兄通，隋末大儒也，聚徒河、汾间，仿古作《六经》，又为《中说》以拟《论语》，不为诸儒称道，故书不显，惟《中说》独传。”由此可见，隋朝名师讲学不但非常普遍，而且规模和影响很大。

在隋朝私学教育中，除去经学教育之外，主要就是历史教育。如前所述，儒学大师的经学教育就包含了历史教育。一些专精于史学的学者，像包恺精通《史记》《汉书》，房晖远治“春秋三传”等，历史教育的色彩更为浓厚。前述王通的私学教育，历史教育便是其中非常重要的内容。王通曾“依《春秋》体例，自获麟后，历秦、汉至于后魏，著纪年之书，谓之《元经》。又依《孔子家语》、扬雄《法言》例，为客主对答之说，号曰《中说》。皆为儒士所称”。[④] 从《旧唐书》的记述可知，王通所撰《元经》，是一部仿效《春秋》而作的编年体史书；而《中说》则是仿效《孔子家语》《法言》体例而作，以讲授形式保存下王通讲课的

---

① 《隋书》卷56，《张衡列传》，第1391页。

② 《隋书》卷57，《卢思道列传》，第1397页。

③ 王绩：《游北山赋》自注，载董浩等编《全唐文》卷131，中华书局1983年版，第1318页。

④ 《旧唐书》卷190上，《文苑列传》，中华书局年1975年版，第5004页。

主要内容，包括王道、天地、事君、周公、问易、礼乐、述史、魏相、立命和关朗诸篇，内容广泛，其中也有“述史”内容。王绩《游北山赋》自注也说：“吾兄通，字仲淹，生于隋末，守道不仕，大业中隐于此溪，续孔子《六经》近百余卷。”① 不过所续《六经》除《元经》今存外，其余五代时已经全部失传。② 对于续《六经》的撰述旨趣，《中说》中有所交代，其曰：“吾续《书》以存汉晋之实，续《诗》以辨六代之俗，修《元经》以断南北之疑，赞《易》道以申先师之旨，正《礼》《乐》以旌后王之失，如此而已矣。”③ 就是要结合当时社会、思想和学术，将春秋战国之后社会各方面的变化都反映到所续《六经》中去。从这个解说可知，王通续《六经》之作，包含了大量历史内容。在王通的历史教育思想中，特别值得一提的是，他提出了“三经亦史”的经史观。王通说：“昔圣人述史三焉：其述《书》也，帝王之制备矣，故索焉而皆获；其制《诗》也，兴衰之由显，故究焉而皆得；其述《春秋》也，邪正之迹明，故考焉而皆当。此三者，同出于史而不可杂也，故圣人分焉。”④ 在王通看来，《尚书》《诗经》《春秋》分别是“备帝王之制”“显兴衰之由”和“明邪正之迹”的，它们“同出于史”。王通的“三经亦史”说至少在形式上对明清“六经皆史”的提出有启发作用。

隋朝私学历史教育的一个突出现象是《汉书》学的兴盛。《汉书》“包举一代”，以“宣汉”为旨趣的思想，符合隋朝极欲树立正统的政治需求，《汉书》宣扬的“汉承尧运”和五德终始说，成为正统史学的代表作，这样的政治需要与《汉书》学的学术研究相结合，共同促成了隋朝繁荣一时的《汉书》学研究。《汉书》学大家往往学有师承，并传授其学于门生弟子，章学诚对于《汉书》学的传授概况作如是说：

---

① 王绩：《游北山赋》自注，载董浩等编《全唐文》卷131，第1317页。

② 陈启智：《王通生平著述考》，《东岳论丛》1996年第6期。

③ 王通：《中说》卷6，四部丛刊本。

④ 王通：《文中子·中说》卷1，《王道》，阮元注本，凤凰出版社2017年版，第2页。

> 班固《汉书》，自固卒后，一时学者，未能通晓。马融乃伏阁下，从其女弟受业，然后其学始显。夫马、班之书，今人见之悉矣，而当日传之必以其人，受读必有所自者，古人专门之学，必有法外传心，笔削之功所不及，则口授其徒，而相与传习其业，以垂永久也。迁书自裴骃为注，固书自应劭作解，其后为之注者，犹若干家，则皆阐其家学者也。[①]

具体来讲，从对《汉书》的历代阐释来讲，“始自汉末，迄乎陈世，为其注解者凡二十五家，至于专门受业，遂与《五经》相亚”。[②] 与历代《汉书》学的繁盛相比，隋朝可谓有过之。纵观有隋一朝，主要的《汉书》学学者，文帝时的刘臻、姚察，炀帝的萧该、包恺堪为代表，他们的著述和传授成为唐代颜师古注《汉书》的基础。

刘臻“精于《两汉书》，时人称为汉圣”[③]。他的学生杨汪“专精《左氏传》，通《三礼》。解褐周冀王侍读，王甚重之，每曰：‘杨侍读德业优深，孤之穆生也。’其后问《礼》于沈重，受《汉书》于刘臻，二人推许之曰：‘吾弗如也。’由是知名，累迁夏官府都上士”。[④] 姚察不仅是南朝梁、陈史大家，对《汉书》也颇为精通。“沛国刘臻窃于公馆访《汉书》疑事十余条，并为剖析，皆有经据。臻谓所亲曰：‘名下定无虚士’。”[⑤] 萧该“性笃学，《诗》《书》《春秋》《礼记》并通大义，尤精《汉书》，甚为贵游所礼。开皇初，赐爵山阴县公，拜国子博士。奉诏书与妥正定经史，然各执所见，递相是非，久而不能就，上谴而罢之。该后撰《汉书》及《文选》音义，咸为当时所贵”。[⑥] 阎毗“受《汉书》于萧该，略通大旨”。[⑦] 包恺“又从王仲通受《史记》《汉书》，尤称精

---

① 章学诚撰，叶瑛校注：《文史通义校注》卷3，《史注》，中华书局1994年版，第237页。

② 刘知幾撰，浦起龙通释：《史通通释》卷12，《序传》，第242页。

③ 《隋书》卷76，《文学列传》，第1731页。

④ 《隋书》卷56，《杨汪列传》，第1393页。

⑤ 《陈书》卷21，《姚察列传》，第349页。

⑥ 《隋书》卷75，《儒林列传》，第1715页。

⑦ 《隋书》卷68，《阎毗列传》，第1594页。

究。大业中，为国子助教。于时《汉书》学者，以萧、包二人为宗匠。聚徒教授，著录者数千人，卒，门人为起坟立碣焉。”李密即包恺学生，“师事国子助教包恺，受《史记》《汉书》，励精忘倦，恺门徒皆出其下。”①

由上可见，隋朝不但私学教育规模很大，私学教育内容虽然与官学一样，都是以经学教育为主。然而，从隋朝私学名师的学术素养、教学内容来看，历史教育无疑占据了重要地位；而隋代《汉书》学的兴盛，更是私学重视历史教育的突出表现。

结　语

综上所述可知，隋朝的历史教育取得了相当高的成就。在中国古代历史教育发展史上，隋朝的历史教育无疑是其中的重要环节，具有明显的承上启下作用。具体表现有三。

其一，国家开始具有掌握历史教育的强烈意愿。自春秋后期私学兴起以后，私家历史教育逐渐发展起来，成为官方历史教育的重要补充。魏晋南北朝时期，受门阀士族制度的影响，国家无力掌控历史教育权力，导致服务于士族利益的私家历史教育的兴盛。隋朝大一统政权的建立，不但在政治上结束了国家长期分裂的局面，而且在史学上高度重视掌控历史教育权力，旨在使历史教育观念能够充分体现统治者的意愿，服务于大一统政治的需要。唐朝初年正式确定史馆修史制度，这在一定程度而言是对隋朝史学政策的继续；而史馆修史制度的确立，则是中国古代国家掌控史权形成制度化的开始，体现了国家属意垄断历史教育权的愿望。从此以后，中国古代的历史教育更加重视体现统治者的意志。

其二，官、私学开始普遍重视历史教育。魏晋南北朝时期官学不显，

① 《隋书》卷70，《李密列传》，第1624页。

历史教育主要体现在私学中，谱牒与家训的编纂是这一时期私家历史教育发展的一大特色，谱牒宣传了等级与尚姓的历史教育观念，而家训则宣传了全身与保家、重家族与轻国家的历史教育思想。隋朝建国后，非常重视劝学行礼与尊师重教，重视文献典籍的搜集与整理，这为官、私学的兴起与历史教育的发展奠定了坚实的基础。官学重“五经”教育，而“五经”教育中的包含了历史教育内容；私学历史教育更加兴盛，不但与经学关系密切的《尚书》学、《春秋》学、《左传》学得到了发展，而且《汉书》学的成就颇为引人注目，学者对经史关系也作出了最初的探讨，王通的“三经亦史”说堪为代表。唐朝继承了隋朝的兴学传统，官学规模大于隋朝，私学也有一定的发展。唐朝官、私学教育依然以经学为主，历史教育在其中占有重要地位，而且呈现出日益受到重视的现象。

其三，对唐朝历史教育有着直接的影响。这主要表现在两方面，一是一些唐初历史教育家成长于隋朝。如《北齐书》的主修者李百药，其父李德林在隋朝时就奉诏撰写《齐书》38卷，李百药成为唐初重要史家和历史教育家，与其史学家学密不可分。同样的情况还有《梁书》《陈书》的主修者姚思廉，所撰二书也是在其父姚察梁史、陈史撰述的基础上完成的，显然也是属于家学传承。他们的历史编纂成就，成为唐初以史为鉴历史教育思潮的重要成果。二是隋朝的经史教育对于唐初有重要影响。以人称“二刘”的刘焯和刘炫为代表，他们在经学和史学上都有颇深的造诣，其“五经”学成就对于唐初群经正义有着重要影响，清人皮锡瑞就说：“隋之二刘，冠冕一代。唐人作疏，《诗》《书》皆本二刘。”① 孔颖达也有具体说明，所作《毛诗正义序》说：“近代为义疏者，有全缓、何胤、舒瑗、刘轨思、刘丑、刘焯、刘炫等。然焯、炫并聪颖特达，文而又儒。擢秀干于一时，骋绝辔于千里；固诸儒之所揖让，日下之所无双。于其所作疏内，特为殊绝。今奉敕删定，故据以为本。”②《尚书正义序》也说：“其为正义者，蔡大宝、巢猗、费甝、顾彪、刘

① 皮锡瑞：《经学历史》，第196页。
② 孔颖达：《毛诗正义序》，《十三经注疏》上，上海古籍出版社1997年版，第261页。

焯、刘炫等。其诸公旨趣。或多因循；帖释注文，义皆浅略。惟刘焯、刘炫最为详雅……今奉明敕，考定是非；谨罄庸愚，竭所闻见。”① 可见二刘“五经”学对于唐朝《五经正义》的纂成影响之大。

（原载《陕西师范大学学报》2022 年第 3 期）

① 孔颖达：《尚书正义序》，《十三经注疏》上，第 110 页。

宋代士大夫灾异论再认识

——以苏轼为切入点*

刘力耘

中国古代的灾异论，是有关灾、异现象的生成、意指和应对的论述，本质上是“天”的内涵、天人关系认识的反映。学者认为，唐中期至宋代是士大夫灾异论的质变期，主要表现为：一是灾异生成方面，天谴、天人感应①的观念受到有力批判，士大夫普遍地不再相信灾、异现象由过往人事而引发，或为预示未来人事而出现；二是灾异意指方面，士大夫逐渐抛弃事应说，即一种成型于汉代，以阴阳五行等学说为基础，认为某一灾、异现象表示某种政务过失、德性有亏，或某类人事即将出现的理论；三是灾异应对方面，士大夫也由主张修正某事的“有限”应对，变为强调修德的“无限”应对。②

唐代柳宗元、刘禹锡通常被视为质变期最明显的起点。二人对天谴、天人感应观的批判，最早在马克思主义史学家标举唯物主义和无神论思

* 本文是中国社会科学院青年科研启动项目“唐宋士大夫灾异论再认识”（2022YQNDD024）的阶段性成果。

① 天谴论和天人感应论都属于天人相关思想，本文在以下意义上使用这两个概念：天谴论中的“天”侧重人格神的含义，即灾异是“天”有意降予人间的谴责或警示；天人感应论中的“天”侧重阴阳自然的含义，而灾异与人事通过阴阳流行、气化感应的方式联结。也有学者将这两种思想形态统称为“天人感应”思想。冯禹：《论天人感应思想的四个类型》，《孔子研究》1989年第1期。

② ［日］沟口雄三：《中国的思维世界》，刁榴等译，生活·读书·新知三联书店2014年版，第1—64页；［日］沟口雄三：《论天理观的形成》，载［日］沟口雄三、小岛毅编《中国的思维世界》，孙歌等译，江苏人民出版社2006年版，第220—240页；陈侃理：《儒学、数术与政治：灾异的政治文化史》，北京大学出版社2015年版，第259页。

想的叙述中得到重视和推崇。[①] 其后，学界将二人与宋代若干主张天人相分、称灾异为常数的言论连接，推断二者天人不相预的观点在宋代曾产生广泛影响。而自欧阳修等撰《新唐书》始，正史《五行志》确立“著其灾异，而削其事应”的书写原则，被作为事应说衰落的有力证据。天谴、天人感应观和事应说的衰落，又和五德终始说退出历史舞台、儒家经学排斥纬学等现象一起，被整合进一条理性化的发展脉络中，与宋代近世说暗合。[②]

然而，事应说衰落的判断，却和宋代史籍中随处可见的、运用事应说解读灾异意指的情形相矛盾。对此，学者进一步提出：北宋士大夫虽已拥有若干“科学”认识，但为限制皇权不得不坚持天谴事应说；因此，他们在学术作品（主要指经学著作）中批评事应说，而在面向皇帝议论朝政时，又以事应说解读灾异。[③] 本文称这种观点为“场合说”。总言之，北宋这一处在质变期中间时段的灾异论，被认为具有事应说逐渐衰落的“进步趋势论”和“场合说”两种显著特征。不符合这两种特征的人物或言论，则无法获得价值肯定或索性被忽视，苏轼就是典型例子。

成书于汉代的《洪范五行传》（下文简称《洪范传》）、《汉书·五行志》（下文简称《汉志》）建立起完整的灾异事应体系，汉唐间各正史《五行志》（或《天文志》《灵征志》等）巩固、传承着这一体系。青年苏轼在制科策论中批评《洪范传》《五行志》的灾异意指解读是“诸儒牵合之论”；中年在奏疏中避免灾异事应解读；晚年注解《尚书》，却又反复强调不可轻易废弃《洪范传》。足见其灾异论既不符合“进步趋势论”，也不符合“场合说”。在唐宋思想史、苏轼人物研究中，苏轼的灾异论极少被关注；而在宋代《尚书》学、《洪范》学研究中，其又因不

---

① 侯外庐主编：《中国思想通史》第 4 卷（上），人民出版社 1959 年版，第 352—375 页。

② 孙英刚：《神文时代——谶纬、术数与中古政治研究》，上海古籍出版社 2015 年版，第 1—8 页。

③ ［日］小岛毅：《宋代天谴论的政治理念》，载［日］沟口雄三、小岛毅编《中国的思维世界》，孙歌等译，第 281—328 页。陈侃理在分析唐代日食观念时，也明显地受到此说的影响。陈侃理：《儒学、数术与政治：灾异的政治文化史》，第 220 页。

符“进步”趋势而遭到批评。[①]

如果暂且摒弃后见之明般的价值评判，疑问随之而来：苏轼的灾异论有何特征？缘何与学界梳理的“时代潮流”不合？他晚年注解《尚书》肯定《洪范传》，背后有怎样的思想演变脉络？本文在宋代政治、思想的语境中梳理苏轼一生的灾异论及变化，揭示其思考和回应时代问题的努力，解答上述疑惑；并以苏轼为切入点，通过旁征众家的灾异论、重新检讨主流史料，尝试反思、充实学界关于宋代灾异论、天人关系的认识。

一　两种事应解读原则的冲突

仁宗嘉祐六年（1061 年）八月，二十六岁的苏轼试制科。[②] 考题以仁宗的口吻承认当年六七月发生的“日食于朔”“淫雨过节”和“江河溃决”等灾异缘于皇帝的过错和政务的阙失，并询问考生依据《洪范传》和《吕氏春秋》“十二纪”，如何施政才能使五行各得其性、顺应四时节气，从而避免灾异。[③] 苏轼的回答开篇便亮明立场：《洪范传》和正史《五行志》属“牵合之论”，他打算提供简明而准确的灾异意指解读。[④] 那么，苏轼的灾异解读与《洪范传》《五行志》有何不同？

（一）苏轼的灾异新解

先看对日食的解读。《汉志》的日食解读路径，大致可分为两种。一种是班固的解读：“上失中，则下强盛而蔽君明也。”如此便会“病天

① 刘起釪：《尚书学史》，中华书局 1989 年版，第 268 页；张兵：《〈洪范〉诠释研究》，齐鲁书社 2007 年版，第 113—116 页。

② 李焘：《续资治通鉴长编》卷 194，嘉祐六年八月乙亥，中华书局 2004 年版，第 4710 页，以下简称《长编》。

③ 苏轼：《苏轼文集》卷 9《御试制科策一道（并策问）》，孔凡礼点校，中华书局 1986 年版，第 289 页。

④ 苏轼：《苏轼文集》卷 9，第 295—296 页。

气”，导致“五行沴天”，引发日食、月食和星变等天文异象。[①] 此解的指向是人事阙失导致异象出现，属“回溯型”，[②] 或“有应才有征”类灾异论。[③]

另一种解读路径多来自京房、董仲舒、刘向、刘歆等人，属“预言型”灾异论，即某次日食预示将会发生某类事件。引入星占学，解读十分细致复杂，如日食的程度、持续时长、发生频率、颜色，以及与其他气象或地质灾害的伴随情况等，分星分野、二十八宿的特殊寓意等均可能影响解读结果。[④]

《汉志》所录日食的星占解读模式，在其后的《五行志》中不断重现。此外，针对日食意指，一种简明的、阴阳模式的事应解读，也已见于汉代政治：

> 日蚀地震，阳微阴盛也。臣者，君之阴也；子者，父之阴也；妻者，夫之阴也；夷狄者，中国之阴也。《春秋》日蚀三十六，地震五，或夷狄侵中国，或政权在臣下，或妇乘夫，或臣子背君父。[⑤]

这种视日食为阴侵阳之象，以对应阴的人事范畴（臣、子、妻、夷狄）妨害对应阳的人事范畴（君、父、夫、中国）作为日食意指的观念，一直延续到北宋政治中。

以仁宗朝为例。程琳（1038 年）、叶清臣（1040 年）着眼于皇帝，强调君主乾刚之道不足，或君德、君政有缺陷，导致出现日食。[⑥] 刘敞（1054 年）着眼于大臣，预言宰执“蔽君之明、止君之善、侵君之权、

---

① 《汉书》卷 27 下之上《五行志》第 7 下之上，中华书局 1962 年版，第 1458—1459 页。

② 陈侃理：《儒学、数术与政治：灾异的政治文化史》，第 175—180 页。

③ 游自勇：《中古〈五行志〉的“征”与“应”》，《首都师范大学学报》2007 年第 6 期。

④ 《汉书》卷 27 下之下《五行志》第 7 下之下，第 1479—1506 页。

⑤ 《汉书》卷 60《杜周传》，第 2671 页。“阴侵阳”的事应也可集中于君主一人，即“君道有亏，为阴所乘”。司马彪撰，刘昭注补：《后汉书志》第 18《五行六》，中华书局 1965 年版，第 3357 页。

⑥ 《长编》卷 122，宝元元年六月戊子，第 2874 页。赵汝愚编：《宋朝诸臣奏议》卷 39《上仁宗论日食》，北京大学中国中古史研究中心校点整理，上海古籍出版社 1999 年版，第 393—394 页。

增君之过、依势作威”而“得以罔上”的情形，会引发日食。[1] 吴及（1059 年）则同时述及这两种解读。他称“日食者，阴阳之戒，在人事则臣陵君，妻乘夫，四夷侵中国”，即以君弱臣强解读日食。不过，至和二年（1055 年）六月，屡遭御史弹劾的陈执中罢相，文彦博、富弼拜相，“士大夫相庆得人”。[2] 此后一直到苏轼应制举（1061 年），士大夫多批评仁宗不能振奋，少言有权臣。故吴及接着说，当今并无“臣陵君”“妻乘夫”和“四夷侵中国”，日食缘于仁宗“渊默临朝”，不能振奋而节制亲幸、选任将帅。[3]

可见在苏轼应制举之前，仁宗朝士大夫面对皇帝时，多采用“回溯型”、阴阳事应说解读日食。日食被简单地视作由“臣掩君”或君道有亏所致。苏轼的策论则不同：

> 夫日食者，是阳气不能履险也。何谓阳气不能履险？臣闻五月二十三分月之二十，是为一交，交当朔则食。交者，是行道之险者也。然而或食或不食，则阳气之有强弱也。今有二人并行而犯雾露，其疾者，必其弱者也。其不疾者，必其强者也。道之险一也，而阳气之强弱异。故夫日之食，非食之日而后为食，其亏也久矣，特遇险而见焉。[4]

关于日食的生成，历家和儒家存在对立认知，前者认为是常数，可推算而知；后者认为是灾异，由政教所致。[5] 历家的日食测算技术虽趋成熟，但终究无法完全准确地预知日食的时间和食分，而推算结果与经典记载也常有不合，这都为儒家灾异论提供了反驳空间。如与苏轼过从甚密的孔文仲，在神宗熙宁三年（1070 年）试制科时，就以历家测算与

---

① 《长编》卷 177，至和元年十一月丙戌，第 4293 页。

② 《长编》卷 180，至和二年六月戊戌，第 4353 页。

③ 《长编》卷 189，嘉祐四年正月丙申，第 4546—4547 页。

④ 苏轼：《苏轼文集》卷 9《御试制科策一道（并策问）》，第 295 页。

⑤ 叶梦得（1077—1148）言：“日食之说，古今莫能为定论。历家则主度数，儒家则主灾异，二者不能并行。为度数则非灾异，为灾异则非度数。”叶梦得：《春秋考》卷 3《统论》，武英殿聚珍版丛书本，广雅书局，光绪二十五年（1899），第 5b 叶。

《春秋》不合为由，坚持日食为“天人相与必然之应”。[①]

苏轼策论所言每五又二十三分之二十月，日月交会，发生日食，出自《春秋左传正义》所引刘歆三统历，属历家认识。孔颖达依据历法言日食是“历之常”，日食灾异论只是“古之圣王因事设戒”。[②] 苏轼不以为然。他认为，虽然“交当朔则食”，但“交当朔”只好比是险阻，如果阳气强盛，能克服险阻，便不会出现日食；反之，如果阳气亏弱，未能克服险阻，就会发生日食。日食表明阳气久亏，只是在遇到险阻（“交当朔”）时才显现出来。这种灾异生成方面的新理论，也见于程颐：“天人之理，自有相合。人事胜，则天不为灾；人事不胜，则天为灾。人事常随天理，天变非应人事……如汉儒之学，皆牵合附会，不可信。”[③]

“祁寒暑雨”本是规律性的、独立于人的自然现象，但若“人事不胜”或“德不胜”，不能克服或抵御，就会演变为灾异。应当明确，程颐仅否认灾异是“天”有意地、直接地降予人间的事物（“非天固欲为害”“天变非应人事”），并不否认灾异源于人事或德性有亏。换言之，人的过失引发灾异，这一传统灾异论的内核并未动摇；变化只在于意志之“天”被抛弃及自然现象规律的、自发的特征被认知，但后者被成功糅进“灾异”观念。

这种含纳常数说的灾异论，只是在灾异生成层面告别了天谴观，但不必然妨碍在灾异意指层面沿袭事应说——这不仅符合逻辑，也符合历史事实。苏轼策论中的日食解读，就是例证。他吸收、回应历家的常数论，同时也沿袭传统的阴阳事应说解读日食意指。只不过，他并未如刘敞所称日食意指为阴阳对立，即“臣陵君”。当时富弼丁忧尚未起复，

---

① 孔文仲：《制科策》，曾枣庄、刘琳主编《全宋文》卷1760，上海辞书出版社、安徽教育出版社2006年版，第8页。南宋杨简认为，历家对于日食不能每算皆中，即便是“历家咸服”的唐人一行，“所中十仅七八”；诸儒只是“泛闻历算每中，不究其详”，才会说日食是定数。杨简：《慈湖先生遗书》卷15《家记九》，《杨简全集》第9册，董平校点，浙江大学出版社2016年版，第2199页。

② 《春秋左传正义》卷10，《十三经注疏》下，中华书局1980年影印本，第1780页。

③ 程颢、程颐：《河南程氏外书》卷5《冯氏本拾遗》，《二程集》上，王孝鱼点校，中华书局2004年版，第374页。

韩琦独相。韩琦与苏洵交好，曾召苏洵“试舍人院”；[①] 加之，当时士论少言有权臣，故苏轼于情于理都会避免暗示君弱臣强的政治局面。

此外，苏轼也未如程琳、吴及等人称日食所指为君主乾刚之道有亏，这应当是考虑到此次日食的特殊性。据《长编》载：“初，司天言当食六分之半。是日未初，从西食四分而云阴雷电，顷之雨。浑仪所言不为灾。”[②] 依照惯例，推测应当发生的日食未发生，或未达到测算的食分，表示君主圣德转灾为福，大臣会“奉表称贺”。[③] 与王畴、司马光一样，[④] 苏轼也反对这种“徼异为祥”的做法。因此，他的日食新解虽然承认当年六月的日食（食不及分）表示阳气盛（“出于险”），但并未采纳阳气对应君主乾刚之道的普遍观念。苏轼认为，食不及分、当食未食、“既食而复”等仅意味着阳气盛，克服险阻而已，并不表示君道胜出，自然不值得庆贺。阴阳不平，不能视作“无灾”“免咎”。那么，阳气的人事对应什么？苏轼将在接下来解读淫雨、大水时作出回答。

《五行志》中，淫雨、大水的意指大多属阴盛类的人事。但苏轼已称当年六月的日食表示阳气盛，那么，他又当如何解读淫雨、大水，以避免同时期的三种灾异的意指相互矛盾呢？苏轼道：

> 夫淫雨大水者，是阳气融液汗漫而不能收也。诸儒或以为阴盛。臣请得以理折之。夫阳动而外，其于人也为嘘，嘘之气温然而为湿。阴动而内，其于人也为噏，噏之气冷然而为燥……是故阳气汗漫融液而不能收，则常为淫雨大水，犹人之嘘而不能噏也。[⑤]

“诸儒或以为阴盛”，是《五行志》塑造的解释传统，也是北宋士大

---

① 《长编》卷 192，嘉祐五年八月甲子，第 4639—4640 页。苏洵最先由雷简夫推荐给韩琦，嘉祐二年苏轼进士及第后，作《上韩太尉书》言“太尉与大人最厚”，恐不全是客套之语。苏轼：《苏轼文集》卷 48，第 1382 页。

② 《长编》卷 193，嘉祐六年六月壬子，第 4672 页。

③ 陈侃理：《儒学、数术与政治：灾异的政治文化史》，第 229—235 页；赵贞：《唐宋天文星占与帝王政治》，北京师范大学出版社 2016 年版，第 189—194 页。

④ 《长编》卷 193，嘉祐六年六月壬子，第 4672—4673 页。

⑤ 苏轼：《苏轼文集》卷 9《御试制科策一道（并策问）》，第 295—296 页。

夫普遍接受的观念。然而，为统合食不及分的日食和淫雨、大水三者的意指，苏轼在策论中只得背离《五行志》的解释传统，借助另一思想资源，提出雨水过度是阳气“汗漫而不能收”，即阳盛。

《尚书大传》言：“阳盛，则吁荼万物而养之外也，阴盛，则呼吸万物而藏之内也。”郑玄注言：“吁荼，气出而温；呼吸，气入而寒。”[①] 苏轼或受此启发，称阳为天地“嘘之气，温然而为湿”，证明淫雨、大水是阳盛所致。此外，“阳主德，阴主刑，德不可以独任，德过则弛”，也是当时的共识。[②] 苏轼又基于此，称阳盛缘于仁宗的宽纵态度，即“万事惰坏而终无威刑以坚凝之”，就像“人之嘘而不能噏”。二十多年后，他仍持这种针对仁宗朝政治的批评：“今朝廷欲师仁祖之忠厚，而患百官有司不举其职，或至于媮。”[③]“媮”即“万事惰坏”。

可以说，苏轼制科策论中的灾异解读，相较他批评的《洪范传》《五行志》，有三点显著不同。其一，《五行志》中有大量“预言型”事应灾异论，而苏轼的解读都属“回溯型”事应灾异论。一般而言，宋代司天监官针对灾异的意指解读，多为预言性质的占词；士大夫因灾异进言的时政批评，自然属“回溯型”灾异论。[④] 前者侧重指示未来的吉凶而非溯源过往的人事错误，而吉凶并不必然由人事所致。在儒家经学传统中，似更强调人事过失引发灾异的一面。[⑤]

其二，苏轼采用阴阳事应说解读灾异意指，未袭用《洪范传》的五行事应说。五行事应说中，五事之失和政事之失的内容范围较窄，所指相对确定；而阴阳范畴所对应的人事种类非常多，以阴阳事应说解读灾异意指更为灵活，涵盖面更广。而苏轼关于日食的解读，也折射出儒家

---

① 《尚书大传》卷1下，《四部丛刊》经部第45册，商务印书馆1929年影印本，第2b叶。

② 钱彦远：《上仁宗答诏论旱灾》，《宋朝诸臣奏议》卷40，第401页。

③ 苏轼：《苏轼文集》卷7《试馆职策问三首》，第210页。此策问作于元祐元年（1086年）。

④ 北宋士大夫似乎很少有灾异预占的进奏，仅见一例。王禹偁：《上真宗论黄州虎斗鸡鸣冬雷之异》，《宋朝诸臣奏议》卷37，第369—370页。

⑤ 如服虔、刘炫解释《左传》中周内史言“是（按指陨石于宋、六鹢退飞）阴阳之事，非吉凶所生”时，批评鲁襄公“不问己行何失，致有此异，乃谓既有此异，将来始有吉凶”，才是“失问”。《春秋左传正义》卷14，《十三经注疏》下，第1808页。

灾异论含纳历家常数说的努力和成功。

其三，苏轼称淫雨、大水属阳盛，与《五行志》不合。不过，在董仲舒的灾异解读中，即有“积阴生阳”之说，阴阳之间的转化，使火灾意指既可解读为阳盛对应的人事，也可为阴盛对应的人事。[1] 苏轼虽未援董仲舒之说为据，但在改变共识中阴阳过节对应的灾异种类这一点上，是相同的。

苏轼的制科策论折射出在政治场合解读灾异意指，特别是同时解读多种灾异的意指来批评弊政，颇具难度和违背灾异解释传统的风险。对士大夫而言，面向皇帝解读灾异的意指，通常需“据经义”“傅时事”，[2] 有时还需“援旧例”。然而一旦引入时政因素，就很难避免解读中有选择性地依循不同的解释模式，借助其他思想资源改造《五行志》塑造的解释传统，挑选或回避某些灾异等情形。以仁宗景祐时期为例。

景祐元年（1034 年），李淑上奏论及旱灾所致歉收，引《洪范传》“僭常旸若”“土爰稼穑”，称朝廷对于大臣、宗室、妃嫔等“爵赏过授，近于僭差”，导致旱灾；又因“土于人其性信”，而朝廷“号令迭改，非示信悫”，导致稼穑不成。[3] 依照《洪范传》五行事应说，“稼穑不成”的咎因是“治宫室，饰台榭，内淫乱，犯亲戚，侮父兄”；且《汉志》言“稼穑不成”指无水旱之灾而歉收，李淑的解读不合于解释传统。不过，在五行思想中，五行中的土与五常中的信对应。[4] 他正是据此，提出诏令无信导致歉收。李淑与苏轼一样，都因时政而改造灾异解释传统；改造所依据的，也都是士大夫共享的思想资源，以期获取共识。

景祐四年（1037 年），韩琦先后因火灾、地震、星变和冬无积雪等灾异上疏仁宗。他援《洪范传》五行事应说解读火灾，以阴阳事应说解读地震，又“考前史所载”，即援旧例解读星变，表现出对不同解释模式的选择性运用。[5] 五年，宋祁上疏论星变、地震和火灾，虽言“顷岁

① 《汉书》卷 27 上《五行志》第 7 上，第 1326 页。

② 刘敞：《上仁宗论灾变宜使儒臣据经义以言》，《宋朝诸臣奏议》卷 41，第 416 页。

③ 《长编》卷 114，景祐元年二月乙未，第 2663—2664 页。

④ 《汉书》卷 21 上《律历志》第 1 上，第 971 页。

⑤ 韩琦：《上仁宗论火灾地震》《上仁宗论星变地震冬无积雪》《上仁宗论众星流散月入南斗》，《宋朝诸臣奏议》卷 38，第 374—378 页。

以来，灾眚数见，依类托寓，异占同符”，但仅援引《汉志》的地震解读，所提议的救政方案也属“助阳抑阴之术”，是传统解读中针对地震的应对方式，此即有意识地挑选或回避了某些灾异。[①]

苏轼制科策论和上述景祐三例所呈现的、在灾异意指解读方面的种种“灵活”特征，事实上普遍存在于北宋士大夫面向皇帝的灾异论中。这些“灵活”解读仍旧沿袭着《洪范传》《五行志》的事应模式，表现为经史传统与现实关怀的融合，实是汉代以来儒家灾异论的本质。不过，站在皇帝的角度，面对灵活而缺乏一定之规的灾异意指解读，难免感到困惑，自觉无法准确地体察“天心”、读懂“天意”，不知是何过错导致天降灾异，也不知灾异预示着什么前景，更无法评判士大夫口中灾异所示时弊是否确然、孰是孰非。对此，仁宗皇帝深有感触。

（二）《洪范政鉴》的设计与目标

仁宗（1022—1063 在位）坦言：

> 间或休嘉之来，惧省不类；眚异之见，儆畏厥繇。宸宫余闲，汜览史籍。《洪范》之说，缅然可寻，而伏、郑所编，靡闻全录。歆、向作传，散布群篇。后则京、夏诸儒，衍绎证兆。简牍广记，颇末弗齐。不有汇分，何从质信？亦尝取日官之奏，合书林之藏。参咨迩臣，覆究曩例。守历者有拘牵之累，抱椠者有傅致之讥。执术未通，即事罕据。[②]

亲政不久，仁宗就表现出对灾异解读的重视。景祐元年（1034 年），他询问晁迥“《洪范》雨旸之应”，可见一斑。[③] 然而，仁宗虽因常怀警惕畏惧之心而“汜览史籍”，欲求灾异意指，但伏生、郑玄等汉儒的解读散乱、繁复，无法依据，只得利用日官奏报和宫中藏书，与近臣研讨，分析旧例，仍不能满意。在他看来，一方面，司天监官（守历者）的灾

① 宋祁：《上仁宗论星变地震火灾》，《宋朝诸臣奏议》卷 38，第 378—379 页。

② 赵祯：《洪范政鉴 · 序》，北京图书馆出版社 2004 年影印本。

③ 《长编》卷 115，景祐元年九月辛丑，第 2699 页。

异意指解读因须严格依据占书给出，[①] 故难免拘泥于繁复的规则，且脱离于政治情境。

宝元二年（1039 年），司天监官称习三式的“学者绝稀”，请求“加其俸秩以招来之”。仁宗向宰相表示：“阴阳家使人拘忌，又多诡怪迂诞之说，岂若观人事之实以应天道也！”[②] 北宋也有士大夫抨击司天监官等伎术官“不言人事而言天道”，“非圣人之徒也”。[③] “观人事之实”表明，相比伎术官遵循的推演阴阳、五行、卦、干支、方位、象和数等的灾异意指解读模式，仁宗更希望在政治情境中理解灾异意指。

另一方面，士大夫（抱椠者）的灾异意指解读，大体遵循《洪范传》、历代《五行志》塑造的解释传统。《五行志》的灾异意指解读，虽具备历史、政治情境，但自《汉志》始，就不断遭到“敷演”“附会”的批评。[④] 在北宋，批评者中不乏刘羲叟这样精通天文历算、数术占验之人。[⑤] 加之，士大夫的灾异意指解读，因不可或缺的时政维度而难免改造解释传统，缺乏规则感，更遭随意附会的非议。总之，在仁宗看来，伎术官和士大夫的灾异意指解读都有缺陷，“执术未通，即事罕据”，令他忧虑不已。

对此，仁宗的办法是汇编历代灾异意指解读：“遂采五均、六沴，前世察侯最稽应者，次为十二卷，名曰《洪范政鉴》。若语非典要，过涉怪谲，则略而不载。若占有差别，互存考验，则析而详言。”[⑥]

---

① 王应麟：《玉海》（合璧本）卷 3《天文》，中文出版社 1977 年影印本，第 90 页。徐松辑：《宋会要辑稿》职官 18 之 84、86、101，刘琳等点校，上海古籍出版社 2014 年版，第 3530、3531、3540 页。

② 《长编》卷 123，宝元二年二月庚午，第 2896 页。“拘忌”之说，古已有之。班固将阴阳家“拘牵”之弊与“人事”对举，言“阴阳家者流……及拘者为之，则牵于禁忌、泥于小数，舍人事而任鬼神”。《汉书》卷 30《艺文志》，第 1734—1735 页。

③ 李清臣：《易论上》，《全宋文》卷 1711，第 78 册，第 336 页。南宋陈经也称：“占书皆论天道，不及人事。”陈经：《尚书详解》卷 26，《景印文渊阁四库全书》第 59 册，台北商务印书馆股份有限公司 2008 年影印本，第 254 页。

④ 刘知幾著，浦起龙通释：《史通通释》卷 19，王煦华整理，上海古籍出版社 2009 年版，第 507、508、518 页。

⑤ 史称刘羲叟“以春秋时变异，考以《洪范》灾应，斥古人所强合者，著书十数篇。”刘羲叟精通天文历算，擅长占测之术，“视日月星辰以占国家休祥，未尝不应。”王应麟：《玉海》（合璧本）卷 3，第 88—89 页。

⑥ 赵祯：《洪范政鉴 · 序》，北京图书馆出版社 2004 年影印本。

《洪范政鉴》成书于康定元年（1040 年）十一月，[①] 辑录历代正史《五行志》等所载，属意“稽应”。对一些史志中缺少的“应”，会自行补足，以明异象有人事之应。[②] 而对一些史志记载缺少“应”又无法补足的灾异，则干脆弃而不取。[③]

可见仁宗编纂《洪范政鉴》，实是希望通过汇集、分类历史上已获验证的灾异意指解读，归纳出经验性、规律性的认识。一方面“观人事之实”，在政治史中找到解读灾异之法，弥补数术的缺陷；另一方面，也以之作为衡量士大夫诸般灵活解读的标尺。与占书不同，《洪范政鉴》寓人事于其中，[④] 因而较之数术占验，更能获得士大夫的认同。景祐、宝元、康定年间，仁宗命司天监官杨惟德等编纂了《景祐乾象新书》等近十部天文数术著作，且多亲为作序。[⑤] 士大夫作仁宗谥册文，却绝口不提这些，只称“述作之制，则有《洪范政鉴》，以考休咎之证，《神武秘略》，以论奇正之谋”。[⑥]

然而，士大夫虽肯定《洪范政鉴》提供政治语境、蕴含价值导向的特点，但无法接受不考虑时政因素，仅凭汇集的历史经验去解读当下的灾异。在士大夫看来，灾异意指须“傅时事”加以解读；[⑦] 而值得推崇的灾异意指解读也一定是“切于时宜、有裨朝论”的。[⑧] 如果只是手捧《洪范政鉴》按图索骥，意味着士大夫“傅时事”的解读维度受到损害，必然引起反弹。总言之，仁宗时期，针对灾异意指，士大夫灵活而缺乏一定之规的事应解读，和皇帝通过编纂《洪范政鉴》，确立固定的事应解读之规则的努力，构成矛盾和张力。通常被视作否定事应说的《新唐

---

① 《长编》卷 129，康定元年十一月丙辰，第 3055 页。

② 如“金不从革”类中郸城金凤皇、南齐明帝两条。《洪范政鉴》卷 7 之上《金行上》，第 479 页。

③ 如《隋书·五行志》中陈永定三年、东魏武定五年的两次火灾缺少事应部分，《洪范政鉴》并未收入这两条。《隋书》（修订本）卷 22《五行上》，中华书局 2020 年版，第 691 页。

④ 南宋光宗称“此书参人事而言，朕常置之坐右，退而诵叹”。卫泾：《后乐集》卷 10《辛亥岁春雷雪应诏上封事》，《景印文渊阁四库全书》第 1169 册，第 602—603 页。

⑤ 王应麟：《玉海》（合璧本）卷 3《天文》，第 85—88 页。

⑥ 苏颂：《苏魏公文集》卷 15《仁宗皇帝谥册文》，王同策等点校，中华书局 1988 年版，第 204 页。

⑦ 刘敞：《上仁宗论灾变宜使儒臣据经义以言》，《宋朝诸臣奏议》卷 41，第 416 页。

⑧ 苏颂：《苏魏公文集》卷 66《小畜外集序》，第 1010 页。

书·五行志》（以下简称《新唐志》）和《新五代史》，即产生于此历史语境中，而苏轼在熙宁至元祐时期的灾异论，也需置于其中去理解。

二　灾异意指解读的“消失”

关于灾异生成，《新唐志》肯定其缘于“政失其道”导致的“天地之气沴”，属天人感应观念。关于灾异意指，《新唐志》承认“考其所发，验以人事，往往近其所失，而以类至”，即确实可得出某类灾异由某种人事过失所致的规律性认识。可见，较之“灾变之来，必以类应”，[①]“谴告之来，必缘类至”等表述，[②]《新唐志》未言“以类至”是灾异的发生机制，仅称其为人的总结。基于此前提，《新唐志》进一步提出，“天地之大，固有不可知者”，“诸物种类，不可胜数”。只凭人由历史经验得出的认识解读灾异意指，必然“时有推之不能合者”。正因存在天地万物的无限性与人类经验的有限性之间的矛盾，人无法做到仅凭历史经验建立一套固定的、准确的灾异意指解读模型。一旦出现“不能合者”，便会“使君子怠焉”，认为灾异是“偶然而不惧”。《新唐志》宣称这正是孔子作《春秋》“记灾异而不著其事应”的良苦用心。[③]

吕公著设想过另一种可能的不良后果。熙宁元年（1068 年），他因灾异上疏提出：在“灾异之来固不虚发”和灾异意指“盖亦难知”的双重前提下，君主应当“历考庶事，正所未正”，直接从时政中寻求、修饬弊政，才能转灾为福；如果只是依照经意牵强地解读灾异意指，再去附会时政，万一解读有误，没有准确把握灾异意指，导致救政错了方向，便会违背“天心”。[④]《新唐志》、吕公著对传统事应解读模式的批评，着眼于现实的利弊得失，而刘敞的批评以必须坚守某种原则来立论。他认

① 京西转运副使朱台符语。《长编》卷 44，咸平二年闰三月庚寅，第 936 页。

② 元符三年三月诏。《宋大诏令集》卷 155《日食四月朔四京德音》，中华书局 1962 年版，第 580 页。

③ 《新唐书》卷 34《五行一》，中华书局 1975 年版，第 871—873 页。《新唐书》于嘉祐五年（1060）编修完成并进呈。

④ 吕公著：《上神宗论淫雨地震》，《宋朝诸臣奏议》卷 42，第 431 页。

为，圣人才能知晓天命，对其他人而言，“天命决不可知”；如果非要“求知天命”，只能是“不得其指”而“以天欺人”。[①]

相比《新唐志》对灾异事应说的有限肯定，以及沿袭《洪范传》《汉志》等的灾异分类叙述体系，欧阳修（1007—1072）私撰的《新五代史》看起来走得更远。《新五代史》未设《五行志》，仅依照年份录星变、日食、地震等事。欧阳修提出：“圣人不绝天于人，亦不以天参人。绝天于人则天道废，以天参人则人事惑。”[②] 据《左传》，周内史称发生在宋国的石陨、鹢退是“阴阳之事，非吉凶所生”。孔疏认同杜预之说，认为周内史所言“阴阳之事”，指石陨、鹢退是“阴阳错逆所为，非人所生”，即并非人事过失所致。[③] 对此，欧阳修斥作“不亦又甚乎”，可见其“不绝天于人”。[④]

“以天参人”，即“以天占人”，当指从灾异之象出发，推知人事的过失或前景，如司天监官的星象、气象之占，如仁宗持《洪范政鉴》按图索骥、解读灾异的人事意指。西汉杨雄有言“史以天占人，圣人以人占天”。[⑤] 欧阳修认为，“以天占人”方面，天道难知，星辰运动不息，“占之有中有不中，不可以为常者，有司之事也”，即“以天占人”的结果不必然准确，故不可奉其为超越时空的绝对法则；“以人占天”方面，因“人事者，天意也”，故对于君主而言，“子生民，布德行政，以顺人心”，“修吾人事而已”。其中“不可以为常”“有司之事”等，都有针对仁宗及其《洪范政鉴》的意味。[⑥]

在仁宗誉《洪范政鉴》为“为政之丕鉴、有邦之善经”，希冀据之检讨时政的时代背景下，《新唐志》《新五代史》以人类认知的有限性为由，反对这种由灾异之象入手、仅凭《洪范传》和历史经验解读灾异意指，并以此解读作为评判时政标准、指明救政方向的灾异事应说，但问

---

① 刘敞：《畏天命论》，《全宋文》卷1287，第236—237页。

② 《新五代史》卷59《司天考二》，中华书局2016年版，第793页。

③ 《春秋左传正义》卷14，《十三经注疏》下，第1808页。

④ 欧阳修：《欧阳修全集》卷61《石鹢论》，李逸安点校，中华书局2001年版，第881页。

⑤ 汪荣宝：《法言义疏》卷11，陈仲夫点校，中华书局1987年版，第264—265页。

⑥ 《新五代史》卷59《司天考二》，第794页。

题也随之而来。首先，种种灾异究竟是如何产生的，《新唐志》《新五代史》对此并无兴趣和建树。其次，时弊到底该怎么评判，也因标准缺失将彻底变为各执一词。最后，也是最要紧的，如果只是“修吾人事而已”，与平常无异，那么灾异降临时就无需特殊的情绪和对待，灾异的意义实质上被消解了，尽管二者都不赞同灾异出于自然、与人事无关的论调。

在批评事应说时，《新唐志》《新五代史》“不可知论”的缺陷一目了然，王安石很可能是想弥补这些缺陷。首先，王安石有力地质疑灾异“以类至”的发生机制，不再含糊其词：“‘僭，常旸若’，‘狂，常雨若’。使狂且僭，则天如何其顺之也?”① 狂和僭可集于一人之身，常旸和常雨却不可能同时出现，《洪范传》的五行事应说存在逻辑漏洞。其次，他将“道”作为时政评判的标准，并在熙宁时期的政治中将其付诸实践。② 最后，他明确批评一种观点，即“或以为灾异自天事耳，何豫于我，我知修人事而已”。③ “知修人事而已”，正是《新五代史》灾异论的最终落脚点。王安石或许已经意识到，仅从时政出发检讨弊政、进而救政，会导致君主“固而怠”，不再为灾异所动，滑向“灾异自天事”的危险论调。

不过，王安石等人虽然从发生机制方面否定事应说，但对于各种灾异的发生机制，仍旧缺乏建设性探索和成果。他们反对“五行、五事不同而各有应，天以一气报一事”的观点，认为五行之顺沴、五事之得失是一个整体。④ 这种灾异发生机制方面的“整体论”，回避了问题的复杂性。换言之，在日常政治中，无论何时、何地出现何种灾异，除了表明君主失德或政事有亏，不能提供更多的信息，这就无可避免地和《新唐志》《新五代史》的“不可知论”殊途同归了。

---

① 王安石：《临川先生文集》卷70，载王水照主编《王安石全集》第6册，复旦大学出版社2016年版，第1265页。

② 刘力耘：《王安石〈尚书〉学与熙宁变法之关系考察》，《中国史研究》2019年第1期。

③ 王安石：《临川先生文集》卷65《洪范传》，载王水照主编《王安石全集》第6册，第1190页。

④ 陈舜俞：《说应》，《全宋文》卷1540，第32—34页。王安石的学生李清臣也有类似观点。《长编》卷206，治平二年九月甲戌，第5000页。

对于从熙宁到元祐时期的苏轼而言，他的灾异论就是在欧阳修、王安石奠定的基础上展开的。神宗熙宁十年（1077 年），苏轼代张方平上奏，谏神宗不可用兵西夏。奏疏称大举用兵会导致府库空虚、百姓穷困、盗贼猖獗，而“死伤愁怨，其终必致水旱之报”；认为大的政治作为应顺“天心”，“天心”向背呈现在灾祥、丰歉之中。各种灾异频发，表明“天”并不赞同近年来的政治举措。苏轼并未解读每种灾异的意指，只是统称各类灾异都是“天”对神宗开边举措的谴告。[①]

哲宗即位后，苏轼反对废除免役法、复行差役法。元祐三年（1088 年），哲宗因冬春“连月降雪异常”“久阴不霁”而降德音。[②] 苏轼上奏提出，差役法于民不便，“大雪过常，燰气不敷”正是复行差役法“感伤阴阳之和”导致的；如果不变革役法，“虽责躬肆眚，彻膳祷祠”，灾异还是会发生。[③] 在灾异意指的解释传统中，“政促迫”会导致过度寒冷。[④] 苏轼本可遵循解释传统，论证自己对役法的批评，但他仅称阴雪是由于时政弊端造成的阴阳不和。遵循传统可能是无意识的，但若反叛传统，背后当有明晰的主张。此外，元祐五年（1090 年），哲宗因旱灾下诏，苏轼在杭州任上应诏上奏，仍旧没有解读旱灾的人事所指，仅言市易法等具体的法令及其弊端。他只是笼统地说，太后和皇帝的仁心不能下及百姓，“致泽不下流”，除此之外并无一语涉及灾异。[⑤]

苏轼未曾道出他不再解读灾异意指的考量，只是用政治实践宣示着自己的立场。苏辙则先后两次申明原因。嘉祐六年（1061 年），苏辙在制科策论中提出“凶旱、水溢、虫蝗、霜雹、日食、地震、星辰陨坠”等，是“天之所为”，人无法知晓每种灾异的“所由来”，仅知“天下之政皆失其中，是以其气衰弱挫沮而不振”，便会出现灾异。[⑥] 这是《新唐志》《新五代史》等灾异意指认识方面的“不可知论”和王安石等人灾

---

① 苏轼：《苏轼文集》卷 37，第 1049、1051 页。

② 《宋大诏令集》卷 154《去冬连月降雪今春久阴德音》，第 576 页。

③ 苏轼：《苏轼文集》卷 28，第 807—808 页。

④ 《汉书》卷 27 中之下《五行志》第 7 中之下，第 1421 页。

⑤ 苏轼：《苏轼文集》卷 31《应诏论四事状》，第 875 页。

⑥ 苏辙：《栾城应诏集》卷 12《御试制策》，《苏辙集》第 4 册，陈宏天、高秀芳点校，中华书局 2017 年版，第 1356 页。

异发生机制方面的“整体论”的混合观点。

元祐三年（1088年），苏辙也因大雪上奏，提出依照“先儒论五行之说”，阴雪常寒是君主“听之不聪”、峻刑暴敛之罚，但哲宗即位以来，“革敝去烦，施惠责己”，并非如秦政般苛急，如果依照传统解读阴雪意指，“虽三尺童子不信也”。苏辙援引《尚书·高宗肜日》“惟先格王，正厥事”，提出“正厥事”当指“无常事也，惟因其非而正之耳”：

> 故臣窃推之古事，以为天大雷电以风，而成王应之以逆周公。卫国大旱，而文公应之以伐邢。夫亲任三公，非所以止风，而兴师伐人，非所以致雨。彼既为之不疑，而天亦报之如响者，诚得其时，当其事耳。[①]

在《洪范传》《五行志》塑造的灾异意指解释传统中，并非是未能“亲任三公”或“兴师罚人”才导致“天大雷电以风”或大旱；周成王和卫文公正是从现实政治中找到弊病并去纠正（“惟因其非而正之耳”），才重新赢得天心。

显然苏辙想要强调不可由灾异的样态、种类入手，仅据一套固定的解释体系来解读、应对灾异，要从时政中发现弊端并解决，这样才能真正消除灾异。因为从本质上来讲，天人之间以气相感，“苟朝廷无偏甚不举之政，则阴阳过差、浸淫烂熳、往而不反之气，宜可得而止也”。[②]苏辙所谓的“无常事也，惟因其非而正之耳”，与前引《新五代史》的“不可以为常”，以及吕公著的“历考庶事，正所未正”意同。

《新唐志》《新五代史》提倡的灾异意指认识方面的“不可知论”，和王安石等人主张的灾异发生机制方面的“整体论”，合力导向一种彻底的时政本位的灾异解读原则，可谓“新思潮”。在此时代思潮中，熙宁至元祐时期，每逢灾异，苏轼直接从时政出发向皇帝陈述弊政，完全抛弃事应解读模式，不再构建具体灾异和具体弊政之间特殊的逻辑关系。

① 苏辙：《栾城集》卷41《论阴雪劄子》，《苏辙集》第2册，第727页。

② 苏辙：《栾城集》卷41《论阴雪劄子》，《苏辙集》第2册，第726—728页。

三　回到《洪范五行传》

在《洪范政鉴》的压力下，北宋中期的士大夫之于灾异意指的事应解读，不乏回避倾向。他们面向皇帝的灾异论，往往直接从时政出发揭示弊政，并强调修人事以应天变，形成一种彻底的时政本位的灾异论。这种灾异论容易消解灾异之象带来的紧张气氛，造成人与天的疏离感。范祖禹进奏哲宗时，将“天道远而难知”和“日食自有定数”一道算作“邪人佞臣”的“误国之言”，即可为证。[1]

此外，这种灾异论不复关注灾异之象，其关注全在于何为弊政以及如何救政。但对此，言人人殊，士大夫之间既难以相互认同，更不易取得君主的认可。王安石虽然构建出政治的最高原则——天道，也因其与变法纠葛太深，无法获得包括苏轼在内的旧党的认同。[2] 对时政本位灾异论的这两个后果，苏轼应均有深刻体会。

元祐初年，苏轼因反对复行差役法而屡遭攻击，以致数次请求退出详定役法所，乞郡放外任。学者指出，役法之争是彼时旧党内部激烈党争的焦点。[3] 元祐二、三年间的冬春，适逢久阴常寒。哲宗的求言诏称“灾咎之发，事岂一端”，为士大夫各执一词埋下伏笔。苏轼认为“大雪过常，燰气不敷”，正是复行差役法“感伤阴阳之和”所致。[4] 枢密院怀疑，久阴缘于“夏人阴蓄奸谋”。[5] 苏辙又称朝廷优容，系纲纪法度不立引发阴雪。[6] 范纯仁则称

“君子少而小人多”导致阴雪。[7] 士大夫无法达成共识。对苏轼而

---

① 范祖禹：《太史范公文集》卷26《畏天劄子》，贾二强等点校，《儒藏》精华编219，北京大学出版社2014年版，第378页。

② 卢国龙：《宋儒微言：多元政治哲学的批判与重建》，华夏出版社2001年版，第14—40页。

③ 王水照、朱刚：《苏轼评传》，南京大学出版社2004年版，第381—385页。

④ 苏轼：《苏轼文集》卷28，第807—808页。

⑤ 《长编》卷408，元祐三年二月己卯，第9925页。

⑥ 《长编》卷408，元祐三年二月丙戌，第9932—9933页。

⑦ 《长编》卷408，元祐三年二月丁未，第9943页。

言，役法未能借此得以调整，他反由翰林学士出知杭州。

绍圣时期，苏轼贬居惠州，本“已绝北归之望”。绍圣二年（1095年），朝廷即将举行郊祀之礼，依照常例，贬谪的官员会得到恩赦。苏轼在给程之才的信中，热切地表达了希望：“恐可该此恩命，庶几复得生见岭北江山矣！”[①] 不料章惇建议哲宗，苏轼、吕大防等人“不当用恩赦期叙复”。对此，范纯仁忧愤上书言吕大防等人“窜谪江湖”，“或年齿衰残，或素有疾病”，恐怕客死异乡，会“有伤和气”，引发灾异，但终未能打动哲宗，苏轼北归的希望也就此破灭。[②] 这些经历，都化作苏轼关于仁宗朝以来灾异论的反思，沉淀在他晚年的经学著作中。

元丰二年（1079年）“乌台诗案”后，苏轼贬居黄州。面对“欲立异同”的指责，他希望不再仅被视作批评者，故决心抛弃“妄论利害，搀说得失”的“故我”，[③] 着手注解《周易》《论语》和《尚书》，以期“正古今之误，粗有益于世”。[④] 绍圣元年（1094年），苏轼责授宁远军节度副使，惠州安置，直至元符三年（1100年），一直贬居惠州、海南，不再有机会向皇帝提出政见。历经熙丰变法、元祐更化和绍述之政，苏轼最终在海南完成了《书传》十三卷。[⑤]

《书传》等三部经解完稿于晚年，寄托着苏轼一生的政治思考。他致信苏坚称：“但抚视《易》《书》《论语》三书，即觉此生不虚过。”[⑥] 又题诗言：“心似已灰之木，身如不系之舟。问汝平生功业，黄州、惠州、儋州。”[⑦] 黄州、惠州、儋州正是他元丰、绍圣时期完成三部经学著作的贬居之地。那么，《书传》持何种灾异论？

据注、疏，《尚书》中《高宗肜日》《金縢》所载商、周先王的事迹，蕴含着天谴观念。先看《金縢》。据经文，成王听信管叔等人的流

① 苏轼：《苏轼文集》卷54《与程正辅七十一首》，第1609页。

② 黄以周等辑注：《续资治通鉴长编拾补》卷12，顾吉辰点校，中华书局2004年版，第477—478页。

③ 苏轼：《苏轼文集》卷49《答李端叔书》，第1432页。

④ 苏轼：《苏轼文集》卷51《与滕达道六十八首》之21，第1482页。

⑤ 舒大刚：《苏轼〈东坡书传〉述略》，《四川大学学报》2000年第5期。

⑥ 苏轼：《苏轼文集》卷57《答苏伯固三首》，第1741页。

⑦ 苏轼撰，王文诰辑注，孔凡礼点校：《苏轼诗集》卷48《自题金山画像》，中华书局1982年版，第2641页。

言，怀疑周公的忠心。故“天动威，以彰周公之德”：“秋大熟，未获。天大雷电以风，禾尽偃，大木斯拔。”其后，成王启金縢之书而悔悟，出郊迎周公，“天乃雨，反风，禾则尽起”，“岁则大熟”。[①]《洪范》有“蒙，恒风若”，即君主蒙昧，则有风之灾。[②] 孔传据之言：“蒙，恒风若，雷以威之，故有风雷之异。”即成王蒙昧听信流言，引发天怒，“天大雷电以风”；最后“岁则大熟”等，是“周公之德感致若此”。[③]

《书传》完全接受传、疏，并再次强调：“大木既拔，筑之而复生，此岂人力之所及哉？予以是知天人之不相远。凡灾异，可以推知其所自。《五行传》未易尽废也。”[④]“凡灾异，可以推知其所自”，表明此时的苏轼已抛弃“不可知论”，而回归事应说，主张灾异意指可以推知，重新肯定《洪范传》五行事应说的价值。

在《高宗肜日》的注解中，苏轼谈及回归事应说的考量。《高宗肜日·序》言：“高宗祭成汤，有飞雉升鼎耳而雊。”孔传认为，雉飞到鼎耳上鸣叫是殷高宗“耳不聪”引发的异象。刘歆和郑玄则依照《洪范传》认为雉属羽虫，“雉升鼎耳”象征高宗“视不明”。刘、郑与孔传解读灾异意指虽有不同，但都属事应说。异象应对方面，孔传认为高宗应当“因异服罪改修之”，孔疏在此基础上增加“修德”。[⑤]

苏轼注解道：

> 或者乃谓先王遇灾异，非可以象类求天意，独正其事而已。高宗无所失德，惟以丰昵无过。此乃谄事世主者，言天人本不相与，欲以废《洪范五行》之说。予以为《五行传》未易尽废也……人君于天下无所畏，惟天可以儆之。今乃曰天灾不可以象类求，我自视无过则已矣。为国之害，莫大于此，予不可以不论。[⑥]

---

① 《尚书正义》卷8，上海古籍出版社2007年版，第499—502页。

② 《尚书正义》卷11，第474—475页。

③ 《尚书正义》卷8，第501—503页。

④ 苏轼：《书传》卷11，夏保国校点，《儒藏》精华编13，北京大学出版社2014年版，第252页。

⑤ 《尚书正义》卷15，第377—380页。

⑥ 苏轼：《书传》卷8，《儒藏》精华编13，第228—229页。

“以象类求天意”即灾异意指的事应解读。[①] 苏轼称，有人认为先王遭遇灾异，并不根据灾异的表象按其所属类别来推求上天的意指，只是修改政事的过失。此“或者”之语，与欧阳修等人倡导的“新思潮”、熙宁至元祐年间苏轼的立场一致。但至《书传》，苏轼的态度已发生逆转。

《书传》统合“天人本不相与”和“废《洪范五行》之说”，作为“谄事世主者”的观点，表明苏轼已经意识到：在“天”确能施以惩戒（“天可以儆之”）的前提下，弃置事应说会滑向消解“灾异”性质和君主不再畏天的可怕境地。若非如此，他完全不必退回到事应说，只需批评“灾异自天事”的观点即可。或许是不谋而合，苏辙虽在青年时期的制科策论、中年时期的奏疏进对中不断批评事应解读，但晚年也回向事应说：著《洪范五事说一首》，沿袭《洪范传》的五行事应框架，只是略微调整了具体的对应内容。[②]

苏轼之后，两宋之际，已有人明确指出欧阳修、王安石等人批评事应说，使得君主不再畏惧天变。[③] 高宗建炎元年（1127 年），许翰致信李纲称，从欧阳修首唱“天道不可考知之说”，至王安石“遂废《洪范》庶征”后，灾异的政治功能失效，使得“人君宴安平世，无复观天存变之意”，最终导致靖康之变；而北宋末年李纲因开封水灾论刺时政，[④]“当国者”不虚心接受，反而言“汉世灾异陋学，何足道于今日”，以“所论不当”为由将其贬谪外放，即是明证。许翰“叹恨学术害教，一至于此”，认为“汉儒灾异之说虽不无凿”，但若能“精而求之，则亦是在其中”，即肯定灾异意指的事应解读这一基本模式；强调“善言天者必有验于人，善言人者必有稽于天”，不可因“感变难知”就不去解读灾异意指。[⑤]

---

① 真德秀即指出“轼所谓以象类求者，谓《洪范五行》之说也”。真德秀：《大学衍义》卷 29《崇敬畏》，朱人求校点，华东师范大学出版社 2010 年版，第 459 页。

② 苏辙：《栾城三集》卷 8，《苏辙集》第 3 册，第 1226—1228 页。

③ 南宋理宗时期，这一认识已进入类书，成为普遍认识：“自郑子产有天道远之言，而后人主无敬心；自王安石有三不足之说，而后人主无畏心。”《群书会元截江网》卷 3《敬天》，《景印文渊阁四库全书》第 934 册，第 33 页。

④ 杨希闵：《李忠定公年谱》，载吴洪泽、尹波主编《宋人年谱丛刊》第 6 册，四川大学出版社 2003 年版，第 4105—4106 页。

⑤ 许翰：《许翰集》，刘云军点校，河北大学出版社 2014 年版，第 143 页。

南宋《尚书》学也沿着苏轼的反思展开。林之奇坚持天人之间通过“气”以类相感应，从灾异的发生机制方面肯定事应说。他认为，批评事应说的“有识之士”们，只是厌恶汉儒事应解读苛细、穿凿，才否认灾异意指“可以类求”；而这种否认不仅违背天人“以类而应”的事实，也会造成皇帝不再戒惧的恶果。他赞誉苏轼《书传》的灾异论是“至公之论”，强调不可矫枉过直，正确的态度应当是既不拘泥于汉儒的灾异意指解读，又“不失乎象类而求灾异”。[①] 真德秀也将《书传·高宗肜日》的灾异论录入《大学衍义》，并补充汉代王音之言：“天地之气，以类相应。遣告人主，甚微而著。”[②] 此即重申“天以一气报一事”的灾异发生机制。

陈经（庆元五年进士）则认为，“雉升鼎耳”的异象是“高宗心中之物形见于外”，即天地灾异均为君主念虑之所发；[③] 而在此种“感应”机制下，“感应之理，随类而至”，可见事应解读依旧有效。[④] 故陈经表示：“《洪范》五事庶征当不诬矣。”[⑤] 面向皇帝的日常政治中，也不乏此类论述。孝宗乾道六年（1170 年），张栻上奏称“天人一体，象类无间”，正是孝宗关于“君子小人之消长、治乱之势、华夷之形”的心意“欲定未定”，上天才以“乍阴乍晴”应之。[⑥] 由此可见，从北宋后期苏轼意识到回避灾异意指的事应解读具有消解“灾异”性质的危害，从而回归《洪范传》；至南宋中期，士大夫从学理上最终完成天人气感、念虑动天（灾异生成层面）与事类相应（灾异意指层面）的结合。

结 语

苏轼制科策论中的淫雨、大水解读，折射出士大夫灾异事应解读中

---

① 林之奇：《尚书全解》卷 21，《景印文渊阁四库全书》第 55 册，第 392—393 页。

② 真德秀：《大学衍义》卷 29《崇敬畏》，第 460 页。

③ 张九成即持此种灾异观。李春颖：《张九成基于心学思想的天人感应论》，《周易研究》2018 年第 4 期。

④ 陈经：《尚书详解》卷 18，第 192 页。

⑤ 陈经：《尚书详解》卷 26，第 260 页。

⑥ 《宋史全文》卷 25 上《宋孝宗三》，汪圣铎点校，中华书局 2016 年版，第 2095 页。

无法避免而普遍存在的“灵活”特质。这种融合经史传统与现实关怀的“灵活”事应说带给皇帝困惑。仁宗的《洪范政鉴》，就是意图从历代应验的灾异意指事应解读中归纳出经验性、规律性的认识，据此准确把握“天意”、评判士大夫的时政批评。但若仅凭历史经验按图索骥，士大夫灾异解读中的时政维度便无法展开。《新唐志》《新五代史》倡导灾异意指认识方面的“不可知论”，王安石等主张灾异发生机制方面的“整体论”。此二论反对事应说，推崇灾异意指解读的时政本位原则，是对仁宗意图的反弹。在此时代思潮下，熙宁至元祐时期，苏轼在奏疏中有意识地避免采用事应说解读灾异意指。

然而，元祐、绍圣时期的遭遇使苏轼认识到，弃置事应解读传统，回避灾异意指解读，完全从时政出发的批评，会导致关于灾异预示或遣咎的内容极难达成共识，从而丧失救政机会。并且，客观上会减轻皇帝对灾异的畏惧，使得灾异防范或应对大打折扣，即“知天意”是“遵循天”无法或缺的前提。又因北宋士大夫对各种灾异的生成原理缺乏探索兴趣和突破性认识，无法动摇天人一体的思维框架，故晚年的苏轼只能回到《洪范传》，重新肯定事应解读传统的价值。而回归事应说的立场，也在两宋之交及南宋的士大夫中得以延续。苏轼一生的灾异论，可谓两宋灾异论演变的一个重要面向。

学界以往有关宋代天人关系、灾异论的通行认识，或可在此得以修正和充实。在宋代，天人一体的观念并未遭受灾异常数说的成功挑战，反在天人气感、念虑动天的普遍观念下得到加强；事应说虽在北宋被暂时弃置，但其主要原因是为维护儒家灾异解读的时政维度，而非科学进步认识所致，故其在南宋重新回归，具有必然性。天人一体观、事应说均未走向衰落，故“趋势论”恐不契合宋代实情。加之，文中所举苏轼、苏辙等例，显见“场合说”纯属臆测。此说实是近代以来“政治”“学术”二分观念的投射。而灾异论是否能和五德终始说、纬学等一道论证所谓的宋代“理性化”，也当存疑。朱熹曾称“汉儒灾异犹自有说得是处。如战国邹衍推五德之事，后汉谶纬之书，便是隐僻”，对三者的态度并不一致。①

① 黎靖德：《朱子语类》卷63《中庸二》，王星贤点校，中华书局1986年版，第1531页。

此外，从本文的分析看，“事应”作为灾异意指的解读方式，可以与人格神的天谴观结合，也可以与理学化的理气观结合。因而在“天”的意涵由天谴之天向天理之天的转变中，事应说并不必然衰落，反而与理气观结合，形成气感类应的观念。有学者归纳唐中期至宋代的灾异论演变为：由“天谴事应”经“天谴修德”转向“天理修德”。[①] 也有学者指出唐宋灾异论的“质变”表现为天人气应相感观念取代事应说。[②] 但天人气感、事应、修德分别属于灾异生成、意指和应对三个不同的思想层面，实质上无法构成替代关系。[③] 由此可见，在灾异论分析中，只有将灾异生成、意指和应对剥离为三个思想层面，才能更准确地把握宋代的灾异论及其演变。

（原载《史学理论研究》2021 年第 6 期）

① ［日］沟口雄三：《中国的思维世界》，第 1—64 页。

② 韦兵：《星占历法与宋代政治文化》，博士学位论文，四川大学，2006 年，第 165 页。

③ 前引苏轼《书传·高宗肜日》既肯定事应说，又强调君主修德应对灾异，即是一例证。

两宋时期的兴亡论及其研究价值

胡楚清

兴亡论是中国古代先贤对朝代兴亡现象、原因及规律的理性思考及理论表达，与天人论、古今论、地理论、国家论等一样，是中国古代历史理论的一个层面。[①] 早在殷商时期兴亡论便有踪迹可寻，后来唐代朱敬则的《十代兴亡论》、权德舆的《两汉辨亡论》等都是兴亡论的代表著述，而两宋时期的兴亡论更令人瞩目。学界对两宋时期的兴亡论已有所关注，[②] 但目前的研究还不足以展现这一时期兴亡论的广泛性、深刻性及现实性。本文拟在已有研究的基础上对两宋时期兴亡论作一整体梳理，以期有所裨益，敬请方家指正。

一　两宋时期兴亡论的蓬勃发展

两宋内忧外患的历史形势及宋代史学的发展，推动了两宋士人对历代兴亡的热切考察，催生了丰富的兴亡论述。

---

① 参见瞿林东主编《中国古代历史理论》上，安徽人民出版社 2011 年版，“导论”，第 14 页。

② 有关两宋时期的兴亡论，参见庞天佑《中国史学思想通论·历史盛衰论卷》，福建人民出版社 2011 年版；吴怀祺：《〈资治通鉴〉的价值和司马光的历史观》，《史学史研究》1988 年第 2 期；蔡瑞霞：《〈稽古录〉的历史兴亡论》，《史学史研究》2001 年第 2 期；瞿林东：《说魏晋隋唐间的兴亡论——对中国古代历史理论发展的一种阐释》，《学习与探索》2007 年第 2 期；张秋升：《西汉儒家的国之兴亡论》，罗安宪主编《儒学评论》第 12 辑，社会科学文献出版社 2018 年版；等等。

（一）北宋“为议论之要”的兴亡论

北宋时期，对历代兴亡的考察在数量上有了快速增长，出现了考察“小大之国所以治乱兴衰之迹”的兴亡论专书，[①] 还有数量浩繁的专门讨论历代兴亡之事的篇章。苏辙有所谓“以古今成败得失为议论之要”一说，[②] 可谓一语道出北宋对兴亡问题的高度重视。

北宋时期，讨论兴亡论的专书主要有《唐史论断》《唐鉴》等。孙甫《唐史论断》旨在“明治乱之本，谨劝戒之道”。[③] 欧阳修以其能“推见当时治乱”，[④] 盛赞孙甫对兴亡史事的见解。《唐鉴》是范祖禹参加《资治通鉴》修撰工作之外的产物，因与司马光观点不同，范祖禹撰《唐鉴》，旨在述唐代“兴废治乱之所由”，[⑤] 其观点主要体现在《唐鉴》“臣祖禹曰”中。《宋史》以其“深明唐三百年治乱”肯定《唐鉴》对唐代盛衰兴亡的认识。[⑥]

讨论兴亡的重要篇章有苏洵《论衡》，通过历代史事讨论致治之道；石介《唐鉴》，批陈唐代女后乱理、瘠臣坏政和宦官灭国之失；张唐英《唐史发潜》，考唐代盛衰得失；苏轼《秦论》等，分论历代政权的兴亡得失；李清臣撰《唐虞论》等篇，分议兴亡史事，考今世得失；等等。

在纪传体、编年体等史书中，也有一些重要的兴亡论。如，《新五代史》史臣论“乱国之君”，[⑦] 述“五代之乱，其来远矣”；[⑧] 《新唐书》“赞”考察唐代兴亡，论“唐之衰亡，岂止方镇之患”；[⑨] 司马光《稽古

① 司马光原著、王亦令点校：《稽古录点校本》卷16《历年图序》，中国友谊出版公司1987年版，第652页。

② 苏辙：《苏辙集》栾城后集卷7《历代论一》，陈宏天、高秀芳点校，中华书局1990年版，第958页。

③ 孙甫：《唐史论断》，中华书局1985年版，“序”，第2页。

④ 欧阳修：《欧阳修全集》卷33《尚书刑部郎中充天章阁待制兼侍读赠右谏议大夫孙公墓志铭》，李逸安点校，中华书局2001年版，第495页。

⑤ 范祖禹：《唐鉴》，上海古籍出版社1984年版，“序”，第1页。

⑥ 《宋史》卷337《范祖禹传》，中华书局1977年版，第10800页。

⑦ 《新五代史》卷31《周臣传》，中华书局1974年版，第346页。

⑧ 《新五代史》卷51《范延光传》，第581页。

⑨ 《新唐书》卷9《懿宗僖宗本纪》“赞曰”，中华书局1975年版，第281页。

录》《资治通鉴》中的“臣光曰”以“监前世之兴衰，考当今之得失”;[①] 等等。

（二）南宋“济国家之急”的兴亡论

南宋时期的兴亡论在规模与影响力上皆不如北宋，但其延续兴亡议论的势头和切中时弊的特点，仍然令人印象深刻。这些讨论正如李纲自述“以济国家之急”一般,[②] 更像是危巢之下的奋力一搏。

这一时期兴亡论的专著主要有《迂论》《六朝通鉴博议》等。李纲《迂论》多从军事、治国救弊、谋求中兴等视角出发对历代兴亡史事和人物加以考察。李焘《六朝通鉴博议》考察六朝史事，随事发论，并作国别论六篇与总论一篇，希望南宋能避免重蹈六朝始终居于南方、最终走向亡国的覆辙。

此外，还有一些考察兴亡史事的散论，如吕祖谦《晋论》《宋论》《齐论》《梁论》《陈论》《汉文帝论》《武帝论》《宣帝论》，胡寅《致堂读史管见》中的部分史论，洪迈《容斋随笔》中部分史论，等等。

这些讨论不仅参与人数众多，参与者身份多元，史学家、政治家、思想家、文学家等都积极参与其中，而且成果丰富，对历代兴亡的关注和讨论持续了整个两宋时期。像这样成规模、参与广泛、数量庞大的议论，在宋代之前是未曾出现过的。

二　两宋时期兴亡论的核心议题

两宋时期的兴亡论虽然数量众多，但并非杂乱无章、没有规律可循。这些议论事实上逐渐形成了若干核心议题。根据它们与兴亡问题的远近关系，以及彼此之间的相对性，有三个层面的兴亡议题值得重视。

---

① 《资治通鉴》附录《进资治通鉴表》，中华书局2011年版，第9740页。

② 李纲：《李纲全集》卷137《迂论序》，王瑞明点校，岳麓书社2004年版，第1316页。

（一）以兴亡为主旨对人君展开的论述

对君主的考察一直是中国古代兴亡论的主要内容，但是，“在北宋时期形成了一股反思和探讨君德与国之兴亡的政治思潮”。[①]

由于“天命”思想在宋代逐渐转向“天理”，受“士大夫与君主共治天下”思想等诸多因素的影响，宋代的兴亡论中多有人君之论。例如，范仲淹论君主之喜好影响政权兴亡，感慨如果君主都好仁义、行恭俭，“岂有丧乱之祸”；[②] 范祖禹将唐代灭亡之兆归因于唐太宗“无父子君臣之义”；[③] 李焘称君主为“胜负之主”。[④] 宋人甚至提出“国之治乱，尽在人君”等主张。[⑤]

相较于唐代君臣认为“为君之道，必须先存百姓”的认识，[⑥] 宋人一方面将君主仁德与否作为王朝兴亡之兆，认为君主应当时刻怀有仁义之心，“使常相继，斯须懈怠”；[⑦] 另一方面，又在此基础上对君主修身提出更多要求，将挽救颓势的希望寄托于君主。如宋人认为，造成朋党祸政的原因在于君主不明，如若“君至明，则人不能诬人以朋党”。[⑧] 宋人根据时势政局，进一步细化“人君之德”，将其分为“仁”“明”“武”三类，[⑨] 较前代的认识更具系统性。君主对于兴亡意义这一问题在认识上的深化，与其在宋代的广泛讨论分不开。

（二）党争、宦官、藩镇系亡国之由

除人君维系兴亡之外，宋人讨论较多的议题，当属党争、宦官、藩镇这些制度性因素和兴亡的关系。

---

① 瞿林东主编：《中国古代历史理论》下，第321页。

② 范仲淹：《帝王好尚论》，载曾枣庄、刘琳主编《全宋文》第18册，上海辞书出版社2006年版，第409页。

③ 范祖禹：《唐鉴》卷6《肃宗》，第149页。

④ 李焘：《六朝通鉴博议》卷1《序论》，南京出版社2007年版，第153页。

⑤ 司马光原著、王亦令点校：《稽古录点校本》卷16《历年图序》，第650页。

⑥ 吴兢撰、谢保成集校：《贞观政要集校》卷1《君道》，中华书局2003年版，第11页。

⑦ 范浚：《魏徵劝太宗行仁义论》，载曾枣庄、刘琳主编《全宋文》第194册，第70页。

⑧ 孙甫：《唐史论断》卷下《文宗·辨朋党》，第438页。

⑨ 司马光：《稽古录》卷16《历年图序》，第650页。

在党争方面，宋人深入思考避免朋党祸政的方法。仅《全宋文》中，就存有王禹偁、孙甫、欧阳修、张唐英、苏轼等三十余人以《朋党论》为题所作之论。此外，在朝代论中，也多有对党争祸政的考察，如黄介夫“作《坏唐论》五篇，以为坏唐者非巢、温与阉竖，乃李宗闵、李德裕朋党之弊也”。相较于唐人，宋人将避免党争的希望寄托于圣明君主，认为唐代朋党“由文宗实使之”。[①] 同时，根据朝中朋党的情况，宋人将君主分为“君至明”“君虽明，为情所惑”“君虽明而弱”及“君明不足”四种情况。[②]

在宦官方面，宋人非常关注宦官专权害政的原因。出于汉、唐之亡“皆由宦官”的认识，[③] 宋代兴亡论中多有宦官专权害政方面的论述。其中，不乏一些专门篇章。仅《文苑英华》中，就有张方平《宦者》、张唐英《近侍论》、许翰《论宦官疏》等数十篇相关论述。这些文章皆以国之兴亡为主旨，或意识到“宦官用权，为国家患，其来久矣”，[④] 或进一步指出宦官问题具有“自小以至大，因私以害公”的特点和危害性，[⑤] 或认为宦官专权“起于时君一念之不忍”。[⑥] 司马光从心理角度指出，宦官与君主相处较多，易于投君主所好，文化较低而不易夺权，是君主为政喜用宦官的原因。[⑦]

在藩镇方面，宋人倾向于深入剖析藩镇影响历史走向的规律。藩镇作为唐代地方军政机构，也是五代更迭之始。出于惩戒五代军事力量强盛的严峻形势，宋建立后，多有对藩镇制度的反思与论述。张唐英《唐藩镇论》、李纲《论方镇》等都是对方镇问题的专篇专论，《新唐书》亦于正史中首创《藩镇传》。有关考察逐渐形成这样一些认识：藩镇制度作为唐代的地方军政制度，是导致唐朝衰亡的重要原因，安史之乱是唐

---

① 李之亮笺注：《司马温公集编年笺注》卷71《朋党论》，巴蜀书社2009年版，第335—336页。

② 孙甫：《唐史论断》卷下《文宗·辨朋党》，第15—17页。

③ 范祖禹：《范太史集》卷26《论宦官札子》，台北商务印书馆1986年版，第700页。

④ 《资治通鉴》卷263昭宗天复三年正月，第8716页。

⑤ 范祖禹：《唐鉴》卷10《穆宗》，第276页。

⑥ 黄淮、杨士奇编：《历代名臣奏议》卷186《去邪》，上海古籍出版社2012年版，第2441页。

⑦ 参见《资治通鉴》卷263昭宗天复三年正月，第8716页。

代由盛转衰的转折点；“唐既弱矣，而久不亡者，诸侯维之也”；[①] 朱温兴起时“不复有牵制之党”，[②] 故而唐朝走向了灭亡。且宋人认为，藩镇之乱是君主姑息造成的，只要君主“一裁以法，而莫不畏威”，[③] 就可以解决藩镇问题。

宋人对这三者的考察，受宋代现实政治的影响，各自有所侧重。党争作为宋代政治生活的重要因素，更受关注。由于宦官、朝臣及藩镇三种势力在现实中往往相互勾连，因此，宋人往往将这三者放在一起进行论述。为解决这些问题，宋人又都寄希望于“圣明君主”，说明党争、宦官、藩镇因素在宋人思想中与人君是密不可分的。

（三）用兵和国土可见盛衰兴亡

宋朝始终面临来自北方的军事威胁，南宋更兼失去故土之痛，因此宋人多以军事与国土论政权之盛衰兴亡。《新唐书》中的《兵志》是正史中的开创之作，且“着眼于‘治’”。[④] 欧阳修直言：“考隋、唐地理之广狭、户口盈耗与其州县废置，其盛衰治乱兴亡可以见矣。”[⑤]

宋人对军事在政权兴亡中的作用存在不同的认识。北宋多有对兵权的讨论；南宋面临偏安的历史形势，开始思考理性用兵。宋初统治者推行“重文抑武”之策，宋人受此影响颇深，甚至否认军事上的胜利，认为“非帝王之盛节，亦不足贵也”。[⑥] 宋人还反复上奏，反对武将掌兵。欧阳修以唐德宗时朱泚反唐为例指出，武将易受身边人的鼓动，因此应当以文臣掌兵。同时，仍有一些有识之士面对来自北方的威胁，怀着“太平日久，人不知战，国不虑危”的忧患意识，[⑦] 认为应当重视军事。南宋时主战派与主和派就军事与国家兴亡的关系展开了激烈争论。主战

---

① 《宋史》卷442《尹源传》，第13082页。

② 张唐英：《唐藩镇论》，载曾枣庄、曾涛编纂《宋代史论分类全编》第5册，巴蜀书社2018年版，第2023页。

③ 参见范祖禹《唐鉴》卷9《宪宗》，第248页。

④ 张国刚：《唐代兵制的演变与中古社会变迁》，《中国社会科学》2006年第4期。

⑤ 《新唐书》卷37《地理志》，第960页。

⑥ 范祖禹：《唐鉴》卷1《高祖》，第25页。

⑦ 范仲淹：《奏上时务书》，载曾枣庄、刘琳主编《全宋文》第18册，第207页。

派的李焘指出“国小而数用兵，祸莫大焉”，[①] 主张依据国力判断是否出兵。这样的认识已经具有一定的辩证思维，是符合历史实际的。

关于兴亡问题中疆土因素的考察，北宋与南宋有所不同。概括说来，北宋士人的论述呈现出对“地广民众”盛世的向往，南宋士人的论述则迫于现实，对南方政权的疆域展开了细致分析与论述。此外，南宋时期还形成了以治乱兴亡为目的的关于地理形势及都城选择的见解，如谓“中原无事则居河之南，中原多事则居江之南”，[②] 长安、洛阳和建邺都不足以作为南宋都城，以及南宋应当定都于南阳的原因所在。

宋人对上述议题的认识存在角度、视野、深度等方面的不同。这些差异既反映出宋人对历代兴亡认识的参差不齐，也在众说纷纭中体现出宋代兴亡论的活跃。当然，除上述议题外，对女祸、事机、民生等与兴亡相关的论述也比较多见，但相比之下次要些，本文暂不作讨论。

三　两宋时期兴亡论的突出特点

两宋时期的兴亡论在多种角度上都体现出自身的特点，如理势史观的新发展等。[③] 但是，与宋代的历史形势之间产生的呼应，在诸多特点中更具有根本性。概括说来，主要有以下两点。

（一）浓重的资政色彩

中国古代素有以史为鉴、以史资政之思，相比之下，宋代兴亡论参政议政的活跃程度，仍然堪称中国古代史学中的一个独特现象。

宋代科举承唐之制，在内容上更重视对历代兴亡之迹的考察。宋代试策中，很长时间内“史”是“策”的规定内容之一。宋代奏议中亦存在将试策中“论”直接称为“子、史论”的情况，[④] 可见史论对于试策

① 李焘：《六朝通鉴博议》卷7《宋论》，第224页。
② 郑樵：《通志二十略》，王树民点校，中华书局1995年版，第561页。
③ 参见庞天佑《中国古代思想会通·历史盛衰论卷》。
④ 李心传：《建炎以来系年要录》卷148，中华书局1988年版，第2381页。

的重要性。今日我们所见宋人的兴亡论不乏一些范式相近的篇目，[①] 或受试策影响。

宋代的统治集团也十分重视对历代兴亡的考察。如宋仁宗曾向晏殊讲，他常常“思考历代治乱事迹以为监戒”。[②] 读史、以史为鉴更是当时约定俗成的对君主的要求，如宋太祖要求教导皇子“但令通晓经义，知古今治乱”。[③] 大臣也以此要求君主，如陈瓘奏请宋徽宗读《资治通鉴》，知兴亡之要，明治道。[④] 包含历代兴亡问题的史论在宋代上达天听的数量也远超前代，《资治通鉴》更是由宋神宗定名，并亲自作序。

宋代“与士大夫治天下”的思想，以及宋初形成的重文轻武的国策，极大鼓舞了士人参政议政的热情。对历代兴亡的评议成为宋人阐明自身政治理想、谏诤时事的切入点，如范祖禹指出，劝谏君主“必以古验今”。[⑤] 这样的认识是当时奏议热衷于以史论政的反映。奏议中一些对历代兴亡的论述也值得我们关注，如范仲淹《上执政书》总结周汉之衰与李唐之兴，论朝堂之忧；王安石奏《上时政疏》察西晋、南梁和唐朝之乱，陈救弊之切；吕陶进《上八事书》，论“安危治乱之几”；[⑥] 等等。

宋代兴亡论参政的一个突出代表是党争问题。庆历三年（1043），反对变法的吕夷简被罢免，范仲淹与韩琦、富弼等共同执政，欧阳修也得以回到朝中，推行变法改革之策。这时，新旧党之争已经是朝堂斗争的主要议题。欧阳修因受保守派攻讦为朋党，进《朋党论》予以反击。文章以尧舜时期“八元”“八凯”为例，认为君子与小人皆有党。[⑦] 此论一出，“为党论者恶修，擿语其情状”，[⑧] 甚至有内侍向仁宗进献谗言，诋毁欧阳修。这是欧阳修此论当时在政治上产生的影响。之后，洛党、

---

① 如苏轼《汉之变故有六》《勤而或治或乱，断而或兴或衰，信而或安或危》等即为策问之作。

② 王应麟：《玉海》卷20，凤凰出版社2013年版，第973页。

③ 孔平仲：《孔氏谈苑》卷4，王恒展点校，齐鲁书社2014年版，第121页。

④ 陈瓘：《上徽宗乞读资治通鉴》，载赵汝愚编《宋朝诸臣奏议》卷6，上海古籍出版社1999年版。

⑤ 范祖禹：《进唐鉴表》，载曾枣庄、刘琳主编《全宋文》第98册，第44页。

⑥ 黄淮、杨士奇编：《历代名臣奏议》卷41《治道》，第568页。

⑦ 参见曹家齐《朋党之争与北宋政治》，华中师范大学出版社2002年版

⑧ 李焘：《续资治通鉴长编》卷148，中华书局2004年版，第3582页。

蜀党、朔党的论争，更是延续了对这一问题的讨论，苏轼的《续朋党论》就是其中的代表。这些文章都以历史上朋党致亡为例讨论党争之弊，虽为议史之作，实为阐明政见之论。正因如此，两宋兴亡论也常常被视为“政论”。[①] 这种情形在中国古代史上实属罕有。

（二）北宋与南宋的兴亡论存在较大差异

由于北宋和南宋面临的形势和关乎朝廷存亡的根本问题不同，两朝士人对历史上兴亡问题的关注重点也表现出较大差异，最直接的表现是关注对象的不同。

1. 北宋的五代兴亡论与唐鉴思潮

北宋续五代而兴，对宋初的统治者而言，五代政权更迭频繁之景历历在目。因此，宋初君臣对五代兴亡的讨论颇为重视。赵匡胤曾向赵普询问五代政权频繁更迭之因，寻求“为国家长久计”之道。[②] 宋代统治者实行的重文轻武、“异论相搅”等政策都深受五代影响。宋人普遍认为，“自古乱亡莫甚于五代”，并产生了“不大乱不大治。五代之大乱，天所以开圣宋”的兴亡相倚的认识。[③] 北宋时期以五代兴亡为主要考察内容的专篇有宋祁《诋五代篇》、李清臣《五代论》、苏辙《五代论》、欧阳修《新五代史》中的部分史论，等等。待至南宋，对五代兴亡的论述就相对零落许多。

除此之外，北宋士人认为，“国家虽承五代之后，实接唐之绪，则国家亦当以唐为鉴”。[④] 因此，北宋人怀着对盛世的向往，以及对皇朝衰败的忧患之思，着意于对唐代兴亡的考察，以唐为鉴成为风尚。北宋以唐代作为主要考察对象的兴亡论大致有：石介《唐鉴》、孙甫《唐史论断》、张唐英《唐史发潜》、王居中《唐论》、焦考宁《唐史评》、曾巩

---

① 陈寅恪认为：“苏子瞻之史论，北宋之政论也。胡致堂之史论，南宋之政论也。”参见陈寅恪《冯友兰中国哲学史上册审查报告》，载陈寅恪《金明馆丛稿二编》，生活·读书·新知三联书店2001年版，第281页。

② 李焘：《续资治通鉴长编》卷2，第49页。

③ 李清臣：《五代论》，载曾枣庄、刘琳主编《全宋文》第78册，第375页。

④ 石介：《徂徕石先生文集》卷18《唐鉴序》，陈植锷点校，中华书局1984年版，第130页。

《唐论》、吕陶《唐论》、李清臣《唐论》、范祖禹《唐鉴》、王令《过唐论》、苏辙《唐论》、何去非《唐论》、华镇《唐论》、张耒《唐论》、范浚《唐论》等借鉴唐代兴亡的专书与专论，《新唐书》中的“论”“赞”，《资治通鉴》《稽古录》中的部分“臣光曰”，以及一些以唐代兴亡发议的奏议、文论等。在这些讨论中，唐朝的盛衰之势及兴盛、乱亡之因是考察的重点。多数北宋士人认为，唐因时势而兴；因君明臣直，重教化，辅以适度的律法而盛。关于唐朝衰亡的原因，有着事功与义理两类不同的认识与讨论。[①] 宋人认为，“迹其衰丧之端，盖有四焉，一曰方镇，二曰四夷，三曰奸臣，四曰宦者”。[②] 待至南宋，尽管也有对唐代的考察，但数量与影响远不如北宋时期。

2. 南宋的六朝论与本朝的当代史考察

六朝作为偏安南方的六个政权，在南宋之前，鲜有人关注。到了南宋，六朝由于“近于时机”成为士人借鉴的对象。[③] 南宋有关六朝的专论大致有：李焘《六朝通鉴博议》、张敦颐《六朝事迹编类》、李舜臣《江东十鉴》、李道传《江东十考》、赵善誉《南北攻守类考》，以及李纲《迂论》中的相关内容，吕祖谦对六朝的单篇专论，等等。南宋士人认为孙吴为“天下至弱”、东晋“形势与吴相若”又稍好于孙吴。[④] 通过考察六朝兴亡，南宋士人寻求振兴南宋，谋求统一南北之道，提出“自古帝王之一天下，必先为胜天下之具”的论述。[⑤] 清四库馆臣评论宋人对六朝的考察“为南宋而发，非为六朝也”。[⑥]

南宋士人一边感慨“靖康之祸，古未有也”，[⑦] 一边怀着中兴之盼，

① 在北宋兴亡论中，关于唐之衰亡有四种不同认识，分别是起自唐太宗说、起自武则天说、起自唐玄宗天宝年间说与起自唐宣宗说。这四种认识中，起自唐太宗说与起自武则天说是以道德和正统为评价标准的，持有这两种观点的史学家较少。而起自唐玄宗天宝年间说与起自唐宣宗说是以事功为评价标准的，这样的认识也是宋代对唐兴亡整体趋势论述中的主流。

② 吕陶：《唐论》，载曾枣庄、刘琳主编《全宋文》第74册，第11页。

③ 李焘：《六期通鉴博议》卷1《序论》，第154页。

④ 吕祖谦：《吴论》《晋论》，载曾枣庄、刘琳主编《全宋文》第261册，第321、324页。

⑤ 李焘：《六朝通鉴博议》卷1《序论》，第153页。

⑥ 彭元瑞：《知圣道斋读书跋》卷1《六朝通鉴博议》，载李焘《六朝通鉴博议》，第263页。

⑦ 徐梦莘：《三朝北盟汇编》，上海古籍出版社1987年版，“自序”，第3页。

“更为注重总结当代历史”。[①] 这一时期产生了如《东都事略》《续资治通鉴长编》《建炎以来系年要录》《三朝北盟汇编》等一批总结失去国土之痛、宣扬北宋创业守成之功业的历史著作；也多有关于北宋兴亡的论述，如南宋初年关于靖康年间“且和且战，议论纷然，致有今日之祸”的总结；[②] 孝宗年间君臣对“自治之良策”的议论等都包含了对北宋兴亡的考察。[③] 南宋人对北宋的认识受统治者意志影响较多。自重修《神宗实录》，定下“天下之乱，实兆于安石”的基调后，[④] 南宋对北宋盛衰的评价多以此为根本，大多士人认为北宋亡于王安石变法。

南北宋国力与历史形势的差异是造成上述差异的重要原因。北宋士人自认“与尧、舜、三代无异”，[⑤] 故而在变革五代之弊的迫切需要外，怀有对盛世的向往，多有对盛唐的考察；南宋受疆域国力限制，去盛世已远，所以南宋士人多选择与南宋历史形势相近的六朝为考察对象。这样的考察是符合现实需要的。

四　两宋时期兴亡论的深刻意义

两宋时期兴亡论的活跃，与宋代的社会历史问题、中国古代史学的发展阶段、中国古代历史理论的发达程度有着密切的关系。

（一）两宋时期的兴亡论深刻反映着宋代的社会历史问题

陈寅恪曾指出：“史论之作者，或有意，或无意，其发为言论之时，即已印入作者及其时代之环境背景，实无异于今日新闻纸之社论时评。若善用之，皆有助于考史。”[⑥] 两宋时期的兴亡论与当时的历史形势密切

---

① 燕永成：《南宋史学研究》，甘肃人民出版社 2007 年版，第 18 页。

② 黄淮、杨士奇编：《历代名臣奏议》卷 84《经国》，第 1150 页。

③ 周必大：《答选德殿圣问奏》，载曾枣庄、刘琳主编《全宋文》第 228 册，第 11 页。

④ 李心传：《建炎以来系年要录》卷 79，第 1289 页。

⑤ 欧阳修：《欧阳修全集》卷 16《正统论序》，第 266 页。

⑥ 陈寅恪：《冯友兰中国哲学史上册审查报告》，载陈寅恪《金明馆丛稿二编》，第 281 页。

相关，不失为一扇观察宋代历史的独特窗口。

以南宋人对北宋历史的反思与认识为例。首先，对北宋积弱的认识即来自南宋。南宋时人已经认识到北宋在军事方面处于弱势。如叶适认为，北宋“内外皆柔”，在雍熙、端拱之后，朝中无“自奋于一战”之将，无力回击契丹的侵扰。为此，他感慨道：“天下之弱势，历数古人之为国，无甚于本朝者。”[①] 南宋士人不仅梳理了南宋势弱的根源，为南宋之弱从理论上找寻原因，更为北宋在历史上埋下了“弱势”的定位。钱穆认为“宋代对外之积弱不振”，[②] 与南宋士人的认识不无关系。

其次，南宋士人将北宋清晰地划分为不同阶段。陈亮和叶适将北宋分为端拱之前、端拱到澶渊之盟、澶渊之盟到庆历二年（1042）、庆历二年到任用范仲淹等变法、王安石变法阶段、宣和末年及以后等几大阶段。他们认为，自澶渊之盟后，“中国之势浸微”，[③] 直到仁宗庆历二年辽向宋勒索土地之后，“天下皆悟其为弱证矣”。[④] 庆历变法，庙堂、郡县“轻矣”，王安石变法又令神宗对国力形成了错误的判断。待到王安石变法失败之后，北宋之弱势不可反，最终走向灭亡。

此外，两宋时期兴亡论对法制纲纪、中央与地方关系、生民休戚等议题的论述，也深切地反映了当时的社会现实和思想认识。这些见解，有些甚至影响到我们今天对北宋历史的认识。

（二）两宋时期的兴亡论在中国古代兴亡论发展史上享有突出地位

中国早期的兴亡论可以从《诗经》“殷鉴不远，在夏后之世”等零星表述中管窥一二。[⑤] 春秋战国时期《左传》《国语》《韩非子》《吕氏春秋》等各种体裁的历史著作，零散地记录了时人对朝代兴亡作出的诸多思考，可谓兴亡论的第一次高潮。秦汉时期，司马迁自述著史以“罔

---

① 叶适：《叶适集》卷14《纪纲三》，刘公纯等点校，中华书局2010年版，第814页。

② 钱穆：《国史大纲》，商务印书馆1996年版，第527页。

③ 陈亮：《陈亮集》卷1《上孝宗皇帝第一书》，邓广铭点校，中华书局1987年版，第5页。

④ 叶适：《叶适集》卷14《纪纲三》，第815页。

⑤ 《诗经·大雅·荡》，中华书局1980年版，第554页。

罗天下放失旧闻，王迹所兴，原始察终，见盛观衰”，[①] 考察兴亡史事成为史家著史的目的之一。这一时期出现了兴亡论的专篇专论，如贾谊《过秦论》等。魏晋隋唐五代时期，对历代兴亡的探讨广泛展开，出现了总括一代及数代兴亡大事的论述与认识，如三国魏曹冏《六代论》、唐朱敬则《十代兴亡论》等，兴亡论呈现逐渐增多的趋势。但是，除唐太宗君臣以鉴历代得失展开的讨论外，并未形成鉴兴亡得失之风尚。

相比之下，两宋时期的兴亡论参与人数众多、讨论议题广泛、论述成果浩繁。除了正史中对历代兴亡的评论外，还涌现出一批以《唐史论断》《唐鉴》为代表的兴亡论专著专篇；产生了司马光鉴历代兴亡得失的巨著——《资治通鉴》；出现了李焘寻求南宋振兴之道，向南宋最高统治集团提出建议的著作——《六朝通鉴博议》。如此集中、主旨清晰地考察历代兴亡的情况是中国古代兴亡论中少有的。有关议论还引发了当时学人的积极呼应与深度切磋，胡寅《致堂读史管见》中所读之“史”即为《资治通鉴》，朱熹《通鉴纲目》全文引用《读史管见》77处、节录341处。学者认为：“关于治乱兴亡的问题……宋代史家在这方面达到一个新的高峰。”[②]

明清兴亡论虽然在数量与质量上皆有所发展，但其深受宋人影响这一点却不容置疑。四库馆臣认为“宋明人皆好议论”。[③] 有学人对“明代史论尤其与宋代有密切的关系”作了充分论述。[④] 兴亡论亦是如此。一方面，明清学人多仿效《资治通鉴》体例对历代兴亡展开考察，最为突出的就是王夫之《读通鉴论》与《宋论》。另一方面，明清时期兴亡论考察中多有对两宋兴亡论的回应，如明人所撰《商鞅》论中“秦之帝由商鞅也，其亡不尽由鞅也”之议，[⑤] 明显是针对苏轼认为，秦之兴亡，

---

① 《史记》卷130《太史公自序》，中华书局1959年版，第3319页。

② 瞿林东主编：《中国古代历史理论》上，第14页。

③ 永瑢等：《四库全书总目》卷45《史部总叙》，中华书局1965年版，第397页。

④ 廉敏：《明代历史理论研究》，中国社会科学出版社2012年版，第205页。

⑤ 叶向高：《商鞅》，郑贤：《古今人物论》卷5，《四库全书存目丛书》史部第286册，齐鲁书社1997年版，第623页。

皆由商鞅的观点所发。[①]

（三）两宋时期兴亡论的理性光芒在中国古代历史理论中熠熠生辉

与两宋时期兴亡论在中国古代兴亡论发展史上的突出地位相应，这一时期的兴亡论出现了诸多卓尔不凡的历史见解，在中国古代历史理论中具有一定的历史地位。

在宋人对兴亡之道的总结中，李焘通过考察六朝史事，将影响国家兴亡的因素分为君主与“天下之具”两个层面。尤其是“天下之具”一说，李焘认为：“地势、民心、兵、将、事机，皆其具也。”[②] 这样的认识表现出史家除君主外对其他影响兴亡的客观因素的关注。在宋代较多寄希望于“圣明君主”的历史认识下，这种对客观因素全面的总结与认识是十分突出的。而且，“具”的思想有望突破形势被动的局面，是中国古代史家对历史发展法则的深入理解与运用。李焘的史论是一种将历史理性作用于社会政治历史的尝试。

兴亡现象是否具有规律性，是兴亡论的立论基础。对此，宋人概括认为“治乱之道，古今一贯”，[③] 并提出“盛衰之理，虽曰天命，岂非人事”，[④] 肯定人事的作用。在这之前，人们虽然也意识到治乱是有迹可循的，但并没有在理论上对治乱之道作如此概括的理论总结。这样的概括亦是宋人对治乱深刻理解的反映和在理论上认识和思考社会的表现。自宋代起，人们认为“合天地万物而言，只是一个理”，[⑤] 并且“理”是“形而上之道”。[⑥] 这也体现了宋人有关人类社会乃至物质世界都是有规律可循的观点。

---

① 参见茅维编《苏轼文集》卷 65《商君功罪》，孔凡礼点校，中华书局 1986 年版，第 2004 页。

② 李焘：《六朝通鉴博议》卷 1《序论》，第 153 页。此处原标点为“地势、民心、兵将、事机”，此外据下文“若地险而便，民悦而附，兵劲而义，将勇而贤，机至而乘，信能行此五者”，故笔者以为，此处标点当为“地势、民心、兵、将、事机”。

③ 司马光著、王亦令点校：《稽古录点校本》卷 16《历年图序》，第 649 页。

④ 《新五代史》卷 37《伶官传》，第 397 页。

⑤ 黎靖德编：《朱子语类》卷 1，王星贤点校，中华书局 1986 年版，第 2 页。

⑥ 王懋竑：《朱子论学切要语》卷 1，载王懋竑《朱熹年谱》，何忠礼点校，中华书局 1998 年版，第 439 页。

宋人在讨论兴亡的过程中对方法论也作了一定的探索。兴亡论意在察古鉴今，其突出的价值在于有用于时、有用于世。因此，如何跨越古与今，是兴亡论需要解决的问题。欧阳修指出“本纪所述人君行事详矣，其兴亡治乱可以见”，[①] 实际上道出本纪对于兴亡认识的方法论意义。

这些都是两宋时人对历史发展法则的探索与总结。有些见解不仅在历史上享有一定的地位，甚至在今天看来，也不乏可取之处。

两宋时期的兴亡论纷繁浩杂，内涵丰富，本文仅尝试论述其中的荦荦大者。梁启超在《中国历史研究法补编》中认为，中国古代史家以史论道，“借历史事实说明政治应该如何，讲出历代的兴衰成败治乱的原因，令后人去学样”。[②] 他言简意赅地指明了中国古代兴亡论的实践价值，也道出了中国古代兴亡论绵延不息的根本原因。不过，鉴于近现代巨大的历史变迁，今人如果仅仅“学样”古代，则已经无法满足当代社会的现实需要。只有跳出“学样”的旧有模式，站在新时代的潮头，重新整理、审视中国古代兴亡论，才有希望进一步理解中国古代的历史智慧，并获得有利于现今社会的新知。邓小南指出：“认识宋代的历史，还需要将我们的视野放宽。研究者所面对的，不仅是一个王朝，而应该是一个历史阶段。”[③] 这一思想有助于理解两宋时期兴亡论的宋史研究价值，即通过两宋时期兴亡论中反映的历史信息来推进对宋代历史的认知。不仅如此，两宋时期兴亡论所包含的史论价值、理论价值，对于我们深入发掘中国古代史学的优秀遗产，也有着不可取代的地位与意义。

（原载《史学理论研究》2022 年第 6 期）

---

① 《新五代史》卷 59《司天考》，第 706 页。

② 梁启超：《中国历史研究法补编》，《民国丛书》第 1 编第 73 册，上海书店 1989 年版，第 236 页。

③ 邓小南：《宋代历史再认识》，《河北学刊》2006 年第 5 期。

辛亥革命期间
英文报刊涉华报道中的孙中山形象

庄　新

近代英文报刊的涉华新闻报道数量庞大，具有很高的史料价值，但长期未被学界充分发掘。辛亥革命期间，英美报业主导了英文报刊的涉华新闻报道，而在此期间有关孙中山活动的新闻，多来自外刊驻华记者或西方通讯社驻华通讯员的一手报道，也有西人所办在华报刊传递给英语世界的中国报道。近年来，随着期刊史路径下史学研究的推进，已逐渐出现从近代以来英文报刊角度切入对清末民初著名革命领袖孙中山形象的研究：一是梳理分析在华英文报刊中对孙中山的报道，二是基于国外英文报刊，开展孙中山的海外形象研究。① 上述研究对辛亥革命期间，《北华捷报》《纽约时报》《泰晤士报》等报刊中孙中山的形象做出了梳理，但还有其他大量英文报刊对孙中山的报道有待整合性深入研究，本文则尝试对多种英文报刊在辛亥革命期间对孙中山的新闻报道进行系统梳理考察。

本文所涉及的英文报刊，包括《泰晤士报》《纽约时报》《巴尔的摩太阳报》等影响力较大的英美报刊，《苏格兰人报》《华盛顿星报》等颇

---

① 如赵立彬的《〈北华捷报〉眼中的临时大总统》［《近代中国（第二十四辑）》，上海社会科学院出版社 2015 年版］对《北华捷报》中有关孙中山出任临时大总统、离职期间的相关史料进行整理分析；杨帆、江沛的《〈纽约时报〉视野中的孙中山（1896—1925）》（《南京社会科学》2016 年第 7 期）一文，梳理了孙中山自 1896 年“伦敦蒙难”事件至 1925 年去世期间里《纽约时报》的相关报道；郭永虎的《近代〈泰晤士报〉关于辛亥革命新闻报道的文本分析》一文（《南京社会科学》2011 年第 4 期）对《泰晤士报》关于辛亥革命的新闻报道展开文本分析，其中部分涉及《泰晤士报》对孙中山的报道。

具代表性的英美地方报刊，以及《北华捷报》《德臣西报》等在华英文报刊。本文所关注的有关孙中山具体新闻报道的时间，集中于辛亥革命发生的1911年10月到1912年4月期间。虽然辛亥革命期间英美对华持“不干涉”政策①，但主要英文报刊对中国政局的分析具有明显倾向性。对于武昌起义、中华民国临时大总统的推选、南北议和、清帝逊位等重要事件中孙中山活动的报道，不同英文报刊出于各自立场而具有复杂的差异，但相当程度上有一条主线贯穿其中，即衡量孙中山治理能力、希望中国建立稳定中央政府、维护母国在华利益的现实考量，而并不多见关于“宪政”“共和”等政府形式的概念式讨论。在此一致的主线下，基于不同国家观念或政治理念的英文报刊等纷纷对孙中山的活动做出具有不同倾向性的新闻报道。

一　跟踪报道武昌起义爆发后的孙中山与革命形势

1911年10月10日，武昌起义爆发。欧美国家对中国局势高度关注，英文报刊编发大量有关武昌起义的一手消息刊登。孙中山及其领导的同盟会与武昌首义虽有着重要的关联，但武昌起义爆发之初，孙中山正在海外筹措革命资金，与武昌起义的领导工作并无直接关联。但随着起义推进和国内局势的进展，相当一部分英文报刊的驻华记者向海外传达了孙中山与起义爆发关系密切的消息，甚至直接报道孙中山便是武昌起义的领导者，为孙中山担任临时总统形成有力的舆论氛围。但也有《北华捷报》《泰晤士报》等英文报刊对孙中山与武昌起义表现出质疑或者悬置判断的态度。

---

① 1911年10月16日，英国外相格雷给朱尔典发来电报，表示：“当英国人生命财产遭到危险时，我们必须尽力予以保护，但我们采取的任何行动，必须严格地限于此项目的。”见胡滨编《英国蓝皮书有关辛亥革命资料选译》（上册），中华书局1984年版，第4页。美国方面，美国政府对辛亥革命“未进行军事干预”，10月14日美国国务院远东司司长兰斯福德·米勒（Ransford Miller）就中国最近发生的革命提出5点政策建议，其中包括“在中国争斗的两派之间保持‘严格的中立’”。见陶文钊《中美关系史》（第一卷），上海人民出版社2016年版，第35页。

（一）英美新闻话语中的武昌起义与孙中山

武昌起义爆发之前的数年间，英美主流报刊在持续报道中国的无政府状态新闻的同时，关注晚清新政，认为袁世凯即将回归；而较少报道孙中山。但不少美国地方报刊持续报道中国濒临内战的边缘，认为孙中山将领导革命并建立共和国。[①] 武昌起义爆发之初，英美报刊对孙中山的报道多集中于其在芝加哥、纽约、伦敦、巴黎等欧美城市的行迹和为革命筹款的活动，不少英文报刊将其视为领导革命、追求共和政府的领袖，并跟踪报道了其回国的消息。随着起义的深入，当时英文报刊还纷纷报道了这场革命的一手消息，并根据母国利益、宗教利益和文化观念等因素对革命作出评价，其中对孙中山及其领导的革命党有关的报道，主要集中于如何看待武昌起义及其与孙中山的关系这一问题上，而英美报刊对此有不同的解读。武昌起义爆发后，《纽约时报》等主流美国报刊驻华记者迅捷且持续地自战事一线发回报道，以前线报道的方式积极宣传起义局势，并在报道中将孙中山与起义密切关联起来，与本土美国报刊中有关孙中山筹集资金、发动革命建立共和政府的报道相互呼应、支撑，共同塑造起孙中山作为革命领导者的形象。

在武昌起义爆发之初，多家主流美国报刊的驻华记者便积极将起义与孙中山联系起来，与本土美国报刊有关孙中山积极筹措起义资金的报道形成互文性[②]新闻话语。1911 年 10 月 13 日，《纽约时报》发表文章《中国叛乱迅速发展：人民共同崛起的目标是共和国而不是满洲帝国》。该报道于前一日发自汉口。文章对革命进展持积极态度，如报道“叛军的成功”，介绍起义力量占领汉口、汉阳以及其他省份首府的情况，指出外国人受到保护。该报道对清政府行为则持负面态度，如“战斗中的损失总计数百人，但几乎所有的死者都是满族人。这场运动的口号显然

① “Honolulan with Price on Head,” *The Hawaiian Gazette*, April 22, 1910, p. 3; “China on the Eve of a Civil War,” *Lexington Herald Leader*, July 11, 1910, p. 3; “Revolutionists Dreaming of a Chinese of a Chinese Republic,” *Buffalo Courier*, July 3, 1910, p. 55.

② 20 世纪 60 年代后期，法裔哲学家克里斯蒂娃（Kristeva）受苏联哲学家巴赫金的对话理论启发，提出“互文性”（Intertextualite）概念，以阐述“任何语篇都是对另一语篇的吸收和改造”。参见 Kristeva, J. *Semeiotikè*: *Recherches pour une Sémanalyse*, Paris: Seuil, 1969.

是打倒满族人”。文章突出孙中山及其家族对起义的重要贡献，一是孙中山为革命筹措经费；二是误将辛亥武昌起义领导者之一孙武认为是孙中山的哥哥，表现出文章作者倾向于表现孙中山及其家族对辛亥革命的重要意义。同时文章提出，“如果计划不失败，反满族党领袖孙中山将当选总统。”① 第二天的《纽约时报》则刊文《中国起义背后的计划被揭露》，称起义并非零星爆发，而是“一个由孙中山领导的最精明的中国进步人士团体在过去三四年里秘密策划的组织的结果”。文章还全文刊载了孙中山写给英美银行家的信件，以证明“资金在这个国家引发了革命叛军的成功成长，而革命的目标则是建立共和政府，选举总统”。② 类似的互文性新闻话语也出现在《纽约太阳报》的报道中。1911 年 10 月 14 日，该报刊文《孙中山策划叛乱》，文章报道了来自伦敦的有关孙中山在给伦敦银行家的信中提到了军队的叛乱的新闻，并紧接着刊发来自北京、汉口等地驻华记者发来的消息，介绍汉口叛军行动的最新进展，并错误报道革命领袖孙中山已抵达上海。③ 可见，《纽约时报》《纽约太阳报》等美国主流报刊驻华记者与本土美国报刊一道，对孙中山的领导形象、其建立共和国的革命目标进行了积极且正面的互文性报道，将孙中山及其革命党对中国未来的设想表述成一个美国化的共和政府，成为美国人身份认同、传教热潮、国家认同话语形态之一。

在主流英国报刊驻华记者的报道中，对待起义及孙中山的态度则明显不同。英国是君主立宪制国家，对共和体制、激进革命向来警惕，故英国主流媒体和官方意见支持中国的君主制度，并不看好孙中山革命党活动，并支持清政府在必要时采取强硬手段平息骚乱。这种态度在《泰晤士报》驻京记者莫理循、有“英国官报”之称的在华英文报刊《北华捷报》中得到明显体现。《泰晤士报》一直与英国政府有着特殊的关系，其驻京记者莫理循也与英国政府官员有着密切联系。莫理循在武昌起义后第一时间向西方发回有关战事的详细报道，但具体内容多聚焦于各省

① “China Revolt Growing Fast: Concerted Rising of People Aims at Public in Place of Manchu Empire”, *The New York Times*, October 13, 1911, p. 1.

② “Plan Behind China Revolt is Revealed,” *The New York Times*, 1911. 10. 14, p. 1 -2.

③ “Sun Yat Sen Planned Revolt,” *The New York Sun*, October 14, 1911, p. 1.

战事或各地易帜、清政府当局反应等情况，也延续武昌起义前有中国经济状况的分析等报道。在介绍武昌起义爆发初期战事时，莫理循并未将孙中山与武昌起义联系起来进行报道，而是侧重报道了袁世凯前往武昌处理局势的新闻①，或注意从正面报道清政府的应对举措，如介绍清政府计划组建不包含皇室成员的内阁，建立议会内阁制的政权组织形式、立即特赦政治犯等。② 莫理循在武昌起义爆发初期的报道，便已明显显示出支持立宪改革、支持袁世凯以及不认可孙中山的倾向性。这与莫理循自身的对华政治观念有紧密关系。莫理循是君主立宪制和渐进改革的拥护者，认为激烈革命给社会带来的代价过于沉重。在 1911 年 10 月 27 日给布拉姆的信件中，莫理循即表示“在现代绝对君权和如此众多的中国人正在酝酿的共和制之间，要有个中间阶段。清王朝终究还有一种使中国各省和人民凝成一个整体的影响。也许最好还是保留清朝”。③ 与《泰晤士报》对孙中山革命党的态度相似，《北华捷报》一直以维持贸易秩序稳定、维护上海商团利益为准则调整舆论风向，倾向于不赞成中国革命者的无政府主义活动。1911 年间，欧文·格林（Owen Mortimer Green，1876－1959）担任《北华捷报》编辑。④ 欧文·格林也是《泰晤士报》驻上海记者，他看重历史和制度的延续性，倾向于“君主立宪制”改革，同样不认可孙中山的革命活动，更看重袁世凯对时局的控制能力。⑤ 在其编辑下的《北华捷报》也明显延续之前报刊所体现的支持渐进改革、不看好孙中山激进革命的报道立场。1911 年 10 月 28 日，《北华捷报》刊文《革命或改革》，文章虽承认“湖北起义的事业取得了显著进展”，但作者对起义的组织性、起义成员的构成、起义与孙中山等人的革命传统是否一致等问题提出了质疑，并对清政府未能有效镇压起义感到不满，认为“如果大清帝国在其他地区迅速扭转对它的漠不关

① “The Revolt in China,” *The Times*, October 16, 1911, p. 8.

② “The Chinese Rebellion,” *The Times*, October 31, 1911, p. 9.

③ ［澳］骆惠敏编：《清末民初政情内幕》，刘桂梁等译，知识出版社 1986 年版，第 794 页。

④ Frank H. King, ed., *A Research Guide To China – Coast News Papers*, 1822 – 1911, Harvard University Press Cambridge, Mass. 1965. p. 127.

⑤ Owen Mortimer Green, *The Story of China's Revolution*, Hutchinson & Co., Ltd, 1945.

心，仍会切断叛乱分子脚下的土地”。①

但也有些英国报业背景的英文报刊的消息认为孙中山是起义的领导者。1911 年 10 月 14 日，英国《西部早报》刊登文章《北京处于危险之中》，其中包含发自北京的消息。文章认为中国正面临一场前所未有的危机，对清政府方面局势态度并不乐观，同时称“孙中山是起义的头目”，并误认为“上一周孙中山在上海”。对于武昌起义的报道，《北华捷报》虽然倾向于正面评价清政府的应对能力，也报道孙中山是起义领导者，并以建立共和国为革命目标。另外，1911 年 10 月 21 日的《北华捷报》刊发《日复一日的革命》一文，文章介绍 10 月 11—14 日间的起义局势，积极评价清政府的应对举措的同时，也认为“据说他们（革命者）的目标是在改革者孙中山的领导下建立一个共和国”。② 可见，虽然孙中山并未直接领导武昌起义，但在当时英语世界的舆论环境中，很大程度上已潜在地形成了孙中山作为起义领导者的新闻语境。

（二）南北对峙下的孙中山与有效治理问题

武昌起义后，南北割裂形势日益凸显，晚清政局形成主要以袁世凯为代表的清政府军事实力派与以孙中山为代表的南方革命省份对峙的局面。面对日渐严重的南北割裂局面，英文报刊均以更为务实审慎的态度向西方报道中国局势，并非过多关注“统治形式”选择的问题，而是注重分析南北割裂的局面，并且看重如何能促使具有控制全局能力的领导者协调南北，维持社会秩序和有效统治，以此维护在华利益。

英美社会在对华“不干涉政策”下对于晚清改革道路的选择问题具有明显的倾向性，美国主流报刊希望中国建立民主政体，英国主流报刊则认为立宪政府更适合晚清政府的改革条件。英文报刊便是在各自政治倾向性的基础上，对南北对峙和有效治理问题进行更切合实际的观察和

① “Revolution or Reformation,” *The North - China Herald and Supreme Court & Consular Gazette*, October 28, 1911, p. 204.

② “Revolutionary from Day to Day,” *The North - China Herald and Supreme Court & Consular Gazette*, October 21, 1911, p. 138.

报道。1911年12月5日，美联社驻上海通讯员向外刊发回报道，对中国混乱局势下孙中山归国后所可能起到的作用表示担忧，希望孙中山能够领导存在分裂的叛乱分子，实现社会整体稳定有序。这篇文章以不同的标题刊登在《纽约时报》《巴尔的摩太阳报》《华盛顿星报》等多份美国知名报刊上。文章认为，每一天的局势都让人更加担心中国正在陷入政治混乱的境况。虽然当前革命运动的基本目标是值得的，但它们“由于缺乏凝聚力、缺乏资金和缺乏真正的领导人而变得毫无规则。这种情况从公正的观察者那里激起了最悲观的预感”。作者希望“孙中山能证明自己是每个人都在寻找的领袖。如果他能团结各革命领袖，统一运动，那么他有可能实现中国问题的解决”。但似乎文章作者对此并不乐观，认为“这是一项艰巨的任务。到处都有纷争，武昌和南京的情况尤为严重”。[①]

在英国报业及其驻华记者方面，《泰晤士报》驻华记者也客观报道了国内革命力量对孙中山回国执政的期待，与美国驻华联络员对孙中山的关注不同，英国背景的记者虽然有着支持袁世凯的不同立场，但同样报道中体现出对于中国建立稳定有效统治政府的迫切态度。1911年11月16日，《泰晤士报》驻华记者于上海发回新闻，刊登在第二天的该报上，报道称“孙中山将出任总统，各省的革命领袖云集上海，举行国是会议”。[②] 驻京记者莫里循在此时已明显表现出对袁世凯的支持，主要是从如何结束南北对峙局面的角度，来思考孙中山及其革命力量对中国政局的影响。1911年11月14日，《泰晤士报》发表社论《袁世凯的归来》称，根据驻京记者莫里循的报道，袁世凯的复出“起到了立竿见影的镇静作用”。该文认为晚清中国是“松散的帝国”，一旦传统纽带被打破，则很容易陷入分裂，而造成巨大伤害。而因袁世凯在南北阵营中均受到尊重，所以“希望袁能够找到一个办法，使

---

① “Political Chaos Threatens China,” *New York Times*, December 6, 1911, p. 4; “Rebels Lack a Leader: No Unity among Revolutionary Chiefs in China,” *The Baltimore Sun*, December 6, 1911, p. 2; “Lack Real Leader Revolutionists in China Working at Cross Purposes,” *The Washington Evening Star*, December 5, 1911; “China Drifting toward Chaos Revels Wrangle,” *Buffalo Evening News*, December 5, 1911.

② “The Revolutionary Programme,” *The Times*, November 17, 1911, p. 5.

对立各方团结起来，从而防止一场对中国致命、对世界和平构成威胁的灾难”。[①] 而11月16日《泰晤士报》第9版中的文章更清晰透露出莫里循的观点，即认为孙中山及其革命党的共和主张给袁世凯整合南北带来极大挑战，“我们的北京记者评论说，袁世凯正在从事一项无可救药的任务，那就是调和不可调和的矛盾，我们不可能相信他的章程会得到满意的接受。革命阵营的纲领包括任命孙中山为共和国总统”。[②] 1911年11月16日，袁世凯亲信蔡廷干访问莫理循。莫理循在接谈记录中，谈及与蔡廷干商谈袁世凯处境的问题。莫理循认为，难以想象袁世凯能够将其支持的君主立宪主张和南方革命党的共和主张相协调。[③] 这一时期的《北华捷报》也客观报道了孙中山即将回国的新闻，并在文中突出孙中山对于强大政府的强调。1911年11月25日，《北华捷报》刊文《孙中山博士：启程前往中国》称，著名革命领袖孙中山先生在伦敦逗留一周后启程前往中国，并且孙中山反对使中国陷入分裂，强调中国需要一个好的中央政府。[④]

二　密切关注南北议和与孙中山

辛亥革命期间，英国持续保持中立姿态，但为维护在华经济利益，英国政府迫切希望中国建立一个稳定有效的政府。[⑤] 之后美国政府也表

① “The Return of Yuan Shih - kai,” *The Times*, November 14, 1911, p. 9.

② “The China Crisis,” *The Times*, November 17, 1911, p. 5.

③ ［澳］骆惠敏编：《清末民初政情内幕》，第794页。

④ “Dr. Sun Yat Sen,” *The North - China Herald and Supreme Court & Consular Gazette*, November 25, 1911, p. 516.

⑤ 1911年11月15日，英国外相格雷致电英国驻华公使朱尔典，表示“我们希望看到，作为革命的一个结果，有一个强有力的政府，能够与各国公正交往，并维持内部秩序和有利的条件，使在中国建立起来的贸易获得进展。”见《英国蓝皮书有关辛亥革命资料选译》（上册），中华书局1984年版，第58页。11月26日，英国政府开始积极促成南北议和，英国驻华公使朱尔典致电英国外相格雷，表达了袁世凯“甚愿停战”的意愿，并建议英方总领事对战局发表主旨声明，“不宜再任其迁延，且无用之流血，亦宜停止”。参见《中国近代史资料丛刊：辛亥革命（八）》，上海人民出版社2000年版，第328页。

达了对于希望调和南北的意向。[①] 自12月18日起，以袁世凯为代表的清政府军事实力派与以孙中山为代表的南方革命省份展开谈判，以相互妥协维护中国局势稳定、推进后续改革。英文报刊在这一时期对孙中山的报道，主要便是在此国际舆论环境下展开，除报道孙中山的海外行迹外，侧重介绍孙中山的让步，以及南北调停的必要性和希望。

（一）对南北议和初期孙中山的报道

南北议和于12月18日在上海正式开始，南北方分别推举伍廷芳、唐绍仪为首席代表举行和谈。在南北议和初期，英文报刊对和谈持积极态度。这与孙中山、袁世凯双方这一阶段为南北调停做出的让步有很大关系。早在11月16日，孙中山就曾在致电国民军政府表达同意袁世凯任总统的意愿："总统自当推定黎君。惟黎有请推袁之说，合宜亦善。"[②] 11月21日，孙中山在接受《巴黎星报》记者采访时又表达了对于和谈的支持："以平和手段促中国进步，实为吾党本愿。"[③] 而袁世凯一方在南北议和的首轮会议中，便也表示出对于共和制度的接受，正如议和北方代表团成员蔡金台致赵尔巽函中所称，"万不料伍（廷芳）甫提及民主，唐（绍仪）即满口赞成"[④]。如这一时期，英文报刊多向外刊传达南北议和召开，孙中山、袁世凯合作态势积极，以及将建立有效政府的正面消息。

1911年12月16日，《华盛顿邮报》驻华记者自上海发文，文章以

① 12月15日，驻华公使嘉乐恒（W. J. Calhoun，1848 - 1916）在给美国国务卿的文件中，记述了美国政府向唐绍仪、伍廷芳所发布照会的内容，其中包括"政府在保持迄今为止所采取的严格中立态度的同时，认为它有责任以非正式方式提请两国代表团注意，必须尽快达成一项能够结束目前冲突的谅解，确信这种态度符合双方的愿望。"参见 Papers Relating to the Foreign Relations of the United States，[50] The American Minister to the Secretary of State. American Legation，Peking，December 15，1911. File No. 893. 00/776.

② 中国社会科学院近代史研究所中华民国史研究室等编：《孙中山全集》第一卷，中华书局1981年版，第547页。

③ 中国社会科学院近代史研究所中华民国史研究室等编：《孙中山全集》第一卷，中华书局1981年版，第562页。

④ 《蔡金台致赵尔巽函》，《清代档案史料丛编》第八辑，中华书局1982年版，第357页。

《中国新和平政党》为名刊登在次日的该报上。该报道称，“少年中国党代理人（孙中山）向袁总理提出了放弃总统职位，与他们共患难的提议。”① 同一天，另一篇更为详细的报道也发自上海，后于次日刊登在《纽约时报》，认为由于清政府和南方革命党的共同让步，会议达成解决方案的可能性很大。② 议和谈判共举行五次。在第一轮会议中，袁世凯一方并未对南方代表伍廷芳所提出的共和主张表示反对。部分美国报刊驻华通讯员尤其积极评价了革命党的和谈成绩，表达对南北调停的希望。12 月 19 日，《纽约太阳报》刊文《中国和谈开始：所有大国都联合起来要求结束无政府状态》。文章刊登了 12 月 18 日发自上海、北京等地的新闻，认为革命党赢得了第一轮会议。他们支持废除满族王朝，建立共和政体，抚恤皇室，并对所有满族人给予优待。所有大国都在合作，努力帮助中国结束内战。③

在“南北议和”期间，英国虽延续“不干涉”政策，实质上却大力支持袁世凯。《泰晤士报》驻华记者莫理循积极引导舆论，宣传袁世凯的威望和治理能力，对孙中山的报道则较少。虽然英文报刊对南北议和双方的倾向性不同，但都认为当务之急是避免中国社会陷入混乱，亟须建立稳定且强大的政府，实现有效治理，以维护母国在华利益。如 1911 年 12 月 23 日，《北华捷报》刊文《中国的革命》，该文称，“据说，革命者首先提议任命孙博士为共和国总统……这样做的目的是建立一个法律并未承认、但事实上存在的政府”。④

（二）探讨南北和谈僵局中的孙中山

南北议和期间，孙中山领导下的革命党与袁世凯谈判的真正交锋则是在南京临时政府成立、孙中山就任临时大总统后充分显现。孙中山、袁世凯双方围绕停战、清帝逊位、共和制度等问题展开博弈。这一时期，

---

① “New Peace Party in China,” *The Washington Post*, December 17, 1911, p. 10.

② “Shanghai Meeting May Bring Peace,” *The New York Times*, December 17, 1911, p. c3.

③ “Chinese Peace Talks Begun,” *The Sun* (*New York*), December 19, 1911, p. 1.

④ “The Revolution in China,” *The North China Herald*, December 23, 1911, p. 793.

英国政府延续了之前支持袁世凯的态度①，这一态度也体现在英国媒体驻华记者的报道中。《泰晤士报》驻京记者莫理循更是在报道武昌起义后中国政局时凸显“袁世凯被赋予了几乎至高无上的权威”②，而少有在报道中提及孙中山。美国政府也对孙中山的治理能力提出了质疑③，这一态度在《纽约时报》等主流媒体的驻华记者报道中得到体现。基于英美政府的上述态度，英文报刊在报道关注南北议和濒临破裂的情况期间，引导舆论促进南北调停，而有关中国未来局势的领导者问题，舆论倾向性逐渐不在孙中山一边。

1912 年 1 月 2 日，袁世凯同意唐绍仪辞任，否定了唐绍仪、伍廷芳达成的协议，议和濒临破裂。孙中山虽同意让位，但为保护革命成果，后于 1912 年 1 月 18 日、22 日，又提出五条要约，其中包括在北京不得更设临时政府等内容。袁世凯则不能同意将自身执政的合法性置于南京临时政府的授权之下，故一度计划在解散清政府、南京临时政府的同时，在天津另行组织临时政府，并将此消息扩散至朱尔典、伍廷芳等人。1 月 22 日，孙中山再度电告伍廷芳，提出清帝退位后袁世凯出任总统职位的五个条件。此最后通牒式的五条办法立即引起英文报刊的关注。他们认为这将威胁到南北调停，《泰晤士报》驻华记者、《北华捷报》等表达了对孙中山及其革命党的固执强硬态度的谴责。莫里循于 1912 年 1 月

---

① 早在 1911 年 11 月 15 日，英国外相格雷致电英国驻华公使朱尔典，表示“我们对袁世凯怀有很友好的情感和敬意”。参见《英国蓝皮书有关辛亥革命资料选译》（上册），中华书局 1984 年版，第 58 页。1912 年 1 月 12 日，朱尔典致电格雷爵士，记述 11 日他与袁世凯密友的谈话，朱尔典表示“袁世凯博得了各国的信任，他和南方首领们的争吵既然是中国内部的事情，他们相互之间应当能够达成协议。”参见《英国蓝皮书有关辛亥革命资料选译》（上册），中华书局 1984 年版，第 241 页。

② “The Crisis in China,” *The Times*, November 2, 1911, p. 7.

③ 美国政府方面，1912 年 1 月 16 日，驻华公使嘉乐恒在给国务卿的文件中，明确表示“（袁世凯）他被普遍认为是当今中国最有能力的人。……南方共和运动的弱点似乎在于，它几乎完全受广东的影响推动、支持和控制。而孙中山，无论他的性格和能力如何，在这里都不被视为代表人物。他出生在海边，于国外接受教育，一生大部分时间都在国外生活。他对中国一无所知，对中国人民的生活、性格、传统和习惯一无所知。而中国各省之间，尤其是内陆省份和沿海省份之间存在着许多嫉妒和敌意。一旦满族势力下台，这些不稳定因素就会变得活跃起来。因此，孙中山是否能够控制局势或协调各种相互冲突的影响，这是非常值得怀疑的。”参见 Papers Relating to the Foreign Relations of the United States, [60] The American Minister to the Secretary of State. American Legation, Peking, January 16, 1912. File No. 893. 00/1038.

21日自北京发回相关报道，次日《泰晤士报》以《中国的总理大臣和孙中山》为题刊登。文章开篇便指出“局势发生了惊人的变化”。莫里循在文中表示，“孙中山的合理态度和承诺原本在北京受到赞扬，孙中山与袁世凯就清帝让位和共和政府的建立达成谅解，皇太后、庆亲王和前摄政王刚同意退位，孙中山就违背了他的许诺。他显然被说服了，认为袁世凯对独裁权力感兴趣”。[①] 1月27日《北华捷报》刊文《危急时刻》，称“孙中山先生违背了全世界都倾向于相信他有能力采取强有力的、政治家般的行动的信心”[②]。

对于南北和谈陷入僵局情况，《纽约时报》等美国主流报刊未将责任归咎于孙中山提出的新要求，而是将报道重点放在清皇室对退位的阻碍[③]上。1月22日，《纽约时报》驻华通讯员发出电报，具体内容刊登在次日的该报上，即《满人表明立场》一文。文章指出，“满人不会退位，现在中国的内战有可能再次爆发”。作者也提及孙中山指责袁世凯违反了协议。但更为强调包括美国公使馆在内的外国公使馆不希望看到袁世凯退休，因为没有一个有能力的替代者来接替他的职位。[④] 这篇驻华记者提供给《纽约时报》的文章暗示孙中山不具有领导整个中国的力量，并且表示此观点与美国官方观点相一致。

南北议和濒临破产的解决途径便是清帝逊位。《泰晤士报》驻华通讯员传递了积极消息，该电文于1912年2月5日刊登在《曼彻斯特卫报》上，即《满族退位之后，孙中山的计划》一文。作者表示对代总统孙中山进行了长时间的采访。在回答有关满族退位后政府行为的询问时，孙中山建议现任临时政府应继续一年，之后他将辞职，支持由议会选举产生的新政府。[⑤] 这一时期，香港地区的英文报刊也持续关注清帝退位

---

① “The Chinese Premier and Sun Yat - sen,” *The Times*, January 22, 1912, p. 8.

② “The Eleventh Hour,” *The North - China Herald and Supreme Court & Consular Gazette*, January 27, 1912, p. 214.

③ 1912年1月19日，清皇室贵族良弼等以“君主立宪维持会”名义发布宣言，成立宗社党，反对共和，对抗辛亥革命。一时间，已濒临崩溃的南北议和局势更加复杂。

④ “Manchus Decide to Make a Stand,” *The New York Times*, January 23, 1912, p. 3.

⑤ “After the the Manchu Abdication: Sun Yat Sen’s Plans,” *The Manchester Guardian*, February 5, 1912, p. 14.

的进展情况，认为清帝退位是符合最大多数人利益的选择。[①] 1912 年 2 月 12 日，清朝最后一个皇帝正式退位。在华西人也关注了这一历史事件。1912 年 2 月 17 日，《德臣西报》（海外版）刊发《孙中山拜祭》的新闻。文章报道了孙中山拜谒十三陵一事。[②] 1912 年 2 月 24 日，《德臣西报》（海外版）刊登《退位和其他事项》一文，介绍翻译了《清帝退位诏书》[③]，同期《德臣西报》（海外版）还刊载了《孙中山在十三陵》的连续文章，详细报道了孙中山拜谒十三陵的过程、场景、发言等情况。[④]

三 对孙中山当选临时大总统前后的报道

孙中山当选中华民国的首任临时大总统前后，与孙中山有关的重大事件，如孙中山的当选，担任临时大总统期间的相关政策、孙中山辞职等重要事件，英美记者均有连续报道。他们对临时政府、孙中山的执政效果及环境作出了整体性的评价，也关注了孙中山领导下的南京临时政府表现出努力巩固共和革命成果、建设国家的内政、外交等多个方面。

（一）期待孙中山带来稳定力量

1911 年 12 月 25 日，孙中山结束 16 年的流亡生涯抵达上海。各省代表从武汉移驻南京。在孙中山尚未当选临时大总统期间，英文报刊对孙中山的报道已明显突出孙中山所受到的各种礼遇、归国后对南北局势可能带来的影响、当权后可能采取的政策等方面内容。孙中山于 12 月 25 日抵达上海，当天驻上海通讯员便将此消息发至外刊，《纽约时报》于当日头版进行报道："中国改革家孙中山先生今天上午抵达这里，他的

① "The Future", *The Overland China Mail*, January 20, 1912, p. 15.

② "Sun Yat Sen Worships," *The Overland China Mail*, February 17, 1912, p. 17.

③ "The Abdication and Other Matters," *The Overland China Mail*, February 24, 1912, p. 3.

④ "Sun Yat Sen at the Ming Tombs," *The Overland China Mail*, February 24, 1912, p. 13.

名字已被提及与拟议中的共和国总统有关。”[①] 12 月 27 日，《巴尔的摩太阳报》驻上海通讯员发出电报，电报内容刊登次日的该报上，题为《选举孙中山：革命力量今天将在南京任命总统》，称孙中山先生的到来为革命者的队伍和议会注入了一种全新的、强有力的元素。[②] 该新闻的前部分内容，也刊登在当日的《苏格兰人报》上，题为《中华民国的前景——孙中山担任总统》。[③]

1911 年 12 月 29 日，孙中山高票当选临时大总统，当时各大英文报刊驻南京通讯员便发出相关消息电报。当日，《基督教科学箴言报》发表题为《中国总统孙中山先生渴望和平：皇室同意遵守惯例，他们随时可能逃离北京》的新闻。此新闻不仅报道了孙中山被选举为临时大总统的得票情况，也具体呈现了孙中山的当选发言的内容，尤其强调孙中山表示其政策是“通过尽可能迅速的方法获得和平和稳定的政府”。此新闻报道者对孙中山的当选给出了较高的评价，认为“孙中山的当选预示着君主制的彻底崩溃。……伟大梦想的孙中山先生今天开始了建设新中国的工作”。[④]《芝加哥论坛报》驻南京通讯员也发出“孙中山先生被一致推选为中华民国总统”的电报，于同日被刊登该报上。[⑤] 12 月 30 日，《曼彻斯特卫报》则刊登文章《南京国民议会一致选举孙中山先生为中华民国总统》进行介绍。[⑥] 1912 年 1 月 2 日，《纽约时报》驻南京通讯员发回有关孙中山就任临时大总统的新闻。次日，该新闻刊登在该报上。[⑦] 该报道分为两个部分，第一部分详细介绍了就职典礼的过程；第二部分呈现了孙中山的就职发言。同时，驻华记者莫里循以务实的态度，关注

---

① “Dr. Sun Yat Sen at Shanghai,” *The New York Times*, December 25, 1911, p. 1.

② “To Elect Sun Yat Sen: Revolutionary Forces Will Name President at Nanking Today,” *The Baltimore Sun*, December 28, 1911, p. 2.

③ “Prospect of a Republic in China,” *The Scotsman*, December 28, 1911, p. 5.

④ “China's President Dr. Sun Yat Sen, is Desirous of Peace,” *The Christian Science Monitor*, December 29, 1911, p. 1.

⑤ “People to Decide Future of China, Sun is President,” *Chicago Daily Tribune*, December 29, 1911, p. 1.

⑥ “Chinese Republic: Sun Yat - sen Chosen as President Unanimous Election”, *The Manchester Guardian*, Dec 30, 1911, p. 9.

⑦ “President Sun Inaugurated”, *The New York Times*, January 3, 1912, p. 2.

孙中山与日本人的关系、其资金能力等问题，背后考量的是谁更能在当下的国内外环境中真正掌控中国局势之人的问题。1912 年 1 月 5 日，莫理循在给《泰晤士报》新闻部主任达·狄·布拉姆的信中，谈及“民国临时政府已经在南京建立，孙中山任大总统”。[①] 莫理循提及孙中山与日本朋友的密切关系，并认为一旦人们得知孙中山并无资金，可能对其支持大减。

在华的英文报刊则凭借“在地”优势，对孙中山当选作出更细致生动的报道。如 1912 年 1 月 6 日，《北华捷报》刊载《孙中山总统就职典礼》一文。[②] 该新闻来自一位记者于 1 月 2 日从南京发回的报道。文章认为，中华民国纪年标志着中国历史上一个新时代的开始，这是孙中山的第一次正式行动。文章介绍了孙中山就职新总统的宣誓、宣告所涉及的未来拟议的治理方法和范围、政府目标、与国际理事会的关系等问题。文章还详细描述了孙中山的热烈支持者在典礼期间希望保护孙中山而做出的一些冲动举动。文章塑造的孙中山形象，是受到民众的热烈欢迎和支持的大总统形象。

（二）对孙中山任职期间治理能力的综合考量

南京临时政府成立后，并未得到英美等国的承认。在英美等国看来，南京临时政府虽然采取许多措施，但没有解决其内部财政上的窘乏和军队及党内的危机。英文报刊对临时政府、临时大总统做出了评价，其评价标准并不在于政府的形式，而注重评估这一政府以及统治者的治理能力——能否在国内外的危局中，在中国建立稳定权威的政府，孙中山是否具有真正统治管理国家的能力，并认为孙中山的实际治理能力和效果都不容乐观。

1912 年 1 月 13 日《北华捷报》刊发《美国方面的意见》一文。文章是日本驻华盛顿临时代办所搜集的美国报纸对中国局势发表的意见。根据文章的介绍，《纽约先驱报》一则消息称，国务院认为中国的局势

---

① ［澳］骆惠敏编：《清末民初政情内幕》，第 822 页。

② “President Sun Yat - sen the Inauguration Ceremony”, *The North - China Herald and Supreme Court & Consular Gazette*, Jan 6, 1912, p. 31.

非常危急，并认为迟早会有时间来检验日本和俄罗斯是否有对大国保持信任的诚意。同时，《华尔街日报》并不重视中华民国总统的选举或国民议会的召开。《纽约时报》则认为，中国维持帝国并缓慢进行行政改革是明智的。《华尔街日报》痛惜满族人，他们缺乏诚意和勇气，本应允许革命者的破坏力控制中国的局势。《纽约太阳报》认为，维护中国领土完整和恢复和平的伟大工作超出了孙中山和他的朋友们的能力，他们在政府管理方面相当缺乏经验。[①] 1912 年 1 月 13 日，《北华捷报》上刊载《孙中山先生的宣言》一文。文章指出，"《泰晤士报》评论说，孙中山先生奇怪的宣言并没有使问题更接近于一个实际的解决方案……英国的唯一愿望是尽快在中国重建一个稳定和进步的政府。英国对这种政府形式完全漠不关心。《泰晤士报》也不禁怀疑，共和党能否成功建立一个与中华民族最根深蒂固的偏见和传统格格不入的政府体系"。[②] 这篇文章也包括了上文提及的《纽约太阳报》观点，体现出《泰晤士报》对华态度与英国官方态度的一致性。[③] 同时，英文报刊也从孙中山的执政环境、执政团队来衡量孙中山是否具有坚强领导能力，分析结果并不乐观。1912 年 1 月 20 日，《北华捷报》刊发《政治方面的展望》一文。除了总结了民国领导人的态度，文章还谈及"学生与军队"，认为"孙中山周围的人对袁世凯的正直缺乏信心，对满族人也很警惕。这些是学生和文人。衙门中另一个需要注意的因素是没有太多经验或训练的军事将领，他们和所有业余士兵一样，渴望在战场上展示自己的实力。在这些呼声中，有一种是'直捣北京'。在这种呐喊声中，大家忠告总统要'提防满人'，然而总统他自己更倾向于坦直相待和信任满人，但毫无疑问，大家的共识也影响他的判断。没有人相信孙中山提倡要'不惜一切

---

① "American Opinion", *The North – China Herald and Supreme Court & Consular Gazette*, January 13, 1912, p. 107.

② "Dr. Sun Yat Sen's Manifesto", *The North – China Herald and Supreme Court & Consular Gazette*, January 13, 1912, p. 620.

③ 12 月 26 日，英外交大臣格雷爵士在给朱尔典的训令中明确指出："我们希望看到一个强大、统一的中国，无论它采取何种政体，悉听中国人民自愿。"参见中国史学会主编《中国近代史资料丛刊：辛亥革命》（八），上海人民出版社 1961 年版，第 414 页。

代价争取和平。’”①

（三）关注孙中山辞任临时大总统

随着清帝宣布退位，1912 年 2 月 14 日，孙中山到临时参议院辞去了临时大总统一职。在孙中山正式辞职之前，英文报刊便对此高度关注。当日，苏格兰的地方报纸《丹迪晚电报》驻南京通讯员即发回电报，具体内容于次日刊登在该报上，文章题目为《孙中山表示即将辞职》，该文称：孙中山表示，一旦袁世凯宣布自己是共和党人后，他将立即辞职。② 在孙中山正式辞职后，英文报刊也迅速对此展开报道，驻华新闻机构迅速将消息发送至外刊。如 1912 年 2 月 15 日的《华尔街日报》刊登《孙中山辞职》的新闻，内容即介绍临时共和国总统孙中山先生向南京共和国议会递交了辞呈，并建议袁世凯当选总统。③ 1912 年 4 月 2 日，《泰晤士报》刊发了前一天从上海传来的电文《孙文辞职》。电文报道了 4 月 1 日临时参议院会议上，孙文和临时政府已辞去其职务并交出其印章的情况。电文概括了孙中山的辞任发言，即其认为南北妥协后，他有责任隐退。《泰晤士报》文章认为孙中山在任期间，“一直展现了个人的极大尊严”，并给予孙中山的辞任很高的评价，“他功成身退，身为一个男人和一个爱国者，他得到了人们的广泛尊崇”。④ 1912 年 2 月 24 日《德臣西报》（海外版）也高度评价孙中山为了国家整体利益而辞职，认为“虽然为了新共和国的利益，他现在退到一边，也许觉得时代需要一个更有建设性和组织能力的人，但我们不能认为青年中国会轻易忘记那个首先使革命成为可能，然后取得成功的人”。⑤

在华英文报刊对孙中山辞职的报道更具有细节性。1912 年 4 月 1 日下午，孙中山临参议院行解职礼。《北华捷报》详细报道了这一仪式场

---

① “The Political Outlook”, *The North - China Herald and Supreme Court & Consular Gazette*, January 20, 1912, p. 177.

② “Sun Yat Sen Says will Resign”, *The Dundee Evening Telegraph*, February 5, 1912, p. 1.

③ General News: Sun Yat Sen Resigns”, *The Wall Street Journal*, February 5, 1912, p. 3.

④ “Resignation of Sun Yat Sen”, *The Times*, April 2, 1912, p. 9.

⑤ “Ching Emperor and the Union of the North and South are Largely due to the Great Exertions of Mr. Yuan”, *The Overland China Mail*, Saturday 24 February, 1912, p. 4.

面。1912 年 4 月 6 日，《北华捷报》在“杂纂”栏目，以《新内阁：议会宣布仪式》为题目，对宣布新内阁之前的社会局势、大会之前的情况、当日仪式时孙中山进入会场入座等细节等进行了报道。[①] 同日，《北华捷报》还刊登《孙中山总统辞呈：告别仪式》一文。文章详细记述了军队铜管乐队演奏、共和党的理想、交出印章、未来工作等内容。文章最后对孙中山的辞职给予了高度评价：“孙中山先生在担任总统期间表现出了极大的个人尊严，并以其诚实、真诚和崇高的目标给每个人留下了深刻的印象。作为一名政治家，他可能没有表现出突出的天赋，因为他获得治国才能的机会极其有限。但他隐退到私人生活中，他的同胞们普遍将他视为一个男人和爱国者。”[②]

结　语

辛亥革命期间，英文报刊涉华报道中对孙中山从海外回国、就任临时大总统、总统任上的事迹及辞去总统等重要活动进行了深度报道，同时也对孙中山革命党以及中国局势的发展情况不断做出分析。美国报刊驻华记者出于提振美国身份和国家认同、维护在华利益等动机，积极描述孙中山革命领导者形象、宣传其共和理念；而英国背景的报刊驻华记者及在华英文报刊则从支持中国实行君主立宪制到接受共和政府建立，持偏向支持袁世凯、不看好孙中山的态度，实质是认为孙中山并不能控制中国陷入无政府主义泥潭。英文报刊的报道整体上贯穿着推动中国建设强有力中央政府以维护在华利益的一致性诉求，对孙中山是否能对中国实行有效治理的问题提出期待和质疑。这些英文报刊对孙中山的报道，不仅有利于我们进一步认识英文报刊在海内外积极建构、传播孙中山的革命形象，更能使我们借由“他者”视角，在革命史研究中引入孙中山

① “The New Cabinet: Proclamation Ceremony in the Assembly”, *The North - China Herald and Supreme Court & Consular Gazette*, April 6, 1912, p. 21.

② “President Sun Yat Sen's Resignation: The Farewell Ceremony,” *The North - China Herald and Supreme Court & Consular Gazette*, April 6, 1912, p. 155.

及其革命党的“治理程度”的新议题，跳出概念层面的“君主立宪”或“民主共和”分析话语，重新发现20世纪前期英美等西方国家研判中国变革走向及孙中山革命党的关键性考察因素，深化对于辛亥革命及外国对华态度的认识。

（原载《中国国家博物馆馆刊》2022年第12期）

亲历者的观察：在华英美人士、报刊视野中的五四运动

张德明

1919 年五四运动发生时，在华的英美人士及报刊高度关注此事，撰写了很多书信、文章或刊发新闻报道，向国内外读者传达此次运动的最新情况，但学界对此问题研究比较薄弱。① 为此，本文将利用当时在华英文报刊及外交官、学者、记者、传教士在内的英美人士亲历者的观察为主要研究资料，分析考察英文世界中的五四运动景象，以求从他者的视角为研究五四运动提供些许参考。限于篇幅所限，本文仅关注 1919 年 5—6 月期间发生的狭义的五四运动。

一　对五四运动的持续报道

五四运动发生时，当时在上海、北京、广州、天津等地的英文报纸进行了大量的跟踪报道。英美等国所办的《字林西报》（*North China Daily News*）、《北华捷报》（*The North China Herald*）、《密勒氏评论报》（*Milliard's China National Review*）、《上海泰晤士报》（*The Shanghai Times*）、《北京导报》（*Peking Leader*）、《广州时报》（*The Canton Times*）、

① 以笔者所见，目前学界对此问题研究集中在美国学者杜威与五四运动的关系上，如杜威的《元青与中国》（人民出版社 2001 年版）、史云波的《杜威的五四观及其影响》（《江苏大学学报》2005 年第 4 期）、彭姗姗的《五四时期杜威与中国的一段“交互经验”》（《近代史研究》2019 年第 2 期）等论著，对其他英美人士、报刊关于五四运动观察的研究甚少。

《大陆报》(*The China Press*)、《京津泰晤士报》(*Peking & Tientsin Times*)等都给予了持续的关注，除了一般的实况介绍外，还刊发了很多对此运动的评论，展示了五四运动的多重面相。

就报道的内容看，当时在华英文报纸除了重点关注北京、上海的学生游行、商人罢市、工人罢工的情况外，还对湖南、湖北、安徽、广东、山东、浙江、河南、江苏等全国各地的三罢情况进行了及时的报道。上海的《字林西报》《北华捷报》《大陆报》对五四运动情况进行了密集报道，向外国读者介绍了最新的各地运动新闻。如 1919 年 5 月 11 日的《大陆报》在头版刊发了抵制日本运动的情况，称上海的教育、商业团体集会决定抵制日本的产品与货物，拒绝使用日本的货币，并且报道了北京的国民外交协会开展的抵制日货活动。[1] 5 月 16 日，该报又在头版介绍了各地抗议运动对日本在广告、货币及商业方面造成的影响，并介绍了学生的抗议运动及提倡国货的情况。5 月 13 日的《字林西报》则在第 7 版刊发报道专门介绍了北京的抵制日货、杭州学生的抗议运动，并且用长文分析了中日山东问题的由来及对策；5 月 29 日、5 月 30 日《字林西报》继续刊发有关宁波等地中国抗议运动的报道，提到了商人也加入支持学生抗议的行列，6 月 3、4 日的该报又对浙江及中国中部的抵制运动进行了报道。5 月 31 日的《北华捷报》则翻译刊登了北京学生在 5 月 25 日发布的请愿书，并且报道了浙江学生及苏州学生的游行，及南京示威学生向政府的请求等有关学生运动的最新消息。6 月 7 日、6 月 12 日、14 日及 21 日的《北华捷报》又分别报道了安徽、湖北、苏州及武汉的抵制运动情况。再如《上海泰晤士报》在 5 月 24 日、6 月 9 日、6 月 19 日曾分别报道了浙江、扬州、杭州的抵制运动，其对上海发生的各界抗议运动尤其关注，每天都发表报道关注事件进展。6 月 6 日的该报发表了《商店关门来表示对学生抗议运动支持》的报道，提到了在上海商店关门的具体酝酿，学生的被捕，并对各国租界内的情况进行了介绍，还提到了日本商店被攻击。在上海的《密勒氏评论报》对该运动也进行密集跟踪报道及评论。如 1919 年 6 月 4 日的《密勒氏评论报》发表社论

---

[1] "Movement Launched Here for Boycott Japanese", *The China Press*, May 11, 1919, p. 1.

称：中国的学生游行与商人罢市正在有条不紊地进行中，这是一种值得称赞的中国人的政治举动。中国人的和平抵制是非常有效的，如果能够保持足够的时间，将会迫使日本改变其对中国的政策。[①] 6月28日该报的社论又用十条专门点评了学生运动取得的成绩，如迫使曹、陆、章三人辞职，引发了抵制日货；刺激了国货的发展；成为中国政治生活中的新趋势；展示了公众舆论的威力；证明了学生罢课的力量；发出了在中国要求演讲与新闻自由的呼吁等。[②]

除了实况报道外，当时在华外报还发表诸多评论。如英国在天津主办的《京津泰晤士报》（*Peking & Tientsin Times*）刊发了《抵制运动的深远影响》的评论文章，还被《密勒氏评论报》等转发。该文指出："政府正在竭力阻止运动的进一步扩展，但是政府却对民众产生不了影响。正是政府本身引起了这个国家事件，因为它的官员试图牺牲国家的利益来获取日本的支持。现在是民众发出声音的时候了，他们承担起抵制日本的责任，并且试图迫使政府撤回决定。"[③] 后该报还发表一篇题为《学生运动》的评论，被9月5日的《北京导报》所转载。该文直接用英文提到了"五四运动"这个名称，并称："我们十分同情学生们的诉求，我们与其把他们的行动看成一场反对一个特殊国家的运动，不如看成整个国家意识的觉醒，这标志着中国的一个更光明时代的开始。"[④] 在英国人编辑的1921—1922年的《中华年书》（*China Year Book*, *1921 – 22*）中在《新文化运动》一节中专门提及"一战"与学生运动的关系，并且认为自从5月4日学生游行后，学生示威游行变得异常频繁，这严重影响了他们的学业，而且还称学生的此种行动也对中国的教育发展是有害的。文章还认为中国学生很难全心进行学业而不关心国家大事。[⑤]

当时还有很多在华英美人士致信在中国的英文报刊，陈述他们对此次学生运动的看法。《大陆报》除了报道各地抗议的新闻外，即刊发了

---

① Editorial Article 3, *Milliard's China National Review*, June 4, 1919, p. 46.

② Editorial Article 8, *Milliard's China National Review*, June 28, 1919, p. 130.

③ "Deep Significance of Boycott Movement", *Milliard's China National Review*, June 21, 1949, p. 119.

④ "The Student's Movement", *The Peking Leader*, Sep 5, 1919, p. 6.

⑤ H. G. W. Woodhead, *The China Year Book*, *1921 – 22*, Tientsin Press, 1921, p. 548.

很多有关此次运动的读者来信。如6月1日该报刊发的一名读者来信，提及了抗议运动也波及了英美等其他在华的外国人。他认为中国的抗议运动如果想取得成功，就应当非常谨慎，不能允许有阴谋的人去改变运动最初的目标。如果此抵抗运动开始伤害到在中国的所有外国国家，那么中国将会失去很多有力量的朋友。① 再如6月14日的《北华捷报》刊登了一封外人读者来信，他在信中表达了对学生游行的支持态度，认为学生团体是中国的希望，他们受过教育，并且爱国且非常无私。他还认为学生们已经达成了激发公众舆论关注以及各群体加强联合的目的，这是令人难以置信的，因为之前中国人总是被认为是保守的且很难联合成一个整体。② 同日，在另一封外国读者致该报的信中，则不同意有些外国人对学生运动指责，不认为学生存在暴力行为，并且称自己看到的都是一种温和的景象，诸如拒绝暴力，不在街上停留等，并且否认了学生有恫吓商人、店员等参与罢工的行为。但他并不否认学生曾犯过错误或给市民带来不方便，但又指出学生确实在尽力避免租界的混乱。③ 当然也有些在华外国人不认同中国各阶层此种抗议活动，如曾有在中国中部活动的传教士到民众抗议集会的现场去演说，呼吁民众烧毁反日传单，安心待在家中，认为他们举动只会使得日本让中国政府惩罚抗议者并对其损失进行巨额赔偿。④

英国在香港的《中国邮报》（*China Mail*）、《香港电讯报》（*Hong Kong Telegraph*）、《香港每日新闻》（*Hong Kong Daily Press*）、《南华早报》（*South China Morning Post*）等英文报纸也密切关注此次运动。如《香港电讯报》即曾刊发多篇关于五四运动的最新实况报道，5月19日该报以《在北方的反日运动》为题对上海、北京的运动情况进行了报道，并提到了上海圣约翰大学学生的抗议。《南华早报》除了关注各地的抗议运动外，还重点对广东及香港的运动情况进行了跟踪报道，如该报在5月27日刊发了广东学校的五千多名学生集会准备游行抗议巴黎和

① "Boycott Hits Other Foreigners", *The China Press*, June 1, 1919, p. 2.

② Letter to Editor 3, *The North China Hearld*, June 14, 1919, p. 729.

③ Letter to Editor 8, *The North China Hearld*, June 14, 1919, p. 731.

④ "Missions and The Japanese Boycott", *The North China Herald*, June 1, 1919, p. 782.

会有关山东问题决议的报道；6月7日该报以《抵制运动》为题报道了广东的抵制运动正在快速扩展，除了学生外，广大商人也积极参与，并且叙述了商人采取的具体行动，还提到了沙门的抗议活动。6月20日，该报还报道了9名学生在香港宣传抵制日货，被警察逮捕的新闻。当然与上海、北京等地报纸报道略有不同的是，香港英文报纸对运动实况报道偏多，相关评论偏少，且还侧重关注运动中的英国利益受损问题。

除了在华的英文报纸外，在英美本国报纸的驻华记者也发回了此次运动的报道。英国《泰晤士报》常年派有驻华记者对中国情况进行报道，五四运动发生时，该报驻华记者也撰写了多篇新闻。如该报在5月20日刊登的《中国人的愤怒情绪掀起大规模的抵制日本的行动》一文称："对巴黎和会做出的有关山东的决定引发了人民强烈的愤慨之情，这种情绪目前正在全中国蔓延。随之而起的，是中国各大城市所掀起的抗议高潮，中国人试图组织起一场大规模的抵制日本的行动。据报道，这场运动现在已经波及南京、无锡、汉口、杭州、苏州、常州和其他城市。"① 6月14日刊发的《中国人与山东》一文中则称："自革命以来，山东问题所搅动起的风波已经超过了其他所有事件。全国的公共机构都在向政府请愿，也向巴黎和会的代表们发去电文，并敦促外国公使们采取行动。外国商会、传教士团体以及其他外围人的社团或联盟都在不断地向他们的公使们发去写下他们主张、看法的时局解析，他们普遍认为，如果在山东问题上不能确保得到一个公正的解决方案，那么，严重的麻烦便会随时爆发。"② 同日，该报刊发的《中国的排外情绪》一文，则报道了中国各阶层支持五四运动进行的罢工、罢市、罢课的热潮。当时《泰晤士报》的驻华记者濮兰德（J. O. P. Bland）曾写报道对学生运动进行指责，对北洋政府给予支持，这也代表一部分在华外国人的态度。特别是他还指责天津学生联合会接受了一些政客的20万美金，用来对抗北京的官僚。当时正在华讲学的美国教育家杜威（John Dewey）则对濮兰德报道给予驳斥，称他对新的学生运动缺乏了解，且称学生收钱是伪造

① 方激编译：《龙蛇北洋：〈泰晤士报〉民初政局观察记》下，重庆出版社2017年版，第710页。

② 方激编译：《龙蛇北洋：〈泰晤士报〉民初政局观察记》下，第714页。

的假新闻。但杜威也承认："这不意味着在野党的政客不曾试图利用这场运动，学生们不曾有过错误，或者他们完全摆脱了这些腐败的因素。"[①] 美国的《纽约时报》（*New York Times*）、《华盛顿邮报》（*Washington Post*）等美国报纸的在华记者也发回报道，对此次运动进行了关注。如6月9日的《华盛顿邮报》以《中国的抗议运动迅速扩散》为题对运动进行了报道，提到了中国政府无力制止运动的进行，被捕学生得以释放以及上海的银行家、工人等支持学生的运动。《纽约时报》也刊发多篇相关报道，并引起了读者有关中日关系的讨论。如5月8日该报刊发了《中国学生强烈抗议巴黎和会的》新闻，报道了5月4日北京学生的大游行及"火烧赵家楼"，并提及5月7日中国留学生在东京的中国驻日使馆外进行游行示威。[②]

英美基督教在华的英文报刊中，也对五四运动进行了评论。如基督教会在上海办的1919年7月的《教务杂志》（*The Chinese Recorder*）中有题为《中国的过激革命》的社论文章，给五四运动给予高度评价，提到此次学生运动是一个新运动，制造了一种新团结，展示了一种新力量，并且带来一种希望，因为公众舆论的表达在之前的中国从未实现过目的。[③] 在该刊同期杂志一篇题为《新形势下的一些现象》社论中，还提到：学生游行在之前的中国非常普遍，但是这种全国性的游行却从未有过。这是中国开始学着向世界各国展示的新武器，它不会被轻易得丢弃，但明智的指导是必须地。我们希望中国觉醒，而它也正在觉醒。[④] 在该刊同期另一篇《基督教会与民族主义运动》社论中，则提到：这种抗议是一把双刃剑，它不是被所有人都能自如使用，特别是那些不成熟的手们。我们希望年轻的爱国者或其他人，可能去寻找一些更为安全且可以帮助他们去表达关于公共问题意见的沟通方式。[⑤]

---

① 顾红亮编：《中国心灵的转换——杜威论中国》，华东师范大学出版社2017年版，第285页。

② 郑曦原编译：《共和十年：纽约时报民初观察记，1911—1921》，当代中国出版社2011年版，第207—208页。

③ "China's Passive Revolution", *The Chinese Recorder*, July 1919, p. 434.

④ "Some Elements in the New Situation", *The Chinese Recorder*, July 1919, p. 434.

⑤ "The Christian Church and National Movements", *The Chinese Recorder*, July 1919, p. 434.

值得一提的是，在华英文报刊中也有中国人写的关于五四运动的评论文章，对外国读者发出中国人的声音。如在华传教士编辑出版的《中国差会年鉴：1919 年》（*China Mission Year Book, 1919*）中，就有五四运动重要参与者蒋梦麟写的《学生运动》一文，该文介绍了五四运动起因、过程及其影响。他在此文中特别指出了五四运动的重要性在于：这场学生运动可能被视为中华民族历史上的一个重要转折点。民众已经认识到他们联合一致行动所产生的力量比武力更为强大。在北京的政府官员更是清醒地认识到公众舆论不能被完全无视。①

但是需要看到的是，这些在华英美人士所办报纸与本国政府有千丝万缕的联系，他们的很多报道也体现了本国政府对此次运动态度，是英美等国在华舆论宣传媒介。由于五四运动主要针对日本展开，相对于日文报刊对日本的辩护及对中国的攻击不同，英美报纸能相对中立客观地对此进行报道，大多同情支持中国的民族民主运动。

二　对五四运动的见证

在华英美人士作为此次运动的亲历者，从他们所写的文章、日记、书信或电文等各种的文字记录中，可以观察他们对五四运动整体态度。除了叙述此次运动过程外，他们对本次运动随时出现的新动向都格外关注，并且提出了自己的看法，很多观点有别于当时中国人的见解。

杜威亲身经历了此次运动，他在给美国家人的多封信中都提及了五四运动的动态，并且还在美国的杂志上发表了数篇关于此次运动的评论。五四运动进行时，杜威在中国各地进行教育演讲，学生们也经常提问关于巴黎和会问题。如他在 5 月 13 日信中提到，学生们最容易问到的问题是："我们所有关于永久和平和世界主义的希望都在巴黎破碎了，这已经说明了，强权就是真理。强国总是为了自己的目的牺牲弱国。那么，

① Monlin Chiang, "The Student Movement", *The China Mission Year Book, 1919*, Shanghai: The Kwang Hsueh Publishing House, 1920, pp. 45 – 52.

难道中国就不该将军国主义也纳入我们的教育体系吗?"[①] 对于示威学生的被捕与释放，他在6月5日致家人信中提到被释放的学生要求警察首脑护送他们出去并致歉时提到："在很大程度上，这就像一场闹剧，但是毫无疑问，到目前为止，警察要比政府更为机智，也更懂政治，这会使得政府将来成为一桩笑柄，这在中国是致命的。"[②] 杜威在1919年6月撰写，后刊发在1919年第20期的美国《新共和》杂志上的《中国的学生反抗》一文，在向美国读者介绍此次运动中的学生罢课、抵制日货等基本情况的同时，发表了自己的看法。他在提到5月4日学生游行时称："骚动将全国的冷漠情感一扫而空。官员的软弱，也许还有腐败，是他们在有关山东的决定中要承担的一份责任。如果中国不能拿其他国家说事，那它也许就要做出一些事来妥善处理自己的问题。人们并不认为学生的行动是非法的惩治性集会导致的莽撞之举，而是认为它表达了一种义愤。人们的预感使气氛再次紧张起来。"[③] 杜威还对学生的游行给予了评价。如他在6月20日给家人的信中曾称："我当时将学生们的第一次游行比作了大学里男生宿舍的打斗，这对他们而言是不公平的。整件事情似乎都经过了缜密的计划，而且实际发动的时间比原计划要早。"[④] 1919年的在华演讲中他还指出："五四以来，学生很难专心读书，大半因为外交紧急；也因为学生感情用事。教育上受了莫大的损失，要是长此不改，损失恐怕还要大，教育一定要瓦解了。但是同时得益也不少。学生因这种运动知道公益的重要，互助的利益，对于政治、教育、商业情形也更明了，这也是学问，这也是教育。"[⑤] 杜威在1919年在7月4日给女儿信中还提到了北洋政府最终拒签巴黎和约，指出："你无法想象未签署《巴黎和约》对中国有多重大的意义，这可说是属于公众舆

---

① ［美］约翰·杜威等:《杜威家书：1919年所见中国与日本》，刘幸译，北京师范大学出版社2016年版，第174页。

② ［美］约翰·杜威等:《杜威家书：1919年所见中国与日本》，第217页。

③ ［美］杜威:《杜威全集》第11卷，马迅译，华东师范大学出版社2012年版，第156—157页。

④ ［美］约翰·杜威等:《杜威家书：1919年所见中国与日本》，第232页。

⑤ 袁刚等编:《民治主义与现代社会——杜威在华讲演集》，北京大学出版社2004年版，第193页。

论的胜利，也可说归功于这些男女学生的推动。”①

美国驻华公使芮恩施（Paul. S. Reinsch）也亲历了五四运动，他当时曾给美国国务院多次致电报告此次运动情况，也在后来自己回忆录里对此运动进行了描述。如1919年6月24日，他在给美国国务院电文中称：通过三周以来的运动可以看出，有组织的中国公众舆论的出现，对政府施加了特殊的压力，并且完成了特殊的行动。这种发展被认为每一个人都有无与伦比的重要性。商人、知识分子领导者（学生）与工人、交通行业工作者等其他阶层的民众共同展示了这一点。② 9月10日，他给国务院的报告中，全面叙述了五四运动的情况，特别提及了学生火烧曹汝霖的住宅，并称：总体来看，各种抵制活动都在有秩序地进行，没有针对日本人的个人暴力，当然还有个别一些针对少数日本人的过激行动。③芮恩施还看到了舆论的重要性，总结指出：“必须这样唤起舆论，使之成为一种持续起作用的力量；必须这样组织舆论，使之一直具有表达它的意志的手段；只有这样，舆论才能迫使政府抵抗日本对中国主权的进一步侵犯。那样做虽然需要花费一些时日，但却是能够做得到的，罢工和抵制日货证明了这一点。中国在历史上第一次奋起，并且迫使它的政府屈服。这个教训非常深刻。”④ 此外，英国人庄士敦（Reginald F. Johnston）1919年时恰巧在北京故宫担任溥仪的老师，也同样见证了五四运动。他在后来回忆录中除了简单交代此运动外，庄士敦提到：五四运动爆发后，皇上非常关注事态的发展，每天都找来各种版本的报纸看。除此之外，他对中国当时军阀混战、民不聊生的局面也有了更深刻的了解。⑤

五四运动中的抵制日货问题，学界对其实际效果颇有争论，当时在华英美人士也尤为关注。如芮恩施对抵制日货运动评价称：“这个运动

---

① 顾红亮编：《中国心灵的转换——杜威论中国》，第163页。

② *Papers Relating to the Foreign Relations of the United States, 1919*, Vol. 1, Washington: United States Government Printing Office, 1934, p. 711.

③ *Papers Relating to the Foreign Relations of the United States, 1919*, Vol. 1, p. 366.

④ ［美］芮恩施：《一个美国外交官使华记》，李抱宏、盛震溯译，文化艺术出版社2010年版，第328页。

⑤ ［英］庄士敦：《紫禁城的黄昏》，富强译，译林出版社2014年版，第140页。

开始时显然是反日的，然而却决不可认为它本质上是排日的，或者纯粹是对抗的和消极的。这个运动早已表现出了中国真正的、积极的民族特性，日本人曾经伤害了小国的民族自尊心，使中国人感到切肤之痛。”①杜威也提到抵制日货的情况时称：“对日本的散乱的敌对情绪要汇合成联合抵制的形式，这是男男女女的演讲者们的话题之一。他们并不满足于一般的倾诉劝诫。日本商品的清单被大批刊印或油印出来，在中国销售的所有日货的分类目录，以及替代它们的国货的类似目录，被人们广泛传阅。”②《芝加哥每日新闻报》驻北京记者纪乐士（William Giles）在7月1日给友人信中则提及了他见证的学生参与抵制日货与提倡国货情况时称：“学生不仅使广大人民耻于购买日货，而且每个学生各自分管一段街道，向人们讲解为什么不应当购买。学生做出的另一件事是向人民和商人指出中国自制的货物，即使不比日本货更好，也是一样的，何况他们还应该通过购买国货来扩大本国实业的发展。全国到处都在演讲，鼓励工商业者开办新的实业。”③

中国的学生运动也赢得了在华英美人士同情。如1919年6月6日，在北京的英美侨民协会也针对此次运动发出公告称：巴黎和会将德国在山东权利转让给日本的决定，这些情况所造成的罪恶的后果不但破坏了民族自决的原则，而且也否定了门户开放政策和机会均等的原则，如果中国的近邻日本现在代替了德国，那么这种罪恶的后果还将会大大地加重。为此该会决定向英美政府建议：主张凡参加巴黎和会的国家应该拟订和贯彻一项不会危及中国的安全和世界和平的公正的解决办法。④芮恩施因不满美国政府在巴黎和会上所做的不利于中国的决定，也在1919年夏向美国国务院提出了辞呈。因当时日本的舆论猛烈攻击此运动是受外国人，特别是美国人唆使甚而金钱资助。杜威则对此给予了否认，认为它完全是一场本土的运动。⑤

---

① ［美］芮恩施：《一个美国外交官使华记》，第327页。

② ［美］杜威：《杜威全集》第11卷，第157页。

③ 骆惠敏编：《清末民初政情内幕——〈泰晤士报〉驻北京记者袁世凯政治顾问乔·厄·莫理循书信集》下卷，刘桂梁译，知识出版社1986年版，第826页。

④ ［美］芮恩施：《一个美国外交官使华记》，第329页。

⑤ ［美］杜威：《杜威全集》第11卷，第159—160页。

对于五四运动对中国的影响，在华英美人士也从政治、经济、思想等多方面给予了评论，诸如带动国人的觉醒，刺激本国工业发展等。如杜威在1919年第19期的美国《亚洲杂志》发表的《中国的国民情感》一文中分析了五四运动中展示出来的中国人的民族主义问题，指出："这是有关中国的生存状态和民族感情之力的一次给人非凡印象的展示。它给人深刻的印象在于它没有借助有组织的政府力量开展活动，并且确实对盘根错节的亲日本的官僚阶级进行了抵制。如果在什么地方还会有人怀疑中国人爱国主义的力量和普遍存在，那么，这一示威就是一个决定性的、使人信服的教训。但是，它造成外国人对这种感情进行恫吓的巨大危机。"① 芮恩施则对五四运动成效总结称："从巴黎和会的决议的祸害中，产生了一种令人鼓舞的中国人民的民族觉醒，使他们为了共同的思想和共同的行动而紧密地结合在一起，全国各阶层的人民都受了影响。"② 五四运动虽然取得了让北洋政府释放被捕学生，拒签和约的结果，但杜威在《中国的学生反抗》一文中认为该运动没有对北洋政府造成实质影响，政府以及外交事务方面没有发生预期的变革，只是军阀派系的威信首次受到了沉重打击。随着对中国认识的加深，杜威在1920年第21期的《新共和》杂志中发表《学潮的结局》一文，对五四运动的评价趋于消极，称："作为一场历时短暂的政治运动，除了阻止中国签署和平条约之外，它并没有什么成果。回想起来，政治上相对失败的原因并不难弄清，但在去年五六月间那种激动和愤怒的情况下则很难认识到。学生的年轻和缺乏经验，对消除已经实施的措施的过分担心；在运动的发起地北京，担心政府官员将会以游行为借口，取消作为自由思想中心的大学和高校；同商会继续保持有组织的合作的困难；危机过后，激情的自然消退；所有这些因素，一起造成失败。"③ 杜威的部分认识，也确实反映出了五四运动的缺陷。

著名美国传教士司徒雷登（John L. Stuart）来到北京出任新组建的燕京大学校长一职时，正值五四运动前后，在他1919年6月8日准备给燕

① 顾红亮编：《中国心灵的转换——杜威论中国》，第268页。

② ［美］芮恩施：《一个美国外交官使华记》，第328页。

③ 顾红亮编：《中国心灵的转换——杜威论中国》，第145页。

大毕业学生讲道时，燕大学生忙着迎接被捕出狱学生，几乎没学生参加。6月16日，他在一封给美国朋友的信中说，歌颂了中国的学生运动，称北京是学生运动的中心，而学生是中国的希望，他写道："我亲眼目睹南京、天津、北京三地的学生示威，他们的态度热诚，而且有组织、有纪律，百姓为之动容……燕京大学和南京神学院的学生参加运动，跟公立学校的学生一样积极。希望我们教会学校永远跟随公立学校的步伐。"① 作为传教士，他还认为基督教的服务与牺牲精神，正是此次爱国运动中所需要的。他还提到了民众意识的觉醒，全国民众都在支持学生，商人罢市、工人罢工来支援学生及抵制日货情况，并称：现在是中国人历史中极其重要的危急时刻，这给了我们基督教大学更好的服务时机。②司徒雷登回国后，在他的回忆录中也专门提到了五四学生运动，并对政府释放被捕学生的两难考虑提到："地方监狱很快就出现了人满之患，而更多的学生仍在要求进监狱。风雨飘摇的政府陷入了进退维谷的可悲境地。如果政府将参加这场真正的爱国运动的学生当罪犯处治，那么，它实际上就宽恕了亲日的卖国贼，那将是舆论所不允许的。如果政府确认学生的爱国行动，那么它就否认了自己官吏的忠诚，同时日本人也可能施展其可怕的力量进行报复。"③

基督教青年会作为民国时期较有影响的基督教会团体，其中开展学生工作为其在华重要活动之一，故其也特别重视此次学生运动，多位在北京、上海、山东④等地工作的外国干事在年度工作报告中对五四运动给予了重点论述。如上海青年会的美国干事狄尔耐（E. A. Turner）在1919年的年度报告中除了描述学生游行的具体场景外，还提到了各界对学生的支持，他称：这些天的罢工井然有序，并没有要求提高待遇与减少工时的问题牵涉其中。这是一个完美且有效的示威联盟，学生、银行

---

① 林孟熹：《司徒雷登与中国政局》，新华出版社2001年版，第10页。

② Stuart to My Dear Friends, June 16, 1919, *Archives of the United Board For Christian Higher Education in Asia*: *Yenching University*, RG011 - 353 - 5436 - 0792.

③ ［美］司徒雷登：《在华五十年——司徒雷登回忆录》，程宗家译，北京出版社1982年版，第99页。

④ 对于山东基督教青年会参与反日运动情况及报告，参见高莹莹《反日运动在山东：基于五四时期驻鲁基督教青年会及英美人士的考察》，《近代史研究》2017年第2期。

间、工人们联合在一起进行爱国的努力，迫使政府进行自我净化，并去应对民族的危机。[①] 另一位青年会的美国干事韩宁（S. E. Hening）在1919 年的工作报告中也特别提到了学生的游行及各地的罢工，并特别提到了民众的觉醒。他对此称：作为一个普通的中国劳工或者家庭妇女并不知道国家是民主的还是共和的，但各地数以千计的学生游行激发了一种高级爱国主义的新精神，他们开始认识到并不是一切都是完美的及一些应当做的事情。[②] 而且在上海的基督教青年会还支持抗议运动，在上海租界的很多商店贴上了由青年会制作的告示，告示提示民众这些商店正在参与抵制运动[③]，当然作为宗教团体介入政治运动，也引起了很多争议。因当时上海租界内部分外国商人、侨民对各界抗议运动的恐慌与担忧，租界当局也对反日宣传及罢工游行等活动进行了取缔。

结　　语

1919 年五四运动发生后，包括记者、外交官、学者、传教士等在华英美人士及其所办报刊对此次运动给予了密切关注，便于我们从外国人的视角来更好地审视此次运动的影响，为我们认识五四运动的多重面相提供了珍贵的一手资料。英美人士关于五四运动的书信、文章及报道，不仅便于国外的读者更加真实客观地了解此次运动的前因后果及其过程，也便于他们重新认识变化中的中国，从而改变其对中国的旧有印象。从英美报刊当时的报道看，基本上遵守了新闻的真实性原则，并用旁观者的独特视角来观察了此次运动。而且英美报刊的报道不满足于单纯地介绍运动的过程，还派记者深入一线，进行了解释性、调查性的深度报道，客观公正地向外国读者宣传五四运动真相，并分析此次运动背后体现出

① Annual Report－Letter，E. A. Turner，Shanghai，October 1，1919，p. 3，University of Minnesota Libraries，Kautz Family YMCA Archives.

② Special Report on China，1919，p. 6，University of Minnesota Libraries，Kautz Family YMCA Archives.

③ The Y. M. C. A and A Critic，*The North China Herald*，June 1，1919，p. 782.

的中国社会文化特点及存在的问题。在华英美人士及报刊大多仍是同情此次学生运动，对中国政府及日本都给予了批评，一定程度上也影响了各国政府对中日交涉的决定。当然，不可否认，也有一些报道出于国情差异及外人的固有偏见，对于五四运动存在评价不恰当之处，这也是可以理解的。

（原载《民国档案》2019 年第 2 期）

中国史学近代转型视阈下的“社会史”书写及其演变

李政君

“社会史”作为一种新的史学潮流，出现于19世纪末至20世纪初西方史学界，它以变革聚焦于政治史的历史书写传统为主要诉求，以扩大研究对象、采用社会科学方法为显著特征；在后来的发展中，虽然未形成某种单一的书写范式，但其演变与西方国家的民族路线、意识形态紧密相连。[①] 同样地，“社会史”作为一种新的学术取向，出现在20世纪初的中国史学界，在后来发展中，也没有形成单一的书写范式。不过，中国史学界的“社会史”书写，也有着自己独特的演变特点：它肇端于中国史学新旧更替之际，随着现代历史学理论在中国的逐步建构而演变；因国内政治形势变化而勃兴，又因之而顿挫。可以说，“社会史”书写的演变，不仅展现了中国史学近代转型的复杂历程，而且反映出政治对学术的深刻影响。本文拟梳理20世纪前半期中国史家对“社会史”的认识，并探讨“社会史”书写演变与中国史学近代转型的关联。[②]

---

① 参见［美］格奥尔格·伊格尔斯《二十世纪的历史学——从科学的客观性到后现代的挑战》，何兆武译，山东大学出版社2006年版，第36—37页；［德］斯特凡·约尔丹主编：《历史科学基本概念辞典》，孟钟捷译，北京大学出版社2012年版，第234—236页。

② 学界相关研究以学科史回顾居多，从中国史学近代转型角度探讨“社会史”书写问题者相对较少，可参见赵世瑜、邓庆平《二十世纪中国社会史研究的回顾与思考》，《历史研究》2001年第6期；桑兵《从眼光向下回到历史现场——社会学人类学对近代中国史学的影响》，《中国社会科学》2005年第1期；朱梅光《清季民初社会史的兴起》，《北方论丛》2013年第5期；钟伟民、张铭雨《20世纪上半叶中国历史学的社会科学化——以清华学人为中心的考察》，《北京师范大学学报》2016年第2期等。

一 20世纪初的“新史学”与“社会进化史”

20世纪初，以梁启超为代表的学人所倡导的“新史学”潮流，一般被视为中国近代史学的发端。这股“新史学”潮流以批判中国“无史”和书写彰显人类进化之“公理公例”的新史为主要特征。他们以近代西方史学为标的，认为中国旧史所陈陈相因者唯有政治史，“然所谓政治史，又实为纪一姓之势力圈，不足以为政治之真相”[①]，因而提出中国“无史”的严厉批判。中国“无史”说虽曾受诸如马叙伦、黄节等学者诘难，但支持者无疑占据压倒性地位。[②] 这主要是因为当时人接纳了其预设的理论价值，即历史学唯有叙述“群史”“民史”，“求得其公理公例”，才能“施诸实用”“贻诸来者”，“使我四万万同胞强立于此优胜劣败之世界”。[③] 中国的“社会史”研究即滥觞于此潮流中。

从既往研究看，20世纪前半期被冠以“社会史”称号的诸多类型，无论是立足社会学理论对社会进化规律的探求，还是着眼于下层社会对民众历史的发掘，抑或借重社会科学方法对中国历史的解读，似乎都可以从“新史学”思潮中找到理论端倪。但我们也应注意，以梁启超为代表的“新史学家”变革旧史的诉求是整体性、根本性的，因而“新史学”的理论体系是宏阔的；同时，他们对这场变革的要求又是急迫的。这就造成了这一宏阔理论体系内部格局的庞杂与混沌。所以，后来很多重要的史学观念，在表面看来，似乎都可以追溯到这股“新史学”潮流。但诸如发掘“民史”、采用社会科学方法等，更多属于“新史学”的手段，借此展示社会进化的“公理公例”，才是其主体诉求。因此，我们与其因在“新史学”话语中发现后来多种“社会史”的端倪，而盛

---

① 梁启超著，夏晓虹、陆胤校：《新史学》，商务印书馆2014年版，第66页。

② 详见俞旦初《二十世纪初年中国的新史学思潮初考（续）》，《史学史研究》1982年第4期；王汎森《晚清的政治概念与“新史学”》，《近代中国的史家与史学》，复旦大学出版社2010年版，第21—26页。

③ 梁启超著，夏晓虹、陆胤校：《新史学》，第91、96页。

赞“新史学家”眼光如炬，莫不如说这是一种学术主张初现时混沌庞杂的常态。这一时期，真正与“新史学”主体诉求相应的“社会史”，应是“社会进化史”，这也是较早被冠以“社会史”称号的。

1907 年，《复报》发表一首七言律诗《读社会史》，内容为：“寰海沧桑阅几回，革衣燧斧饱尘埃。人猿变化开新础，黄白雄雌梦古槐。螺线倮虫循步进，蜂屯怪杰斗心裁。灵魂待破星球界，濛气千重绕舞台。”[①] 作者所读具体为何种社会史著述，我们无法确定，但就诗文内容看，它显然是指人类社会的进化史。1916 年，范祎《社会史之创造》一文，对“社会史”概念的界定，则明显模仿了梁启超《新史学》的思维模式：就内容而言，他批评过去历史书写过于偏重政治史，提出历史当记载人类全体之活动，应包括经济、商业、风俗、工艺、科学、宗教、教育等等，“部分尤繁，此等部分，析之皆可成为一种别史，而合之则总名曰社会史”；就目的而言，则应以社会学理论指导为根本，“述其逐代之变迁”，“由表现之种种社会现象”“确实之种种社会力”，“究其社会之性情与特质”。[②] 可见，范祎所界定的“社会史”，仍是要突破政治史范畴，以整个社会为研究对象，探寻其发展、进化的规律和特质。再如 1919 年，伦达如《社会进化之历史》一文，同样是糅合多种社会发展学说，试图探寻整个社会“进化之历史”。[③] 可见，就理论诉求而言，此种“社会史”和“新史学”理念并无根本差别。

不唯如此，在史学实践方面，二者同样具有极大的相似性。当时被冠以“社会史”名号的著作，如喜渥恩编译的《罗马社会史》，就是由帝政、民权、宗教、哲学、奴制、戏剧、婚姻、丧礼、习俗等 19 个专题组合而成。[④] 这种看似囊括万有、稍显博杂的结构，正体现了上述范祎所说“析之皆可成为一种别史，而合之则总名曰社会史”。而这一时期出现的新式历史著作，如夏曾佑《最新中学中国历史教科书》，也被时

---

① 嘐公：《读社会史》，《复报》第 9 期，1907 年，第 28 页。

② 皕诲：《社会史之创造》，《进步》第 11 卷第 1 号，1916 年 11 月，第 1—3 页（栏页）。

③ 伦达如：《社会进化之历史》，《广东高等师范学校校友会杂志》第 3 期，1919 年 1 月，第 36—42 页（栏页）。

④ 喜渥恩编译：《罗马社会史》，商务印书馆 1924 年版。

人称为从历史上的宗教、政治、学术与风俗等现象，考察古今递变之所以然，发明今日社会之本原。[①] 再如，1913 年周希贤《历史的研究》一书，先叙述“历史进化之阶级”（“阶级”即“阶段”）和“社会进化之现象”，然后同样分门别类地叙述风俗、学术、宗教、政治等内容。[②] 曾鲲化《中国历史》、吕瑞廷和赵澂璧《新体中国历史》等，也表现了相同特点。[③] 这些学者并不是要排斥政治史，而是要增加政治史之外的其他门类，以补足社会的“整体”。

上述现象的出现，是因为当时史家秉持了大致相同的历史学观念。我们知道，清末民初中国史学最为深刻的变革，发生在历史观方面，即以社会进化论取代了传统的循环或退化论，其集中体现便是历史书写中的“社会”取向。以 20 世纪初年主要由日本传入，在中国史学界影响较大诸多“文明史”著作为例，其基本取向即“认为治史要知其然，也要知其所以然；要讲人类历史发展之普遍‘公理’与‘公例’，要研究各国宗教、政治、学术、制度、风土、人情‘如何变迁，如何改良，与夫列邦进步之因’”。[④]“文明史”背后所依托的历史思维或历史哲学，是在 19 世纪西方史学界名噪一时的实证主义史学，而实证主义史学的重要特征正是：在研究对象上，主张摆脱狭隘的政治史研究，以整个社会为对象；在研究目的上，注重对历史规律的探求。[⑤]

因此，上述“社会史”在中国学界的出现，是对 20 世纪初年“新史学”思潮的因应。二者共享了相同的历史学理念，其历史观是进化论的，其历史思维或历史哲学是实证主义的，他们要书写的都是“社会进化史”。

---

① 陈庆年：《中学中国历史教科书》，转引自朱梅光《清季民初社会史的兴起》，《北方论丛》2013 年第 5 期，第 65 页。

② 周希贤编：《历史的研究》，新学会社 1913 年版。

③ 参见李孝迁《西方史学在中国的传播（1882—1949）》，华东师范大学出版社 2007 年版，第 80—82 页。

④ 王汎森：《近代中国的线性历史观——以社会进化论为中心的讨论》，《近代中国的史家与史学》，第 32 页。

⑤ 关于实证主义史学的特征及西方史学界在理解上的分歧，参见朱本源《历史学理论与方法》，人民出版社 2007 年版，第 431—476 页。

二　民史、民俗与“民众社会史”

20 世纪前半期，不少学者曾努力发掘“下层”民众社会的历史。这些学者专业领域不同，研究内容涉及社会风俗、民众信仰、婚丧嫁娶等多方面，但他们表现出相同的取向，即均以梁启超“新史学”中所强调的“民史”为研究对象。其中，较有代表性的就是顾颉刚。

以研究中国古史闻名的顾颉刚，早年对“社会史”同样抱有较大兴趣。如 1919 年傅斯年出国前赠送顾颉刚一部《元曲选》，上面就写有“颉刚要研究中国社会历史”。[①] 1921 年，顾颉刚致信王伯祥，也提到“从前只想做学术史，现在则想并做社会史”。[②] 但这些材料并未透露顾颉刚所理解的“社会史”是什么。1924 年，顾颉刚在《筹画北京大学研究所国学门经费说明书》中又说：“前人为学，偏信纸片之记载，偏护贵族之身分，不能发见社会真象，为矫正此偏畸之习惯计，故吾人努力搜求活的材料，以期了解各种社会之情状，尤其注意于向来隐潜不彰之下级社会之情状。”[③] 由此可见，顾颉刚所说的实际是出于对传统学术纠偏目的，而以“下级社会”为研究对象的“社会史”。

顾颉刚见之行事的探索，主要集中在民歌、民间故事和民众信仰三方面，今天常被归入民俗学领域。不过就其研究旨趣而言，他始终都没有离开对民众社会历史的关注。首先，在民歌研究方面，1919 年顾颉刚开始参与被视为中国现代民俗学开端的北大歌谣征集活动，但不久他便与其他同仁产生了观念分歧。他在搜集民间歌谣过程中，注意到地摊上的唱本，并收集有 200 册，想整理后在《歌谣周刊》上发表。但“不幸北大同人只要歌谣，不要唱本，以为歌谣是天籁而唱本乃下等文人所造

① 顾颉刚：《元曲选叙录（一）》，《宝树园文存》第 5 卷，中华书局 2011 年版，第 106 页。

② 顾颉刚：《致王伯祥：自述整理中国历史意见书》（1921 年 6 月 9 日），《顾颉刚古史论文集》第 1 卷，中华书局 2011 年版，第 177 页。

③ 顾颉刚：《筹画北京大学研究所国学门经费说明书》，《宝树园文存》第 1 卷，中华书局 2011 年版，第 212 页。

作，其价值高下不同”。顾颉刚却认为：歌谣与唱本都是“民众抒写的心声”，“是民众生活的最亲切的写真”，也是中国古代典籍中向来缺乏的，因此，应当努力收集起来才是。[①] 这次分歧表明，顾颉刚对民歌价值的衡估，本就偏于民众社会之情状。其次，在民间故事方面，自 1924 年开始，顾颉刚陆续发表对孟姜女故事的系列研究，至今仍被视为民间文学研究的经典之作。但同样，他的旨趣并不在对孟姜女故事本身的考据式研究，而是试图透过故事的转变，窥视整个历史文化迁流演变的脉络。如他说：“孟姜女的事情，我是一无所知，但我也不想知道……我们所要研究的，乃是这件故事的如何变化。”“我想，如能把各处的材料都收集到，必可借了这一个故事，帮助我们把各地交通的路径，文化迁流的系统，宗教的势力，民众的艺术……得到一个较清楚的了解。”[②] 这就把民间故事的演变，当成了社会变迁的反映与记忆，向来在“圣贤文化”立场下，被鄙薄为荒诞不经的民间故事传说，被赋予了“历史”的价值。另外，在民众信仰方面，同样具有上述特点，兹不赘述。[③] 总之，顾颉刚在民俗方面的探索，其旨趣更偏于民众或“下级社会”的历史。

顾颉刚关注民众历史的高峰，在 1927 年移席广州中山大学后，亦即被视为领导建立中国现代民俗学的时期。如当时他在《〈民俗周刊〉发刊辞》中批评“读尽经史百家”只得到“圣贤们的故事和礼法”后，倡言：“我们要站在民众的立场上来认识民众！我们要探检各种民众的生活，民众的欲求，来认识整个社会！我们自己就是民众，应该各各体验自己的生活！我们要把几千年埋着的民众艺术、民众信仰、民众习惯，一层一层地发掘出来！我们要打破以圣贤为中心的历史，建设全民众的历史！”[④] 随后他在岭南大学的演讲中，也是将“民众文化”和“圣贤文化”对举，批评中国古来的载籍十之八九都属于“圣贤文化”，提出要

---

① 顾颉刚：《苏州唱本叙录》，《顾颉刚民俗论文集》第 1 卷，中华书局 2011 年版，第 288—289 页。

② 顾颉刚：《孟姜女故事研究的第二次开头》《孟姜女故事研究》，《顾颉刚民俗论文集》第 2 卷，中华书局 2011 年版，第 89、63 页。

③ 参见顾颉刚《妙峰山·自序》《〈妙峰山进香专号〉引言》，《顾颉刚民俗论文集》第 2 卷，第 322—323、324—328 页。

④ 顾颉刚：《〈民俗周刊〉发刊辞》，《顾颉刚民俗论文集》第 2 卷，第 571 页。

以平等眼光对待“民众文化”，“要揭发全民众的历史”。[①]

这种“建设全民众的历史”“解放出民众文化”的说法，和前述他提及“社会史”时所说的“了解各种社会之情状，尤其注意于向来隐潜不彰之下级社会之情状”学术取向一般不二。由此也可看出，20 世纪 20 年代，顾颉刚的民俗探索，其重心始终是偏于历史的。也因此，才会有学者将顾颉刚称为“历史的民俗学派的开创者”，称这场运动为“新史学运动”。[②]

这一时期，有大批学者与顾颉刚形成呼应之势。1927 年 11 月成立的“国立中山大学语言历史学研究所民俗学会”，成员就包括不少历史学者，如傅斯年、董作宾、罗香林、周振鹤、商承祚，等等。[③]《民间文艺》是该学会创办的刊物之一，由董作宾执笔，具有发刊词性质的《为〈民间文艺〉敬告读者》一文，将“贵族”与“平民”对举，批评“中国两千年来只有贵族的文化”，“而平民的文化，却很少有人去垂青”，提出“我们要了解我们中国的民众心理、生活、语言、思想、风俗、习惯等等，不能不研究民间文艺；我们要欣赏活泼泼赤裸裸有生命的文学，不能不研究民间文艺；我们要改良社会，纠正民众的谬误的观念，指导民众以行为的标准，不能不研究民间文艺”。[④] 这和顾颉刚“建设全民众的历史”的倡导，异曲同工。在这种思路引导下，由钟敬文、容肇祖等先后主编的《民俗周刊》（1928 年由《民间文艺》更名而来），曾组织传说、故事、清明、中秋节、妙峰山进香等多个专号，刊发了大量关于“民众历史”“民众文化”的文字。[⑤] 其成就，如论者指出：中山大学民俗学会成员对民俗学的学科设想，虽并非只此一种，但真正取得“实践成绩”者，则以此范式为主。[⑥]

---

① 顾颉刚：《圣贤文化与民众文化——一九二八年三月二十日在岭南大学学术研究会演讲》，《顾颉刚民俗论文集》第 2 卷，第 574 页。

② 张好礼：《中国新史学的学派与方法》，载李孝迁编校《中国现代史学评论》，上海古籍出版社 2016 年版，第 82 页；桑兵：《从眼光向下回到历史现场》，《中国社会科学》2005 年第 1 期。

③ 王文宝：《中国民俗学史》，巴蜀书社 1995 年版，第 223—224 页。

④ 董作宾：《为〈民间文艺〉敬告读者》，载王文宝编《中国民俗学论文选》，中国民间文艺出版社 1986 年版，第 11 页。

⑤ 王文宝：《中国民俗学史》，第 225 页。

⑥ 施爱东：《民俗学是一门国学——中山大学民俗学会的工作计划与早期民俗学者对学科的认识》，《民俗研究》2017 年第 2 期，第 5 页。

除直接产生于民俗学活动中的大量作品，当时史学界有些史家，通过钩稽传统史料，也编撰出一些着眼于“下级社会”的著述。如1928年，瞿宣颖《汉代风俗制度史前编》，以《汉书》材料为主，分职业、资产、物价、社交、习俗、居处、衣饰、器用等16篇，考述西汉社会风俗制度，细目甚至包括诸如乡里交情、赌博、蹴鞠、斗鸡走狗等内容。其用意如书中所言：过去之典章制度史，“详于帝者上仪之盛，而忽于人民日用之常”，故“兹编着眼处在平民生活状况”，“有涉及典章政制之处，皆以从平民眼中观察者为断”。[①] 再如，1933年，杨树达《汉代婚丧礼俗考》一书的编撰，同样缘于作者对社会风俗问题的关注，如其自述：“往岁余治《汉书》，颇留意于当世之风俗……会余以班书授清华大学诸生，诸生中有以汉俗为问者，乃依据旧录，广事采获，成此婚丧二篇。”[②] 此类著述尚多，恕不一一列举。[③]

从整体上看，上述学者并非全都有“社会史”的概念自觉，但其大量成果，确实构成了近代中国史学史中“社会史”书写形态之一。从研究对象看，这种“社会史”和梁启超倡导的“民史”极为相似，但与梁启超批判“君史”“旧史”不能见社会进化之“公理公例”、不能提振民族精神，而提倡书写“民史”“新史”相比，在这些学者的研究中，学术外的关怀相对弱得多。和20世纪上半期其他“社会史”研究者相比，这些学者既没有统一的方法工具，也没有整齐划一的理论规范，他们所具有的共性，主要是发掘被传统史学所忽视、掩盖，甚至是歪曲的民众社会历史的真相。而这正是五四时期中国史学的重要思潮。

三　史学的社会科学化与“社会史”概念的多样化

在近代中国，史学的社会科学化形成一股强劲潮流。它以运用社会

① 瞿兑之：《汉代风俗制度史前编序例》，《汉代风俗制度史》，上海文艺出版社1991年影印版，第1—2页。

② 杨树达：《汉代婚丧礼俗考》，上海文艺出版社1988年影印版，“自序”。

③ 王文宝《中国民俗学史》（第285—290页）中所举民国时期“民俗学研究之成绩”，即囊括大量此类著述。

科学的理论、方法来研究历史为主要特征，但它不是某一家一派的主张，没有形成某种固定的范式，甚至连“社会科学”是什么，不同史家也各说各话。在这种情况下，“社会史”是什么，也愈益变得捉摸不定。

以往学界多将史学的社会科学化取向追溯至清末。常举例证，如1902年梁启超在《新史学》中提出史家治史应“取诸学之公理公例，而参伍钩距之”。[①] 这或多或少已经涉及借助社会科学理论、方法研究历史的观念，而且这种观念的传播，也能够给人一种扩大历史研究视野，或者说“跨学科”研究的观感。不过，就整个史学界而言，此时的认知距真正意义上的社会科学化还有一定距离。

20世纪早期，受日本学者坪井九马三《史学研究法》、浮田和民《史学通论》等著作影响，中国学者编译的“史学概论”“研究法”一类著述中，如汪荣宝《史学概论》、曹佐熙《史学通论》、黄人望《史学研究法讲义》、柳诒徵《史学研究法》等，基本出现了类似“史学之补助学科”或“辅助学科”的内容。这也是此类著述中方法论意识表现较为明显的部分。但这些“辅助学科”如古文书学、（历史）地理学、年代学、考古学等，本身即与历史学关系密切，而且，在他们的论述中，这些学科的“辅助”功能，主要集中在史料或史事考订层面。这和20世纪20年代以后，借用社会科学理论来解释历史现象的取向，存在较为明显的差别。

借助社会科学理论方法解释历史发展演变，真正形成一股思潮，大致出现在五四前后中国学者开始直接引介西方历史学理论的过程中。在当时学界形成较大影响的，当属美国学者鲁滨孙的“新史学”理念，其首要特征即强调历史学要与人类学、经济学、心理学等新兴社会科学“结盟”，以解释“许多历史家所不能解释的历史上的现象”。[②] 1920年，何炳松应北京大学史学系主任朱希祖邀请，开设“新史学”课程，即以鲁滨孙《新史学》为讲义。除何炳松外，这一时期，传播鲁滨孙“新史学”理念者，还有南高史地研究会成员如缪凤林、陈训慈、徐则陵、向

① 梁启超著，夏晓虹、陆胤校：《新史学》，第96页。

② ［美］鲁滨孙：《新史学》，何炳松译，上海古籍出版社2012年版，第50页。

达等，以及李泰棻、陶孟和、杨鸿烈等。[①] 此后，“新史学派”其他成员的著作，如班兹的《史学》（向达译）和《新史学与社会科学》（董之学译）等，也陆续被翻译出版。特别是后者，对历史学与地理学、心理学、人类学、社会学、政治学、伦理学等学科的关系逐章论述，极为详尽。[②] 鲁滨孙“新史学”理念在中国南北学界的影响，由此可见一斑。

当然，此时学界出现的讨论社会科学与历史研究关系的西方著述，并非鲁滨孙“新史学”一派，如 1930 年张宗文就将法国学者瑟诺博司《社会科学与历史方法》一书翻译出版，其中对“社会科学”“社会史”以及社会科学方法与历史方法关系的界定，独具特色。在此之前，何炳松也曾采择该书核心观点，将自己观点杂糅比附，编成一部《通史新义》。这些重视用社会科学理论来解释历史现象的观念，在中国学界的广泛传播，对中国史学真正走上社会科学化道路，产生了极大的推动作用。

这一时期，中国学者编撰的史学理论、史学方法类著述，绝大多数都出现了类似“史学与其他学科”的内容，阐述“其他学科”对解释历史的助益。例如，1924 年，杨鸿烈《史地新论》一书，除论述史地关系外，还讨论历史学与心理学、社会学等学科的关系，并专门论述“破除历史成见的几种科学”[③]；同年，陈训慈《史学蠡测》一文，第九节“史学与其他学科”则列举了地理学、人类学、社会学等 11 类 22 种大小学科[④]；同年，李大钊出版《史学要论》，同样专门论述了“史学与其相关学问的关系”[⑤]；1926 年，李璜《历史学与社会科学的关系》一文，不仅分析了历史学与社会科学的关系，还专门讨论“社会科学”的概念[⑥]；1928 年，李璜又出版《历史学与社会科学》一书。[⑦] 此后学界出版的同

---

① 参见李孝迁《西方史学在中国的传播（1882—1949）》，第 193—202 页。

② ［美］班兹：《新史学与社会科学》，董之学译，上海社会科学院出版社 2016 年影印版。

③ 杨鸿烈：《史地新论》，晨报社 1924 年版。

④ 陈训慈：《史学蠡测（续）》，《史地学报》第 3 卷第 3 期，1924 年 10 月。

⑤ 李大钊：《史学要论》，上海古籍出版社 2013 年版，第 30—39 页。

⑥ 李璜：《历史学与社会科学的关系》，《东方杂志》第 23 卷第 20 号，1926 年 10 月，第 57—64 页。

⑦ 李璜：《历史学与社会科学》，东南书店 1928 年版。

类著作，都无一例外，如刘剑横《历史学ABC》(1930)、吴贯因《史之梯》(1930)、卢绍稷《史学概要》(1930)、朱谦之《历史哲学大纲》(1931)、周容《史学通论》(1933)、胡哲敷《史学概论》(1935)等等。

这些学者的理论来源并不一致，如杨鸿烈、陈训慈等受鲁滨孙“新史学”影响较多；李大钊、刘剑横属于马克思主义唯物史观；李璜受法国史学影响更多；朱谦之则以孔德实证主义为基础，杂糅多家观点。但他们都无一例外地强调社会科学对历史解释的重要性。这就说明，此时社会科学化已经演变为一股史学潮流。相比早前，这些学者对于历史学和社会科学的关系有了更为明朗的认知，所谓“其他学科”对于历史学的价值与意义，也从“补助”史料或史事考订提升到了历史解释层面。这是真正意义上的史学的社会科学化，也是中国史学近代化进程中的一次实质性的进展。

随着多种社会科学理论被纳入历史解释体系，当时学者因理论视角不同，对“社会史”概念的界定，也出现了多样甚至混乱的状况。现择要列举如下。

第一类是从史学观念演变的系谱中对“社会史”作出的界定。如1921年，陈训慈《史学观念之变迁及其趋势》一文，列举古往今来11种史学观念，论及“社会史观”时，说道：

> 中世以后，平民思潮渐盛，至法国革命而臻其极。自是社会组织，日见进步；而群体势力，亦日益扩张。学者寻其发达之迹，知偏重政治为人事基础之为大谬。彼等深信史家之责任，在就进化历程之中，于法律宗教经济教育实业政治种种方面，研究社会之起源与发达，而说明其故。政治事实，在社会史观视之，不过其中之一部分耳。①

① 陈训慈：《史学观念之变迁及其趋势》，《史地学报》第1卷第1期，1921年11月，第17页（文页）。

陈训慈所说的“社会史”，实际是欧洲启蒙运动时期，以伏尔泰《路易十四时代》《风俗论》为代表，突破以政治史、军事史为主的历史书写传统，主张历史学应记录人类社会生活各方面的史学思潮。当时学界一些介绍西方史学理论的著述，如衡如《新历史之精神》、黄公觉《新史学概要说》等，所说“社会史”也多与之相同。①

第二类是按照社会科学的学科属性来界定的“社会史”，以李璜为例。1926 年，他在《历史科学与社会科学》一文中，将社会科学分为“单数的”和“多数的”：所谓“单数的”是指“一个总论的社会科学”，实即由孔德所创立的社会学学科；“多数的”是指“许多分立的社会科学”，实即社会科学的诸学科。他认为：社会学者“研究人类社会在历史上继续的活动”，“寻求社会的进化（progress）与他的公律”，是“社会史”；而与社会科学各学科相对应的专门史，如经济史、法律史、语言史、宗教史等，也是“社会史”；其差别不过后者较之前者“不急于求出人类社会活动的公律”，“只是将明了可靠的材料放在我们眼前，预备终有一日或者社会公律因之而引出罢了”。② 可见，李璜对“社会史”的界定是从社会科学的学科门类着眼的。至于“单数的”和“多数的”说法，主要是因为他对“社会学”和“社会科学”定位的含混。③

第三类更为特殊的“社会史”，即前述 1930 年张宗文翻译法国学者瑟诺博司《社会科学与历史方法》一书的说法。该书所说的“社会科学”，既不是“社会学”，也不是我们理解的社会科学，而是专指“统计科学，其中包括人口统计学”“经济生活的科学”“经济学说史与经济设计史”④；所谓“社会史”也只包括人口的历史、经济现象的历史和经济

① 衡如：《新历史之精神》，《东方杂志》第 19 卷第 11 号，1922 年 6 月，第 47—56 页；黄公觉：《新史学概要说》，《师大史学丛刊》第 1 卷第 1 期，1931 年 6 月，第 1—14 页（文页）。

② 李璜：《历史学与社会科学的关系》，《东方杂志》第 23 卷第 20 号，1926 年 10 月，第 58—59 页。

③ 这是当时学界的常见问题，参见常乃悳《社会学要旨》，中华书局 1924 年版，第 3—4 页。

④ ［法］塞纽博：《社会科学与历史方法》，张宗文译，上海社会科学院出版社 2017 年影印版，“导言”，第 12—13 页。

学说史。[①] 这种定义是作者基于西方社会科学发展历程的独特考量，尚可谓“持之有故，言之成理”。

然而，当时何炳松以此说为基础，编成《通史新义》，却造成了“社会史”“社会科学”等概念不必要的混乱。该书题名“通史新义”，“自序”对古今中外通史理论纵横批评，所讨论的也是一般意义上的通史。如其自述：

> 此书唯一宗旨在于介绍西洋最新之通史义例……并欲藉此书与国人商榷三种管见焉：即史料与著作应分两家而后通史之观念方明，现代吾国流行之通史义例似是而非，及通史不宜独尊是也。[②]

这“唯一宗旨”丝毫不关“社会史”问题。然而，“导言”一变而为“历史研究法与社会科学”，正文再变而为“社会史料研究法”和“社会史研究法”。这样看来，“通史”即“历史”，亦即“社会史”。而且，该书“自序”中讨论“西洋史学原理”所列举的统计法、进化说、自然科学方法、经济史观、论理学上之分类法，并无特别之处[③]；上编“社会史料研究法”实际就是一般意义上的史料研究法；下编“社会史研究法”，首章前两节叙述中、西史学史，出现“通史”，仍取全史、共通之意。[④] 这说明，该书在“通史”“社会史”等关键概念上，保留了当时学界较为通行的观念。

但是，《通史新义》在界定“社会科学”和“社会史”两个概念时，却取自上述瑟诺博司《社会科学与历史方法》中的特殊定义。而且，对于为何如此定义，何炳松并无清楚解释，只是含混地提出现代社会科学所应包者为：“统计科学，包括人口学”“经济生活科学”“经济原理及

---

① ［法］塞纽博：《社会科学与历史方法》，张宗文译，第158—159页；刘泽华主编：《近九十年史学理论要籍提要》，书目文献出版社1991年版，第45页。

② 何炳松：《通史新义》，上海古籍出版社2012年版，“自序”，第11页。

③ 何炳松：《通史新义》，“自序”，第8—10页。

④ 何炳松：《通史新义》，第89—95页。

计划史”[①]；社会史包括：“经济习惯”“人口学”“经济原理”。[②]

可见，何炳松《通史新义》一书实际上杂糅了两套概念体系，即当时学界一般意义上的“通史”“社会史”“社会科学”等概念，和瑟诺博司《社会科学与历史方法》一书中的特殊概念。这种做法不但造成《通史新义》本身颇多不通之处，而且很容易造成学界对“社会史”概念理解的混乱。比如，民国时期影响较大的金毓黻、魏应麒等人的中国史学史著作中，就把《通史新义》所说的“通史”理解为一般意义上的通史，“社会史”也是以“社会之全部”为对象，“而非为特殊阶级之局部”；而朱谦之更是误将何炳松对“通史”的理解，当成了瑟诺博司的观点。[③]

第四类是我们熟知的马克思主义唯物史观的“社会史”，以 1924 年李大钊《史学要论》为代表。在李大钊看来，历史与社会本就有着天然的联系，即“纵着看人间的变迁，便是历史；横着看人间的现在，便是社会”。[④]“历史”本就是社会发展史，因而，《史学要论》中“社会史”概念只是偶尔出现，如“社会的历史观，修正了英雄的历史观”；“他（维科）的根本观念，在谓社会历史的发明解释，须寻之于人类精神”；“他（维科）的根本的观念，在社会史的说明须寻之于人类精神中”。[⑤]从研究对象上看，李大钊所说的“社会史”仍是研究整个人类社会发展、进化的历史，并无独特之处；其独特之处主要是，在他看来，要解释这种发展、进化现象，只有马克思主义唯物史观，特别是其经济分析视角，才是最科学的。

以上即中国史学社会科学化背景下出现的较具代表性的“社会史”概念。这些稍显多样甚至混乱的“社会史”，实际仍具有相同的大前提，即将社会视为一个整体，探求其发展演变的规律、特点，即便何炳松

① 何炳松：《通史新义》，“导言”，第 6 页。

② 何炳松：《通史新义》，第 97—98 页。

③ 金毓黻：《中国史学史》，商务印书馆 2007 年版，第 390 页；魏应麒：《中国史学史》，山西人民出版社 2014 年影印版，第 256 页；朱谦之：《现代史学概论》，《朱谦之文集》第 6 卷，福建教育出版社 2002 年版，第 19 页。

④ 李大钊：《史学要论》，第 2 页。

⑤ 李大钊：《史学要论》，第 5、29、110 页。

《通史新义》，也具有此种面相。这一点，与 20 世纪初期“新史学”思潮中的“社会进化史”并无不同。其不同者，主要有两方面：第一，“社会进化史”所依托的理论，主要是社会进化论，而此时诸种“社会史”所立足的理论，则是多元的。这一变化所反映的，是西方社会科学理论在近代中国史学界，从进化论一家独大，到日趋多元的传播特点。第二，“社会进化史”虽也是探求社会发展演变的规律、特点，但这种规律、特点，实际是既定的，即“进化”。也就是说，“社会进化史”多少有让中国历史去迎合“进化”规律倾向。而在上述诸种“社会史”中，这一特点虽也存在，但就整体而言，社会科学理论的方法工具属性得到增强，此时学者关注更多的，如前引鲁滨孙《新史学》所言，是如何用社会科学理论，去解释“许多历史家所不能解释的历史上的现象”。这一变化所反映的，是中国史学近代化进程中，历史学和社会科学理论之间主客地位的渐变。不过，这一时期相关理论阐述虽如花似锦，却未结出相应果实。

四　中国社会史论战与唯物史观社会史的勃兴和分化

当一些史家在史学社会科学化潮流中断断于社会史理论之辨时，以唯物史观为指导的“社会史”，却在因中国国内政治局势转变而兴起的中国社会史论战中迅速崛起，并以作品数量的压倒性优势近乎统一了学界对“社会史”理论范式和书写内容的认知。

关于中国社会史论战，学界已有大量研究成果。大致而言，它兴起于 1927 年大革命失败后，时人为确定中国革命道路而对中国社会性质问题的思考。为解决中国社会性质，人们开始追溯中国社会发展史，进而引发了中国社会史论战。1931 年，王礼锡创办《读书杂志》，随后推出 4 辑“社会史论战专号”，将论战推向高潮。论战主体身份背景复杂，但大都宣称以唯物史观为指导。如王礼锡所言，“在中国社会史的论战里，都是唯物的内部的争斗”。[①] 换言之，这一时期的“社会史”，基本成了以唯物史观为指导的社会性质、形态史的研究。不过，唯物史观社会史自身形象也因此被“拖累”，并使之最终走向分化。

当时学界对唯物史观社会史的积极反应，可以1930年郭沫若《中国古代社会研究》的反响为例。该书是较早将论战延伸至社会史领域的著作之一，它不但因其开先性质，在论战中成了各家品评的“箭垛”，更因其研究内容是当时史学界十分热门的古史问题，而引起了一批“学院派”史家的关注。因而，该书作为唯物史观社会史早期著作，较具代表性。

《中国古代社会研究》在今天的评价中，可谓毁誉参半，但民国时期不少史家，还是充分肯定了该书的价值。例如，从古史研究的角度，顾颉刚说：“这是一部极有价值的伟著……富有精深独到的见解。中国古代社会的真相，自有此书后，我们才摸着一些边际。”[②] 从社会史研究角度，齐思和说：“中国社会史的研究到了郭沫若先生才真正的走上了学术的路上。”[③] 再如华白沙所述：“记得前十年，笔者在北平时，每逢看见沈尹默先生，老是夹着这部《中国古代社会研究》……他说他是非常爱好这部书的！”[④] 而更能说明问题的，是1932年张荫麟对该书的称赞。他将该书与顾颉刚《古史辨》（第2册）并举为1930年我国史学界最重要的两种出版物，并说：“它的贡献不仅在若干重要的发现和有力量的假说……尤在它例示研究古史的一条大道。那就是拿人类学上的结论作工具爬梳古史的材料，替这些结论找寻中国纪录上的佐证，同时也就建设中国古代社会演化的历程。”[⑤] 张荫麟一向自视甚高，好品评他人，尤以批评居多。因此，他的肯定，较大程度上能够反映该书在当时

---

① 王礼锡：《中国社会史论战序幕》，《读书杂志》第1卷第4、5合期，1931年8月，第6页（文页）。

② 顾颉刚：《当代中国史学》，上海古籍出版社2002年版，第96—97页。

③ 齐思和：《近百年来中国史学的发展》，载李孝迁编校《中国现代史学评论》，第149页。

④ 华白沙：《古史及古史研究者》，载李孝迁编校《中国现代史学评论》，第405页。

⑤ 张荫麟：《评郭沫若〈中国古代社会研究〉》，载陈润成、李欣荣编《张荫麟全集》中卷，清华大学出版社2013年版，第1211页。

学者心中的位置。

《中国古代社会研究》之所以获得如此好评，一定程度上是因为它契合了当时史学发展的趋势。一方面，当时史学主流取向依然偏重史料考据，研究领域偏于上古史。在“古史辨”大刀阔斧地摧毁中国旧有古史体系后，人们迫切期待新古史体系的建立；随后殷墟考古的重大发现，又让人们把这种期待寄托在了考古新材料上。而《中国古代社会研究》不但以新的视角重新建构出一幅上古社会的演进图景，而且这一重建利用了当时关注度较高的甲骨金文材料。这是该书与当时“新考据派”的契合。另一方面，在社会史论战之前，中国史学社会科学化趋势已十分明显，但始终没有出现一部真正有影响力的著作。而利用社会科学理论解释中国历史发展，正是《中国古代社会研究》的特色。这是该书与史学社会科学化潮流的契合。因此我们说，1930 年郭沫若《中国古代社会研究》实际是恰逢其会地将近代中国史学上两股重要潮流结合在了一起，并有意识地将历史研究从“整理”转向了“解释”。[①] 这不仅是为古史研究，而且是为唯物史观社会史研究，“例示”了“一条大道”。然而，当时论战者强烈而急迫的现实关怀，使得唯物史观社会史研究并未沿着这条路走下去。

唯物史观社会史成为一时焦点，并不完全因为时人的学术兴趣，更主要的是时人急迫地要从中确定中国社会性质，为中国革命寻一条出路。类似梁漱溟在《敬以请教胡适之先生》的信中所表现的，“中国的形式已急迫万分，我们必须立刻提出一套根本而彻底的‘改变世界’的方案及其具体实行的步骤”。[②] 这种急迫心态，容不得按部就班地为社会史研究准备坚实的史料基础，正如强调社会史研究首先应重视史料鉴别的顾颉刚，虽明确声称“绝不反对唯物史观”[③]，但也得不到论战者的谅解一

① 如该书“自序”提出，“‘整理’的究极目标是在‘实事求是’，我们的‘批判’精神是要在‘实事之中求其所以是’。‘整理’的方法所能做到的是‘知其然’，我们的‘批判’精神是要‘知其所以然’。‘整理’自是‘批判’过程所必经的一步，然而它不能成为我们所应该局限的一步”。（郭沫若：《中国古代社会研究》，商务印书馆 2011 年版，“自序”，第 4 页）

② 余英时：《重寻胡适历程：胡适生平与思想再认识》，上海三联书店 2012 年版，第 212 页。

③ 顾颉刚：《古史辨第四册序》，《顾颉刚古史论文集》第 1 卷，第 124 页。

样。这种集体的急迫心态，造成唯物史观社会史研究日益走上了“公式化”道路，如当时学者指出：“中国社会史研究者们最大的毛病，在乎只知瞎引外国的方法和结论，而并不顾及本国历史上的真正的史料。”① 有学者甚至称“近来唯物史观者的古史观是唯心的”。② 这一问题给唯物史观社会史造成了极为不利的影响，使之成了“京朝派文学和史学的名家不愿出口甚至不愿入耳的问题”。③ 概言之，中国社会史论战中产生的难以计数的作品，虽扩大了唯物史观社会史的影响，但其总体学术水准并未在郭沫若《中国古代社会研究》基础上向前推进多少，反倒是让多数“学院派”史家产生了反感。

论战高潮过后，唯物史观社会史研究开始重视夯实史料基础，逐渐转向学术立场，然而此时该研究取向也出现了分化。唯物史观社会史研究转向的标志性事件，是 1934 年 12 月陶希圣创办《食货半月刊》。他在创刊号上提出：办刊目的“在集合正在研究中国经济社会史尤其是正在搜集这种史料的人……不像过去所谓‘中国社会史论战’邢〔那〕样的激昂，那样的趋时”。④ 此后，他一再强调：“本刊的范围，只限于纯粹的中国社会经济史的论文，更注重于史料的搜集……与现实的政治没有多大关条〔系〕。”⑤ 将唯物史观社会史从“政治宣传”转向学术研究，特别重视史料搜集，这一立场再次得到了如顾颉刚、孟森等一批“学院派”史家的认同与支持。⑥

《食货半月刊》的主要成就，是推动了中国社会经济史的发展。陶希圣通过《食货半月刊》和高校任教，影响和培养了一批社会经济史研究新秀。他们研究志趣的萌生，或多或少与社会史论战相关，但其具体成就，则呈现多元化特点。例如，鞠清远、武仙卿分别与陶希圣合著的

---

① 杜若遗：《介绍〈食货半月刊〉》，《文化建设》第 1 卷第 4 期，1935 年 1 月，第162 页。

② 童书业：《唯物史观者古史观的批判》，《童书业史籍考证论集》下，中华书局 2005 年版，第 663 页。

③ 陶希圣：《潮流与点滴》，中国大百科全书出版社 2016 年版，第 124 页。

④ 陶希圣：《编辑的话》，《食货半月刊》创刊号，1934 年 12 月 1 日，第 29 页。

⑤ 陶希圣：《编辑的话》，《食货半月刊》第 4 卷第 2 期，1936 年 6 月 16 日，第 48 页。

⑥ 陶希圣：《搜读地方志的提议》，《食货半月刊》第 1 卷第 2 期，1934 年 12 月 16 日，第 40 页；孟森：《孟序》，载瞿宣颖纂辑《中国社会史料丛钞》甲集上册，商务印书馆 1937 年版，第 1—2 页。

《唐代经济史》《南北朝经济史》，虽可视为社会史论战的衍生品，但两书主要是对相应时期经济制度、史实的考述，理论色彩大为减弱。[①] 全汉昇《中国行会制度史》对中国行会制度起源、发展等问题的分析，运用了生产力决定生产关系和阶级学说；《唐宋帝国与运河》虽未明言“经济决定”说法，却极力突出经济因素对唐宋国运兴衰的影响。[②] 二者都受到唯物史观影响，但都没有过多涉及当时流行的社会性质、形态等问题。杨联陞《东汉的豪族》一文，其问题意识与当时古代社会形态问题的争论有关，但同样只是分析了豪族的起源、发展及其消极影响，并未卷入社会史论战的话语；《从〈四民月令〉所见到的汉代家族的生产》和《中唐以后税制与南朝税制之关系》等文，也具有相同特点。[③] 可见，社会史论战高潮过后，以陶希圣为代表的诸学者，特别是后起新秀的社会史研究，明显偏向了经济社会层面，且在具体选题上呈现出多元化特点。他们或多或少都受唯物史观影响，但在研究旨趣上则弱化了对中国社会性质、形态、革命道路等问题的争辩，而主要是立足于中国社会经济史材料，发掘中国社会历史的演变特点。

社会史论战高潮过后，中国马克思主义史学家如何干之、翦伯赞、吕振羽等，对论战中出现的问题也进行了反思与批评。不过，他们并没有因此削弱历史研究的革命性和阶级性，如翦伯赞《历史哲学教程》中就特别强调历史科学是“以说明人类生活斗争的实践及其发展为任务的‘现实的及实证的革命科学’”，“反映着现社会正在敌对着的诸种倾向与其意识形态”；“历史学家叙述或批评过去的历史，都是站在自己的阶级立场”。[④] 抗战时期，中国马克思主义史家出版了一批研究成果，如吕振羽《中国社会史诸问题》和《简明中国通史》、翦伯赞《中国史纲》、范文澜《中国通史简编》等。他们在具体观点上虽不尽相同，但对中国社

① 陶希圣、鞠清远：《唐代经济史》，商务印书馆 1936 年版；陶希圣、武仙卿：《南北朝经济史》，商务印书馆 1937 年版。

② 全汉昇：《中国行会制度史》，河南人民出版社 2016 年影印版；全汉昇：《唐宋帝国与运河》，商务印书馆 1944 年版。

③ 参见杨联陞《东汉的豪族》，商务印书馆 2011 年版，第 1—58、158—165、166—171 页。

④ 翦伯赞：《历史哲学教程》，生活·读书·新知三联书店 2014 年版，第 46—47 页。

会史的解读，基本都坚持了“五阶段论”。而1939年毛泽东《中国革命和中国共产党》，更明确了中华民族经过原始公社、奴隶社会、封建社会，到鸦片战争后转入半殖民地半封建社会的发展阶段，意味着中国马克思主义史学的“革命史”叙事体系基本形成。①

基于上述我们说，唯物史观社会史在中国社会史论战高潮过后，出现了“社会经济史”和“革命史”路向的分化。

以上即唯物史观社会史研究从勃兴到分化的大致过程。唯物史观社会史虽因社会史论战的白热化与急迫性，一度走上“公式化”道路，影响了相关成果的学术水平，但从整体上看，它对近代中国史学的影响，却是较为深远的。

首先，就当时学界对“社会史”的认知而言，论战以其宏大的声势和具有压倒性优势的作品数量，近乎统一了人们对“社会史”的认知，使唯物史观社会史成了时人观念中最主要的“社会史”类型。例如，齐思和《近百年来中国史学的发展》一文对“社会史运动”的论述，即以唯物史观社会史为主。② 顾颉刚《五十年来的中国史学》一文，论及“社会史”所举蒙思明《元代社会阶级制度》等著作，也属唯物史观社会史；其《当代中国史学》一书，则以郭沫若、陶希圣为主，进行了更为全面的论述。③

其次，唯物史观在不同层面、不同程度上，影响了一批以考据见长的史家。如吕思勉、顾颉刚、张荫麟等，在历史研究中都运用了唯物史观。④

---

① 参见张越《社会史大论战与中国马克思主义史学建立论析》，《陕西师范大学学报》2015年第4期，第13—19页；［美］德里克：《革命与历史：中国马克思主义历史学的起源：1919—1937》，翁贺凯译，江苏人民出版社2008年版，第192—193页。

② 齐思和：《近百年来中国史学的发展》，载李孝迁编校《中国现代史学评论》，第148—151页。

③ 顾颉刚：《五十年来的中国史学》，载李孝迁编校《中国现代史学评论》，第106页；顾颉刚：《当代中国史学》，第96—99页。

④ 关于吕思勉、顾颉刚受唯物史观的影响，参见张耕华《吕思勉与唯物史观》，《华东师范大学学报》2013年第6期；李政君《民国时期顾颉刚对唯物史观的态度》，《人文杂志》2016年第5期。关于张荫麟与唯物史观问题，笔者尚未见相关研究，可参见其《南宋初年的均富思想》（1936）、《南宋亡国史补》（1936）、《宋初四川王小波李顺之乱——一失败之均产运动》（1937），载陈润成、李欣荣编《张荫麟全集》下卷，清华大学出版社2013年版，第1569—1573、1592—1605、1634—1650页。

另外，1935 年，全汉昇入职中央研究院历史语言研究所，从事中国社会经济史研究，实际也得到了傅斯年的认可。[①] 曾被中国马克思主义史家视为复古派代表的钱穆，在《国史大纲》中也从经济视角来讨论魏晋隋唐的社会形态问题，而从经济视角剖析社会形态、性质，正是民国时期非马克思主义史家对唯物史观的基本认知。[②]

复次，社会史论战影响了一大批学界新秀的学术取向。如曾受陶希圣影响的何兹全、连士升、杨联陞、全汉昇等，《现代史学》作者群中的陈啸江、戴裔煊、傅衣凌等，“史学研究会”成员梁方仲、吴晗等，以及蒙思明、李埏、黄现璠，等等。即便抛开政权鼎革影响，当史学界完成代际更迭后，中国史学面貌也会为之一变。这是唯物史观社会史影响近现代中国史学走向上，至关重要的一点。

最后，从中国史学近代转型来看，唯物史观社会史可归于史学社会科学化的大背景之下。前文已述，在社会史论战之前，史学社会科学化趋势虽已十分明显，但多集中于理论诠释，较少落实于研究实践，成绩突出者则更少。唯物史观社会史在论战中虽曾出现“公式化”等弊病，一度使历史研究变成社会发展理论的附庸，但从另一方面看，论战中产生的大量作品，对中国史学社会科学化从理论诠释落实到研究实践，确实具有推动之功。而且，论战高潮过后，随着学界对“公式化”等问题的反思与纠正，在唯物史观社会史研究中，也确实逐渐调整了历史学和社会科学理论的主客地位。

结　语

近代中国史学史中“社会史”书写的演变，和中国史学近代转型历

① 全汉昇：《回首来时路》，载杜正胜、王汎森主编《新学术之路》下册，中研院历史语言研究所 1998 年版，第 487 页。

② 民国时期，不仅很多历史学者将以唯物史观为指导的社会史著作，冠以“经济社会史”“社会经济史”的名称，不少社会学著述中对唯物史观的认知，也有此特点。参见冯品兰编《社会学纲要》，知识产权出版社 2013 年版，第 58 页；［美］素罗金《当代社会学学说》第 3 册，黄文山译，上海社会科学院出版社 2017 年影印版，第 823—964 页。

程大致相应。“社会进化史”以进化论为依托，意在证明中国社会的发展史，符合人类社会发展的普遍规律，这和20世纪初年“新史学”的理念相因应。随后出现的“民众社会史”，其研究对象虽和“新史学”所倡导的“民史”相同，但其宗旨主要是发掘被传统文化所忽视、掩盖，甚至是歪曲的民众社会历史的真相，这主要是五四新文化运动时期史学理念的反映。五四之后，学界对“社会史”的界定日趋多元，这反映的是史学社会科学化潮流中，可资中国史家借鉴的西方理论日趋多元的状况。唯物史观社会史的勃兴，虽受国内政治形势影响，但就学术而言，它符合史学社会科学化的潮流，并对该潮流从理论诠释落实到研究实践，具有推动之功。进而言之，从“社会史”书写演变看，中国史学的近代转型主要呈现如下特点。

第一，近代中国史学史上的“社会史”书写虽然多样，但其背后实际共享着同一前提预设，即将社会视为一个整体，研究其发展演变的规律和特点。即便是研究对象较为具体的“民众社会史”，也有借此探究中国社会整体迁流脉络的意图。所以，从整体上看，“社会史”研究的发生、发展，实际反映了中国史学从过去的政治史书写传统，向社会化和世俗化的转变。这种转变，正是中国史学近代转型的重要标志。

第二，与研究对象的社会化、世俗化转向相应的，是方法理念上的社会科学化。以往我们多将这一潮流追溯到20世纪初年，甚至更早，这有其合理的一面。不过，20世纪初年史家对所谓“辅助学科”的认知，主要在史料或史事考订层面。到20年代，随着西方理论的大量引入，中国史家对社会科学理论的价值认知，才真正从史料或史事考订提升到历史解释层面。应该说，后者才是史学社会科学化的主要价值所在。

第三，就各种“社会史”所依托的社会科学理论而言，从20世纪初年“新史学”潮流中以进化论为依托的“社会进化史”，到20年代史学社会科学化潮流中，中国史家根据不同学科理论提出多种“社会史”概念，实际反映了西方社会科学理论在近代中国史学界从进化论一家独大到日趋多元的演变特点。

第四，就各种“社会史”背后的书写理念而言，“新史学”潮流中的“社会进化史”，存在用中国历史去迎合西方社会科学之“公理公例”的倾向。其后的“社会史”书写，则逐渐出现了用社会科学的“公理公例”去解释中国历史发展，发掘中国历史特性的转变。这一转变，反映出中国史学近代转型过程中存在的，从让中国历史为西方理论作注脚，到回复历史学本位的演变趋向。

（原载《近代史研究》2019 年第 4 期）

“萨尔普遍史”的中国历史建构与欧洲近代学术转型

张一博

在西方认识中国的问题上，一些学者认为，18 世纪西方人崇敬中国，19 世纪则开始贬低中国。这一论断在学界颇为流行。如美国史家史景迁（Jonathan D. Spence）在其著作中讨论了 18—19 世纪欧洲思想家对中国认识的变化，① 另一位启蒙史学研究者约纳坦·伊斯拉尔（Jonathan I. Israel）也曾提到 18 世纪欧洲思想家对中国的赞赏。② 这一论断同时反映在史学史中，受反思西方中心论影响，一些学者们开始关注前启蒙时代的世界历史书写，其中 18 世纪由英国学者乔治·萨尔（George Sale）主编的《普遍史》（以下简称“萨尔普遍史”）重新回到学者们的视野之中。一些学者认为该书相较于之前和之后的世界史著作更具有平等性。如格奥尔格·伊格尔斯（Georg Iggers）曾评价该书具有平等观和全球意识，只将欧洲视为许多文明中的一种。③ 诚然，从体例上看，“萨尔普遍

---

① Jonathan D. Spence, *The Search for Modern China*, W. W. Norton & Company, 1999, pp. 132 - 137.

② Jonathan I. Israel, “Admiration of China and Classical Chinese Thought in the Radical Enlightenment (1685 - 1740),” *Taiwan Journal of East Asian Studies*, Vol. 4, No. 1 (Jun. 2007), pp. 1 - 25.

③ 关于伊格尔斯对该书的评价，参见 Georg Iggers, Q. Edward Wang and, Supriya Mukherjee, *A Global History of Modern Historiography*, Routledge, 2017, p. 7; Georg Iggers, “Reflections on the Historiography of the Twentieth Century from the Perspective of the Twenty - first Century,” *Historein*, Vol. 16 (Jun. 2017), p. 154。

史”相较于其他世界史更为平等，在书中经常可感受到他们在范围、材料上选择的平等性，该书也有一些篇幅讨论中国历史。但是，若仔细考察该书的出版过程和文本内容，则会发现该书讨论中国并非仅是对中国感兴趣，而是应对当时欧洲思想界本土问题的一种策略，带有强烈的现实动机和西方视角。

在讨论该问题之前，笔者将简要介绍“萨尔普遍史”及其影响。“萨尔普遍史”全称为《普遍史：从创世至今》（*An Universal History from Earliest Account of Time to the Present*，*Compiled from Original Authors and Illustrated with Maps*，*Cuts*，*Notes*，*Chronological and Other Tables*），是一部由英国学者、东方学家乔治·萨尔主持编纂的多卷本世界史，由于其面面俱到，囊括已知世界的历史，被誉为“百科全书式的世界历史”。该书甫一出版便被翻译为荷兰语、法语、德语、意大利语等多国语言，行销欧洲大陆许多地区，在当时具有重要影响力。[①] 杰斐逊、吉本、伏尔泰等众多名流都曾阅读过该书，该书是其一代人了解世界，尤其异域的重要知识资源。通过考察“萨尔普遍史”中关于中国历史的讨论可以了解当时人如何从欧洲自身视角出发，将中国历史纳入传统知识框架之中。

有关欧洲的中国历史观这一问题，国内外学界都有相关研究，现有论著多集中于两大领域。其一为汉学史研究，耶稣会士与西方汉学起源是汉学研究的一大热点，因此在研究中许多学者着力于研究早期耶稣会

① 关于“萨尔普遍史”的相关研究，参见 Franz Borkenau－Pollak，“*An universal history of the world from the earliest account of times etc.* 1736*ff*”，PhD diss.，Universität Leipzig，1924；Guido Abbattista，“The Business of Paternoster Row：Towards A Publishing History of The Universal History（1736－65）”，*Publishing History*，17：1985，pp. 5－50；“The English Universal History：Publishing，Authorship and Historiography in an European Project（1736－1790）”，*Storia della Storiografia*，39（2001），pp. 100－105；张乃和：《近代英国首部集体编纂的世界史初探》，《世界历史》2015 年第 5 期；Zhang Yibo，“The Decline of a Tradition：The Changing Fate of Sale's Universal History and the transformation of Modern European Historiography”，trans. Mengxi Li Seeley，*Chinese Studies in History*，Vol. 53，No. 2，pp. 107－121。

士和汉学家对中国历史的认识;[①] 另一领域则是放诸欧洲思想史的脉络下分析，探讨近代欧洲的中国上古史论争与启蒙运动之间的关系，其中以法国学者维吉尔·毕诺（Virgile Pinot）和安田朴（René Etiemble）的研究为代表。[②] 在后一领域中，探讨如何将中国知识纳入世界史框架也是学界研究的重点，其中范克雷（Edwin J. Van Kley）在《欧洲“发现”中国与世界史的书写》一文中，系统阐述了中国上古史如何刺激欧洲人重新认识世界历史，并讨论了“萨尔普遍史”如何协调中国上古史与传统圣经叙事。[③] 范克雷的文章成为探讨中国上古史与世界史书写的重要作品，后世学者的研究多绕不过该文。范克雷的研究文本主要为 17 世纪中叶至 18 世纪末欧洲中国上古史研究的相关论著，但由于篇幅所限并未能具体展开。德国学者安德烈亚斯·皮谷拉（Andreas Pigulla）则将视角放在欧洲启蒙史学。他借助约恩·吕森（Jörn Rüsen）的“学科范型”（disziplinäre Matrix）[④] 分析了“萨尔普遍史”、加特勒和施洛策尔世界史

---

① 早在 20 世纪初，阎宗临便在其博论《杜赫德的著作及其研究》中对《中华帝国志》做了系统的研究。参见阎宗临《杜赫德的〈中华帝国志〉》，载阎守诚编《阎宗临史学文集》，山西古籍出版社 1998 年版，第 90—19 页。关于早期传教士对中国历史的研究可参见，Claudia von Collani, “Theology and Chronology in Sinicae Historiae Decas Prima” in Franco Demarchi and Riccardo Scartezzini ed., *Martino Martini: A Humanist and Scientist in Seventeenth Century China*, Trento, 1996, pp. 231 – 244; D. E. Mungello, “A Study of the Prefaces to Ph. Couplet's Tabula Chronologica Monarchiae Sinicae” in Roman Malek ed., *Philippe Couplet, S. J.* (1623 – 1693), *The Man Who Brought China to Europe*, Nettetal, 1990, pp. 183 – 199; ［日］小西鲇子《关于 17 世纪后期介绍到欧洲的中国历史纪年（上）》，曲翰章译，《国外社会科学》1988 年第 8 期；《关于 17 世纪后期介绍到欧洲的中国历史纪年（下）》，曲翰章译，《国外社会科学》1988 年第 9 期；［法］蓝莉《请中国作证：杜赫德的〈中华帝国全志〉》，许明龙译，商务印书馆 2015 年版；［法］梅谦立《如何解读中国上古史：柏应理〈中华帝制历史年表〉》，《澳门理工学报》2017 年第 4 期。

② 毕诺在其著作《中国对法国哲学思想形成的影响》一书中着重讨论了中国上古史论争对基督教世界的影响，而安田朴则进一步探讨伏尔泰对中国上古史的认识。参见［法］毕诺《中国对法国哲学思想形成的影响》，耿昇译，商务印书馆 2000 年版；［法］安田朴：《中国文化西传欧洲史》，耿昇译，商务印书馆 2000 年版。

③ Edwin J. Van Kley, “Europe's ‘Discovery’ of China and the Writing of World History”, *American Historical Review*, Vol. 79, No. 2 (Apr., 1971), pp. 358 – 385.

④ 关于学科范型，参见尉佩云《弥合现代与后现代史学理论的可能途径——以约恩·吕森的学科范型论为中心》，《史学理论研究》2014 年第 4 期。

书写中的中国形象。[①] 其后，皮谷拉在《18—20世纪德意志世界史书写中的中国》一书中，将研究时段延伸至20世纪，探讨在启蒙史学到历史主义史学这一转型过程中，历史学家如何在世界历史书写中建构中国形象。[②]

"中学西传"一直是国内学界研究的重点，早在20世纪30—40年代便有许多学者开始研究耶稣会士与中国。1949年以后，有关这一问题的研究曾一度沉寂，改革开放后，此类研究重新兴起，并从广度和深度上都有所增进。[③] 这些研究或关注18世纪欧洲的"中国热"，抑或将其放在汉学发展的脉络中去考察，但鲜有人针对欧洲的中国历史观进行讨论。随着"中学西传"研究的进一步推进，欧洲的中国历史观尤其是"中国上古史论争"引起许多学者的关注，如吴莉苇分析了中国编年史在欧洲思想近代化过程中所发挥的积极作用，并且还原了耶稣会士著作所依据的中文文献；[④] 而吴义雄、陈喆等则探讨了19世纪前后期西方学界对中国上古史的认识。[⑤]

以上研究或将欧洲的中国历史研究放在汉学发展史的框架下来认识这一现象，或将其置于近代欧洲思想史脉络去分析中国历史资源对欧洲

---

① Andreas Pigulla, "Zur Chinarezeption in der Europäischen Aufklärungshistoriographie", *Bochumer Jahrbuch zur Ostasienforschung*, Bd. 10, Bochum: Studienverlag Dr. Norbert Brockmeyer, 1987.

② Andreas Pigulla, *China in der deutschen Weltgeschichtsschreibung vom* 18. *bis zum* 20. *Jahrhundert*, Horrassowitz, 1996.

③ 关于国内学界对中学西渐的研究可谓汗牛充栋，难以枚举，笔者只能从中挑选一些具有代表性的论著，如朱谦之《中国哲学对于欧洲的影响》，福建人民出版社1985年版；许明龙：《欧洲18世纪"中国热"》，山西教育出版社1999年版；吴梦雪：《明清时期——欧洲人眼中的中国》，中华书局2000年版；张国刚：《明清传教士与欧洲汉学》，中国社会科学出版社2000年版；何兆武：《中西文化交流史论》，中国青年出版社2001年版；计翔翔：《十七世纪中期汉学著作研究——以曾德昭〈大中国志〉和安文思〈中国新志〉为中心》，上海古籍出版社2002年版；朱雁冰：《耶稣会与明清之际中西文化交流》，浙江大学出版社2014年版。

④ 吴莉苇：《当诺亚方舟遭遇伏羲神农：启蒙时代欧洲的中国上古史论争》，中国人民大学出版社2005年版；张国刚、吴莉苇：《启蒙时代欧洲的中国观：一个历史的巡礼与反思》，上海古籍出版社2006年版。

⑤ 陈喆：《释古与疑古——19世纪西方汉学界的"古史辨"》，《史林》2015年第4期；吴义雄：《十九世纪前期西人对中国上古史的研讨与认识》，《历史研究》2018年第4期；陈喆、丁妍：《从年代学到通史：17—18世纪耶稣会士的中国史撰述》，《世界历史评论》2019年第4期。

思想转型的影响。这些论著时间跨度较大，所涉及材料也较为多样，使人们对当时的思想状态有一个较为宏观全面的认识，但少有论著对“萨尔普遍史”进行深入和专门的研究。① 唯一例外的是，皮谷拉在文中详尽研究了“萨尔普遍史”和加特勒与施洛策尔的作品中的中国形象，但他基本是从整体上把握这几部作品中的中国历史观。本文的取径有所不同，本文关注“萨尔普遍史”的出版过程，旨在结合该书中有关中国的具体论述的变化以及该书当时的出版背景，分析“萨尔普遍史”的中国部分，并进一步讨论编者如何借助中国历史资源回应欧洲本土思想困境。

一　近代欧洲对中国历史的认识与“萨尔普遍史”

神秘的中国，一直是西方憧憬想象的对象。早在古典时期，便有诸多关于中国的描绘，如希罗多德转述的有关希伯波里安人（Hyperborean）的传说，斯特拉波、老普林尼笔下的赛里斯（Seres）。② 但是当时并未有人真正到过中国，这些描绘多是西方人的一种想象。中世纪时期，尤其是13—14世纪，东西方之间有了实质性的交往，在此期间出现了一些关于中国见闻的游记，如鲁布鲁克的威廉（William of Rubruk）的《鲁布鲁克东游记》，曾经出使蒙古的柏朗嘉宾（Giovanni dal Pian del Carpine）的《蒙古行记》，以及在欧洲享有盛誉的《马可波罗游记》均是其中的代表。③ 这些作品虽然较之古典时期对中国的描绘更为具体和真实，但是很多作品仍然真伪难辨，学界至今仍在争议，而且这些作品多是对中国当时状况的描绘，而不是系统论述中国历史。欧洲人真正开

① 范克雷在文中曾简要提及“萨尔普遍史”中的中国古史，但他只是将其作为一个事例讨论中国古史对欧洲思想界的冲击，值得注意的是范克雷已经关注到了“萨尔普遍史”中在讨论中国古史时，前后版本有所不同，但是他并未解释为何会发生这一变化。参见 Edwin J. Van Kley, “Europe's ‘Discovery’ of China and the Writing of World History,” *The American Historical Review*, Vol. 79, No. 2 (Apr., 1971), pp. 381 – 382。

② 张国刚、吴莉苇：《中西文化关系史》，高等教育出版社 2006 年版，第 23—28 页。

③ Andreas Pigulla, *China in der deutschen Weltgeschichtsschreibung vom 18. bis zum 20. Jahrhundert*, S. 16 – 17.

始深入了解中国，并将大量中国知识带到欧洲则是16世纪以后的事情。

1583年，耶稣会士罗明坚（Michele Ruggire）和利玛窦（Matteo Ricci）进入广东肇庆，这一事件被视为耶稣会士进入中国的开端，自此以后许多耶稣会士心怀"中华归主"的愿望来到中国，在中国建立教堂，进行传教活动，其足迹遍布中国大部分地区。耶稣会士的到来一方面给中国带来了新的有关宇宙、自然和人的知识，冲击了中国传统的宇宙观、世界观，葛兆光曾形象地将其称为"天崩地裂"；[①] 另一方面，他们也将大量有关中国的知识带到欧洲，这些知识在欧洲引发了不小的争论，其中对中国历史的讨论是这一争论的核心。早在1585年，西班牙传教士门多萨（Juan Gonzalez de Mendoça）出版《中国大帝国史》（*Historia de las cosas mas notables…del gran Reyno dela China*），主要依据曾经到过中国东南沿海地区的传教士的游记编辑而成，描绘了从尧到万历时期的历史。[②] 随后一些耶稣会士也出版了许多与中国相关的著作，如曾德昭（Alvare de Semedo）的《大中国志》（*Imperio de la China*）、卫匡国（Martino Martini）的《中国上古史》（*Sinicae Historiae Decas prima*）、柏应理（Philippe Couplet）的《中国帝制历史年表》（*Tabula chronologiea Monarchiae Sinicae*）以及在当时享有盛名的《中华帝国志》均是此类代表。传教士还将许多中国著作翻译出版，如耶稣会士宋君荣（Antoine Gaubil）曾翻译《尚书》（*Chou - King*）并在巴黎出版，当时在中国非常流行的《通鉴纲目》（*Tung - chien kang mu*）也被翻译成法语流行欧洲。[③] 除此之外，欧洲还出版了许多有关中国的游记，游记多为商人、使节所写。由于他们所接触的对象大部分是处于边缘的中国人，因此视角与耶稣会士有所不同。所描绘的是一个处于中央权力边缘的中国。[④] 这些有关中

---

① 葛兆光：《中国思想史》第二卷，复旦大学出版社2001年版，第449—475页。

② 关于门多萨的《中国大帝国史》，参见Kund Lundbek，"The First European Translation of Chinese Historical and Philosophical Works" in Thomas H. C. Lee ed. *China and Europe*：*Images and Influences in Sixteenth to Eighteenth Centuries*，Chinese University Press，1991，p. 30。

③ Kund Lundbek，"The First European Translation of Chinese Historical and Philosophical Works"，pp. 31 - 35.

④ Andreas Pigulla，*China in der deutschen Weltgeschichtsschreibung vom* 18. *bis zum* 20. *Jahrhundert*，S. 28.

国的知识传入欧洲后，使得欧洲人对中国的认识愈加丰富具体，同时也冲击了欧洲传统的世界观。后者在当时世界史书写中表现最为明显：如何将中国历史纳入世界史书写框架，成为当时书写世界史所面临的一大问题。

传统普遍史以“六大时代”和“四大帝国”为书写框架[①]，在这类普遍史书写中中国没有位置。随着大量中国历史知识传到欧洲，一些学者开始思考将之纳入世界历史框架中，有人试图将中国历史记载与《圣经》相比附，有人试图依据《圣经》记载批驳中国的上古史，在当时许多普遍史书写都会提及中国，如霍尼乌斯的《诺亚方舟》、塞缪尔·舒克福德（Samuel Shuckford）的《世界的神圣历史与世俗历史》（*The Sacred and Profane History of the World*）都对中国历史有所描述。[②] 而其中最具代表性的当属“萨尔普遍史”。据波拉克研究，“萨尔普遍史”的中国史部分共引用了38位学者的著作，[③] 皮谷拉认为该书使用了当时欧洲所见的有关中国的所有记载。[④] 通过分析“萨尔普遍史”中的中国描绘，不仅可以看出近代欧洲学者对中国历史的认识，还可以折射出在中国历史知识的冲击下欧洲世界观的转变。

虽然“萨尔普遍史”对非西方世界的描绘，可谓是当时世界史著作

---

① “六大时代”和“四大帝国”是基督教普遍史书写的主要框架。“六大时代”主要指上帝创世六天，人类历史也将经历六个阶段，最终历史将终结于世界末日。这成为今后普遍史“圣史”部分的基础。普遍史书写的“俗史”部分则以“四大帝国”为中心，根据但以理的预言，人类历史将经过四大帝国的统治，对于四大帝国在早期说法不一，后来基本确立为巴比伦、波斯、希腊和罗马，直到16世纪“六大时代”和“四大帝国”的书写框架仍被历史学家所使用。具体研究参见 Wener Goez. *Translatio Imperii*, *Ein Beitrag zur Geschichte des Geschichtsdenkens und der politischen Theorien im Mittelalter und in der frühen Neuzeit*, J. C. B. Mohr, 1958；Uwe Neddermeyer, *Das Mittelalter in der deutschen Historiographie vom 15. bis zum 18. Jahrhundert*, *Geschichtsgliederung und Epochenverständnis in der frühen Neuzeit*, Böhlau Verlag, 1988, S. 13 – 15。

② 关于当时欧洲学界世界历史书写中对中国历史的讨论，参见 Edwin J. Van Kley, “Europe's ‘Discovery’ of China and the Writing of World History”, *American Historical Review*, Vol. 79, No. 2 (Apr., 1971), pp. 358 – 385。

③ Franz Borkenau – Pollak, “*An universal history of the world from the earliest account of times etc. 1736ff*”, S. 187.

④ Andreas Pigulla, “Zur Chinarezeption in der Europäischen Aufklärungshistoriographie”, *Bochumer Jahrbuch zur Ostasienforschung*, S. 275.

中最为系统和全面的，但它的中国史部分只占其总量的1%不到。[①]"萨尔普遍史"的第一版正文部分并未涉及中国，在1750年增加的第七卷的增补版中才详尽论述了中国上古的历史。在"萨尔普遍史"中有关中国历史的论述主要分布在古代史部分的第七卷增补版和近代史部分的第八卷，在书中编者将中国历史分为古代史和近代史[②]两部分，古代与近代的分界点是夏朝的建立。编纂者认为：

> 禹继承了舜的王位，并立即着手登基。自此以后中国的王位由禹的家族所世袭；并建立第一个中国的王朝，人们称其为夏（Hya）。夏作为这个依然持续的王朝体制的开端，被欧洲的历史学家视为一个新的时代，也即中国近代史的开始。[③]

古代史部分主要讨论了自伏羲到大禹的历史，涉及中国上古的古迹、政制、法律、宗教、语言、艺术、科学和编年。其中主要依据卫匡国、杜赫德等早期耶稣会士的著作，列举了自伏羲以来中国上古诸圣王的功绩，并且根据约翰·韦伯、舒克福德等人有关中国上古历史与《圣经》记载的研究来讨论中国上古圣王与《圣经》记载的关系。而中国近代史部分则集中在近代史的第八卷，共521页，叙述了从夏朝一直到雍正时期的历史，根据"中华帝国"（The Empire of China）部分的目录，我们也可看出该书所涉内容之广，宛如关于中国的百科全书。

> 第一部分：中华帝国概览
> 第二部分：中国15个省份的地志学描绘
> 第三部分：中国人的古代宗教和新的教派

---

① Andreas Pigulla，"Zur Chinarezeption in der Europäischen Aufklärungshistoriographie"，*Bochumer Jahrbuch zur Ostasienforschung*，S. 278

② 在当时语境下的近代（modern）并非我们现代意义上三分法的古代、近代与现代，而是指一个不同于之前历史的新的时代。关于近代的概念变迁，参见 Reinhart Koselleck，"'Neuzeit'. Zur Semantik moderner Bewegungsbegriff"，*Vergangene Zukunft：Zur Semantik geschichtlicher Zeiten*，Suhrkamp，1979，S. 300 - 348。

③ *Additions to the Universal History*，*in Seven Volumes in Folio*，London，1750，p. 237.

第四部分：中国人的政府、法律和政治

第五部分：中国人的学识、艺术、科学和语言

第六部分：中国人的农业、缫丝业，瓷器和漆器的制造，以及其他手工业

第七部分：中国人的性格、天赋、举止、习俗、婚葬、节庆以及有关自然和人造奇观的记载

第八部分：中国的一些可怕疾病，和治愈疾病的方式，以及他们所自夸的放血术、拔罐、烧灼止血、接种和应对天花，和提取草药的方法

第九部分：汉族的起源、古迹与编年

第十部分：从第一个王朝建立以来中国君主的统治①

通过研究“萨尔普遍史”中关于中国历史的叙述，可以窥探欧洲当时对中国历史的认识。其中“王朝循环”是“萨尔普遍史”中国部分的一个显著特征。编者曾指出“在中国无论发生什么强烈的革命，君主制度依然继续，而且革命总是持续很短时间，他们只能做出极少的改变，最后又在此回到原有的政府形式上来”。② 这样一种王朝循环的背后是将中国历史视为相同事件的不断轮回，在有关中国历史的纪年中，“萨尔普遍史”的编者采用了一种独特的纪年方式。在公元元年之前，将干支纪年与公元纪年并列，但公元元年之后则只是依据公元纪年。编者并未采用中国正史通常使用的年号纪年，而是使用了干支纪年，60 年一循环，如秦始皇称帝便是第 41 个循环的第 55 年。③ 而历史上事件轮回的背后反映的是对中国历史认识的静态化。

这种对中国历史静态化的认识与当时西方所接受的中国历史知识密切相关。如朱熹所作《通鉴纲目》不仅在中国颇为流行，1737 年经传教

① *The Modern Part of an Universal History*, *From the Earliest Account of Time*, Vol. 8, London, 1784.

② *The Modern Part of an Universal History*, *From the Earliest Account of Time*, Vol. 8, p. 249.

③ 干支纪年也是当时传教士通常使用的一种纪年法。*The Modern Part of an Universal History*, *From the Earliest Account of Time*, Vol. 8, p. 412。

士冯秉正（Joseph – Francois – Marie – Anne de Moyriac de Mailia）翻译后传到欧洲，成为欧洲人了解中国历史的重要书籍。“萨尔普遍史”虽未曾直接引用该书，但它所引传教士有关中国的论著多以此书为依据。依据这些中国知识，“萨尔普遍史”描绘了一个绵延静止的中国。正如德国史家于尔根·奥斯特哈默（Jürgen Osterhammel）对《通鉴纲目》的评价那样“这部作品单调的编年方式无人能及，却第一次给了欧洲读者中国历史绵延不断的真实印象，甚至对中国而言，这本书都过于强调静止不动的概念，却有助于在欧洲普及中国历史中那种相同事件不断轮回的观念”①。在“萨尔普遍史”的中国部分也体现了这一特征。

二　在中国寻找大洪水：协调中国上古史与圣经叙事

在考察“萨尔普遍史”中国部分的具体内容时可以发现，该书涵括中国的方方面面，其中有关中国上古史的内容所占比例较多，不仅古代史第七卷增补版对中国上古史做出了全面的论述，而且在近代史部分也有专章讨论上古历史。即使在中国，由于上古，尤其三皇五帝时期的历史悠远而阔于故事，因此正史中对此记载也并不多，为何一部欧洲人所写的世界史却花费大量笔墨讨论中国近乎神话的上古历史？值得注意的是，中国上古历史并未像埃及等其他古老民族的历史一样被置于该书的第一卷，而是被放在第七卷的增补版中。这部分内容并非单纯描述中国上古史，而是研究他们与圣经叙事的关系，讨论伏羲是不是诺亚，诺亚方舟是否停在了中国等诸多问题。为何当时编者会去讨论这些在今天看来荒诞不经的问题？若要回答这一系列问题，笔者将从当时欧洲学界有关中国上古史的论争谈起，探讨“萨尔普遍史”如何吸收这一论争成果、协调圣经叙事与中国上古历史的矛盾。

① ［德］于尔根·奥斯特哈默：《亚洲的去魔化：18 世纪欧洲与亚洲帝国》，刘兴华译，社会科学文献出版社 2016 年版，第 220 页。

当时欧洲人普遍认为《圣经》是一部真正的世界历史，现存世界上所有的民族都是大洪水后诺亚的子孙。如在当时风靡一时的《曼德维尔游记》（*The Travels of Sir John Mandeville*）便秉持这一观念，将萨拉森人（the Saracens，即阿拉伯人）视为闪（Shem）的后代，将欧洲人视为雅弗（Japhet）的后代，居于亚洲的鞑靼人则是含（Cham）的子孙。[①] 然而随着新航路开辟，大量异域知识传到欧洲，冲击了欧洲人传统的世界观，门多萨将中国的君主政体追溯到公元前2600—前2550年之间，卫匡国则将中国的历史追溯至公元前2952年，这些时间远远早于乌瑟尔（James Ussher）根据希伯来圣经记载所推算出的大洪水暴发的时间。在他们的记载中，中国早在上古时期便已经有了高度发达的文明。这些知识传到欧洲后引起了欧洲思想界的极大震撼。作为一个如此发达古老的文明，为何《圣经》中会没有记载？中国上古史的编年是否真实可靠？这一系列问题成为当时思想界争论的焦点。[②]

其中如何将中国历史纳入世界史书写的框架，成为当时世界史书写所面临的一大挑战。卫匡国出版《中国上古史》后，荷兰学者伊萨克·沃西休斯（Issac Vossius）便利用中国的上古编年来批驳基于传统《希伯来圣经》所厘定的编年，主张《七十子本》（*Septuagint*）[③] 记载的权威性，认为大洪水只是一个地方性事件。沃西休斯此观点一出即引起学界极大震动，随后霍尼乌斯发文批驳，坚持《希伯来圣经》的权威，质疑中国上古历史。1666年霍尼乌斯出版《诺亚方舟》一书，首次将中国历史纳入世界历史中。在该书中，霍尼乌斯虽然仍然坚持乌瑟尔编年，认为世界创造于公元前4004年的10月23日，但是他不再否认中国的上古历史记载，而是将其与《圣经》记载相协调，认为中国的编年是对创世

---

① 关于诺亚谱系和曼德维尔游记，参见 Benjamin Braude，"The Sons of Noah and the Construction of Ethnic and Geographical Identities in the Medieval and Early Modern Periods"，*The William and Mary Quarterly*，Vol. 54，No. 1（Jan.，1997），pp. 103 - 142；刘招静：《〈曼德维尔游记〉里的中国——"普遍史"视角的考察》，《世界历史》2019年第1期。

② 关于当时欧洲思想界关于中国上古史的争论，可参见［法］毕诺《中国对法国哲学思想形成的影响》，耿昇译，第211—320页；吴莉苇：《当诺亚方舟遭遇伏羲神农：启蒙时代欧洲的中国上古史论争》。

③ 七十子本圣经为旧约的希腊文本，相传由72为犹太学者于公元前3世纪在亚历山大里亚翻译而成，该本圣经后来成为希腊语世界的通用文本。

纪中所载内容的一种扭曲，中国上古的圣王其实是《圣经》中记载的以色列的诸位长老。伏羲其实是亚当，黄帝是以诺（Enoch），尧则是诺亚。① 霍尼乌斯的观点在当时影响甚广，不少学者循此思路研究中国上古历史与《圣经》记载的对应关系。其中英国学者舒克福德在《世界的神圣历史与世俗历史》中认为诺亚东行所创建的王国便是中国，而中国史书中的伏羲则是诺亚。② 然而在当时仍存在一些不同的声音，一些学者对中国古史持否定态度，质疑中国历史的真实性。如唐·卡尔梅（Don Calmet）便质疑中国古史的真实性，提出"认识中国不会对我们有任何益处"，但即便如此他在其著作《世界通史》中仍然给中国留了一定位置。③ 可见，在当时无论质疑中国古史的学者，还是力图协调中国古史和《圣经》叙事的学者，在书写世界历史时都不能忽视古老发达文明的中国。

"萨尔普遍史"正是在这一背景下所编，值得注意的是该书编者对中国古史的态度并非一成不变，而是从拒斥到接纳。为何会发生这一转变？中国古史在"萨尔普遍史"的古史体系中又占据什么位置？为回答这一问题，笔者希望先简要描述"萨尔普遍史"对中国古史态度的转变。在第一卷中，编者虽然已经提及中国，但并未将其放在与埃及、巴比伦同等的位置去论述，对于当时将诺亚视为伏羲的做法也是持批判态度。在论及诺亚和他的三个儿子时，书中提到：

---

① Edwin J. Van Kley, "Europe's 'Discovery' of China and the Writing of World History", pp. 363 – 365; Andreas Pigulla, *China in der deutschen Weltgeschichtsschreibung vom* 18. *bis zum* 20. *Jahrhundert*, S. 71.

② Samuel Shuckford, *The Sacred and Profane History of the World Connected*, *From the Creation of the World to the Dissolution of the Assyrian Empire at the Death of Sardanapalus and to the Declension of the Kingdoms of Judah and Israel*, *under the Reigns of Ahaz and Pekah*: *Including The Dissertation on the Creation and Fall of Man*, London: William Baynes, Paternoster Row, 1819, p. 61 在当时出现了许多类似著作如英国学者约翰·韦伯（John Webb）通过研究得出结论，中文是巴别塔变乱前的原初语言（Primitive Language），多明我修道士多明哥·纳瓦雷特（Domingo Navarrete）认为伏羲是诺亚的儿子含，而德国汉学家门策尔（Christian Mentzel）通过研究伏羲和女娲两个名字的汉字书写以及相关传说推断伏羲是亚当，女娲是夏娃。德国汉学家拜耳（Gottlieb Bayer）则认为伏羲是亚当、神农是亚当的儿子塞特（Seth）而黄帝则是诺亚。关于当时欧洲学界的研究，参见 Edwin J. Van Kley, "Europe's 'Discovery' of China and the Writing of World History", pp. 365 – 368。

③ 关于唐·卡尔梅的观点参见［法］毕诺《中国对法国哲学思想形成的影响》，第 259—261 页。

> 诺亚离开了他的三个儿子，并且和他的年轻后裔在很短的时间内便到了中国，这个诺亚在大洪水前便曾居住过的地方。他成为了这个国家的王，中国人称他为伏羲。这一观点看上去似乎合理。然而圣经记载，离开方舟后，诺亚和他的子孙一直定居在那座位于亚美尼亚的山的附近。正如圣经记载的那样，他们不曾离开，直到他们开始前往希奈尔（Shinaar）。[①]

在注释中编者又逐一批驳了将伏羲视为诺亚的观点，认为虽然这一观点比霍尼乌斯将伏羲视为亚当更为合理，但也只是一种臆测。并以此列举了三条理由来批驳这一观点：

> 其一，如果伏羲就是诺亚，那在中国的历史中不可能不提到大洪水这么特殊的事件，李明（Le Compte）认为这些想象（代指将伏羲视为诺亚）是错误的；其次，中国的作者们自己都不能确信有关伏羲和他的继承者的历史，对是否有伏羲此人都有所怀疑。而且一些人否认存在他和他的继承者神农（Shin nungh），而是从第三位国王黄帝（Hoangh ti）[②] 开始叙述中国历史；而且伏羲据说是蛇身，神农则是牛首，李明没有将他们纳入中国君主的谱系中也不是没有理由。其三，在摩西关于人类离散的记载中显而易见包含全人类，他们聚集在希奈尔的平原上。如果我们承认这些，诺亚便没有其他没被摩西提到的后代，更不可能去统治中国。[③]

然而在第七卷出版后，编者又出版了第七卷的增补版，详细描绘了中国上古的历史，并对上古历史与《圣经》叙事的关系展开了讨论。在

① *An Universal History from the Earliest Account of Time to the Present*：*compiled from Original Authors and illustrated with Maps*，*Cuts*，*Notes*，*Chronological and other Tables*，Vol. 1，p. 115 – 116.

② 关于黄帝的拼写“萨尔普遍史”中并不统一，在第一卷中是 Hoangh ti，后面则改为了 Whang Ti。

③ *An Universal History from the Earliest Account of Time to the Present*：*compiled from Original Authors and illustrated with Maps*，*Cuts*，*Notes*，*Chronological and other Tables*，Dublin，1736，Vol. 1，p. 116.

书中编者一改之前对中国上古史记载彻底否定的态度，转而在传教士的记载和否定质疑之间寻求一种平衡。

> 然而我们必须观察到存在一种态度，在当下学界两种极端观点（代指前面提到的肯定和彻底否定中国古史）之间的一种中和，并且应该承认，虽然中国人对于古代历史的记载乏善可陈，但这些记载也并非是完全虚构。[①]

在编者看来，"虽然在中国历史中第一个王朝之前的历史大多是一些神话"，但仍然可以从中发现"一些隐隐约约的神圣的真实"。[②] 这种神圣的真实其实就是中国古史所隐藏的那些与《圣经》相对应的内容。编者详细论述了中国古代的政制、法律、宗教、习俗、语言、艺术、科学和民族性格，随后又花费大量篇幅讲述了从伏羲到大禹的历史，列举了中国上古圣王的种种功绩。但对于中国历史的古老性，"萨尔普遍史"的编者们仍持怀疑态度。在开篇编者便指出："中国人，像其他民族一样夸大他们的古老，比如将他们的第一个皇帝伏羲统治中国的时间确定在基督诞生前的3000年。"[③] 对于这种夸大，"萨尔普遍史"的编者提出了质疑，他们认为如果中国果真如此古老，那为何以色列人没有记载，而且荷马、希罗多德也没有听说过这个民族，甚至在波斯的历史学家们的著作中也缺乏关于中国的记录。[④] 编者们也不认可伏羲就是诺亚，而是认为中国人是雅弗的后代"我们没有理由怀疑，雅弗的后代定居在中国和鞑靼（Tartary），我们可以确信地说，他们首先来到了这个国家"。[⑤]

"萨尔普遍史"的编者在后来出版的现代中国史部分中修正了这一观点，使用了大量篇幅讨论中华民族的起源、古迹和编年。编者提到，舒克福德的观点引起学界很大争议，许多读者也纷纷来信，编者们通过

---

① *Additions to the Universal History*, *in Seven Volumes in Folio*, London, p. 240.

② *Additions to the Universal History*, *in Seven Volumes in Folio*, London, p. 238.

③ *Additions to the Universal History*, *in Seven Volumes in Folio*, London, p. 215.

④ *Additions to the Universal History*, *in Seven Volumes in Folio*, London, p. 221.

⑤ 编者在注释中提到闪的后代也在鞑靼、中国和印度定居。*Additions to the Universal History*, *in Seven Volumes in Folio*, p. 216。

与读者交流后得出了新的结论，开始支持舒克福德的论断，认为伏羲就是诺亚。在文中编者说道：

> 我们的希望实现了，而且根据从各方面获取的珍贵的证据，我们敢于质疑自己，现在我们重新支持舒克福德博士的体系，这不仅是在态度上完全变了，而且我们将提供一些真实可靠的新的证据。①

随后编者列出了一系列的证据，如从他们的名字的相似性、中文与其他民族语言的差异、中国原始宗教是诺亚所建立的宗教，因此没有堕落为偶像崇拜、方舟所依靠的材料就是来自中国，而中国人作为唯一一个会造大帆船的民族，其技艺则是从造方舟传承而来，而且从贡献上看，伏羲和诺亚都发明了农业。② 根据这些种种证据，编者开始确信伏羲就是诺亚。

通过“萨尔普遍史”各卷对中国的描述，我们可以看出编者态度的变化。之所以会产生这一变化，一方面与当时欧洲思想界的大背景有关，另一方面也折射出“萨尔普遍史”并非一个一成不变的文本，而是结合市场需求应时而变。随着有关中国知识大量传入欧洲，更多的学者参与到了中国古史真伪的争论之中，“萨尔普遍史”的编者们无法再回避这一问题。此时，该书的出版也遇到了危机。虽然该书出版之初好评如潮，但当第七卷出版后却销量不佳，一些订阅者甚至想停止订阅，在爱尔兰还出现了一种廉价的盗版，这些情况迫使出版商和编者们改变策略。为了加大销量打击盗版，他们出版了第七卷的增补版。编者认为印度、中国、美洲等异域文明更值得去描述，而且读者对这些内容也更感兴趣，③ 值得注意的是，“萨尔普遍史”是众手修书，涉及中国史的部分，由不同学者共同编纂。虽然这导致该书的一些描述前后不一，但每卷的编者

---

① *The Modern Part of an Universal History, From the Earliest Account of Time*, Vol. 8, pp. 320 – 321.

② *The Modern Part of an Universal History, From the Earliest Account of Time*, Vol. 8, pp. 322 – 369.

③ *Memoirs of* ＊＊＊＊, *Commonly known by the Name of GEORGE PSALMANAZAR A Reputed Native of FORMOSA*, London, 1764, pp. 316 – 318.

都会集会商议内容。如何描绘历史与当时的学术环境和读者需要密切相关，因此在第七卷的增补版中较为详尽地论述了中国的上古历史，这也从侧面反映出中国上古历史在当时是一项热门话题。

虽然“萨尔普遍史”的编者在对中国上古史的态度从拒斥转变为一定程度的接受，通过论证伏羲就是诺亚，进一步承认了中国历史的古老。但这并不代表“萨尔普遍史”完全接纳了中国古史。在古代史卷中，编者虽然描述了中国的上古历史，但是并没有像对待其他民族的历史一样，把中国历史纳入整体的纪年中，而是在现代史卷中对比了《圣经》记载与中国古史。编者们确定伏羲建立中国君主制是在公元前 2114 年，也即大洪水后 235 年，[①] 但这一纪年远晚于门多萨和卫匡国所计算的时间。为何两者所厘定的纪年如此不同？究其原因则是两者所依据的《圣经》版本的差异。

受宗教改革的影响，在近代早期出现了各种类型的圣经译本。[②] 这些圣经译本种类繁多，但大多依靠两种版本为底本翻译而成，一种是希腊语的《七十子本》，一种为希伯来文本。早期两个版本在西欧并行，天主教钦定本“通行本《圣经》”（Vulgate）便是由杰罗姆根据《七十子本》和希伯来本翻译而成。中世纪犹太学者也曾编辑校订犹太祖先所留下的希伯来抄本，这些抄本被统称为《马索拉文本》（Masoretic Text）。[③] 宗教改革时期，马丁·路德提倡“回到本源”，以《马索拉文本》为底本翻译《圣经》。与此同时，在罗马教宗西斯廷五世（Sixtux V）的支持下，1587 年罗马教廷以《梵蒂冈抄本》为底本校订出版《西斯廷七十子本》（*Sixtine Septuagint*）。在这一背景下，一些天主教学者和新教学者们介入其中，通过对《圣经》的校勘比对，捍卫自己所信奉的圣经版本的权威性。如天主教学者吉恩·莫林（Jean Morin）考察早期教父如何吸收《七十子本》，探讨通行本圣经与《七十子本》的关系，捍

① *The Modern Part of an Universal History, From the Earliest Account of Time*, vol. 8, p. 362.

② 关于近代早期的各种圣经译本，参见 *The Cambridge History of the Bible: The West from the Reformation to the Present Day*, ed. S. L. Greenslade, F. B. A., Cambridge: Cambridge University Press, 1963。

③ 关于马索拉文本与七十子本之间的区别，参见李思琪《〈马索拉文本〉、〈七十子译本〉与〈希伯来圣经〉的古代传播史》，《世界历史》2020 年第 4 期。

卫《七十子本》的权威性，借此批判希伯来《圣经》，认为《马索拉文本》是中世纪犹太人捏造出来的；路易·坎贝尔（Louis Cappel）则通过研究其中的元音符号，质疑《马索拉文本》的古老性。同时期，一些新教学者则对天主教学者的观点展开批驳，如乌瑟尔曾私下讽刺莫林的著作只是一种“愚蠢的碎片”，他的研究会损害“通行本《圣经》的权威”，约翰·巴克斯托福二世（Johann Buxtorf II）通过研究犹太人的语法书和卡巴拉著作来捍卫《马索拉文本》的古老性。[①] 天主教与新教两派学者彼此互相攻讦，争论不休。

这一争论也体现在编年问题上，尤其是关于创世的时间推算上。据统计，关于创世的相关推算有 200 多种，大体上多是根据《七十子本》和“通行本《圣经》”进行推算。其中最具代表性的便是阿非利加斯根据《七十子本》所推算的编年和乌瑟尔根据通行本《圣经》所推算的编年。不过由于两者所用版本不同，他们所推算出的创世时间相差千年之久。[②] 面对中国上古编年和圣经编年之间的矛盾，耶稣会士多采用《七十子本》作为古代编年史的基础，这样伏羲以来的历史和古代希伯来人的历史之间便没有重大的年代冲突。而且当时的一些学者也借助中国上古历史以支持《七十子本》，如沃西休斯便借此批判传统希伯来圣经的权威，认为《七十子本》才是正确的。在当时仍有另一批学者以希伯来圣经为正统，用希伯来圣经编年厘定中国古史，如霍尼乌斯、舒克福德便是这派学者的代表。以舒克福德为例，在其著作中，他讨论了希伯来《圣经》《七十子本》和撒玛利亚《圣经》三者编年的不同，并希望能够

---

① 近些年近代早期圣经批判成为学界关注的重点，一些学者重点讨论近代早期的圣经版本之争与信仰、学术的关系。关于这方面的研究可参见 Nicholas Hardy, *Criticism and Confession: The Bible in the Seventeenth Century Republic of Letters*, Oxford University Press, 2017; Timothy Twining, “The Early Modern Debate over the Age of the Hebrew Vowel Points: Biblical Criticism and Hebrew Scholarship in the Confessional Republic of Letters”, *Journal of the History of Ideas*, Vol. 81, No. 3 (July, 2020), pp. 337 - 358。

② 关于圣经版本与世界纪年，参见［日］小西鲇子《关于 17 世纪后期介绍到欧洲的中国历史纪年（上）》，曲翰章译，《国外社会科学》1988 年第 8 期；李隆国：《说“公元（前）”》，《首都师范大学学报（社会科学版）》2011 年第 2 期；Rhoad Rappaport, *When Geologists were Historians, 1665 - 1750*, Ithaca: Cornell University Press, 1997, p. 78；吴莉苇：《当诺亚方舟遭遇伏羲神农：启蒙时代欧洲的中国上古史论争》，第 424—433 页。

协调三者。但是他的协调是以希伯来《圣经》为基础。在书中，舒克福德批驳了当时流行的一些支持《七十子本》的理由，在处理编年的问题上他仍然沿用乌瑟尔的编年。根据乌瑟尔的编年，诺亚生活在公元前2958—前2016年间，伏羲的生活年代正好也是在这一时间段内。[①]"萨尔普遍史"正是吸收了这一派的成果，采用希伯来本的编年与中国古史相协调。

根据"萨尔普遍史"中的编年选择，我们也可以看出编者们在外部环境的影响下如何一步步接纳中国上古史，并将其与《圣经》叙事相协调。该书的第一卷使用的是撒玛利亚编年，而在后面由于受到读者和出版商的压力，改为了乌瑟尔编年。在现代史第八卷讨论中国历史时便采用了乌瑟尔编年。[②] 在文中编者讨论中国古史希望的是协调中国编年与希伯来编年：

> 我们将通过两者所记载的一些可信的事实和反映彼此所共有的令人惊叹的证据，以展示中国人的编年和希伯来编年的一致，并发现那些所谓的中国的古老以及自夸中国编年与《七十子本》相一致中存在的谬误，并使我们能够修正他们的君主制的开端，而这一修正比之前更为理性和真实。[③]

这种协调以希伯来版本为基准，在文中编者不止一次地批判中国编年和

---

① Samuel Shuckford, *The Sacred and Profane History of the World Connected, From the Creation of the World to the Dissolution of the Assyrian Empire at the Death of Sardanapalus and to the Declension of the Kingdoms of Judah and Israel, under the Reigns of Ahaz and Pekah: Including The Dissertation on the Creation and Fall of Man*, pp. 44 – 65; p. 26.

② 在普遍史第一卷中，编者根据撒玛利亚编年将大洪水发生的时间视为基督诞生前2997年，而创世是在4305年。根据撒马纳扎回忆录可知，这一改变与当时的读者群和出版商压力有关，第一卷创世论为乔治·萨尔所做，他采用了撒玛利亚编年。这一行为引起极大争议，进而影响了销量。对此出版商与萨尔之间爆发了一场不愉快的争论，甚至导致出版延误。后来，迫于压力，编者们改用了乌瑟尔编年。参见 *Memoirs of * * * *, Commonly known by the Name of GEORGE PSALMANAZAR A Reputed Native of FORMOSA*, p. 305; *An Universal History from the Earliest Account of Time to the Present: compiled from Original Authors and illustrated with Maps, Cuts, Notes, Chronological and other Tables*, Vol. 1, p. 53, p. 114。

③ *The Modern Part of an Universal History, From the Earliest Account of Time*, Vol. 8, p. 347.

《七十子本》的编年，怀疑它们的真实性。[①] 认为只有希伯来编年才是唯一的权威。“当他们根据《七十子本》来计算年代而非根据我们的希伯来编年，因此这对我们来说并不可靠，而且也没有任何使用价值和益处。”[②]

通过“萨尔普遍史”的态度转变，我们可以看出，一方面如何将中国历史纳入世界史书写框架中，在当时成为世界历史书写者所不得不面对的一个问题。另一方面，关于中国上古史的论争不单纯只是有关中国内容的讨论，其背后折射出的是利用异域知识对《圣经》版本的权威地位进行论争。正如尼古拉斯·哈迪（Nicholas Hardy）研究所得，17 世纪的学者将圣经研究建立在更为科学化的基础之上，他们仍然怀有强烈的宗派意识。[③] “萨尔普遍史”对中国古史的接受，正反映了这一点。

三　“萨尔普遍史”中的中国宗教

自中世纪以来，普遍史书写便带有强烈的基督教色彩，书写普遍史的目的在于展现上帝在历史发展中的意志。虽然近代以来普遍史已经摒弃传统的基于基督教的书写模式，愈加的世俗化，其中“萨尔普遍史”便是普遍史世俗化的一个典型，但是在具体内容尤其是有关宗教的讨论中，以护教阐道为中心的信仰主义仍然支配着普遍史的书写。首先，在资料选择上，编者关于中国宗教的描述多来自传教士的记载，这些文本本身就带有强烈的护教色彩；其次，在“萨尔普遍史”出版时期，基督教仍然是不可动摇的权威。在“萨尔普遍史”中，有关中国宗教的记载集中在现代中国史部分，虽然在上古史中也有零星的讨论，但是主要讨

---

① 在文中编者提到《七十子本》和中国编年都认为尧的统治在公元前 2357 年，而杜赫德则认为是在公元前 2327 年，这些日期都远早于希伯来纪年，编者认为《七十子本》中国编年以及杜赫德的推算都是不牢靠的，根据希伯来编年尧的统治应在基督诞生前 1519 年，即大洪水后的 830 年，参见 *The Modern Part of an Universal History*，*From the Earliest Account of Time*，Vol. 8，p. 361。

② *The Modern Part of an Universal History*，*From the Earliest Account of Time*，Vol. 8，p. 369.

③ Nicholas Hardy，*Criticism and Confession*：*The Bible in the Seventeenth Century Republic of Letters*，p. 19.

论的是中国当时的原始信仰即伏羲宗教。在现代史部分则专门开辟一章讨论"中国的古代宗教和新的教派"，其中不仅涉及当时在中国最为流行的儒家思想、道教和佛教，而且还讨论在当时中国所存在的伊斯兰教和犹太教。虽然这些描述面面俱到事无巨细，但是从中仍然可以看到一条隐藏的线索，那便是上帝恩典的堕落与复归。编者以基督教为标准，将其他宗教视为偶像崇拜打入另册。

"萨尔普遍史"古代史的第一卷开端即讨论世界各民族的宇宙起源论，其中涉及中国宗教，"虽然在过去通常认为中国人被那种不虔敬的观念所腐化，然而在偶像崇拜在中国流行之前，他们认可一个神，或者说是至高的、永恒的、绝对的精神，这是天地之中，是万物的主宰，他们以'上帝'（Shang ti）之名来崇拜他"。[①] 在其他卷中编者也曾多次提到这种原始的一神教并高度评价，认为其保留了原初的纯真，甚至认为这种原始的一神教是伏羲也即诺亚所创，因此才能够不陷入偶像崇拜之中。[②] 而对于偶像崇拜，编者持有严厉批判的态度，认为佛教给中国带来了偶像崇拜，自此中国的信仰也就败坏了。

> 长期以来中国人一直保持着原初的纯真，并没有被偶像崇拜、迷信和有关神的错误观念所腐蚀，而这些东西曾在世界其他地区横行，甚至从它的起源地传播到了许多其他地区。如果我们相信中国人的记载，那偶像崇拜便是从他们的邻国印度传来。[③]

编者随后讲述了汉明帝时期西行求法，带来了一些"虚假的内容、迷信和不虔诚的观念"，自此"各个地区的人们都信仰这个虚构的神（chimerical god），并且塑造许多偶像、祭坛、寺庙和佛塔以供奉他"[④]。对于中国另一个流行的宗教道教（Lau – kyun，老君），"萨尔普遍史"编者

---

① *An Universal History from the Earliest Account of Time to the Present*: *compiled from Original Authors and illustrated with Maps*, *Cuts*, *Notes*, *Chronological and other Tables*, Vol. 1, p. 34.

② *The Modern Part of an Universal History*, *From the Earliest Account of Time*, Vol. 8, p. 347.

③ *The Modern Part of an Universal History*, *From the Earliest Account of Time*, Vol. 8, p. 101.

④ *The Modern Part of an Universal History*, *From the Earliest Account of Time*, Vol. 8, p. 110.

们的评价则更为负面，认为道教“没有任何价值，只是一堆放肆、邪恶观念的混合物”①。

值得注意的是，“萨尔普遍史”中还谈到了在当时中国士人都很少关心的主要处于西北地区的穆斯林和在开封的犹太人。在讨论关于中国的伊斯兰教时，编者提到“他们除了信仰唯一的最高主宰（supreme Being）外，便不再遵循其他穆罕默德的教旨了”。② 对于当时刚刚发现的开封犹太人，“萨尔普遍史”的编者也花费了一些笔墨去描绘他们的状况。这些关于中国犹太人的知识由耶稣会士带到欧洲，“萨尔普遍史”编者们主要依据传教士的书籍和书信去描绘他们。在文中编者详细描述了这批在开封的犹太人的宗教仪式、对上帝的称呼等相关内容。不过在他们看来，这些犹太人，“通过对经书的虚假的注释歪曲了神圣的经书，而他们所奉行的经书既不是塔木德，也不是那些几个世纪之前的古老的具有隐喻的传统和评述，这些传统我们曾在古代史部分曾经过。另一方面，这些自称是塔木德信徒（Talmudists）的人，他们败坏了这些他们一直力图保存的神圣文本，通过他们错误的注经和评述，甚至掺入了一种迷信，并一直保留下来。”③

除了讨论上述宗教外，“萨尔普遍史”的编者还花费了大量篇幅讨论了基督教在中国的传播，他将基督教传播的历史上溯至唐朝，虽然在文中编者也提到有人认为使徒圣多马（St. Thomas）便已经将福音传播到印度，但仍然没有充足的证据证明他曾到达中国。真正能够证明基督教曾在中国传播的则是当时出土的“大秦景教流行中国碑”。④ 编者根据碑文记载讲述了基督教在唐朝的发展，并提到武宗（Vu - tsong）灭佛也影响到了基督教，三千多人被迫还俗，之后基督教在中国便衰落了。⑤ 而后则是耶稣会士将上帝的福音重新带回了中国。通过上述关于中国宗教的描绘，我们可以看到在这些有关诸宗教的叙述中存在一条主线，即恩

---

① *The Modern Part of an Universal History*, *From the Earliest Account of Time*, Vol. 8, p. 102.

② *The Modern Part of an Universal History*, *From the Earliest Account of Time*, Vol. 8, p. 122.

③ *The Modern Part of an Universal History*, *From the Earliest Account of Time*, Vol. 8, p. 139.

④ *The Modern Part of an Universal History*, *From the Earliest Account of Time*, Vol. 8, pp. 77 - 78, p. 123.

⑤ *The Modern Part of an Universal History*, *From the Earliest Account of Time*, Vol. 8, p. 123.

典的堕落与复归。中国的原始宗教其中蕴含着一神信仰的真理，只不过后来被佛教等外来偶像崇拜给败坏了，而在中国的其他一神教，如伊斯兰教和犹太教，也已经背弃了真理，只有基督教才是真正的信仰，传教士的到来也是为了将上帝的恩典重新带到中国。

在“萨尔普遍史”的编者们看来，这种恩典不仅是宗教恩典，还包括随着基督教而来的先进的文明。在编者们看来，“中国人在古代（最古老的君主制时期）科学水平很高，然而在近四千年中其科学只有很小的进步。反观欧洲，他们从希腊罗马那里获取知识，在近两到三个世纪里，他们不仅超越了希腊罗马人，而且将中国人也甩在了后面。”① 而且许多的先进科学技术都是从欧洲传教士那里学来，其中包括自然哲学。“他们对自然哲学知之甚少，然而他们在欧洲人那里学到了一些。”② 通过这段关于中国科学的描述，可以看出“萨尔普遍史”编者背后的基督教倾向，即在上古时期，在原始一神教的信仰下，伏羲即诺亚所创造中国文明是先进的，但是外来宗教败坏了原始一神教，文明也随之没落。耶稣会士的到来重新带来了上帝的恩典，也带来了文明。

结　语

自20世纪中叶以来，反思西方中心论成为学界热议的话题，在此潮流下全球史研究兴起，并涌现出一批全球视野下的世界史著作。其中尤以斯塔夫里阿诺斯（L. S. Stavrianos）的《全球通史》和杰里·本特利（Jerry Bentley）与赫伯特·齐格勒（Herbert Ziegler）合著的《新全球史》（*Tradition and Encounters*, *A Global Perspective on the Past*）最为知名。在两本书的开篇，作者们批判了启蒙运动以来所形成的以西方为导向的历史观，希望从全球视角看历史。③ 这一热潮进而影响人们去关注前启

① *The Modern Part of an Universal History*, *From the Earliest Account of Time*, Vol. 8, p. 179.

② *The Modern Part of an Universal History*, *From the Earliest Account of Time*, Vol. 8, p. 193.

③ ［美］斯塔夫里阿诺斯：《全球通史：从史前史到21世纪》上册，吴象婴、梁赤民、董淑慧、王昶译，北京大学出版社2005年版；［美］杰里·本特利，赫伯特·齐格勒：《新全球史：文明的传承与交流》上册，魏凤莲译，北京大学出版社2014年版。

蒙时期的普遍史书写，希望从中寻找书写全球历史的可能性。在这一背景下“萨尔普遍史”受到学者们的重视。诚然，“萨尔普遍史”相较于其他的世界历史更加关注异域。但是通过上文对“萨尔普遍史”中中国论述的考察，可以看到对中国的关注，其核心仍是回应欧洲本土思想问题，即捍卫以基督教为基础的知识体系的权威地位。通过协调中国上古历史与圣经编年，将中国历史纳入以圣经为基础的世界历史框架之中，捍卫《希伯来圣经》版本的权威。对中国宗教论述背后的主线是上帝恩典的堕落与复归，目的是为基督教在中国的传播寻求合法性。由此可见，“萨尔普遍史”是借助中国历史资源处理欧洲本土问题。本文并非完全质疑18世纪是一个赞美中国的时代这一论断，也无意去苛责“萨尔普遍史”编者们的西方视角。而是希望通过该书中的中国论述丰富人们对18世纪欧洲中国观念的认识，从欧洲思想史内部脉络去认识欧洲人的“中国形象”。

启蒙运动彻底冲击了基督教的权威地位，“萨尔普遍史”等世界史曾经尝试以圣经记载为权威，协调圣经编年和中国古史记载的做法也不再被启蒙哲人所认可，中国历史的古老性无需再通过比附圣经而获得承认。伏尔泰在《风俗论》中曾提到：“如果说有些历史具有确实可靠性，那就是中国人的历史。”① 但是“萨尔普遍史”中有关中国的具体论述，如关于宗教、科学、语言、政制、习俗、历史循环等内容却影响了后来的西方人对中国的整体认识，伏尔泰、魁奈等人都曾直接或间接地受到“萨尔普遍史”的影响，而这些中国知识也成为他们论述中国的重要资源。②

---

① ［法］伏尔泰：《风俗论：论各民族的精神与风俗以及自查理曼至路易十三的历史》（上册），梁守锵译，商务印书馆2000年版，第85页.

② 据研究伏尔泰曾阅读过“萨尔普遍史”，而且在《风俗论》中有关中国宗教、政制等方面的描述与“萨尔普遍史”中关于中国部分的内容非常相似，而孟德斯鸠有关中国的知识则主要来自杜赫德主编的《中华帝国志》，虽然笔者不能肯定伏尔泰直接受到“萨尔普遍史”的影响，但值得注意的是他们都共享一个知识资源，即传教士所描绘的中国。法国“重农主义”（physiocracy，原意为自然统治）代表人物魁奈的《中华帝国的专制制度》中大量借用了法国地理学家鲁斯洛·德·苏尔热（Jacques - Philibert Rousselot de Surgy）的《杂录与奇谈》（*Mélanges intéressant et curieux*, *ou Abrégé d' histoire naturelle*, *morale*, *civile et politique de l' Asie*, *de l' Afrique*, *de l' Amérique*, *et des terres polaires*）而《杂录与奇谈》中许多关于中国的描绘则来自“萨尔普遍史”。参见Guido Abbattista，“The Business of Paternoster Row：Towards A Publishing History of The Universal History（1736 - 65）”，p. 28，［法］弗朗斯瓦·魁奈：《中华帝国的专制制度》，谈敏译，商务印书馆1992年版，英文本绪论，第12—14页。

"萨尔普遍史"中所描绘的中国并不是一个真实的中国，而是一种根据自己的知识背景为回应现实问题所建构出来的中国。这些经由传教士带回的中国知识所构建的中国，经由"萨尔普遍史"编者等人的努力被整合到世界历史之中，并影响了当时许多西方士人对中国的认识，如伏尔泰等启蒙哲人都受到其影响。[1] 一个多世纪后，这些基于传教士带到欧洲的中国知识所形成的中国叙述，被近代中国知识分子翻译后，重新回到中国，如严复、康有为、梁启超等人借助伏尔泰、孟德斯鸠的论著讨论中国的"公民宗教""专制制度"等问题。这些知识成为形塑近代中国政治思想的重要资源，也成为近代中国知识分子重新认识中国的一面镜子。[2]

由此可见，这些经由传教士带到欧洲的中国知识，通过"萨尔普遍史"编者们的加工，将其纳入欧洲传统知识框架之中，形塑了欧洲人对中国的认识。两个世纪之后，这些知识经由中国近代知识分子的翻译回到中国，又影响了中国人对中国的整体认知。这一知识的传播形成了从东到西又从西到东的闭环，影响了欧洲和中国的思想转型。

（原载《江海学刊》2022 年第 2 期）

---

① 正如启蒙是多元的，启蒙哲人所塑造的中国形象也是复杂而多面的。虽然在当时许多启蒙哲人都曾讨论过中国，且多持赞赏态度，但值得注意的是，在当时并非只存在一种声音，如孟德斯鸠便认为中国的专制制度的基础是恐惧，对此进行批判。关于近代欧洲启蒙哲人的中国观，参见 Jonathan D. Spence, *The Search for Modern China*, pp. 132 – 137；张国刚、吴莉苇：《启蒙时代欧洲的中国观：一个历史的巡礼与反思》；Jonathan I. Israel, "Admiration of China and Classical Chinese Thought in the Radical Enlightenment（1685 – 1740）", pp. 1 – 25；Simon Kow, *China in Early Enlightenment Political Thought*, Routledge, 2017。

② 关于启蒙思想中的中国知识对近代中国的影响，参见 Simon Kow, *China in Early Enlightenment Political Thought*, pp. 200 – 210。

五

史学视域下的国家治理研究

以礼统法

——晚周秦汉儒法竞合之归宿与中国政治文明精神之定格*

刘　巍

引　言

试论中国政治文明之传统精神的源流，诸子时代定型的儒法为两大宗。众所周知，秦王朝的一统天下，基本上是依循法家的法治而获得成功的，儒家奠定的以“导德齐礼”① 为本、以刑罚为末的治理格局，被抛到了九霄云外，而它的二世而亡引出的亡秦之思，以及汉代多年的治理实践，才将这一架构逐渐寻访回来。法家的先驱子产回复叔向责难时曾说：“侨不才，不能及子孙，吾以救世也。”② 看他曾发表过的关于礼的一大套议论，他何尝不知道礼治的重要，只是出于当务之急“救世”，不能计之太远。说到长治久安之谋，儒家所总结的先代历史经验及礼法

* 本文是中国历史研究院重大项目“中国历代治理体系研究”（项目号：LSYZD2019005）子课题的阶段性成果。

① 用皇侃语，参见皇侃《论语义疏》卷1，高尚榘校点，中华书局2013年版，第25页。

② 《十三经注疏》整理委员会整理：《春秋左传正义》卷43，北京大学出版社2000版，第1416页上栏。又，《史记·平准书》有云：“有国强者或并群小以臣诸侯，而弱国或绝祀而灭世。”子产所谓“救世”，当如侯外庐所理解的“使将失之世祀不能一旦而亡罢了”。参见张岂之主编《侯外庐著作与思想研究（第八卷）：中国古代思想学说史》，长春出版社2016年版，第252—253页。“有国彊（强）者”，侯书误引为“有国疆者”，今正。

主副轻重之架构，是无法回避的。如汉宣帝的名言“汉家自有制度，本以霸王道杂之，奈何纯（住）［任］德教，用周政乎！”[①] 放到这个大的历史脉络里来理解，会焕发出新的光彩，连他用的语言也是荀子以来流行而一脉相承的王霸词汇。这句话似乎说明，当西汉宣帝时代，仍然是“汉承秦制”[②] 为主的时代，或者说是王霸定位尚未明晰的时代。到东汉班固著《汉书》以《刑法志》列《礼乐志》之后，反映一代治体之要，亦兼以明历史源流，“礼乐”在先“刑法”在后的格局也作为后史楷模，大体谨遵勿替，象征着中华以礼统法的治体格局的渐趋定型。《刑法志》的专列，也彰显了法家、法吏、法治的历史贡献及律令、法制、法度的兴替演变，尽管它也绝不可能穷尽更不可能掩盖治理的主体。

东汉陈宠上疏章帝云：“礼之所去，刑之所取，失礼则入刑，相为表里者也……汉兴以来，三百二年，宪令稍增，科条无限。又律有三家，其说各异。宜令三公、廷尉平定律令，应经合义者，可使大辟二百，而耐罪、赎罪二千八百，并为三千，悉删除其余令，与礼相应，以易万人视听，以致刑措之美，传之无穷。”[③] 虽一时“未及施行”，但“失礼则入刑”，历代朝着使律令“与礼相应”这个方向的努力，可谓史不绝书，班班可考。王安石对宋神宗语云：“刑名法制，非治之本，是为吏事，非主道也。”[④] 从另一个侧面反映了这种治理精神。

总而言之，我们将秦汉以降至“欧美法系侵入时代”，[⑤] 以及由此上溯推本渊源至早期中国的整个中国历代治理体系的政治文明之精神，概括为“以礼统法”。首先我们必须说明一下为什么要提出“以礼统法”这一综合性的概念。

在近来有关法治史、法制史、法律思想史的研究中，与政治文明、

---

① 《汉书·元帝纪》，《二十四史》（精装本全20册）第2册，中华书局1997年版，第79页。

② 《后汉书》记班彪对隗嚣之言曰：“汉承秦制，（改）［並］立郡县，主有专己之威，臣无百年之柄。”当为“汉承秦制”用语之典出。《后汉书》卷40上，《二十四史》（精装本全20册）第3册，中华书局1997年版，第353页。

③ 《后汉书》卷46《郭陈列传》，《二十四史》（精装本全20册）第3册。

④ 《续资治通鉴长编》卷230，熙宁五年二月乙卯条，中华书局1986年版，第5590页。

⑤ 用杨鸿烈语，参见杨鸿烈《中国法律思想史》，商务印书馆2017年版。

治理精神密切相关而与本文主题尤有关系的有两种代表性观点。一种可以段秋关《中国现代法治及其历史根基》一书[①]为代表，认为“中国古典法治常规形态及古代正统思想的本质特征是‘礼法合治’。”[②] 段氏声明其说本于张国华的下述观点：“从先秦时期到‘五四’运动以前的中国法律思想史，始终贯穿着这样一条线索：礼治—法治—礼法合治”。[③]段氏继而发挥道：“‘礼治’的实质是维护周礼（当时政治制度、宗法伦理、法律刑罚、宗教习俗的综合体），这是传统法律观的最初形态。‘法治’是‘礼治’的变形与更新，是封建官僚制取代贵族奴隶制的产物。它开辟了成文法时代，建构了古代法律制度的基本框架。虽然‘法治’学说在秦汉之际遭到否定，但是在它主导之下所形成的封建法令律典体系却一直保持到魏晋时期才开始改变。这是传统法律观的过渡形态。‘礼法合治’，即宗法制与官僚制的结合，家族伦理原则与君主专制原则的结合，礼义教化与律令强制的结合，贤人政治与以刑法治国的结合。它既显示了礼、法在制度上由原先的对立走向统一，又体现了礼、法在统治方法上的相互补充和交替使用。同时，在礼、法结合的基础上，还吸收、融合了其他有利于维护社会秩序与发展的观点和主张。‘礼法合治’体系形成、发展的过程，表现了传统法律观从初成到成熟的历史轨迹。”[④] 作者遵循了张氏的三段论，而结胎于“‘礼法合治’体系”。作者的看法很有代表性，他所用“综合体”的概念显然吸纳了近段时期以来将“礼”纳入“法”来考察的新动向，他也沿袭了近代以来对“律令体系”之作为法要之重视，“礼法合治”也已经成为学术界的一种主流看法了。比如，曾宪义、马小红也认为“如果用发展的观点去研究，我们就会将‘礼’纳入视野，就会得出中国传统法的结构是礼与法的完美结合这一显而易见的结论”。他们分以夏、商、西周的“礼治”、春秋战国至秦的“法治”、汉中期以后的“礼法融合”为“礼与法的结合”所

① 段秋关：《中国现代法治及其历史根基》，商务印书馆 2018 年版。

② 语出武树臣对该书主旨的一项概括。参见武树臣《从古典法治走向现代法治——段秋关新作读后》，《西北大学学报（哲学社会科学版）》2019 年第 6 期。

③ 参见段秋关《中国现代法治及其历史根基》，第 385 页。

④ 段秋关：《中国现代法治及其历史根基》，第 247—248 页。

经历的三个历史阶段。[①] 然而所谓“合治”，[②] 是以礼治、法治的分立为前提的，作为从礼治与法治关系的角度探讨中国政治文明的基本精神来说，我们必须提出这样的问题：到底何者为主何者为从呢？用传统术语来说，何为纲何为纪？而从《中国现代法治及其历史根基》的立义与基本倾向来看，作者是非常重视“法治”的地位与作用的。这种为“中国现代法治”寻访“历史根据”的努力值得敬重，并且他的观点至少可以对学术界一度占据主导地位的“中国法律儒家化”观点起到一种对治或平衡作用。也许正是有见于此，书评作者武树臣说：

> 值得强调的是，学界通行“中国法律儒家化”之说，认为汉魏以后儒家思想已取代法家，成为法律的主干。其实，不仅“汉承秦制”，后世各代都延续着集权、郡县、选官等法家创设的基本制度，尤其是刑律体系。虽然增补了通称为“礼制”的《礼仪》《礼律》等专项法律制度，但除刑事法规之外并未出现所谓“儒家化”现象，更不存在法制结构与内容上明显的“儒家化”趋势。刑律之外的大多数法律法规不具备儒家色彩，也不全是在儒家思想指导下制定的。即使在刑事法规领域，法家思想及其实践仍然发挥着不可忽视的作用。“一准乎礼”的《唐律疏议》，全文502条，与“礼”即宗法伦理直接相关的仅98条，维护国家政治秩序的条文却超过半数。可见，“一准乎礼”只是赞许之辞，“半准乎礼、半准乎法”才合乎实际。因此，作者将“礼法合治”作为中国古典法治的常态表现与主要特征，是值得肯定的学术判断。[③]

---

① 参见曾宪义、马小红《中国传统法的结构与基本概念辨正——兼论古代礼与法的关系》，《中国社会科学》2003 年第 5 期。

② 瞿同祖已经有“礼法合治”“礼法分治，同时并存”“古人常礼法并称，曰礼法，曰礼律”“礼法结合、德刑并用”等表述与论说，参见瞿同祖《瞿同祖法学论著集》，中国政法大学出版社 1998 年版，第 350、354—355、394 页等。后学则运用范围更广，所涉历史时段也更长了。

③ 武树臣：《从古典法治走向现代法治——段秋关新作读后》，《西北大学学报（哲学社会科学版）》2019 年第 6 期。

远本于陈寅恪，详发于瞿同祖的“儒家化”之类表述是否准确周延乃至所谓“中国法律儒家化”的概念、论述能否成立，都是可以讨论的问题。但是“汉承秦制”之外是否还有“汉改秦制”的一面以及如何评估此一现象？春秋以后，“礼”是否仅限于在“社会家族领域”发挥作用，所谓“维护国家政治秩序”难道与“礼”无涉？我们所关切的问题实质是：儒家与法家、礼治与法治，在历代治理体系中何者为统要、何者为辅助？它们究竟如何形塑了中国的政治文明？

比较而言，另一派颇具代表性的观点对儒家就重视得多了。近年来致力于发掘“礼法学”的俞荣根专注于在法治中国视阈下阐发中华礼法传统之价值，而他的核心观点——“中华法系是礼法体制而非律令体制”——也是在为段氏所著《中国现代法治及其历史根基》所撰序言中概括得最为扼要：

> 长期以来，法史学界似多认同以“律令体制”界定中华法系的说法。“律令体制”说源自日本学者……流行已久的中华法系“以刑为主”特点说，便是“律令体制”说的一种变体。我曾在中国法律史学会一次年会上呼吁：以“律令体制”说去讲中国古代法和中华法系，只讲了它们的一半，甚至连一半都不到。中华法系是礼法体制而非律令体制，律令是礼法中的律令……中国古代之法至少有三个面相：一为礼典，《大唐开元礼》是其典范；二为律典，《唐律疏议》堪称大成之作；三是以礼俗为主干而开枝散叶的乡约、族规、寨规、少数民族习惯法等。它们都是礼法的组成部分。[①]

俞荣根有《儒家法思想通论》《礼法传统与中华法系》等阐发其说甚详。[②] 他不光注重儒家，而且也好辨析关键术语之名义而致力于建构论说之概念化。他一再称引严复之卓见：“西文‘法’字，于中文有理、礼、法、制四者之异译，学者审之”；“西人所谓‘法’者，实兼中国之

---

① 俞荣根：《序一》，载段秋关《中国现代法治及其历史根基》，第7—8页。

② 俞荣根：《儒家法思想通论》（修订本），商务印书馆2018年版；俞荣根：《礼法传统与中华法系》，中国民主法制出版社2016年版。

礼典。”[1] 事实上，类似之称引严说者越来越多，重访西法输入关键时代通儒之见，反映了文化复兴时代学人重建主体性的努力方向，这是值得注意也是值得肯定的趋向，但是这真不是一件容易的事。如作者所力主之“中华法系是礼法体制”的关键词“礼法”，是否真的如下述他认为的那样：

> 荀子很重视“正名”，“礼法”一词绝非他随便使用的一个名词，而是他为中央大一统君主制度设计的政治法律模式。“礼法”一词，作为荀子首创的新名，它所要透露的是这样一种消息：未来的中央大一统君主制国家的法制是“礼法”，而不是摈法于外的单纯的礼，或无礼统率的单纯的法。因此，“礼法”即法，就是一个双音节的法概念，一个法哲学范畴。中国古代法的发展历史证明，只有“礼法”这个范畴，才能准确地表达中国古代法的全体大用，才能揭示中国古代法的特质。质言之，中华法系是“礼法”，是“礼法法系”。中国古代法的律、令、典、刑等等只是礼法的外在形式。[2]

这等于是把荀子当做预言家，把“礼法体制”的命名任务布置给千年以前的荀子并强迫他来完成。作者的本意也许在于强调儒家在中华法系中的地位与作用，但是若如其说：“礼法论与王霸论相辅相成，他们的共同纲领是：‘隆礼尊贤而王，重法爱民而霸’。这里所重之‘法’乃是礼法之法，不是刑名法术之刑。”[3] 然则所谓“礼法体制”实际上将会成为一个空壳，法家传统在中国历史上的实际影响将被勾销殆尽，而所谓“礼法合一”无异于儒家独霸。退一步说，即使作者的理解不像我们担心的那样架空，如瞿同祖所说“礼法的关系是密切无比的，有时为

---

① 俞荣根：《序一》，载段秋关《中国现代法治及其历史根基》，第7—8页。

② 俞荣根：《儒家法思想通论》（修订本），第445页。

③ 俞荣根：《儒家法思想通论》（修订本），第534页。

一，有时为二；有时分治，有时合治”，[①] 也应注意除了礼与法、礼治与法治相结合甚至相统一的一面之外，还有一个礼与法、礼治与法治相矛盾的方面及其如何解决的问题。[②]

不仅如此，在“礼法合治”上与段秋关有同调的武氏与力主“礼法体制”的俞氏在论述对象与内容上其实相差不大（不外乎礼典、律令等），却不约而同地各自强调看重的一“半”，也可以促使我们是否可以跳脱出来反思其主导形态、基本精神为何的问题。

职是之故，本文尝试从三个方面展开论述：一、“以礼统法”的前奏——荀学之尊王贱霸；二、汉改秦制与“以礼统法”；三、“三纲”之确立及其“以礼统法”之精神。当然，由于论题设定与之有所不同，我们会侧重在中国治理之政治文明方面，这是不消说的。

一 “以礼统法”的前奏——荀学之尊王贱霸

从上文的论述可知，周秦之际，以儒家为代表的礼治主张，总结了先秦时代的王道政治传统，秦的崛起与秦王朝的建立，则多得力于法家的理论与实践，而儒法合流的治理传统则发生在汉代秦之后。在治理体系之发生划时代剧变的大历史关节点上，有一位为“以礼统法”的格局在思想上定下基调的关键人物，甚至可以说最重要的定鼎角色，他就是荀子。然而在相当长的历史时期，尤其从近代以来，荀子是备受误解的大儒。

有一种流行的看法，认为荀子应该为秦以来的暴政负责。持此说最著者为殉身于戊戌变法的烈士谭嗣同，其言殊为沉痛：

> 孔学衍为两大支：一为曾子传子思而至孟子，孟故畅宣民主之理，以竟孔之志；一由子夏传田子方而至庄子，庄故痛诋君主，自

① 瞿同祖：《中国法律与中国社会》，载瞿同祖《瞿同祖法学论著集》，中国政法大学出版社 1998 年版，第 353 页。

② 参见王立民《论唐律的礼法关系》，《浙江学刊》2002 年第 2 期。

> 尧、舜以上，莫或免焉。不幸此两支皆绝不传，荀乃乘间冒孔之名，以败孔之道。曰："法后王"，尊君统，以倾孔学也。曰："有治人，无治法。"阴防后人之变其法也。又喜言礼乐政刑之属，惟恐钳制束缚之具之不繁也。一传而为李斯，而其为祸亦暴著于世矣……故常以为二千年来之政，秦政也，皆大盗也；二千年来之学，荀学也，皆乡愿也。惟大盗利用乡愿，惟乡愿工媚大盗。二者交相资，而罔不托之于孔。①

谭氏截取儒家之"仁"为宗旨，会通于佛学与西学之平等、民主、自主诸理，据此将荀学贬斥之为"君统"张目之"伪学"，从政治伦理角度反省而集矢于荀子，连大儒若顾炎武也归于这一系统，因为："顾出于程、朱，程、朱则荀之云礽也，君统而已，岂足骂哉！"② 谭氏之论陈义甚高，自有其时代的意义。不仅如此，其中"为祸亦暴著于世"的"秦政"经由李斯而归本于荀子的见解，还演化为一种强劲的史论。如陈寅恪在其《冯友兰中国哲学史下册审查报告》中，就以此为起点而通论儒家学说在政治法律等方面对秦以降的中国社会历史的影响云：

> 儒者在古代本为典章学术所寄托之专家。李斯受荀卿之学，佐成秦治。秦之法制实儒家一派学说之所附系。《中庸》之"车同轨，书同文，行同伦"（即太史公所谓"至始皇乃能并冠带之伦"之"伦"）为儒家理想之制度，而于秦始皇之身，而得以实现之也。汉承秦业，其官制法律亦袭用前朝。遗传至晋以后，法律与礼经并称，儒家《周官》之学说悉采入法典。夫政治社会一切公私行动，莫不与法典相关，而法典为儒家学说具体之实现。故二千年来华夏民族所受儒家学说之影响，最深最巨者，实在制度法律公私生活之方面，

---

① 谭嗣同：《仁学》，载蔡尚思、方行编《谭嗣同全集》（增订本），中华书局 1981 年版，第 335—337 页。

② 谭嗣同：《仁学》，载蔡尚思、方行编《谭嗣同全集》（增订本），第 339 页。

而关于学说思想之方面，或转有不如佛道二教者。[①]

在此详引陈氏之说，并非完全同意他的看法，而是因为他为我们的讨论提供了扼要的线索。本文同意陈氏所说的“在制度法律公私生活之方面”儒家学说在“二千年来华夏民族”史上超越诸家的主导影响力。我们认为这种历史影响的一个重要表现就是“以礼统法”的治理精神，荀子就是这一基本精神的阐释者，他为汉以后的“以礼统法”提供了思想资源。但是将荀子作为儒家思想影响“秦之法制”的代表人物是于史无征的，这方面自有法家担纲，仅仅因为荀子与李斯（或者韩非）有师承关系，就将秦之暴政归咎于“荀学”就更为武断了，老师不能代徒受过；儒家的影响并非从“汉承秦业”上体现出来，恰恰相反，我们所说的“以礼统法”主要落实在汉改秦制等的历史努力中，不仅仅如陈氏所称“至晋以后，法律与礼经并称，儒家《周官》之学说悉采入法典”反映了儒家的主导影响，“三礼”之一的《周礼》及其历史影响在体制上就非常典型地反映了“以礼统法”的精神。

下面我们将逐层展开论述，先从对荀子的辩解开始。不仅先贤如谭嗣同、陈寅恪等或从价值判断或从历史判断上，将荀子与“秦政”相关联，最近的研究也很强调荀子对法家的吸纳或影响。有学者认为：“‘法’形成于春秋战国时期，力图取代‘礼’制，并包含了‘刑’。战国时荀况最早提出两者的结合，主张既‘隆礼’又‘重法’（《荀子·强国》：‘隆礼尊贤而王，重法爱民而霸’），突出其国家制度方面的统一，有意识地将生活礼节与饮食男女的习俗排除在外，同时讲‘礼’制提高到类似于今天宪法的地位。”[②] 这是主“结合”说。又认为：“荀况之‘礼’被其弟子韩非发展为‘法’，而秦始皇‘别黑白定一尊’，以法家统一百家又成为汉武帝‘罢黜百家，独尊儒术’以儒家统一百家的前提。”[③] 这是承袭了以往视荀子为以儒导法之典型的传统见解。有学者对

---

① 陈寅恪：《冯友兰中国哲学史下册审查报告》，载陈美延编《陈寅恪集·金明馆丛稿二编》，生活·读书·新知三联书店2001年版，第283页。

② 段秋关：《中国现代法治及其历史根基》，第392页。

③ 段秋关：《中国现代法治及其历史根基》，第396页。

此类以法治为主旨的韩非、李斯之学出于乃师荀子的看法颇不以为然，而很清楚地认识到："韩李之学在学术观点上显然出自慎子、申、商之学，或可再加上战国黄老之学、《管子》中的早期法术之学等，而不是出自荀学。要之，荀子之前有前期法家之学，无荀子照样会有集法家大成的后期法家之学，这是由法到法，而不是由儒到法，并不以荀子为桥梁。"[①] 这是很有见地的。但是他却仍然认为"荀子开一代风气之先，成为释礼为法、以儒兼法的时代导师"，"荀子所开创的释礼为法，以儒兼法的思路和学风，大约经过五六十年的停滞，直到西汉中期才再度昌明"。[②] 这是主吸纳说。两种代表性的见解，有共同之处，均认为荀子对汉以降以"礼法结合"乃至"礼法一体"为主要特征的"正统法律思想"或"法文化发展模式"有奠基意义，用前者的说法即是以荀子为"'儒法合流'和'礼法结合'的先行者",[③] 后者的表述则是荀子对"长达两千年帝制时代的正统思想及其法思想"有深远的影响。[④]

近代以来在君主制度式微的大时代背景下，人们不约而同地追责其学术思想渊源，而找到荀学头上。的确，荀子对其后的中国政治法律思想或文化模式有深刻的影响，但是影响的途径和性质究竟为何却是值得深入探讨的，他是通过秦制还是通过汉制？要明了这一点，还必须探讨一个先决问题，在荀子的时代，"兼法"或曰与法家法治的"结合"是荀子优先考虑的问题吗？若如所说，荀子视"礼"何其轻而视"法"又何其重，又何劳乎董生之"作书美孙卿"呢？

我们认为"以礼统法"的前提是礼法分治，从学派来分析，是儒家处于主导地位，而法家处于从属地位。在战国晚期，儒家面对诸子百家的挑战，站出来批评异端抑制众流阐明并挺立儒家立场承前启后的核心人物正是荀子。在礼乐论上反墨家，在正名论上反名家，在用兵论上反兵家，更重要的是在"经国"治理论上反法家。在冲击与反应过程中，或不免于沾染上对手方的某些议论，那也是入室操戈的意味浓而试图融

① 俞荣根：《儒家法思想通论》（修订本），第537页。

② 俞荣根：《儒家法思想通论》（修订本），第534—536、537页。

③ 段秋关：《中国现代法治及其历史根基》，第395页。

④ 参见俞荣根《儒家法思想通论》（修订本），第537页。

合的兴趣寡的，如果对这一原则立场把握不清，那将失之毫厘谬以千里。

《荀子·非十二子》有对慎到、田骈的批评：“尚法而无法，下修而好作；上则取听于上，下则取从于俗；终日言成文典，及紃察之，则倜然无所归宿，不可以经国定分。”①《荀子·解蔽》又云：“慎子蔽于法而不知贤，申子蔽于埶（势）而不知知（智）。”② 这可以代表荀子学派对名法之学尤其是法家的基本看法。慎到本人未必弃绝于“礼”，若《管子》学派亦不废“礼义廉耻”，但是法家后学确以“尚法”之“好作”为宗旨而名世。他们主张法自君出、法在官府、法由吏教、法主严刑、法不循旧，此为法家“尚法”之“法”。他们对儒家所总结与倡导的礼治构成了严峻的挑战，甚至在话语权上也日占上风，礼法之争是如此而愈演愈烈的。荀子一派的策略是直面对方的议题甚至接过对方的话语方式（也许只有这样做才得釜底抽薪之效），站在儒家的立场进行针锋相对的驳击与回应。“无法”的判案，一方面表明儒家一般地也承认“法度”的重要，但那不是以“刑法”为核心的法家之法，而是贯通“先王”“后王”“百王所同”之“王道”法统，核心就是“礼义之统”“圣王”之“师法”。荀学一方面系统阐发了儒家传统德礼之治的主张，另一方面，将以法家为代表的以功利权诈兵谋为尚的百家杂说牢牢定位于霸道甚至不如霸道的地位，尊王贱霸。

所谓“上则取听于上”，盖若法家主张措施之权势威严裒集独擅于君上而忌惮臣属染指，这是荀学所反对的。《非十二子》云：“古之所谓（士仕）［仕士］③ 者，厚敦者也，合群者也，乐富贵者也，乐分施者也，远罪过者也，务事理者也，羞独富者也。今之所谓（士仕）［仕士］者，污漫者也，贼乱者也，恣睢者也，贪利者也，触抵者也，无礼义而唯权埶（势）之嗜者也。”④ 此“礼义”/“权势”之辨，一若《仲尼》篇的“人主不务得道而广有其埶（势），是其所以危也”，⑤ 盖为批评此类法家

① 荀况著，王天海校释：《荀子校释》（修订本）卷3，上海古籍出版社2016年版，第206页。

② 荀况著，王天海校释：《荀子校释》（修订本）卷15，第839页。

③ 从王念孙校读，“士仕”当作“仕士”。

④ 荀况著，王天海校释：《荀子校释》（修订本）卷3，第222页。

⑤ 荀况著，王天海校释：《荀子校释》（修订本）卷3，第241页。

说而发。

法家尚力重刑，而荀子学派则主张以德服人。“礼义之统”可以归结为一个“分”字，为荀学最所尊尚，所以谓之“大分”，“大分”确以“差等”为前提，而“差等”并不意味绝对性的上之压制下，而首先是各明位分、职分，其中“人君”自然是“所以管分之枢要”，而“人君”之“分”的内涵在仁德而非淫利暴力：“古者先王分割而等异之也，故使或美或恶，或厚或薄，或佚或乐，或劬或劳，非特以为淫泰夸丽之声，将以明仁之文，通仁之顺也”；所贵乎“人君”者在乎“仁人之善”，“故仁人在上，百姓贵之如帝，亲之如父母，为之出死断亡而愉者，无它故焉，其所是焉诚美，其所得焉诚大，其所利焉诚多。”[①]“人君”既以仁德而为“百姓”所贵所亲；自以德而不以势服人：“聪明君子者，善服人者也。人服而势从之，人不服而势去之，故王者已于服人矣。”[②]至“服人”之境，则人君可以为“王者”矣。凡此恰与法家所主张者相反。不仅如此，荀子学派著名的“有治人，无治法”之说，也是针对法家的：“故法不能独立，类不能自行。得其人则存，失其人则亡。法者，治之端也；君子者，法之原也。故有君子，则法虽省，足以遍矣；无君子，则法虽具，失先后之施，不能应事之变，足以乱矣。不知法之义而正法之数者，虽博传，临事必乱。故明主急得其人，而闇主急得其埶（势）。”[③]《臣道》也说：“故明主好同而闇主好独，明主尚贤使能而飨其盛，闇主妒贤畏能而灭其功，罚其忠，赏其贼，夫是之谓至闇，桀、纣所以灭也。”[④]“急得其埶（势）”“好独”等正是对法家所维护之“人主”的绝妙写照。我们认为，正是不满于法家绝对维护君主专擅独制的卑私之说，荀子学派乃提出著名而尚未引起我们充分重视的君者“善群”“能群”之说：“君者，善群也。群道当，则万物皆得其宜，六畜皆得其长，群生皆得其命。故养长时，则六畜育；杀生时，则草木殖；政

① 荀况著，王天海校释：《荀子校释》（修订本）卷6，第430—431页。
② 荀况著，王天海校释：《荀子校释》（修订本）卷7，第500页。
③ 荀况著，王天海校释：《荀子校释》（修订本）卷8，第526页。
④ 荀况著，王天海校释：《荀子校释》（修订本）卷9，第573页。

令时，则百姓一，贤良服。”[①] 此君者善群之说；“君者，何也？曰：能群也。能群也者，何也？曰：善生养人者也，善班治人者也，善显设人者也，善藩饰人者也。善生养人者人亲之，善班治人者人安之，善显设人者人乐之，善藩饰人者人荣之。四统者具，而天下归之，夫是之谓能群。”[②] 此君者能群之说。“天下归之”，此等君者，亦至“王者”之境矣。“君者，群也。”荀子学派的这一充满王道精神的看法在后世尤其汉代有广泛而深远的影响。这一为君之大义，在《新书》《春秋繁露》《韩诗外传》《白虎通》等文献中，都有反映。《新书·大政下》：“君者，群也，无人谁据？无据必蹶，政谓此国素亡也。”[③]《春秋繁露·深察名号》：“君者，元也；君者，原也；君者，权也；君者，温也；君者，群也……道不平、德不温，则众不亲安；众不亲安，则离散不群；离散不群，则不全于君。”[④]《韩诗外传》卷五云：“君者何也？曰：群也。（为）［能群］天下万（物）［民］而除其害者，谓之君。王者何也？曰：往也。天下往之谓之王。”[⑤] 如此等等，对《荀子》作了更为详尽的发挥。《白虎通》是法典性质的文献，在“号”一节云：“或称君子者何？道德之称也。君之为言群也。”[⑥] 在“三纲六纪”一节又云：“君臣者，何谓也？君，群也，群下之所归心也。”[⑦] 都是远本于《荀子》的。我们认为诸如此类的看法，提示我们要反省学术界普遍存在的诸如将荀子视为“君主主义”者是否合适，至少该认识到此学派是对于独夫民贼式的法家类“君主主义”的一大反动。

所谓“下则取从于俗”，当指法家之流于世俗之说而不知大义。“世俗之为说者曰：‘桀、纣有天下，汤、武篡而夺之。’”[⑧] “世俗之为说者”主要是法家，而荀子严正批评之曰“是不然”。又曰“圣王没，有

---

① 荀况著，王天海校释：《荀子校释》（修订本）卷5，第381页。
② 荀况著，王天海校释：《荀子校释》（修订本）卷8，第543页。
③ 贾谊撰，阎振益、钟夏校注：《新书校注》卷9，中华书局2000年版，第351页。
④ 董仲舒：《春秋繁露》卷10，张祖伟点校，山东人民出版社2018年版，第93—94页。
⑤ 屈守元笺疏：《韩诗外传笺疏》卷5，巴蜀书社2012年版，第265—266页。
⑥ 陈立：《白虎通疏证》卷2，吴则虞点校，中华书局1994年版，第48页。
⑦ 陈立：《白虎通疏证》卷2，第376页。
⑧ 荀况著，王天海校释：《荀子校释》（修订本）卷12，第706页。

埶（势）籍者罢不足以县天下，天下无君；诸侯有能德明威积，海内之民莫不愿得以为君师；然而暴国独侈，安能诛之，必不伤害无罪之民，诛暴国之君若诛独夫。若是，则可谓能用天下矣！能用天下之谓王。汤、武非取天下也，修其道，行其义，兴天下之同利，除天下之同害，而天下归之也。桀、纣非去天下也，反禹、汤之德，乱礼义之分，禽兽之行，积其凶，全其恶，而天下去之也。天下归之之谓王，天下去之之谓亡。"[①] 此"王"/"亡"之辨，决不拘泥于世俗之所谓尤其是法家所偏执之君臣名分，而一本于孔、孟以来重民轻君，一以"仁义"为本的"革命"大义而立说，凡此皆为儒家"王道"法统之要义，更何况《荀子》还主张"从道不从君，从义不从父，人之大行也"。[②] 且其好引孔子之所闻格言："君者，舟也；庶人者，水也。水则载舟，水则覆舟。"[③] 在在表明荀子学派对道义的坚守、对民众作为政治基础的重视，都是儒家"王道"精神的体现，与法家之法治不可同日而语。以荀学为"乡愿"、为"工媚大盗"，真不知从何说起。且不论这一系列的政治伦理对后世中国历史的影响有多么深刻，也不论它们到底被判为"民本"思想还是"民主"思想更为合适，[④] 我们要指出的是，"诛独夫"之类观念也为后世英俊反暴政揭批专制提供了强大的话语资源，其润物之无声，到了日用而不知的地步。《荀子·议兵》云："故王者之兵不试。汤、武之诛桀、纣也，拱揖指麾，而强暴之国莫不趋使，诛桀、纣若诛独夫。故《泰誓》曰：'独夫纣。'此之谓也。"[⑤] 这很自然让人想起《孟子·梁惠王下》的纪述：

---

① 荀况著，王天海校释：《荀子校释》（修订本）卷12，第706页。

② 荀况著，王天海校释：《荀子校释》（修订本）卷20，第1126页。

③ 荀况著，王天海校释：《荀子校释》（修订本）卷20，第1155页。

④ 李明辉总结梁启超、萧公权等先贤的看法说："诚如不少前辈学者所指出，民本思想尚非现代意义的民主思想，因为前者仅包含'民有'（of the people）与'民享'（for the people），而未及于'民治'（by the people）。这几乎已成为学术界的共识。换言之，在民本思想之中，人民尚未具有公民的身份而享有政治权利。"参见李明辉《儒家视野下的政治思想》，北京大学出版社2005年版，第64页。也有学者认为以"王道"追求为要义的"儒家学说不唯在本质上是一种非暴力主义的学说，而且是一种以民为本的学说，极接近西方近现代的民主主义。"参见苏亦工《天下归仁：儒家文化与法》第19章"王不必大——从瑞士联邦制探讨中西共同的价值观"之第二节"王道与民主"，人民出版社2015年版，第456页。

⑤ 荀况著，王天海校释：《荀子校释》（修订本）卷10，第608页。

齐宣王问曰："汤放桀，武王伐纣，有诸？"孟子对曰："于传有之。"曰："臣弑其君，可乎？"曰："贼仁者，谓之'贼'；贼义者，谓之'残'。残贼之人，谓之'一夫'。闻诛一夫纣矣，未闻弑君也。"①

孟、荀所论，与《易传》"汤、武革命"论都是一脉相承的儒家大义，《荀子》"诛独夫"思想及论述方式当是近承孟子而远本《尚书》之《泰誓》篇，从修辞习惯来看，对后世的影响可能还要超过《孟子》。别的且不论，谭嗣同的《仁学》中就充满了声讨"独夫民贼"的语言，我们细究其典出，就可以思过半矣。

说到荀学与"秦政""秦治"的关系，荀子和李斯间有如下对话："李斯问孙卿子曰：'秦四世有胜，兵强海内，威行诸侯，非以仁义为之也，以便从事而已。'"荀子批评他说："女（汝）所谓便者，不便之便也。吾所谓仁义者，大便之便也。……今女（汝）不求之于本，而索之于末，此世之所以乱也。"② 荀子又严厉批评秦之"无儒"："故曰：佚而治，约而详，不烦而功，治之至也。秦类之矣，虽然，则有其諰矣。兼是数具者而尽有之，然而县之以王者之功名，则倜倜然其不及远矣！是何也？则其殆无儒邪！故曰：粹而王，驳而霸，无一焉而亡。此亦秦之所短也。"③ 在荀子学派眼里，秦之暴兴，恐连"霸"道尚未达到，枉论"王"境。如此则又如何能让荀学为"秦政""秦治"负责呢？

学者又认为荀子注重用刑，或以之为荀学发展成韩、李之学桥梁的表征。然而荀子的主旨实不在重刑而在于"刑称罪"——因罪量刑，罪刑相应。其论云："以为人或触罪矣，而直轻其刑，然则是杀人者不死，伤人者不刑也。罪至重而刑至轻，庸人不知恶矣，乱莫大焉。"故他不主轻刑。"凡刑人之本，禁暴恶恶，且徵（懲）其未也。杀人者不死，而伤人者不刑，是谓惠暴而宽贼也，非恶恶也。"根据他对"刑"之禁

① 《十三经注疏》整理委员会整理：《孟子注疏》卷2下，北京大学出版社2000年版，第64页。

② 荀况著，王天海校释：《荀子校释》（修订本）卷10，第627—628页。

③ 荀况著，王天海校释：《荀子校释》（修订本）卷11，第664页。

暴惩恶防微杜渐之本质的了解，而主“罚”之“当罪”：“夫德不称位，能不称官，赏不当功，罚不当罪，不祥莫大焉……夫征暴诛悍，治之盛也。杀人者死，伤人者刑，是百王之所同也，未有知其所由来者也。刑称罪，则治；不称罪，则乱。故治则刑重，乱则刑轻。犯治之罪固重，犯乱之罪固轻也。《书》曰：‘刑罚世轻世重。’此之谓也。”[①] 如此似有重刑的意味了，但中心所主还在“师旅有制，刑法有等，莫不称罪”[②]，而归宿则在以省刑德化为至境的“圣王”之制。《君子》篇云：

> 圣王在上，分义行乎下，则士大夫无流淫之行，百吏官人无怠慢之事，众庶百姓无奸怪之俗，无盗贼之罪，莫敢犯大上之禁……是故刑（罪）［罚］綦省而威行如流……故刑当罪则威，不当罪则侮；爵当贤则贵，不当贤则贱。古者刑不过罪，爵不逾德，故杀其父而臣其子，杀其兄而臣其弟。刑罚不怒罪，爵赏不逾德，分然各以其诚通。是以为善者劝，为不善者沮，刑罚綦省而威行如流，政令致明而化易如神。[③]

荀子以“刑罚怒罪，爵赏逾德，以族论罪，以世举贤”为“乱世”之制，他所崇尚的“法圣王”的“王道”“王制”在下文中得到了充分的论述：“论法圣王，则知所贵矣；以义制事，则知所利矣。论知所贵，则知所养矣；事知所利，则动知所出矣。二者，是非之本，得失之原也。故成王之于周公也，无所往而不听，知所贵也。桓公之于管仲也，国事无所往而不用，知所利也。吴有伍子胥而不能用，国至乎亡，倍道失贤也。故尊圣者王，贵贤者霸，敬贤者存，慢贤者亡，古今一也。故尚贤使能，等贵贱，分亲疏，序长幼，此先王之道也。故尚贤使能，则主尊下安；贵贱有等，则令行而不流；亲疏有分，则施行而不悖；长幼有序，则事业捷成而有所休。故仁者，仁此者也；义者，分此者也；节者，死生此者也；忠者，惇慎此者也。兼此而能之，备矣。备而不矜，一自善

① 荀况著，王天海校释：《荀子校释》（修订本）卷12，第713—714页。

② 荀况著，王天海校释：《荀子校释》（修订本）卷13，第802页。

③ 荀况著，王天海校释：《荀子校释》（修订本）卷17，第965—966页。

也，谓之圣。不矜矣，夫故天下不与争能而致善用其功。有而不有也，夫故为天下贵矣。《诗》曰：‘淑人君子，其仪不忒；其仪不忒，正是四国。’此之谓也。”[①] 只有“仁”“义”“节”“忠”诸德兼备而又“自善”，乃为“圣”者。“圣”以周公为典型，《儒效》述其德行功业耀于国史。荀子论“圣”与“王”（统曰“圣王”），既见其分别，又明其统合。《解蔽》篇曰：

> 故学也者，固学止之也。恶乎止之？曰：止诸至足。曷谓至足？曰：圣也。圣也者，尽伦者也；王也者，尽制者也；两尽者，足以为天下极矣。故学者以圣王为师，案以圣王之制为法，法其法以求其统类，（类）以务象效其人。向是而务，士也；类是而幾，君子也；知之，圣人也。[②]

所谓“故非圣人莫之能王。圣人，备道全美者也，是县（悬）天下之权称也”。[③] 我们看过这一段，才能充分理解儒家“法”的要义、儒家“法治”“德治”“礼治”“人治”的核心与基准。“圣王”既是“师法”的标准，也是“礼法”“礼义之统”的至尊主体，也是“王道”的担纲者与落实者，这是如法家等所张扬的杂霸之道所不能道的。进而言之，荀子学派再度彰明儒家的“王道”法统，正是为了抵制和压抑以法家为代表的百家杂说。学者好引“人君者，隆礼尊贤而王，重法爱民而霸，好利多诈而危，权谋倾覆幽险而亡”。[④] 认为“这里所重之‘法’乃是礼法之法，不是刑名法术之刑。荀子又将‘爱民’原则纳入霸道，于是也就改铸了霸道。所以，荀子‘隆礼重法’而以礼为先、为帅，尊王称霸而以王道为高、为主”。[⑤] 或认为“战国时荀况最早提出两者的结合，主张既‘隆礼’又‘重法’”，[⑥] 两种意见相通，可以统谓之“以儒兼法”

---

① 荀况著，王天海校释：《荀子校释》（修订本）卷 17，第 972 页。

② 荀况著，王天海校释：《荀子校释》（修订本）卷 15，第 872 页。

③ 荀况著，王天海校释：《荀子校释》（修订本）卷 12，第 707 页。

④ 荀况著，王天海校释：《荀子校释》（修订本）卷 11，第 646 页。

⑤ 俞荣根：《儒家法思想通论》（修订本），第 534—537 页。

⑥ 段秋关：《中国现代法治及其历史根基》，第 392 页。

说，皆断章取义，完全不得荀学尊王贱霸的精神。这段关于“王”“霸”“危”“亡”治理境界分等之说，既见于《荀子·强国》，亦见于《荀子·天论》，而文前均有“故人之命在天，国之命在礼”的强调文字，则荀子立论重心在力倡“王”道，这是很明显的。不仅如此，《商君书》之首篇《更法》，商鞅开宗明义、旗帜鲜明地说：“法者，所以爱民也；礼者，所以便事也。是以圣人苟可以强国，不法其故；苟可以利民，不循其礼。”[①] 这正是荀子“重法爱民而霸”之所针对，何得云“这里所重之‘法’乃是礼法之法，不是刑名法术之刑”？《强国》以“强国”名篇，正是针对了商鞅们热衷的话题，文中云“力术止，义术行。曷谓也？曰：秦之谓也”，严肃批评秦之“无儒”难侪“王”“霸”，所谓“粹而王，驳而霸，无一焉而亡。此亦秦之所短也”，也在此篇。通篇以批秦为主，旨趣甚明，尊王贱霸之义甚正，又哪里是对霸道的“改铸”呢？此处语云“尊贤”，上引《君子》篇则曰“故尊圣者王，贵贤者霸，敬贤者存，慢贤者亡，古今一也”，文有出入而义旨一贯，法家好引“商、管之法”，[②] 而《荀子》必以周公义盖管仲者，此也。此《孟子·梁惠王上》所谓“仲尼之徒无道桓、文之事者”，《荀子·仲尼》亦云“仲尼之门人，五尺之竖子，言羞称乎五伯”，可见其为儒家共通之大义，不可放松弛懈怠者也。

关于《荀子》的宗旨，以校雠其书的西汉刘向《孙卿书录》所述最为得要：

> ……诸子之事，皆以为非先王之法也……（诸子）皆著书，然非先王之法也，皆不循孔氏之术，惟孟轲、孙卿为能尊仲尼……至汉兴，江都相董仲舒亦大儒，作书美孙卿。（这一句，据卢文弨说，移于此处——引者）孟子、孙卿、董先生皆小五伯，以为仲尼之门，五尺童子，皆羞称五伯。如人君能用孙卿，庶幾于王，然世终莫能用，而六国之君残灭，秦国大乱，卒以亡。观孙卿之书，其陈王道

---

① 张觉：《张觉述作集·商君书校疏》，知识产权出版社 2012 年版，第 7 页。

② 张觉：《韩非子校疏》卷 19，上海古籍出版社 2010 年版，第 1219 页。

甚易行，疾世莫能用……其书比于记传，可以为法。[①]

观此可知，荀学的精神在于“小五伯”而大明“先王之法”“陈王道”，它在汉代的影响更在尊王贱霸。

《太史公自序》：“维三代之礼，所损益各殊务，然要以近性情，通王道，故礼因人质为之节文，略协古今之变。作《礼书》第一。”不管今传《太史公书》之《礼书》部分是否为褚少孙所补，但颇录《荀子》之《礼论》《议兵》中文字；[②]《汉书·刑法志》亦多承袭《荀子》之文，曰：“春秋之后，灭弱吞小，并为战国……先王之礼没于淫乐中矣。雄桀之士因势辅时，作为权诈以相倾覆，吴有孙武，齐有孙膑，魏有吴起，秦有商鞅，皆禽敌立胜，垂著篇籍。当此之时，合从连衡，转相攻伐，代为雌雄……世方争于功利，而驰说者以孙、吴为宗。”[③] 班固特别点出“时唯孙卿明于王道”，并详引其说，以非“上（尚）势力而贵变诈”之见，又引荀子论刑之文以为依据，极赞“善乎，孙卿之论刑也”。从两史之文，亦可概见荀学在汉代传流的大体所在了。

二　汉改秦制与“以礼统法”

陈寅恪认为“秦之法制实儒家一派学说之所附系”，实未必然，这方面自有法家担纲。说“汉承秦业，其官制法律亦袭用前朝”则信而有征。无论是郡县制、皇帝制、官制、度量衡文字之制乃至律令体制等等，对后世中国有广泛而深远的影响，岂但汉政汉制而已，如《新唐书》卷十一《礼乐志》所称：“及三代已亡，遭秦变古，后之有天下者，自天

① 荀况著，王天海校释：《荀子校释》（修订本）附录一刘向《孙卿书录》，第1182—1189页；并参见王先谦《荀子集解》，沈啸寰、王星贤点校，中华书局1988年版，第557—559页。

② 参见司马迁撰，泷川资言考证《史记会注考证》卷23，杨海峥整理，上海古籍出版社2016年版，第1315页。

③ 《汉书》，《二十四史》（精装本全20册）第2册，第282页。

子百官名号位序、国家制度、宫车服器，一切用秦。”[①]“秦政”“秦制”在“三代”之后新阶段统一的达到高度文明的国家形塑历程中，其制度创新是值得大书特书的。但是其政太暴，其命太短，相对于早期中国以德礼之治为核心的“中国式法治”传统来说，[②]其偏离轨道也太严重太极端了。这就需要后继者一则顺承其制弘扬广大，一则改弦更张补偏救弊，则其制之良法美意乃能历时历朝而显，另一方面重新回溯、评估、融汇先秦之“王道”法统，是另一番的创造性转化。历史有蓄积的惰性，文明有伟大的活力，每一个世代都有其责任，在这个意义上，汉代的“复古更化”与“汉承秦业”都是缺一不可的历史业绩，均有承前启后的伟大意义，从治理体系之“以礼统法”的政治文明之重建的角度来看，前者是更为重要的。

（一）“以礼统法”——寻访回来的架构

瞿同祖指出：“其实儒、法两家思想的调和早就有其可能存在。法家固然绝对排斥礼治、德治，儒家却不曾绝对排斥法律，只是不主张以法治代替礼治、德治而已。”[③]大体确有依据。不过，与其说儒法两家早就有其调和的可能，不如说儒家总结早期中国的“王道”法统，早就有一个以礼统法的基本架构，即“导德齐礼”而不废刑法的治理模式与文武兼备的基本精神，这个框架的基本内涵表明，礼治可统法治，儒家可统法家，反之则不可。这个先天优越的结构早为秦政法家所抛弃，而秦王朝的短促而亡，重新证明了这一伟大传统的合理性，而汉儒、汉代执政者的重访，正从亡秦之反思出发。

前文已经指出《商君书》与《韩非子》等法家均非毁“仁义”，而秦政则酷刑峻法武伤百姓。史称：

> 陆生时时前说称《诗》《书》。高帝骂之曰：“乃公居马上而得之，安事《诗》《书》！”陆生曰：“居马上得之，宁可以马上治之

---

① 《新唐书》卷11，《二十四史》（精装本全20册）第11册，第100页。

② 参见刘巍《中国式法治——中国治理原型试探》，《史学理论研究》2020年第5期。

③ 瞿同祖：《瞿同祖法学论著集》，第338页。

乎？且汤、武逆取而以顺守之，文武并用，长久之术也。昔者吴王夫差、智伯极武而亡；秦任刑法不变，卒灭赵氏。（［集解］赵氏，秦姓也。）乡使秦已并天下，行仁义，法先圣，陛下安得而有之？”①

曾为秦朝小吏的刘邦“安事《诗》《书》”之詈骂，正反映了“秦政”愚民之治效。陆贾劝高帝接受暴秦短促而亡的教训，谋求“长久之术”，揭开了重访“先圣”法统的历史努力。贾谊的《过秦论》在同一方向进言，而立论更为斩截，一言以蔽之，曰“仁义不施而攻守之势异也”。其文云：

秦并海内，兼诸侯，南面称帝，以养四海，天下之士斐然乡风，若是者何也？曰：近古之无王者久矣……

秦王怀贪鄙之心，行自奋之智，不信功臣，不亲士民，废王道，立私权，禁文书而酷刑法，先诈力而后仁义，以暴虐为天下始。夫并兼者高诈力，安定者贵顺权，此言取与守不同术也。秦离战国而王天下，其道不易，其政不改，是其所以取之守之者［无］异也。孤独而有之，故其亡可立而待。借使秦王计上世之事，并殷周之迹，以制御其政，后虽有淫骄之主而未有倾危之患也。故三王之建天下，名号显美，功业长久。②

秦之得天下，在“近古之无王者久矣”，天下之民思“王”；秦之暴亡，在于“废王道，立私权”。所以长治久安之计正在复兴“王道”，而重返“王道”的途径，在由以“法令”“刑法”为急改弦更张而回到以“仁义礼乐”“礼义”“教化”为本：

夫礼者禁于将然之前，而法者禁于已然之后，是故法之所用易见，而礼之所为生难知也……夫天下，大器也……汤、武置天下于

① 《史记》，《二十四史》（精装本全20册）第1册，第683页。

② 《史记》，《二十四史》（精装本全20册）第1册，第76页。

仁义礼乐，而德泽洽，禽兽草木广裕，德被蛮貊四夷，累子孙数十世，此天下所共闻也。秦王置天下于法令刑罚，德泽亡一有，而怨毒盈于世，下憎恶之如仇雠，祸幾及身，子孙诛绝，此天下之所共见也。是非其明效大验邪！……今或言礼谊之不如法令，教化之不如刑罚，人主胡不引殷、周、秦事以观之也？①

正是在这一大的历史背景与时代思潮之下，贾谊惩于“汉承秦之败俗”，② 认为当“移风易俗，使天下回心而乡道”，于是向汉文帝提出“宜定制度，兴礼乐”。董仲舒认为“王者欲有所为，宜求其端于天。天道大者，在于阴阳。阳为德，阴为刑”，故向汉武帝提出“王者承天意以从事，故务德教而省刑罚”为核心内容、“以教化为大务”的“更化”对策。继其后者，如宣帝时王吉有“愿与大臣延及儒生，述旧礼，明王制，驱一世之民，跻之仁寿之域”的建言；成帝时刘向有“教化，所恃以为治也，刑法所以助治也”之痛谏，等等。③ 他们的献言献策，人主之采纳程度有不同，朝廷的措施有顿挫，但是王朝治理的大体趋势，确是向矫秦弊、采“王道”“以礼统法”的方向迈进的。

汉高祖虽曾溺儒冠暴粗口，但毕竟采纳陆贾政策转型的建议，看清了“马上得之不能马上治之”的大时代之变，虚怀促其著《新语》。文帝对贾谊一系列的建策，也只有部分的采纳，但是《贾谊传》“赞曰”称“追观孝文玄默躬行以移风俗，谊之所陈略施行矣”，则其返本之论确实起到了历史作用的。汉武帝、董仲舒君臣在“推崇孔氏，抑黜百家”④ 之定策建制方面的影响更为久远。至于宣帝，未纳王吉之言，且有著名的对太子（元帝）之言云：

---

① 文见《汉书》卷48《贾谊传》。贾谊所论既大明史变，又深得礼意，故此文又为《大戴礼记·礼察》所采。

② 如《汉书·贾谊传》所称“商君遗礼义，弃仁恩，并心于进取，行之二岁，秦俗日败……然其遗风余俗，犹尚未改。”

③ 以上并参见《汉书》卷22《礼乐志》。

④ 荀悦：《汉纪》卷25，《两汉纪》，张烈点校，中华书局2002年版，第438页。

> 汉家自有制度，本以霸王道杂之，奈何纯（住）［任］[①] 德教，用周政乎！[②]

“德教”典出《孟子》，“王”“霸”论式及术语荀子以来尤为流行。这句话被广为征引，多用以证明汉朝治理模式之杂霸性质。此言的确意蕴丰富，我们以为，这不过反映了好法轻儒的宣帝一帝一家之言，不足以整体概括汉代政治之家法，却生动而鲜明地折射出在亡秦之后礼治与法治、王道与霸道、儒家与法家竞争、较量、融合过程中孰主孰次孰本孰末一时未见分晓的状态，但是有汉一代在“汉承秦业”之外尤致力于“汉改秦制”且最终底定“以礼统法”之格局是不可否认的大趋势。

即以汉诸帝纪而言，《史记·高祖本纪》称：“三王之道若循环（夏忠、殷敬、周文——引者），终而复始。周秦之间，可谓文敝矣。秦政不改，反酷刑法，岂不缪乎？故汉兴，承敝易变，使人不倦，得天统矣。”[③] 点出汉政以变周秦间之文敝承王道得天统的功业、大势与趋向。《汉书·惠帝纪》赞：“孝惠内修亲亲，外礼宰相”，为“宽仁之主”；[④]《汉书·高后纪》据《史记·吕太后本纪》赞：“孝惠、高后之时……天下晏然，刑罚罕用，民务稼穑，衣食滋殖。”[⑤] 班书之文，全本《史记》，反映了孝惠、高后时代省刑趋礼之致。《汉书·文帝纪》赞曰：“（孝文皇帝）专务以德化民，是以海内殷富，兴于礼义，断狱数百，幾致刑措。呜呼，仁哉！”[⑥]《汉书·景帝纪》赞曰：“周秦之敝，罔密文峻，而奸宄不胜。汉兴，扫除烦苛，与民休息。至于孝文，加之以恭俭，孝景遵业，五六十载之间，至于移风易俗，黎民醇厚。周云成、康，汉言文、景，美矣！”[⑦] 文、景之治，为史所称，其至仁美之境者，正在复归德礼之政。《汉书·武帝纪》赞曰“孝武初立，卓然罢黜百家，表章六经。

---

① 原文为“住”，从钱大昭说当作“任”。

② 《汉书·元帝纪》，《二十四史》（精装本全20册）第2册，第79页。

③ 《史记》，《二十四史》（精装本全20册）第1册，第104页。

④ 《史记》，《二十四史》（精装本全20册）第1册，第32页。

⑤ 《史记》，《二十四史》（精装本全20册）第1册，第35页。

⑥ 《汉书》，《二十四史》（精装本全20册）第2册，第43页。

⑦ 《汉书》，《二十四史》（精装本全20册）第2册，第48页。

遂畴咨海内，举其俊茂，与之立功。兴太学，修郊祀，改正朔，定历数，协音律，作诗乐，建封禫，礼百神，绍周后，号令文章，焕焉可述。”[①]汉武帝在确立尊经崇儒国策，从制度上体现与保障兴复“三代之风”之“稽古礼文”方面，是建有“洪业”的。至于昭帝朝之“轻徭薄赋，与民休息……举贤良文学，问民所疾苦，议盐铁而罢榷酤”，[②] 可称善政。而“孝宣之治”则有“中兴”之美，其“信赏必罚，综核名实，政事文学法理之士咸精其能，至于技巧工匠器械，自元、成间鲜能及之，亦足以知吏称其职，民安其业也”，[③] 可谓能得法治之长者。其父好法其子好儒，元帝虽不能恢弘父业，“然宽弘尽下，出于恭俭，号令温雅，有古之风烈”。[④] 成帝、哀帝、平帝时代，外戚擅朝，权柄转手，致王莽当政，班固称“昔秦燔《诗》《书》以立私议，莽诵《六艺》以文奸言，同归殊涂（途），俱用灭亡……圣王之驱除云尔”。[⑤] 不过，王莽雅好“制礼作乐”，他的兴作云为却并不因人亡政息而尽皆消散。比如他的“发得周礼，以明因监”，[⑥] 使《周官》从此成为《周礼》，为《六艺》中之一大经，对后世有深远的影响，也是“以礼统法”之政治文明史上值得纪录的一页。

东汉光武帝为儒生，习经艺，曾“之长安，受《尚书》，略通大义”，“初，帝在兵间久，厌武事，且知天下疲秏，思乐息肩”，后勤勉视朝之余，“数引公卿、郎、将讲论经理”，乐此不疲，“故能明慎政体，总揽权纲，量时度力，举无过事。退功臣而进文吏，戢弓矢而散马牛，

① 《汉书》，《二十四史》（精装本全20册）第2册，第62页。

② 《汉书·昭帝纪》，《二十四史》（精装本全20册）第2册，第68页。

③ 《汉书·宣帝纪》，《二十四史》（精装本全20册）第2册，第78页。

④ 《汉书·元帝纪》，《二十四史》（精装本全20册）第2册，第84页。

⑤ 《汉书·王莽传》，《二十四史》（精装本全20册）第2册，第1063页。

⑥ 《汉书·艺文志》载：“《周官经》六篇。王莽时刘歆置博士。”颜师古注曰：“即今之《周官礼》也，亡其《冬官》，以《考工记》充之。”荀悦《汉纪》卷25有云：“刘歆以《周官》（十）六篇为《周礼》，王莽时，歆奏以为《礼经》，置博士。”顾实云：“此亦可徵歆奏定《七略》与仕莽朝绝然两事。而末世妄人诋歆为莽伪造《周官》一书，非真吠影吠声之谈哉。”见氏著《汉书艺文志讲疏》，上海古籍出版社1987年版，第48页。此说不免矫枉过正，《周官》确非如晚清之经今文家之流如康有为等所认为者由刘歆伪造，但是它之升格为礼经，确与新朝王莽、刘歆君臣的努力分不开的。

虽道未方古，斯亦止戈之武焉”。[①] 可知其治国安邦之大体，是向崇儒方向迈进的。而继任者“明帝善刑理，法令分明。日晏坐朝，幽枉必达。内外无倖曲之私，在上无矜大之色。断狱得情，号居前代十二（李贤等注：十断其二，言少刑也）。故后之言事者，莫不先建武、永平之政”，[②] 则能得法治之平。可见汉政在礼治法治之间或有倚重倚轻之别，但没有说将此两大治理传统一概弃之不顾的。不过其间有一个方向性结构即“以礼统法”势不可挡，而在随后的章帝朝大体底定了。《后汉书・肃宗孝章帝纪》范晔“论曰”：

> 章帝素知（人）[民] 厌明帝苛切，事从宽厚。感陈宠之（义）[议]，除惨狱之科。深元元之爱，著胎养之令。奉承明德太后，尽心孝道。割裂名都，以崇建周亲。平傜简赋，而人赖其庆。又体之以忠恕，文之以礼乐。故乃蕃辅克谐，群后德让……在位十三年，郡国所上符瑞，合于图书者数百千所。乌呼懋哉！[③]

陈宠之议云：“礼之所去，刑之所取，失礼则入刑，相为表里者也……宜令三公、廷尉平定律令，应经合义者，可使大辟二百，而耐罪、赎罪二千八百，并为三千，悉删除其余令，与礼相应，以易万人视听，以致刑措之美，传之无穷。”[④] 此为中国法制史、中国法律史也是中国历代治理史上的重要文献。他对礼与刑、礼治与法治之间关系的揭示是极为深刻的，故被广为征引。我们兼观此“论”，可知主张宽仁、反对滥刑的陈氏所发并未流于空论，而是得到了最高执政者汉章帝的响应。章帝君臣以德礼之治为本（所谓“体之以忠恕，文之以礼乐”），务使狱省政“平”，其以礼折法之效，岂不“懋哉”！亡秦以来，“汉改秦制”而又不尽废其法治的历史努力，终于落实到“以礼统法”的治理格局与基本精神中了。

---

① 《后汉书・光武帝纪》，《二十四史》（精装本全 20 册）第 3 册，第 21、42 页。
② 《后汉书・肃宗孝章帝纪》，《二十四史》（精装本全 20 册）第 3 册，第 51—52 页。
③ 《后汉书・肃宗孝章帝纪》，《二十四史》（精装本全 20 册）第 3 册，第 60 页。
④ 《后汉书・郭陈列传》，《二十四史》（精装本全 20 册）第 3 册，第 411 页。

范氏又赞肃宗曰：

> 肃宗济济，天性恺悌。於穆后德，谅惟渊体。左右艺文，斟酌律礼。（“艺文”谓诸儒讲《五经》同异，帝亲称制论决也。“律”谓诏云“立春不以报囚”也。“礼”谓修禘祫，登灵台之属。）思服帝道，弘此长懋。儒馆献歌，戎亭虚候。（“献歌”谓崔骃游太学时上《四巡》等颂。）气调时豫，宪平人富。①

其“赞”所举“左右艺文，斟酌律礼”等，亦是“以礼统法”精神之体现。具有法典意义与功能的《白虎通》，正是其精华的结晶，此点留待下文来谈。

（二）《汉书》之《礼乐志》《刑法志》所见“以礼统法”思想

我们先来看《白虎通》的撰集者班固精心结构的《汉书》之《礼乐志》与《刑法志》，其分篇并列的体式内容是如何表征“以礼统法”这一精神的。

《后汉书·班彪列传》“赞曰”：“二班怀文，裁成帝坟。比良迁、董，兼丽卿、云。彪识皇命，固迷世纷。”② 虽识不如乃父，但是良史而兼长文才的班固也深通经义，这让他怀有一种强烈的“理想化古代”的倾向，使得他对有汉一代的兴礼作乐事业成绩持有严厉的批评态度：

> 今大汉继周，久旷大仪，未有立礼成乐，此贾（宜）［谊］、仲舒、王吉、刘向之徒所为发愤而增叹也。③

这样的论断，与其说是客观的评估，不如说是深切的期望。我们承认，相比于“前圣”若“三代”之“王制”，“大汉”之“立礼成乐”诚有不逮，班固的体会一定比我们深刻。但是“贾谊、仲舒、王吉、刘

① 《后汉书》，《二十四史》（精装本全20册）第3册，第60页。
② 《后汉书》，《二十四史》（精装本全20册）第3册，第369页。
③ 《汉书·礼乐志》，《二十四史》（精装本全20册）第2册，第280页。

向”等精英之士及执政者的持续努力终究没有白费。亡秦之后，早期中国德礼之治的精神不断被重访回来，成为统摄被法家和秦政改铸过的刑法之治的指导思想，即以“礼法”统“刑法”，简称“以礼统法”，这是对儒家所总结的“导德齐礼”精神的重温，也是对法家法治传统的融化与束纳。班固本人也在这一辈精英之士的行列中，他的《汉书》以《刑法志》列《礼乐志》之后，反映一代治体之要，亦兼以明历史源流，“礼乐”在先“刑法”在后的格局为后史楷模，大体谨遵勿替，象征着中华“以礼统法”的治体格局的渐趋定型。《刑法志》的专列，也彰显了法家、法吏、法治的历史贡献及律令、法制、法度的兴替演变。分别而观，“礼乐”与“刑法”成绩均不免有不合理想的地方，诚如班固之所观察；合而观之，“以礼统法”的精神特别彰明却有绝大历史意义的。

《礼乐志》称“礼节民心，乐和民声，政以行之，刑以防之。礼乐政刑四达而不詩，则王道备矣”,[①]“礼乐政刑”，《礼记·乐记》与《史记·乐书》均作“礼乐刑政”，“礼、乐、政、刑之序的厘定，亦可见东汉将“刑”治的权重置于更低的位阶上。

《礼乐志》称“及其衰也，诸侯逾越法度，恶礼制之害己，去其篇籍。遭秦灭学，遂以乱亡”,[②] 可见“法度”即“礼制”。又称：“汉兴，拨乱反正，日不暇给，犹命叔孙通制礼仪，以正君臣之位……以通为奉常，遂定仪法，未尽备而通终。”[③] 可见“礼仪”即“仪法”。“法度”“礼制”“礼仪”“仪法”辞异而义同，可统称为“礼法”。后文又称：“今叔孙通所撰礼仪，与律令同录，臧于理官,[④] 法家又复不传。[⑤] 汉典寝而不著，民臣莫有言者。”[⑥]“汉典”据王先谦《汉书补注》，指若叔孙通《汉仪》、卫宏《旧仪》之类，则与前文“礼仪”相通。“礼仪”

---

① 《汉书》,《二十四史》(精装本全20册) 第2册，第268页。

② 《汉书》,《二十四史》(精装本全20册) 第2册，第268页。

③ 《汉书》,《二十四史》(精装本全20册) 第2册，第268页。

④ 师古曰：“古书怀藏之字本皆作‘臧’,《汉书》例为‘臧’耳。理官，即法官也。”

⑤ 王先谦《汉书补注》：“刘攽曰：‘法家’当属上句。先谦曰：刘说非也。《艺文志》‘法家者流，盖出于理官’。理官者，掌刑法之官。法家者，习刑法之家也。官书无臧于私家之理，特礼仪以臧在理官，而法家又无讲习之者，故不传耳。”班固撰，王先谦补注：《汉书补注·礼乐志第二》，上海古籍出版社2008年版，第1456—1457页。

⑥ 《汉书》,《二十四史》(精装本全20册) 第2册，第270页。

“律令”均藏于“理官”，则礼法、刑法同为官法可知，而“礼仪”叙在“律令”之前，则班氏视礼法固尊于刑法。而“法家不传”，则可见法家的影响大体只能寄身于“律令”体制，而很不易体现在法理之探讨与主张上了。这些都不能不说是“以礼统法”精神见之于细微之处的表现。《礼乐志》又称“又通没之后，河间献王采礼乐古事，稍稍增辑，至五百余篇。今学者不能昭见，但推士礼以及天子，说义又颇谬异，故君臣长幼交接之道濅以不章”，[①] 可见“礼乐”之要尽在“君臣长幼交接之道”，此即礼义礼法是也。

《刑法志》称：“圣人既躬明悊之性，必通天地之心，制礼作教，立法设刑，动缘民情，而则天象地。”[②] 此本天人合一的思维模式，论证“礼教”与“刑法”轻重不同各有分职而密切相连之关系，在《刑法志》中优先以叙“礼教”对于“刑法”之意义，正如《礼乐志》无法脱离“政刑”法度一样，其间的深意是大可注意的。

《刑法志》称“鞭扑不可弛于家，刑罚不可废于国，征伐不可偃于天下；用之有本末，行之有逆顺耳”；“文德者，帝王之利器；威武者，文德之辅助也”，[③]“三代之盛，至于刑错兵寝者，其本末有序，帝王之极功也”。所谓“本末有序”，主旨就在以“文德”帅“武威”，庶几“以礼统法”之谓也。

《刑法志》称：“昔周之法，建三典以刑邦国，诘四方：一曰，刑新邦用轻典；二曰，刑平邦用中典；三曰，刑乱邦用重典。”[④]“三典”出于《周官·大司寇》，此明以《周礼》之文为“周之法”，可见古人亦礼亦法礼法不分之习惯，亦可视为以礼入法一文例。后文又称“周官有五听、八议、三刺、三宥、三赦之法”，此又以《周官》（《周礼》）之文为“法”，实启后世以礼入法典之端绪也。

《刑法志》称：“陵夷至于战国，韩任申子，秦用商鞅，连相坐之法，造参夷之诛；增加肉刑、大辟，有凿颠、抽胁、镬亨之刑。至于秦

① 《汉书》，《二十四史》（精装本全20册）第2册，第270页。

② 《后汉书》，《二十四史》（精装本全20册）第3册，第281页。

③ 《汉书》，《二十四史》（精装本全20册）第2册，第284页。

④ 《汉书》，《二十四史》（精装本全20册）第2册，第284页。

始皇，兼吞战国，遂毁先王之法，灭礼谊之官，专任刑罚，躬操文墨，昼断狱，夜理书，自程决事，日县石之一。而奸邪并生，赭衣塞路，囹圄成市，天下愁怨，溃而叛之。"[①] 班固在此集中批评了法家与秦政严刑峻法而非毁"先王之法"的负面效应，其以"王道"评判"霸道"的立场甚为鲜明。

《刑法志》称"今汉道至盛，历世二百余载"，其对汉代之自我评价也不低，但犹有"刑""蕃"之弊："原狱刑所以蕃若此者，礼教不立，刑法不明，民多贫穷，豪桀务私，奸不辄得，狱犴不平之所致也。"[②] 可注意者，此处"礼教"为文献中早出之用词，为后世所承用的习语，非常重要。班固探讨"狱刑"滋多的原因，首先强调的是"礼教"方面的问题（"不立"），其次才是"刑法"本身的问题（"不明"），最可见"以礼统法"精神之确立。而我们所谓"以礼统法"之"礼"，是传统上包蕴深广之辞，若"礼法""礼义""礼教"等皆统摄之，事实上它们之间亦不能截然区隔。当然，这绝不是说"刑本不正"之类可以丝毫放松的意思，更不是"礼教"可以包治天下的意思。刑治过重与过轻皆有其弊，而欲至理想的治境，徒法亦不足以自行。一句话："必世而未仁，百年而不胜残，诚以礼乐阙而刑不正也。"这也可以作为我们所谓"以礼统法"精神的完整写照了。

三 "三纲"之确立及其"以礼统法"之精神

瞿同祖指出："家族主义及阶级概念始终是中国古代法律的基本精神和主要特征，它们代表法律和道德、伦理所共同维护的社会制度和价值观念，亦即古人所谓纲常名教。"[③] 在"纲常名教"之中，或举"三纲五常"或举"三纲六纪"，要以"三纲"为核心。《论语·为政》有云：

---

① 《汉书》，《二十四史》（精装本全 20 册）第 2 册，第 285 页。

② 《汉书》，《二十四史》（精装本全 20 册）第 2 册，第 288 页。

③ 瞿同祖：《中国法律与中国社会》，《瞿同祖法学论著集》第 360 页。

子张问："十世可知也?"子曰："殷因于夏礼，所损益，可知也。周因于殷礼，所损益，可知也。(马曰："所因，谓三纲五常。所损益，谓文质三统。")其或继周者，虽百世，可知也。"①

东汉马融以"三纲五常"注孔子所称三代礼治之"所因"，则亦以其为"百世"不变者可知，古人对它的崇敬信仰是不言而喻的。何谓"三纲五常"?《论语注疏》引《白虎通》云："三纲者何谓?谓君臣、父子、夫妇也。君为臣纲，父为子纲，夫为妻纲。大者为纲，小者为纪，所以张理上下，整齐人道也"；"五常者，何谓?仁、义、礼、智、信也。"②

与"三纲五常"一样重要而成为信条的，还有"三纲六纪"。《礼记·乐记》云："然后圣人作为父子君臣，以为纪纲。纪纲既正，天下大定。"《礼记正义》云："'作为父子君臣，以为纪纲'者，按《礼纬·含文嘉》云：'三纲，谓君为臣纲，父为子纲，夫为妻纲矣。六纪，谓诸父有善，诸舅有义，族人有叙，昆弟有亲，师长有尊，朋友有旧，是六纪也。'"③

三纲、六纪、五常，备载于东汉章帝时代底定的法典《白虎通》，④上述条文，或入经注，或入注疏，影响之大，要远远超过一般所谓法律的。而"三纲"对中国传统社会公私生活的影响尤为深切，这也是事实。很多人认为它典型地反映了儒家思想的作用。但是徐复观的看法大为不同，他将其归咎于法家的篡改：

到了法家，便把由德性所转出的人格平等，及由各人德性所转出的义务的伦理关系，简化而为地位上的服从的关系；把以德性为

① 《十三经注疏》整理委员会整理：《论语注疏》，北京大学出版社 2000 年版，第 25—26 页。

② 《十三经注疏》整理委员会整理：《论语注疏》，第 25—26 页。

③ 《十三经注疏》整理委员会整理：《礼记正义》，北京大学出版社 2000 年版，第 1309—1310 页。

④ 将《白虎通》视为法典，很有道理。参见侯外庐等《中国思想通史》第 2 卷第 7 章"汉代白虎观宗教会议与神学思想"，人民出版社 1957 年版。

> 中心的人伦，转变而为以权威为中心的人伦，这才完全配合上了他们极权专制的政治构想。所以《韩非子·忠孝》篇说“臣事君、子事父、妻事夫，三者顺，则天下治，三者逆，则天下乱”，而责“孔子本未知孝弟忠顺之道”。这一套思想，形成秦代专制政治的基底，为汉代所继承。西汉儒家，如前所述，一部分人是对专制的抗争，一部分是对专制的妥协。到了东汉初年，便通过谶纬而几乎完全投降于专制君权之下。谶纬，尤其是纬，是尽了把学术思想转向专制的大责任。于是“三纲”之说，乃正式成立。《白虎通·三纲六纪》篇说：“三纲者何谓也，谓君臣、父子、夫妇也……故君为臣纲，夫为妻纲……纲者张也，纪者理也。大者为纲，小者为纪，所以张理上下，整齐人道也……若罗网之有纪纲而万目张也。”纲纪，主要是由“大小”“上下”而来，亦即由外在权威而来，这是法家思想挟专制之威，篡夺了儒家的人伦思想，乃儒家人伦思想的一大变化，实亦中国历史命运的一大变局。[①]

徐氏将儒家与法家的“伦理”与“政治构想”作了明确的区分，并认为法家的思想渗透进了“三纲”，并引《韩非子》为证，这是很有见地的。但是他说以《白虎通》为代表的正统政治法律架构只是表明儒家对法家秦政的一味“妥协”或“投降”，并导致“中国历史命运的一大变局”，而徒具负面意义，则殊为偏颇。事实上，由《白虎通》所定型的“三纲”，仍然反映了“汉改秦制”的历史努力，体现了儒家对法家的改造，并从根本上象征了“以礼统法”的精神。

让我们从《韩非子·忠孝》篇说起。韩非子不仅以卑者（臣、子、妻）对尊者（君、父、子）的“事”，即单方面的服从，来定义三伦（君臣、父子、夫妇）之间的关系，以其“顺”“逆”决定天下“治”“乱”的关系，且认为“此天下之常道也，明王贤臣而弗易也，则人主虽不肖，臣不敢侵也。”他以绝对的“顺事”为义务为职分为普遍原则，

---

① 徐复观：《中国孝道思想的形成、演变及其在历史中的诸问题》，载徐复观《中国思想史论集》，上海书店出版社 2004 年版，第 166—167 页。

不以伦常代表身分本身的贤不肖为转移。《忠孝》篇开宗明义说："天下皆以孝悌忠顺之道为是也，而莫知察孝悌忠顺之道而审行之，是以天下乱。皆以尧、舜之道为是而法之，是以有弑君，有曲于父。尧、舜、汤、武，或反君臣之义、乱后世之教者也：尧为人君，而君其臣；舜为人臣，而臣其君；汤、武为人臣，而弑其主、刑其尸；而天下誉之，此天下所以至今不治者也。"[①] 所以《韩非子》"三常道"的主张，主要是针对儒家的禅让（法尧、舜）和革命（法汤、武）理论而提出的。"今夫上贤、任智、无常，逆道也，而天下常以为治。是故田氏夺吕氏于齐，戴氏夺子氏于宋。此皆贤且智也，岂愚且不肖乎？是废常上贤则乱，舍法任智则危。"他的结论是："上法而不上贤。"[②] 这也是担忧篡夺乱象而倡导的安分守位论。所谓"常道"亦可谓之"常法"："故人臣毋称尧、舜之贤，毋誉汤、武之伐，毋言烈士之高，尽力守法，专心于事主者为忠臣。"[③] 君臣一伦最为重要，次则为父子："所谓忠臣，不危其君；孝子，不非其亲。"诸如此类对"忠臣孝子"的规定，对后世的确有深远的影响。像"君要臣死，臣不得不死；父要子亡，子不得不亡"及"天下没有不是的父母"等等，盖均远本于此。此在秦代固已实践之矣，《史记·李斯列传》载扶苏在自杀前对蒙恬说的最后一句话就是："父而赐子死，尚安复请！"[④]

但是说到《韩非子》对"三纲"的影响，恐怕不仅在于单向度地服从伦理，而更在君臣、父子、夫妇三伦之绝对重要性即"纲"的地位的奠定。他用"常道"这一形容词[⑤]来界定君臣、父子、夫妇三伦之至上性，这是前古所无的。

《白虎通》之前的文献，论及此三伦的重要，与之最为接近的要数《礼记·哀公问》引孔子对哀公之言："夫妇别，父子亲，君臣严（"君

① 张觉：《韩非子校疏》，第 1263 页。

② 张觉：《韩非子校疏》，第 1264 页。

③ 张觉：《韩非子校疏》，第 1266 页。

④ 《史记》，《二十四史》（精装本全 20 册）第 1 册，第 646 页。

⑤ 盖远本《老子》之"道可道，非常道"之"常道"用语，《荀子》等诸子书亦有用此一词汇者，惟不用于对三伦的评论。

臣严”，《孔子家语·大婚解》作“君臣信”）。三者正，则庶物从之矣。”[①] 又，《大戴礼记·哀公问于孔子》：“夫妇别，父子亲，君臣严（陈士珂《孔子家语疏证》引作“君臣义”），三者正，则庶民从之矣。”[②] 但是，人伦的要目虽同，《韩非子·忠孝》关于三伦的排序却与这些儒家经典大为不同，君臣一伦居首，更多反映了君主集权体制的发达，而父子列于夫妇之前则体现了家族制度进一步发展之社会现实。这也均为《白虎通》所继承。另外，儒家典籍只要求三伦之间的“别”“亲”与“严”（或“信”“义”），并不要求各伦中之一方对另一方绝对服从，这也是他们与法家的区别。还有就是《荀子·天论》：“若夫君臣之义，父子之亲，夫妇之别，则日切瑳而不舍也。”[③]（《韩诗外传》卷二同）三伦之序与《韩非子》完全一致，但是并不以“顺事”为说，在重要性的彰显上亦不如《韩非子》为鲜明。在法家文献中与《韩非子》最为接近的是《商君书·画策》：“故黄帝作为君臣上下之义、父子兄弟之礼、夫妇妃匹之合。”[④] 不过《商君书》所述更为接近儒家，更何况还混杂有“君臣”“父子”“夫妇”之外的伦理。

另一些可资比较的是，包含了此三伦而不限于此三伦的文献。《礼记·中庸》有云：“天下之达道五，所以行之者三。曰：君臣也，父子也，夫妇也，昆弟也，朋友之交也，[⑤] 五者天下之达道也。知、仁、勇三者，天下之达德也。”[⑥] 与《中庸》特别接近的是《孟子·滕文公上》提到的“教以人伦”论：“圣人有忧之，使契为司徒，教以人伦：父子有亲，君臣有义，夫妇有别，长幼有叙，朋友有信。”[⑦] 将它们与《韩非子·忠孝》比较，可见《孟子》将“父子”列于法家更为注重的“君臣”之前，的确反映了较为早期也更为彻底的儒家立场，其间的关系如

---

① 《十三经注疏》整理委员会整理：《礼记正义》，北京大学出版社 2000 年版，第 1606 页。

② 王聘珍：《大戴礼记解诂》，王文锦点校，中华书局 1983 年版，第 13 页。

③ 荀况著，王天海校释：《荀子校释》（修订本）卷 17，第 687 页。

④ 张觉：《商君书校疏》，知识产权出版社 2012 年版，第 207—108 页。

⑤ “朋友之交也”，《孔子家语·哀公问政》作“朋友也”，大体相同。

⑥ 《十三经注疏》整理委员会整理：《礼记正义》，第 1683 页。

⑦ 《十三经注疏》整理委员会整理：《孟子注疏》，第 174 页。

《周易·序卦》所云“有天地，然后有万物；有万物，然后有男女；有男女，然后有夫妇；有夫妇，然后有父子；有父子，然后有君臣；有君臣，然后有上下；有上下，然后礼义有所错（措）”,[①] 将“夫妇”列于“父子”之前，取某种家庭伦理优先或更有历史感的特定论述角度。《礼记·昏义》云：“男女有别，而后夫妇有义；夫妇有义，而后父子有亲；父子有亲，而后君臣有正。故曰：昏礼者，礼之本也。”[②] 侧重婚礼为礼之本的角度，宜有此论。而《中庸》的排序与《韩非子》一致，或从一个侧面反映出其成书较《孟子》相对为晚，而不能不默认君主集权制时代的现实了。《孟子》可称之基于实质上“五伦”之“五教”，《中庸》则可称之“五达道”，“达道”一词与《韩非子》“常道”的用辞已经非常接近了。其他如《孔子家语·问礼》之“以正君臣，以笃父子，以睦兄弟，以齐上下，夫妇有所，是谓承天之佑。”（《礼记·礼运》同）[③]《礼记·礼运》之“大人世及以为礼，城郭沟池以为固，礼义以为纪；以正君臣，以笃父子，以睦兄弟，以和夫妇，以设制度，以立田里，以贤勇知，以功为己”,[④]《淮南子·齐俗训》：“夫礼者，所以别尊卑、异贵贱；义者，所以合君臣、父子、兄弟、夫妻、朋友之际也”,[⑤] 三伦的序列大体与《中庸》《韩非子》一致，而仍不如《韩非子》与《中庸》之相近。若《礼记·祭统》“夫祭有十伦焉：见事鬼神之道焉，见君臣之义焉，见父子之伦焉，见贵贱之等焉，见亲疏之杀焉，见爵赏之施焉，见夫妇之别焉，见政事之均焉，见长幼之序焉，见上下之际焉。此之谓十伦。”[⑥] 则三伦之序虽同，几乎淹没在“十伦”中，而显不出重要性了。《新语·道基》：“于是先圣乃仰观天文，俯察地理，图画乾坤，以定人道，民始开悟，知有父子之亲，君臣之义，夫妇之别，长幼之序。于是百官立，王道乃生。”[⑦] 其中三伦次序与《韩非子》不同。《礼记·

---

① 《十三经注疏》整理委员会整理：《周易正义》，第396页。

② 《十三经注疏》整理委员会整理：《礼记正义》，第1890页。

③ 陈士珂：《孔子家语疏证》，崔涛点校，凤凰出版社2017年版，第33页。

④ 《十三经注疏》整理委员会整理：《礼记正义》，第711页。

⑤ 何宁：《淮南子集释》，中华书局1998年版，第759—760页。

⑥ 《十三经注疏》整理委员会整理：《礼记正义》，第1581页。

⑦ 王利器：《新语校注》，中华书局1986年版，第9页。

王制》："七教：父子、兄弟、夫妇、君臣、长幼、朋友、宾客。"① 则三伦之序既不同，且亦淹没在"七教"中，可以略过。《韩诗外传》卷五："若夫君臣之义，父子之亲，夫妇之别，朋友之序，此儒者之所谨守，日切磋而不舍也。"② 三伦次序与《韩非子》同，盖在前引《荀子·天论》所述三伦之外，加了"朋友"一伦。而《淮南子·泰族训》："制君臣之义，父子之亲，夫妇之辨，长幼之序，朋友之际，此之谓五。"③ 述五教盖本于《孟子》，而其中三伦次序则与《韩非子》相同。《说苑·贵德》："契教以君臣之义，父子之亲，夫妇之辨，长幼之序。"④ 述四教当本《孟子》而三伦次序亦与《韩非子》同。

综上所述，法家的代表文献《韩非子》关于"三常道"的思想容或前有所承，从其因袭之迹看，也不能完全排除儒家的影响，但是它按君臣、父子、夫妇的序列，将三者别择出来确立为伦常之要，反映了他们擅长其从国家政治法制顶层出发下及社会生活而论治之要的独到眼光，实有重大的历史意义，也的确发生了深远的历史影响，但是他们一味以卑下柔弱一方"顺""事"尊贵强权一方的伦理与法律，虽亦不乏后继者，但是随着暴秦的暴亡，很快得到纠偏，并逐步得到改造。

在秦尚未灭亡之际，对《韩非子·忠孝》所主张"三常道"已经有所发挥并转化的，有并不为秦王朝所接受的《吕氏春秋》：

> 凡为治，必先定分，君臣、父子、夫妇。君臣、父子、夫妇六者当位，则下不逾节，而上不苟为矣，少不悍辟，而长不简慢矣。金木异任，水火殊事，阴阳不同，其为民利一也。故异所以安同也，同所以危异也。同异之分，贵贱之别，长少之义，此先王之所慎，而治乱之纪也。⑤

---

① 《十三经注疏》整理委员会整理：《礼记正义》，第509页。

② 张觉：《韩非子校疏》，第247页。

③ 何宁：《淮南子集释》，第1388页。

④ 刘向撰，向宗鲁校证：《说苑校证》，中华书局1987年版，第96页。

⑤ 吕不韦撰，高诱注，俞林波校订：《元刊吕氏春秋校订》卷25，凤凰出版社2016年版，第398—399页。

吕不韦学派从“定分”“当位”的角度来阐释三伦之作为“治乱之纪”，一方面妙得韩非子学派“常道”的精神，一方面比单向度的“顺”“事”之说远为合理。他们又从“为民利”的角度着想，我们认为是向着“王道”方向改造的。他们用“纪”字来概括，则开启了后世用“纲纪”来称说之先河。

此前《荀子》好用“纲纪”“经纪”诸辞。若《荀子·劝学》云：“《礼》者，法之大分，群类之纲纪也。”“纲纪”与“大分”对言，是总要的意思。《荀子·非十二子》批评惠施、邓析“不法先王，不是礼义，而好治怪说、玩琦辞，甚察而不惠，辩而无用，多事而寡功，不可以为治纲纪”，则明确以是否符合“为治纲纪”即政治之总要或原则为立论之标准。《荀子·富国》引《诗》曰：“雕琢其章，金玉其相，亹亹我王，纲纪四方。”不啻交代了《荀子》用辞之典出。值得注意的是，《荀子》是将“纲纪”作为整词使用，并不在“纲”“纪”之间区分轻重。所以又用“纪纲”一词，将“纪”字置于“纲”字之前。如《荀子·尧问》推崇荀子“其知至明，循道正行，足以为纲纪”，“足以为纲纪”或本作“足以为纪纲”。先秦典籍中或用“纲纪”或用“纪纲”多有其例，义旨一贯，不备列。后世有相承者，如《荀子·儒效》“修修兮其用统类之行也”，杨倞注云：“统类，纲纪也。”《荀子·非十二子》批评子思、孟子“略法先王而不知其统”，杨倞注云：“统，谓纲纪也。”则杨氏亦以“纲纪”为统类总要。正是在这一意义上，“纪”字有时也与“经”字搭配使用为“经纪”一词，如《荀子·儒效》“然而通乎财万物、养百姓之经纪”，杨倞注云：“常通于裁万物、养百姓之纲纪也。”用“纲纪”来注“经纪”，都是总要的意思，颇可参证。《礼记·乐记》之“然后圣人作为父子君臣，以为纪纲。纪纲既正，天下大定”，正是在这一语境下使用“纪纲”一词的，而文中未列“夫妇”一伦，且先“父子”而后“君臣”。《吕氏春秋》则采纳了《韩非子》的“三常道”义，而又用儒家“王道”的精神与语言改造转化之云：“同异之分，贵贱之别，长少之义，此先王之所慎，而治乱之纪也。”所谓“治乱之纪”，犹如《荀子》所追求的“为治纲纪”，这是班班可考的。

至董仲舒《春秋繁露》，始以从《韩非子》到《吕氏春秋》所重之三伦为“王道之三纲”。《春秋繁露·基义》曰：

> 举而上者，抑而下也；有屏而左也，有引而右也；有亲而任也，有疏而远也；有欲日益也，有欲日损也。益其用而损其妨，有时损少而益多，有时损多而益少。少而不至绝，多而不至溢。阴阳二物，终岁各壹出。壹其出，远近同度而不同意。阳之出也，常县于前而任事；阴之出也，常县于后而守空处。此见天之亲阳而疏阴，任德而不任刑也。是故仁义制度之数，尽取之天。天为君而覆露之，地为臣而持载之；阳为夫而生之，阴为妇而助之；春为父而生之，夏为子而养之；秋为死而棺之，冬为痛而丧之。王道之三纲，可求于天。①

董仲舒在“三纲”之建立史上，有承前启后的至关重要意义。第一，他将儒家所推崇的治道与法家所实践过的法术重新定位并加以统合，所谓“此见天之亲阳而疏阴，任德而不任刑也”。他根据天道之“亲阳而疏阴”法则，将儒家“任德”之礼治以“天”之名义绝对性地置于法家“任刑”之法治之上，从而重新贞定了儒家治理原则关于“德”“刑”关系的基本架构；另一方面，阴阳之间除了有主从地位还有配合关系，所以这种方式也确认了秦政、秦治所彰明的法治传统之历史地位与现实上之不可或缺性，我们说他充分表征了“以礼统法”的治理精神，是一点也不过分的。第二，他把《韩非子》《吕氏春秋》以来所注重的治道三伦纳入“王道之三纲”，并以天地、阴阳、四时等“天道”法则作了空前系统化的论证，不仅大大提升了其重要性，进一步确认了其合法性、合理性、原则性，而且也大大软化了每一伦之间的相互关系，服从之义务虽未必减弱，但相互依存、相互配合、和而不同的精神也得到了空前的张扬。

至于君臣、夫妇、父子之排序，反而是待定的，《春秋繁露·基义》曰：“凡物必有合……阴者阳之合，妻者夫之合，子者父之合，臣者君

① 董仲舒：《春秋繁露》，第119—120页。

之合，物莫无合，而合各有阴阳。阳兼于阴，阴兼于阳，夫兼于妻，妻兼于夫，父兼于子，子兼于父，君兼于臣，臣兼于君。君臣、父子、夫妇之义，皆取诸阴阳之道。”① 说的就是这个道理，而此处三伦之序与《韩非子》《吕氏春秋》完全一致。《春秋繁露·观德》云：

> 天地者，万物之本、先祖之所出也，广大无极，其德昭明，历年众多，永永无疆。天出至明，众之类也，其伏无不昭也；地出至晦，星日为明，不敢闇。君臣、父子、夫妇之道取之此。

这就把董仲舒如何将《韩非子》所称的“三常道”建构加以基于“天道”论证的努力，表达得一览无余了。所以，潘光旦虽然对“五伦”有很好的研究，但是他说：“（‘三纲’）这是东汉以来就有的一个习语，初见于《汉书·谷永传》② 与《白虎通》，并不新鲜”，③ 则未免把董仲舒等西汉大儒的贡献抹杀太过。刘向《列女传·魏曲沃负》亦云：“夫男女之盛，合之以礼，则父子生焉，君臣成焉，故为万物始。君臣、父子、夫妇三者，天下之大纲纪也。三者治则治，乱则乱。”④ 这是由《白虎通》来定型“三纲”法条之前夜，已经表述得颇为扼要了。

让我们回到《白虎通》，它是否如徐复观所说，反映了儒家思想对法家思想的“完全投降”呢？且看《白虎通·三纲六纪》篇，其文云：

> 三纲者，何谓也？谓君臣、父子、夫妇也。六纪者，谓诸父、兄弟、族人、诸舅、师长、朋友也。故《含文嘉》曰：“君为臣纲，父为子纲，夫为妻纲。”又曰：“敬诸父兄，六纪道行，［诸父有善］，诸舅有义，族人有序，昆弟有亲，师长有尊，朋友有旧。”何谓纲纪？纲者，张也；纪者，理也。大者为纲，小者为纪。所以张

① 董仲舒：《春秋繁露》，第 119 页。

② 《汉书》卷 85《谷永杜邺传第五十五》有云：“勤三纲之严，修后宫之政（师古曰：‘三纲，君臣、父子、夫妇也。’）。”——引者。

③ 潘光旦：《说“五伦”的由来》，载潘乃谷、潘乃和选编《潘光旦选集》第 1 册，光明日报出版社 1999 年版，第 373 页。

④ 刘向撰、刘晓东校点：《列女传》卷 3，辽宁教育出版社 1998 年版，第 34 页。

理上下、整齐人道也。人皆怀五常之性，有亲爱之心，是以纲纪为化，若罗网之有纪纲而万目张也。《诗》云："亹亹我王。纲纪四方。"①

《白虎通》引《诗》与《荀子·富国》引《诗》同（《毛诗·大雅·文王之什·棫朴》作"勉勉我王，纲纪四方。"），均明"纲纪"之出处，而用法又不同，《白虎通》据《礼纬》将"纲"与"纪"作严格区别用，以"纲"统"纪"，具体条目明确以"三纲"统"六纪"。不过类此以纲统纪之主张，西汉贾谊已有阐发，《汉书·礼乐志》述贾氏之见曰：

夫立君臣，等上下，使纲纪有序，六亲和睦，（如淳曰："六亲，贾谊书以为父也，子也，从父昆弟也，从祖昆弟也，曾祖昆弟也，族昆弟也。"）此非天之所为，人之所设也。②

贾谊在此已凸显了"纲纪"一词，隐约欲以之整理"君臣""上下"与"六亲"之关系。《汉书·贾谊传》引贾氏之言又云：

夫立君臣，等上下，使父子有礼，六亲有纪，（师古曰："纪，〈礼〉［理］也。"）此非天之所为，人之所设也。……秦灭四维而不张，故君臣乖乱，六亲殃戮，奸人并起，万民离叛，凡十三岁，［而］社稷为虚。今四维犹未备也，故奸人幾幸，而众心疑惑。岂如今定经制，令君君臣臣，上下有差，父子六亲各得其宜，奸人亡

① 参见陈立《白虎通疏证》，吴则虞点校，中华书局1994年版，第373—374页。陈立校云："《乐记疏》引《礼纬》'六纪道行'作'诸父有善'，当据改正。"《礼记·乐记疏》引《礼纬·含文嘉》已见前文，笔者以为《乐记疏》例为约引，"六纪道行"《白虎通》未必无其文，而"诸父有善"则确为今本所脱，致"六纪"缺一。故当据以补入，而非"改正"也。又，"亹亹我王"，陈立《白虎通疏证》本作"亹亹文王"，或为手民之误。今据《元本白虎通德论》，正为"亹亹我王"。参见班固《元本白虎通德论》第2册，国家图书馆出版社2019年版，第66页。

② 《汉书》，《二十四史》（精装本全20册）第2册，第268页。

所幾幸，而群臣众信，上不疑惑！此业壹定，世世常安，而后有所持循矣。若夫经制不定，是犹度江河亡维楫，中流而遇风波，船必覆矣。可为长太息者此也。①

我们从如淳所注“六亲”之指涉，可以看出，贾谊所谓“六亲有纪”与《白虎通》之“六纪”内涵颇为不同，但在整理人伦纲纪的方向上是一致的。不仅如此，“张理上下”等“张”字的语境也显现了，《汉书·贾谊传》载贾谊引管子曰“礼义廉耻，是谓四维；四维不张，国乃灭亡”，可见贾氏的主张正在于“张”“四维”之类。我们也看得很清楚，这是亡秦之思引出的“汉改秦制”的历史努力之积极步骤。所谓“可为长太息者此也”，正是《汉书·礼乐志》结语——“今大汉继周，久旷大仪，未有立礼成乐，此贾（宜）［谊］、仲舒、王吉、刘向之徒所为发愤而增叹也”② ——这一深沉的反响之缘起也。

必须承认，这一历史使命，到《白虎通》之撰定，大体粗具规模。更为重要的是，《韩非子》的“三常道”被儒家的主体精神收服而沉潜下来了。贾谊所强调的“令君君臣臣，上下有差，父子六亲各得其宜”，正是礼治的精神。《白虎通》继云：

君臣、父子、夫妇，六人也。所以称三纲何？一阴一阳谓之道，阳得阴而成，阴得阳而序，刚柔相配，故六人为三纲。

三纲法天、地、人，六纪法六合。君臣法天，取象日月屈信，归功天也。父子法地，取象五行转相生也。夫妇法人，取象人合阴阳，有施化端也。六纪者，为三纲之纪者也。师长，君臣之纪也，以其皆成己也。诸父、兄弟，父子之纪也，以其有亲恩连也。诸舅、朋友，夫妇之纪也，以其皆有同志为己助也。③

《白虎通》用阴阳、三材、六合等来系统论证诸人伦之“宜”，也是

① 《汉书》，《二十四史》（精装本全20册）第2册，第574—575页。
② 《汉书》，《二十四史》（精装本全20册）第2册，第280页。
③ 陈立：《白虎通疏证》，第374—375页。

继承了董仲舒以来的儒者参天地的精神，此间的关系与《韩非子》“三常道”之一方绝对“顺事”另一方的伦理不可同日而语，所以从系统性的角度去看待某些条文的实质内涵是非常重要的。《白虎通》所云“人皆怀五常之性，有亲爱之心，是以纲纪为化，若罗网之有纪纲而万目张也”，更是一句点睛之笔，而常为人所忽略。“是以纪纲为化”，刘师培据《原本玉篇残卷》糸部所引，将之校正为“是以维纲纪为化首”，[①] 甚是。就是说，《白虎通》认定三纲六纪是儒家所主持之以教化为本的为政之道的首要。因此要用“五常之性”“亲爱之心”以为施政最终极之心性根据。而“五常之性”从《白虎通》整部来看，指的就是仁义礼智信之性。[②] 所以是整体性的儒家礼治精神之网笼罩在某些秦政法家所厘定的治理传统，无远弗届。

在君主制已经成为历史陈迹的时代，一旦听闻“君为臣纲”之类，正义的火气或不免掩埋了历史考察的理性。不过说到“三纲”之法典化，至少要看明白《白虎通》之具体界定为何。今举其要，以“君臣”一伦为主。

> 君臣者，何谓也？君，群也，群下之所归心也。臣者，繵坚也。厉（《元本白虎通德论》作“属”——引者）志自坚固也。《春秋传》曰：“君处此，臣请归”也。父子者，何谓也？父者，矩也，以法度教子也。子者，孳也，孳孳无已也。故《孝经》曰：“父有争子，则身不陷于不义。”夫妇者，何谓也？夫者，扶也，以道扶接也。妇者，服也，以礼屈服也。《昏礼》曰：“夫亲脱妇之缨。”《传》曰：“夫妇判合也。”[③]

先看父子、夫妇。父子之间：主于为父之立家法、施教训；为子之

---

① 参见刘师培《白虎通义斠补》卷下，载刘师培《仪徵刘申叔遗书》8，万仕国点校，广陵书社 2014 年版，第 3360 页。

② 不烦多引，观乎《白虎通·谏诤》篇“人怀五常，故知谏有五……此智之性也……此仁之性也……此礼之性也……此信之性也……此义之性也”，可知其概。

③ 陈立：《白虎通疏证》，第 376 页。

贵“争（诤）”，以“义”父“身”，各有所职，非“孝子，不非其亲”（《韩非子·忠孝》）之谓也。夫妇之间：主于为夫之“扶”妇；为妇之“服”夫。互相扶助配合，亲密相待，“判合”一体，而各以“道”、以“礼”相处，所谓以礼治家也。

君臣之间，尤为重要。“君，群也，群下之所归心也。”《白虎通》的这一定义，远本《荀子·王制》“君者，善群也”及《荀子·君道》“君者，何也？曰：能群也……善生养人者也，善班治人者也，善显设人者也，善藩饰人者也……四统者具，而天下归之，夫是之谓能群”等说，与《商君书》之“权者，君之所独制也”[①]、《管子》之“权势者，人主之所独守也”[②]、《韩非子》之“王者独行，谓之王”[③]等权势为人主“独擅”等说，大异其趣。“臣者，繵坚也。属志自坚固也”，强调的也是为臣之“属志自坚”自求为贤的本分，这与法家所倡导的一味臣奴顺服，也绝不可等量齐观。

《韩非子·忠孝》：“今尧自以为明，而不能以畜舜；舜自以为贤，而不能以戴尧，汤、武自以为义，而弑其君长，此明君且常与，而贤臣且常取也……此非所以定位一教之道也。”[④]儒家持禅让、革命说，而法家对此斤斤计较，务取坚决反对态度。对于这个关节问题，《白虎通》又是如何规定的呢？《白虎通·三军》篇“论商周改正诛伐先后之义”末云：“《礼》曰：‘汤放桀、武王伐纣，时也。’”陈立《白虎通疏证》引《荀子·正论》篇：“天下归之之谓王，天下去之之谓亡。故桀、纣无天下，而汤、武不弑君，由此效之也。汤、武者，民之父母也；桀、纣者，民之怨贼也”，以释此条曰“即时义也”[⑤]，甚确。则《白虎通》秉持儒家主导之礼治立场，是毫不放松的。

总而言之，从“三纲”之建立进程，可以清晰地看到，绝不是儒家一味臣服拜倒在法家的淫威之下苟延残喘，而是在“汉改秦制”的历史

① 张觉：《商君书校疏》，第 164 页。

② 刘绩补注：《管子补注》卷 17，姜涛点校，凤凰出版社 2016 年版，第 354 页。

③ 张觉：《韩非子校疏》，第 1274 页。

④ 张觉：《韩非子校疏》，第 1263 页。

⑤ 陈立：《白虎通疏证》，第 205 页。

大趋势之下，儒家一步步改造与转化了法家的治理经验，并以《白虎通》的法典形式，确立了“以礼统法”的政治法律精神。

最后，我们也不能忽略在历史长河中这一法条所蕴含的普遍意义。关于这一点，陈寅恪有感于王国维之自杀，论之甚切：

> 吾中国文化之定义，具于《白虎通》“三纲六纪”之说，其意义为抽象理想最高之境，犹希腊柏拉图所谓 Eîdos 者。若以君臣之纲言之，君为李煜亦期之以刘秀；以朋友之纪言之，友为郦寄亦待之以鲍叔。其所殉之道，与所成之仁，均为抽象理想之通性，而非具体之一人一事。①

依陈氏之见，王氏之“一死从容殉大伦”，正为其有见于此“纲纪”将随其所“依托”之“社会制度”之共沦亡而殉身。此前，吴宓在日记中也表示：“若夫我辈素主维持中国礼教，对于王先生之弃世，只有敬服哀悼已耳。”② 又云：“先生忠事清室，宓之身世境遇不同，然宓固愿以维持中国文化道德礼教之精神为己任者。”③ 欲效其以死殉伦的精神。吴宓又记：“（黄节）黄先生大悲泣，泪涔涔下，谓以彼意度之，则王先生之死，必为不忍见中国从古传来之文化礼教道德精神，今日将全行澌灭，故而自戕其身。”④ 追悼王氏挽联中，有柯劭忞挽“臣职不再辱；天鉴此孤忠”，等等。⑤

上述颇为一致的意见与操守，均涉及对“纲纪”普遍意义乃至中国“礼教”精神的理解。其中的意蕴，以贺麟的阐发最为扼要：

> 先秦的五伦说注重人对人的关系，而西汉的三纲说则将人对人

---

① 陈寅恪：《王观堂先生挽词（并序）》，载陈美延编《陈寅恪集·诗集：附唐筼诗存》，生活·读书·新知三联书店 2001 年版，第 12 页。

② 吴学昭：《吴宓与陈寅恪》（增订本），生活·读书·新知三联书店 2014 年版，第 73 页。

③ 吴学昭：《吴宓与陈寅恪》（增订本），第 74 页。

④ 吴学昭：《吴宓与陈寅恪》（增订本），第 78 页。

⑤ 参吴学昭《吴宓与陈寅恪》（增订本），第 84 页。

> 的关系转变为人对理、人对位分、人对常德的单方面的绝对的关系。故三纲说当然比五伦说来得深刻而有力量……唯有人人都能在其位分内，单方面地尽他自己绝对的义务，才可以维持社会人群的纲常。[①]

王国维之死，可谓以最惨烈的方式诠释了中国传统之政治文化结晶之“纲常”的意义，所以是不能仅视为旧时代终将沦亡之象征的。

（原载《齐鲁学刊》2021 年第 5 期）

① 贺麟：《五伦观念的新检讨》，贺麟：《文化与人生》，上海人民出版社 2019 年版，第 65 页。

从“一律”到“多元”：明代舆论生态的生成逻辑与历史图景

展　龙

舆论的生成既是社会现实的话语需要，也是社会现实的客观反映。一方面，舆论的形成离不开人、环境及其二者的互动，其中人的思想交流和意见互动是舆论形成的主体要素；而客观的时空环境则是舆论生成的社会基础。另一方面，舆论一旦形成，必然借助某种公共场域和公共话语反作用于现实社会，尤其是那些能够代表集体意识和共同意见的舆论话语，时常对社会政治产生警示、矫正、批判、监督、预测作用。同样，明代舆论（包括官方舆论与民间舆论）的生成、发展始终伴随着政治、经济、社会、文化的变动而不断变化，呈现出极具时代特色的复杂态势和历史意蕴。明代官员、士民以批判者、警示者的另类身份，以独立、理性的精神气质，评议朝政，裁量人物，建言献策，不仅平衡了权力格局，维系了政治秩序，引导了国家政策，催生了政治文明，而且反映了明代舆论普遍的利益诉求、价值取向和政治情怀。于此，学界的研究主要集中在邸报、言官、歌谣、党议、讲学等舆论形态及其传播意义。[①] 以此为基础，本文拟将明代舆论置于一代时势的宏大视阈下，借

① 具体参见林语堂《中国新闻舆论史》，上海人民出版社 2008 年版；尹韵公《中国明代新闻传播史》，重庆出版社 1990 年版；王天有《晚明东林党议》，上海古籍出版社 1991 年版；陈宝良《明代民间舆论探析》，《江汉论坛》1992 年第 2 期；周玉波《明代民歌研究》，凤凰出版社 2005 年版；陈时龙《明代中晚期讲学运动》，复旦大学出版社 2007 年版；王鸿泰《明清的资讯传播、社会想象与公众社会》，《明代研究》总第 12 期，2009 年；刘中兴《晚明舆论传播与东林运动》，博士学位论文，华中师范大学，2013 年；展龙《明代谣谚的舆论诉求与政府应对》，《河南大学学报》（社会科学版）2017 年第 5 期等。

助政治空间、舆论话题、舆论政策、文化场域、思想根源等舆论要素，深刻阐析明代舆论生态的多元生成逻辑和复杂现实依据，总体呈现明代舆论形态的主流思想基调和集体话语倾向，以期凸显舆论在不同历史场景中的变化趋势、传播形式、政治效应等重要问题，并为新时代深化、升华“舆论史”研究提供有益的创新路径和理论参考。

一　政治空间：专制统治的嬗变与舆论的“自由度”

舆论学认为，“民意只有在自由、宽松的民主环境中才能真实地表达出来，如果对民意施加压力，用武力去镇压它，用特务监视人民的活动，民意就会隐蔽起来”。[①] 因此，欲使民众充分表达意见，须营造可以接受不同意见的舆论环境。明代君主专制统治的政治体制及复杂多变的政治环境，构成舆论生成、传播的总体政治空间。明初紧张的政治生态，致使舆论传播形式较为单一，舆论环境较为沉寂，出现了前所未有的“舆论一律”格局。至明中后期，舆论环境较为宽松，舆论表达趋于“自由”，但这一时期明廷并未充分重视迫于时势而日益高涨的官民舆论，更未能及时疏导民众的愤郁情绪，以致民心尽失，民怨沸腾，民变四起，最终在舆论的愤怨、批评和哀叹中走向覆亡。

洪武年间，明太祖勤于政事，善于纳言，并认为：“治国之道，必先通言路，言犹水也，欲其长流，水塞则众流障遏，言塞则上下壅蔽。”[②] 他深知民心向背关系王朝盛衰和天下治乱。为此，洪武元年（1368），明太祖特置登闻鼓于午门外，以“伸理冤抑，通达幽滞”。[③] 同时，他鼓励民众诣阙上诉，申诉冤情，陈诉意愿，“有可言之事，亦许直至御前奏闻”。[④] 这些

---

① 刘建明等：《舆论学概论》，中国传媒大学出版社 2009 年版，第 121 页。

② 余继登：《典故纪闻》卷 1，中华书局 1981 年版，第 6—7 页。

③ 申时行等：《大明会典》卷 178《刑部二十・伸冤》，《续修四库全书》本，史部第 792 册，上海古籍出版社 2002 年版，第 164 页。

④ 刘惟谦等撰：《大明律》卷 12《礼律二・仪制》，怀效锋点校，法律出版社 1999 年版，第 93 页。

基于“民本”观念的舆论政策，在一定程度上改变了民间词讼自下而上的基本原则，无疑有利于统治者及早洞察民情，及时满足民愿。但是，明太祖是“雄猜之主”，[①] 深知皇权来之不易，故采取一系列遏制“异端”言论、压抑“异己”舆论的极端举措，以致士习卑下，生气索然，“群臣惴惴，无敢颂言”，[②] “士气消折尽矣”。[③] 明成祖夺权后，在清理建文言论、隐讳建文史实时，不惜付诸暴力，肃清建文旧臣。经过太祖和成祖的强权威慑，至仁宗、宣宗时，纵然极力鼓励直谏，但士民鉴于前车，依旧谨言慎行，不敢直言，即使风宪之官，也“缄口不言时政”，[④] 官方舆论依然沉闷。明初君主专制统治及其催生的严肃舆论氛围，将朝野士人逼入政治的困境和生命的绝境，以致整个明初士风谨固，鲜言时政，即使是在野士人也惶惶难安，“今之为士者以混迹无闻为福，以受玷不录为幸”。[⑤] 处此境地，朝野士人唯有屈从权势，苟且偷生，既不能发挥主体意识，监督政务，制衡权力，也难能彰显独立人格，申述内心意愿，实现舆论价值。

明中后期以降，专制统治渐趋昏乱，社会控制日益弱化，舆论时常充当了社会的“温度计”和政治的“回声筒”。此时，群臣直言成为风尚，百官抗疏以为美谈，“居其职者，振风裁而耻缄默，自天子、大臣、左右近习无不指斥极言”。[⑥] 如孝宗践祚伊始，即更新庶政，大开言路，鼓励群臣直言献策。弘治九年（1496）闰三月，少詹事王华进讲《大学衍义》，“至唐李辅国与张后表里用事，指陈甚切”，[⑦] 时“内侍李广方贵幸，招权纳贿，（王）华讽上”。[⑧] 孝宗听闻后，不仅未加罪王华，反而“命中官赐食劳焉”。[⑨] 此外，明初一度“禁言”的学校生员也踊跃上书。

---

① 钱穆：《国史大纲》，商务印书馆 1994 年版，第 665 页。

② 邓元锡：《皇明书》卷 1，《续修四库全书》本，史部第 315 册，第 532 页。

③ 沈德符：《万历野获编》卷 21《禁卫》，中华书局 1959 年版，第 538 页。

④ 《明太祖实录》卷 215，洪武二十五年春正月丁亥条，“中研院”历史语言研究所 1962 年版，第 3169 页。

⑤ 吴乘权等：《纲鉴易知录・明纪》卷 2，中华书局 1960 年版，第 2612 页。

⑥ 《明史》卷 180《赞》，中华书局 1974 年版，第 4803 页。

⑦ 《明史》卷 195《王守仁传》，第 5159 页。

⑧ 谷应泰：《明史纪事本末》卷 42《弘治君臣》，中华书局 1977 年版，第 615 页。

⑨ 《明史》卷 195《王守仁传》，第 5159 页。

孝宗欲在万岁山建立棕棚，以备登临远眺，监生虎臣听闻，“上疏切谏”。祭酒费訚深恐虎臣此举殃及自己，便“锒铛系（虎）臣堂树下”。结果孝宗非但未责怪虎臣，反而认为他所言有理，将棕棚拆毁，并任命虎臣为云南知县。[①] 此事很快传扬开来，引发了朝野人士的直言之风，甚至奏事失实也会免于处罚。弘治十一年（1498），通政使司右参议李浩“奏事差错”，遭到御史弹劾，孝宗不但未罚李浩，反而要求通政司奏事“错一二字者免劾”。[②]

至明后期，皇帝惰政，近与外廷隔绝，以致朝政紊乱，世道乖漓，士论喧腾，“往时私议朝政者，不过街头巷尾，口喃耳语而已。今则通衢闹市唱词说书之辈，公然编成套数，抵掌剧谈，略无顾忌，所言皆朝廷种种失政”。[③] 世宗御极，虽力革弊政，“天下翕然称治”，却因“继统”之故与护礼派针锋相对，争论不休，以致“舆论沸腾”。[④] 经此论战，世宗对百官信任不足，猜忌有余，甚至议礼时为其辩护的官员，也或遭贬杀。不仅如此，议礼之后，世宗万机不理，沉溺仙道，“不斋则醮，月无虚日”。[⑤] 于此，群臣激昂陈词，冒死直谏，工部员外郎刘魁更是“鬻棺以待”，上书谏止；[⑥] 海瑞控诉世宗不视朝政，事多废缓，以致“吏贪官横，民不聊生，水旱无时，盗贼滋炽”。[⑦] 但世宗逸豫荒政，不顾谏言，致使舆情传布郁塞不畅，舆论生态日趋恶化。穆宗继位不久，即怠于临政，诏停日讲，引起百官冒谏，不遗余力。给事中魏时亮直言“新政不宜遽怠”，而须“慎起居，罢游宴”。[⑧] 给事中王治也请求“勤朝讲，亲辅弼”。[⑨] 至万历时，言路曾有“两变”：一是张居正执政时，

---

① 夏燮：《明通鉴》卷35，成化二十三年十二月壬午条，中华书局2014年版，第1405页。

② 《明孝宗实录》卷144，弘治十一年闰十一月丙寅条，第2508页。

③ 沈一贯：《敬事草》卷3《请修明政事收拾人心揭帖》，《四库全书存目丛书》本，史部第63册，齐鲁书社1995年版，第64页。

④ 《明史》卷18《世宗本纪二》，第250页。

⑤ 夏燮：《明通鉴》卷50，嘉靖二年四月癸未条，第1924页。

⑥ 《明史》卷209《刘魁传》，第5530页。

⑦ 《明史》卷226《海瑞传》，第5928页。

⑧ 《明史》卷221《魏时亮传》，第5819页。

⑨ 《明史》卷215《王治传》，第5674页。

压抑言论，排斥异己，“异己者辄斥去之，科道皆望风而靡”，[①] 并借机禁建书院，严控讲学，反对“别标门户，聚党空谭”。[②] 张居正去世后，言路大开，党争日炽。“倒张”狂潮激发了久被压抑的舆论活力，虽然明廷一度禁止“出位言事”，[③] 但言谏之风日盛，“士大夫笔争舌战者数十年”，[④] 最终演化为错综复杂的朋党纷争，“此言路之又一变也”。[⑤] 二是官员对内阁的失信，也加剧了官员“同官互讦”，[⑥]“台谏群攻”[⑦] 之风。为此，神宗曾诏令官员“共持公论，毋再渎扰”，[⑧]“不许借言奸党攻讦争辨”。[⑨] 自此，内阁首辅明哲保身，一应事体，务承帝旨，如王锡爵、赵志皋、张位、沈一贯、方从哲等，莫不“外畏清议，内固恩宠，依阿自守，掩饰取名，弼谐无闻，循默避事”，[⑩] 言路至此又变，政局也由此大变。其间，神宗怠政，舆论哗然，如冯经伦批评神宗拒绝纳谏，不喜言官，“陛下何为一旦自涂其耳目邪”；[⑪] 张养蒙讽喻时政，“迩来殿廷希御，上下不交”；[⑫] 王元瀚斥责君德缺失，怠于政事，“郊庙不亲，则天地祖宗不相属；朝讲不御，则伏机隐祸不上闻”；[⑬] 叶向高感叹神宗深居日久，“典礼当行而不行，章疏当发而不发，人才当用而不用，政务当修而不修，议论当断而不断”。[⑭] 朝臣上书言事，声色俱厉，甚而挂印离去，但纵然如此，很多奏疏仍被留中不理，“君臣相通，惟有章疏

① 赵翼著，王树民校证：《廿二史札记校证》卷35《明言路习气先后不同》，中华书局2013年版，第805页。

② 张居正：《张太岳集》卷39《请申旧章饬学政以振兴人才疏》，上海古籍出版社1984年版，第496页。

③ 夏燮：《明通鉴》卷68，万历十四年三月癸卯条，第2734页。

④ 缪昌期：《从野堂存稿》卷6《答李梦白》，《续修四库全书》本，集部第1373册，第565页。

⑤ 赵翼著，王树民校证：《廿二史札记校证》卷35《明言路习气先后不同》，第805页。

⑥ 谈迁：《国榷》卷75，万历十七年十二月甲申条，中华书局1958年版，第4618页。

⑦ 谈迁：《国榷》卷75，万历十七年十二月甲申条，第4618页。

⑧ 谈迁：《国榷》卷72，万历十二年四月辛亥条，第4473页。

⑨ 谈迁：《国榷》卷73，万历十三年四月戊辰条，第4504页。

⑩ 《明史》卷218《赞》，第5768页。

⑪ 《明史》卷234《马经纶传》，第6104页。

⑫ 《明史》卷235《张养蒙传》，第6122页。

⑬ 《明史》卷236《王元瀚传》，第6150—6151页。

⑭ 《明神宗实录》卷510，万历四十一年七月丁卯条，第9657页。

之一线”。[①] 此线不通，舆论的预警、监督、矫正作用便丧失殆尽，这对国家治理极其危险，“万几不理，宠信内侍，浊乱朝纲，致民困盗起，财尽兵疲。祸机潜蓄，恐大命难保”。[②]

逮及明末，皇权日衰，党争日烈，舆论高涨，朝野志士怀抱经世之志，力抵怠政之风，力挽朽败之势。此时，以魏忠贤为首的阉党横行朝野，谚谣“委鬼当头坐，茄花遍地生”，[③] 以拆字方式指斥魏党之恶。首辅温体仁嫉妒骄横，陷害忠良，时谣“崇祯皇帝遭温了”，[④] 讽刺朝廷用人之失。名将曹文诏出兵后金，又在山西、陕西等地讨伐民乱，时谣“军中有一曹，西贼闻之心胆摇”，[⑤] 盛赞曹氏军威。此外，晚明民众还通过小报、小说等通俗读物，关心时政，知晓时事，并借此发表政论。[⑥] 如《征播奏捷传》《魏忠贤小说斥奸书》《辽海丹忠录》《剿闯通俗演义》等讲述辽东战事、阉党始末、农民起义、清兵南下的时事小说异彩纷呈，不仅反映了时人关注现实的舆论心怀，而且以别样的视角真实记录了晚明巨变。在江南地区，广大民众还借揭帖、传札、流言等制造舆论，传播舆情，晚明江南等地发生的民变，即与民众的舆论动员有极大关系。[⑦] 当时，民众通过反阉党、抗税监等政治行为来表达心绪，抒发情怀，在一定程度上是其舆论诉求的最终践履。然衰亡之际，舆论呼声虽然高涨，但难以唤醒国君，警示世人，最终随着明之覆亡而陷入苍白的怨愤和悲鸣！

二　舆论话题：复杂多变的政治事件与社会问题

舆论是一种特殊的精神交往形式，时常与政治变动、社会关系、心

---

① 张萱：《西园闻见录》卷93《建言上》，哈佛燕京学社1940年版，第6698页。

② 《明史》卷188《张士隆传》，第4992页。

③ 《明史》卷30《五行志三》，第486页。

④ 计六奇：《明季北略》卷10《童谣》，中华书局1984年版，第163页。

⑤ 《明史》卷268《曹文诏传》，第6895页。

⑥ 张显清：《明代后期社会转型研究》，中国社会科学出版社2008年版，第388页。

⑦ 王鸿泰：《明清的资讯传播、社会想象与公众社会》，《明代研究》总第12期，2009年，第87页。

理因素等交织在一起，弥漫在社会的各个领域，时时反映着人们对社会现实的各种意愿和态度。社会现实中的各种复杂性、突发性、敏感性社会现象、政治事件或公共事务，往往是引发公众广泛关注的舆论客体。在中国古代社会，舆论客体是由君主专制统治衍生、催发的社会现象或社会事件，不仅具有明显的公共性、现实性特征，而且具有更加突出、复杂的矛盾性、斗争性特征。明代处于封建社会的晚期，空前专制的统治格局，此起彼伏的政治事件和复杂多变的社会问题，始终是激发社会矛盾，引发政治危机的历史缘由，也是引起舆论关注，激起舆论风潮的公共话题。

明初，党狱迭起，株连万千。当时，丞相胡惟庸宠遇骄恣，生杀黜陟，无不专行。朱元璋决定铲除胡氏及其“奸党”，与朝野舆论的推助有着直接关系。如大将军徐达“深疾其（胡惟庸）奸，从容言于帝”；刘基“亦尝言其短”。[①] 翰林学士吴伯宗弹劾胡惟庸“专恣不法”。[②] 监察御史韩宜可亦弹劾胡惟庸等“恃功怙宠，内怀反侧，擢置台端，擅作威福”，并乞请斩杀，以谢天下。[③] 群臣皆言胡罪，太祖深信不疑，最终诛之。此后，受胡党牵连，韩国公李善长也受到舆论质疑和弹劾。洪武二十三年（1390）五月，监察御史劾奏李善长，认为其出身小吏，建国无功，却位极人臣。然而李善长却不念皇恩，阴谋叛乱，实乃“大逆不道”。[④] 太祖不信，未予理睬。不久，监察御史又请按问李善长及其从子佑伸之罪，太祖“不得已”，下佑伸狱。此后，李善长家奴卢仲谦等亦上告李善长与胡惟庸结党，太祖始疑，命廷臣问讯，具得其实，群臣趁机奏李善长等“反状甚明”，罪不可赦。最终，在朝野舆论的压力下，李善长以死奉法。[⑤] 成祖靖难夺位，名分不正，他即位之初，便附会祖制，平复舆论，表明正统，“朕初即位，与天下更新，不宜复念旧恶，其悉除之”，[⑥] 极力为靖难正名，以堵众人之口，并责难建文旧臣不能食

① 《明史》卷308《胡惟庸传》，第7906页。

② 《明太祖实录》卷161，洪武十七年四月乙未条，第2508页。

③ 过庭训：《明朝分省人物考》卷49《韩宜可传》，广陵书社2015年版，第1037页。

④ 《明太祖实录》卷202，洪武二十三年五月戊戌条，第3023页。

⑤ 《明太祖实录》卷202，洪武二十三年五月庚子条，第3024页。

⑥ 《明太宗实录》卷10下，洪武三十五年七月戊戌条，第165页。

君禄，担君忧，训谕大臣“食其禄则思任其事，当国家危急之际，在近侍独无一言可乎？朕非恶夫尽心于建文者，但恶导诱建文坏祖法乱政经耳”。[①] 成祖恩威并施，诱导舆论，且国运昌隆，政治升平，史书多溢美之词。

明中期，国势渐衰，朝政昏乱，上至皇帝，下至权臣，多为舆论诟病，而其间发生的英宗亲征、南宫之变、武宗南巡等重大历史事件，更引起朝野的热烈争议和深切关注。英宗在位时，王振弄权，辅政大臣年老力孤，朝廷大政尽归权宦。侍讲刘球应诏陈言，指斥麓川之失，结果触犯王振，被逮入狱，肢解而死；[②] 内使张环、顾忠以匿名信笺，揭露王振罪行，结果被杀；[③] 监察御史李俨、霸州知州张需也因辱骂王振，被逮治戍边。[④] 王振凶暴，朝野皆知，然英宗视若无睹，任其祸乱。正统十四年（1449）七月，瓦剌入犯，王振欲挟帝亲征，吏部尚书王直、兵部尚书邝埜等劝谏不绝，阐明利害，“臣等至愚以为不可……愿留意三思，俯察舆情”。[⑤] 然而英宗错信宦官，漠视舆论，一意孤行，执意出征，以致兵败土木，朝野哗然，“群臣聚哭于朝”，不知所为。[⑥] 翰林侍讲徐珵（徐有贞）惑乱人心，力主南迁，兵部侍郎于谦坚决反对，“言南迁者可斩也”。[⑦] 英宗北狩，景泰帝临危即位，朝野弹劾王振党羽：“（王）振倾危宗社，请灭族以安人心。若不奉诏，群臣死不敢退。”[⑧] 武宗在位时，行事荒诞，嗜玩成性。正德十二年（1517）春，武宗欲在郊祀时另行游猎，阁臣梁储进言阻止：“今祀礼未举，而先有意于游猎，则精诚已分矣……况自祖宗列圣以来，百五十余年皆未尝有此举动，臣等乃不能极力谏阻，以致皇上轻改祖宗之旧章，怠忽郊祀之大礼，纵耳目之细娱，忘宗社之至计，则臣等之罪大矣。”[⑨] 梁储认为郊祀关乎社

---

① 《明太宗实录》卷11，洪武三十五年八月丙寅条，第186—187页。

② 谷应泰：《明史纪事本末》卷29《王振用事》，第446页。

③ 《明史》卷304《王振传》，第7772页。

④ 谷应泰：《明史纪事本末》卷29《王振用事》，第448—449页。

⑤ 《明英宗实录》卷180，正统十四年七月壬辰条，第3486页。

⑥ 《明英宗实录》卷181，正统十四年八月癸亥条，第3509页。

⑦ 《明史》卷170《于谦传》，第4545页。

⑧ 谷应泰：《明史纪事本末》卷33《景帝登极守御》，第477页。

⑨ 《明武宗实录》卷145，正德十二年正月戊寅条，第2831—2832页。

稷，皇帝当树立标范。成国公朱辅以“灾异连年，愁叹盈路，夷狄盗贼，无日宁息”[①] 为由，也阻止武宗游猎。同年，武宗多次私访边关，梁储、蒋冕、毛澄、吴俨等以土木之鉴极力劝阻，“伏望亟还京师，亲君子远小人，则天位可永保矣”，[②] 最终武宗顾忌言官，慑于群臣，终止游幸。正德十四年（1519）二月，武宗下诏南巡，祀神祈福，阁臣杨廷和等力谏不听。三月，给事中邢寰、御史王度等上疏阻止，佥事张英更是“自刃以谏”。[③] 迫于直谏，武宗最终放弃南巡，“上亦为之感动，竟罢南巡”。[④] 可见，当时官员言论在一定程度上发挥了匡正君失、制约君权的作用。

明中期，宦官专权，宪纪不振，“一闻国政，便作奸欺”，[⑤]“变易选法，任情黜陟”，[⑥] 引发了舆论风波。一方面，作为舆论操控者，权宦肆意干政，打击官员，制造舆论。如成化十五年（1479），汪直诬陷马文升“抚安无方，用致边患”，宪宗信以为真，斥责言官“互相容隐，缄默不言”，并对给事中李俊等 27 人、御史王浚等 29 人施以廷杖。[⑦] 正德时，武宗怠政，刘瑾窃权，“摧折台谏”，[⑧] 虽然阁臣刘健、谢迁、李东阳及御史赵佑等为论劾权宦，驰疏极谏，但在刘瑾淫威之下，直臣备受迫害，致使正德前期言路闭塞，“科道寂然”。[⑨] 另一方面，作为舆论的客体，宦官擅权，倒行逆施，激起怨愤，成为舆论抨击的对象。如宪宗即位初，给事中王徽等纵论阉患：“夫宦者无事之时似乎恭慎，一闻国政，即肆奸欺……内官在帝左右，大臣不识廉耻，多与交结……有方正不阿者，即以为不肖，而朝夕谗谤之……恩出于内侍，怨归于朝廷，此

---

① 《明武宗实录》卷 145，正德十二年正月戊寅条，第 2832 页。

② 《明武宗实录》卷 153，正德十二年九月甲戌条，第 2954 页。

③ 《明史》卷 16《武宗本纪》，第 210 页。

④ 夏燮：《明通鉴》卷 48，正德十四年四月戊寅条，第 1837 页。

⑤ 王世贞：《弇山堂别集》卷 92《中官考三》，魏连科点校，中华书局 1985 年版，第 1757 页。

⑥ 王世贞：《弇山堂别集》卷 95《中官考六》，第 1811 页。

⑦ 《明宪宗实录》卷 190，成化十五年五月癸酉条，第 3384 页。

⑧ 《明史》卷 306《刘宇传》，第 7837—7838 页。

⑨ 《明武宗实录》卷 55，正德四年闰九月丙子条，第 1240 页。

所以不可许其交结也。"[①] 成化二十一年（1485），吏科给事中上疏："今之大臣，其未进也，非夤缘内臣则不得进；其既进也，非依凭内臣则不得安。"[②] 当时，汪直大权独揽，以万安等为首的内阁却一味"蒙耻固位"，被民谣讽刺为"纸糊三阁老，泥塑六尚书"，[③] 反映了民众对宦官专权和廷臣无能的愤懑。

至明后期，在皇权日衰、政局日乱之际，舆论的"话语力量"日益凸显，这在大礼议、争国本等政治事件中表现得尤为突出。嘉靖年间，世宗不顾礼制，大兴议礼，问罪臣僚，其中在"左顺门"事件中，"下诏狱拷讯"一百多人，四品以上及司务等官"姑令待罪"。[④] 议礼以来，舆论纷攘，士人秉持君道，维护正统，虽然世宗以大狱血案暂时压制了反对言论，但议礼之事纷争不息，世宗被迫命"称孝宗为皇考，慈寿皇太后为圣母，兴献帝后为本生父母，不称皇"。[⑤] 万历十四年（1586），首辅申时行请立太子，国本事件拉开帷幕。[⑥] 之后，给事中姜应麟、御史孙维城、礼部侍郎沈鲤等进言建储，皆被神宗以"揣测圣意"为由驳回。万历二十年（1592），给事李献可、叶初春及御史钱一本、邹德泳等因建储之事受到处分。次年，辅臣王家屏等联名上书，以为不建储，难以"塞道路揣摩之口"。[⑦] 万历十五年（1587）至万历十六年（1588），御史何倬、王慎德、陈登云等又奏建储，均未得到神宗回应。直至万历二十九年（1601）十月，迫于舆论压力，神宗不得不"立皇长子常洛为皇太子"。[⑧] 万历四十二年（1614），福王常洵离京就任藩王，国本事件才告终。

总之，明代官民舆论关注的话题大多在于皇帝作为、宦官擅权、大臣弄权等朝政要事，而靖难之役、土木之变、嘉靖议礼、朋党之争、矿

---

① 《明史》卷180《王徽传》，第4768页。

② 龙文彬：《明会要》卷37《职官九》，中华书局1956年版，第647页。

③ 《明史》卷168《刘吉传》，第4528页。

④ 《明世宗实录》卷41，嘉靖三年七月戊寅条，第1050页。

⑤ 陈建：《皇明通纪集要》卷28《世宗肃皇帝》，《四库禁毁书丛刊》本，史部第34册，北京出版社2000年版，第313页。

⑥ 谷应泰：《明史纪事本末》卷67《争国本》，第1061页。

⑦ 谷应泰：《明史纪事本末》卷67《争国本》，第1063页。

⑧ 《明史》卷21《神宗本纪二》，第282页。

监税使等社会问题和政治事件则直接激发了舆论热潮。在某些时候，朝廷忽视舆论甚至会产生极端的结果。如正统间，英宗拒听劝谏，执意亲征，结果导致土木之难。成化间，宪宗忽视民情，漠视民怨，结果导致流民之乱。万历间，神宗不顾谏言，滥派矿监，放纵税使，结果引发市民之变。凡此表明：舆论是统治者施政的指向标，反映了亟待解决的现实问题和群众的利益需求，防民之口甚于防川，舆论不可以被忽视，更不可以被压制。

三　舆论政策：既利用又控制的“双重”选择

舆论一旦生成，便会引发社会的广泛讨论，并因官方参与而形成国家施政的舆论资源。理想的舆论状态是官民意见一致，舆论生态和谐，但很多时候，官民之间缘于某些利益分歧，其意见或态度时常处于一种对立、对撞乃至对抗状态。正因如此，明廷为维护君主专制统治，缓和官民舆论危机，推行了既利用舆论，又控制舆论的双重舆论政策。

（一）利用舆论

舆论是公众意见的集合，也是官方决策的重要依据。明代统治者重视利用舆论，并通过诏民献言、鼓励舆论、收集舆情等方式，确保言路畅通和风宪活跃，如此朝政弊病才能够及时被纠正，民情吏治才能够及时被反映，“政事岂有不善，天下岂有不治”。[①] 洪武时，明太祖规定：“凡军民利病，政事得失，条陈以进，下至编民卒伍，苟有所见，皆得尽言无讳”，[②] “言有善者则奖而行之，风闻不实亦不加罪”。[③] 成祖改元，即遣御史分巡天下，洞察舆情，了解民意。永乐十年（1412）春，成祖命“入觐官千五百余人各陈民瘼，不言者罪之”，[④] 以强制手段保证

① 余继登：《典故纪闻》卷2，第20页。

② 《明太祖实录》卷171，洪武十八年二月甲辰条，第2594页。

③ 陈建：《皇明通纪法传全录》卷8，《续修四库全书》本，史部第357册，第144页。

④ 《明史》卷6《成祖本纪二》，第90页。

地方舆情、民众意愿能闻达朝堂，传布诸司。仁宗认为御史乃朝廷耳目，关系“政事得失，军民利病”，[①] 须辨明是非，区分利弊，呈请民意，以备圣断。为此，仁宗曾因群臣寡谏、言路沉闷而敕曰：“卿等皆受国家股肱心膂之寄，无以直言而虑后谴，君臣同体，相与至诚，必有嘉谋嘉猷，辅朕不逮。”[②] 宣德三年（1428），宣宗敕曰：“凡官民建言章疏，尚书、都御史、给事中会议以闻，勿讳。”[③] 即使在成化时，虽然言官“多以直言得罪”，但宪宗也能接受给事中童轩的建议，“凡有上书敷陈治道者，果于圣意有合，乞厚加赏赍；其或乖谬有渎上听，亦必曲加宽贷”。[④] 明初以来，天灾频仍，皇帝常下诏求言，以示警醒。如建文元年（1399），京师地震，明廷“求直言”。[⑤] 景泰四年（1453）春，各地灾伤迭见，景帝接受王竑上言，“近亲儒臣，讲道论德，进君子，退小人，以回天意”。[⑥] 弘治十年（1497）五月，京师风霾，各省地震。孝宗召求直言，刑部主事郑岳以言下狱，户部侍郎许进疏救得赦。[⑦]

明代统治者重视借助舆论宣扬执政理念，丰富决策依据，洞察社会舆情，凝聚臣民意愿。《大诰》规定：凡各地“耆宿老人、遍处乡村市井士君子人等”均可对地方官员测评，“列姓名具状”递送朝廷，也可诣阙面奏，并根据民众评议黜陟官员，尤其对那些坐赃害民的地方官员，准许民众“连名赴京状奏”，[⑧]“凡守令贪酷者，许民赴京陈诉”，[⑨] 且各级官员不得阻拦。同时，明廷还建立了舆论反馈和收集通道，以便随时洞察民意民怨，了解社会动态。一方面，通过自上而下的出巡查政，搜集舆情，调整国策。永乐元年（1403）十一月，成祖“欲知民隐”，遂

① 陈建：《皇明通纪·皇明历朝资治通纪》卷9，中华书局2008年版，第534—535页。

② 余继登：《典故纪闻》卷8，第142页。

③ 《明史》卷9《宣宗本纪》，第119页。

④ 《明宪宗实录》卷2，天顺八年二月丙申条，第43页。

⑤ 陈建：《皇明通纪法传全录》卷12，《续修四库全书》本，史部第357册，第192—193页。

⑥ 《明史》卷177《王竑传》，第4707页。

⑦ 陈建：《皇明通纪集要》卷25《孝宗敬皇帝》，《四库禁毁书丛刊》本，史部第34册，第282页。

⑧ 朱元璋：《大诰·民陈有司贤否》，《续修四库全书》史部第862册，第254页。

⑨ 赵翼著，王树民校证：《廿二史札记校证》卷33《重惩贪吏》，第764页。

命吏部尚书蹇义等：“凡郡县考满至京……令各言所治郡县事。”[①] 耆耄之士，“所履必精，所见必明，所言必公”，[②] 故出巡官员时常借助召问里老保甲等方式知悉民情，上报朝廷。正统五年（1440）三月，大学士杨士奇等因四方雨泽不足，乞令三法司“亲诣州县，召里老亲邻审问实情，具奏处置，不令有冤”。[③] 天顺二年（1458），副都御史崔恭和巡抚苏松，“进郡县耆老，令尽言民利病，以通下情”。[④] 成化间，奸佞李孜省、梁芳等表里为奸，干乱政事。成化二十一年（1485），星变求言，言官极论传奉之弊，批评李、梁奸事。宪宗大悟，贬李孜省及传奉官五百余人。[⑤] 弘治六年（1493）四月，孝宗晓谕群臣：“自去冬无雪，至于是月不雨……田苗枯槁，民庶惊惶，朕甚忧惧”，要求群臣“凡军民利病，时政得失，有可以兴革者……仍条奏来”。[⑥] 为响应孝宗诏令，群臣纷纷疏言，纵论人臣贤否、政事得失和民情休戚。另一方面，通过自下而上的舆论诉求，解决民众夙愿。如通过设登闻鼓等方式收集民情，“凡民间词讼，皆须自下而上，或府州县省官及按察司官不为伸理，及有冤抑、机密重情，许击登闻鼓，监察御史随即引奏”。[⑦] 又如，按照民众集体乞请，留任清官廉吏；而那些受到舆论质疑和民情嫌弃的官员，则会被迁调、替换或罢免。如正统间，藁城知县难堪任用，办事不力，民众呼吁前任知县徐荣将其代替，“耆民百余人奏保荣廉勤有为，民吏悦服，新任知县昏耄不任事，乞令荣还任以惠一邑”。[⑧] 乞留制度的实施，对于抚慰民意、纾缓民困、澄清吏治颇具意义。[⑨] 凡此，明代官方利用舆论，就是借助舆论的集体立场和共同意见维护专制统治，构建舆

---

① 陈建：《皇明通纪集要》卷13《成祖文皇帝》，《四库禁毁书丛刊》本，史部第34册，第162页。

② 郑本忠：《安分先生集》卷4《送臧居简归鄞序》，《四库全书存目丛书》本，集部第26册，第42页。

③ 雷礼：《皇明大政纪》卷11，《续修四库全书》本，史部第353册，第730页。

④ 邓元锡：《皇明书》卷21《名臣上》，《续修四库全书》本，史部第316册，第127页。

⑤ 《明史》卷307《李孜省传》，第7882页。

⑥ 《明孝宗实录》卷74，弘治六年四月辛酉条，第1401页。

⑦ 申时行等修：《大明会典》卷178《刑部二十·伸冤》，《续修四库全书》本，史部第792册，第164页。

⑧ 《明英宗实录》卷144，正统十一年八月辛酉条，第2846页。

⑨ 展龙：《乞留：明代舆论的清官期盼与官员调留》，《中国史研究》2015年第1期。

论权威，这为臣民直接对话朝廷提供了机会，促进了舆论生态的向前发展，可谓适舆论以顺民心，造舆论以顺时事。

（二）控制舆论

明廷控制舆论，主要是控制舆论信息的发布源头和扩散途径，以控制臣民的思想、言论及行为，尽可能地消弭舆论的负面效应，所谓“禁其心，其次禁其言，其次禁其事”。[①]

明代言官体制造就了官员直言敢谏、俯不折首、横不畏死的凛然风骨和处世情怀。但与此同时，高压式统治策略又极大遏制了舆论的“自由”空间。明初，皇帝常下诏求言，但因言获罪者亦多。洪武九年（1376）九月，太祖下诏求言，山西平遥训导叶伯巨应诏陈言“裁抑诸王”，[②] 太祖以离析骨肉的罪名处死叶氏，违背了“诏天下人陈天下事”的承诺。这表明明廷所谓“言而无罪”是有条件的，即不能违背统治者的意愿。吏科给事中王朴因谏忤旨，遭到罢免。后启为御史，太祖问他“汝其改乎”，王朴却说：“臣今日愿速死耳。”太祖怒，命行刑。[③] 洪熙元年（1425）五月，翰林侍读李时勉上书言事，激怒仁宗，被武士以金瓜击之，“肋骨已断其三，曳出不能言”，下锦衣卫狱。[④] 嘉靖初，大兴议礼，修撰舒芬、御史朱淛等疏言：“皇上孝事两宫当如一日……礼数顿殊，关系不小。”世宗怒其出位妄言，“各逮讯”。[⑤] 此后，世宗漠视朝务，山西监察御史杨爵痛心上疏，指陈“方今天下大势，如人衰病之极”，世宗震怒，竟施酷刑。[⑥] 神宗亲政，独断专行，贪恋财气，怠于朝政，万历十七年（1589），大理寺左评事雒于仁直言“皇上之病在酒色财气者也”，[⑦] 神宗不悦，因申时行进言，雒氏才免于受罚。其间，廷杖

---

① 王先慎：《韩非子集解》卷17《说疑》，中华书局1998年版，第400页。

② 俞汝楫：《礼部志稿》卷49《宗藩七议疏》，文渊阁《四库全书》本，台北商务印书馆1986年版，第597册第921页。

③ 《明史》卷139《王朴传》，第3999页。

④ 陈建：《皇明通纪·皇明历朝资治通纪》卷9，第535页。

⑤ 陈建：《皇明通纪集要》卷28《世宗肃皇帝》，《四库禁毁书丛刊》本，史部第34册，第316页。

⑥ 张卤：《皇明嘉隆疏钞》卷8，《续修四库全书》本，史部第466册，第298—299页。

⑦ 《明神宗实录》卷218，万历十七年十二月甲午条，第4086页。

等严酷手段是处置言官、打压舆论的重要方式，这无疑摧残了官员的肉体，伤害了官员的心理，更极大挫伤了其直言弊政、指陈时势的勇气和信心。

妖言是民间舆论的表现形式之一，具有神秘性、诱惑性、欺诈性等特点。对于妖言等怪诞邪说，明廷明文禁止：“凡造谶纬、妖书、妖言及传用惑众者，皆斩。若私有妖书隐藏不送官者，杖一百，徒三年。”① 成祖时，“申诽谤之禁”，② 又规定“军中有妄谈灾异及妖言者斩，知情不首者罪同，知情首告得实者，给与重赏”。③ 仁宗时，规定“自今告诽谤者，悉勿治”。④ 而且，明代将妖言排除在大赦之外，同极刑而治，“凡谋逆、强盗、人命、妖言、伪造印信……悉依律”。⑤ 洪熙元年（1425）闰七月，法司上奏：“有军卒造妖言诽谤语，欲诬害所管指挥者，验问是实，于律当斩。”⑥ 成化八年（1472）二月，宪宗下旨：“今后官吏军民僧道人等，但遇一应妖书，即时烧毁，不许收藏传用惑众”，否则“处以重罪”。⑦ 明廷虽为禁绝妖言煞费苦心，但妖言依然泛滥不绝，或假以鬼神天命，企图谋逆；或妄议朝政，诽谤君主，或捏造事实，蛊惑人心。如晚明妖书一案，“妖书”——《续忧危竑议》大肆渲染郑贵妃欲废太子而以福王代之的意图，且涉及当朝大臣，以至掀起舆论风波。彼时，人人自危，朝政大坏，神宗大怒，“急购所为妖书者并其党，立赏格逾军功，于是侦校四出，多所捕逮”，⑧ 暂时平息了妖书案，但牵连而起的梃击案、红丸案继续危害朝政，余震不断。妖言带有一定的迷惑性，民众缺乏辨识能力，极易受惑，明廷严禁妖言，无疑是整治虚假

---

① 刘惟谦等：《大明律》卷18《刑律一·造妖书妖言》，怀效锋点校，第135页。

② 《明史》卷6《成祖本纪二》，第83页。

③ 《明太宗实录》卷150，永乐十二年四月己酉条，第1751页。

④ 陈建：《皇明通纪·皇明历朝资治通纪》卷9，第530页。

⑤ 《明宣宗实录》卷42，宣德三年闰四月壬寅条，第1037页。

⑥ 《明宣宗实录》卷6，洪熙元年闰七月甲寅条，第150页。

⑦ 戴金编：《皇明条法事类纂》卷32《刑部类·造妖书妖言》，刘海年、杨一凡主编：《中国珍稀法律典籍集成》乙编第5册，科学出版社1994年版，第236—237页。

⑧ 徐象梅：《两浙名贤录》卷14《吏部尚书中极殿大学士沈肩吾一贯》，《续修四库全书》本，史部第542册，第440页。

舆情和净化舆论环境的重要举措。

邸报是明代公报，内容广涉政令计划、边防军情、社会民生、百事杂谈等时事讯息。邸报一经刊出，便会引起舆论的广泛关注，故明廷限制邸报传抄，“故事，章奏非发钞，外人无由闻；非奉旨，邸报不许抄传”。[①] 如万历间，矿监税使横行地方，官员奏劾，百姓号哭，而神宗一概不理，反而对税使不惜加赏，时人“接邸报，见钦赏矿税内使王虎、高淮、杨荣等或蟒衣玉带，或内府骑马，或岁加禄米若干，大骇见闻”。[②] 消息通过邸报迅速蔓延，万民切恨，掀起了反抗税使的游行，迫于此，神宗只好撤回部分税使。此外，对邸报所载军事信息，明廷也禁止传抄，“凡涉边事，邸报一概不敢抄传，满城人皆以边事为讳”。[③] 如此，一则防止泄露军情，二则以防影响士气，如时人所言：“近日都下邸报有留中未下先已发抄者，边塞机宜有未经奏闻先已有传者，乃至公卿往来，权贵交际，各边都府日有报帖，此所当禁也……又如外夷情形，边方警急，传闻过当，动摇人心，误大事矣。”[④] 至崇祯时，明朝和后金交战，军事部署因势而定，发刊邸报必会泄露军机，“如事关兵机……各要害知之……何必密也……疑揣转甚，张皇孔多”。[⑤] 因此，出于稳定时局、管控军情的需要，明廷禁抄邸报。然而，民众已习惯邸报的官报效应，邸报的常规舆论主导作用一旦失效，往往引起猜疑，促生谣言，“久不得京师消息，甚切忧念，闻禁抄邸报，海滨一无所闻，天下气脉通塞”。[⑥] 禁抄邸报虽一时限制了不利舆论的散播，但也造成信息不畅、流言四起的负面效应。

若惩处直言、禁止妖言等压制舆论的举措，是明廷控制舆论的有为之为；那么漠视舆论，留中奏疏便是明显的无为之为。“留中”是指皇

---

① 《明史》卷253《王应熊传》，第6530—6531页。

② 温纯：《温恭毅集》卷6《天变非常不畏可骇圣恩倒施众望益孤恳乞皇上亟推喜庆之恩力修挽回之政以收人心以保泰运疏》，文渊阁《四库全书》本，第1288册第520页。

③ 文秉等：《烈皇小识》卷6，北京古籍出版社2002年版，第181页。

④ 于慎行：《谷山笔麈》卷11《筹边》，中华书局1984年版，第127页。

⑤ 孙承泽：《天府广记》卷10《六科》，北京古籍出版社1984年版，第122页。

⑥ 储巏：《柴墟文集》卷14《书简·寄乔白岩希大》，《四库全书存目丛书》本，集部第42册，第556页。

帝将奏疏留在内廷，不作批示，这无疑是对群臣言论的一种漠视。明中期，留中奏疏已经出现，成化二十一年（1485）五月，工科都给事中卢瑀，湖广长沙府通判、刑科给事中秦昇等俱以灾异言事，“吏部承密谕拟奏”，因张吉“尤剀直，留中不出”。[①] 弘治十年（1497）十二月，礼部郎中王云凤上疏言事，“词甚激切”，留中不发。[②] 正德九年（1514）九月，武宗“狎虎被伤”，多日未朝，编修王思认为“臣事君犹子事父，父有疾，子不可不问安，有过不可不谏”，于是上书待命，武宗留中不下，降远方杂职。[③] 武宗留中引起朝臣不满，御史王度等进言：“伏望时出御门，以受朝参，仍将去冬及今春留中未出章奏，一一批答，以示维新之政。”[④] 此后，世宗、神宗等长期怠政，漠视舆情，致使关涉王朝兴衰的重大国事被延误搁置，未能得到及时解决。仅以《明实录》所载，世宗留中四十余次，神宗留中更是多达三百余次。留中奏疏多是朝野官员的舆情汇报，也是朝廷洞察民情、处理朝政的重要参考，但最高统治者不以为然，漠然视之，以致危机频仍，民事凋敝，国祚衰微，王朝覆没，诚所谓“明之亡，实亡于神宗”。[⑤]

舆论是人们对自身利益需求的一种诉求和表达，包括人们对政治生态、社会现象、人物行为的看法、意见和态度。因此，正确掌握舆论的生成和发展规律，并予以高度重视、积极引导和深切关注，不仅契合于民心民意，更有利于舆论融合。反之，若漠视舆情，对舆论诉求三缄其口，不以为然，久而久之，难免滋生问题、激化矛盾、引发混乱。明代的舆论政策虽历经变动，但总体不出利用、控制两策，凡舆论引导社会的能量越大，官方管控也就愈加严密；同时，官民不但对社会事件发表言论，甚至对君臣之失、朝政之弊也谏言辩驳，其舆论活动尚有一定的权利保障和政策支持，不能说是完全的“舆论专制”。

① 《明宪宗实录》卷266，成化二十一年五月戊午条，第4502页。

② 《明孝宗实录》卷132，弘治十年十二月己丑条，第2338页。

③ 《明武宗实录》卷116，正德九年九月庚午条，第2348页。

④ 《明武宗实录》卷172，正德十四年三月丁酉条，第3314页。

⑤ 《明史》卷21《神宗本纪·赞》，第295页。

四　文化场域：“一宗”程朱向多元文化的转变

明代舆论生态的生成发展，既与专制背景下复杂多变的政治格局关系密切，更与极具时代特点的文化政策休戚相关。一方面，官方通过一统思想、大兴文狱、禁止讲学、禁止谚谣等文化专制政策，尽可能地将舆论空间限制在国家权力的框架内，以免“言多有失”，造成不可管控的局面。另一方面，在晚明国家权力不断“异化”[①] 的境域下，明初那种“一律性”的文化导向、文化政策渐趋多元，官民舆论空前活跃，其应有的正负能量也随之凸显，充分印证了舆论是“社会皮肤”[②] 的重要论断。

明初，程朱理学被奉为治国圣典，成为官方哲学。肇建之初，即“一宗朱氏之学”，“非五经孔孟之书不读，非濂洛关闽之学不讲”，[③]“不遵者以违制论”。[④] 与此同时，凡未能通达理学、切合程朱、违背正统而别有端绪的，即为“异端”。对此类有悖于官方正统思想的“异端”言论及其舆论行为，明廷皆予以禁止，甚至赋予监察官员纠劾“学术不正”[⑤] 的权力。明太祖倡导研习儒家经典，但其中若有轻君之语，则大加删减，如《孟子》有“民为贵，社稷次之，君为轻”一语，太祖便命人删节，是为《孟子节文》。不仅如此，太祖还御制《大诰》，颁行天下，令学校严加遵循，并列为必读书目，科考题目也须从中选取。洪武时还推出一系列颇具“格式化”的政治举措和文化政策，如规定表笺须统一行文格式，“凡表笺，洪武间令止作散文，不许循习四六旧体，务

---

① 商传：《晚明国家权力异化的历史思考》，《古代文明》2011 年第 3 期。

② ［德］伊丽莎白·诺埃尔－诺伊曼：《沉默的螺旋：舆论——我们的社会皮肤》，董路译，北京大学出版社 2013 年版，第 62 页。

③ 陈鼎：《东林列传》卷 2《高攀龙传》，载周骏富辑《明代传记丛刊》第 5 册，明文书局 1991 年版，第 136 页。

④ 《明史》卷 69《选举志一》，第 1686 页。

⑤ 《明史》卷 73《职官志二》，第 1768 页。

要言词典雅，不犯应合回避凶恶字样，仍用朱笔圈点句读”。[①] 洪武十七年（1384），明朝始以八股取士，行文须以理学为据，代圣立言；并规定军民一切利病，不许儒学生员建言，“果有一切军民利病之事，许当该有司，在野贤人，有志壮士，质朴农夫，商贾技艺，皆可言之。诸人毋得阻当，惟生员不许”。[②]

永乐时，承太祖遗风，进一步统一思想。一方面，奉程朱为圭臬，汇辑经传，编纂“大全”，诏颁天下，以“使家不异政，国不殊俗”。[③] 永乐二年（1404）七月，饶州鄱阳县儒士朱季友，诣阙献书，内容“专毁濂洛关闽之说”。[④] 成祖看后，斥其为“儒之贼也”，[⑤] 并命销毁其书，遣还饶州，处以杖责，并将其家藏书统统烧毁。“读书种子”方孝孺，靖难之后惨遭灭族，其所著诗文也遭到禁毁，“敢有收藏者，照依奸恶罪之”。[⑥] 当时，庶吉士章朴私藏方氏诗文，序班杨善密奏成祖，章朴被戮于市。另一方面，举全国之力编修《永乐大典》，旨在粉饰太平，寓禁于修，消弭异论，也使众多士人用心史事，无暇顾及世道时弊。编纂《四书大全》《五经大全》《性理大全》，不仅统一了思想取向，整合了文化导向，“合众途于一轨，会万理于一原”，[⑦] 而且将理学与科举完全重合起来，“庠序之所教，制科之所取，一禀于是”。[⑧] 凡此，明廷通过一系列修辑文史、会合道统的文化举措，在一定程度上达到了统一思想、笼络士人、控制舆论的目的，可谓“四海内外，翕然同风”。[⑨] 处此情势，士大夫逐渐丧失了文化创新的勇气和激情，集体陷入思维僵化、观

---

① 申时行等修：《大明会典》卷75《表笺仪式》，《续修四库全书》本，史部第790册，第380页。

② 申时行等修：《大明会典》卷78《学校·儒学》，《续修四库全书》本，史部第790册，第412页。

③ 《明太宗实录》卷168，永乐十三年九月己酉条，第1874页。

④ 陈建：《皇明通纪·皇明历朝资治通纪》卷4，第409页。

⑤ 陈建：《皇明通纪·皇明历朝资治通纪》卷4，第410页。

⑥ 陈建：《皇明通纪·皇明历朝资治通纪》卷4，第419页。

⑦ 胡广：《胡文穆公文集》，《四库全书存目丛书》本，集部第28册，第627页。

⑧ 高攀龙：《高子遗书》卷7《崇正学辟异议疏》，文渊阁《四库全书》本，第1292册第44页。

⑨ 胡广等修，周群、王玉琴校注：《四书大全校注》卷首《进五经四书性理大全表》，武汉大学出版社2015年版，第6页。

念保守、言论矜持的境地。

至明中期，理学仍为官学，“正学莫如朱熹”，明廷一再重申：“自今教人取士一依程朱之言，不许妄为叛道不经之书私自传刻，以误正学。”[①] 然而，随着社会经济的发展，政治格局的变动，社会矛盾的激化，时人难以从体制上寻到改变现状、维护统治的良策，只能从理学中寻找出路，于是心学蔚然而兴。尽管当时官方将其视为“异学”，[②] 定为“伪学”，甚至不惜“毁天下书院”，“不许聚集游食”，[③] 以抑制心学的传衍，维护理学的正宗。但是，以王艮、何心隐、颜山农、李贽等为代表的王学后进，毅然不顾利害，结社讲学，“荡轶名教”“非圣无法”，掀起了人文主义狂潮。一方面，他们追求人性解放，鼓吹人心私欲，认为：“人心本是乐，自将私欲缚。私欲一萌时，良知还自觉。一觉便消除，人心依旧乐。”[④] 另一方面，他们追求人格独立，宣扬离经叛道，认为：“凡为帝王者皆贼也”，[⑤] 君主是“天下之大害”“向使无君，人各得自私也，人各得自利也”。[⑥] 李贽等“异端”学者更是在强调私欲之时，毅然拉开“堂堂之阵”，高举“正正之旗”，以无畏之精神、非凡之勇气与专制抗争，同理学论战，大胆提出一系列“启蒙”观点，将心学所提倡的人文观念、主体精神和独立人格推入新境，推向极致，构成了晚明舆论热情空前高涨，舆论生态更趋活跃的思想基础。

晚明是一个新旧杂陈，多元并举的时代，“是一个动荡时代，是一个斑驳陆离的过渡时代。……它把一个旧时代送终，却又使一个新时代开始”。[⑦] 这一时期，人文主义与专制政治的松动是一种互动关系，而且更

① 《明世宗实录》卷 19，嘉靖元年十月乙未条，第 569 页。

② 《明世宗实录》卷 19，嘉靖元年十月乙未条，第 569 页。

③ 《明神宗实录》卷 83，万历七年正月戊辰条，第 1752 页。

④ 王艮：《王心斋全集》卷 2《诗文杂著 · 乐学歌》，江苏教育出版社 2001 年版，第 54 页。

⑤ 唐甄撰，注释组注：《潜书注》下篇下《室语》，四川人民出版社 1984 年版，第 530 页。

⑥ 黄宗羲：《明夷待访录 · 原君》，《黄宗羲全集》第 1 册，浙江古籍出版社 1985 年版，第 3 页。

⑦ 嵇文甫：《晚明思想史论》，东方出版社 1996 年版，第 1 页。

多表现为自下而上的动向。[①] 在此过程中，阳明心学表现出一种反专制、反传统的激昂姿态，恰恰契合于士人群体厌常喜新、慕奇好异的心态，它的迅速发展和广泛传播，对于开启民智、转变士风、推扬舆论起到了重要作用。自此，士林学界充斥着一种僭越之风、批判之气和变革之势，士人议论朝政，贬斥时弊，张扬个性，表现出浓郁的革新意识和批判精神。凡此，皆成为晚明舆论空前活跃的文化背景、思想基础和精神支撑。其中，以黄宗羲、顾炎武等为代表的进步学者，在反思晚明时弊之时，进一步提出诸多超越传统观念、具有启蒙性质的思想论说。一方面，强调“君民共治”的超越性观点，要求对君权加强舆论监督和权力制约；另一方面，提出“工商皆本”的革命性论断，为当时“文士无不重财”，[②]“士大夫工商不可谓不众”[③] 的发展局面提供了现实依据，营造了富有新意、极具活力的舆论环境。与此同时，明初泛滥的文祸余孽再次萌生，当政者经常利用文字忌讳大兴冤狱，打压士人，封堵言路。如熹宗时，魏忠贤把持朝政，“给事中陈良训疏讥权奄，忠贤摘其疏中‘国运将终’语，命下诏狱，穷治主使。叶向高以去就争，乃夺俸而止”。[④] 明廷通过“文祸”摧折异己、消弭异端，造成了士民噤声的极端局面，降低了公众舆论的活跃程度。文字之祸是一种荒诞、极端的文化政策，延明而续清，持续数百年，造成的舆论高压、文明滞缓甚至波及近代社会。

明前期，讲学已兴，“讲学之风，亦始宣德时”。[⑤] 讲学活动吸引了文人意趣，促进了文化昌荣，许多社会问题和舆论热点经过讲学评议，常会产生较大社会影响。为此，明廷长期控制民间讲学，甚至大肆禁毁书院，致使舆论环境屡遭破坏。中期以降，书院林立，讲学日兴，宣扬良知之学，以期修正程朱，反动空疏，“隆万此时，天下几无日不讲学，

① 商传：《略论晚明的人文主义与社会转型》，《江西社会科学》2013 年第 7 期。
② 李诩：《戒庵老人漫笔》卷 1《文士润笔》，中华书局 1982 年版，第 16 页。
③ 何良俊：《四友斋丛说》卷 13《史九》，中华书局 1959 年版，第 108 页。
④ 《明史》卷 240《叶向高传》，第 6237 页。
⑤ 孟森：《明史讲义》，中华书局 2009 年版，第 110 页。

无人不讲学”。[①] 当时，政治问题迭生，社会问题频出，结社议政之风愈烈，给明廷造成很大压力。在此情况下，万历七年（1579），明廷毁天下书院，“尽改各省书院为公廨，凡先后毁应天等府书院六十四处”。[②] 霎时，讲学活动即被遏制，评议朝政之风大为改观。然张居正去世后，接踵而至的“倒张运动”，扰乱了朝纲政局，书院讲学再度兴起，禁讲举措愈加严厉。如首善书院，虽然宣示“不议朝政，唯明学问”，但风气如此，党争如故，故书院开讲年余，即遭禁毁，被迫停讲，“弃先师木主于路左，壁有记为叶公向高文，董公其昌书，并碎焉”。[③] 之后，魏忠贤掌政，面对言官和士人的围攻奏疏，魏党党同伐异，欲灭东林，掀起又一次“禁讲”运动。天启五年（1625），御史张讷奏毁天下讲坛，得旨：“都城书院改作忠臣祠久已有旨……其东林关中、江右、徽州一切书院，俱著折毁，暨田土房屋估价变卖，催解助工。”[④] 随之，以巡按御史曹谷之奏，毁江西南昌等府书院；[⑤] 不仅如此，“凡有倡建书院，不论省直州县，立时改毁”。[⑥] 此后，虽偶有结社讲学活动，但再无以前盛况。

五　思想根源：忠君观念、公义道德和独立精神

儒家以礼仪规范维系王权运作，以圣贤教化规范伦理秩序，事君以忠是儒士文人孜孜践行的基本准则，“君为臣纲”“君明臣忠”[⑦] 是最为理想的君臣关系。儒家认为，“忠”不仅是忠于君，也要忠于道，忠于君即忠于道。然而当君主昏聩，奸臣擅权时，臣子便以“道”规劝君

① 陆世仪：《桴亭先生文集》卷1《高顾两公语录大旨》，《续修四库全书》本，集部第1398册，第446页。

② 龙文彬：《明会要》卷26《学校下·书院》，第417页。

③ 孙承泽：《天府广记》卷3《书院》，第32页。

④ 《明熹宗实录》卷62，天启五年八月壬午条，第2911页。

⑤ 《明熹宗实录》卷77，天启六年十月己未条，第3728页。

⑥ 《明熹宗实录》卷58，天启五年四月己亥条，第2705页。

⑦ 杜预注，孔颖达正义：《春秋左传正义》卷30《襄公九年》，中华书局1957年版，第873页。

上，甚至以死为谏，“忠臣之事君也，言切直则不用而身危，不切直则不可以明道”，[①] 直言即明道，直言即忠君。

明太祖曾言：“古昔圣贤其垂训立教大要有三：曰敬天，曰忠君，曰孝亲”，[②] 并命吴沉选取经典中忠君、孝亲、敬天之语，编为《精诚录》。明初鸿儒方孝孺坚持一臣不事二主，慨然就死，并作绝命之词：“天降乱离兮孰知其由，奸臣得计兮谋国用犹，忠臣发愤兮血泪交流，以此殉君兮抑又何求？呜呼哀哉兮庶不我尤。”[③] 在他看来，朱棣夺位是违逆之事，是不忠之举，宁愿以身殉国，也不同流合污，忠君既是忠于建文，也是忠于道义。孔子曾言“以道事君，不可则止”。[④] 明中后期，直谏成为官场风尚，廷杖成为直臣荣光，“奉公则忘其家，直谏则忘其身”。[⑤] 这种违反常理的现象，赋予忠君思想更为广泛的内涵，更多表现为“从道不从君”，“人臣之道，必秉公为国，不顾其私，乃谓之忠”；[⑥] 君主难免过失，劝谏是忠臣职守，“臣言已行，臣死何憾”。[⑦] 明中后期，政治秩序紊乱，皇帝德行缺失，这成为官员直言极谏的理由和契机。天启时，阉党祸乱，臣民激愤，熹宗退处深宫，沉迷木工。天启三年（1623）六月，杨涟弹劾魏忠贤，直言群小“但知有忠贤不知有陛下”；[⑧] 皇帝亲佞臣，远贤人，“必欲清君侧而后皇上安，则后天下安耳”。[⑨]“忠臣诚不爱其身，以报国”，[⑩] 时人认为天下是否太平，政治是否清明，都系于正人君子之言，“若凡事料其不可与言，遂不言，其如世道何？且世道虽否

---

① 《汉书》卷 51《贾山传》，中华书局 1962 年版，第 2329 页。

② 陈建：《皇明通纪法传全录》卷 8，《续修四库全书》本，史部第 357 册，第 141 页。

③ 《明史》卷 141《方孝孺传》，第 4019 页。

④ 杨伯峻：《论语译注》，中华书局 1980 年版，第 117 页。

⑤ 赵南星：《赵忠毅公诗文集》卷 19《救徐验封疏》，《四库禁毁书丛刊》本，部第 68 册，第 584 页。

⑥ 《明神宗实录》卷 2，隆庆六年六月癸酉条，第 45 页。

⑦ 《明史》卷 209《曾翀传》，第 5523 页。

⑧ 《明史》卷 244《杨涟传》，第 6328 页。

⑨ 黄尊素：《黄忠端公文集》卷 1《劾奏逆阉魏忠贤疏》，《四库禁毁书丛刊》本，集部第 185 册，第 35 页。

⑩ 孙承泽：《春明梦余录》卷 25《六科》，第 396 页。

塞，全赖正人君子之言”。[①] 儒学浸染的士人具有强烈的经世观念和忧患意识，故每逢主昏臣谬时，就会出现群臣抗愤、士人纵议的舆论境况。

在古代社会，士人是社会的精英，也是舆论的主体。解放士人的思想，不仅能够改变万马齐喑的文化局面，还能彰显士人的主体价值。阳明心学的兴起，便是对儒学的继承和突破，其既注重人的个体价值，“天地之性人为贵”；[②] 又关心百姓日常生活，“理”即民生日用，而非苦思冥想的空泛理论。王阳明主张追求本心，并非单纯以孔子的是非为是非，而是学出于己，独立思考，以期打破程朱一统天下的局面。至明末，“启蒙”士人进一步肯定了人欲的合理性和重要性，提倡适当的人欲，“天理正从人欲中见，人欲恰好处，即天理也；向无人欲，则亦并无天理之可言矣”。[③] 他们出自程朱，又超越程朱，反对存天理灭人欲，批判理学对人欲的压抑，认为“学者于道，不运在我心思之神以为抉择取舍之本，而惟先儒之言是信，其不为函关之鸡者几希”，[④] 希望培养具有独立人格的个体。正是基于这种认识，广大士人才对社会现实有了异样态度。一方面，独立的人格精神让朝野百官敢于匡正君过，矫正君失；另一方面，忠君观念又将士人的舆论批评控制在合理、合法的范围之内。二者的结合规定了士人只能采取劝谏这种相对温和的方式发起舆论见解，影响君主决策。“为臣者不忧其国之危，虽有皎白之操，不得为忠”，[⑤] 忠于君，君臣有道，忠于道，济世救民，这种忧患意识、经世情怀成为明代舆论发生的重要思想根源。

较之明初，晚明的舆论场域复杂且开放。在官场，正人君子秉承道义，“品核执政，裁量公卿，虽甚强梗，不能有所屈挠”，[⑥] 如王家屏，

---

① 高崔等：《东林书院志》卷5《会语三》，《续修四库全书》本，史部第721册，第60页。

② 冯从吾：《少墟集》卷2《语录》，文渊阁《四库全书》本，第1293册，第38页。

③ 陈确：《陈确集·别集》卷5《无欲作圣辨》，中华书局1979年版，第461页。

④ 王廷相著，王孝鱼校：《王廷相集》卷28《与彭宪长论学书》，中华书局1989年版，第510页。

⑤ 赵南星：《赵忠毅公诗文集》卷19《请朝讲疏》，《四库禁毁书丛刊》本，集部第68册，第570页。

⑥ 吴伟业：《梅村集》卷26《冒辟疆五十寿序》，文渊阁《四库全书》本，第1312册第271页。

“性忠谠，好直谏”，屡怒神宗而不止。[①] 沈鲤，遇事秉正不挠，神宗嫌其“方鲠”。[②] 在民间，有识之士心系天下，奔走呼唤，如复社张溥主张“以国事付公论”，认为要想使“公论明”，须有人“谏政”，否则“直道难闻于世”。[③] 这种观点充分显示了“士志于道”的社会责任感和清议的社会力量。同时，舆论传播使得民众对朝廷的认知更加清晰，反对矿税监使、反对逮捕周顺昌而引发的民变以及“民抄董宦”之变，都带有一定的“民主”色彩，“惟四方采榷者，帝实纵之，故贪残肆虐，民心愤怨”。[④] 同样，东林党倡导的“公论”“共治”思想，成为晚明启蒙思潮的先导，也引起了明廷的关注，首辅赵志皋言：“今天下之治与乱，不在于他，而在于人心之险躁浮薄，敢于议论而无忌惮。又有一等倾危之士，弄雌黄之口，乱是非之真，鼓唇摇舌而莫测其端，捕影捉风而莫知其自。以致一人倡之，众人从而和之，无者捏而为有，假者模而为真，沿习成风，恬不为怪，而是非淆矣。”[⑤] 在他看来，当时明廷面临的政治挑战就是“人心叵测，议论横生，摇惑其言，倒持国是”。[⑥]

在古代社会，舆论领袖在舆论生成、流播过程中具有“榜样的力量”。[⑦] 每逢社会出现重大问题，发生重要事件，舆论领袖便秉持道德大义，趁势而起，大批士民顺势呼应，最终引发舆论风波，掀起舆论高潮。明中后期，文人结社如春潮怒上，勃然四起。如万历间，江西永丰人梁汝元（即何心隐），“以讲学自名，纠聚徒众，讥切时政”。[⑧] 顾宪成等东林党人心系天下，讽议时政，裁量人物，谏诤于朝，掀起了晚明舆论的高峰。在其感召下，东林成员汪应蛟、张问达、王元翰、萧近高、朱吾弼、温纯、金士衡、张养蒙等奔走相劝，抨击时政，力挽时局，“中外

---

① 《明史》卷217《王家屏传》，第5729页。

② 《明史》卷217《沈鲤传》，第5737页。

③ 张溥：《七录斋诗文合集·馆课》卷1《拟简铨衡择中枢惜人才求直言疏》，《续修四库全书》本，集部第1387册，第535页。

④ 《明史》卷305《陈矩传》，第7814页。

⑤ 《万历邸钞》，万历二十年壬辰条，江苏广陵古籍刻印社1991年版，第700页。

⑥ 《万历邸钞》，万历二十年壬辰条，第700页。

⑦ 陈力丹：《舆论学——舆论导向研究》，中国广播电视出版社1999年版，第69页。

⑧ 沈德符：《万历野获编》卷18《大侠遁免》，第480页。

争矿税者无虑百十疏";[1] 李三才更是不惜性命，多次上书，劝谏神宗罢停矿税，诏罢各役，并审视时局，改辕易辙，"倘皇上犹谓廷言不实，乞先斩目而后亲临朝宁，果否万民有水火之害，是否宗社有危亡之忧，各处地方曾否有杀人掘坟之事，卖儿鬻女之择";[2] 周顺昌批评税监是"狼心虎口，肆毒无已"，以致小民沦为"网中之鱼"。[3] 东林书奏纷呈不绝，神宗束之高阁，留中不发，引发舆论的关注和批评。在此过程中，东林党人凭借良好的社会声望和救世情怀，充当了朝野舆论的组织者和领导者，"深山穷谷，虽黄童、白叟、妇人、女子，皆知东林为贤"，[4] "其名行声气足以奔走天下，天下清流之士群相应和"。[5] 东林之后，复社又起，兴复古学，以文会友，务为有用，并于崇祯十一年（1638）借"公揭"逐斥阉党余孽阮大铖，掀起了一场声势浩大的政治运动，"是揭之功，不为不巨"。[6] 当然，舆论领袖的"名行声气"欲要产生一定效应，就须代表广大民众的利益诉求和价值取向，并以此赢得民众的积极参与和有效互动，唯其如此，舆论领袖的主体价值才能得以体现。

当然，舆论合力的形成既需要舆论领袖的引导和传布，也仰赖广大民众的参与和推助。凡逢社会问题丛生，社会矛盾激化时，往往民情汹汹，民变纷纷，"税官肆虐，民不堪命，我等倡义为民除害"。[7] 在万历以降发生的一系列民变中，以手工业者、商人为主体的市民阶层及底层民众扮演了舆论动员的主体角色，他们的舆论活动除了基于时势的自觉参与外，更多是迫于官府豪强的盘剥、欺诈而被迫发起的舆论抗争。如万历二十七年（1599），临清民变首领王朝佐就是一个小商贩；万历二十九年（1601）苏州民变首领葛贤是织工；天启六年（1626）苏州民变的参加者也多是工商业者。天启间，阉党逮捕"六君子""七君子"时，

---

① 《明史》卷237《包见捷传》，第6170页。

② 《明神宗实录》卷349，万历二十八年七月癸丑条，第6536—6537页。

③ 周顺昌：《忠介烬余集》卷1《申详税监变异缘由附后》，文渊阁《四库全书》本，第1295册第415—416页。

④ 陈鼎：《东林列传》卷2《高攀龙传》，第152页。

⑤ 赵翼著，王树民校证：《廿二史札记校证》卷35《三案》，第801页。

⑥ 全祖望撰，朱铸禹汇校集注：《全祖望集汇校集注·鲒埼亭集内编》卷11《梨洲先生神道碑文》，上海古籍出版社2000年版，第216页。

⑦ 文秉：《定陵注略》卷5《军民激变》，北京大学图书馆藏抄本，第699页。

民愤沸腾，发起攻击，领导者也是颜佩韦、马杰、沈扬、周文元等市民阶层，其英烈气概备受时人赞誉，张溥《五人墓记》云：“嗟乎！大阉之乱，缙绅而能不易其志者，四海之大，有几人欤？而五人生于编伍之间，素不闻诗书之训，激昂大义，蹈死不顾，亦曷故哉？”[①] 晚明市民阶层的舆论自觉，在一定程度上反映了其追求自我价值，彰显自我意识的精神诉求，是晚明社会转型的重要标识。不仅如此，晚明参与民变的还有一个充满活力的社会群体——生员，他们是最富激情、最具力量的舆论动员者和参与者。如万历二十八年（1600）武昌反对税使陈奉时，当地生员齐赴抚按衙门控诉税使，群情激愤，蜂拥而至，后经抚按“曲为解谕，众势稍缓”。[②] 万历四十四年（1616）的“民抄董宦”之事，也是生员舆论鼓动的结果，他们“传札而起，三月十四日鸣于府，十五日鸣于庠”，[③] 要求惩治奸恶，并暗中传播檄札，鼓动民众，很多士民纷纷加入，追从生员反对苛政暴敛，控诉税使恶行。

晚明舆论深刻影响着政治秩序和社会思潮，并反作用于时人的价值取向和行为方式，其波及范围之广，社会影响之大，成为观照晚明时势的一面镜子。一方面，舆论激发了世人的政治情怀和独立意识，引发了空前活跃的革新、致用和批判思潮；另一方面，伴随党争而来的舆论风波也在离隙君臣，扰乱朝政，异化人心，对晚明社会造成了巨大的破坏作用，“朝士慕其风者多遥相应和。声气既广，标榜日增，于是依草附木之徒争相趋附，均自目为清流。门户角争，递相胜败，党祸因之而大起，恩怨纠结，辗转报复，明遂以亡”。[④]

结　语

舆论源自现实，也作用于现实，正是舆论的道德规范功能、思想

---

① 张溥：《五人墓记》，载苏州历史博物馆、江苏师范学院历史系、南京大学明清史研究室编《明清苏州工商业碑刻集》，江苏人民出版社 1981 年版，第 375 页。

② 文秉：《定陵注略》卷 5《军民激变》，第 696 页。

③ 佚名：《民抄董宦事实》，上海书店 1982 年版，第 228 页。

④ 永瑢等：《四库全书总目》卷 96《小心斋札记》提要，中华书局 1965 年版，第 816 页。

整合功能、社会批判功能和政治监督功能，在一定程度上决定了舆论的“镜子”价值和“皮肤”效应。梁启超所谓“凡欲为国民有所尽力者，苟反抗于舆论，必不足以成事”,[①] 林语堂所谓“中国新闻史就是公众舆论和当权者之间的斗争史”,[②] 皆肯定了舆论的话语力量。纵观无数历史事实，舆论的自觉性、集体性、公共性话题及其产生的时代效应，始终是当权者密切关注的重要议题。在某些历史时期，舆论甚至影响时代的主流意识和集体话语，不仅提供了决策参考，矫正了政治纰漏，整合了国家意识，而且催生了历史变革，预测了社会动向，引领了时代潮流，甚而引发声势浩大、波澜壮阔的社会政治运动。明代舆论通过官民的公共诉求和集体意愿，或径陈民意，形成君民舆情互动的生动态势；或纠正君失，传达捍卫道统的士人精神；或监督吏治，构建纲纪整肃、清正廉洁的政治环境；或察知危机，预测社会时势的可能走向。舆论不会决定政治，但定会影响政治。明代舆论或以温和的方式，或以激昂的方式，或以个人的力量，或以集体名义，感知、考量着社会现实，探寻、抨击着社会问题，化解、矫正着社会矛盾。可以说，明代舆论已成为君主专制制度进行自我调节的一种有效机制，也成为明廷解决时代问题的主要依据，“上则禀皇上之独断，下则付外廷之公论”。[③] 当然，各种负面性、无序性舆论也会导致政治秩序的混乱和社会问题的恶化，如东林清议，旨在推扬公论，扶危理乱，但也有人依附东林，混迹清流，扰乱言论，“凡一议之正、一人之不随流俗者，无不谓之东林”,[④] 故后人批评东林党：“虽宪成等主持清议，本无贻祸天下之心，而既已聚徒，则党类众而流品混。既已讲学，则议论多而是非生，其始不过一念之好名，其究也流弊所极，遂祸延宗社。”[⑤] 总之，舆论生态是国运盛衰的真实具象，如同一面清晰的多棱镜，检视着明代社会政

① 梁启超著，张品兴主编：《梁启超全集》卷2《舆论之母与舆论之仆》，北京出版社1999年版，第382页。

② 林语堂：《中国新闻舆论史》，第2页。

③ 《明神宗实录》卷219，万历十八年正月甲辰条，第4100页。

④ 黄宗羲：《汰存录一》，《黄宗羲全集》第1册，第329页。

⑤ 永瑢等：《四库全书总目》卷96《小心斋札记》提要，第816页。

治的不同侧面，并对政治、社会、文化等产生了广泛影响。明代舆论之所以呈现出逐渐高涨的演进态势，最根本的原因是现实社会的驱动和政治环境的催发，而舆论浪潮的循环往复，既反映了明代民众话语力量的日趋强化和“民主”意识的日渐勃兴，也折射出明代舆论生态的总体趋向和政风世俗的演进轨辙。

（原载《史学集刊》2023 年第 3 期）

端方与上海报界研究

张建斌

晚清以来，报刊数量急剧增加，其在政府与民间均产生了极为重要的影响力，报人参与政治，引导舆论的案例屡见不鲜。政府如何控制报刊舆论？如何与报界互动？这是政府与报界均无法回避的话题。在政府层面，意图加大对于官报的扶持与政治嵌入，达到上下求同，构建民间传播网络，塑造统治权威的诉求，但并未形成一套成型的体制机制，效果有限，更为广泛灵活的策略见诸各地。两江总督端方督江时期（1906—1909 年），对报界"大本营"上海报刊予以管控。揆诸史实不难发现，在缺乏制度化的报刊管理方案情况下，两江政府除却常规的关闭与惩罚等"暴力"手段，非制度性的各种应对举措广泛存在，不乏竞争与合作、妥协与对抗，政界与报界之间的关系远比想象中的复杂多变，反映出体制内外、不同派系的政治认同以及专制体制下舆论空间的限度。①

端方督江期间整饬舆论，基于政争与新政两种因素。晚清报纸的舆

① 关于晚清政府与报界互动研究，相关成果参见刘增合《试论晚清时期公共舆论的扩张——立足于大众媒介的考察》，《江海学刊》1999 年第 2 期；王敏：《政府与媒体——晚清上海报纸的政治空间》，《史林》2007 年第 1 期；马光仁主编：《上海新闻史（1850—1949）》，复旦大学出版社 2014 年版，第 344—357 页；李卫华：《清末"官营商报"案研究》，《新闻与传播研究》2016 年第 3 期；程河清、张晓锋：《嵌入政治体制：晚清中国官报制度的确立及其影响》，《新闻与传播评论》2020 年第 9 期；张仲民：《种瓜得豆：清末民初的阅读文化与接受政治》（修订版），社科文献出版社 2021 年版；石希峤：《官办商报：清末督抚控制舆论策略研究》，《近代史研究》2022 年第 1 期。关于晚清报界与政府的探讨，新闻史的研究成果颇多，相关学术研究与对话参见文内注。检讨过往研究不难发现，囿于史料所限，政府具体操控舆论的动因、策略及成效等方面均有进一步探讨空间。

论引导能力日渐加强，光绪丁未政潮期间即扮演了重要角色。丁未年初，军机大臣瞿鸿禨门生汪康年在京开办《京报》，对庆亲王奕劻及直隶总督袁世凯北洋一系，訾议颇多，当年五月侍读学士恽毓鼎参劾瞿鸿禨，其中一项罪名即“暗通报馆”。政争另一位重要参与者四川总督岑春煊（后调任邮传部尚书、两广总督）在上海期间与狄楚青等报界精英过从甚密。各方通过报界发布信息评论，沟通朝野内外，制造舆论攻势，打击异己，已成为惯用手段。背靠北洋集团的端方整饬沪上报界多与打压政敌有关。

清末新政次第展开，报人品评时政也是促使端方整饬沪上舆论的一大动力。面对日渐兴起的民间报纸发起的舆论挑战，妥善处理与报人、报界的关系为各地督抚的棘手问题，端方亲信上海道蔡乃煌于报界管控尤为上力，据当时报道称，“兹续查得上年苏松太蔡道台，以上海各报昌言无忌，据事直书，有碍行政，设法先将中外、舆论两报购回自办，次又将申报归南北洋合资筹办，继又将时事报、沪报一并买回归并”。[①]尤其是收购当时影响力巨大的《申报》，“此固当时公然之秘密，知其事者并不乏人”。[②] 事实上，当时报界接受官方资助知者众多，但政府如何操盘，控制舆论则鲜有记述，被视为敏感话题，当事报人又难以启齿，政府与报界暗中耦合为人所共知的“秘密”，具体详情则不被外界知晓。时过境迁，主事者江督端方档案得以保存问世，提供了清朝末造政府针对沪上舆论管控鲜为人知的材料，借此可以厘清此段往事，从中亦可窥探晚清政府嵌入媒介、治理舆论、拓展政治空间的努力与成效。[③]

一　政府机关报《舆论日报》的筹建与困境

清末官方所办机关报广受非议，时人认为政府必有其宗旨、政策、

---

① 《上海报界之一斑》，《东方杂志》第6卷第12期第409页。

② 章士钊：《申报与史量才书后》，载章士钊《章士钊全集》第8卷，文汇出版社2000年版，第267页。

③ 中国第一历史档案馆藏端方档案为本文的重点依据史料，该档共计八万余件，为端方为官期间的往来电报、信札，具有较高的史料价值。其中保存了端方督沪期间，整饬报界诸多鲜为人知的档案，目前还未见学人利用，借此调控两江政府沪上报界的策略与手段能够得以更加明晰的认识，新档案有助于重建相关史实。

手段，借助报端发布言论、测试民情，驳斥反对者，由于当时还不存在政党，所谓机关报即为人鹰犬，人格没落的工具，虽然对于机关报不无贬损之词，却道出了实质。[①] 但从政府层面来看，筹办机关报则是不得已而为之的舆论引导手段。以舆论重镇上海为例，报界即时常批评两江政府施政。端方主政两江第一年元旦，《时报》刊文对教育、军事多有微词。此后连续刊文报道江南军界腐败、赈灾不力等事。[②] 端方令幕僚熊希龄与该报主笔汪康年、狄楚青等人沟通，"凡属此等无稽之言，一概勿予登采"，[③] 借此缓和与报界的关系。从中亦不难发现，政府对于报界与报人多无可奈何，这在光绪三十三年（1907 年）端方发给主管沪报的志锐一封电文有所体现。两江拟将一份电稿刊登到《时报》《南方报》《新闻报》《同文报》《沪报》《申报》《新报》，费用自出，这本是一项极其简易的交办工作。结果志锐仅在《南方报》发文，其余报纸均未登录，引起端方的不满，"此事汝既办不到，便不应认承，既已认承能办，岂能含糊了事，恨极之。务速请教能办此事之人妥速登录"，看来政府与报界之间极为微妙，民间与官方的沟通不畅是事实。[④] 此年，端方还致电道台金仍珠，嘱其在《京华报》登录要事，[⑤] 得到回复称"天津《大公报》叶清漪，都门《京报》汪穰卿均可直接嘱其登录，其余如《北京日报》《天津日日新闻》《津报》《中外实报》《大公报》五处均可""转寄登载，均不误事"，唯独《京华报》无相识之人，言外之意，无从办理。[⑥] 以上两件事例不难看出两江政府与报界的联络能力欠缺，更谈不上舆论的控制与引导。基于此，端方主政两江后，整饬报界，创

---

① 《说机关报》，《京报》，光绪三十三年二月廿九日（1907 年 4 月 11 日），第 2 页。

② 《上江督端午帅书》，《时报》，光绪三十二年十一月十七日（1907 年 1 月 1 日），第 1 版。

③ 《端方致瑞澂转熊希龄电》，光绪三十二年十一月二十七日，端方档案，档号：27 - 01 - 001 - 000165 - 0090 - 3。

④ 《端方致志锐电》，光绪三十二年二月二十一日，端方档案，档号：27 - 01 - 001 - 000124 - 0056 - 1。

⑤ 《京华报》为报人唐继星 1907 年在北京创办，次年 3 月因转载了旧金山华侨报刊《世界日报》新闻被封禁，唐被判处监禁。参见《京华报总理之监禁》，《广益丛报》第 172 期，1908 年。

⑥ 《金仍珠致端方电》，光绪三十三年三月初五日，端方档案，档号：27 - 01 - 002 - 000143 - 0027。

办政府管控、引导舆论的机关报自然要排上日程。

光绪三十三年九月，端方拟在沪上组建一宗旨甚为纯正的机关报——《舆论日报》，[①] 该报由《宪报》易名而来，借壳办报的提议由上海道台蔡乃煌提出，此举有利于节约成本。[②] 经道员罗崇龄、罗孝高初步估算，开办机关报约需两万元，除两江入股，尚不敷用。清末地方督抚与中央均面临着舆论压力，在引导民情方面多有共识。端方出于私人关系的考量，先后联络湖广总督赵尔巽、军机大臣张之洞与陆军部大臣铁良入股，均予以应允。[③] 此外，该报还得到了江西巡抚瑞良的资助，答应每月支持三百元，交换的条件是赣省遇到“应登载辨正之事，均可令其照办”。[④]

看似一切均在计划之内，可开办在即，资金却迟迟未到，先是张之洞与铁良锐减摊款，赵尔巽则来电称款实难筹，勉凑二千元。不得已端、蔡只能自行垫付。据档案记载，端方垫款三次共计二万七千元，并代赵尔巽支付五千两，蔡垫万元。[⑤] 余下资金缺口由云贵总督锡良填补，附股六千元。可能原因在于云南地处边陲，时有突发事件，各报馆竞其私利，造谣生事，搅动风潮，政府深受其苦，寻求舆论支持。[⑥]

经多方筹罗，《舆论日报》于光绪三十三年十月二十七日刊登告示，称“本馆恭应去年庶政公诸舆论之谕旨……创设此报”，地址设在上海

---

① 目前未见学界有关《舆论日报》的研究，《时事报》与《舆论日报》的合并一事在一些研究中已有提及，但《舆论日报》的创刊及演进历程尚未有学术专论。参见贾树枚主编、《上海新闻志》编纂委员会编《上海新闻志》，上海社会科学院出版社 2000 年版，第 132—133 页。

② 光绪三十三年九月，蔡乃煌到邮传部任左参议，主管报刊，至光绪三十四年二月返回，任上海道道台。蔡乃煌深为端方倚重，参与隐秘的政争事件。相关研究参见张建斌《端方与“丁未政潮”》，《近代史研究》2021 年第 3 期。

③ 参见端方档案去电档卷 164，端方致蔡乃煌各电。

④ 《端方致孙词臣电》，光绪三十三年九月十九日，端方档案，档号：27 - 01 - 001 - 000159 - 0082。江西为濒江要地，时正值萍乡匪患与江西教案，报界不乏批评言论，瑞良需入股机关报，借此缓冲舆论压力。

⑤ 参见端方档案去电档卷 164，端方致蔡乃煌各电。

⑥ 《锡良致端方电》，光绪三十三年十一月十三六日，端方档案，档号：27 - 03 - 000 - 000011 - 0006。

四马路老巡捕房对面。[①] 时人并不知《舆论日报》资金底细，不少名噪一时的人物出任主笔，如童弼臣、黄铭功、杨天骥等，其中于右任离开《神州日报》，也加入了该报（有关于氏办报与两江政府关系下文另有论述），可见当时报人身份并非泾渭分明，政治倾向亦难以据其所办报刊判断。《舆论日报》创刊后，曾远销欧美、日本，也刊登了一些敏感及个人不便刊发的稿件，所据正是其政府背景。

宣统元年，该报登载江督新政感言一则，称赞新任江督张人骏"疾秦淮娼妓馆林立，下车之始，即出示谕禁"，并建议"各省大吏皆去其蓬心，而以制军为师法"，隐有讽刺刚刚离任的端方之嫌。[②] 蔡乃煌饬令主笔检讨，发文"格外留意"，[③] 由此不难发见，两江政府主控该报已非常明了。

清末新政的一大困境即中央各项政策次第推出，尚嫌举措过慢，地方则唯恐朝令夕改、推行过快，其中内在根源就在于财源短缺。《舆论日报》开办后尚不能盈利，却日日面临资金压力，两江政府力不能支，拟"节缩办理，期可持久"，[④] 如不行则"及早中止"。[⑤] 恰在此时，端方得知《申报》财政支绌，出资即可合办，即准备将《舆论日报》停办，所筹各方款项亦全部挪用。出乎意料的是，停办也并非易事，忽然不办，沪上已有知者，物议必多，"收拾颇难为情"，不得已拟改为晚报小办。蔡乃煌则在京与外务部商议，打算"中西合璧，可以行销外洋"。[⑥] 总之开办《舆论日报》困难重重，经费短绌，难以为继，经袁世凯斡旋，直隶总督杨士骧月助千元，销售二百份，方得以勉为支撑，官

---

① 《舆论日报冬月内出板豫告》，《申报》，光绪三十三年十月二十七日（1907 年 12 月 2 日），第 9 版。

② 《江督张制军新政感言》，《舆论时事报》，宣统元年三月初一日（1909 年 4 月 20 日），第 1 页。

③ 《端方致蔡乃煌电》，宣统元年七月廿七日，端方档案，档号：27 – 03 – 000 – 000026 – 0032。

④ 《端方致蔡乃煌电》，光绪三十三年十一月初七日，端方档案，档号：27 – 01 – 001 – 000164 – 0016。

⑤ 《端方致某电》，光绪三十三年十一月初十日，端方档案，档号：27 – 01 – 001 – 000164 – 0019。

⑥ 《端方致蔡乃煌电》，光绪三十三年十二月十三日，端方档案，档号：27 – 01 – 001 – 000164 – 0036。

办报刊之困窘与无力于此可见。

开办政府机关报《舆论日报》的同时，两江政府还资助入股多家报纸，如较有影响力的《中外日报》《申报》等，仅中外一报即垫款六万余元，所费不赀。蔡乃煌提议将《舆论日报》与《时事报》合并。[①] 从宣统元年三月初一日起改为《舆论时事报》，据称每月可省千余金，避免“惨淡之经营”，仍充当政府机关报，但清末政府在与民间报界争夺舆论阵地过程中呈现式微之势已经表现得非常明显。[②]

二 《中外日报》的政治背景与政府整饬

晚清报业发展迅速，作为舆论喉舌广泛参与政治，媒介与政府建立了广泛的合作空间，一些大报均与政界有着千丝万缕的联系。《中外日报》主办者汪康年为知名出版人、评论家，所办报刊批评时政，波及北洋一系。[③] 针对汪康年的政治倾向，端方与盟友袁世凯是有共识的，通电称政敌军机大臣瞿鸿禨去职案，“必涉及汪康年，渠所办《北京日报》似宜设法易人，或另筹妥善办法”。[④] 看来袁、端对汪康年存有提防，对其主办的《中外日报》自然格外关注。

更让端方不能容忍的是，政敌岑春煊与汪氏家族有着亲密的交际，

① 《时事报》1907 年 12 月 5 日在上海创刊。由张竹平任总理，汪仲阁、潘公弼任主编。《蔡乃煌致端方电》，光绪三十四年四月初二日，端方档案，档号：27－01－002－000193－0016。

② 《舆论时事两报合并发刊词》，《舆论时事报》，宣统元年三月初二日（1909 年 4 月 20 日），第 1 页。

③ 有关《中外日报》的办刊历程与政治取向研究，参见贾小叶《〈中外日报〉与戊戌己亥政局》，《安徽大学学报》（哲学社会科学版）2018 年第 2 期。有关庚子之后《中外日报》相关探讨可参见林盼《清末新式媒体与关系网络——〈中外日报〉（1898—1908）研究》（复旦大学，博士学位论文，2013 年），该文有专节讨论《中外日报》与端方的关系，作者从关系网络的视角审视解读报刊与政府，但未深入挖掘丁未政潮的政局与报刊的联结，并未揭示出端方整饬《中外日报》的根本动力在于打压政敌岑春煊。

④ 《端方致袁世凯电》，无朝年，端方档案，档号：27－01－001－000157－0006。

十分投契，《中外日报》俨然为异己的机关报。[①] 端方判断《中外日报》馆时常以乱党口气批评两江政务，这与岑春煊暗中指使不无关系。时革命党起事，徐锡麟刺杀安徽巡抚恩铭，中外报馆对政府捕杀革命党人的举措颇有微词，端方向汪康年堂兄汪大燮写信辩白，言语中对《中外日报》略表不满，“中外报馆为人机关，于此等重要案件，无可诋毁，乃日日设法诬谤，无论拿一枭匪、会匪无不被以革命党之名，冀淆视听，其凭虚结撰，可为喷饭者则又不知凡几，是非颠倒，莫可究诘”，望汪氏帮助斡旋，“我公于此等情形当已洞悉。晤肃邸及朝列诸公尚祈一为论及，俾报章妄捏之故得以共鸣”，其中深意自然包含融通汪康年，少做妄捏之词。[②]

光绪三十三年（1907），岑春煊借用江浙铁路风潮之机，于《中外日报》发声，批评两江政治，引起端方警觉，“中外报本系伊之机关报，所言尤无顾忌”，称岑氏此举即“藉此推翻政府，煽动尤不遗余力”。“推翻政府”言词过重，目的是加重语气，引起收电人袁世凯的重视。在端方看来，“事关全局”，提出关闭一两家报馆，以示警示，“免酿巨患”。建议袁“能属崧生（梁敦彦，新任上海道，袁世凯亲信）密为设法，由沪英领请沪道自封闭最妥”，设想借助外人之手打压《中外日报》。[③]

与此同时，端方深知庆王奕劻对岑春煊存有成见，令蔡乃煌在京运作，密告岑氏在沪“兴风作浪”“沪上各报近为路事日益激烈，中外报有贼（岑）为主动，排斥政府尤不遗余力”，应早做打算，况且“路事一旦不协无望，必将从中煽动无疑”，向庆王灌输此中关节要害，不如“及早设法放归本籍”，目的是要将岑春煊彻底扳倒，决不能在上海逗

① 光绪三十二年，汪康年兄汪大钧病逝，岑春煊抚恤汪家五千金，汪大燮代汪康年致谢。参见上海图书馆编《汪康年师友书札》第1册，上海书店出版社2017年版，第780页。

② 《端方致汪大燮电》，光绪三十三年八月初七日，端方档案，档号：27-01-001-000159-0018。

③ 《端方致袁世凯电》，无朝年，端方档案，档号：27-01-001-000157-0054；端方档案，档号：27-01-001-000157-0051。后一份为前电底稿。端方认为岑氏借助此事制造舆论、散布谣讹、激动风潮，或许基于汪康年、张元济、汤寿潜等人与岑过从甚密。参见汪康年《汪穰卿笔记》，中华书局2007年版，第7—18页。

留，以免“酿成巨祸”。①

端方多方斡旋，借路事对岑春煊发难，主要的私心还在于担心岑氏觊觎其江督位置，时“贼（岑）在沪已赁屋，作久居之计”，不得不引起高度警觉，但删去了原电中“目的所在不闻可知”一句，看来端方断定岑氏有所行动，防备是必要的。因此，不断向庆王与袁世凯鼓吹岑为“巨患”“巨祸”，目的就是要将政敌驱逐出沪，“放归本籍”。驱逐回籍断难办到，但限制政敌的舆论宣传，整饬《中外日报》尚有操作空间。

机会来自光绪三十四年二月，《中外日报》资金出现缺口，汪康年有意出售，询问端方意向，不过开价不菲，“中外报新股揽权益甚，深恐将误大局，现定谚开标出价高者得。唯近年靡费太巨，计股欠共八万余元，非投十万元不可，即归新股实数亦须七万。已筹得三数，恳大力暂垫，随后招股奉还”。② 据端方与已调邮传部的蔡乃煌往来一些电文来看，两江政府挪用外销款以及个人出资收购了《中外日报》，具体数额未见档案记述，应是一笔较大的金额，档案中有“职道（蔡乃煌）已垫六万二千六百元，另敬贴借七千元，又交欠租四千元，每月尚须贴二千元，统计为数不赀”。③ 亦有“收回中外日报馆，查尊处前次来电系统计八万元，此次来详言七万元”数据，④ 看来收购《中外日报》，两江政府确实用了一大笔费用。政府财政困窘，但依然花费巨资购入一份民间报纸，显然打压政敌机关报是最为重要的考量因素。需要指出的是，此间蔡乃煌在京协商制定《大清报律》，整饬《中外日报》加速了报律出台进程，两江政府在管控舆论过程中与中央多有互动。⑤

《中外日报》为岑春煊的机关报，岑是否参与了此次股权收购？端方等人是如何将异己排除在外的呢？档案中未见有记述。倒是一封端方

① 《端方致蔡乃煌电》，无朝年，端方档案，档号：27－01－001－000157－0052。

② 《端方致蔡乃煌电》，光绪三十四年二月初八日，端方档案，档号：27－01－001－000164－0058。

③ 《蔡乃煌致端方电》，光绪三十四年四月初二日，端方档案，档号：27－01－002－000193－0016。

④ 《端方致蔡乃煌电》，光绪三十四年四月二十七日，端方档案，档号：27－01－001－000155－0018。

⑤ 《蔡乃煌致端方电》，光绪三十四年二月初二日，端方档案，档号：27－01－002－000173－0012。

与蔡乃煌评论道员叶德全的电文，对此事略有述及，“叶德全的是真犯，何道来电亦有疤痣之说，该道狭隘诡诈，恐或借以相难。中外报本无岑股，穰卿（汪康年）所言皆该道教之”。[①] 电文似乎说明，《中外日报》并无岑春煊股份，汪康年受叶德全唆使，利用端、岑矛盾，不免有借此暗中抬价的嫌疑。

两江政府收购了《中外日报》，但管理乏善可陈，此后又起波澜。光绪三十四年五月，该报刊登《江苏绅士上江督禀》，报道了宁军夏家桥枪毙赌徒一案，指控清军并非清剿赌徒，而是抢劫赌资，且有误毙民命之事。[②] 江苏绅士群体登报，令政府“殊难为情”；同月，又有《金陵十日记》一篇，诋毁金陵政界；后又发生报刊误字与脱文事故，痛诋苏路事件之对外公禀。[③] 斥巨资收购的《中外日报》“专与宁开仗，而又屡说无效，不能不使人发急”“中外如此，真不如不收此报矣”，端方认为“此中必有运动之人”，当然指的是汪康年与岑春煊。[④] 事实上，端与汪康年、汪诒年昆仲互有烦言，“两汪险诈，甚不易制”，[⑤] 与汪康年过从甚密的王慕陶亦鄙视端方的人品，“盖初用其人，继恐人播之有累，则力攘之，以示不与相通。似此手段，与之共事，未免可畏”。[⑥] 经蔡乃煌斡旋，汪康年致函作据称，《中外日报》“决不再犯”，即有必须议论之事，亦必先商后登，方缓解报馆与政府的紧张。[⑦]

两江政府管控报界不力，根源在于很多报纸在租界开办，政府无权过问，所发内容无法审核，针对汪康年这类具有十足办报经验的报人，

---

① 《蔡乃煌致端方电》，光绪三十四年四月初二日，端方档案，档号：27－01－002－000193－0014。

② 《夏家桥之辩护》《中外日报》，光绪三十四年五月十一日（1908年6月9日），第2张第1版。

③ 汪康年著、汪林茂编校：《汪康年文集》下，浙江古籍出版社2011年版，第760页。

④ 《端方致蔡乃煌电》，光绪三十四年五月二十一日，端方档案，档号：27－01－001－000158－0004。《端方致蔡乃煌电》，光绪三十四年五月廿三日，端方档案，档号：27－01－001－000158－0006。

⑤ 《端方致蔡乃煌电》，光绪三十四年六月二十，端方档案，档号：27－01－001－000158－0013。

⑥ 上海图书馆编：《汪康年师友书札》第1册，第106—107页。

⑦ 《蔡乃煌致端方电》，光绪三十四年六月十六日，端方档案，档号：27－01－002－000193－0033。

非出具过硬的证据不足以制约。时康有为、梁启超等维新党人在沪有所行动，光绪三十四年三四月间，康曾致信麦孟华，谈到资政院已开，须迅速行动，“隐开国会”“若岑可深结”，拟由岑春煊领衔。[①] 此事被端方等人探知，认为这是借此整饬《中外日报》，打击岑春煊的绝好时机。

光绪三十四年七月初二日，蔡乃煌探得，“上海各报甚嚣，康逆寄到二百余埠华侨请速开会书，首先要挟归政，革党盼各报一登即起风潮”，有了“归政”如此敏感的词汇，铲除岑氏及党媒提上日程。为打击异己，蔡称“极力禁止”，但“中外主笔首先抗违，闻已受康梁运动”，欲加之罪何患无辞，“拟将该主笔汪氏昆仲辞退”。汪氏昆仲见状将股份卖于东洋人，一时令蔡乃煌无从措手，大骂“可恶已极”，政府与报人明争暗斗可见一斑。[②]

促使端、蔡加速整饬《中外日报》的原因还在于，光绪三十二年江南发生罕见水灾，赈济事务正处在关键时期，报纸“谣言正炽”，“若各报均为康、梁所用，贻害胡底”，基于此，“不得不稍露锋芒，借中外发端杀其凶焰”。[③] 蔡乃煌抓住汪的把柄，以地方官和股东的身份“手具一稿”，要求汪康年照此誊录，声明报刊此前登录新闻之误，保证“不得有讥评南北洋之论说”，如有损南北洋之新闻，须交稿阅看。[④] 在两江政府强力压制下，汪康年昆仲登报声明与该报脱离关系。两江政府整饬《中外日报》，更多出于个人私见而非政见分歧。

三　两江政府对《申报》的暗中收购

《申报》创刊于同治十一年（1872），由英国商人安纳斯脱·美查创办，原本是一份商业报刊。光绪二十五年，英商将《申报》改组为股份

---

① 丁文江、赵丰田编：《梁启超年谱长编》，上海人民出版社 1983 年版，第 449 页。

② 《蔡乃煌致端方电》，光绪三十四年七月初二日，端方档案，档号：27－01－002－000193－0040。

③ 《蔡乃煌致端方电》，光绪三十四年七月初二日，端方档案，档号：27－01－002－000193－0040。

④ 汪诒年编：《汪穰卿先生传记》，中华书局 2007 年版，第 142 页。

有限公司，售出股份，事务由董事会主持。《申报》办刊初期宗旨平允，并不热衷于议论时政，反观很多新式报刊，如《时报》《中外日报》的精神形式力求更新，以博眼球，引起世人注意，销量日增。《申报》销路由此渐衰，主笔伍特公后来回忆称，“沪上各报之主义亦随风气而变易。独本报《申报》则固步自封，力排新学。犹忆余在校课余入阅览室时，各报辄一纸而数人聚阅，独《申报》常被闲置案上，苟有因老同学，辄以顽固、腐败等名词诋之”。[①] 主笔雷瑨曾分析《申报》衰落原因称，“中国倡行新政始于康梁，戊戌政变后康梁遁逃海外，清慈禧太后怒之甚深，政府诸公因求媚慈禧之故，不得不将顺其意。主笔政者因迎合政府诸公之故，更不得不附和其词”，在他看来，正是与政府的媾和造成了《申报》的没落。[②]

光绪三十一年，《申报》报政改革，辞退了原来奉行保守主义的主笔黄式权，聘请具有维新思想的张默、刘师培等人办刊，据说“刘氏来馆以后，《申报》之言论，更由维新而转变为革命，清廷视为眼中钉”，[③] 一度矫枉过正。《申报》言论趋于尖锐，对政府不无批评，引起两江政府的不满，当年《大清印刷物专律》的出台与此不无关系，同时端方等人向报馆施压，暗中布局，试图掌控该报。[④]

光绪三十三年年初，两江政府策划将《申报》收购，苦于财力不足，端方向盛京将军赵尔巽求助，称“《申报》行销最广，可以用为机关”，拟由南洋印刷局集股十四万，“暗以《申报》附入”，其中宁、沈各出五万，商款四万。[⑤] 经道员熊希龄与金仍珠运作，赵尔巽同意支付

---

① 伍特公：《墨霭实录》，载申报馆编《最近之五十年》，1923 年。

② 雷瑨：《申报之过去状况》，载申报馆编《最近之五十年》，1923 年。

③ 《申报掌故（三十七）·刘申叔怒离申报馆》，《申报馆内通讯》第 1 卷第 10 期。

④ 关于政府收购《申报》，过往研究多有提及，参见杜新艳《〈申报〉的过渡时代》（《汉语言文学研究》2011 年第 2 期），谈及 1905 至 1916 年间席子佩、官方、立宪派三方势力对《申报》所有权的博弈，但对于蔡乃煌等人的作用未见详论。马光仁主编：《上海新闻史（1850—1949）》，也提及了蔡乃煌与《申报》董事席子佩的秘密接洽，亦未展开论述。相关研究亦参见徐载平、徐瑞芳《清末四十年申报史料》，新华出版社 1988 年版。宋军：《申报的兴衰》，上海社会科学院出版社 1996 年版。晚清两江政府暗中介入操纵《申报》详细过程，还有待深入考察。有关《申报》与地方政务关系的探讨，可参见卢宁《早期〈申报〉与晚清政府近代转型视野中报纸与官吏关系的考察》，上海科学技术文献出版社 2012 年版。

⑤ 《端方致赵尔巽电》，无朝年，端方档案，档号：27－01－001－000166－0053。

五万“作为入股”。[①] 但不知出于何故，购入《申报》一事被搁置，半年后再次启动。

光绪三十三年十一月，《申报》因经费支绌，亟需约人合办，为政府介入提供了契机。此时两江政府正在筹备开办《舆论日报》，作为机关报，资金缺口较大。（详见上文）端方得知此消息，认为《申报》开设最久，阅者众多，舍一新造独立之《舆论日报》，合办一资深有名之《申报》，无疑非常有利。而且合办比之于自创节省经费，“自创则日日愁经济，不啻日日过年”，而《申报》行销甚广，每月收费略可敷衍，无须常常贴补。此外，云贵总督锡良投注《舆论日报》的六千元可挪用，两江政府无须筹款太多。更为关键的是，即使名为合办，会计、编纂、交通各部可派人经理，“与独立无异”“不啻权自我操”“其机似不可失”。[②] “商报捐除忌讳，故购阅者多。官报敷衍故事，故购阅者少”，[③] 与官报相比，《申报》销量大，影响广，非常划算，给政府收购注入极大动力。

全盘负责收购的是道员金仍珠，到沪接盘，订立收购合同，讨论言论全权，商详细办法。编辑长派学识均优、甚顾名誉的曾朴，曾氏向两江政府透漏《申报》资金困窘有意出卖，自然有所图。此外，由蔡乃煌推荐的《舆论日报》周正权、李焱木分任编辑、会计两部监督。[④] 在收购《申报》的过程中，蔡乃煌起到了至关重要的作用，以至于后来当事者回忆官办《申报》的这段历史，提到“前清末造，有广东浪子蔡乃煌，任苏、松、泰（太）道，取佞江督端方，为方在沪兼营谍报。从而献计，用库银八万两收买《申报》，管制舆论”。[⑤] 时过境迁，蔡、端官办商报这段往事的细节已经淹没，不为人知，庆幸端方档案存有一些电

---

① 《赵尔巽致端方电》，光绪三十三年正月初十日，端方档案，档号：27 - 01 - 002 - 000144 - 0026。

② 《端方致蔡乃煌电》，光绪三十三年十一月十六日，十一月十九日，端方档案，档号：27 - 01 - 001 - 000164 - 0023，27 - 01 - 001 - 000164 - 0024，27 - 01 - 001 - 000164 - 0025。

③ 《论报馆之有益于国》，《东方杂志》1905 年第 2 卷第 4 期，第 55 页。

④ 《端方致潘季孺电》，光绪三十三年十二月初三日，端方档案，档号：27 - 01 - 001 - 000126 - 0046。《端方致蔡乃煌电》，光绪三十三年十二月初三日，十二月初五日，端方档案，档号：27 - 01 - 001 - 000164 - 0031，27 - 01 - 001 - 000164 - 0032。

⑤ 章士钊：《申报与史量才书后》，载章士钊《章士钊全集》第 8 卷，第 267 页。

文，借此可以还原此段历史。

曾朴与金仍珠在沪谈判并不顺利，到沪后开始筹划合办细节，方才得知公司有合资、股份之别。合资就是合同、权利相均，股份公司则是股东公举董事、总协理，举定后股东除开会与议外，并无其他权利，并不订立合同，曾氏认为以合资为宜。《申报》负责人席子佩则不愿合资，坚执招股，理由是简章早经刊布，招有散股，断难突然改为合资，而且部分产权被洋人购买，并拟将总经理聘为已方人员，不能另举。有记载认为，此季《申报》已被洋人卖出，可能是美商出于办报不如投资制药厂得利，因此获利后转投其他产业。[①] 也有认为此时《申报》经营不善，"约于同年五月三十一日由该馆买办青浦人席子佩（裕福）与英人勾结合约借款接办，但名义上仍属外人"。[②] 无论如何，席子佩借洋人搪塞，两江政府收购遇到了阻力。

谈判继续进行，《申报》方考虑到此次政府投资一半，与小股东不同，同意由股东与总经理订立条款，载明编辑、会计两部由政府特派专员。金仍珠分析即使订立条款，但席子佩系总理人，有监察调度权，将来遇到事情还是不好办，谈判陷入僵局。席又提出一种办法，将该报全部售卖，将原买契纸交出，报价六万两，一切来往账目由新业主承认，另约有欠款一万七千两由政府承担。曾、金考虑席人狡猾，将来共事必多轇轕，不如买断，先付资金若干，余款订期续交。[③] 经此谈判，两江政府由合办改为全权购买，需要做的就是筹钱。

席子佩任意加价引起端方不满，"《申报》以六万购出我已大不合算，席子佩岂不自知，今必故意抬价，实不尽情，鄙意断不能加增一分也"，[④] 收购因价格僵持不下。至八月，曾朴找蔡乃煌商议，指出即便价格较高，毕竟"苟能将《申报》并收，则以后风潮可以不起，关系甚

---

① 雷瑨：《申报之过去状况》，载申报馆编《最近之五十年》，1923 年。

② 袁省达：《申报〈自由谈〉源流》，《新文学史料》第 1 期，人民文学出版社 1979 年版，第 245 页。

③ 《曾朴、金仍珠致潘季孺电》，光绪三十三年十二月廿八九日，端方档案，档号：27－03－000－000021－0061。

④ 《端方致蔡乃煌电》，光绪三十四年四月廿九日，端方档案，档号：27－01－001－000155－0009。

大”，拟请南洋“与北洋、鄂省并谋，好在《申报》不至月亏，止需收费耳”。[①] 档案记载端方派人与直隶总督杨士骧沟通，称“前因《申报》有出顶之说，曾经电商尊处筹资合办，嗣以该股东求照议价加增未能接受。顷据蔡道面禀，现与该馆磋商，已允照七万出售，惟该报最得商界信用，销数最好，故外间争顶者众。现在施行报律，如此等有名大报，尤不可不趁此收回，并云已由少川（唐绍仪）星使函达我公筹资三万余款，即由南中设法措筹云云。……如将《申报》并归官有，则报界言论之权可以悉自我操，实于报律之行大有裨益，蔡道所陈尚望查允，速筹并先电复”。[②] 杨士骧回复称，“该馆以七万出售，卓见既以为然，必于大局有益。自当勉筹三万以符南北洋合办之议，一俟措齐，即当汇寄”。[③] 档案未记载最终政府收购《申报》所花费用，据江苏省谘议局议案记述：蔡乃煌收购《申报》等沪上报刊共计花费股本 16 万两，资金主要来自开浚黄埔工程款。[④]《申报》经此股权收购，被政府暗中操控。曾任江苏都督府顾问的章士钊回忆《申报》转手，指出“席氏子眉、子佩兄弟毕生经营之偌大报业，一转而为清运告终之机关刊物”。[⑤]

两江政府收购《申报》花费不菲，运营后困难重重，难以挪用巨额他项经费支撑。宣统元年十月初四日，江苏省咨议局会议决定：“近年上海报馆，往往为本省行政官所开。初以为官自解其私囊，虽官冒商名，淆乱清议，情理大有不合，然人民无担负义务之关系，业已隐忍相安。今既知官营商报，仍用本省官款，明见报销”，“议定为不可行事件，呈请更正施行”，《申报》不久即归商办。[⑥] 不过政府与《申报》的合作一

① 《蔡乃煌致端方电》，光绪三十四年八月初一日，端方档案，档号：27－01－002－000193－0037。

② 《端方致杨士骧函》，光绪三十四年十月初四日，端方档案，档号：27－02－000－000110－0018。

③ 《杨士骧致端方电》，光绪三十四年十月十二日，端方档案，档号：27－03－000－000012－0023。

④ 《江苏谘议局议员提出续查官营商报成案补议办法九条之紧急动议案》，《时报》宣统元年十月十六日（1909 年 11 月 28 日），第 9 版。

⑤ 章士钊：《申报与史量才书后》，载章士钊《章士钊全集》第 8 卷，第 267 页。

⑥ 《上海报界之一斑》，《东方杂志》第 6 年第 12 期第 408 页。

直持续进行，端方由两江调直隶，每月补贴《申报》五百元，作为资助。[①] 由此可见，《申报》并非完全意义上的商办，与政府保持着千丝万缕的联系。后人称“《申报》乃官物，（史）量才不过任监守之责”，并非没有道理。[②]

四　外文报《上海泰晤士报》与政府的合作

上海报界信息来源的很大助力即取材于本埠外报。沪上外报多有各国政府背景，充当喉舌，文料来源丰富。租界内的领事裁判权天然为外人办报提供了保障，具有较为宽阔的舆论空间，也正因此被列强制造舆论所利用。两江政府寻求与外文报合作，对外可用于交涉，对内则有利于舆论引导。[③] 在两江政府筹备联络外文“机关报”的过程中，美国人福开森（JohnC. Ferguson）起到了桥梁作用。福开森毕业于波士顿大学，光绪十二年来华传教，自此在中国活动五十七年之久，涉足的领域包括宗教、教育、新闻、收藏等行业，与晚清至民国初年的众多历史名流交从甚密。端方与福开森早有交际，此前任职署理江苏巡抚与署理两江总督期间，即与福开森交往，尤其在办理苏报案过程中，双方电报往来十分频繁。[④] 后端方调任湖南巡抚，临行之前不忘告知福氏，有关湘省利害以及个人私事，随时“密闻”，可见二人关系匪浅。[⑤] 此外，端方热衷兴学与收藏，这两方面均是福开森擅长与兼及的领域。主政两江后，故

---

① 《蔡乃煌致端方电》，宣统元年七月初九日，端方档案，档号：27－03－000－000027－0006。

② 章士钊：《申报与史量才书后》，《章士钊全集》第8卷，第267页。

③ 需要指出的是，租界为外报提供了极为便利的特权，国人同样利用租界特权办刊，但与外人并非同等待遇。有关沪上租界与近代报刊发展相关研究，参见秦绍德《上海近代报刊史论》（复旦大学出版社2014年版，第150—174页），指出殖民当局也绝非就是中国人办报的保护伞，租界的新闻自由同样存有限度，即在殖民当局许可范围内的有限自由。

④ 福开森与清廷暗中联络，在一些报人的回忆录中有所记述，只是并未得到学人太多关注。参见严独鹤《辛亥革命时期上海新闻动态》，《辛亥革命回忆录》第4集，文史资料出版社1981年版，第82—85页。

⑤ 《端方致福开森电》，光绪三十一年正月初十日，端方档案，档号：27－01－003－000067－0003。

人相逢，联系更为频仍，投分甚深。

福开森办报经验丰富，深耕报界多年，可谓资深报人，光绪二十五年将当时在华较有影响力的报纸《新闻报》收购，比之于初来沪上的江督端方，福氏对于沪上报界的生态环境更为熟稔。基于此，端方对这位外国友人格外器重，福开森的一些建议影响两江政府决策。

光绪三十三年正月，曾为《文汇报》经理的克拉克，为福开森友人，至沪接办《上海泰晤士报》。[①] 福开森预计将来行销必广，该报苦于资金短缺，每月开销尚不敷数百金，若能酌给津贴，对政府有莫大之便，可为中国机关报，并称两江“亟须有西报为之机关，开森筹画多年，苦无机会”，此时正是收购的好时机，如若同意，立即回国接洽此事。[②] 端方早有入股西文报纸的打算，一直无从着手，得知此事立即派王鸣钰、熊希龄两位干员赴沪与福开森商议。双方很快达成三项协议：其一，上海西报、华报有毁谤两江者，如未知事体真相，即寄督署请示，凡政府有辩驳之稿均可交该报刊发；其二，《上海泰晤士报》访事所访两江新闻应格外郑重，如关系较大者立即电请酌示，俟复电到后再刊，往来电费归两江结算；其三，政府有特发登报之件，《上海泰晤士报》即照刊。经双方协商，协议与补贴两项达成共识，资金由两江政府入股一万五千元，作为该报大股东。[③]

两江政府为避免入股西文报纸引来外界非议，即“暗中维持，不便明认”，非当面购买，这样“各国明知报由我设”，“恐不足以取信”，并“密属该报馆自行寄”。[④] 同时命江苏候补道沈邦宪“间接商定，不由督

---

① 此为《上海泰晤士报》(Shanghai Times)，美国侨民在华发行的英文报纸，为美国人布什（J. H. Bush）于1901年创刊，原为美侨社会的言论机关。1904年被欧布（John. O’Shea）所购，自任主笔。关于两江政府与《上海泰晤士报》的财务往来，有关研究业已有所提及，但目前还未见有专文论述政府与该报的关系。参见马光仁主编《上海新闻史（1850—1949）》第351页。

② 《福开森致端方电》，光绪三十三年正月廿四日，端方档案，档号：27 - 01 - 002 - 000147 - 0236。

③ 《福开森致端方电》，光绪三十三年二月初九十日，端方档案，档号：27 - 01 - 002 - 000148 - 0213。《王鸣钰致端方电》，宣统元年三月十七日，端方档案，档号：27 - 01 - 002 - 000201 - 0047。

④ 《端方复江苏陈抚台函》，无朝年，端方档案，档号：27 - 02 - 000 - 000116 - 0020。

署直接，庶得驾驭之法”。[①] 此前沈邦宪因办理银元局应交盈余不敷降级调用，端方为其翻案，致沈大为感动，办理报务极为卖力。[②] 两江政府邀请闽浙总督松寿助力发行，称“洋员福开森旅沪多年，遇有交涉事宜驾驭得法，尚肯为我效用，兹所开泰晤士西字报馆正图扩充，且愿作中国机关。江鄂各省旧有岁助之款均在三四千金以外，近时次帅（赵尔巽）到蜀亦认为销报百份，该洋员素慕荣名，愿效指臂，特浼弟为介绍，可否按照四川办法每年为销报纸百份，俾利推行”。当然闽浙之事可登载，“至闽浙交涉日敏，将来如有应行□录及辨正之事，或由尊处拟稿定彼照登，或立意该馆属其照拟论说，均无不可”，[③] 文中亦提及新任川督赵尔巽认股。

除闽浙、四川外，云贵总督锡良亦予以支持。时云贵发生枪毙法人事件，上海《中法新汇报》左袒其国，所论多偏颇之词。外文报刊登各种索要利权信息，引导舆论，如《文汇报》载法文电报云法方的四项要求，“一惩办肇事者及煽惑者，二撤退云南总督，三赔欵，四云南法国各种权利之保证”。[④]《上海泰晤士报》刊发端方拟好的稿件辩论，借此拉拢锡良，“《泰晤士报》系洋员福开森所办，福在中国日久，驾驭得宜，尚可为我所用，其所办《泰晤士报》自愿为中国机关，惟现在正拟扩充经费，未能十分充裕，前曾面称拟求尊处代销报若干份，该报每份需洋□元，尚祈酌定百份或数十份”，“尊处如续有应登之件，并可随时函电见示”。[⑤] 咄咄逼人的外交压力，促使锡良与两江政府合作办报。

两江政府此后多方介入《上海泰晤士报》。为增加销量，建议增注华文。与湖广、浙江、两广等各地督抚联络，拓展销路。《上海泰晤士

① 《熊希龄致端方电》，光绪三十三年二月十一日，端方档案，档号：27－01－002－000143－0020。

② 《端督奏请开复沈邦宪》，《申报》，宣统元年六月初六日（1909 年 7 月 22 日），第 10 版。

③ 《端方致松制台函》，无朝年，端方档案，档号：27－02－000－000071－0003。

④ 《法国要求云南权利》，《申报》，光绪三十四年五月十八日（1908 年 6 月 16 日），第 5 版。

⑤ 《端方致锡良函》，无朝年，端方档案，档号：27－02－000－000078－0006。

报》行销不广，又联络邮传部，“分派各省代销”。[①] 从光绪三十四年十二月各地报费来看，至少浙江、四川、山东、直隶、云贵等省份均有订阅，这与两江的斡旋密不可分。

《上海泰晤士报》经两江资助，充当内定之西文机关报。时上海各国领事要求推广租界，“驻沪各领事照会江督声请扩充，经江督据理驳拒”。[②] 此后在沪各使及各西商又复开会集议此事，两江政府“密属其（福开森）于所办报纸对于此事极力反对”，并在会发表意见，“有一国不谐即难办成”，“此议已息”与福开森实心帮助有莫大关系。[③]

《上海泰晤士报》对两江政府的暗中助力不仅涉及对外事务，更多则为内政舆情的引导。光绪三十二年两江发生近代以来罕见水灾，富庶江南变为千里泽国。端方于此年到任江督，即组织当地士绅赈济。水灾给政敌岑春煊可乘之机，在沪以赈款重伤两江政府，端方虽声称“用款核实，均有舆论，案据可凭，原不足虑”，但还是担心“贼谋险狠”，又有善棍等出全力相助，不可不力为防范。拟好辩驳稿，首交《上海泰晤士报》登刊，推测在沪各报一定译登，此举较为隐蔽。[④] 电文由端方亲自拟好，称“闻有某大员派人挟资入都意欲运动言官，藉赈务用款太多，中伤某督，惟朝论均不谓然，某大员此举恐无效力，云云”，为了掩人耳目，“用大字登入‘北京专电’”。[⑤]

沪杭甬铁路路权收回过程中，据《上海泰晤士报》通信员访探，中方违反铁路借款合同，浪费经费，中方工程司所造桥梁不固，枕木质软，铁轨敷设不妥，石子亦铺放不足，该通信员拟将此事宣布，《上海泰晤

---

① 《端方致蔡乃煌电》，光绪三十四年正月十八日，端方档案，档号：27－01－001－000164－0046。

② 《论本埠西人赞成推广租界事》，《申报》，光绪元年闰二月初五日（1909年3月26日），第2版。

③ 《端方致梁尚书电》，宣统元年闰二月十一日，端方档案，档号：27－03－000－000021－0019。

④ 《端方致蔡乃煌电》，光绪三十四年正月廿三日，端方档案，档号：27－01－001－000164－0047。

⑤ 《端方致福开森电》，无朝年，端方档案，档号：27－02－000－000065－0010。

士报》因不利两江未予刊登。[①] 光绪三十四年，宁军在夏家桥击毙赌徒，有人暗中反复运动报馆，制造舆论，报界持续攻击，语言偏激。[②] 端方嘱《上海泰晤士报》，“如有此等文字”“切属当事立予拒卸”。[③] 宣统元年，《中外日报》驳斥两江政府征银解银，[④]“多有訾议之词”，此事所关甚巨，政府令蔡乃煌著论更正，在《上海泰晤士报》等报切实辩驳。[⑤]《上海泰晤士报》为外人主办的西文报纸，却充当两江政府的内定机关报，沪上报刊的政治属性确实极为复杂，难以简而论之。

五　两江政府与革命党报及报人

端方担任江督期间（1906—1909 年），正是清廷推行新政的关键时期，新政、立宪、革命交织的清末政局，为舆论制造与信息传播提供了广阔空间，上海之于舆论又具有特殊位置，“历史上之地位，则上海报为全国之先导是也”。[⑥] 端方曾写信给主管民政的肃亲王善耆，称“上海报界宗旨纯正者百不一二，其中甘为逆党机关者固属不少，余亦不免视利之所在，意为毁誉”。[⑦]《神州日报》和《民呼日报》为革命党人于右任创立，在政府看来即属于“逆党机关”范畴。[⑧]

《神州日报》创刊于光绪三十三年，于右任为筹集资金专程赴日本

① 《郑汝骙致端方札》，宣统元年闰二月初四日，端方档案，档号：27－03－000－000031－0043。

② 《江苏绅士上江督禀》，《中外日报》，光绪三十四年五月初十（1908 年 6 月 8 日），第 2 张第 1 版。

③ 《端方致福开森函》，无朝年，端方档案，档号：27－02－000－000083－0005。

④ 《江督饬司筹议州县公费之办法》，《中外日报》，宣统元年三月廿八日（1909 年 5 月 17 日），第 1 张第 2 版。

⑤ 《端方致蔡乃煌电》，宣统元年四月初一日，端方档案，档号：27－03－000－000020－0005。

⑥ 姚公鹤：《上海闲话》，上海古籍出版社 1989 年版，第 128 页。

⑦ 《端方致善耆信》，无朝年，端方档案，档号：27－02－000－000147－0001。

⑧ 有关于右任所办“三民报”的历程，新闻史、政治史均有专文论证，参见马光仁主编《上海新闻史（1850—1949）》，第 352—358 页；秦绍德：《上海近代报刊史论》，第 172—173 页。本文则着重还原了两江政府针对于右任所办报刊的相关举措，进一步发掘清廷禁报的内在原因。

求助于同盟会，孙中山给予支持，希望将该报办成联系各省，宣传革命的机关报。《神州日报》发行时，同盟会江苏分会、日本东京《民报》主笔章炳麟等人均致贺词，政治属性极为明显。《神州日报》总主笔杨毓麟曾与端方一同出洋考察，协助翻译外文书籍，此后保持联络。端方督两江，杨毓麟写信告知在《神州日报》任职，向端求助报款，“神州报馆自创办以来，迄今已历半载，编辑虽殊欠完善，而经济则综计前后，所需为数已属不赀，更回禄受创甚巨。顷来销数，虽未为大劣，而欲图扩张一切，则于事颇难，势不得不需有增入之赀本，乃能促进其增长之度”，并派总经理叶景莱“专为此事，趋叩崇阶，所有一切情事，均由景莱面呈陈”。[①] 看来报人与政府要员并非办刊取向不同，即水火不容，实则多有交际。不过，《神州日报》寄望政府支持未见回应，想必引起了该报的不满，以致对两江公务多有微词。

宣统元年三月二十八日，《中外日报》刊发江督筹定各州县公费事一则，称摊捐各款因银价日昂，各州县深受其苦，且有幕友上下其手，用无著之款列抵，应将各州县摊捐之款彻底清查，以除积弊。端方认为此说不妥，且此事所关甚巨，嘱人即刻著论更正，于各报切实辩驳。结果《中外日报》《舆论时事报》《新闻报》《上海泰晤士报》等均力加驳斥，分日立言，惟有“神州坚不允行”，[②] 可见《神州日报》未与政府合作，并有成见。

宣统元年，端方调任直隶总督，《神州日报》称“端督幕僚有一百余员，每月在财政局支销不下数万两。兹新任江督之幕府仅共十分之一二耳”。[③] 三天后，再次发文，称“津函云，直督端方到任，随带文武八十余员，闻端意拟一一位置，故北洋近日官场将大有一番更调，故莫不

① 《杨毓麟致端方信》，光绪三十三年九月二十七日。转引自孔祥吉《惊雷十年梦未醒档案中的晚清史事与人物》，广东人民出版社 2007 年版，第 179 页。

② 《蔡乃煌致端方电》，宣统元年四月初四日，端方档案，档号：27－01－002－000207－0013。

③ 《新督幕人物志》，《神州日报》，宣统元年六月二十七日（1909 年 8 月 12 日），第 3 页。

恐慌云”。[①] 毁誉之词令端方颇为不满，“种种妄说，殊属可恨”，想必积怨已久。[②] 针对此事，蔡乃煌将《神州日报》主笔何雨辰“勒令撤换，由汪道、周道每日派人阅报，方准发刊”，并指出该报经费不敷，“既操监督之权，宜任补助之责”。端方认为“如能议由鄙处派人代为主持，则尚可予以津贴”。[③] 经双方协商，北洋每月注资补助，该报方舒缓了对端方的敌对态度。七月初发表了《新直督之风采》一文，算是对直隶补贴的反馈。清末报界索米立传不为少数，经费支绌为一考量，报人道德亦难令人称道。

《民呼日报》创刊于宣统元年三月，创办人于右任登报声明称，“鄙人去岁创办神州报，因火后不支退出，未竟初志，今特发此报，以为民请命为宗旨。大声疾呼，故曰民呼。辟淫邪而振民气，亦初创神州之志也”。[④] 显然，《民呼日报》继承了《神州日报》的办报宗旨。《民呼日报》创刊当日，蔡乃煌即着手准备查封，“本不欲给照邮寄，但恐其向东洋注册，故令其递禀注册给照。今日出报已异常悖谬，至有‘三千年独夫民贼’字样，可恨已极，姑纵其放恣数日，为封办地步。现皖绅因铜官山事，正倡议抵制英货，此等语报不封，必大起风潮，故不得不办”。[⑤] 这封电报应该是《民呼日报》出刊，蔡氏阅报后给端方发的电文，对该报内容颇为不满，批评宗旨不纯，势必为沪上隐患，为日后封闭报馆埋下了伏笔。

《民呼日报》出版后，果然文风比之于《神州日报》更为尖锐，如对东三省总督锡良裁撤冗员一事极力诋毁，端方让人“务速为设法招呼”。两江政府拟好电文，登报辩解，“奉省开支各官员廉俸薪津公费岁

---

① 《北洋官场之恐慌》，《神州日报》，宣统元年六月三十日（1909 年 8 月 15 日），第 2 页。

② 《端方致蔡乃煌电》，宣统元年七月初八日，端方档案，档号：27 - 03 - 000 - 000030 - 0022。

③ 《蔡乃煌致端方电》，宣统元年七月初一日，端方档案，档号：27 - 03 - 000 - 000030 - 0019。《端方致蔡乃煌电》，宣统元年七月初八日，端方档案，档号：27 - 03 - 000 - 000030 - 0022。

④ 冯自由：《革命逸史》（中），新星出版社 2009 年版，第 586 页。

⑤ 《蔡乃煌致端方电》，宣统元年三月二十六日，端方档案，档号：27 - 03 - 000 - 000018 - 0030。

逾二百万，清帅到任司库一空如洗，积亏至数百万，不能不先从裁汰冗员入手。现已裁去二百余员，每年节省经费四十余万，然于真正办事各员仍优予薪水，并未稍减，目下失望之人，造为谤言，四出散布，然清帅决不因此稍为瞻徇”。[①] 两江政府刊文为锡良辩驳，应是出于整饬报界期间得到了云贵的资助。

端方亦被《民呼日报》指摘，称“端在两江数年，既无所谓善，亦无所谓不善，然较之近日各督臣，如升允、松寿者，固稍胜一筹也”。[②]时人有“京外总督三个半”的谚语，即张之洞、袁世凯、岑春煊为“三”贤督，“半”即指端方，该报将其与升允、松寿等满族大员并列，显然评价不高。更甚者，端方离任两江后，该报抨击其“无定见”“敷衍”“善护短”“更癖金石，魔障已深”，攻击在两江所办之事皆“奴隶之外交”“奴隶之军队”“奴隶之巡警”“奴隶之教育”。[③]

因已离任两江，管理舆论需要旧属蔡乃煌助力，为笼络蔡氏，端方称在京期间向摄政王载沣力保，“总以调京为宜”，赏给三四品京堂，以便发挥特长，将京中各报逐加厘正。这一番话是老上级的肯定，也有对未来的期许，蔡乃煌许诺“民呼一报，亦易料理”，打压《民呼日报》分外卖力。[④]

很快蔡乃煌找到了机会，《民呼日报》抨击各省吏治，陕西尤甚，当地大员恨之入骨。甘肃遭受巨灾，陕西官员李岳瑞等人组织筹赈会，于右任为陕西籍人，也在会员之列，并将民呼报馆一室作为该会办公点。陕吏以此为契机，污蔑于右任贪污赈款。护理陕甘总督毛庆蕃曾为江苏提学使，与端方交往密切，致电蔡乃煌彻查此事。蔡乃煌借机札饬公共

---

① 《端方致蔡乃煌电》，宣统元年四月十五日，端方档案，档号：27－03－000－000020－0007。《端方致蔡乃煌电》，宣统元年四月十六日，端方档案，档号：27－03－000－000020－0010。

② 《江苏士绅必有一人》，《民呼日报》，宣统元年五月十三日（1909年6月30日），第1页。

③ 《论端督奴隶幕府之误江南（待理来稿）》，《民呼日报》，宣统元年六月十一日（1909年7月27日），第1页。《端那人物志舆评》，《民呼日报》，宣统元年六月十二日（1909年7月28日），第2页。

④ 《端方致蔡乃煌电》，宣统元年六月十二日，端方档案，档号：27－03－000－000023－0025。

租界，转达毛庆蕃来电，称该公所义赈得银三万多，只有两千解到甘省，有人借机渔利肥己，限三日内将赈款交出。[①] 租界公廨警员将于右任缉拿审讯，不能保释。

为了打倒《民呼日报》，与甘肃赈款案同时发动的还有三案，一为安徽铁路公司候补道朱云锦指称毁谤名誉案；二为已故上海道蔡钧之子蔡国桢指称毁坏其父生前名誉案；三为新军协统陈德龙指称毁坏名誉案。多案并举目的在于彻底打倒《民呼日报》，使其一蹶不能复起。七月二十四日，于右任羁押月余后，被逐出租界，并取消了《民呼日报》的发行权，该报自创刊至关闭仅维持了三个多月。于右任判决当日，蔡乃煌致电端方称，"经此次惩办，沪上各报或不敢猖獗"，有意通过打击《民呼日报》警示沪上报界。[②] 需要说明的是，针对革命党报及报人管控，两江政府指向明确、定性清楚，虽处以严刑，但比之于维新党人所办报刊，尤其是政敌机关报，对主政者来说则更为上心，所费精力、财力远超革命党报。于此可见，治理报界、整饬舆论冠以"逆党""巨患""巨祸"说词，实掺杂个人私见作祟，政府与报界的合作分离因素考量是多方面的。

余论：政府管控与舆论空间的变化

清末报人为政治参与的重要力量之一，左右政治发展不可忽视的社会群体。报界与政府之间呈现多重、多元、多变的关系，各种因素交织，纠合极为复杂，难以以某一时期的舆论倾向将其定性，一些看似与清廷无关、甚至政治取向对立的报刊反而与政府保持着千丝万缕的联系。报人的办刊理念则更为灵活，价值观念、资金来源、人际交往都有可能造成所办报刊舆论导向的转变，与其办报理念初衷背道而驰，单纯以报人政治身份（这种贴标签式的定于一尊的评价多为后见之明）定性报刊性

① 冯自由：《革命逸史》中，第588页。

② 《蔡乃煌致端方电》，宣统元年七月二十四日，端方档案，档号：27－03－000－000030－0020。

质实颇具风险。报界与政府的合作与对抗、联合与背离充满变数，并非持久不变，报纸传播信息背后加持的政治因素尤其值得关注。

政府与报界联结与断裂的关键环节在资金与政见，有时前者更为重要。揆诸史实，财政困窘为官媒与民间报纸的普遍现象。清末新政的初衷在于求富，推行各项举措的前提为财源支持，往往先求财于民，不免增加了民间的反新政情绪。报刊本为引导舆论、宣传新政理念的重要工具，官媒的力量反而不及民间报界，政府不得已借用财政手段，间接管控民办报刊，无形中增加了管理费用。以资金为媒介的政府与报界之间的合作并不稳定，当失去了财源支持，政府与报界协作即告结束，甚至走向对立面。报人借舆论引争取官方的资金已经成为惯用手段，这不得不说是清廷舆论整饬的失策与困境。

清末政府对于舆论的管控呈现共性与特性并存的状态。整饬舆情是中央与地方面临的共同问题，负责管控沪上舆论的蔡乃煌曾致电端方称，“已托赵智庵函菊人（徐世昌），日内再电清帅（锡良）续招，亦恳钧处电莲帅（杨士骧）并宁地各局有间款可拨者，亦望设法维持，全此脸面”，[①] 目前难以判断此电是针对何报所言，但可以看出两江、直隶、云贵、东三省以及湖广等地督抚在应对舆情过程中多有共识与合作，地方治理面临着通性问题。[②] 出于各自政治考量、多变的政局环境，以及各地报界不同舆论取向，政府治理舆论呈现复杂的面相，从过往研究来看，整体概观与细化个案研究均有进一步探讨空间。就本文而言，派系分离与个人的权力网络是为考量政府与报界的重要环节。需要指出的是，上海作为报界的重要枢纽，舆论传播与制造的重要场域，不同于其他省份，具有特殊的地域意义。两江政府的一些举措实与中央以及各地方联系紧密，相当程度上可以看作清廷中央对于报界的认知，代表了地方政府整饬报界的共识，这在文中亦有体现。

---

① 《蔡乃煌致端方电》，光绪三十三年十一月初二日，端方档案，档号：27 - 01 - 002 - 000164 - 0049。

② 既往研究围绕政府与媒体的关系，探讨了上海报纸的政治空间，叙述清廷对报纸舆论功能的认知过程以及采取的各种手段，指出均未达到政府的预期效果，分析其中主要原因在于租界的存在。参见王敏《政府与媒体——晚清上海报纸的政治空间》，《史林》2007 年第 1 期。

仅就本文而言，两江政府对于沪上舆论的管控产生了两方面影响。于政府，培植了一批“宗旨渐已纯正”的报馆。[①] 端方任职江督期间，曾致电北洋大臣、直隶总督杨士骧，将上海各报整顿情况有所说明，“查上海报馆，惟中外、申报、时报、新闻报为较著，自中外收归官办，各报势力日渐缩减，时报、新闻均已渐受绳墨，如将申报并归官有，则报界言论之权可以悉自我操”，[②] 这是两江收购《申报》前，端方向杨士骧求助资金时所发电报。至宣统元年，两江合股资助的报刊有四家，囊括了当时沪上影响力较大的《申报》《中外日报》《时事报》《舆论日报》，另外福开森筹办的《上海泰晤士报》除既有补助外，由财政局追加资金。[③] 经此整顿，报界言论空间收缩，公共舆论“渐受绳墨”。不过，两江政府寄望于通过金钱来收购报刊，从而达到控制舆论、排除异己、打压革命的目的，随着时间的推移，政府以资金管控报界只能行逞于一时，这种对媒体与舆论的管制策略势必难以成功。

于报界，舆论空间压缩，报纸道德亦受到冲击。御史江春霖弹劾蔡乃煌十六条，称其“官办商报，私用公款，纠结内外，变乱是非”，并指出“内有外务部军机为之奥援，外有两江总督为之袒护”“互相标榜，抵排异己”。[④] 时人指出官办商报“关系极大，非彻底究明，将来全国受其影响也”，可见报人对政府嵌入舆论颇为反感。[⑤] 民国开新闻史研究先河的姚公鹤感叹，“上海报界之有政治意味，当以前清季世某上海道（蔡乃煌）购买某报始。继是而官僚购报之风盛行，其不能全部购买者，则又有津贴之名，报纸道德一落千丈矣”。[⑥]

---

① 《端方致蔡乃煌电》，宣统元年六月十二日，端方档案，档号：27－03－000－000023－0025。

② 《致天津杨制台函》，十月初四日，端方档案，档号：27－02－000－000110－0018。

③ 《蔡乃煌致端方电》，元年闰二月十二日，端方档案，档号：27－03－000－000016－0002。

④ 江春霖：《劾苏松太道蔡乃煌疏》（宣统元年十一月十九日），载朱维干、林镗编校《江春霖集》上册，马来西亚兴安会馆总会文化委员会1990年版，第194—197页。江春霖于十一月十一日曾弹劾直隶总督端方，视端、蔡共谋的倾向明显。

⑤ 上海图书馆编：《汪康年师友书札》第3册，第2867页。

⑥ 姚公鹤：《上海闲话》，第129页。报纸道德相关讨论亦见《报人道德沦》，杜绍文：《中国报人之路》，中国传媒大学出版社2018年版，第39—44页。

晚清报纸创设举步维艰，至戊戌维新指斥旧派，放一异彩。庚子之役，沪报极力促成和局，亦有功于国家。辛丑之后，报界督促内政，沪上各报鼓吹传播立宪，选择东西名著译登报端，与时局关系愈发紧密。概而言之，光绪末年虽国势孱弱、民智闭塞，言论尚存相对自由。至光宣之季，政府极力介入舆论，沪上报界党派特色渐浓，发表政见、庇护私党，互相利用，此为报界一大转折。后凡著名大报无不落入党陷，无党之报则奄奄一息。报界“有私党而无政见”，各政党团体以政见之名大行私志，借报纸为党争利器，国家存亡且复不顾，真正舆论无可发泄，终激成反动力，主张根本改革的反对报应时发生，转而风靡盛行引导舆论，此亦清运存亡绝续的关键一环。[①] 于此而言，清末政府整饬上海报界的影响不在于治理成就，而在于形成的治理方式。或许两江政府整饬报界出于权宜之计，却发展为一种潜在习惯，演化成政府与报界心照不宣的日常规则。

（原载《学术月刊》2023 年第 3 期）

---

① 有关晚清报界的历程与成就的叙述，参见姚公鹤《上海闲话》，第 130 页。报界舆论与辛亥革命的相关研究成果丰富，参见郭绪印《辛亥革命与上海革命派报业》，《上海师范大学学报（哲学社会科学版）》2004 年第 3 期。

礼、俗、法之间*

——出土文献所见秦对楚地的治理

董家宁

秦始皇二十六年（前 221）“初并天下”，建立了中国历史上的首个大一统王朝，这是长期统一战争的最终成果。《史记》记载了秦统一的大致历程，但对于秦在新征服地区的具体统治和治理情况，则记载阙如。近几十年，地不爱宝，出土文献的大量发现和整理，为研究秦统治和治理的具体方式提供了可能。面对风俗、文化、制度各异的六国故地，秦人充分发扬了积极开拓、务实进取的特性，制定了区域差异化的政策，且兼顾了大一统的需求，在地方行政和统一国家诸层面都呈现出新颖的面貌。

作为两大诸侯国，秦楚之间的长期对立贯穿于战国历史始终；楚文化的影响与辐射范围之广，也给秦造成了极大威胁。及至秦末，“楚虽三户，亡秦必楚”谶言，成为王朝挥之不去的噩梦。两湖地区秦汉简牍的大量涌现，使研究秦在楚地的治理成为可能。① 秦楚关系长期以来都在学界的关注之中，依托于出土文献所作的秦在楚地的治理研究也日趋

---

* 本文是国家社会科学基金中国历史研究院重大研究专项“重大历史问题研究项目”委托项目“中国历代民族治理研究”（项目号：20@ WTZ007）的阶段性成果。

① 李学勤在《东周与秦代文明》中，曾将东周时代的列国文化划分为七个文化圈，其中楚文化圈被视作“一庞大文化圈”，是随着楚人势力的扩张，以楚国为中心而向外辐射的，“楚文化影响所及达到半个中国，并非夸张之词”。（参见李学勤《东周与秦代文明》，文物出版社 1984 版，第 11—12 页）楚文化是在楚地的自然条件与楚地风俗的涵养中滋生的。秦地处西垂，与楚的自然地理状况全然不同，因此在风俗、文化方面，具有明显区别。在将楚地纳入统治后，对楚地的治理就成为秦国家治理的一个重要方向。

丰富。但前人的研究较少将具体问题与古代国家的治理逻辑结合进行考察，难以还原秦国家治理的整体面貌。要解决这一问题，则必须关注礼、俗、法三者的交织互动。

在社会学者的研究中，对礼、俗、法三者之间的关系关注较多，并将之视作中国古代制度文明的基本特点。[①] 俗，可以理解为乡土社会的行为特点，礼是在此基础上衍生而成的区域文化传统，并常常以古圣先贤为其代表。俗最初并无好坏的区分，俗的好坏是在礼与法产生之后，由礼与法所规定的。国家治理通过礼与法对俗的规范得以实现。在早期国家时期，礼法结合就已经成为国家治理的一个明显特征。法与礼既存在区别，又相互联系。法由王朝制定，却必须借助礼的传统使其具有正当性。一套制度规范，需要经由圣王的颁布和传播获得正当性依据。因此，统治者既要建构起一套社会治理与运行的规范，又要着意为这种规范寻找礼的正当性依据，在礼法结合中，实现基层社会和国家的有效治理。

国家治理，是通过礼、俗、法的交织互动实现的。本文谨聚焦于这一主题，将秦在楚地的治理作为个案，在复杂的历史图景中，为还原秦国家治理的几个面相作一尝试。

一　新旧之间：秦统一进程中的楚地

所谓楚地，实际是一个较为宽泛的概念。研究楚地的相关状况，就必须厘清所讨论的楚地的具体指涉范围。而秦国家治理下的楚地，所指涉的范围又是变动不居的，必须将之与秦的统一战争进程结合考虑。如此，才能形成一幅在时间和空间层面相互匹配的历史图景。

楚地指古楚国所辖之地，涵盖先秦时期楚国的统治范围。春秋战国

---

① 相关研究可参见瞿同祖《俗、礼、法三者的关系》，《北平晨报·社会研究》1934 年 4 月 25 日，5 月 2 日，5 月 9 日，5 月 16 日；张师伟《礼、法、俗的规范融通与伦理善性：中国古代制度文明的基本特点论略》，《社会科学研究》2019 年第 2 期。

时期，楚的中心区域长期位于长江中游的江汉平原。秦昭襄王二十九年（前278），“大良造白起攻楚，取郢为南郡”，[①] 所攻破和占领的，就是这一中心区。据有南郡后，秦的统一进程持续推进，终以秦始皇二十六年（前221）完成统一，其时已距南郡设立五十余年。直至秦二世而亡，秦作为统一王朝存续的时间仅仅十五年。同样是楚地，在秦统一战争后期方才被征服的区域，相对已经纳入秦郡县制数十年的南郡而言，两者的风貌与秦对两者的治理方略，是不能一概而论的。

本文讨论中所涉及的楚地，既有秦长期据有的南郡地区，又有占据不久的“新地”。根据以往学者的概念界定，“新地”指秦王政即位以后新占领的土地。可以说，秦大一统国家的成立是一个“新地”开拓，边界扩张、确立的过程。对新征服地区采取有针对性的各自不同的管辖方式，是解决区域离心力与大一统矛盾的关键。毋庸置疑，“新地”是秦国家治理的关键问题。

“新地”的相关研究，是由出土文献的发现和整理所激发的。传世文献中的“新地”表述，见于《史记》。《史记·赵世家》记赵惠文王二年（前297）“主父行新地”，[②]《通鉴》胡三省注曰：“赵新取中山之地也”，[③] 取新占领地区之意，是一宽泛定义。及至1975年，睡虎地4号秦墓出土的6号木牍出现“闻新地城多空不实者”“新地多盗，衷唯毋方行新地”等语，[④] 才引发了学界对于“新地”这一具体概念的关注，这一时期主要集中在对新地（城）具体所在的讨论。[⑤]“新地”亦见于里耶秦简、岳麓秦简等多种秦代出土文献，这些出土文献的整理和发布促使“新地”的相关研究进入新阶段。值得注意的是，相关出土资料所涉及的区域，多集中在楚地。张家山汉简《奏谳书》所录秦代案例文书中

---

① 《史记》卷5《秦本纪》，中华书局1982版，第213页。

② 《史记》卷43《赵世家》，第1813页。

③ 《资治通鉴》卷4，中华书局1956版，第117页。

④ “新地多盗”原释文为“新地入盗”，又有释作“新地人盗”者，此处采用《秦简牍合集》的修订意见。参见陈伟主编《秦简牍合集（壹）》，武汉大学出版社2014版，第637页。

⑤ 黄盛璋：《云梦秦墓两封家信中有关历史地理的问题》，《文物》1980年第8期；刘玉堂：《秦汉之安陆并非新地城——与黄盛璋同志商榷》，《文物》1982年第3期。

更有“荆新地”的直接表述。[①] 出土文献中，与“新地”相伴随的，是“新地吏”与“新黔首”概念的出现，指秦在新地所设官吏与新地黔首。学者对新地吏的选用、新黔首的管理等相关主题研究较多，并以此窥见秦对新征服地区的特殊统治政策。[②] 部分学者已经有意识地使用相关出土文献材料研究秦在新占领地区实行的具体统治政策。[③] 亦有学者将新

① 蔡万进根据这一简文，考察苍梧之地由楚入秦为郡，成为秦所取荆（楚）之新地的相关进程，指出“荆新地”应指秦灭楚后新占领的地区，是相对于南郡而言的。（蔡万进：《秦“所取荆新地”与苍梧郡设置》，《郑州大学学报》2008 年第 5 期）张梦晗进一步利用里耶秦简的相关材料探讨荆新地的秦制化进程，认为从确立秦的统治，到荆新地基层社会的彻底秦制化，大致经过了三至五年的时间。（张梦晗：《从里耶秦简看“荆新地”的秦制化进程》，《江苏师范大学学报》2021 年第 2 期）

② 于振波指出，新地吏是秦在新占领地区任命的官吏，被废黜的官吏可以被任命为新地吏，相关选用方式已经形成一套完整的制度。（于振波：《秦律令中的“新黔首”与“新地吏”》，《中国史研究》2009 年第 3 期）孙闻博认为，新地吏的派遣，是伴随着徙民实边、行役戍边政策而进行的。（孙闻博：《秦汉帝国“新地”与徙、戍的推行——兼论秦汉时期的内外观念与内外政策特征》，《古代文明》2015 年第 2 期）沈刚探讨了新地吏针对性的行为规范，以及秦代地方职官选任的范围、标准、程序和制度施行的效果等相关问题。（沈刚：《简牍所见地方职官选任》，《历史研究》2017 年第 4 期）朱锦程提出，秦将犯有过失的故秦吏选用为新地吏，实际上是让犯有过失的故秦吏以官吏身份到更偏远的新地行戍，所讨论的也是新地吏的特殊选用制度与秦在扩张过程中的行戍制度的关系。（朱锦程：《秦对新征服地的特殊统治政策——以“新地吏”的选用为例》，《湖南师范大学社会科学学报》2017 年第 2 期）张梦晗将新地吏的来源归纳为三种：通过正常程序任命的秦吏、秦在新地选拔的官吏、从秦原有统辖地区贬黜的官吏，认为随着新地的巩固，从秦原有统辖地区选派的新地吏逐渐减少，选用本地人为吏则相应增多。（张梦晗：《“新地吏”与“为吏之道”——以出土秦简为中心的考察》，《中国史研究》2017 年第 3 期）苑苑认为新地的相关法令既严格对素质参差不齐的新地吏加以限制，又体现出对新黔首的宽容。（苑苑：《秦简“新地吏”再探——兼论秦“新地”统治政策》，《学术探索》2019 年第 5 期）吴方基从里耶秦简“日备归”简文入手，考察新地吏的任期政策等具体的管理政策问题。（吴方基：《里耶秦简“日备归”与秦代新地吏管理》，《古代文明》2019 年第 3 期）

③ 日本学者工藤元男使用睡虎地秦简中的相关秦律，讨论秦在统一六国和领土扩张的过程中，是如何将六国故民和少数民族编入秦的统一秩序的，同时探讨了秦统治秩序的结构。（［日］工藤元男：《睡虎地秦简所见秦代国家与社会》，［日］广濑薰雄、曹峰译，上海古籍出版社 2018 版，第 73—104 页）韩国学者金庆浩使用里耶秦简，考察秦在南方新占领地区的行政制度改编、郡县支配、户籍掌握、文书传递等具体情况。（［韩］金庆浩：《里耶秦简中所反映的秦对南方的统治》，《秦俑博物馆开馆三十周年国际学术研讨会暨秦俑学第七届年会论文集》，三秦出版社 2010 年版，第 515—519 页）沈刚认为依靠法律与制度构建起基本的社会政治秩序，是秦在南方新占领地区的根本政策取向。（沈刚：《简牍所见秦代对南方新占领地区特殊统治政策探析》，载西北师范大学历史文化学院、甘肃简牍博物馆、河西学院河西史地与文化研究中心、兰州城市学院简牍研究所编《简牍学研究》第 6 辑，甘肃人民出版社 2015 版，第 80—89 页）

地作为秦边缘地区中的一类，将之纳入秦的总体统治秩序加以研究。[①]相关研究日趋详尽，为后续研究的展开提供了坚实的基础。

而早在前278年即编入秦郡县制体系的南郡地区，则不属于“新地”的指涉范围。根据韩国学者琴载元的研究，由于入秦日久，秦政府将南郡视作故地，而与荆新地区分，且南郡与荆新地的不稳定性有明显的区别，如荆新地统治初期经常出现的“群盗”，在南郡则未见；至秦末，陈胜、吴广、项梁、项羽、刘邦等相继在楚地起义，实际上也只限于荆新地，而在南郡范围内则不见反秦起义的记载。[②] 后文将对南郡和可以划归荆新地的部分地区进行研究，认识到南郡与荆新地的不同状况，将有利于后续讨论的展开。

二　俗法之间：秦的风俗治理

《淮南子·览冥训》有“晚世之时，七国异族，诸侯制法，各殊习俗”之语，[③] 指出了战国时期，诸侯国各自存在不同习俗的情况。秦在统一进程中，所面临的就是此种风俗各异的状况。[④]《汉书》卷28下《地理志下》释“风俗”：“凡民函五常之性，而其刚柔缓急，音声不同，系水土之风气，故谓之风；好恶取舍，动静亡常，随君上之情欲，故谓之俗。”[⑤] 风俗是在自然因素与人文因素的共同作用下而形成的，与一地的水土、民情、社会环境、上层导向皆有密切关系，因此各地风俗不但各

① 如张韶光认为秦在边缘地区实行了区分细密的区别对待政策，在“新地”之外，更关注了秦的“故徼”地区、中县道的界定等问题，认为秦对这些边缘地区的统治是针对先秦以来形成的从中央到地方重要性递减的圈层化模式的符合实际情况的政策调整。（张韶光：《试论简牍所见秦对边缘地区的管辖》，《史学月刊》2020年第8期）

② ［韩］琴载元：《秦 통치시기‘楚地’의形势와南郡의 지역성》，《中国古中世史研究》第31辑，2014；中文版《秦统治时期“楚地”的形势与南郡的区域文化个性》，简帛网［2015-1-31］。

③ 何宁：《淮南子集释》卷6《览冥训》，中华书局1998版，第492页。

④ 关于这一时期各区域间风俗的认同和冲突，可参见臧知非《周秦风俗的认同与冲突——秦始皇“匡饬异俗”探论》，载吴永琪主编《秦文化论丛》第10辑，三秦出版社2003年版。

⑤《汉书》卷28下《地理志下》，中华书局1962版，第1640页。

具特色，且根深蒂固，难以为外力干涉。

《管子·水地》曾从地理环境的角度总结楚地风俗，“楚之水淖弱而清，故其民轻果而贼”，[①] 认为楚人“剽轻”“果贼”。司马迁在《史记·货殖列传》中，将楚地分为西楚、东楚、南楚三大区域，并总结了三者风俗各自的特点。[②]“剽轻”“果贼”，属于西楚的特点。下文所讨论的秦南郡地区，就基本位于西楚的范围内。

在秦代社会中，存在楚人“沐猴而冠”的负面评价。《史记·项羽本纪》有：“说者曰：‘人言楚人沐猴而冠耳，果然。’”这一评价引发了项羽的怒火，说这句话的人，以被“烹”的悲惨结局告终，凸显了楚人的残暴。司马贞《史记索隐》解释“沐猴而冠”：“言猕猴不任久着冠带，以喻楚人性躁暴。果然，言果如人言也。”[③] 泷川资言考证：“唯言项羽不任衣冠耳”，[④] 基本与司马贞所谓“猕猴不任久着冠带”含义相同，但并未明确指向项羽的“躁暴”。这一场景发生在“居数日，项羽引兵西屠咸阳，杀秦降王子婴，烧秦宫室，火三月不灭；收其货宝妇女而东。人或说项王曰：‘关中阻山河四塞，地肥饶，可都以霸。’项王见秦宫室皆已烧残破，又心怀思欲东归，曰：‘富贵不归故乡，如衣绣夜行，谁知之者！’”的历史情境之下，[⑤] 应该认识到，“沐猴而冠”的评价所指向的，不是项羽屠咸阳、杀子婴、烧宫室的暴力行为，而是项羽选择富贵东归而非定都关中的这一行为。项羽的这种选择，体现了他的短视和对表面光鲜的注重，这应该是楚人“沐猴而冠”的具体含义所在。虽然司马贞的解读不够准确，但“楚人性躁暴”这一特点，是司马贞在秦代史料基础上所形成的对楚人的认知，这与《史记》所言西楚“其俗剽轻，易发怒”的特点可相印证。司马迁曾评价说：“夫荆楚僄勇轻悍，

---

① 黎翔凤案：“‘贼’同‘札’，有札实之义。‘果贼’即果札，谓其有决断，非谓其果敢有勇也。”黎翔凤：《管子校注》卷14《水地》，梁运华整理，中华书局2004版，第831、834页。

② 整体而言，西楚“其俗剽轻，易发怒”，南楚与此相类，并兼有“好辞，巧说少信”的特点。东楚如徐、僮“清刻，矜己诺”，又兼有齐、越之风。参见《史记》卷129《货殖列传》，第3267—3268页。

③ 《史记》卷7《项羽本纪》，第315页。

④ 司马迁撰，泷川资言考证：《史记会注考证》，上海古籍出版社2015版，第439页。

⑤ 《史记》卷7《项羽本纪》，第315页。

好作乱，乃自古记之矣”，[①] 这与司马贞对楚人的评价近似。楚地风俗特点自古不利于社会稳定，这是秦重视楚地风俗治理的原因之一。

发生在楚地的俗与法之间的互动，是广受学者关注的话题。学者对这一话题的关注，很大程度上源自睡虎地秦墓竹简“南郡守腾文书”的发现和整理。以往学者们对“南郡守腾文书”中俗与法之间的互动多有分析，颇具启发性。如工藤元男从秦国在统治政策中的法治主义转变角度出发，认为《语书》（“南郡守腾文书”）中蕴含着将秦律贯彻到社会并使社会走向一元化统治体制的倾向，《日书》中所容忍的基层社会习俗，在“南郡守腾文书”中被斥为“恶俗”，两者之间的矛盾如实地反映出这一时期秦法治主义的转换。[②] 陈苏镇从秦的统一文化统治政策角度加以观察，认为“南郡守腾文书”说明了用秦律移风易俗、统一文化并非只是高层人物的主张，而是实实在在地变成了基层官吏治民行政的指导思想。[③]

然而，前人对于“南郡守腾文书”的文本分析都偏于笼统，没有注意分析文本层次，也没有注意到其中所体现的政策调整，遗漏了重要的历史信息，也妨碍了对此文书的正确理解。在此将“南郡守腾文书”摘录如下，并试作解读：

> 廿年四月丙戌朔丁亥，南郡守腾谓县、道啬夫：古者，民各有乡俗，其所利及好恶不同，或不便于民，害于邦。是以圣王作为法度，以矫端民心，去其邪避（僻），除其恶俗。法律未足，民多诈巧，故后有间令下者。凡法律令者，以教道（导）民，去其淫避（僻），除其恶俗，而使之之于为善殹（也）。今法律令已具矣，而吏民莫用，乡俗淫失（泆）之民不止，是即法（废）主之明法殹（也），而长邪避（僻）淫失（泆）之民，甚害于邦，不便于民。故腾为是而脩法律令、田令及为间私方而下之，令吏明布，令吏民皆

① 《史记》卷118《淮南衡山列传》，第3098页。

② ［日］工藤元男：《睡虎地秦简所见秦代国家与社会》，第342—367页。

③ 陈苏镇：《〈春秋〉与“汉道”：两汉政治与政治文化研究》，中华书局2020版，第29页。

明智（知）之，毋巨（歫）于罪。今法律令已布，闻吏民犯法为间私者不止，私好、乡俗之心不变，自从令、丞以下智（知）而弗举论，是即明避主之明法殹（也），而养匿邪避（僻）之民。如此，则为人臣亦不忠矣。若弗智（知），是即不胜任、不智殹（也）；智（知）而弗敢论，是即不廉殹（也）。此皆大罪殹（也），而令、丞弗明智（知），甚不便。今且令人案行之，举劾不从令者，致以律，论及令、丞。有（又）且课县官，独多犯令而令、丞弗得者，以令、丞闻。以次传；别书江陵布，以邮行。①

这是秦王政二十年（前227）由南郡守下发至县、道啬夫的一份下行文书，文书内容围绕着规范风俗目标展开。在简文中，对“除其恶俗”目标，南郡守腾十分重视，却屡屡遇到困难。他有针对性地调整政策，修订和完善法令，并最终将地方行政的关键归结为基层吏治。长期以来，这道文书都被简单地视作规范风俗的法令。然而，分析文本层次可以发现，法令只存在于腾的回顾和反思之中，并未具体载录，文书最终的落脚点在于对基层吏治的监督、加强和整顿。②

“南郡守腾文书”中多处体现出秦法与楚俗之间的尖锐矛盾。文书开篇即言“古者，民各有乡俗，其所利及好恶不同，或不便于民，害于邦”，指出在多样化的楚地民俗中，存在可能会祸国殃民的一类，这在接下来的简文中被称作“恶俗”，并被不断试图用秦法对之加以规范。“以圣王作为法度”的目的之一，即“除其恶俗”，收效甚微的原因，亦在于“法律未足”。“法律令”的作用，就在于教导民众“去其淫僻，除其恶俗”。然而，虽然法律令已经具备，“乡俗淫泆之民”却依然“不止”。随后，腾有针对性地修订了法令并下发，“令吏民皆明知之”，却依然只得到了“私好、乡俗之心不变”的结果。楚地风俗与秦的法治之间存在突出矛盾，这也促使腾对过去的政策进行反思，并最终将南郡风

① 睡虎地秦墓竹简整理小组编：《睡虎地秦墓竹简》，文物出版社1990版，释文注释第13页。

② 关于对“南郡守腾文书”中体现的政策调整过程，笔者有专文讨论，在此不作展开。参见董家宁《“南郡守腾文书”所见秦法与秦政》，《光明日报》2022年5月9日。

俗难以规范的原因归结为基层官吏的失职。秦法的推行和最终落实，要靠基层官吏的恪尽职守。因此他制定出切实可行的政策，监督基层官吏尽职守责，为法令推行和落实提供保障。

在文书下发的前一年，睡虎地秦简《编年纪》记载，“（秦王政）十九年，□□□□南郡备敬（警）。”① 在《史记·秦始皇本纪》记载的秦始皇二十六年“初并天下”诏中，秦始皇回溯统一六国的进程，曾言及“荆王献青阳以西，已而畔约，击我南郡，故发兵诛，得其王，遂定其荆地”往事，② 并未指明时间。睡虎地秦墓竹简整理小组认为，这一往事就是秦王政十九年“南郡备警”的历史背景。其中“击我南郡”一句值得特别注意。可见在“初并天下”诏拟定时，南郡在秦人的认知中，已经是名副其实的秦地了，而代表了楚地势力的“荆王”则被当然地置于南郡的对立面。秦在南郡的治理是有效的，在秦末楚地群雄并起之时，甚至并未见南郡反秦力量的记载；出土文献中所见荆新地“群盗”情况，也未见南郡记载。以此，可以直观地对南郡的历史定位与南郡守的治理成效作一了解。

秦对地方风俗的治理，实际上是较为广泛的。从“南郡守腾文书”中可以了解到，至迟在秦王政二十年（实际情况一定更早于此），规范风俗就已经成为秦地方治理的一个目标。秦王政二十年远在秦统一之前数年，而另一则更为人所熟知的材料，则属于秦王朝的末期，两则材料在这一历史时期的两端前后呼应，呈现出大一统初建时期，统治者对于地方风俗治理的特别重视。

这则更为人所熟知的材料，即是秦始皇三十七年（前210）最后一次出巡途中所立会稽刻石，这一刻石具有十分明显的规范风俗的色彩，其文云：

> 饰省宣义，有子而嫁，倍死不贞。防隔内外，禁止淫泆，男女絜诚。夫为寄豭，杀之无罪，男秉义程。妻为逃嫁，子不得母，咸

① 睡虎地秦墓竹简整理小组编：《睡虎地秦墓竹简》，释文注释第7页。

② 《史记》卷6《秦始皇本纪》，第235页。

> 化廉清。大治濯俗，天下承风，蒙被休经。皆遵度轨，和安敦勉，莫不顺令。黔首脩絜，人乐同则，嘉保太平。[①]

秦始皇所立其他刻石中，也偶见有关规范风俗的内容，如琅琊刻石“匡饬异俗”，但不见如此大面积而具体的表述。会稽刻石铭文中，对风俗的规定主要是“禁止淫泆，男女絜诚”，长期以来，学界误将之作为吴越之地民风开放的证据。林剑鸣曾指出，吴越之地并没有民风开放的风俗特点，且“在这些刻石的文辞中，除一般歌功颂德外，凡属于具体规定或制度，均有法律效力，其生效范围则遍及全国，绝非仅限刻石之地，其针对性也非只是当地”。[②] 可见，规范风俗的相关铭文，对全国范围都有法律效力，“禁止淫泆”亦是对全国民众的要求。

“南郡守腾文书”中，也将“淫泆”作为“恶俗”的一种，可见秦对此十分重视，希望能够杜绝“淫泆”。“淫泆”的含义应被重新理解。根据张功的分析，“淫泆之民”指《商君书》中的“淫民”，“其基本特点是不符合国家以富国强兵为目的所推行的农战政策，精神浮荡不安静，逃避农战，以商业贸易获取财富，以言谈、奇技淫巧获取官爵富贵，甚至勾结国外势力，博取官爵”。[③] 其说可从。秦以农战为本，锐意进取，崇尚实用主义，逐步完成统一，具有以上特点的“淫泆之民”，不仅逃避农战，妨碍秦统一战争的进程，还会阻碍秦法与秦政在地方的推行。这就不难理解秦为何如此敌视“淫泆”，并不断强调禁止。由此，可以认识到“南郡守腾文书”对商鞅思想的继承性。

商鞅变法开启了秦的强国之路。移风易俗作为商鞅变法的重要侧面，使秦国从“秦杂戎翟之俗，先暴戾，后仁义”的状况中脱离出来，[④] 形成了一个“道不拾遗，山无盗贼，家给人足，民勇于公战，怯于私斗，乡邑大治”[⑤] 的秩序井然的社会。荀子曾高度评价战国晚期秦关中地区

---

① 《史记》卷6《秦始皇本纪》，第262页。
② 林剑鸣：《秦始皇会稽刻石辨析》，《学术月刊》1994年第7期。
③ 张功：《秦在南郡地区的社会治理模式探析》，《华中国学》2017年秋之卷。
④ 《史记》卷15《六国年表》，第685页。
⑤ 《史记》卷68《商君列传》，第2231页。

风俗情况，认为下至百姓，中至官吏士大夫，上至朝廷，都呈现出一派朴实有序的风貌："其百姓朴，其声乐不流污，其服不挑，甚畏有司而顺。……其百吏肃然莫不恭俭、敦敬、忠信而不楛。……观其士大夫，出于其门，入于公门，出于公门，归于其家，无有私事也，不比周，不朋党，倜然莫不明通而公也。……观其朝廷，其间听决百事不留，恬然如无治者。"① 这证明了秦国风俗治理实践的有效性。秦国的风俗治理产生了积极成效，为秦统一准备了条件。秦对新占领区的风俗治理思想，也正是由这一历史经验所滋生的。

《白虎通》曾将"远近同化"总结为帝王巡狩的目的之一："道德太平，恐远近不同化，幽隐不得所者，故必亲自行之。"而贯彻在巡狩中的主要内容，则可以概括为"考礼义，正法度，同律历，叶时月"。② 秦统一后，秦始皇共五次出巡，且在巡行过程中通过刻石多次强调对地方风俗的规范，以帝王身份作出了"远近同化"的努力。秦统一之前，秦的"远近同化"作为地方治理目标，在南郡具体落实为南郡守为保证规范风俗的法令真正能够得以推行而进行的政策调整。这体现出秦政自上而下、一以贯之的一致性。

三　礼俗之间：大一统在信仰层面的实现

与俗、法之间截然对立的情况不同的是，俗、礼往往难以截然两分。礼是由一地的自然与人文资源涵养而生的区域文化传统，深植于风俗民情之中，并常常以古圣先贤为其代表，被当地民众所信仰。六国风俗、制度各异，信仰与文化更是各自不同。信仰与文化各异，则民心无从凝聚。对于新占领地区，规范风俗固然十分重要，但如何正确处理由风俗而滋生的信仰与文化，如何使民众信仰适应大一统的需要，是更为敏感，

① 王先谦：《荀子集解》卷11《彊国篇》，沈啸寰、王星贤点校，中华书局1988版，第303页。

② 班固撰集，陈立疏证：《白虎通疏证》卷6《巡狩》，吴则虞点校，中华书局1994版，第289页。

且更为紧要的问题。楚文化向来重鬼神，这一问题在楚地就显得尤为突出。然而，在秦占据已久的南郡推行规范风俗的法令，尚且遇到重重阻力。如何处理楚地信仰与文化和大一统之间的关系，是摆在秦始皇面前的另一道难题。

（一）“禁伐树木诏”启发的正谬

岳麓书院藏秦简中的一道“禁伐树木诏”，由于和《史记》中的记载有所矛盾，一度引起学者的广泛关注，兹摘录如下：

> 廿六年四月己卯丞相臣状、臣绾受制相（湘）山上：自吾以天下已并，亲抚晦（海）内，南至苍梧，凌涉洞庭之水└，登相（湘）山、屏山，其树木野美，望骆翠山以南树木□见亦美，其皆禁勿伐。臣状、臣绾请：其禁树木尽如禁苑树木，而令苍梧谨明为骆翠山以南所封刊。臣敢请。制曰：可。
>
> ·廿七[①]

此处纪年的准确性存在争议，“廿六年”学者认为或为“廿八年”[②]“廿九年”[③]之误，亦有认可“廿六年”准确性之意见。[④]整理者称：“此简左右拼合后，‘六’字稍残笔画，但所见笔画与‘六’形完全相合，或疑此形为‘九’，但形体不如‘六’形吻合。《史记·秦始皇本纪》载，秦始皇二十八年东巡泰山，经渤海，登琅琊。之后，西南渡淮

① 陈松长主编：《岳麓书院藏秦简》5，上海古籍出版社2017版，第57—58页。

② 陈松长主编：《岳麓书院藏秦简》5，第76页；秦桦林：《〈岳麓书院藏秦简（伍）〉第56—58简札记》，简帛网，2018－3－11；晏昌贵：《禁山与赭山：秦始皇的多重面相》，《华中师范大学学报》2018年第4期；符奎：《自然、家庭与帝国：人性视角下的秦始皇——从岳麓秦简秦始皇“禁伐树木诏”谈起》，载邬文玲、戴卫红主编《简帛研究》2019春夏卷，广西师范大学出版社2019版，第137页。

③ 于振波：《岳麓书院藏秦简始皇禁伐树木诏考异》，《湖南大学学报》2018年第3期。

④ 赵振辉：《秦始皇赭湘山再探》，载中国秦汉史研究会编《秦汉研究》第13辑，西北大学出版社2019版，第278—285页；苏俊林：《真假之间——秦始皇史迹的“二重”文献考察》，《古代文明》2021年第2期；孙家洲：《史籍失载的秦始皇荆楚故地的一次出巡及其诏书析证——岳麓书院藏秦简〈秦始皇禁伐湘山树木诏〉新解》，《中国史研究》2021年第4期。

水，到衡山、南郡，浮江至湘山祠。据此‘六’也可能是‘八’之误。此纪年的简文内容未见文献记载。”[①] 简文所见“四月己卯”，根据学者复原的秦至汉初朔闰表，秦始皇廿六年四月朔壬子，廿八年四月朔庚午，廿九年四月朔甲子，[②] 此三年的四月均包含己卯日在内，因此从历法角度而言，三个纪年都是可能的。而根据《史记》的记载，秦始皇二十六年“初并天下”，并没有出行的记录，及至次年方西行“巡陇西、北地”。巡行湘山事发生在秦始皇二十八年（前219）第一次东巡的途中。睡虎地秦简《编年纪》有“【廿八年】，今过安陆”，[③] 根据《史记》的记载，秦始皇巡行湘山后，“自南郡由武关归”，其路线恰好经过安陆，这可为《史记》对此次出巡时间和路线记载的准确性提供佐证。至秦始皇二十九年第二次东巡时，其路线则并未经行湘山。综合考虑下，这则“禁伐树木诏”的系年，应在秦始皇二十八年。

秦始皇二十八年巡行湘山事见于《史记·秦始皇本纪》：

> 二十八年……始皇还，过彭城，斋戒祷祠，欲出周鼎泗水。使千人没水求之，弗得。乃西南渡淮水，之衡山、南郡。浮江，至湘山祠。逢大风，几不得渡。上问博士曰：“湘君何神?”博士对曰：“闻之，尧女，舜之妻，而葬此。”于是始皇大怒，使刑徒三千人皆伐湘山树，赭其山。上自南郡由武关归。[④]

在这则材料中，秦始皇将路遇大风迁怒于作为尧女舜妻的湘君，下令将湘山上的树木尽数砍去。这与岳麓秦简“禁伐树木诏”中所展现的，秦始皇登临湘山，见树木之美遂下诏保护、禁止砍伐，是截然相反的两种面貌。湘君，是楚文化中的重要信仰，也是楚人的主要祭祀对象之一，其身份与上古圣王关系紧密，可见其地位之高。屈原就作有祭祀湘君的名篇《九歌·湘君》。《史记》记载中的秦始皇迁怒湘君，尽伐湘山之

① 陈松长主编：《岳麓书院藏秦简》5，第76—77页。

② 李忠林：《秦至汉初历法研究》，中华书局2016版，第204—206页。

③ 睡虎地秦墓竹简整理小组编：《睡虎地秦墓竹简》，释文注释第7页。

④ 《史记》卷6《秦始皇本纪》，248页。

树，被解读为秦始皇对楚地信仰与文化的极端蔑视与强力打击，长期以来深受诟病。而在岳麓秦简“禁伐树木诏”中，秦始皇登临湘山、屏山，陶醉于楚地的自然风光，并下诏以禁苑标准保护骆翠山以南树木，并无任何不尊重楚地的表现，相反是赞美与保护的态度。

学界意见中，认可两篇文献所记为秦始皇同一次巡行者，基本认同岳麓秦简更接近历史真实，而《史记》的相关记载，则是司马迁采信民间传言，并有意进行文本构拟的结果。这一问题在此不作展开，晏昌贵的分析已很全面。[①] 岳麓秦简“禁伐树木诏”的出现，为重新看待《史记》所建构的不尊礼、不尊圣王的秦始皇形象，为重新理解秦对楚地信仰与文化的态度提供了契机。

简文有“南至苍梧，凌涉洞庭之水，登湘山、屏山”之语，可见湘山处于秦苍梧郡境内，这也符合关于秦代政区的最新研究成果。根据相关研究，苍梧郡是秦王政二十五年（前222）新设郡县。[②] 秦始皇二十八年（前219）巡行至湘山之时，其地入秦仅仅三年，是名副其实的“新地”。对秦始皇而言，相比于刚刚巡行经过的南郡，这一区域虽然同样是楚地，但是十分陌生。陌生的山麓，丰茂的树木，神秘的信仰，多重因素的叠加，表明秦始皇应该不会在此贸然妄为。

需要特别指出的是，《史记》中的相关记载并不能作为秦始皇不尊礼的证据。这段记载是在“欲出周鼎泗水”“弗得”的历史情境下展开的。“周鼎”具有明确的政治象征意义，是代表周之正统的礼器。秦始皇实现了统一，取代了周王室“天下共主”的地位，他不满足于军事征服，而欲得周之正统，以确认自身统治权威。可见，《史记》中“欲出周鼎泗水”这一记载本身就体现了秦始皇对礼的充分重视。而秦始皇下令伐树的前提，是未得周鼎，又在湘山遇到大风。求正统不得的秦始皇询问博士“湘君何神”，得到了“尧女，舜之妻”的回答。分析秦始皇在当时情境下的心理，可以对之作出以下解释：在寻求正统受挫之时，正是由于湘君与上古圣王的这一紧密关系，才受到了秦始皇的迁怒——

---

① 相关分析可参见晏昌贵《禁山与赭山：秦始皇的多重面相》。

② 关于秦苍梧郡的范围和设郡时间等，可参见周振鹤《秦代洞庭、苍梧两郡悬想》，《复旦学报》2005 年第 5 期；陈伟《秦洞庭和苍梧郡新识》，《中国社会科学报》2019 年 3 月 1 日。

求正统而不得，或许是由于圣王的阻挠，因此要以伐树作出反抗，继续对正统进行追寻。如此分析《史记》的这一记载，可以发现，无论司马迁是否进行了有意构拟，伐树与否已经不再是重要的问题，在秦始皇的行为和心理之中，已经体现了对礼的充分重视。

还需注意的是，《史记》记载了秦始皇此次巡行的重要事件，“至湘山祠”。在湘山祠祀，所祠祀的对象很有可能就是湘君。这也可成为秦始皇尊重当地信仰与神灵的一重佐证。祠祀是贯穿于秦始皇历次巡行过程之中的重要政治行动，秦始皇借由与各地神祠、神灵的联系，将各自不同的地域信仰与文化悉数纳入统一秩序之中。通过祠祀，各地的神祠成为皇帝的意志代表，用以施行对当地民众的精神统治。民众所信奉的神灵，从区域性的神灵变成被整编入统一国家秩序的神灵，民众也由此在精神层面被整编入新的秩序之中。这种信仰与文化的差序性统一格局，体现了秦始皇的统治智慧，构建起秦王朝的大一统文化秩序。秦始皇在湘山的祠祀，是对这一刚刚入秦不久的新地进行信仰与文化统一的重要步骤。至此，湘君作为楚地神灵的代表，也被整编入大一统的信仰秩序之中了。

（二）“望祭”：祭祀和统治权威的扩大

可见，《史记》所建构的秦始皇不尊重楚地信仰与文化、蔑视圣王的形象是不符合历史事实的。秦始皇的另一次巡游或可为此提供另一重佐证。在秦始皇三十七年出巡途中，曾有“望祀虞舜于九疑山”事。《礼记·王制》有舜“柴而望祀山川”。曾有学者从文字学考释的角度指出“望祭”与“望祀”之间存在着一定程度的区别：“‘祀’的本义与国君有关，应为天子亲自参与的祭祀，后世成为泛指。汉代以后‘祭’与‘祀’、‘望祭’与‘望祀’逐渐通用。”[①] 因此，祀也是祭。据宋艳萍考察秦代简牍，发现楚重“祭”而轻“祠”，秦重“祠”而轻“祭”；“祭”与神相关，带有楚文化重鬼神的特点；而“祠”的内容多为人、事和与人们生活息息相关的事物，渗透着秦文化重实用的特性。[②] 秦始

① 韩梅，孙福轩：《“望祭”、“望祀”议》，《中国史研究》2006 年第 4 期。

② 宋艳萍：《从秦简所见“祭”与“祠”窥析秦代地域文化》，《里耶古城·秦简与秦文化研究——中国里耶古城·秦简与秦文化国际学术研讨会论文集》，科学出版社 2009 版，第 201—209 页。

皇在楚地仿效舜行望祀之礼而祭舜，这表达的是对楚地信仰与文化的充分尊重。

张守节《史记正义》曾对“望”作出解释：“望者，遥望而祭山川也。”[①] 颜师古也说：“望，谓在远者望而祭之。”[②] 望是指以登高遥望为形式的祭祀活动。祭祀者无需亲身抵达，而是以视线所及实现祭祀。《尚书·舜典》有“肆类于上帝，禋于六宗，望于山川，偏于群神”，[③] 记录了舜望祀山川之事。孙星衍指出，区别于类、禋、偏，望作为一种特定的祭祀形式存在，其祭祀对象是山川：“此四物之类也、禋也、望也、偏也，所祭之神各异。六宗言禋，山川言望，则六宗无山川明矣。”[④] 望祭亦须得遵循一定的规范，即“祭不越望”原则。《左传·哀公六年》记载：“初，昭王有疾，卜曰：‘河为祟。’王弗祭。大夫请祭诸郊，王曰：‘三代命祀，祭不越望。江、汉、睢、章，楚之望也。祸福之至，不是过也。不穀虽不德，河非所获罪也。’遂弗祭。孔子曰：‘楚昭王知大道矣，其不失国也，宜哉。’”[⑤] “祭不越望”下有杜预注：“诸侯望祀竟内山川星辰。”[⑥] 楚昭王因黄河不在楚国范围之内，因此选择不祭，这得到了孔子的称赞。《礼记·王制》有“天子祭天下名山大川……诸侯祭名山大川之在其地者”。[⑦] 《公羊传·德公三十一年》有“天子有方望之事，无所不通。诸侯山川有不在其封内者，则不祭也。”[⑧] 所言及的是同一个道理。即根据礼制，诸侯的祭祀权限仅仅囿于其所控制的区域，祭祀不得超过这一范围。诸侯没有祭祀不在其封地内山川的资格，只有天子才具备最高的祭祀资格，其范围“尽八极之内，天之所覆，地之所载，无所不至”，其祭祀对象遍及“四方群神，日月星辰，风伯雨师，五岳四渎，及余山川凡三十六所”。[⑨]

---

① 《史记》卷1《五帝本纪》，第25页。

② 《汉书》卷25上《郊祀志上》，第1192页。

③ 《尚书正义》卷3，阮元校刻：《十三经注疏》，中华书局2009版，第265—266页。

④ 孙星衍：《尚书今古文注疏》卷1，陈抗、盛冬铃点校，中华书局2004版，第40页。

⑤ 《春秋左传正义》卷58，阮元校刻：《十三经注疏》，第4695页。

⑥ 《春秋左传正义》卷58，阮元校刻：《十三经注疏》，第4695页。

⑦ 《礼记正义》卷12，阮元校刻：《十三经注疏》，第2891页。

⑧ 《春秋公羊传注疏》卷12，阮元校刻：《十三经注疏》，第4914页。

⑨ 《春秋公羊传注疏》卷12，阮元校刻：《十三经注疏》，第4914页。

值得注意的是，秦始皇“望祀虞舜”的地理标的，是楚地南缘的九疑山。这一方面是由于“舜葬于九疑”民间传说的存在，而另一方面，是经由“望”，实现秦统治权威对楚地边缘的抵达。此时已是秦始皇三十七年，九疑山之地已入秦十余年，但因其地理位置十分遥远，秦始皇从未能够亲身前往。而此次出巡，是秦始皇为逃避死亡阴影，带有“变气易命”目的的出巡，也是秦始皇的最后一次出巡了。[①] 通过巡行海内的政治行动亲身抵达新占领区，是秦始皇确认统治事实的关键。而对于今生恐难到达的九疑山，秦始皇在最后一次巡行途中，通过“望”的形式，高效率地实现了统治权威的抵达与统治事实的确认。

行望祀之事，可以看作秦始皇对舜的一种致敬与效仿，这一行为的目的，不仅是强化秦在楚地统治的合法性，更是将秦的统治权威进行了空间上的扩展，其范围远及楚地的边缘。秦始皇以目力所及的范围为标的，实现了祭祀资格和统治权威的扩大，这代表着一种宣示：他的祭祀资格与舜一样至高无上，他的统治权威无远弗届，而楚地，已经尽在秦的统治之下了。

结　语

秦在楚地的治理，呈现出复杂多样的面貌。对于地方风俗，秦以法令与吏治等充满秦法治主义和实用主义特色的措施加以严格规范；对于地域信仰与文化，秦予以充分尊重，在相容并蓄的基础上，完成了大一统在信仰与文化层面的实现。

本文的研究主要依赖于两则出土文献材料，睡虎地秦墓简牍“南郡守腾文书”与岳麓书院藏秦简“禁伐树木诏”。对“南郡守腾文书”的分析，还原了秦王政二十年之前，南郡守腾为推行法令，实现规范风俗目标，而作出的行政努力和政策调整。秦法与楚俗之间存在着显而易见

① 相关研究可参见董家宁《“变气易命”与秦始皇三十七年出巡动机考》，《河北学刊》2020 年第 5 期。

的冲突，法令的推行屡屡受阻，风俗久久难以规范，经过回顾与反思，腾认为法令难以推行的原因在于基层官吏的失职，因此制定了监督、加强与整顿吏治的政策并下发。这展现出一位秦地方行政长官在新征服地区坚决的统治决心与灵活务实的统治方式，体现出秦的法治主义与实用主义特性。可以说，“南郡守腾文书”包含着丰富的历史信息，为研究秦在新占领区的地方治理与秦代官吏的地方行政提供了重要资料。“禁伐树木诏”启发的对《史记》中相关记载的重新认识，为还原秦始皇在楚地的信仰与文化政策提供了重要契机。同长期以来被认为不尊礼、不尊圣王，蔑视和破坏楚地信仰与文化的形象不同，秦始皇对楚地信仰与文化予以充分尊重，并通过祠祀将楚地神灵纳入统一王朝的秩序之中。他巧妙地利用了东方的文化传统，为自身统治寻找到一种基于古圣先贤的合法性依据，使秦法得以在礼的庇佑下向全国推行。

礼与法，是秦在统一和治理过程中遵循的两条路线。在新占领区，秦试图通过秦法的推行建构起一套社会治理与运行的规范，并着意为之寻求到一种礼的正当性依据，在礼法结合中，实现秦的国家治理。前人常常强调法对于秦的重要作用，却往往忽视礼的层面，甚或将二者对立起来，本文即是为破除这一成见作出的微小努力。

（原文为繁体，原载《简帛研究》2022 春夏卷）

《资世通训》所见朱元璋的政治思想与治政理念

常文相

《资世通训》是明太祖朱元璋为戒谕百官、教化民众而亲自撰写的一部训示之作，也是他为推进国家管理与社会治理而制定的系列纲领性文件之一，较集中反映了其以皇权统治为核心的政治思想与治政理念。书成于洪武八年（1375）二月，《明太祖实录》载：

> 御制《资世通训》成，上谓侍臣曰："人君者为臣民之主，任治教之责。上古帝王，道与天同，今朕统一寰宇，昼夜弗遑，思以化民成俗，复古治道，乃著是书，以示训戒耳。"侍臣皆曰："此臣民万世之宝也。"书凡十四章，其一《君道章》，曰勤、俭、仁、敬之类十有八事，其次《臣道章》，曰忠、曰孝、曰勿欺勿蔽之类十有七事，又其次曰《民用》、《士用》、《工用》、《商用》等十二章，皆申戒士庶之意。诏刊行之。①

大致讲来，与朱元璋出身社会底层且又艰难创业的经历有关，书中所"申戒"之语多能设身处地从民众朴素的人伦情理出发，力图端正、规范社会各阶层成员的观念行为。由此朱元璋不仅着意展示了英明帝王开国肇基，主天下之政、任天下之师、垂天下表范、代天下立言的政治形

---

① 《明太祖实录》卷97，洪武八年二月丙午，"中研院"历史语言研究所1962年版，第1664页。

象与文化精神，更进一步构建了其政治统治的合法性基础。同时，也正是深受民间善恶祸福之因果报应说的感染，朱元璋一再借神鬼明鉴之辞发论，显露出他对“天命靡常”“天道无欺”等信条的尊崇敬畏及其“神道设教”“化民成治”的理政倾向。

《资世通训》刊布后，应在当时社会中形成了一定影响，后人于论列明太祖著述或整理明代书目时常有提及。如弘治五年（1492）大学士丘濬疏请访求遗书并编校内阁藏书，讲到太祖高皇帝“御极三十年，多有制作，皆出自宸衷御札”，其中“今颁行天下者，惟《皇明祖训》、《大诰》三编、《大诰武臣》、《资世通训》，《御制诗文》虽已编辑，刻板藏在内府，天下臣民得见者尚罕”。① 也有士人引用该书文辞立论，甚至以之作为科举试策问对的内容。② 何乔远《名山藏·典谟记》则对全

① 《明孝宗实录》卷63，弘治五年五月辛巳，第1213—1214页。此处书目如何断句，尚存疑。经查证，《明经世文编》所收丘濬奏疏原文，为“今班行天下者，惟《皇明祖训》《大诰》三编《大诰武臣》《资世通训》《御制诗文》虽已编辑，刻板藏在内府，天下民臣得见者尚罕”，与实录基本一致。（陈子龙等辑：《明经世文编》卷76《丘文庄公奏疏·访求遗书疏》，中华书局1962年版，第650页）而在丘濬的《琼台诗文会稿》及其后人丘尔毅所编《重编琼台稿》中，奏疏原文则分别为“今颁天下者，惟《皇明祖训》《大诰》三编《大诰武臣》《资世通训》《御制诗文》虽已编辑，刻板藏在内府，天下臣民得见者尚罕也”（丘濬：《琼台诗文会稿》卷7《请访求遗书奏》，《丛书集成三编》第39册，新文丰出版公司1997年版，第135页），“今颁天下者，惟《皇明祖训》《大诰》三编《大诰武臣》《资世通训》《御制诗文》虽皆已辑刻，然藏在内府，天下臣民得见者尚罕也”（丘濬：《重编琼台稿》卷7《请访求遗书奏》，《文渊阁四库全书》第1248册，台北商务印书馆1986年版，第146页），后者多出的“皆”字，虽可能包括《资世通训》与《御制诗文》等书，但也可能是意指《御制诗文》里的“诗”“文”两种门类，应为编者自加。再何乔远《名山藏·臣林记》亦载丘濬疏陈之言，书目所指却极为明确：“今颁行天下者，惟《皇明祖训》、《大诰》三篇、《大诰武臣》、《资世通训》四书而已，《御制诗文》虽业编梓，天下臣民常稀得见。”（何乔远：《名山藏》卷68《臣林记·丘濬》，《续修四库全书》第427册，上海古籍出版社2002年版，第82页）另有黄道周《申明掌故疏》云：“先臣丘濬尝称，我朝著作，圣祖极多，有《祖训》、《大诰》、《武臣》、《资世通训》已颁行天下。”（黄道周：《黄石斋先生文集》卷1《申明掌故疏》，《续修四库全书》第1384册，第34页）综上，似以《资世通训》曾经颁行并已被臣民所识见为确。

② 参见倪岳《青溪漫稿》卷20《乡闱试策问三首》，《文渊阁四库全书》第1251册，第270—271页；董玘：《中峰集》卷1上《宏（弘）治乙丑廷试策》，《丛书集成三编》第55册，第428页；程文德：《程文恭公遗稿》卷1《廷试策》，《四库全书存目丛书》集部第90册，齐鲁书社1997年版，第125页；归有光：《震川先生集》别集卷2上《隆庆元年浙江程策四道》，周本淳校点，上海古籍出版社1981年版，第744页；缪昌期：《从野堂存稿》卷2《第一问》，《续修四库全书》第1373册，第396页（按，文中作《资治通训》）。

书除后序外，各篇均做有节录。[①]

是书书名或有误作《资治通训》者，《明史·艺文志》即载“太祖《资治通训》一卷”，其下注曰：“凡十四章，首君道，次臣道，又次民用、士用、工用、商用，皆著劝导之意。”[②]《四库全书总目》在清康熙皇帝《圣谕广训》书目下叙及此书，仍作《资治通训》。中云：“历代以来，如《家训》、《世范》之类，率儒者私教于一家；《琴堂谕俗编》之类，亦守令自行于一邑；罕闻九重挥翰，为愚夫愚妇特撰一编。独明太祖所著《资治通训》诸书，具载《永乐大典》中，而义或不醇，词或不雅，世亦无述焉。”[③] 就书名含义言，“世”泛指对象，“治”强调目的，后者似更贴近朱元璋原意，故后人有此误改。由是亦知，晚明以降，该书或许已渐不为人所习知。另《千顷堂书目》记此书“洪武八年三月成”，[④] 李晋华《明代敕撰书考》记此书“洪武八年三月丙午书成，书凡十二章”，[⑤] 均属失实。

本书卷末为曾参与纂修《元史》的时任翰林国史院编修赵壎所写的后序，序中盛赞朱元璋“克尽君师之道，政教兼备”，实属既“能善其政”，又“兼师道而善教”，直与古昔圣哲贤王相埒。在谈及该书的创作目的及内容大要时，序文复曰：

> 其于君道备矣，善政得矣。尚虑夫百官、庶民未能尽其职分之所当为，乃著书十有四篇，以示训戒。首以人君所当为者十有八事为言，则皆皇上平日躬行心得之效矣。然犹不自满足，有谦虚敬慎之意焉。次言人臣所不当为者十有七事。其三、其四，则为民用章，又以士、农、工、商，各为一篇，合僧道为一篇。念民之愚痴，欲

---

① 参见何乔远《名山藏》卷3《典谟记·太祖高皇帝三》，《续修四库全书》第425册，第472—475页。

② 《明史》卷98《艺文三》，中华书局1974年版，第2429页。

③ 《四库全书总目》卷94《子部四·儒家类四》，中华书局1965年版，第795页。

④ 黄虞稷：《千顷堂书目》卷11《子部·儒家类》，瞿凤起、潘景郑整理，上海古籍出版社1990年版，第311页。

⑤ 李晋华：《明代敕撰书考附引得》，燕京大学哈佛燕京学社《引得》编纂处1932年版，第10页。

> 民之教子，戒其造言，示以祸福，又各为一篇，以劝惩之。辞意明切，诲谕谆至，无非欲其改过迁善，同享太平之乐，故名曰《资世通训》。①

抛开溢美之词不论，赵壎对朱元璋撰写此书意旨的理解和评价可谓恰当中肯。在书中，身兼君师生养教化之责的朱元璋，确实是以一种乾纲在握而为天下主的自信姿态给属下臣民做好了合于王道理想、符于皇权统治的规划与安排。居高临视之下，其言态行止虽不时流露出普天皆愚唯我独明的况味，但谆谆劝惩之情，亦称得上用心良苦。而称颂朱元璋治教俱备者也并非仅赵壎一人，君以兼师应是当时包括朱元璋自己在内的统治阶层对皇权拥有者的普遍期待。即如朱元璋尝召见富民勉励为善，侍臣王祎同样曰："自古帝王皆兼君师之任，三代而下为人主者，知为治而不知为教。今陛下训谕之，不啻严师之教弟子，恩至厚也，诚所谓兼治教之道矣。"② 再顺便提到，朱元璋早在建国前，还曾命儒士编纂《公子书》及《务农技艺商贾书》，他说："公卿贵人子弟虽读书，多不能通晓奥义。不若集古之忠良奸恶事实，以恒辞直解之，使观者易晓，他日纵学无成，亦知古人行事可以劝戒。其民间商工农贾子弟，亦多不知读书，宜以其所当务者直辞解说……使之通知大义，可以化民成俗。"③《资世通训》与两书相类，其申戒士庶之意，实出一辙。

今常见《资世通训》古籍版本，分别收在《续修四库全书》第788册和935册。前者合编于明人张卤所辑《皇明制书》中，据明万历七年(1579)刻本影印；后者单独成书，据北京图书馆藏明刻本影印，卷末可辨识出"北京图书馆藏""蟫隐庐所得善本"两方印记，当曾为蟫隐庐主人罗振常收藏。④ 本文所引采用今人杨一凡《皇明制书》点校本，据其介绍，收录《资世通训》的《皇明制书》二十卷本馆藏地包括中国

---

① 朱元璋：《资世通训·后序》，《皇明制书》，杨一凡点校，社会科学文献出版社2013年版，第762页。

② 《明太祖实录》卷49，洪武三年二月庚午，第966—967页。

③ 《明太祖实录》卷21，丙午年十一月壬辰，第308页。

④ 参见张卤辑《皇明制书》卷10《资世通训》，《续修四库全书》第788册，第362—371页；朱元璋：《资世通训》，《续修四库全书》第935册，第263—268页。

大连市图书馆、美国国会图书馆、日本东洋文库和尊经阁文库，该版本均为明万历七年刻本。[①]

全书总为一卷，篇幅不长，文辞浅白而欠缺修饰，故颇显粗疏滞涩。可能正因“义或不醇，词或不雅”，故前人学者只是在探讨朱元璋的御制诏令文书或政治法律思想问题而涉及该书相关内容时，才对其要旨略做分析，专门的详细研究尚属单薄。[②] 近来，东北师范大学苏建文的硕士学位论文《朱元璋皇权思想研究——以〈资世通训〉为中心》基于该书较系统阐述了朱元璋的政治统治、社会管理观念及其对人性的认识，表示“《资世通训》的颁布，集中反映了朱元璋自觉站在皇帝立场，以国家管控社会，以其他社会成员为工具的社会管理思想和以对国家的利用价值来判断他人价值的国家主义价值观”。[③] 该文以论证朱元璋的皇权思想为核心，突显了朱元璋个人及皇权政治的独断、暴力、利己、僵化等特征，虽不乏深刻见解，但大致取向是一方面视《资世通训》为朱元璋推行专制统治的施政总纲，另一方面又一定程度跳脱开文本，而把其当做自己批判专制权力时的一个注脚。本文则试图将《资世通训》所体现的内容、思想与朱元璋的个人独特经历、品行及其为重建社会秩序、实现治国安民理想而制定采取的各项制度措施有机联系起来，由此探析皇权加身的朱元璋的政治精神与文化理念。文章所论既关照到皇权政治的内在集权性征，又关注于落实皇权统治的外在前提及评价尺度，以期更全面合理把握中国传统政治文化的脉络与特质。

---

① 参见杨一凡《〈皇明制书〉及所载法制文献的版本》，《皇明制书》，第 3 页。

② 前人研究涉及《资世通训》且与本文讨论主题较为切近者，可参见［美］范德《朱元璋与中国文化的复兴——明朝皇权专制的意识形态基础》，姜永琳译，《第五届中国明史国际学术讨论会暨中国明史学会第三届年会论文集》，黄山书社 1993 年版；［美］范德《明代开国皇帝的社会整合——作为权威功能的正统观念》，万明译，《明史研究》第 5 辑，黄山书社 1997 年版；张显清：《试论明太祖“以教化为本”的治国思想与实践》，《明史研究》第 7 辑，黄山书社 2001 年版；张显清：《明太祖朱元璋社会理想、治国方略及治国实践论纲》，《明史研究》第 10 辑，黄山书社 2007 年版等。

③ 苏建文：《朱元璋皇权思想研究——以〈资世通训〉为中心》，东北师范大学，硕士学位论文，2017 年，摘要第 1—2 页。

一　为君之道

《资世通训》卷首为朱元璋自序，撰于洪武八年正月，在明太祖的文集中也有收录。序中朱元璋没有隐讳身世经历，直言自己幼时“家贫亲老”，虽有志向学却“无资求师”，不得不“兄弟力于畎亩之间”，甚且“更入缁流”，以致“圣人、贤人之道一概无知，几丧其身”。遭逢乱世、朝不谋夕的朱元璋尽管“如履薄冰”，但仍能主动听信“善人之言”，并在群雄角逐中不仅“获众保身”，还于数年间“众广而大兴，以统天下”，从此越发“寻儒问道”，既知其理，则“日攻询访，博采志人，中积群言，加以比较是非”。[①] 这里，朱元璋突出了自身学儒求道的自主和批判意识，他讲：“彼虽不教我，我安得不听信之……其中所言当者，非斯人之自能，乃上古哲人之善行。因斯人有志听怀，今为我学而为我用，于斯人岂徒然哉！其有所言不当者，皆斯人惰其学，况平日解悟差矣。是致作事倒为，或又为非，以覆身灭姓者有之。”[②] 可见，朱元璋尽管能够肯定从师问学的必要性，但其同时表示，自己所习所用乃直通“上古哲人”，世间儒师所教，只起到居中传接作用，且亦非尽完尽善，故不可不加分辨全盘接受。他接下来指出，君主掌有天下本当“代天理物”，现今己身既已手执纲维权柄，遥承远古圣王治教，自然有资格“道与天同”，所谓“统寰宇之大，负教臣民之重”，虽“匪才薄德”，然职责在兹，义不容辞。此外，朱元璋一并提出“德将安在”“弗敢自宁”的疑问，言下之意，是认可皇权统治确要接受“敬德保民”的天道评断，而对百姓普施生养教化与否即是衡量尺度之一。[③] 序言最后，朱元璋有感于“世人性愚而见浅”，这样总结写作本书的用意：“古有圣经贤传，立意深长。为先儒注以繁辞，评论不一，愈愚后学者。朕特以

---

① 朱元璋：《资世通训·序》，《皇明制书》，第749页。
② 朱元璋：《资世通训·序》，《皇明制书》，第749页。
③ 朱元璋：《资世通训·序》，《皇明制书》，第749页。

一己之见，总先贤之确论，托谒者评之，直述其意，以利今后人。”[①] 话语间，表露出他自觉以既君且师的双重身份，立处万民之上，当仁不让承担起培植教养之责。[②]

由此序言不仅可清楚解读出朱元璋作为开创之主而勇于任事、代天理政的壮志情怀，且亦能体察到其着意宣示皇帝权威，含有申明明政权建立之正当合法性的企图。序中坦白自身学以晚成的事实，又径言现欲凭一己之见化繁为简直解先贤确论，反映出他对于经国育民的君师之道的自得与自负。而用同谒者问答唱和的方式行文，除了说理表意方便外，似从侧面也体现了崛起于社会底层的朱元璋心系民间、关切下情的一贯作风。

《资世通训》首倡君道，在《君道章》中，朱元璋强调自己起兵意在戡乱救民，故能剪灭群雄，立国主政。他着重提出为君者应当严格奉行的十八件事，分别是“俭、素、勤、敬、祀、戎、亲、内、外、孝、慈、信、仁、智、勇、严、爱、以时”，并具体解释道：

> 俭，勿过用物。素，不华其所居。勤，所以昼夜不忘于事，不息于当为也。敬，不遑暇食以措安。祀，谨百神之祭，不敢怠。戎，乃张皇六师以御侮。亲，亲九族以化民。内，内宫分定而不紊。外，外之政内不干。孝，孝于父母以格天。慈，慈于父以生孝子。信，信于始终不变，使人从。仁，仁于善良不罪。智，智于无道可诛。勇，勇于当为者为。严，严于威仪，以正百官。爱，爱民如赤子。

① 朱元璋：《资世通训·序》，《皇明制书》，第749页。在撰成此序前不久，朱元璋还曾自注《道德经》，并为之作序。序中亦先坦言自己出身寒微，“值群雄之并起，不得自安于乡里，遂从军而保命，几丧其身而免”，随后谈及“自即位以来，罔知前代哲王之道，宵昼遑遑……于是问道诸人，人皆我见，未达先贤”，然“朕虽菲才，惟知斯经乃万物之至根，王者之上师，臣民之极宝”，故乃悉丹衷，尽智虑，“意利后人，是特注耳”。朱元璋：《明太祖集》卷15《道德经序》，胡士萼点校，黄山书社1991年版，第296—297页。两序笔调辞意相近，可互相参看。

② 高寿仙即一语点明：“在儒家的理论模式中，理想的统治者是‘君’与‘师’两种角色的有机融合体……从总体上看，朱元璋的治国理想浸透了儒家精神……兼任起有富民之责的‘君’与有教民之责的‘师’的双重职能。”高寿仙：《洪武时期的社会教育与移风易俗》，《明史研究》第6辑，黄山书社1999年版，第83页。

以时者，使民不夺其时。[①]

朱元璋从实际经验出发，按照自己理解总结为君之道，且在处理政务过程中力求使上述每一件事都能落到实处。正如一些研究者所称，朱元璋对“君道”的阐释来自平时行政实践，与其说是他观览载于史册的尧舜之道的结果，不如说更像其自身行为与心态的直接写照。

君主教化万民首应修正自心，以身作则，所谓“身者，教化之本也，人君身修而人化之”。[②] 就笃持勤政爱民、惜财节用之行而观，朱元璋实可为天下表率，他尝言“自古王者之兴，未有不由于勤俭”，[③] “吾节俭是宝，民力其毋殚乎”，[④] 又曾告诫群臣：“凡事勤则成，怠则废，思则通，昏则窒……思日孜孜，禹所以成大功；不遑暇食，文王所以开王业。”[⑤] 其居常敦崇朴素，弗尚奢华，即如“有司奏乘舆服御，应以金饰，诏用铜”，且曰：“朕富有四海，岂吝乎此。第俭约非身先无以率下。”[⑥] 以故，朱元璋一向主张摒却四方珍奇玩好之供，并顾念百姓，取用有节，不作无益之工，不兴劳民之役。

其次，“国之大事，在祀与戎”，礼制与军政关乎社稷存亡，历来为君主所重。朱元璋在建政之初，即先创宗庙郊社，命中书省臣议拟祀典，并确立卫所官军之制及将帅将兵之法，恳切教诲太子、廷臣居安思危，毋忘武备。[⑦]《明史》也称，“明太祖初定天下，他务未遑，首开礼、乐二局，广征耆儒，分曹究讨”，又编定《存心录》、《大明集礼》等礼书，“制度名数，纤悉毕具”。[⑧] 他还曾御白虎殿阅《汉书》，与儒臣宋濂、孔克仁讲论汉初礼乐之政，云：“高祖创业，未遑礼乐。孝文时当制作复三代之旧，乃逡巡未遑，使汉家终于如是。三代有其时而能为之，汉文

---

① 朱元璋：《资世通训・君道章》，《皇明制书》，第 750 页。
② 《明太祖实录》卷 203，洪武二十三年七月壬辰，第 3035 页。
③ 《明太祖实录》卷 155，洪武十六年六月庚戌，第 2416—2417 页。
④ 谷应泰：《明史纪事本末》卷 14《开国规模》，中华书局 1977 年版，第 190 页。
⑤ 《明太祖实录》卷 64，洪武四年四月壬辰，第 1215—1216 页。
⑥ 《明史》卷 65《舆服一》，第 1599 页。
⑦ 参见谷应泰《明史纪事本末》卷 14《开国规模》，第 190、196、194 页。
⑧ 《明史》卷 47《礼一》，第 1223—1224 页。

有其时而不为耳，周世宗则无其时而为之者也。”[1] 话外之意，乃当下适逢其时，正应制礼作乐，以成一代规制。而周世宗“无其时而为之”，在朱元璋看来此与当为不为一样，亦属不该。

至于尊卑有体，亲疏有别，朱元璋更是自有安排。其大封诸子为王，授金册金宝、置王府官署和护卫以荣之，又赐予他们庄田，供给优厚，甚至出于国防需要，诏诸王近塞者，每岁秋勒兵巡边，边卫将校悉听节制。[2] 宫闱之中，为防患未然，他严禁后妃、宦官私通外臣，干预政事，并且不许内臣典兵和与有司文移往来。[3] 在国家机构设置上，朱元璋有意营造君主集权于上、众臣分使于下的政治态势，极大便利了中央控制地方，皇帝驾驭群僚。这确像他在与侍臣谈起前代诸如女宠、寺人、外戚、权臣、藩镇及至四裔之祸时所议：

> 木必蠹而后风入之，体必虚而后病乘之。国家之事，亦由是矣。汉亡于外戚、阉寺，唐亡于藩镇、戎狄。然制之有道，贵贱有体，恩不掩义，女宠之祸何自而生！不牵私爱，苟犯政典，裁以至公，外戚之祸何由而作！阉寺职在使令，不假兵柄，则无寺人之祸。上下相维，大小相制，防壅蔽，谨威福，则无权臣之患。藩镇之设，本以卫民。财归有司，兵待符调，岂有跋扈之忧！至于御四裔，则修武备，谨边防，来则御之，去不穷追，岂有侵暴之虞！凡此数事，当欲著书，使后世子孙以时观省，亦社稷无穷之利也。[4]

朱元璋此番处措布置，里里外外称得上思虑周密，防范紧严，无怪乎言辞之中其对自己的权谋见识，颇含几分得意之色。

附带言之，朱元璋曾就汉代“七国之变”发论，一反“曲在七国”成见，表示“景帝为太子时，常投博局杀吴王世子”，及其即位，“又听

---

① 谷应泰：《明史纪事本末》卷14《开国规模》，第189页。

② 参见《明史》卷116《诸王》、卷77《食货一》、卷91《兵三》、卷3《太祖三》，第3557、1886、2236、51页。

③ 参见谷应泰《明史纪事本末》卷14《开国规模》，第197—198、205页；《明史》卷74《职官三》，第1826页。

④ 谷应泰：《明史纪事本末》卷14《开国规模》，第214页。

晁错之说，黜削诸侯”，叛乱自是而生。基于这一认识，他向教授太子、诸王经史的儒臣提出：“若为诸子讲此，则当言藩王必上尊天子，下抚百姓，为国家藩辅，以无挠天下公法。如此，则为太子者知敦睦九族，隆亲亲之恩，为诸子者知夹辅王室，尽君臣之义。”① 朱元璋此语除为其大兴分封、众建藩屏的举措张本外，亦表明他对现实政治关系的思考有相当一部分是以家庭尊亲孝悌观念作为原始出发点的，而出自同样的伦理价值判断，其将天地比作父母，在郊祀问题上以为“分祭天地，情有未安……人君事天地犹父母，不宜异处”，为合孝道，“遂定每岁合祀于孟春，为永制”。②

朱元璋治国理政的另一方针策略，乃是大体执行严于治官而宽于治民的原则。《明史》评述其“惩元政废弛，治尚严峻”，③ 他自己也说“建国之初，先正纲纪，纲纪先礼”，④ “吾治乱世，刑不得不重”。⑤ 朱元璋鉴于元季贪冒泛滥，遂重惩赃吏，虽时或过求深刻，招致臣下批评，然“太祖用重典以惩一时，而酌中制以垂后世，故猛烈之治，宽仁之诏，相辅而行，未尝偏废也”。⑥ 故此，他素来都把“钦恤”和“简当”看成用刑立法的本要，并云：“不施实惠，而概言宽仁，亦无益耳。以朕观之，宽民必当阜民之财，息民之力。不节用则民财竭，不省役则民力困，不明教化则民不知礼义，不禁贪暴则无以遂其生。”⑦ 而针对“元有天下，宽以得之，亦宽以失之”的议论，朱元璋也加以辨正，讲明元政实属“失在纵弛”，是谓“圣王之道，宽而有制，不以废弃为宽；简而有节，不以慢易为简；施之适中，则无弊矣”。⑧ 且正是缘于予民实惠的考虑，其从建国伊始就不断蠲免各地田赋，尽量减轻百姓负担，勉力做到以仁心行仁政。朱元璋最后还提及“爱民如赤子”和“使民不夺其

① 谷应泰：《明史纪事本末》卷14《开国规模》，第200页。
② 《明史》卷48《礼二》，第1247页。
③ 《明史》卷3《太祖三》，第56页。
④ 谷应泰：《明史纪事本末》卷14《开国规模》，第189页。
⑤ 《明史》卷93《刑法一》，第2283页。
⑥ 《明史》卷94《刑法二》，第2320页。
⑦ 谷应泰：《明史纪事本末》卷14《开国规模》，第191—192、195—196页。
⑧ 谷应泰：《明史纪事本末》卷14《开国规模》，第201页。

时”，联系到他曾讲过“吾每于宫中无事，辄取孔子之言观之，如‘节用而爱人，使民以时’，真治国良规”，[①] 可知其实行爱惜民力、休养民生的政策也是有源可溯、有本可寻的。

朱元璋重视学以致用，参照自身实政经验重新阐扬了圣人之道，然而知易行难，他大方表示：“朕虽欲仿之，却被妄想私欲以相搏，苦其志以战之，犹未得退。”[②] 这就需要为君者除加强身心修养外，尚赖帝王之师的诲勉规谏。此处朱元璋尽管对儒士习知“王者之政”是否涉嫌“僭分”保持了相当警惕，但他却不得不承认，集权体制下君主个人的素质操行绝非至善尽美，因此时有“帝师”之臣的辅弼启沃确乎必要。本章末尾，谒者感怀：

> 臣年七十有五，时已过矣，恨壮不逢英明之君，老已乎！空怀王者之政，惜无可教，自以为终世而无可陈。忽上帝垂民福，陛下值元更，得君天下为生民主，臣虽衰朽，敢不俯伏天阍，对越陛下，以陈平生之所学，为陛下思之。噫！臣更为陛下深思之：五荒不可作，微行可绝游，诚能备行臣之所陈，则生民多福，彼苍祐之。[③]

朱元璋宵衣旰食、朝乾夕惕原不待言，但此处借谒者之口，寓劝诫于称颂之中，其对自己更造华夏、抚定兆民之丰功伟绩的自诩之情再度跃然纸上。

---

① 谷应泰：《明史纪事本末》卷14《开国规模》，第190页。

② 朱元璋：《资世通训·君道章》，《皇明制书》，第750页。

③ 朱元璋：《资世通训·君道章》，《皇明制书》，第750—751页。关于不作“五荒”等兢业安民、克己律身之道，朱元璋于洪武二十三年（1390）曾有一段“真情实意”的自我剖白，可与上文参证：“朕自居江东三十六载，未尝见日而临百官。自年初至于年终，每披星戴月而出，四鼓衣衣饭食，待旦临事。此非饰己之言，皆真情实意之词。呜呼！朕观古今凡人得时之后，有始无终者多。朕外无禽荒，内虽有妇女，不敢久留宫中，色荒之事可知。生不饮酒，壮而少用，未尝以酒废事。无昵音乐峻宇，得罪者凤阳宫殿也，然非好离宫别殿而为之。当是时见浅识薄，意在道理适均，便于民供耳。且人之得时，孰不欲安逸盘游，纵意所好？真圣贤不假修饰，天然不迩此事，降圣贤之人，亲于此事者多矣。凡居若干玩好盘游者，朕每欲为之，见其不敢，何也？盖古人有此者，兴亡叠叠，因此恐惧不已。愤恨枉良纵恶，由是察文吏若见渊鱼，以此臣民皆曰‘刑甚’。朕今老矣，前许多年每令一出，皆为安民。”陶尚德、庞嵩等：《南京刑部志》卷3《揭榜示以昭大法·礼部为申明教化事》，《金陵全书乙编·史料类》，南京出版社2015年版，第342—343页。据此，罗冬阳称其“乃以不假修饰的真圣贤自居”。罗冬阳：《明太祖礼法之治研究》，高等教育出版社1998年版，第50页。

二　臣民之用

朱元璋首先由强化集权统治并为天下苍生尽职负责的角度，论述了身居君位者当切实履行的十八条准则，在接下来的《臣用章》《民用前章》和《民用后章》中，其则自皇权政治下一切臣民皆须竭心勉力承应供使的义务方面对他们提出严格要求。确需指出的是，《明太祖实录》等文献俱载本书第二章名曰“臣道章”，但原文实为“臣用章”，这一差误的造成无论有意还是无意，从中都不难察觉到皇帝政治与士大夫政治间在权力运行主体及统治精神上存在的一定区别。也就是说，在朱元璋眼里，皇权笼罩人世众生，高居臣民之上，大概只有君之所思所为才可称作“道”，而臣民的行事对于君主治教来讲，仅体现“用”与“无用”之分。故此，他曾于《大诰三编》中严正声明：“古者士君子，其学既成，必君之用，将老乡无举者，以为耻焉……‘率土之滨，莫非王臣’，成说其来远矣。寰中士夫不为君用，是外其教者，诛其身而没其家，不为之过。”①

就“臣用”“民用”诸章看，朱元璋确实表现出自觉站在皇帝立场从而把相对于“君”的各色臣民视为皇权统治工具的倾向。《臣用章》开头，朱元璋便带有威胁性地提出，历代臣僚为何“多始而无终者”。谒者答：“非仁人者不终，非忠者不终，非知三报、一祀者不终，假公营私者不终，代报者不终，非孝者不终，非亲亲者不终，又侮瞒欺诳者不终，虐诈而自高者不终。于斯十七事有一者，不得其死，而况于备之者乎?”② 据谒者进一步阐释，可知仁就应“仁爱于善人及万物”，忠即当“竭己以奉君，勿欺勿瞒勿侮”，仁民忠君，实为臣子立身受命之本，履职处事所必先。所谓“三报一祀”，指的是“报君”“报父母”“报民”和“祀神鬼”。其中，为人臣“蒙君恩而当思补报，格君之非，美

---

① 朱元璋：《御制大诰三编·苏州人材第十三》，《续修四库全书》第862册，第332页。

② 朱元璋：《资世通训·臣用章》，《皇明制书》，第751页。谒者这里所言似不足十七事，而若将“三报一祀”“侮瞒欺诳”及“虐诈而自高”诸事拆分开或正够其数，姑存疑。

君之政，助君以仁”；为人子“奉父母笃以温清甘旨，勤敬而不怠，谏父母之非，恳切至于没身，不陷父母”。至于“报民”之意，书中乃借此生发，一同表达了对君民、君臣、官民三方之间关系的看法：

> 天地生民极众，无主者必乱，故天生君以主之，君设百官以助理之。民恐有众暴寡、强凌弱，所以乐供税于朝，欲父母妻子无忧，君得税而分给百官，使不耕而食，不蚕而衣，特高其位而禄其家，使公正于朝堂，使民乐其乐。若果受斯职，行斯道，证民以是非，问民以疾苦，则福寿无穷矣。①

自是可见，朱元璋始终以处理解决好君民关系作为实现理想皇权统治的核心。在他的政治观念里，君主应天明命，执掌天下生计秩序，理当恤养万姓，惠泽黎庶，而天意又同民心相应，安民致治显然成了其得正位、行大道的根本前提及重要标尺。具体来说，君民之间表现为一种近似责任与义务的关系，即君奉天意使民安居乐业，遂有责任除暴护良，民映天心依君以获生存命，故有义务供税于朝。君臣关系则受制、从属于君民关系，臣既自君那里接受职位，领取俸禄，当然要奉照君主化民成治之意，竭忠尽智助君理事，听君任使，成君美德，向君负责。再从臣和民共同附属君主角度看，皇权的高不可攀却意味着其对治下社会而言含带普遍均平的性质，由此君、臣、民三方间某种程度体现出的是以君主为中心的单边关系。这样，朱元璋眼中的官吏不仅不具备超越于民的优势，且还因民乃衣食之源，他们既为朕用，就更该公正无私，讲求治效，替百姓解难，代君上分忧。若臣不遵此安乐民生之道，或如谒者所列，有“公挟私仇，因公为己，代人抱怨，不孝于祖，不睦于亲，欺诳侮瞒于君上者，虐民而诈取其所有者，自以为尊能而眇视群友者”，必皆“不得其死”，难以善终。②

朱元璋这一番“自古立君，在乎安民”③ 的论析，在高扬皇权、突

① 朱元璋：《资世通训·臣用章》，《皇明制书》，第751页。

② 朱元璋：《资世通训·臣用章》，《皇明制书》，第751页。

③ 《明太祖实录》卷92，洪武七年八月甲午，第1605页。

显君主“代天”治民方为理政之本的同时，也消解并打压了传统士大夫类如“为天地立心、为生民立命”的政治主体意识。无独有偶，《明太祖实录》里记有一段朱元璋谕示府县官的话，正可与此呼应：

> 自古生民之众，必立之君长以统治之，不然则强者愈强，弱者愈弱，纷纭吞噬，乱无宁日矣。然天下之大，人君不能独治，必设置百官有司以分理之。锄强扶弱，奖善去奸，使民得遂其所安。然后可以尽力田亩，足其衣食，输租赋以资国用。予今命汝等为牧民之官，以民所出租赋，为尔等俸禄。尔当勤于政事，尽心于民，民有词讼，当为办理曲直，毋或尸位素餐，贪冒坏法，自触宪网。①

这即说，朱元璋已然认识到只有百姓富足才能国用充裕，而民生得获爱养的关键则在临民之官的廉洁自律。故此他循循诫勉来朝地方官：“天下初定，百姓财力俱困，譬犹初飞之鸟，不可拔其羽，新植之木，不可摇其根，要在安养生息之而已。惟廉者能约己而利人，贪者必朘人而厚己。有才敏者或尼于私，善柔者或昧于欲，此皆不廉致之也。尔等当深戒之！”②

与此同时，对待君臣关系朱元璋仍期许主明臣直的理想图式。他为广纳善言，不仅在书面上主张臣属要“格君之非，美君之政，助君以仁”，且复明谕群臣：“吾观史传所载历代君臣，或君上乐闻忠谠，而臣下循默不言，或臣下抗言直谏，而君上饰非拒谏。比来朕每发言，百官唯讷而已，其间岂无是非得失可以直言者。自今宜尽忠谠，以匡朕不逮。”③ 至若朱元璋提到过的“君之驭臣以礼，臣之驭吏以法”，则表明其针对不同职用人员的礼法之择，实际还是着眼于严惩奸贪以为民除害，足谓“吏诈则政蠹，政蠹则民病……惟仁人能恶人也”。④

同样基于为民谋治的想法，朱元璋在《臣用章》里又强调了地方官

---

① 《明太祖实录》卷 24，吴元年七月丁丑，第 349 页。

② 谷应泰：《明史纪事本末》卷 14《开国规模》，第 195 页。

③ 谷应泰：《明史纪事本末》卷 14《开国规模》，第 193 页。

④ 谷应泰：《明史纪事本末》卷 14《开国规模》，第 211 页。

受君托付而亟应“政令兴、鬼神祀”的迫切性。[①] 对于鬼神谴责的畏惧心理当然是朱元璋奉祭惟谨的动机之一，不过其并非一味务虚，而是将敬天事神与亲民惠众连为一体，“神道设教”的真正用意依然着落在现实中的政治稳固、社会安定上。他尝道：“所谓敬天者，不独严而有礼，当有其实。天以子民之任付于君，为君者欲求事天，必先恤民。恤民者，事天之实也。即如国家命人任守令之事，若不能福民，则是弃君之命，不敬孰大焉。”[②] 可知朱元璋所至为挂怀的，仍旧是实际民生问题。教民祀神也是他面对“丧乱之后，法度纵弛，当在更张”的社会形势，极力推行“明礼义，正人心，厚风俗”之安民善政的必要一环。[③]

说到百姓之用，朱元璋以足食为立国之本，其中固然包含取民资国的考虑。不过在他看来，“民贫则国不能独富，民富则国不至独贫”，[④] 富国与富民二者相辅相成，并不存在本质冲突。再如其所言：“军国之费，所资不少，皆出于民，若使之不得尽力田亩，则国家资用何所赖焉……若年谷丰登，衣食给足，则国富而民安。”[⑤] 然而当出现民众只图个人私利而不从教化、不顾大局的现象时，就需要君主代表国家晓谕情理，明示法度，及时纠正谬误，化解矛盾。正如此，《民用前章》抛出了“民人父母生其身，国王育其命”的观点，而立论依据经过书中一番源自日常生活经验的演绎，竟也能显得合情合理，令人无从反驳。是云：

> 王纲振而强暴息，使父母妻子各得性命，所有家资皆能保守，虽有强梁者不敢擅取。此畏王法也。岂不见强盗欲人之财，异其面，别其声，持火夜入人家，被劫者家财一空，不能抵敌，为强所取者何？力不及也。为此方知有君，明日赴官诉其情。官乃捕其盗，诛其人，追赃以给其主。以此观之，君岂不为生民之性命者欤？保民之家资者欤……此民被盗，民之小祸耳。又有甚焉，若无君以主之，

① 朱元璋：《资世通训·臣用章》，《皇明制书》，第752页。

② 《明史》卷3《太祖三》，第44页。

③ 《明太祖实录》卷19，丙午年三月甲辰，第273页。

④ 《明太祖实录》卷253，洪武三十年五月丙寅，第3649页。

⑤ 《明太祖实录》卷19，丙午年正月辛卯，第259—260页。

则一家皆被尽杀之者有之。是谓非君民不可得而活。①

朱元璋这里要反复论证的，仍然是君主立纲陈纪，惩暴扶弱，主持维系社会公义秩序，而民众的生命财产安全既受君主保护，则其即须向君主输赋服役，双方角色定位天经地义，不容变更。诚如他严正以教："为吾民者，当知其分，田赋力役出以供上者，乃其分也。能安其分，则保父母妻子，家昌身裕，斯为仁义忠孝之民，刑罚何由而及哉?"② 况且君主"为民立命"，百姓"食土之利"，自该报答君恩，"为君之民，君一有令，其趋事赴功，一应差税，无不应当"，如此才会获福避祸。③ 若小民逆天悖理，愚昧无知，"甚有诽谤者，官有所差，亦不亲赴者"，必将"多贫而不富，多罪而不宁"。④

《民用前章》最后表示，尽管世间之民尚不免"富而顽，贫而良"，然报应不爽，只是迟速有别，"阴法迟而不漏，阳宪速而有逃"，此辈"非身即子"，终贫罪交加，难逃天谴。⑤ 事实上，对付愚不知报者不等鬼神降罚，朱元璋就已率先采取行动。《大诰三编》载，广信府贵溪县儒士夏伯启叔侄各截去左手大指，示不与新朝合作，旋被拿赴京师。朱元璋亲自审问，重申"保命在君"之意："尔所以不忧凌暴，家财不患人将，所以有所怙恃者，君也。今去指不为朕用，是异其教，而非朕所化之民。尔宜枭令，籍没其家，以绝狂夫愚夫仿效之风。"⑥ 以其观之，臣民既因君而获保周全，却不知感恩图报，竟至外教非用，实罪有应得。

如果说《民用前章》无可置疑地辨明了民为君用的理由，那么《民用后章》则可谓转向以导民从礼、劝民向善的语气教诲百姓孝亲睦邻的人伦道义与现实益处。内曰：

---

① 朱元璋：《资世通训·民用前章》，《皇明制书》，第752页。

② 《明太祖实录》卷150，洪武十五年十一月丁卯，第2362页。

③ 朱元璋：《御制大诰·民不知报第三十一》，《续修四库全书》第862册，第251—252页。

④ 朱元璋：《资世通训·民用前章》，《皇明制书》，第752页。

⑤ 朱元璋：《资世通训·民用前章》，《皇明制书》，第753页。

⑥ 朱元璋：《御制大诰三编·秀才剁指第十》，《续修四库全书》第862册，第329页。

为孝于父母者，朝出必告父母知，言今日往东，若要归来，抵日暮方还。所告者为何？恐至晚不归，使父母无方可望，其忧甚也。故游必有方，孝之至也。归必告吉凶，使父母乐而无疑。其能亲亲邻邻者，人若坚守亲亲邻邻之义，则终世而不贫。何也？六亲九族邻里之中，必有富者，人能富不嫌穷亲邻，则他日子孙或穷，诸亲邻则必养之者，是为不贫。若见邻人有饥寒下贱者，能不欺侮，又给衣食者，其将必大昌。见邻人有财，其人颇愚，若诈而取，若瞒而盗窃者，鬼神鉴见祸焉，其必不昌。①

朱元璋的这一段议论实与他一直以来所特别重视的乡村治理密切关联，而为达到国阜民昌的治理成效，就亟需君主一方面以伦理纲常化育人心，另一方面也应及时确立起适当的法制规范，裨民遵守奉行。有见于是，朱元璋于《民用后章》继续道：

若生子而教不为非，有女则训以善事夫，谏夫为善，不助夫之为恶，良哉……若为人子见父不道，谏之以正；为人夫，教妻以柔；为人妻，谏夫以良，遂得白发相守。为人弟兄，所言者是，从之；所言不是，则谏之，善终而无祸矣！处朋友，见善者，习之；见恶者，去之，此岂不志人者欤！②

同时，他又曾宣令：“四民务在各守本业，医卜者土著不得远游。凡出入作息，乡邻必互知之。其有不事生业而游惰者，及舍匿他境游民者，皆迁之远方。”③

总的来看朱元璋的社会治理理想，他虽然“惩元末豪强侮贫弱，立法多右贫抑富”，④ 但大体上仍能注意兼用教刑来治养民众，并尽力管控协调好贫富强弱关系，使百姓各得其所。如其在《大诰》中讲：

① 朱元璋：《资世通训·民用后章》，《皇明制书》，第753页。

② 朱元璋：《资世通训·民用后章》，《皇明制书》，第753页。

③ 《明太祖实录》卷177，洪武十九年四月壬寅，第2687—2688页。

④ 《明史》卷77《食货一》，第1880页。

君之养民，五教五刑焉……五教育民之安，曰“父子有亲，君臣有义，夫妇有别，长幼有序，朋友有信”。五教既兴，无有不安者也。民有不循斯教者……强必凌弱，众必暴寡，鳏寡孤独，笃废残疾，何有之有焉？既不能有其有，命何存焉？凡有此者，五刑以加焉。五刑既示，奸顽敛迹，鳏寡孤独，笃废残疾，力弱富豪，安其安，有其有，无有敢犯者，养民之道斯矣。①

再如洪武初，朱元璋尝召集富民进京，勉谕他们行善为良：“今朕为尔主，立法定制，使富者得以保其富，贫者得以全其生。尔等当循分守法，能守法则能保身矣。毋凌弱，毋吞贫，毋虐小，毋欺老，孝敬父兄，和睦亲族，周给贫乏，逊顺乡里，如此则为良民。”②

朱元璋至其晚岁，依旧敦风化俗不倦。他于洪武末年发布《教民榜文》，中有：

乡里人民，住居相近，田土相邻，父祖以来，非亲即识……朝夕相见，与亲一般。年幼子弟，皆须敬让，敢有轻薄不循教诲者，许里甲老人量情责罚。若年长者不以礼导后生，倚恃年老生事罗织者，亦治以罪。务要邻里和睦，长幼相爱，如此，则日久自无争讼。岂不优游田里，安享太平？③

又《明太祖实录》云：

上命户部下令天下民，每乡里各置木铎一，内选年老或瞽者，每月六次持铎徇于道路曰：“孝顺父母，尊敬长上，和睦乡里，教训子孙，各安生理，毋作非为。”又令民每村置一鼓，凡遇农种时月，清晨鸣鼓集众，鼓鸣皆会田所，及时力田。其怠惰者，里老人督责之，里老纵其怠惰不劝督者，有罚。又令民凡遇婚姻、死葬吉凶等

① 朱元璋：《御制大诰·民不知报第三十一》，《续修四库全书》第862册，第252页。

② 《明太祖实录》卷49，洪武三年二月庚午，第966页。

③ 张卤辑：《皇明制书》卷9《教民榜文》，《续修四库全书》第788册，第360页。

> 事，一里之内，互相赒给，不限贫富，随其力以资助之，庶使人相亲爱，风俗厚矣。①

朱元璋关注民生，留意教化，可算极尽苦心，“民本”思想从他以上的言谈举措里，也得到了较充分体现。但同时不能忽视的是，其所致力推动的乡村治理看似为天下苍生谋求福祉，实则于无形间更加强化了君对民的政治控制及民对君的人身依附。而在此社会治理具体实施的过程中，朱元璋无论是宣扬善恶报应、人伦礼教还是主张立法定制，都与他始终践行皇权统治是分不开的。

三　六民之职

朱元璋在总体论述臣民应为君所用的道理后，接着又按照传统社会阶层、职业的划分方式，依次撰成“士用”“农用”“工用”“商用”及“僧道”诸章，以期通过更明晰地界定各类成员的价值功能与行为准则，来具体指导他们的生活实践。其主要目的，仍在于着眼国家政治稳固和社会秩序安定，规训、教正民众各安其分，各尽其用，戒妄戒奢，务本务实，由此倡明治道，消弭隐患。

朱元璋在国初的求贤诏书中称：“天下之治，天下之贤共理之……天下甫定，朕愿与诸儒讲明治道。”② 话虽这样，但由《士用章》所见，朱元璋似乎自一开始就对一般儒士多抱怀疑，少存好感，他认为此间沽名钓誉、华而不实之辈居多，其人只“高谈阔论以为能，于事无益”，故常“不得其位”。是曰：“古今称能士者，名而已。非识时务者，人神安与位焉！且名士者，坐视市村，自矜其能，听世俗之谀誉，徒知纸上之文，诸事何曾亲历而目睹，著书立言，徒咬文嚼字以妨后学者。询及行

① 《明太祖实录》卷255，洪武三十年九月辛亥，第3677—3678页。此谕令中所命之数事亦载于《教民榜文》，参见张卤辑《皇明制书》卷9《教民榜文》，《续修四库全书》第788册，第355、357页。

② 《明史》卷2《太祖二》，第21页。

事，茫然哉!"[①] 朱元璋完全从裨益时政的实用角度出发，痛斥俗儒虚妄浮夸，扭捏作态，不通世务，得过且过，他们不仅“高枕日红，蓬头垢面，酣醉昼昏”，甚至“忘其所操，弃其所虑，是古非今，迂愚终日”，如此浪费财养，终为民害。而所谓不事虚文、有益世用的贤能之士，则如古来伊尹、傅说、姜尚、宁戚、百里奚、诸葛亮等，皆“当未遇君之时，有志于为造，故趋艰难而求日用，别是非以蓄其衷”，两相对比，高下立判。[②]

在其他场合，朱元璋也屡屡表达了对当今儒生好高骛远，普遍缺乏真才实学的不满。其尝敕问文学之士：“朕观上古圣贤之言，册而成书，智者习而行之，则身修而家齐，为万世之用不竭，斯良之至也。今之儒不然。皓首穷经，理性茫然。至于行云流水，架空妄论，自以善者矣。及其临事也，文信不敷，才愆果断，致事因循，将何论乎?"[③] 他又曾作《严光论》，严厉批判汉代隐士严光和周党，指出“当国家中兴之初，民生凋敝，人才寡少，为君者虑恐德薄才疏，致生民之受患，礼贤之心甚切”，然他们却“栖岩滨水以为自乐”，实属“不正忘恩，终无补报”。相反，“耿弇、邓禹之贤，生禀天地之正气，孝于家而尊于师，忠于君而理于务”，且能“助光武立纲陈纪，盘石国家，天地位而鬼神祀”，二人“济人利物”，足可“名世于古今”。[④]

其实，就朱元璋的皇权政治价值观来看，儒士学以致用进而为国效力，二者既符合天道纲常的至理，又是不可拆分的一个关联整体。因此之故，他并不否认君主求贤弼政、任贤图治等传统政治伦理的正当性，只是在此基础上，更加突出了天下之士才为君使、能尽世用的现实意义。即如自登基伊始，朱元璋便接连访求隐逸，征辟贤才，他说：“贤才，国之宝也。古圣王劳于求贤……盖贤才不备，不足以为治。鸿鹄之能远举者，为其有羽翼也。蛟龙之能腾跃者，为其有鳞鬣也。人君之能致治

① 朱元璋：《资世通训·士用章》，《皇明制书》，第754页。

② 朱元璋：《资世通训·士用章》，《皇明制书》，第754页。

③ 朱元璋：《明太祖集》卷10《敕问文学之士》，第203页。

④ 朱元璋：《明太祖集》卷10《严光论》，第209—210页。

者，为其有贤人而为之辅也。”[①] 与此同时，朱元璋既以天下为己任，务求造福世间，布恩黎民，于是也一道要求士人知学达用，“格物之至精，虑人事之过熟，讲书以人事而言，随时而致宜久之志”，否则“口体腥秽，面色痿黄，袖手终朝，气不舒而筋不畅，不能措诸事务”，与废物无异。[②]

这样一来，本于临民历事摒虚务实的态度，朱元璋提倡为文当载道明理，通时达用，反对工于藻饰，言不及义。其尝与儒臣讲论：“古人为文章，以明道德，通事务。典谟之言，皆明白易知。至如诸葛孔明《出师表》，亦何尝雕刻为文，而诚意溢出，至今诵之，使人忠义感激。近世文士，立辞虽艰深，而意实浅近，即使相如、扬雄，何裨实用。自今翰林为文，但取通道理，明世务者，无事浮藻。”[③] 朱元璋也对不重民生、漠视民情的学官做出严肃处理，如“岢岚州学正吴从权、山阴教谕张恒给由至京师”，问以民间疾苦，皆称“不知也，而非职事”，他由是训曰：“宋儒胡瑗为苏、湖教授，其教诸生皆兼时务。圣贤之道，所以济世也。民情不知，则所教何事？其窜之极边。”并“榜谕天下学校”，命使周知。[④] 可见，朱元璋真正赏识需要的，乃是德优才茂且能经世致用的干济之士。他因此主张大力兴建学校，培植人材，且惩前元选官多有奔竞夤缘之弊，特开设科举，“取怀材抱德之士，务在明经行修，博古通今，文质得中，名实相称”。[⑤] 同时规定，应试生员除科以经义、论、策外，“复以骑、射、书、算、律五事试之”，后又一度鉴于“所取多后生少年，能以所学措诸行事者寡，乃但令有司察举贤才，而罢科举不用”。[⑥]

值得一提的是，清初学者李塨曾称引本书《士用章》辞意而对朱元璋置立的科举之法有所批评，其《阅史郄视》中有论云：“太祖御制

① 《明史》卷71《选举三》，第1712页。

② 朱元璋：《资世通训·士用章》，《皇明制书》，第754页。

③ 谷应泰：《明史纪事本末》卷14《开国规模》，第202页。

④ 谷应泰：《明史纪事本末》卷14《开国规模》，第220页。

⑤ 彭孙贻：《明史纪事本末补编》卷2《科举开设》，谷应泰：《明史纪事本末》，第1523页。

⑥ 《明史》卷70《选举二》，第1694、1696页。

《资世通训》曰：‘士不识时务者，听世俗之谀誉，咬文嚼字，以妨后学，询及行事，茫然矣。徒高谈而阔论，若是则君安用之？’夫太祖之论士是矣，乃卒以贴括取士，非咬文嚼字而何？何乃自背其言也。”[①] 他把后来逐渐流于卑陋俗套的八股取士看成明朝的弊政之一，并认定朱元璋就是始作俑者。话虽如此，不过也应注意到，这种日益空洞的科考形式其实同样大有悖于朱元璋期以士学切合时用的初意。另外还须说明，不学无术而又好搬弄是非的虚浮之徒固然为人鄙恨不齿，但朱元璋依恃强势皇权，以能否“为君所用”为标准对待儒士，此一过于功利性和工具化的苛求自不免违背了许多读书人的理想，迫使他们不愿出仕做官，效命新朝。如上文所述，“贵溪儒士夏伯启叔侄断指不仕，苏州人才姚润、王谟被征不至”，皆被律以“寰中士夫不为君用”科条，“诛而籍其家”。[②] 矫枉过正，朱元璋又实难辞其咎。

中国历代统治者向来都重视农业生产，朱元璋自然也不例外。他将此视作“为治之先务，立国之根本”，政权建立之初，即“令有司劝民农事，勿夺其时，一岁之中，观其收获多寡，立为劝惩”。[③] 朱元璋又尝谕臣下：“君天下者不可一日无民，养民者不可一日无食，食之所恃在农，农之所望在岁。”[④] 同理，在《农用章》中，其反复劝励农民力事耕稼，不畏劳苦，若“日出而作，日入而归，因地利而耕，以时而种，勤除粮（稂）莠，以时而收”，同时还要“身绝奢侈，厚奉父母，诚信以睦亲邻，闻王令而不违”。[⑤] 显然，以朱元璋之意，农人只有孝亲忠君，勤俭毋懈，尽到这些该尽的本分，才能感动天地鬼神，遂致年丰岁登，诸事顺昌。不然天怒降罪，己身不得足食，自难获生全。

朱元璋还指出，农民不足食或由于怠惰，工匠未昌家则源于识浅。此正如其在《工用章》所评，“虽伎艺之精，不过小人而已，又非高见远识，以正己之伎艺者”。而为他认可称道的“高见远识”，乃是“贵者

① 李塨：《阅史郄视》续卷 1，中华书局 1985 年版，第 55 页。

② 《明史》卷 94《刑法二》，第 2318 页。

③ 《明太祖实录》卷 19，丙午年正月辛卯，第 259—260 页。

④ 《明太祖实录》卷 53，洪武三年六月戊子，第 1033 页。

⑤ 朱元璋：《资世通训·农用章》，《皇明制书》，第 755 页。

工其贵，贱者工其贱，依国令以施巧，不使无知者犯分”。至若君臣之别，更不许僭越，“今之伎艺者，不审国之所禁，富贵贫贱者，合得将图彩仙灵，雕镂飞走，概用于臣民”，实乖理乱法，居心不良，故“亡其身家者有之”。[①] 由是可知，朱元璋对于百工及至众民的要求，总以“正己”一语敝之。正己即是安分循礼，安分循礼方能尊卑有序，贵贱有等。他尝宣谕廷臣：“古昔帝王之治天下，必定礼制以辨贵贱，明等威……近世风俗相承，流于僭侈。闾里之民，服食居处与公卿无异，而奴仆贱隶，往往肆侈于乡曲。贵贱无等，僭礼败度，此元之失政也。中书其以房舍、服色、等第明立禁条，颁布中外，俾各有所守。”[②]《大诰续编》亦明言社会等级之序不准冒乱：“民有不安分者，僭用居处器皿、服色首饰之类，以致祸生远近，有不可逃者……天尊地卑，理势之必然，富贵贫贱，神明之鉴焉……宰在天地鬼神，驭在驭世之君，所以官有等差，民有富贫而至贱者也，岂得易为而用之乎？”[③] 前后对照，论调如出一辙。

商业之用，在于互通有无，调剂余缺，是维系一个中央集权且包容广泛的统一帝制国家体系有效运作所不可或缺的基本经济成分和内在结构要素。然而明初国家甫经战乱，百废待兴，商业本身蕴含的巨大潜力与价值尚未充分显露，以是朱元璋着眼于农业生产恢复及社会秩序重建，在一般场合依然表达了基于传统话语体系的“崇本抑末”的观点。如其曾与臣下刘基等讨论如何能既满足军国资用又缓解百姓负担，提出“今日之计，当定赋以节用，则民力可以不困，崇本而祛末，则国计可以恒舒”。[④] 他还尝谕户部官员道：

> 农桑衣食之本，然弃本逐末，鲜有救其弊者。先王之世，野无不耕之民，室无不蚕之女，水旱无虞，饥寒不至。自什一之涂开，奇巧之技作，而后农桑之业废。一农执耒而百家待食，一女事织而

---

① 朱元璋：《资世通训·工用章》，《皇明制书》，第755—756页。

② 《明太祖实录》卷55，洪武三年八月庚申，第1076页。

③ 朱元璋：《御制大诰续编·居处僭分第七十》，《续修四库全书》第862册，第297页。

④ 《明太祖实录》卷20，丙午年四月己未，第277页。

> 百夫待衣，欲人无贫得乎？朕思足食在于禁末作，足衣在于禁华靡。尔宜申明，天下四民，各守其业，不许游食，庶民之家，不许衣锦绣，庶几可以绝其弊也。[①]

当时为倡导重视农本，甚至对庶人冠服做出规定："（洪武）十四年令农衣绸、纱、绢、布，商贾止衣绢、布。农家有一人为商贾者，亦不得衣绸、纱。二十二年令农夫戴斗笠、蒲笠，出入市井不禁，不亲农业者不许。"[②] 朱元璋意在表明，舍本逐末之人不事劳作，游荡无着，既徒费衣食，又易逃管束，且使社会浸染奢靡虚华之风，自属严防厉禁之列。而商人不直接创造财富，仅以周转贸迁为事，同样有碍于财税增加和社会稳定，况其贫富无常，恒业难守，内中利欲熏心、贪婪诡诈者尤多，故对之稍施贬损，亦无可厚非。《商用章》即写道："商贾之心利重，贪而无厌，其中诈取者甚多，两平者间有。此等行藏，鬼神鉴见，所以或贫加于诈，或富加于两平者，或又贫者富，富者贫，盖彼各更心之不同耳。所以贫者获富，以其革诈心而用诚实，以此而致富。或又富者贫之，因弃两平之心而尚诈，获不足而贫生焉。"[③]

事实上，朱元璋批判商人，主要是针对他们汲汲谋财竞利而为民害的弊端来说的。他重点打击惩处的实乃不务生理、不劳而获的机巧游惰之徒，正当的商业经营原为其许可并受国家法令的保护与规范。此间良善者将本求利，"但不盗诈而用两平，则利本俱长，且无横祸焉"。[④] 朱元璋还曾就汉代皇帝过度挫辱商人的做法表示不解，因而问于侍从："昔汉制：商贾、技艺毋得衣锦绣、乘马。朕审之久矣，未识汉君之本意如何？《中庸》曰：'来百工也。'又，古者日中而市。是皆不可无也。况商贾之士，皆人民也，而乃贱之。汉君之制意，朕所不知也。"[⑤] 换言之，通常情况下，朱元璋仍视商人为只是分工有别的社会组成中之必要

---

① 《明太祖实录》卷 175，洪武十八年九月戊子，第 2663 页。

② 《明史》卷 67《舆服三》，第 1649 页。

③ 朱元璋：《资世通训·商用章》，《皇明制书》，第 756 页。

④ 朱元璋：《资世通训·商用章》，《皇明制书》，第 756 页。

⑤ 朱元璋：《明太祖集》卷 10《敕问文学之士》，第 206 页。

一员，于法权地位上倾向将他们同其他庶民一样平等看待。诚如其所宣诏：

> 古先哲王之时，其民有四，曰士农工商，皆专其业。所以国无游民，人安物阜，而致治雍雍也。朕有天下，务俾农尽力畎亩，士笃于仁义，商贾以通有无，工技专于艺业。所以然者，盖欲各安其生也。然农或怠于耕作，士或隳于修行，工贾或流于游惰……则民食何由而足，教化何由而兴也?①

进一步讲，朱元璋对待商业、商人的态度举措，始终与他推行裕国保民、足食兴教的治政理念若合符节。由此理念出发，其主张民力在养，而耻与争利，不仅命令“军民嫁娶丧祭之物，舟车丝布之类，皆勿税”，且屡番规训僚属毋事聚敛，直斥“言利之臣，皆戕民之贼”。至有官吏秩满得评“能恢办商税”，他也予以纠责：“税有定额，若以恢办为能，是剥削下民，失吏职也。州考非是。”② 与此同时，为实现皇权政治的稳定统治，朱元璋力图构建一个等级严格、秩序井然的社会运行体系，故而要求四民各司其职，各安所业。他再三强调，“民有常产，则有常心，士农工商，各居一业，则自不为非”③，“先王之教，其业有四，曰士农工商，昔民从教，专守四业，人民大安”④。这样一来，巩固集权国家对包括商人在内的社会各阶层的有效控制和强力支配，便成了题中应有之义。即如朱元璋着力清核天下户口田土，编制赋役黄册及鱼鳞图册；他又在乡间基层实施里甲制度，以确保国家税入并维护社会治安；匠户则被分为住坐、轮班二等，按期赴工，永为充役。⑤ 此外朱元璋还规定：“一切臣民，朝出暮入，务必从容验丁。市村人民舍客之际，辨人生理，验人引目。”⑥ 而商人行踪无定，程期弗明，故对他们限制尤细：

① 《明太祖实录》卷177，洪武十九年四月壬寅，第2687页。

② 《明史》卷81《食货五》，第1975、1970页。

③ 《明会典》卷9《关给须知》，中华书局1989年版，第55页。

④ 朱元璋：《御制大诰续编·互知丁业第三》，《续修四库全书》第862册，第269页。

⑤ 参见《明史》卷77《食货一》、卷78《食货二》，第1878、1881、1906页。

⑥ 朱元璋：《御制大诰续编·辨验丁引第四》，《续修四库全书》第862册，第270页。

商本有巨微，货有重轻，所趋远迩水陆，明于引间，归期难限，其业邻里务必周知。若或经年无信，二载不归，邻里当觉之，询故本户。①

凡城市乡村，诸色牙行，及船埠头，并选有抵业人户充应。官给印信文簿，附写客商船户，住贯姓名，路引字号，物货数目，每月赴官查照。②

综合以上可知，当我们讨论朱元璋的与商业、商人相关的政策措施时，应与他的社会治理总体规划联系起来一同考量。而从另一角度说，明初社会环境的安稳有序其实也较大程度能够为此后商业活动的展开及商品经济的发展奠定基础性制度保障和持续性延伸空间。

至于对僧人、道士的认识和管理，朱元璋虽视其与士农工商一样，同为一种社会职业人群，但他在认可僧道之职乃民业之一的同时，又对二者可能带来的弊害始终保持着较强的警戒防控心理。且看《僧道章》所记朱元璋同谒者的对话：

（朕谓谒者）曰："僧道终身之后，果仙佛欤？罪愆欤？"曰："皆有之。"曰："何为而达佛与仙？何为而受罪与愆？"曰："去贪嗔而不妄想，闭真阳而宙（密）灵神，其为僧也佛，道也仙。如务贪嗔妄想，放真阳、张灵神，虽为僧道，其惰（堕）弥深，永劫未离苦趣，有稽古（不）谬。"曰："彼僧道纵不入佛仙之境，但能穷居独处，岂有罪深者耶？"曰："知本性之不悟，久处其中，甚有污于俗者。不成其家，罪之一也。家贫亲老，终无人养而不归养，罪之二也。道不成而绝后嗣者，罪之三也。身为僧道，酒色是从，有伤二教，罪之四也。"曰："如此者，纵使达斯道，僧道之学不过独善其身，游食于民，使无之可乎？"曰："不可。"曰："何故？"曰："大（天）道使然耳。"曰："其理果何？"曰："益王纲而利良善，

① 朱元璋：《御制大诰续编·互知丁业第三》，《续修四库全书》第862册，第270页。

② 《大明律》卷10《私充牙行埠头》，怀效锋点校，法律出版社1999年版，第84页。

凶顽是化，世所不知其功，以其理道之幽微。王臣无憎爱，其教或憎或爱，皆非王臣之所为。若烝民乐从者，世道昌王仁矣！”①

这段文字传达出的含义是，朱元璋尽管大力宣扬并愿意接受鬼神报应之说以教诫民众，但他本人却不认为凡所谓佛仙修行皆可得圆满。相反，从传统儒家家庭伦理观及国家政治观角度审视，僧道二流原非正途，若不通解真意执迷于此，因而纵放心神，堕失性灵，则罪孽之重更甚俗民。与此同时，朱元璋也并未将僧道游食之徒完全看成社会赘疣，而是以其理道幽微，承认二教于潜移默转间助裨王纲，有利导良善、驯化凶顽的确切功效。不过佛道之教倡仁劝义且有余，尊王振纪实不足，百姓乐从姑予听之，人臣好此或致违逆君意，终究理法难容。

朱元璋出于政治实用目的，试图把当时社会流行的民间信仰、宗教思想等改造成适应皇权统治的得力工具，这一点从他的其他论作中同样可以得到佐证。② 如朱元璋在阐明鬼神有无灵验时讲到，世人“有不得其死者，有得其死者”，前者“人事而未尽，故显”，后者“人事而尽矣，故寂”，既如此，则“鬼神之事未尝无，甚显而甚寂，所以古之哲王，立祀典者，以其有之而如是”。他还进一步指出，上古之时“野无鏖战，世无游魂，祀则当其祭，官则当其人”，然秦汉以降兵连祸结，生死无依，“生无所依者，惟仰君而已；死无所依者，惟冤是恨”，况不信鬼神，“将无畏于天地，不血食于祖宗”，参衡人伦，实尚有缺。③ 朱元璋于此强调，君主之责，务在使人生有所依，死有所归，而崇敬祀事亦是君主借以张扬皇权、收拾人心的有效方式之一。若将此意简而化之

① 朱元璋：《资世通训·僧道章》，《皇明制书》，第 757 页。原文点校似有误，疑改之字已据该书的两种《续修四库全书》版本标出。

② 关于明太祖的宗教管理思想，赵轶峰指出：“明太祖宗教思想全以国家政治为着眼点，即从世俗的立场看待宗教问题，以政治的手段驾驭宗教，其思想基础仍以儒家国家政治理论为主……为有明一代国家宗教政策奠定了以儒为本，以佛教、道教为用，为制度化的宗教留出一定空间而加以控制，对可能成为社会控制威胁的民间的其他有组织的宗教性活动加以限制的基本方略……其国家专制社会的倾向明显，但并非绝对化的专制，而是具有一定的弹性。”赵轶峰：《明太祖的国家宗教管理思想》，《暨南史学》第 2 辑，暨南大学出版社 2003 年版，第 230 页。

③ 朱元璋：《明太祖集》卷 10《鬼神有无论》，第 223—224 页。

以教民，即是："鬼神之道，阴阳表里，人虽无见，冥冥之中，鬼神鉴察，作善作恶，皆有报应……民间岁时依法祭祀，使福善祸淫，民知戒惧，不敢为恶。如此则善良日增，顽恶日消，岂不有补于世道?"①

朱元璋还写有《宦释论》，讨究三教与治道的关系。他认为圣贤之道乃古今常经，不过"自中古以下，愚顽者出，不循教者广"，因是有佛生于西方，"备神道而博变化，谈虚无之道，动以果报因缘"，此后"渐入中国，阴翊王度"，确乎"非异圣人之道而同焉"。也即说，"天下无二道，圣人无两心"，佛、道二教与圣贤之道阴阳相合，虚实相辅，"若守之于始，行之以终，则利济万物，理亦然也"。② 由是朱元璋聚焦于现实为治之理，提出期望："今之时，若有大至智者，入博修之道，律身保命，受君恩而食禄，居民上而官称。若辅君政，使冤者离狱，罪者入囚，农乐于陇亩，商交于市廛，致天下之雍熙，岂不善哉!"③ 在《释道论》《三教论》诸篇中，他一样主张：三教"惟儒者凡有国家不可无"，但其"除儒官叩仰，愚民未知所从"，而释迦、老子"初显化时，所求必应"，遂使"山薮之愚民，未知国法，先知虑生死之罪，以至于善者多而恶者少，暗理王纲，于国有补无亏"。④ 三教之道"虽持身荣俭之不同，其所济给之理一"，虽崇佛尚仙易令"世人皆虚无，非时王之治"，然若绝弃不用，"则世无鬼神，人无畏天"，故"佛仙之幽灵，暗助王纲，益世无穷"，导化之功，未为可缺。⑤ 可知朱元璋对待僧道的态度，最后还是落实到为君所用上来。

除助君资用外，僧道既属六民之内，自当受到国家权力的监管。朱元璋因此设僧录司、道录司掌天下僧道，禁止滥发度牒，并严格限制寺观的人员规模。《明史》载："（洪武）二十四年清理释、道二教，限僧三年一度给牒。凡各府州县寺观，但存宽大者一所，并居之。凡僧道，府不得过四十人，州三十人，县二十人。民年非四十以上，女年非五十

---

① 张卤辑：《皇明制书》卷9《教民榜文》，《续修四库全书》第788册，第358页。
② 朱元璋：《明太祖集》卷10《宦释论》，第227—228页。
③ 朱元璋：《明太祖集》卷10《宦释论》，第229页。
④ 朱元璋：《明太祖集》卷10《释道论》，第213页。
⑤ 朱元璋：《明太祖集》卷10《三教论》，第215—216页。

以上者，不得出家。二十八年令天下僧道赴京考试给牒，不通经典者黜之。”① 且在朱元璋看来，方今僧道多好逸恶劳，不修本业，甚有混污世俗、为非作歹者，故以《大诰》榜示：“僧尼、道士、女冠敢有不务祖风，混同世俗，交结官吏，为人受寄生放，有乖释道训愚之理，若非本面家风，犯者弃市。”② 如是所揭，其人废教积愆，确深可为戒。

四　祸福之机

《僧道章》之后，分别为“愚痴”“教子”“造言”“民祸”“民福”几章，内容编排虽不如前些章条理明晰，但大体总以教民知理从善、去祸得福为主。其中“愚痴”“教子”两章讲到家庭和社会教育的重要性，内言“世人愚多而贤少”，或因“父母蠢而愚其子”，或因“子幼而不师人以教之”，教不及时，终致成愚。且愚状有七，“一曰不知理，二曰因不知理则生不孝，三曰不知耻，四曰非理伤人，五曰为贼，六曰为妖，七曰为痴”，而愚痴之别，在于愚者“未必生成之痴”，初不过“不知圣人古人之理，故诸事妄为”，然陷愚既久，痴自此生，视其行举，乃“当为而不为是为痴，不可为而为之是为痴”。③ 至于父母资质平庸又无专师可学者，朱元璋以为其若内行醇谨，兼具博采众长，仍可明于理道，精于人事。诚可谓：“父母虽不贤不愚，淳心之人也，虽不外张，内必有理。其子不见师家，必父母为之以自训，所以博精于人事，以其家训少通，其子能询于众，虽无一定之师，听众人所长，积之于心，甚于一师之学，又过常人者也。”④ 依朱元璋的界定，愚痴之人不见得愚在智低，却一定痴在行悖，其主要有非理、妄为两种表征，且妄为者违乱纲常，堪比贼妖，对统治秩序的危害尤深。同时朱元璋又提出，百姓尽管愚痴难免，然仍有后天接受教育改乖张失当之举为仁孝和睦之行的可能。

① 《明史》卷 74《职官三》，第 1818 页。

② 朱元璋：《御制大诰·僧道不务祖风第三十》，《续修四库全书》第 862 册，第 251 页。

③ 朱元璋：《资世通训·愚痴章》，《皇明制书》，第 757—758 页。

④ 朱元璋：《资世通训·教子章》，《皇明制书》，第 758 页。

此间父母言传身教的影响固然要紧，但自身能听纳于众亦为关键。事实上，不泥成见，广征博取，正是朱元璋在本书序言中就谈及的自己学能致用的成功之道。只不过这里更为其所看重的，仍是臣民遵从训示，循规蹈矩，安分守业，若背理逆行，咎乃自取。

基于以上认识，朱元璋一方面推崇秉持三纲五常的圣贤“通天下、居民上”，是“善守一定不易之道，而又能身行而化天下愚顽者也”；[①]另一方面强调“治国以教化为先，教化以学校为本”，他不仅于京师设太学，且“令郡县皆立学校，延师儒，授生徒，讲论圣道，使人日渐月化，以复先王之旧”。[②] 此中着意之处依然在于现实政治，正如其言：“今天下初定，所急者衣食，所重者教化，衣食给而民生遂，教化行而习俗美。足衣食者在于劝农桑，明教化者在于兴学校，学校兴则君子务德，农桑举则小人务本。如是为治，则不劳而政举矣。”[③]

朱元璋既主张世人非理妄为而成愚痴，则在其眼中，小民造言兴乱，实乃愚痴之甚。在《造言章》里，他除了训导百姓弃奸顽之心、做顺良之民外，更用较大篇幅着重阐释了自身政权建立的合法性及正统性依据。如文中所记，朱元璋问于谒者：

> 昔者天下安和，人民乐业，且是太平。何故小民抛家弃业，擅执兵器，奋然而起，于乡里不相容，甚至六亲亦被杀害，被威逼者，挈家从之。其为首者，擅称皇帝名号以拒天朝，初雄猛不可当，有不数月、数年、或旬日，其势如冰之见日，雪之迎汤，其身家父母妻子，一概化为泥土。初则未必不雄，终不能成于事者何？

谒者回答此等愚昧之徒自古有之，复杀复生，“盖生不学道理，日与无状小人相处，积奸顽于心”，至死不悟，然而这种情况，“为无道之君祸，为新兴之君福”。他接下来反问：“天下未乱之先，陛下身居草野，侣影朝暮。当时听陛下所驱者谁……今日所驭者，兵非百万而止，亿兆

① 朱元璋：《明太祖集》卷10《宦释论》，第227页。
② 《明史》卷69《选举一》，第1686页。
③ 《明太祖实录》卷26，吴元年十月癸丑，第387—388页。

仰瞻。人各立命，此皆亲亲为之乎？人皆以乡里从之乎？”就此而观，则有明得国实自天授，故能应天承命，万众归心。由是朱元璋便顺理成章，抛出“天不与先乱者”这一关乎政治伦理大义的命题。《造言章》以谒者之口继续解说：

> 前首乱者，不能为而败；陛下晚举而统寰宇，此天与之，人归之。首乱者不得而又代陛下为驱除大势耳。及陛下出，彼先亡，天也。天不与先乱者，以其先乱者不分亲亲、乡里及无罪良人，一概杀之。上帝厌其恶，祸及其身。上古及今之贤者，皆称国王座子及天下世界称为神器，何也？盖谓国家大事皆神天管着。故天不与不敢取，取则必败，为此也。①

确如一些研究者指出，明朝建国伊始，在合法性问题上即面临着革命与纲常之间的矛盾困境，朱元璋为消弭可能被强加的对于前朝违背君臣之义的评判与指责，极力宣扬“君权神授”的天命论，并有意修改元明易代历史，表示元亡于盗贼，自己取天下于群雄，不仅与红巾军划清界限，且更以天命论为基础，颇具见识地提出“天不与首乱者”的观念，突显自身得位之正，较圆满地化解了“吊民伐罪”与“犯上作乱”二者在传统政治伦理层面的冲突。②

其实在写作《造言章》之前，在更为正式的场合，朱元璋就已明确表达过上述思想。洪武三年（1370），他遣使赍书元主，与论天命去留：“君者天下之义主，顾天命人心何如耳。盖天命之去留，由民心之向背……今日之事，非予所欲，实以四方兵争，所在纷扰。予当其时，不能自宁于乡里，岂有意于天下乎？及群雄无所成，而予之兵力日以强盛，势不容已，故有今日。此诚天命，非人力也。”③ 同年，其颁布《平定沙漠诏》，中又曰：

① 朱元璋：《资世通训·造言章》，《皇明制书》，第758—759页。

② 参见杨永康《朱元璋的元明易代观及其天命论》，《南开学报》2015年第5期。

③ 《明太祖实录》卷51，洪武三年四月己巳，第1005页。

> 朕本农家，乐生于有元之世。庚申之君，荒淫昏弱，纪纲大败，由是豪杰并起，海内瓜分，虽元兵四出，无救于乱，此天意也。然倡乱之徒，首祸天下，谋夺土疆，欲为王伯。观其所行，不合于礼，故皆灭亡，亦天意也。朕当是时，年二十有四，盘桓避难，终不宁居。遂托身行伍，驱驰三年，睹群雄无成，徒扰生民，乃率众渡江，训将练兵，奉天征讨……当天下纷乱，朕非有意，不过欲救患全生。今定四海，休息吾民于田里，非朕所能，亦天运致然也。①

颁诏同日，朱元璋还同百官讲议元亡明兴之道，他再度申明："当元之季……国用不经，征敛日促，水旱灾荒，频年不绝，天怒人怨，盗贼蜂起，群雄角逐，窃据州郡。朕不得已，起兵欲图自全，及兵力日盛，乃东征西讨，削除渠魁，开拓疆宇。当是时，天下已非元氏有矣……朕取天下于群雄之手，不在元氏之手。"同时其派出使臣诏谕前元宗室部民：

> 自古天生圣人，主宰天下，立法创制，以安生民……若宋创业之君，能行善政，其民乐生，故天佑之。厥后子孙微弱，疆土日削，故天命尔元世祖代之。至妥欢帖木儿为君，荒淫昏懦，不思政理，不恤民艰，故奸凶并起，天下大乱，生民无主。朕时不忍荼毒，于是起兵救民，豪杰之慕义者，相率来归。剪暴除残，平定四海……②

朱元璋究心于传统儒家积极倡导的"以德配天""敬德保民"及"民惟邦本，本固邦宁"等价值理念，反复申说元末君臣离德背道，其失政丧权实乃天命人心所弃，而自己起兵旨在安生救民，本无意殃祸天下，故能收纳义士，制服残暴，讨灭首乱，削平群雄。如今四海再复一统，黎庶重归于安，是知天命在我，时势使然。

为了巩固新生政权的合法性基础，朱元璋又特意尊显了元代在中国历代王朝统绪中的正当地位。吴元年（1367）朱元璋遣将北伐中原，其

① 《明太祖实录》卷53，洪武三年六月丁丑，第1044—1045页。

② 《明太祖实录》卷53，洪武三年六月丁丑，第1046—1047页。

檄曰：

> 自古帝王临御天下，中国居内以制夷狄，夷狄居外以奉中国，未闻以夷狄居中国、治天下者也。自宋祚倾移，元以北狄入主中国，四海内外，罔不臣服，此岂人力，实乃天授。彼时君明臣良，足以纲维天下，然达人志士，尚有冠屦倒置之叹……及其后嗣沉荒，失君臣之道……于是人心离叛，天下兵起，使我中国之民，死者肝脑涂地，生者骨肉不相保。虽因人事所致，实天厌其德而弃之之时也。①

这里朱元璋既要借强调华夷之辨以号召革命推翻元政，又欲笼络人心而不能断然否定前朝入主中国的正统地位，因是利用“天命授弃”“气运终始”的说辞，为自己的鼎革行动找出较充分的合理依据。洪武元年（1368）朱元璋即位，诏中再言：“自宋运既终，天命真人起于沙漠，入中国为天下主，传及子孙百有余年，今运亦终。”② 此后天下次第平定，越两年获元主之孙，中书省臣榜传捷音，朱元璋责以言辞侈大，并免行献俘之礼。其曰：

> 元虽夷狄，然君主中国且将百年，朕与卿等父母皆赖其生养。元之兴亡，自是气运，于朕何预，而以此张之四方。有识之士口虽不言，其心未必以为是也……元虽夷狄，入主中国，百年之内，生齿浩繁，家给人足，朕之祖父亦预享其太平。虽古有献俘之礼，不忍加之。③

又洪武七年（1374）朱元璋躬祀历代帝王，元世祖神位自然在列。祝文云：

---

① 《明太祖实录》卷26，吴元年十月丙寅，第401—402页。

② 《明太祖实录》卷29，洪武元年正月丙子，第482页。

③ 《明太祖实录》卷53，洪武三年六月癸酉，第1041页。

惟神昔自朔土，来主中国，治安之盛，生养之繁，功被人民者矣。夫何传及后世，不遵前训，怠政致乱，天下云扰，莫能拯救。元璋本元之农民，遭时多艰，悯烝黎于涂炭，建义聚兵，图以保全生灵。初无黄屋左纛之意，岂期天佑人助，来归者众，事不能已，取天下于群雄之手。六师北征，遂定于一，乃不揆菲德，继承正统。此天命人心所致，非智力所能。且自古立君，在乎安民，所以唐虞择人禅授，汤武用兵征伐，因时制宜，其理昭然。①

这样，朱元璋通过认同元祚的正统地位，不仅避免了自身代起所应承担的道义负担，且又水到渠成般明确了新朝皇统的承接序列，加之其对“天亡首乱”及“立君安民”等观念的积极宣传，愈发消解了易代之际“禅授”与“征伐”间的对立不容。经此一番理论建构，一个具有完全合法性与正义性的崭新王朝便鲜明而庄严地展示在世人面前。

需要说明的是，朱元璋尽管一再宣扬大明政权的建立乃受命于天，然他念兹在兹的“天命”临身并非无条件的。以其所见，无论政权缔造的过程方式如何，在更高层面上内含的救世济人的理道则一。归根结底，天命即民意，获得上天垂眷的前提实为保民生，安民业，符民望，得民心，是谓替天行道，而天道在民。此意朱元璋在不同场合已多有申述，《造言章》又言：“朕谓谒者曰：‘尔言胡杀无罪之人有罪。他初起之时，若不如此，人何有怕？’曰：‘然初起，但不杀人，人不怕，又恐邻里亲戚拿了，不得不杀，才杀人。上天又怒了，事将成而首乱者死……’”②就此而论，按照谒者的说法，后起的明政权与先前乱世群雄割据势力相比最明显、最本质的区别，即孟子所称的“不嗜杀人”，由是才能使天下定于一统。这里朱元璋虽然仍旧依托神天明鉴为辞，但清晰表达了自身政权获得天命神授的合法性还须构筑在传统儒家以民为本现实基础上的政治主张。

另一方面，既然新兴的明政权已经取得源自上天授予的统治权力，

① 《明太祖实录》卷92，洪武七年八月甲午，第1605页。

② 朱元璋：《资世通训·造言章》，《皇明制书》，第759页。

那么百姓要做的只剩归顺服从，此后民间一切威胁政治稳定的邪言妄行即被认为是叛逆正道，罪不容诛。如朱元璋尝与儒臣谈论学术："邪说之害道，犹美味之悦口，美色之眩目。战国之时，纵横捭阖之徒，肆其邪说。诸侯急于利者多从之，往往事未就而国随以亡，此诚何益。夫邪说不去，则正道不兴，天下焉得而治！"① 其复严禁淫祠，不准小民僭分渎礼，擅祭天地，且令"僧道建斋设醮，不许章奏上表，投拜青词，亦不许塑画天神地祇"，至"白莲社、明尊教、白云宗"及"巫觋扶鸾祷圣、书符咒水诸术"，一概取缔杜绝。②《造言章》又列举历代叛亡事例曰：

> 天命真人，故所谓神器也。昔秦末陈胜、吴广，以妖术惑众，各称王号，后皆为人所杀，而成大业者乃汉高祖得之。后汉时黄巾张角，亦以妖术自称天公将军，后为皇甫嵩所灭。隋时宋子贤诈称弥勒佛出世，聚乡亲，后亦为人戮死。而唐太宗成其大事。唐玄宗时，王怀古捏造妖言，诳惑百姓，后乃为唐所杀。宋时王则以妖术僭号东平王，言弥勒佛治世，后为文彦博所擒。古今明验，可不戒欤？③

《大明律》同样载有"禁止师巫邪术"条，中称："凡师巫假降邪神，书符咒水，扶鸾祷圣，自号端公、太保、师婆，及妄称弥勒佛、白莲社、明尊教、白云宗等会，一应左道乱正之术，或隐藏图像，烧香集众，夜聚晓散，佯修善事，扇惑人民，为首者，绞；为从者，各杖一百，流三千里。"④ 更有甚者，在《大诰三编》里，朱元璋除了以晓谕祸福的口气再次声明"天不与首乱者，殃归首乱，福在殿兴"，训诫民人切勿蹈非从逆外，竟然堂而皇之提出，百姓居平承差服役，安分守己，即便"窘于衣食而死"，也要好过"弃撇田园宅舍，失玩桑枣榆槐，挈家就军"

① 谷应泰：《明史纪事本末》卷14《开国规模》，第195页。

② 《明太祖实录》卷53，洪武三年六月甲子，第1037—1038页。

③ 朱元璋：《资世通训·造言章》，《皇明制书》，第759页。

④ 《大明律》卷11《禁止师巫邪术》，第89页。

或“被兵所逼，仓惶投崖、趋火赴渊而殁”。[1] 可见，尽管朱元璋早年曾置身并发迹于反元队伍间，然至此他却完全站在维护既有统治的立场，竭力诋斥那些利用宗教思想召聚民众起义的首领为煽诱人心、谋倾社稷的造言倡乱之徒，甚至对人民宣讲宁可饿死也不能从逆造反的说教，在彻底斩断自己与红巾军历史瓜葛的同时，其凭借当今唯一能够承继前朝的正统合法身份而君临天下的心态亦表露无遗。

到朱元璋晚年，他回顾一生经历，做出如下总结：

> 昔有元治世，民庶乂安，何其至正之君，失于勤民，慢于事神，由是假手群雄，倡乱华夏。兵兴之时，朕潜草野，不得已而从戎。当时倡乱称尊者几人，恣为吞并，自相磨灭，如此者十有七年。朕西定荆楚，东平吴越，北抚华夏，为众所推戴，定鼎金陵，国号大明，改元洪武，三十年于兹，朕寿亦七十矣。静而思之，非皇天眷命，安得居天位若是之久哉？古语云“天不与首乱”，岂非朕无心于天下而以救民为心，故天特命之乎？[2]

此一段陈述也可视为朱元璋对自我深深浸透着皇权主义思想的政治理性所做的最后一次集中宣示，言语间既重申自己勘定祸乱，承续正统，代元君为民主，确系人心所向，天命所归，又阐明实现这一切的根本原因乃是自己无意夺占天下，有意保救民生，故能荣膺上苍垂爱。其中“天不与首乱”可能并非古语而只是朱元璋的自语，无论怎样，该说与“天命”“德运”等概念的完美搭配，又深刻影响了后世清朝对自身政权合法性的认同理解。

全书末尾两章，与禁民乱、安民生相关，在此朱元璋以百姓日常生活经验为喻，从反正两个方面又一次表达了自己的乡村基层治理建设方略，这也可谓是对其内心理想社会秩序景象的一个概括。何为“民祸”“民福”，两章释云，“且如一村有百家，一城有万家，或千家，其间若

---

① 朱元璋：《御制大诰三编·造言好乱第十二》，《续修四库全书》第862册，第331页。
② 《明太祖实录》卷255，洪武三十年十二月癸未，第3689—3690页。

有一个，或男子，或妇人，或造妖言，或作泼皮，或为强盗，或为小贼，此为民祸也”。具体来说，“古至如今，法于四邻虽不坐罪，亦问恶人之所以”，乡有奸顽盗贼，四邻之民“或为恶人诬指，或被贪官污吏挟诈，轻则糜费资财，甚则丧及身家焉！”[①] 而与此相对，“且如一村一城，或千万家，为邻中有一男子、一妇人，彼父母有教，本身有德，家道又昌，百事顺”，同时“邻里若有愚顽儿坏事及将欲作恶者，彼先知之，随教而改”，因是“其一村、一城之人，皆被其教，其市村终无横祸，互相连及得飨（享）太平之世，此民之福也”。[②] 这里所揭橥的朱元璋的政治用意，不仅较明显表现出其欲借助实施里甲制度来强化基层监督控制，进而稳定秩序并巩固统治，且似乎也暗含着他希望有效发挥乡间殷实富民引导示范的榜样作用，依靠他们的财力与威信以赈济匮乏、感化愚顽的设想。

参诸文献可知，除了前文提到的朱元璋尝教乡民互知丁业、互予帮扶及召富民至京，面谕之毋欺凌弱小、须周恤贫困外，他复数以民有恒产方有恒心为由，主张选取富民充当吏员办事。其曰：

> 古人立贤无方，孟子曰“有恒产者，有恒心”。今郡县富民，多有素行端洁、通达时务者，其令有司审择之，以名进。[③]
>
> 人有恒产，斯有恒心。今天下富民生长田里之间，周知民事，其间岂无才能可用者？其稽诸户籍，列名以闻，朕将选用焉。[④]

其他能够说明朱元璋利用富民治理基层社会的事例，则如他既推行里甲制度，使每里“推丁粮多者十户为长”，轮年董理一里之事；又置粮长，“令田多者为之，督其乡赋税”，若其人运粮诣京“以时至，得召见，语合，辄蒙擢用”。[⑤] 朱元璋还倡立预备仓，“遣耆民于各郡县籴粮，置仓

---

① 朱元璋：《资世通训·民祸章》，《皇明制书》，第760页。

② 朱元璋：《资世通训·民福章》，《皇明制书》，第760—761页。

③ 《明太祖实录》卷101，洪武八年十月丁亥，第1708—1709页。

④ 《明太祖实录》卷252，洪武三十年四月癸巳，第3643页。

⑤ 《明史》卷77《食货一》、卷78《食货二》，第1878、1899页。

于民间储之”，且“委富民守视，以备荒歉”。[①] 此外，他尚于乡间设“老人”一职，“选年高为众所服者，导民善，平乡里争讼”，并有见小民多越诉不实，乃命以“理一乡词讼，会里胥决之，事重者始白于官”。[②] 这些措施，完善了基层组织建构，改善了民间生活状况，同时无疑也在更大规模及更广范围加强了中央对地方乡村的管控力度。

最后，正像谒者所劝勉的“愿陛下修明政刑，则上帝福之”[③] 那样，由“民祸”“民福”两章议论也可见朱元璋为政力主宽严相维，德刑相辅。所谓天生人君以育斯民，“非愚顽不足显人君之治”，故“必赏善以罚恶，则恶消而善长”，民方得泰安，“若获奸顽暴乱而姑息之，使良善含冤而抑郁，则恶者日生，善者日减，何育斯民者哉!”[④] 不过，朱元璋虽疾恶如仇，除恶务尽，但立意并不在专任刑罚，而是本于爱物仁民之心，“仿古为治，明礼以导民，定律以绳顽”，[⑤] 修明政刑往往能以化民良善为先。如他自言：“仁义者，养民之膏粱也。刑罚者，惩恶之药石也。舍仁义而专用刑罚，是以药石养人，岂得谓善治乎?”[⑥] 其又云：“民之为恶，如衣之积垢，加以浣濯，则可以复洁。污染之民，以善导之，则可以复新。夫威以刑戮而使不敢犯，其术浅矣。”[⑦] 这实际上亦再度表明，“治民”与“民治”，始终都是皇权加身的朱元璋施政考量的重中之重。

结　语

综上所述，《资世通训》作为朱元璋亲自撰写的劝惩、诫勉臣属子

① 《明太祖实录》卷231，洪武二十七年正月辛酉，第3375页。

② 《明史》卷77《食货一》、卷94《刑法二》，第1878、2313页。朱元璋的乡村治理思想尤其是他对“老人”制度的社会职能的设计与规定，集中体现在《教民榜文》中。

③ 朱元璋：《资世通训·民祸章》，《皇明制书》，第760页。

④ 朱元璋：《明太祖集》卷10《天生斯民论》，第231页。

⑤ 《明史》卷93《刑法一》，第2284页。

⑥ 《明史》卷94《刑法二》，第2319页。

⑦ 谷应泰：《明史纪事本末》卷14《开国规模》，第191页。

民的谕教之书，总体反映了他的以皇权专制统治为核心思想的政治价值观和国家治理观。朱元璋按照自己的理解，在书中分门别类，依次阐发了为君之道、为臣之用以及士、农、工、商、僧、道等各身份职业人群的职分所在，不仅清楚明确了君主与臣民间的责任义务关系，同时也较集中全面地伸张并宣示了明政权建立的合法正义性乃至其心目中的理想社会秩序图景。因而就全书内容讲，大致可将其视作朱元璋为推行治国理政、安民化俗等各项方略措施而先后颁布的系列纲领性文件之一。不过，囿于文体形式、行文风格及发布对象的限制，该书所呈现出的朱元璋的执政构想毕竟有失简略，故需要和其他记载其政治言论、实践的文献相互参照结合，才能更清晰把握这一问题。

朱元璋提倡与奉行的“为君之道”，从政治语境言乃承自上古尧舜禹文等圣帝贤王，然实际却渗透进秦以来中央集权的专制帝制体系长期运作而滋长生成的浓厚的皇权意志，也即是说，“皇权”统治精神就是他政治思想的本质特征与首要内容。明晰于此，才可能进一步体察到朱元璋虽然认同传统儒家积极推崇的“爱人”“民本”等仁政主张，但他看待自身政权确立的出发点及其主政的立场观念，则与深受“孔孟之道”熏染的士大夫政治文化尚具有一定差别。因是之故，朱元璋自觉站在了最高统治者角度，张扬君威，申明师职，以英武帝王开国肇基、代天理物的自信兼自负姿态凌驾于臣民万姓之上。与此同时，为保证皇权统治的稳固有效，他有意打压、削弱了士大夫的政治主体意识与能动作用，尽管其时会提到清明政治仍需臣僚抗言直谏以助辅弼之功，但大体还是把他们当做实现统治目的的工具对待。

在朱元璋眼里，“皇权”政治的核心问题是如何处理解决好君民关系，这提示出皇权虽然包举万端，至高无上，但并非一种绝对价值存在，民心向背无疑成为合理拥有并使用皇权的前提条件。换言之，百姓既是皇权的统治对象，同时民生安定亦是皇权赖以正常运作的社会基础及评价尺度。这样再联系朱元璋的个人品质及身世经历来看待他的政治思想，其一方面力求规范、限定社会各阶层成员的观念行为与身份等级，使之悉数切合于皇权统治既定轨道，固然带有极强的君主专制色彩，另一方面又始终把育民乐生、化民成治放在施政考量的关键位置，内中确乎包含着诸如爱养民力、足民衣食、体顺民情、救民困敝等民本关怀，体现“重农”“济世”意涵的崇本务实心态在当时国家政治体制上也留下深刻烙印。由是可知，着眼于战乱后社会经济恢复与乡里秩序重建，强化基层控制与重视保全民生，确属朱元璋治政理念的一体两面，二者桴鼓相应，并行不悖，共同维护、巩固着新生政权的稳步成长，进而也为此后的社会变迁提供了基本制度环境。

朱元璋十分看重大明政权的合法性来源，与其说他自诩推翻暴元、再造华夏的丰功伟绩，不如说其更强调自己是以真命天子的形象平乱伐罪，济世安民。朱元璋不仅承认元朝在中国历代王朝统绪中的正当地位，且较具创造性地提出“天不与首乱”“取天下于群雄”等概念，既宣示了新朝接续前元法统而得国最正，又为自身的代元鼎革之举开脱道义两难。此间关节，乃在朱元璋于秉承利用传统“天命”论为新建政权找寻合法依据的同时，一并重申并发展了其中蕴含的“德运”转移观念。他将“天道”同“民心”对接，尤加肯定了获得“天命”的前提实为保全生民的政治伦理主张。

与“君权神授”思想密切相关，朱元璋又不遗余力反复以鬼神明鉴、天降祸福之辞立论，这事实上与他严禁妨害社会管控的有组织的巫术类民间信仰并将佛、道等制度化宗教改造为适用于皇权统治的处置方式一致，或多或少均表达了其欲借虚无幽秘事物之威以收警戒人心、助裨王纲之效的功利心态。也就是说，朱元璋无论是号召“敬德保民”，还是宣扬“神道设教”，背后用意最终都指向现实皇权政治的稳定有序运行上。整体而言，本书讲论多据日常经验，少有形上发挥，尽管杂糅了大量因果报应观念，但仍可觉察出朱元璋究竟还是本于传统儒家国家政治理论做出规划安排，其中忠君孝亲的宗法伦理道德亦起到了重要作用。

总之，从《资世通训》中所见朱元璋的政治思想与治政理念，能够看到他继承了秦以来的皇帝政治传统，确立了皇权更为集中的帝制体系基本统治管理架构。在此基础上，其亦为明以降的国家运行框定了一个既有政治体制规限又孕育着社会、经济变迁可能的秩序空间。

（原载《明史研究论丛》第 17 辑，中国社会科学出版社 2019 年版）

清代皇权对儒家道统原义的辩难和消解

——雍正朝文字狱新探

孟　尧

文字狱是清代的标签之一。[①] 文字狱由“文字”引发；尽管具体情况各有不同，但那些最重要的案件中，总隐含着士人依据儒家经典、圣贤之言、学者著述等道统“文字”评判治统的理学传统，以及清帝对它的无情摧折，最终形成了“治道合一”的“圣王”权威。[②] 现有研究已经很少将文字狱的恐怖看作皇权扩张、“士人精神”退缩的直接原因，而是将它置于清帝建立正统性的大框架下看待，更重视其对道统的收编改造。[③] 不过，这仍未完全超出权力的视角。在这些论述中，仿佛清帝只要熟知并操纵儒家思想，就能使士人对现实中的皇权心悦诚服，放弃道统的解释权；这容易使人认为，道统是一种话语权，“治道合一”则

---

① 对清代文字狱研究的总体回顾，见张兵、张毓洲《清代文字狱研究述评》，《西北师大学报（社会科学版）》2010 年第 3 期。代表性的成果有郭成康、林铁钧《清朝文字狱》，故宫出版社 2017 年版。重视政治和文化视角的研究，则有［澳］费思堂《清代的文字迫害和“制造异己”模式》，载白寿彝主编《清史国际学术研讨会论文集》，辽宁人民出版社 1990 年版，第 531—553 页；叶高树：《清朝前期的文化政策》，稻乡出版社 2002 年版；王汎森：《权力的毛细管作用：清代文献中“自我压抑”的现象》，《权力的毛细管作用：清代的思想、学术与心态》，联经出版事业股份有限公司 2013 年版，第 393—500 页，等等。

② 经典的表述是钱穆：《国史大纲》下，钱穆《钱宾四先生全集》第 28 册，第 968—970 页。

③ 例如邵东方《清世宗〈大义觉迷录〉重要观念之探讨》，《汉学研究》1999 年第 2 期；杨念群：《何处是“江南”：清朝正统观的确立与士林精神世界的变异》，生活·读书·新知三联书店 2010 年版。

被简化为意识形态建构的过程，背后仍是皇权施加的外部压力。①

文字狱是清代皇权对道统的压抑，也是对它的重塑。本文将考察查嗣庭案、杨名时案、曾静吕留良案三起案件的若干细节，说明雍正帝如何在儒家学理内部诉诸“心”的原理，辩难和消解士人以“文字”为道统尺度的思想方法，并将自身的正当性植根于理学治道观中，尝试在权力威压和意识形态建构之外，提示文字狱包含的一种“内部路径”。

一　应对挑战的方式：以“心”辩难“文字”

查嗣庭案、杨名时案和曾静吕留良案都处于雍正与士人的冲突之中，它源于雍正的用心行政与儒家观念的分歧及其引发的对其道德和政治的道统批判。② 值得注意的是，面对这些挑战，雍正并未否定儒家知识的正当性，而是强调士人的“心术败坏”，并暗示，以儒家“文字”为衡量政治的标准，正是“私心”的根源。

查嗣庭案曾以“雍正去头”的传说闻名，学者们已经恢复了此案的面貌，③ 即雍正怀疑礼部侍郎查嗣庭典试江西期间所出的试题涉嫌“悖谬”，又在其日记中找到“妄悖不敬”“怨讪诅咒”之语，定为大逆，因查嗣庭已病死狱中，戮尸枭示，家人得罪。④ 这种对“文字”的高度敏感，折射出雍正对自身偏离儒家标准的自觉：他认为“君子不以言举

① 黄进兴：《清初政权意识形态之探究：政治化的道统观》，《优入圣域：权力、信仰与正当性》，陕西师范大学出版社 1998 年版，第 99—141 页；杨念群：《“天命”如何转移：清朝“大一统”观再诠释》，《清华大学学报（哲学社会科学版）》2020 年第 6 期。

② 雍正与士人的矛盾，参见冯尔康《雍正传》，上海三联书店 1999 年版，第 255—290 页。

③ 主要有顾真《查嗣庭案缘由与性质》，《故宫博物院院刊》1984 年第 1 期；李国荣：《雍正朝“维民所止”试题案考》，载朱诚如、徐凯主编《明清论丛》第 13 辑，故宫出版社 2014 年版，第 167—175 页；姜传松：《查嗣庭案与江西乡试》，上海中国科举博物馆、上海嘉定博物馆编：《2009 科举学论丛》第 1 辑，线装书局 2009 年版，第 15—24 页；李圣华：《查嗣庭案新论》，《浙江社会科学》2013 年第 7 期，等等。

④ 中国第一历史档案馆编：《雍正朝起居注》第 1 册，中华书局 1993 年版，第 789—793 页。《内阁等衙门为审结查嗣庭大逆不道奏事题本》，雍正五年四月二十四日，转引自张书才《查嗣庭文字狱案史料》（下），《历史档案》1992 年第 2 期。

人，不以人废言”一题，意指用人上的轻进轻退、任用私人；[①] 策题说“君犹心腹”，是“不知有君上之尊”，暗含对皇权扩张、裁抑士人的讥议；京察谢表一题，是对察察为明的“怨望”；“勤始怠终，勉强自然”，则是以雍正“励精图治，欲使天下臣僚振作奋兴，去其怠玩”，为“还是人欲用事”。[②] 而其日记中对政治的非议，更是指责雍正“求治太速”，“不能深信督抚”，“权术驭下”；役使文人，变乱法度，求言不诚，全属私意用事，带来政治和人心的破坏。[③]

在雍正看来，查嗣庭的观点代表了“浙江士人”乃至“科甲朋党”的共识；当他说查嗣庭像汪景琪那样以“年号凡有‘正’字者皆非吉兆”时，所谓“咒咀”不止于“狂悖无影响”的咒骂，而是蕴含着士人对雍正“失德”及其命运的判断。雍正面对的问题是，这些“讥刺”要么是儒家经典的语句，要么是根基深厚的“正论”，蕴含着道统对其政治的评判；他承认，在这种舆论氛围中，查嗣庭的言论可能被认为是“出于无心”，并非有意讪谤。[④] 因此，直接惩处查嗣庭是不够的；必须消解士人言说本身的正当性。

雍正的思路是诉诸“心”。他在查嗣庭的日记中找出了四个要点：记载不敬，幸灾乐祸；捏造灾异，痛诋满洲；夤缘请托，科场关节；讪谤康熙的用心行政。这又指向两个方向，即私心怨望、钻营结党，以及“不愿为本朝之民”的“大逆不道”。雍正认为，这足以说明查嗣庭“逆天负主”，违背了基本的儒家伦理，是“无人心”的禽兽；根据这“心

---

① 《雍正朝起居注》第1册，第228页，雍正二年闰四月十四日；《云南巡抚杨名时奏报凛奉严纶恭陈忧悃折》，雍正五年闰三月二十一日，中国第一历史档案馆编：《雍正朝汉文朱批奏折汇编》第9册，江苏古籍出版社1989年版，第491页。

② 中国第一历史档案馆编：《雍正朝起居注》第1册，第789—792页，雍正四年九月二十六日；第826页，雍正四年十月十六日。“求治太急，还是人欲用事，必无欲然后可以言王道”语出熊赐履，见中国第一历史档案馆整理《康熙起居注》第1册，中华书局1984年版，第115页，康熙十二年八月二十六日。

③ 《雍正朝起居注》第1册，第820—827页，雍正四年十月十六日。尽管雍正说“查嗣庭日记于雍正年间之事无甚诋毁，且有感恩戴德之语，而极意谤讪者，皆圣祖皇帝已行之事也”，但实际上，他批评的政策都在雍正朝得到了延续和强化，仍是对雍正的非议。《雍正朝起居注》第1册，第866页，雍正四年十一月二十七日。

④ 《雍正朝起居注》第1册，第790页，雍正四年九月二十六日；第792页，雍正四年九月二十六日。

术败坏”的“种种实迹”，查嗣庭就不是“以文字获罪”，“若仍加朕以深刻之名，亦难措辞矣”。[①]

这里的关键是，“心术败坏”恰是援引道统的结果。他将查嗣庭的“不敬”“悖谬”“狂妄”描绘为一种“习染之私”，即士人“自矜其私智小慧，傲睨一世，轻薄天下之人”，自认为掌握道统，可以评判政治。雍正说，“读书所以明理，讲求天经地义”，圣人之“道”的核心是“知有君父之尊，然后见诸行事”，而“非仅欲其工于文字也”。以“文字”为道统的标准，就将走向偏执胶固的私心，“挟其笔墨之微长，遂忘纲常之大义”。雍正宣布，“心”才是“道”的核心：将“此心检束，循理而行”，便能去除“私智”，回归正道，否则，最熟悉儒家思想的士人也正是“习染既深”，用心于外，“埋没本良”，“遂致昧纲常大义”。[②]

这表明，雍正采取了这样一种论述策略，以儒家为正当的思想资源，但只有尊君亲上的“公”“诚”之“心”方能把握其中的“道”；反之，若谨守“文字”，在夷夏之辨、王霸义利的论说上揣摩“道”的意义，据此非议君上，就是“私智小慧”“浇薄乖张”的“心术不端”。查嗣庭以儒家标准衡量政治的行为本身，表明他以“文字”遮蔽了“良心”，标榜科甲，蔑视君上，以致不敬之意不觉露于笔端，“痛诋满洲”“大逆不道”，“借端诬谤”“泄其不服本朝之心”，“种种实迹”都指向妄自尊大的偏私；[③] 而“丧心蔑义之人，其是非岂有定准”，[④] 其根据儒家“文字”评判的“失德”，就变得毫无意义。通过用“心”瓦解“文字”的权威地位，雍正得以重塑道统的意涵，回应其背离儒家标准招致的批评，反而证明不拘泥“文字”的用心行政，正源于合乎“道”的“至公至正”之“心”；它并不是对道统或士人的直接攻讦，而是通过对其意涵的辩难消解了其外在尺度。

---

① 《雍正朝起居注》第1册，第792—793页，雍正四年九月二十六日。

② 《雍正朝起居注》第1册，第793页，雍正四年九月二十六日；第866页，雍正四年十一月二十七日，第891页，雍正四年十二月十七日。

③ 《雍正朝起居注》第1册，第791—793页，雍正四年九月二十六日；第803页，雍正四年十月初五日；第822—824页，雍正四年十月十六日；第884—887页，雍正四年十二月十二日。

④ 《雍正朝起居注》第1册，第886页，雍正四年十二月十二日。

这在杨名时案中得到了更直接的表达。此案少受重视，只被视为皇权迫害士人或满汉文化冲突的典例。[①] 杨名时是一位理学名臣，“有名人物”，“诸汉人之领袖”，以学术、操守和经世著称，雍正初任云南巡抚、云贵总督等职。[②] 查嗣庭案前，雍正将他作为科甲名臣的代表之一，警告其不得为“但洁己而不奉公”的“同流合污之乡愿”，应效法李卫、田文镜等“能吏”实心任事、整饬官民。[③] 接下来，由于种种原因，杨名时成了雍正整肃士人的抓手，罗织罪名，革职会审，横加折辱，定为巧诈沽名的“假道学”“真光棍”，终雍正朝戴罪云南、破家赎罪，以儆科甲。[④]

杨名时案通常不被视为文字狱，但它与文字狱十分相似：以“文字悖谬”的方式得罪，并与治道关系直接相关。雍正发现，杨名时非但不承认自己之为“乡愿”，反而暗示雍正教诲群臣、严察属员、任用能吏、整治科甲，是“佞与利口，无礼、不逊，及徼、讦为智、直之流”，“不持平则虞偏胜”“果敢而窒”，将“圣人之恶”的矛头对准雍正。在雍正看来，这是“朕整理科甲积习，伊挺身乐为领袖”。一旦认定杨名时“下流讪上”，他的“一字一言”，就“皆怀诡谲强梁，一味讥讽文章”：误将朱批载入题本，是“其心中以为不当有密奏密批之事”；颂恩准陈时夏与老母团聚“缙绅莫不羡为奇荣”，是讽刺他以“沽誉畏谤之心”，行“虚诈钓誉之事”；自认过错而称“使过之仁”，是“别有用意”，暗示雍正为“权谋术数之流”，“貌为颂扬而隐含讥刺”。[⑤] 雍正说“非朕

① 最重要的是郭成康《政治冲突与文化隔阂：杨名时案透视》，《清史研究》2002 年第 4 期。

② 《云贵总督鄂尔泰奏钦奉硃谕暨遵旨差员护送陈时夏之母往赴苏州折》，雍正四年十二月二十一日，《雍正朝汉文朱批奏折汇编》第 8 册，第 710 页；李塨：《送杨公宾实贵州布政序》，《清代碑传全集》第 1 册，上海古籍出版社 2018 年版，第 158 页。

③ 《上谕内阁》，雍正四年七月初八日，中国第一历史档案馆编：《雍正朝汉文谕旨汇编》第 6 册，广西师范大学出版社 1999 年版，第 301—302 页。

④ 《清史列传》第 4 册，王锺翰点校，中华书局 1987 年版，第 1052—1053 页；徐用锡：《杨凝斋先生名时传》，《清代碑传全集》第 1 册，第 157 页；《云南总督鄂尔泰奏覆为杨名时所愚缘由并抒愚悃折》，雍正六年三月初八日，《雍正朝汉文朱批奏折汇编》第 11 册，第 860 页。

⑤ 《云南总督鄂尔泰奏覆为杨名时所愚缘由并抒愚悃折》，雍正六年三月初八日，《雍正朝汉文朱批奏折汇编》第 11 册，第 860 页；《云贵总督杨名时奏恭奉谕旨并陈谢悃折》，雍正四年九月初四日，《雍正朝汉文朱批奏折汇编》第 8 册，第 52 页；《雍正朝起居注》第 1 册，第 862 页，雍正四年十一月二十五日；《云南巡抚杨名时奏覆委员护送陈时夏母亲前赴苏州折》，雍正五年闰三月初八日，《雍正朝汉文朱批奏折汇编》第 9 册，第 409—410 页；《雍正朝起居注》第 2 册，第 1474 页，雍正五年九月十三日。

刻苛，向来尔等之春秋，朕所深畏，一字之意，朕不能忽也”，可见他对儒家“文字”挑战的深刻感知。①

杨名时是理学名儒，“不畏无文之罚”，必须“治其假誉”，否则“返成伊千百世之真名”。② 雍正仍采取以“心”瓦解“文字”的策略。与通常的认识不同，雍正的注意力不在于证明他是“要钱”的“假道学”，而是以杨名时对指控的反应折射其“悖逆实迹”：他故意将鄂尔泰已经奏明的银谷借欠归罪于杨名时，说他“苟且因循，置国家之事于膜外”，以致“阖省钱粮仓谷，遂至亏空如此之多”；③ 而待其认罪，又将鄂尔泰的奏折发出，宣布自己早知杨名时并无亏空，但他必然毫不辩解、代人受过，彰显雍正的“遏抑下情”“屏拒谠论”“枉罪无辜”，“以为此事我本无过，天下自有公论”，“愈彰其平日居心之狡狯不忠”。④

这里的逻辑是，要消解儒家的挑战，只发现个人道德的缺陷是不够的，还必须说明这种缺陷来自理解道统的方式。在雍正看来，杨名时用儒家“文字”评判自己，就表明他将“文字”看作道统的真意。藩库亏欠与杨名时无关，⑤ 但雍正对此事的追究，正符合儒家标准下“聚敛”“苛刻”“拒谏饰非”的“失德”表现，而指控杨名时苟且因循、亏空钱粮，又合乎其理学形象在“功利”眼中的投影。通过诱使杨名时承认这一“罪名”，雍正可以说明，他是在“文字”上理解“圣贤之明训”，以“谄媚”同官、属员、绅士、兵民为“当然之理”，“惟以迎合上意者为非”，遮蔽了“公”“诚”之“心”，以致“颠倒是非”，认定雍正为行功利、好权术的霸主，以归过于上彰显自身，“只图沽一己之虚名，而不知纲常之大义”，“其心实愿父为瞽瞍以成己之孝，君为桀纣以成己之忠”。对“忠孝”的追求反而背离了君父，就是“以盗名之邪念，至欲

① 《云南总督杨名时奏报凛奉严纶恭陈忧悃折》，雍正五年闰三月二十一日，《雍正朝汉文朱批奏折汇编》第 9 册，第 491 页。

② 《云南总督鄂尔泰奏覆为杨名时所愚缘由并抒愚悃折》，雍正六年三月初八日，《雍正朝汉文朱批奏折汇编》第 11 册，第 860 页。

③ 《上谕内阁》，雍正五年十二月二十日，《雍正朝汉文谕旨汇编》第 7 册，第 195 页。

④ 《雍正朝起居注》第 3 册，第 1931—1932 页，雍正六年四月十三日。

⑤ 《云南总督鄂尔泰奏陈挪借藩库钱粮情由并请严查议处折》，雍正五年十二月十三日，《雍正朝汉文朱批奏折汇编》第 11 册，第 234—238 页。

以君父成己之名”，“但知有己而不知有人，并不知有君”，不得“靦颜自命为读书人”。[①] 由此，受到瓦解的就不只是他本人的形象，而且是对以“文字”为道统的认识本身。

在雍正看来，这种策略之所以能“治其假誉”，是因为它暗示，遵循儒家“文字”本身就是心术败坏的来源。他认为，杨名时必要以“向来夙望”“固其党庇恶习，抗违朕意”，未必出于有意识的谋划，而是沉溺于“寻章摘句之腐迂”的“空文章”，“先存成见，怀挟私心”，使闻见之知遮蔽了本有的良心，以致“虚伪偏执，怙过饰非”，“自许圣贤”，实则是“不能正己而正人”，无法理解雍正的用心行政才是真正的“圣贤之意”，“非圣门中人物，为名教中罪类”。[②] 既然杨名时的“诈伪”是在依据“道统”抗拒皇权的过程中展现出来的，它就直接将士人对道统知识的尊崇变成私心的来源，也就将道统的原义从“文字”转换为了“心”。因此，它构成了对士人“歼其渠魁”的“有文之罚”。[③] 杨名时始终不肯承认自己“巧诈居心”，此案也最终不了了之，但这绝非道统在治统面前争得的最后尊严；[④] 既然问题在于对“文字”的“偏执”，那么杨名时愈抗拒治统，就愈彰显出其“下愚不移”。[⑤]

查嗣庭案和杨名时案的迹象，提示了雍正以道统原义的辩难消解儒家挑战的思路。在曾静吕留良案中，雍正的“出奇料理”同样表现出这种“文字”与“心”的分划。他赦免曾静而严惩吕留良，原因正在曾静

---

① 《雍正朝起居注》第 2 册，第 1315 页，雍正五年六月十五日；《雍正朝起居注》第 3 册，第 1744—1745 页，雍正六年正月二十三日。

② 《云南总督鄂尔泰奏覆为杨名时所愚缘由并抒愚悃折》，雍正六年三月初八日，《雍正朝汉文朱批奏折汇编》第 11 册，第 860 页；《云贵总督杨名时奏恭缴朱批折》，雍正四年九月初四日，《雍正朝汉文朱批奏折汇编》第 8 册，第 53 页；《管云南巡抚事杨名时奏谢恩赐御书魏征十思疏一卷折》，雍正四年十二月十八日，《雍正朝汉文朱批奏折汇编》第 8 册，第 638 页；《署云南巡抚杨名时奏奉朱批沥陈下悃折》，雍正五年九月二十日，《雍正朝汉文朱批奏折汇编》第 10 册，第 691 页；《上谕内阁》，雍正五年十二月二十日，《雍正朝汉文谕旨汇编》第 7 册，第 195 页。

③ 《云南总督鄂尔泰奏覆为杨名时所愚缘由并抒愚悃折》，雍正六年三月初八日，《雍正朝汉文朱批奏折汇编》第 11 册，第 860 页。

④ 《清史列传》第 4 册，第 1053 页。

⑤ 《上谕内阁》，雍正五年十二月二十日，《雍正朝汉文谕旨汇编》第 7 册，第 195 页。

是“山野穷僻，冥顽无知”,[①]“蔽锢陷溺于吕留良不臣之邪说”，一旦“明白晓谕”，“祛其迷惑”，便毫不执著，悔过感恩，“皆本于良心之发见”;[②]吕留良则“生于浙省人文之乡，读书学问”，“动以理学自居”，自认接续道统，对清代的“天命”之“德”视而不见。[③]曾静误信“文字”而良心犹在，吕留良则故意撰述，私心偏执；据此，曾静的上书谋反“并无反叛之实事”,[④]而吕留良的“私为著述”反而“律以大逆不道，实为至当”。[⑤]

在这里，问题并非“文字”，而是“心”。雍正对吕留良的痛斥只在其心术“实迹”，也并未销毁他的诗文书籍，尽管曾静从中获得了否定雍正乃至清代统治正当性的思想资源。他说吕留良的学说是以“悖逆不臣之心”，“盗袭古人之绪余，以肆其狂诞空浮之论”，“其人品心术若此，其言更何可取”，自然人人“窥其底里而嗤笑之”，因此自己关心的是“朝廷之大法”，而非“章句之末学”。[⑥]对他来说，“文字”本身是无意义的。

这些迹象表明，雍正对文字狱的处置不止于外部的压制，而且以深层的“心”消解儒家“文字”的权威地位，指向对道统真义的分辨。考虑到“文字”是士人“以道抗势”的关键依据，这就类似一种意识形态的策略。但实际上，他不仅是在对士人秉持的道统意涵进行辩难，而且将它消解在了儒家的深层学理之中，具有一种观念上的真实性。接下来将在《大义觉迷录》和《驳吕留良四书讲义》的范围内考察相关问题，进一步说明，雍正是如何运用“心”阐释和捍卫“道”，形成一种较“文字”更深的道统原义，将其正当性安置于儒家内部的。

---

① 《大义觉迷录》卷 4，《四库禁燬书丛刊》史部第 22 册，北京出版社 2000 年版，第 371 页。

② 《大义觉迷录》卷 3，第 346—347 页。

③ 《大义觉迷录》卷 1，第 260—264 页；卷 4，第 371—372 页。《清世宗实录》卷 101，雍正八年十二月癸丑。

④ 《大义觉迷录》卷 3，第 354 页。

⑤ 《清世宗实录》卷 126，雍正十年十二月乙丑。

⑥ 《清世宗实录》卷 101，雍正八年十二月癸丑；卷 113，雍正九年十二月乙巳；卷 126，雍正十年十二月乙丑。

二　“收编”的纵深：雍正对理学治道观的承认

除了正统论和继位问题，曾静吕留良案也是儒家质疑雍正政治和道德的总爆发，[①] 雍正也将此视为对其本人和满洲统治的异见作一根本解决的契机。[②] 他通过《大义觉迷录》（下称《觉迷录》）进行了详细回应。它被刊刻颁布，广为宣讲，担负着彻底消弭批评、捍卫皇权正当性的任务，[③] 由此构成了一种治理实践，蕴含着雍正收编儒家思想、建构正当性论述的基本逻辑。

《觉迷录》已经得到充分研究；[④] 但它的一个基本要点少受重视，即作为预期阅读的完整文本，它既包含雍正的论述，也包括曾静的言说；双方的关系不限于批驳与被批驳，而且具有互文的性质。这种文本特征，使《觉迷录》既是对儒家挑战的消解，又是对它的保留和呈现。因此，重读《觉迷录》仍有意义：雍正在申明皇权绝对性的同时，又接纳了理学治道观的框架，表明他认为自己对“道”的理解可以在儒家学理的内部展开。

这里关注的是，曾静的言行虽有反满思想的外观，但当他说满人盗窃天位以致“天震地怒”“斯文厄运”，要找出“吾学中儒者”“聪明睿智人出来做主”，并以雍正为“失德”而不能“复三代”的暴君而上书

---

① 参见冯尔康《雍正传》，第269—286页；王汎森：《从曾静案看十八世纪的社会心态》，王汎森：《权力的毛细管作用：清代的思想、学术与心态》，第341—392页；许曾重：《曾静反清案和清世宗胤禛统治全国的大政方针》，《清史论丛》第5辑，中华书局1984年版，第158—178页，等等。

② 《大义觉迷录》卷3，第359页。

③ 《大义觉迷录》卷1，第265—266页。

④ 如邵东方：《清世宗〈大义觉迷录〉重要观念之探讨》，《汉学研究》1999年第2期；邸永君：《从〈大义觉迷录〉看清世宗之文化本位观：兼论有清一代之历史地位及士人之境遇》，《满族研究》2005年第2期；夏明方、吴密：《多重变奏中的灾异论与清代王朝认同：以〈大义觉迷录〉为中心》，“清代政治与国家认同”国际学术研讨会，会议论文，2010年；韩东育：《清朝对“非汉世界”的“大中华”表达：从〈大义觉迷录〉到〈清帝逊位诏书〉》，《中国边疆史地研究》2014年第4期；杨念群：《“天命”如何转移：清朝“大一统”观再诠释》，《清华大学学报（哲学社会科学版）》2020年第6期，等等。

谋反时，展现的仍是“不知学”的“英雄”“光棍”对“道”的伤害，是宋明理学的道统意识；因此，曾静才援引吕留良的理学观点，认为“叛逆”是担当道统之举。对此，雍正诉诸儒家元典，强调“皇天无亲，惟德是辅”，实现了“登生民于衽席，遍中外而尊亲”的清无疑具有上天认可的“德”；孔孟明伦立教，首在阐明“君臣为五伦之首，较父子尤重”，“中外臣民既共奉我朝以为君”，就要“归诚孝顺，尽臣民之道”，“尤不得以华夷而有异心”，否则就是“灭天理”的“禽兽”，① 从而论证了清代统治和皇权独尊的正当性。

但是，《觉迷录》不仅提供了这种单向的意识形态论述，还表现出内部的开放性。例如，“抚我则后，虐我则仇”是吕留良和曾静挑战皇权的基础之一，它根据政治和道德的合理性，将“尊君”置于道统的评判之下。对此，雍正一方面将“尊君”界定为绝对的伦理法则，另一方面，他又将“忠”立足于“德”之上，说“抚我则后，虐我则仇”是“顺天合理之人情”，“一定之情理，千古之通义”，并将这种“民心向背之至情”作为有“德”与否的依据，② 又在理论上承认了道统的逻辑。

《觉迷录》收录的一场重要对话展现了这种张力。当时，雍正质问为何“同在戴天履地之中”，山西之民“实能视朕为后”，湖南则有“猖狂悖逆，肆恶构乱之徒”，“视朕如仇”；曾静做了下述回答，即尊君亲上是天命自然，臣民若不如此，那“固是民之无良”，但也往往源于“在上者不以民为子，或子焉而德惠偶有未洽于民，或及民而有司不能宣扬上意”。他的本意是说，山西军民“赴汤蹈火，亦不肯避”的急公好义，正表明雍正之“德”之“抚”何其诚挚深厚；但雍正意识到，这也等于说“民”无需为悖逆承担责任。他立刻宣布，“抚我则后，虐我则仇之语，亦非正论”，“君臣父子，皆生民之大伦，父虽不慈其子，子不可不顺其亲，君即不抚其民，民不可不戴其后”。

但是，雍正并未以“君臣大伦”直接斥责曾静，而是采取防御的姿态，累陈自己对湖南的仁政，说“朕于湖广已实尽其抚民之道”，“不意

① 《大义觉迷录》卷1，第260、267—277、285—287、296页；卷2，第300、305、329页；卷4，第385页。

② 《大义觉迷录》卷1，第260、263页；卷3，第357页。

曾静辈犹视朕如仇也”。进一步，他说“抚我虐我”是人君自警之语，“良民必不忍存是心，惟奸民乃得以借其口”；曾静“于朕躬万无忍于指斥之理”，是因为“人情于亲戚朋友素相契厚者，或闻其子孙有过失，则必曲为之掩护”，何况君臣大义。雍正的意思是，即便自己失德，曾静也应该为之隐瞒辩护，而他竟一听诋毁雍正的谣言，便“不察真伪”，“肆为诬蔑，敢行悖逆”，“尚得谓有人心者乎”。[①] 言外之意是，“尊君”只是为“民心向背之至情”增加了一层“不忍”而已。

在雍正眼中，君臣关系以“道”为依据并非谬论。在论述“得天下之正莫如我朝”时，雍正宣布明亡于李自成之手，而清为明朝报仇雪耻，“得国较之汤武征诛，更为名正言顺”，故“道德感孚”，“民心率从”。曾静对此的发挥是，“汤武虽以仁兴，而君臣一伦犹不能脱然无憾”，“成汤不免有惭德，武庚不免以殷叛”，清则毫无瑕疵，“明臣汉人皆感激深切，乐为效力致死”。武庚之乱的“不免”，就表明即便在三代圣王治下，“武未尽善”这类“失德”带来“叛逆”也理所当然。同样，在《觉迷录》中，雍正对“尊君”的强调与“德”的资格经常成对出现，“朕之俯视万民，实如吾之赤子”，方能“清夜扪心”，自信“万无遭谤之理”。对曾静的指控，雍正曾有这样的表述：“若伊讪谤之语有一事之实，在朕有几微不可问心之处，则不但曾静当蓄不臣之心，即天下臣民亦应共怀离异之志。”[②] 这表明，雍正承认，“尊君”不等于对皇权的绝对服从；如果皇帝背离了“道”，“视朕如仇”也是“天理人情”。

这在对曾静叛逆动机的认识中有更清楚的表现。曾静先心服吕留良对封建井田、尊周攘夷的论说，又于雍正初年“复得谣言，叠叠惑乱”，才与“天荒地塌非人间”之语相印证，将“世道有不好处”归结于夷狄窃据华夏，上书岳钟琪行尊攘之事。这里的关键是，雍正的“失德”是连通夷夏之辨和叛逆之举的枢纽。由此，他在《觉迷录》中发展出一种对自身动机的解释。他说，自己感戴康熙的圣德，忠爱“起于心之不及觉，发于情之不容已”，而雍正初政，“大德尚未遍洽，即为奸言先入”，

① 《大义觉迷录》卷 2，第 321—324 页。

② 《大义觉迷录》卷 1，第 280—292 页；卷 3，第 346 页。

谣传其所为“皆与圣祖皇帝为仇为敌之事”，遂因君臣之伦重大，“痛当身受圣祖皇帝四十余年抚绥之恩，吃紧此义，不觉透骨彻髓，只思报效于圣祖，思为圣祖皇帝之忠民义士，于义合当为圣祖皇帝舍身致死，以是妄萌悖逆之念，甘蹈赤族之诛而不辞耳”。他将夷夏之辨置于工具性的地位，“逆书虽有其说，然亦是看得君父之伦重，故以是劝岳钟琪耳”，根本还是“感圣祖皇帝之深恩大德起念”，“即谓惑于吕留良之悖论，在当时尚属第二第三义”。①

这种“尊君”与反叛的同构，意味着君臣大伦并非单向的道德法则，还具有“道”的意涵。曾静曾说“人臣之择主，如女子之从夫”，以雍正的神经过敏，却未对君臣大伦可以“择”的“谬论”加以驳斥，反而接受了他的进一步发挥，即岳钟琪“以文武全材”，“事圣神之君”，不止于“正女之从贤夫”，才“固无可叛之义，亦决无或叛之心”，② 同样潜藏着“是而义合则为君臣朋友，非而义离则引退，义绝则可为寇仇”的道统观点。③

“尊君”是雍正回应道统挑战的核心，却包含与绝对皇权脱榫的道统逻辑，就表明其立足而非外在于儒家思想的纵深。实际上，《觉迷录》保留了关于理学治道观的直接解说，说明雍正将它视为自身论述的组成部分。例如，曾静在回应雍正时，并未直接屈从于“尊君”，而是在儒家自身的逻辑中加以阐发。他说所谓“君即不抚其民，民不可不戴其后”，是因为“在君之职，以天自处，所以一切寒暑怨咨有不屑计；而为臣为民者，一身之生杀，唯君所命，不敢以私怨生怼叛之心”。这似乎近于“君要臣死，臣不得不死”。但曾静接着解释说，朱子注“君使臣以礼，臣事君以忠”，云“二者皆理之当然，各欲自尽而已”，“玩‘理之当然’四字，见得臣之忠君，原从天出，不是报答君恩”，显然依据理学治道观的认识模式，将“尊君”与对现实君主的绝对从属剥离开。因此，曾静对康熙之“抚”的“后”和对雍正之“虐”的“仇”，

① 《大义觉迷录》卷 1，第 287、293、296—297 页；卷 2，第 305、325 页。

② 《大义觉迷录》卷 1，第 290 页。

③ 吕留良：《吕晚村先生四书讲义》卷 2，俞国林编：《吕留良全集》第 5 册，中华书局 2015 年版，第 25—26 页。

正是君臣“本不相期待”“彼此有当然各尽之道”的“天理”“通义”。①

又例如，雍正强烈反对“皇帝合该是吾学中儒者做”，说“岂有以韦布儒生，要自做皇帝之理”，此论是“将乱臣贼子，篡夺无君之事，强派在孔孟身上”；但同时，《觉迷录》又以未经批评的长篇大论，重申理学的经典论述：“天降下民，作之君，作之师”“（非）君之外，另有一种道德高出天下者为师”，因此“必道德极天下之至，然后职位居天下之尊”；三代以下，“孔孟之道全德备，而世莫能用”，汉唐宋金元之君，“才智虽然有余，学问未免欠缺”，“发于政治，见于事功，未见得浑乎天理之正，而不能保其无一毫人欲之私”，“二千余年，孔道晦塞，未有能明能行”，全是“一种权谋术数之学”。②

由此，曾静解释道，“皇帝合该吾学中儒者做”是指“君临天下，必有孔孟之道德仁义，与程朱之理学精详”，治统必须立足于道统，方能获得“德”的正当性。皇帝不能垄断“道”，因为君臣内外，一理相通，“四书五经中，无一章不言及治天下的事”，源于“性分中功用之全，自然贯通到此”。孔孟程朱“敬君之至”，“尊君之极”，而“推事君之诚，无所不至”，所谓“吾儒最会做皇帝”就所言非虚，“禹、稷、颜子，易地则皆然”。因此，曾静宣布，自己只是“说出做大君的，原不是别样人可做，乃是聪明睿智而精深于学问道德的，正是看得君至重至大，轻易不得”。③ 它只否认了“孔孟要做皇帝”，却进一步强调治统必须遵循道统的要求。

这些内容被有意编制起来加以传布宣讲，意味着雍正确信其“德”具有道统的根基，能在理学治道观中得到普遍承认。在《觉迷录》中，他宣布自己的用心行政是“道”的展开，批评者是故为“议论之高险”，“乌知政治之大”；同样，“尊君”和“不忍”是“抚我虐我”展开的前提，若以之为“借口”，便是大逆的“奸民”。在雍正看来，《觉迷录》对儒家观点的辩难，具有澄清道统原义的性质。曾静对夷夏之辨、三代之制、君臣关系的理解是“错解经义”“不过就语句言话上见得”；一旦

---

① 《大义觉迷录》卷2，第324—325页。

② 《大义觉迷录》卷2，第300—301、330页。

③ 《大义觉迷录》卷2，第301页。

摆脱这些表象，他就立刻发现，雍正就是自己苦心寻找、“聪明睿智而兼具五性之全德”“圣心与孔子之心为一”的圣王。这一转变并非对理学治道观的抛弃，而是“此心自问毫无别为，皆是从知识闻见上差错起”，恰是抛开“文字”障蔽，正确领会“道”的“大义觉迷”。①

雍正接纳理学治道观为皇权赋予微妙的开放性，表明他在应对儒家挑战时，力图将自身的正当性和“尊君”的优先性渗透进儒家那富有活力的深层结构，将治道对立转化为道统意涵的内部分歧。一旦意识到，雍正对道统原义的辩难与消解位于理学治道观的内部，是以“心”替代“文字”的努力，它就具有学理上的严肃性。接下来就将考察《驳吕留良四书讲义》和《觉迷录》对士人经典诠释的解构，说明雍正的道统观念是如何在一种真正的“内部路径”中以“心”消解“文字”，为其“治道合一”建立思想根基的。

三　“内部路径”的学理层次：道统原义的消解与重塑

曾静吕留良案作为典型文字狱的部分，主要在吕留良，② 但其带给曾静最初灵感和深层动机的《四书》讲义语录，反而被置于边缘位置。在相关研究中，《驳吕留良四书讲义》（下称“《驳书》”）也未受到特别的重视。③《驳书》由朱轼等熟悉雍正观点的官方学者编纂，旨在捍卫《四书》的正统解释，并驳斥吕留良的理学论述；④ 其内容无疑经过皇帝审阅，可以代表雍正消解儒家挑战的思路：重“文字”而轻“心”是吕

---

① 《大义觉迷录》卷1，第260—261、275、279—280、288、294、297页；卷2，第304、330页；卷4，第386页。

② 冯尔康：《雍正传》，第285页。

③ 相关研究有胡楚生《〈吕留良四书讲义〉与〈驳吕留良四书讲义〉》，《清代学术史研究》，台湾学生书局1988年版，第79—98页；史曜菖《单面的攻伐：试析朱轼驳斥下的吕留良——以〈孟子·梁惠王（上）〉为例》，《史汇》2008年第12期；王胜军《为“心学”正名：〈驳吕留良四书讲义〉叵言》，《嘉兴学院学报》2020年第2期，等。

④ 《清世宗实录》卷113，雍正九年十二月乙巳。

留良学术悖谬的根源，造成了心术与道统的双重偏差。

尽管负有政治任务，但《驳书》基本是在学术脉络中展开的。朱轼等人对吕留良的定性是“笔舌之妄由其学术之伪，学术之伪由其心术之邪”。它宣布，吕留良操时文之业，论学或不顾义理圆融而妄加解说，以辞害义，或“摭拾先儒语，矜为独得”，或自树标靶，发其“狂言”，“粗浮浅鄙，毫无发明”，只是“泥其辞”而任意揣摩，“一味咆哮，耸人观听”，“只以求万钟而已”。例如，对本来浑然一贯的“尽其心者，知其性也，知其性，则知天也”，吕留良必要解为先知性知天、后尽心的僵化次序；对“一是皆以修身为本”，只有说出“直到大德受命，匹夫有天下”，才能说明修身的“全量”；甚至对孟子引“文王之治岐”言王政，也要从许东阳“文王未尝称王，而所行却是王政”语，推论到“王者不独指天子，诸侯能行王政便是”。朱轼等人说，这种将圣人浑融的“立言之旨”变为支离琐屑的做法，表明吕留良“于先儒语一毫不懂”，全是“私智穿凿”、玩弄笔头的“时文之法”，“语意凌乱”“理亦隔阂”，“徒足以纷学人之志虑，而反晦经文之大旨也”。①

《驳书》认为，这反映了吕留良思想的深层问题。朱轼等人秉持清初理学会通朱王、由王返朱的一般立场，既反对空谈心性，又反对以词章训诂为“理”，主张以躬行践履贯通心物，把握“道”的真意。② 在他们看来，王学末流固然当辟，但标榜尊朱的吕留良则走向了极端，“辟王氏致良知之说，乃并所谓存心者而废之”，必要以“文字”知识为凭依，质疑“心”的道德动力和内在体验。因此，“不以心为本善，斯乃吕留良学术之大误”，“欲矫新建之差，而不知与孟子之旨去而千里矣”。③

根据这种论调，吕留良是以“心”只有“知觉”，结果“知自知，而物自物，各不相干”，“行仁蹈义，亦强以自外至”；他的理论总围绕

① 朱轼等：《驳吕留良四书讲义》“奏折”，《四库未收书辑刊》第6辑第3册，北京出版社2000年版，第610页；“大学”，第616页；“中庸”，第636、641页；“上论”上，第680、695页；“下论”，第720页；“上孟”，第734、736页；“下孟”下，第767、770、775页。

② 龚书铎主编，史革新著：《清代理学史》上册，广东教育出版社2007年版，第111—123页。

③ 《驳吕留良四书讲义》“中庸”，第635页；“上论”下，第700页；“下论”，第727页。

着这种观点，即必须通过经典知识的审查，才能使“心”合乎“理”。《驳书》问，如果“心”无定准，“理”又如何安置？“离理而责心”固然不可，若“离心而求之天”，又以何为判断醇疵的尺度？朱子学的真谛是“圣人之心浑然一理”，“心为众理具备之心，理为心所包含之理”，“理皆本于天而具于人心”，可见“心”是内涵着“理”的内在根源；吕留良则以为“心在身外，理又在心外”，必要“将学问去笼络那放心”，只知用“人心”琢磨“文字”，不知发露“道心”，体认圣贤道理。这样，在朱轼等人眼中，吕留良的《四书》解释完全是“开支离之径，废立本之功”，走向了以对外部知识的无根揣度为“道”的歧途，正是“朱子所讥训诂词章，俗学之尤者”。偏执“文字”与“私心”互为因果，“于此一差，则无处不差”，“言心言理，处处窒碍”，“于自己身上全不照管”，“失其本心”，结果“心”与“文字”两相失却，“由其心之蔽溺而不觉辞之流遁也”，是“留良受病之根本”。①

通过将吕留良的学说纳入以章句训诂替代内圣工夫的常见误区，《驳书》将它界定为皮毛破碎的时文俗学，其以“道”自任，分析夷夏、治道、君臣的“微言大义”也根本是“不得于言而勿求诸心”的告子之学。② 这样，他不是肩负而是背离了理学，据此捍卫道统，评判治统，显然是荒谬的。

这对捍卫正统已经足够。不过，朱轼等人不止在理论上建构吕留良的错误，更根据“心”的深层机理，在其“似是而非”的论述中揭示吕留良的私心妄动，展现出其视角的真实性。例如，《驳书》以吕留良严辨理欲的“正论”为其“心”之偏差的证据。吕留良非常警惕“俗学”的混淆，担心人们将“心”的轻易体验误认为“仁”，警告“利之根源原从仁中生出”，“权术家之事功经济，皆自以为仁”，若无“义”的规制，则“仁”全是私欲；他强调“父子从仁中来，故不讲是非；君臣从义中来，故专论是非”，要以“道”事君，必须用“是非”之“义”规制“仁”，以圣贤规矩为尺度，随时检点内心，判别义利，以免自以为

① 《驳吕留良四书讲义》“大学”，第615页；“中庸”，第635、650页；“上论”上，第681、684页；“上论”下，第702页；“下孟”下，第770、771页。

② 《驳吕留良四书讲义》“上孟”，第740页。

得“尧舜之心”，实际上是无“义”之“仁”的私欲潜长。①

尽管概念模糊，但这合乎理学对心性工夫的严格要求。《驳书》并未否定这种辨析，而是以“浑融”驳斥“分析”，将矛头指向其背后的认识方式。它说，仁义同存于君臣父子，是非与情感合一，在“心”的践履中自能达致至当，无需也不能在“仁”外单提出“义”来；吕留良偏要区别其间，恰恰反映了他否认“心”具有统合仁义的能力，只能把“义”与“仁”“君”与“父”强行分开，在“仁”外寻求“义”的标准。② 人只有一心，如果带着对父子、君臣、仁义的刻意分殊，以此审视内心、评判现实、决定行动，那就必然是“另起一心”，使“伪”替代了“诚”。

又例如，吕留良认为，诸如“交谪”“养廉”“厚生”“患盗”“足民”“使民”“勋业”，乃“天下归仁，天下归心，邦家必达，邦家无怨”之念，“凡以功效言者”，就都属功利之私，必须摒去，方是王道。《驳书》则认为，这看似严辨心术，实则只是“文字”上的私心揣度。它的观点是，养廉、理财、厚生、使民、缉盗，都是王道中本有之义，“审天下人情所在，而有以致之”。只要承认“心”有定准，它就“至大无外”，涵盖了政策、制度和功效，乃至“虽有智巧，亦是赤心中流出”，是一种浑然圆融的状态。相反，若像吕留良这样，必要区分出公与私的具体标准，就是“不见实理”，低看了“心”与“道”，不知“从古圣贤勋业，皆从心性中发出”“簿书钱谷皆为为己”；必要以“有道理无功效”为纯粹，看似存理去欲、存公灭私，实则割裂“本心”，破碎“王道”，反而折射出好高悖乱的“私意”。③

在《驳书》看来，吕留良“悖谬”的关键表现，就是他自以为“卫道”而做过度的分判，不知只要摒除“私衷浅见”，躬行践履，看似粗疏的“道”就自然“时中”；若按着一种要求做去，再用另一种要求加

① 《驳吕留良四书讲义》“大学”，第618页；“下论”，第715页；“上孟”，第730页；“下孟”上，第753页。

② 《驳吕留良四书讲义》“上孟”，第730页；“下孟”上，第753页。

③ 《驳吕留良四书讲义》“中庸”，第657页；“上论”下，第690—691页；“下论”，第712、720、729页；“下孟”上，第754页；“下孟”下，第779—780页。

以检点，其行、其审、其改，就都成为外来的“刻意”“模仿”。朱轼等人说，热衷于这种辨析工夫，表明吕留良视“道”为可善可恶的“虚位”，认为圣人之言“邪正全未分”，必须以智力“一番考证白黑”，才能“不杂于异学”。因此，其学说看似严谨周全，实则是无本之木，“使人寻觅于不即不离之间，无异于系风捕影之不可捉”，根本不知圣经之言“讲求义理，总归著实，不徒以言语妙天下”，“一事一物，各有归著，不可以游移惝恍之解，杂于其间”。吕留良“不过谓言心而不及理，觉字恐无把柄”，而不明白“心之所以能觉者，自由理之明，无待于推原也”，“义理精微，都在此心权度上取”，① 结果只纠缠于“文字”的重重拆分，以致分辨愈密，离“道”愈远。

《驳书》对吕留良的批驳，指向“心”与“道”的深层联系。对圣人之意的把握必须基于对“心”的自发呈露；以“文字”诠解道统，就是私心己意的根本偏差。“事物之宜在天下，所以处物之宜则在吾心”，“圣贤之心，至虚至明，与理为一，故能物来坐照，无假推测”；若“心有所蔽，而惟于事物上拟度”，则“群疑满腹，安能先觉”。因此，朱轼等人说吕留良“懵于心而苟于言”，不只是一种修辞，而是指向其“心”的真实状态。② 在雍正看来，不是“文字”标准或知识辨析，而是“心”的切实体认，决定着道统的意义。这不是对儒家经典理论的挑战，而是在其学理中消解“文字”的尺度，重塑道统的意涵。它为雍正阐明其“治道合一”奠定了思想的基础：既然以“文字”为道统将导向心术的败坏，那么剥离“文字”而呈露“心”，就是理解“道”的必由之路。

这在《觉迷录》中得到了正面论说。在雍正看来，儒家的真意在于内在的“道”而非外部的“法”。对于曾静要求恢复封建、井田等三代制度，以为“其余言治，皆非至道”的观点，雍正的回应是宣布它们不可行。但这不等于治统对道统、现实对理想的武断否定。雍正说，三代之制并非“圣人以为良法美意，万世无弊而行之也”。时势物情有“非

---

① 《驳吕留良四书讲义》“中庸”，第 637—638 页；“上论”上，第 673—674 页；“下论”，第 719 页；“下孟”下，第 767—768 页。

② 《驳吕留良四书讲义》“上论”上，第 683 页；“下论”，第 719 页；“下孟”上，第 753 页。

人力之所能挽”者，如井田之废，田土不均，来自“天之生物不齐”；从封建到郡县，也是“天时人事，积渐使然”。面对这种“乃造化之自然，虽天亦无可如何”的“自然之理势”，圣人“因其地，顺其势”，无一毫私意掺杂，“心”总归至公至诚，政治才总归于至是至当。王道并无外在的标准；“未尝有意立异，亦未尝强以求同”，才是“上律天时，下袭水土而无私者也”。①

因此，儒家“文字”对制度与道德的要求是不足恃的。在作为《觉迷录》最终总结的《归仁说》中，“道”的特质被归结为“非常”：“圣人之出也非常”，“其生也无常地”，其行“亦无常格”，意思是“道”固有典籍可据，但其表现本身是“无穷尽，无方体”的，“本极活脱变易，不容人以成格定式，执持捉摸”。读书而求圣人之道，必须“即其活变之妙，以竭吾权度裁制之精”，在与古人之同中见异、异者归同，才算是穷经明理，获得“义”的无穷大用。曾静说，雍正看似与儒家标准或康熙政治不同，正是因为他掌握了“非常”之“道”的真谛，“只学其道，而不拘泥其法”，一切秉至公的“天心”而行。这种“法”“道”之别，也就是后世与三代、霸道与王道之别：“法”虽然来自“道”，但它“拘泥执滞，不能活变”；变易无常的“道”只有“大圣人之智虑精微，明聪天纵”才能掌握领会，“所以先儒谓三代以道治世，后世以法把持天下”。根本上说，圣人之“道”位于“文字”的盲区：“浅陋不得而知”，“人所不得而传”，因为“圣本不可知，而至德尤未易名言”。②

“非常”使儒家思想的知识形式即“文字”失去了意义。因此，《觉迷录》将雍正的正当性立足于其“心”，此心“如止水如明鉴”，“浑乎天理之公而不杂一毫人欲之私”，才能“万物之过其前者，妍媸自然毕露而不容掩”。这绝非来自对任何知识，哪怕是儒家经典和圣贤之言的思虑把捉，因为“道”只能由“心”的内在感应流露而出，“原非鉴与水留恋于当前之物，而后得照见”。相反，在认识和实践中若“稍留一

① 《大义觉迷录》卷1，第289、296页；卷2，第308—310、313页。

② 《大义觉迷录》卷3，第334页；卷4，第380、384页。

毫意见”，“虚明之本体”就会遭到掩蔽，“照物不见”，失去了“非常”之“道”的精妙之处，也就偏离了合理政治和良好道德的“天心”之“理”的轨道。① 在雍正的论述中，这正是其似是而非的儒家批评者所犯的错误，也正是以“心”辩难“文字”的原理所在。

《驳书》提供了消解士人及其道统解释的学理依据，《觉迷录》则提供了“道”立足于“心”而为“非常”的正当性逻辑。据此，摧折士人、瓦解“文字”，申明“尊君”，可以是“道”的践履；张扬道统、援引经典、笃守义理，也可以变成“私”的荡逸。这种对儒家学理及其内在活力的收编，使雍正获得了一种深层的观念优势，使士人们不能不承认，哪怕在文字狱中，他们面对的也并非外部的暴虐皇权和专制伦理，而是道统意涵自身的复杂性。

结　语

作为道统载体的“文字”是士人理解和表达“道”、评判和介入现实的依据。因此，文字狱浓缩着清代最重要的议题之一，即清帝如何消解儒家“文字”对满洲统治、皇权独断及其政治实践的挑战，建立“治道合一”的圣王形象，获取士人的自发承认。本文考察了雍正朝文字狱的若干细节，发现在回应儒家挑战时，雍正不仅以强力加以摧折夺占，而且诉诸儒家学理，辩难士人的道统理解，并通过申明“心”的原理，重塑道统意涵，消解了“以道抗势”的知识基础，将自身正当性置于理学治道观内部。在这里，雍正不止将儒家视为缘饰现实政治，可以任意操纵的“话语”，而且显露出对其作为真实观念的理解，展现出一种富有活力的“帝王经学”。②

现实皇权可以在儒家学理中得到论证和表达，而非损害或扭曲它，

---

① 《大义觉迷录》卷 3，第 343 页。

② 关于“帝王经学”，参见邓国光《康熙与乾隆的“皇极”汉、宋义的抉择及其实践：清代帝王经学初探》，载彭林编《清代经学与文化》，北京大学出版社 2005 年版，第 101—155 页。

提示了看待治道关系的思想视角。以“心”阐释道统并非雍正的创造。“心”是儒家特别是理学的枢纽；[①]而对强调“实学”的清初理学而言，“心”不是抽象的玄谈或外部的知识，而是与其在现实践履中体认、呈露、扩充的“道”“理”密切相关，指向一种整体性的政治文化逻辑。雍正以“心”替代“文字”的方式跨越了治统与道统、现实与思想的概念边界，具有某种“实学”的意蕴；就此而言，考察其辩难和消解道统原义的“内部路径”，不仅有益于深化文字狱的研究，还具有重审清初政治和思想、理解“治道合一”和清代政治文化的深层意义。

（原载《清史研究》2022 年第 3 期）

① 钱穆：《朱子心学略》，载钱穆《钱宾四先生全集》第 20 册，联经出版事业公司 1982 年版，第 241 页。

后　　记

为庆祝中国社会科学院历史理论研究所成立五周年，汇报本所学人五年来在历史理论研究方面取得的阶段性成果，特组织编辑此论文集。

论文集分“唯物史观与马克思主义史学”“历史理论概念与史学理论研究”“历史思潮与学术争鸣”“史学的传承发展与学术转型”“史学视域下的国家治理研究”五个部分，精选本所同仁的代表性学术论文53篇，一定程度上反映了本所五年来的学术研究与学术转向。我们也希望在此基础上再接再厉，积极关注重大历史理论与现实问题，关注历史理论学术前沿与学科建设，加快构建中国特色历史理论研究“三大体系”，不断推动新时代历史理论研究的繁荣发展，为建设中华民族现代文明和全面建成社会主义现代化强国贡献历史学的智慧与力量。

论文集在编委会指导下，具体由《史学理论研究》编辑部进行初步编辑。徐志民、李桂芝、尹媛萍、张舰戈、敖凯各负责一个部分多篇文章的编辑工作，综合处杨婉蓉、孙厦、廖云鹏，编辑部崔瑾、宋成负责与中国社会科学出版社的各项联络工作，中国社会科学出版社编辑吴丽平认真细致、反复编校，为论文集如期付梓付出了艰辛劳动。在此一并致谢！

编者　谨识

2023年12月16日